复旦哲学·中国哲学丛书

宋明理学新视野

上册

吴 震 主编

商务印书馆
The Commercial Press

图书在版编目(CIP)数据

宋明理学新视野:全二册/吴震主编．
—北京:商务印书馆,2021
(复旦哲学·中国哲学丛书)
ISBN 978-7-100-19430-3

Ⅰ.①宋…　Ⅱ.①吴…　Ⅲ.①理学-中国-宋代-文集②理学-中国-明代-文集　Ⅳ.①B244.05-53 B248.05-53

中国版本图书馆 CIP 数据核字(2021)第 023726 号

权利保留,侵权必究。

宋明理学新视野
吴　震　主编

商　务　印　书　馆　出　版
(北京王府井大街36号　邮政编码100710)
商　务　印　书　馆　发　行
苏州越洋印刷有限公司印刷
ISBN 978-7-100-19430-3

2021年4月第1版　　开本 710×1000　1/16
2021年4月第1次印刷　印张 80½
定价:350.00元

鸣 谢

本书为国家社会科学基金重大项目"多卷本《宋明理学史新编》"（17ZDA013）的阶段性成果

本书由复旦大学哲学学院资助出版

目 录

上 册

第一篇 道学思潮与经典诠释

朱子《太极解义》的成书过程与文本修订 ………………… 陈 来 3

何为理学
　　——宋明理学内在的哲学取向 ………………… 杨国荣 23

宋明理学视域中的朱子学与阳明学 ………………… 吴 震 34

宋代的新儒学与理学 ………………… 李存山 53

《周易》诠释路向的演进
　　——从王弼到程颐、朱熹、王夫之 ………………… 张学智 65

唐代儒学复兴思潮与经学的转型 ………………… 唐明贵 77

"四书学"道统论与宋代士大夫主体意识 ………………… 朱汉民 86

"主静立人极"断章取义源流考论 ………………… 翟奎凤 99

李觏《答黄著作书》所流露的讯息 ………………… 胡文丰 115

论《中庸》对张载理学建构的特别影响
　　——兼论几个相关重要问题 ………………… 林乐昌 138

再论洛学向心学的转化
　　——《童溪易传》对《伊川易传》的延异 ………………… 何 俊 158

德性实践与德性之知

——论二程经学诠释的转向 ······ 徐洪兴 171

论宋代的礼图学 ······ 刘 丰 189

朱子三《礼》学体系的形成和价值 ······ 殷 慧 218

杨时《易说》中的政治学 ······ 谷继明 242

封建制度之原型与张载的构思及其政治理想 ······ 范立舟 258

论《大学》古义

——以"格物致知"与"诚意"的诠释为中心 ······ 何益鑫 289

第二篇　理学建构与思想论辩

朱熹的帝王学 ······ 〔日〕土田健次郎 309

闻见与德性

——朱子、阳明"知"论辨析 ······ 向世陵 324

人性与物性之辨

——朱熹思想的内在张力与船山的检讨 ······ 陈 赟 344

朱子"求二帝三王之心"《书》学宗旨讨论 ······ 陈良中 367

朱子论天地以生物为心 ······ 唐文明 380

朱子学思历程考察与年谱编写

——论"朱陆异同论"之学术史义涵 ······ 游腾达 398

从"公"到"人"

——程朱"以公言仁"的转变 ······ 汤元宋 438

论朱子的心主性情说 ······ 张锦枝 452

因小学之成以进乎大学之始
　　——浅谈朱子之"小学"对于理解其《大学》工夫的意义 …… 郭晓东　470
"《近思录》,四子之阶梯"说之重思
　　——以朱子《四书》与《近思录》的比较为中心 …………… 许家星　483
论朱熹道统论对"道南一脉"的舍弃 ………………………………… 王　宇　504
吕祖谦与张栻的交游以及"东南三贤"之由来 …………………… 张天杰　518
跨越千年的"悟"会
　　——论宋儒杨慈湖对先秦儒家圣人观的禅学化诠释 ……… 孙海燕　542
"朱学嫡脉"王柏的理学及其地位 …………………………………… 王　锟　564
"气服于理"
　　——许衡理学思想研究 ………………………………………… 史甄陶　578
刘基理学思想新论 …………………………………………………… 张宏敏　595
吕柟的经学观念与解经方法略探 …………………………………… 陈战峰　610

━━ 下　册 ━━

第三篇　心学世界与思想转型

作为良知伦理学的"知行合一"论
　　——以"一念动处便是知亦便是行"为中心 ………………… 吴　震　629
论王阳明对朱子学说的批评及其流弊
　　——以《大学》"至善"概念的诠释为中心 …………………… 曾　亦　650
王阳明良知说的道德动力问题 ……………………………………… 陈晓杰　667

阳明龙场悟道的"来龙"与"去脉" .... 程海霞 683
王阳明"最后定见"辨证
　　——兼论四句教与致良知之间的思想关系 .... 邓国元 703
明儒王道与湛若水的论学交往 .... 刘　勇 716
阳明后学的道德信念与伦理实践 .... 朱　承 742
明代甘泉学派的传承谱系、致思趋向与学术贡献 .... 姚才刚　唐心辞 757
略论王龙溪哲学与佛道思想的本质区别 .... 李丕洋 769
罗汝芳身心之学的现象学诠释 .... 刘增光 783
岭南王门领袖薛侃思想略论 .... 陈　椰 799
南中王门的学派构成及其思想特征
　　——阳明学地域化的一个审视角度 .... 孙钦香 828
耿定向"不容已"说及其卫道意识 .... 王　格 839
胡直的主静与仁觉 .... 张昭炜 851
论刘宗周思想的意与知
　　——从与史孝复的争论来看 .... 〔日〕早坂俊广 868
试论刘宗周的"格物"思想 .... 高海波 891
由刘蕺山"幽暗意识"看宋明理学研究的不同进路 .... 徐　波 910
关于黄宗羲批评罗钦顺"天人不一"之检视与回应 .... 蔡家和 924
气化、工夫与性善
　　——黄宗羲《孟子师说》对孟子道德哲学的诠释 .... 郭美华 939
"公因反因"说在方以智思想中的地位 .... 张永义 958
互藏交发说的困境及出路
　　——王夫之人心道心思想新探 .... 谢晓东 972

晚明儒学的宗教化与世俗化转向
　　——以李二曲为例 ……………………………………………… 987

第四篇　现代诠释与他山之石

宋代思想史的再思考 …………………………………〔美〕田　浩
见闻之知、德性之知与中国传统致知之道的嬗变 ……………陈卫平
理想类型的美德伦理学家
　　——朱熹而不是亚里士多德 …………………………黄　勇　1030
"反其本而推之"
　　——朱子对《孟子》"推恩"问题的理解 …………东方朔　1053
明代儒学演进中的气学传统
　　——以"太虚"诠释为视角 …………………肖永明　王志华　1075
论《明儒学案》著述性质及其现代意义
　　——以《发凡》及《序》为中心 ……………………陈　畅　1092
"统合孟荀"与重建道统的现代思考
　　——从牟宗三、李泽厚言"朱熹是荀学"说起 ……朱锋刚　1108
从见、闻到心：中国思想史演变的感官逻辑 …………贡华南　1118
从1958年的《宣言》看港台新儒家的问题意识 ………干春松　1129
对于中国文化《宣言》的几点省思 …………………朱建民　1152
心性之学与当代儒学的世界化
　　——评《为中国文化敬告世界人士宣言》 …………倪培民　1158
再论程朱、陆王二系的会通 …………………………杨祖汉　1174
唐君毅论明代理学 ……………………………………钟彩钧　1203

第一篇
道学思潮与经典诠释

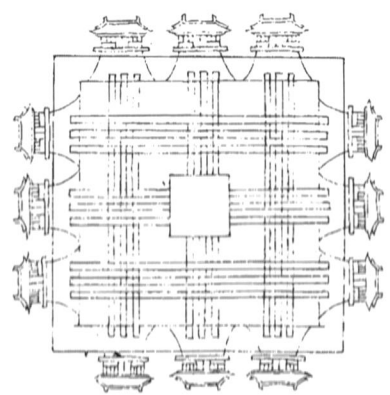

朱子《太极解义》的成书过程与文本修订

陈 来

(清华大学国学院)

朱子在己丑之悟后,由于功夫宗旨的问题已经解决,故立即转向哲学理论的建构。他在次年即乾道庚寅(1170)完成了《太极解义》(即对周敦颐《太极图》和《太极图说》的注释),事实上,在己丑(1169)以前朱子已经关注周敦颐和《太极图》《通书》。如在己丑的前一年,他在答汪应辰书中说:

> 濂溪、河南授受之际,非末学所敢议。然以其迹论之,则来教为得其实矣,敢不承命而改焉。但《通书》《太极图》之属,更望暇日试一研味,恐或不能无补万分,然后有以知二先生之于夫子,非若孔子之于老聃、郯子、苌弘也。(《答汪尚书五》,原注十一月既望,戊子)[1]

朱子在早年从学延平时已经关注周敦颐的《太极图说》,这里他劝汪应辰研究《太极图说》,应了解周程的学术渊源。次年己丑他又与汪应辰书说:

> 大抵近世诸公知濂溪甚浅,如吕氏《童蒙训》记其尝著《通书》,而曰"用意高远"。夫《通书》《太极》之说,所以明天理之根源、究万物之终始,

---

[1] 朱熹:《朱子文集》卷三十,此书年代可参见《朱子书信编年考证》。

岂用意而为之？又何高下远近之可道哉？近林黄中自九江寄其所撰《祠堂记》文，极论"濂"字偏旁，以为害道，尤可骇叹。(《与汪尚书六》，原注己丑)①

在这里，他已经用"明天理之根源、究万物之终始"概括《太极图》及《图说》的思想性质，为其《太极解义》准备了基础。

正是己丑年（1169）六月朱子完成了对《太极图说》和《通书》的编订，刊行了二书的建安本。②两三年后，朱子再答汪应辰书，言道：

《太极图》《西铭》近因朋友商确，尝窃私记其说，见此抄录，欲以请教。未毕而明仲之仆来索书，不欲留之，后便当拜呈也。然顷以示伯恭，渠至今未能无疑。盖学者含糊覆冒之久，一旦遽欲分剖晓析而告语之，宜其不能入也。(《答汪尚书七》，壬辰)③

这是把他作的《太极图说解》及相关的讨论寄给汪应辰，他还特别说明，吕祖谦至今对其中的一些问题"未能无疑"，并对此感到遗憾。

让我们从吕祖谦的回应开始。

一　朱子《太极解义》成书过程中的朱吕交流

朱子《太极解义》成书与朱张吕三贤之交流密不可分。关于《太极解义》，朱子与张栻往来书多次论及，而与吕祖谦书却未尝一及之。可幸的是，在吕祖谦与朱子书中，却屡屡提及《太极解义》，成为朱子《太极解义》成书年代以及朱张吕讨论《太极解义》的最好见证。所以让我们先来看吕祖谦文集。

《东莱吕太史别集》卷七《与朱侍讲》二：

---

① 朱熹：《朱子文集》卷三十，此书原注己丑。
② 朱熹：《太极通书后序（建安本）》，周敦颐著，陈克明点校：《周敦颐集》，北京：中华书局，1990年，第42页。据朱子此序，建安本之前有长沙本，亦是朱子所编定，但该本太极图附于最后，《通书》用胡氏传本，缺分章之目，故又刻建安本。
③ 朱熹：《朱子文集》卷三十，此书年代可参见《朱子书信编年考证》。

> 某官次粗安，学宫无簿领之烦，又张丈在此，得以朝夕咨请……《太极图解》，近方得本玩味，浅陋不足窥见精蕴，多未晓处，已疏于别纸，人回切望指教。①

此书作于乾道六年（1170）四月。②书中所说的《太极图解》即《太极解义》。这是张栻和吕祖谦同在严州时所写的信。这表明朱子在乾道六年庚寅春夏间已经将《太极解义》寄给张、吕二人，这个时间也就是他的《太极解义》初稿完成的时间。吕祖谦书中所说"多未晓处，已疏于别纸"，《东莱吕太史别集》卷十六《与朱侍讲答问》中的《太极图义质疑》当即此书所说的"别纸"。下节将专论之。

《东莱吕太史别集》卷七《与朱侍讲》三：

> 某前日复有校官之除，方俟告下乃行，而张丈亦有召命，旦夕遂联舟而西矣……《中庸》《太极》所疑，重蒙一一隽诲，不胜感激。③

此书当作于乾道六年五月④，照此书所说，朱子对其"别纸"应有回复，吕氏才会说"《太极》所疑，重蒙一一隽诲"。但今朱子文集中答吕伯恭诸书中却未见有回复，应是被编朱子文集者删削所致。此时张、吕二人仍在严州，准备赴杭州任新职。这一期间朱子与张、吕书信，可在一月之间往复，较为快捷，这应是由于张栻有守任严州使人的方便。

《东莱吕太史别集》卷七《与朱侍讲》六：

> 周子仁义中正主静之说，前书所言仁义中正皆主乎此，非谓中正仁义皆静之用，而别有块然之静也。人生而静，天之性也，乃中正仁义之体，而万物之一源也。中则无不正矣，必并言之曰中正；仁则无不义矣，必并

---

① 吕祖谦著，黄灵庚、吴战垒主编：《吕祖谦全集》第一册，杭州：浙江古籍出版社，2008年，第397页。
② 杜海军：《吕祖谦年谱》，北京：中华书局，2007年，第72页。
③ 吕祖谦著，黄灵庚、吴战垒主编：《吕祖谦全集》第一册，第398页。
④ 杜海军：《吕祖谦年谱》，第73页。

言之曰仁义。亦犹元可以包四德，而与亨利贞具列；仁可以包四端，而与义礼智同称。此所谓合之不浑，离之不散者也。①

此书亦当在乾道六年（1170）。②按吕氏《质疑》中主张"静者，中正仁义之主也"，这里吕祖谦再加申明，并不是说中正仁义都是静之用，也不是说中正仁义之外别有独立的静。朱子《答林择之书》中"伯恭亦得书，讲论颇详，然尤鹘突"，可能指的就包括吕祖谦此类质疑和讨论。朱子《太极解义》中有关仁义中正的解释，是吕祖谦主要提出意见的部分。

《东莱吕太史别集》卷七《与朱侍讲》七：

> 某以六月八日离辇下，既去五日，而张丈去国……《太极图解》，昨与张丈商量未定，而匆匆分散，少暇当理前说也。③

此书当在乾道七年夏。④此书证明，张、吕六月去国，离开杭州，二人行前还曾讨论朱子的《太极解义》，并表示要继续讨论下去。

《东莱吕太史别集》卷七《与朱侍讲》十一：

> 示下《太极图》《西铭解》，当朝夕玩绎，若有所未达，当一一请教……⑤

年谱列此书在乾道七年十月。⑥此处所说的《太极图》疑指修改后的《太极解义》，这可以从下书得到证明。

《东莱吕太史别集》卷七《与朱侍讲》十三：

> 某官下粗遣，第索居无讲论之益，恐日就湮废，殊自惧耳。向承示以

---

① 吕祖谦著，黄灵庚、吴战垒主编：《吕祖谦全集》第一册，第401页。
② 杜海军：《吕祖谦年谱》，第88页。
③ 吕祖谦著，黄灵庚、吴战垒主编：《吕祖谦全集》第一册，第403页。
④ 杜海军：《吕祖谦年谱》，第93页。
⑤ 吕祖谦著，黄灵庚、吴战垒主编：《吕祖谦全集》第一册，第405页。
⑥ 杜海军：《吕祖谦年谱》，第99页。

改定《太极图论解》,比前更益觉精密。①

此书当在壬辰(1172),盖下书即奔父病丧矣。可见此书所说"向承示以改定《太极图论解》",应即上书所说的"示下《太极图》",即朱子的《太极解义》。《东莱吕太史别集》卷七《与朱侍讲》十五:

某罪逆不死,复见改岁……太极说俟有高安便,当属子澄收其版。②

则此书作时已在癸巳(1173)初。③书所说的"太极说",是指张栻在高安刊行的《太极图说解义》。他准备有便人去江西时请刘子澄协助收版,使其《太极图说解义》不再印行。

此事朱子也已经直接劝过张栻,如朱子答李伯谏书:

钦夫此数时常得书,论述甚多。《言仁》及江西所刊《太极解》,盖屡劝其收起印板,似未甚以为然,不能深论也。(《续集·答李伯谏》,壬辰)④

盖张栻在收到朱子的《太极解义》后,自己也作了《太极解》,被人在江西高安刊行,朱子认为对这伪经应仔细修改讨论,不应仓促立论,故劝张栻收起印版,吕祖谦也同意朱子的这一主张。

二 朱子《太极解义》成书过程中的朱张交流

以上是从《吕祖谦文集》看朱子与张、吕论商《太极解义》的情形。下面来看朱子与张栻书信往来对此解义的讨论:

---

① 吕祖谦著,黄灵庚、吴战垒主编:《吕祖谦全集》第一册,第407页。
② 同上,第409页。
③ 杜海军:《吕祖谦年谱》,第111页。
④ 朱熹:《朱子文集续集》,此信之年可参见《朱子书信编年考证》。

> 得钦夫书论太极之说，竟主前论，殊不可晓。伯恭亦得书，讲论颇详，然尤鹘突。问答曲折漫录去一观。(《别集·林择之十五》，庚寅夏)①

这是朱子与林择之书，书中所说的张栻"竟主前论"，没有明确说明所指为何。朱子只是对张栻未接受他的意见表示难以理解，对吕祖谦的异议则更觉得"鹘突"。但是实际上朱子接受了他们的一些意见，对初稿做了相应修改。

来看朱子与张栻的书信：

> 《太极图》立象尽意，剖析幽微，周子盖不得已而作也。观其手授之意，盖以为唯程子为能受之。程子之秘而不示，疑亦未有能受之者尔。(《答张敬夫二十》)②

此书应在朱子寄《太极解义》给张栻之初，即在庚寅(1170)。后来朱子在乾道九年(1173)作的《太极解义注后记》中说：

> 熹既为此说，尝录以寄广汉张敬夫。敬夫以书来曰："二先生所与门人讲论问答之言，见于书者详矣。其于《西铭》，盖屡言之，至此图，则未尝一言及也，谓其必有微意，是则固然。然所谓微意者，果何谓耶。"③

朱子这里引用的张栻答书中语，应即是对《朱子答张敬夫二十》书的回复，今《张栻文集》中已不可见。可见《朱子答张敬夫二十》书，应即是"录以寄广汉张敬夫"的信，时在庚寅春，而不能在此后。(《答张敬夫二十》书乃数书杂列，无法更析论考)

今存朱子与张栻书，只有二封是详论《太极解义》义理的，其一如下：

---

① 朱熹：《朱子文集别集》，此信之年可参见《朱子书信编年考证》。
② 朱熹：《朱子文集》卷三十一，此书原注"壬辰冬"，但为数书之合，上引之应是朱子作太极通书解之初。
③ 周敦颐著，陈克明点校：《周敦颐集》，第10页。

《太极解》后来所改不多，别纸上呈，未当处，更乞指教。但所喻"无极""二五"不可混说而"无极之真"合属上句，此则未能无疑。盖若如此，则"无极之真"自为一物，不与二五相合，而二五之凝、化生万物又无与乎太极也。如此岂不害理之甚！兼"无极之真"属之上句，自不成文理。请熟味之，当见得也。"各具一太极"，来喻固善。然一事一物上各自具足此理，着个"一"字，方见得无欠剩处，似亦不妨。不审尊意以为何如？（《答张敬夫十三》，乾道七年春）①

对于朱子的解义，张栻的第一个意见是无极之真应属上读，作"各一其性，无极之真"而不是"无极之真、二五之精，妙合而凝"。朱子认为这在文字和义理上都说不通。张栻第二个意见是，"各具一太极"中的"一"字可去掉，朱子则坚持保留"一"字，认为这样似乎更好。从朱子所说"《太极解》后来所改不多"，可以推知朱子在与张栻和吕祖谦讨论之后，在《太极解义》的主要义理方面所做的修改不多。朱子与张栻、吕祖谦主要的理论上的分歧，是围绕朱子对《太极图说》"圣人定之以仁义中正而主静"的解释。

朱子与张栻另一讨论《太极解义》义理的书信如下：

又《太极》"中正仁义"之说，若谓四者皆有动静，则周子于此更列四者之目为剩语矣。但熟玩四字指意，自有动静，其于道理极是分明。盖此四字便是"元亨利贞"四字（仁元中亨义利正贞），元亨利贞、一通一复，岂得为无动静乎？近日深玩此理，觉得一语默、一起居，无非太极之妙，正不须以分别为嫌也。"仁所以生"之语固未莹，然语仁之用，如此下语，似亦无害。不审高明以为何如？（《答张敬夫十七》，辛卯壬辰）②

根据此书，张栻的主张是"中正仁义四者皆有动静"，张栻答吕祖谦书说"某意却疑仁义中正分动静之说"可以为证，认为不能以仁义属动，中正属静。

---

① 朱熹：《朱子文集》卷三十一，此书之年我曾以为在庚辰，今看应在辛卯。
② 同上，此书之年可参见《朱子书信编年考证》。

这可能也就是朱子所说的"得钦夫书论太极之说,竟主前论,殊不可晓"。不过朱子在附辩中所说的"或谓不当以仁义中正分体用",主要指吕祖谦,与此处张栻所说不同,附辩中并没有包括张栻这一观点的批评与对张栻的回应。此外,朱子初稿中应有"仁所以生"一句,今本已经不见,则是后来被修改删去。

由上面叙述可见,朱子的《太极解义》是在与朋友的反复讨论中,经不断修改考订而后成。而张栻的《太极图说解义》,后于朱子《解义》而作,却在乾道八年(1172)刻于江西高安。朱子觉得这失于仓促,故与张栻书言:

> 又刘子澄前日过此,说高安所刊《太极说》,见今印造,近亦有在延平见之者。不知尊兄以其书为如何? 如有未安,恐须且收藏之,以俟考订而后出之也。(《答钦夫仁疑问四十七》,癸巳)①

这就是前引吕祖谦与朱子书所说的"太极说俟有高安便,当属子澄收其版"之事。朱子希望张栻收回此版,等改订后再考虑印行。

《朱子文集》中还有与张栻一书论及太极者:

> 孟子明则动矣,未变也;颜子动则变矣,未化也。有天地后此气常运,有此身后此心常发,要于常运中见太极,常发中见本性。离常运者而求太极,离常发者而求本性,恐未免释老之荒唐也。(《答张敬夫问目四十一》,庚寅辛卯)②

此书的意义是,朱子的太极论不仅有宇宙论意义,也有心性功夫论意义。其宇宙论意义是"明天理之根源,究万物之终始";其心性功夫论意义是"要于常运中见太极,常发中见本性"。太极是天地运化的主宰,又是人心发动的本性,太极论就是要人在运动发见中认得太极。但是天地的主宰不能离开运化的过程,人心的本性也不能离开心的发动,这个关系应该即是"体用一源,显微

---

① 朱熹:《朱子文集》卷三十二,此书之年可参见《朱子书信编年考证》。
② 同上。

无间",故应当即动静求太极,即已发求未发,即其运化发动之中求见太极和本性。这个结论应当既是朱张二人在长沙会讲达成的共识,也是二人在《太极解义》讨论中的基础。

张栻集中与朱子等人论朱子《太极解义》书也有数封:

> 某备数于此,自仲冬以后凡三得对……《太极图解》析理精详,开发多矣,垂晦甚荷。向来偶因说话间妄为他人传写,想失本意甚多。要之言学之难,诚不可容易耳。《图解》须仔细看,方求教。但觉得后面亦不必不论如此之多,只于纲领出拈处可也。(《答朱元晦·又》)①

此书应作于庚寅(1170)之冬十二月。②"《太极图解》析理精详,开发多矣,垂晦甚荷。""《图解》须仔细看,方求教。"这看起来是虽然朱子在本年初夏早就把《太极解义》寄给张栻,但张栻因政治活动频繁,未曾细观。另外,也有可能此书所说的《太极图解》是朱子的改本,如吕祖谦书所见,因为按理说张栻不会把对朱子春天寄来的《太极解义》的回应拖至冬日。张栻答吕祖谦:

> 元晦数通书讲论,比旧尤好。《语孟精义》有益学者,序引中所疑曾与商榷否?但仁义中正之论,终执旧说。濂溪自得处浑全,诚为二先生发源所自。然元晦持其说,句句而论,字字而解,故未免返流于牵强,而亦非濂溪本意也。观二先生遗书中,与学者讲论多矣,若《西铭》则再四言之,至太极图则未尝拈出此意,恐更当研究也。(《寄吕伯恭》)③

此书提及《论孟精义》,其年代当在壬辰(1172)。④其中提到朱子的数句,是指朱子没有接受张栻关于仁义中正的意见,"终执旧说"。张栻批评朱子的

---

① 张栻著,杨世文点校:《张栻集》四,北京:中华书局,2015年,第1100页。
② 《张宣公年谱》,王开琸、胡宗楙、高畑常信著,邓洪波辑校:《张栻年谱》,北京:科学出版社,2017年,第61页。
③ 张栻著,杨世文点校:《张栻集》四,第1134页。
④ 朱子《论孟精义》成书在壬辰,《朱子年谱》"八年壬辰,四十三岁,春正月,《论孟精义》成"。

《太极解义》对周敦颐的原书"句句而论,字字而解,故未免返流于牵强",有失濂溪浑全本意。

其《答吴晦叔》云:

> 伯恭昨日得书,犹疑太极说中体用先后之论,要之须是辨析分明,方真见所谓一源者。不然,其所谓一源,只是臆度想象耳。但某意却疑仁义中正分动静之说,盖是四者皆有动静之可言,而静者常为之主,必欲于其中指二者为静,终有弊病。兼恐非周子之意,周子于主静字下注云无欲故静,可见矣。如云仁所以生,殊觉未安。生生之体即仁也,而曰仁所以生,如何?周子此图固是毫分缕析,首尾洞贯,但此句似不必如此分。仁义中正,自各有义,初非混然无别也。更幸见教。(《答吴晦叔·又》)①

此书疑作于辛卯(1171)②,吕祖谦写信给张栻,表示他对朱子《太极解义》体用先后说的不同意见。张栻则声明,他对朱子《太极解义》的体用先后论没有意见,而对其中的仁义中正分动静之说有所不满。这是张栻对朱子《解义》的主要批评意见。

三 朱子《太极解义》成书过程中与其他学者的交流

在张、吕之外,朱子与其他学者也就《太极解义》做了广泛的交流,其中《答杨子直》书在思想上特别重要,杨子直是朱子的学生。书中说道:

> 承喻"太极"之说,足见用力之勤,深所叹仰。然鄙意多所未安,今且略论其一二大者,而其曲折则托季通言之。
>
> 盖天地之间,只有动静两端,循环不已,更无余事,此之谓易。而其动其静,则必有所以动静之理焉,是则所谓太极者也。圣人既指其实而名

---

① 张栻著,杨世文点校:《张栻集》四,第1065页。
② 既云伯恭得书,则应在二人辛卯六月去国之后,否则以临安邻墙之近,二人必不用书札矣。

之,周子又为之图以象之,其所以发明表著,可谓无余蕴矣。原"极"之所以得名,盖取枢极之义。圣人谓之"太极"者,所以指夫天地万物之根也。周子因之而又谓之"无极"者,所以著夫无声无臭之妙也。然曰"无极而太极,太极本无极",则非无极之后别生太极而太极之上先有无极也。又曰"五行阴阳,阴阳太极",则非太极之后别生二五而二五之上先有太极也。以至于成男成女、化生万物,而无极之妙盖未始不在是焉。此一图之纲领,《大易》之遗意,与老子所谓"物生于有,有生于无"而以造化为真有始终者正南北矣。来喻乃欲一之,所以于此图之说多所乖碍而不得其理也。熹向以太极为体,动静为用,其言固有病,后已改之曰:"太极者,本然之妙也;动静者,所乘之机也。"此则庶几近之。来喻疑于"体用"之云,甚当。但所以疑之之说,则与熹之所以改之之意又若不相似。然盖谓太极含动静则可(以本体而言也),谓太极有动静则可(以流行而言也),若谓太极便是动静,则是形而上下者不可分,而"易有太极"之言亦赘矣。其它则季通论之已极精详,且当就此虚心求之,久当自明,不可别生疑虑,徒自缴绕也。(《答杨子直方一》,辛卯)①

这是这一时期朱子论《太极图说》思想最重要的一封信。据其中所说:"熹向以太极为体,动静为用,其言固有病,后已改之曰:'太极者,本然之妙也;动静者,所乘之机也。'此则庶几近之。"则朱子初稿中应有"太极为体,动静为用"的类似说法,后来改为"太极者,本然之妙也;动静者,所乘之机也"这一著名的表述。这一重要改动至少在乾道九年(1173)定本时已经出现。

朱子的学生廖德明来书请问:

> 德明伏读先生《太极图解义》第二章曰:"动而生阳,诚之通也,继之者善,万物之所资始也。静而生阴,诚之复也,成之者性,万物各正其性命也。"德明谓无极之真,诚也,动而生阳,静而生阴,动静不息,而万物

---

① 杨方庚寅(1170)来学,朱子作此书时,《太极解义》已经有所修改,疑在癸巳(1173)。但论极字之义,未见于《太极解义》。

继此以出与因此而成者，皆诚之著，固无有不善者，亦无非性也，似不可分阴阳而为辞。如以资始为系于阳，以正性命为系于阴，则若有独阳而生、独阴而成者矣。详究先生之意，必谓阳根于阴、阴根于阳，阴阳元不相离，如此，则非得于言表者，不能喻此也。

朱子回答说：

继善、成性分属阴阳，乃《通书》首章之意，但熟读之，自可见矣。盖天地变化，不为无阴，然物之未形，则属乎阳；物正其性，不为无阳，然形器已定，则属乎阴。尝读张忠定公语云："公事未着字以前属阳，着字以后属阴。"似亦窥见此意。（《答廖子晦一》，甲午）①

朱子所说的阴阳观，他在后来也保持不变。朱子《太极解义》附辩中说到几种对其解义的意见，其中有所谓"或谓不当以继善成性分阴阳"，这应当就是指廖德明的意见及类似廖德明的意见。

再来看朱子答程允夫有关《太极解义》的问目，只是这一答问应已在乾道癸巳（1173）朱子《太极解义》定稿之后了。

文集《答程允夫》载（黑体段落为程允夫问，其后段落为朱子答）：

《太极解义》以太极之动为诚之通，丽乎阳，而继之者善属焉；静为诚之复，丽乎阴，而成之者性属焉。其说本乎《通书》。而或者犹疑周子之言本无分隶之意，阳善阴恶又以类分；又曰："中也，仁也，感也，所谓阳也，极之用所以行也。正也，义也，寂也，所谓阴也，极之体所以立也。"或者疑如此分配，恐学者因之或渐至于支离穿凿，不审如何？

此二义，但虚心味之，久当自见。若以先入为主，则辩说纷纭，无时可通矣。

---

① 朱熹：《朱子文集》卷四十五，此书之年可参见《朱子书信编年考证》。然若据附辩，则此书不当晚于癸巳。

"仁义中正"，洵窃谓仁义指实德而言，中正指体段而言。然常疑性之德有四端，而圣贤多独举仁义，不及礼智，何也？

中正即是礼智。

《解义》曰："程氏之言性与天道，多出此图，然卒未尝明以此图示人者，疑当时未有能受之者也。"是则然矣。然今乃遽为之说以传之，是岂先生之意耶？

当时此书未行，故可隐，今日流布已广，若不说破，却令学者枉生疑惑，故不得已而为之说尔。

濂溪作《太极图》，发明道化之原；横渠作《西铭》，揭示进为之方。然二先生之学，不知所造为孰深？

此未易窥测，然亦非学者所当轻议也。

程子曰："无妄之谓诚，不欺其次矣。"无妄是圣人之诚，不欺是学者之诚，如何？

程子此段，似是名理之言，不为人之等差而发也。

《近思录》载横渠论气二章，其说与《太极图》动静阴阳之说相出入。然横渠立论不一而足，似不若周子之言有本末次第也。

横渠论气与《西铭》《太极》各是发明一事，不可以此而废彼，其优劣亦不当轻议也。(《答程允夫》，乙未后)①

以上，问目第一段引用了《太极图解》的文句，也就太极之动属阳、太极之静属阴的说法有所质疑，并对中、仁属阳，正、义属阴的解释也有所怀疑。朱子让其虚心体味，不必辩说。

四　朱子《太极解义》庚寅初稿与通行本的异同

《东莱吕太史别集》卷十六载《与朱侍讲答问》中有《太极图义质疑》，如前所说，当作于乾道六年(1170)四五月间。其中所载录的朱子《太极解义》的文

---

① 朱熹:《朱子文集》卷四十一，此书之年可参见《朱子书信编年考证》。

字，应为朱子的初稿，下附吕祖谦的疑问和讨论。① 虽然其中录载的朱子《解义》，乃是吕氏摘引朱子原文，并不是《解义》的全文，但仍有其价值。

朱子《答林择之》书"伯恭亦得书，讲论颇详，然尤鹘突"，所指应即吕氏《太极图义质疑》。《太极图义质疑》第一段是引朱子解义之文，下段是吕氏的质疑。全文见下（着重号是本文作者所加，为朱子《太极解义》定本中已删去不见的字句），而本人的评论则以"按"字出之，读者幸留意焉。

无声无臭，而造化之枢纽，品汇之根柢系焉。
太极即造化之枢纽、品汇之根柢也，恐多系焉两字。

按：通行本《太极解义》作"上天之载，无声无臭，而实造化之枢纽，品汇之根柢也"。可见朱子定本吸收了吕氏的意见，去掉了"系焉"二字。

所谓"一阴一阳之谓道"。诚者，圣人之本，物之终始，而命之道也。动而生阳，诚之通也，继之者善，万物之所资始也；静而生阴，诚之复也，成之者性，万物各正其性命也。
以动而生阳为继之者善，静而生阴为成之者性，恐有分截之病。《通书》止云"一阴一阳之谓道，继之者善也，成之者性也。元亨诚之通，利贞诚之复"，却自浑全。

按：通行本《太极解义》作"所谓'一阴一阳之谓道'。诚者，圣人之本，物之终始，而命之道也。其动也，诚之通也，继之者善，万物之所资以始也；其静也，诚之复也，成之者性，万物各正其性命也"。定本把原作"动而生阳""静而生阴"改为"其动也""其静也"更为简练。

太极，道也。阴阳，器也。
此固非世儒精粗之论，然似有形容太过之病。

---

① 以下《太极图义质疑》引文皆见吕祖谦著，黄灵庚、吴战垒主编：《吕祖谦全集》第一册，第589—591页。

按：通行本《太极解义》作"太极，形而上之道也；阴阳，形而下之器也"。定本增加"形而上"和"形而下"的定语，对道器的分别在哲学上界定得更为清晰，符合朱子的哲学思想。朱子《解义·附辩》中说："阴阳太极，不可谓有二理必矣。然太极无象，而阴阳有气，则亦安得而无上下之殊哉？此其所以为道器之别也。故程子曰：'形而上为道，形而下为器，须着如此说。然器，亦道也，道，亦器也。'得此意而推之，则庶乎其不偏矣。"这可以看作对这里改动理由的说明。

太极立，则阳动阴静两仪分。
太极无未立之时，立字一语恐未莹。

按：通行本《太极解义》作"有太极，则一动一静而两仪分"，不再用"立"字，这是吸收了吕氏的意见。

然五行之生，随其气质而所禀不同，所谓"各一其性"也。各一其性，则各具一太极。而气质自为阴阳刚柔，又自为五行矣。
"五行之生，随其气质而所禀不同，所谓各一其性，则各具一太极"，亦似未安。深详立言之意，似谓物物无不完具浑全。窃意观物者当于完具之中识统宗会元之意。

按：通行本《太极解义》作"然五行之生，随其气质而所禀不同，所谓'各一其性'也。各一其性，则浑然太极之全体，无不各具于一物之中，而性之无所不在，又可见矣。"可见朱子初稿中"则各具一太极"以下三句在后来定本中做了修改，虽然并不是依据吕氏的意见来修改的。

有无极二五，则妙合而凝。
二五之所以为二五，即无极也。若"有无极二五"，则似各为一物。阴阳，五行之精，固可以云"妙合而凝"，至于"无极之精"，本未尝离，非可以"合"言也。

按：通行本《太极解义》作"此无极、二五所以混融而无间者也，所谓'妙合'者也"。妙合而凝是周子原话，而在吕氏提出意见后，朱子解义不再用"妙合"，而用"混融无间"，亦不再用"有无极二五"的说法。

妙合云者，性为之主，而阴阳五行经纬乎其中。
　　阴阳五行非离性而有也。有"为之主"者，又有经纬错综乎其中者，语意恐未安。

按：通行本《太极解义》作"盖性为之主，而阴阳五行为之经纬错综，又各以类凝聚而成形焉"。朱子定本去掉"妙合云者"，"经纬"后加"错综"二字，应是接受了吕氏的意见。

男女虽分，然实一太极而已。分而言之，一物各具一太极也。道一而已，随时著见，故有三才之别，其实一太极也。
　　此一段前后皆粹，中间一段似未安。

按：通行本《太极解义》作"自男女而观之，则男女各一其性，而男女一太极也；自万物而观之，则万物各一其性，而万物一太极也。盖合而言之，万物统体一太极也；分而言之，一物各具一太极也"。此段前后改动较大，而其所以修改之意，并非吕氏意见，应是考虑到他人的意见，以及朱子自己的调整。初稿中"道一而已，随时著见，故有三才之别"数语见于定本《太极图说》最后一段的解义，应该是后来从此段中移去的。

生生之体则仁也。
　　体字似未尽。

按："生生之体则仁也"，此句在定本中已删去，应是吸收了吕氏的意见。

静者，性之贞也。万物之所以各正性命，而天下之大本所以立也，中

按：通行本《太极解义》作"太极，形而上之道也；阴阳，形而下之器也"。定本增加"形而上"和"形而下"的定语，对道器的分别在哲学上界定得更为清晰，符合朱子的哲学思想。朱子《解义·附辩》中说："阴阳太极，不可谓有二理必矣。然太极无象，而阴阳有气，则亦安得而无上下之殊哉？此其所以为道器之别也。故程子曰：'形而上为道，形而下为器，须着如此说。然器，亦道也，道，亦器也。'得此意而推之，则庶乎其不偏矣。"这可以看作对这里改动理由的说明。

太极立，则阳动阴静两仪分。
太极无未立之时，立字一语恐未莹。

按：通行本《太极解义》作"有太极，则一动一静而两仪分"，不再用"立"字，这是吸收了吕氏的意见。

然五行之生，随其气质而所禀不同，所谓"各一其性"也。各一其性，则各具一太极。而气质自为阴阳刚柔，又自为五行矣。
"五行之生，随其气质而所禀不同，所谓各一其性，则各具一太极"，亦似未安。深详立言之意，似谓物物无不完具浑全。窃意观物者当于完具之中识统宗会元之意。

按：通行本《太极解义》作"然五行之生，随其气质而所禀不同，所谓'各一其性'也。各一其性，则浑然太极之全体，无不各具于一物之中，而性之无所不在，又可见矣。"可见朱子初稿中"则各具一太极"以下三句在后来定本中做了修改，虽然并不是依据吕氏的意见来修改的。

有无极二五，则妙合而凝。
二五之所以为二五，即无极也。若"有无极二五"，则似各为一物。阴阳，五行之精，固可以云"妙合而凝"，至于"无极之精"，本未尝离，非可以"合"言也。

按：通行本《太极解义》作"此无极、二五所以混融而无间者也，所谓'妙合'者也"。妙合而凝是周子原话，而在吕氏提出意见后，朱子解义不再用"妙合"，而用"混融无间"，亦不再用"有无极二五"的说法。

妙合云者，性为之主，而阴阳五行经纬乎其中。
阴阳五行非离性而有也。有"为之主"者，又有经纬错综乎其中者，语意恐未安。

按：通行本《太极解义》作"盖性为之主，而阴阳五行为之经纬错综，又各以类凝聚而成形焉"。朱子定本去掉"妙合云者"，"经纬"后加"错综"二字，应是接受了吕氏的意见。

男女虽分，然实一太极而已。分而言之，一物各具一太极也。道一而已，随时著见，故有三才之别，其实一太极也。
此一段前后皆粹，中间一段似未安。

按：通行本《太极解义》作"自男女而观之，则男女各一其性，而男女一太极也；自万物而观之，则万物各一其性，而万物一太极也。盖合而言之，万物统体一太极也；分而言之，一物各具一太极也"。此段前后改动较大，而其所以修改之意，并非吕氏意见，应是考虑到他人的意见，以及朱子自己的调整。初稿中"道一而已，随时著见，故有三才之别"数语见于定本《太极图说》最后一段的解义，应该是后来从此段中移去的。

生生之体则仁也。
体字似未尽。

按："生生之体则仁也"，此句在定本中已删去，应是吸收了吕氏的意见。

静者，性之贞也。万物之所以各正性命，而天下之大本所以立也，中

后直至朱子去世,在这一期间朱子还曾对《太极解义》有所修改,尽管修改的幅度并不大。

根据淳熙本的《太极解义》,其《太极图说解》与通行本的不同处是:

(1)通行本《太极解义》云:

> 盖五行之变,至于不可穷,然无适而非阴阳之道。至其所以为阴阳者,则又无适而非太极之本然也,夫岂有所亏欠间隔哉。

淳熙本《太极解义》没有"至其所以为阴阳者,则又无适而非太极之本然也,夫岂有所亏欠间隔哉"三句。而"盖五行之变"作"盖其变"。通行本增加的这几句,还是重要的补充。

(2)通行本《太极解义》云:

> 五行具,则造化发育之具无不备矣,故又即此而推本之,以明其浑然一体,莫非无极之妙;而无极之妙,亦未尝不各具于一物之中也。盖五行异质,四时异气,而皆不能外乎阴阳;阴阳异位,动静异时,而皆不能离乎太极。至于所以为太极者,又初无声臭之可言,是性之本体然也。

淳熙本《太极解义》此段之首没有"五行具,则造化发育之具无不备矣,故又即此而推本之,以明其浑然一体,莫非无极之妙;而无极之妙,亦未尝不各具于一物之中也"数句。而此段之首作"此据五行而推之,明无极二五混融无间之妙,所以生成万物之功也",此为通行本所无。通行本段首增加的数句使义理的表达更加完整。

(3)通行本《太极解义》云:

> 盖性为之主,而阴阳五行为之经纬错综,又各以类凝聚而成形焉。

淳熙本《太极解义》在"经纬错综"下有"乎其中"三字。这也是《太极解义》初稿中所原有的,见吕祖谦质疑所引。

（4）通行本《太极解义》云：

然静者诚之复，而性之真也。

淳熙本《太极解义》"真"字作"贞"。

（5）通行本《太极解义》云：

此天地之间，纲纪造化，流行古今，不言之妙。圣人作《易》，其大意盖不出此，故引之以证其说。

淳熙本《太极解义》没有此数句。通行本增加的这一段使得语意更足。

此外，淳熙本的《太极图解》亦与通行本有小差异，如淳熙本无"于是乎在矣"。而通行本"五气布"下淳熙本多"而"字，等等。

这证明，朱子在淳熙末年正式公布其《太极解义》，此后十年，至其病故，仍对《太极解义》做了一些修改，虽无关大义。今传通行本是其最后的修订本。修改的主要内容，是增加了三段文字，删去了一段文字。增加的部分使得义理的表述更加完善。

由此可知，朱子《太极解义》有三个本子，第一个本子是乾道庚寅（1170）朱子完成的初本，见于吕祖谦《太极图义质疑》，虽非全本，亦可窥见大概。第二个本子是乾道九年（1173）定本，淳熙末刊布，即淳熙本《晦庵先生文集》所载《太极解义》。第三个本子是今传通行本如《朱子全书》所载的《太极解义》，是朱子晚年最后改定本。其中最重要的是第二个本子的定稿，此本的定稿，曾广泛吸收了张栻、吕祖谦的意见；其中根本性的理论贡献来自朱子，但它既是朱子本人在这一时期的理论成果，一定程度上也代表了乾道后期道学的理论共识。

何为理学

——宋明理学内在的哲学取向[*]

杨国荣

（华东师范大学中国现代思想文化研究所暨哲学系）

"何为哲学"是哲学领域常常反思的问题，在相近的意义上，"何为理学"，也是理学研究中一个需要不断追问的问题。理学作为中国哲学衍化过程中的重要流派，有其内在的哲学取向，这种取向通过理学自身的概念系统以及其中蕴含的哲学问题而得到多方面的展现。以理气、心性、心物、知行等概念为核心，理学既在天道观的层面对何物存在、如何存在等形而上问题加以探索，也在人道观的层面展开了何为人、如何成就理想之人的追问。理与气、理与心性之辨背后所蕴含的当然、实然、必然、自然关系的辨析，则进一步凸显了理学的价值关切和哲学进路。

一

关于理学，大致存在三种表述方式，即"新儒学"（Neo-Confucianism）、"道学"、"理学"。"新儒学"这一概念主要通行于英语世界，不过，用"新儒学"指称理学，同时也折射了理学和儒学之间的内在联系。历史地看，理学一方面上

---

[*] 本文系作者于2018年8月在复旦大学举行的"宋明理学国际论坛"上的大会演讲记录。

承传统儒学，另一方面又使儒学取得了新的形态。晚近以来，关于儒学的发展有所谓"三期"或"四期"等不同的区分，尽管在对儒学的历史划分方面看法不完全一致，但无论是三期说抑或四期说，宋明理学都被视为儒学的一种发展形态。从先秦到汉魏、隋唐，直到宋明，儒学在不同的历史阶段都获得了新的历史内涵，同时也取得了不同的形态，从儒学内在的演进过程看，以往儒学的这种演化过程构成了宋明时期新的儒学形态出现的前提。理学与传统儒学之间的以上历史的传承关系，同时也展示了理学的总体学派归属。

以"道学"指称理学，在《宋史》的《道学传》中得到了比较具体的体现。《道学传》把周敦颐、张载、二程、邵雍、朱熹等理学的主要人物都列入其中。尽管《道学传》认为，"道学之名，古无是也"，也就是说，在宋以前没有"道学"之名。但从实质的层面看，用"道学"来概括理学，无疑有其内在缘由。"道学"以"性与天道"为对象，其内容可以理解为"性与天道之学"。正是通过对性与天道问题的讨论，理学在哲学的内在脉络上承继了先秦以来的儒学。无独有偶，后来冯友兰先生也把理学称为"道学"，并对"道学"做了理论上的概括，认为"道学"讨论的问题主要有两个，第一是"什么是人"，第二是"怎样做人"。在这一意义上，他认为"'道学'是讲人的学问，可以简称为'人学'"[①]。

当然，如后文将进一步论述的，从性与天道之学这一广义的视域看，理学显然并不仅仅涉及人道意义上何为人、如何做人这两方面，它同时关乎天道层面的讨论。冯友兰先生对"道学"的以上概括，主要侧重于性与天道中的性。在性与天道之中，性属本质层面的范畴，并首先与人的存在相关联。就总体而言，可以说理学是先秦以来儒学关于性与天道问题讨论的延伸、继续与深化。如果说"新儒学"这一表述从外在的学派归属上，体现了理学的历史定位，那么，"道学"或"性道之学"则在内涵上体现了理学与传统儒学之间的理论联系。

关于理学的第三种表述，即是现在比较通行的"理学"一词本身。理与道有相通之处，在这一意义上，"道学"与"理学"的表述有其理论上的相关性。然而，两者亦有不同侧重。比较而言，"道"言其同，主要表现为普遍的原理：在中国哲学中，宇宙万物、宇宙人生中最普遍的原理，常常被称之为"道"。历

[①] 参见冯友兰：《中国哲学史新编》第五册，北京：人民出版社，1988年，第11页。

史地看，老子将道视为宇宙的本源，庄子肯定道通为一，强调的都是道的普遍涵盖性。韩非更明确地肯定了"道"的以上含义："道者，万物之所然也，万理之所稽也。""万物各异理而道尽稽万物之理。"[①]相对于道，理除了普遍性的层面之外，还较多地涉及分殊。韩非已比较具体地指出了这一点："凡理者，方圆、短长、粗靡、坚脆之分也。故理定而后可得道也。"[②]理在此主要和事物的特殊规定相关。宽泛而言，道既关乎存在方式，也涉及存在原理，从形上原理的层面看，道无殊道，但理有殊理。

与理的以上内涵相联系，理学表现出从普遍之理和特殊之理的统一中来把握世界和人自身的趋向。这样，一方面，理学与性道之学具有历史关联，并由此展示了其形而上的进路，但另一方面，它又试图从普遍之理和殊理的交融中去讨论性与天道的问题，其中包含理论上的独特之点。"理学"后来成为指称这一学派的通行概念，无疑折射了理学在讨论性与天道问题上的以上进路，理学中的很多论说，也体现了这一特点。朱熹在谈到理与万物的关系时，曾指出："自其末以缘本，则五行之异，本二气之实，二气之实，又本一理之极。是合万物而言之，为一太极而已也。自其本而之末，则一理之实，而万物分之以为体。故万物之中，各有一太极，而小大之物，莫不各有一定之分也。"[③]这里便从形而上的层面，肯定了普遍之理与特殊之物（理的特定体现）之间的关联。理学的"理一分殊"说则从更广的视域体现了以上进路，其中既包含普遍之理与殊理的交融，也涉及一般原则和特殊情境之间的关联。理学中的心学流派关注理与心、一般原则与特定存在之间的互动，则从另一个方面具体地体现了对普遍之理与特定对象之间关联的注重。

在现代哲学中，冯友兰上承理学，建立了"新理学"体系，其中，普遍与特殊、一般与个别的关系也构成了讨论的核心问题之一，这既体现了"新理学"与"理学"之间的理论传承，也不难注意到"理一"与"分殊"的关系在理学中的独特地位。

[①] 《韩非子·解老》。
[②] 同上。
[③] 朱熹：《通书注·理性命第二十二》，《朱子全书》第十三册，上海：上海古籍出版社、合肥：安徽教育出版社，2002年，第117页。

二

理学作为儒学的一种新形态，包含自身的独特概念和范畴，而在这些概念和范畴的背后，又隐含着普遍的哲学问题。

首先是理和气及其相互关系。一般而言，理首先与普遍的法则、本质以及内在的形式等相联系，气在广义上则关乎构成万物的质料、要素、材料，等等。与之相联系，在天道的层面，讨论理气关系涉及一般的法则、本质、形式与构成事物的质料之间的关联，包括哪一个更根本，何者具有优先性或处于本源性的地位，等等。与儒学的其他流派相近，"理学"也是派中有派，其中包括以理为第一原理的狭义理学、以"气"为第一原理的气学、以心为第一原理的心学。在以上问题方面，理学中的不同学派存在不同的理解：狭义的理学（理本论）与气学（气本论），对理和气的关系便形成了相异的看法。

理气关系的讨论，同时又与道器关系的论辩相联系。如上所述，理气关系中的气主要被理解为构成世界的质料，道器关系中的器则首先呈现为经验领域的特定事物，与之相应，道器之辨关乎形上之域与形下之域、普遍原理与经验对象之间的关系。从更宽泛的层面看，理气关系与道器关系的辨析，同时涉及一般与个别、普遍与特殊等关系。

如果更进一步地考察理气关系背后隐含的哲学问题，则可以注意到，理气之辨同时又涉及"何物存在""如何存在"这样一些天道观或形而上层面的一般哲学追问。就"何物存在"而言，无论是以气为本的气学，抑或以理为本的狭义理学，在肯定现实存在的事物最终都由理和气构成这一点上，具有相通之处，这一看法意味着：离理无物，离气也同样无物。进而言之，从"如何存在"的维度看，问题涉及理与气两者如何定位。理和气对物的构成固然都不可或缺，但两者之中，何者具有更为本源的意义，在这一方面，不同的学派往往立场各异：狭义的理学赋予理以更终极的性质，气论则以气为本。从中国哲学来说，以上讨论属"性与天道之学"中天道之维，可以视为性道之学的历史延续。在更一般的哲学层面上，这种讨论又涉及形而上的追问。

除了理气关系之外，广义的理学还涉及理和心性的关系问题。理气之辨主要指向理和对象世界的关系，理和心性问题的讨论则关乎理和人自身存在的关系。具体而言，这里包含理和心、理和性两个不同的方面。首先是心和理的关系问题。心与个体的精神活动、心理现象、意识观念等相关。意识活动及其结果，总是离不开一个一个具体的人，并且最后落实于个体之上：精神、意识以特定的个体为承担者，而这样的个体又是一种有血有肉的具体存在。与之相对，理主要指一般的本质、原理、规范，等等。这种原理、规范具有普遍性而并不限定在某一特定个体之上。由此便发生了如下问题：超越于个体之上的普遍原理（理），与内在于个体的意识精神（心），究竟有着什么样的关联？一般的原则以什么样的方式来制约个体？这是心和理的关系所涉及的具体问题。与这一问题相关，存在着两个不同学派，即狭义上的理学和理学之中的心学。心学以心立说，对个体的存在也更为注重。在某种意义上，心学有见于普遍原则、规范只有落实并内化于每一个人，才能实际地起作用。狭义上的理学则更关注原则的普遍性，强调每一个体都需要遵循这种普遍原则。

　　与心和理之辨相关的，是理和性的关系。前面提到，理气涉及理和对象世界的关系，理和心性则关乎理与人自身存在之间的关系。从后一方面看，问题既与心相关，也与性相涉。理学视域中的性属本质序列的范畴并以理为其实质性内容，在此意义上，也可以把它看作是理的一种内化形式或理在人之中的具体体现。对理学来说，人之为人的根本规定或本质表现为性，性本身则基于理。一般而言，在心性和理的关系中，持心学立场的理学家比较注重个体之心，由此引出的结论是心与理合一，或"心即理"；以理为第一原理的哲学家，则更为注重性，其基本倾向是强调性与理为一，或"性即理"。"心即理"和"性即理"体现了不同的哲学趋向，前者蕴含着对个体存在的承诺，后者则侧重于肯定普遍本质的优先性。

　　进而言之，在心性层面上，同时涉及气质之性和天地之性、道心和人心的区分。气质之性主要体现的是人在生物学意义上的感性规定，天地之性则更多地呈现为人在道德意义上或人作为道德主体所具有的本质。性的层面上气质之性和天地之性的如上区分又与心的层面上道心和人心的区分具有相关性。在道心和人心之辨中，人心主要与人的感性欲望、感性需求相关联，道心则更多地体现为精神性或理性层面的追求。可以看到，道心和人心之别与天地之性和气质之性的区分，有其实质上的一致性。人心和道心、人的自然欲望和崇高道德追求之间的关系应该如何理解，这是人心道心之辨所涉及的问题之一。与之相应的还有所谓理和欲等关系。欲更多地与人心相关联并相应地体现了人的感性要求，理则首先内化于道心并相应地呈现为理性的规定和理性的追求。从总体上看，在理欲关系上，狭义上的理学对道心和理给予了更多的关注，理学中的心学流派则为承诺人心和人欲提供了某种理论上的空间。

以上两个方面，即广义上理与气的关系和理与心性的关系，本身具有理论上的相关性。逻辑地看，天道层面的理气关系在理学的论域中呈现更原初和本源的意义，人道层面的理和心性的关系，在某种意义上以理与气的关系为形上的依据。具体而言，在天地之性和气质之性的区分中，天地之性以理为内容，气质之性则秉气而生并更多地与气相关。在这一意义上，性的两重形态和理气关系彼此相关联。同样，在道心和人心的区分中，道心表现为理的内化，人心则和人的气质等相关联。在此意义上，心的两重区分，也与理气关系相联系。不难注意到，无论是性的两重形态，抑或心的不同分野，追本溯源，都与理气之辨相涉。由此也可以看到，理学作为一种哲学形态，其中讨论的不同问题之间并非彼此隔绝，而是有着逻辑的关联。

如前所述，理气之辨所蕴含的更根本的哲学问题，是"何物存在""如何存在"，后者同时也是形而上学包括中国哲学的天道观所无法回避的问题：从形上的层面追问世界，总是面临以上基本的哲学关切，理气关系的讨论以一种独特的方式，对此做了自身的回应。与之相关，理和心性之间的关系同样也涉及一个根本性的哲学问题，后者具体表现为："何为人""何为当然之人"，前者（"何为人"）关乎现实的人，后者（"何为当然之人"）则以人的理想形态（当然或应该达到的形态）为指向。理和心性关系的讨论，归根到底是对"何为人""何为当然（理想）之人"的追问。对理学而言，气质之性、人心都是现实的人所不可或缺的。就人心而言，即使圣人也不能免，同样，气质之性也内含于现实之人，按照朱熹的说法，天地之性本身要以气质之性作为承担者。在此意义上，气质之性、人心和人的现实存在无疑相互关联。然而，这主要是就实然的层面说，在理学看来，人不应当停留在实然之维，而是应走向当然，成为人之为人的应然形态，道心和天地之性便体现了人之为人的根本规定，并构成了人区别于其他存在的内在本质。

除了前面提到的理和气、理和心性之间的关系外,理学还涉及心与物的关系。理气相融而为物,由此,物便逻辑地引入理学之中。另一方面,性固然构成了人的普遍本质,但它本身又以心为具体的承担者。这样,理气、心性关系又自然地引向心物关系。心物关系既涉及本体论或形而上的层面,也包含认识论之维的意义。在理学中,心物关系的本体论意义更多地与心学的流派相联系。作为理学的分支,心学的代表性人物,如王阳明等,对理气关系的辨析并不特别关注,其理论上的关切之点更多地体现于本体论层面的心物关系之上。心学对心物关系的考察,主要不是指向外部对象或物理形态的世界,其关心的问题,也非物理世界如何构成,而是更多地着眼于意义世界的生成。王阳明提出"意之所在便是物"[1],这并不是说外部物理世界包括山川草木,都是由人之心所构造,而是指外部世界的意义因人而生成、因心而呈现。这样,心学对世界的关注,便由本然存在的关切,引向了意义世界的关注。从"何物存在""如何存在"这一角度看,意义世界不同于本然存在,本然存在外在于人的知行过程,对这种存在的论说,往往很难避免思辨的构造,理气关系的讨论,特别是在以理为存在的本源和根据的狭义理学中,多少呈现思辨的趋向。比较而言,意义世界基于人的知行过程,可以视为进入人的知行领域的存在,对意义世界的关注,也相应地不同于对存在的思辨构造,而是更多地着眼于世界与人自身存在的关联。可以说,通过心物关系的讨论,心学将对存在的思辨关照引向了意义世界的关切,从而实现了某种本体论上的转向。

此外,心物关系也有广义上的认识论意义。张载曾提到:"大其心则能体天下之物,物有未体,则心为有外。"[2] 这一看法既有境界意义,又包含认识论的内涵。在境界的层面,"大其心"之说肯定人应该扩展自己的精神世界,面向天下万物;在认识论意义上,"大其心"则意味着人应当不断探索,以把握世界的多重存在形态。在这里,对世界的把握与心体本身的丰富,存在着内在的关联。

---

[1] 王阳明:《传习录上》,吴光等编校:《王阳明全集》,上海:上海古籍出版社,1992年,第6页。
[2] 张载:《张载集》,北京:中华书局,1978年,第24页。

在辨析理和气、理和心性以及心物关系的同时，理学又以知与行的关系为论题。如前所述，理与心性的关系所关注的中心问题是"何为人""何为当然（理想）之人"。知行关系的讨论，则进一步涉及"如何达到应然（理想）之人"。仅仅辨析"何为人"或"何为理想之人"，还主要停留于理论的层面，如果不由此走向知和行的过程，则如何实现人之为人的本质、怎样达到理想的人格形态等问题，便无法落实。在这一意义上，知行关系的讨论对理学而言是必不可少的。一方面，理学要求明道、明理、明心、明性，包括在天道观意义上追问"何物存在""如何存在"，在人道观意义上辨析"何为人""何为理想之人"，等等，这都属广义上知的问题。另一方面，理学又一再地把关注点指向如何成己成物、如何成就自我、达到完美的人格形态，后者都与广义之行无法分离。广而言之，知行的关系问题包括如何穷理和致知、道德认识（知）是否需要基于道德践履（行）、如何从知善走向行善，等等。同样，理学论域中的格物致知，也不同于单纯地以思辨的方式把握世界，而是同时要求通过人的身体力行，以实现成己成物。从对象世界来说，传统儒学已提出"赞天地之化育"，理学进一步肯定为天地立心，与天地为一体，其中包含着对人与世界之间互动的确认；就人自身而言，则变化气质、成就完美的人格构成了理学的内在要求。以上两个方面以成就世界与成就人自身为指向，知与行的相互作用则是其题中之义。后来理学中的工夫与本体之辨，可以看作是知行之辨的延续，它所关注的根本问题，也是如何成己成物、达到理想的存在形态，包括如何实现个体意义上的内圣和社会意义上的外王。

三

以上所论，主要涉及理学的基本概念、范畴以及这些概念、范畴之间的逻辑关联和蕴含的哲学问题。如果由此从哲学层面做更深层的考察，则可以注意到，理学的以上讨论进一步涉及当然、实然、必然和自然之间的关系。理学的核心范畴是理，而理的内涵则与当然和必然相联系。朱熹曾概要地对理的内涵作了如下界说："至于天下之物，则必各有所以然之故，与其所当然之则，所谓理也。"① 这里的"所以然"与必然有相通之处,而"所当然"则最终引向人道之域的当然。必然与普遍的法则及原理相联系,当然则与应当如何相关,后者具有规范性的意义。具体而言,作为理的构成或"理之当然",当然表现为两个方面。从目标上看,当然关乎"应该成就什么":就人而言,它指向的是理想(应然)的人格形态;就外在之物而言,则意味着对象的存在形态应合乎人的多样需要或价值目的。理学所肯定的成己与成物,包括在个体层面上走向醇儒,在更广的存在之域达到民胞物与、天下一体,等等,都涉及目标意义上的当然("应该成就什么")。当然又与人的行为方式相联系,亦即关乎"如何做",这一意义上的当然涉及"应该如何成就"的问题。"应该成就什么"与"应该如何成就"彼此关联,两者可以视为当然的不同面向:前者确定价值方向,并引导人们去选择行为的价值目标;后者则规定行为的途径和方式,即告诉人们应当如何去做。知与行的互动问题、本体与工夫的关系问题,都与"成就什么""如何成就"这两重意义上的"当然"相关联。

以上问题并非外在于理学,而是其思想系统本身的题中应有之义。前面提到,按照朱熹的界定,理包含着当然和必然(所以然)两个方面,与理相对的气则主要表现为实然和自然(对象意义上的实然和对象意义上的自然)。在这一意义上,理气关系内在地涉及当然与实然、自然之间的关系问题。同样,心性问题也与此相关。首先,从心性中的心来看,心有道心与人心的分野,按照理学的理解,道心体现了人的理性本质,属人之当然,人应当以道心为一身之主;人心更多地与人的个体存在、有血有肉的身体等相关联,属人之自然。与之类似,心性中的性,具体区分为天地之性和气质之性,其中天地之性体现的是人之必然或当然。从必然来说,天地之性乃是天之所命;就当然而言,人若要使自身走向理想(当然)的形态,就应当变化气质,回归天地之性。与之相对,气质之性秉气而生,更多体现了人的存在中实然和自然的一面。在理学看来,人总是面临如何从实然提升为当然的问题,所谓变化气质,说到底也就是从性之实然(气质之性)提升到性之当然(天地之性),这里同样涉及实然与自然之间的关联。

---

① 朱熹:《大学或问上》,《朱子全书》第六册,第512页。

在哲学层面上,"理之当然"所指向的"应当成就什么""应当如何成就"等问题,具体涉及人的责任、人的义务等等,这种责任、义务,又是通过多样的原则、规范来体现。就人的存在而言,理学不满足于仅仅停留在实然的气质之性或人心,而是追求超越实然、走向理想之境。从总体上看,理学继承儒家成己成物的价值目标,强调成就完美的人格,要求为天地立心,为生民立命。作为人的使命和责任,这些方面都构成了"理之当然"的具体内容。在此意义上,"理之当然"不是空洞的东西,而是有实质的价值内涵,正是这种实质性的具体价值内涵,构成了理学在价值取向上不同于佛老(道)的根本之点:对理学而言,佛老(道)的主要偏向在于疏离甚至放弃人的伦理义务(事亲事兄)和政治责任(君臣之义),从而在根本上架空了价值领域中的当然;理学之突出"理之当然",在相当程度上表现为对佛老如上价值取向的回应,它同时也体现了理学对儒家价值立场的认同。如所周知,从人道的层面看,儒学以仁与礼为其核心,两者从不同的方面规定了人应当如何:仁既肯定了人之内在规定,也蕴含应当尊重人的内在价值的要求;礼则作为广义的规范系统,对人在社会领域应当如何作了更具体的规定,从以上方面看,作为儒学核心的仁和礼都蕴含当然之义。理学突出"理之当然",无疑在人道层面体现了与传统儒学的历史承继关系。

关于广义上的"理之当然"和必然、实然以及自然之间的关系,理学中的不同人物和学派也有彼此相异的理解。首先,当然作为一种理想的、应然的形态,是否有其现实的根据?这一问题涉及当然和实然之间的关系。对理学而言,人道与天道无法相分,人道意义上的当然之则、人伦秩序与天道意义上的存在之序,也非完全彼此悬隔。在这方面,以气为第一原理的气学(气本论)给予了比较多的关注。注重气的张载便认为,气的聚散,并非杂而无序,其间包含内在的条理。天道之域的这种有序性,同样体现于人道之域;天道意义上的自然之序与人道意义上的人伦之序之间,也存在着内在关联。尽管对当然与实然的以上沟通侧重于形而上之维,但就其肯定当然具有现实的根据而言,这一思维趋向仍有积极的理论意义。天道层面的自然之序属实然之域,人道层面的人伦之序则可归入应然之域。人伦之序与自然之序固然难以等同,但从存在的秩序这一方面看,应然之域与实然之域并非截然相分。

当然既与实然相关,又涉及必然。在理学之中,如果说,天道观层面的实然依托于气，那么，必然便更多地体现于理本身。如前所述，理既被理解为当然，也被视为必然：从天道的层面来看，理是内在于世界的普遍法则，这种普遍的法则具有必然的性质。理所具有的当然与必然二重性，使化当然为必然成为可能，后者同时意味着当然意义上的理还原为必然意义上的理。事实上，理学中注重理的哲学家，如二程与朱熹，确实往往趋向于把作为当然的责任、义务，以及人应当遵循的行为准则、规范同时理解为必然。

当然意义上的理向必然意义上的理之还原，与天道观上以理为第一原理、心性关系上强调性体的主导性具有理论上的一致性：突出理的至上性，内在地包含着强化必然的理论趋向。从人道观看，以当然为必然的逻辑结果，则是赋予当然以绝对或无条件的性质，而当然本身则容易因此而被视为某种外在律令。

与当然意义上的理向必然意义上的理还原这一趋向相异，理学中注重心体的哲学家更多地将当然与自然联系起来。在以心立论的心学那里，心或心体具有二重性：它既包含作为当然的理，又内在于个体，后者不仅仅表现为特定的存在，而且与现实之身以及情与意等相联系。身作为生命存在（血肉之躯），包含自然的规定；情与意既有人化的内容，又同时涉及天性（自然的趋向）。心体的以上二重品格，使当然与自然的沟通成为可能。

如何避免将呈现为责任、义务、规范的当然强化为外在律令，是心学所关注的问题之一。以外在律令为形式，作为当然的规范与个体意愿之间便容易呈现紧张关系。与之相联系，化当然为自然的内在旨趣，便是把当然所体现的自觉与自然所蕴含的自愿沟通起来，使普遍的规范由外在的他律转换为个体的自律，由此达到不思不勉、自然中道。

理学突出"理之当然"，体现了其拒斥佛老、返归儒家道统的价值立场。"理之当然"与实然、必然、自然的联系，则既展现了当然的不同维度，也蕴含了天道与人道的交融以及本体论、价值论、伦理学之间的理论关联，理学本身则由此展现了自身的哲学取向。

宋明理学视域中的朱子学与阳明学[*]

吴 震

（复旦大学哲学学院）

宋明理学是中国哲学发展史上的一个重要发展阶段，足以代表其理论典范的则是朱子学与阳明学。历史上，有关宋明理学大致有"理学""道学"或"新儒学"三种称呼，对此，固有必要做概念的澄清，然而"语言"表达一旦约定成俗，便已获得了其本身涵义的相对稳定性，故亦不必过多纠缠，而应重在对思想内涵的把握。在我们看来，有必要树立一个广义宋明理学的学术史概念，将理学、心学乃至气学等宋明时代各主流思想做一番贯通全局的整体性了解。

我们所关注的是先秦传统儒学在宋代的全面复兴，导致儒学的理学化及哲学化的转向，究竟意味着什么？回答这一问题的关键在于我们如何将朱子学和阳明学置于广义宋明理学视域中做出重新理解。无疑的，作为广义理学形态的朱子学与阳明学在理论旨趣等方面既有共同的理论追求，又有观点主张的差异表现，作为儒学第二期发展的典型理论形态，我们应当如何审视其理论关切，并从理学的传统中获取新的思想资源，这是我们今天从事宋明理学研究的一大课题。

---

[*] 本文为国家社会科学基金重大项目"多卷本《宋明理学史新编》"（17ZDA013）的阶段性成果。本文删节版载《哲学研究》，2019年第5期。

一　概念的澄清

概念的澄清，往往是学术研究的一个必要环节。

在十一世纪宋代儒学复兴运动之际，"道学"作为一个特有名词已经出现，见诸张载以及略晚于张载的王开祖。① 二程（程颢、程颐）对于"道学"更有一种自觉，《二程集》中"道学"一词竟出现十次以上，最典型的是程颐的两句话，一则曰："自予兄弟倡明道学，世方惊疑。"② 表明二程初倡"道学"之际，遇到了相当的社会阻力。一则曰："臣窃内思，儒者得以道学辅人主，盖非常之遇。"③ 这是程颐于元祐元年（1086）应召出任崇政殿说书之际，在《上太皇太后书》奏折中的一句话，表明在程颐的意识中，"道学"是他的学问追求。在奏折末尾，程颐更是表达了对自己重新发现"道学"的理论自觉：

> 窃以圣人之学，不传久矣。臣幸得之于遗经，不自度量，以身任道。天下骇笑者虽多，而近年信从者亦众。④

这段话可以与前一年元丰八年（1085）程颐在《明道先生墓表》中所说的一句话合观："先生生于千四百年之后，得不传之学于遗经，志将以斯道觉斯民。"⑤ 足见，道学概念在程颐思想中的分量极重，而且他意识到有必要利用经筵侍讲的绝好机会，将道学向年幼的哲宗皇帝进行灌输。这从一个侧面印证了南宋末年周密（1232—1298）的记载是大致符合史实的："道学之名，起于元祐（1086—1093），盛于淳熙（1174—1189）。"⑥ 尽管周密此人身处宋元交替之际，他对道学

---

① 此处不遑举例，参见姜广辉：《"道学"、"理学"、"心学"定名缘起》，《理学与中国文化》，上海：上海人民出版社，1994年。
② 程颐：《祭李端伯文》，《程氏遗书》卷十一，《二程集》，北京：中华书局，1981年，第643页。
③ 程颐：《上太皇太后书·元祐元年》，《程氏文集》卷六，《二程集》，第542页。
④ 同上，第546页。
⑤ 程颐：《明道先生墓表》，《程氏文集》卷十一，《二程集》，第640页。
⑥ 周密：《癸辛杂识续集下·道学》，《宋元笔记小说大观》第六册，上海：上海古籍出版社，2001年，第5805页。

的看法非常负面,视道学家犹如"典午清谈"(即魏晋清谈)之流,甚至有南宋之亡亡于道学清谈的看法。① 此可见及至宋末,"道学"家群体的社会名声仍然毁誉参半。

其实,到了南宋时代,除"道学"外,"理学"一词也开始流行,主要指儒家的义理之学,以区别于汉唐以来的训诂之学,如陆九渊、张栻、朱熹等人有关"理学"的用法都不外乎此意。② 宋末黄震(1213—1280)更为明确地指出:

> 自本朝讲明理学,脱出训诂。
> 本朝之治,远追唐虞,以理学为之根柢也。义理之学,独盛本朝,以程先生为之宗师也。③

这是说理学的思想实质义理而有别于训诂,上可溯源至唐虞时代的三代社会,下可探寻于北宋二程,而二程才是开创理学的"宗师"。

元代所修《宋史·道学传》的"道学"概念则是专指濂洛关闽之学,特指程朱一系的思想学说,变成了一个狭义的学派概念。清修《明史》则不列《道学传》而将道学人物全部纳入《儒林传》的传统当中。所以近代以来,学术界有关"道学"一词能否涵盖宋明儒学思想的问题向来争议不断。冯友兰在二十世纪八十年代初,撰文为"道学"正名,认为"宋明道学"最为符合宋明时代的思想实际,尽管此说不过是其二十世纪三十年代所著《中国哲学史》的固有观点④,然在八十年代初,此说的重提却有一定的时代意义,即反对"文革"时期一度流行的一个观点:"道学"之名只不过是《道学传》的一种杜撰,不可采信。显然,此说基于对道学的批判立场,进而否认道学的存在事实,而冯氏重提"道学"却在当时起到了矫枉过正的效果。

---

① 周密:《癸辛杂识续集下·道学》,第5806页。
② 分别参见陆九渊:《与李省乾·二》,《陆九渊集》卷一,北京:中华书局,1980年;张栻:《南轩文集·答周子充》;黎靖德编:《朱子语类》卷六十二,北京:中华书局,1986年。
③ 黄震:《读论语》,《黄氏日抄》卷二,张伟、何仲礼主编:《黄震全集》第一册,杭州:浙江人民出版社,2013年,第5页;《跋尹和靖家传》,《黄氏日抄》卷九十一,《黄震全集》第七册,第2420页。
④ 冯友兰:《略论道学的特点、名称和性质》,《论宋明理学》,杭州:浙江人民出版社,1983年;《中国哲学史新编》第五册,北京:人民出版社,1987年。

不过，平心而论，道学与理学虽名称不同，然两者的理论旨趣实有相通之处，故不必在名称问题上较短长。况且冯先生在二十世纪三十年代所作的"哲学体系的一个总纲"①——《新理学》(1939)，便是"接着讲"朱子理学的一种哲学创造。在我们看来，在天道、天理以及人性等根本理论问题上，宋明儒者抱有基本的共识，不论是程朱理学还是陆王心学，他们对于天道性命的共同信念，构成了中国近世思想发展的主旋律。

关于"新儒学"(Neo-Confucianism)，原是在西方学界普遍流行的一个译名，用以泛指宋明理学(道学)的思想学说。关于其缘起，有研究表明，其实早在十七世纪传教士来华之后，目睹宋明儒所倡之新思想，因仿当时新柏拉图主义(Neo-Platonism)之名，而刻意造了一个新词"Neo-Confucianism"②。尽管它当时在中国并未留下任何影响，其涵义所指无非是广义宋明理学，既含道学亦含心学等宋明儒学新思潮。不过，陈寅恪却在1934年为冯友兰《中国哲学史》下册所作的《审查报告》中屡用"新儒学"及"新儒家"之概念，用以泛指广义宋明理学，但他并没有交代这一概念的缘起问题，或许在二十世纪二三十年代，"宋明道学家即近所谓新儒家之学"③的说法已成当时学界常识亦未可知。陈寅恪对宋明新儒学有一句很重的判断：

> 中国自秦以后，迄于今日，其思想之演变历程，至繁至久。要之，只为一大事因缘，即新儒学之产生及其传衍而已。④

---

① 冯友兰：《三松堂自序》，北京：人民出版社，1998年，第234页。
② 陈荣捷：《理学的历史与发展》，《宋明理学之概念与历史》，台北："中央研究院"中国文哲研究所筹备处，1996年，第286页。
③ 冯友兰：《中国哲学史》下册，北京：中华书局，1961年，第800页。然冯氏也坦言"中国实只有上古与中古哲学，而尚无近古哲学也"，故其著上下两册《中国哲学史》虽讲到近代康有为、廖平为止，然他认定中国哲学史只有两个时代的区分，"子学时代"和"经学时代"；而"自董仲舒至康有为，皆中古哲学，而近古哲学则尚甫在萌芽也"(《中国哲学史》下册，第492—493页)。此即说明冯氏本人并不认同宋代以降的中国哲学已摆脱中古而进入"近古"的时代，也就无所谓"新儒家"的产生。只是冯氏认为在中古哲学的"旧瓶"中"可有新意义"的学说出现，尽管这些新意义不必以"新术语表出之"，但仍可称作"以旧瓶装新酒也"(《中国哲学史》下册，第493页)。陈寅恪或是有感于此，而发出宋代新儒学的产生乃是两千年来中国思想史上的"一大事因缘"之感叹。
④ 陈寅恪：《金明馆丛稿二编》，北京：生活·读书·新知三联书店，2001年，第282页。

这是将宋代新儒学的产生称作中国两千年来思想史上的"一大事因缘",其评价之高,颇值回味。

二 广义的视域

本来,关于宋明理学可以有不同角度的理解,就其时代言,横跨十一世纪至十七世纪的六百年,就其内涵言,涉及理学理论的概念系统及其所蕴含的哲学问题,就其思想的历史地位言,堪称中国儒学思想发展的第二期重要阶段(关于儒学发展的"三期说""四期说",本文搁置不论),就其理论的代表形态言,则非十二世纪朱熹开创的朱子学及十六世纪王阳明开创的阳明学莫属,因为朱子学与阳明学具有贯通宋明理学的理论历史地位,宋明理学的哲学问题大多可以从朱子学与阳明学的理论系统中找到其原初形态及其扩散演变之轨迹。因此,透过朱子学和阳明学这两扇窗户,可以使我们得以一窥宋明理学的整体思想动向。

所谓广义宋明理学,是将宋明理学视作一场整体性的思想运动,尽管其理论建构包含不同阶段的历时性发展,对此,我们需要从理论与历史这两个层面来进行思考和把握。首先,这将涉及如何理解朱子学和阳明学的义理系统问题;其次,将涉及如何把握朱子学和阳明学的历史地位问题。就学术史的特定意义而言,朱子学表示朱熹的哲学思想,阳明学表示王阳明的哲学思想,可是,若以为仅以朱王两人的思想言说便能把握理学的整体性特征,则必导致学术视野的自我局限,而难以对宋明理学的整体性意义有一个纵览全局的真正把握。

因此,我们有必要对朱子学和阳明学从更宽阔的视野作一番重新"定义",尽管这项定义是描述性的,是对横跨宋明时代的朱子学和阳明学的思想现象的一种描述,而并不是从学科意义上,对朱子学和阳明学的学术概念的内涵和外延所做的明确界定。在我们看来,可以从不同角度来审视:从类型学的角度看,朱子学代表了理学形态,阳明学代表了心学形态;从学术史的角度看,事实上,无论是朱子理学还是阳明心学,应当都是宋明道学思潮的总体性产物;若从纵览全局的视野看,朱子学和阳明学无疑是宋明新儒学的两大理论高峰,在理论性质上，属于中国儒学传统中"重理主义"与"重心主义"的两种理论形态。

重要的是，我们可以从广义上来重新理解朱子学和阳明学这两种理论形态。因为任何一种理论的形成，固然是思想家个人的理论创造之结果，然而所谓理论创造又绝非抽离于历史文化发展过程的孤立现象，例如朱子学不仅是朱子个人的思辨结果，更是理学思潮的理论结晶，也是宋代新儒学的理论集大成之结果，因为北宋的周（敦颐）、张（载）、二程（程颢、程颐）的思想构成了朱子学的重要资源，这就表明朱子学乃是广义上的道学理论建构，若将两宋道学加以互不关联的切割，恐怕朱子学便成了一种悬空架构。

另一方面，从历史文化的发展角度看，任何一种有生命力的哲学理论都具有不断诠释与发展的可能性，因而具有动态的开放性特征，故朱子门人及其后学对朱子思想的不断诠释乃至理论推衍，理应作为广义上的朱子学而得到应有的重视。也正由此，可以说朱子学作为一种哲学思想遗产，它不仅是朱子个人的思想，更是经近世诸儒或后世学者对朱子学的思想再生产，从而不断丰富发展的理论学说。广而言之，十三世纪传入朝鲜和日本之后的朱子学经过不断诠释得以形成的朝鲜朱子学和日本朱子学也应属于广义朱子学的范围，尽管它们在理论形态等诸多方面与中国朱子学相比已发生了各种本土化的转向。同样的道理，阳明学也有广狭两义之分，这里就不必赘述了。

基于上述立场出发进行思考，一方面，可以促进我们对于朱子学和阳明学的理论本身的全方位了解，与此同时，也可借助广义的朱子学和阳明学，推动我们对于宋明理学的重新认识，也就是说，以广义的朱子学和阳明学作为观察宋明理学整体运动的两大审视坐标，进而将宋明理学史上的各种理论环节贯穿起来，必将有助于开拓宋明理学研究的新视野。

然而，朱子学和阳明学作为学术用语，此前学界有一种观点认为其或有可能来自近代日本而非中国固有的名称，其实不然。我们知道，就在南宋末年的理宗期间（1241—1252），盛行一时的"新学"代表人物王安石被罢祀，而理学代表人物二程到朱子都获得了从祀孔庙的荣誉，这不仅意味着朱子等一批理学人物终于从庆元党争中彻底恢复了名誉，而且意味着程朱理学（即广义朱子学）重新获得了"学统"上的正统地位。举例来说，大致就在十三世纪末，江西上饶郡守韩补撰写的一副对联具有特殊的象征意义："四海共宗朱子学，万山环绕紫阳祠。"① 这象征着"朱子学"作为一种学术用语被正式定格。

入元之后,"朱子学"几乎成了朱子后学思想认同的一种"符号",例如程端礼(1271—1345)便非常明确地指出:

> 惟国朝自许文正公以朱子学光辅世祖皇帝,肇开文运,百年之间,天下学者皆知尊朱子所注之经以上遡孔孟,其功大矣。②

许文正即许衡(1209—1281),程端礼称其用朱子学辅佐元世祖忽必烈,由此使得国家的文运盛开,更使天下学者"皆知尊朱子所注之经",表明朱子学的学术地位得以稳固,且由此获得了政治"合法性"。自此以往,朱子学作为学术概念不仅得以确定,而且朱子学的一套思想观念也得以不断扩展壮大,1313年,程朱理学被正式悬为科考功令,借此,朱子学逐渐上升为国家意识形态。

至于"阳明学"一词,大致在十六世纪初叶既已出现,与阳明大致同时的弘治六年(1493)进士汪俊曾以批评的口吻,指出:"阳明学不从穷事物之理,守吾此心,未有能中于理者,无乃自背其说乎?"③此处的"阳明学"当是指狭义的阳明思想,这大概是"阳明学"最早出现的一个案例。及至明代中期,"阳明学"一词已呈流行之迹象,如心学批判者陈建(1497—1567)便说:

> 阳明学专说悟,虽六经,犹视为糟粕影响、故纸陈编,而又何有于朱子?④

又如根据晚明时代邹元标(1551—1624)的观察,北方王门的两位重要开拓者张后觉(1503—1580)与孟秋(1525—1589)之间的思想传授便是以"阳明

---

① 方回(1227—1307):《送紫阳赵山长治台叟三首》,《桐江续集》卷二十五,《文渊阁四库全书》本。
② 程端礼:《弋阳县薪修蓝山书院记》,《畏斋集》卷五,民国《四明丛书》本。
③ 黄宗羲:《诸儒学案二·文庄汪石潭先生俊》,《明儒学案》卷四十八,北京:中华书局,1985年,第1142页。
④ 陈建:《学蔀通辨》续编卷下,明嘉靖刻本,第81页。由于陈建此书很快传入朝鲜,并受到朝鲜朱子学开创祖师李退溪的大力推崇,此后又经由朝鲜而传入江户日本,受到江户儒者藤原惺窝的重视,可以想见,"阳明学"一词的负面影响不胫而走,迅速波及东亚儒学思想圈。参见吴震:《东亚朱子学与中国哲学的丰富性展示》,《哲学动态》,2019年第1期。

学"为核心①；陈龙正（1585—1645）甚至将"阳明学"一词纳入一篇文章的题名中，指出有一些所谓的"雄杰者"对阳明学的理解已陷入"玄解捷径、超然独得"的偏向②，这显然是对晚明心学趋于"玄荡""高妙"的一种思想史判断。

入清之后，《明史·王守仁传》则有"学者翕然从之，世遂有'阳明学'云"的明确记载，显然，这里的"阳明学"一词已有了广义上的含义，并非仅指阳明个人的思想学说，而是涵盖了中晚明以来作为心学思潮的"阳明学"。③

三 理气的建构

关于宋明理学，我们可以朱子学作为一个起点来进入思考。朱子学理论的基本关怀大致有三：一是存在论，以"所以然之故"的"理"作为世界存在的基本方式，因而"理"带有秩序性的含义，反映了世界秩序，与此同时，"气"是构成一切存在的基本要素，因而"气"又与"理"构成不离不杂的理气二元之关系；二是伦理学，以"所当然之则"的"理"作为人伦社会的基本方式，因而"理"带有规范性的含义，反映了伦理秩序；三是心性论，朱子学认为"心"具有统摄性情的功能义和主宰义，但"心"并不是存在论意义上的本体概念，唯有"性"才是与"理"一般的本体存在，故有"性即理"的命题提出而绝不能认同"心即理"，同时，由于"气"的介在性作用，因而构成了气质之性与本然之性的二元格局。

合而言之，"理"作为理学的首出之概念，其基本含义即指"秩序"，泛指一切存在的秩序，包括宇宙、社会乃至主体存在的心性都有"本然如是"的存在方式。从语源学的角度看，"秩序"一词源自《尚书》"天秩天序"，本义是指上天一般的存在秩序，引申为秩序的必然性而非人为性，换言之，任何一种存在秩序都是客观事实，而非人为的设计结果。理学家的"天理"观便具有客观实在的特性，在这个意义上，秩序意味着天理的"自然"性及"实在"性，故二程有

---

① "里有宏山（张后觉）先生者，夙志阳明学，公（引者按，即孟秋）贽而受学。"（邹元标：《我疆孟先生墓志铭》，《愿学集》卷六上，《文渊阁四库全书》本，第201页）
② 陈龙正：《阳明学似伯功》，《几亭外书》卷一，明崇祯刻本，第24页。
③ 参见吴震：《再谈两种阳明学——近代日本阳明学的问题省思》，《社会科学战线》，2018年第7期。

"天理自然""天下无实于理"以及"惟理为实"① 等观点,而朱子更明确提出了"天下之物,皆实理之所为"② 以及"实理""实有此理""实有"③ 等理学实体观。这些"实理""实有""实体"等概念的出现,意味着向来表示阴阳气化的自然天道宇宙观向"形而上学"(作为理学用语)意义上的本体宇宙观的理论转进,在儒家观念史上可谓一大标志性事件。

然而,涉及伦理主体的"心"如何与客观实在的"理"打通融合,却是朱子学与阳明学共同思索的理论目标,也由此而产生了理学与心学的理论紧张。问题的复杂性在于,在心与理之间,又有"气"的存在因素介入其中,而"气"是一种差异性的存在,具有限制性作用,所以"气"的问题又成为理学(亦含心学)不得不共同面对的一大理论焦点。

从广义的角度出发,我们会发现被以往学界的研究所遮蔽的现象:朱子理学及阳明心学在"心即理"这一关涉哲学基本立场的问题上虽然存在尖锐的观念对立,然而在其理论内部却也共享着诸多"新儒学"的思想资源,就在朱子理学的内部构造中,并不缺乏诸多有关"心学"问题的关注和探讨,同样即便在阳明心学的理论系统中,也不缺乏对"天理"及"性即理"命题的认同,而在如何实现成就自我德性的同时,亦要求尽量扩充自己的德性以及于整个社会,在这一德性实践的工夫论领域中,朱子理学或阳明心学都同样秉持"存天理、去人欲"的基本观念。因为按照新儒学的基本设想,对于任何一种基于人心欲望而发生的有可能偏离正轨的情欲追求,都必须置于本心或天理的规范之下来加以疏导和规范,而绝不能放任一己之私的欲望得以无限地膨胀。

另一方面,构成理学一大理论基石的是本体宇宙论。无论在理学还是在心学看来,理作为生物之本的形上之理,气作为生物之具的形下之气,绝不是彼此割裂的两个世界,而是具有关联性、连续性的"一个世界",这个"世界"不仅表现天道与人道的接续不断,而且表现为"性与天道"的内在联系,即人性内在地蕴含天道的意义。若从宇宙论的角度看,朱子认为,理若无气作为其自身的

---

① 程颢、程颐:《程氏遗书》卷二上,《二程集》,第30页;《程氏遗书》卷三,《二程集》,第66页;《二程粹言》卷一,《二程集》,第1169页。
② 朱熹:《中庸章句》第二十五章,《四书章句集注》,北京:中华书局,1983年,第34页。
③ 黎靖德编:《朱子语类》卷九十四,第2365页;《朱子语类》卷六,第104页。

挂搭处，则理便无法流行发用，只是理气在结构上的这种"不离"之特性，并不意味着否定理气在本源意义上的"不杂"之关系，因为理气的存在形态毕竟分属形上形下。然而若从价值论的角度看，理作为一切存在的依据，其价值和意义必借助于实在性的气而得以呈现，由此，理才不至于沦为观念抽象。理不仅是所以当然之则，更是绝好至善的表德，而"性即理"这一程朱理学的至上命题，正是在此意义上得以成立的。

就阳明学而言，作为终极实在的良知一方面构成了人心的实质内涵，同时又须通过实在世界（气）的流行发用得以呈现自身的意义，故良知在"一气流通"的过程中得以展现其"生生不息"的生命力。只是从本体论的视域看，良知本体固不必有赖于气而存在，良知与气或心与气并不构成宇宙论意义上的理气关系，故阳明学的理论旨趣并不在于重建理气宇宙论。① 但在阳明学的观念中，良知本体作为一种实体存在，同时又在日月星辰、山川草木中发用流行。这就与近代以来西方哲学传统必将本体与现象、超越与内在、思维与存在严格两分的思维格局显然不同。

从比较的视域看，中国哲学的一个重要智慧是天人合一、体用不离。在体用问题上，宋明儒者秉持有体必有其用的观念，主张体用不分、相即不离，这也正是程颐强调"体用一源，显微无间"的奥秘所在，也是朱子学所表明的"形而下即形而上者"，"理一"与"分殊"交相辉映的智慧反映。朱子明确指出：

> 形而下即形而上者，《易传》谓"至微者理"，即所谓形而上者也；"至著者象"，即所谓形而下者也。"体用一源，显微无间"，则虽形而上形而下，亦只是此个义理也。②

另一方面，"体用一源"并不意味着否认体用分属形上形下的存在事实，故朱子又说："至于形而上下却有分别，须分得此是体，彼是用，方说得一源；分得此是象，彼是理，方说得无间。若只是一物，却不须更说一源、无间也。"③ 而

---

① 参见吴震：《论王阳明"一体之仁"的仁学思想》，《哲学研究》，2017年第1期。
② 朱熹：《答吕子约》第十三书，《朱子文集》卷四十八，《朱子全书》第二十二册，上海：上海古籍出版社、合肥：安徽教育出版社，2002年，第2227页。
③ 同上。

朱子对"体用"概念的贞定是明确的:

> 大本者,天命之性,天下之理皆由此出,道之体也。达道者,循性之谓,天下古今之所共由,道之用也。①

可见,朱子学的体用观涉及天道与性命两个方面,属于理学本体论的建构。

归根结底,在气所构成的现实世界或伦理世界中,天道性命得以生生不息、流行发用,这是因为天道性命既是本体存在,同时又必然在现象世界中展现自身的缘故。也正由此,故谓体无定体、即用而显,表现在德性的行为方式上,便有了"即用求体"的为学主张。如阳明曾说:"心无体,以天地万物感应之是非为体"②,所以"君子之学,因用以求其体"③。要之,"理一分殊""体用一源""即用求体"等理学话语,应当是广义朱子学和阳明学所共享的基本观念。

总之,在理学或心学的理论内部,并不缺乏有关"气"这一实在性问题的探索,"气"并不是所谓"气学"家的专利,只是气学理论有自身的特色,即大多数气学家不能接受本体论意义上的"理气不杂"的观点,转而认定结构论上的"理即气之理"的观点,否定在气之上或气之外存在另一种实体性的天理,从而将气看作是一切存在的本源,甚至是德性存在的唯一"实体",如"阴阳五行,道之实体也;血气心知,性之实体也"④之类。这种气学思想自宋明发展到明清时期,形成了重要的思想流派,对天理实体化观念展开了集中的批判,出现了一股"去实体化"思潮。⑤故从狭义的观点看,将宋明思想规定为理学、心学与气

---

① 朱熹:《中庸章句》第一章,《四书章句集注》,第18页。
② 吴震解读:《中华传统文化百部经典·传习录》中,北京:国家图书馆出版社,2018年,第277条。
③ 王阳明:《答汪石潭内翰·辛未》,吴光等编校:《王阳明全集》卷四,上海:上海古籍出版社,1991年,第147页。阳明弟子欧阳德(1496—1554)洞见到阳明此说反映的正是"体用一原"的重要智慧(《答聂双江》第二书,《欧阳南野先生文集》卷五,隆庆三年序刻本,第37页下)。然而在阳明后学的发展过程中,也有人认为阳明立足于"发用"的这一观点有可能导致人随转而忘却本体的弊病,如罗洪先(1504—1664)便担心此说会产生"执用而忘体"(引自顾宪成:《小心斋札记》卷十八,台北:广文书局,1975年影印本,第419页)的不良后果,明末儒者刘宗周更是批评阳明此说"与龟山门下相传一派,显相矛盾"(《答韩参天·庚辰》,《刘子全书》卷十九,道光年间刻本,第41页下)。
④ 戴震:《孟子字义疏证》,北京:中华书局,1982年,第21页。
⑤ 陈来:《元明理学的"去实体化"转向及其理论后果——重回"哲学史"诠释的一个例子》,《诠释与重建:王船山的哲学精神》,北京:北京大学出版社,2004年,第394—421页。

学三足鼎立的格局，不失为一种言之有据的学术史区分方法[①]，只是本文并不取此立场，可暂置勿论。

四 道德与知识

但是，从分析的观点看，德性须在形质上得以呈现自身的命题，转化为德性须有赖于形质而存在的命题，这与其说是一种理论上的转进，还不如说是一种理论上的错置，因为从前者并不能合理地推出后者。即便如戴震所说的"德性资于学问"[②]这句命题，也并没有真正地解决这样一个问题：一种有关实然世界的客观知识何以可能转化出应然世界的价值知识？一个人的德性培养固然可以通过后天的知识学习得以扩充，但是一个缺乏德性的人在知识学习过程中，也许其结果适得其反，滋生出某种非德性的人格和习性。因为按照广义的理学观点，他们达成的一项共识是：德性之知不依赖于闻见之知而有。

也就是说，经验知识并不能倒过来成为德性存在的基础。所以，成德之学的关键在于"明德"的指引，唯有如此，才会使知识活动的"学"成为真正意义上的"为己之学"（孔子）、"自得之学"（孟子）、"切己之学"（程朱）、"身心之学"（阳明），否则，便成了一种所谓的"口耳之学"。如阳明所言："世之讲学者有二：有讲之以身心者，有讲之以口耳者。"[③]阳明弟子王畿做了进一步解读：

> 讲学有二：有以口耳者，有以身心者。入耳出口，游谈无根，所谓口说也；行著习察，求以自得，所谓躬行也。[④]

此处所云"自得"，即孟子所说的"自得之学"，在心学家看来，这也就是儒学的躬行之学、实践之学。既然是实践之学，其背后必有天理良知作为其依据始有

[①] 参见山井涌：《明清思想史の研究》，东京：东京大学出版会，1980年。
[②] 戴震：《孟子字义疏证》，第15页。
[③] 吴震解读：《中华传统文化百部经典·传习录》中，第172条。
[④] 王畿：《书同心册后语》，《龙溪会语》卷六，吴震标点整理：《王畿集》附录二，南京：凤凰出版社，2007年，第782页。

可能。由此可见，"德性资于学问"虽有见于知识对于德性的养成具有充分条件，但却不能证成后者构成前者的必要条件，戴震欲以此命题来推翻一切实践之学的形上依据——本然之性或本来良知，却不知"闻见之知"作为经验知识而有其自身的局限性，并不足以颠覆理学的形上学建构。

须指出的是，德性与知识的问题往往被转换成考据与义理的问题，这是戴震哲学的一个隐秘思路。然而，两者属于不同领域的问题，不可互相替代。前者属于如何成就自己德性的伦理学领域，追问的是"成己之学"的最终依据究竟何在的问题，其中涉及德性能否成为构建伦理学的基础等问题；后者属于如何确切地把握知识的方法论问题，追问的是知识获得须通过经典考据还是须通过对文本义理的了解才有可能的问题，就此而言，戴震力主训诂明则义理明的为学立场本无可厚非，如同哲学建构往往需要哲学史的知识一般。问题在于戴震所谓的"义理"既不同于宋明儒所说的"性与天道"，则由考据以明义理的说法便与道德与知识的问题发生脱节。

从历史上看，在宋代朱子与象山的时代，尊德性与道问学的关系问题确已成为理学内部的一个争论焦点，及至明代阳明学的时代，遂演变成良知与知识之争。在十二世纪八十年代中期，朱子对于自己平生多用力于道问学有所反省，意识到尊德性与道问学应当互相"去短集长"，他说：

> 大抵子思以来教人之法，惟以尊德性、道问学两事为用力之要。今子静所说专是尊德性事，而熹平日所论却是道问学上多了……今当反身用力去短集长，庶几不堕一边耳。①

可见，朱子洞察到当时社会上存在两种为学趋向，而且深知陆象山与自己在此问题上存在差异，而欲弥合双方的缺陷。朱子在《答项平父》第四书中也透漏了相似的看法，他说：

---

① 朱熹：《答项平父》第二书，《朱子文集》卷五十四，《朱子全书》第二十三册，第2541页。此书作于1183年，参见陈来：《朱子书信编年考证》增订本，北京：生活·读书·新知三联书店，2007年，第572页。

> 近世学者务反求者便以博观为外驰，务博观者又以内省为隘狭，左右佩剑，各主一偏，而道术分裂，不可复合，此学者之大病也。若谓尧舜以来所谓兢兢业业便只是读书程课，窃恐有一向外驰之病也。如此用力，略无虚闲意思、省察工夫，血气何由可平，忿欲何由可弭耶？①

这里，朱子显然对当时存在的"反求内省"与"博观外驰"的两种为学趋向均有不满，认为各执一端，必将导致"道术分裂"的后果，他认为尧舜以来教人为学工夫绝不限于"读书程课"而已，更重视平日的涵养省察工夫，足见朱子对尊德性一路的为学主张未必没有同情的了解和深切的洞察。

关于朱子思想的这一微妙变动，很快被陆象山所察觉，但在他看来，朱子此说似是而非，并提出了尖锐的质疑："既不知尊德性，焉有所谓道问学？"②这表明象山坚信德性是一切学问的前提，因为"形而上者"的道德性命之学才是根本学问，而"形而下者"的名物度数之学则不足以体现孔子"吾道一以贯之"的儒学精神，象山与弟子的一场对话就充分表明了这一观点：

> 或谓先生之学，是道德性命，形而上者；晦翁之学，是名物度数，形而下者。学者当兼二先生之学。先生云："足下如此说晦翁，晦翁未伏。晦翁之学，自谓一贯，但其见道不明，终不足以一贯耳。吾尝与晦翁书云'揣量模写之工，依仿假借之似，其条画足以自信，其节目足以自安'，此言切中晦翁之膏肓。"③

这一对话给人以一个明确信息：在象山的意识中，其与朱子之争乃是"形而上学"与"形而下学"之争，两者涉及基本的哲学立场，故容不得丝毫的退让。

四百年后，当王阳明注意到朱陆之间有关尊德性与道问学的问题争论时，他可以比较冷静地做出判断，并且从朱子的字里行间，洞察到朱子虽欲调和两

---

① 朱熹：《答项平父》第四书，《朱子文集》卷五十四，《朱子全书》第二十三册，第2542页。此书作于1186年，参见上引陈来书，第572页。
② 陆九渊：《语录上》，《陆九渊集》卷三十四，第400页。
③ 同上，第420页。

种为学方法，但其前提立场显然有误，仍然是"分尊德性、道问学作两件"了，同时，阳明也不愿重新激发朱陆之争，因而主张德性与问学应同时并重，尊德性不能"只空空去尊，更不去问学"，道问学也不能"只是空空去问学，更与德性无关涉"。① 表面看，阳明似在调和朱陆，然而在道德与知识何者为重为本的根本问题上，阳明显然有其自身的哲学立场，对一味追求外在客观知识而忘却"本心"的为学取向不以为然，认为这在为学方向上犯了"舍心逐物"的根本错误。至于他提出"道问学即尊德性之功"②的观点，也应放在心学脉络中才能获得善解。在我们看来，这个说法无疑凸显了德性才是问学之本的心学立场，如同阳明一再强调的"约礼"是"博学"之本、"诚意"是"格物"之本一样。

晚年阳明在提出致良知学说之后，更是坚定了"知"乃良心之知、德性之知而非通常意义上的"见闻知识"这一心学立场，进而对朱子学发出了"纵格得草木来，如何反来诚得自家意"③的根本质疑。显然，这是针对朱子学偏重于"即物穷理"的外向知识活动而言的，凸显了致良知而非格物在儒学工夫论中的核心地位，表现出阳明学在完善自我的成德之学的实践问题上，与朱子学的格物论格格不入。阳明学之所以与朱子学发生这些思想分歧，当然需追问另一更为根本的问题：朱子学和阳明学的哲学根本问题究竟何在？若紧扣宋明理学的语境来追问，亦即如何审视和定位心与理的关系问题。

五 义理的拓展

从广义的视域以观理学，理学无疑是中国哲学的一个重要形态，其中内含程朱理学和陆王心学。今人喜说"哲学"，若按宋儒对传统学术的类型学之说，哲学便是义理之学，而有别于词章之学和训诂之学；而就学问之本质看，词章之学不过是"能文者"，训诂之学不过是"谈经者"，前者沦为"文士"而后者适成"讲师"而已，唯义理之学才是"知道者"，乃真"儒学"。④ 因此，儒学唯以

---

① 吴震解读：《中华传统文化百部经典·传习录》下，第 324 条。
② 吴震解读：《中华传统文化百部经典·传习录》上，第 25 条。
③ 吴震解读：《中华传统文化百部经典·传习录》下，第 317 条。
④ 程颐："今之为学者歧而为三：能文者谓之文士，谈经者泥为讲师，惟知道者乃为儒学也。"（《程氏遗书》卷六，《二程集》，第 95 页）《程氏遗书》卷十八也有类似的说法，参见《二程集》，第 187 页。

"道"为根本问题,宋代所创新儒学运动之所以被称为"道学",盖有以也。

"道"的主要指向有三个维度:自然、社会与人生;关涉宇宙秩序、社会秩序及心性规范的基本问题。在宋明理学家看来,秩序或规范不单纯是制度形式的存在,更在人的精神世界中得以内化,从而获得内在性。而此内在化秩序便与人的主体存在有密切之关联,正是由于天道天理内在于人的心性之中,从而使超越的形上之理发生了内在化转向,并使儒家存心养性事天的工夫实践获得一以贯之的可能。因此,进入心性论域而非单纯宇宙领域的"道"或"理",对于宋明理学具有重塑儒学理论的建构性意义,尤其对于重建儒家心性论具有关键作用。

然而正是在这一问题上,理学内部引发了重要的歧义,主要表现为心与理的关系问题,两者究竟是直接同一的关系还是未来理想的目标,即在理论上,心与理的同一性何以可能,以及在现实上,心与理为何不能直接同一。此处所谓"直接同一",意指两者是先天的、本质上的同一,而不是由后天的分析判断所得之结果;而且这种"同一"是指本体论意义上的存在事实,而不是指工夫论意义上的可能性预设。这种本体论的普遍主义思维显然更多地与孟子有直接的关联。

正如孟子"人皆可以为尧舜"的命题所示,这里的基本预设是人心之所"同然"。所谓"同然",涵指人与人、人与圣人共同拥有"如其本然"或"如其所是"的本质存在[①],用心学语言来表述,即象山那句名言"人同此心,心同此理",亦即阳明所坚守的信念,良知存在"无间于圣愚,天下古今之所同也"[②]。这些心学观点乃是一种本体论论述,特别是对孟子本心学说的本体论诠释,其立论基础无疑是心学的至上命题"心即理",而此心学命题不仅是对理学而且是对儒家心学传统的义理开拓。至于晚明有些儒者出于对心学末流的反拨,竭力从工夫论视域来理解孟子"人皆可以为尧舜"的命题,认为此说的重点在于一个实践义的"为"字,如果在"人"与"尧舜"之间,略去一个"为"字,而在两者之间直接画上等号,则不免导致"猖狂无忌惮"之弊端。[③]

---

① 参见王博:《"然"与"自然"——道家"自然"观念的再研究》,《哲学研究》,2018年第10期。
② 吴震解读:《中华传统文化百部经典·传习录》中,第179条。
③ 参见顾宪成:《顾文端公遗书·当下绎》。

其实就在理学开创之初，周敦颐便已明确提出"圣可学"(《通书·圣学》)之说，二程受此影响，程颐在其少年之作《颜子所好何学论》(《程氏文集》卷八)中，拈出了"圣人可学而至"这句名言。于是，由凡入圣遂成为宋明理学的思想口号乃至人生信念，在整个宋明理学发展史上留下了深远的影响，成为儒家士大夫共同秉持的期许和志向。

但是，成圣在作为工夫实践的目标之前，首先须思考并回答的问题是：成圣的依据究竟何在？换言之，这也就是成圣工夫的本体论依据究竟何在的问题。二程对此就曾做出明确的回答："人自孩提，圣人之质已完。"①这显然是将成圣的依据诉诸先天的人性，认为任何人在本质上已充分具备如同"圣人"一般的善良本性，换种说法，二程是将成圣依据诉诸儒家"性善说"这一本质主义人性理论的基础之上。毫无疑问，程朱理学和阳明心学都共享着新儒学这一理念。

不过，阳明学将成圣依据更直接诉诸每个人内心先天内在的"良知"，因为阳明学的良知理论有一个核心的观念是：

> 愚不肖者，虽其蔽昧之极，良知又未尝不存也。苟能致之，即与圣人无异矣。②

这就深刻地揭示出每个人之所以能成圣的依据就在于内在良知，正是由于良知是一种普遍存在，故在"圣愚"之间就不存在任何本质差异，在某种意义上，良知不仅是善良德性，更是内在人心中的"圣人"本身，故阳明有"人人胸中有仲尼""满街都是圣人"这一普遍主义论述。唯须指出：这项论述是本体论命题而非工夫论命题。③表面看，这一论述似有可能导致人心的自我膨胀，然对阳明而言，这并不单纯地涵指良知内在化，更是良知作为一种普遍性存在的推演结论，揭示出良知心体具有具体普遍性的特征。此即说，良知心体不是观念的抽象而是普遍存在于人心的当下具体呈现，犹如"圣人"即刻当下存在于人心之

---

① 程颢、程颐：《程氏遗书》卷六，《二程集》，第81页。
② 王阳明：《书魏师孟卷·乙酉》，《王阳明全集》卷八，第280页。
③ 参见吴震解读：《中华传统文化百部经典·传习录》下，第313条点评，第481—483页。

中一般。

必须指出,阳明晚年强调的良知圣人化这一思想观念,如同良知天理化一样,都充分表明阳明欲将原本作为道德意识的良知做一番神圣化乃至实体化的理论转向,如其所云:"善即良知,言良知则使人尤为易晓。故区区近有'心之良知是谓圣'之说。"① 究其实质而言,良知的神圣化意味着心体的形上化,旨在强调作为主体存在的良知具有普遍客观性。也正由此,良知不仅是个体性道德意识,同时也是社会性道德的存在依据,更具有"公是非,同好恶"② 的公共理性力量。毋庸置疑,阳明的这一良知理论与其心学第一命题"心即理"恰构成一套循环诠释的系统,可以互相印证,如同心体即良知、良知即天理一样,构成了一套严密的论证环节,缺一不可。故对阳明而言,他必得出"心是理""心即天"的结论,即谓良知本心就是形上存在,与天理拥有同样崇高的本体地位。

总之,在朱子,他根据自己的理学理路,虽然认定在工夫境界的意义上,有必要最终指向"心与理一"的实现,但却不能在存在论意义上,认同心与理具有"当下如是"的直接同一性,更不能承认在人心意识之外,存在另一个本体论意义上的"心体",这就与以"心即理"为基本信念的阳明学形成重要对立。这一思想事实表明在广义宋明理学内部存在两种不同的理论旨趣:一方面,朱子学对心的问题始终保持高度的思想警惕,认为心具有认知能力或意识能力,也有主宰身体运作的功能作用,但却不可能具有等同于"理"的本体论地位③;另一方面,在阳明学看来,心不仅具有道德感知能力、意识作用,更主要的是,人心就是先天内在的道德本性,是道德情感和动力之源泉,并能赋予这个世界、社会与人生以价值和意义。阳明学所谓的"心外无物""心外无事""心外无理"等遮诠式命题,所欲表明的无非就是这样一点:作为一切存在的事、物乃至理,其价值和意义必由心体才能开显。若要追问,世界何以有意义、人生何以有价值,离开了心体便无法言说。甚至心体本身也是不可言说的,硬要说的话,只能用

---

① 王阳明:《答季明德·丙戌》,《王阳明全集》卷六,第 214 页。
② 吴震解读:《中华传统文化百部经典·传习录》中,第 179 条。
③ 参见吴震:《朱子思想再读》第三章《心是做工夫处》,北京:生活·读书·新知三联书店,2018 年,第 102—163 页。

阳明晚年"四句教"之首句来加以表述:"无善无恶心之体。"①

六 结语:作为一场思想运动的宋明理学

历来以为,朱子学与阳明学互相对立,彼此不可融合,然而若转换视角,从广义宋明理学视域出发,便会发现两者实有诸多共同的问题关切和思想共识,阳明学"心即理"也并不像历来所认定的那样——构成朱子理学"性即理"的对反命题。因为对阳明而言,这两项命题可以同时成立,心体与性体几乎属于同义词。同样,天理观念亦为阳明学所共享,故有心体即天理、性体即天理、心体即良知、良知即天理等构成互为印证、环环相扣的理论命题。虽然阳明学在儒家心性论意义上,对朱子学完成了批判性发展,然两者之间又有思想连续性,这一点同样不可忽视。只是阳明学更突出了心的主体性意义,对于儒家心学有更深一层的义理开拓,相对而言,朱子学在理气论、格物论、性理学以及经典诠释等诸多方面均有重要理论建树,构筑了一套更为庞大的理论系统。

例如若以广义宋明理学为视域,我们便会发现,朱子学和阳明学对于儒学人文精神的全面重建、儒学社会化运动的加速发展,并在儒学理论落实为社会实践乃至扩展到政治领域的影响等方面,都起到了重要的推动作用。也正由此,我们可以说,宋明理学是一场整体性的思想运动,不论朱子学还是阳明学,他们有着共同的问题关切,即重建儒学的价值体系以推动儒学的全面复兴。

总之,朱子学和阳明学构成了广义宋明理学的实质性内涵。当我们对于狭义朱子学或阳明学已有相当的研究积累之后,更应自觉地拓展到广义朱子学或阳明学的研究,如明清朱子学以及阳明后学的研究有待全面深化,而宋明理学与现代新儒学之间的思想承接应如何评估也值得省思,至于东亚朱子学和阳明学在大陆中国哲学界则更显落寞。② 这就昭示我们在当今学界,如何重写宋明理学史,乃是一个富有理论挑战性的课题。

---

① 关于"无善无恶"问题,参见吴震:《无善无恶——阳明学"四句教"诠释小史》,《阳明后学研究》(增订本)第一章,上海:上海人民出版社,2016年,第53—124页。

② 关于东亚儒学,参见吴震:《东亚儒学问题新探》,北京:北京大学出版社,2018年。

宋代的新儒学与理学

李存山
（中国社会科学院哲学所）

宋代的理学又称道学，这是比较确定的。而"新儒学"（Neo-Confucianism）本是对理学或道学的英译①，但是近年来随着研究的深入，在美国汉学界也有对"新儒学"之称谓的争论，一种观点认为"新儒学"所指相当含糊不清，主张将其搁置起来，而只以道学指称程朱学派，另一种观点认为"新儒学"专指理学和心学，抑或理学属于"正统的新儒学"，而其他宋代以来的儒学则属于一般（广义）的"新儒学"②。

我近年来比较赞成钱穆先生的一个说法，即他在《朱子学提纲》中所说："理学兴起以前，已先有一大批宋儒，此一大批宋儒，早可称为是新儒。""而北宋之理学家，则尤当目为新儒中之新儒。"③依此说，"新儒家"之称可有广狭之别，广义的"新儒家"包括范仲淹、欧阳修和"宋初三先生"等，狭义的"新儒家"则专指宋明理学家（包括理学和心学）。

钱穆先生还曾说："宋学精神，厥有两端：一曰革新政令，二曰创通经义，而精神之所寄则在书院。革新政令，其事至荆公而止；创通经义，其业至晦庵

---

① 冯友兰先生在《中国哲学简史》中说："'新儒家'这个名词，是一个新造的西洋名词，与'道学'完全相等。"（冯友兰：《三松堂全集》第六卷，郑州：河南人民出版社，2000年，第228页）
② 参见田浩编：《宋代思想史论》，北京：社会科学文献出版社，2003年，第10、14、80页。
③ 钱穆：《朱子学提纲》，北京：生活·读书·新知三联书店，2002年，第8、16页。

而遂。而书院讲学，则其风至明末之东林而始竭。"[1]这里说的"宋学"应即指广义的宋代"新儒学"，"两端"之一的"革新政令"是以范仲淹的庆历新政和王安石的熙宁变法为代表，而之二的"创通经义，其业至晦庵而遂"则尤其是指自周敦颐始的"伊洛渊源"或"濂洛关闽"之学。

自冯友兰先生的《中国哲学史》以来，学界一般都把理学的先驱追溯到唐代的韩愈和李翱。从古文运动、排斥佛老、道统论和心性论来说，的确可以这样联系，但这毕竟只是后人或今人的一种思想史叙述，而不是理学家自己的说法。我认为追溯理学的先驱，还应该重视朱熹的以下说法：

> 本朝道学之盛……亦有其渐，自范文正以来已有好议论，如山东有孙明复，徂徕有石守道，湖州有胡安定，到后来遂有周子、程子、张子出。故程子平生不敢忘此数公，依旧尊他。（《朱子语类》卷一百二十九）

这里的"亦有其渐"就是指道学或理学的先驱。我认为追溯理学的先驱，还是应重视朱熹所说过的，从范仲淹和"宋初三先生"讲起，他们就是广义的宋代"新儒学"的发端。

一 范仲淹与"宋初三先生"

"宋初三先生"在宋代"新儒学"中的地位早已得到承认，如全祖望所作《宋元学案·序录》云：

> 宋世学术之盛，安定、泰山为之先河，程、朱二先生皆以为然……小程子入太学，安定方居师席，一见异之。讲堂之所得，不已盛哉！述《安定学案》。
>
> 泰山之与安定，同学十年，而所造各有不同……而泰山高弟为石守道（石介），以振颓儒，则岩岩气象，倍有力焉。抑又可以见二家渊源之不紊

---

[1] 钱穆：《中国近三百年学术史》，北京：商务印书馆，1997年，第7页。

也。述《泰山学案》。

考《宋元学案》的这两段"序录",其实是本于黄百家所引黄震所说:

> 宋兴八十年,安定胡先生、泰山孙先生、徂徕石先生,始以其学教授,而安定之徒最盛,继而伊洛之学兴矣。故本朝理学虽至伊洛而精,实自三先生而始,故晦庵有伊川不敢忘三先生之语。(《宋元学案·泰山学案》)

这条引文是出自《黄氏日抄》卷四十五。而黄震之说实又是本于上述朱熹所论的"本朝道学之盛……亦有其渐……",差别只是缺少了"自范文正以来已有好议论"。黄震对范仲淹并不是不了解,如他也曾说:"本朝人物,范文正公本朝第一等人。"(《黄氏日抄》卷三十九)类此,南宋时吕中在《宋大事记讲义》卷十亦有云:"先儒论本朝人物,以范仲淹为第一。"但他可能不太熟悉范仲淹与"宋初三先生"的关系,故他在讲"宋世学术之盛,安定、泰山为之先河"时没有把范仲淹放在前面。这一忽略致使宋初的一段学术史不明,乃至《宋元学案》在《安定学案》《泰山学案》之后才是《高平学案》和《庐陵学案》。全祖望《序录》说:

> 晦翁推原学术,安定、泰山而外,高平范魏公其一也。高平一生粹然无疵,而导横渠以入圣人之室,尤为有功……述《高平学案》。

这一顺序的颠倒,以及把范仲淹作为"安定、泰山而外"的一支,其误在王梓材的案语中已经点明了:"高平行辈不后于安定、泰山,而庐陵亦当时斯道之疏附也。谢山以梨洲编次学案,托始于安定、泰山者,其意远有端绪,故以高平、庐陵次之。"(《序录》案语)梓材又云:"安定、泰山诸儒皆表扬于高平"(《高平学案》案语),"胡(瑗)、孙(复)、石(介)、李(觏)四先生皆在文正门下"(《泰山学案》案语)。王氏所说《宋元学案》"托始于安定、泰山者,其意远有端绪",当即指胡瑗曾为程颐所尊敬的老师。他所说"宋初三先生"及李觏"皆在文正门下",是本于朱熹编《三朝名臣言行录》卷十一所云:"文正公门下多延贤士，如胡瑗、孙复、石介、李觏之徒，与公从游，昼夜肄业……"（此又见《宋史·范仲淹传》所附范纯仁传，又被《泰山学案》王梓材案语所引）这才是范仲淹与"宋初三先生"的真实关系，即"宋初三先生"及李觏都是范仲淹门下的"贤士"。

《范文正公集·年谱》引魏泰《东轩笔录》云：

> 公在睢阳掌学，有孙秀才者索游上谒公，赠钱一千。明年孙生复谒公，又赠一千，因问："何为汲汲于道路？"孙生戚然动色曰："母老无以养，若日得百钱，则甘旨足矣。"公曰："吾观子辞气非乞客，二年仆仆所得几何，而废学多矣。吾今补子为学职，月可得三千以供养，子能安于学乎？"孙生大喜。于是，授以《春秋》，而孙生荐学不舍昼夜，行复修谨，公甚爱之。明年公去睢阳，孙亦辞归。后十年间，泰山下有孙明复先生，以《春秋》教授学者，道德高迈，朝廷召至，乃昔日索游孙秀才也。

这段引文又见《泰山学案》附录所引《杨公笔录》（宋杨延龄撰），全祖望谨按："此段稍可疑，宜再考。（泰山）先生婿于李文定公时，年已五十矣。疑其稍长于范文正公，未必反受《春秋》于文正也。"对于全祖望所疑，王梓材已加辨正："泰山以淳化三年壬辰生，文正以端拱三年己丑生，实长于泰山三岁。"按"端拱三年"为"端拱二年"之误，范仲淹生于989年，孙复生于992年，范比孙确实年长三岁。全祖望疑孙复"稍长于范文正公，未必反受《春秋》于文正也"，此亦全氏之疏误，意在否认孙复之学本于范仲淹。而上述史料不仅见于宋代的《东轩笔录》和《杨公笔录》，而且亦被朱熹编入《五朝名臣言行录》卷十三，故其当确信无疑。

《泰山学案》载：孙复"四举开封府籍，进士不第，退居泰山，学《春秋》，著《尊王发微》十二篇"。孙复在睢阳两次上谒范仲淹，当即孙复四举进士不第之时。他在"退居泰山"之前，约有一年的时间从学于范仲淹，他的"学《春秋》"当始于范仲淹"授以《春秋》"。在孙复苦学于泰山期间，石介"躬执弟子礼，师事之"（《泰山学案》）。其间，范仲淹与孙复有书信往还，《范文正公集·尺牍》中有给孙复的信，《孙明复小集》中亦有《寄范天章书》，等等。

《安定学案》载：胡瑗"七岁善属文，十三（岁）通五经，即以圣贤自期许……家贫无以自给，往泰山与孙明复、石守道同学"。胡瑗生于993年（比孙复小一岁），十三岁时是1006年，而孙复离开睢阳时是1028年，也就是说，在胡瑗十三岁"通五经"之后，又经历了二十多年的贫困坎坷，然后往泰山与孙复、石介同学。《安定学案》载其在泰山苦学的情况："攻苦食淡，终夜不寝，一坐十年不归。得家书，见上有'平安'二字，即投之涧中，不复展，恐扰心也。"在此期间，"宋初三先生"相互砥砺，而范仲淹"慎选举，敦教育"的思想当已通过孙复而传达给了胡瑗、石介。

二　范仲淹与"明体达用之学"

　　范仲淹推行的庆历新政（1043—1044），是以整饬吏治为首要，以改革科举、兴办学校、砥砺士风、培养人才为本源，兼及军事和经济等领域。这一改革的思想在范仲淹的心中沉潜了近二十年，比较典型的表述是他在《上执政书》中所说："固邦本者，在乎举县令，择郡守，以救民之弊也"，"重名器者，在乎慎选举，敦教育，使代不乏材也"（《范文正公集》卷八）。所谓"举县令，择郡守"就是要整饬吏治，所谓"慎选举，敦教育"就是要改革科举、兴办学校、砥砺士风、培养人才。这两条的关系，前条是要罢免一批不合格的官员，后条是要培养并选拔一批"明体达用"的新儒，以取代那些不合格的官员。

　　范仲淹的教育实践，始于他在天圣五年（1027）丁母忧期间应晏殊之邀，执掌应天（睢阳）府学："公常宿学中，训督学者，皆有法度，勤劳恭谨，以身先之。由是四方从学者辐凑，其后以文学有声名于场屋朝廷者，多其所教也。"（《范文正公集·年谱》）《宋史·晏殊传》载："（晏殊）改应天府，延范仲淹以教生徒。自五代以来，天下学校废，兴学自殊始。"所谓"自殊始"实即自范仲淹始。

　　范仲淹在天圣八年的《上时相议制举书》中说：

　　　　夫善国者，莫先育材；育材之方，莫先劝学；劝学之要，莫尚宗经。宗经则道大，道大则才大，才大则功大……如能命试之际，先之以六经，次之以正史，该之以方略，济之以时务，使天下贤俊翕然修经济之业，以教化为心，趋圣人之门，成王佐之器。十数年间，异人杰士必穆穆于王庭矣。（《范文正公集》卷九）

他所说的"先之以六经，次之以正史，该之以方略，济之以时务"，已经包含后来胡瑗的"明体达用之学"之意。

景祐二年（1035），范仲淹知苏州，奏请立郡学。当时胡瑗"以经术教授吴中，范文正爱而敬之，聘为苏州教授，诸子从学焉"（《安定学案》）。胡瑗在苏州"立学规良密，生徒数百"（《宋史·范仲淹传》），可见当时苏学之盛。

康定元年（1040）范仲淹在陕甘抗击西夏，其"导横渠以入圣人之室"即在此年。而胡瑗被"辟丹州推官"（《宋史·胡瑗传》），遂成为"范仲淹幕府中的人物"[1]。不久，胡瑗丁父忧，服除后应范仲淹好友滕宗谅之邀，往湖州任教授。《安定学案》载：

> 先生倡明正学，以身先之，虽盛暑必公服坐堂上，严师弟子之礼，视诸生如子弟，诸生亦爱敬如父兄。其教人之法，科条纤悉具备，立经义、治事二斋。经义则选择其心性疏通、有器局可任大事者，使之讲明六经。治事则一人各治一事，又兼摄一事，如治民以安其生，讲武以御其寇，堰水以利田，算历以明数是也。

胡瑗之"专切学校，始于苏、湖，终于太学"，他的"明体达用之学"又称"苏、湖教法"，实际上是贯彻实践了范仲淹的教育思想，而且是范仲淹提供了这种教育实践的机会。

庆历三年（1043），范仲淹任参知政事，始行庆历新政。在此期间，"天子开天章阁，与大臣讲天下事，始慨然诏州县皆立学，于是建太学于京师，而有司请下湖州，取先生之法以为太学法，至今著为令"（欧阳修：《胡先生墓表》）。正是因为庆历新政，胡瑗的"明体达用之学"才以朝廷政令的形式在全国得到推广。

---

[1] 漆侠：《宋学的发展和演变》，石家庄：河北人民出版社，2002年，第289页。

钱穆先生曾论"明体达用之学"的意义："此正宋儒所以自立其学，以异于进士场屋之声律，与夫山林释老之独善其身而已者也……盖自唐以来之所谓学者，非进士场屋之业，则释、道山林之趣，至是而始有意于为生民建政教之大本，而先树其体于我躬，必学术明而后人才出，题意深长，非偶然也。"① 这里说的"宋儒所以自立其学"，当即是宋代的"新儒学"，尔后宋代的理学或道学也包括在内。

三 "庆历之际，学统四起"

《宋元学案·序录》云："庆历之际，学统四起。"《高平学案》把韩琦、欧阳修列为"高平同调"，把富弼、张方平、李觏等列为"高平门人"，这是正确的。不仅如此，刘牧的易学、刘敞的经学、三苏的蜀学、王安石的新学、周敦颐的濂学、张载的关学和二程的洛学等等，都与范仲淹以及庆历新政有着密切的关系。

以蜀学为例，苏轼在《范文正公文集叙》中说：

> 庆历三年，轼始总角入乡校，士有自京师来者，以鲁人石守道所作《庆历圣德诗》示乡先生。轼从旁窃观，则能诵习其词。问先生以所颂十一人者何人也，先生曰："童子何用知之？"轼曰："此天人也耶？则不敢知。若亦人耳，何为其不可。"先生奇轼言，尽以告之，且曰："韩、范、富、欧阳，此四人者，人杰也。"时虽未尽了，则已私识之矣……呜呼！公之功德，盖不待文而显，其文亦不待叙而传。然不敢辞者，自以八岁知敬爱公，今四十七年矣。彼三杰者，皆得从之游，而公独不识，以为平生之恨。若获挂名其文字中，以自托于门下士之末，岂非畴昔之愿也哉！（《东坡全集》卷三十四）

观此可知，庆历新政对当时的士人发生了广泛的重要影响，乃至偏处四川眉山乡校尚为七八岁童子的苏轼亦受其感召。石介所作《庆历圣德诗》所颂

---

① 钱穆：《中国近三百年学术史》，第3页。

者十一人，而"韩（琦）、范（仲淹）、富（弼）、欧阳（修）"并为人杰，是当时士人所争以为师者。三苏的蜀学初被张方平所赏识，继而得到欧阳修的推荐，故《宋元学案》将苏洵列为"庐陵学侣"，而苏轼、苏辙则在"庐陵门人"。当苏轼、苏辙在嘉祐二年（1057）举进士时，范仲淹已于皇祐四年（1052）病逝，苏轼以不识范仲淹为"平生之恨（憾）"，而在范仲淹去世三十七年之后仍愿"自托于门下士之末"。

再以王安石的新学为例。王安石在庆历二年（1042）中进士，后经友人曾巩的引荐，得到欧阳修的赏识和推举，故而《宋元学案》将曾巩和王安石都列为"庐陵门人"。当范仲淹于皇祐四年病逝时，王安石作《祭范颍州文》，首言"呜呼我公，一世之师"，这与欧阳修在《祭资政范公文》中说"举世之善，谁非公徒"是一致的。王安石又评价范仲淹"由初迄终，名节无疵"，这也是后人对范仲淹的普遍评价（如《宋元学案·序录》云"高平一生，粹然无疵"）。王安石对范仲淹推行的庆历新政也给予高度评价："上嘉曰才，以副枢密……遂参宰相，厘我典常。扶贤赞杰，乱冗除荒。官更于朝，士变于乡。百治具修，偷堕勉强。"（《临川文集》卷八十五）嘉祐三年，王安石被召入朝，写了《上仁宗皇帝言事书》。关于此书与庆历新政的联系，蔡上翔《王荆公年谱考略》所附存是楼《读上仁宗皇帝言事书》云：

> 荆公之学，原本经术，其《上仁宗皇帝言事书》，秦、汉而下，未有及此者。然其后卒以新法误天下，而为当时所排击，后世所口实，则非公所学之谬，谋国之过也……公有志于任天下之重，在于变更法度，慎选人才。先是，范文正公应诏条陈十事，所援《易》言"穷则变，变则通，通则久"，甚切……又论明黜陟，必三载考绩；精贡举，必先策论而后诗赋。此皆为公书中所必欲行者，而范公已先言之。①

此处说王安石的《言事书》"秦、汉而下，未有及此者"，未免夸大其词；但说《言事书》主张"变更法度，慎选人才"，这在范仲淹的《答手诏条陈十事》中

---

① 詹大和等：《王安石年谱三种》，北京：中华书局，1994年，第315—316页。

"已先言之",却是符合实际的。嘉祐初年,胡瑗管勾太学,声望甚高,王安石作有《寄赠胡先生》云:"先生天下豪杰魁,胸臆广博天所开……吾愿圣帝营太平,补葺廊庙枝倾颓……先收先生作梁柱,以次构架榱与橼。"(《临川文集》卷十三)从此诗可看出,王安石当时亦极力推崇胡瑗。但是在宋神宗即位的熙宁元年(1068)以后,王安石逐渐附从于神宗的意旨,将改革的方向转变为"当今理财最为急务"(《宋史全文》卷十一),从而有熙宁变法,乃至引起新旧党争。

当然,更重要的是应讲明范仲淹、胡瑗等与理学家的关系。周敦颐作为宋明理学之开山,在《宋元学案》中被列为"高平讲友",但未说何据。周敦颐生于1017年,比范仲淹小二十八岁,将其列为"高平讲友"实在有些勉强。然而,周敦颐与范仲淹确实有着思想上的联系,且其早年当亦受到范仲淹的影响。据茅星来《近思录集注·附说》,景祐四年(1037)周敦颐二十一岁,"母郑氏卒,葬于润州丹徒县龙图公(郑向)之墓侧,康定元年庚辰服除,授洪州分宁县主簿"。也就是说,周敦颐在1037—1040年间在润州(今镇江)丹徒县为其母守墓三年。而范仲淹在景祐四年徙知润州,宝元元年(1038)冬十一月徙知越州(今绍兴)。周敦颐约有一年多的时间与范仲淹同在润州,就范仲淹在当时的地位、声望及其在润州建郡学而言,周敦颐是不可能不受其影响的。[①]

庆历四年(1044)周敦颐改任南安军司理参军,两年后二程受学于周敦颐。程颢说:"昔受学于周茂叔,每令寻颜子、仲尼乐处,所乐何事。"(《程氏遗书》卷二上)这一"孔颜乐处"的话题在宋明理学中具有重要意义,而发其端者实为范仲淹。早在宋真宗大中祥符七年(1014),即范仲淹中进士的前一年,他就在《睢阳学舍书怀》中有云:"瓢思颜子心还乐,琴遇锺君恨即销。"(《范文正公集》卷三)康定元年(1040)范仲淹亦教导张载"儒者自有名教可乐"(《宋史·张载传》)。当范仲淹晚年徙知杭州时,"子弟以公有退志,乘间请治第洛阳,树园圃,以为逸老之地",范仲淹说:"人苟有道义之乐,形骸可外,况居室乎!"(《范文正公集·年谱》)嘉祐二年(1057)胡瑗在太学以《颜子所好何学论》试诸生。胡瑗、周敦颐对"孔颜乐处"的重视当都源自范仲淹,而"孔颜乐处"正

[①] 度正:《周敦颐年谱》有云:"先生遂扶柩厝于龙图公墓侧。是岁居润,读书鹤林寺。时范文正公(仲淹)、胡文恭(宿)诸名士与之游。"(参见梁绍辉:《周敦颐评传》,南京:南京大学出版社,1994年,第37页)

是宋代"新儒学"为士人提供的一个有别于佛、道二教的儒者自身的安身立命之地。①

《宋史·张载传》记载：张载"少喜谈兵……年二十一，以书谒范仲淹，一见知其远器，乃警之曰：'儒者自有名教可乐，何事于兵！'因劝读《中庸》"。庆历二年（1042），张载作《庆州大顺城记》，记述范仲淹在庆州（今甘肃庆阳）率军筑大顺城，击败西夏军。从康定元年（1040）到庆历二年，张载约有三年的时间与范仲淹同在西北前线（《邵氏闻见录》卷十五云："子厚少豪其才，欲结客取熙河陇鄯之地，范文正公帅延安，闻之馆于府第"）。范仲淹劝张载读《中庸》，"导横渠以入圣人之室，尤为有功"，《宋元学案》将张载列为"高平门人"是正确的。

从宋学的发展及其对中国文化的影响而言，宋学的主流毕竟是以二程之洛学为主的"伊洛渊源"（此"伊洛渊源"至朱熹而集大成，从而有"濂洛关闽"的理学谱系）。但如黄震所说："本朝理学虽至伊洛而精，实自三先生而始。"亦如黄百家所说："（安定）先生之学，实与孙明复开伊洛之先。"（《安定学案》）将"伊洛渊源"上溯至"宋初三先生"，进而明确此三先生乃范仲淹门下的"贤士"，这符合宋学发展的实际。朱熹作《伊川先生年谱》云：

> （程颐）年十四五与明道同受业于春陵周茂叔先生。皇祐二年，年十八上书阙下，劝仁宗以王道为心，生灵为念，黜世俗之论，期非常之功，且乞召对，面陈所学。不报。闲游太学，时海陵胡翼之先生方主教导，尝以《颜子所好何学论》试诸生，得先生所试大惊，即延见，处以学职。（《程氏遗书》附录）

按，"皇祐二年"时胡瑗尚未居太学，此应为"嘉祐二年"之误。②当时程颐二十五岁，"上书阙下"，即写了《上仁宗皇帝书》，这比王安石的《言事书》早一年，由此两书可见范仲淹及庆历新政改革思想的延续。程颐上书"不报"，于是

---

① 参见拙文《儒家的"乐"与"忧"》，《中国儒学》，第3辑，北京：中国社会科学出版社，2008年。
② 参见拙文《范仲淹与胡瑗的教育思想》，《杭州研究》，2010年第2期。

"闲游太学"。当时胡瑗"主教导",以《颜子所好何学论》试诸生,"得伊川作,大奇之,即请相见,处以学职,知契独深。伊川之敬礼先生亦至,于濂溪虽尝从学,往往字之曰'茂叔',于先生非'安定先生'不称也"(《安定学案》)。《宋元学案》将程颐列为"安定门人",又将二程列为"濂溪门人",这也应是正确的。

周、张、二程虽然与范仲淹、胡瑗等有着学术源流和思想上的联系,但他们毕竟是"新儒中之新儒"。他们比范仲淹、胡瑗等所更"新"者,是建立了以"理""气""心""性"为核心范畴的理学思想体系。这一思想体系的开山就是周敦颐的《太极图说》,经朱熹对《太极图说》的"解义",以及对二程"性即理也"和张载"心统性情"等的阐发,遂有了"濂洛关闽"的理学谱系,又有了以"四书"为"五经"之"阶梯"的新经学体系,这就是"刱通经义,其业至晦庵而遂",也就是朱熹集宋代理学之大成。

明确了宋代的"新儒学"与理学的关系,我想对理学的理解也有以下几点意义:

(1)宋代"新儒学"之初起,是要"改革政令",也就是要整饬吏治、改革科举、兴办学校、砥砺士风、培养人才,这仍延续了先秦儒学的"内圣外王"之旨。虽然"革新政令,其事至荆公而止",但是理学家仍不失"内圣外王"的抱负。他们后来的"内向化",形成"内圣强而外王弱"的局面,实是因为在熙宁变法之后受到了种种政治形势和政治制度的限制和束缚,如他们提出了以"格君心之非"为治世的"大根本",但实际上"君心"并不是他们所能"格"的。[①]

(2)宋代"新儒学"先有了"孔颜乐处"的价值取向,有了儒家所区别于佛、道二教的安身立命之地,然后才有了以"理""气""心""性"为核心范畴的思想体系。价值优先仍然是理学思想体系的重点或宗旨。如作为理学之开山的《太极图说》,从"无极而太极"讲起,推衍到"形既生矣,神发知矣,五性感动而善恶分,万事出矣",而其归结为"圣人定之以中正仁义而主静,立人极焉",所谓"立人极"就是要确立最高的价值标准。

(3)宋代"新儒学"虽然是以理学为思想理论的主流,但是庆历之际也有多种"学统"兴起,在理学内部也并非只有"濂洛关闽"一条线索。因此,对宋

---

① 参见拙文《程朱的"格君心之非"思想》,《中国社会科学院研究生院学报》,2006年第1期。

代新儒学的学派多样性和思想内容丰富性也应有新的理解。

（4）"明体达用之学"乃是"宋儒所以自立其学"者，宋代的理学家虽然较专注于"内圣"，但是对"明体达用之学"也是给予肯定的。特别是朱熹晚年的《学校贡举私议》，其旨意更符合"明体达用之学"。反思元代以来的科举考试，只设"德行明经"一科，后又以八股文取士，这应是元代以后中国科技逐渐落后于西方的一个重要原因。而在中国近代的学制改革中，曾把胡瑗的"明体达用之学"和朱熹的《学校贡举私议》作为改革的依据，这也不是偶然的。①

---

① 参见拙文《朱子〈学校贡举私议〉述评》，《中国社会科学院研究生院学报》，2011年，第2页。

《周易》诠释路向的演进

——从王弼到程颐、朱熹、王夫之

张学智

（北京大学国学院）

《周易》以六十四卦三百八十四爻摹画天地万物的变化，它的符号系统至简，但取义至深，《易》的意义的获得，全靠读《易》者以其知识底蕴对《易》进行解释。解释路向不同，所得的结果也有异。这就给释《易》者留下了无限广阔的解释空间。《易》不是一个封闭的系统，《易》的意义的实现，是作《易》者与解《易》者视域交汇的产物。《系辞》说："极天下之赜者存乎卦，鼓天下之动者存乎辞，化而裁之存乎变，推而行之存乎通，神而明之存乎其人，默而成之，不言而信，存乎德行。"① 这里讲到了《易》的辞、象、变、占四大要素的三个方面。认为天下众多、繁赜的事物及其运动变化可归约于卦爻象的变化中，卦爻辞是对象的说明和诱导；学《易》者能即卦爻象、卦爻辞之变化而知制《易》者之意，事物的运动变化也可因观象玩辞推论而知。《周易》是一套通过解释而获得意义的符号系统。它不会直接告诉占问者所求之事如何应对，而是告知已经发生的同类事物，要人通过类推而知应对之道。或告诉一些象征性的事物，由占问者通过解释获得正确的义理。解释者有以感性之悟得者，有以理性思考得者，还可由象征、比喻、暗示等种种非理性途径而得，所以《系辞》说："探赜索

---

① 参见王夫之：《船山全书》第一册，长沙：岳麓书社，1996年，第570页。

隐,钩深致远,以定天下之吉凶,成天下之亹亹者,莫大乎蓍龟。"①

一 从王弼到程颐

《周易》的解释学传统至汉代而一大变。就解经说,汉代对《易》的解释最重要的学派有三:一是以孟喜和京房为代表的象数之学,一是以费直为代表的义理之学,一是以严遵为代表的黄老之学。孟喜、京房之《易》以奇偶之数和八卦所象征的物象解释《周易》经传文,同时讲卦气说,并继承今文经学的传统,利用《周易》讲灾变。费直《易》学解经多取道德教训之意,用《彖》《象》《文言》中所讲的道理发挥《周易》经传文。严遵著《道德经指归》,以《周易》之义解释《老子》。这三家中最重要的是孟、京一派的《易》学。此派《易》学最重要的是卦气说和纳甲说,将《周易》的卦与二十四节气及七十二物候相配,和干支、五行相配,将《易》坐实为一个定型的框架,这个框架可以装进不同的内容,框架的各个部分也可以由其规则推论而知,削弱了《周易》通过比喻、暗示、象征等进行范围广阔的意义诠释的有效性。汉《易》的象数传统对后世易学影响极大。

魏晋时代的王弼《易》学则转一方向,尽扫汉《易》象数学中滋蔓出来的各种学说,恢复义理传统。他在解释《周易》时引入老庄思想和古文经学的某些观点,在解《易》体例上主取义说、一爻为主说、爻变说、适时说等,这在他介绍注《易》体例的《周易略例》中有详细说明。王弼非常重视《周易》的解释学性质,如他在《明象》中提出"得意忘象"说,主张通过卦象获取卦义,而获取卦义后就可忘掉卦象。这一说法的核心在通过解释即象以见义,而一义能表现为不同的物象,故象不可拘泥执定。他说:

> 夫象,出意者也。言者,明象者也。尽意莫若象,尽象莫若言。言生于象,故可寻言以观象;象生于意,故可寻象以观意。意以象尽,象以言著。故言者所以明象,得象而忘言;象者所以存意,得意而忘象。是故触类可为其象,合意可为其征。义苟在健,何必马乎?类苟在顺,何必牛

---

① 参见王夫之:《船山全书》第一册,第563页。

乎？爻苟合顺，何必坤乃为牛；义苟应健，何必乾乃为马。而惑者定马于乾，案文责卦，有马无乾，则伪说滋蔓，难可纪矣。互体不足，遂及卦变；变又不足，推至五行。一失其原，巧愈弥甚。纵复或值，而义无所取。盖存象忘意之由也。忘象以求其义，义斯见矣。①

这里的"象"，可以就卦说指卦爻象，也可以就天地万物说指物象。就《易》学语言说，这段话是说通过卦象可以获知卦义，通过卦爻辞可以获知卦象，而一卦最重要的是得到其卦义，并由此得到卦义所象征的事物。故得到卦义就可忘掉卦象，得到卦象就可忘掉卦爻辞。既然意义相同的一类事物可以用一种征象来表示，那么要表示健的意义，就不一定非用马来代表，要表示顺的意义，就不一定非用牛来代表（《说卦传》："乾为马"，"坤为牛"）。而汉《易》的取象说定马于乾，即乾一定要马来代表，遇到有马无乾的卦爻辞，就用别法穿凿说通，这样各种不正确的说法就衍生出来了，如互体、卦变、五行等。这都是由存象忘意，不知类推而通招致的，故须"得意忘象"。王弼的这段话实际上预设了一个解释学的前提：一个意义是可以通过多种物象来表示的，不同的物象可以获得同一个意义。而由象到义的获得要通过解释，义与象不是直接等同的，它需要解释者意识的飞跃、灵感的突现来实现意义的类比贯通。解释活动也不仅是注释、解说、训诂等知识性活动，而是需要调动诸多思想手段来共同完成。解释者在这一活动中不是被动的、呆板的，而是能动的、活泼的、充满了艺术意味的。王弼这一原则的提出，对象数学的框定、演算、坐实等思想方法是一次重创。魏晋玄学思辨的、空灵的、玄想的思想方法和老庄的富于艺术意味的特征结合起来，使中国的经学、哲学、文学等经受了一次大的变革，展开为一个新的形态。就《易》学来说，王弼的解释学一直影响到二程和朱熹。

二 《周易程氏传》的解《易》方向

程颐的《周易程氏传》是王弼《周易注》之后以义理方法解《易》的名著。

---

① 王弼著，楼宇烈校释：《周易略例·明象》，《王弼集校释》，北京：中华书局，1980年，第609页。

在这部书中，解释学的方法得到了更为广阔的运用。程颐关于《周易》的根本解释，表达在他的《易传》序中，此序说：

> 易，变易也，随时变易以从道也。其为书也，广大悉备，将以顺性命之理，通幽明之故，尽事物之情，而示开物成务之道也。圣人之忧患后世，可谓至矣。去古虽远，遗经尚存。然而前儒失意以传言，后学诵言而忘味，自秦而下，盖无传矣。予生千载之后，悼斯文之湮晦，将俾后人沿流而求源，此传所以作也。《易》有圣人之道四焉：以言者尚其辞，以动者尚其变，以制器者尚其象，以卜筮者尚其占。吉凶消长之理，进退存亡之道，备于辞。推辞考卦，可以知变，象与占在其中矣。君子居则观其象而玩其辞，动则观其变而玩其占。得于辞，不达其意者有矣，未有不得于辞而能通其意者也。至微者理也，至著者象也。体用一源，显微无间。观会通行其典礼，则辞无所不备。故善学者，求言必自近；易于近者，非知言者也。予所传者辞也，由辞以得其意，则在乎人焉。①

在程颐看来，《周易》是对宇宙万物的摹拟，但《周易》所要表达的，不是可用数量摹画的外在相状，而是一种道理。世界是道理和法则的宣示，《周易》也可视为一部道理和法则的宣示，六十四卦是这个总的道理在各卦所代表的特殊境遇中的体现。六十四卦虽然只刻画了六十四种境遇，但它经过解释，可以代表天下无穷无尽的境遇。《周易》本卜筮之书，但在程颐这里却成了一部讲道理的书。朱熹对此点见得极精透，他在评论程颐《易传》时说："《易传》明白，无难看。但伊川以天下许多道理散入六十四卦中，若作《易》看，即无意味；唯将来作事看，即字字句句有用处。"② 就是说，《周易程氏传》拿《易》来做载体讲他所见的道理，或者说是借《周易》卦爻辞发挥他自己的哲学思想，故通篇皆在讲事理，无一句专讲卜筮。朱熹还说："伊川见得个大道理，却将经来合他这道理，不是解《易》……他说求之六经而得，也是于濂溪处见得个大道理，占地位

---

① 程颢、程颐：《二程集》，北京：中华书局，1981年，第689页。
② 黎靖德编，王星贤点校：《朱子语类》，北京：中华书局，1986年，第1650页。

了。"① 这也是说，程颐先熟读六经，尤其于周敦颐处特有颖悟，以此中义理为基础，然后借《周易》发挥所见。不是伊川解释《周易》，而是《周易》解释伊川。明白朱熹说的这一点，就可以明白程颐解《易》为什么只解六十四卦卦爻辞及《彖传》《象传》《文言》而不及《系辞》以下。因为《系辞》为《周易》之总论，而伊川通篇皆阐说道理。《说卦》《序卦》《杂卦》讲取象说等，伊川皆摒弃不用。这一点也遭到朱熹的批评，说："《易传》(《周易程氏传》)言理甚备，象数却欠在。""《易》要分内外卦看，伊川却不甚理会。""《易传》义理精，字数足，无一毫久缺，亦安得如此自然！只是与本义不相合。《易》本是卜筮之书，卦辞爻辞无所不包，看人如何用。程先生只说得一理。"②

程颐的这种《易》学观，对王夫之影响很大。王夫之以《周易》为道德训诫之书，就是在程颐这一基调之上，继续往下延伸。朱熹不同意程颐以《周易》为言理之书，作《周易本义》，欲恢复《周易》为卜筮之书，后来的《易》学家从中发挥出道理这一本来面目，强调《周易》卜筮中包含的解释性质。王夫之吸取了朱熹的看法，不废卜筮而讲道德训诫，所以他的重点放在知得卜筮结果之后君子何以自省，何以接受道德教训而避凶趋吉。王夫之是在吸取了程颐、朱熹的《易》学观后，在理学观念的支配与影响下产生的《易》学形态，所以道德意识、人格修养意识在他的《周易》解释中处于压倒一切的地位。另外，程颐本其"天理之学"所讲的道理为天地间事物之阴阳消长、刚柔顺逆等道理，中间亦有人伦道德等。这些不同领域、不同层面的道理都是"天理"。天理重在言其本来如此，不可违抗等意思。王夫之所讲的道理则是在对天道的深刻体察下，天人一体，以道德人格的养成为目的，以境界指引、道德训诫为主要内容。"诚者天之道，诚之者人之道"是他的根本指导思想，所以具有更多的伦理意味。这些都制约着王夫之的解释趋向。

就解释学本身说，程颐的《易传》序有以下内容：

第一，文本、符号语言不是我们认识本来世界的工具和媒介，而是一种本体性存在。就是说，我们和世界之间并不是一种可以离开符号媒体的主客二分

---

① 黎靖德编，王星贤点校：《朱子语类》，第1653页。
② 同上，第1651—1652页。

的存在关系，而是一种通过符号语言与世界本身浑然一体的关系。正是通过使用符号语言的实践，我们参与了世界万物根本道理的展开。进入我们心中最终被我们接受为义理的东西，是经过我们的符号语言直接参与的产物。程颐说的"易，变易也，随时变易以从道也"可以从两个层面去解释：一是天地万物本身，天地万物是一个不断变化但又与宇宙的总体和谐一致的系统；一是《周易》这套符号系统，是随着卦爻时位的变化，因而其顺逆消长、吉凶悔吝也不断变化的系统。程颐是先悟到了天地万物之理，而后宣示于《周易》的符号系统，从而要求学《易》者、占《易》者通过这套符号系统认识天地的变易，跟从天地的变易。最后的结果是，文本不是直接认识天道的媒介，而是诱发学者将已识得的义理宣表出来，并通过细细咀嚼《易》理使其更加精细和深入的手段。朱熹曾告诫学《易》者，须先读其他书，待积累了一定的义理基础，然后学《周易》，使他已经得到的东西"磨砻入细"。所以朱熹说《周易程氏传》主要不是启发性的，而是磨砻性的。启发是使没有的东西有，磨砻是使已有的粗粝变得精细。就《周易》的性质说，"随时变易以从道"，这个"道"是经过人的磨砺而由粗变精，由模糊变得清晰，由潜在变得现实的过程。"道"的实现实际是解释者与本然的东西相融合的产物。《周易》之广大悉备，并非它直接即是世界万物，而是它需要学《易》者、占《易》者的诠释活动，这个诠释活动对于"知道""从道"是本体性的，不是工具性的，是存在论的，不是知识论的。"顺性命之理""道幽明之故""尽事物之情""示开物成务之道"是诠释活动的结果。"圣人忧患后世"，所以创造《周易》，使人通过诠释活动体会圣人的意思，达到一定的境界。后世失掉此意，象数之学用先天的象数将世界框定为必须如此，失去了通过诠释活动以从道这一步骤，学术因此湮晦。

第二，"体用一源，显微无间"。这一句被程颐视为《周易》的精髓，故其高弟尹和靖认为程颐将这一句写入《易传》序是泄漏天机，程颐称赞尹和靖有此见解"甚是不易"[1]。按朱熹的意思，程颐这句话指"盖自理而言，则即体而用在其中，所谓'一源'也。自象而言，则即显而微不能外，所谓'无间'也"[2]。即

---

[1] 参见程颢、程颐：《二程遗书》卷十八。
[2] 朱熹：《答汪尚书》，《朱子文集》卷三十，成都：四川教育出版社，1996年，第1280页。

是说,理是体,象是用,二者同出一源,而在运用中又无间隔。这也是说,《周易》这套符号系统是"因象以明理","借象以显义"。此中预设了一个前提:理义是先在的、本有的,是有特定内容的,理义因卦爻象这套符号来表现,理义作为本体是需要工具性的东西来阐释的。本体现象中间无有隔阂,诠释者和被诠释者中间也无有隔阂,本体是存在的,它不像实证论者认为的那样是被拒斥的东西;《周易》系统也不是实证性的存在,它是诠释意义的,诠释的过程是通过符号系统来实现的。占筮者要通过引申、类比、象征等方法把符号系统还原、化约为对义理的彰显和照察。占筮活动最后在筮者心中终结并被它说服时,义理已经进行了多重转换,最后的结果是多重视域的融合。朱熹曾这样评论程颐《易传》:"伊川只将一部《易》来作譬喻说了。"所以程颐告诫学《易》者,勿将三百八十四爻只做三百八十四件事看,要依理类推,触类而长,《周易》便可尽包天下之事。这表达的都是同样的意思:《周易》本质上是诠释的、理解的,不是通过客观的、实证的知识达到对真实世界的把握,像象数那样将《周易》坐实为一个可装任何知识的框架,或直接把它作为一个可以分合加减而求合于某种确定内容的东西,都是违背《周易》原意的,都背离了《周易》的诠释本质。

第三,"观会通以行其典礼","由辞以得其义,则在乎人焉",这两句是典型的解释学。这是说,《易》有圣人之道四:辞、变、象、占,而《周易》要表达的义理主要表现在卦爻辞中,由辞以知变,玩辞而观象,占则在辞中说明。筮者由辞而会通体用、显微而得一卦之义。程颐解释卦象主要用取义说,即据卦爻辞字面的意思说为一事,就此事说出道理。但上文已说到,爻辞之间明显有联系的只是少数,卦名与爻辞大多也无必然联系。要把本义湮晦的卦辞说为一个事类,要把爻辞所表现的诸多事说成卦名所象征的事类中的具体例证,要把各不同事类所表达的意思说成一个整体,处处需要会通。会通者,汇集而贯通,得出一个具有典则性的一般,这就是典礼。典礼由会通而得,这表示它是一个视域融合的结果。典礼在这里是相对的,并不是一个单纯客观的准则,也不是筮者单方面的意向,而是会通的结果。并且程颐要人随视域会通的致思方向走,明确说他只为卦爻辞作解释;而由解释得出意义,乃是读《易》、释《易》者自己的事,其间存在精粗工拙的不同。就是说,同一种文本对于不同的解释者具有不同的意义和结果。经过解释活动,经过会通,新的结果出现了,这个结果是超越解释者原来的意愿的,因为筮者对赖以传达意义的卦爻辞的解释不是技术性的,目的在使它更清楚明白;而是诠释性的,目的是使它更有意义。它的说服力不来自对卦爻辞字面的意思解得符合原意,而是它通过诠释打动筮者的力量。所以说到底,它不是复原而是创造,不是训诂学的而是诠释学的。程颐这种解《易》方向,或者说他的诠释学方法,对朱熹影响很大。

三 朱熹对《周易程氏传》的质疑与转折

朱熹的《周易本义》较《周易程氏传》说理的意味减杀了许多。朱熹主张分说三圣《易》:伏羲、文王之《易》本为卜筮,至孔子作十翼才加入道德教训,后世解《易》又多是借《周易》发挥己意,所以要分别看各人之《易》。同时朱熹以《周易》为卜筮之书,故不废象数,但究以义理为主。朱熹亦将《周易》视作待诠释的系统,主张"活看",他曾做过一个比喻:"《易》如一个镜相似,看甚物来,都能照得。如所谓'潜龙',只是有个潜龙之象,自天子以至庶人,看甚人来,都使得。孔子说作'龙德而隐,不易乎世,不成乎名',便是就事上指杀说来。然会看底,虽孔子说也活,也无不通。不会看底,虽文王、周公说的,也死了。须知得他是假托说,是包含说。假托,谓不惹着那事;包含,是说个影象在这里,无所不包。"① 他对后世注《易》的著作也据其《易》学观加以评论:"《易》最难看,其为书也,广大悉备,包含万理,无所不有,其实是古者占卜书,不必只说理,象数皆可说。将去做道家、医家等说亦有,初不曾滞于一偏。某近看《易》,见得圣人本无许多劳攘,自是后世一向乱,妄意增减,硬要作一说以强通其义,所以圣人经旨愈见不明。"② 朱熹在文本上主张《周易》的各部分有其确定性,如伏羲《易》是伏羲《易》,文王《易》是文王《易》,孔子《易》是孔子《易》,不能混为一谈。他要把后世混在一起的各部分还其本来面目。在文本确定之后,他主张用后出的彖、象来解释六十四卦三百八十四爻。但朱熹对《彖传》《象传》等的兴趣,显然没有对卦爻辞的兴趣大,所以《彖传》《象传》注得很简

---

① 黎靖德编,王星贤点校:《朱子语类》,第1647页。
② 同上,第1661页。

略,多一笔带过。《说卦传》《杂卦传》注寥寥几字,《序卦传》甚至弃而不注。其中一个原因是他主张将伏羲《易》、文王《易》、孔子《易》分开。伏羲《易》无文字,但意义已备于卦画中。文王《易》、周公《易》(即六十四卦卦爻辞)最须细读,在此基础上读孔子《易》,或有不解的,可用孔子《易》作参考,帮助解释,不可用后者做基础去解前者。他曾说:"读《易》之法,先读正经。不晓,则将彖、象、系辞来解。"又说:"看《易》,且将爻辞看,理会得后,却看象辞,若鹘突地看,便无理会处。"又说:"文王爻辞做得极精严,孔子《传》条畅。要看上面一段,莫便将《传》拘了。"①在朱熹看来,《周易》首先是明理之书,所明之理,从根本上说,只有一个,但此根本之理表现为具体事物之理。就《周易》系统说,六十四卦三百八十四爻所表现的理只是一个,此一理散在卦爻中。这是同他的"理一分殊"说相呼应的。《易》中根本之理,"其道至大而无不包,其用至神而无不存"。其至大无不包首先体现在卦的丰富性上。本来卦是代表不同境遇(时)的,境遇无穷,但《周易》只有六十四卦,以此引申、类推可至无穷之域。各境遇中的具体情况亦多至无穷,但《周易》只有三百八十四爻,亦可引申、类推至无穷多。知六十四卦三百八十四爻而不知推广,是不知《易》。所以,《周易》需要"得之于精神之运,心术之动",即在心灵创造、智慧开发中展开阐释活动,最后达到与宇宙同其广大,"与天地合其德,与日月合其明,与四时合其序,与鬼神合其吉凶",才算知《易》。另外朱熹还强调,《易》以阴阳二者作为起作用的原因和发生变化的方式。《易》可用《庄子》的一句话来概括:"《易》以道阴阳"。所以,《易》是阴阳之道,卦是阴阳之物,爻是阴阳之动。《周易》系统六十四卦为体,三百八十四爻为用,大至天地之外,小至一身之中,莫不有阴阳之动,亦莫不有卦爻之象。《周易》作为一个卦爻构成的符号系统,它"顺性命之理,尽变化之道",故能"先天下而开其物,后天下而成其务"。

四　程颐、朱熹对王夫之《周易》解释学的影响

程颐、朱熹的《易》学观对王夫之有相当大的影响。他从程颐的义理解释

---

① 黎靖德编,王星贤点校:《朱子语类》,第1661页。

路向出发，容纳了朱熹重视象数的特点。但他不同意朱熹"《易》为卜筮之书"的结论，特别不同意把占筮作为卜问未来吉凶的活动。王夫之对占断之辞，只是把它作为警醒自己，发现修德上的缺漏，从而更趋完善的媒介。王夫之所谓卜问，是处于假想境地的自己对筮得的结果做出的扣问和应对，不是对吉凶休咎的现实预测，它完全指向对天道的把握和天道指导下的修德，看重的是导致吉凶的理由从而从善弃恶。相较而言，他对程颐的吸收与取法比朱熹为多，道德训诫的意味也更重。这决定了他对待《周易》同程颐一样，更多具有解释学的意味。如王夫之在解释《系辞》"《易》，无思也，无为也，寂然不动，感而遂通天下之故"一句时说：

> 《易》统象、占、辞、变而言。"无思无为"，谓于事几未形、物理未著之先，未尝取事物之理，思焉而求其意之精，为焉而营其用之变也；设其象变，系以辞占而已。"寂然不动"，具其理以该四者之道，无适动而为一时一事兆也。"感"者，学《易》者以心遇之，筮者以谋求通焉。"通天下之故"，谓言、动、器、占皆于此而得也，此则至精至变，而括之于一理之浑然，以随感必通，非智计之所能测，唯"天下之至神"乃能与也。天下之至神，诚之至也。健而诚乎健，顺而成乎顺，絪缊而太和，裕于至足之原，精粗、本末、常变皆备于易简之中，故相感者触之，而即与以应得之象数，非待筹量调剂以曲赴乎事物，此则神之所以妙万物而不测也。①

这是说，《周易》的卦爻系统本身是不能思、不能为的，它只是创设了一些表示变化的象。这些象下系之以辞，并有或吉或凶的断语。"寂然不动"是指这种静态的卦爻系统中象、占、辞、变四者统括于一理中，此理至静无感，渊默幽深，并非表现为一事一时之兆，它要靠"感"。这个"感"即学《易》者以自己心灵的含蕴去扣问静态的卦爻，然后把自己已有的蓄结、理解与占问到的卦爻象会通起来。扣问必然涉及象、占、辞、变。象是卦之阴爻、阳爻、内卦、外卦等，占是吉凶悔吝等相告之断语，辞是卦爻象下所系之辞，它假设了某些情景及在

---

① 王夫之：《船山全书》第一册，第535页。

此情景中所做的事，以此提供引申、象征、比喻、类推等的基础。器是制器者所要效法的底本。此四者皆以叩问《易》体而得。《易》体"至精至变"，但其究归结为一理。此浑然之理，随叩问者之感而成为其特殊境遇中的独特理解。它是通过象、占、辞、变直接地、直观地实现的，所以只有具备了一定的修养境界和直观能力的人才能显示它，不是每个人都能以理性论证而得。这种修养境界是一种识度和相应的直觉能力，故一叩问，《易》即给予相应的象数，非人力机械安排而得。这种反应是神妙的，其前提是叩问者具备"天下之至神"的能力，具有静而实、动而灵的品格。

在王夫之这里，《周易》的卦爻系统不是像黑格尔那样以正反合组成的概念层级系统，它不具有以概念的递嬗和升进所带动的思想的流动性，也不具有柏格森式的精神活动的绵延，这些都是认识者对已经有的东西的或理性或直觉的把握，《易》系统给人的是供人联想、引申、类比的某些事项。其中意义的获得完全是通过诠释实现的，最后的结果是《易》系统被叩问者解释出一套与《易》提供的事项关联不甚紧密的义理。占筮活动是实践的，不是仅仅被给予的；占筮者是主动的，不是被动的；占筮结果是原来的文本和叩问者解释的融合。这种解释活动也不是技术性的、寻求文本原意的活动，而是一种创造性的诠释。要求于解释者的知识构成，也不是与文本的技术性因素相关的知识，而是对天地万物的根本理解。解释的过程也不是机械的逻辑推类，而是一种跳跃式的、充满了灵感的活动，故"非智计之所能测"。在王夫之这里，《周易》这种古代创制的易简的筮测工具由于义理之学的解释性参与而变得神妙无比，占筮活动也更多地具有了本体论而非知识论的性质。就是说，它是一个与对天地万物的觉解有关的活动，并不仅是以清晰的知性对已有的东西的逻辑推论。所以他把周敦颐的"诚""神""几"概念引入来表示占筮活动："诚"是解释者具有的与天道为一的精神境界，"神"是解释者对宇宙根本性质的灵动把握，"几"是解释者由其精神境界和知识底蕴对眼前的具体境遇在辞、象、变、占上的具体应用。这里，解释者先在的东西决定了解释的结果。

在对"夫《易》，圣人之所以极深而研几也"一句的解说中，王夫之也表达了同样的意思：

乃其所以极之研之者，无思无为于寂然不动之中，易简而该刚柔摩荡之大用，则问之即应，用之即效，妙用而不测；其功之速成也，则一皆神之为也。非大明于全《易》浑然之体，以得其至变大常之诚，固未足以知此也。要诸其实，则与第一章"易简而理得"同为一理。唯纯乎健顺，以知太始而作成物，故无深非其深，无几非甚几，以速于应而妙万物。①

《易》是用来研究天地间奥秘的工具，它本身无思无为，不具有言告的功能，但他在易简的形式中寄寓着深刻的道理。它以阴阳二爻的上下往来表示万物的冲突、和谐、运动变化，它应答占筮者的任何问题，它的作用神妙莫测。但这些神妙作用的发生实际上靠的是占问者自己的解释，《周易》的神妙实际上是占问者解释的神妙。所以，用《易》者必是知《易》者，知《易》者必是知天地万物之诚者。《周易》的创制与正确应用是一件事的两个方面。从其制作说，圣人仰观天文，俯察地理，了知万物之情状，故创制卦爻以摹拟天地万物的变化。而对于《周易》的解释又还原为对天地万物的理解。这一来一往之中，人的思维能力和精神境界得到了提高。从自然到人文，从天文地理到《易》卦系统，这是人的抽象、浓缩、凝聚、象征等思想方式的提高。人不是在自然本身中把握世界，而是在人文性的解释中把握世界。虽然人总是被自己所处的时空所拘限，不可能完全跳出经验的圈子。但在六十四卦三百八十四爻构成的世界里，人们试图以此境遇、事项为基点，通过自己的实践活动积累起来的知识，把握整个世界。人通过自己的创设，为跳出狭隘的自我经验，更加全面广泛地了解世界提供了可能。人对《易》卦世界中的东西的把握，最终受制于人自己所达到的知识高度、人格高度。"问之即应"，实际的应者是解释者；"用之即效"，这个效果来源于对真实世界的明澈把握。在王夫之的解释学中，人格——包括道德修养、知识积累和境界升华诸方面的实际作为——在解释活动中起着决定性作用，它不是单纯的知识取向所能替代的。

---

① 王夫之：《船山全书》第一册，第556页。

唐代儒学复兴思潮与经学的转型

唐明贵

（聊城大学政治与公共管理学院）

唐初，在政府的努力下，《五经定本》和《五经正义》编订出版了，经学实现了统一，这标志着儒家思想"作为主流意识形态"，"成为李唐王朝官方的正统学术思想"。"这一行为一方面重新肯定了儒学的价值系统，使唐代的经学阐释学方法与原则复归两汉经学阐释学的传统，实现了儒学在表面上的繁荣；另一方面，唐代经学阐释学'疏不驳注'的阐释学方法与原则也使经学思想在两汉魏晋以后重新定于一统，形成那个时段的'学术专制'。并且由于《五经正义》成为官方教科书，成为唐儒科举入仕的路径，使儒学失却了其作为知识分子在信仰上安身立命的终极依据，由信仰沦为教条。"[1]其结果是导致唐代经学失去了发展的原动力，丧失了继续发展的空间和张力，日趋沦为僵化烦琐的理论体系。在此期间，亦有个别有识之士试图摆脱这种束缚，畅谈新见，"盖官学虽尊，而执守一家之言，每不足以厌通人之望，缘罅思难，亦其势也"[2]。伴随着各种新见异谈的暗流涌动，加之佛教和道教的冲击，儒家经学日渐式微。因此，"如何恢复儒家经典的生命力来复兴儒学以应对佛教的挑战成为中唐重要的时代课题。基于佛教义疏经学的刺激和启发与疑古之风的兴起，儒学内部宜

---

[1] 杨乃乔、李丽琴：《唐代经学阐释学与两种文学观念的悖立——兼论〈五经正义〉的阐释学方法与原则》，《学术月刊》，2009年第4期。

[2] 马宗霍：《中国经学史》，上海：上海书店，1984年，第103页。

时而行的解经范式变革势在必行"①。于是乎，部分儒家学者开始反思儒学的发展，掀起了儒学复兴运动，力图唤醒人们对儒家思想的重新关注，使其重回政治和社会生活的中心，重回精神信仰的中心。他们的这种努力，也促进了经学的转型。

一　由笃守经文转向疑经改经

唐初，太宗"以经籍去圣久远，文字多讹谬，诏前中书侍郎颜师古考定《五经》"②。师古利用收集上来的秘府图籍，对《周易》《尚书》《毛诗》《礼记》和《左传》中的文字悉心校勘，多所厘正。太宗对此事非常重视，"及功毕，复诏尚书左仆射房玄龄集诸儒重加详议。时诸儒传习师说，舛谬已久，皆共非之，异端蜂起。而师古辄引晋、宋已来古本，随方晓答，援据详明，皆出其意表，诸儒莫不叹服。太宗称善者久之，赐帛五百匹，加授通直散骑常侍，颁其所定书于天下，令学者习焉"③。由于《五经定本》的出炉，经典在版本和文字上实现了统一，"自《五经定本》出，而后经籍无异文"④。这实际上是对汉代以降"五经"版本及文字的一次大整理。由于该书由官方颁布，且作为学校教材，所以士子们唯有遵而守之，不敢稍有异议。不过，毋庸置疑的是，任何事情都有其两面性，统一虽有利于研习和传播，但也会束缚人们的思想，于是伴随着儒学复兴运动的兴起，一些学者开始冲破旧有的窠臼，大胆质疑经典，为经学的发展另辟新径。如李巽就认为《礼记》记载的并不全是孔子所言："夫《礼记》者，非尽圣贤之意也，非尽宣尼之所述也，当时杂记也。昔后苍为《曲台记》，其弟子戴圣增损刊定为《小戴礼》，今《礼记》是也。若尽宣尼之所述，即戴圣岂得而增也？昔宣尼修《春秋》，游夏不能措一词，以知《礼记》非尽宣尼所述，故戴圣得以增损也。"⑤柳宗元曾质疑《论语》的作者，有《论语辨》上下篇。又，韩愈、李翱

---

① 李伏清：《中唐解经范式变革发微——以新〈春秋〉学派为中心》，《华东师范大学学报》，2008年第3期。
② 《旧唐书·儒学传序》。
③ 吴兢：《贞观政要·崇儒学》，上海：上海古籍出版社，1978年，第220页。
④ 马宗霍：《中国经学史》，上海：上海书店，1984年，第94页。
⑤ 董诰等：《全唐文》卷五百二十六，北京：中华书局，1983年，第5340—5341页。

的疑经主张主要体现《论语笔解》中,他们改易《论语》文字十六处、变更经文次序两处、删除经文一处,改动后的《论语》已经与传世本相去甚远,这在唐初是不敢想象的。有些改动为宋代学者所袭用,《郡斋读书附志·经解类》指出:"今世所传如'宰予昼寝',以'昼'作'画';'子在齐闻《韶》,三月不知肉味',以'三月'作'音';'浴乎沂',以'浴'作'沿';'子在,回何敢死',以'死'作'先'之类,虽未必然,然为伊川之学者皆取之。"① 因而,《论语笔解》作为一家之言,"有些新鲜的说法,开创了宋学疑经、改经之风"②。

二 由笃守古义转向探求圣人奥义

唐初,儒家经典文本多袭沿旧注,如由孔颖达领衔编纂的《五经正义》就是根据汉至隋多家注释整理删定而成的,其中《周易》用魏王弼、晋韩康伯注,《尚书》为梅赜本汉孔安国传,《诗经》用汉毛亨传、郑玄笺,《礼记》用郑玄注,《左传》用晋杜预注。贞观十四年(640),太宗下诏表彰前贤注释,曰:"梁皇侃、褚仲都,周熊安生、沈重,陈沈文阿、周弘正、张讥,隋何妥、刘炫等,并前代名儒,经术可纪,加以所在学徒,多行其疏,宜加优赏,以劝后生。"③ 另据《大唐六典》卷二十一《国子监》载:"《周易》,郑玄、王弼注;《尚书》,孔安国注;《三礼》《毛诗》,郑玄注;《左传》,服虔、杜预注;《公羊》,何休注;《穀梁》,范宁注;《论语》,郑玄、何晏注;《孝经》《老子》并开元御注。"这些是唐代儒学教育的法定教材。

及至中唐,为复兴儒学,韩愈、李翱、柳宗元、啖助、赵匡等人在解经方式上一改传统"注不叛经,疏不破注"的做法,而是主张舍传求经,弃汉魏旧注直究经典,以求得圣人奥义。如柳宗元对传统儒家章句之学予以了坚决地抨击,指出:"孔子作《春秋》千五百年,以名为传者五家,今用其三焉。秉觚牍,焦思虑,以为论注疏说者百千人矣。攻讦狠怒,以辞气相击排冒没者,其为书,处则充栋宇,出则汗牛马,或合而隐,或乖而显。后之学者,穷老尽气,左视右顾,

---

① 顾宏义、戴扬本等编:《历代四书序跋题记资料汇编》,上海:上海古籍出版社,2010年,第224页。
② 何耿庸:《经学概说》,武汉:湖北人民出版社,1984年,第78页。
③ 吴兢:《贞观政要·崇儒学》,第216—217页。

莫得而本。则专其所学以訾其所异，党枯竹，护朽骨，以至于父子伤夷，君臣诋悖者，前世多有之。甚矣，圣人之难知也。"①章句繁杂，导致异说纷呈，淹没了圣人之本意，因此他主张做学问要"略章句之烦乱，采摭奥旨，以知道为宗"②。在他看来，"学不能探奥义、穷章句，为腐烂之儒"③。韩愈、李翱则更进一步，他们在《论语笔解》中公开指责孔安国、包咸、马融、郑玄等人的注释，认为其注或失圣意，或不达圣意，这样的评论在《论语笔解》中多有。在如何探求经典本意问题上，韩愈倡言："愈昔注解其书（《论语》），而不敢过求其意。取圣人之旨而合之，则足以信后生辈耳。"④强调诠释重在合"圣人之旨"，"渐开宋学之端绪"。⑤

三　由"学统"转向"道通"

儒学复兴运动在经学关注点上带来的变化主要表现在由学统（指知识传统，其主要功能是传承学术传统以为时用）⑥转向道统（有作为经典依据的儒学典籍、独立的历史传承谱系以及作为理论核心的哲学问题）⑦。

自汉迄唐初，经学以"五经"为研究对象。这五部经典《诗》《书》《礼》《易》《春秋》（《乐经》无传，故后世主要称"五经"，不称"六经"）均经孔子修订，他"删《诗》《书》，定《礼》《乐》，赞《周易》，修《春秋》"⑧，寓"微言大义"于其中，"实可为万世之准则。后之为人君者，必遵孔子之教，乃足以治一国；所谓'循之则治，违之则乱'。后之为士大夫者，亦必遵孔子之教，乃足以治一身；所谓'君子修之吉，小人悖之凶'"⑨。世人研习五经，其目的有二：

---

① 董诰等：《全唐文》卷五百八十八，第 5941 页。
② 柳宗元：《柳宗元集》卷八，北京：中华书局，1979 年，第 180 页。
③ 柳宗元：《柳宗元集》卷三十三，第 912 页。
④ 董诰等：《全唐文》卷五百五十四，第 5607 页。
⑤ 周予同：《群经概论》，上海：上海书店，1990 年，第 87 页。
⑥ 刘悦笛："政统"、"道统"与"学统"——中国社会转型中"士人"向"知识分子"的身份转变，《中国政法大学学报》，2008 年第 4 期。
⑦ 王世光：《程朱理学道统论的终结》，《天津社会科学》，2001 年第 2 期。
⑧ 朱熹：《四书章句集注》，北京：中华书局，1983 年，第 93 页。
⑨ 皮锡瑞：《经学历史》，北京：中华书局，1959 年，第 26 页。

一是传授知识,教化世人。皮锡瑞说:"孔子之教何在?即在所作《六经》之内。故孔子为万世师表,《六经》即万世教科书。"① 何出此言?孔子曰:"入其国,其教可知也。其为人也温柔敦厚,《诗》教也;疏通知远,《书》教也;广博易良,《乐》教也;洁静精微,《易》教也;恭俭庄敬,《礼》教也;属辞比事,《春秋》教也。故《诗》之失愚,《书》之失诬,《乐》之失奢,《易》之失贼,《礼》之失烦,《春秋》之失乱。其为人也温柔敦厚而不愚,则深于《诗》者矣;疏通知远而不诬,则深于《书》者矣;广博易良而不奢,则深于《乐》者矣;洁静精微而不贼,则深于《易》者矣;恭俭庄敬而不烦,则深于《礼》者矣;属辞比事而不乱,则深于《春秋》者矣。"②

二是通经致用。所谓"通经致用","顾名思义,是指通晓经术以求致用。这个'经',是指以'六经'经传为主要代表的儒家经典;而这个'用',其具体内涵即为儒家所说的'立德'与'立功',或者说'内圣'与'外王',前者主要是指个人的儒家道德修养,后者则是指用经术经世干政。在'通经'与'致用'二者关系中,'通经'是'致用'的前提,而'致用'则是'通经'的目的"③。为什么说通经可以致用?究其原因就在于,经典虽所记内容不同,但都具有治国理政的作用。如孔子就曾说过:"六艺于治一也。《礼》以节人,《乐》以发和,《书》以道事,《诗》以达意,《易》以神化,《春秋》以道义。"④ 故皮锡瑞有"以《禹贡》治河,以《洪范》察变,以《春秋》决狱,以三百五篇当谏书,治一经得一经之益也"⑤ 之说。他进而指出:"皇帝诏书,群臣奏议,莫不援引经义,以为据依。国有大疑,辄引《春秋》为断。一时循吏多能推明经意,移易风化,号为以经术饰吏事。汉治近古,实由于此。"⑥

汉武帝建元五年(前136),罢传记博士,增置《易》和《礼》博士,与文、景时所立的《书》《诗》《春秋》合为五经博士。其职责就是通过教授弟子,专门传授儒家经学。汉宣帝时,博士增置十二家:《易》为施、孟、梁丘,《书》为欧阳

---

① 皮锡瑞:《经学历史》,第26页。
② 《礼记·经解》。
③ 汪高鑫:《论"通经致用"的经学传统》,《安徽大学学报》,2009年第2期。
④ 《史记·滑稽列传》。
⑤ 皮锡瑞:《经学历史》,第90页。
⑥ 同上,第103页。

及大、小夏侯氏，《诗》为齐、鲁、韩，《礼》为后氏，《春秋》为公羊、穀梁。东汉初年，博士有十四人：《易》为施、孟、梁邱、京氏，《尚书》为欧阳及大、小夏侯氏，《诗》为鲁、齐、韩氏，《礼》为大、小戴氏，《春秋公羊》为严、颜氏。由此至汉末，相沿未变。两汉时期的"儒者尊信六经之学可以治世，孔子之道可以弘亮洪业，赞扬迪哲之用。朝廷议礼、议政，无不引经，公卿大夫士吏，无不通一艺以上。虽汉家制度，王霸杂用，未能尽行孔教，而通经致用，人才已为后世之所莫逮"[1]。如董仲舒、公孙弘、兒宽，"三人皆儒者，通于世务，明习文法，以经术润饰吏事。天子器之"[2]。

及至魏晋南北朝时期，虽然玄学风行、佛学流行、道教盛行，但"儒家的三纲五常仍然是各朝各代统治者治国安邦的指导思想，以'忠''孝'为核心的儒家传统伦理规范仍被尊为最高的道德原则，社会教育仍以儒家经学为法定的正宗"。在儒家经典的注释方面，虽有"不少玄学思想家以社会现实斗争的需要用老庄无为之道对经学进行注疏、改造，但应看到，这些玄学家其内心深处是以儒家思想为底蕴的，是以纲常名教为基准的，本质上不是与儒家对立的，其目的是为统治者寻找治国方略的。所以，实际上儒家经学不仅未被玄学、佛学所淹没，而且仍然发挥着其思想的社会统治功能，维持着社会思想的正统地位。当时，各朝政府依旧设立太学（国子学），儒家经典仍是太学生修习的主要科目"[3]。

从上文可以看出，唐初经学依然是"五经"的天下，其在政治、教育、科举中都扮演着重要的角色。及至中唐，伴随着儒学复兴运动的兴起，以"五经"为典据（哲学思想的经典依据）[4]的学统时代开始转向以《论语》《大学》《中庸》《孟子》为典据的道统时代，经学的关注点发生了转移。

在这一转型过程中，起重要作用的当属韩愈和李翱。二人为了对抗佛教的挑战，建立能与佛教相抗衡的理论和体系，力图从儒家经典中寻求立论根据，

---

[1] 皮锡瑞：《经学历史》，第26页。
[2] 《汉书·循吏传》。
[3] 李金河：《魏晋南北朝经学述论》，《山东大学学报》，1997年第1期。
[4] 刘泽亮：《从〈五经〉到〈四书〉：儒学典据嬗变及其意义——兼论朱子对禅佛思想挑战的回应》，《东南学术》，2002年第6期。

以重树儒学雄风。

一是建立儒家"心性论"以抗衡佛教心性论。自汉迄唐，经学重点关注的是形而下的制度层面的建设，而对形而上的具有思辨色彩的心性之学关注较少。有学者指出，从汉代起，经学就直接依托于权力，注重建立完备的纲常名教，注意用外在的规范对人的行为进行制约，而忽视了影响人的行为的内在因素，因而不能成为人们有效自律的思想工具。[①]这就是说儒学在心性修养方面存在着理论缺陷。这种缺陷导致士子们研读经典，只求仕进，不问身心。伴随着佛教的心性修养理论和实践影响的不断扩大，一度出现了"儒门淡泊，收拾不住，皆归释氏"[②]的现象，迫使儒家学者不得不开始正视自身存在的缺陷。他们一方面表面上高调辟佛，却又暗地里注意借鉴和吸收其心性理论，力图补充和完善儒学理论；另一方面，极力从儒家经典中寻找可与佛教心性论等思辨思想相匹敌的内容，以抗衡佛教。

如韩愈在《原道》一文中引用《大学》首章，明确提出了"正心而诚意者，将以有为也"[③]的观点，突出强调了作为内圣之学的"正心诚意"的重要性。陈寅恪先生赞曰："退之首先发见《小戴记》中《大学》一篇，阐明其说，抽象之心性与具体之政治社会组织可以融会无碍，即尽量谈心说性，兼能济世安民，虽相反而实相成，天竺为体，华夏为用，退之于此奠定后来宋代新儒学之基础，退之固不世出之人杰，若不受新禅宗之影响，恐亦不克臻此。"[④]

李翱援释入儒，以《中庸》诚说为据，力图挖掘先秦儒家思孟一系的心性之说。在他看来，儒家"性命之书虽存，学者莫能明，是故皆入于庄列老释。不知者谓夫子之徒不足以穷性命之道，信之者皆是也。有问于我，我以吾之所知而传焉。遂书于书，以开诚明之源，而缺绝废弃不扬之道，几可以传于时"[⑤]。于是他做《复性书》，欲开诚明之源，恢复"废弃不扬"之道，使儒家的心性之说复现于世。对此，叶梦得评价说："习之学出《中庸》而不谬其言。故论至诚尽性

---

① 张跃：《唐代后期儒学》，上海：上海人民出版社，1994年，第1—2页。
② 陈善：《扪虱新话·儒学迭为盛衰》，1990年影印版。
③ 董浩等：《全唐文》卷五百五十七，第5649页。
④ 陈寅恪：《论韩愈》，《金明馆丛稿初编》，上海：上海古籍出版社，1980年，第286页。
⑤ 董浩等：《全唐文》卷六百三十七，第6434—6435页。

之道，自孟子推之至于子思，子思推之至于孔子，合于《易》之寂然不动，感而遂通天下之故，知颜子不远复为三月不违仁。卿与雄曾无足之议，而退之所未尝语也。故曰不谬其言。"①章太炎也说："明心见性之儒，首推子思、孟子。唐有李习之，作《复性书》，大旨一依《中庸》。习之曾研习禅宗。……今观《复性书》虽依《中庸》立论，其实阴习释家之旨。"②

对于韩、李二人借助佛学，通过标举《大学》《中庸》以阐明儒家心性论的做法，清人全祖望指出："自秦汉以来，《大学》《中庸》杂入《礼记》之中，千有余年，无人得其藩篱。而首见及之者，韩、李也。退之作《原道》，实阐正心诚意之旨，以推本于《大学》。而习之论《复性》，则专以羽翼《中庸》。观其发明至诚尽性之道，自孟子推之子思，自子思推之孔子，而超然有以见夫颜子三月不违仁之心。"③傅斯年在《性命古训辨证》中也说："儒家书中，谈此虚高者，仅有《孟子》《易·系》及《戴记》之《乐记》《中庸》《大学》三篇，在李氏前皆不为人注意，自李氏提出，宋儒遂奉为宝书，于是将此数书提出，合同其说，以与二氏相角。"④由此看来，从某种意义上来说，韩、李业已开启了后世重视"四书"的先河。

二是建立道统论以对抗佛教法统论。所谓法统，是指僧人学习佛法过程中建立起来的师徒传承关系。⑤受其影响，中唐以后的儒家学者也尝试建立儒家的学术传承体系，于是遂有儒家道统论的出现。

儒家道统思想源自韩愈，其目的就是想与当时盛行的所谓佛教"法统"相颉颃。在他看来，儒家有一个贯穿始终的有别于佛老的"道"，"斯吾所谓道也，非向所谓老与佛之道也"，此"道"是一个包含"仁义道德"在内的学说，"博爱之谓仁，行而宜之之谓义，由是而之焉之谓道，足乎己无待于外之谓德，仁与义为定名，道与德为虚位"；是以仁义为本的天下公言，"凡吾所谓道德云者，合仁与义言之也，天下之公言也"。其传承过程如下："尧以是传之舜，舜以是传

---

① 叶梦得：《岩下放言》卷下，《四库全书》本，上海：上海古籍出版社，1997年。
② 章太炎：《国学讲演录·诸子略说》，上海：华东师范大学出版社，1995年，第181页。
③ 全祖望：《李习之论》，《鲒埼亭集外编》卷三十七，《鲒埼亭集》卷四，上海：上海古籍出版社，2000年。
④ 傅斯年：《性命古训辨证》，桂林：广西师范大学，2006年。
⑤ 叶德荣：《宗统与法统：以嵩山少林寺为中心·自序》，广州：广东人民出版社，2010年，第2页。

之禹，禹以是传之汤，汤以是传之文武周公，文武周公传之孔子，孔子传之孟轲，轲之死，不得其传焉。"① 李翱则为孔孟之间又加入了新的人物和经典："子思，仲尼之孙，得其祖之道，述《中庸》四十七篇，以传于孟轲。"② 这就是后世"道统说"的雏形，而且，韩愈还试图接续道统，他在《与孟尚书书》中说："使其道由愈而粗传，虽灭死万万无恨。"③ 在这里，韩、李二人确立了一个"道统"的授受系统——尧→舜→禹→汤→文武周公→孔子→子思→孟轲，从而也基本确立了《论语》《中庸》《孟子》的经典地位。

由上可见，中唐以后，儒家学者在迎接佛教的挑战时，"已经开始从对历史文化传统的批判中寻找民族文化的真实本源，并指出了新的儒家文化建设的根源性存在，即圣人之道"④。"他们不仅仅张扬经学价值系统的'道'，同时还努力重建儒家知识系统的'学'。这些学术观点，主要来之于经学经典《孟子》《中庸》《大学》，同时也汲取了佛道之学，体现出一些新的特点。"⑤ 韩愈、李翱二人对儒家心性之学的探讨、对道统体系的构建、对《孟子》《大学》《中庸》的提倡，促进了儒家经学从学统向道统的转变。

---

① 董诰等：《全唐文》卷五百五十八，第 5648—5650 页。
② 董诰等：《全唐文》卷六百三十七，第 6434 页。
③ 董诰等：《全唐文》卷五百五十三，第 5602 页。
④ 洪修平：《隋唐儒佛道三教关系及其学术影响》，《南京大学学报》，2003 年第 6 期。
⑤ 张巍：《中晚唐经学研究》，山东大学中国古代文学专业博士学位论文，2008 年，第 146 页。

"四书学"道统论与宋代士大夫主体意识

朱汉民

（湖南大学岳麓书院）

宋代已经完全打破汉唐的"士族门第"的政治等级和社会阶层，真正进入一个主要通过科举制而实现社会流动性的时代，形成了一个来自民间社会，但又能够集政治精英、社会精英、文化精英为一体的士大夫群体。这样，汉代以来的门阀士族主导的准贵族政治衰落，代之以平民出身的士大夫政治力量强化，一种新的所谓"士大夫与君主共治天下"的政治格局逐渐形成。

在唐宋时期的社会变革的大背景下，宋儒推动儒学复兴并完成了"四书学"的建构，与此同时，也完成了儒家道统论的重建。在唐宋变革的大背景下，儒家士大夫面临一系列新的历史问题，他们之所以积极建构的道统论，其实正是士大夫主体意识的表达和体现。宋儒提出并希望解决这一系列问题：儒、佛、道三教中，究竟哪一家才是中国思想文化正统？在儒学重建过程中产生许多不同流派，究竟哪一派才是儒家正统？在道统与政统、儒生与君王的共治结构中，该谁主导国家秩序？宋儒通过诠释"四书"而建构的道统论对这些问题做出明确回答，应该是宋代崛起的儒家士大夫主体意识的表达。

一 儒、佛、道并起，谁是中国文化的正统？

儒家道统思想兴起、发展于春秋战国和两宋时期，因为这两个时期的儒家均需要深入挖掘传统文化资源，从先圣先贤那里寻求精神依据，以解决现实政治和文化问题。道统思想体现了他们自觉继承历史文化、深入挖掘传统资源的精神追求。

在唐宋变革、儒学复兴的大背景下，宋代道统论的兴起，首先涉及的问题就是儒、佛、道三教并盛之时，哪一家才是中国文化正统？从中唐到宋初，诸多大儒纷纷提出自己的道统思想，这一段时期儒家学者主要是要解决儒学本身的正统地位问题，即在佛老思想大盛时期，强调只有儒家才是代表中国思想文化的正统。中唐以后的儒学复兴运动，显然只是儒家士大夫面临佛道挑战时的一种文化自觉。由于这一个阶段的儒家学者还没有能够对儒学做出体系化的思想创新，故而他们主要还是沿袭早期儒家提出的道统谱系、道统内涵，将先秦、汉唐以来的有一定地位的儒者，统统纳入自己编排的道统授受谱系之中。

两汉时期，中国思想界、学术界确立了儒学独尊的局面。但是，到了魏晋、隋唐以来，外来的佛教在社会各个不同层面产生深远影响，佛、道两家与儒家并起而呈鼎立之势。从民间的社会民众到士大夫精英群体、历代朝廷君王，他们往往会在儒、佛、道三教中徘徊，影响唐宋之际的思想文化界，不断发生儒佛之争、儒道之争、佛道之争的历史事件。随着儒佛之争的不断深入，中唐以来一些儒家士大夫领袖人物继承原始儒学的道统思想，正式提出了道统学说。道统论的提出就和这一个十分尖锐的问题相关：究竟哪一家思想教义才是中国思想文化正统的代表？可见，由于儒、佛、道三教并起而地位未定，唐宋之际儒家士大夫大讲道统论，最初就是基于佛老思想大盛的文化挑战，他们强调只有儒家才代表中国思想文化的正统，希望重新确立儒家文化作为中华文化的正统，这正是儒家士大夫的文化主体意识不断上升和日益强化的体现。

最早关注，并试图解决这一问题的儒家人物，就是唐代古文运动的领袖、唐宋时期复兴儒学文化思潮的倡导者韩愈。韩愈为了复兴儒学，推动了以"文以载道"为宗旨的古文运动，并且明确提出了道统的思想，《原道》则是其道统思想的纲领。韩愈的道统追溯，就是为了明确儒家之"道"与佛老之"道"的根本区别，即如他说："吾所谓道也，非向所谓老与佛之道也。"韩愈指出儒家之道的核心是"仁义"，这是儒与佛老区别的根本。他特别强调，中华大地的儒家之道有一个源远流长的授受谱系，即"尧以是传之舜，舜以是传之禹，禹以是传之汤,汤以是传之文、武、周公,文、武、周公传之孔子,孔子传之孟轲。轲之死,不得其传焉"①。韩愈强调中华文明的核心是从尧舜传之孔孟的一以贯之的"道",其实是强调儒家仁义有着十分悠久的文化根基。因此他所谓"原道",就是要从悠久的中华文明历史脉络中确立以儒家"仁义"为核心的中华之道。他又认为自孟子以后的一千多年此道统已经断绝,故而才有魏晋、隋唐以来佛教的鼎盛及对儒家思想的冲击,他由此表明了自己将要继承儒家道统、复兴儒学的文化使命。韩愈的道统论和文以载道论,表达了唐宋之际儒家士大夫复兴儒学的文化主体意识,对宋代理学思潮的勃兴产生了很大的影响。

韩愈在其名篇《原道》中,重新提出尧、舜、禹、汤、文、武、周公、孔子、孟子一脉相承的道统学说。韩愈提出的道统的人物谱系明显针对佛教的"法统""传灯"。韩愈的道统谱系有一个突出特点,就是强调道统的核心思想就是"仁义",他以儒家之道的思想内涵"仁义",来对抗佛老的"空""无"之道,故而特别提出"孔孟之道"的道统谱系,并认为"轲之死,不得其传焉",与宋代道学一派的观点十分接近,所以,后来讲宋儒道统论,总是要追溯到韩愈的《原道》。其实,韩愈和宋代道学家的道统论明显不同,韩愈本人并没有建构发展出一套新的学术体系,他也没有在儒学内部确立一种他认同的正统儒学。所以,韩愈的道统论并不是十分确定的,事实上,他在其他的论述中也将荀子、扬雄列入传承孔子的儒家道统中来。②可见,韩愈的思想重点是以"原道"为旗帜而倡导复兴儒学,就是为了确立中华文化的正统是儒学而不是佛老之学,他通过道统的建构引发了一场深刻的儒学复兴运动。

到了北宋,很快就形成了一股普遍的社会思潮。宋初著名儒家士大夫范仲淹、胡瑗、孙复、石介、欧阳修等人,纷纷继承韩愈批判佛老、复兴儒家、建构道统论的思想传统。如孙复一方面通过唐宋古文运动文以载道的宗旨,宣扬道统论,他说:"文者,道之用也;道者,教之本也。"他另一方面力辟背离儒家正统的杂学特别是佛老之学,他接着说:"自西汉至李唐其间鸿生硕儒,摩肩而起以文垂世者众矣,然多杨墨佛老虚无报应之事,沈谢徐庾妖艳邪侈之言。"③显

---

① 韩愈:《原道》,《昌黎文集》卷十一,《文渊阁四库全书》第一〇七四册,第224页。
② 周炽成:《唐宋道统新探》,《哲学研究》,2016年第3期。
③ 孙复:《答张洞书》,《孙明复小集》,《文渊阁四库全书》第一〇九〇册,第173页。

然，他认为春秋战国以来的杨墨之学、佛老之学、辞章之学皆背离了文以载道的原则，他力图通过弘扬儒家士大夫主体意识而复兴儒家之道。石介著有《辨惑篇》，也是为了反对佛道二教，倡导复兴儒家之道。石介反复宣讲道统论和批判佛道，其目的就是为了强调中国文化的主体性。所以，他专门著有《中国论》一文，就是表达了他希望实现中国文化主体性建构的目标。他说："夫中国者君臣所自立也，礼乐所自作也，衣冠所自出也，冠昏祭祀所自用也，缞麻丧泣所自制也，果瓜菜茹所自殖也，稻麻黍稷所自有也……非君臣、父子、夫妇、兄弟、宾客、朋友之位，是悖人道也。苟天常乱于上，地理易于下，人道悖于中国，不为中国矣。闻乃有巨人名曰佛，自西来入我中国；有庞眉曰聃，自胡来，入我中国。各以其人易中国之人，以其道易中国之道，以其俗易中国之俗，以其书易中国之书，以其教易中国之教，以其居庐易中国之居庐，以其礼乐易中国之礼乐，以其文章易中国之文章，以其衣服易中国之衣服，以其饮食易中国之饮食，以其祭祀易中国之祭祀。"[①] 石介的《中国论》以广泛的文明视角，希望确立中华文化的独特价值和重要地位。其实，他积极倡导儒家道统论，正是他的《中国论》的理论深化和核心组成部分。石介所讲的道统论其实就是要强调中华文明的源远流长和恒常价值，他说："夫尧、舜、禹、汤、文王、武王、周、孔之道，万世常行，不可易之道也。"[②] 他在这里所说的道统虽然源于早期儒学，但是他重新倡导和强调这一道统授受脉络，其实包含着抵御佛道、确立中华文化正统的积极意义，这正是一种儒家士大夫主体意识的表达。

从唐中叶到北宋初期，儒家士大夫提出的道统论呈现多元化的倾向，与后来南宋时期的道统论出现单一化的"心传"不太一样。其实，这一种多元化道统思想，在道统论初期的北宋时期是一个比较普遍的现象。如孙复就说："自夫子没，诸儒学其道、得其门而入者鲜矣，唯孟轲氏、荀卿氏、扬雄氏、王通氏、韩愈氏而已。彼五贤者，天俾夹辅于夫子者也。"[③] 石介也说："周室衰，诸侯畔，道大坏也，孔子存之。孔子殁，杨、墨作，道大坏也，孟子存之。战国盛，仪、

---

① 石介：《中国论》，《徂徕石先生文集》卷十，北京：中华书局，1984年，第116页。
② 石介：《怪说下》，《徂徕石先生文集》，第63页。
③ 孙复：《上孔给事书》，曾枣庄、刘琳主编：《全宋文》第十九册，上海：上海辞书出版社，2006年，第25页。

秦起，道大坏也，荀况存之。汉祚微，王莽篡，道大坏也，扬雄存之。七国弊，王纲弛，道大坏也，文中子存之。齐梁来，佛老炽，道大坏也，吏部存之。"①苏轼则提出了由孔孟、韩愈而欧阳修的一脉相承的新道统。他认为，孔孟之后，"五百余年而后得韩愈，学者以愈配孟子，盖庶几焉。愈之后三百有余年，而后得欧阳子，其学推韩愈、孟子，以达于孔氏"②。这一文化现象的出现，不完全是因为道统思想初期的不成熟，更加重要的原因却是儒家面临和希望解决的问题意识不同：在儒、佛、道并起的唐宋之际，他们急需确立儒学在中国文化思想的正统地位。他们面临的共同敌人是佛道宗教，希望在佛老思想大盛时期，强调只有儒家才是代表中国思想文化的正统。

可见，道统论的兴起是由于文化领域的儒学复兴运动，而儒学复兴运动的推动者恰恰是儒家士大夫。由于唐宋之际士大夫主体意识崛起，同时也导致儒家士大夫内心的一场深刻文化自觉，所以，当他们面对西来的佛学日益兴盛之时，所谓"佛老炽，道大坏也"，故而激发出他们强烈的文化主体意识。他们特别强调中国人对儒学的认同，特别强调儒教在中华文化方面的全面优势。唐宋之际儒家学者大讲道统论，他们在面对佛老思想大盛时强调只有儒家才是中国思想文化的正统，其实正是以儒学为信仰的儒家士大夫的文化主体意识日益凸显的体现。

二 儒学学统四起：谁是正学？

宋代儒家道统说的提出，还与儒学学统四起之际谁是儒学正宗的问题密切相关。从北宋后期到南宋前期，儒学复兴的局面已经定型，而且形成了新儒学的不同学派。儒学作为中国正统思想、主流学术逐渐得到了充分的发展，以儒学作为中国文化正统已经成为各界人士的思想共识，儒家思想的丰富性通过儒学学派的多样化呈现出来。与此同时，又出现了一个新的重要问题：儒家内部的诸多流派中，究竟哪一家才代表儒家正统？特别是在南宋时期，新的儒学形

---

① 石介：《答欧阳永叔书》，《徂徕石先生文集》，第79页。
② 苏轼：《居士集叙》，《苏东坡全集·前集》卷二十四，北京：中国书店，1986年6月。

态正在走向集大成阶段，儒家内部诸多流派展开激烈的学术争鸣，故而宋学思潮中究竟哪一家才是儒学正宗的问题日益突出。在儒学复兴的大格局中，儒学学统四起，究竟哪一家、哪一派才是儒学的正统，就成为儒家学者特别关注的重大问题。

在两宋诸多以地域命名的不同学派中，包括泰山学、涑水学、百源学、荆公学、濂溪学、关学、洛学、蜀学、湖湘学、赣学、闽学、浙学等，各个学派均以传承孔子、弘扬儒学为旗帜，但是他们的思想观念、核心价值差别很大，究竟谁才是儒学的正统？宋学思潮经过一段学术思考和理论建构，不同学派的学术体系已经成型，他们的思想差异、学术分歧也日益明显。于是，宋学内部的不同学派与学者开始强调自己认同的儒家核心价值、代表人物以及相关的典籍文献，并提出与自己的价值取向、代表人物、经典体系相关的道统论。

特别是南宋以来，不同学派百家争鸣现象更加突出，不同学派的学术宗旨、思想价值的区别凸显。其中朱熹理学、象山心学、浙东事功之学三大派的学术宗旨各异、思想差异明显。与此相关，这些不同学派和学者均明确提出自己的道统论，并坚持自己认可的儒家之道的思想核心、授受脉络和经典文献。

在诸多学派中，朱熹理学一派的道统论影响最大。朱熹理学一派源于二程兄弟，他们以继承圣人之道相标榜。程颢逝世之后，程颐作《墓表》称："周公没，圣人之道不行，孟轲死，圣人之学不传……圣人之道得先生而后明，为功大矣。"[1] 程颐十分关注儒家内部的判教，他的道统论将荀子、董仲舒、扬雄、韩愈统统逐出儒家道统。与此同时，他明确将自己作为这一个道统脉络的继承者，其实也是将北宋其他学派排除在道统脉络之外。朱熹是二程的四传弟子，是宋代道学派的集大成者。朱熹继承了二程的理学思想体系，同时继承和完善了二程的道统论，成为宋代道学派的道统论的完成者。朱熹自觉传承早期儒家确立的道统，建构了一个"尧舜—孔曾子孟—程朱"的道统系列。而且，朱熹进一步从儒学的经典文本、授受脉络、思想内涵三个方面，全面确立了新历史时期的儒学道统论。朱熹也是儒家新经典体系——"四书学"的完成者，他之所以能够确立道统论，是因为他在《四书章句集注》的几篇重要序言中，以宏大的文化

---

[1] 程颐：《明道先生墓表》，《二程集》上册，北京：中华书局，2004年，第640页。

视野全面系统表达了他的道统论思想。朱熹的《四书章句集注》成为宋儒道统论的经典文本,他真正首先从儒学的经典文本、授受脉络、思想内涵三个方面,全面确立了新历史时期的儒学道统论。

陆九渊建立的象山心学提出了自己的道统论。他曾谈到儒家之道的授受脉络问题,《语录》载:詹子南问其师陆九渊:"先生之学,亦有所受乎?"陆九渊答道:"因读《孟子》而自得之。"① 朱熹将北宋周敦颐、二程作为孔孟道统的继承人,就是将本学派作为道统继承人,陆九渊显然不同意这种道统论,在孔孟之道已经成为南宋儒学普遍共识的情况下,他将自己的学术思想直接追溯到孟子,肯定自己的学说是直承孟子,就是为了表明自己才是孔孟道统的真正传人。后来,与陆学一脉相承的明儒王守仁,也坚持陆九渊在儒家道统中的正统地位,认为陆氏之学乃"孟氏之学也"。王阳明认为陆象山是孟子之学的真正继承者,从而肯定心学派在道统中的至尊地位。陆九渊本人将自己的学说归之于先秦的孟子,与朱熹的道统论相违,故而受到朱熹的否认。从学术传承的学统论来看,陆九渊之学与孟子之学是有重要学术继承关系的。孟子关心道德本心、精神人格、内心修养的思想,对陆九渊之学的形成产生了深刻的影响。陆学中的许多重要概念、思想、方法等,均与孟子有着直接的继承关系。陆九渊仁义礼智源于人心"四端",可见他关于"心即理"的重要思想就是以此为其理论基础的。陆九渊在论述心性修养的方法时,也是直接照着孟子的说法讲,包括"存心""养心""求放心""先立乎其大者""积善""集义"等,均来自孟子的思想学说。由于陆九渊最鲜明地继承、发展了孟子的学说,故全祖望说:"象山之学,先立乎其大者,本乎《孟子》。"②

浙东学派叶适则提出另一种类型的道统论。③ 叶适对儒家之道有一番自己的理解,他也肯定从尧舜到孔子的儒家之道的授受谱系。他说:"孔子哀先王之道讲遂湮没而不可考,而自伤其莫能救也。迹其圣贤忧世之勤劳,而验其成败因革之故,知其言语文字之存者犹足以为训于天下也,于是定位《易》《诗》《书》《春秋》之文推明礼乐之器数而黜其所不合,又为之论述其大意,使其徒相

---

① 陈九渊:《语录下》,《陆九渊集》,北京:中华书局,1992年,第471页。
② 黄宗羲、全祖望:《象山学案》《宋元学案》卷五十八。
③ 参见何俊:《叶适论道学与道统》,《中山大学学报》,2009年第1期。

与共守之,以遗后之人。"①叶适的道统论仍然坚持早期儒家的道统思想,即以尧舜、文武、孔子为授受谱系,以"六经"为经典文本,以政统教的思想内涵。但是他针锋相对地否定了朱熹道学派建构的"孔子—曾子孟—程朱"的道统系列。他首先否定了"孔子—曾子孟"的道统观念,他认为孔子以教其徒而所受各不同,"以为曾子自传其所得之道则可,以为得孔子之道而传之则不可也。自尧、舜、禹、汤、文、武、周公、孔子所传皆一道,孔子以教其徒,而所受各不同,以为虽不同而皆受之于孔子则可,以为尧、舜、禹、汤、文、武、周公、孔子之所以一者,而曾子独受而传之人大不可也"②。叶适还进一步对程朱学派提出的从孔子到程朱的道统谱系提出批评。叶适在为弟子所撰的墓志中说:"时诸儒以观心空寂名学,徒默视危拱,不能有论诘,猥曰道已存矣。君固未信,质于余,余为言学之本统,古今伦贯物变终始,所当究极。"③叶适特别反对道学派对道统的解释权,认为这是一种"以观心空寂名学"的道统论,他推崇的"古今伦贯物变终始",其实是肯定道在治中的功利主义道统论。

除了上述三个主要学派,其他学派在道统论方面还有大同小异的差别。譬如朱熹和张栻都是二程四传弟子,对儒家道统的思想内涵、经典文本、授受谱系十分接近,但是朱熹、张栻的弟子往往偏重于对本师的推崇,故而在道统的当世传人上有不同看法。如张栻弟子彭龟年对本学派先师特别推崇,强调张栻为周程道统的真正继承人,他在《挽南轩先生》一诗中写道:"世无邹孟氏,圣道危如丝。学者迷统绪,扰扰徒外驰。况有释老辈,窃窥如鬼魑。若彼疑似说,陷我高明资。伟然周与程,振手而一麾。源流虽未远,浍浊亦已随。公如一阳复,寒烈已可知。斯文续以传,岁晚非公谁? 伤哉后来者,此世亡此师。"④认为周敦颐、二程之学是孟轲道统的延续,这是道学家群体的一般看法。在南宋各派皆争正宗之时,各派往往都把本学派老师看作周程道统的继承人,而彭龟年把老师张栻的学说看作周程道统的正传,显然希望强化张栻的道统地位。

应该说,南宋时期儒学学派林立的社会,各家各派均认同自己的道统论,

---

① 叶适:《总义》,《叶适集·别集》卷五。
② 叶适:《论语》,《习学纪言》卷十三,《文渊阁四库全书》。
③ 叶适:《宋厩墓志铭》,《水心集》卷二十五,《文渊阁四库全书》。
④ 彭龟年:《挽南轩先生》,《止堂集》卷十六,《文渊阁四库全书》。

特别强调自己才是儒家道统的真正传人，恰恰表达出宋代士大夫一种文化担当的主体意识。只有在宋代士大夫崛起的特殊历史时期，才会有那么多的儒家士大夫争先恐后地表达自己传承道统的精神渴求和文化担当。而且，在诸多不同学派中，程朱学派建构的道统论逐渐得到学界的普遍认同，成为道统论的标准版本，这并不是偶然的，恰恰是因为朱熹以"四书"为核心的道统论，能够更加鲜明地表达出儒家士大夫的文化主体意识。

三 道统与政统，该谁主导国家秩序？

唐宋儒家之所以建构道统论，不仅仅与三教谁是中国文化正统，哪一流派是儒家正宗的问题有关，同时还与另外一个重要问题，即代表文化权力的道统与代表政治权力的政统该谁主导国家秩序的问题紧密相关。这是道统论在政治领域的体现，在此领域尤其突显出儒家士大夫主体意识。

从唐宋之际道统思想兴起，到朱熹建构以"四书学"为经典依据的道统论，有关道统的学说为什么成为一种得到普遍关注的重要话题？道统论问题除了源于士大夫的文化忧患之外，同时还源于他们内心的政治忧患。秦汉以来中央集权的帝制确立以后，尽管在名义上以"五经"为代表的儒学成为历代王朝的主流意识形态，但是由于以君王代表的政统永远处于强势地位，他们因种种原因而采取"儒表法里"的策略，并不愿意完全按照儒家士大夫期望的那样行王道、做圣君而遵循儒家之道。宋代士大夫群体面对道统与政统的分裂，就会自然产生、普遍表现出一种深刻的政治忧虑。北宋道学家张载就表达过有关政术与道学分离的忧患，他说："朝廷以道学、政术为二事，此正自古之可忧者。"[①]"道学、政术为二事"其实就是指道统与政统的分离，这是从孔子创立儒家学派以来士大夫面对的政治困局，这一点，尤其为强调道统论的宋儒所关注。南宋朱熹对道统与政统分离的政治困局非常失望，他经常严厉批判汉祖、唐宗以来的政统，他说："但以儒者之学不传，而尧、舜、禹、汤、文、武以来转相授受之心不明于天下，故汉唐之君虽或不能无暗合之时，而其全体都只在利欲上。此其

---

① 张载：《答范巽之书》，《张载集》，北京：中华书局，1978年，第349页。

所以尧舜三代自尧舜三代，汉祖、唐宗自汉祖、唐宗，终不能合而为一也。"①三代君主皆是由内圣而外王，由道德而事功，故而合乎政统与道统合一的儒家理想；而秦汉以来虽然出现了汉高祖、唐太宗等杰出的英雄豪杰，他们能够治国安邦，创造事功，但是儒家期望的道统和政统合一的局面从来就没有再出现过。在宋儒看来，这些具有最高政治权力、创造巨大事功的政统代表人物，其实无一不缺乏圣贤的德性，故而政统总是严重背离道统。宋代道学批判汉唐之君的政统背离道统，其实也同时否定了当朝的宋代君主。

面对道统和政统的分裂，如何才能够回归三代尧舜时代政统与道统的合一？既然历史证明汉唐君主"终不能合而为一"，那么，政统与道统合一的伟大理想显然只能够靠儒家士大夫自己实现。作为传承儒家之道的士大夫，必须能够自觉承担起这一个重要的历史使命。他们意识到，要推动政统与道统的合一，一方面儒家士大夫群体要主动承担起道统传承的文化使命，坚持以复兴孔孟之道为己任；另一方面要承担与君主共治天下的政治责任，不仅要以"师"的身份引君以道，还要以"士大夫"身份治国以道。

宋儒建构的"四书学"，就是这种能够满足儒家士大夫承担道统传承、复兴孔孟之道的经典体系。从中唐韩愈的《原道》，到南宋朱熹的"四书"诸序，经历了三百多年的思想探索和历史建构，一个系统而完整的道统论终于成型，这就是朱熹建构的以"四书"为经典文献依据、以仁义中正为核心思想、以尧舜孔孟程朱为授受谱系的道统论。朱熹建构的"四书"学道统论，其目的就是回应如何回归政统与道统合一的三代传统。"四书学"道统论既体现宋儒如何以"士"的文化身份在文化思想领域承担起道统传承的责任；同时也体现宋儒如何以"帝师""大夫"的双重身份，在政治领域以道统教育帝王、以道统治理国家。

所以，宋儒"四书学"的道统论，承担着十分重要的政治使命，它必须解决这样的重要问题：文化权力的道统与政治权力的政统该谁主导国家程序？"四书学"道统论从以下两个方面，对这一问题做出了回答。

其一，宋儒"四书学"的道统论，在坚持儒家思想体系的内圣与外王、教与治、心性与政治两个不同侧面的同时，特别强调内圣对外王、教对治、心性对政

---

① 朱熹：《答陈同甫书》，《朱文公文集》卷三十六，《朱子全书》第二十一册，第1558页。

治的主导地位，故而在凸显道统思想内涵的同时，强调以道为职的"师""士"士大夫的传道责任和道统使命。

"四书学"作为一种新的儒学形态和经典体系，兼有儒家思想体系的内圣与外王、教与治、心性与政治两个不同侧面。应该说，无论是"六经学"体系，还是"四书学"体系，均是内圣与外王、教与治、心性与政治合一的。一般来说，"六经学"偏重外王的国家治理，但是仍然离不开内圣品德、道德教化、心性修养，否则就会失去其价值基础和信仰支撑，外王的国家治理、经世致用就会失去目标和方向。同样，"四书学"偏重内圣的人格修养，但是离不开外王的经世目标、政治治理，否则其内圣人格、心性修养、价值理想就永远无法落地，是一种空泛的道德理想。宋儒"四书学"之一的《大学》，为什么会由朱熹的《大学章句》，发展推演为真德秀的《大学衍义》，再发展为丘濬的《大学衍义补》，就是在"四书学"的学术框架里，建构一个将内圣人格与外王事功、价值理想与国家治理、心性修养与礼法制度统一起来的经典体系。

但是，宋儒的"四书学"之所以不同于汉儒的"六经学"，从思想史的角度来说，就在于二者在内圣人格与外王事功、价值理想与国家治理、心性修养与礼法制度的关系问题上，哪一方是处于更为优先、更为重要、更为根本的地位。汉儒的"六经"原本是三代先王治理国家、礼法制度的王室档案和文献，其思想目标、内容主体无疑是外王事功、国家治理、礼法制度，只是认为外王事功也需要借助于内圣品德，王朝治理中需要兼容德治手段，礼法制度中包含心性修养；而宋儒的"四书学"则是将此完全颠倒过来，他们强调内圣人格、道德教化、心性修养必须处于更为优先、更为重要、更为根本的地位，内圣品德决定外王事功，德治是完成国家治理的根本，心性修养高于礼法制度的建设。

所以，宋儒建构的"四书学"道统论，充分肯定并发展了儒学的内圣、德教、心性之学的重要思想资源。宋儒从"四书"中挖掘自己的心性论思想资源，使早期儒学的内圣、德教、心性之学的资源得到了极大开发。早期儒家思孟学派的著作，如《礼记》中的《大学》《中庸》，加上《孟子》，就包括了丰富的内圣、德教、心性等学术资源。譬如，《大学》一书中就提出了明明德、亲民、止于至善、格物致知、正心诚意、修身齐家、治国平天下的"三纲八目"；《中庸》一书就提出了未发、已发、慎独、尊德性、道问学、道中庸、极高明等；《孟子》一书中就提出了性善、良知、良能、尽心、知性等。朱熹及其宋儒以体与用、形而上与形而下的思辨方法对这些心性论资源做出本体诠释，这样，在汉唐"六经"体系中，作为儒教核心理念的是礼乐、王治、圣功；而在朱熹的"四书学"体系中，仁义、中道、心法均是"体"，故而成为道统的核心，而"六经"体系的礼乐、王治、圣功反而是"用"，只是"体"的外在表现和功能。他们将《尚书》中"人心惟危，道心惟微。惟精惟一，允执厥中"作为道统授受的"心法"。这里，"中"的关键不再是礼法制度的合宜，而是所谓的"人心""道心"的"心法"。不是礼法制度塑造良知德性，而是良知德性决定礼法制度。故而以内圣之道、心性之学为核心的道统论成为两宋学术思想界的主流，宋代士大夫群体正是这一内圣之道、心性之学的承担者。可见，宋代士大夫在面对文化权力的道统与政治权力的政统该谁主导国家程序的问题时，他们的道统论高扬文化权力的内圣之道、心性之学，恰恰是强调儒家士大夫对道统承担的主体精神与主导地位。

其二，宋儒"四书学"的道统论在确立儒家内圣外王之道的同时，进一步强调儒家士大夫是内圣外王之道的主体，他们不仅是文化主体，更是政治主体，从而强化了士大夫与君主共治天下的政治理念，提升了儒家士大夫的政治主体性地位，使宋儒可以以"帝师""大夫"的双重身份，在政治领域以道学教育帝王、以道统制约政统。

儒家道统本来就蕴含着一种强烈的政治参与要求，儒家士大夫的道统论体现为引君以道、治国以道。宋儒在建构道统论的时候，特别重视治、教合一的政治目标，他们推动君主主导的治理和儒生主导的道统的合一，希望以此达到君主与士大夫共治天下的理想目标。

在以"六经"为经典依据的道统谱系中，就是从伏羲、神农、黄帝到文王、武王、周公的传道脉络，并且主要具有这样的特点：其一，三代时期的教、治一体，是以"治"统"教"；其二，三代时期君、师一体，是以"君"为"师"；其三，三代时期礼乐文明建构主体是有位有德的先王。所以，那些制作"六经"的三代先王，他们既是政治主体，又是文化主体。那么，以"六经"为经典依据的道统，必然是以"治"统"教"、以"君"为"师"，先王治理天下的政治活动同时也就是教化天下的道统传递。而到了以"四书"为经典依据的道统谱系中，"四书"原典的作者主要是孔子、曾子、子思、孟子等儒家士人，而注释、解说"四书"的是宋代儒家士人如周敦颐、二程、杨时、谢良佐、朱熹等。所以，在以"四书"为经典依据的道统谱系中，道统授受主体主要具有这样的特点：其一，因春秋战国以后治、教分离，儒家士人强调以"教"统"治"；其二，春秋战国以后君、师分立，儒家士人主张师道尊严，"师"应教"君"；其三，春秋战国以来，礼乐文明建构主体是士大夫的教、治合一。所以，在"四书"以后的时代，主导中华文明的儒家士大夫，他们首先是文化主体，同时也应该是政治主体。以"四书"为经典依据的道统，必然是以"教"帅"治"、以"师"教"君"，士大夫以道教天下的文化过程、教育过程，也就是道统天下的政治过程。

可见，汉唐儒家强调"五经"体系的道统论，而两宋儒家强调的是"四书"体系的道统论。他们对道统谱系强调得不一样，其实源于他们代表了不同的经典体系和思想体系。所以，两个时期的道统授受主体不同。"五经"体系道统论确定的道统代表人物是上古圣王，他们均首先是有位的王者，如果离开他们掌握的政治权力就不能够成为道统的主体；而"四书"体系道统论确定的道统代表人物是士大夫，他们首先是掌握儒家之道的士大夫，他们必须借助于自己掌握的知识权力才能够成为道统的主体。因此，两个时期道统的授受方式也在改变，三代圣王以治为本，"道"依附于"治"；春秋战国以后的儒家士大夫以"教"为本，希望"治"能够依托于"教"。

"主静立人极"断章取义源流考论

翟奎凤

（山东大学儒学高等研究院）

周敦颐被誉为道学宗主，其代表作《太极图说》对后世影响甚大，堪称宋明理学的经典文献。《太极图说》虽短短249字，但后来的相关讨论甚至争议非常多，如开篇"无极而太极"，朱熹与陆九渊就曾围绕"无极""太极"展开过激烈论辩。"无极""太极"之外，引起讨论比较多的，当是"人极"的问题。《太极图说》曰："唯人也得其秀而最灵。形既生矣，神发知矣。五性感动而善恶分，万事出矣。圣人定之以中正仁义而主静，立人极焉。"此段最后一句"圣人定之以中正仁义而主静，立人极焉"就曾引起广泛讨论，在宋元明清时期，一些儒者往往断章取义，把这句话引述为"主静立人极"，有意无意地漏掉或忽略最关键的"中正仁义"四字。流风所至，近现代一些著名学者也常以"主静立人极"来说周敦颐的思想，甚至也有学者把这句话句读为"圣人定之以中正仁义，而主静立人极焉"，这是对周敦颐思想宗旨的很大误解。

一 朱子及门人论"定之以中正仁义而主静"

二程虽曾游学于周敦颐，但兄弟二人在论学中对其《太极图》《太极图说》乃至《通书》基本没有论及。直至南宋朱子，推尊周敦颐，极力推崇其《太极图》《太极图说》，并对两者有详细注解，与门人弟子相关讨论甚多。

在朱子，断句非常清楚，即"圣人定之以中正仁义而主静"为句，"立人极焉"在后，就是说"人极"是包含"中正仁义"与"主静"两个方面。但是朱子关于"中正仁义"的讨论比较特别，如在注解《太极图》时，朱子说：

> 惟圣人者，又得夫秀之精一，而有以全乎〇之体用者也。是以一动一静，各臻其极，而天下之故，常感通乎寂然不动之中。盖中也、仁也、感也，所谓☾也，〇之用所以行也。正也、义也、寂也，所谓☽也，〇之体所以立也。中正仁义，浑然全体，而静者常为主焉。则人〇于是乎立，而天地日月，四时鬼神，有所不能违矣。①

朱子这里把"中"与"仁""感""行"相对应，看作"阳动"的表现，而把"正"与"义""寂""立"相对应，看作"阴静"的表现，并以前者为用，后者为体。简言之，"阳动""感通为用"，"阴静""寂然为体"，"中正仁义""阴阳动静"，浑然全体，密不可分，但是"静者常为主"，体现的是重"体"、立"体"的思想。在注解《太极图说》中，朱子又说：

> 此言圣人全动静之德，而常本之于静也。盖人禀阴阳五行之秀气以生，而圣人之生，又得其秀之秀者。是以其行之也中，其处之也正，其发之也仁，其裁之也义。盖一动一静，莫不有以全夫太极之道，而无所亏焉，则向之所谓欲动情胜、利害相攻者，于此乎定矣。然静者诚之复，而性之真也。苟非此心寂然无欲而静，则又何以酬酢事物之变，而一天下之动哉！故圣人中正仁义，动静周流，而其动也必主乎静。此其所以成位乎中，而天地日月、四时鬼神，有所不能违也。盖必体立而后用有以行，若程子论乾坤动静，而曰"不专一则不能直遂，不翕聚则不能发散"，亦此意尔。②

应该说，这个解释与对《太极图》的注解在思想主旨上是一致的，在一些表述上

---

① 周敦颐：《太极图》，陈克明点校：《周敦颐集》卷一，北京：中华书局，1990年，第2—3页。
② 周敦颐：《太极图说》，《周敦颐集》卷一，第7页。

更为明确，中正、仁义、动静浑然一体，乃圣人、太极之全德全道，但"常本之于静"，"静者诚之复，而性之真也"。朱子在这里进一步突显了"主静""立体"是基础。

张栻曾质疑朱子以动静来解"中正仁义"，对此，朱子辩护说：

> 但熟玩四字旨意，自有动静，其于道理极是分明。盖此四字便是元、亨、利、贞四字（仁元、中亨、义利、正贞）。元、亨、利、贞一通一复，岂得为无动静乎？近日深玩此理，觉得一语默、一起居，无非太极之妙，正不须以分别为嫌也。①

朱子这里又把"中正仁义"与元亨利贞作了对应，"仁，元；中，亨；义，利；正，贞"。朱子又进一步发挥说：

> 此四字配金木水火而言，中有礼底道理，正有智底道理。如乾之元亨利贞，元即仁，亨即中，利即义，贞即正，皆是此理。至于主静，是以正与义为体，中与仁为用。圣人只是主静，自有动底道理。譬如人说话，也须是先沉默，然后可以说话。盖沉默中便有个言语底意思。②

又说：

> 中正仁义分属动静，而圣人则主于静。盖正所以能中，义所以能仁。"克己复礼"，义也，义故能仁。《易》言"利贞者，性情也"。元亨是发用处，必至于利贞，乃见乾之实体。万物到秋冬收敛成实，方见得他本质，故曰"性情"。此亦主静之说也。③

---

① 朱熹：《答张敬夫》，《文集》卷三十一，《朱子全书》第二十一册，上海：上海古籍出版社、合肥：安徽教育出版社，2002年，第1337页。
② 黎靖德编：《朱子语类》卷九十四，《朱子全书》第十七册，第3137页。
③ 同上，第3137—3138页。

如此，朱子以动静体用、元亨利贞解"中正仁义"是一贯而明确的。他也把"中正"解为礼、智，这也关联到其更广阔的思想背景，即从一气流贯往复的角度把仁义礼智与元亨利贞、春夏秋冬相对应，即春，仁，元；夏，礼，亨；秋，义，利；冬，贞，智。朱子以利贞为"乾之实体""万物本质"，也是强调静藏为体、发动为用。在这个意义上，"正""义"相对于"中""仁"就有优先性、根本性，"中正仁义分属动静，而圣人则主于静。盖正所以能中，义所以能仁"，"圣人定之以'中正仁义'，'正'字、'义'字却是体，'中''仁'却是发用处"①，"主静者，主正与义也"②，而这与通常的理解包括朱子本人的"仁体"思想似恰恰相反。对此，学生就有疑惑，问："仁却恐是体？"朱子说："随这事上说，在这里仁却是发用。只是一个仁，都说得。"③朱子似认为这是两种不同语义，强调的重点和角度不同，并无矛盾。

笔者认为，张栻对朱子的质疑有道理，朱子以阴阳特别是动静来解"中正仁义"带来不少问题，给其思想体系带来一定不统一性和混乱。朱子所理解的"主静"，多是贞藏、翕聚、收敛义，这与"动"还是经验意义上的辩证关系，似并不是哲学意义上的体用之体、形上之体。朱子后来在《太极说》中对此思想作了进一步阐发：

> 动静无端，阴阳无始，天道也；始于阳，成于阴，本于静，流于动者，人道也。然阳复本于阴，静复根于动，其动静亦无端，其阴阳亦无始，则人盖未始离乎天，而天亦未始离乎人也。
>
> 元亨，诚之通，动也；利贞，诚之复，静也。元者，动之端也，本乎静；贞者，静之质也，著乎动。一动一静，循环无穷。而贞也者，万物之所成终而成始者也。故人虽不能不动，而立人极者必主乎静。惟主乎静，则其著乎动也无不中节，而不失其本然之静矣。
>
> 静者，性之所以立；动者，命之所以行也。然其实则静亦动之息尔。故一动一静皆命之行，而行乎动静者乃性之真也。故曰："天命之谓性。"

---

① 黎靖德编：《朱子语类》卷九十四，《朱子全书》第十七册，第3137页。
② 同上，第3139页。
③ 同上，第3137页。

情之未发者，性也，是乃所谓中也，天下之大本也；性之已发者，情也，其皆中节，则所谓和也，天下之达道也。皆天理之自然也。妙性情之德者，心也，所以致中和，立大本而行达道者也，天理之主宰也。①

这篇《太极说》有些争议，年代也待考②，我认为当后于《太极解义》，其思想表述上比《太极解义》圆融清晰，可以看作朱子思想的进一步发展。这里强调"本然之静"，"行乎动静者乃性之真也"，都表明此"静"是超越经验对待之动静，乃性之本然、本体之形上之静。这在儒家，最大的经典支持是《礼记·乐记》所说"人生而静，天之性也。感于物而动，性之欲也。物至知知，然后好恶形焉。好恶无节于内，知诱于外，不能反躬，天理灭矣"。这也当是周敦颐强调"主静"工夫的主要经典来源。其次是《中庸》所说"喜怒哀乐之未发，谓之中；发而皆中节，谓之和；中也者，天下之大本也；和也者，天下之达道也。致中和，天地位焉，万物育焉"。显然，朱子是融合此《中庸》思想来发挥其"静以立体"之义的，先立中之大本，才有和之达道，而这与其以元亨利贞模式来解"中正仁义"似有一定矛盾。

朱子以阴阳动静来解释对应"中正仁义"，把"中正仁义"对应为元亨利贞之一气流行，这两者都突显了"静""贞"相对于"动"，"体"相对于"用"的优先性和重要性。这样"中正仁义"的独特价值不是很突显。牟宗三说："将主静工夫直拉于中正仁义之中而言之，把中正仁义亦套于阴阳动静体用之宇宙论的格局中而说之，此即减杀原文'立人极'之道德的警策之意。"③牟宗三对朱子有些偏见固可商榷，但此条评论笔者认为是有道理的。劳思光也指出"'中正'二字连用，以表价值标准，显然出于《易经》观念……但朱熹解此段则勉强以'中正'配'礼智'，以与孟子四端牵合，可谓全失本意……朱说殊无道理。然此等强合强比之处，正可见朱熹立说之特殊作风，学者亦不可不留意"④。

---

① 朱熹：《文集》卷六十七，《朱子全书》第二十三册，第 3274 页。
② 田智忠、陈亚洲：《朱子文献中的"太极图说"所指考论》，《周易研究》，2017 年第 3 期，第 69—70 页。
③ 牟宗三：《心体与性体》下册，长春：吉林出版集团有限责任公司，2013 年，第 160 页。
④ 劳思光：《新编中国哲学史》三卷上，桂林：广西师范大学出版社，2005 年，第 78 页。

虽然总体上朱子及门人对此句的断句是没问题的，但由于朱子把"中正仁义"动静化处理，对"静以立体"过于强调，以至朱子与门人对话中也确实出现了省略"中正仁义"，直接用类似"主静立人极"的说法。如下面朱子与门人辅广的对话：

> 问："自太极一动而为阴阳，以至于为五行，为万物，无有不善。在人则才动便差，是如何？"曰："造化亦有差处，如冬热夏寒，所生人物有厚薄，有善恶。不知自甚处差将来，便没理会了。"又问："惟人才动便有差，故圣人主静以立人极欤？"曰："然。"①

朱子这里直接肯定了辅广"圣人主静立人极"的说法，没有作出补充说明，没有强调"中正仁义"。南宋朱子学者魏了翁也直接说："盖必体立，用乃有行，人生而静，性命于天，感物而动，好恶形焉。圣人主静以立人极。学者匪静，畴保天则？"②元代朱子学者方回也说："剥复之间有《坤》卦，四时有冬，一日有夜，非谓有静无动也。静为动体，贞为四德之干也，所以圣人主静立人极，内之存养者也。"③魏了翁"体立用行"、方回"静为动体"都是朱子的意思，他们的"圣人主静立人极"之说显然也是承朱子之义。类似的，明初朱子学者胡居仁也说："《乾》必有初潜而后有二见，《坤》必有初凝而后有二动，《乾》必专一而后直遂，《坤》必翕聚而后发散，周子所谓主静立人极，主此立此。"④笔者认为，元明之际这些朱子学者"主静立人极"的说法未必是有意断章取义，但是到了明代就出现了以"主静立人极"断章取义的提法，并流行开来。但也不得不说，一定意义上，元明之际这些朱子学者不经意的"主静立人极"之说是后来断章取义的滥觞。

---

① 黎靖德编：《朱子语类》卷九十四，《朱子全书》第十七册，第3128页。
② 魏了翁：《高才卿静菴铭》，《鹤山集》卷五十七，《文渊阁四库全书》本。
③ 方回：《天原发微前序》，《桐江续集》卷三十四，《文渊阁四库全书》本。
④ 胡居仁：《易像钞》卷五，《文渊阁四库全书》本。

二　阳明后学及刘宗周与"主静立人极"之断章取义

明初学者孙作在其《答性难》一文中说:"周子'定之以中正仁义',和也;'主静以立人极',中也。其静而得其性之本乎。"[①] 孙作这里明确把"中正仁义"与"主静"断开,把"主静立人极"连为一句,进而以"定之以中正仁义"为"和","主静立人极"为"中"。明确以"主静立人极"断章并取义的作者可能就是元末明初的孙作。

值得注意的是,阳明在论及周敦颐主静工夫的时候,强调"故循理之谓静,从欲之谓动。欲也者,非必声色货利外诱也,有心之私皆欲也。故循理焉,虽酬酢万变,皆静也。濂溪所谓'主静',无欲之谓也"[②],认为"无欲故静,是'静亦定、动亦定'的'定'字,主其本体也"[③]。阳明以超越动静的"定"来诠释周子所主之"静",应该说是接着程颢《定性书》的思想来发挥的。

阳明本人并没有"主静立人极"的说法,而且他论及周敦颐的"人极"思想,非常明确强调是"定之以中正仁义而主静"。但阳明后学常直言"主静立人极",如南中王门、曾从学于王龙溪、钱绪山的查铎,他说:"圣人则浑然无欲,虽酬酢万变而其寂然者常存,所谓主静立人极也。"[④] 此论似接着阳明"故循理焉,虽酬酢万变,皆静也。濂溪所谓'主静',无欲之谓也"来说的,但阳明并未明言"主静立人极"。查铎还说"惟闻道则主静立极,真常在我,生本无生,死亦何死"[⑤],又说:"夫养生之说,仿于老氏,然未尝不通于吾儒,观妙观窍而归于玄者,无生也。惟无生故长生不息,主静立极,而要于一,一者无欲也。"[⑥] 这些论说明显杂入了佛老的思想,而且,这里把"人"字也省略了,直接作"主静立极",其意思是"主静立极","极"为"体"义。以"主静立极"概括周子之说

---

　① 孙作:《沧螺集》卷五,《文渊阁四库全书》本。
　② 王阳明:《答文彦式·辛巳》,吴光等编校:《王阳明全集》卷五,上海:上海古籍出版社,2015年,第155页。
　③ 王阳明:《传习录》下,《王阳明全集》卷三,第80页。
　④ 查铎:《书楚中诸生会条》,《查先生阐道集》卷四,清光绪十六年泾川查氏济阳家塾刻本。
　⑤ 查铎:《祭贡受轩师文》,《查先生阐道集》卷九。
　⑥ 查铎:《贺伯兄斗山君八旬寿叙》,《查先生阐道集》卷七。

在阳明后学中相当普遍。

浙中王门、曾从学于欧阳德的王宗沐，他在《刻传习录序》中说："孔门之所谓仁者，先生之所谓知也。自程淳公之没，而圣人之学不传，沉酣传注，留心名物，从其求于外者，以为领略贯解，而一实万分、主静立极之义微矣。"①李材从学于阳明弟子邹守益，但他对阳明"致良知"说有些批评，提出"止修"说，李材弟子陆典在《敬学录》中也强调"主静立极"："人性上虽不容添一物，然一堕形骸，便不若天之行所无事。故尧曰执中，孔曰择善固执，子思慎独，孟子直养无害，周子主静立极，皆就太虚中默默保任。"②江右王门、阳明后学罗洪先说："'主静立极'濂溪尝有是言矣。此非濂溪之言也，戒惧于不睹不闻，子思尝言之矣。不睹不闻，静也。"③阳明三传弟子、江右王门后学邹元标也说："宋儒周敦颐之《太极图》，阐阴阳动静之机，发主静立极之旨；程颢之《定性书》，谓性无内外，谓学先识仁；张载之《西铭》《订顽》，朱熹之正心诚意，陆九渊之学在先立其大，真足以涤性灵、见圣真。"④可见，不少阳明后学都非常推崇周敦颐的"主静立极"说，似乎认为这一观点代表了周敦颐思想的主旨，并把这一思想与《中庸》"慎独""不睹不闻"，程颢《定性书》等关联起来，他们不但不提"定之以中正仁义"，而且还似乎有意把"人"字给省略了，这可谓片面发展了周子的主静思想。

在明代，对"主静立极"强调最多、肯定最多、发挥最多的是被誉为理学殿军的刘宗周。他说："天枢万古不动，而一气运旋，时通时复，皆从此出，主静立极之学本此。"⑤"昔周元公著《太极图说》，实本《中庸》，至'主静立人极'一语，尤为'慎独'两字传神。"⑥显然，刘宗周是有意把"定之以中正仁义"排除在"立人极"之外。程颐不喜"主静"之说，强调要"主敬"，但刘宗周坚持认为"主静"优于"主敬"，甚至倡言"主静立极之说最为无弊"：

---

① 黄宗羲：《明儒学案》卷十五，北京：中华书局，2008年，第321页。
② 黄宗羲：《止修学案》，《明儒学案》卷三十一，第694页。
③ 罗洪先：《答董蓉山》，徐儒宗编校整理：《罗洪先集》上，卷八，南京：凤凰出版社，2007年，第333页。
④ 邹元标：《邹忠介公奏疏》卷二，明崇祯十四年林铨刻本。
⑤ 刘宗周：《语类》十二，吴光等编校：《刘宗周全集》第三册，杭州：浙江古籍出版社，2012年，第340页。
⑥ 刘宗周：《中庸首章说》，《语类》十，《刘宗周全集》第三册，第271页。

伊、洛拈出敬字，本《中庸》戒慎恐惧来，然敬字只是死工夫，不若《中庸》说得有着落。以戒慎属不睹，以恐惧属不闻，总只为这些子讨消息，胸中实无个敬字也。故主静立极之说，最为无弊。①

非但如此，刘宗周还构造了一个"主静立极"说的道统：周敦颐得之《中庸》"慎独""未发"，传大程，大程传杨时道南学派之罗从彦、李侗。刘宗周认为程颢的《定性书》正是发明了周敦颐"主静立人极"的思想，他说：

此(程颢《定性书》)伯子发明主静立极之说，最为详尽而无遗也……主静之说，本千古秘密藏，即横渠得之不能无疑，向微程伯子发明至此，几令千古长夜矣。②

又说：

自周子有主静立极之说，传之二程；其后罗、李二先生专教人默坐澄心，看喜怒哀乐未发时作何气象。③
自濂溪有主静立极之说，传之豫章、延平，遂以"看喜怒哀乐未发以前气象"为单提口诀。夫所谓未发以前气象，即是独中真消息，但说不得前后际耳。④

甚至，刘宗周也把阳明纳入这个道统之中，认为"良知即主静立极之说"：

而(阳明)《答陆元静》数书，发明《中庸》之理甚奥，则其真接濂溪之传者，其曰"未发之中即良知"，即"主静立极"之说也。⑤

---

① 刘宗周著，吴光等编校：《刘宗周全集》第九册附录，第380—381页。
② 刘宗周：《语类》七，《刘宗周全集》第三册，第212—213页。
③ 同上，第216页。
④ 刘宗周：《语类》十二，《刘宗周全集》第三册，第371页。
⑤ 刘宗周著，吴光等编校：《刘宗周全集》第三册，第224—225页。

显然，刘宗周自认为其传承了周敦颐所开创的"主静立极"的道统，其"慎独"说上接"涵养未发"，直通"主静立极"及《中庸》之上乘。刘宗周似把程颐"主敬"说排除在此道统之外，对朱子也有些微词，但认为朱子最后还是回归了其师李侗"涵养未发"之旨：

> 朱子初从延平游，固尝服膺其说；已而又参以程子主敬之说，静字为稍偏，不复理会。迨其晚年，深悔平日用功未免疏于本领，致有"辜负此翁"之语，固已深信延平立教之无弊，而学人向上一机，必于此而取则矣。①

凡此种种，可以说刘宗周是宋元以来"主静立极"说的"集大成"，并把其"慎独"说纳入周敦颐由《中庸》所开创的这个道统之中。

在明代，也有些学者结合《艮》卦、《复》卦来论"主静立极"，如瞿景淳说：

> 昔周子教人以"主静立人极"，复自注曰"无欲故静"。盖人无欲则虽动亦静，有欲则虽静亦动，此章言"艮其背不获其身"，言时止而止，不动于身之私也。"行其庭，不见其人"，言时行而行，不动于物交之私也。盖静处得力，故行亦止。②

顾梦圭说：

> 《震》之德为动，然爻象皆取恐惧之义，不以动为贵也。若《艮》则惟贵乎止，于人身独取背象，乃知圣人主静以立人极，其动也物来顺应，虽动亦静也。③

邓球结合《复》卦来论说：

---

① 刘宗周：《语类》七，《刘宗周全集》第三册，第216—217页。
② 瞿景淳：《读易杂著》，《瞿文懿公集》卷十五，明万历瞿汝稷刻本。
③ 顾梦圭：《疣赘录》卷一，清雍正七年顾怀勋刻本。

人吉凶悔吝生乎动，亦在乎复之而已。"不远复，无祗悔"，其颜子乎？周子曰圣人主静立人极，圣人之心，一天心也。①

遂中立说：

王辅嗣曰"复者反本之谓也，天地以本为心者也"，孔氏曰"本者静也"。周子曰利贞者诚之复，又曰圣人主静立人极，故曰中者天下之大本也，是故涵养未发之中，三极之道也。②

无论如何，在明代，"主静立人极"成为儒学界认识周敦颐思想主旨的一个比较富有普遍性的共识，而且还把"主静立人极"与《中庸》"慎独""未发"思想紧密联系起来，甚至阳明后学不少学者，直到明末刘宗周喜言"主静立极"，有意省略"人"字。

三　辨误与反思

虽然先秦一些儒家经典如《礼记·乐记》也强调"静"，但总体上来说，"主静"毕竟是佛老的重要思想特征，无疑，过于强调"主静"将模糊儒家与佛老的边界。应该说，正是有鉴于此，程颐才强调对儒家而言，"主敬"更为根本，认为"敬则自虚静，不可把虚静唤做敬"③。这一点，其实朱子也有指出："'圣人定之以中正仁义而主静'，正是要人静定其心，自作主宰。程子又恐只管静去，遂与事物不相交涉，却说个'敬'，云：'敬则自虚静。'须是如此做工夫。"④朱子门人兼好友蔡元定甚至直接说："濂溪言'主静'，'静'字只好作'敬'字看，故又言'无欲故静'。若以为虚静，则恐入释、老去。"⑤

---

① 邓球：《闲适剧谈》卷五，明万历邓云台刻本。
② 遂中立：《周易札记》卷一，《文渊阁四库全书》本。
③ 程颢、程颐：《二程遗书》，《二程集》卷十五，北京：中华书局，1981年，第157页。
④ 黎靖德编：《朱子语类》卷九十四，《朱子全书》第十七册，第3139页。
⑤ 同上。

在明代，王廷相严厉批判"主静立人极"之说：

> 圣人之学有养有为，合动静而一之，非学颛如是，乃造化人物之道，会其极，诣厥成，自不能不如是尔。周子倡为"主静立人极"之说，误矣。夫动静交养，厥道乃成，主于静则道涉一偏，有阴无阳，有养无施，何人极之能立？缘此，后学小生专务静坐理会，流于禅氏而不自知，皆先生启之也。嗟嗟！立言者，可不慎乎哉！①

> 静，寂而未感也；动，感而遂通也，皆性之体也。圣人养静以虚，故中心无物；圣人慎动以直，故顺理而应，此皆性学之不得已者。后儒独言主静以立本，而略于慎动，遂使孔子克己复礼之学不行，而后生小子以静为性真，动为性妄，流于禅静空虚而不自知，悲哉！②

明代《易》学家来知德为"主静立极"思想做辩护，认为这一思想源于《礼记·乐记》"人生而静，天之性也，感于物而动，性之欲也"，他说：

> 朱子言"周子说主静正是要人人静定其心，自作主宰"，将周子静字略认错了，他见程子说"敬则自虚静，不可把虚静唤作敬"，因有此说。殊不知周子"主静立人极"，本注云"无欲故静"，有此四字，周子也，恐人认错了静字，故注此四字。《经》曰"人生而静，天之性也，感物而动，性之欲也"。周子静字在此处来，言圣人无欲主静，立人极，以为静坐之静，是禅学也，安能立人极哉？③

> 世儒只知冥心闭目是静，不知此心如有思虑，当人事扰攘之时，皆天理之公，而无一毫人欲之私也，是静。何也？盖理主于一而不动，我既主于理，则凝然不动矣，即所谓人生而静也。从来儒者惟周茂叔知此，故曰主静立人极。④

---

① 王廷相：《雅述》上篇，《王廷相集》第三册，北京：中华书局，1989年，第857页。
② 同上，第846页。
③ 来知德：《来瞿唐先生日录·内篇》卷二，明万历刻本。
④ 来知德：《来瞿唐先生日录·内篇》卷五。

来知德此说，与阳明"循理之谓静"大体上是一个意思。但无论是王廷相的批判，还是来知德的辩护，他们无形中都把"主静立人极"看作是周敦颐的思想，没有指出"定之以中正仁义"对于"立人极"的重要性，没有意识到这是断章取义，存在一定误解，说明在当时所谓周敦颐"主静立人极"的说法比较流行。当然，也许在王廷相看来，周敦颐说出"主静"两字，站在严肃的儒家立场上，也是不可原谅的。

有清一代的儒者论及此多是围绕"主静"来打转，似唯张履祥在《与何商隐》信中强调了仁义于"立人极"的重要性，他说："其曰主静立极者，定之以中正仁义而已也，仁义而不轨于中正，则仁之或流于兼爱，义之或流于为我，而人极不立矣。"①

在近现代，不少著名思想家、学者也喜言"主静立人极"，如：

> 周子以主静立人极，陈白沙于静中养出端倪，故云得此把柄入手，则天地我立，万化我出，而宇宙在我矣。（康有为）②

> 周子以"主静立人极"，而于"静"字下，自注"无欲故静"，则此静非与动相对之静，而以停止之静讥之可乎？"立人极"三字，的是尼山宗旨。（熊十力）③

> 吾尝谓宋明理学以濂溪之为《太极图说》，以人之主静立人极以合太极始，而以蕺山之《人极图说》之摄太极之义，于人极之义终也。（唐君毅）④

> 然周子以主静立人极，明道易之以主敬，伊川又益之以致知，其学实一脉相承。（吕思勉）⑤

方东美在引述周敦颐《太极图说》这句话时句读直接就是"圣人定之以中正仁

---

① 张履祥著、陈祖武点校：《杨园先生全集》，北京：中华书局，2002年，第110页。
② 康有为：《长兴学记》，董士伟编：《康有为学术文化随笔》，北京：中国青年出版社，1999年，第91页。
③ 熊十力：《论汉学与宋学及宋明理学史》，郭齐勇编：《熊十力学术文化随笔》，北京：中国青年出版社，1999年，第200页。
④ 唐君毅：《中国哲学原论·原教篇》，《唐君毅全集》卷十九，台北：学生书局，1984年，第492页。
⑤ 吕思勉：《理学纲要》，北京：商务印书馆，2015年，第272页。

义,而主静立人极焉"①。牟宗三在《心体与性体》中有时也喜用"主静立人极"之语来说周子,但牟先生此用语比较复杂,不可简单认为他理解的周子之"人极"就是主静,他说:"'定之以中正仁义之道'以为超越之标准。此是客观地、原则地先提出理道以为标准。'而主静立人极焉',则是通过静复的工夫以见或立此理道以为定体,而人极亦于焉以立。人极不能在'五性感动'上立,只能在中正仁义处立。"②同时牟先生也反对朱子以体用动静来说中正仁义。可见,牟先生所理解周敦颐的"人极","中正仁义之理道"是主要的,而"主静"是实现此理道的工夫。

四 "中正仁义"是周敦颐的"人极"标准的重点

周敦颐的《通书》一定意义上也可视为是对其《太极图》《太极图说》思想主旨的进一步发挥,《通书·道第六》说:"圣人之道,仁义中正而已矣。守之贵,行之利,廓之配天地。岂不易简!岂为难知!不守,不行,不廓耳。"③《通书·师第七》又说:"惟中也者,和也,中节也,天下之达道也,圣人之事也。故圣人立教,俾人自易其恶,自至其中而止矣。"④这些都是对"中正仁义"的强调,特别是"中"德,周敦颐非常看重。当然,《通书》也有对"主静"思想的发挥,如《圣学第二十》:"'圣可学乎?'曰:'可。'曰:'有要乎?'曰:'有。''请问焉。'曰:'一为要。一者无欲也,无欲则静虚、动直。静虚则明,明则通;动直则公,公则溥。明通公溥,庶矣乎!'"⑤圣人就是人极,很清楚,周敦颐的人极思想是"中正仁义"与"主静"的有机统一。陈来先生也指出:"中正仁义是基本道德概念,主静是修养方法,以主静而兼有二者,这在儒学史上是少见的。"⑥

《通书》又名《易通》,《太极图说》结尾也是引《周易》原文:"故圣人'与

---

① 方东美:《新儒家哲学十八讲》,北京:中华书局,2012年,第115页。
② 牟宗三:《心体与性体》下册,第160页。
③ 周敦颐:《通书》,《周敦颐集》卷二,第19页。
④ 同上,第20页。
⑤ 同上,第31页。
⑥ 陈来:《朱子〈太极解义〉的哲学建构》,《哲学研究》,2018年第2期,第46页。

天地合其德，日月合其明，四时合其序，鬼神合其吉凶'，君子修之吉，小人悖之凶。故曰：'立天之道，曰阴与阳。立地之道，曰柔与刚。立人之道，曰仁与义。'又曰：'原始反终，故知死生之说。'大哉《易》也，斯其至矣！"很显然，《周易》是周敦颐思想最为重要的经典资源，全面理解"圣人定之以中正仁义而主静"也不能离开《周易》。"中正"是《周易》的一个重要原则，凡爻位居中且正往往是最吉祥的，如九五、六二。《易传》尊尚"中正"之德，如说"刚健中正，纯粹精也"（《乾·文言传》）、"中正以观天下"（《观·彖传》）、"当位以节，中正以通"（《节·彖传》），等等。关于"仁义"，《周易·说卦传》直接说"立人之道曰仁与义"，以对应于天之阴阳、地之柔刚。

《周易·系辞传上》说："易无思也、无为也，寂然不动，感而遂通天下之故。非天下之至神，其孰能与于此？"周敦颐的"主静"思想固然与《礼记·乐记》有密切关联，实际上也可以结合这里的"无思无为，寂然不动"来理解。在周敦颐，"静虚"是为了"明通"，"寂然"也是为了"感通"。周敦颐在《通书》里，把"寂然不动"与"诚"作了对应，如《通书·圣第四》说："寂然不动者，诚也；感而遂通者，神也；动而未形、有无之间者，几也。诚精故明，神应故妙，几微故幽。诚、神、几，曰圣人。"①《通书·诚上第一》说："诚者，圣人之本。'大哉乾元，万物资始'，诚之源也。'乾道变化，各正性命'，诚斯立焉。纯粹至善者也。故曰：'一阴一阳之谓道，继之者善也，成之者性也。'元、亨，诚之通；利、贞，诚之复。大哉《易》也，性命之源乎！"②《通书·诚下第二》说："圣，诚而已矣。诚，五常之本，百行之源也。静无而动有，至正而明达也。五常百行，非诚，非也，邪暗，塞也。故诚则无事矣。至易而行难。果而确，无难焉。故曰：'一日克己复礼，天下归仁焉。'"③《通书·诚几德第三》说："诚，无为；几，善恶。德：爱曰仁，宜曰义，理曰礼，通曰智，守曰信。性焉、安焉之谓圣，复焉、执焉之谓贤。发微不可见，充周不可穷之谓神。"④《太极图说》没有出现"诚"字，而《通书》大量以"诚"论"圣"，这可以看作是对《太极图说》的补充。

---

① 周敦颐：《通书》，《周敦颐集》卷二，第17—18页。
② 同上，第13—14页。
③ 同上，第15—16页。
④ 同上，第16—17页。

"诚"是《通书》和周敦颐思想的重要主旨，诚源于天道乾元，诚贯动静，以诚摄静，这无疑使得周敦颐思想的儒家性更为强烈。

"静"与"中正仁义"相对，与"主"相对的是"定"字。因为有了"五性感动而善恶分，万事出矣"，所以需要圣人来"定"。"定之以中正仁义"在前，实际上比"主静"更为重要，从语势上来说，"而主静"是一种补充，或者说是实现"定之"的一种手段和工夫。

总体来看，于"立人极"而言，"主静"固然重要，但绝不可遗落"中正仁义"四字，否则，周敦颐作为一代大儒的形象会模糊化，无法区别于《老子》所言"致虚极，守静笃。万物并作，吾以观复。夫物芸芸，各复归其根。归根曰静，静曰复命。"（第十六章）、"重为轻根，静为躁君"（第二十六章）、"清静为天下正"（第四十五章）、"我好静，而民自正"（第五十七章）。

老子还说："道常无为而无不为。侯王若能守之，万物将自化。化而欲作，吾将镇之以无名之朴。无名之朴，夫亦将不欲。不欲以静，天下将自正。"（第三十七章）从语势上看，"定之以中正仁义"与老子这里所言"镇之以无名之朴"有些类似。在《太极图说》"圣人定之以中正仁义"句前之"五性感动而善恶分，万事出矣"，也与老子此句"化而欲作"有些可比性；而老子所言"不欲以静"，也不禁让我们联想起"主静"下周敦颐的自注"无欲故静"。不可否认，周敦颐思想里有些道家的因素，儒与道有互通的一面，也并非决然对立。但儒与道也还是有不可通约的一面，周敦颐"立人极"的思想不可简单化归约为"主静"。比较"镇之以无名之朴"与"定之以中正仁义"，可以说"无名之朴"与"中正仁义"是儒道的重要分水岭，这里"镇""定"都有调伏、调摄、使之平静有序之义。由此可推断，"中正仁义"才是周敦颐"立人极"的主词和重点，"中正""执中"思想在前孔子的儒家经典里就已经很突显，于孔孟儒学而言，"仁义"更为重要。《太极图说》结尾处三引《易传》原文，第二句是《说卦传》"立天之道曰阴与阳，立地之道曰柔与刚，立人之道曰仁与义"，周敦颐最后感叹说"大哉《易》也，斯其至矣"，可见，周敦颐思想的根本归旨是《大易》，是孔门《易传》。显然，周敦颐《太极图说》之"立人极"，对应于《说卦传》之"立人之道曰仁与义"，明乎此，则周敦颐"立人极"的思想可化简为"仁义"，不可化约为"主静"。

李觏《答黄著作书》所流露的讯息

胡文丰

(辅仁大学)

前　言

选择《答黄著作书》为主题,是因为这篇书信的内容,不单纯是李觏的私人书信,更重要的是它透显出仁宗庆历时期(1041—1048)儒士们对"排浮屠"及推动古文运动在根本立场上的落差与歧异。

《答黄著作书》是在庆历七年十二月十三日(1048年1月9日)完成,李觏时年39岁,受文者是(秘书省著作局官员)李觏从表兄黄汉杰。

兹分述其理序与内容如下,以检视其所流露的讯息。

一　回信的因缘:对应黄汉杰背后的观念与时潮

觏再拜汉杰著作兄足下:前日辱书,以觏所为《景德寺》及《邵武军学记》言浮屠事来讨。觏不肖,然其为文有新意处,恐学者疑,唯欲人问,因详说之。而诡诡之徒,背憎是务,莫肯告者,吾心恨此久矣。今汉杰乃惠然移书,使之明辨,不胜幸甚。[①]

[①] 李觏著、王国轩点校:《李觏集》卷二十八,北京:中华书局,1981年,第321—322页。

此处的前日，可能指的是庆历七年十二月十一日（1048年1月7日）。李觏直言黄汉杰来函责备的导火线，两篇"言浮屠事"的记：

《建昌军景德寺重修大殿并造弥陀阁记》，庆历七年十月十八日（1047年11月14日）

《邵武军学置庄田记》，庆历七年十月二十日（1047年11月16日）

上述两篇记完成的时间间距短（相隔两天），书信中的共同质素"言浮屠事"，是引发黄汉杰责备李觏的客观原因之一。

事实上，仁宗景祐三年（1036）九月，李觏二十八岁时完成的《太平兴国禅院什方住持记》①，便论述到当时"禅宗丛林制度"的末流因人为的贪婪而衍生的缺失。在此篇记里呈现李觏对佛教教理的认知层次，也透过他的陈述，看到当时赵宋皇室对宗教的管控，而此时李觏学思变化，已经深入了解佛教的思想内容。不知何故，在《答黄著作书》中，李觏没提及他二十八岁时所写的这篇记，而黄汉杰似乎也可能没有注意到这篇记。

对于黄汉杰的来函责备，李觏的自觉及回应是，他"为文有新意处"。李觏为何求"新意"？对应时潮的变化，是可能的原因之一。朱熹（1130—1200）对李觏的《建昌军景德寺重修大殿并造弥陀阁记》一文，特别有感触，在《朱子语类》里有两条记载，可以佐证朱熹是曾经深读过李觏的作品。

又检《李泰伯集》②

李泰伯文实得之经中，虽浅，然皆自大处起议论。首卷《潜书》《民言》好，如古《潜夫论》之类。《周礼论》好，如宰相掌人主饮食男女事，某意如此。今其论皆然，文字气象大段好，甚使人爱之，亦可见其时节方兴如此好。老苏父子自史中《战国策》得之，故皆自小处起议论，欧公喜之。

---

① 李觏著，王国轩点校：《李觏集》卷二十四，第258—259页。
② 黎靖德编：《战国、汉、唐诸子》，《朱子语类》第八册，卷一百三十七，台北：华世出版社，1987年，第3260页。

李不软贴,不为所喜。范文正公好处,欧不及。李晚年须参道,有一记说达磨宗派甚详,须是大段去参究来。又曰:"以李视今日之文,如三日新妇然。某人辈文字,乃蛇鼠之见。"①

"李泰伯文实得之经中,虽浅,然皆自大处起议论",朱熹点明李觏的论述非一般小儒,能有得于经,能自大处起议论,已见其不凡。其次,朱熹提引"今其论皆然,文字气象大段好,甚使人爱之,亦可见其时节方兴如此好",文字有气象,不易,而使人甚爱之,那便是好文章了!此外,朱熹注意到时节的条件,是他别具慧眼处。最后,朱熹提点"李晚年须参道,有一记说达磨宗派甚详,须是大段去参究来",朱熹注意到李觏三十九岁时的转变,叮咛学生们好好地参究这个转变的意义。朱熹对学生们的提点,有可能是看到李觏三十九岁《答黄著作书》后的感发。此外,南宋陈亮(1143—1195)《变文法》一文有下列的描述:

庆历间……胡翼之、孙复、石介以经术来居太学,而李泰伯、梅尧臣辈又以文墨议论游泳于其中……②

太学中有胡瑗、孙复、石介推动改变;士大夫圈里,有李觏、梅尧臣的具体作品推广,让文风有了转变,由此可见李觏的论述在庆历时期受到注意与肯定。李觏感觉到曾经阅读过他的作品的人的疑惑,会不习惯他的改变及新视角,他期望见闻过他的作品的人能主动、当面地提问,方便他有详细地分析、分判的机会。

遗憾的是:有些人看过他的作品后,在暗处争辩、怒批他的作品内容,却不肯主动、当面地向他提问;黄汉杰来函要求说明,让李觏有详细地分析、分判的机会。

---

① 黎靖德编:《论文上》,《朱子语类》第八册,卷一百三十九,第3307页。
② 陈亮:《变文法》,《龙川集》卷十一,台北:汉京文化事业有限公司,1983年,第128—129页。

二 提"排浮屠"的书面证据、时间长度及"责儒者之深"

> 觌排浮屠固久,于《潜书》、于《富国策》,人皆见之矣。岂期年近四十,气志益坚之时而辄渝哉?①

李觏主动地提起自己"排浮屠"的书面证据、时间长度,间接地透露出其著作的流传概况:"人皆见之矣。"庆历三年(1043),李觏整理自己二十二至三十五岁的作品,编成《退居类稾》十二卷,是有系统地流传他自己的作品的开始,也让更多人认识他的人及作品。

李觏一生论述的理序、事序的源头及线头,首推二十三岁的《潜书》十五篇并序,其中有三篇批判佛老(第二、十、十一篇)。兹简述其内容,由批判的视角及强度,对比出黄汉杰责备李觏的可能原因。

《潜书》第二篇:李觏以近似孟子批杨、墨异端般的护道精神,批判佛教的"仁"的局限。李觏质疑举世颂扬佛教"不杀"为仁的论调,批评佛教的"不杀之仁"是另种形式的"率兽食人",因此他在文中一再地强调"仁者不为也",对显出儒、佛两家对"仁"的界定的差异,在此为八年后李觏三十一岁时所撰写的《富国策第四》《富国策第五》批评那些"空谈心性""不能精进""不做利益众生的事"的冗食者张其本。李觏的批判佛老有条件性,肯定对,批判不对,能自给自足的,不批。此篇承续《潜书》第一篇的理序,指责当时的佛教徒所为是特权。②

《潜书》第十篇:李觏也以近似孟子的口吻,批评佛教净土宗慧远《沙门不敬王者论》为"无君无父",以佛为靠山,以佛为"最高判准"的独裁,并且明批当时宋朝君臣及社会上层挺佛教及纵容的立场与态度。此篇首叙圣人以"孝""礼"教化天下,而佛教则教化人"绝而亲,去而君,剃发而胡衣,捐生以事我,其获福不知所尽",无孝与忠的挂碍。此处乃儒、佛两家何者是"最高判准"

---

① 李觏著,王国轩点校:《李觏集》卷二十八,第322页。
② 李觏著,王国轩点校:《李觏集》卷二十,第215页。

的争论，在此也对显出儒、佛两家处理人伦关系的根本差异。"以佛之主其上"，是在说明上述所疑，以及群众心理、行为事实的根本原因。"受亲之体而不养于其侧，食君之田而无一拜之谒，家有叛子而族人爱之，邦有傲民而吏不肯诛。"此处论述，暗批佛家"无父无君"，最后以纣、佛对比，李觏感慨纣、佛都是避脱人伦责任的人，纣得到诸侯征伐的恶果，而佛教徒"不孝敬君亲"的作为，却没有遭受到天子的动怒与谴责。在此，李觏明批宋朝君臣纵容佛教徒"不孝敬君亲"的作为。①

《潜书》第十一篇：李觏批评当时有些佛僧以布施买卖赎罪的方式导引百姓的教化，缺乏理性论述，混淆是非因果，然而当时的上层社会"王公大人反朋而和之"②。

由上述三篇，可以略知二十三岁时的李觏批判佛老的视角及强度。

其次，李觏三十一岁时的《富国策》十篇，有两篇批判佛老（第四、五篇），兹简述其内容，对比李觏批判佛老的视角及其强度的变化，借以推论黄汉杰责备李觏的可能原因。

《富国策》第四篇：李觏论述其排末冗的主张，其目的在回收农村失去的劳动生产力③，其中在处理佛老部分，李觏有下列的具体建议：

> 欲驱缁黄，则莫若止度人而禁修寺观。
> 止度人，则未度者无所待而皆罢归矣。
> 禁修寺观，则已度者不安其居而或罢归矣。
> 其不归者，后数十年物故尽矣。如此则缁黄可驱也。④

"止度人""禁修寺观"，这是何等刚猛的论述，难怪八年后的黄汉杰会有前后对比下心绪上的落差，也因此认为李觏变了，才去函责备李觏。

《富国策》第五篇：李觏具体地论述其排缁黄的主张，其目的也是回收农村

---

① 李觏著，王国轩点校：《李觏集》卷二十，第218页。
② 同上，第218—219页。
③ 李觏著，王国轩点校：《李觏集》卷十六，第138—140页。
④ 同上，第139页。

失去的劳动生产力：

> 缁黄存则其害有十，缁黄去则其利有十。
> 男不知耕而农夫食之，女不知蚕而织妇衣之，其害一也。
> 男则旷，女则怨，上感阴阳，下长淫滥，其害二也。
> 幼不为黄，长不为丁，坐逃繇役，弗给公上，其害三也。
> 俗不患贫而患不施，不患恶而患不畜，民财以殚，国用以耗，其害四也。
> 诱人子弟，以披以削，亲老莫养，家贫莫教，其害五也。
> 不易之田，树艺之圃，大山泽薮，跨据略尽，其害六也。
> 营缮之功，岁月弗已，驱我贫民，夺我农时，其害七也。
> 材木瓦石，兼收并采，市价腾踊，民无室庐，其害八也。
> 门堂之饬，器用之华，刻画丹漆，末作以炽，其害九也。
> 惰农之子，避吏之猾，以佣以役，所至如归，其害十也。①

此处李觏提引的佛道存在的十项害处，字字句句都是针对佛老的批判，让时人印象深刻。神宗熙宁八年十二月五日（1076年1月13日）陈舜俞（1026—1072）《镡津明教大师行业记》所载，可以佐证李觏在庆历时期以"排浮屠"闻名于世的事实与印记：

> 庆历间入吴中，至钱塘，乐其湖山，始税驾焉。当是时天下之士学为古文，慕韩退之排佛而尊孔子。东南有章表民、黄聱隅②、李泰伯，尤为雄杰，学者宗之。仲灵独居，作《原教》《孝论》十余篇，明儒释之道一贯，以抗其说。诸君读之，既爱其文，又畏其理之胜而莫之能夺也，因与之游。遇士大夫之恶佛者，仲灵无不恳恳为言之。由是排者浸止……熙宁八年

---

① 李觏著，王国轩点校：《李觏集》卷十六，第140—142页。
② 黄晞（994—1057），字景微，福建建安人。少通经，聚书数千卷，学者多从之游。自号聱隅子，著《歔欷琐微论》十卷。石徂徕在太学，遣诸生以礼聘召，先生走匿邻家不出。枢密使韩魏公琦表荐之，以为太学助教致仕，受命一夕卒。

十二月五日记。①

因为批判的力道强，引起了禅僧契嵩的注意，契嵩因此撰文对抗。

长时间的排佛，容易让周遭的人有既定印象。李觏自认自己年近不惑、不动心之年，在"排浮屠"的立场上没有改变。然而他的"为文有新意处"，却让黄汉杰起疑，甚至来函责备。李觏认为黄汉杰责备他的原因是他的批判转向，"责儒者之深"，引起了黄汉杰的不满。

> 惟汉杰观厥二记不甚熟耳。吾于此言乃责儒者之深，非尊浮屠也。②

李觏直言黄汉杰的缺失，而黄汉杰的缺失，类同李觏在庆历七年（1047）完成的《礼论后语》③中所回应的对象章望之，他们都有"看不熟、看不懂、不到位、有隔"的阅读及解读障碍，而章望之也是当时东南地区同李觏齐名的排佛的代表性人物。在此，亦对显出李觏与时儒的同与异。

> 民之欲善，盖其天性。古之儒者用于世，必有以教导之。民之耳目鼻口心知百体皆有所主，其于异端何暇及哉？后之儒者用于世，则无以教导之。民之耳目鼻口心知百体皆无所主，将舍浮屠何适哉？④

---

① 契嵩（1007—1072）：《镡津文集》卷首，第1—3页；陈舜俞（1026—1076）：《镡津明教大师行业记》。
② 李觏著，王国轩点校：《李觏集》卷二十八，第322页。
③ 李觏著，王国轩点校：《李觏集》卷二，第24—26页。
④ 李觏著，王国轩点校：《李觏集》卷二十八，第322页。元释觉岸《释氏稽古略》卷四记载，李觏读《心经》可能受释契嵩影响。原文如下："心经：李觏字泰伯。盱江人。时称大儒。至是皇祐二年。范文正公以表荐之，就门除一官。复差充太学说书。未几而卒。泰伯初尝著《潜书》，又《广潜书》，力于排佛，明教大师嵩公携所著《辅教编》谒之辩明。泰伯方留意读佛经，乃怅然曰：'吾辈议论尚未及一卷《般若心经》。佛道岂易知耶。'其门下士黄汉杰者，以书诘其然。泰伯答之。略曰：'民之欲善盖其天性。古之儒者用于世，必有以教导之，民之耳目鼻口心知百体皆有所主，其异端何暇及哉；后之儒者用于世，则无以教导之，民之耳目鼻口心知百体皆无所主，将舍浮图何适哉'（中温文事）。《心经》凡三译皆行于世。今泰伯所称者乃唐太宗诏三藏法师玄奘所译之本，五十四句二百六十七字辛卯皇祐三年佛示寂二千年大契丹重熙十九年西夏。"案：南宋晓莹《云卧纪谭》卷一上首载此事，其后元念常《佛祖历代通载》卷十八第31条、明释心泰编《佛法金汤编》卷十三第6条"李觏"、明夏树芳《名公法喜志》卷三第31条"李觏"、《古今图书集成·神异典释教部纪事》卷二亦载录此事。

在此，略透李觏的人性观：人的天性，有趋善性。其次，李觏点明古今儒者用世及教导百姓的差异：在"根本"的有无。后儒因为不清楚"根本"，因为后儒自身"根本"的虚欠或不足，以至于无法帮助百姓安身立命。

> 汉杰两执亲丧矣，亦尝礼佛饭僧矣。如使《周礼》尚行，朝夕朔月月半，荐新启祖，遣有奠、虞、卒哭、祔、小祥大祥，禫有祭，日月时岁皆有礼以行之，哀情有所泄，则汉杰必不暇曰"七七"、曰"百日"、曰"周年"、曰"三年斋"也。①

在此，李觏的陈述及描绘，可能踩到黄汉杰的痛处，引发黄汉杰的不悦。其次，李觏一生论述的典范、判准及理序之一《周礼》浮显于此。《周礼》中所涵摄的性情、礼乐系统、文化基因，是李觏所看重的。此外，李觏的陈述及描绘，提供给后人一个思考：繁文缛节是否阻碍了儒家的（时间）延续与（空间）推扩？形式化、逐末的黏滞、纠结，是否是关键所在？在此，也对显出禅宗等"简易化"理念流行的条件及影响。

> 吾故曰"儒失其守，教化坠于地。凡所以修身正心，养生送死，举无其柄。天下之人若饥渴之于饮食，苟得而已。当是时也，释之徒以其道鼓行之，焉往而不利"②云云。③

在《建昌军景德寺重修大殿并造弥陀阁记》的第一段，李觏点明：时儒对心性论等"根本"不清楚，因此在与佛教的对应中，相对地"虚欠"或"不足"，失去了"教化百姓"的话语权、诠释权、主导权，甚至于失去了社会资源的分配。

---

① 李觏著，王国轩点校：《李觏集》卷二十八，第322页。
② 李觏：《建昌军景德寺重修大殿并造弥陀阁记》第一段，《李觏集》卷二十四，第260—261页。
③ 李觏著，王国轩点校：《李觏集》卷二十八，第322页。

> 至于叙其传法，始卒甚详，此诚文势不得不然。①

李觏点明：他铺陈禅宗的法脉流传，是为文章的气势必须有的考虑。此处李觏的说明，正可以回应《朱子语类》所载朱熹阅读此记的提点。

> 吾自"无思无为之义晦而心法胜"②以下，言儒不能明其道，而释以其说象之。"故嗣迦叶者，师子达摩"③以下，言此衰致彼盛也。非习闻其说，乐其诞，而自小如"孔子，吾师之弟子"④之类也。⑤

李觏直言后儒不清楚儒家本有的心性论，无法阐述儒家自己的心性论，以至于在处理百姓困惑时，没有对应的主客观条件，让佛家得到话语权、诠释权、主导权。在此，也对显出儒衰佛盛的动态平衡，暴露出儒家后继无人的窘态。此外，李觏分判自己与小儒的不同。

在此，李觏挺立了儒家的意义与价值，他的新解及新文风，是对应时局的不得不然，是为自己及儒家找出路与生路。

> 若夫按白居易碑迹景云大师之事，盖取其与颜太师真卿等友善。鲁公之大节，古今鲜俪，而善于一浮屠，必若澄观⑥受知于韩吏部之比，其人材有足称者也。而景云乃景德之旧，因使其徒有所矜式焉。然则取信于白居易何尤哉？又觏所谓"及味其言，有可爱者，盖不出吾《易·系辞》《乐记》《中庸》数句间"⑦，汉杰以为仲尼、子思群圣人之作述，岂与此等说较论而争衡邪？是诚汉杰之不思也。⑧

---

① 李觏著，王国轩点校：《李觏集》卷二十八，第322页。
② 李觏：《建昌军景德寺重修大殿并造弥陀阁记》第一段，《李觏集》卷二十四，第260—261页。
③ 同上。
④ 语见韩愈《原道》。
⑤ 李觏著，王国轩点校：《李觏集》卷二十八，第322页。
⑥ 华严四祖（737—839）。
⑦ 李觏：《邵武军学置庄田记》第二段，《李觏集》卷二十三，第251—253页。
⑧ 李觏著，王国轩点校：《李觏集》卷二十八，第322页。

此处点明李觏《建昌军景德寺重修大殿并造弥陀阁记》《邵武军学置庄田记》二记的重心,"反求儒者"的思考,也在此透显出李觏行文视角的有新意,让"疑非孟子"及"背离排佛立场"的阴霾,在此后始终围绕着他,也让那些喜欢喧闹嘈杂的争辩及论辩者,有了可以批评的事例,也因此让李觏生前死后有了困扰。

三　点出儒家本有：《易·系辞》《乐记》《中庸》的性命之学

李觏在《邵武军学置庄田记》的第二段中直言时儒受困的窘态：

> 且吾谓儒者"困于淫僻,恤乎罪疾,欲闻性命之趣,不知吾儒自有至要,反从释氏而求之"。①

困于邪恶不正、放荡淫乱,同情邪恶的罪人,皆因儒者自身"内不足",才"为外所动";"正不足",才"为邪所夺";想要认识"性命之趣",却不知儒家自有的事理要诀,反而从佛家求解,由此可见时儒的虚欠、不足与迷惑。

其次,李觏在《邵武军学置庄田记》的第二段陈述他对佛经内容的体会：

> 然后乃曰："及味其言,有可爱者,盖不出吾《易·系辞》《乐记》《中庸》数句间。苟不得已,犹有老子、庄周书在,何遽冕弁匍匐于戎人前邪？"②

李觏提点时儒,向内反省本有。对于《易·系辞》《乐记》《中庸》涵摄的性命之学,李觏当有所体会。在此,李觏做了明辨的具体陈述,并点引时儒勿舍内逐外。

---

① 李觏：《邵武军学置庄田记》第二段,《李觏集》卷二十三,第251—253页。
② 同上。

请详此意，岂谓仲尼、子思与之较且争乎？盖以释之言虽有可爱者，亦吾圣人先已言之矣，何必去吾儒而师事戎狄哉？苟不得已，尚不如学老、庄，其意亦昭昭矣。彼释之书，数千百卷而不出吾数句间，其轻重如何哉？汉杰责于人无若是之暴也。①

李觏请黄汉杰仔细地推敲、深思他的论述内涵。李觏自认他的陈述是明白显著的，透露出他对儒释二家的"主从"层次的思考，此是以简驭繁的视角及对应方式。

末了，李觏直言黄汉杰对他的责备，似乎是过激了，而黄汉杰似乎不是唯一非理性的人，在此，也凸显出李觏不为人知的困扰。

四　李觏间接地提出他对学术流变的见解

夫所贱郑、卫者，非谓全无五声十二律，不与雅乐相似也，唯其不中正耳。毛嫱、西施面目亦与人同，岂彼数千百卷书而无与吾圣人一句一字合者哉？

九流百家同出于圣人而有所偏耳。②

李觏点明先秦看轻郑、卫之音的原因与判准："中正"。郑、卫之音虽有"五声十二律"的外在条件，却无"中正"的内在本质。其次，李觏举春秋时的毛嫱、西施的面目为例，点明佛经里有与儒家典籍暗合之处，对显出李觏的洞察力。

其次，李觏点明九流百家同出于圣人而有所偏，所谓"源"同"流"异。此处李觏所称的"圣人"，需要推敲，似乎涵摄周公以前的历代圣王。

圣人之备，其于用也交相济，故得中焉。
诸子之偏，其于用也执一而已，故有过有不及也，亦非谓无一句一字

---

① 李觏著，王国轩点校：《李觏集》卷二十八，第323页。
② 同上。

与圣人合者也。①

李觏以圣人、诸子的差异对比,直言诸子与圣人之间有不同,也有暗合之处。此处的对比,透露出李觏细读典籍的眼力及功力。

"备"跟"偏"二字,便把圣人及诸子的差异点明,此是李觏能从大处着眼的高明处,朱熹便极力赞扬李觏的这项长处:

> 李泰伯文实得之经中,虽浅,然皆自大处起议论。②

朱熹的学问宽厚、功力深,见识广博,此处的点评"文实得之经中,虽浅,然皆自大处起议论",能从关键处着眼,深入浅出,让后人明白李觏的学问及文章的特点及好处。

> 譬诸良医之治疾,实者则泻之,虚者则补之,热者使之服凉,冷者使之服暖,故天下之疾无不治也。圣人之道如此。诸子则不然。见泻而愈者,则谓天下之疾皆可泻;见补而愈者,则谓天下之疾皆可补。于热于冷亦然。故用药失宜,而疗病多死也,非谓其方不与良医相似也。学者之视诸子若异类焉,是亦过矣。③

李觏再举良医为例,说明圣人之道之一,平衡,补偏救弊;而诸子不懂因病施药,过于胶柱,故"用药失宜,疗病多死"。李觏对圣人、诸子之道的借喻与对比,透显出李觏对圣人及诸子之道的体会及掌握,让人见识到他的慧心及眼力。

末了,李觏直言当时的读书人看待诸子的视角狭隘,只见其异,未见其同,把诸子视为"异类",更是过度地偏执。

---

① 李觏著,王国轩点校:《李觏集》卷二十八,第323页。
② 黎靖德编:《论文上》,《朱子语类》第八册,卷一百三十九,第3307页。
③ 李觏著,王国轩点校:《李觏集》卷二十八,第323页。

五　回应黄汉杰的对比责备：对显庆历时期古文运动发展的瓶颈

　　汉杰罪我不如李习之，不为僧作钟铭。①

　　李觏直言黄汉杰拿韩愈（768—824）的门人李翱（772—841）与他做对比，黄汉杰责备李觏不该为僧人写塔铭。

　　事实是：两年前，庆历五年（1045），李觏三十五岁，曾为惠暹写《白石暹师塔铭》②。惠暹（993—　），本姓章，时健在，五十三岁，李觏年少时即已结识，他提前请李觏为他写塔铭，其中提到佛教僧侣的状况："岂不雄健不校矣哉？"透露出时人对佛教的强力支持。

　　黄汉杰以李翱的作为责备李觏，一方面显示中唐韩愈师徒的言行对北宋时期儒者的影响，另一方面也透露出黄汉杰的盲目仿效，因此李觏反问黄汉杰：

　　习之之论信美矣，然使唐来文士皆效习之所为，则金园宝刹，碑版若林，果谁作也？③

　　李觏肯定李翱的论述，确实美好，但也质疑黄汉杰执意凸显儒释对立的视角与方式，在此对显出黄汉杰的视野、格局的局限。

　　其次，黄汉杰对张景（970—1018）的作品不熟，来函举张景的《原道》为例，指责李觏的不是，反而自曝其短，李觏的反驳有力：

　　来书谓张景《原道》颇正，汉杰何不视景集中所记浮屠事凡几篇，其称述何如？④

---

① 李觏著，王国轩点校：《李觏集》卷二十八，第 323 页。
② 李觏著，王国轩点校：《李觏集》卷三十一，第 362—363 页。
③ 李觏著，王国轩点校：《李觏集》卷二十八，第 323 页。
④ 同上。

他建议黄汉杰仔细地检视张景的作品，了解张景"排浮屠"的事实与全貌。张景是宋初尊韩及古文运动推动者柳开（948—1001）的门人。黄汉杰举张景为典范，透露出庆历时期尊韩及支持古文运动的读书人对张景的肯定与定位。

> 又谓"设不得已，犹可谨岁月，志工用，亦不害于正"
> 若但"岁月工用"而已，凡人皆能之，何必吾文？吾所是非灼见如彼，岂尝害于正哉？

黄汉杰对李觏为僧侣撰记设定框架，这个框架，让为文者很难有灵活挥洒的空间。针对上述黄汉杰的提点，李觏的回应直接有力。只是格式上的记录完工时间及期程，的确一般人便可以撰写，关键在于李觏自信他的记文中有真知灼见，并没有背离"中正"的判准。

> 圣贤之言，翕张取与，无有定体。其初殊涂，归则一焉。犹李汉所谓"千态万貌，卒泽于道德仁义，炳如也"。①

李觏对"圣贤之言"的表述，掌握正确。"无有定体"，一方面指涉圣贤的论述，另一方面也是在表明李觏自己的写作风格。李觏引述李汉《韩昌黎集序》的话，佐证圣贤之言"无有定体"，也透露出他自己的论述主轴有"道德仁义"的核心在，是明显昭著的。

> 何须开口便随古人？汉杰使我效李习之，胶柱矣。②

李觏点明"开口便随古人"的不恰当，直言黄汉杰希望他效法李翱的建议，是固执拘泥，不知变通。

---

① 语见李汉《韩昌黎集序》，洪迈《容斋随笔·论韩公文》亦引述此条，另可参见郭绍虞《中国文学批评史》的论述。
② 李觏著，王国轩点校：《李觏集》卷二十八，第324页。

六　批评当时"摹勒《孟子》,劫掠昌黎"的文风

> 今之学者,谁不为文?大抵摹勒《孟子》,劫掠昌黎。①

李觏直言当时读书人热衷为文的现象及流弊,他的陈述让后人略知庆历时期的文风:当时的读书人,都热衷于写文章,刷存在感,求取个人的名利。"谁不为文?"透露出上述的现象,具有很高的普遍性。遗憾的是正面的事,却伏藏着抄袭的流弊,而且人数不少。

为什么当时写作的内容及素材,抄袭的对象是孟轲、韩愈?显然孟轲、韩愈是当时的显学及主流,引发一些短视近利、急于成名的读书人的跟风。推测这股跟风的成因之一与孙复、胡瑗、石介、欧阳修等人尊孟、尊韩及推动古文运动的倡议有关,引发了复古摹拟的写作风潮,而这正是前段结尾李觏所批评的:"开口便随古人。"

透过李觏的陈述,当时一些尊孟、尊韩的读书人,只是文字上装模作样的"形似",并未真正地掌握孟轲、韩愈"排杨墨、排佛老"的本质与精神。虽然写作的"量"多,却"质"虚,在念头里,在字里行间中,只有古人,没有自己的自觉与创作,多是抄袭孟轲、韩愈的文章。

> 若为文之道止此而已,则但诵得古文十数篇,拆南补北,染旧作新,尽可为名士矣,何工拙之辨哉?②

李觏以遮诠的方式,反问黄汉杰"为文之道""工拙之辨",这个反问,恐让黄汉杰惊觉自己的缺失与难堪:如果"为文之道"只是"开口便随古人",只要熟读、背诵十几篇的古文,便能拼凑出来一篇篇的文章,这样的名士,既廉价又速成,没有作者自己的见识,也让阅读者很难分判作品的优劣。

---

① 李觏著,王国轩点校:《李觏集》卷二十八,第324页。
② 同上。

觏之妄为，异于是矣。既使明辨，敢不尽言？汉杰察之。①

李觏自信且直言自己的论述与时风不同，有自己的见解，不会"开口便随古人"，更不会"摹勒《孟子》，劫掠昌黎"。既然黄汉杰要求李觏说明自己的文笔转变，李觏便清楚地分析及分判，回应黄汉杰的来函质疑，并期待黄汉杰能用心用眼地检视他的回应。

十二月十三日，从表弟李觏再拜。②

李觏明确的落款，让时人及后人知道他完成的时间，以及他与黄汉杰的亲属关系，也提供了让后人梳理他的理序流动的时间线索。

遗憾的是：《答黄著作书》并没有让黄汉杰对李觏"言浮屠事"感到释怀，反而让黄汉杰再来函责备，于是便又有了《再答黄著作书》。

《再答黄著作书》的完成时间为庆历七年十二月十三日（1048年1月7日）以后，文分两段，兹分述其理序与内容如下：

觏再拜：汉杰前书以言浮屠事求问，觏不才，不能多自引过，辄求义理，尘于左右。汉杰又以书稔吾之罪，不胜大惭。③

首先，李觏告知时人及后人，他前封信的分析、分判，并没有得到黄汉杰的体谅及正向解读，无法厘清黄汉杰所质疑的他排佛立场的动摇，以至于黄汉杰再度来函数落李觏的过失。

为什么黄汉杰那么在乎李觏"言浮屠事"，除了当时一些尊孟、尊韩的读书人的偏执之外，疑似有黄汉杰个人情绪因素的黏滞与纠结，李觏两篇记的"责儒者之深"，可能是关键因素，李觏的直言，可能触动了黄汉杰的自尊与虚欠。

---

① 李觏著，王国轩点校：《李觏集》卷二十八，第324页。
② 同上。
③ 同上。

觏行于天下,日闻其美,不闻其恶。于乡党,惟仲容老丈,时赐教诲。①

李觏透露自觉自己可能会有的遮蔽与错觉,并透露出其在南城只有前辈陈肃会给他叮咛与教导。生活上接触的人都在讲好听话,不敢直言李觏的过失,让李觏有警觉。此处的"仲容老丈",即是陈肃(992—1054)②,字仲容,享年六十三岁。至和二年(1055),李觏在他死后,为他撰写了《宋故朝散郎尚书都官员外郎上骑都尉赐绯鱼袋陈公墓碣铭并序》③《宋故朝散郎尚书都官员外郎上骑都尉赐绯鱼袋陈公墓志铭》④。

透过此处的描绘,可以让时人及后人略知陈肃的个性及待人处事,有助于理解李觏在家乡的学习及人事的对应状况:

然其人慎密,虽终日请问,犹未一言。⑤

陈肃的谨慎细腻,不轻易地开口,让有时整天提问的人得不到回应。李觏或许在陈肃的不言之教中,有些感触或体会。

今汉杰不惜累纸之书,以为大惠,而觏如顽石焉,虽有雨泽,毋所受入,而今而后,不得闻过矣。觏何人哉!觏何人哉!尚赖君子之心,愍其孤陋。苟有闻见,更挂齿牙,则蕞尔之人,犹有望也。以多故⑥,未及请见。⑦

最后,李觏告知时人及后人,因为妻子陈氏(1015—1047)过世,他不方便

---

① 李觏著,王国轩点校:《李觏集》卷二十八,第324页。
② 1989年6月8日其墓被盗发。参见霍晓冰:《南城宋陈肃墓清理记》,《江西文物》,1989年第2期,第25—26页,《南方文物》,1989年第2期转载。
③ 李觏著,王国轩点校:《李觏集》卷三十,第351—352页。
④ 同上,第352页。
⑤ 李觏著,王国轩点校:《李觏集》卷二十八,第324页。
⑥ 此年李觏妻陈氏(1015—1047)卒,享年三十三岁,可参见李觏:《亡室墓志》,《李觏集》卷三十一,第360—361页。
⑦ 李觏著,王国轩点校:《李觏集》卷二十八,第324页。

去拜访黄汉杰，亲自说明事情的原委。此处的"多故"，即指李觏妻陈氏卒一事。在此，略可知庆历时期宋人守妻丧的概况。

透过黄汉杰两封来函的责难，可以看出李觏生前面对的极端者的选边之争，让李觏的人生不堪其扰。

结　论

总结李觏《答黄著作书》及《再答黄著作书》二信所流露的讯息，有如下几点，可以注意：

一、在《答黄著作书》的第一段，李觏点出自己三十九岁的为文变化及被疑之因，《建昌军景德寺重修大殿并造弥陀阁记》的第一段，除了引动黄汉杰的不满之外，也引起朱熹的注意："李晚年须参道，有一记说达磨宗派甚详，须是大段去参究来。"①朱熹叮咛学生们参验考究，他必然有些感悟在。

二、在《答黄著作书》的第二段，李觏自认从二十三岁作《潜书》，历经三十一岁作《富国策》，到三十九岁作《建昌军景德寺重修大殿并造弥陀阁记》《邵武军学置庄田记》二文，在长达十六年的时间里，他"排浮屠"的立场始终不变。在此透过他的自述，检视他一生思想内容的理序及事序的流变，也借此略知仁宗在位时期（1022—1063）儒者们所关怀、对应的课题及挑战。此外，李觏有关古今儒者在教导百姓的过程中自身"根本有无"的对比，对显出时儒"排浮屠"的内在虚欠或不足，也佐证了时儒对应佛老坚实心性论的软弱无力。

三、在《答黄著作书》的第三段，李觏反求儒者向内反省本有。《易·系辞》《乐记》《中庸》的性命之学的思考，在宋代理学出现前，具有指标及指向性的意义，透露出李觏在与佛老对应中的反思与自觉。

四、在《答黄著作书》的第四段，李觏提出他个人对学术流变的见解，这些见解略显三教整合之意，展示其对不同思想的核心及本质的洞察及掌握。

---

① 参见黎靖德编：《论文上》，《朱子语类》第八册，卷一百三十九，第3307页。

五、在《答黄著作书》的第六段,李觏批评当时"摹勒《孟子》,劫掠昌黎"的文风,反衬出其论述的独立性,不会"开口便随古人"。透过他的视角及描述,《答黄著作书》及《再答黄著作书》二信,让后人略知在庆历时期尊孟、尊韩及"排浮屠"的时潮下,李觏的表述,对显出其理性、独立及能被质疑的勇气,也反衬出当时一些尊孟、尊韩的儒者的概况及局限,佐证了时儒的虚欠,让后人略知北宋理学兴起前儒者在面对佛老发展的窘困。

六、麓保孝(1907—1988)在1941年《庆历正学的先驱》[①]及1967年《北宋に於ける儒学の展开》[②]提到"庆历正学"的概念,透过李觏的《答黄著作书》及《再答黄著作书》二信,可以检视这个概念的指涉是否恰当。

总而言之,《答黄著作书》及《再答黄著作书》二信,在内容上涵摄李觏的思想转折、生命提升等,提供后人看到李觏的多层多面的风范德姿,可以填补其生平、思想的内容。

附录一　李觏二十二至四十七岁的书信

现存李觏书信计有28篇,完成时间自仁宗天圣八年(1030)至至和二年(1055),时间涵摄二十六年,是李觏二十二至四十七岁间心志意念的展现(参见表一)。收信人计有24位,其中范仲淹2封,富弼3封,黄汉杰2封。透过李觏28篇书信,可以检视其二十二至四十七岁间的心志意念的趋向,也可以比对其重要论述的完成时间。此外,透过李觏28篇书信,可以检视当时的科举概况、收信人的经历、李觏聚焦的论述主题,以及其公心忠心为国为民的胸怀。

---

① 参见1941年《日本诸学振兴委员会研究报告》。
② 1967年3月30日《书籍文物流通会刊》发行。案:《北宋に於ける儒学の展开》一书的第五章《北宋に於ける正学の成立》,分为六节:第一节《先驱:胡安定、孙泰山、石徂徕》,第二节《中核:范文正公》,第三节《同调:尹河南》,第四节《后劲:李泰伯》,第五节《经史の学:刘公是、公非兄弟》,第六节《北宋理学の前茅:陈古灵》。

表一　现存李觏书信 28 篇系年表（总字数：22 715）

撰写时间		年岁	书信名	收信人	字数	自称	呈献作品
天圣八年	（1030）	22	01《上余监丞书》	余　靖	336	南城小草民	旧稿一策 95 首，约万余言
天圣九年	（1031）	23	02《上孙寺丞书》	孙　抗①	721	邑外草莱之民	
景祐二年	（1035）	27	03《上苏祠部书》	苏　绅	1 035	南城贱民	《礼论》《潜书》提《狂夫策》《明堂定制图》《易论》
景祐三年	（1036）	28	04《上聂学士书》 05《上叶学士书》 06《上宋舍人书》 07《上李舍人书》	聂冠卿 叶清臣 宋　庠② 李　淑	730 696 1 056 622	江南贱夫 草茅匹夫 僻远之民 家于江表	《潜书》15 篇 《礼论》7 篇 《野记》2 篇 《明堂定制图》
景祐四年	（1037）	29	08《上范待制书》	范仲淹	1 416	建昌南城人	《潜书》《礼论》《野记》《明堂定制图》
宝元元年	（1038）	30	09《上江职方书》	江　镐③	490	小人	
庆历元年	（1041）	33	10《上慎殿丞书》 11《上王内翰书》 12《上刘舍人书》 13《上吴舍人书》 14《上富舍人书》	慎　钺 王尧臣 刘　沆 吴　育 富　弼	457 366 437 377 801	郡之衣冠家 江湖凡人 生江南 家江南 远方之人	《平土书》
庆历二年	（1042）	34	15《与章秘校书》 16《上杨屯田书》 17《答李观书》	章望之 杨　纮 李　觏	357 386 557	盱江李觏 草野之人 觏不肖	
庆历三年	（1043）	35	18《上蔡学士书》	蔡　襄	895	觏不肖	
庆历四年	（1044）	36	19《寄上范参政书》 20《寄上富枢密书》	范仲淹 富　弼	1 037 1 630	无似之人④ 江南人	《庆历民言》

---

① 疑是孙抗（998—1051）或孙龙舒（1005—1068）。此二人皆曾任大理寺丞。孙抗，仁宗天圣五年（1027），得同学究出身，授滁州来安县主簿，历洪州右司理。宝元元年（1038）吕溱榜甲科进士，迁大理寺丞，知常州晋陵县，移知浔州。此依王安石《广西转运使孙君墓碑》。

② 叶清臣、宋庠二人，疑似余靖推荐李觏去拜访的对象。

③ 与聂冠卿同年进士。

④ 无似之人：不肖之人。

续表

撰写时间	年岁	书信名	收信人	字数	自　称	呈献作品
庆历六年	（1046）	38	21《上王刑部书》 22《答陈特书》 23《与胡先生书》	王　逵① 陈　特 胡　瑗	425 247 1 013	小人无似 觏 觏不敏	胡瑗：《原礼》
庆历七年	（1047）	39	24《答宋屯田书》 25《答黄著作书》 26《再答黄著作书》	宋　咸② 黄汉杰 黄汉杰	738 1 294 161	觏虽不勇 觏不肖 觏不才	《删定易图序论》
皇祐四年	（1052）	44	27《寄上孙安抚书》	孙　沔③	3 547	觏	《长江赋》 《周礼致太平论》
至和二年	（1055）	47	28《寄上富相公书》	富　弼	888	草茅之愚	《长江赋》

附录二　李觏二十六至五十岁的记
——呈现其对儒、道、释三家消长的心情与论述

现存李觏所撰写的记，共22篇，撰写时间自仁宗景祐元年（1034）至嘉祐三年（1058），是李觏二十六至五十岁间的作品，时间涵摄二十五年（参见表2）。

李觏的22篇记，在内容上涵摄李觏一生的思想转折、生命提升等，供后人看到李觏的多层多面的风范德姿，可以填补其生平、思想的内容。

因此，李觏的22篇记，有下列的研究价值：

一、阐发李觏对儒、道、释三家消长的看法，呈现仁宗时期建昌军的道教、佛教的流行概况。

李觏的22篇记，跟道教、佛教直接有关的有15篇。这15篇的内容，一方面表述道教、佛教在中国历史发展上的消长；另一方面透显其对儒家势弱力无的痛觉与忧心，例如三十九岁《建昌军景德寺重修大殿并造弥陀阁记》一篇所述。

---

① 与苏绅同年进士。
② 疑似余靖推荐李觏去拜访的对象。
③ 与苏绅同年进士。

其次，上述李觏的 15 篇记，多是为建昌军的道教道观、佛教寺院撰写，一方面呈现仁宗时期建昌军地区的道教、佛教的流行概况，例如《邵氏神祠记》等篇；另一方面也透露出李觏文章在当时流传受重视的概况，例如《新城院记》的附录所载。

二、呈现李觏与道教、佛教的互动切磋关系。

儒士与道士、佛僧的互动，提供彼此交流切磋对修的机缘，对彼此的视野与成长有益。李觏在排佛老时也促进了自己的成长，体认到当时儒道释三家的长短，从当时儒者的虚欠中，进而反思儒家圣人经典中的本有，对理学、心学的发展有导引之功。佛老的强大，刺激了儒家的成长。

三、透显李觏对当时地方吏治的观察与见解。

例如《建昌军集宾亭记》《南城县署记》《建昌知军厅记》等篇臧否的地方吏治的缺失，都是李觏关心的课题。

四、彰显虔州柏林温革出资兴学聚书的义举动人。

例如《虔州柏林温氏书楼记》对显出温革以民间力量兴学聚书的难能可贵。

五、提供仁宗时期建昌军的五通神及王爷信仰的资料。

例如二十六岁《邵氏神祠记》对王爷信仰及五通神的叙述。

六、填补宋史传记数据的虚欠

例如二十八岁《太平兴国禅院什方住持记》所载的冯德宣、李虞卿的任职。

七、填实《直讲李先生年谱》的虚欠，展布李觏的学思进程，左证其论述的理序变化。

22 篇记即 22 个李觏的人生历程中的段落轨迹，贯串这 22 个段落轨迹，可以填实现存《直讲李先生年谱》的虚欠。

其次，22 篇记亦是 22 个李觏的志与学的段落轨迹的贯串，可以看到李觏一生的学思历程；也可以看到李觏排佛老的立场与态度的始终如一处及变化处，例如五十岁《景德寺新院记》。他是时儒之诤友，相对时儒的心思外放，李觏在学问上内收，安身立命于圣贤经典中，导引时儒深读儒家经典，反思儒家之"本有具足"。他的出手对应佛老，实是护儒心切，以世间法对应佛老出世间法的虚欠。他在经典诠释上的推陈出新，实为重启儒家的生命。李觏实有功于其后理学、心学的开启。以周文（周、孔）统合道德、事功（三礼），是李觏的贡献。

表二　现存李觏所撰 22 篇记系年表（总字数：8 922）

撰写时间	年岁	篇数	记　　名	字数	聚　　焦
景祐元年（1034）	26	1	01《邵氏神祠记》	280	感谢"五通"神
景祐三年（1036）	28	1	02《太平兴国禅院什方住持记》	853	论述禅宗丛林制
康定二年（1041）庆历元年（1041）	33	4	03《建昌军集宾亭记》 04《麻姑山重修三清殿记》 05《重修麻姑殿记》 06《修梓山寺殿记》	401 409 435 353	政和礼至 批道教奢华风 赞扬陈策 赞扬吴臻
庆历三年（1043）	35	1	07《抚州（临川）菜园院记》	341	赞扬可栖
庆历四年（1044）	36	1	08《（麻姑山麻源谷口）真君殿记》	98	为已故陈璆作记
庆历五年（1045）	37	1	09《南城县署记》	315	赞扬钱仲基三人
庆历七年（1047）	39	3	10《建昌知军厅记》 11《建昌军景德寺重修大殿并造弥陀阁记》 12《邵武军置庄田记》	318 495 663	赞扬张颂作为 赞扬义明所为 赞扬宋咸义举
庆历八年（1048）	40	2	13《建昌军仪门记》 14《太平院浴室记》	394 360	赞扬吴公作为 规勉僧尼思考
皇祐三年（1051）	43	4	15《麻姑山仙都观御书阁后记》 16《回向院记》 17《承天院记》 18《新城院记》	389 407 436 379	述仁宗篆飞白书 赞扬德文 回应自尧的请求 响应毛缵的善意
皇祐五年（1053）	45	2	19《虔州柏林温氏书楼记》 20《承天院罗汉阁记》	592 372	赞许温革义举 回应丘文的请求
至和元年（1054）	46	1	21《袁州学记》	413	论述政教理想
嘉祐三年（1058）	50	1	22《景德寺新院记》	219	批佛"天宫"说

论《中庸》对张载理学建构的特别影响

——兼论几个相关重要问题

林乐昌

（陕西师范大学哲学系）

前　言

　　《宋史》张载本传称，张载之学所依托的儒家经典资源包括《易》《庸》《论》《孟》四种。[①] 今人钱穆则进一步将其集中于《易》《庸》两种。钱穆说，与周敦颐类似，"横渠著书亦多本《易》《庸》，独二程更多引孔孟"[②]。本文认为，虽然《易》《庸》均对张载理学思想发展的影响很大，但相比之下，《中庸》所发挥的影响尤显特别。这里所谓《中庸》的"特别影响"具体指范仲淹授《中庸》，是张载走上学术道路的起点；此后，《中庸》对张载理学思想的发展产生了持续的和多方面的影响，尤其对张载理学纲领的确立和理学体系的建构影响更加深刻。在理学史上，《中庸》如此持续、多方面而又深刻地影响了一位理学家思想的发展，是比较罕见的学术现象。作为专题讨论的尝试，本文拟着重从以下三个议题入手：一、《中庸》对张载理学思想产生了哪些特别影响？二、《中庸》为张载理学纲领的确立提供了直接证据；三、《中庸》是张载建构理学体系所依据的关键文本。

[①] 脱脱等：《道学一》，《宋史》卷四百二十七，第三十六册，北京：中华书局，1985年，第12724页。
[②] 钱穆：《宋代理学三书随札》，北京：生活·读书·新知三联书店，2002年，第138、150、211页。

一 《中庸》对张载理学思想产生了哪些特别影响？

《中庸》对张载理学思想的特别影响，主要表现为其影响是持续的、多方面的和深刻的。

首先，《中庸》对张载理学思想的影响是持续的。据吕大临撰写的《横渠先生行状》（以下简称《行状》）记载，时任陕西招讨副使兼知延州的范仲淹对原本"喜谈兵"的青年张载"劝读《中庸》"之后，使之扭转了人生方向，走上了学术道路。《行状》还说，张载读《中庸》，"虽爱之，犹未以为足也，于是又访诸释老之书，累年尽究其说，知无所得，反而求之六经"①。这种表述容易给人造成一种印象，似乎《中庸》对张载思想的影响仅限于其早年。实际上，的确有学者就是这样认为的。②本文主张，《中庸》对张载理学思想发展的影响并不限于早年，而是持续于他学术生涯的各个时期的。当然，这需要对《中庸》影响张载思想发展的时间范围进行考察。

《中庸》影响张载思想发展的时间范围，与张载思想的阶段性演变有关。对于张载的思想演变，研究者历来仅依据吕大临《行状》和《宋史》张载本传的寥寥数语，将其划分为从"受《中庸》而读之"到"访诸释老之书"，再到"反求之六经"的两次转折。其实，这两次转折都属于张载早期学术活动的范围，无法全面展现张载思想的阶段性演变脉络。有必要把张载从二十一至五十八岁辞世前近四十年的学术历程划分为三个时期，早期、中期和晚期，并大体确定每一时期的界限和特征。③

张载之学的早期，时间跨度大约二十年。这是他奠定学术基础的时期。这一时期以范仲淹"劝读《中庸》"为起点，张载时年二十一岁。④《行状》称，张

---

① 吕大临：《行状》，《张载集·附录》，北京：中华书局，1978年，第381页。
② 杜维明说："张载早年对《中庸》的潜心研究对他的思想发展产生了深刻的影响。"（杜维明著，段德智译：《论儒学的宗教性——对〈中庸〉的现代诠释》，武汉：武汉大学出版社，1999年，第153页）
③ 关于张载理学思想演进的三个阶段，请参见林乐昌：《张载哲学化的经学思想体系》，姜广辉主编：《中国经学思想史》第三卷上册，北京：中国社会科学出版社，2010年，第525—528页。
④ 张载上书谒范仲淹的年龄，《行状》记作"当康定用兵时，年十八"，《宋史》张载本传则记作二十一岁。按，"康定"系仁宗年号，从1040至1041年，使用不足两年。张载生于1020年，至1040年二十一岁。当从《宋史》所记。

载读《中庸》后,"犹未以为足也,于是又访诸释老之书,累年尽究其说"①。这里"累年尽究其说"的"累年"是多少年?朱熹在述及张载这段治学经历时说:"夫子(张载)早从范文正公受《中庸》之书,中岁出入于老、佛诸家之说,左右采获,十有余年。"②张载从二十一岁出入老、佛诸家之说"十有余年"之后,应当三十岁出头。张载总结自己读书经历说:"唯六经则须着循环,能使昼夜不息,理会得六七年,则自无可得看。"③张载三十多岁从佛老之学"反而求之六经",用"六七年"之功对"六经"做过一番研究,初步奠定了学术基础,年龄应当在三十七八岁。我们不妨取张载年龄的整数,视其思想的早期阶段结束于他四十岁时。

张载之学的中期,亦即其思想形成期,大约是张载四十至五十岁的十年间。四十岁以前的大约二十年,是张载学术成长的早期阶段,其思想在探索中趋于形成;四十岁以后是张载学术成长的中期阶段,其思想在形成中趋于成熟。

张载之学的晚期,大约是张载五十岁至去世前的八年间。张载认为,成学自有其规律,"学者不可谓少年,自缓便是四十五十"④。在思想初入成熟期时,张载曾回顾自己的成学经历说:"某学来三十年,自来作文字说义理无限,其有是者皆只是亿则屡中。""比岁方似入至其中,知其中是美是善,不肯复出,天下之议论莫能易此。"⑤"比岁",意即近年。"入至其中",可以理解为张载的学术已登堂入室。以范仲淹劝读《中庸》为张载向学的开始,"某学来三十年",刚好步入五十岁。据此,可以把五十岁作为其思想步入成熟期的开始。

在张载的学术生涯中,曾经对自己研读《中庸》的经验做过两次总结。

第一次总结。张载说:"某观《中庸》义二十年,每观每有义,已长得一格。"⑥张载读《中庸》始自二十一岁,经过二十年,已届四十一岁。此时,张载的思想已脱离其早期,并转入中期。此外,张载读《中庸》的历史,还有一个从

---

① 吕大临:《行状》,《张载集·附录》,第381页。
② 朱熹:《鞠歌第五十一》,《楚辞集注·楚辞后语》卷六,《朱子全书》第十九册,上海:上海古籍出版社、合肥:安徽教育出版社,2002年,第308页。
③ 张载:《经学理窟·义理》,《张载集》,第278页。
④ 张载:《经学理窟·学大原上》,《张载集》,第280页。
⑤ 张载:《经学理窟·自道》,《张载集》,第288页。
⑥ 同上,第277页。

不自觉到自觉的转变；而这一转变，与张载对道学（理学）的自信有关。史载，仁宗嘉祐初（1056），张载与二程京师论学，任人"共语道学之要"，张载遂"焕然自信曰：'吾道自足，何事旁求！'乃尽弃异学，淳如也"①。自此开始，张载便从儒学与佛老之学的游移中摆脱出来，明确了学术方向，"专以圣人之言为学"②。如果说张载最初读《中庸》是范仲淹劝导的结果，是被动的和不自觉的，那么，从嘉祐初开始，张载对包括《中庸》在内的儒家经典的研读，便越来越自觉了。

第二次总结。张载说，读《中庸》"须句句理会，使其言自相发明"③。朱熹曾赞叹张载的这一总结："真读书之要法。"④若没有长期研读《中庸》的经验，断无可能提炼出这一"要法"。由于第二次总结发生的确切时间已难断定，因而需要思考一个问题：《中庸》对张载的晚年思想是否也产生过影响？对此，本文的回答是肯定的（详下）。

其次，《中庸》对张载理学思想的影响是多方面的。通过对张载多种著作的分析得知，其理学思想从许多方面都受到《中庸》的影响。这些著作，既包括形成于较早时期的《经学理窟》《张子语录》及佚著《礼记说》⑤等，也包括于辞世前一年手定的《正蒙》。例如，以上所述张载两次总结自己研读《中庸》的经验，都被记载于《经学理窟》一书当中，《中庸》对《经学理窟》的影响，于此可见一斑。以下主要依据《礼记说》辑本与《正蒙》这两种著作及其关系，从两方面揭示《中庸》对张载理学的影响不仅是多方面的，而且这种影响还一直持续至张载晚年。

一是从《礼记说》及其与《正蒙》的关系看《中庸》对张载理学的多方面影响。《中庸》是《礼记》的第三十一篇，《礼记说》是张载解说《礼记》的著作。据

---

① 吕大临：《行状》，《张载集·附录》，第381—382页。
② 张载：《经学理窟·自道》，《张载集》，第289页。按，"专以圣人之言为学"，通行本《张载集》误作"专与圣人之言为学"。此据南宋《诸儒鸣道》所收《经学理窟》改。
③ 张载：《经学理窟·学大原下》，《张载集》，第284页。
④ 朱熹：《四书或问·中庸或问上》，《朱子全书》第六册，第549页。
⑤ 张载佚著《礼记说》辑本，张载：《补遗一》，林乐昌编校：《张子全书》卷十四，西安：西北大学出版社，2015年。

笔者推断,《礼记说》当形成于《正蒙》之前的某个时期。①《礼记说》之《中庸第三十一》,解说了《中庸》33章中的17章,共得43条。②这些解说的内容包括:论太虚,论天道,论鬼神,论性命,论"时中之义甚大",论"学愈博则义愈精微",论"知德以大中为极",论"君子之道",论"德胜其气",论"气之性本虚而神",论"以心求道",论"性通极于无,气其一物耳",论"气质之性"与"天地之性",论"自诚明"与"自明诚",论"学者须是穷理为先",论"性者万物之一源",论"立必俱立,知必周知,爱必兼爱",论"大心体物",论"致曲不二",论"今且只将尊德性而道问学为心",论"小德"与"大德",论"仁智合一",等等。从这些内容看,《中庸》的影响确实涵括了张载理学思想的多个层次和多个方面。值得注意的是,《中庸》虽言"性"但未言"心",而张载的解说却多次论及"心"。例如,张载既论及"以心求道",又论及"大心体物"。③显然,"心"并非《中庸》文本所固有,而属于张载对《中庸》义理的创新性发挥,这与张载特意为《中庸》首章前三句的概念序列补入"心"这一概念的思路是一致的(参见本文第二部分)。张载解说《中庸》43条当中的相当一部分,后来被选用于其晚年著作《正蒙》,包括《太和篇》《诚明篇》《中正篇》《至当篇》诸篇。例如,张载解说《中庸》首章的"《太和》四句",被选用于《太和篇》;有关"性者万物之一源""立必俱立,知必周知,爱必兼爱""大心体物"等论述,则被选用于《诚明篇》。这些,都确凿地证明了《中庸》对张载理学的影响是一直持续到其晚年的。

二是直接从《正蒙》看《中庸》对张载理学的多方面影响。除上述《礼记说》对《中庸》的部分解说被张载选用于《正蒙》之外,从《正蒙》的部分篇章中还能直接看到《中庸》的影响。例如,对于著名的"天人合一"命题,张载有两条关键性的表述依据的是《中庸》第二十一章"自诚明""自明诚"的学说,分别在《正蒙》一书的《乾称篇》和《诚明篇》中提出。又如,《正蒙》一书对《中

---

① 《礼记说》成书的具体时间,已不可考。但有一点可以断定,除《正蒙》之外的所有著作,包括《礼记说》,皆成书于《正蒙》之前。这一推断的根据是,张载辞世的前一年将《正蒙》手稿交付弟子时说,"此书予历年致思之所得";还说,此书"乃集所立言"而成。(吕大临:《行状》,《张载集·附录》,第384页)据此可知,《正蒙》在一定程度上选用了此前诸多著作中仍然被张载认可的言论。
② 张载:《补遗一·礼记说》,《张子全书》卷十四,第384—392页。
③ 同上,第389—390页。

各经之纲领。①朱熹认为,"读书先须看大纲",如《中庸》首章前三句,便是大纲。②在朱熹那里,把张载对"《中庸》纲领"解说所形成的"《太和》四句"当作其理学纲领,可以说已呼之欲出。在此基础上,经过以上的论证,今天我们直接提出这一判断就完全顺理成章了。作为解说《中庸》纲领的张载理学新文献《礼记说》,既还原了"《太和》四句"的语境,又提供了具有关键意义的文献资料,使"《太和》四句"作为张载理学纲领的性质和地位得到确证。同时,"《太和》四句"中所涉及的"天""道""性""心"四大概念排列有序,界定清晰,具备整全的框架结构形式,能够充分展现张载天人之学体系的特征。与牟宗三仅以"道"这个单一概念为支撑的"总纲领"相比,"《太和》四句"作为张载理学纲领的优势更加明显。

"《太和》四句"作为张载的理学纲领,对"《中庸》纲领"既有所传承,又有所创新。诠释"《太和》四句"的理学纲领意义,一是应当抉发其内在整合特征,二是应当辨析其学术思想宗旨。

第一,抉发"《太和》四句"的内在整合特征。中国古代思维方式以整合为主,以分解为辅。张载的思维方式亦然。"《太和》四句"所界定的"天""道""性""心"四个概念,代表了天地间的四种存在。这四种存在之间的关系,或贯通,或感应,或同构,或联结。因此,不能把这四个概念切割开来,孤立地加以解释。

(1)"由太虚,有天之名。"对于《中庸》首章前三句"天命之谓性,率性之谓道,修道之谓教",古今学者多看重其中的"性""道""教"三个概念序列;而张载却特意把《中庸》首章第一句第一个字"天"纳入其概念序列,并置于首位,将《中庸》由"性""道""教"三个概念组成的序列,改造为由"天""道""性""心"四个概念组成的序列。后来,朱熹解读《中庸》首章前三句说:"此先明'性''道''教'之所以名,以其本皆出乎'天'。"③这与张载的思路若合符节。张载以道家"太虚"概念释"天",是为了纠正秦汉以来儒者

---

① 黎靖德编:《朱子语类》卷十四、十九、六十二、六十五至卷六十七、七十八、八十、八十三、八十四。
② 黎靖德编:《中庸一·纲领》,《朱子语类》卷六十二,第1480页。
③ 朱熹:《四书或问·中庸或问》,《朱子全书》第六册,第46页。

"知人而不知天"的"大蔽"①，重建儒家"天"观。句中的"由"字是介词，有"因""以""用"等义，其引申义为依据、凭借。在此句中，当以"借用"释"由"字。②在张载看来，秦汉以来儒者把原本形而上的超越之"天"有形化、实然化、经验化了；而道家的"太虚"概念则具有无限性、超验性、非实然性等优点，因而有必要借用道家的"太虚"概念以改造被汉儒实然化和经验化了的"苍苍之天"，从而使"天"重返超越和神圣的本体地位。③

（2）"由气化，有道之名。"此"由"字与上句一样，也是借用的意思。古今不少学者都把这句话中"道"的意涵归结为"气"或"气化"。张载对"道"的界定，借助了阴阳家和道家的气或气化。借用气化的主体是谁？当然是上句的"天"。《中庸》第二十章曰"诚者，天之道"，认为"道"是归属于"天"的。《正蒙》的第三篇的篇名为"天道"，也正是此意。认为"天"高于"道"，这是儒家天、道关系理论的传统。④朱熹解释此句说："道""虽杂气化，而实不离乎太虚"。⑤可见"道"既不可单独归结为"气"或"气化"，也不可单独归结为"天"或"太虚"，它是"太虚"与"气"的统一体。⑥就张载的"天道"概念看，它具有一本（以天或太虚为本）、两层（宇宙本体论和宇宙生成论两个层次）、三合（天或太虚与阴气、阳气三者整合）的特征。

（3）"合虚与气，有性之名。"此句中的"合"字，是整合的意思。张载说："性其总，合两也。"⑦"合两"之"两"，指"虚"与"气"两者；其"合"，也是整合的意思。《中庸》首章第一句"天命之谓性"，揭示了"性"源于"天"，但并未解释何者谓"性"。在儒学史上，张载第一次对"性"的意涵加以界定，认为"性"

---

① 脱脱等：《道学一》，《宋史》卷四百二十七，第三十六册，第12724页。
② 王夫之曾以"借用"释"由"字。参见王夫之：《中庸》，《读四书大全说》卷二上册，北京：中华书局，1975年，第69页。
③ 张载为何以道家"太虚"释"天"，如何诠释"天"或"太虚"的意涵？请参见林乐昌：《论张载理学对道家思想资源的借鉴和融通——以天道论为中心》，第38—40页。
④ 李泽厚认为，"儒道两家的差异在一定意义和范围内表现在'天''道'这两个范畴的高低上"，在道家，"'道'高于'天'；儒家则相反，'天'高于'道'"。参见李泽厚：《荀易庸纪要》，《中国古代思想史论》，北京：人民出版社，1985年，第131页。按，李泽厚的这一说法，大体可以成立。
⑤ 黎靖德编：《孟子十·尽性上》，《朱子语类》卷六十，第1430页。
⑥ 张岱年：《中国古典哲学概念范畴要论》，北京：中国社会科学出版社，1987年，第60页。
⑦ 张载：《正蒙·诚明篇第六》，《张载集》，第22页。

是由本体之"天"或"虚"与现实之"气"整合而成的。在张载那里,"道"与"性"是同构的,都由"虚"与"气"所构成。这正是张载特别强调"性与天道合一""性即天道"①的主要理由。值得注意的是,"太虚即气"这一命题其实说的正是"《太和》四句"中"道""性"这两个概念。②"太虚即气"与此处所说"合虚与气",以及他处所说"太虚不能无气"③,其意涵是一致的,都指太虚与气这两种不同的宇宙力量在现实世界中是联结整合为一体的。尽管"道"与"性"是同构的,但二者在宇宙生成过程中的作用则各有侧重:"道"主要作为宇宙万物运行的动力,展现宇宙万物的变化过程及其秩序;而"性"则主要作为宇宙万物生成的根源,赋予宇宙万物不同的秉性或本质。"太虚即气"的"即"字义,可以与张载话语系统中的"感""合"等互证互释。"即"与"感""合"都是说"道""性"内部存在虚、气相互感应、联结与整合的机制。"感"是"同异、有无相感"④的"感",意为感应或感通,指特定主体对异质的他者发挥关联整合作用。"合"亦即"合虚与气有性之名"的"合"。张载论"合"的原则是指"合异"或"非有异则无合"⑤。这意味着,相"合"的二者是异质的,而不是同质的;否则,"合虚与气"便不过是同语反复,毫无学理意义。在张载看来,"感即合也"⑥。因而,"感"与"合"的意涵又是相通的。

(4)"合性与知觉,有心之名。"由于"《中庸》纲领"并未言及"心",而张载却在其概念序列中特意补入"心",并加以界定。这是传承中的创新。此句中的"合"字,仍是整合的意思;"知觉",指人的意识活动及其能力。但张载并非仅以知觉为心,而是认为知觉与性整合在一起才构成心。应当说,张载对心的规定是相当独特的。也正是在这里,表现出与后来朱熹等人的看法有所不同。朱熹认为:"横渠之言大率有未莹处。有心则自有知觉,又何'合性与知觉'之

---

① 张载:《正蒙·诚明篇第六》;《正蒙·乾称篇第十七》,《张载集》,第 20、63 页。
② 张载于《正蒙·太和篇第一》第九章"太虚即气"之下,紧接着说:"故圣人语性与天道之极。"可见,"太虚即气"的基本意涵指向的正是"性"与"天道"。
③ 张载:《正蒙·太和篇第一》,《张载集》,第 7 页。
④ 同上,第 19 页。
⑤ 张载:《正蒙·乾称篇第十七》,《张载集》,第 63 页。
⑥ 同上。

有!"①张载所谓"心",指主体以"性"为宇宙生成论根据的认知结构及其能力,强调宇宙生生之德在转化为人性之后,能够对"知觉"活动发挥制约和范导作用。他对"心"的这种规定,凸显了"知觉"的德性根据,使心作为道德主体的地位得以确立,同时也使学者对道德修养工夫的要求更加自觉和紧迫。从道德实践的层面看,张载肯定心的能动作用,认为"心能尽其性",而"性不知检其心"。②正是他一再强调的"心"的能动作用,激活了人体悟"天"这一宇宙最高存在的心灵活动,从而为他所明确提出的"天人合一"境界的实现提供了可能性。

由上述可知,"天""道""性""心"四大概念之间的确具有上下贯通和内在整合的特征;而且在这四大概念序列中,"天"被张载置于概念序列的首位,视作最高概念,而并未将"气"视作可与"天""道""性"相提并论的基本概念。因此,"气"仅仅是"天""道""性""心"四大概念序列之外的辅助性概念,不宜将其拔高为张载天道论的首要概念。把"气"视作张载哲学体系中的本体概念或最高概念,无法从张载的理学纲领或其他理论学说中获得支持。正是张载从"天"到"心"的概念排序及其意涵界定,才使其理学系统内部主观原则与客观原则的统一成为可能。需要特别说明的是,在张载的"天""道""性""心"四大概念序列中,除了"天"作为"至一"③的本体是无结构的,其他"道""性""心"三个概念都有其内在结构。其中,"道"与"性"都是由"太虚"与"气"整合而成的④,因而是同构的。"道""性""心"这三个概念的结构化⑤,既是张载理学概念的突出特征,也是对"《中庸》纲领"的理论创新。

第二,辨析"《太和》四句"的学术思想宗旨。关于"《太和》四句"学术思

---

① 黎靖德编:《孟子十·尽性上》,《朱子语类》卷六十,第1432页。
② 张载:《正蒙·诚明篇第六》,《张载集》,第22页。
③ 张载认为,"静"与"动"是相对的,而太虚则是"至一"的。参见张载:《张子语录·语录中》,《张载集》,第325页。
④ 向世陵和冯禹较早注意到,"太虚与气"的关系,属于"构成形式的内部联系"。还提出,相比之下,"朱熹的理气截然是二物","是'明珠在水''人跨马'的外部联系"。参见向世陵、冯禹:《儒家的天论》,济南:齐鲁书社,1991年,第191页。这一观察是很准确的。
⑤ 王汎森在研究中国近代思想史时,提出把概念"想象成一个结构"的必要性。参见王汎森:《中国近代思想与学术的系谱》,上海:上海三联书店,2018年,第566页。按,与此不同,张载理学的基本概念有其结构则是真实的,而不是"想象"的。

想宗旨的解释,历来争议很大。大陆学术界主流的解释是把包括"《太和》四句"在内的张载学术思想宗旨归结为"阴阳"之"气"。①"阴阳"之名起于西周晚期,属后世堪舆地形家之事。至战国时期,形成了"阴阳"的另一套说法,开始讲求天之气,而不再讲求地之形。②汉儒普遍受阴阳家影响,喜用"气"解释一切。傅斯年指出,"阴阳"之教,"五行"之论,渊源于战国晚期的齐国,后来这一派在汉代达到极盛。③也有学者指出,"'气'这一概念并非汉代思想家的发明",但"'气'的观念在思想史上扮演特别重要的角色则是在汉代"。清儒皮锡瑞针对汉儒强调指出,孔子"删定六经,以垂世立教,必不以阴阳五行为宗旨"。并据此认为,汉儒只是孔子儒学的"别传",而非"正传"。④从历史脉络看,无论是先秦孔子儒学,还是北宋张载理学,都必不以"阴阳五行"或"阴阳"之"气"为宗旨;其间唯汉儒之学作为孔学的别传则是例外,后来还成为明清气学的理论源头之一。

  本文虽然反对把"《太和》四句"的学术思想宗旨归结为"阴阳"之"气",但认可张载对秦汉"气"论的汲取和改造。他以周、孔、思、孟的"天"观为基础,继承《易传》"一阴一阳之谓道"的传统,并兼取阴阳家和道家的"气"论或"气化"论,将其纳入儒家的"天道"理论,作为宇宙生成论的组成部分⑤,从而把秦汉"气化"之"术"改造为"学"。⑥张载引进阴阳家和道家的气论,加以消化吸收,是他诠释"《中庸》纲领"的创新。然而,"《中庸》纲领"毕竟无一言及"气",张载也并未把"气"论作为自己理学思想的宗旨。在张载的话语系统中,"气"是用以表述生成能量、自然元素、生物禀赋、生命活力等意涵的经验性词语;在其天道论中,"气"则是在"道"的构成要素及其表现形式的意义上加以使用的。张载所谓"气",并不具有道德价值根源的意义,其分阴分阳的相

---

① 参见龚杰:《张载评传》,南京:南京大学出版社,1996年,第33、39页。
② 饶宗颐:《阴阳五行思想有"形"、"气"二原与"德礼"关联说》,《中国史学上之正统论》,上海:上海远东出版社,1996年,资料二附录,第285—287页。
③ 傅斯年:《战国子家叙论》,《战国子家叙论·史学方法导论·史记研究》,上海:上海古籍出版社,2012年,第67页。
④ 皮锡瑞:《易经》,《经学通论》一,北京:中华书局,1982年,第18页。
⑤ 林乐昌:《张载两层结构的宇宙论哲学探微》,第79页。
⑥ 李零:《兰台万卷:读〈汉书·艺文志〉》,北京:生活·读书·新知三联书店,2011年,第9页。

对性质和聚散不定的偶然状态,更不具备作为宇宙本体的资格。

《中庸》的学术思想宗旨是在天人关系中彰显"天"观和"天之道"的理论。《中庸》第二十章曰:"思知人,不可以不知天。"在《诚明篇》中,张载引用了《中庸》"思知人,不可以不知天"这句话,以表明自己的理学思想宗旨。[①] 据《宋史》张载本传记载,他主张:"学必如圣人而后已,以为知人而不知天,求为贤人而不求为圣人,此秦汉以来学者大蔽也。"[②] 这与《中庸》强调"知人""知天",并在天人关系中把"知天"置于优先地位的宗旨,是一脉相承的。如前所述,"《太和》四句"是张载对"《中庸》纲领"的解说。因此,基于"《中庸》纲领"解说的"《太和》四句"的学术宗旨,也就是张载理学思想的学术宗旨。把"《太和》四句"的学术思想乃至张载全部理学思想的学术宗旨都归结为"气",岂不扭转了从子思到张载以来的儒学发展方向?

三 《中庸》是张载建构理学体系所依据的关键文本

在北宋理学家中,张载属于"对儒学真能登堂入室并能发展出一个新系统"[③]的大师。张载理学的体系特征突出,对此,海内外学者是公认的。[④]张载于五十岁时自述说:"某近来思虑义理,大率亿度屡中可用,既是亿度屡中可用,则可以大受。某唱此绝学亦辄欲成一次第。"[⑤] 在长期"思虑义理"的过程中,张载建构了一套涵盖天论、道论、性论、心论的理学体系。

张载用譬喻的方式,对自己的晚年著作《正蒙》做了生动的说明:有如"枯株,根本枝叶,莫不悉备";"又如晬盘示儿,百物具在"。[⑥] 这启发我们从宏

[①] 张载:《正蒙·诚明篇第六》,《张载集》,第21页。
[②] 脱脱等:《道学一》,《宋史》卷四百二十七,第三十六册,第12724页。按,张载认为,圣人具有"知天"与"得天"的能力。他说:"圣者,至诚得天之谓。"参见张载:《正蒙·太和篇第一》,《张载集》,第9页。
[③] 韦政通:《中国思想史》下册,上海:上海书店出版社,2003年,第749页。
[④] 美国学者葛艾儒(Ira Kasoff)指出,张载的著作虽然"散佚很多,不过,留存至今的还是足以让我们勾勒出一个完整的体系"。参见葛艾儒著,罗立刚译:《张载的思想(1020—1077)》,上海:上海古籍出版社,2010年,前言,第1页。学者庞万里也肯定,"张载之学是自成体系的"。参见庞万里:《二程哲学体系》,北京:北京航空航天大学出版社,1992年,第39页。
[⑤] 张载:《张子语录·语录下》,《张载集》,第329页。
[⑥] 苏昞:《正蒙序》,《张载集》,第3页。

观角度观察以《正蒙》为代表的张载理学体系结构,同时从微观角度揭示其中所包含的多方面具体内容。张载理学体系可以归结为"天人之学"。张载门人吕大临和张舜民曾分别以"一天人"和"学际天人"①概括先师的学问。这一概括,也颇得后世学者的认同。朱熹指出,张载"《太和》四句"的前两句,是"总说"天道;后两句"是就人上说"。②清儒康有为指出:"程子言天道,不如张子言天人。"③这一由天道与人道上下贯通的脉络,清晰地呈现了张载的天人之学体系结构特征;而张载的这一天人之学框架,正是由"《中庸》纲领"与《中庸》第二十章关于"天之道"与"人之道"的原理一起,为其提供经典依据的。张载的理学结构,决定了其理学形态。因此,可以把张载的理学体系划分为形而上学和形而下学两大形态。作为张载理学纲领的"《太和》四句",其"天""道""性""心"四大概念是自上而下排列、推演的序列。张载理学纲领前两句说的是"太虚""气化"宇宙论哲学,这是以"天""道"概念为核心的,故也可以称为"天道论"哲学。张载认为:"运于无形之谓道,形而下者不足以言之。"④可见,张载是把天道论归结为形而上学的。张载理学纲领后两句所说属于"心性论"哲学,就其内容和性质看,也可以归结为形而上学。⑤张载的理学纲领,其实应当是其学的形而上学部分的纲领,其内容包括天道论和心性论两个维度;而其形而下学部分,则主要指张载面向现实社会,范导个体行为、社群关系和国家政治秩序的礼学,具体内容为张载的教育学说和政治学说,也包括其修身工夫理论。⑥

对于张载理学体系的建构,《易传》是有贡献的。这包括张载依据《易传》提出的"天道性命"主题⑦,他受《易传》启发提出的天与人有分有合的原则⑧,

---

① 吕大临:《行状》,《张载集·附录》,第 383 页;张舜民:《上哲宗乞追赠张载》,赵汝愚编:《宋朝诸臣奏议》下册,北京大学中国中古史研究中心校点整理,上海:上海古籍出版社,1999 年,第 1031 页。
② 黎靖德编:《孟子十·尽性上》,《朱子语类》卷六十,第 1431 页。
③ 康有为著,姜义华等编校:《续讲正蒙及通书》,《康有为全集》第二集,上海:上海古籍出版社,1990 年,第 489 页。
④ 张载:《正蒙·天道篇第三》,《张载集》,第 14 页。
⑤ 心性论中的"见闻之知""气质之性"等内容,则不属于形而上学。
⑥ 林乐昌:《张载礼学论纲》,《哲学研究》,2007 年第 12 期,第 48—51 页。
⑦ 陈俊民:《张载哲学思想及关学学派》,北京:人民出版社,1986 年,第 66 页。
⑧ 张载:《横渠易说·系辞上》,《张载集》,第 189 页。

以及"大人与天地合其德"的诉求,"形而上"与"形而下"的划分原则等。虽然《易传》的这些资源,都有助于张载天人之学体系的建构,但在理论建构的"精深紧凑"上,《中庸》是超过《易传》的。① 因而相比之下,《中庸》为张载理学建构所提供的文本更有分量,所发挥的作用也更关键。《宋史》张载本传称,张载之学"以《中庸》为体"。这里的"体"字,其含义与"体制""体系""结构"接近。在为陈垣著《明季滇黔佛教考》所写的序言中,陈寅恪使用了"识断之精,体制之善"② 等语。所谓"体制",说的其实就是该书的"体系"或"结构"。"以《中庸》为体"这句话,准确地揭示了《中庸》是张载理学体系建构的关键文本。

有学者把《中庸》的学术倾向"内在"化,认为《中庸》完全以人的内在人性心灵为中心,《中庸》纲领是儒家关于心性之学的基本命题。③ 这种看法相当片面。作为《中庸》纲领的首章和第二十章,恰恰是扣紧天命与人性、天道与人道之间的关系加以论述的。此外,《中庸》第二十五章提出"诚"者"性之德也,合内外之道也",表明《中庸》是以"合内外"作为天道与心性之间的基本模式的,因而强调内在与外在两个方面的统一,而不仅仅是强调"内在"化。

"天—人",是张载理学的大框架,而这一大框架的建构虽然也受到《易传》的影响,但其经典依据主要是由《中庸》提供的。不仅如此,张载的理学体系基于"天—人"框架的进一步展开,也是以《中庸》作为关键依据的。这些,可以从以下三个方面得到进一步说明。

(一)从内部生成机制看张载理学体系建构的《中庸》依据

长期以来,国内学术界不仅多以"气"论作为张载研究的预设,而且还用源于外来哲学的"自然观""认识论""辩证法"等板块剪裁张载理学体系。④ 这种凭借"外生路径"形成的研究模式,既缺乏文献支撑,也疏于理论论证,其"气"论视角与板块组合之间缺乏内在关联,导致研究对象支离破碎,从而限制了对张载理学意义的认知。如本文前一部分所论证的,张载通过对"《中庸》纲领"

---

① 李泽厚:《荀易庸纪要》,《中国古代思想史论》,第131页。
② 陈寅恪:《陈垣明季滇黔佛教考序》,《金明馆丛稿二编》,北京:生活·读书·新知三联书店,2001年,第272页。
③ 李泽厚:《荀易庸纪要》,《中国古代思想史论》,第130—131页;余敦康:《内圣外王的贯通——北宋易学的现代诠释》,上海:学林出版社,1997年,第265页。
④ 虽然近十几年来,这种情况有所改变,但对过往"以外释中"的研究模式并未认真反思和总结。

的解读，确立了自己的理学纲领。张载的理学纲领是其天人之学体系的浓缩，而其天人之学体系则是基于其理学纲领的展开。可见，"《中庸》纲领"是张载确立自己的理学纲领，进而建构自己的理学体系的最切实也最直接的依据。就形成机制看，张载理学体系是由其理学纲领孕育、衍生的，首先形成"天—人"框架，然后从形而上学部分向形而下学部分扩展。其理学体系，由内部生成的特征相当显著。与"外生路径"相比，这种"内生路径"更具备诠释的有效性。遵循"内生路径"，将有助于对张载理学做出整体性和连贯性的诠释。

（二）从"天人合一"命题看张载理学体系建构的《中庸》依据

在中国哲学史上，张载第一次使用"天人合一"这四个字，将其作为一个思想命题明确地提了出来。他用"合一"规定天人之间的关系，使"天人合一"成为能够概括张载理学体系结构特征的重要命题，同时也是其理想境界的终极指向。张载论"天人合一"命题，有两条关键性的表述。其中第一条关键性表述，出自《正蒙·乾称篇》。张载说："儒者则因明致诚，因诚致明，故天人合一。致学可以成圣，得天而未始遗人。"[①] 这里所说"因明致诚，因诚致明"，依据的是《中庸》第二十一章"自诚明""自明诚"的学说。[②] 张载的界说着重从提升精神境界的角度为儒者提供实现"天人合一"的方法。张载论"天人合一"命题的第二条关键性表述，出自《诚明篇》。张载说："天人异用，不足以言诚；天人异知，不足以尽明。"[③] 这里依据的仍然是《中庸》的"诚明"学说。这是张载从另一角度对"天人合一"命题的补充说明。清初理学家冉觐祖注解"天人异知"说："知人而不知天，是谓'天人异知'。"[④] 如果人能够"知天"，便意味着天人不再"异知"。在张载看来，"知天"比"知人"更根本，是复兴儒学的首要课题。广义地看，"知天"也包括"知天道"。张载反对"天人异用"，这意味着，人们只有"本天道为用"[⑤]，经由个人修养的实践、社会治理的实践和人类参与自

[①] 张载：《正蒙·乾称篇第十七》，《张载集》，第65页。
[②] 由章锡琛点校的通行本《张载集》，把这里的第一条关键性表述混入张载的早年著作《横渠易说·系辞上》（参见《张载集》，第183页）。在校记中，章锡琛说："此条依《精义》引《正蒙》补，全文见《正蒙·乾称篇》（页六五）。"但《横渠易说》明清诸本，皆未见此条文字。而且，张载此条与《系辞》经文的意涵全不相应。
[③] 张载：《正蒙·诚明篇第六》，《张载集》，第20页。
[④] 林乐昌：《正蒙合校集释》上册，北京：中华书局，2012年，第287页。
[⑤] 张载：《正蒙·太和篇第一》，《张载集》，第8页。

然生成过程的实践等多种途径,才能够逐步趋近"天人合一"的理想境界。① "天人合一"是张载天人之学体系的总体性命题,既具有精神境界意义,也蕴涵了对社会秩序和自然伦理的诉求,是儒学史上天人之学的经典表述,还成为后世"天人合一"观念的理论源头。

(三)从"事天诚身"命题看张载理学体系建构的《中庸》依据

张载依据《中庸》"诚者天之道,诚之者人之道""君子诚之为贵"等思想资源,提出:"天所以长久不已之道,乃所谓诚。仁人孝子所以事天诚身,不过不已于仁孝而已。故君子诚之为贵。"② 在他看来,"不已于仁孝"是以"天所以长久不已之道"亦即"诚"为宇宙论根据的,这就要求人以"仁孝"作为自己的核心价值;"仁人孝子"③是人在宇宙间所应当扮演的角色;而"事天诚身"则是人所应当履行的神圣信仰和伦理责任。无论"仁人孝子",还是"事天诚身",都是《中庸》资源与《西铭》义理结合而形成的观念。对于此二者的关联,程门弟子游酢有所体会。一日,他"得《西铭》诵之,则焕然于心,曰:'此《中庸》之理也。'"④《西铭》的主要义理内涵包括:以"乾坤"大父母为表征的宇宙根源论,以"仁孝"为核心的道德价值论,以"仁人孝子""事天诚身"为担当的伦理义务论和伦理责任论。⑤ "事天诚身"中的"诚身",是君子效法天道之"诚"的修身实践。此外,张载继承西周"敬天"、孔子"畏天"、孟子"事天"的传统,并对儒家的"事天"资源做了深刻的总结。他在《西铭》中说:"于时保之,子之翼也。""于时保之"引自《诗经·周颂·我将》"我其夙夜,畏天之威,于时保之"。朱熹的门人黄榦在其《西铭说》中解释道:"'于时保之'以下,即言人子尽孝之道,以明人之所以事天之道。"⑥明儒刘儓解释说:"'于时保之'至末,皆言事天

---

① 林乐昌:《张载"天人合一"思想及其特色》,《长安大学学报》(社会科学版),2016年第3期,第38—40页。
② 张载:《正蒙·诚明篇第六》,《张载集》,第21页。
③ "仁人孝子"观念,源于《礼记》。《礼记·哀公问》曰:"仁人事亲也如事天,事天也事亲,是故孝子成身。"
④ 杨时订定,张栻编次:《圣贤篇》,《河南程氏粹言》卷二,《二程集》第四册,北京:中华书局,2012年,第1237页。
⑤ 林乐昌:《张载〈西铭〉纲要新诠》,《张载理学与文献探研》,北京:人民出版社,2016年,第179—188页。
⑥ 林乐昌:《正蒙合校集释》下册,附录四,第1000页。

之功，即孝子之事。"①黄榦和刘僖都把"事天"作为"孝子"的伦理义务和伦理责任，"畏天"和"事天"属于"尽孝之道"和"孝子之事"。这样，就把日常生活的"孝"扩大为"畏天"和"事天"的宗教行为。②"孝"之意涵的扩大，意味着神圣性的注入，从而使"孝"成为宗教信仰的一个重要维度。在张载的话语系统中，"事天诚身"是与"天人合一"意涵接近的另外一种表述，"诚身"工夫与"因明致诚，因诚致明"的方法是一致的，只是"事天"的宗教色彩更加浓厚。

总之，无论是张载理学的"天—人"框架，还是其理学体系的内生扩展机制，以及反映其理学体系特征的两个命题，都切实表明《中庸》是张载建构理学体系所依据的关键文本。

四 结语：兼论几个相关重要问题

在本文结语中，除有必要重申张载理学的思想宗旨之外，还有必要在学派关系的视域下，对宋明理学的几个相关重要问题略陈己见。

第一，理学各派的经典倚重。宋明理学家多"依经立说"③，而各派学者对儒家经典又各有倚重。钱穆认为，周敦颐、张载多倚重《易》《庸》，而二程则更多重孔、孟。对此，仍需辨析。如所公认，二程和朱熹最重视由《大学》《中庸》《论语》《孟子》组成的"四书"。学术界有关《中庸》研究的最新成果表明，宋代学者对《中庸》重要性的认识差别很大。据称，程颐"对《中庸》有特别的兴趣"，因而对《中庸》做过不少重要的评价④，但我们仍然无法从中获知《中庸》对二程的理学思想究竟产生了哪些深刻影响。在"四书"中，程朱尤其重视《大学》。后来，明代王阳明也特别重视《大学》。南宋陆九渊则特别重视《孟子》。有学者主张，张载的学说与程朱类似，也属于"四书学"。⑤这一说法显然是不成立的，因为张载很少提到《大学》。按照《宋史》张载本传的说法，其学说倚

---

① 林乐昌：《正蒙合校集释》下册，第 911 页。
② 陈致：《原孝》，《诗书礼乐中的传统——陈致自选集》，上海：上海人民出版社，2012 年，第 174 页。
③ 马宗霍：《中国经学史》，上海：上海书店，1984 年，第 115 页。
④ 苏费翔（Christian Soffel）、田浩（Hoyt Tillman）著，肖永明译：《文化权力与政治文化——宋金元时期的〈中庸〉与道统问题》，北京：中华书局，2018 年，第 6、7、49、50 页。
⑤ 龚杰：《张载的"四书学"》，《西北大学学报》（哲学社会科学版），1994 年第 3 期。

重的经典是《易》《庸》《论》《孟》四种。这是"四书"的另外一种组合。其实，在这"四书"当中，对张载理学建构最重要的经典资源是《易》《庸》。由于《中庸》是《礼记》中的一篇，因而也可以说《易》《礼》是张载理学建构最重要的经典资源。如本文以上所论析的，《中庸》是张载确立理学纲领的直接依据，同时也是他建构理学体系的关键文本。此即《宋史》张载本传所谓，其学"以《中庸》为体"。就《中庸》深刻地影响了张载理学纲领的确立和理学体系的建构而言，可以把张载视作北宋儒家学者中极其重视《中庸》的特殊例子，因而本文强调《中庸》在张载理学思想发展中的确是发挥了特别影响的。

第二，张载理学的思想宗旨。长期以来，学术界有一个争议很大的问题是，究竟能不能把张载理学的思想宗旨归结为"气"？据本文第二节的论析，那种把张载理学的思想宗旨归结为"气"的论点，是没有经典依据的，也偏离了儒学"正传"的发展方向。这个问题还关乎张载的学说究竟属于理学还是属于气学，他的身份究竟是理学家还是气学家？范育在为乃师《正蒙》撰写的序言中反复指出，"夫子之为此书也"，"正欲排邪说，归至理，使万世不惑而已"。这里所谓"归至理"，就是要为儒家创构一套有系统的"大道精微之理"①，但他并未说，先师的"归至理"之学是以"气"为根据的。学术界以往认为张载重"气"不重"理"，这很难成立。②据此看，张载学说当属理学无疑。1980年，前辈学者邱汉生在评议丁伟志的论文《张载理气观析疑》时，从《正蒙》与儒家经典的血肉联系，从张载对儒经的尊信，从他"与尧舜孔孟合德"的一面，从他的践履等多方面，反复强调"张载是理学家，这应该是论究张载思想的出发点"③。据此看，张载本人当属理学家亦无疑。在张载理学纲领中，他首先确定"天"在宇宙中具有至高无上的超越地位，从而为儒家重建天观。据此看，张载又属于理学各派中的天学学派。理学，既可以用于称呼张载之学，也可以用于称呼宋明理学其他各派之学，属于一般意义的名称；而天学，则主要用于称呼张载之学，属于特定意义的名称。无论把张载之学称呼为理学，还是称呼为天学，都与其思想宗旨是一致的。

---

① 范育：《正蒙序》，《张载集》，第5、4页。
② 林乐昌：《张载理观探微》，《哲学研究》，2005年第8期，第24—27页。
③ 邱汉生：《对〈张载理气观析疑〉的评议》，《中国社会科学》，1981年第1期，第217—219页。

第三，理学概念的重新认识。上述张载学说究竟属于理学还是属于气学的问题，还涉及何谓理学的问题，亦即对理学概念如何重新认识的问题。① 以义理诠释儒经，重视道德性命问题，是北宋义理之学的共识。义理之学形成后，便从中衍生出理学这一学术形态。这就使义理之学分化为理学性质的义理之学亦即理学，以及非理学性质的义理之学。非理学性质的义理之学包括王安石新学、二苏蜀学等学派；理学各学派则包括周敦颐濂学、张载关学、二程洛学等。所谓理学，是把天、理（道）、心、性等根本观念作为宇宙、社会及道德性命的形上根据，并将道德伦理价值和身心修养置于功利诉求之上的新儒学学术形态。② 理学概念的一个重要功能，就是能够有效地作为宋明理学各派共同拥有的名称。把张载之学认定为气学所产生的困境是：其作为特定意义的气学，如何与一般意义的理学相通？就理学学派的大宗看，各派都有其所主张的根本概念或最高概念，这些根本概念或最高概念又皆可以与"理"相通。例如，程朱学派以"理"为核心概念，其"理"与"天"之间具有直接的同一性（"天理"或"天即理"），其理气论也已经成熟。该学派无论从广义看还是从狭义看，都属于理学无疑。又如，陆王学派以"心"为最高概念，主张"心即理"，"心"与"理"之间具有直接同一性，故也被称为理学。再如，张载以"天"为最高概念，虽然其"天"与"理"之间具有同一性，但与程朱不同，"理"或"道"在其概念系列中仅被置于次级地位；张载言"理气"仅一见，理气论尚处于雏形状态，这说明其"气"论还远不能与其"理"观相提并论。综上所述，理学有其内在学理依据，今天讨论理学概念，不能仅满足于将其视作一种约定意义上的名称。张载在其理学纲领亦即"《太和》四句"中提出的"天""道"（"理"）"性""心"四大概念系列，在一定意义上可以视作两宋理学时代的观念象征。或许纯属巧合，张载"《太和》四句"中的四大概念在一定意义上竟然能够反映两宋理学的学派分化和思想走向。

---

① 限于篇幅，这里不讨论"理学"与"道学"的关系。
② 林乐昌：《"宋学"构成与"理学"起源》，《张载理学与文献探研》，第266—268页。

再论洛学向心学的转化

——《童溪易传》对《伊川易传》的延异

何 俊

（复旦大学哲学学院）

洛学向心学的转化，我曾依循洛学的谱系，通过王苹与张九成做过分析。[①] 本文希望脱出谱系，从宋代理学共同的经典诠释中进一步观察洛学向心学的转化，以期理解宋代理学的延异及其内在逻辑。

一 《童溪易传》之于《伊川易传》的意义

依其自身的学术形式，宋代理学的建构是以经典诠释来展开并完型的。其中，《易》是最基础，也是最核心的经典，它不仅为整个宋代理学提供了理论架构，而且还提供了系统的概念体系。作为北宋理学的代表，洛学程颐的思想集中反映在他的《伊川易传》中，此书从根本上阐明了理学的精神，呈现了理学的方法。所谓理学的精神，简言之，就是确立起形而上的理，以此构成人的观念与行为的依据，从而培植合乎理性的现实世界；而理学的方法则是基于对事物的观察，通过语言/符号予以阐明，其目标是呈现隐于事物中的理，而见理的过程同时亦是人的理性能力的培植，或理性在应用中的生长。据此，可以确知，

[①] 参见拙稿《洛学向心学的转化》，《哲学研究》，2001 年第 1 期。

依理学的逻辑，理的先在是理学的预设前提。然而问题在于，一是理学的关怀是在现实世界的开太平，因此理的预设自始就涵摄着人的因素，为天地立心与为生民立命充分表征了这种因素；二是理固然是先在的，但它的呈现却依赖于人的语言或符号，而语言或符号完全是人的产物。因此，洛学在自身的展开中，由偏向客观世界的理学延异为偏向主体生命的心学，完全是具有内在可能性的，后来杨简的《慈湖易传》就是显证。但是，作为具有偏好的理论建构，《伊川易传》与《慈湖易传》给予了自足的充分呈现，客观世界的理与主体生命的心二者的冲突是消弭了的，换言之，理学与心学的张力在理论上完全自足的偏好建构中是不清晰的，或者说是隐遁的，甚至是根本不存在的。真正使此理论张力得以彰显，并足以让人观察到思想展开中的延异现象的，只能是那种理论偏好不那么充分，或者不那么彻底的建构。《童溪易传》就是这样一个好的理论样本，它构成了《伊川易传》与《慈湖易传》的中间环节，尽管这不是在知识谱系的意义上，而是在思想范式的意义上。

《童溪易传》是南宋中期王宗传的著作。关于王宗传与《童溪易传》，在新近整理出版的《童溪易传·整理说明》中，张天杰作了清楚的介绍。在对《童溪易传》的研究史作了全面梳理的基础上，张天杰指出："历代《易》学家对于王宗传的《易》学，有充分的肯定。然而他们在引用之时，多未将《童溪易传》与杨简的《杨氏易传》相提并论，由此亦可知王宗传的《易》学与心学一系关系不大，其遵循的还是程颐的理学思想以及北宋解《易》的传统。"[①] 这个判断就其纠正四库馆臣为代表的视《童溪易传》与《慈湖易传》同为《易》学的心学著作而言，洵为的见，但把《童溪易传》视为对程颐的理学思想以及解《易》传统的遵循，则又过于简单了。我们依据马一浮的《群经统类》来整理《童溪易传》，在马一浮开列的《群经统类·易类》著作中，仅列出五种，即程颐《伊川易传》、朱震《汉上易传》、杨简《慈湖易传》、王宗传《童溪易传》、胡方平《易学启蒙通释》，显然表征着五种著作是宋明儒者在《易》学方面的不同代表。[②] 从马一浮对五书的排序推测，他似乎是将《童溪易传》视为调和理学与心学的著作。虽

[①] 王宗传：《童溪易传》，上海：上海古籍出版社，2017年，第6—7页。更详尽的研究可参见贺广如《王宗传〈易〉学新义》，此文见于2011年3月在台北举行的第4届中国经学国际学术研讨会的会议论文集。

[②] 参见拙稿《"马一浮编选〈群经统类〉"整理丛书前言》，《童溪易传》，第24页。

然王宗传的生卒不详,但从他及第,以及《童溪易传》的成书时间推断,应该比杨简出生早,《童溪易传》也要比《慈湖易传》成书早[1];而从整个南宋儒学的发展看,理学与心学的调和要到南宋后期,特别是元代才彰显。因此,将王宗传视为伊川与慈湖的调和者,不如视为从伊川到慈湖的过渡者更合理,尽管这种过渡并不具有谱系上的依据,而只具有思想上的依据。细观《童溪易传》,也确实可以看出整个诠释是在理的明察过程中滑向心的觉悟,而不是在调和理学与心学。

如此,《童溪易传》之于《伊川易传》的理论意义就彰显出来了。按照四库馆臣的看法:

> 盖(王)弼《易》祖尚玄虚以阐发义理,汉学至是而始变。宋儒扫除古法,实从是萌芽。然胡(瑗)、程(颐)祖其义理,而归诸人事,故似浅近而醇实。(王)宗传及(杨)简祖其玄虚,而索诸性天,故似高深而幻窅。[2]

前文述及,学术史的回顾已说明四库馆臣把王宗传《童溪易传》与杨简《慈湖易传》完全等同是不恰当的,但是馆臣的评断也不是完全空穴来风,在上引这段评断后,馆臣还从南宋初期的整个学术的心学化转向作了论证。洛学向心学转化是一个不争的事实。问题在于为什么从《伊川易传》的理学出发,《童溪易传》会延异出心学的特征?上引馆臣的评断提示了两点:一是方法上的祖其义理与玄虚之别;二是宗旨上的归诸人事与索诸性天之别。平实而论,馆臣的评断言简意赅,但给出的是结论,而不是过程。如果就其结论而言,取《伊川易传》与《慈湖易传》进行比较,可以有助于认识理学与心学的理论异同,因为它们在理论上各具典型性。但如果观察理学向心学的转化,则《童溪易传》作为《伊川易传》的理论变异,更具有价值。也正是因为《童溪易传》处于理论的变异中,它的理论典型性不够明晰。《童溪易传》虽然一直在后来的《易》学研究中获得关注,但此书及其作者王宗传不如南宋其他的《易》学著作与《易》学家

---

[1] 参见贺广如《王宗传〈易〉学新义》中考证。
[2] 《四库全书总目·童溪易传提要》。

那么有名,比如朱震与杨简。这固然与王宗传在政治上与学术活动上不够活跃有关,但实与《童溪易传》在理论上处于过渡而不具有理论的彻底性有关。只是,作为洛学向心学的转化,这种理论的过渡性与不彻底性反而有着独特的哲学史意义,对《童溪易传》进行细致的观察与分析,将有助于发现洛学延异为心学的内在机理,从而既可以窥及理学的核心精神,又可以把握理学的思想边界。

二 理的认识与心的凸显

《童溪易传》虽是沿着《伊川易传》的理学路径,但却是接着讲,而非照着说。在称引本不太多的传释中,除了程颐之外,苏轼、王安石、朱震,以及诸家门人的著述,如程门之杨时、王门之龚原,都有称引;而即便是对自己所接续的理学正统,不认同其释传者,也仍指出。在释《既济》"九五,东邻杀牛,不如西邻之禴祭,实受其福"时,宗传便明确论证胡瑗释义的不可靠,他讲:

> 诸家皆以东邻九五也、西邻六二也,而胡安定又以纣居东都、文王居岐山言东邻西邻者,取文王与纣之事也。窃以谓东邻固《既济》之九五也,而西邻则《未济》之六五也。何以知之?曰:以《象》之所释知之也。《象》曰"东邻杀牛,不如西邻之时也",曰"时"云者,谓既济之时与未济之时,其时既异,则其事之丰约而诚意之所寓,自有厚薄之不同故也。①

毫无疑问,这种思想的开放性保证了王宗传在依循洛学的同时,仍然保留着自己思想的独立性。

这一独立性在理论上最明晰的表征,是王宗传在确立与建构理的过程中,比《伊川易传》更进一步摆脱具体的现象,直接从概念本身的抽象论述加以阐明,上引释传不取胡瑗以纣与文王的具体史事,而通过"时"的分析即其显例。王宗传的这一理论风格,并非无意识的结果,而是理论上的高度自觉。在《自序》中,王宗传讲:

---

① 王宗传:《童溪易传》卷二十六,第468页。

> 世之言《易》者，孰不曰舍是数不可以言《易》也，舍是象不可以言《易》也？而圣如夫子，亦必曰是数与象《易》所不废也。然所以为是数与象者，或不知其说焉，则自一以往而有不可胜计之数，自形色貌象以往而有不可胜计之象，虽夫子亦未如之何矣。①

这里，王宗传似乎只是在否定《易》学中的象数一系，而究其实是希望《易》学的阐明能够以"所以为是数与象者"为目标。这个"所以为是数与象者"，即是洛学标示的"理"。程颐也以明理为宗旨，但在思想上绝不割断"理"与"象数"的关联。在《易传序》中，程颐讲得很清楚：

> 至微者理也，至著者象也。体用一源，显微无间……故善学者，求言必自近。②

理存于事中，象数是事的表征，故在《伊川易传》，明理不仅不离物象，而且更要切近己身，尽管具体传释中点到即止，甚而不涉及。王宗传的认识是相反的，理是抽象的，如泥囿于数与象，象与数不可穷尽，认识将陷于"不可胜计"之中，虽圣人也难以明理。

由此出发，王宗传虽遵循着程颐对理的追求，但路径自然有明显区别。王宗传要超越于具体的物象来见理，他讲：

> 圣人之于《易》，徒知据乎其会而已矣，据其会则凡憧憧于吾前者莫吾眩也。圣人之于《易》也，徒知立乎其颠而已矣，立其颠则凡纷纷乎吾下者莫吾庾也。③

王宗传给出了他的明理路径，一是"据乎其会"，二是"立乎其颠"。"据乎

---

① 王宗传：《童溪易传》，第2页。
② 程颢、程颐：《二程集》下册，北京：中华书局，2004年，第689页。
③ 王宗传：《童溪易传》，第2页。

其会"着眼于事物的变化，是通过对事物在时间维度上的展开来探究理。"立乎其颠"着眼于事物的层级，是通过对事物在空间维度上的分层来概括理。很显然，较之以程颐的即物见理，王宗传的明理路径在理论上趋于抽象。王宗传强调：

> 是数也，是象也，不知务其所以然之说也，而可乎？夫苟舍是而役役于不可胜计之地，此夫子所谓易之过也。①

只有在明确了这样的路径后，指代事物的象数才具有认识理的工具意义，否则象数反为明白《易》理的累赘，甚至是祸害。王宗传以金石、草木之于药作譬："金石、草木所以为《本草》也，而其杀人也，乃金石、草木也。"②

理的认识超越了具体的一事一物，便提升了理论的抽象性。这种抽象性的追求，一方面固然推进了对客观世界规律的认识，使洛学在理学的方向上有所发展，但另一方面也直接强化了认识主体性／心的自觉。这种心的自觉，在程颐那里也是明确了的，程颐讲："予所传者辞也，由辞以得其意，则在乎人焉。"③只是，在王宗传那里，对理的认识需要人对事物自觉进行时空中的处理，这便不只是强调认识主体性的存在，而是更具体地指出认识主体性如何存在，其自觉程度是明显趋强的。这种趋强的自觉性，可以由王宗传提出的"兼味"的认识方法看得很清楚。在《发题》中王宗传指出：

> 易果何物耶？闻诸夫子曰"生生之谓易"，又曰"易无体"，又曰"其为道也屡迁"，又曰"危者使平，易者使倾，其道甚大，百物不废，惧以终始，其要无咎，此之谓易之道也"。盖常即是数语而兼味之，夫天下有生生不穷之理，随在随有，无所间断。④

---

① 王宗传：《童溪易传》，第2页。
② 同上。
③ 程颢、程颐：《二程集》下册，第689页。
④ 王宗传：《童溪易传》卷一，第1页。

《易》之理究竟是什么？王宗传连引四个断语。显然，每个断语都是指向易之理的，却又都是不充分的。因此，只有"常即是数语而兼味之"，才可能真正把握住那个"生生不穷之理"。这里，"兼味"对于认识的主体性是至关重要的。王宗传用了"味"这个语词，颇为传神。"味"是主体对客体的感受，客体虽然是存在的，但主体的感受性却是至关重要的；况且，不仅是"味"，而且是"兼味"，是数种感受性的综合体会。显然，唯有心的高度自觉，这样的"兼味"才可能获得充分实现。

心的高度自觉，并不等同于心学，也并不必然会由理学向心学转化。但是，当心获得高度自觉，心对客观之理的认识发展出决定性的作用时，程颐洛学中的理学精神就会向凸显心的功能延展，进而变异为以心悟覆盖事理。尤其是当理的内涵由物的世界扩展至人的世界时，理学转化为心学便变得水到渠成。

三　物理之固然与其本在我

宋儒引《易》为立说之本，其预设的理论前提就是因为《易》理是呈现于自然的客观之理，不是人可以左右的，因而足以为宋儒之论说带来形而上的论据。《伊川易传》的整个传释是建立在这个前提上的，王宗传也据此释传，这在他的《发题》中讲得很清楚：

> 夫天下有生生不穷之理，随在随有，无所间断……是理也，相轧相推，有当有否，而吉凶以生。圣人悯斯人之流转于吉凶之域而莫知所避就也，故告之以无危不平、无易不倾之说，而曰此物理之固然者而莫之废也，人能终始以致其惧则无咎矣。①

不过，物理有其固然，但呈现却很复杂，这种复杂性决定了人对理的认识同样是复杂的；有整体的，也有细分的。程颐释《乾》：

---

① 王宗传：《童溪易传》卷一，第1页。

> 乾，天也。天者天之形体，乾者天之性情……夫天，专言之则道也，天且弗违是也；分而言之，则以形体谓之天，以主宰谓之帝，以功用谓之鬼神，以妙用谓之神，以性情谓之乾。①

不同的概念指称的是固然之理的某个方面，人对理的认识由此而深化，而这种深化也具体地表征为概念渐趋丰富与系统。王宗传接着程颐的释传讲：

> 程河南曰："乾、坤，古无二字，作《易》特立此二字，以明难明之道。"窃原《易》之始作也，则亦本诸一奇一耦而已矣……然一奇未足以为天下之至健而必三焉，一耦未足以为天下之至顺而亦三焉，而后乾、坤之材备，乾、坤之材备则凡出乎其中者自此而不穷矣。②

整部《易》揭示的是客观的固然之理，但这个揭示却是人的认识的结果，是人应用自己创设的概念、符号加以呈现的。换言之，理的建构始终是人参与其中的。

由于理的呈现本身并非目的，认识的根本目的是为了生活在自然世界流变中的人能够趋吉避凶。因此，人对《易》之理的建构，不会停步于描述，而必须伸展到理的应用。程颐讲：

> 《易》有圣人之道四焉："以言者尚其辞，以动者尚其变，以制器者尚其象，以卜筮者尚其占。"吉凶消长之理，进退存亡之道，备于辞。推辞考卦，可以知变，象与占在其中矣。君子居则观其象而玩其辞，动则观其变而玩其占。③

《易》理的体会与应用，已完全决定于人的需要；反之，人的需要也因此决定了《易》理的具体呈现，以及呈现的方式。这里，人的意愿似乎已成为固然之

---

① 程颢、程颐：《二程集》下册，第695页。
② 王宗传：《童溪易传》卷一，第2页。
③ 程颢、程颐：《二程集》下册，第689页。

理呈现的前提。当然,《伊川易传》到此止步了。如果考虑到《易》本是占筮之书,占者的预设问题的确是探知事物背后道理的前提,因此程颐的释传并不会动摇洛学的理学立场。但在王宗传的进一步诠释中,"固然之理"渐被"其本在我"所取代。

在传释《文言》时程颐指出,《易》六十四卦中,只有《乾》《坤》除了《彖》《象》外,更设有《文言》;《文言》的基本定位是基于《彖》《象》的诠释,将卦所呈现的理,应用于人事,即"推乾之道,施于人事"①。程颐这个诠释无疑是恰当的,因为"施于人事"的前提,还是要"推乾之道",王宗传的发挥就使重心有了变化。他讲:

> 诸卦有《彖》有《象》,而《乾》《坤》则加以《文言》,《易》之蕴在乾坤故也。《乾》之《文言》视《坤》又加详焉,坤效法于乾而乾者坤之倡故也。四德六爻未易以一《彖》一《象》尽之,故《文言》所以言《彖》《象》之未言也。《彖》释"元亨利贞"有及于万物,以言元亨利贞之在物也。《文言》释"元亨利贞"有及于君子,以言元亨利贞之在我也。以在我言之,则元者,此性之始也。孟子曰:"性无不善。"……夫性得其正,则推而见于事为之际无适而不正,其本在我故也。②

王宗传对《文言》的卦辞释义做了逐句的详尽阐明,上引仅其核心。从前后的叙述看,王宗传并没有否定"元亨利贞之在物"的基础性存在,相反,他的阐述是由"在物"延及"在我"的。但是,如果注意到他讲的"《易》之蕴在乾坤",而《文言》之加详正在于"言《彖》《象》之未言",那么不难确认,此下的由以"性之始"界定"元",进而引入孟子"性无不善"的确定,到最后"夫性得其正,则推而见于事为之际无适而不正,其本在我故也",便无疑构成了王宗传对《易》的根本思想的阐释。

王宗传的同乡、同学、同年林焞,在给《童溪易传》写的序中着意点出:"公

---

① 程颢、程颐:《二程集》下册,第699页。
② 王宗传:《童溪易传》卷一,第11—12页。

姓王,讳宗传,字景孟,世谓'天下王景孟',则其人也。"① 可以想见,王宗传自觉服膺孟子精神是他在士林中树立的公共形象。洛学也是上承孟学,并不能将接续孟学简单等同于心学,但程颐洛学的确立还是在于理的确立。《伊川易传》讲人事,必推本于天道,这是理学的立场。王宗传接着程颐的话讲,但最终以人之性替代天之理,强调"性得其正",而后"无适而不正",这便搁置了固然之理,"其本在我"就成了最终的理论与实践归宿,心的功能覆盖了理的存在,这为洛学转为心学已基本打通了道路。当然,指出《童溪易传》相对于《伊川易传》的思想延异,但仍必须看到,王宗传的"其本在我"终究是由"理之固然"推衍所得,这与心学的立乎其大,直接以心立论,还是有一间之隔的。正是这个一间之隔,所以不能径将《童溪易传》归属于心学一系,直接视同于《慈湖易传》,而只宜视为洛学向心学的过渡。

四 理的人心化

"性得其正"与"其本在我"的思想一旦确立,对《易》所呈现的理的认知就会发生偏好性的关注。本来,"至哉《易》乎!其道至大而无不包,其用至神而无不存"②,《易》理呈现并作用于各个方面,但是当《易》理由天道进入人事,理就不再是中性的知识,人的价值观念会不经意地附于理,并以为当然。王宗传讲:

> 夫天下有生生不穷之理,随在随有,无所间断。在天地则为变化,在事物则为消息,在生民则为日用,在圣贤则为德业,在君子、小人则为进退,在昼夜则为晦明,在古今则为往来、新故之迭更也。③

天地、事物、昼夜是自然,其变化、消息、晦明是无价值性的现象,但生民与圣贤、君子与小人、往来与新故,其称谓就已包涵了价值上的区别。

---

① 王宗传:《童溪易传》,第 1 页。
② 程颢、程颐:《二程集》下册,第 690 页。
③ 王宗传:《童溪易传》卷一,第 1 页。

意识到天道与人事的这种区别，其实已是一件难事，因为《易》所揭示的理原本即是因为人的吉凶问题而形成的，人事的价值性因素几乎先天性地内在于《易》理之中，上引王宗传的释文就有这样的倾向。但如果意识到天道与人事的区别，就会自觉地在推天道以明人事的过程中划出一条界线。程颐即是如此。在《易说·系辞》中，他讲：

> 圣人作《易》，以准则天地之道。《易》之义，故能"弥纶天地之道"。弥，遍也。纶，理也……《易》之义，与天地之道相似，故无差违，相似，谓同也。"智周乎万物而道济天下，故不过。"义之所包，知也。其义周尽万物之理，其道足以济天下，故无过差……天地不与圣人同忧，天地不宰，圣人有心也。天地无心而成化，圣人有心而无为。天地圣人之盛德大业，可谓至矣。①

《易》理的性质是"准则天地之道"，并非主观构想。应用《易》理来"周乎万物而道济天下"，其行为的正当性（义）是以"知"为基础的。尤为关键的是，程颐强调，天地不宰，圣人有心，但是圣人虽有心而应无为，如此才能盛德大业。所谓无为，即是排除带有价值倾向的人的主观性，依循《易》理而行。"有心而无为"，这是程颐给洛学划出的思想界线。洛学的居敬涵养，就是要祛除心之自私自用；洛学的进学致知，就是要格物穷理。其内外的展开，都是基于这条界线。

然而在王宗传的释传中，这条思想界线似乎被有意取消了。王宗传完全明白并强调《易》理的内在逻辑是推天道以明人事，他对整个《易》理的自然属性的阐明也是清晰的，但是他对《易》理的内涵确认最终归于人心的发用，这就游离了程颐洛学的理为本的立场。在《系辞》"天尊地卑，乾坤定矣"首章的释传中，王宗传开篇即以强烈的语气阐明：

---

① 程颢、程颐：《二程集》下册，第1028—1029页。《伊川易传》除了释传六十四卦外，只有可以视作释传《序卦传》的《上下篇义》，而《程氏经说》中有《易说·系辞》；《童溪易传》对于《系辞》的释传却是重心，故取予比较。

> 呜呼！予学《易》至《系辞》，首诵此章，乃知圣人作《易》之大旨尽在于是，无遗蕴也。何以明之？曰：圣人本天地以作《易》，非有他也，故所以发明人心之妙用。人心之妙用，即天地之变化也。①

以"人心之妙用"等同于"天地之变化"，则人心妙用的种种价值性概念与判断就会渗入天地变化的认识中，天地最终将依照人心而呈现。

由此出发，王宗传对于《易》理的本乎天地虽然作了全面的解释，阐明无论是阴阳的概念与一阴一阳之谓道的思想逻辑，还是卦爻的符号与所呈现的象，都是自然现象及其背后理据的反映，是自然之理，但是，整个的自然之理如何呈现，以及为什么这样或那样呈现，则完全在于人心。故他讲：

> 虽然，自然之理，其在天地者然也。圣人奚取焉？取其在人心者，与其在天地者本无以异也。②

自然之理固然是客观的，但这个理是无所不包的，而对于人而言，呈现出来的自然之理是取于人心的，因为"在人心者"与"在天地者"是一致的。这不仅将《易》理的丰富性逼仄了，而且更将"取其在人心者"覆盖了自然之理。

基于这个立论，王宗传进一步阐释，自然之理所表现出来的特征，也是因为人的需要。自然向人的开放，并非自然无意义的呈现，而是回应着人的心志的结果。也正因如此，人才参与到天地自然的生生变化。王宗传讲：

> 故又发明乾坤之易简，人能尽之以成德业，则可以与天地参矣。"乾以易知，坤以简能"，此自然之理在天地也；"易则易知，简则易从"，此自然之理在人心也。夫自然之理既云易矣，夫何难知之有？既云简矣，又何难从之有？人之所以异于天地者，心志本来简易故也。吾尝论之矣：易之为易，乾坤是也；乾坤之为乾坤，易简是也；易简之为易简，又吾心之所以自

---

① 王宗传：《童溪易传》卷二十七，第477页。
② 同上，第481页。

然者是也。①

如此，不仅是自然之理取于人心，而且自然之理的特征也是合乎人的心志的结果。这就已完全失去了程颐确立理的超越的形上本体的努力，将理彻底人心化，并进而将自然之理完全转化为心的结果，人的心志决定着理的呈现。王宗传最后的断语是：

> 故曰：是理也，惟圣人为能尽之。原其所以然，亦不过于即吾此性，而以智礼成之，故能存之而弗失。是以或为德，或为业，或效天，或法地，无所往而不当于道、合于义，则是道义又从吾性中而出也。②

这里，王宗传虽然用了"吾性"，但他的这个概念与前文所引的"人心""心志"是基本相近的。总之，理所以为人获知，是因为理就是吾性的展开，是心志之本来，是人心的妙用。

程颐洛学依托《易》的推天道以明人事的逻辑结构，通过建构理的形上本体，为整个理学奠定理论基础。但是沿着程颐的思想，作进一步阐明时，在理论上是存在着两个紧要处的，一是在理的认识与建构中的，人的主体性如何处置？二是理的呈现与人的目的之间，究竟是怎样的关系？由于洛学秉持的儒家终极关怀在现实的人间自然只是为这一关怀设置的背景，因此只要在上述两个紧要处稍有不慎，理学的洛学就非常容易向心学转化，本稿关于《童溪易传》的分析就充分表征了这一延异。此外，与本稿关于《童溪易传》的分析集中于思想本身有所区别的是，程颐的传释方法及其建构起来的理的性质，也使得他由《易》学转出的理学具有思想发生延异的空间。这个问题所涉细微，笔者另做细析。

---

① 王宗传：《童溪易传》卷二十七，第481页。
② 同上，第494—495页。

德性实践与德性之知

——论二程经学诠释的转向

徐洪兴

（复旦大学哲学学院）

在唐宋儒学转型过程中，河南程颢、程颐兄弟的洛学是承上启下的转关，陈来在其主编的《早期道学话语的形成与演变》一书中指出："在历史的意义上，可以说二程是两宋道学最重要的人物，没有二程，周敦颐、张载、邵雍的影响就建立不起来；没有二程，朱熹的出现也就成为不可能。一句话，没有二程，也就没有两宋的道学。"① 此说切中肯綮。

关于二程的思想学说，学者多从儒学更新的大背景下展开分析，由此出现了"汉宋转向""佛道影响""先秦固有""政治目的"等不同的解释②，实际上，这四点在二程思想建构中往往是相互交织的，而对二程的经学思想研究，则大多着墨于两个转向：一是在解经方法上，由汉唐章句训诂之学转向义理之学；二是在经典文本重心上，由以"五经"系统为重转向以"四书"系统为重。

---

① 陈来主编：《早期道学话语的形成与演变》，合肥：安徽教育出版社，2007年，第3页。
② 主张"汉宋转向说"的主要有《四库全书总目·经部总叙》，江藩《国朝汉学师承记》《宋学渊源记》等；主张"佛道影响说"的主要有毛奇龄、陈寅恪、周予同等，参见毛奇龄《辨圣学非道学文》、陈寅恪《冯友兰中国哲学史下册审查报告》、周予同《汉学与宋学》；主张"先秦固有说"的主要有牟宗三，参见牟宗三《宋明理学综述》；主张"政治目的说"的主要有卢国龙等，参见卢国龙《宋儒微言——多元政治哲学的批判与重建》。

在经学解释层面,研究者基本沿用《四库全书总目·经部总叙》中汉学、宋学两分的论述来说明唐宋之际经学转向的主要特征。不过也有学者不满意这种分法,进而有三派、四派之说。①但无论何种说法,都将二程经学界定为相对于章句训诂的"义理之学"。从经典文本重心的层面看,学者多重视二程的"四书学",认为二程是通过"四书"来建构其理学体系的,这一过程被称之为"经学的理学化"。也就是说,将"四书"和《易传》作为二程发明"性理之学"的主要对象,而"五经"则颇难提供类似的资源。那么经学和理学的关系,就是以理学范畴来统领经学。

可以发现,以往的研究在二程解经方法上有失之笼统之嫌,缺乏对德性层面的考察,以及德性在理解、诠释经典中所发挥的作用,而对"义理"含义的分疏也比较模糊,并未厘清"四书"的性质及其与"五经"的关系。这些都需要对二程经学的性质有一重新判断。本文试图通过对二程经学思想的梳理,揭示出其经学诠释中的"德性实践"和"德性之知"②两个维度,以说明二程经学思想之于汉唐经学的真正转向之所在。

一 训诂、义理、德性:经学诠释的三个层次

《四库全书总目》将经学传统分为汉学和宋学,周予同则认为应当归纳为三派,即西汉今文学、东汉古文学和宋学。这三派的特点,简明地说,今文学偏重于"微言大义",古文学偏重于"名物训诂",宋学偏重于"心性理气"。③实际上,如果以经学解释看,古文学是注重文字训诂的,而今文学和宋学都注重义理解经,只是两者的义理取向不同。因而,简单地把汉学和宋学之分理解为章句训诂之学与义理之学的区别,失之粗略。汉唐经学中也存在义理之学,如《刘歆传》曰:"及歆治《左传》,引传文以解经,转相发明,由是章句义理备焉。"④章

---

① 皮锡瑞著,周予同注释:《经学历史》,北京:中华书局,2004年,第3页。
② 本文所称的"德性之知"属成语借用,与宋明儒通常所谓的"德性之知"有别,它主要指从自身德性出发来理解经典,不泛指德性中具有的"知是知非"的"知"。
③ 皮锡瑞著,周予同注释:《经学历史》,第3页。
④ 班固:《汉书》,北京:中华书局,1962年,第1967页。刘歆此处是针对"公羊"而言,意为"左氏"至此方有与"公羊"对等的义理系统。如从经学史上讲,"公羊"的义理应更完备。

句与训诂也有所分别,马瑞辰在《毛诗训诂传名义考》中说:"诂训与章句有辨。章句者,离章辨句,委曲支派,而语多傅会,繁而不杀;蔡邕所谓'前儒特为章句者皆用其意傅,非其本旨'……诂训则博习古文,通其转注假借,不烦章解句释,而奥义自辟;班固所谓'古文读应尔雅,故解古今语而可知也'。"[①]因而,章句较之训诂而言更具义理意味。赵岐的《孟子章句》就是采用义理阐释的方法,对此,《四库全书总目·〈孟子正义〉提要》云:"汉儒注疏,多明训诂名物,惟此注笺文句,乃似后世之口义,与古学稍殊……盖《易》《书》文皆最古,非通其训诂则不明;《诗》《礼》语皆征实,非明其名物亦不解。《论语》《孟子》词旨显明,惟阐其义理而止。"四库馆臣的这种说法,大致不错,但《周易》何尝只是通训诂就可以明了的,《诗经》语固征实,但超出名物之外的发挥同样不少,更何况未提及的《春秋》学中尤重"微言大义"的《公羊》《穀梁》。所以,汉唐注疏泰半与义理难脱干系。

唐宋之际对于前代注疏的批判,较之汉唐训诂之学一派,确实更偏重于义理之学。但与汉唐经学中的义理之学不同,宋儒对于义理之学的偏重,表现在他们特别措意于义理的统一,对汉儒烦琐的章句训诂以及门户相争导致的异说纷见尤为不满。虽然唐初通过官方定本达成经学的统一,但这仅是表面上的形式统一,其中的义理整合仍付阙如。如何才能对经典的义理进行更高层次的统一,寻找出儒家的"大义"之所在,是当时儒者共同的追求。与此相关,批判汉唐注疏的另一方面在于义理的内涵,同样是以义理形式来阐释经典,但义理的具体内容则可相去很远。在经世致用和佛道思想影响下,北宋思想家大多融合各方面的思想义理,来塑造出自己对传统经典的解释。

处在时代思潮的漩涡中,二程兄弟自不例外。但是,二程的经学转向具有重要的哲学史和学术史的意义,因为正是他们在真正意义上进一步揭示出了经学诠释中的"德性"层次。对于二程而言,从章句训诂之学转向义理之学,不仅仅是解经形式上的转向,更为重要的是从"德性实践"角度来加以看待,即以何种义理来理解经典?诠释经典的目的何在?以及怎样才能真正理解经典中所蕴含的义理?

---

① 马瑞辰:《毛诗传笺通释》,北京:中华书局,1989 年,第 4 页。

在二程语录中，谈及"义理"一词处有近七十条，二程使用"义理"一词的含义大体可分为三类：一是泛言普通意义上的"道理"，如"然当时以为不宜取者，固无义理，然亦是有议论"[1]"若谓夫从役，妇便怨，成何义理？"[2]"便非义理""是甚义理""大故无义理""大无义理""全无义理"等；二是特指与其他思想相区别、传承孔孟之道的儒家经义，如"古之学者，皆有传授。如圣人作经，本欲明道。今人若不先明义理，不可治经，盖不得传授之意云尔"[3]"尝语学者，且先读《论语》《孟子》，更读一经，然后看《春秋》。先识得个义理，方可看《春秋》"[4]"或读书，讲明义理"[5]等；三是指道德体用意义上的"理义"，如"义理与客气常相胜，又看消长分数多少"[6]"皆彼自有此义理，我但能觉之而已"[7]"今之学者，惟有义理以养其心"[8]"人以不知觉不认义理为不仁"[9]"只是义理不能胜利欲之心，便至如此也"[10]"义理所顺处所以行权"[11]等。从中我们可以了解到，二程的"义理"不仅仅是文本诠释意义上的，也包括道德本体、道德实践的意义。

因而，如果将二程的经学思想理解为"义理之学"，那么首先不是指解经形式上的义理诠释，而是指向"德性实践"的目的，即从经师之学、利禄之学向"德性实践"转变，这也是二程"道学"的含义所在。

"道学"一词，宋初柳开就已提出[12]，柳开使用的"道学"，是相对"禄学"而言的：

---

[1] 程颢、程颐：《二程集》，北京：中华书局，2004年，第49页。
[2] 同上，第357页。
[3] 同上，第13页。
[4] 同上，第164页。
[5] 同上，第188页。
[6] 同上，第4—5页。
[7] 同上，第5页。
[8] 同上，第21页。
[9] 同上，第33页。
[10] 同上，第261页。
[11] 同上，第364页。
[12] 姜广辉考证认为，北宋儒者首先用"道学"称其学并有文献为见证的，当推王开祖。参见姜广辉：《宋代道学定名缘起》，《中国哲学》，第15辑。实际上，王开祖较柳开要晚，以目前所见，北宋儒者使用"道学"一词以柳开为最先。而诸人所用"道学"一词，含义各不相同，就二程"道学"意义上而言，还是以二程自己所说"自予兄弟倡明道学"的"道学"为准。

> 学而为心，与古异也。古之学者，从师以专其道；今之学者，自习以苟其禄，乌得其与古不异也？古之以道学为心也，曰："吾学，其在求仁义礼乐欤！"大之以通其神，小之以守其功，曰："非师，吾不达矣。"去而是以皆从师焉。今之以禄学为心也，曰："吾学，其在求王公卿士欤！"大之以蕃其族，小之以贵其身，曰："何师之有焉？"①

柳开的这一说法，与二程的经学思想是一致的，都是反对当时学者追求仕途利禄而不求仁义礼乐。利禄之学表现在经学上就是记诵之学，因为为学的目的在追求利禄，所以就不会真正去体悟经典中所蕴含的德性修养之义，经典只是通往仕途的敲门砖。这样治经的方式一定是强调章句注疏、注重记诵之学和文章之学。

承上所说，二程"义理之学"的一个重点在于实践目的层面，而汉唐经学中除了文本诠释外，似乎也表现出实践指向。汉代经学无论是注重"微言大义"的阐发还是名物制度的训诂，都与其政治上的关联分不开。汉代经学的现实影响在政治层面，这从汉儒阐述的孔子为"素王"、作《春秋》为汉"立法"的流行说法中可窥一斑。钱穆在《孔子与春秋》中说："孔子在汉人观念中，是内圣而兼外王的，更毋宁是因其具备了外王之道而益证成其内圣之德的。所以孔子在汉代，要和尧、舜、禹、汤、文、武、周公古帝明王并列了。但唐以后的孔子，在人心目中，时时把来和佛陀与老聃并列了。换言之，这是渐渐看重了他的'教'，而看轻了他的'治'。"②实则经学的政治影响又多表现为关于礼制的争论。政治与教化分不开，廖平在《今古学考》中就认为汉代经学今、古文之分在于礼制。因而汉代的政治就是礼教或名教，极为重视"礼"对个人行为的规范，将礼教思想贯彻到实际政治操作层面，影响甚深。这样的情况一直延续到魏晋南北朝乃至唐代。但汉唐礼制对于世道人心的作用，不仅佛教中人常批评为"饰身之教"而无"修身法门"，不能了解高深的"道德性命"之义。部分儒家学

---

① 柳开：《柳开集》，北京：中华书局，2015年，第7页。
② 钱穆：《两汉经学今古文平议》，北京：商务印书馆，2005年，第292页。

者对之也颇不以为然,如欧阳修就认为:

> 由三代而上,治出于一,而礼乐达于天下;由三代而下,治出于二,而礼乐为虚名……及三代已亡,遭秦变古,后之有天下者,自天子百官名号位序、国家制度、官车服器一切用秦……至于三代礼乐,具其名物而藏于有司,时出而用之郊庙、朝廷,曰:"此为礼也,所以教民。"此所谓治出于二,而礼乐为虚名。故自汉以来,史官所记事物名数、降登揖让、拜俛伏兴之节,皆有司之事尔,所谓礼之末节也。①

欧阳修的思路仍是重儒家礼乐制度,不过他指的是三代的王政礼乐,而不是秦汉以后儒生"灾异谶纬"之说以及徒具形式的"礼之末节"。欧阳修认为,"礼义者,胜佛之本也"②,企图通过王政礼乐的教化来实现治道,但欧阳修对礼义的根源并未深究,其观念与汉唐儒生对于政治实践的看法大同小异。礼乐确实可以用来安上治民、移风易俗,可是所以能用来教化的根据则不在礼乐自身。不明白礼乐的义理不在于礼乐,就不可能让人从佛教的"深深之理"转向服膺儒家的"浅浅之教"。

与欧阳修不同,关于汉唐以来的礼教,二程明白指出:"后汉人之名节,成于风俗,未必自得也。"③"东汉士人尚名节,只为不明理。若使明理,却皆是大贤也。"④"明理"才是儒家实现成圣成贤理想的关键所在,如果仅是行为上受礼制约束,而对于其内在根据不能深究,知其然而不知其所以然,则无法真正理解礼乐的意义。也就是说,尽管汉唐经学也强调实践,比如今文经学的通经致用和政治实践,但是这种实践的根据到底在多大程度上来自孔孟,这种阐释是否符合经典文本所昭示的意义,是有疑问的。二程认为,应当以孔孟之学来统一"六经"义理,孔孟之学通过道统论形式主要展现在"四书"中,"四书"的义理就是孔孟的义理。因而从经学文本上说,不仅是从"五经"转向"四书",而

---

① 欧阳修、宋祁:《新唐书》,北京:中华书局,1975年,第307—308页。
② 欧阳修:《欧阳修全集》,北京:中华书局,2001年,第288—290页。
③ 程颢、程颐:《二程集》,第4页。
④ 同上,第232页。

且应以"四书"来统领"五经"。这种统领又是以"德性实践"和"德性之知"为线索的。二程认为,《大学》是入德之门,《中庸》是传授心法,《论语》《孟子》是要约处。"要约处"的意思是《论语》《孟子》是圣人直接传授德性修养方法之书。以"四书"为"五经"阶梯,就是指"四书"乃治"五经"之方法论,通过学习"四书"的义理并加以实践,进而使自身德性充其极,才能完全理解"五经"文本背后的圣人之意。

二程治经的转向主要在于德性,当然政治和礼制的层面也并未缺席,但是从原来的文字训诂、注重典章制度而对德性关注不足,变为重点关注"礼而上"的德性修养,尤其是探讨如何"就身上做工夫"的方法,则是毋庸置疑的。二程《遗书》中有一段话充分体现其经学思想:

> 苏季明尝以治经为传道居业之实,居常讲习,只是空言无益,质之两先生。伯淳先生曰:"'修辞立其诚',不可不子细理会。言能修省言辞,便是要立诚。若只是修饰言辞为心,只是为伪也。若修其言辞,正为立己之诚意,乃是体当自家敬以直内、义以方外之实事。"……正叔先生曰:"治经,实学也……如《中庸》一卷书,自至理便推之于事。如国家有九经,及历代圣人之迹,莫非实学也……人患居常讲习空言无实者,盖不自得也。为学,治经最好。苟不自得,则尽治'五经',亦是空言。今有人心得识达,所得多矣。有虽好读书,却患在空虚者,未免此蔽。"[①]

这段材料同时记载了明道和伊川对于治经的看法,从内容看,二程的经学理念大致相同。他们都认为,治经是"实学",讲习也是"实学",看学者如何对待。明道认为,不管是治经还是讲习,主要目的是"进德",修其言辞要立己之诚意,"进德"以"忠信"为下手处。伊川则认为治经是领会经中之"道",通过圣人所作之经,不仅可理解历代圣人治国理政的事迹,而且也可下学而上达。从经文中可了解古圣贤的行为处事,从中探求圣人的用心,目的都是提高自身的德性修养。程颐在解释《大畜》卦时说:"人之蕴畜,由学而大,在多闻前古

---

① 程颢、程颐:《二程集》,第2页。

圣贤之言与行,考迹以观其用,察言以求其心,识而得之,以畜成其德,乃大畜之义也。"①同时,伊川更强调治经要"自得",如果不是"心得识达"之人,没有相应的德性能力去领会圣人作经的用意,只是盲目读书,以训诂注疏为重,是无法和圣人契合的,对经典所蕴含的义理也不能心领神会,结果是治经没有实得,不免空虚。

治经以德性为目的,这实际就是回归孔子的本义。孔子面对三代圣王留下来的典籍文献,从德性的角度来整理删定"六经",统一了"六经"义理,形成儒家的"六艺之教"。退一步说,即使"六经"并非由孔子删定而成,也是明显笼罩在孔子所创儒家学派思想之下的。这是"六经"的义理源头。虽然对于"六艺之教"的具体施行,不同的弟子和后学有不同的理解,但这个"德性实践"目的是先秦儒家所共有的;而汉唐经学被批判为章句注疏之学、记诵之学、利禄之学,则与儒学成为国家意识形态有很大关系。二程实际上想重回先秦儒家的经学传统,以道德体用意义上的"理义"来理解经典,"学者必求其师。记诵文章不足以为人师,以所学者外也。故求师不可不慎。所谓师者何也?曰:理也,义也"②。

因此,如果用"义理之学"来概括二程的经学思想,那么对于"义理"的含义必须作出分疏。"义理"的含义可以从形式、内容和目的三个方面来理解,形式上说,"义理"是相对于注重名物训诂来注解经文的另一种解经形式,其特征是阐发经文所蕴含的道理。从内容上说,"义理"有不同的意义,一是指汉代今文学所阐释的"微言大义";二是指在佛道思想影响下以老庄、佛学的"义理"来阐释经文;三是指回到圣人之道,以孔孟思想为依归所作的"义理",这个"义理"不仅仅是文本所有的字义和道理,而且指向本体意义的天地之理。从目的上说,"义理"指的是相对于讲授注疏、记忆文句的讲师、经师之学,向"就身上做工夫"的儒者之学转变,儒者之学的目的就是修养自身德性,注重道德践履。在这个意义上的"义理"就不只是解经层次上的,而是实践意义上的"德性"。

---

① 程颢、程颐:《二程集》,第828—829页。
② 同上,第323页。

二　"德性之知"的奠基性作用

二程对于汉唐经学的批判，一方面是认为汉唐儒生没能真正理解圣人作经的用意；另一方面，也是更重要的，之所以不能真正理解圣人用心，是因为他们并未从自身德性出发来理解圣人的经典，或者说，由于他们本身的德性涵养不足，无法完全领会经文中所蕴含的圣人用心。

"六经"的文本有两层来源，一是尧舜禹汤文武周公等圣王的行事著录；二是经过了圣人的删定，《尚书正义》中说，孔子"睹史籍之烦文，惧览者之不一，遂乃定《礼》《乐》，明旧章，删《诗》为三百篇，约史记而修《春秋》，赞《易》道以黜《八索》，述《职方》以除《九丘》"[①]。这两层来源奠定了"六经"文本中蕴含的德性义理，"六经"文本的义理不仅是为了学者的德性修养，同时也需要具有相应的德性才能得到真正理解。

隋代王通就认为"六经"的义理有深浅层次，因而学习经典的次序也有先后，其先后的依据在于人的德性程度，他在《中说·立命篇》中说：

> 姚义曰："尝闻诸夫子矣：《春秋》断物，志定而后及也；《乐》以和，德全而后及也；《书》以制法，从事而后及也；《易》以穷理，知命而后及也。"……或曰："然则《诗》《礼》何为而先也？"义曰："夫教之以《诗》，则出辞气，斯远暴慢矣；约之以《礼》，则动容貌，斯立威严矣。度其言，察其志，考其行，辩其德。志定则发之以《春秋》，于是乎断而能变；德全则导之以《乐》，于是乎和而知节；可从事则达之以《书》，于是乎可以立制；知命则申之以《易》，于是乎可与尽性。"……子闻之，曰："姚子得之矣。"[②]

"六经"的学习次序以《诗》《礼》为先，然后再学《春秋》《乐》《书》《易》，原因在于每部经典对于人的德性培养起不同的作用，先学《诗》《礼》可以使人

[①] 孔安国传，孔颖达疏：《尚书正义》，上海：上海古籍出版社，2007年，第10页。
[②] 张沛：《中说校注》，北京：中华书局，2013年，第232—233页。

的言行德志有较好的基础，在德行上达到一定的程度再来学习其他经典，才能充分理解经典所蕴含的义理，使经典的作用真正得到发挥。

德性修养的不同导致了学者在理解圣人作经意义的程度上的差距，这是重要的起点。以《论语》的"性与天道"章为例，子贡说："夫子之文章可得而闻也，夫子之言性与天道不可得而闻也。"如何解释"性与天道不可得而闻"，传统上大致有三种说法。一是圣人不说天道性命这种玄虚之事，所以子贡这些弟子都不能听闻，如桓谭《上光武疏》云："观先王之记述，咸以仁义正道为本，非有奇怪虚诞之事，盖天道性命圣人所难言也。自子贡以下不得而闻，而况后世浅儒能通之乎？"① 二是圣人关于天道性命的学问非其人则不传，如《史记·天官书》云："孔子论六经，纪异而说不书。至天道命，不传；传其人，不待告；告非其人，虽言不著。"② 三是认为孔子所说的性与天道的学问太深奥，子贡无法理解，如《论语注疏》云："子贡言，若夫子言天命之性，及元亨日新之道，其理深微，故不可得而闻。"③

对此，二程有不同看法，认为："性与天道，此子贡初时未达，此后能达之，故发此叹辞，非谓孔子不言。"④ 按此解，"性与天道"章所要表达的，并不是圣人不说"性与天道"，也不是不传子贡"性与天道"，而在于子贡本身德性能力的高低。子贡一开始德性不足，难以理解圣人，即"初时未达"状态，后德性精进，能理解孔子"性与天道"含义了，所以发出叹美之辞，这就是"达"与"未达"的区别。实际上，在二程之前的皇侃在《论语义疏》中的说法就颇可玩味。皇氏在"夫子之言"处断句，即"夫子之言，性与天道，不可得而闻"，认为"夫子之言即谓文章之所言也……言孔子六籍乃是人之所见，而六籍所言之旨，不可得而闻也。所以尔者，夫子之性，与天地元亨之道合其德，致此处深远，非凡人所知，故其言不可得闻也"⑤。这是从孔子的"德性"出发，有德然后有言，要理解有德之言，就需要自身德性与其匹配。

---

① 范晔：《后汉书》，北京：中华书局，1965年，第959页。
② 司马迁：《史记》，北京：中华书局，2014年，第1600页。
③ 何晏注、邢昺疏：《论语注疏》，北京：北京大学出版社，2000年，第110页。
④ 程颢、程颐：《二程集》，第353页。
⑤ 皇侃：《论语义疏》，北京：中华书局，2013年，第110页。

这里还可通过颜渊与子贡对比,更直观地感受这种状态。与子贡不同,颜渊一开始就能领会圣人之意,"不违如愚","亦足以发"。颜渊之所以能"不违如愚",是因为完全跟得上孔子思想;之所以能"发",是因为真正懂得孔子思想而加以应用。前者是理解,后者是实践,这是"学"的真正境界。子贡自己很了解这种差距,认为自己是"闻一以知二",而颜渊则"闻一以知十","十"较之"二",并不仅是数量上的差距,更是质的不同,因为"十"代表"数之终"。所以,在知性层面,以子贡的聪颖,未必不如颜渊;但在德性层面,两者就有不小的差距。如果以"闻见之知"和"德性之知"来比方,子贡的"闻一以知二"之"知"是闻见之知,那颜渊"闻一以知十"之"知"则就是"德性之知"了。

传统的解释主要从孔子角度看,二程是转移到子贡的角度来看。由于解释者理解程度的差异,导致对圣人思想的领会不同,"这个义理,仁者又看做仁了也,知者又看做知了也,百姓又日用而不知,此所以'君子之道鲜矣'。此个亦不少,亦不剩,只是人看他不见"①。道是同样一个道,不多不少,但仁者、知者和百姓对于道的认识就完全不同,这就说明问题不在于对象或者作者,而在于理解者自身。

二程弟子谢良佐在《论语解序》说:

> 余昔者供洒扫于河南夫子之门,仅得毫厘于句读文义之间,而益信此书之难读也……唯近似者易入也……方其物我太深,胸中矛戟者读之,谓终身可行之恕诚何味。方其胁肩谄笑,以言餂人者读之,谓巧言令色宁病仁。未能素贫贱而耻恶衣恶食者读之,岂知饭疏食、饮水、曲肱而枕之未妨吾乐。注心于利,未得而已,有颠冥之患者读之,孰信不义之富贵真如浮云……唯同声然后相应,唯同气然后相求。是心与是书,声气同乎?不同乎?②

上蔡的说法颇得二程经学要义,《论语》不像老庄那样谈天语命,伟词雄

---

① 程颢、程颐:《二程集》,第42页。
② 黄宗羲、全祖望:《宋元学案》,北京:中华书局,1986年,第927页。

辩，也不像司马迁、班固那样文辞雄深雅健，更不像《黄帝内经》《神农百草》愈疾引年，但是如果从这些角度去理解圣人所作的经典，则根本无法领会圣人用心。因为圣人作经用意本不在此。只有自身德性能力不断接近圣人境界，才能了解经典中蕴含的真义，这也就是"唯近似者易入"。同时，经典也具有某种印证的作用，经典本身具有的权威性和固定性，可以范导德性修养方向，使之不至于汗漫流荡。通过治经来修养自身德性，又以"德性之知"来增进对经典的理解，"书与人互相发也"，问学与德性是相须为用的。

三 "德性之知"的含义

从自身德性出发去理解经典，可称为"德性之知"。"德性之知"既不同于"见闻之知"，也不同于一般意义的"认知"。"德性之知"的认知对象是"性与天道"，一方面它不局限于耳目所及，另一方面它具有道德意义。"德性之知"不是固定的，而是发展形成的，通过自身道德实践和自我反思，逐渐达到理想状态。对于一般人而言，"德性之知"是未完成状态，通过不断修养，接近圣人的境界，通过"德性之知"才能真正理解经典的意义。

首先，"德性之知"具有自得性。二程非常重视为学要"自得"，在语录中就有二十多条谈及"自得"。其"自得"大致有三层意思：第一与"德"相关。"有德者，得天理而用之，既有诸己，所用莫非中理。知巧之士，虽不自得，然才知稍高，亦能窥测见其一二，得而用之，乃自谓泄天机。"[①] "德者，得也，须是实到这里须得。"[②] "自得"就是自身的实实在在的德性，通过读书明理不断修养而成的，"学莫贵于自得，得非外也，故曰自得"[③]。德性是由内而外而发的，就是要自己能够信得及、自己受用，对于经书中所说的道理能够实实在在地体会，而不是虽然认知到有这个意思，但自己却还没有完全认同。"实理者，实见得是，实见得非。凡实理，得之于心自别。若耳闻口道者，心实不见。若见得，必

[①] 程颢、程颐：《二程集》，第14页。
[②] 同上，第42页。
[③] 同上，第316页。

不肯安于所不安……得之于心,是谓有德,不待勉强,然学者则须勉强。"①明道说的"修其言辞,正为立己之诚意",也是这个意思。第二与"道"相关。"自得"的对象往往是"性与天道"而不是一般耳目所及的事物。"性与天道,非自得之则不知,故曰'不可得而闻'。"②"如此等,则放效前人所为耳,于道鲜自得也。"③"易也,此也,密也,是甚物?人能至此深思,当自得之。"④就是说性与天道这种"形而上者"必须是德性"自得"才能认识的,因为"形而上者"非具体可见,不像形下之器,耳目之官无法听闻,也无法通过他人的言说而获得,所以需自身内在德性不断修养才能体贴;而且也只有认识到这种"天理",才算是真正的"自得"。第三是"学"的根本方法。"同伯温见先生,先生曰:'从来觉有所得否?学者要自得。《六经》浩渺,乍来难尽晓,且见得路径后,各自立得一个门庭,归而求之可矣。'伯温问:'如何可以自得?'曰:'思。"思曰睿,睿作圣",须是于思虑间得之,大抵只是一个明理。'"⑤治经问学要"自得",就是指"各自立得一个门庭",门庭主要是指心有主见,这个主见不是随心所欲地解释,而是与"天理"相通,"自得"要"思",就是要自立吾理。德性的对象是"天理",自家真正体贴到"天理"后,使"德性"不断充实,心得识达,"自得"然后治"五经",才能实有所得。

其次,"德性之知"具有实践性。一方面,通过亲身经历、实践、体验后,对所认知的事物的真切认识,增进自身德性修养,才能对经典之言有真正的理解。为学要知之,又要体之。"学为易,知之为难。知之非难也,体而得之为难。"⑥随着自身德性的增进,对于经典的理解也逐渐加深:"某年二十,解释经义,与今无异,然思今日,觉得意味与少时自别。"⑦"某自十七八读《论语》,当时已晓文义,读之愈久,但觉意味深长。《论语》有读了后全无事者,有读了后其中得一两句喜者,有读了后知好之者,有读了后不知手之舞之足之蹈之者。"⑧这种

---

① 程颢、程颐:《二程集》,第147页。
② 同上,第361页。
③ 同上,第194页。
④ 同上,第136页。
⑤ 同上,第296页。
⑥ 同上,第321页。
⑦ 同上,第187页。
⑧ 同上,第261页。

加深显然不是指文本字句上的理解，而是对于经典所要真正指示的超越文本之上的理义的体贴。

这里的实践还突出强调德性的践履，二程曾批评王安石："公之谈道，正如说十三级塔上相轮，对望而谈曰，相轮者如此如此，极是分明……（二程）直入塔中，上寻相轮，辛勤登攀……至相轮中坐时，依旧见公对塔谈说此相轮如何如何。"① 二程与王安石的区别就在于同样谈经论道，但是二程是真真实实深入儒家之道的内部，去实实在在践履圣人所说的道德工夫。这样得来的感受是完全不同于在外自私用智，仅得依稀仿佛，只有经过实践的知才是真知。

另一方面，也通过落实到平常实践中的行为来检验是否真的理解经典的意义。"今人不会读书……须是未读《诗》时，授以政不达，使四方不能专对；既读《诗》后，便达于政，能专对四方，始是读《诗》……须是未读《周南》《召南》，一似面墙；到读了后，便不面墙，方是有验。大抵读书，只此便是法。如《论语》，旧时未读是这个人，及读了后又只是这个人，便是不曾读也。"② 治经问学目的在于自身德性修养，德性不只是道德规范的遵守，也是处事得宜的能力，在人伦日用中展现德性的力量才是治经问学之根本所在。

再次，"德性之知"是理解性而非建构性的。"德性之知"对于解释经典文本来说，是从理解的角度来进行的，将经典文本作为意义的承载者，以理解其中蕴含的意义为目的，还是从自身可以赋予文本以新的意义，即建构性，来看待经典文本的。这是"德性之知"的性质中非常重要的部分。温伟耀在其《成圣之道》一书中，尝试运用伽达默尔的哲学诠释学去整理和消化二程的哲学思想，强调亚里士多德关于科技知识（technical knowledge）与道德知识（moral knowledge）之间的界分，"对于伊川，我们将会用哲学诠释学的角度去理解他的格物致知工夫"③，认为"每份文献的背后都有一份生命体验，而文献就是这人类心灵所展开的世界和这生命体验外在化的呈现。故此诠释者与文献的相遇，并非只是主体与无意识存在物的相遇，而是主体心灵（诠释者）与另一主体

---

① 程颢、程颐：《二程集》，第 5 页。
② 同上，第 261 页。
③ 温伟耀：《成圣之道——北宋二程修养功夫论之研究》，郑州：河南大学出版社，2004 年，第 19 页。

心灵（文献的原作者）之间'视域的融摄'"①。因而，"一方面，道德修养的工夫必然地连起主体生命的体验，故主体在理解过程中的主观参与性一定较其他题材为高。另一方面，宋明儒学者自己对诠释经籍的立场和方法，也是视文献为提升自我道德生命体验的一种指点和启迪，诠释的目的并非旨在抽出文献原作者的本意而已，而是将自己的体验结合在诠释的历程之中，结果就是透过对典籍的诠释去把捉更丰富的道德生命体验"②。

借鉴西方诠释学来研究二程思想，进而有意识地把握道德修养工夫和主体生命体验对理解经典文本的意义，对二程思想的把握有一定帮助。不过其中也不可避免地有囿于西方诠释学框架处，温氏对二程经学思想的理解同二程的本旨是有出入的。首先，由于受到伽达默尔诠释学的影响，认为解释者的理解可以丰富文本的意义，或者说文本的意义恰恰在与解释者的互动中逐渐完成。这一观点与中国传统经学是不合的。在二程而言，读经的意义在于领会圣人作经之意以及经中所蕴含的圣人之道，这一圣人之道本身是完满的，是不待解释者的理解就自身具足的。学者和圣人的德性就本然状态来说是相同的，之所以不能完全理解经典的意义，主要在于学者自身德性不足；一旦学者的德性能够完善，达到圣人的境界，就能领悟圣人所作经典的意义，而领悟到的意义并非超出圣人之意以外的义理。其次，同样地，学者的主体生命体验对于经典的诠释也并非是增加、丰富其义理，而是不断接近其原有的含义。学者的生命体验应该同圣人格物、明理、作经的实践相靠拢，以此才能完全把握圣人的用心。

需要注意的是，二程对于经典的看法以及在解释经典过程中所持有的主观态度，与其最后导致的客观效果，并不能混为一谈。二程对于圣人所作经典的看法，在现代学者看来可能是过于肯定的，但这对于传统儒者而言却是理所当然的。③另外，二程在解释经典时是以传承圣人之道自任，而并非在圣人之道以外有其他创新。至于从研究者来看，二程所诠释的思想不同于孔孟的思想，对于二程思想的这种解读也可以是见仁见智的，如有学者就认为二程发明的义

---

① 温伟耀：《成圣之道——北宋二程修养功夫论之研究》，第 16—17 页。
② 同上，第 18 页。
③ 二程的部分"疑经"思想，是对现存经典中后世所散乱、窜入的文字加以改正，目的是更接近孔子删定"六经"的原意，而并非对于圣人所作经典的意义加以否定。

理之学乃先秦固有的，最符合孔孟之道。

最后，"德性之知"的根据在于"天理"。对于汉唐经师的注疏，二程认为其并没有真正理解经文意义，由于"秦火"之后，经籍散佚，汉唐儒生对先秦经典的理解多有错谬。可是到二程的时代也没有重新发现先秦文献的原本，就文本而言，二程与汉唐儒生所见基本是一样的。那么如何断定经文的原意和圣人的用意，这里的标准是什么，又在哪里呢？汉代今文经学的可靠性主要在于自身的师说传承，因而严守师法、家法是他们解释经文的根据。古文经学则依赖后来发现的古文献，如孔壁古文，这是他们拥有经文解释权的根据。刘歆在《移让太常博士书》中说："礼坏乐崩，书缺简脱……时汉兴已七八十年，离于全经固以远矣。及鲁恭王坏孔子宅，欲以为宫，而得古文于坏壁之中……孝成皇帝愍学残文缺，稍离其真，乃陈发秘藏，校理旧文，得此三事，以考学官所传经，或脱简，或脱编……往者缀学之士，不思废绝之阙，苟因陋就寡，分文析字，烦言碎辞，学者罢老，且不能究其一艺，信口说而背传记，是末师而非往古。"[1]可以看到，对于经典文本解释权的争夺，最终须有一个令人信服的根据。

二程的解经根据是哲学的，既不是师传家教，也不是出土文献，而是"理"的一致性。"六经"的形成，一是三代圣王的行事著录，一是经过孔子整理删定。前者是圣王治理国家、教化人民的事迹，呈现圣王对天地万物、人事变迁之理的理解，后者是圣人从德性角度对先代文献进行整理，其中包涵了圣人之道的真正意义。由于"性即是理"，后学通过格物明理，修养德性，进而理解圣人作经的意义。如果自身德性不足，就不能真正领会圣人作经的意义，如不能通达"天理"，就无法完全理解经典中的义理。后学理解经典文本含义的可能性与"圣人可学而至"的理念是统一的，圣人可以通过努力修养而达到，那么圣人作经的用心自然也可以通过学问思辨而理解。

因此，理解经典就需要从自身德性出发，"德性之知"的根据是"天理"。一方面，圣人作经是有德者有言的自然作为，治经应当从自身德性出发来理解经典，人的德性来自"天理"，"天理"是一致而稳定的，因而理解圣人所作之经的根据在于"天理"。另一方面，圣人作经的本意是"明理"，在经典中蕴含天地万

---

[1] 班固：《汉书》，第1969—1970页。

物之理，治经的目的是因经典之言而求圣人之意，因圣人之意而达天地之理。只有通过"德性之知"才能理解经典之言，领会圣人之意，通达天地之理，"道之大原在于经，经为道，其发明天地之秘，形容圣人之心，一也"[①]。

四 结 语

一般而言，诠释关涉作者、文本、读者三个方面。传统的经学诠释分为章句训诂和义理解经，无论是训诂还是义理，所注重的对象是作者和文本，即着重理解文本的字句意思以及领会作者透过文本所要表达的道理，而读者的意义则往往难以确定。一方面，读者是作者和文本的传达对象，读者通过不同的方法尽可能地理解作者的原意和文本的本义；另一方面，读者同时又参与了义理的诠释，甚至是文本新义的建构。就前者而言，读者作为接受者，其重心于作者和文本，而存在的问题是真正完全理解作者和文本如何可能？如果是后者，读者不再被动，而是文本意义的塑造者，重心就转移到了读者，读者所获得的不只是知识的累积，同时是与作者对话，更进一步地将其应用于实践之中，使得自身的理解不断发展。

然而对于传统儒者而言，经的意义并不仅限于文本，而作经的圣人也不是普通的作者。一般意义上的理解作者和文本诠释不完全适用于中国传统经学。如果将经典作为普遍的文本，一来在诠释文本时只注重对文字章句、名物制度的训诂而没有体会圣人的用心所在，二来尽管脱离了烦琐的训诂而转向义理解经，也往往可能自私用智、附会穿凿，用其他不合的义理来诠释经典，如二程认为王弼以老庄解《易》。这些都是二程所要批判的，也是二程经学诠释思想之于汉唐经学的转向所在。二程经学思想不只是义理之学，更是德性之学，包涵了"德性实践"和"德性之知"两个维度。二程将诠释的重点从作者和文本转向读者，将治经问学的目的从知性理解转向"德性实践"，这是脱离了形式上的训诂之学。同时，又指出要以"德性之知"来接近圣人的境界，进而理解圣人所作经典中所蕴含的"理义"，这就超越了普通意义上的义理之学。可以说，注重"德

[①] 程颢、程颐：《二程集》，第463页。

性实践"并且从德性出发去理解经典和圣人,最后通达"天理",是二程经学思想的核心,也是两宋"道学"或"宋明理学"不同于传统儒家经学的关键所在。当然,更是中国儒家经典诠释思想和西方诠释学思想的差异所在。

不过,依上述理路,二程经学诠释思想就面临一个疑难。二程提倡由经穷理,又提出格物穷理的工夫。这样,穷理明德工夫就有两种途径,由经穷理和格物穷理,两者并不排斥,因为对二程而言,格物中也包含着读书治经这样的实践。但如前所述,如果治经问学的目的是德性修养,而德性修养除了治经外还有其他的途径,或者说是更好的更直接的方法,如对天地万物、人伦日用中所蕴含之理的穷究,那就会导致治经问学在德性修养中地位的减弱甚至被抹杀。这一点恰恰是后来经学与理学之间紧张关系的滥觞。朱熹、陆九渊关于"尊德性""道问学"之争,在王阳明那里"良知"不仅是理解经典的出发点更是判断经典的权衡,这都是二程经学诠释思想疑难在不同背景下的新表现。

论宋代的礼图学

刘 丰

（中国社会科学院哲学研究所）

在中国传统学术思想的谱系中，图与书常常相配，所谓"左图右史"就是关于中国古代历史记载的传说。与书相配的图包罗万象，如地图、宗教祭祀中所用的各种图像等，这些图在今天分属不同的学科门类，如地理学、美术史、科技史、宗教学等，并且都有专门的研究。礼学研究领域的礼图，在传统学术体系中属于经图的一类。

以图解经，本是经学研究中的一种方法。经学史家马宗霍说，汉代经学体例在传、注、章句等之外，"别有谱学图学（如郑玄《诗谱》《三礼图》之类），纲举目张，力鲜思寡，盖亦与经说相发明者也"①。据《隋书·经籍志》，郑玄以及东汉阮谌等曾撰有《三礼图》九卷。据此，从郑玄就开始就用图谱来注解三《礼》及其他经典了。

除《三礼图》之外，《隋书·经籍志》还著录了一些解经的谱图，如礼类的有《周官礼图》十四卷，注中提及梁时有《郊祀图》二卷；祁谌《周室王城明堂宗庙图》一卷，注中还提到《冠服图》一卷，《五宗图》一卷，《月令图》一卷；王俭《丧服图》一卷；贺游《丧服图》一卷；崔逸《丧服图》一卷，注里还提到《戴氏丧服五家要记图谱》五卷，《丧服君臣图仪》一卷；还有不著作者名的《五服

---

① 马宗霍：《中国经学史》，北京：商务印书馆，1998年，第56页。

图》《五服图仪》《丧服礼图》等。此外还有乐类的《乐悬图》,《尔雅》类的《尔雅图》等。这些著作主要以丧服图为主,且大多是魏晋南北朝时期的作品,说明魏晋南朝丧服礼学兴盛的时候,已经出现了一批以图解经的作品。到了宋代,以图解经的方法得到了充分的发展,图谱成为经学研究当中的一个重要的门类。《通志·艺文略》在经类的《易》《书》《诗》《春秋》《尔雅》下面,礼类的《周官》、丧服、会礼等诸小类下面,都专门列了"图"类,汇集了一些以图解经的著作,不过这些著作大多是宋代以前的作品。《宋史·艺文志》礼类收录了宋代重要的礼图学著作,如聂崇义《三礼图集注》二十卷、龚原《礼图》十卷、郑景炎《周礼开方图说》一卷、项安世《周礼丘乘图说》、杨复《仪礼图解》十七卷等,经解类收录了杨甲《六经图》六卷、叶仲堪《六经图》七卷、俞言《六经图说》十二卷等。

图谱学在宋代有了很大的发展,郑樵《通志》二十略中有《图谱略》,正式将图谱学作为一门独立的专学。郑樵在《图谱略》的《索象》篇中,首先回顾了图谱学的发展历史。在郑樵看来,本来河出图,洛出书,图书在上古三代的学术发展中是并存的。即使秦代废儒学,也没有完全废弃图书,这是因为"诚以为国之具,不可一日无图"[1]。郑樵对刘向、刘歆父子批评很多,其中一个主要的原因就是他们在整理古籍的时候"只收书,不收图,艺文之目,递相因习,故天禄、兰台,三馆四库,内外之藏,但闻有书而已"[2]。只有南朝的王俭作《七志》,其中开创了《图谱志》。这在中国古代目录学的发展历史上是一创举,但后来的阮孝绪《七录》并没有继承这一传统。《七录》"散图而归部录,杂谱而归记注"[3],将图谱散落在其他部类当中,而没有当作一个独立的门类进行收录、研究。图谱学的真正兴起是从宋代开始的。在经学研究当中,重视图谱也是宋代经学的一大特色,礼图学成为宋代礼学的一个重要的分支。

郑樵指出:

> 今总天下之书,古今之学术,而条其所以为图谱之用者十有六:一曰

---

[1] 郑樵:《通志·图谱略》,《通志二十略》,北京:中华书局,1995年,第1825页。
[2] 同上,第1826页。
[3] 同上。

天文，二曰地理，三曰宫室，四曰器用，五曰车旗，六曰衣裳，七曰坛兆，八曰都邑，九曰城筑，十曰田里，十一曰会计，十二曰法制，十三曰班爵，十四曰古今，十五曰名物，十六曰书。凡此十六类，有书无图，不可用也。①

郑樵指出的治学需要图谱的这十六个方面中，宫室、器用、车旗、衣裳、坛兆、都邑、城筑、班爵、名物等，显然都属于礼学研究的内容，即使在其他领域，也会涉及礼。郑樵《图谱略》还有《记有》和《记无》两篇，其中《记无》篇包括地理图、会要图、纪运图、百官图、易图、诗图、礼图、乐图、春秋图、孝经图、论语图、经学图、小学图、刑法图、天文图、时令图、算数图、阴阳图、道家图、释氏图、符瑞图、兵家图、艺术图、食货图、医药图、世系图等。在这些图类当中，除了专门的礼图之外，其他门类当中（如诗图、春秋图、经学图等）也都与礼有一定的关联。因此，从郑樵的总结来看，礼学研究与图谱的关系最为密切。郑樵的《图谱略》也可以作为宋代礼图学的一篇纲领性文献。

一 宋代礼图学的兴起及主要内容

北宋时期图书学的兴起与发展，不但是宋代学术史上的一项重要内容，同时对于当时的哲学思想与学术的发展，也都产生了不同程度的影响。朱伯崑先生指出："北宋时期，图书学派十分流行，成为学术界的一大思潮。宋中期的道学家周敦颐和邵雍都是从图书学派中分化出来的哲学家。宋明的哲学史也可以说是从图书学派开始的。"② 这样的评价，对于图书学派在宋代思想学术界以及整个中国古代哲学史上的地位，可谓一目了然。

图书学起源于《易》学。《易》学在发展演变中逐渐形成象数与义理两大派。前人总结说：

汉儒言象数，去古未远也，一变而为京、焦，入于禨祥，再变而为陈、

---

① 郑樵：《通志·图谱略》，《通志二十略》，第1828页。
② 朱伯崑：《易学哲学史》中册，北京：北京大学出版社，1988年，第9页。

邵，务穷造化，《易》遂不切于民用。王弼尽黜象数，说以老庄，一变而为胡瑗、程子，始阐明儒理，再变而李光、杨万里，又参证史事。《易》遂日启其论端。此两派六宗，已互相攻驳。①

这是从汉代至宋代易学发展的基本形态。宋人解《易》，从传统的象数学中又分化出图书学一派。《四库总目提要》说："汉儒言《易》多主象数，至宋而象数之中复歧出图书一派。"② 按照朱伯崑先生的说法，图书学派"来源于道教的解《易》系统。魏伯阳《参同契》的易学，被唐朝和五代的道教继承下来，并以种种图式，表示其炼丹的理论。此种解《易》的学风，到宋代演变为图书学派。此派推崇河图和洛书，并以此解释《周易》的原理"③。

在现存先秦典籍当中，《尚书·顾命》篇最早出现"河图"一词。《论语·子罕》篇记孔子之言曰："凤鸟不至，河不出图，吾已矣夫。"从孔子的感慨来推测，他所谓的"河图"大约相当于祥瑞一类的事物。《周易·系辞》有"河出图，洛出书，圣人则之"一语，河图洛书至此与《易》学发生了关系。孔安国以及王肃都说《尚书·顾命》篇说的"河图"是"八卦"。图书学就是依照《系辞》中的这句话来构造不同的图解与《易》学体系。但是，《尚书》以及孔子都没有明确说明河图（以及洛书）的具体所指，汉唐时期的《易》学家也没有具体的说明。宋初的象数学派在道教的影响下，将《系辞》中的大衍之数、天地之数同河图洛书联系起来，并为河图洛书制定了不同的图式，用来解释《周易》的原理。这样，就形成了《易》学当中的图书学派。

北宋《易》学的图书学派始于陈抟。朱震认为宋代《易》学的传承，就是始于陈抟的《先天图》。④ 陈抟是宋初的炼丹家。朱熹就曾说："《先天图》传自希夷，希夷又自有所传。盖方士技术用以修炼，《参同契》所言是也。"⑤ 自唐五代以来，就出现了用《周易》的卦象解释炼丹术的各种图式，如五代彭晓注《参同

---

① 《四库全书总目》卷一，北京：中华书局，1965年影印本，第1页。
② 《易数钩隐图》，《四库全书总目》卷二，第5页。
③ 朱伯崑：《易学哲学史》中册，第7页。
④ 参见《宋史》卷四百三十五《儒林传五·朱震传》。
⑤ 黎靖德编：《朱子语类》卷一百，北京：中华书局，1994年，第2552页。

契》,有《明镜图》《水火匡廓图》《三五至精图》等,这已形成一种风气。陈抟继承了这种解《易》的风气,他研究《周易》,以图式代替文字,用《周易》中的卦爻象和阴阳之数来解释道教《参同契》中的炼丹术。因此,以图式解《易》是陈抟《易》学的一大特征。

据朱震所叙述的宋代《易》学传授系统,陈抟的图书学经传种放、李溉、许坚、范谔昌,至刘牧。刘牧是北宋中期图书学的代表人物,继承了陈抟的《龙图》,并将它发展至五十五图。刘牧著《易数钩隐图》,《郡斋读书志》著录为三卷。《四库总目提要》说:"其学盛行于仁宗时,黄黎献作《略例》《隐诀》,吴秘作《通神》,程大昌作《易原》,皆发明牧说。而叶昌龄则作《图义》以驳之。宋咸则作《王刘易辨》以攻之,李觏复有《删定易图论》。"①

黄黎献受学于刘牧,作《略例》一卷、《隐诀》一卷。吴秘受学于黄黎献,作《通神》三十四篇,用以解释《易数钩隐图》。另外,还有常豫撰《易源》、石汝砺撰《乾生归一图》二卷、徐庸撰《易蕴》一卷、鲜于侁撰《周易圣断》七卷,皆为发挥刘牧图书学的著作。南宋时期,朱震撰《汉上易传》附《卦图》三卷,程大昌撰《易原》八卷,亦多发挥刘牧之说。

对于刘牧的图学,也有学者持批评态度。李觏撰《删定易图序论》,认为刘牧的图书学"穿凿以从傀异,考之破碎,鲜可信用。大惧诖误学子,坏堕世教"②,将其图删去五十二图,只保留了《河图》《洛书》与《八卦》三图。宋咸作《王刘易辨》二卷,指责刘牧象数学穿凿附会之处。叶昌龄又撰《周易图义》二卷(参见《中兴馆阁书目》),列举出四十五条材料,对刘牧《钩隐图》作了系统的批驳。

陈抟以图解《易》,他提出的图主要有《先天太极图》《龙图》和《无极图》。他提出的这些图式虽然与道教有着十分密切的关系,但通过传授,直接影响了周敦颐与邵雍,而他们又从儒家的立场继承并发展了这些图式,成为理学的开创者。

周敦颐是理学的开山。黄百家说:"孔、孟而后,汉儒止有传经之学,性道

---

① 《四库全书总目》卷二,第5页。
② 李觏著,王国轩点校:《删定易图序论》,《李觏集》卷四,北京:中华书局,2011年,第54页。

微言之绝久矣。元公崛起，二程嗣之，又复横渠诸大儒辈出，圣学大昌。故安定、徂徕卓乎有儒者之规矩，然仅可谓有开之必先。若论阐发心性义理之精微，端数元公之破暗也。"① 从今日学术史研究的角度而论，周敦颐与二程、张载未必有如此密切的学脉承接关系，但从道学内部的立场来看，周敦颐确实是道学的开山。由于他的"崛起"，打破了儒学自孔孟以后千年的幽暗历史，从此心性义理之学彰显，成为儒学发展的源头活水，之后二程、张载辈兴起，由此促成了道学的兴盛。

周敦颐的理学著作中重要的一篇是《太极图说》。经清代学者的考证，周敦颐的《太极图》来源于道教系统，与陈抟的《无极图》有渊源关系，这一点是确定无疑的。道教用此图来说明宇宙的形成，其目的是讲炼丹术；而周敦颐则从儒家的立场解释《太极图》，说明了宇宙的产生、仁义道德的基础以及圣人的内在依据。周敦颐《太极图说》的框架是理学的，而且对首句"无极而太极"或"自无极而为太极"的争论，成为理学内部争论的重要问题，在某种程度上也是促使道学分化、推动道学发展的内部动因。

邵雍是北宋著名的《易》学家。他的以图解《易》的方式也来源于陈抟，并且进一步发展了陈抟《易》学的数学特色。邵雍的《易》学也称作先天学，因为他认为《周易》的八卦中，以乾坤坎离为正四卦的图式是伏羲所画，这类图式为先天图，其学为先天学；汉《易》中以坎离震兑为正四卦的图式是文王《易》，是对伏羲《易》的推演，为后天学。朱熹曾说："据邵氏说，先天者，伏羲所画之《易》也；后天者，文王所演之《易》也。伏羲之《易》初无文字，只有一图以寓其象数，而天地万物之理，阴阳终始之变具焉。文王之《易》即今之《周易》，而孔子所为作传者是也。"② 朱熹的概括基本符合邵雍的思想。邵雍《易》学的重点是对先天《易》学图式的推演与研究。据后来学者推测，邵雍的《先天图》共有十四图，朱熹在《周易本义》中将《伏羲先天图》归结为伏羲八卦次序图《伏羲八卦方位图》《伏羲六十四卦次序图》与《伏羲六十四卦方位图》四种。朱子归纳的《伏羲四图》是邵雍《易》学的基本内容，对后来《易》学与理学的发展

---

① 黄宗羲、全祖望：《濂溪学案》上，《宋元学案》卷十一，北京：中华书局，1986年，第482页。
② 朱熹：《答袁机仲书》，《文集》卷三十八，《朱子全书》第二十一册，第1665页。

都产生了重要的影响。钱穆先生指出:"朱子治《易》既重象数,乃亦深信邵康节之《先天图》。"①

宋代《易》学继承了传统象数学的图式以及道教为炼丹而改造的各种《易》图,提出了各种图式,宋代著名的《易》学家陈抟、刘牧、李之才、周敦颐、邵雍等都用各种图式来解释《易》学思想。在朱子的《周易本义》中依然保留了九幅《易》图。

在宋代的思想学术界,由于《易》图的兴盛,图书学的流行成为学界的一大思潮。在这种风气的影响之下,礼学也出现了以图解经的著作。礼学中的礼图学是宋代图书学派中的重要组成部分。

宋代的《易》图多有道教的渊源,除了对八卦、六十四卦的次序、方位的排比、推演之外,重点用图式说明《易传》当中"易有太极,是生两仪""天地之数五十五"等比较抽象的宇宙生化过程,以及河图洛书、《易》与阴阳二气的变化、五行的生成等问题。与此相比较,礼图则通常用具体、形象的图形、图式,来说明繁复的礼器、礼制以及礼仪操演的过程。

有宋一代经图、礼图著作不断出现,图谱学成为礼学的一个重要分支,除了受到《易》学图书学的影响之外,统治者制礼作乐的礼制建设的需求,也是一个重要的因素。宋代的儒家学者与帝王相互配合,相互鼓励,以实现三代理想为最高目标,因此,制礼作乐也是宋代政治活动中的重要内容。《玉海·艺文》除了收录《三礼图》,还著录了其他近五十种图谱,如《淳化大射图》《咸平龙图阁五经图》《景德崇和殿尚书礼记图》《中庸图》《祥符尚书图》《景德礼记图》《祥符释奠祭器图》《祥符四图》《天禧大礼称庆合班图》《皇祐迩英阁无逸图》《孝经图》《至和周礼器图》《嘉祐周礼乐图》《仁宗御制洛书五事图》《治平八庙图》《元祐无逸图》《绍兴讲殿御书无逸图》《绍兴资善堂孝经图》《乾道御制敬天图》《嘉熙敬天图》等。从这些经图、礼图的名称就可以知道,这些礼图的内容都是有关礼制、礼器的,这在当时的现实政治中是非常实用的。从整体上来看,宋代礼图学当中具有代表性的是以下几部著作:

---

① 钱穆:《朱子新学案》中册,成都:巴蜀书社,1986年,第1255页。

（一）聂崇义《三礼图》

据《宋史》卷四百三十一《儒林传》，聂崇义为河南洛阳人。"少举《三礼》，善礼学，通经旨。"后汉乾祐（948—950）中，累官至国子《礼记》博士。后周显德（954—960）中，累迁国子司业兼太常博士。北宋建隆中，聂崇义根据世传六种旧礼图，参校考定，撰成《新定三礼图》。①

聂崇义编纂的《三礼图》共二十卷，依次为《冕服图》《后服图》《冠冕图》《宫室图》《投壶图》《射侯图上》《射侯图下》《弓矢图》《旌旗图》《玉瑞图》《祭玉图》《匏爵图》《鼎俎图》《尊彝图》《丧服图上》《丧服图下》《袭敛图》《丧器图上》《丧器图下》和目录，总共三百八十一图。聂崇义《三礼图》是在综合前人礼图的基础上删定而成的。他所参考的六种旧礼图，《郡斋读书志》说："以郑康成、阮谌等六家图刊定。"《直斋书录解题》又说："盖用旧图六本参定，故题集注。"《四库总目提要》对六家说得更加明确：

> 考礼图始于后汉侍中阮谌，其后有梁正者，题谌图云："陈留阮士信，受学于颍川綦母君，取其说为图三卷，多不案礼文而引汉事，与郑君之文违错正称。"《隋书·经籍志》列郑玄及阮谌等《三礼图》九卷，《唐书·艺文志》有夏侯伏朗《三礼图》十二卷、张镒《三礼图》九卷。《崇文总目》有梁正《三礼图》九卷。《宋史》载吏部尚书张昭等奏云："《四部书目》内有《三礼图》十二卷，是开皇中敕礼部修撰。其图第一、第二题云'梁氏'，第十后题云'郑氏'，今书府有《三礼图》，亦题梁氏、郑氏。"则所谓六本者，郑玄一，阮谌二，夏侯伏朗三，张镒四，梁正五，开皇所撰六也。然勘验郑志，玄实未尝为图，殆习郑氏学者作图，归之郑氏欤？②

---

① 当代学术界有关《三礼图》的研究主要有：金中枢《宋代学术思想研究》一书的第一章第一节对聂崇义《三礼图》有较为详细的研究与批评；王锷在评论丁鼎整理的《三礼图》时也比较全面地评述了《三礼图》的编纂与价值。参见金中枢：《宋代学术思想研究》，台北：幼狮文化事业公司，1989年，第17—56页；王锷：《宋聂崇义〈新定三礼图〉的价值和整理——兼评丁鼎先生整理的〈新定三礼图〉》，《孔子研究》，2008年第2期。

② 《四库全书总目》卷二十二，第176页。

这里对聂崇义所参考的六种旧礼图讲得非常明确。聂崇义就是在这些旧图的基础之上，考定参校出新的《三礼图》。《三礼图》颁行后广为流传，成为当时制礼的重要参考标准，但其错误也在所难免。如哲宗时太常博士陈祥道专于礼乐，作《礼书》一百五十卷，"比之聂崇义图，尤为精密"，因此范祖禹建议"请付太常寺，与聂崇义图参用"。①《四库总目提要》也说：

> 沈括《梦溪笔谈》讥其牺象尊、黄目尊之误，欧阳修《集古录》讥其簋图与刘原甫所得真古簋不同，赵彦卫《云麓漫钞》讥其爵为雀背承一器，牺象尊作一器绘牛象，林光朝亦讥之曰："聂氏《三礼图》全无来历，榖璧则画榖，蒲璧则画蒲，皆以意为之，不知榖璧止如今腰带铐上粟文耳。"是宋代诸儒亦不以所图为然。然其书钞撮诸家，亦颇承旧式，不尽出于杜撰。②

《四库总目提要》虽然也引用了宋人的一些批评，但总体上还是肯定了聂崇义《三礼图》抄撮诸家的贡献。当代也有学者还在陆续指出《三礼图》的一些错误。③但不可否认的时，聂崇义的《三礼图》是汉唐以来以图的形式研究三《礼》的一部集大成之作，在礼图以及礼学发展史上具有承前启后的重要作用。正如钱玄先生所指出的："这是一部继往开来的书，清人戴震、程瑶田的《考工记》图，黄以周《礼书通故》中的名物图，都是从聂图发展而来的。"④

（二）杨甲《六经图》六卷

杨甲《六经图》成于南宋绍兴（1131—1162）中。毛邦翰补杨甲本，成于乾道元年（1165），此书或称程森汇刻大本。继杨毛本之后，又有叶仲堪重编毛邦翰之本，以及杨复《仪礼图》十七卷。

《四库总目提要》说：

---

① 《续资治通鉴长编》卷四百五十，北京：中华书局，2004年，第10808页。
② 《四库全书总目》卷二十二，第176页。
③ 如金中枢在《宋代学术思想研究》一书中对聂图的批评。另外参见乔辉、骆瑞鹤：《聂崇义〈三礼图集注〉指瑕四则》，《广西社会科学》，2014年第7期。
④ 钱玄：《三礼通论》，南京：南京师范大学出版社，1996年，第61页。

宋杨甲撰，毛邦翰补。甲，字鼎卿，昌州人。乾道二年进士。成都《文类》载其数诗，而不详其仕履。其书成于绍兴中。邦翰不知何许人，尝官抚州教授。其书成于乾道中。据王象之《舆地纪胜》碑目，甲图尝勒碑昌州郡学，今未见拓本，无由考其原目。陈振孙《书录解题》引《馆阁书目》，载邦翰所补之本，《易》七十图，《书》五十有五图，《诗》四十有七图，《周礼》六十有五图，《礼记》四十有三图，《春秋》二十有九图，合为三百有九图。此本惟《易》《书》二经图与《馆阁书目》数相合。《诗》则四十有五，《礼记》四十有一，皆较原数少二。《周礼》六十有八，较原数多三。《春秋》四十有三，较原数多十四。不知何人所更定。考《书录解题》载有东嘉叶仲堪字思文，重编毛氏之书，定为《易》图一百三十、《书》图六十三、《周礼》图六十一、《礼记》图六十三、《春秋图》七十二，惟《诗》图无所增损。其卷则增为七，亦与此本不符。然则亦非仲堪书。盖明人刊刻旧本，无不臆为窜乱者。其损益之源委，无从究诘。以其本出杨毛二家，姑从始事之例，题甲及邦翰名云尔。①

由《四库总目提要》的叙述可知，由于此书历代均有增补，所以《六经图》中每一经的具体数字也有多种说法。据通行的四库本，《六经图》中《周礼》图《周礼文物大全图》依次为：

天官冢宰、地官司徒、春官宗伯、秋官司寇、冬官考工记、王官制图、营国制图、经九轨图、朝位寝庙社稷图、宗庙图、社稷图、治朝图、燕朝图、外朝图、夏世室、商重屋、周明堂、官寝制图、次宸制图、几筵制图、王畿千里图、王畿乡遂采地图、井田之法图、四井为邑图、四邑为邱图、四邱为甸图、四甸为县图、四县为都图、四都为同图、六乡图、六遂图、五等采地图、六乡乡地图、职方氏九服图、职方氏九州岛图、行人六服朝贡图、王公侯卿士冕服图、后服制图、圭璧璋瓒缫藉制图、圜丘乐图、方丘乐图、

---

① 《四库全书总目》卷三十三，第271页。

宗庙乐图、分舞乐图、笋虡钟磬制图、凫氏图、木铎金铎、鼓人四金图、舞师乐师舞制图、鼓制图、乐器制图、祭器制图、六尊制图、六彝制图、掌客器图、鬯人制图、金车玉辂制图、墨车制度图、厌翟车制图、轮人为盖图、九旗制图、射侯制图、冯相太岁图、龟人图、筮人图、土圭测日图、水地法图、传授图。

《礼记》图为《礼记制度示掌图》，依次为：

> 四十九篇数、二十四气图、七十二候图、月令中星图、月令明堂图、十二律还相为宫图、月令十二律管候气图、月令所属图、月令仲春昏星图、月令仲夏昏星图、月令仲秋昏星图、月令仲冬昏星图、五社制度图、五帝坐位图、王制商建国图、王制周建国图、王制公卿大夫图、天子县内图、周公明堂图、武舞表位图、冠冕制图、器用制图、七庙制图、祫庙制图、五庙三庙图、别子祖宗图、郊禘宗祖图、堂上昭穆图、室中昭穆图、燕礼图、投壶礼图、乡饮礼图、养老礼图、冠礼器图、昏礼器图、习射礼图、飨礼图、内外用事之日图、祭祀用樽之数图、礼记名数图、礼记传授图。

从这些名目来看，《六经图》书中的礼图的范围是很广的。礼书中的重要制度，如井田、乡遂、明堂等，以及礼仪形式、名物，用图可以非常直观明了地把握与理解。此外，礼经的传授、礼经的主体结构也可以用图表示，对礼学研究也可以起到提纲挈领的作用。正如南宋苗昌言《六经图序》说："盖尝论之，自汉儒章句传注之学行，而士之道学益不明，逮本朝以经术取士，大儒继出，讲解一新，而后天下之士皆知渊源之归。今是图之作，凡六籍之制度、名数，粲然可一二数，使学者因是求其全书而读之，则造微诣远，兹实其指南也。"[①]这正说明了用图解经的作用与意义。

除了礼图之外，《尚书轨范撮要图》中的"十二章服图""尧制五服图""弼

---

① 朱彝尊：《经义考》卷二百四十三，《经义考新校》第九册，上海：上海古籍出版社，2010年，第4375—4376页。

成五服图""商七庙图"等,《毛诗正变指南图》中的"我将明堂图""清庙闷宫图""辟雍泮宫图"等,也都与礼图相关。

另外,《宋史·艺文志》还有俞言《六经图说》十二卷、赵元辅《六经图》五卷、叶仲堪《六经图》七卷。《千顷堂书目》还收录了赵元辅《大易象数钩深图》三卷,有学者认为可能就是《六经图》的《易》图部分。①此外,《直斋书录解题》有唐仲友《帝王经世图谱》(亦称《六经图谱》)十卷,一百二十二篇。周必大《题辞》云:"凡天文、地理、礼乐、刑政、阴阳、度数、兵农、王霸,皆本之经典,兼采传注,类聚群分,旁通午贯,使事时相参,形声相配,或推消长之象,或列休咎之证,而于郊庙、学校、畿疆、井野,尤致详焉。各为总说附其后,始终条理,如指诸掌。"②

(三)南宋杨复《仪礼图》十七卷

其序曰:

> 学者多苦《仪礼》难读……虽然,莫难明于《易》,可以象而求;莫难读于《礼仪》,可以图而见。图亦象也。复囊从先师朱文公读《仪礼》,求其辞而不可得,则拟为图以象之,图成而易显。凡依位之先后秩序,物之轻重权衡,礼之恭逊文明,仁之忠厚恳至,义之时措从宜,智之文理密察,精粗本末,昭然可见……赵彦肃尝作特牲、少牢二礼图,质诸先师,先师喜曰:"更得冠昏礼及堂室制度并考之,乃为佳耳。"盖《仪礼》原未有图,故先师欲学者考订以成之也。

《仪礼图》是按照朱熹的意见而作的,因此在义例上亦本于《仪礼经传通解》。全书共分冠礼、士昏礼、士相见礼、乡饮酒礼、乡射礼、燕礼、大射礼、聘礼、公食大夫礼、觐礼、丧服礼、士丧礼、既夕礼、士虞礼、特牲馈食礼、少牢馈食礼、有司彻十七门,共二百零五图。书末又附《仪礼旁通图》一卷,分宫庙、

---

① 张富祥:《宋代文献学研究》,上海:上海古籍出版社,2006年,第510页。
② 马端临:《经籍考》五十五,《文献通考》卷二二八,北京:中华书局,2011年,第6267页。

冕弁、牲鼎礼器三门，共有二十五图。正文部分先录《仪礼经传通解》原文，然后绘图，再加详细考证说明。

（四）《周礼》的礼图

在宋代的礼图学当中，《周礼》的礼图是比较专门的一类。其实，《周礼》一书本身就是由三百多个职官按照六官的体系构筑而成的，其中有很多内容涉及上古时期的政治、经济、军事等制度。如果就文字来看，缠绕复杂，但如果把这些内容用图表的形式直观地表现出来，则一目了然，易于理解和把握。《六经图》当中关于《周礼》的礼图，就是这样的。因此，在宋代的礼图学当中还有一些有关《周礼》名物制度的专门的礼图。如《宋史·艺文志》收录有龚原《周礼图》十卷、郑景炎《周礼开方图说》一卷、项安世《周礼丘乘图说》一卷等，其中后二书应该是有关《周礼》的专题礼图。在《周礼》的各种礼图中，南宋夏休的《周礼井田谱》二十卷是具有代表性的一部著作。《四库总目提要》指出：

> 其书因井田之法，别以己意推演，创立规制。于乡遂之官联，沟遂之纵横，王侯之畿疆，田莱之差数，兵农之相因，颁禄之多寡，门子游倅之法，兆域昭穆之制，郊社宗庙之位，城郭内外之分，以及次舍庐室、市廛次叙、三鼓四金、五常九旗、五路五车、和门八节，皆摹绘为图，若真可坐言起行者。其考订旧文，亦多出新意。①

南宋陈傅良对此书评价颇高。他在《夏休井田谱序》中说："苟得如《井田谱》与近时所传林勋《本证书》者数十家，各致其说，取其通如此者，去其泥不通如彼者，则周制可得而考矣。周制可得而考，则天下亦几于理矣。"②

另外，还有余希文《井田王制图》一卷三十二图。③林希逸《考工记解》二卷是有关《周礼·考工记》的专著，其中也有几十幅附图。其实，《周礼》书中

---

① 《四库全书总目》卷二十三，第188—189页。
② 黄宗羲、全祖望：《止斋学案》，《宋元学案》卷五十三，第1717—1718页。
③ 《玉海·艺文》卷五，参见武秀成、赵庶洋：《玉海艺文校证》卷五，南京：凤凰出版社，2013年，第216页。

有关国野、乡遂制度，最适合用图表的形式来研究，其中的井田图应当是《周礼》礼图当中比较突出的一类。

二　金石学与礼图学的发展

金石学也是宋代形成的一门新兴的学问。王国维曾说："古来新学问起，大都由于新发见。有孔子壁中书出，而后有汉以来古文家之学。有赵宋古器出，而后有宋以来古器物、古文字之学。"[①] 从先秦直至隋唐时期，对古代青铜器以及铭文的搜集、考释，仅有一些零星的、不成系统的记载。宋代儒学复兴，士大夫普遍有超越汉唐而直达三代的豪迈志愿，对三代遗存自然有着特殊的爱好与兴趣，对古代器物的收集、研究蔚然成风，由此在传统学术体系当中形成了一门相对独立的学问。宋代金石学主要包括搜集古器物及其拓本，鉴定古器物与考释金石文字，以及由古器物及金石文字的考订而考订三代历史以及典章制度。刘敞《先秦古器图》是宋代著录、考释、研究古器的较为成型的一部著作，他在序言中说：

> 先秦古器，十有一物，制作精巧，有款识，皆科斗书，为古学者莫能尽通，以它书参之，乃十得五六。就其可知者校其世，或出周文、武时，于今盖二千有余岁矣。嗟乎！三王之事，万不存一，《诗》《书》所记，圣王所立，有可长太息者矣，独器也乎哉？兑之戈，和之弓，离磬崇鼎，三代传以为宝，非赖其用也，亦云上古而已矣。孔子曰："多见而识之，知之次也。"众不可盖，安知天下无能尽辨之者哉？使工模其文，刻于石，又并图其象，以俟好古博雅之君子焉。终此意者，礼家明其制度，小学正其文字，谱牒次其世谥，乃为能尽之。[②]

[①] 王国维：《最近二三十年中中国新发见之学问》，《静庵文集续编》，《王国维遗书》第三册，上海：上海书店，2011 年影印本，第 699—700 页。

[②] 吕祖谦：《宋文鉴》卷七十九，黄灵庚、吴战垒主编：《吕祖谦全集》第十三册，杭州：浙江古籍出版社，2008 年，第 444 页。

《宣和博古图》和赵明诚的《金石录》。这一时期，北宋社会政治危机四伏，摇摇欲坠，但金石学作为一门新兴的学问却在帝王与士大夫的共同推动下取得了空前的成就，"宋代金石学研究的成果，以这六七十年间所得最为集中"[①]。

南宋绍兴年间翟耆年撰《籀史》，收录了当时所能见到的古器物图录与考释之书三十四种，大致反映了宋代金石学研究的状况。此书共上下两卷，下卷已佚，今只存上卷。清王士禛《居易录》保存了《籀史》原书的目录，倪涛《六艺之一录》所收《籀史》也存下卷目录。

上　卷

《宣和博古图》　三十卷　题宋徽宗御撰

《祀圜丘方泽太庙明堂礼器款识》　三卷　题宋徽宗御撰

《政和四年夏祭方泽礼器款识》　一卷　题宋徽宗御撰

《比干墓铜盘记》

《周穆王东巡题名》　一卷

《周宣王吉日碑》　一卷（按："宣"当作"穆"）

《石鼓碑》　一卷

《先圣篆延陵季子墓碑》　一卷

《古钲铭碑》　一卷　徐铉释文，国子监摹版

《皇祐三馆古器图》　杨元明序释

《古器图》　一卷　知和州胡俛刻于熙宁元年，据皇祐初仁宗观书太清楼时所赐摹本上石，不载王洙释文

《考古图》　五卷　李公麟撰

《周鉴图》　一卷　李公麟撰

《考古图》　二十卷　吕大临撰

《先秦古器图碑》　一卷　刘敞撰

《周秦古器铭碑》　一卷　天禧元年僧湛泩立碑

《米氏史章训古》　一卷　米芾以钟鼎字篆书宋徽宗文

---

① 参见张富祥：《宋代文献学研究》，第419页。

《古器物铭碑》 十五卷　赵明诚撰
《晏氏鼎彝谱》 一卷　晏溥撰

下　卷
《安州古器图》 一卷
《吕氏考古图释》 不分卷　赵九成撰
《维扬燕衎堂古器铭》 一卷　石公弼撰
《黄氏古器款字》 一卷
《广川董氏古文集类》 十卷　董逌撰
《赵氏获古庵记》 一卷
《洛阳安氏牧敦图》 一卷
《越州刻漏铭》 一卷
《梓州蜼彝记》 一卷
《青州古器古玉图》 一卷
《严真观古器图》 一卷
《蔡氏古器款识》 三卷（按：原未录撰人，当为蔡肇撰）
《荣氏考古录》 十五卷（按：原未录撰人，当为荣咨道撰）
《历代钟鼎彝器款识法帖》 二十卷　薛尚功撰
《翟氏三代钟鼎款识》 三卷（按：未详撰人，疑当为耆年自编之书）①

这些著作大多以收录先秦古器物为主，其中具有代表性的是吕大临《考古图》与《宣和博古图》。

（一）吕大临《考古图》十卷

吕大临是北宋时期"躬行礼教"的关学传人，在张载去世之后又转学二程，他在受到二程理学影响的同时依然保持了重礼的思想特征。吕大临的《考古图》是他考索三代礼制的一部作品。《郡斋读书志》说，此书"裒诸家所藏三代、

---

① 参见张富祥：《宋代文献学研究》，第447—448页。

秦、汉尊彝鼎敦之属，绘之于幅而辨论形制文字"①。《直斋书录解题》记载："其书作于元祐七年，所纪自御府之外凡三十六家所藏古器物，皆图而录之。"②书中所收共古铜器224件、玉器13件。

吕大临认为，古代流传下来的器物，"制度法象之所寓，圣人之精义存焉，有古今之所同然，百代所不得变者"③。吕大临多方搜访，"于士大夫之家所阅多矣，每得传摹图写，寝盈卷轴，尚病窾启，未能深考，暇日论次成书，非敢以器为玩也"④。吕大临对于每件器物皆确定其名称，然后摹绘图形、款识，记录大小尺寸，考释铭文。由于吕大临创作此书的指导思想是"探其制作之原，以补经传之阙亡，正诸儒之谬误"⑤，因此他在摹绘每件器物之后，又根据文献资料讨论器物的时代、用途以及相关礼制。因此，《考古图》也属于研究三代礼制的一部礼图学专著。

在吕大临之前，李公麟也著有《考古图》一卷。据《宋史》记载，李公麟"好古博学，长于诗，多识奇字，自夏商以来钟鼎尊彝，皆能考定世次，辨测款识"⑥。《籀史》也说：

> 李公麟，字伯时，舒城人也。著《考古图》，每卷每器各为图，叙释其制作、镂文、款字、义训及所用，复总为前序后赞，天下传之。士大夫留意三代鼎彝之学，实始于伯时。

李公麟还是当时著名的大画家，因此他所摹绘的《考古图》形制更加准确，为后人所称赞。吕大临《考古图》中不但收录了李公麟的许多藏器，而且书中按语多次称引"李氏《录》"。有学者指出，作为吕大临重要参考资料之一的"李氏《录》"其实就是李公麟的《考古图》。因此，吕大临的《考古图》"实以李氏之书

---

① 晁公武：《郡斋读书志》卷四，上海：上海古籍出版社，1990年，第170页。
② 陈振孙：《直斋书录解题》卷八，上海：上海古籍出版社，1987年，第234页。
③ 吕大临：《考古图后记》，陈俊民：《蓝田吕氏遗著辑校》，北京：中华书局，1993年，第591页。
④ 同上，第592页。
⑤ 同上，第592页。
⑥ 脱脱等：《文苑传六·李公麟传》，《宋史》卷四百四十四。

为基础，又广搜众本汇聚而成，既非出于家藏器物，亦非尽由个人传摹图写"①。李公麟的《考古图》一书后来佚失了，但其主体内容大多保留在吕大临的书中。

今本吕大临《考古图》后还附有《续考古图》五卷、《释文》一卷。旧题皆为吕大临所作，但《四库总目提要》则认为"盖南宋人续大临之书而佚其名氏"②。其实，这种说法未必准确。《续考古图》与《考古图释文》也当为吕氏遗著，后由赵九成整理成书。

宋代金石学是后世古器物学的基础。吕大临的《考古图》与《续考古图》是现存最早、最为详尽的古器物图录。从礼图学发展的角度来说，《考古图》以最为直接的形式展示了三代礼器的原貌，充实、完善了礼图，从而也是对三《礼》学以及礼学研究的一个有力补充。从制图技法的角度来看，吕大临的《考古图》在宋代金石学中也是最有成就的。当代著名考古学家李济先生指出："就很多方面说，这部书的出现，不但在中国历史上，并且在世界文化史上，是一件了不得的事件。在这部书内，我们可以看见，还在十一世纪的时候，中国的史学家就能用最准确的方法，最简单的文字，以最客观的态度，处理一批最容易动人感情的材料。他们开始，并且很成功地，用图像摹绘代替文字描写；所测量的，不但是每一器物的高度、宽度、长度，连容量与重量都记录下来了；注意的范围，已由器物的本身扩大到它们的流传经过及原在地位；考订的方面，除款识外，兼及器物的形制与纹饰。"③李济先生从考古学的角度高度评价了这部书的意义与价值，并且指出了它对此后出现的《宣和博古图》的影响。正因《考古图》在古器物的测绘方面取得了如此大的成就，它同样也推动了宋代礼图学的发展，成为宋代礼图学发展过程中的一部重要著作。

（二）王黼《宣和博古图》

此书由王黼奉敕编撰，又名《博古图录》，成书于北宋大观年间。据《宋史》本传，王黼"为人美风姿，目睛如金，有口辩，才疏隽而寡学术，然多智善佞。

---

① 参见张富祥：《宋代文献学研究》，第454—456页。引文见第455页。
② 《考古图》，《四库全书总目》卷一百一十五，第982页。
③ 李济：《中国古器物学的新基础》，原载台湾大学《文史哲学报》，1950年第1期，收入《李济文集》卷一，上海：上海人民出版社，2006年，第334页。

中崇宁进士第，调相州司理参军，编修《九域图志》"①。王黼在徽宗、钦宗朝为官贪腐，入《佞幸传》，在政治、人品各方面均无所取，但他编撰的这部《博古图》在宋代的礼图学史上却占有一定的地位。

据文献记载：

（大观二年）十一月辛酉，兵部尚书、议礼局详议官薛昂奏："有司所用礼器，如尊爵簠簋之类，与士大夫家所藏古器不同。盖古器多出于墟墓之间（原作'问'），无虑千数百年，其制作必有所受，非伪为也。传曰：礼失则求之野。今朝廷欲讨正礼文，则苟可以备稽考者，宜博访而取质焉。欲乞下州县，委守令访问士大夫，或民间有蓄藏古礼器者，遣人即其家，图其形制，送议礼局。"从之。②

政和三年七月己亥，诏：……比哀集三代鼎彝、簠簋、盘匜、爵豆之类，凡五百余器，载之于图，考其制而尚其象，与今荐天地、飨宗庙之器无一有合，去古既远，礼失其传矣……诏有司悉从改造。宫室车服冠冕之度，昏冠丧葬之节，多寡之数，等衰之别，虽尝考定，未能如古，秦汉之弊未革也。③

又注文中说：

崇宁以来，稽古殿多聚三代礼器，若鼎彝、簠簋、牺象、尊罍、登豆、爵斝、坫洗，凡古制器悉出，因得见商周之旧，始验先儒所传太讹。若谓罍山尊但为器画山雷而已，虽王氏亦曰如是，此殆非也。制度今已传，故不详录。政和既置礼制局，乃请御府所藏悉加讨论，尽改以从古，荐之郊庙，焕然大备。④

---

① 脱脱等：《佞幸传·王黼传》，《宋史》卷四百七十。
② 《宋通鉴长编纪事本末》卷一百三十三，中国基本古籍库收清嘉庆宛委别藏本。
③ 《宋通鉴长编纪事本末》卷一百三十四。
④ 同上。

从这些记载可见，北宋从大观年间开始，政府由于制礼的需求，开始从民间搜集古器物，并重设议礼局。后又置礼制局，以制造、改造礼器。北宋崇礼、制礼的风气是非常浓厚的，《宣和博古图》就是在这种风气之下而产生的。

晁公武《郡斋读书志》记载《博古图》二十卷，"皇朝王楚集三代秦汉彝器，绘其形范，辨其款识，增多于吕氏《考古》十倍矣"①。又据《玉海》引《中兴馆阁书目》："《博古图》三十卷。宣和殿所藏彝鼎古器，图其形，辨其款识，推原制器之意而订正同异。"②

《四库总目提要》指出：

> 案晁公武《读书志》称《宣和博古图》为王楚撰，而钱曾《读书敏求记》称元至大中重刻《博古图》，凡臣王黼撰云云，都为削去，殆以人废书。则是书实王黼撰，楚字为传写之伪矣。曾又称《博古图》成于宣和年间，而谓之重修者，盖以采取黄长睿《博古图说》在前也。考陈振孙《书录解题》曰，《博古图说》十卷，秘书郎昭武黄伯思长睿撰，凡诸器五十九品，其数五百二十七，印章十七品，其数四十五。长睿没于政和八年，其后修《博古图》颇采用之，而亦有删改云云。钱曾所说，良信。然考蔡絛《铁围山丛谈》曰：李公麟字伯时，最善画，性喜古，取生平所得及其闻睹者作为图状，而名之曰《考古图》。及大观初，乃仿公麟之《考古》，作《宣和殿博古图》。则此书踵李公麟而作，非踵黄伯思而作，且作于大观初，不作于宣和中。絛，蔡京之子，所说皆其目睹，当必不误，陈氏盖考之未审。其时未有宣和年号，而曰《宣和博古图》者，盖徽宗禁中有宣和殿以藏古器书画。后政和八年改元重和，右丞范致虚言犯辽国年号，徽宗不乐，遂以常所处殿名其年，且自号曰宣和人。亦见《铁围山丛谈》。则是书实以殿名，不以年号名。自洪迈《容斋随笔》始误称政和、宣和间朝廷置书局以数十计，其荒陋而可笑莫若《博古图》云云。钱曾遂沿以立说，亦失考也。絛又称尚方所贮至六千余数百器，遂尽见三代典礼文章，而读先儒所讲说，

---

① 晁公武：《郡斋读书志》卷四，第171页。
② 《玉海艺文校正》卷二十二，南京：凤凰出版社，2013年，第1080页。《博古图》，《直斋书录解题》作三十卷（卷八，第234页），《宋史·艺文志》作"宣和重修博古图录"三十卷，《通志·艺文略》作六十卷。

殆有可哂者。而洪迈则摘其父癸匜、周义母匜、汉注水匜、楚姬盘、汉梁山锏及州吁高克诸条，以为诟厉，皆确中其病。知倏说乃回护时局，不为定评。然其书考证虽疏，而形模未失，音释虽谬，而字画俱存，读者尚可因其所绘，以识三代鼎彝之制，款识之文，以重为之核订。当时裒集之功，亦不可没。其支离悠谬之说，不足以当驳诘，置之不论不议可矣。①

《四库总目提要》对历来的各种说法作了较为详尽的考订。第一，《宣和博古图》的作者为王黼，这一点是正确的；第二，据蔡絛《铁围山丛谈》，王黼此书是续李公麟的《考古图》，李公麟的《考古图》已经佚失；第三，《宣和博古图》之"宣和"源于殿名，而非年号；第四，《宣和博古图》虽然有很多缺陷，如"附会古人，动成舛谬"，但总体上说它的"裒集之功，亦不可没"。《四库总目提要》的这几点结论基本是准确的。

今存《重修宣和博古图》为三十卷，二十大类，收录古器物59种，539器（壶类的上卷少计一器，故全书实收540器），其中相当一部分为礼器，如书中数量最多的为鼎类，共计126器。

《宣和博古图》在器物的考订、文字的考释以及器物的鉴定等方面都有一些纰漏，南宋人洪迈还专门列举出书中许多"荒陋而可笑"之处②，但它与吕大临的《考古图》一样，在宋代金石学发展历史上的地位是不容否认的。同样，由于书中的图大多为礼器图，因此这部书也是宋代礼图学当中的一部重要著作。

由以上叙述可见，各种器物图样是宋代金石学著作当中十分珍贵且有价值的部分。仅吕大临的《考古图》和《续考古图》以及《宣和博古图》这三部著作就有图1250张，"可谓规模宏大，其图绘之精，体例之严，阅之有'时代虽遥，犹足动人'之感"。从科学的角度来看，"这些金石学著作用图样摹绘代替文字描写是十分成功的，这些古器物图样，全面而科学地记录了古代器物的实况和形制，体现了古人制器尚象的图学传统"③。正因它全面科学地记录了古器物的

---

① 《四库全书总目》卷一百一十五，第983页。
② 参见洪迈：《容斋随笔》卷十四"博古图"条、《容斋三笔》卷十三"再书博古图"条，北京：中华书局，2005年，第182—183、578—580页。
③ 参见刘克明：《中国图学思想史》，北京：科学出版社，2008年，第377—378页。

实况，从而为当时的制礼提供了实物依据，也为后世了解宋代所收藏的三代器物提供了丰富的资料。王国维在《宋代之金石学》一文中专门谈到金石学的应用，其中主要内容还是宋代的礼图在宋代制礼作乐中的实际用途。文中说：

> 更就应用一方面言之，则宋初郊庙礼器皆用聂崇义《三礼图》之说。聂图虽本汉人旧图，然三代礼器自汉已失其制，及宋时古器大出，于是陆农师（佃）作《礼象》十五卷，以改旧图之失。其尊、爵、彝、舟，皆取公卿家及秘府所藏古彝器，与聂图大异。逮徽宗政和中，圜丘、方泽、太庙、明堂，皆别铸新器，一以古礼器为式。后或铸以赐大臣，讫于近世，犹有存者。元明以后各省文庙礼器，皆承用之。然其改革，实自宋人始。又仁宗景祐间李照修雅乐，所铸钟皆圆，与古制颇异。会官帑中获宝齁钟，其形如铃，而不圆，于是仿之作新钟……可见宋人金石之学并运用于实际，非徒空言考订而已。①

由以上的论述我们可以知道，古器物的绘图、研究，是中国古代礼制研究与礼学研究的一部分。由礼器实物及其图像可以"尽见三代典礼文章"，这也是宋代学者倾注大量热情心血去收集、摹写、研究古代器物的重要原因。

三　宋代礼图学的意义

郑樵的《图谱略》在中国古代史学史上具有重要的意义和价值。梁启超曾指出，中国古代最值得肯定的三位史学家是唐代的刘知几、宋代的郑樵和清代的章学诚，其中郑樵的"学说在《通志·总序》及《艺文略》《校雠略》《图谱略》"②。梁启超对于中国古代史学的评价当然仅是一家之言，但郑樵作为中国古代最有识见的史学家之一，《通志》的"二十略"是《通志》全书的精华，而《图谱略》与《艺文略》《校雠略》又是"二十略"中最有价值的部分，同时也是

---

① 王国维：《宋代之金石学》，《静庵文集续编》，《王国维遗书》第三册，第717页。
② 梁启超：《中国历史研究法》，上海：上海古籍出版社，2006年，第26页。

最能体现郑樵史识和史学创见的内容，这一点应该是准确的。不仅如此，正如前文曾经指出的，郑樵的《图谱略》还是宋代礼图学发展过程中的一篇纲领性文献。宋代不仅出现了大量官修、私修的以著录古器物图像为主要内容的《博古图》一类的礼图学著作，而且还出现了像郑樵的《图谱略》这种从理论上总结图谱学的发展、作用与意义的著作，由此我们也可以进一步确认，礼图学已成为宋代礼学发展过程中一个相对独立的分支。

郑樵曾经批评司马迁、班固以及刘向等以往的史学家不重视图谱在史学著作和图书分类中的作用，其实这种现象在礼学研究中也同样存在。即使在现代的礼学研究中，礼图学同样没有受到相应的重视。一般来说，在文献学的研究中会涉及图谱学，如张富祥著《宋代文献学研究》一书中以图谱学作为宋代文献学的一个分支，其中有一些关于经图和礼图的叙述与介绍。另外，科技史的研究中从绘图技术发展的角度对中国古代的经图和礼图也有一些专题研究。但是，在经学尤其礼学的研究领域，学者们普遍忽视礼图的研究与整理，更没有将礼图学作为礼学当中一个相对独立的派别而给予应有的重视。宋代由于《易》学图书学的发达而带动了其他领域图书学的兴盛，使图书学成为宋代学术发展过程中一项重要的内容与特色，在这一过程中同样也涌现大量礼图学的著作。另外，宋人好古，金石学成为宋代新兴的一门学问，在宋人收集、著录上古三代古器物的金石学著作中，也涉及大量的礼图，这样就使得礼图学成为礼学研究当中的一个独立的分支。本文将宋代的礼图学作为宋代礼学发展中的一个相对独立且又专门的派别，就是针对学术界的这种状况而发的，同时也希望能够引起学术界的重视，从多角度对宋代的礼图学作进一步的深入研究。

郑樵的《图谱略》是《通志》"二十略"中非常有价值的一篇，在这篇文章中，郑樵对于图谱的功能、价值及其在史学与其他领域的学术发展中的意义有非常深入的认识。郑樵所说的"图谱"之"谱"，相当于《史记》中的"表"，即历史年表。郑樵认为，表对于认识、研究历史具有非常重要的提纲挈领的作用。他说："《史记》一书，功在十表，犹衣裳之有冠冕，木水之有本原。"[1]在郑樵看来，谱表可以用简明扼要的形式来表述复杂的历史。郑樵还说："图载象，谱载

---

[1] 郑樵：《通志·总序》，《通志二十略》，第2页。

系,为图所以周知远近,为谱所谓洞察古今。"① 虽然郑樵一再强调图谱相辅相成,但总的来说,与谱相比,图具有更加重要的作用。郑樵曾经指出,天文、地理、宫室、器用、车旗、衣裳、坛兆、都邑、城筑、田里、会计、法制、班爵、古今、名物、书(即音韵文字)十六个方面都需要有图的配合,其实,从实际内容来看,这些大多都与礼图相关,有些甚至完全就是礼制的内容(如器用、车旗、衣裳、坛兆、名物等),因此郑樵对图谱的功能、价值与意义的论述,在很大程度上我们也可以将它看作对礼图的功能、价值与意义的评论。因此之故,我们将郑樵的《图谱略》作为宋代礼图学的一篇理论总结。

郑樵指出:

> 河出图,天地有自然之象。洛出书,天地有自然之理。天地出此二物以示圣人,使百代宪章必本于此而不可偏废者也。图,经也。书,纬也。一经一纬,相错而成文。图,植物也。书,动物也。一动一植,相须而成变化。见书不见图,闻其声不见其形;见图不见书,见其人不闻其语。图至约也,书至博也,即图而求易,即书而求难。古之学者为学有要,置图于左,置书于右,索象于图,索理于书,故人亦易为学,学亦易为功,举而措之,如执左契。后之学者离图即书,尚辞务说,故人亦难为学,学亦难为功,虽平日胸中有千章万卷,及置之行事之间,则茫茫然不知所尚。②

郑樵在这里重点强调的是图的重要性。郑樵说图经书纬,这是针对传统学术体系中重书而轻图的倾向而言的。学者如离图而即书,则学问无头绪;如图与书互相配合,"索象于图,索理于书",则学问会事半而功倍。就礼学来说更是如此,绘图是前人在研究实践中总结出来的研究礼学行之有效的方法之一。用图像来表示礼制、礼器等礼学当中复杂的问题,可以达到以简驭繁、纲举目张的目的与效果。郑樵又说:

> 人生覆载之间,而不知天文、地里,此学者之大患也。在天成象,在

---

① 郑樵:《年谱·年谱序》,《通志》卷二十一,北京:中华书局,1987年影印本,第405页。
② 郑樵:《通志·图谱略》,《通志二十略》,第1825页。

地成形，星辰之次舍，日月之往来，非图无以见天之象。山川之纪，夷夏之分，非图无以见地之形。天官有书，书不可以仰观；地里有志，志不可以俯察。故曰天文地里，无图有书，不可用也。稽之人事，有宫室之制，有宗庙之制，有明堂辟雍之制，有居庐垩室之制，有台省府寺之制，有庭溜户牖之制。凡宫室之属，非图无以作室。有尊彝爵斝之制，有簠簋俎豆之制，有弓矢铁钺之制，有圭璋璧琮之制，有玺节之制，有金鼓之制，有棺椁之制，有重主之制，有明器祭器之制，有钩盾之制。凡器用之属，非图无以制器。为车旗者，则有车舆之制，有骖服之制，有旗旐之制，有仪卫卤簿之制，非图何以明章程？为衣服者，则有弁冕之制，有衣裳之制，有履舄之制，有笄总之制，有襚含之制，有杖绖之制，非图何以明制度？为坛域者，则有坛埒之制，有丘泽之制，有社稷之制，有兆域之制，大小高深之形，非图不有辨。为都邑者，则有京辅之制，有郡国之制，有闾井之制，有市朝之制，有蕃服之制，内外重轻之势，非图不能纪。为城筑者，则有郭郛之制，有苑囿之制，有台门魏阙之制，有营垒斥候之制，非图无以明关要。为田里者，则有夫家之制，有沟洫之制，有原隰之制，非图无以别经界。为会计者，则有货泉之制，有贡赋之制，有户口之制，非图无以知本末。法有制，非图无以定其制。爵有班，非图无以正其班。有五刑，有五服，五刑之属有适轻重者，五服之别有大宗小宗。权量所以同四海，规矩所以正百工，五声、八音、十二律有节，三歌、六舞有序，昭夏、肆夏，宫陈、轩陈，皆法制之目也，非图不能举。内而公卿大夫，外而州牧侯伯，贵而妃嫔，贱而妾媵，官有品，命有数，禄秩有多寡，考课有殿最，缣籍有数，玉帛有等，上下异仪，尊卑异事，皆班爵之序也，非图不能举要。通古今者，不可以不识三统、五运，而三统之数，五运之纪，非图无以通要。别名物者，不可以不识虫鱼草木，而虫鱼之形，草木之状，非图无以别要。明书者，不可以不识文字、音韵，而音韵之清浊，文字之子母，非图无以明。凡此十六种，可以类举，为学者而不知此，则章句无所用，为治者而不知此，则纲纪文物无所施。①

---

① 郑樵：《通志·图谱略》，《通志二十略》，第1828—1830页。

郑樵在这里详细地说明了图在为学的十六个方面所具有的作用与功能。由于这些图大多属于礼图或与礼图相关，"非图无以作室"，"非图无以制器"，"非图何以明章程"，"非图何以明制度"，因此，郑樵的这段文字详细地说明了礼图在研究古代礼制以及现实社会制礼中的作用。后明人李维桢在郑樵此说的基础之上进一步提升，将礼图的作用抽象地概括为"载道之器"。他说："《礼》有之：礼器，是故大备。大备，盛德也。图者，载道之器也。无图则无器，无器则道何以形，礼何以备，而盛德何以见乎？"按，"礼器，是故大备。大备，盛德也"出自《礼记·礼器》篇的首句。此篇名《礼器》，如孙希旦所言，"以其在简端耳"①，即以此篇的前两个字来名篇，这本是先秦古籍取名的一个通例，并没有其他特殊的含义。但是，宋人则从道器的角度来解释，如《礼记集解》引宋人方悫言曰："形而上者谓之道，形而下者谓之器。道运而无名，器运而有迹。《礼运》言道之运，《礼器》言器之用。"②认为礼有道和器两个方面，这是典型的宋儒的看法。礼器是三代礼乐盛世以及儒家三代理想的物质载体，而礼图则是对礼器的真实摹写，这样，礼图与儒家的政治理想之间，道与器之间，就发生了必然的有机联系，从而也显示了礼器以及礼图在儒学当中的重要地位。

郑樵的《图谱略》中还有《原学》一篇，专门论述古代学术。郑樵认为，后代学术不及三代之学，主要有两个原因：

> 一者义理之学，二者辞章之学。义理之学尚攻击，辞章之学务雕搜。耽义理者则以辞章之士为不达渊源，玩辞章者则以义理之士为无文彩。要之，辞章虽富，如朝霞晚照，徒焜耀人耳目；义理虽深，如空谷寻声，靡所底止。二者殊途而同归，是皆从事于语言之末，而非为实学也。③

郑樵是历史学家，他在这里所说的是否对义理之学和辞章之学有偏见，可以暂且不论，但有必要指出的是，第一，他将图谱学定性为"实学"，并说"图谱

---

① 孙希旦：《礼器》，《礼记集解》卷二十三，北京：中华书局，1989年，第624页。
② 同上，第624页。
③ 郑樵：《通志·图谱略》，《通志二十略》，第1827页。

之学不传,则实学尽化为虚文矣"①。郑樵所说的"实学"含义比较广泛,除了包括图谱学之外,还包括史学中的典章制度,天文地理、草木鱼虫等自然科学方面的知识,以及理解儒家经籍的手段文字音韵等。②第二,郑樵将图谱学与义理学、辞章学并列,并说"图谱之学,学术之大者"③,由此大大提升了图谱在传统学术门类中的地位与价值。

由上所述,我们可以看出,由于时代思潮的影响、帝王的雅好、文人的兴趣以及制礼作乐的现实需求,在这些不同因素的影响之下,北宋时期的礼图学极为兴盛,有理论,有实践,成为宋代礼学中极具特色的一个独立流派。

---

① 郑樵:《通志·图谱略》,《通志二十略》,第 1827 页。
② 参见吴怀祺:《宋代史学思想史》,合肥:黄山书社,1992 年,第 142—143 页;《郑樵研究》,厦门:厦门大学出版社,2010 年,第 74—79 页。
③ 郑樵:《通志·图谱略》,《通志二十略》,第 1828 页。

朱子三《礼》学体系的形成和价值[*]

殷 慧

（湖南大学岳麓书院）

在汉宋学术发展中，传统礼经学的学术形态发生重大变化。朱子的礼学无疑是郑玄礼学的继承和发展[①]，同时我们也能够非常清楚地看到，朱子的礼学思想体系已经迥异于郑玄。皮锡瑞曾言："汉儒多说礼，宋儒多说理。"张舜徽亦言："汉儒说礼，考礼之制；宋儒说礼，明礼之义。"简单地说，是礼、理的不同，是学术路径和方法的不同，即考据与义理、礼仪与礼义的不同。归根结底，表现为两人礼学思想体系的不同。正如吴飞教授所言："辨别汉宋之学，并不仅仅要看训诂与性理上的差别，同样重要的，是要看他们在礼学体系上的实质不同。"[②]郑玄之学的最大特点是以三《礼》注构建的礼学为中心，统摄诸经，形成了以《周礼》为中心的礼学思想体系。其经学体系的构造大致为"《周礼》—《仪礼》—《礼记》—诸经—诸纬"，即以《周礼》为中心，围绕三《礼》确定其他经书的内容，形成了"以礼注经"的诠释传统。[③]"礼是郑学"的提出意味着郑玄三《礼》之学与孔子的仁礼之学不同，推崇《周礼》标志着中国礼学的巨大转

---

[*] 本文系国家社会科学基金重点项目"汉宋礼学研究"（18AZX010）的阶段性成果。
[①] 张舜徽在《郑学传述考》中提及传郑礼学时，宋元明仅列朱熹一人。
[②] 吴飞：《我们的礼学研究与未来的设想》，《中国哲学年鉴》，2015年。
[③] 华喆：《礼是郑学：汉唐间经典诠释变迁史论稿》，北京：生活·读书·新知三联书店，2018年，第28页。

变，即由专讲典礼仪式及日常礼节的礼学，转变为讲述社会政治制度的礼学。①这一礼学体系影响深远，以致宋代的《周礼》学受其影响，注重致用，欧阳修、范仲淹、石介、李觏等提倡仿《周礼》以改制，王安石尤以《周礼》为资源，寻求一条趋向礼学制度建设的富民强国之路，并将《周官新义》作为《三经新义》之一推向科场，在宋代政治上的影响十分深远。朱熹的礼学思想体系正是在这样一个大的经学变革传统和"后王安石时代"中形成，并对这一重视《周礼》的礼学体系做了一个巨大的扭转，转向以《仪礼》为本经的礼经学体系。

一 《仪礼》为本

朱熹重新认识并确立了三《礼》的地位及其关系，明确提出《仪礼》是本经，是经礼的观点。朱熹说：

> 先儒以《仪礼》为经礼。②
> 《仪礼》，礼之根本，而《礼记》乃其枝叶。③
> 《仪礼》是经，《礼记》是解《仪礼》。如《仪礼》有冠礼，《礼记》便有《冠义》；《仪礼》有昏礼，《礼记》便有《昏义》；以至燕、射之类，莫不皆然。④

朱熹强调《仪礼》作为礼之根本，旨在突出《仪礼》的重要性，这是对唐宋以来礼学学习和研究重视《礼记》而忽视《仪礼》的反思，尤其是对王安石新学注重《周礼》、废罢《仪礼》的反动。朱熹常常批评宋儒研究《仪礼》时出现的杜撰之风。朱熹所说的"杜撰"，就是自出新意，穿凿附会，指出的是宋代学者在考察礼学时往往习惯脱离仪节，多用义理来揣度礼义所产生的弊端。朱熹指出："熙宁以来，王安石变乱旧制，废罢《仪礼》，而独存《礼记》之科，弃经任

---

① 该书的第二卷第二十九章，执笔者是王葆玹，参见姜广辉主编《中国经学思想史》，北京：中国社会科学出版社，2003年。
② 黎靖德编：《朱子语类》卷八十五，《朱子全书》，上海：上海古籍出版社、合肥：安徽教育出版社，2002年，第2899页。以下引用朱熹著作均来自此版本《朱子全书》。
③ 黎靖德编：《朱子语类》卷八十四，第2888页。
④ 黎靖德编：《朱子语类》卷八十五，第2899页。

传,遗本宗末,其失已甚。而博士诸生又不过诵其虚文以供应举,至于其间亦有因仪法度数之失而立文者,则咸幽冥而莫知其源。一有大议,率用耳学臆断而已。"[1]这说明朱熹已经充分认识到不习《仪礼》带来的严重后果,看到了"今士人读《礼记》而不读《仪礼》"所产生的悬空说礼义,"不能见其本末"的弊端。[2]出于对制度名物之学与道德性命之学的深刻反思,朱熹的礼学思想才倾向于以《仪礼》为基础的修身之学,而非以《周礼》为凭借的制度之学。[3]

朱熹明确告诉学者们,先有礼,才能引申礼义,二者之间的关系不能本末倒置。礼义的引申与发挥应该建立在对《仪礼》的学习和认识上。如果不熟悉《仪礼》,对《礼记》的认识和发挥就会导致空谈虚说的弊病。在绍熙五年(1194)所上的《乞修三礼札子》中,朱熹提出:"《周官》一书,固为礼之纲领,至其仪法度数,则《仪礼》乃其本经,而《礼记》《郊特牲》《冠义》等篇乃其义说耳。"[4]在今天,《仪礼》为本经的观点可以说是不言自明的;而在朱熹以前,特别自汉代以来,对《仪礼》地位的认识却并不一致,甚至可以说分歧很大。

郑玄认为礼兼具"体"和"履"两方面功能,而以"《周官》为体,《仪礼》为履"。在注释"经礼"和"曲礼"时,郑玄说:"'经礼',谓《周礼》也。《周礼》六篇,其官三百六十。曲,犹事也,'事礼',谓今《礼》也。礼篇多亡,其数未闻,其中事仪三千。""曲礼者,是《仪礼》之旧名,委曲说礼之事。"在郑玄看来,"经礼三百"指《周礼》,《周礼》三百六十官,举其成数。"曲礼三千"指《仪礼》,《仪礼》篇目多亡,本数多少不可考。"经礼,即《周礼》三百六十官。曲礼,即今《仪礼》冠、昏、吉、凶,其中事仪三千,以其有委曲威仪,故有二名也。"郑玄的阐释中已暗含崇体贱履,扬《周礼》轻《仪礼》的倾向。皮锡瑞曾这样评价郑玄的礼经学体系:"自郑君以《周礼》为经礼,《仪礼》为曲礼,于是汉代所尊为《礼经》者反列于后,而《周官》附于《礼经》者,反居于前。"[5]也正如有学者

---

[1] 朱熹:《乞修三礼札子》,《朱文公文集》卷十四,第687页。
[2] 黎靖德编:《朱子语类》卷八十四,第2888页。
[3] 殷慧、肖永明:《朱熹的〈周礼〉学思想》,《湖南大学学报》(社会科学版),2008年第1期。
[4] 朱熹:《乞修三礼札子》,《朱文公文集》卷十四,第687页。
[5] 皮锡瑞:《三礼》,《经学通论》三,北京:中华书局,1982年,第5页。

指出的，郑玄承刘歆改《周官》为《周礼》且置为三《礼》之首，虽使孔子以来的礼学体系在内容上有所扩充，在性质上却使之有所改变。①

梁朝礼学名家贺玚继续发挥郑玄"《周礼》为体"的观点，认为《周礼》其体有二："一是物体，言万物贵贱、高下、小大、文质各有其体；二曰礼体，言圣人制法，体此万物，使高下、贵贱各得其宜也。其《仪礼》但明体之所行，践履之事物，虽万体皆同一履，履无两义也。"在这里，贺玚挖掘了体的两层内涵：一方面"体"表现为自然世界丰富的层次性、多样性，另一方面也表现为人类社会制度效法自然世界设立的等级礼制。《周礼》中"体"所展现的是形而上的普遍性，而《仪礼》则表现的是形而下的实践性，是对《周礼》的践履。从中我们不难看出，《周礼》的地位似乎在无形中得到提升，而《仪礼》的地位则在不自觉中下降。

唐孔颖达在袭用郑、贺观点的基础上，在《礼记正义序》中论述《周礼》和《仪礼》的关系时，从"三百""三千"的搭配入手，试图从经籍中寻找《周礼》为体、为经，《仪礼》为"曲礼"的文献依据。他说：

> 《周礼》为体，其《周礼》见于经籍，其名异者，见有七处。案：《孝经说》云"礼经三百"，一也；《礼器》云"经礼三百"，二也；《中庸》云"礼仪三百"，三也；《春秋说》云"礼经三百"，四也；《礼说》云"有正经三百"，五也；《周官》外题谓为《周礼》，六也；《汉书·艺文志》云"《周官经》六篇"，七也。七者皆云三百，故知俱是《周官》。《周官》三百六十，举其大数而云三百也。其《仪礼》之别，亦有七处，而有五名。一则《孝经说》《春秋》及《中庸》并云"威仪三千"；二则《礼器》云"曲礼三千"；三则《礼说》云"动仪三千"；四则谓为《仪礼》；五则《汉书·艺文志》谓《仪礼》为《古礼经》。凡此七处五名称谓，并承三百之下，故知即《仪礼》也。②

总之，以郑、孔为代表的礼学家都认为《周礼》有统摄《仪礼》的纲领性

---

① 葛志毅：《郑玄三礼学体系考论》，《中华文化论坛》，2007年，第42页。
② 孔颖达：《礼记正义序》，阮元校刻：《十三经注疏（附校勘记）》，北京：中华书局，1980年，第1225页。

作用,"体"作用于"用","三百"纲目引领"三千"威仪。朱熹却一反这一成说,在《仪礼经传通解》中,对《仪礼》是经礼做了详细的说明,重新为《仪礼》定性。

朱熹不赞成郑玄等言"经礼"是《周礼》三百六十官,"曲礼"乃指《仪礼》事仪三千的说法,而主张采用薛瓒和叶梦得的观点。朱熹说:

> 臣瓒曰:"《周礼》三百,特官名耳。经礼,谓冠、昏、吉、凶。"盖以《仪礼》为经礼也。而近世括苍叶梦得曰:"经礼,制之凡也;曲礼,文之目也。先王之世,二者盖皆有书藏于有司,祭祀、朝觐、会同则大史执之以莅事,小史读之以喻众。而乡大夫受之以教万民,保氏掌之以教国子者,亦此书也。愚意礼篇三者,《礼器》为胜。"诸儒之说,瓒、叶为长。①

薛瓒的观点已经谈到《周礼》三百,特指官名,而谈论经礼,则是指《仪礼》中的冠昏吉凶之礼。但没有明确"经礼"与"曲礼"之间的区别。叶梦得则提出"经礼"为纲,"曲礼"为目,而认为作为"经礼"和"曲礼"的礼书共同为典礼的举行和礼仪的传授、教化服务,有用《仪礼》统合"经礼""曲礼"的倾向。朱熹则在上述说法的基础上详细论述如下:

> 盖《周礼》乃制治立法、设官分职之书,于天下事无不该摄,礼典固在其中,而非专为礼设也。故此志列其经传之目,但曰《周官》而不曰《周礼》,自不应指其官目以当礼篇之目,又况其中或以一官兼掌众礼,或以数官通行一事,亦难计其官数以充礼篇之数。至于《仪礼》,则其中冠、昏、丧、祭、燕射、朝聘自为经礼大目,亦不容专以曲礼名之也。但《曲礼》之篇,未见于今何书为近,而三百、三千之数,又将何以充之耳?又尝考之,经礼固今之《仪礼》,其存者十七篇,而其逸见于它书者,犹有《投壶》《奔丧》《迁庙》《衅庙》《中溜》等篇。其不可见者,又有《古经》增多三十九篇,而《明堂阴阳》以倘或犹有逸在其间者,大率且以《春官》所领五礼之

---

① 朱熹:《仪礼经传通解》,上海:上海古籍出版社、合肥:安徽教育出版社,2002年,第27—28页。

目约之，则其初固当有三百余篇亡疑矣。所谓曲礼，则皆礼之微文小节，如今《曲礼》《少仪》《内则》《玉藻》《弟子职》篇所记事亲事长、起居饮食、容貌辞气之法，制器备物、宗庙宫室、衣冠车旗之等。凡所以行乎经礼之中者，其篇之全数虽不可知，然条而析之，亦应不下三千有余矣。①

朱熹明确指出《周礼》乃是制治立法、设官分职之书，并非专为礼而设的经礼。《仪礼》才是经礼，因冠、昏、丧、祭、燕射、朝聘的经礼大目，不能专以曲礼名之。"经礼三百"指《仪礼》当时应有不下三百的篇目，"曲礼"是指礼之微文小节，体现在《仪礼》之中应不下三千有余条。总之，朱熹意在强调：无论是"经礼三百"，还是"曲礼三千"，都不能离开《仪礼》来讨论，都必须建立在对《仪礼》了解的基础上。

值得注意的是，在论述"经礼""曲礼"之间关系时，朱熹还纠正了"以经礼为常礼，曲礼为变礼"的说法，认为不能将"经礼"与"曲礼"完全对立割裂开来，而应该看到两者之间的密切联系。他说：

> 若或专以经礼为常礼，曲礼为变礼，则如《冠礼》之不醴而醮、用酒杀牲而有折俎、若孤子冠母不在之类，皆礼之变而未尝不在经礼篇中；"坐如尸""立如斋"，"毋放饭""毋流歠"之类，虽在曲礼之中，而不得谓之变礼，其说误也。②

在朱熹看来，常中有变，变中有常，这也是正确理解《仪礼》和《礼记》的关键。这一观点在《朱子语类》中亦有记载：

> 礼有经，有变。经者，常也；变者，常之变也。先儒以《曲礼》为变礼，看来全以为变礼亦不可。盖曲者，委曲之义，故以《曲礼》为变礼。然"毋不敬，安定辞，安民哉"，此三句，岂可谓之变礼！先儒以《仪礼》为经

---

① 朱熹：《仪礼经传通解》，第27—28页。
② 同上，第28页。

礼。然《仪礼》中亦自有变，变礼中又自有经，不可一律看也。①

关于"礼经"之说，《左传·隐公七年》有："以继好息民，谓之礼经。"《左传·隐公十一年》有："恕而行之，德之则也，礼之经也。"这里所言的"经"就是关于礼的大法。朱熹认为不能拘泥于经与权、常与变的绝对认定，而应该看到"经礼""曲礼"中都有常礼、变礼，不可一概而论。这样实际上也就沟通了《仪礼》与《礼记》之间的关系，无论是记载经典礼文的《仪礼》，还是对礼仪典制进行理论升华的《礼记》，其中都涵盖了对礼的原则的坚持和变通，都不可忽视。对礼的"经""变"思想的阐释，也成为朱熹因时制礼的理论基础。

另外，朱熹除了在学理上提出《仪礼》作为"经礼"外，在情感上也对《仪礼》有着强烈的认同感。朱熹针对不少学者认为《仪礼》是残缺之礼书而不愿研习的现象，提出"惟《仪礼》是古全书"②。"礼书如《仪礼》，尚完备如他书。"③朱熹所言的"全"和"完备"应该是指《仪礼》保存了一些完整的仪节，这是后世理解礼的源头和基础，目的在于提醒引导学者们关注《仪礼》。朱熹还说："《仪礼》事事都载在里面，其间曲折难行处，他都有个措置得恰好。"④这就说明《仪礼》的完备表现在关注了人际交往和社会规范的方方面面，考虑周全而妥善措置了各种曲折难行处，不仅是行为的标本，也是义理追溯的源头。在谈到《仪礼》一书如何产生时，朱子的观点精辟而独到。他说："《仪礼》不是古人预作一书如此。初间只以义起，渐渐相袭，行得好，只管巧，至于情文极细密，极周经处。圣人见此意思好，故录成书。"⑤朱子用简短的话说明了一个重大的理论问题：礼仪的实行先于《仪礼》一书的产生。⑥同时在这段话中，朱熹实际上还肯定了在《仪礼》精致细密的仪节中实际上内蕴丰富精巧的义理。《仪

---

① 黎靖德编：《朱子语类》卷八十五，第2899页。
② 黎靖德编：《朱子语类》卷八十四，第2888页。
③ 黎靖德编：《朱子语类》卷八十五，第2898页。
④ 同上，第2905页。
⑤ 同上，第2898页。
⑥ 当代礼学名家沈文倬先生在《略论礼典的实行和〈仪礼〉书本的撰作》中详细论证了礼典的实践先于文字记录而存在，自殷至西周各种礼典次第实行，而礼书至春秋以后开始撰作。参见沈文倬：《略论礼典的实行和〈仪礼〉书本的撰作》，《菿闇文存——宗周礼乐文明与中国文化考论》，北京：商务印书馆，2006年。

礼》是礼与义的完美结合。朱熹认为，就典礼的产生、礼仪书本的撰作和礼义的阐发来说，《仪礼》是记录礼典、礼仪的成书，具有"本"的价值、"经"的地位。《礼记》是后代诸儒阐发礼义的篇章结集，只具"末"的价值、"传"的地位。在朱熹看来，如果不正确理解《仪礼》和《礼记》的关系，在处理礼学具体问题上就会以《礼记》代替《仪礼》，观念上的错误终会导致具体的谬误。因此在朱熹看来，重新审视《仪礼》的地位将有利于澄清对三《礼》学的认识。

朱熹关于《仪礼》与《礼记》关系的思考集中体现在晚年《仪礼经传通解》的编写中。"《周礼》即以祭礼、宾客、师田、丧纪之属事别为门，自为一书。"[①] 朱子门人在编丧、祭礼时，也尊师嘱，"以《仪礼》为经，《戴记》为传，《周礼》作为旁证"[②]。王启发曾这样总结《仪礼经传通解》所表现出来的特点：在篇章设计上，《通解》并没有按照当时流行的"吉、凶、宾、军、嘉"的"五礼"模式进行编排，而是以家礼、乡礼、学礼、邦国礼、王朝礼、丧礼、祭礼的模式进行篇章编排的；在内容编排上，《通解》各篇大多以"经"、"传"（或"记"）、"注"三方面的内容成篇；在编撰形式上，就是对《仪礼》所记录的各种程序仪节，《通解》进一步有所条理化；不拘于《仪礼》十七篇篇目的内容，突破经传的界限分别，贯通三礼，融会诸子史书，扩大古礼文献资料和解说材料的选取范围，从而以经补经、以传补经、以经补传、以子书补经、以史补传，就成为《通解》一书的最突出特点。而且，在注文上也同样广泛吸收当世礼家的见解为补充。[③] 这时，我们能够看到朱熹礼学体系的架构，一方面强调以《仪礼》为本经，《礼记》为传；另外一方面朱熹受《大学》的影响，将礼仪体系的结构也由过去的吉、凶、宾、军、嘉改造为家、乡、学、邦国、王朝以及丧、祭礼的形式。

朱熹最初希望能将早年关于《大学》《中庸》等篇的义理探讨所得贯穿于《仪礼经传通解》。王过说："先生编《礼》，欲以《中庸》《大学》《学记》等篇置之卷端为《礼本》。"[④] 后来《仪礼经传通解》虽并未将此三篇置于卷端，以为礼本，但实际上朱熹已经将《中庸》《大学》《学记》中关于礼义的探讨渗入了礼

---

① 朱熹：《答潘恭叔》，《朱文公文集》卷五十，第 2313 页。
② 黎靖德编：《朱子语类》。
③ 王启发：《朱熹〈仪礼经传通解〉的编纂及其礼学价值》，《炎黄文化研究》，2005 年第 3 期。
④ 黎靖德编：《朱子语类》卷十九，第 663 页。

书的纲目之中。朱熹在对待礼的态度上一向主张应优先领会义理。据叶贺孙所录：

> 杨通老问《礼书》。曰："看《礼书》，见古人极有精密处，事无微细，各各有义理。然又须自家工夫到，方看得古人意思出。若自家工夫未到，只见得度数文为之末，如此岂能识得深意？如将一碗干硬底饭来吃，有甚滋味？若白地将自家所见揣摸他本来意思不如此，也不济事。兼自家工夫未到，只去理会这个，下梢溺于器数，一齐都昏倒了。如今度得未可尽晓其意，且要识得大纲。"①

朱熹的意思是，《仪礼》虽然是典礼仪式的记录，但义理精微之处已暗藏其中。因此须将《礼记》中关于礼义的阐释与《仪礼》中的仪节相互参照，才能真正懂得礼学。朱熹所言"自家工夫"一方面是指对天人性命之理的察识，另一方面是通过服膺天理来涵养本原，同时在修身中践履礼仪。有涵养察识作为基础，才能真正理解原初之礼，才能真心诚意践履当下之礼。朱熹严肃地告诉学礼者："礼学是一大事，不可不讲，然亦须看得义理分明，有余力时及之乃佳。不然，徒弊精神，无补于学问之实也。"② 如果不能为玄虚的义理找到经典和现实的依据，就只能汲汲于名物器数而不能真正有补于世教。卫湜曾指出当时学习《礼记》的学者往往"穷性理者略度数，推度数者遗性理"③。朱熹的目的正在于将性理的探讨与度数的推明有机地结合起来。《仪礼经传通解》的编修贯穿了朱熹对宋代三《礼》学研究的思考，也是朱熹礼学思想以《仪礼》为本经的集中体现。

二 《周礼》为纲

朱熹对《周礼》比较推崇，有不少溢美之词。如：

---

① 黎靖德编：《朱子语类》卷八十四，第 2887 页。
② 朱熹：《答陈才卿》，《朱文公文集》卷五十九，第 2848 页。
③ 朱彝尊：《经义考》卷一百四十二，北京：中华书局，1998 年，第 748 页。

朱子三《礼》学体系的形成和价值 / 227

《周礼》一书，也是做得缜密，真个盛水不漏！①

如《周礼》一书，周公所以立下许多条贯，皆是广大心中流出。②

"贤者识其大者，不贤者识其小者。"大者如《周礼》所载，皆礼之大纲领是也。小者如《国语》所载，则只是零碎条目是也。③

朱熹充分肯定《周礼》一书详尽细密地规划了中国古代理想的政治制度，此书的撰作者周公是胸襟广阔之人，所立下的条贯皆是礼的大纲领，可以为后世所效仿。朱熹赞叹："一部《周礼》却是看得天理烂熟也。"④这种对《周礼》青睐有加的取向无疑受到了宋代以来儒者喜谈三代之治风气的影响。朱熹在综合评判各种论说的基础上，明确《周礼》的撰作者应为周公，《周礼》为可信之书，这点与郑玄相同，并驳斥了"周官非圣人之书"的观点。

《周礼》是周公遗典也。

后人皆以《周礼》非圣人书。其间细碎处虽可疑，其大体直是非圣人做不得！问《周礼》。曰："未必是周公自作，恐是当时如今日编修官之类为之。又官名与他书所见，多有不同。恐是当时作此书成，见设官太多，遂不用。亦如《唐六典》今存，唐时元不曾用。"

大抵说制度之书，惟《周礼》《仪礼》可信，《礼记》便不可深信。《周礼》毕竟出于一家。谓是周公亲笔做成固不可，然大纲却是周公意思。某所疑者，但恐周公立下此法，却不曾行得尽。⑤

朱熹的论述主要包含这样几层意思：首先，《周礼》可全信、深信。《周礼》是周公遗典，贯穿了圣人的旨意。针对吕祖谦提出的"《周官》成于周公之手而

---

① 黎靖德编：《朱子语类》卷八十六，第2912页。
② 黎靖德编：《朱子语类》卷三十三，第1195页。
③ 黎靖德编：《朱子语类》卷四十七，第1672页。
④ 黎靖德编：《朱子语类》卷九十，第3022页。
⑤ 黎靖德编：《朱子语类》卷八十六，第2912页。

《立政》亦公亲笔也"①的说法,朱熹认为《周礼》并不完全是周公亲自撰作,可能有其他官员代笔为之,但其大体及其规模均为周公制定,因此应视为周公所作。朱熹认为怀疑《周礼》有行未尽处尚可,但如果怀疑其根本非周公所作则不可。关于《周礼》的成书年代及其撰作者是学术史上一个众说纷纭,聚讼不已的问题。②朱熹提出的这种观点,实际上并没有确然不拔的文献依据,在很大程度上只是一种直接的断定。这种断定应该与宋代学以至圣贤和对道统的传承有重要的关系,同时也可能受到了北宋以来推崇《周礼》思潮的影响。③当时不少学者信《周礼》为周公所作,力求周公之心,主要在于经世务,窒乱源。如范祖禹有云:"天地有四时,百官有六职,天下万事尽备于此。如网之在纲,裘之挈领,虽百世不可易也。人君如欲稽古以正名,苟舍《周礼》,未见其可。"④强调了《周礼》在国家政治生活中的重要地位。如李觏说:"窃观六典之文,其用心至悉,如天焉有象者在,如地焉有形者载,非古聪明睿智,谁能及之?其曰周公致太平者,信矣。"⑤蓝田吕氏兄弟认为:"《周礼》直欲无一物不得其所,其书无一言而非仁。"⑥如上所示,不少学者都认为能够"用心至悉"地制定出六典之文的人,必非周公莫属;周公能致天下太平,是可信的。宋代学者的这些观点,可以视为朱熹提出周公作《周礼》之说的先导。

其次,朱熹强调《周礼》为周公所作,也是对汉唐以来众多学者怀疑《周

---

① 吕祖谦:《东莱外集》卷一,《文渊阁四库全书》第一一五〇册,上海:上海古籍出版社,1987年,第368页。

② 崇信者如孙诒让、黄侃诸大学者亦以《周礼》为周公所作。贬之者姚际恒、康有为则谓《周礼》为刘歆伪造。徐复观亦认为:"《周官》乃王莽、刘歆们用官制以表达他们政治理想之书"。更多的学者则倾向于拿出令人信服的实证来确定其成书年代及撰作者。顾栋高、崔述、郭沫若、钱穆、杨向奎、顾颉刚、金春峰、彭林等先生均有探讨,提出了西周说、春秋说、战国说、周秦之际说和西汉说(参见刘丰:《百年来〈周礼〉研究的回顾》,《湖南科技学院学报》,2006年第2期,第10—15页)。陈成国先生在"周公制礼作乐是否可信"和"《周礼》一书可靠的程度如何"的问题上亦下了精辟的论断:《周官》(《周礼》)一书并非周公制礼的撰作,说是先秦著作故可,说它大多可信亦可,说它完全可靠则不然,并且认为周公制礼与周公是否著《周礼》实为两事(参见陈成国:《中国礼制史》先秦卷,长沙:湖南教育出版社,2002年,第201—202页)。

③ 姚瀛艇:《宋儒对〈周礼〉的研究与争议》,《宋代文化史》,开封:河南大学出版社,1992年,第158—168页;林庆彰:《中国经学史论文选集》下,台北:文史哲出版社,1993年,第99—112页。

④ 朱彝尊:《经义考》卷一百二十,第637页。

⑤ 李觏著,王国轩点校:《李觏集》卷五,北京:中华书局,1981年,第67页。

⑥ 陈俊民:《蓝田吕氏遗著辑校》,北京:中华书局,1993年,第561页。

礼》的观点的一种回应。早在东汉时就有学者认为《周礼》非周公所作。贾公彦《周礼正义序》所附《序〈周礼废兴〉》云："《周礼》起于成帝刘歆，而成于郑玄，附、离之者大半。故林孝存以为武帝知《周官》末世渎乱不验之书，故作《十论》《七难》以排弃之。何休亦以为六国阴谋之书。"宋代以降，随着疑经思潮的兴起，有学者认为《周礼》不可能或部分不可能为周公所作，因而也就不可全信。如张载说："《周礼》是的当之书，然其间必有末世增入者，如盟诅之类，必非周公之意。"① 程颐也说："《周礼》不全是周公之旧注，亦有后世添入者，亦有汉儒添入者。"② 李觏曾策问："《周礼》，周公致太平之迹也，而于大司马见师不功之文，小司寇有询国亡之目。诸如此类，盖非周公所尝行。若《春秋》旧凡亦曰周公之制，而弑君之例存焉，岂成王时有是也哉？故学者疑《周官》凡例皆不出于周公。"③ 苏轼大胆地非议《周礼》，认为"《周礼》之言田赋、夫家、车徒之数，圣王之制也；言五等之君，封国之大小，非圣人之制也，战国所增之文也"④。他指出了郑氏注文"周公征伐不服，斥大中国，故大封诸侯，而诸公之地至五百里"有诸多悖于史实的可疑之处，并以子产的有关言论加以论证，进而认为"先儒或以《周礼》为战国阴谋之书，亦有以也"，否定了《周礼》的神圣地位。苏辙也提出了类似的疑义，认为《周礼》一书，"秦汉诸儒以意损益之者众矣，非周公之完书也"，"凡《周礼》之诡异远于人情者，皆不足信也"。⑤ 以上诸观点基本上对《周礼》持半信半疑的态度，信在《周礼》是比较合适的制度之书，疑则在从不少迹象看来又不完全是周公制作。

朱熹则认为，从某些细节看来，《周官》的确有未尽如人意之处，甚至有与圣人之意抵牾的种种问题，然而微瑕不能掩完玉，不具备圣人之心的人是不可能设计如此精致完美的制度蓝图的，因此对待《周礼》的态度应该是崇胜于疑。朱熹以为相信《周礼》应该从大处着眼，彰显其"的当之书"的一面，而对其损益之处、不够通融的地方应该有所忽略。朱熹对此做出的种种巧妙解释与同时

---

① 张载：《张载集》，第284页。
② 程颢、程颐：《河南程氏外书》卷十，《二程集》，北京：中华书局，1981年，第404页。
③ 李觏著，王国轩点校：《李觏集》卷二十九，第336页。
④ 苏轼：《天子六军之制》，《苏轼文集》卷七，北京：中华书局，1986年，第222页。
⑤ 苏辙：《历代论一》，《栾城后集》卷七，《苏辙集》，北京：中华书局，1990年，第961页。

的学者亦有相通之处。如郑樵(1104—1162)说:"盖周公之为《周礼》,亦犹唐之显庆、开元礼也。唐人预为之,以待他日之用,其实未尝行也。惟其未行,故仅述大略,俟其临事而损益之。"[1] 与朱熹所言"恐是当时作此书成,见设官太多,遂不用。亦如《唐六典》今存,唐时元不曾用"[2]相同,意思是制度设计与现实操作之间有着一定的距离,不应拘泥于细节的观察,而应从整体上把握《周礼》作为经典的精神实质。

朱熹认为《周礼》为周公所作,亦是对宋代学者提出刘歆伪造说的修正。有学者认为《周礼》乃汉代聚敛之臣所为。如范浚(1102—1150)说:"文王治岐,关市讥而不征。周公相成王,去文王未远,纵不能不征,使凡货之出于关者,征之足矣,何至如叔末世设为避税法,没其货,挞其人,劫天下之商必使从关出哉!此必汉世聚敛之臣如桑弘羊辈,欲兴权利,故附益是说于《周礼》,托周公以要说其君耳。"[3] 比这种观点更明确更直接的是有学者确信《周礼》为刘歆伪造之作。其代表人物,据罗璧《识遗》说有司马光、苏辙、胡寅、胡宏、晁说之、洪迈。洪迈曾撰专文,认为"《周礼》一书,世谓周公所作,而非也,昔贤以为战国阴谋之书,考其实,盖出于刘歆之手"[4]。而朱熹则认为:"《周礼》,胡氏父子以为是王莽令刘歆撰,此恐不然。"[5] 面对学者们提出的种种质疑,朱熹似乎在回避学者们在文献比较中发现的各种疑点,仍旧认为《周礼》是周公的遗典,极力维护《周礼》作为经典的神圣地位。

从朱熹的学术主旨来看,他正是要引导人们从褒贬《周礼》的困局中走出来重新理解并审视圣贤之学。一方面朱熹认为只有周公具备撰写《周礼》的襟怀与气度。譬如朱熹在讨论天官之职时,就认为如果不是心怀宽广的人,就不能应对千头万绪、包罗万象的饮食、衣服、起居等众多庶事,而无疑能够"先事措置,思患预防"的周公有着这样细密周全的精神。也只有能够穷理致知、事

---

[1] 郑樵:《周礼辨》,《礼经奥旨》,《丛书集成初编》第二百四十三册,上海:商务印书馆,1936年,第12页。
[2] 黎靖德编:《朱子语类》卷八十六,第2912页。
[3] 朱彝尊:《经义考》卷一百二十,第638页。
[4] 洪迈:《周礼非周公书》,《容斋续笔》卷十六,《容斋随笔》,北京:中华书局,2005年,第420—421页。
[5] 黎靖德编:《朱子语类》卷八十六,第2912页。

事物物都理会过的周公具备这样的品质，具备撰写此书的条件。① 另一方面朱熹认为学者们要想讨论学习《周礼》，就先要理会圣贤之心，而不可妄揣私意，崇信经典是理解经典的基础。

朱熹虽然推崇《周礼》，但并不太主张学者先从《周礼》入手进行学习与研究。朱熹说：

《周礼》一书好看，广大精密，周家法度在里，但未敢令学者看。②

不敢教人学。非是不可学，亦非是不当学；只为学有先后，先须理会自家身心合做底，学《周礼》却是后一截事。而今且把来说看，还有一句干涉吾人身心上事否？③

以上论述实际上已经清楚地说明了朱熹不太主张学者先学《周礼》的原因。朱熹认为秉要执本的关键在于应该认识到学有先后，身心内省之学是学习制度之学的基础，应该优先考虑涉及根本的为己之学。只有先求道、体道，学纯心正了，才能应事接物，才能无往不正。身心之学是为己之学，是为人的基础，致知穷理后才可以应付制度之事。朱熹曾明确指出："不先就切身处理会得道理，便教考究得些礼文制度，又于自家身己甚事。"④ 这与朱熹一贯强调的应求为己之学，应格物穷理、讲学修身的学术主旨是相符的。朱熹常说：

窃谓学以知道为本，知道则学纯而心正，见于行事，发于言语，亦无往而不得其正焉。⑤

盖为学之序，为己而后可以及人，达理然后可以制事。⑥

吾徒之力，无如之何，只有讲学修身，传扶大教，使后生辈知有此道

---

① 黎靖德：《朱子语类》卷八十六，第2919页。
② 同上，第2912页。
③ 同上，第2911页。
④ 黎靖德：《朱子语类》卷七，第269页。
⑤ 朱熹：《答汪尚书》，《朱文公文集》卷三十，第1303页。
⑥ 朱熹：《答吕伯恭》，《朱文公文集》卷三十五，第1532页。

理，大家用力，庶几人才风俗，他日有以为济世安民之助而已。①

虽然朱熹主张身心为己之学的最终目的是能够"济世安民"，但是认为制事、及人都是后一截事。为学次第是需要十分谨慎对待的问题，一旦次序颠倒，本末倒置，后果将不堪设想。其实郑玄早就指出《周礼》的特点："详周之制度，而不及道化；严于职守，而阔略人主之身。"这就是说，《周礼》有强化国家制度而不重道德教化，有规范臣子职守忽略制约人主的特点。自王安石依托《周礼》变法失败以来，在制度与道德之间该如何选择，成为南宋儒者思考的最重要的问题之一。《新唐书·礼乐志》云："由三代而上，治出于一。""由三代而下，治出于二。"清代学者阎镇珩在《六典通考》中则表述得更分明："由三代以上，治与道出于一。由三代以下，治与道出于二。"阎镇珩这里所说的"一"，就是一切出于礼或礼教。这里所说的"二"，则是指国家的礼乐制度与发挥礼义的伦理道德价值体系分离为二。朱熹认为欧阳修所说为"古今不易之至论也"，并强调说："然彼知政事礼乐之不可不出于一，而未知道德文章之尤不可使出于二也。"②朱熹承北宋理学家所探讨的道德性命之学，特别关注人主的身心修养，因而并不热衷推行《周礼》中的具体制度，而主张认真探讨制度与伦理。将朱熹《周礼》思想放在宋代《周礼》学讨论的大背景中进行审视，我们就不难看出，朱熹坚信《周礼》为周公所作，仍然是基于《仪礼》作为修身工夫来讨论的。正如伊沛霞教授指出的："朱熹不能被描述为优先考虑礼中之义理或外在的威仪形式，他强调两者并重。"③但是我们也不能否认，在朱熹的礼学思想中注重义理优先的倾向也十分明显，这是回应北宋以来振兴儒学这一时代课题的需要。因为两宋新儒家所关注的问题意识"已转至夫子罕言的'天道性命'议题，'尽伦''尽制'不是不重要，但圣王这些事业现在被认定只有建立在'性命'的基础上，它们才可以具有更深刻的意义"④。

---

① 朱熹：《与刘子澄》，《朱文公文集》卷三十五，第 1545 页。
② 朱熹：《读唐志》，《朱文公文集》卷七十，第 337—3374 页。
③ Patricia Buckley Ebrey: *Confucianism and Family Rituals in Imperial China: A Social History of Writing about Rites*, Princeton University Press, 1991, p. 103。
④ 杨儒宾：《〈中庸〉、〈大学〉变成经典的历程：从性命之书的观点立论》，李明辉编：《中国经典诠释传统》二，喜玛拉雅研究发展基金会，2002 年，第 154 页。

另外值得一提的是，朱熹是非常推崇郑玄注的。[①]当时的永嘉学者对郑玄的《周礼》注不甚满意。其一，陈傅良认为郑玄只知用佶屈聱牙的章句来探讨细微物事，而关于《周礼》设官分职、关系兴亡盛衰的大旨却讳莫如深，曾说："彼二郑（郑玄、郑众）诸儒，崎岖章句，窥测皆薄物细故，而建官分职，关于盛衰，二三大指，悉晦弗著，后学承误，转失其真。"[②]其二，陈傅良认为郑玄注多生拉硬扯，解释牵强："郑经生志以为之传焉耳，于其说不合，即出己见附会穿凿。其举而措之斯世，可不可复古，郑虑不及此也，故曰说之者过。"[③]叶适批评郑玄所释大宰和载师二职，说："玄虽博洽群书，训释经义，而不知帝王大意，随文彼此，辄形笺传，以误后世，其害甚矣。"[④]在讨论"地官司徒"时，叶适释"司徒"和"职方氏"，认为"两言自五百里至百里，此成周分土之定制也。诸侯之国，三五相因，周之特封者可数，齐晋鲁卫陈蔡宋郑，往往皆自五百里以下，而诸家之论谓诸侯必百里者，妄说也……而郑众谓'包以附庸'，郑玄又谓'一易再易，必足其国之用而后以贡其余'者，尤妄说也。且虽王畿千里，亦不过举封疆言，安得尽可食之地哉"[⑤]。这些观点反映了永嘉《周礼》学一反汉儒的倾向。

朱熹则援引郑玄注来反驳陈傅良。在关于井田、沟洫与贡、助二法的看法上，他直接引用郑注《周礼·匠人》来加强自己的论点："以《载师》职及《司马法》论之，周制，畿内用夏之贡法，税夫无公田。以《诗》《春秋》《论语》《孟子》论之，周制，邦国用殷之助法，制公田，不税夫。贡者，自治其所受田，贡其税谷。助者，借民之力以治公田，又使收敛焉。畿内用贡法者，乡遂及公邑之吏，旦夕从民事，为其促之以公，使不得恤其私。邦国用助法者，诸侯专一国之政，

[①] 对待《周礼》注疏上，朱熹的态度还与陆九渊不同。据陆九渊年谱淳熙十五年（1188）记录（陆九渊：《陆九渊集》卷三十六，北京：中华书局，1980年，第503—504页）：南丰刘敬夫学《周礼》，见晦庵，晦庵令其精细考索。后见先生，问："见朱先生何得？"敬夫述所教。先生曰："不可作聪明，乱旧章。如郑康成注书，柄凿最多。读经只如此读去，便自心解。《注》不可信，或是讳语，或是莽制。傅季鲁保社中议此甚明，可一往见之。"于是往问于季鲁。又尝曰："解书只是明大义，不入己见于其间伤其本旨，乃为善解书。后人多以己意，其言每有意味，而失其真实，以此徒支离蔓衍，而转为藻绘也。"

[②] 陈傅良：《进周礼说序》，《止斋集》卷四十，第811页。

[③] 陈傅良：《夏休井田谱序》，《止斋集》卷四十，第813页。

[④] 叶适：《习学记言序目》卷七，第85—86页。

[⑤] 同上，第86—87页。

为其贪暴，税民无艺。周之畿内，税有轻重。诸侯谓之彻者，通其率以什一为正。孟子云：'野九夫而税一，国中什一。'是邦国亦异外内之法耳。"①朱熹评价说："《周礼》郑氏自于《匠人》注内说得极仔细。前面正说处却未见，却于后面僻处说。先儒这般极仔细。"②这是颂扬郑玄治学上的严谨细密。从对贡、助二法的判断来说，朱熹非常认同郑玄用三代异制来圆融通达、求合存异地疏通这一问题③，并借机批评陈傅良"于《周礼》甚熟，不是不知，只是做个新样好话谩人"。"新样好话"的评价实际上就涉及了朱熹对陈傅良研究《周礼》方法上的批评。

三 《礼记》为传

《礼记》四十九篇，内容十分丰富、驳杂，其中有对《仪礼》内涵的诠释，也有对孔子及其弟子言行的记录，更多的是对礼义的发挥与探讨。宋儒受疑经风气的影响，则对《礼记》多持疑义。欧阳修、刘敞、李觏、晁说之、苏轼、程颢、程颐等都对《礼记》中一些篇目表示怀疑。如欧阳修认为"《礼记》杂乱之书"④。刘敞认为《王制》出于汉儒之手，他说："今之《礼》非醇经也。周道衰，孔子没，圣人之徒合百说而杂编之，至汉而始备，其间多六国秦汉之制，离文断句，统一不明，惟《曾子问》一篇最详，而又不信其问曰'君葬而世子生，则如之何'？对曰'三月而告于祢'，吾疑非仲尼之言也。"⑤李觏怀疑"礼不下庶

---

① 阮元校刻：《十三经注疏（附校勘记）》，第931页。
② 黎靖德编：《朱子语类》卷八十六，第2916页。
③ 朱子对贡、助、彻的看法影响了后世。王夫之曾在《四书稗疏》中疏解朱子之注："（朱熹：《孟子集注》）云：'在《孟子》则以都鄙用助、乡遂用贡，谓周之彻法如此。'周制：畿内之田用夏之贡法，邦国用殷之助法。盖通贡、助而谓之彻。《集注》之说，确有所本。"孙诒让疏在论《周礼》税敛对夏贡殷助和周彻的不同时说："九服之大，疆索不同，周承二代，而贡助两法，容有沿袭而未能尽革者。"（参见《彻法考》，《籀庼述林》卷一）也就是承认贡、助、彻三法并存于不同地区。沈文倬先生在《略论宗周王官之学》一文中亦认为："周初同时并存贡、助二法，彻训为通，通乎夏、殷，故谓之'周彻'。"（沈文倬：《菿闇文存——宗周礼乐文明与中国文化考论》，第462—463页）
④ 欧阳修：《与姚编礼》，《欧阳修全集》卷一百五十，北京：中华书局，2001年，第2482页。
⑤ 刘敞：《疑礼》，《公是集》卷四十六，《文渊阁四库全书》第一〇九五册，第807页。

人"的说法实乃"述《曲礼》者之妄也"①。程颐认为"《礼记》之文多谬误者"②。"《礼记》之文,亦删定未了,盖其中有圣人格言,亦有俗儒乖谬之说。"③ "《礼记》《儒行》《经解》,全不是……《祭法》如夏后氏郊鲧一片,皆未可据。"④ 这些言论都不同程度影响了朱熹对《礼记》一书的看法。

朱熹认为《礼记》是一部庞杂之书,不可全信,"《礼》非全书,而《礼记》尤杂"⑤,"今只有《周礼》《仪礼》可全信,《礼记》有信不得处"⑥,"大抵说制度之书,惟《周礼》《仪礼》可信,《礼记》便不可深信"⑦。朱熹不仅从整体上怀疑《礼记》,还对《礼记》中的具体内容提出疑义,如"《王制》'牲祔,祫禘,祫尝,祫烝'之说,此没理会,不知汉儒何处得此说来。礼家之说,大抵自相矛盾"⑧。"《礼书》大概差舛不可晓,如《祭法》一篇即《国语》柳下惠说祀爰居一段,但文有先后,如祀稷、祀契之类,只是祭祖宗耳,末又说有功则祀之,若然,则祖宗无功不祀乎?"⑨ "《表记》言仁有数义,有长短大小,此亦有未安处,今且只得如注说。"⑩ 朱熹对《礼记》的这种怀疑态度影响了学者们对其礼学思想的判断。

周予同先生曾说:"朱熹之于三《礼》,以《周礼》为周制,《仪礼》为未备,而于《礼记》加以贬抑。"⑪ 朱熹对《礼记》多怀疑是否就表明其对《礼记》多贬抑呢?"贬抑"的论断一方面可能是看到朱熹对《礼记》多怀疑,另一方面则可能是注意到朱熹一直在强调《仪礼》为经,《礼记》为传。我觉得朱熹对《礼记》的怀疑并不表示其有贬抑的态度,这是因为明确《礼记》为传也只是说明从礼学经典产生的先后顺序以及特点上面说明这样一个事实而已。《礼记》结合《仪

---

① 李觏著,王国轩点校:《李觏集》卷二,第 20 页。
② 程颢、程颐:《二程集》,第 201 页。
③ 同上,第 239 页。
④ 同上,第 254 页。
⑤ 黎靖德编:《朱子语类》卷八十三,第 2870 页。
⑥ 黎靖德编:《朱子语类》卷八十六,第 2911 页。
⑦ 同上,第 2912 页。
⑧ 黎靖德编:《朱子语类》卷八十七,第 2954 页。
⑨ 同上,第 2977 页。
⑩ 同上,第 2987 页。
⑪ 周予同:《周予同经学史论著选集》,上海:上海人民出版社,1983 年,第 162 页。

礼》来进行探讨，实际上夯实了而并非动摇了《礼记》学的基础。虽然朱熹认为《礼记》为《仪礼》之传，有庞杂不可信之处，但这并不表示朱熹就否认了《礼记》的价值。实际上理学的核心概念如心、性、理、气等来源，得益于《礼记》最多，而朱熹对《大学》《中庸》《乐记》《学记》等的研究与阐释也证明其在整体上认同《礼记》。

关于《礼记》的作者，《隋书·经籍志》认为《礼记》是"仲尼弟子及其后学者所记"[1]。赵匡认为是"孔门之后末流弟子所撰或是汉初诸儒私撰之"[2]。朱熹认为是儒者传古礼而作。他说："然古礼非必有经，盖先王之世，上自朝廷，下达闾巷，其仪品有章，动作有节，所谓礼之实者，皆践而履之矣。故曰'礼仪三百，威仪三千，待其人而后行'，则岂必简策而后传哉！其后礼废，儒者惜之，乃始论著为书，以传于世。今《礼记》四十九篇，则其遗说。"[3] 这里朱熹明确指出《仪礼》和《礼记》的产生过程，认为《礼记》是为阐释《仪礼》而产生的。"《礼记》乃秦汉上下诸儒解释《仪礼》之书，又有他书附益于其间。"[4] 朱熹认为《礼记》中的大部分作品为孔门后学之作。

有门人许顺之陈述当时人们的普遍看法，认为《礼记》是汉儒之作。朱熹否定了这一观点，反驳说"汉儒最纯者莫如董仲舒，仲舒之文最纯者莫如三策，何尝有《礼记》中说话来！如《乐记》所谓'天高地下，万物散殊，而礼制行矣；流而不息，合同而化，而乐兴焉'。仲舒如何说得到这里！想必是古来流传得此个文字如此"。"以是知《礼记》亦出于孔门之徒无疑。"[5] 朱熹猜测《乐记》《曲礼》《玉藻》《儒行》《檀弓》等成书较早。"若《曲礼》《玉藻》诸篇皆战国士人及汉儒所裒集……《乐记》文章颇粹，怕不是汉儒做。"[6] "《儒行》《乐记》非圣人之书，乃战国贤士为之。"[7] "《檀弓》出于汉儒之杂记，恐未必得其真

---

[1] 魏徵：《隋书》，北京：中华书局，1973年，第925页。
[2] 陆淳：《春秋集传纂例》卷二，《文渊阁四库全书》第一四六册，第399页。
[3] 朱熹：《讲礼记序说》，《朱文公文集》卷七十四，第3585—3586页。
[4] 黎靖德编：《朱子语类》卷八十四，第2888页。
[5] 黎靖德编：《朱子语类》卷八十七，第2941页。
[6] 黎靖德编：《朱子语类》卷八十四，第2888页。
[7] 黎靖德编：《朱子语类》卷八十七，第2941页。

也。"①"《檀弓》恐是子游门人作,其间多推尊子游。"②朱熹怀疑《礼运》为子游所作。有人问:"《礼运》似与《老子》同?"朱熹回答:"不是圣人书。胡明仲云'《礼运》是子游作,《乐记》是子贡作',计子游亦不至如此之浅。"③从这些略带怀疑的论述可以看出,朱熹在尝试着从《礼记》中寻找合乎《仪礼》、与圣人之言行一致的篇章。

有学者认为"无论从整体上,还是从具体篇目上,朱熹对《礼记》的怀疑都十分突出,基本上从知识理性和世俗理性出发有认为《礼记》出于'汉儒'之手的倾向"④。此观点实有待商榷。其实,朱熹不断地从《礼记》中寻找资源,确定《礼记》多为圣门后学之作。上节提及的《乐记》《曲礼》《玉藻》《檀弓》《礼运》等篇,朱熹便认为多出于战国之时。

另外,有学者认为"朱熹疑其他诸篇、贬低为'汉儒之作'与推崇《大学》《中庸》恰好成为一个问题的两个方面,是在疑他篇中提升了《大学》和《中庸》地位"⑤。这一判断仍然值得商榷。朱熹推崇《大学》《中庸》,这是无须争辩的事实,而实际上朱熹推崇《大学》《中庸》是无须通过贬低其他诸篇的。这是因为一方面,《大学》《中庸》早在北宋初年就在士大夫与佛门高僧的交流中得到高度重视,后来通过皇帝的推崇,借助科举制度的广泛传播,一直到南宋都是儒家学者学习研究的热点。"道学家并不是在遍读《六经》仔细权衡的基础上决定将《大学》《中庸》选出来作为基本文献的",朱熹的研究承二程之绪,直接介入《大学》《中庸》篇,也并非"返之六经而后得之"。⑥因此从朱熹的本意来说,并非希望厚此薄彼。

另一方面,《礼记》中的其他诸篇同样成为朱熹理解三代之治、圣贤之学的重要篇目。譬如朱熹特别重视《学记》,他在《仪礼经传通解·目录》中论《学

---

① 黎靖德编:《朱子语类》卷八十七,第2949页。
② 同上,第2947页。
③ 同上,第2958页。
④ 杨新勋:《宋代疑经研究》,北京:中华书局,2007年,第209页。
⑤ 同上,第211页;另外潘斌《朱熹〈礼记〉学述论》也认为朱熹在对《礼记》其他诸篇的贬低中提升《大学》和《中庸》的地位,四川大学古籍整理研究所、四川大学宋代文化研究中心编:《宋代文化研究》,第15辑,成都:四川大学出版社,2008年,第587页。
⑥ 张国刚:《道学起源的历史视野》,《博览群书》,2005年,(1):40。

记》时说，此篇"言古者学校教人传道授业之序与其得失兴废之所由，盖兼大小学而言之。旧注多失其指，今考氏之说，并附己意，以补其注云"①。这里"氏之说"指"横渠张氏之说"，主要指张载佚书《礼记说》对《学记》诸篇的解说。清儒陈澧（1810—1882）说："今人但知朱子有《大学》《中庸》章句，罕知朱子有《学记》补注者矣。"②这表明并非只有《大学》《中庸》受到了朱熹的推崇与重视。在《大学章句序》中，朱熹将《大学》篇与《曲礼》《少仪》《内则》等篇联系起来，整个《大学》的理解、诠释都建立在这些篇目的基础上。因此，在我们看来，朱熹并非将《大学》《中庸》脱离了《礼记》，相反，应该看到的是，朱熹综合了二程和张载关于《礼记》的讨论，深化了对《礼记》各篇的研究，并加强了各篇之间的内在联系。

应该说，朱熹从《礼记》各篇中获得的礼学思想资源是相当丰厚的。早在绍兴二十四年（1154），朱熹任同安主簿时，就曾请直学柯翰为诸生讲《礼记》，并作《讲礼记叙说》，内容有：

> 熹闻之，学者博学乎先王六艺之文，诵焉以识其辞，讲焉以通其意，而无以约之，则非学也。故曰："博学而详说之，将以反说约也。"何谓约？礼是也。礼者，履也，谓昔之诵而说者，至是可践而履也。故夫子曰："君子博学于文，约之以礼。"颜子称夫子亦曰："博我以文，约我以礼。"礼之为义，不其大哉！然古礼非必有经，盖先王之世，上自朝廷，下达闾巷，其仪品有章，动作有节，所谓礼之实者，皆践而履之矣。故曰："礼仪三百，威仪三千。"待其人而后行，则岂必简策而后传哉！其后礼废，儒者惜之，乃始论著为书，以传于世。今《礼记》四十九篇，则其遗说。已学而求所以约之者，不可以莫之习也。今柯君直学将为诸君诵其说而讲明之，诸君其听之，毋忽！《易》曰："知崇礼卑。"礼以极卑为事，故自饮食居处洒扫欸唾之间，皆有仪节，闻之若可厌，行之若琐碎而不纲，然唯愈卑，故愈约，与所谓极崇之智，殆未可以差殊观也。夫如是，故成性存存而道义

---

① 朱熹：《仪礼经传通解》，第38页。
② 陈澧：《东塾读书记》，北京：生活·读书·新知三联书店，1998年，第170页。

出矣。此造约之极功也,诸君其听之,毋忽!①

此篇一方面从礼学传统的角度强调了约礼的重要性,另一方面从学者成人的角度讲明了学礼习礼的重要性。同时强调礼卑之事不可忽,认为通过烦琐卑微的礼仪学习可以"成性存存而道义出"。朱熹由衷地发出"礼之为义,不其大哉"的感慨。南渡以来礼学的败落废弃超过他经,其中《周礼》《礼记》几乎无人问津,朝廷不得不在绍兴二十二年(1152)下令各州郡招延深明二《礼》的儒士入学讲授,对成绩优秀的学员"优加诱进"②。朱熹在县学大力推行礼学教育,重视《礼记》的学习就是秉承朝廷的这一意旨。

1190年,朱熹在临漳任上刊刻吕大临的《礼记解》,朱熹试图以理学家阐发的《礼记》义取而代之,意在为《仪礼经传通解》的编修准备素材。《直斋书录解题》云:"《芸阁礼记解》十六卷,秘书省正字京兆吕大临与叔撰。按《馆阁书目》作一卷,止有《表记》《冠》《昏》《飨》《射》《燕》《聘义》《丧服四制》八篇。今又有《曲礼》上下、《中庸》、《缁衣》、《大学》、《儒行》、《深衣》、《投壶》八篇,此晦庵朱氏所传本,刻之临漳。射垛书坊称《芸阁吕氏解》者,即其书也。《续书目》始别载之。"卫湜也说:"蓝田吕与叔《礼记解》,《中兴馆阁书目》止一卷,今书坊所刊十卷,有《礼记》上下、《孔子闲居》、《中庸》、《缁衣》、《深衣》、《儒行》、《大学》八篇。"③盖《礼记解》一卷为朱熹所编,而与原吕大临《芸阁礼记解》十六卷有异,故《中兴馆阁续书目》别载之。《宋史·艺文志》著录吕氏《礼记传》十六卷,张萱以为:"吕氏《礼记传》十六卷,今阙第三卷,宋淳熙(按,应为绍熙)中晦庵刻之临漳学宫。"束景南曾辨正张萱此论不当。因为临漳所刊《礼记解》八篇实为朱熹采吕氏之说而成,而后为坊贾冒称为《芸阁吕氏解》者。④因为朱熹看到吕大临实能兼二程和张载学术之长,为学能将礼文的制作与礼义的探讨并重,而且早就在做集诸儒之说补《仪礼》的工作。朱熹推崇程张理学一脉的能将《礼记》与《仪礼》相参的学者,为自己编修礼书奠定基础。

---

① 朱熹:《讲礼记序说》,《朱文公文集》卷七十四,第3585—3586页。
② 脱脱等:《宋史》卷一百五十六,北京:中华书局,1985年,第3630页。
③ 朱彝尊:《经义考》卷一百四十一,第744页。
④ 束景南:《朱熹年谱长编》,上海:华东师范大学出版社,2001年,第1009页。

朱熹曾将《礼记》篇目大体分成三类，一类如《王制》《月令》等，属制度之书，一类如《大学》《中庸》等，为说理之书，而《玉藻》《内则》《曲礼》《少仪》等则为切近日用常行的礼仪之书。①这种分类反映了朱熹晚年对《礼记》的看法。这与清末曹元弼所言"二戴记之说礼，大类有三，曰礼、曰学、曰政"，实有共通之处。②在稍早些与吕祖谦商量的分类中，朱熹将《礼记》分为五类：上下大小通用之礼、国家之大制度、礼乐之说、论学之精语、论学之粗者。③1188年，朱熹在给蔡元定的信中说："《礼记》纳去，归来未暇子细再看，恐可抄出，逐段空行剪开，以类相从，盖所取之类不一故也。四十九篇昨来分成七类（《曲礼》《冠义》《王制》《礼运》《大学》《经解》《丧大记》），试用推排，喻及以参得失如何？④"这说明朱熹有将《礼记》分七类的想法。

以上几种分类虽略有差异，但精神主旨还是相同的。关于制度之书，朱熹主张不应优先关注，这一点我们已经在上文深入讨论。朱熹对于《礼记》的理解主要朝向两个方面。一方面朱熹非常重视描述细小威仪的篇章，朱熹说："若欲观礼，须将《礼记》节出切于日用常行者看，节出《玉藻》《内则》《曲礼》《少仪》看。"⑤这与朱熹强调日用功夫的理学修养论有着密切的联系，也成为夯实修养功夫的主要资源。另一方面朱熹在《大学》《中庸》上着力很多，从心性论、格物致知论上为探讨礼之义理做出了巨大的努力，也获得了丰硕的成果。总之，从朱熹总体对《礼记》各篇的态度而言，并非有厚此薄彼之嫌。朱熹加强了《礼记》各篇的内在联系，主要将重义理阐释的篇章与强调细小威仪的篇目紧密地结合起来。

四 结 论

汉宋礼学思想的演进成为经学发展最核心、最关键的线索，反映出礼学思

---

① 黎靖德编：《朱子语类》卷八十七，第2941页。
② 沈文倬：《略论礼典的实行和〈仪礼〉书本的撰作》，《宗周礼乐文明考论》，杭州：浙江大学出版社，1999年，第35页。
③ 朱熹：《问吕伯恭三礼篇次》，《朱文公文集》卷七十四，第3579—3580页。
④ 朱熹：《答蔡季通》，《朱文公续集》卷二，第4697页。
⑤ 黎靖德编：《朱子语类》卷八十七，第2940页。

想与社会政治之间的重要诉求。然而每个时代，礼学关注的焦点会不同，清代礼学家的视线焦点在经文后面的礼制，郑玄、贾公彦却把目光定在经书文本上。由于强调《周礼》为体，讲述社会政治制度的系统，故而郑玄的礼学属于纯理论性的文献研究，完全对应经书文本建立自己的经学理论体系[1]；而由于郑玄注经的目的带有强烈的礼学理论研究色彩，反而导致其距离礼仪实践越来越远。[2]朱熹的礼学既有远绍郑玄之处，又结合宋代思想发展的需要构建了以《仪礼》为本的思想体系，这一思想体系不再依托官制，而是在"以礼为教""变化气质"的道德教化背景下展开，而道德功夫的主要内容自然是礼仪与礼制。因此围绕"以礼为教"与"以礼为学"的道德教育论的转变，推动了朱熹学说的复兴。然而，清代学者关注的不是朱熹的本体论、道德形而上学如"太极""无极""人心""道心"等问题，而是他的礼学和他编纂的礼学著作《朱子家礼》与《仪礼经传通解》[3]，而这一体系直接影响了清代礼学的发展，表面上清代礼学有回溯郑玄传统的特点，然而无论从礼义的继承与礼仪的探索，都是在朱熹体系的影响和框架下展开的。

---

[1] 乔秀岩：《论郑王礼说异同》，《北京读经说记》，台北：万卷楼，2013年，第157—174页。
[2] 华喆：《礼是郑学：汉唐间经典诠释变迁史论稿》，北京：生活·读书·新知三联书店，2018年，第72页。
[3] 周启荣：《清代儒家礼教主义的兴起：以伦理道德、儒家经典和宗族为切入点的考察》，天津：天津人民出版社，2017年，第12页。

杨时《易说》中的政治学

谷继明

（同济大学哲学系）

杨时的《易说》代表了二程弟子解《易》的最高水平，是道学从二程到朱子发展中的关键著作，也是宋代《易》学诠释中的重要代表。其中与理学诸哲学概念相关的问题，我曾在《杨时易学探义》中加以研究。[①]然而我们不能忽略的是，宋代道学家有着十分强烈的时代意识以及积极的社会和政治关切。他们往往从时代问题出发，以经典诠释为依托，将时代问题与经典义理结合起来，上升为普遍性问题，再由此回来观照时代问题自身。程颐的《周易程氏传》如此，杨时作为程颐弟子的代表，其《易说》亦如此。是故本篇文章探讨杨时《易说》的政治哲学建构，以凸显两宋之交道学的问题意识。本文的写作思路，将遵循具体—普遍的顺序展开，先探讨《易说》对具体政治情形、制度的讨论，最后归向其政治哲学建构。

一 举《易》义以论时事

《周易》六十四卦、三百八十四爻，为天道之开显，即是人事之流行。杨时解《易》，常借以论时政。他开始写作《易说》的时间比较早，远在北宋灭亡前。

---

① 谷继明：《杨时易学探义》，《中国文化研究》，2018年春之卷。

当时在杨时心目中最重要的事，一是王安石变法与新旧党争，一是北宋的国运。

在《易说》中，多处出现对于王安石滥用职权、刚愎自用的批评。比如他解释《泰》卦九二说：

"包荒"，在宥之而不治也，治则或伤之矣；"用冯河"，过中者不弃也，弃之则立贤有方矣。"不遐遗"，不忘远也；"朋亡"，不泄迩也。周公思兼三王，以施四事，如是而已，此大臣之任也。周公，人臣也，而思兼三王之事，以上下交而志同故也。夫为人臣，若周公可也。世儒谓周公为人臣不能为之功，故得用人臣不得用之礼乐，失其旨矣。

按《二程语录》载："又问：'赐周公以天子之礼乐，当否？'曰：'人臣安得用天子之礼乐哉。成王之赐，伯禽之受，皆不能无过。说者乃云：周公有人臣不能为之功业，因赐以人臣所不得用之礼乐。则妄也。人臣岂有不能为之功业？有借使功业有大于周公，亦是人臣所当为尔……假如功业大于周公，亦是以君之人民势位做出来，而谓人臣所不能为，可乎？使人臣恃功而怀怏怏之心者，必此言矣。'"（《遗书》卷十八）又《周易程氏传》《师》卦九二注曰："人臣之道，于事无所敢专；唯阃外之事，则专制之。虽制之在己，然因师之力而能致者，皆君所与而职当为也。世儒有论鲁祀周公以天子礼乐，以为周公能为人臣不能为之功，则可用人臣不得用之礼乐，是不知人臣之道也。"二程及杨时所谓"世儒"，未明言为谁，罗泌以为是王安石，其《路史》卷四十二《鲁郊核》谓："天子祭天地，诸侯祭社稷，鲁之郊禘抑可知矣。自王安石以'周公有人臣不能为之功，而成王报之以人臣不得用之礼，告于神考'，说者于经不得其证，则又牵引《司约》，所谓'治神之约，为所主非常之礼，赏非常之功者'以扇之，而圣人之意以益缪。夫鲁之郊禘，其非礼亦明矣。"王安石此论，见于其《神宗日录》中，龟山《神宗日录辨》尝引其说："上问：'周公用天子礼乐，有之乎？'对曰：'于传有之。''然则人臣固可僭天子？'曰：'周公之功，众人之所不能为；天子礼乐，众人所不得用。若众人不能为之功，报之众人所不得用之礼乐，此所以为称也。然周用骍，而祭周公以白牡，虽用天子礼乐，亦不嫌于无别。'"杨时辩之曰："周公之所为，皆人臣之所当为也。为人臣之所当为，是尽其职而已。

若人臣所不当为而为之,是过也,岂足为周公哉。使人臣皆能为众人之所不能,即报之以众人所不得用之礼乐,则朝廷无复有等威矣?"①

王安石变法的时候,宋神宗给予了莫大的支持和信任。王安石也非常自信,认为建立了不世之功,要扩展自己的权力。事实上,在君主与大臣的博弈中,努力提高宰相的权力和地位,伸张执政的发言权,正是王安石努力的方向,且一定程度上取得了成功。比如大臣坐讲一事,王安石早于程颐而争。② 就是在这样的背景下,王安石提出了"周公为人臣不能为之功,故得用人臣不得用之礼乐"这样的论调。杨时则对此加以批评,强调君臣的名分。

侵夺君权,仅仅是杨时批评王安石的一个表象;他最反对的,是王安石试图压制同僚和下属的不同意见。如《易说》解释《同人》卦说:

> 天道上行,火炎上,皆亲乎上者也,故为同人之象。卦惟一阴,则一阴为之主,柔得位而不中,得中而不应,皆非所以为同也……夫人之常情,昵近遗远,则其同不广矣,故"同人于野,亨"。野,郊之外,远于邑者也。于野,则无昵比之私焉,是以亨也。盖公则一,私则万殊,合天下之公而诚焉,天德也。术斯以往,何险难之不济乎。故曰"利涉大川,乾行也"。"文明以健",总一卦之才言也;"中正而应",以二五言也。文明而不健,则物或蔽之;中正而不应,则物或间之。虽有同焉,寡矣。唯君子为能先得人之所同然者,故能通天下之志;能通天下之志,则视天下无一物非我也,尚谁异哉。列子曰:"和者大同于物。"③ 夫五味相得而后和,则和初非同也,合异以为同者也。如是然后为大同。若夫物各以类而同之,则所同者小矣。

我们仅仅看这一段,或许读不出杨时的现实针对性,但对比一下另一段,其意思便很清楚。杨时《王氏字说辨》说:"真空者离人焉,是离色则空,非即空也。大同者离人焉,有离则非大同也。列子曰:'和者大同于物。'夫五味非

---

① 杨时:《杨时集》,北京:中华书局,2018年,第106页。
② 姜鹏:《北宋经筵与宋学的兴起》,上海:上海古籍出版社,2013年,第207页。
③ 《列子·黄帝第二》。

一也,相得而后和,有离焉则非和也。万物固非一类也,各于类而同之,则所同不广矣。合而和之,然后为大同。"(《龟山集》卷七)然则杨时在《同人》卦辨析和、同,其实是批评王安石刚愎自用,压制所有人的意见。联想到变法时所谓的"人言不足恤",可知杨时认为王安石只是党同伐异,所同者不能广大。

除了对王安石变法的批判,更让杨时忧心的是北宋末年的局势。他在解释《蛊》卦时说:

> 《春秋传》曰:"皿虫为蛊。"蛊者弊坏之时也。先王之治蛊也,如治陋室然,樽枅居楔,各安所施,而不易其处,则庶乎其苟完矣。动而纷更之,则腐者败,倾者覆,不可复支矣,非治蛊之道也。夫刚上而柔下,巽而止,合二体而为蛊也,即其体、因其才而用之,以通其变,则蛊元亨而天下治矣。治,然后可以往有事也。周之宣王,承厉王之后,天下荡荡无纲纪文章,蛊已甚矣。宣王劳来还定,安集之而已,初非有为也。其卒也内修政事,外攘夷狄,修车马,备器械,复会诸侯于东都,因田猎而选车徒焉。此既治而往有事之谓也。既治矣,终于无所事;而欲复文武之境土,成中兴之功,不可得也。

此段话还见于他于绍兴二年(1132)的《答胡康侯》(其八)书信中。背景是胡安国咨询杨时政事的缓急及其要领,杨时列举了两事最急:一是财政,一是军政。两个领域皆积弊丛生,最需变革。他说:"今日二事,在《易》,蛊之时也。"[①]蛊是社会动荡、政治败坏的时刻。南渡之初,宋朝政府也是如此。面对这样一个局面,贸然出手,以刚猛严厉的手段将社会重新涤荡一遍,会引发大的社会动荡,乃至灭亡。就好像一个病人已入膏肓,如果猛药攻之,病虽去,而病人自身也命不久矣。我们从以上议论可以看出,杨时不是以往学术史描述中那种仅仅凭借道德理想主义来做事情,以严苛道德律令来责备人的那种学者。天理的普遍性固然是根本,但理在流行中,必然要考虑势的作用。

[①] 杨时:《杨时集》,第550页。

二 位与才

仅仅通过《周易》发挥对时局的看法,这种诠释只能是一时之作,时过境迁则朽。杨时则不然,他要提出某种更为一般和深入的看法以及分析模式。

在《周易》的诠释中,其象数结构天然地与政治结构相关联。这种关联,来自卦爻象结构,出自圣人对天地的观察和对人性之自然的洞见,而政治结构也与人之自然相关。程颐是如此进行分析的,杨时也踵其先师之迹,利用《周易》的象数结构进行分析,主要包括时、位、才等。

(1)如果一卦的时是要涉及政治结构的,其位便有基本的规范。龟山对于《周易》六位的说法,继承了以往《易》学的观点,而又有所规范。他所继承的主要是程颐的观点。唐纪宇论程颐的爻位说:

> 初上无爵位。五位为君位、天位,二三四位皆为臣位。在注释中,程颐对于君位的使用相对固定,除非不取爵位说,否则都将五释为君位。相对地,程颐对于其他各爻的爵位则没有作固定的解释。这与两汉《易》学家所采用的爵位说有很大不同。程颐在爵位的解释方面容纳了更多的内容,表现出很大的灵活性。①

杨时继承了程子的大部分说法,如果说稍有不同的话,那便是杨时因更注重秩序的固定性,而在爻位的代表上,其灵活性稍比伊川为低。五为君位,此毋庸置疑。同时一卦又可分上下两体,故二三四虽俱为臣,其性质不同。三位为下体之最高,故相当于方伯诸侯;四在上体,又最接近君王,故为三公之伦;二则或为诸侯,或为大臣,或为有德无位之君子。

今分举《易说》之文如下,以例证繁复,各举数例而已。

五为君:

---

① 唐纪宇:《周易程氏传研究》,北京大学博士论文。

六五履尊位，为泰之主。(《泰》六五)

人君以刚健为德，五，君位也，而柔居之，不当位也。故所利惟用狱而已。(《噬嗑》六五)

六五，君位也，为大畜之主，任天下之畜者也。五以柔顺大中而履尊位，其畜天下能不以威刑者也。(《大畜》六五)①

四为大臣：

上承柔巽之君，下比劳谦之臣。(《谦》六四)
处多惧之地，承柔弱之君。(《豫》九四)
履近君之位，任大臣之责，危疑所集也。(《随》九四)
四，大臣之位，人主之所尊礼也，故谓之宾。(《观》六四)
四履近尊之位，大臣任畜之责也。上以格君心之非，下以畜民之恶，如童牛而牿之，则元吉而有喜矣。(《大畜》六四)②

三为方伯诸侯：

九三在下卦之上，人臣之尊位，上交之极也。(《泰》九三)
九三居下卦之上，人臣之尊位，公侯之任也。(《大有》九三)

二亦为大臣或君子：

九二以刚中之才，分阃外之寄，为师之主，天吏也。(《师》九二)
(九二)此大臣之任也。(周公)(《泰》九二)

按此诸说本之先儒。如惠栋《易汉学》引崔憬之说：

---

① 曾恫:《大易粹言》卷三,《噬嗑》,第5页；卷三,《大畜》,第20页。
② 曾恫:《大易粹言》卷二,《谦》,第11页；卷二,《豫》,第12页；卷二,《随》,第11页；卷二,《观》,第14页；卷三,《大畜》,第16页。

《系辞》下曰:"二与四同功而异位。"崔憬曰:"二主士大夫位,佐于一国;四主三孤、三公、牧伯之位,佐于天子,皆同有助理之功也。二,士大夫,位卑;四,孤公牧伯,位尊,故有异也。"

又云:"三与五同功而异位。"崔憬曰:"三,诸侯之位;五,天子之位。同有理人之功,而君臣之位异者也。"①

《乾凿度》以三为三公,四为诸侯,不如崔憬与龟山说善。

上位或为师傅之位,或无位之贤人:

> 居一卦之外,贤人无位,而为天下之所观也。曾子三省是也。(《观》上九)
> 卦惟二阳,而上九居一卦之上,众阴由之以养也。履师傅之位,任人君之责,危疑所集也。(《颐》上九)②

《履》卦"履师傅之位,任人君之责",这是用伊川的说法:"上九以刚阳之德,居师傅之任,六五之君柔顺而从于己,赖己之养。"③盖上爻之为义,取其最远也。远于善则为迷,故《乾》之上九亢龙有悔,《复》之上六为迷复,及冥豫、鸣谦是也;远于朝堂而贤,则为《蛊》之"不事王侯,高尚其事"。是《观》之上九,龟山以曾子比之;《颐》之上九,龟山又以为帝师。这里的帝师,不是有职位的大臣,而是以布衣等身份教授皇帝,与人臣等不同。师傅不负责任何具体的政事,但负责皇帝的教育,故有师道之尊,但无行政的权力;宰执以下有行政的权力,但为皇帝的臣子。一者据上位,一者居二三四位。杨在此处,应当是想到他的老师程颐以布衣而为崇政殿说书,立师道之尊,以为天下之关键在宰相与经筵。

(2)除了位,更重要的是居于位的爻。爻以才而论。杨时此处基本的结构也继承了程颐,即以阳爻为刚,阴爻为柔。但刚不必皆善,柔并不皆恶,而是二

---

① 惠栋:《易例》,《文渊阁四库全书》第五十二册,上海:上海古籍出版社,1987年,第396页。
② 曾种:《大易粹言》卷二,《观》,第17页;卷三,《颐》,第19页。
③ 程颢、程颐:《二程集》,北京:中华书局,2004年,第837页。

者各有其善恶。类似的说法，我们可以看到周敦颐的《通书》论性曰：

> 性者，刚柔善恶，中而已矣。刚，善：为义，为直，为断，为严毅，为干固；恶：为猛，为隘，为强梁。柔，善：为慈，为顺，为巽；恶：为懦弱，为无断，为邪佞。惟中也者，和也，中节也，天下之达道也，圣人之事也。①

此处的性，朱子谓"以气禀而言"②，良是。其刚柔善恶的结构，与杨时所论爻之才，是相应的。刚之善者，是因为刚而能中；刚而不中，则如《同人》卦之九三、九四，《大过》之九三。杨时解释《大过》九三说："九三以刚居阳，刚过而不中也。刚过而不中，则不可以有辅矣，栋之所以桡也。"③

（3）刚柔之才与吉凶的关系，除了位之中正，还要看时。比如五为君位，应当是刚才（阳爻）居之，但六五居之并不就是坏的。龟山论《噬嗑》曰："人君以刚健为德，五，君位也，而柔居之，不当位也。故所利惟用狱而已。"④也就是说，刑狱这样的事，太过刚猛会有陷入酷刑的危险，故在这样的一个时中，五以柔居之，则有利。不过这里的柔，也一定是"柔善"方可。如果是"柔恶"，便为深文周纳、网罗致罪的阴鸷之人。除了不刚狠，柔居六五还有谦虚而不刚愎自用的意思，此亦能吉。再如《履》之时在于"和"。所以九二以刚居中，九三以刚居柔，皆是能"和"的境遇。而九五以刚居刚，履而不和，故"虽正亦厉"。《屯》卦、《坎》卦的九五，由于都在险中，所以虽有刚明之才，也很艰难。

爻位也要看时。五常为君位，但在一定的时中，却可以当臣位，而以上爻为君。《易说》解《明夷》六五曰：

> 凡卦皆以五为君位，而《明夷》之君，贵而无位，高而无民，天下不以为君也。其存者，名号而已，故以上六当之；而父师其次也，故以六五当

---

① 周敦颐著，陈克明点校：《周敦颐集》，北京：中华书局，2009年，第20页。
② 同上。
③ 曾枣：《大易粹言》卷三，《大过》，第10页。
④ 曾枣：《大易粹言》卷三，《噬嗑》，第5页。

之。上下无常,刚柔相易,不可为典要,惟其时而已。①

按此亦用程子说。《程传》于上六注曰:"五为君位,乃常也。然易之取义,变动随时。上六处坤之上而明夷之极,阴暗伤明之极者也……故以为明夷之主。"② 不过对于伊川和龟山来说,"随时"并不是随便和任意,这样的变例,只有在特殊的情境之下才有可能。比如《明夷》是易代之际,现实中的君臣之位和秩序本来就是混乱的。对于多数卦来说,五仍是君位。

杨时不仅在解释《周易》时以爻、位、才、时的角度进行分析,而且他还将这种分析的方式代入日常的政治思考中。比如他在给皇帝的上表《谢除谏议大夫兼侍讲》中曾说:"怀经世之志者,常患无其时;有适时之才者,常患无其位。"③ 这是对于朝廷的任用人才所做的时、位、才分析。

三 龟山所设想的政治模型与君臣相与之道

上文分析爻位与才,可以看到程子、杨时皆以《易》卦为政治模型。下面便具体阐述这一模型。

杨时经历王安石变法、旧党复辟、元祐更化、新党复辟等,对于宋代政治结构、君主的地位和性质、为臣之道等皆有深刻的认识。一个刚愎自用,又听信谗言的君主是危险的,作为士君子和大臣,有必要对君主加以限制。

君主的性质,张横渠已经讲得很清楚:"大君者,吾父母宗子。"君主代天理物,并不是绝对者和唯一者,在君主之上还有天。龟山注《临》六五"知临"曰:

《中庸》曰:"聪明睿知,足以有临也。"人君之聪明,宪天而已,非以小智自私也,故明四目,达四聪,好问而好察迩言,乐取诸人以为善,此舜所以为大知也欤。人君之知,孰过于是。

---

① 曾朴:《大易粹言》卷四,《明夷》,第 13 页。
② 程颢、程颐:《二程集》,第 883 页。
③ 杨时:《杨时集》,第 54 页。

君主要法天。如果说汉代的天是"人之曾祖父",是有意志能赏罚的至高存在;那么伊川、龟山的天,则主要是天理。汉代沟通上天的途径是审查灾变和风雨寒温,儒生认为这种解释权应在经学博士手中;宋代理学家则认为,天理虽普具于人性,而只有继承了道统的人才能通达此理。人君要宪天,其实就是要亲近有道之士。

同时,君主既然是代天理物,他是因居于这个公共性的位置而获尊,不是因为个体性的人而获尊。也就是说,作为维系共同体的天子之爵,皇帝是最尊的。这要求皇帝要尽最大限度保持其公共性的人格,克制其私欲。方诚峰已经指出,"强调君主作为一个政治、道德、秩序符号的非人格化",是北宋士大夫(特别是哲宗时期)的共同诉求。[①]

笔者曾分析过杨时的"理一分殊",探讨其"仁之展开"这样的形上义涵。然除此之外,"理一分殊"亦关乎具体的政治实践、君主的实践。[②]《同人》卦"君子为能通天下之志",伊川注曰:"天下之志万殊,理则一也。君子明理,故能通天下之志。圣人视亿兆之心犹一心者,通于理而已。"[③] 圣人若有具体的"心",或者说有私心,便不能"视亿兆之心犹一心"。君主的地位,便是"理一"之位。然而君主所谓私人,只是天命流行的万殊之一而已。所幸天命之谓性,每人皆秉天理。人所据权位越高,所"公"便越广,其"私"便越需被克服。君主作为至极的顶点,最好能在现实性上全体乎"理一",也就是"众物之表里精粗无不到,吾心之全体大用无不明"的状态。龟山说"公则一,私则万殊,合天下之公而诚焉,天德也",这是继承了伊川的解释。不过他又特别强调说"五味相得而后和,则和初非同也,合异以为同者也。如是然后为大同",这是特别警惕君主闭塞视听,仅仅通过专制手段来达到同一。这其实是君主释放私我的、形气上的那个具体的、一偏的"一";强迫所有人都同于他的那个"一",此种结构将不再是一个生机勃勃的共同体。龟山经历过蔡京等奸党的时代,比伊川更重视这个问题。

[①] 方诚峰:《北宋晚期的政治体制与政治文化》,北京:北京大学出版社,2016年,第127页。
[②] 谷继明:《从执一统众到理一分殊——试论魏晋到赵宋政治哲学的一个变化》,《集美大学学报》,2014年第4期。
[③] 程颢、程颐:《二程集》,第764页。

是以君主不宜"心有系吝"。"心有系吝"反映在爻位上，便是"应"的问题。自王弼以来，便强调"心无系吝"的重要性。龟山对《同人》九五专注于六二表示了不满。君主应当谦虚，才能容物，不应当耍自己的小聪明："君子之莅众，惟不用其明，故能合天下而为明。若察察而用明，则蔽之者至矣。"（《明夷·象传》"用晦而明"）这些话，似乎是对神宗和徽宗说的。杨时不仅注解《周易》的时候这样说，他更是在给皇帝讲《论语》"人不患人之不己知"时也说："心有偏系，则不得其正。不得其正，则便嬖宠昵之私得以自近，而正士远矣。夫公则明，私则蔽。公天下之善恶，而无容心焉，则君子小人之情得矣，亦何患之有。"①《论语》的"知人"是对着一般的士大夫讲的，即知晓他人的贤愚善恶；杨时此处对皇帝讲，则要强调如何知人善任，如《尚书》所讲的"在知人，在安民"。知人的方法，除了客观的标准考察，还需要皇帝自身对具体偏好性的排除，一任以公。

问题在于，现实中的君主不可能是已然的圣人，即"全体大用无不明"的人。所以需要两个维持者：一是君主德行的教育者，一是在现实行政中匡正君主的人。前者即经筵，后者即宰相。伊川对二者的重视，学界早已熟知；而"与士大夫共治天下"的话题，也早已为学界所热烈讨论过，并且一些讨论还涉及了伊川的《易》学建构。龟山的说法，有一些与伊川同，比如君主的教育应当趁早，要防之于未发：

四履近尊之位，大臣任畜之责也。上以格君心之非，下以畜民之恶，如童牛而牿之，则元吉而有喜矣。至其过恶已成而畜之，虽有比干之忠、皋陶之刑，不能胜也。（《大畜》六四"童牛之牿"）

又如君主当尊重大臣：

《蒙》六五：五居尊位而下求九二之臣，不挟贵也；以童蒙自居，不挟长挟贤也。苟有求焉，有所挟，则皆在所不告。自天子至于庶人，君子所

————
① 杨时：《杨时集》，第103页。

以俟之一也。故唯童蒙乃吉。夫汤之于伊尹，高宗之于傅说，皆学然后臣之，由斯道也。

《观》六四：大观在上，国之光也。而四近之，则观国之光，宜宾于王矣。盖四，大臣之位，人主之所尊礼也，故谓之宾。

不过龟山也有一些伊川未曾多谈的内容，比如强调因势利导，开君王之善心：

纳约自牖，所以进结其君，以是而已。牖，所以通内外，开其明也。齐宣王曰"寡人有疾，寡人好勇"，孟子则以文武之事告之；好货色，则以公刘、太王之事告之。好勇犹之可也，好货、好色，人君之邪心，不可为也，而孟子皆曰"惟恐王之不好也"。盖逆闭其途而拒绝之，则齐王进善之心熄矣；故孟子启其蔽，开其明，使通内外，庶乎其有见矣。此自牖之义欤。知此则知所以事君矣。(《坎》六四）

但除了修身，还需要制度的保障。杨时理想的政治模式是：君主无为，由最高行政首脑与监察机关相互制约，如《语录》载：

因言特旨及御笔行遣事曰："仁宗时，或劝云：'陛下当收揽权柄，勿令人臣弄威福。'仁宗曰：'如何收揽权柄？'或曰：'凡事须当自中出，则福威归陛下矣。'仁宗曰：'此固是。然措置天下事，正不欲自朕出。若自朕出，皆是，则可；如有不是，难于更改。不如付之公议，令宰相行之；行之而天下以为不便，则台谏得言其失，于是改之为易矣。'"据仁宗识虑如此，天下安得不治？人君无心如天，仁宗是也。(《语录》卷三，第5页）

杨时特别重视台谏官的作用。但就台谏官行使职权而言，他认为不宜过于苛察，而是需要从容的气度、善于把握时势的手段，故他说：

或问台谏官如何作。曰："《剥》之象曰'不利有攸往，小人长也。顺而止之，观象也。君子尚消息盈虚，天行也。'夫君子之于小人，方其进也，不可以骤去。观剥之象，斯可见矣。剥坤下而艮上，坤顺也，艮止也，此天理之不可易者也。顺而止之，其渐而非暴之谓乎？阴阳之气，消息盈虚，必以其渐。君子所尚盖在于此。"(《语录》卷二，第8a页)

这里是借《剥》卦来说明台谏官的履职方法。北宋的党争，双方相互打击的一个手段便是怂恿台谏官对对手进行攻讦。以至到了南宋，庆元党禁朱熹被劾，也是用了此种手段。小人网罗罪名通过台谏加以诋毁弹劾，固然十分可恶；而君子如果过于苛细，利用台谏来惩治小人过猛，也容易激化朝廷的对立分裂。朋党之争便愈演愈烈，共同体被撕裂，是很难再弥补的。杨时已经反思到了北宋的一些问题所在。

四　心性政治学的理路

如上文所论，杨时对于制度是有考虑的。但作为道学家的代表，杨时仍然表现了与以往汉唐时期的思想家对于政治的不同思路。

刘子健曾经专门讨论过两宋的社会思想，并将理学的发展看作转向内在的过程。① 事实上，将宋明道学看作仅仅是谈论心性的学问，这样的看法并不公允。道学里面有大量的讨论政治和现实的内容，也有关于制度的讨论。但道学毕竟呈现了与汉唐儒学不同的政治建构，那么其中的关键分歧在哪里呢？问题不在于谈论制度还是心性，而在于对政治之根本的把握，也就是整个政治的起点，以及运行的结构和路径的把握。

在中国传统的政治结构中，君主是核心，这是汉宋儒者皆承认的。以君主为起点来安排制度，同时对君主的心性进行教育，是先秦儒学皆重视的内容。到了理学，特别是杨时那里，则认为对君主的心性教育更为根本。所以他说：

孟子言："人不足与适也，政不足间也，惟大人为能格君心之非。"盖人与政，俱不足道，则须使人君心术开悟，然后天下事可循序整顿。(《语

---

① 刘子健著，赵冬梅译：《中国转向内在：两宋之际的文化内向》，江苏人民出版社，2002年，第141页。

录》卷三，第5页）

然而接下来的问题是历史上如此多的君主，在教育下一代君主上可以说花费了全国最优秀的资源、投入了最高的成本，结果却成材率极低，所以到底如何去教育呢？先秦儒学如《保傅篇》等，设计了一整套制度。但教育是一个潜移默化的过程，尤其是君主的教育。这需要教育者本身就要有相当的素质，而不能仅仅靠制度和礼仪习练。所以杨时说：

> 然格君心之非，须要有大人之德。大人过人处，只是正己。正己则上可以正君，下可以正人。今之贤者多尚权智，不把正己为先。纵得好时节，终是做不彻。或谓权智之人亦可以救时，据某所见正不欲得如此人在人君左右，坏人君心术。（《语录》卷三，第5页）

想到格君，首先要格己。只有自己树立楷模、培养气象，才能使君主敬重并且日渐迁移到善上来。这样我们看到杨时的政治理路便是：善政—良君—正君心—正己。这也是程朱道学的政治理路。即便是他们有关于制度的议论，也是围绕着这个中心进行的。由此可见，道学的关注心性，关注工夫论，首先是修己——这个"己"，不是一般的人民，而是有可能作为实际从政者和教育者的"士"。道学的主体和起点，就是"士"，道学开山周敦颐早就提出了"圣希天，贤希圣，士希贤"的主张。"士"的特点在于，他不能被阶级分析法或集团分析法限制，士在理论上不代表任何集团或阶层的利益，而是心系着天下，朝向普遍性的真理。就现实来说，士有可能成为从小吏到宰相的任何一种职位，更有可能因宋代从事举业人数庞大而没有任何职位。面对这样一种无限的可能性，士的品操和目标，只能是无限的、普遍的真理。只有"正己"，才如杨时所说"上可以正君，下可以正人"。道学的话语先面对"士"，然后面对君主。将道学的心性话语和修养工夫论，以及经典诠释放在这个背景下理解，我们可以看出更为丰满的意义。

同样地，道学家也讲"无为""无心"，像大程的《定性书》便讲"澄然无事"。但此类工夫论也有丰富的政治实践意味，并指向了君主的政治智慧：

仁宗曰："此固是。然措置天下事，正不欲自朕出。若自朕出，皆是，则可；如有不是，难于更改。不如付之公议，令宰相行之；行之而天下以为不便，则台谏得言其失，于是改之为易矣。"据仁宗识虑如此，天下安得不治？人君无心如天，仁宗是也。(《语录》卷三，第5页)

正心诚意，最主要的也指向强烈的政治实践。杨时在解释《观》卦的"有孚颙若"时，因"孚"在传统解释中有"诚信"之义，故他直接由此引申"诚意"以论君主之道："'观，盥而不荐，有孚颙若'，诚意所寓故也。古人修身、齐家、治国、平天下，本于诚吾意而已。《诗》《书》所言莫非明此者，但人自信不及，故无其效。圣人知其效必本于此，是以必由也。"《观》卦的《彖传》讲君主为天下所观，则此处的"诚意"实对君主而发。但古代经典讲到"诚意"的时候，有《大学》《中庸》两种文献，杨时取《大学》。可以说，"诚意"是杨时所认为的格君心的核心工夫。他在《上渊圣皇帝书》中先引了《大学》八目的一段，然后说："自一身之修，推而至于天下，无二道也，本诸诚意而已。"① 与后来的朱子学者重视《大学》的"格物致知"路径不同，杨时的重点在"诚意"。这还是与他将《大学》主要放在君主教育上有关。他认为："诚意感通，而人自服从，其效可见也。自古愿治之君，惟在慎一相。盖宰相，人主之心膂也；台谏，耳目也；百执事，股肱也。心膂之谋虑不深，耳目之视听不明，股肱之宣力不强，而能安其身者，未之有也。臣窃谓君臣相与之际，尤当以诚意为主。一有不诚，则任贤不能勿贰，去邪不能勿疑，忠邪不分，鲜克以济。"② 格物致知，在杨时的体系中相对次要，他说："夫世之乱亡之君非尽无欲善之心，而天下卒至于不治者，以其见善不明，而所谓善者未必善故也。古之欲明明德于天下者，必先于致知。致知，所以明善也。欲致其知，非学不能。"③ 格物致知的目的是明善，具体来说就是辨别人才类别以及贤愚忠奸，而这只是诚意的延伸性手段。不过朱子虽然强调格物致知，但在给皇帝上封事中，同样也以诚意为主。

---

① 杨时：《杨时集》，第2页。
② 同上。
③ 同上，第88页。

职是之故，我们理解道学，固然不能仅仅关注或致力于还原其抽象的哲学论证和概念体系建构，还要关注其具体的社会背景；但也切忌做历史主义的还原，将他们的一些学说仅仅视作某一具体问题的反映而已，或如一些汉学家所说的地方主义的反映。两种思路皆有其偏。道学家其实依据于其时代的具体问题，关怀着天下和普遍性。从这种角度来看，道学家不是史学的，而是经学的。

封建制度之原型与张载的构思及其政治理想

范立舟

（杭州师范大学人文学院）

天水一朝是古代中国继往开来的新时代，有鉴于"安史之乱"后形成的藩镇割据、战争连绵、民生凋敝、政权频繁更迭的局面，宋初统治者采取了"上下相制，内外相维"的政略，集财权、军权、司法权等一切权力于中央，极大地完善和加强了君主集权统治，然而这些措施在发挥着维护政治秩序的效用时，也带来了不可回避的缺陷。虽然对消除社会动荡、稳定国家局势起到了积极作用，却也日益显示出中央集权制的政治结构与社会发展的不协调性。自北宋中期开始，有识之士便纷纷提出消除集权的弊端的见解，这其中张载的意见最令人瞩目，他主张采用古之"封建"之法来克服集权危机，发挥地方效能，造福一方民众。

一 "封建"之原型与晋、唐之理解

我们所讨论的"封建"与今日教科书所描述的作为社会性质、社会形态的"封建"具有本质的区别。[①] 从史源学的眼光检视文献，"封建"第一次出现

[①] 早在二十世纪八十年代，吴大琨就指出中国史学所使用的"封建"一词与西方的"feudalism"意义差别已经很大，如果将两者对译，"西方和全世界的马克思主义者是很难理解的"。参见吴大琨：《马克思与第三世界·前言》，北京：商务印书馆，1983年。进入二十世纪九十年代以后，学界对这一（转下页）

于《诗经·商颂》的《殷武》篇中:"天命降监,下民有严。不僭不滥,不敢怠遑。命于下国,封建厥福。"① 侯外庐从春秋文献来分析"封建"的含义,认为"(一)'封建'是为了监视下民(直接生产者)的制度;(二)'封建'是以土地耕种为要件的制度;(三)'封建'是在土地和生产者结合的'邑'之中,来保持氏族贵族延续的制度"②。至西周初建国之事,遂厘定为后世所理解并且继续推广之常制,《左传·僖公二十四年》:"昔周公吊二叔之不咸,故封建亲戚,以蕃屏周。"也就是说,王者以爵土分诸侯而使之建国于封定之区域,谓之封建。裂土封邦从本质上讲是一种政治制度,周王室在征服中原后,分别派遣其亲戚、功臣与部属统御四方,这是中央政府缺少控制幅员辽阔的统一国家的能力而采取的无奈之举,王权在无法控制"天下"的情况下只能实行贵族分权、地方独立。当时周王朝的经济与政治支配能力尚不足以与它控制的整个中原相匹配,分封是当时实现对整体资源的有效管理的唯一可行性办法。

张光直在讲述中国文明的起源时也认为:"在中国,资源(文明)的最初聚集,是通过政治手段(国家社会)而不是技术突破来实现的……我们在中国这幅图景中所看到的,是政治文化对资源分配的首要作用。"③ 张光直认真地探讨过层序权力的生成和资源分配的关系,中国文明中的层序系统随着权力与财富

(接上页)问题正式进行讨论,取得了丰富的成果,日知所著《"封建主义"问题》(《世界历史》,1991年第6期)进行了详细的论述,认为"feudalism"译"封建"属于误译,此后讨论一直继续。进入二十一世纪之后,讨论更加热烈,大量相关论文发表,关于封建社会具体对应的社会阶段,也各持己见。最有代表性的著作是冯天瑜的《封建考论》(武汉:武汉大学出版社,2006年),认为"封建"原译问题不大,但由于后来使用严重泛化,导致了"名实错位,形义脱节",造成历史讨论中的舛误。中国社会科学院历史研究所也组织了关于"封建社会"问题的讨论,并出版了《"封建"名实问题讨论文集》(南京:江苏人民出版社,2008年)。此书对马克思的封建社会原论、封建主义概念的由来与演变、封建社会本质特征的共同性及其具体形态的多样性、中国传统社会经济结构体制的认识等问题都做了专项讨论,认为应该超越定性和命名,从史实出发认识封建社会。

① 许慎《说文解字》云:"封,爵诸侯之土也,从之,从土,从寸,守其制度也。公侯百里,伯七十里,子男五十里。"(北京:中华书局,1963年,第287页)顾颉刚说:"国王把自己的土地和人民分给他的子弟和姻戚叫做'封建',封是分画土地,建是建立国家。……从商朝遗下的甲骨文看来,至少在武丁之世已有了许多封国的事实"顾氏以为,在商的后期,封建制度也很完备。参见顾颉刚:《周室的封建及其属邦》,《顾颉刚古史论文集》第二册,北京:中华书局,1988年,第329—330页。董作宾在《五等爵在殷商》(《"中央研究院"历史语言研究所集刊》,第6本第3分,1936年7月)也讨论过殷代的封建制度。

② 侯外庐:《中国古代社会史论》,石家庄:河北教育出版社,2000年,第139页。

③ 张光直著,郭净译:《美术、神话与祭祀》,沈阳:辽宁教育出版社,2002年,第98页。

的消长而起伏。"相互作用的区域性国家网络"在复杂政治结构的成长过程中形成阶段性的特点,封建制度由之呈现。而许倬云则指出,封建实际上是基层地方社群政治权力的延续,是人口的再编组。新封的封国,因其与原居民的糅合,而成为地缘性的政治单位,分封制下的诸侯,一方面保持宗族族群的性格,另一方面发展出地缘单位的政治性格。[1]

王国维在其《殷周制度论》中表示,封建制度的产生是嫡庶制进至宗法制,再而进至封建制的递进关系,此乃周革商命后新创之制,周初建立这种新制度的旨意就在于"纳上下于道德,而合天子、诸侯、卿大夫、士、庶民以成一道德团体"[2]。王国维论及"周人制度之大异于商者",第一项便是立子立嫡之制,由是而生宗法及丧服之制,并由是而有封建子弟之制,君天子臣诸侯之制[3];并且,分封制在周王朝早期充分调动了各诸侯国的积极性,以简单的行政体制,用分权共治的方式实现了周王朝前期的繁荣与稳定。大范围的分封不仅保证了周天子在全国范围内至高无上的统治地位,而且导致了周代国家地方自治权的普遍建立。分封制下,诸侯王的权力很大,可以自主处理封国内部事务;但它并不完全是一个独立王国,因为代表主权的"礼乐征伐自天子出",所以它必须履行对周王室的一定的义务,必须执行周王朝制定的政策。王室强盛的时候,可以依靠自己天下共主的地位协调各诸侯国之间的矛盾,征伐不服从自己、不尽义务的诸侯。所谓"一不朝则贬其爵,再不朝则削其地,三不朝则六师移之"[4]与分封制度相适应,周王朝还实施了宗法制等一系列的礼乐制度,在全国范围内自上而下地建立起等级隶属、井然有序的统治网络,从法理制度和实践两个方面保证周天子与各地诸侯之间君臣关系的存在与稳定。

西周宗法制度的核心为嫡长子继承制,在严格区分嫡庶,确立嫡长子的优先继承权的前提下,宗族内部区分大宗、小宗。无论大宗、小宗都以正嫡为宗子,宗子具有特殊的权力,宗族成员必须尊奉宗子。《礼记·大传》中"别子为

---

[1] 参见许倬云:《西周史》(增补本),北京:生活·读书·新知三联书店,2001年,第147—155页。
[2] 王国维:《殷周制度论》,《观堂集林》(外二种),石家庄:河北教育出版社,2001年,第288—289页。
[3] 同上,第288页。
[4] 孟子撰,焦循注:《告子章句下》,《孟子正义》卷十二,诸子集成本,上海:上海书店,1986年影印本,第495—496页。

祖,继别为宗,继祢者为小宗"是讲述西周宗法制最明确的一句话。由此上下相联系,构成阶梯式的有系统的组织。必要时,小宗仍统于大宗,大宗以统于国君,国君以统于天子。通过家族组织的形式,来完成政治组织的机构,以巩固君权。西周时代,宗法制和分封制将其功能发挥至极致,在当时的历史条件下是行之有效的制度。

然而到了战国之际,由于铁制生产工具的普遍使用,社会生产力得到了极大的提高,商品生产和货币经济获得了前所未有的发展。随着土地占有的转移,原有的土地占有格局开始解体,分封制失去了其存在的根据。自耕农大量产生,核心家庭从大家族中分离出去,开始摆脱宗族贵族的束缚。《仪礼·丧服传》中云:"有东宫、有西宫、有南宫、有北宫,异居而同财,有余则归之宗,不足则资之宗。"可见家族内部的联结极其薄弱,封建制度发展到此时已经处于岌岌可危的边缘,为了自身的生存,人们开始着眼于对现有统治体制的整体性调整。①

晋时陆机著《五等论》,为封建的五等爵位制辩护,他认为实行分封制可以"使万国相维,以成磐石之固;宗庶杂居,而定维城之业"②。他认为郡县制下官

---

① 齐思和指出:儒家之起源虽为中国学术史上极重要之问题,而儒家思想之深受西周与春秋时代社会制度之影响,则似无疑义。大凡政治思想家无不深受其时代之影响,盖彼等所欲解决者为极切实之问题,自不能专凭想像,图尚空谈。齐氏认为,封建制度之特征,可分政治、经济、社会三方面言之。在政治方面,封建社会之特色为中央政权之微弱,地方政府之专权,与夫公法与私法之混合。经济基础为农村经济。封建制度的经济特点不在生产方法而在于田制。土地不能任意买卖,其所有权归属天子,其社会阶层也由其田制而决定。接受天子所让渡给予土地者为贵族,不能接受者为庶人。西周王朝之封建制度,一方面着眼于蕃屏王室的政治目的,另一方面也由于周王室的宗法制度而然。后一项则是商、周封建制度歧义所在,亦是中国封建制度异于欧洲之处。齐思和再三强调,封建制度这三个方面的特点,任何一个方面单独的皆不足以构成此制度。齐氏复以为,即便仅仅在政治层面考量,封建制度亦非良好之制度,原因在于缺乏稳定性,其制度完全建基于武力之上的政治组织,所有自上而下的领袖都有私人性质的军队,在上者之实力较强,则稍告平安,否则,必定攻伐交错,战乱不已。儒家思想家一贯以来就存在着美化封建制度的倾向,孔子就是这样,一方面对于当时的政治社会极度不满,另一方面则以理想化的周制来批判现实。孟子以五霸为三王之罪人,其理想制度也是封建。荀子"法后王",亦即效法周文王、周武王和周成王。儒家拥护封建制度,其政治思想也就建基于这项制度之上,治道之精义,也从其中绎而出。儒家政治思想最重要的特点就在于人治主义。儒家此种人治主义能够彻底贯彻的话,天子必为圣人而国君、士大夫亦为贤人。但如何能使在位者必为圣贤,而所谓圣贤者究竟以何为标准,此标准由何人凭据何种方法而确定,则儒家语焉不详。究言之,儒家政治思想受封建制度影响甚深。参见齐思和:《封建制度与儒家思想》,《燕京学报》,1937年12月第22期。吾人认为:秦汉以降,各个时代均有儒家思想家为因应或改造社会政治的需要,借用封建制度中内涵的某些元素如人治、礼制来作为自己思想理论的资料,试图改变不合理的局面,因而对封建的讨论随时代而不断推陈出新。

② 陆机:《五等论》,严可均校辑:《全上古三代秦汉三国六朝文·全晋文》卷九十九,第2025页上。

员更迭太过频繁:"盖企及进取,士子之常志;修己安人,良士所希及。夫进取之情锐,而安人之誉迟。"①"侵百姓以利己者,在位所不惮;损实事以养名者,官长所凤慕也。君无卒岁之图,臣挟一时之志。"②但五等爵位下的诸侯则不然。他们有自己封国的土地,土地上的人民是自己的臣民,"知国为己土,众皆我民,民安己受其利,国伤家婴其病,故前人欲以垂后,后嗣思其堂构"③。所以,"为上无苟且之心,群下知胶固之义"④。司马氏代魏以后,有鉴于魏对宗室少恩而寡助,又想众建亲戚,以为屏藩,大大加强宗室诸王的权力。西晋诸王不仅掌握封国中的行政大权,而且控制部分军队。西晋分封诸王本是为了安定皇室内部成员,优待宗室和功臣,但后来随着统治集团内部矛盾的发展,诸王大都卷入了争夺皇权的竞争。惠帝时发生"八王之乱"严重削弱了中央集权,最终导致了西晋的灭亡。

总的说来,魏晋南北朝时期作为政治体制的封建制度在一定程度上获得了发展,世家大族在社会上拥有较强的势力,如东晋时期的门阀士族,但自上而下的封建制度却再也没有在西周封建制的意义层面开展起来。⑤ 至隋唐时期,

---

① 陆机:《五等论》,第 2026 页上。
② 同上。
③ 同上。
④ 同上。
⑤ 陈启云认为,汉末三国,帝国解体,君主权力相对减弱,新的"士族"势力大为增强。魏晋政权乃由士族集团中产生,故有所谓"王与马,共天下"之说。"王"代表王、谢士族,"马"指司马帝室。士族之地位竟与帝王之地位平行,甚或过之。陈氏以为,过去对这群体的论析大致分为三类。马克思主义史学家从经济基础(生产方式、生产组织)着眼,认为中国中古时期的主导阶级是地主(封建地主),与西欧中古时期的主导阶级封建领主在经济基础上有相同的特性;如果士族是中国中古时期的主导阶级,则其基本特性便是"地主阶级"。非马克思主义史学家的看法则分为两类:一类站在政治社会学立场,注重权力架构,因而特别注重大一统帝国王朝的中央集权体制及支持此体制之"官僚"架构(Bureaucracy),认为官僚身份是中古士族的基本特性。另一类基于人文史学立场,注重价值观念和文化理想,因而特别注重士、儒的文化教育背景、地位和功能,以及"学而优则仕"的理念与"选贤举能"的制度;认定中国中古时期的主导阶级是介于欧洲中古教会僧侣与现代知识分子之间的一种中华历史文化特殊产品——士族。士族作为中国中古时期的主导阶级大概具有地主(经济精英)、官僚(政治精英)和学者(文化精英)三种属性,也就是经济、政治、文化三元的力量交叉形成之"铁三角"。陈启云对此"铁三角"的力量及其在中古历史中的作用有着极高的评价,指出这三元力量交叉形成之"铁三角",展示了士族在政治社会经济和文化教育上多元性的功能。这"铁三角"还展示了士族在群体或阶层成分上的多元互联的基础,包含了官吏(政治力量)、地主(经济力量)、学者(文教力量)等基本属性不同,但却能密切互联的群体成员。这些个别群体的功能是一切文明整体所不可缺少的。由于这三种功能和建构成分,士族群可说是人类文明史上势力最大,或最低限度可说是影响力最广泛而全面的群体。如果说中国(转下页)

国家又走向统一局势,中央集权制度进一步得到巩固和发展,与此相应的郡县制已实行了数百年,因此,唐代虽也有关分封与郡县的争论,但是基本上论断都倾向于郡县制。贞观初,唐太宗问萧瑀:"朕欲长保社稷,奈何?"萧瑀的回答是:"三代有天下所以能长久者,类封建诸侯以为藩屏。秦置守令,二世而绝。汉分王子弟,享国四百年。魏、晋废之,亡不旋踵。此封建之有明效也。"①唐太宗觉得言之有理,让群臣讨论分封之事。魏徵以为:"若封建诸侯,则卿大夫咸资俸禄,必致厚敛。又,京畿赋税不多,所资畿外,若尽以封国邑,经费顿阙。又,燕、秦、赵、代俱带外夷,若有警急,追兵内地,难以奔赴。"②指出大举分封并不合理。综观唐代,围绕"封建"评述者亦有不少士人。礼部侍郎李百药支持郡县制的实施,他认为:"运祚修短,定命自天,尧、舜大圣,守之而不能固;汉、魏微贱,拒之而不能却。今使勋戚子孙皆有民有社,易世之后,将骄淫自恣,攻战相残,害民尤深,不若守今之迭居也。"③

李百药提醒太宗注意,周代实行分封制数世之后,即出现"王室浸微,始自藩屏,化为仇敌,家殊俗,国异政,强凌弱,众暴寡,疆场彼此,干戈日寻"④的

(接上页)传统政体以皇权为至尊,这皇权的功能却要依靠士族而运作的。而在某种程度上,这士族"铁三角"则可以不依靠皇权或帝权而自行运作。参见陈启云:《中国传统社会领导层的建构和演变》,《历史教学》,2009年第2期。又可参见陈启云:《中国中古"士族政治"的问题》,《中国古代思想文化的历史转折》,北京:北京大学出版社,2001年,第318—348页。而早在二十世纪六七十年代,何兹全倡导"魏晋封建说",认为西周春秋时期,存在着三种生产关系,有三种阶级对立:一是解体中的公社,这里包含着氏族贵族和平民即公社成员的对立;二是奴隶主和奴隶的对立;三是依附民或农奴和贵族主的对立。在这三种生产关系和阶级对立中,公社虽在解体,但它仍是整个社会的骨架,在数量上,公社成员是人口中的最大多数,公社成员的生产劳动是社会的基础。而战国秦汉是中国奴隶制社会的发展时期,汉魏之际是中国社会由古代奴隶制社会进入封建社会的时期。标志是:(一)由城市交换经济到农村自然经济;(二)由自由民、奴隶到部曲、客;(三)由土地兼并到人口争夺;(四)由民流到地著。参见何兹全:《汉魏之际封建说》,《历史研究》,1979年第1期。又,何氏以为,西周有封土建国,有大小高低贵族,有采邑制,有井田制和井田制下的农民。这些有些像欧洲中世纪封建制开始的情况。但周族灭商时,自己还在氏族社会末期,灭商以后,加快了氏族社会的解体,分裂为氏族贵族和平民。接着,由于征服才出现依附关系。参见何兹全:《漫谈"封建"》,《中国古代社会》,北京:北京师范大学出版社,2001年,第514—521页。何兹全的观点是否符合历史事实,暂且不论。但是何氏观点的着眼点如同原有的中国封建社会讨论一样,均将着眼点搁置在社会形态,而忽略了"封建"本义是一类政治架构。

① 欧阳修、宋祁:《萧瑀传》,《新唐书》卷一百零一,北京:中华书局,1975年,第3951页。
② 司马光:《唐纪九》贞观五年冬十月条,《资治通鉴》卷一百九十三,北京:中华书局,1956年,第6089页。
③ 同上。
④ 李百药:《封建论》,董诰编:《全唐文》卷一百四十三,上海:上海古籍出版社,1990年,第635页中。

局面，导致"灭国杀君，乱常干纪，春秋二百年间，略无宁岁"①。其原因为"封君列国，藉庆门资，忘其先业之艰难，轻其自然之崇贵，莫不世增淫虐，代益骄侈"②，而郡县制下"内外群官，选自朝廷，擢士庶以任之，澄水镜以鉴之，年劳优其阶品，考绩明其黜陟，进取事切，砥砺情深，或俸禄不入私门，妻子不之官舍"③。"爵非世及，用贤之路斯广，民无定主，附下之情不固。"④从官员选拔的基础和官员对朝廷忠诚度两个相度综合考量，郡县制都是明显优于封建制的贵族治理。当然，贞观年间也有比较响亮的要求恢复封建制的声音出现。中书侍郎颜师古就是其中之一，他主张渐变唐朝的政治架构，不是单向度地、迅速地恢复封建制，而是逐渐地回归。"今古异俗，文质不同，不可空采虚名，以乖实效。"⑤如果即刻废罢州县，分为列国，"无功而受封爵，庶姓而专臣吏，非直于理不合，亦自制度难成"⑥。若要分封"莫如量其远近，分置王国，均其户邑，强弱相济，画野分疆，不得过大，间以州县，杂错而居，互相维持，永无倾夺。使各守其境，而不能为非，协力同心，则足扶京室"⑦。建议唐太宗"命分诸子，各就封之，为置官僚，皆一省选用，法令之外，不得擅作威刑，朝贡礼仪，具为条式"⑧。如此一来，"万世永久，则狂狡绝暴慢之心，本朝无怵惕之虑"⑨。贞观五年（631）十一月，唐太宗下诏，"诏皇家宗室及勋贤之臣，宜令作镇藩部，贻厥子孙，非有大故，毋或黜免，所司明为条例，定等级以闻"⑩。在非常有保留的条件下恢复了封建制。

唐朝最著名的有关封建制度的议论自然当推柳宗元的《封建论》。苏轼曾评价说："昔之论封建者，曹元首（冏）、陆机、刘颂及唐太宗时魏徵、李百药、颜师古，其后则刘秩、杜佑、柳宗元。宗元之论出，而诸子之论废矣，虽圣人复

---

① 李百药：《封建论》，第635页下。
② 同上。
③ 同上。
④ 同上。
⑤ 颜师古：《论封建表》，董诰编：《全唐文》卷一百四十七，第656页上。
⑥ 同上，第656页上。
⑦ 同上。
⑧ 同上，第656页上—656页中。
⑨ 同上，第656页中。
⑩ 司马光：《唐纪九》贞观五年冬十一月丙辰条，《资治通鉴》卷一百九十三，第6089页。

起,不能易也。"① 从表面上看,秦朝废封建,行郡县,二世而亡,而周朝实行分封制,享国八百载。实际上,实行郡县制或分封制与国祚的长短没有直接的必然联系。秦朝二世而亡不在于实行郡县制,而是由于秦的暴政。柳宗元的高明之处在于深探封建制的历史根源,指出封建是"生人之初"的"自奉自卫"的不得已而为之。"封建非圣人意也,势也。"② 即使古代圣王那时想废除封建制度,也势有不可。"彼其初与万物皆生,草木榛榛,鹿豕狉狉,人不能搏噬,而且无毛羽,莫克自奉自卫,荀卿有言:必将假物以为用者也。夫假物者必争,争而不已,必就其能断曲直者而听命焉。其智而明者,所伏必众,告之以直而不改,必痛之而后畏,由是君长刑政生焉。"③ 人作为群居的动物,聚而成群,"群之分,其争必大,大而后有兵有德,大者众群之长又就而听命焉,以安其属,于是有诸侯之利"④,如此往上推,有诸侯而后有方伯、连帅、天子。"自天子至于里胥,其德在人者,死必求其嗣而奉之"⑤,这就是封建等级制度以及世袭制的由来。这就意味着,表面上看来,封建是出自古圣王之意,是他主动地独享天下,所以由上而下地分封诸侯。但实际上,这后面都有一种自下而上发展起来的形势使古代君主不得不如此做。自上而下的"封"是自下而上的"势"支持着,各种名号常常只不过是对这种事实上的"势"的承认而已。

柳宗元敏锐地观测到了人类社会发展的事实,即等级分化必然要从各个原始族群中产生,而且是自然而然地产生。任何文明的早期,都自然而然地出现了一个渐居于社会上层的少数,并且,这居于上层的少数还是世袭的。周秦以后,封建反成了致乱的原因,不再是太平之基。东周之所以出现"天下乖,无君君之心……诸侯之盛强,末大不掉之咎"⑥的局面,原因就在于实行了分封制。柳宗元认为,东周时,周已丧之久矣,"徒建空名于公侯之上耳",列国纷争,战乱不已。"秦之所以革之者,其为制公之大者也;其情私也,私其一己之威也,

---

① 苏轼:《论封建》,孔凡礼点校:《苏轼文集》卷五,北京:中华书局,1986年,第158页。
② 柳宗元:《封建论》,《柳河东集》卷三,上海:上海人民出版社,1974年,据中华书局1960年排印本重印,第44页。
③ 同上,第43—44页。
④ 同上,第44页。
⑤ 同上。
⑥ 同上,第45页。

私其尽臣畜于我也。然而公天下之端自秦始。"① 郡县制避免了分封制的缺点，它具有选贤任能的机制，而在封建制下，诸侯卿大夫皆世袭，效率低下，贤才难以被重用，"使贤者居上，不肖者居下，而后可以理安。今夫封建者，继世而理，继世而理者，上果贤乎？下果不肖乎？则生人之理乱未可知也"②。

在封建制度下，社会呈现格式化的现象，社会成员的流动无从谈起，以致"侯伯不得变其故，天子不得变其君"③，"圣贤生于其时，亦无以立于天下"④。统治阶层的不肖子孙很可能给生民带来深重的灾难。实行郡县制，也就废除了世袭制，郡县制的地方行政长官由于实行规则不同的选举制，虽然也可能因用人不当而给生民带来灾难，但要危险性相对小一些。因为郡县制下的官吏并非世袭的，可以随时调动或免职。郡县官员"有罪得以黜，有能得以奖。朝拜而不道，夕斥之矣。夕受而不法，朝斥之矣"⑤。人才得到了尊重，统治效率便会提高。因此，从行政体制上看，郡县制与分封制相比较是进步的，有利于国家的治理。柳宗元还指出，秦"有叛人，而无判吏"⑥，汉"有叛国，而无叛郡"⑦，唐"有叛将，而无叛州"⑧。都说明封建割据常常是祸乱之首，而郡县制则有利于天下的长治久安。

二　北宋士大夫对中央政治权力结构性弊端的认识

北宋立国伊始，政治制度上大致承唐代规制，然亦有区别，其关注点集中于维持中央专制皇权而分散地方的权力，司马光于此意记述得最为明了：

> 太祖既得天下，诛李筠、李重进，召赵普问曰："天下自唐季以来，数

---

① 柳宗元：《封建论》，《柳河东集》卷三，第45页。
② 同上，第48页。
③ 同上，第46页。
④ 同上，第48页。
⑤ 同上，第47页。
⑥ 同上，第45页。
⑦ 同上，第46页。
⑧ 同上。

十年间，帝王凡易十姓，兵革不息，苍生涂地，其故何也？吾欲息天下之兵，为国家建长久之计，其道何如？"普曰："陛下之言及此，天地人神之福也。唐季以来，战斗不息，国家不安者，其故非他，节镇太重，君弱臣强而已矣。今所以治之，无他奇巧也，惟稍夺其权，制其钱谷，收其精兵，天下自安矣。"语未毕，上曰："卿勿复言，吾已喻矣。"①

由此可知，宋之于削臣权、固君权早就凝练为一项国策。秦汉以降，历代王朝为强化中央集权，都会广泛地设立行政机构和官职，并使之互相牵制，以达权力平衡的目的。宋代同以前的专制王朝相比，在政治上施行了更为严密、高度集中的中央集权专制制度，地方政权完全操控于中央，行政权力过于集中，冗官过多。宋代的行政管理体制无论是中央还是地方都按照"分割事权"的原则设置办事机构，实行相互限制的约束体制。宋初在中央设立了枢密院、三司来分割宰相的军事、财政权，使中央的行政、军事、财政权都分别直属于皇帝。在地方上设立通判牵制知州的职权，又分设四司来掌握各路的行政、司法、财赋之权，使其都受控于君主，但这样的集权方式必然出现许多无法协调的问题。"中书不与知兵，增兵多少不知也；枢密院要兵则添财用，财用有无不知也；管军将帅少兵则请增，不计校今日兵籍倍多，何故用之不足也；三司但支办衣粮，日日增添，不敢论列，谓兵非职事也。四者各为之谋，以至于此。"②可见上述四大权力机构由于权力遭到分割相互牵制，而无法协调处理问题。此外，中央的管理机构中还存在着许多闲职，如被喻为"睡卿"的鸿胪寺卿，"鸿胪旧号为睡卿，谓所掌止道、释及四夷朝贡之事，极为简静也"③。宋代彼此制约、职权范围互有交叉的官僚体制使得中央行政机构的办事效率极为低下。事无专责，人无专事，坐待废弛。所谓贤者苦于掣肘而不得尽其长，不肖者便于推诿而借以分其责，结果是这庞大的国家机器从权力的中心便产生锈迹，运转不灵。宋朝

---

① 司马光著，邓广铭、张希清点校：《涑水记闻》卷一，北京：中华书局，1989年，第11页。
② 蔡襄：《上英宗论兵九事》，赵汝愚编：《兵议下》，《宋朝诸臣奏议》卷一百二十一，北京大学中国古代史研究中心校点整理，上海：上海古籍出版社，1999年，第1325页。
③ 陆游：《家世旧闻》卷下，李昌宪整理，上海师范大学古籍整理研究所编：《全宋笔记》第五编（八），第245页。又，王得臣：《麈史》卷下："鸿胪为睡卿。""睡卿掌四夷宾贡之事。"参见黄纯艳整理，上海师范大学古籍整理研究所编：《全宋笔记》第一编（十），第80页。

最高统治者力图将地方兵力、财权与人事权一律收归中央，强化君主专制统治，维护国家统一，以寻求长治久安；但实际上，由于疆域的辽阔，在国家事务运转的实践中，受交通和通信等技术手段的限制，集权只能建立在地方一定程度分权的基础之上。但是，宋廷给予地方自主权力太小，每每使地方与朝廷产生矛盾。太祖开宝三年（970）五月下诏"诸州长吏，毋得遣仆从及亲属掌厢镇局务"①。试图控制地方节度使的人事权，但地方官员在一定程度上依然我行我素，为自己的亲属及门生谋职位。

于是，太宗太平兴国二年（977）正月，"申禁藩镇补亲吏为镇将"②。这样地方官员的人事任免权即被彻底剥夺了。再者朝廷委任中央文官掌握一州军政大权，节度使一般不赴本州府治理政事。自太祖开始，掠夺全国各地的精兵强将汇集于中央，由中央控制天下财赋的支配权，无兵无财的状况使得地方相对于中央而言，权力越来越小，地位也越来越轻，极不利于发挥地方的积极性，也不利于社会的稳定和发展。从兵力上来看，司马光说："太祖既纳韩王之谋，数遣使者分诣诸道，选择精兵。凡其才力伎艺有过人者，皆收补禁军，聚之京师，以备宿卫。厚其粮赐，居常躬自按阅训练，皆一以当百。诸镇皆自知兵力精锐非京师之敌，莫敢有异心者，由我太祖能强干弱枝。制治于未乱故也。"③这一措施有效地维护了国家的统一与安定，成绩斐然。

但在传统政治架构中，对于"度"与分寸的准确均衡把握，显然是十分困难的。皇帝作为全国最高权力的拥有者和执掌者，很容易为了确保自身的地位而将处理事务的方向走向极端。文天祥曾沉痛地指出："宋惩五季之乱，削藩镇，建郡邑，一时虽足以矫尾大之弊，然国亦浸弱。故敌至一州则破一州，至一县则破一县，中原陆沈，痛悔何及。"④面对着有人责怪王安石变法致使地方财物空虚的说法，朱熹指出："只祖宗时州郡已自轻了。"⑤北宋仁宗朝，京西路群盗横行，破州屠县。"淮南盗王伦破高邮，郡守晁仲约以郡无兵财，遂开门犒之

---

① 李焘：《续资治通鉴长编》卷十一，开宝三年五月戊申条，北京：中华书局，1979年，第246页。
② 李焘：《续资治通鉴长编》卷十八，太平兴国二年春正月丙寅条，第393页。
③ 司马光著，邓广铭、张希清点校：《涑水记闻》卷一，第13页。
④ 脱脱等：《文天祥传》，《宋史》卷四百一十八，北京：中华书局，1977年，第12535页。
⑤ 黎靖德编，王星贤点校：《朱子语类》卷一百零八，北京：中华书局，1994年，第2681页。

使去。富郑公闻之大怒，欲诛守臣，曰：'岂有任千里之寄，不能拒贼，而反赂之。'范文正公争之曰：'州郡无兵无财，俾之将何捍拒？今守臣能权宜应变，以全一城之生灵，亦可矣；岂可反以为罪耶？'"①面临民间反叛等突发事件，地方过于被削弱，丧失了必要的防御能力。

苏轼知徐州，发现"州之东北七十余里，即利国监，自古为铁官，商贾所聚，其民富乐，凡三十六冶，冶户皆大家，藏镪巨万，常为盗贼所窥"②。他作为地方行政长官，感叹道："兵卫寡弱，有同儿戏。臣中夜以思，即为寒心。使剧贼致死者十余人，白昼入市，则守者皆弃而走耳。"③州郡空虚，无法对入侵者形成有效的抵抗。宋朝有鉴于五代之乱，过于防范地方的藩镇割据，削弱地方的实力，结果是地方受到实际的削弱，中央未必获得实际的巩固。

在中央集权的专制国家里，君主是国家的最高权力者，他把全国的行政、司法、赏罚以至生杀各种大权集于一身，"明王之所操者六：生之、杀之、富之、贫之、贵之、贱之。此六柄者，主之所操也。主之所处者四：一曰文、二曰武、三曰威、四曰德。此四位者，主之所处也"④。孟德斯鸠曾经说过："有权力的人们使用权力一直到遇到有界限的地方才休止。"⑤而如何才能限制滥用权力呢？那就是用权力去约束权力。然而在中国传统社会中君主是具有绝对权威的，他被置于不受任何约束的位置。君主拥有无限的能量，国家的财力、物力、兵力全部在他的掌握之中。君主与官僚利益纠葛就在以"权力"为核心的焦点上。"一切有权力的人都容易滥用权力，这是万古不易的一条经验。"⑥地方权力的拥有者也是一样，同样抵御不住权力带来的侵蚀，宋代君主和朝廷则试图不断地分散下属的权力。为了防止州郡的长官专权妄为，宋代在各州设立"通判"一职，号为"监郡"，对府、州、军、监一级的最高行政长官形成牵制。

太祖乾德四年（966）十一月，"戊戌，诏荆南、西蜀官为郡国长史者，初奉条诏，未能详悉，必资僚属，以佐其治，事无大小，宜与通判或判官、录事同裁

---

① 黎靖德编，王星贤点校：《朱子语类》卷一百零八，第2681页。
② 苏轼：《徐州上皇帝书》，《苏轼文集》卷二十六，第759页。
③ 同上。
④ 旧题（春秋）管仲撰：《管子·任法》，《诸子集成》第五册，上海：上海书店，1986年，第257页。
⑤ 孟德斯鸠著，张雁深译：《论法的精神》，上海：商务印书馆，1961年，第154页。
⑥ 同上，第154页。

处之"①。这一职务设置的唯一目的只是为分割地方长官之权,因而多会与州郡长吏产生矛盾。"自平湖南,诸州皆置通判,既非副贰,又非属官,故多与长吏忿争,常曰:'我监州也,朝廷使我来监汝。'长吏举动必为所制。"②知州处置公务须与通判协商,州郡公文,要通过通判签议联署,方许行下。凡州内之事,通判可直接上奏。通判权力过大,妨碍了地方行政职能的正常发挥,钳制了地方行政管理机构应有的主动性与灵活性。

明清之际代王夫之对通判的设置给予了否定的评论:"宋自置通判于诸州,以夺州镇之权,大臣出而典郡者,非以逸老,则为左迁。富庶之江南,无人也;岩险之巴、蜀,无人也;扼要之荆、襄,无人也;枢要之淮、徐,无人也。峨冠长佩,容与于天下,贤者建宫墙以论道,其次饰亭榭以冶游,其下攘民财以自润。天子且安之,曰:'是虽不肖,亦不至攘臂相仍,而希干吾神器者也。'则求如晋元以庸懦之才,延宗社而免江、淮之民于左衽,不亦难乎?"③宋代的州郡之上还有路级机构,为了监察各路官员,中央又设置了转运司、安抚司、提举常平司和提点刑狱司等来限制各级官员的专权,各司之间又彼此监督,互不统摄,"从监司则违宪司,从宪司则违提举司"④,限制了一部分地方官员的工作积极性,为了应付各级监察官员,州郡亦不胜其扰。"今诸路监司猥众,恰如无一般。不若每路只择一贤监司,其余悉可省罢。"⑤宋代拥有的庞大官僚队伍乃历朝之最,还有复杂而先进的监察体制相配合,但却使得政府机构办事效率低下,官员之间推卸责任,同时还增加了人民的负担,国家财政支出捉襟见肘,同时也阻碍了经济与社会的发展。

北宋中期范镇就说过:"官所以养民者也,兵所以卫民者也。今养民卫民者反残民矣,而大臣不知救。"⑥为何会造成这样一种尴尬的局面呢?这是因为权力的异化,权力没有用来服务人民,而成为盘剥人民以增进权力拥有者利益的

---

① 李焘:《续资治通鉴长编》卷七,乾德四年十一月戊戌条,第182页。
② 李焘:《续资治通鉴长编》卷七,乾德四年十一月癸巳条,第181页。
③ 王夫之著,舒士彦点校:《高宗》,《宋论》卷十,北京:中华书局,1964年,第171页。
④ 徐松辑:《宋会要辑稿》职官四五之二八,北京:中华书局,1957年影印本。
⑤ 黎靖德编,王星贤点校:《朱子语类》卷一百一十二,第2731页。
⑥ 李焘:《续资治通鉴长编》卷一百七十七,至和元年冬十月己亥条,北京:中华书局,1985年,第4285页。

工具。皇帝要巩固和提高皇权，必须强化对臣僚，尤其是不在眼前的地方臣僚的控制。在古代中国，官员们也往往不是地方利益和意志的代言人，而是君主治国的工具。官吏的升迁在一定程度上来讲并不取决于他们治理地方的能力和业绩。在集权社会中，官员们能否完整地接受君主的意志，按照他的意志来行事才是最为关键的。有道是"是故君主，出令者也；臣者，行君之令而致之民者也；民者，出粟米麻丝，作器皿，通货财，以事上者也。君不出令，则失其所以为君；臣不能行君之令而致之民，则失其所以为臣；民不出粟米麻丝，作器皿，通货财，以事其上，则诛"①。这就完全陷入工具理性的窠臼，没有把人民作为价值存在而对待。

宋代君主时常派遣专人充任采访使、按察使、察访使等，分行诸路，观望民情，廉察官吏清浊能否，这个确保皇帝绝对权力运行的制度设置，在具体的实行过程中也产生了许多负面影响。各州郡官吏对朝廷所派遣的官吏普遍存有戒备之心，虽然特使们不能直接干预地方事务，但却享有向皇帝汇报信息的权力。许多地方官员为了保住自己的职权而曲意迎合，或是故设迷障使特使们无法体察真实情况。宋代各个职权部门之间，部门成员之间彼此牵制，相互制约，"一路事无巨细，皆所按刺；朝廷耳目之任，寄委非轻"②。抑制了地方官员的办事积极性和主动性，使之无所作为。北宋如此大规模的集权，导致冗兵、冗吏，地方虚空，中央又运转不灵，北宋政局遂积弊横生，而四周又强敌环伺、危机四伏。于此情境下，心怀天下"先天下之忧而忧"的士大夫起而拯救时弊，而又多集矢于集权之弊，倡导复归三代之政，使封建制度再兴于当代，分权共田，缓解中央与地方矛盾，分皇权于地方，以达权力之平衡，获取理想之"治世"。

宋代士大夫普遍对三代抱有美好的幻想。欧阳修对三代推崇备至："尧、舜、三代之际，王政修明，礼义之教充于天下。于此之时，虽有佛，无由而入。"③又云："夫礼以治民而乐以和之，德义仁恩长养涵泽，此三代之所以深于民者也，政以一民，刑以防之，此其浅者尔。今自宰相至于州县，有司莫不行文书、治吏事。其急在于督赋敛、断讼狱而已，此特浅者尔。礼乐仁义，吏不知所

---

① 韩愈著，刘真伦、岳珍校注：《原道》，《韩愈文集汇校笺注》卷一，北京：中华书局，2010年，第3页。
② 徐松辑：《宋会要辑稿》职官四一之一三一。
③ 欧阳修：《本论上》，《居士集》卷十七，《欧阳修全集》，北京：中国书店，1986年排印本，第122页。

以为，而欲望民之被其教，其可得乎？"① 认为在三代的仁义礼乐之微风和煦的熏染下，百姓安乐，政治昌明。

李觏也对他所神往的三代作了描写："昔三代之人，自非大顽顿，尽可以为君子，何者？仁义礼乐之教，浸淫于下，自乡徂国则皆有学；师必贤，友必善，所以养耳目鼻口百体之具，莫非至正也。"② 最有代表性的是尹洙的《岳州学记》，不仅表明了他自身对三代之治的向往，更显示出当时士大夫无论是入世还是在野者，都有着回归三代的期望："三代何从而治哉？其教人一于学而已……天子有意三代之治，守臣述上德，广风教，宜无大于此。"③

宋代的士大夫们不管政治地位的高下之别，在时代之风影响下都曾或多或少、或深或浅地发出过"回归三代"的呼声，并在此理想的号召下，渴望对政治、文化、经济和社会进行大的变革，重塑安乐祥和的理想花园。无论是范仲淹的庆历新政还是王安石的熙宁变法，纵然在具体措施上各有不同，结果也不尽相同，但究其指导思想或者说是他们的意愿则都是相同的，即重回三代的美好局面。"夫二帝、三王，相去盖千有余载，一治一乱，其盛衰之时具矣。其所遭之变，所遇之势，亦各不同，其设施之方亦皆殊，而其为天下国家之意，本末先后，未尝不同也。臣故曰：当法其意而已。"④ 与士人对三代向往合拍的就是恢复三代之治。恢复三代之治，便要复兴封建制度于当代，三代的理想与封建之于当代的意义，宋士大夫言之甚详。

石介认为："立其法，万世不改者，道之本也；通其变，使民不倦者，道之中也。本，故万世不易也；中，故万世可行也。若伏羲、神农、黄帝、尧、舜氏树君臣、父子、上下之制，立其法，万世不改者也。是之谓本焉。服牛乘马，上栋下宇，弧矢绷罟之宜，舟楫来招之利，棺椁之便，臼杵之用，通其变，使民不倦者也，是之谓中焉。相国沿三代明王之作，取古者家有塾、党有庠、术有序、国有学之制，建学于青，立其本也。集贤申《易·大畜》'养贤'、《颐》'养正'、

---

① 欧阳修：《问进士策三首》，《居士集》卷四十八，第327页。
② 李觏：《与章秘校书》，王国轩点校：《李觏集》卷二十七，北京：中华书局，1981年，第296页。
③ 尹洙：《岳州学记》，《河南先生文集》卷四，《四部丛刊》景春岑阁钞本。
④ 王安石著：《上皇帝万言书》，秦克、巩军标点：《王安石全集》卷一，上海：上海古籍出版社，1999年，第1页。

《需》'饮食晏乐'、《兑》'朋友讲习'之义,立宽于学,制其中也。"①

李觏则言:"言井田之善者,皆以均则无贫,各自足矣。此知其一,未知其二。必也人无遗力,地无遗利,一手一足无不耕,一步一亩无不稼,谷多出而民用富,民用富而邦财丰者乎!户计一夫一妇而赋之田,其一户有数口者,余夫亦受此田也。载师'以宅田、土田、贾田任近郊之地;以官田、中田、赏田、牧田任远郊之地。'……若余夫、致仕者、仕者、贾人、庶人在官者,畜牧者之家,皆受田,则是人无不耕。无不耕,则力岂有遗哉?一易再易,莱皆颁之,则是地无不稼,则利岂有遗哉?"②总之,回归三代的呼声在宋代士大夫政治文化中形成一种风气,为前代所未见。究其本质,正是宋代新儒学兴起所造就的政治理想境域在士人心中的反映。

钱穆说:"宋代开国六七十年,儒运方起,当时诸儒所怀抱,似乎还脱不了一番拨乱世的心情。"③石介就是这样一个有拨乱世复之于正的典型士大夫。与宋代的许多儒家一样,石介也崇尚上古"三王之道"和"三王之制"。回顾历史,石介并没有沉醉于义理探讨之中,而是提出纠正时弊的思路和构建理想社会的设想。他指出:"周、秦而下,乱世纷纷,何为而则然也?原其来有由矣,由乱古之制也。"④社会动乱此消彼长的原因是古制的破坏,只有回到圣人的古制上,天下才能太平。圣人所创立的制度究竟是什么呢?不过是井田、封建、宗法三项基本的制度以及这些制度与礼乐教化的并行。

在石介看来,井田制度是理想社会的经济基石,封建制度是理想社会的政治构架。"古者封建诸侯,蕃屏王室。天下治,与诸侯守之;天下乱,与诸侯持之。三代享国,或八九百年,或四五百年,由兹道也。秦始皇既吞六国,并诸侯,思欲独立天下,罢封建,置郡县。则封建之制,秦始皇坏之也。封建之制坏,而天下微矣,王室弱矣,天子孤矣。"⑤石介将秦以后王朝短命的原因皆归咎于封建制度的破坏,天子仅凭一己之力而无以治天下。与此同时,井田与封建

---

① 石介:《青州州学公用记》,陈植锷点校:《徂徕石先生文集》卷十九,北京:中华书局,1984年,第224—225页。

② 李觏:《国用第四》,《李觏集》卷六,第82页。

③ 钱穆:《朱子新学案》,北京:九州出版社,2011年,第9页。

④ 石介:《原乱》,《徂徕石先生文集》卷五,第64页。

⑤ 同上,第65页。

又是相依相辅,不可分割的:

> 夫井田,三王之法也;什一,三王之制也;封建,三王之治也;乡射,三王之礼也;学校,三王之教也;度量以齐,衣服以章,宫室以等,三王之训也。三王市廛而不税,关讥而不征,林麓川泽以时入而不禁。用民之力,岁不过三日。五十者养于乡,六十者养于国,七十者养于学,孤寡鳏独,皆有常饩。①

五代十国的连年战乱,造成礼乐崩溃,出现了士不知耻、民不知礼的乾坤颠倒的社会状况,君被臣废、父被子弑等违背纲常伦理的现象经常发生。石介在他的理想王国里重新恢复了中华的纲常名教,描绘了一幅充满着脉脉温情的天伦图画。在这幅图卷中,封建制度的构思及其功能的设定占据着极为重要的位置。

三 张载的"封建"构思与理想政治蓝图

与石介以及北宋许多改革家一样,张载也赞颂三代之治,将三代政治看作理想政治的范型,他与他的同时代人一样,把目光对准据说是周公所撰写的《周礼》,认为《周礼》一书浓缩了三代善政的宝贵经验和治理原则。张载说过:"《周礼》是的当之书。"②张载提出社会之治首先要恢复礼乐之制。当时社会的道德沦丧、秩序失调、世俗民风败乱要从根本上获得解决,就只能依靠礼乐之制来达到。他指出:

> 古者惟国家则有有司,士庶人皆子弟执事。又古人于孩提时已教之礼,今世学不讲,男女从幼便骄惰坏了,到长益凶狠,只为未尝为子弟之事,则于其亲已有物我,不肯屈下,病根常在。③

---

① 石介:《汉论上》,《徂徕石先生文集》卷十,第111页。
② 张载:《经学理窟·周礼》,《张载集》,北京:中华书局,1978年,第248页。
③ 张载:《经学理窟·学大原上》,《张载集》,第280—281页。

又病随所居而长，至死只依旧。为子弟则不能安洒扫应对，在朋友则不能下朋友，有官长不能下官长，为宰相不能下天下之贤，甚则至于徇私意，义理都丧，也只为病根不去，随所居所接而长。①

正是出于一个儒者对社会的责任，对历史上善的价值的自觉担当，张载才如此迫切地提倡笃行古礼，敦本善俗，淳厚人心，以求以礼齐俗，教化一方。"学者且须观礼，盖礼者滋养人德性，又使人有常业，守得定，又可学便可行，又可集得义。养浩然之气须是集义，集义然后可以得浩然之气。严正刚大，必须得礼上下达。"②司马光曾评价说："窃惟子厚平生用心，欲率今世之人，复三代之礼者也，汉魏以下盖不足法。"③礼是一种外在的他律，能净化人的精神。如果要使整个社会处于圆融和谐的气氛中，不仅需要大幅度提高人的道德自觉，还要有一定的制度作为保障，还要恢复三代所奉行的井田、封建、宗法这三项最为有效的制度，这才能使天下有道的理想社会重新呈现于当下。

张载提出在推行井田制的同时，必须有一定的政治制度作保障，也就是基于自上而下分封诸侯的封建制度，"井田卒归于封建乃定"④。宋初的集权措施过分削弱了地方的权力，使地方无论在行政上还是军事上毫无自主权力，"秦弊于今未息肩，高萧从此法相沿。生无定业田疆坏，赤子存亡任自然"⑤。张载认为，郡县制有着先天的无法克服的弊端，在交通和通信条件受到严重制约的情况下，中央政府实际上无法有效地担负管理和指导如此广阔的疆域的责任，地方上的实际情况也很难有效地反馈到中央，且因为地方权力受到的制约，很难在一时间内推出结合地方实际的政治措施。

郡县制下地方上的军事自主权力受到的制约最为深重，"今戎毒日深而边兵日弛，后患可惧而国力既殚，将臣之重，岂特司命王卒"⑥。因此，他认为凡事

---

① 张载：《经学理窟·学大原下》，《张载集》，第287页。
② 张载：《经学理窟·学大原上》，《张载集》，第279页。
③ 司马光：《司马光论谥书》，《张载集》附录，第387页。
④ 张载：《经学理窟·周礼》，《张载集》，第251页。
⑤ 张载：《文集佚存·杂诗》，《张载集》，第367页。
⑥ 张载：《文集佚存·贺蔡密学启》，《张载集》，第352页。

由中央朝廷决策，事事由帝王亲力亲为，必定事倍功半。"所以必要封建者，天下之事，分得简则治之精，不简则不精，故圣人必以天下分之于人，则事无不治者。"① 张载将地方分权作为纠正粗犷治理的办法，他要求适当调整中央与地方的关系，中央不需要设置如此繁复的官僚机构，地方在履行一定职责与义务的基础上，享有一定的权力。换句话说，要做到事简而治精，就必须实行封建。只有以封建制的这种分权的办法才能解决由集权所导致的种种弊端。所以，正确的选择是在中央的统一领导下，建立方圆不超过一百里的相对独立的地方政权，使之拥有足够的兵力以自我防备，拥有足够的财力维护经济秩序，同时又能阻止他们相互勾结以作乱。

在西周立国伊始实行的分封制下，诸侯王是世袭的，各诸侯国有自己的土地、军队、人民，是一种实体性的政权存在，除了遵守中央政府制定的大政方针，并且为中央提供一定的贡纳和服役外，诸侯在自己的封地内有相当大的自主权，可以自主处理封国内部事务，诸侯在自己的辖区内各自为政，即所谓"分土而治"，朱熹说："以道理观之，封建之意，是圣人不以天下为己私，分与亲贤共理。"② 但是，张载同时认为，各诸侯国并不完全是一个独立王国，因为代表国家主权的"礼乐征伐自天子出"，诸侯国必须履行对中央的义务和责任，必须执行中央制定的大政方针，必须承认并捍卫天子的至尊地位，否则就必须受到严厉的处罚。"且为天下者，奚为纷纷必亲天下之事？今便封建，不肖者复逐之，有何害？岂有以天下之势不能正一百里之国，使诸侯得以交结以乱天下！自非朝廷大不能治，安得如此？而后世乃谓秦不封建为得策，此不知圣人之意也。"③

在张载看来，分封制是一种中央统一领导下的地方自主权力极大的行政体制。在分封制下，由于天子、诸侯各自为政，分土而治，天子极少干涉地方事务，所以中央和地方的行政机构都非常简单，军队和行政人员都很少，人民的负担相对而言也很轻。张载恰恰看到了宋代实行的中央集权的郡县制所导致的种种弊端，就认为分封制虽有缺点，但自有其长处，三代都实行封建，皆为盛

---

① 张载：《经学理窟·周礼》，《张载集》，第251页。
② 黎靖德编，王星贤点校：《朱子语类》卷一百零八，第2680页。
③ 张载：《经学理窟·周礼》，《张载集》，第251页。

世，所以他"慨然有意三代之治"①，指出："'天子建国，诸侯建宗'，亦天理也。譬之于木，其上下挺立者本也，若是旁枝大段茂盛，则本自是须低摧；又譬之于河，其正流者河身，若是泾流泛滥，则自然后河身转而随泾流也。宗之相承固理也，及旁支昌大，则须是却为宗主。"②中央与地方有一个权力的平衡的秩序，失去这种秩序，必有一方是主因，如果是地方的缘故，那自然要维护中央（大宗）的地位和权威。因此，宋神宗召见张载时，问治道，张载"以渐复三代为对"③。张载"封建"设想，是地方分权的主张在北宋现实社会中的灵活运用，实际上是一种将封建寓于郡县的改革措施。

顾炎武对此有更为明确的论述："有圣人起，寓封建之意于郡县之中，而天下治矣。"④顾氏对秦汉以下的集权政治之弊端有着极为深刻的见解，他对政治权力的分配与使用做了理性的分析，指出封建制与郡县制在一定的历史条件下并非完全对立，两者可以相互补充，进而形成另一种政治体制，即"寓封建之意于郡县之中"：

> 封建之失，其专在下。郡县之失，其专在上。古之圣人，以公心待天下之人，胙之土而分之国。今之君人者，尽四海之内为我郡县犹不足也，人人而疑之，事事而制之，科条文簿日多于一日，而又设之监司，设之督抚，以为如此，守令不得以残害其民矣。不知有司之官凛凛焉救过之不给，以得代为幸，而无肯为其民兴一日之利者，民乌得而不穷？国乌得而不弱？率此不变，虽千百年而吾知其与乱同事，日甚一日者矣。然则尊令长之秩，而予之以生财治人之权；罢监司之任，设世官之奖，行辟属之法，所谓寓封建之意于郡县之中，而二千年以来之敝可以复振。⑤

其实张载的封建论是在深切体察北宋王朝高度集中的中央集权制度所产

---

① 吕大临：《横渠先生行状》，《张载集》附录，第384页。
② 张载：《经学理窟·宗法》，《张载集》，第259—260页。
③ 陈均编，许沛藻等点校：《皇朝编年纲目备要》卷二十，熙宁十年十二月条，北京：中华书局，2006年，第488页。
④ 顾炎武：《郡县论一》，《亭林诗文集》卷一，《四部丛刊》景清康熙本。
⑤ 同上。

生的弊端的前提下，作为救世良方提出来的，井田与封建作为经济与政治的两大构架是不能分开的一个整体，"井田而不封建，犹能养而不能教，封建而不井田，犹能教而不能养。封建、井田而不肉刑，犹能教养而不能使然，此未可遽行之"①。张载还认为，宗法制是巩固井田制和封建制的有效方式，固本强宗，稳定大宗的等级秩序，这是根本的立国之法，宗子法有利于稳固政权。建立宗法制的实质在于：公卿各保其家，就是保国家。分封制的实质也是如此，州县长官对地方政治社会秩序的维护，就是对国家政治与社会秩序的维护。只要地方行政官员有职有权，有财有兵，就能够履行自己的职责，"则事无不治"，帝王也不必事事躬亲，也就不需要设置那么多叠床架屋的官僚机构和豢养庞大的军队。张载以种世衡为例，说明地方官吏需要有一定自主权才能抵御外来侵略，而朝廷本不必对地方事务做过多干涉：

种世衡守环州，吏士有罪，能射则释之；胥徒请告，能射则给之；僧道饮酒犯禁，能射则置之；百姓轻系者，能射则纵之；租税逋负者，能射则缓之。当是时，环之士民人人乐射，一州之地可不烦一卒而守。然则得一臣如种世衡，则朝廷不问其细而一城守矣，宜推世衡之术于四方。②

张载认为，只有给予地方实际权力的封建制才能维护地方官员的权威，增进地方官员的权力效能，保证他们大胆、自由地行使权力，而这却是郡县制下的地方官所做不到的，所以他说："后世乃谓秦不封建为得策，此不知圣人之意也。"③ 封建制和郡县制本不存在绝对的优劣，而在于中央与地方利益的平衡。张载特别强调作为经济制度的井田制与作为政治制度的封建制配合实行：

治天下之术，必自此（井田）始。今以天下之土棋画分布，人受一方，养民之本也。后世不制其产，止使其力，又反以天子之贵专利，公自公，民自民，不相为计。"百姓足，君孰与不足！百姓不足，君孰与足！"其术自

---

① 张载：《经学理窟·月令统》，《张载集》，第297页。
② 张载：《文集佚存·边议》，《张载集》，第358页。
③ 张载：《经学理窟·周礼》，《张载集》，第251页。

城起，首立四隅；一方正矣，又增一表，又治一方，如是，百里之地不日可定，何必毁民庐舍坟墓，但见表足矣。方既正，表自无用，待军赋与治沟洫者之田各有处所不可易，旁加损井地是也。百里之国，为方十里者百，十里为成，成出革车一乘，是百乘也。然开方计之，百里之国，南北东西各三万步，一夫之田为方步者万。今聚南北一步之博而会东西三万步之长，则为方步者三万也，是三夫之田也；三三如九，则百里之地得九万夫也。革车一乘，甲士三人，步卒七十二人，以千乘计之，凡用七万五千人，今有九万夫，故百里之国亦可言千乘也，以地计之，足容车千乘。然取之不如是之尽，其取之亦什一之法也，其间有山陵林麓不在数。①

只有在人民具有基本的生产生活资料，"人受一方"土地之后，人民才会乐于服兵役，一个百里之国也可以有千乘之兵，天子也就没有必要豢养大量的军队了。各诸侯国按照什一之法征收赋税，则"井取一夫之出也，然所食必不得尽，必有常限，其余必归诸天子，所谓贡也。诸侯卿大夫采地必有贡，贡者必于时享，天子皆庙受之，是'四海之内各以其职来祭'之义，其贡亦有常限"②。"古者天子既不养兵，财无所用，必大殷富。"③而井田制则是促成这一切的根本，"以此知井田行，至安乐之道。后世乃不肯行，以为至难，复以天子之威而敛夺人财，汲汲终岁，亦且不足"④。在井田制推行下而实行封建制才能做到事简治精，才能使人民富裕、地方充足、国家富强。张载提出"封建"的设想，说明他确实发现了封建制有其一定的内在的合理因素。

如杨荣国所说"实质上，他之要复封建，是在打破当时那加强了的中央集权的封建专制主义"⑤，"他之力主地方分权，自是反映了这一中央集权的封建统治之危机的暴露"⑥。杨荣国的结论是"因之张载之倡导复封建——要地方分权，从暴露当时中央集权封建统治加剧的危机上来说，自有他的积极意义，使

---

① 张载：《经学理窟·周礼》，《张载集》，第249—250页。
② 同上，第250页。
③ 同上。
④ 同上。
⑤ 杨荣国：《张载的唯物思想（下）》，《理论与实践》，1959年第11期，第30页。
⑥ 同上，第30页。

人明确中央集权的封建统治并不是如客观唯心主义者所想象的是一个永恒的存在"①。杨荣国还将张载的政治设想与王安石变法主张做了一个简单的比较,认为:"只是他倡导复井田与封建,从当时说,虽然有他一定的积极作用,但从另一方面说,他的这种倡导,较之王安石的新法,虽然两者都属改良性质的,但后者是比较的能切合当时历史的实际的。如后者的青苗法与市易法,是在制止兼并;保甲法与保马法,是在防御辽金的侵略,都是应该作而且可能作得通的,但张载的办法是不可能实现的,只能说是一个具有同情人民的理想。"②

张载的愿望是良好的,但是其分权思想并不能真正实现国家的长治久安。他的分权思想只是要求把中央的权力让渡一部分给地方,由地方官独立施政,这固然可以提高行政效率,但也必然会导致地方官员权力的过度集中和膨胀,地方集权的性质会滋长并强化。地方集权政治如果导向权力的个人化、家族化和极端化,就会瓜分本属于国家的权力,出现个人对权力的垄断、独裁和专制。一旦地方官吏试图把自己的辖区作为自己的私有财产或掠夺对象,千方百计地摆脱甚至对抗专制君主和中央政府的监督和控制,离天下大乱就不远了。诚如宋太宗谈到五代之武臣时所言:"若恩泽姑息,稍似未遍,则四方藩镇如群犬交吠。"③当君主昏弱,对地方政府失去有效的监控时,那些失去监督、制约的地方势力必然膨胀,他们就会为了个人的私利,分裂割据,对抗中央。在中央政治清明时,君主固然有能力以天下之势,"正一百里之国",但在中央政治黯淡时,要以孤家寡人的一己之力"正"众多的"百里之国",恐怕也不是一件易事。再加上朝廷对地方政治势力全然失控,没有监督、约束的地方官员,更容易倾向于贪赃枉法,巧取豪夺,他们并不会因为与所属子民存在名义上的血缘和地域关系就会心存仁慈,减轻对地方的榨取。所以,地方固然需要足够的兵、政、财权力才能发展经济、维护稳定,但是没有对地方权力的分割、制衡与监督,那么,中央让渡权力给予地方的设想是不可能真正实现的,反过来还会产生更加严重的后果。在缺乏对地方权力进行分割、制衡与监督的机制下,中央有意识的放权实质上成全了地方的高度集权,加速了地方对中央的政治离心力,并最

---

① 杨荣国:《张载的唯物思想(下)》,第30页。
② 同上。
③ 李焘:《续资治通鉴长编》卷三十二,淳化二年春正月条,第710页。

终引发分裂割据与军事混战。

正是因为看到了封建制的潜在危机，宋代的思想家大都认为封建制不可行。朱熹说："张先生幼年屡说须要井田、封建，到晚年又说难行……想是他经历世故之多，见得事势不可行。"①朱熹明白了当地认为："封建实是不可行。若论三代之世，则封建好处，便是君民之情相亲，可以久安而无患，不似后世郡县，一二年辄易，虽有贤者，善政亦做不成。"②"因论封建，曰：'此亦难行。使膏粱之子弟不学而居士民上，其为害岂有涯哉！且以汉诸王观之，其荒纵淫虐如此，岂可以治民！故主父偃劝武帝分王子弟，而使吏治其国，故祸不及民。所以后来诸王也都善弱，盖渐染使然。"③宋代士大夫还是高度认同北宋太宗时宰相吕蒙正的意见："上之制下，如臂使指，乃为合宜。傥尾大不掉，何由致理？"④朱希祖的看法在中央政府的力量较为微弱的时段往往会被更多的人所认同，他认为："封建方针为吾国历代最大弊政，内则自树兵而相争，外则使敌国各个击破而不相救。"⑤朱希祖观孔子政治思想之大要，还是在于大一统和尊王攘夷。⑥

必须指出的是，张载并不是真的要回复到三代里去，这一点明白地体现在他的历史发展观中。他赞同司马迁的"通古今之变"，认为政治和历史都是持续地向前迈进的。"通其变然后可久，故止则乱也。"⑦他说："变其势也，动其情也，情有邪正故吉凶生。变能通之则尽利，能贞夫一，则吉凶可胜，而天地不能藏其迹，日月不能眩其明。辞各指其所之，圣人之情也；指之使趋时尽利，顺性命之理，臻三极之道也。人能从之，则不陷于凶悔矣，所谓'变动以利言'者也。"⑧说明变革乃政治和社会发展之必然趋势，圣人能顺应历史发展的趋势，通变立法，故有文明和进步，同时他也主张这种变易不是突变，变法要采取合

---

① 黎靖德编，王星贤点校：《朱子语类》卷九十七，第2495页。
② 黎靖德编，王星贤点校：《朱子语类》卷一百零八，第2679页。
③ 同上，第2680—2681页。
④ 李焘：《续资治通鉴长编》卷三十二，淳化二年春正月条，第710页。
⑤ 朱希祖：《朱希祖日记》，北京：中华书局，2012年，第678页。
⑥ 参见同上，第950页。
⑦ 张载：《横渠易说·既济》，《张载集》，第174页。
⑧ 张载：《横渠易说·系辞下》，《张载集》，第209页。

理有效的渐变,"言凡所治务能变而任正,不胶柱也。处《随》之初,为动之主,心无私系,故能动必择义,善与人同者也"①。政治应该是为公尽力的行为,所以必须"中正然后贯天下之道,此君子之所以大居正也"②。张载一向希冀寻找到一种人与社会、人与人之间的和谐点,当然也包括各种政治力量的平衡点,他察觉出中央集权政治对地方治理的狭隘和不到位的缺陷,试图在维护大一统政治秩序的基础上有效地扩张地方政治权限来压抑和平衡过于强势的中央集权对地方活力的伤害,但事实证明,他的想法一方面有着太多的不切实际的空想,另一方面对地方权力的声索又会伤害到中央权力的威严和有效性的发挥。

　　李蕉认为,张载之所以将封建制视作治国政体的最佳选择,是因为他认同封建制度中所内蕴的"公天下"价值追求。"封建必有大功德者,然后可以封建。当未封建前,天下井邑当如何为治?必立田大夫治之。今既未可议封建,只使守令终身,亦可为也。所以必要封建者,天下之事,分得简则治之精,不简则不精,故圣人必以天下分之于人,则事无不治者。"③在李蕉看来,张载意识到"公天下"才能充分调动政体中各个阶层的积极性,从而提高治国效率。兼顾"公""私"利益平衡,尤其注重国家的长治久安,在新的时势下封建制有可能复兴。④而在事实上,北宋立国之后,伴随着经济的快速成长,社会结构亦随之变迁,传统的中央政府的一元利益框架已被逐渐突破,社会多元利益的格局悄然形成。在多元利益的宏观背景下,地方各种利益主体地位凸显,为了实现自己的利益诉求,地方政府积极通过不同的形式进行扩权的试探。

　　反过来,宋太祖时,北宋中央对地方就实现了绝对的控制。这首先体现在强化等级授职体制,加强对地方官员的控制。地方各级官员的任命权,始终被中央牢牢掌握,并且以任期制、回避制、监察制等各项制度确保中央对地方的控制。"以文臣知州,以朝官知县,以京朝官监临财赋。又置运使,置通判,置县尉,皆所以渐收其权。朝廷以一纸下郡县,如身使臂,如臂使指,叱咤变化,

---

① 张载:《横渠易说·随卦》,《张载集》,第103页。
② 张载:《正蒙·中正篇第八》,《张载集》,第26页。
③ 张载:《经学理窟·周礼》,《张载集》,第251页。
④ 参见李蕉:《张载政治思想述论》,北京:中华书局,2011年,第103—104页。

无有留难，而天下之势一矣。"① 专制主义的中央集权，在宋代得到空前强化。在中央集权的等级授职的体制里面，地方官员的权力源自中央的授予，所以地方官员必然选择向上级负责为他们的首要职责。迎合中央政府的需求是他们的主要工作。北宋中央政府为摆脱财政的困境，不断地用行政的权力压榨地方经济资源。

太宗至道年间（995—997）："国家征夏虏，调发陕西刍粟随军至灵武，陕西骚动，民皆逃匿，赋役不肯供给。有诏：'督运者皆得便宜从事，不牵常法。'吏治率皆峻急，而京兆府通判水部员外郎杨谭、大理寺丞林特尤甚。长安人歌之曰：'杨谭见手先教镣，林特逢头便索枷。'长安多大豪及有荫户，尤不可号令。有见任知某州妻清河县君者，不肯运粮，谭录而杖之，于是莫敢不趋令。谭、特令民每驴负若干，每人担若干，仍赍粮若干，官为封之，须出塞乃听食，怨嗟之声满道。"② 此事发生于张载出生二十五年前的关中，尽管张载不是亲见亲闻，但当地父老口耳相传，一定给他留下深刻的印象。

再如，"夏、秋二税，催科自有省限。州县官吏多不遵奉条法，受纳之初，便行催督，蚕方成丝，即催夏税，禾未登场，即催冬苗，峻罚严行，恣行棰楚，伤害百姓，莫此为甚"③。"今日民间特以税重为苦者，正缘二税之入，朝廷尽取以供军，而州县无复赢余也。夫二税之入，尽以供军，则其物有常数，其时有常限，而又有贴纳、水脚、转输之费，州县皆不容有宽缓而减免也。"④ 朱熹所

---

① 吕中撰：《太祖皇帝·处藩镇、收兵权》，张其凡、白晓霞整理：《类编皇朝大事记讲义》卷二，上海：上海古籍出版社，2014年，第50页。吕中回顾了封建制度的优势和在唐后的崩溃，说："方镇犹周之封建也，知州即秦之郡县也。今不因方镇立封建，而乃立郡县之法，何耶？盖古人有处天下之定制，后能享天下之长利。后世虽有封建之虚名，而反受方镇之实祸。以周制考之，赋输于太宰则诸侯不得有私财，士贡于京师则诸侯不得有私人。非牙璋则不得起兵，非赐钺则不得专征。名山大泽不以封，其余闲田，使吏治之，则归地受地，柄常在官；有功则加地进律，无功则削地罚爵，则一予一夺，柄亦在官。岂如唐人不敢谁何，而一切行姑息之政哉？至于五代，其弊极矣。天下之所以四分五裂者，方镇之专地也；干戈之所以交争互战者，方镇之专兵也；民之所以苦于赋繁役重者，方镇之专利也；民之所以苦于刑苛法峻者，方镇之专杀也。朝廷命令不得行于天下者，方镇之继袭也。太祖与赵普长虑却顾，知天下之弊源在乎此。"（同上，第49—50页）所以在吕中看来，第一，正常的封建，是地方势力受到一定制约的制度；第二，晚唐五代之弊政的出现乃是因为地方势力畸形膨胀的结果；故而第三，北宋立国之初中央政治权威的重建有着十足的合理性。
② 司马光著，邓广铭、张希清点校：《涑水记闻》卷二，第23—24页。
③ 徐松辑：《宋会要辑稿》食货七十之四十四。
④ 朱熹：《庚子应诏封事》，《晦庵先生朱文公文集》卷十一，《四部丛刊》景明嘉靖本。

讲的是南宋的"常态",但这种"常态"不是南宋新出现的现象,而是承袭自北宋。因为各级政府都以上一级政府的意志和意见为目的,所有的地方政府又以中央政府的意志和意见为首要目的。"州以趣办财赋为急,吏有残民害物之政,而州不敢问;县以并缘科敛为急,吏有残民害物之状,而县不敢问;田野之民,郡以聚敛害之,县以科率害之,吏以乞取害之,豪民以兼并害之,盗贼以剽夺害之。"①辛弃疾在此将无原则地满足上峰欲望的做法的危害与"豪民""盗贼"相提并论。

张载、朱熹和辛弃疾的相关论述,都注意到了这样的一种事实:地方利益必须要服从中央利益,中央的要求,地方无权拒绝;地方官员所代表的也不是地方的利益,他们是中央的派出者,要以满足中央的利益和要求,体现中央的意志为首要任务。

王亚南在引用夏曾佑所总结的十项秦王朝的政治创设后说:"秦人革古创今十大端:(一)并天下,(二)号皇帝,(三)自称曰朕,(四)命为制、令为诏,(五)尊父为太上皇,(六)天下皆为郡县,子弟无尺土之封,(七)夷三族之刑,(八)相国、丞相、太尉、御史大夫……郡守、郡尉、县令皆秦官,(九)朝仪,(十)律。这十项'创作',殆无一莫非专制官僚政体的支柱。然其中最基本的措施,则是'天下皆为郡县,子弟无尺土之封'。因为有了这一项根本决定,任何贵族就没有'食土子民'的权能。经济政治大权集中于一身,他就有无上的富、无上的贵、无上的尊严,'朕即国家';他的命令就成为制、成为诏了;而分受其治权的大小官僚,就得仰承鼻息,用命受上赏,不用命受显戮了。"②阿米塔·阿兹诺尼(Amitai Etzioni)认为,古代的统治者为实现自己的统治,让被统治者服从,肯定要行使权力,而权力存在三种方式:一是强制性权力,二是报酬性权力,三是规范性权力。③我们对此的释读是封建制度比较近似二、三,而以郡县制为表征的专制制度则是强制性权力的贯彻。尤其是在专制制度不断推进的过程中,地方政府不仅全然仰望中央政府,更是培育出对帝王意志的依附关系。

司马光所说的"夫府库金帛,皆生民之膏血。州县之吏,鞭挞其丁壮,冻

---

① 脱脱等:《辛弃疾传》,《宋史》卷四百零一,第 12162—12163 页。
② 王亚南:《中国官僚政治研究》,北京:中国社会科学出版社,1981 年,第 57 页。
③ 参见 Amitai Etzioni, *Modern Organizations*, Prentice-Hall, Inc. Englewood Cliffs, N.J., 1964。

馁其老弱，铢铢寸寸而聚之。今以富大之州，终岁之积，输之京师，适足以供陛下一朝恩泽之赐，贵臣一日燕饮之费。陛下何独不忍于目前之群臣，而忍之于天下之百姓乎？夫以陛下恭俭之德，拟于唐虞，而百姓穷困之弊，钧于秦汉。秦汉竭天下之力以奉一身，陛下竭天下之力以资众人，其用心虽殊，其病民一也"①，到南宋依然如故，像陆九渊所斥责的那样："今时郡县以民为心者绝少，民之穷困，日甚一日，抚字之道，弃而不讲，掊敛之策，日以益滋，甚哉！其不仁也。"②在这种情况下，真正关心民瘼，对人民负责任的地方官是少之又少的。

谢绛权知益州华阳县（今四川省成都市双流县），"蜀民流散之后，田庐荒废，诏书凡入租占田有能倍入者，断以新籍，于是豪右广射上田，贯民归者多亡其素产，公曰：'此权时之制，欲就业耳，芳利其倍租，而使下民失业，岂经制哉？'乃命尽还旧主所施行，与诏书异"③。这时的知县谢绛，代表的是当地普通民众的利益和诉求，抵制的是剥夺当地民众利益和产业的中央王朝不合实际的诏令。太宗太平兴国六年（981），"上尝遣武德卒潜察远方事，有至汀州者，知州王嗣宗执而杖之，缚送阙下，因奏曰：'陛下不委任天下贤俊，而猥信此辈为耳目，窃为陛下不取。'上大怒，遣使械嗣宗下吏，削秩。既而怒解，嘉嗣宗直节，令迁其官"④。王嗣宗抗上直言，既是维护王朝的长远利益和根本利益，也是对中央王朝权力无限膨胀、伤及地方利益的警告和制约。

而反过来，不负责任的地方官员无论是单向度地满足上峰的索取，还是贪赃枉法、中饱私囊，最后受损害的都是下层民众的利益。"今天下郡县至广，官吏至众，而赃污摘发，无日无之，洎具案既上，或横贷以全其生，或推恩以除其衅，虽有重律，只同空文，贪猥之徒，殊无畏惮，昔两汉以私致罪者，皆禁锢子孙，矧自犯之乎？"⑤因而，最为重要的事项是任官得当，人尽其才。张载既坚信封建制度可以解决中央过分专制集权和官僚机构不断膨胀所导致行政效率递

---

① 司马光著，王根林点校：《论财利疏（嘉祐七年七月）》，《司马光奏议》卷八，太原：山西人民出版社，1986年，第90页。
② 陆九渊：《与陈倅》，《陆九渊集》卷七，北京：中华书局，1980年，第98页。
③ 尹洙：《中大夫守太子宾客分司西京上柱国陈留县开国侯食邑九百户赐紫金鱼袋谢公行状》，《河南先生文集》卷十二，《四部丛刊》景春岑阁钞本。
④ 李焘：《续资治通鉴长编》卷二十二，太平兴国六年十一月甲辰条，第504页。
⑤ 包拯著，杨国宜校注：《乞不用赃吏》，《包拯集校注》卷三，合肥：黄山书社，1999年，第230页。

减等弊端，也认为在当时的中央专制权力控制依然强劲的情形下，任人得当是十分要紧的事务。他对当时的官员选拔制度科举制表达过不满，认为科举制下士大夫的作风日益浇薄，"今之人自少见其父祖从仕，或见其乡闾仕者，其心止欲得利禄纵欲，于义理更不留意。有天生性美，则或能孝友廉节者，不美者纵恶而已，性元不曾识磨砺"①。"某近来思虑义理，大率亿度屡中可用，既是亿度屡中可用，则以大受。某唱此绝学，亦辄欲成一次第，但患学者寡少，故贪于学者。今之学者大率为应举坏之，入仕则事官业，无暇及此。由此观之，则吕、范过人远矣。"② 人治和法治是并列的两种基本的治国方略，人治在达成治理的有效性和成功率上并不一定低于法治。

最理想的治理方式，在人治论者看来，是贤人的政治。事实上，人治论者并不完全否定法律规则的重要性，但是，所有的规章制度，最终还必须通过人来治理，所谓"徒法不足以自行"，就是这个意思。张载所表达的意见是，区域性的良治的获得，必须依靠具备义理的贤人才能达成，而科举制不能够有效地保证所选拔的是（最起码要大都是）贤人。张载认为，或许封建制度下的贵族政治是社会选择贤良之士的有力手段：

> 世禄之荣，王者所以录有功，尊有德，爱之厚之，示恩遇之不穷也。为人后者，所宜乐职劝功以服勤事任，长廉远利以嗣术世风。而近世公卿子孙，方且下比布衣，工声病，售有司，为不得已，为贫之仕，诚何心哉？盖孤秦以战力窃攘，灭学法，坏田制，使儒者风义寖弊不传，而士流困穷，有至糟粃不厌。自非学至于不动心之固，不惑之明，莫不降志辱身，起皇皇而为利矣。求口实而朵其颐，为身谋而屈其道，习久风变，固不知求仕非义，而反羞循理为不能，不知荫袭为劳，而反以虚名为善。继今欲举三王教胄之法，使英才知劝而志行修，阜四方养士之财，使寒暖有归而衣食足，取充之计，讲擢之方，近于古而适于今，必有中制。③

---

① 张载：《经学理窟·礼乐》,《张载集》，第264页。
② 张载：《张子语录·语录下》,《张载集》，第329页。
③ 张载：《文集佚存·策问》,《张载集》，第355—356页。

张载批评现实取士制度对士大夫风气的败坏，主张仿效三代的世卿世禄制度，在稳定的封建制的境遇下，士大夫不必汲汲于稻粱之谋，就能够全身心地投入义理的探寻中，治理地方也就没有那么多的顾虑，可以凭借义理的道德力量来抵御中央政府的不合理的要求，也能用义理的力量来抵御自身欲望的诱惑，不至于为两方竭泽而渔。

如前所述，北宋中央集权的强势凸显，自有其不可忽视的时代情境的模铸，但是，在当时社会多元利益的格局悄然形成的背景下，地方各种利益主体地位自然生发出持续的利益诉求，这些利益诉求又有将其固定化、制度化的呼声。地方行政主体追求权力最大化，却面临着权利、责任的失衡化，地方扩权的同时，往往忽略了对中央政府和当地民众合法权益的保护，忽略了对自身权力的规范与制约，往往扩大对民众的义务要求，而对其行为的禁止性规范却反而增多，对自己责任规范则显得模糊和淡化，这就导致了权、责的不统一，权力与责任的失衡。这种失衡的直接结果是，民众的权利在与无论是地方政府还是中央主管部门的声索中难以得到保障，最终受到伤害的正是底层民众的权利。

因此，保持适度的张力才是维系中央和地方理想关系的最佳模式。以郡县制和封建制为表现特征的中央集权与地方分权这对矛盾，在漫长的古代社会，始终没有获得稳妥的解决，权力不是过于集中（郡县）就是过于分散（封建），没有跳出中央集权与地方分权的往复循环的陷阱。我们要看到，中央和地方关系的任何一种模式（集权或分权），都各有利弊。中央集权有利于构建权威的唯一性和至上性，有利于国家的政治统一和社会稳定，却具有制度僵化和损害地方权利的危险；地方分权有利于地方自主和更有效率的发展，但却有生发地方利益至上的观念，危害国家统治的危险。从国家统治和治理效率的复合角度考虑，自然需要合理地划分中央和地方的权限，并使权力的调整制度化，通过有选择的集权和制度化的分权，构建相互合作和依赖的中央政府和地方政府关系，实现集权和分权的平衡。

王绍光说："集权招人厌恶，如今是分权的时代，现在世界上恐怕找不到一个国家不高唱分权的调子。"[①] 倡导分权的理念古已有之，罔论现在。但是，从

---

① 王绍光：《分权的底限》，北京：中国计划出版社，1997年，第1页。

古迄今,时间在流逝,不变的是对利益的关注。中央与地方的关系包括权力关系、职能关系、经济关系等,隐藏于这些关系之后的是深刻的利益关系。中央与地方关系的演变,其实质就是中央与地方利益关系的变动。

一般而言,中央利益是整个社会公共利益最集中的代表和体现,地方利益既有与社会公共利益的一致性,又有非常明显的独立性。因为地方利益具有一致性和独立性两重特性,所以地方政府作为公共利益的维护者和地方自身利益的追逐者同时存在。一旦地方自身利益需求与社会公共利益需求发生冲突时,地方政府的合法性就不可避免地陷入"诺斯悖论"的尴尬境地。[①] 地方政府追逐本区域各项利益的最大化,这必然会导致社会失衡,宏观失控。然而,即使会出现社会的灾难,地方政府也只承担灾难后果的一部分,另一部分会落在作为整个社会公共利益最集中的代表和体现者的中央政府身上,而这种情形却是极力倡导地方分权的张载他们所无法预料的后果。[②]

[①] "诺斯悖论"是道格拉斯·诺斯(Douglass Ceil North)在1981年提出,国家(state)具有双重目标,一方面通过向不同的势力集团提供不同的产权,获取租金的最大化;另一方面,国家还试图降低交易费用以推动社会产出的最大化,从而获取国家税收的增加。国家的这两个目标经常是冲突的。参见道格拉斯·诺斯著,厉以平译:《经济史上的结构和变革》,北京:商务印书馆,2013年。

[②] 美国学者格雷特·哈丁(Greg Hardin)于1968年提出的"公用地灾难"理论,用以说明不受制约的分权可能导致的恶果。哈丁设想了一个向所有人开放的公共牧场,在其中每个牧养人的直接利益的大小取决于他所畜牧的牲畜数量的多少。而当存在着过度放牧的问题时,每个牧养人却只承担公用地退化成本的一部分。结果是每个牧养人为了增加自己的收益,均想方设法地多养牲畜,大家都这么做的后果就使公共牧场中放养的牲畜量远远超过牧场的承受力,导致牧场因无节制的放牧而衰退,从前的草场变成荒地。这就是"公用地灾难"。对此,哈丁指出:在信奉公用地自由化的社会中,每个人都追求各自的最大利益,这是灾难所在。每个人都被锁闭在一个迫使他在有限范围内无节制地增加牲畜的制度中,毁灭是所有人都奔向的目的地。地方政府的行为也是一样,无节制的权力和利益扩张,最后承担不良后果的是社会上的每一个人。参见罗素·W.库珀(Russell W.Cooper)著,张军、李池译:《协调博弈》,北京:中国人民大学出版社,2002年。

论《大学》古义

——以"格物致知"与"诚意"的诠释为中心

何益鑫

（复旦大学哲学学院）

《大学》原为《礼记》的一篇，唐宋之前未受特别的重视。唐代韩愈曾予以表彰。到了宋代，程子以为是"孔氏之遗书"，认为"入德之门，无如《大学》"[1]。朱子进一步区分《经》《传》，认为"《经》一章，盖孔子之言而曾子述之，其《传》十章，则曾子之意而门人记之"[2]。此后，《大学》位列"四书"，成为宋明儒学的基本经典之一。

宋代以后，《大学》为儒者所共推；但它的理解，分歧很多。甚至说，宋明的思想分歧，主要就源于对《大学》的不同诠释，其中最重要的是对其根本工夫的了解。从程子到朱子，逐步确立了一个"三纲领、八条目"的诠释框架。以首句"明明德""亲民""止于至善"为"三纲领"；以"格物""致知""诚意""正心""修身""齐家""治国""平天下"为"八条目"。"三纲领"为总纲，"八条目"为工夫。这是宋明理解《大学》的基本范式。但"八条目"中，究竟何者为根本工

---

[1] 程颢、程颐：《二程集》，北京：中华书局，1981年，第277页。
[2] 朱熹：《四书章句集注》，北京：中华书局，1984年，第4页。

夫,学者各有主张。大体而言,程朱以"格物"为本,阳明以"致知"为本①,蕺山以"诚意"为本。且理学思想与《大学》文本之紧张,又带出了"阙文""错简"的问题,涌现了多种多样的改本,以致《大学》之诠释与文本之改定相为表里。此风盛行,经典本义更是无迹可寻。当然也有学者主张恢复古本,终究不能摆脱理学固有的诠释思路。

然而,从《大学》本义看,"三纲八目"的诠释结构并不适用。首句重构了孔门之学"修己安人"的格局,却不是理学意义上的"三纲领"②;"八条目"阐明了大学之道的"先后之序",却不都是前后相继的工夫。至于"阙文""错简"的问题,更是由《大学》文本与诠释结构之不适应造成的。不过,作为理学工夫论的经典依据和直接来源,宋明学者对《大学》的诠释,应放在理学的内部做同情的了解。既不可直接认定诸家学说为《大学》本义,也不能以本义之名否定诸家学说的意义。③

其实,《大学》作为七十子后学的重要作品,反映了七十子后学对孔门成德之学的格局、理想与工夫的系统理解。它继承了孔子的实践关切,又兼具七十子思想论述的基本特征。因而,直求《大学》的古义,就要以古本《大学》(《礼记》本)为依据,回归其所自出的思想语境。《大学》的问题颇为复杂。此处,我们主要关注"格物致知"和"诚意"的重新诠释及其衍生效果。至于"亲民""新民"等问题,则当另行探讨。

---

① 王阳明虽有"《大学》之要,诚意而已矣"(《大学古本序》)的主张,但晚年提出"致良知"之后,又有以致知为本,将诚意化约为致知的倾向。为此,刘宗周批评说:"阳明子曰:'《大学》之道,诚意而已矣。'而解'诚意'仍作第二义,以迁就其'致良知'之旨,无乃自相矛盾。"(刘宗周:《刘宗周全集》第一册,杭州:浙江古籍出版社,2007年,第614页)

② 劳思光指出:"唯'三纲领'乃后人杜撰耳。何以谓之'杜撰'?盖《大学》所谓'明明德'及'亲民',即指'平天下'而言,故说'古之欲明明德于天下者,先治其国',依此语脉与下文对照,可知'明明德于天下'即'平天下',并非在此一'条目'之外作为'纲领'。至于'止于至善',则不过标指一'目的'观念,与'明明德'及'亲民'之语义,亦不是并列者。"(劳思光:《新编中国哲学史》二卷,桂林:广西师范大学出版社,2005年,第40页)此说可作参考。

③ 任蜜林指出,朱子对《大学》的改定,使《大学》获得了新生,"对中国思想史发生重大影响的,并非之前存在的《大学》古本,而是经过朱子重新演绎的《大学》新本"(任蜜林:《〈大学〉本义试探》,《哲学研究》,2011年第8期,第69页),这颇为中肯。

一 "格物""致知":即物而知至

《大学》的诠释,向以"八条目"为核心。"八条目"之首,是"格物""致知"。蕺山云:"格物之说,古今聚讼有七十二家。"① 其中最有代表性的,如朱子的"穷理说",阳明的"正物说",以及蕺山的"格究'物有本末'之物"说②,但这些解法都不是《大学》本义。

从思想史角度说,概念作为时代思想之菁华,必镶嵌于时代思想的背景当中。在此方向上,钱穆指出《大学》出于《礼记》,其"格物"思想可以在《礼记》中寻求旁证。③《乐记》云:"人心之动,物使之然也。""人生而静,天之性也;感于物而动,性之欲也。物至知知,然后好恶形焉。好恶无节于内,知诱于外,不能反躬,天理灭矣。"他认为:"《乐记》此两条,明明提出了心与物,及物与知之问题。'物至知知'四字,尤与《大学》'物格知至'四字可以互相发明。"④ 钱先生将"物格知至"与"物至知知"比较,认定其为心物关系之表述,诚为的见。⑤

为此,我们先看《乐记》"物至知知"的意思。郑玄曰:"至,来也。知知,每物来则又有知也。言见物多则欲益重。"⑥ 所谓"物至",指物与性(心)接,物呈现在性(心)前,与之照面。"知知"犹言"能知"。物与性(心)接,为其所感知,进而引起"心之动"或"性之欲"。"欲"即动,表示一种内在的意向性的发生。亦即说,感知之后,随之生出好恶之意。可见,《乐记》呈现了一个性(心)与物接,从而发生感动、引起意向的过程,"物至知知"则是其核心环节。

这一思想,在传世文献中不多见。但从出土文献看,它或许是七十子后学思考心性问题或性情问题的基本进路。郭店简《性自命出》开篇云:"凡人虽有

---

① 刘宗周:《刘宗周全集》第一册,杭州:浙江古籍出版社,2007年,第657页。
② 牟宗三:《从陆象山到刘蕺山》,长春:吉林出版集团有限责任公司,2010年,第305—306页。
③ 钱穆:《〈大学〉格物新释》,《中国学术思想史论丛》二,北京:生活·读书·新知三联书店,2009年,第107页。
④ 同上,第108页。
⑤ 钱穆之前,章太炎也曾将两者比较。参见章太炎:《章太炎全集》五,上海:上海人民出版社,1985年,第62页。
⑥ 郑玄注,孔颖达疏:《礼记正义》,上海:上海古籍出版社,2008年,第1459页。

性,心无定志,待物而后作,待悦而后行,待习而后定。喜怒哀悲之气,性也。及其见于外,则物取之也。"喜怒哀悲之气,是内在的人性;喜怒哀悲之情,则是人性发动而见于外者。人性从寂然不动到动而生情,关键是物之来取。所谓"取",指的是物来相接引发性之蠢动,犹如从性中取出蕴含于内者。另如"凡性为主,物取之也","凡动性者,物也",都是相同的意思。可见,《性自命出》与《乐记》一样,也是客观呈现了人性感物而动的过程。

反观《大学》,我们认为,"格物致知"的思路与之相似又有所不同。相似的是,"格物致知"也是一个此心与物相接、相感的过程。不同的是,它不是从头讲,不是在心性发生学的语境中讲;而是在实践的语脉下,截取"格物致知"作为实践叙事的开端。换言之,《大学》的"致知"不是心性发生学意义上的、不强调具体内容的感知;而是在实践语脉中,针对具体事物的规范性的认知和领会。

我们先看"格物"与"物格"。关于"格物",郑玄曰:"格,至也;物,犹事也。"[1] 至即来。但"致知在格物",并非如郑玄所说,"致知"然后能"来物"[2];而是说,"致知"在于"来物",即"致知"以"来物"为前提。"来物"一词,见于《系辞上》,意谓"将来之事"。[3]《大学》的"格物"稍有不同,不强调"来"的预见性、发生性,而注重其结果,可解作"到来之物"或"所来之物"。相应的,"物格"即"物来",相当于《乐记》的"物至"。(《大学》用"物格"而不用"物至",或许是因为"至"字在《大学》中另有所指,以免混淆。)

但《大学》所谓"物",不是泛指草木鸟兽之类,而是专指修身、齐家、治国、平天下,或为君、为臣、为父、为子等人伦政治实践活动。古人直接从事于具体的实践活动,即此便是物、便是事。故郑玄、朱子曰:"物,犹事也。"王阳明更是指出:"物,即事也。""意在于事亲,即事亲便是一物。意在于事君,即事君便是一物。意在于仁民爱物,即仁民爱物便是一物。"(《传习录》上,第6条)

---

[1] 郑玄注,孔颖达疏:《礼记正义》,第2237页。
[2] 郑玄曰:"其知于善深则来善物,其知于恶深则来恶物,言事缘人所好来也。"(同上,第2237页)如此解,"在"字理解为顺承的连词。
[3] 王弼注,孔颖达疏:《周易正义》,北京:北京大学出版社,2000年,第334页。

可谓的当。①

　　再看"致知"与"知至"。从语法结构看,"致知"明显是动宾结构,"知至"则有两种可能。一为动宾结构,"知"是动词,"至"是所知,如孔颖达说"知其善恶所至",即以"至"为所知之内容;一为主谓结构,"知"是所知,"至"作动词,如朱子曰:"知至者,吾心之所知无不尽也。"② 后说可以使"知至"与"物格"等保持形式上的一致。但从前后文看,"知"字后面跟的都是所知,如"知止""知本""知所先后";唯"此谓知本,此谓知之至也"一句,"知之至"是以"知本"为最重要的知,用法有所不同。此外,依后一种说法,对所知之规范性内容,实际上是缺乏了解的。

　　故我们认为,"知至"应是动宾结构。《乾·文言》:"知至至之,可与几也。"其"知至"的结构,与《大学》同。《大学》"知至"的"至",即"至善"的"至"。下文云:"'有斐君子,终不可喧兮'者,道盛德至善,民之不能忘也。""至善",特谓盛德之至善;据此,又可以独立承担德行目标的含义。③ 顺此,"知止"即"知—止于至善"。下文云:"子曰:'于止,知其所止,可以人而不如鸟乎?'《诗》云:'穆穆文王,于缉熙敬止!'为人君,止于仁;为人臣,止于敬;为人子,止于孝;为人父,止于慈;与国人交,止于信。"此节先引孔子之言,说人应当知其所止;又引《大雅·文王》,说文王之"敬止"。文王之"敬止",即文王之"止于至善"。④ 其后,为人君、为人臣、为人子、为人父、与国人交,即《大学》所谓"物"⑤;仁、敬、孝、慈、信,即《大学》所谓"至";止于仁、止于敬、止于孝、止于慈、止于信,即《大学》所谓"止于至善"。如此,便是"知止"。"知至"

---

① 值得注意的是,学者区分"物""事",依据在于《大学》"物有本末、事有终始"一句。此句中,"物"与"事"确有不同的所指,但这是语用之别,不是语义之别。

② 朱熹:《四书章句集注》,第4页。

③ 孔颖达曰:"有斐然文章之君子,盛德之至如此,故民称之,终不可以忘兮。"(毛亨传,郑玄笺,孔颖达疏:《毛诗注疏》,上海:上海古籍出版社,2013,第295页)此句似有意为《大学》而设。据此,《大学》"盛德至善","至善"犹"盛德"之叹语。另外,《荀子·解蔽》云:"故学也者,固学止之也。恶乎止之?曰:止诸至足。曷谓至足?曰:圣王。圣也者,尽伦者也;王也者,尽制者也。两尽者,足以为天下极矣。"此中,"止诸至足"与《大学》"止于至善"表达相近。"至足",也是极尽完满之义;其实质内容,则是"尽伦""尽制"的"圣王"。

④ 《诗》"敬止"的"止"是一个虚字,《大学》理解为"知止"的"止",乃是赋诗断章之法。

⑤ "为此""为彼",即是"物";不是以"彼""此"为"物",以"为之"为"事"。

是知至善之所在,"知止"是知止于至善之地。有"知至",而可以"知止"。

此外,《大学》还有"知所先后"及"知本"的说法。首章第三句云:"物有本末,事有终始,知所先后,则近道矣。"朱子曰:"明德为本,新民为末。知止为始,能得为终。本始所先,末终所后。此结上文两节之意。"①朱子分说"物有本末""事有终始",甚有见地。

"物有本末"是就"物"的内部关联而言。如首章第一句,以"明德"为本,以"明明德""亲民"为末;又如下文"自天子以至于庶人,壹是皆以修身为本",以"修身"为本,以"为天子""为庶人"等人伦政治实践为末。"修身"是为了成就"明德",故"明德""修身"其义一也。本末之别,最终落脚在"知本"二字。下文云:"此谓知本,此谓知之至也。""知本",即知以"明德""修身"为本。此"知"乃是知中之极。下文云:"子曰:'听讼,吾犹人也,必也使无讼乎!'无情者不得尽其辞,大畏民志。此谓知本。"又出现了"知本"。朱子注:"盖我之明德既明,自然有以畏服民之心志,故讼不待听而自无也。"②以明德畏服民志,乃是"知本"之旨。孔子自知不能免于听讼,其理想却是"无讼"。为鲁司寇,"断狱屯屯",其目的则在于"息讼",返归人道之正而已。③据古本,此节上接《诗》云'穆穆文王'"一节,颇有深意。实则,"无讼"典出文王。据《周本纪》《诗毛传》等记载,虞、芮国君因边界事起争端,欲至文王前争讼。到了周国境内,见耕者相让于阡陌,国人相让于道路,还没见到文王便心生惭愧而退,将相争之田划为闲田。此事在当时引起了轰动。故《大雅·緜》有"虞芮质厥成,文王蹶厥生"的诗句。虞芮之讼是文王盛德感召的结果,是"无讼"的典型。孔子之意,是要以文王为极则,通过彰显明德来畏服民志,以期达到"无讼"的境界。故《大学》曰:"此谓知本。"

"事有终始"是就"事"之首尾而言的,是历时性的发生。如首章第二句:"知止而后有定,定而后能静,静而后能安,安而后能虑,虑而后能得。"所谓"德者,得也"(《乐记》,《管子·心术上》),"虑而后能得"的"得",即成德之

---

① 朱熹:《四书章句集注》,第3页。
② 同上,第6页。
③ 《荀子·宥坐》:"孔子为鲁司寇,父子讼者,孔子拘之,三月不别。其父请止,孔子舍之。"此见孔子有"息讼"以返人道之意。

谓。这一句，实际上是说"明德""修身"之事。修身成德的活动，始于"知止"，终于"成德"，故曰"事有终始"。

"本末"与"终始"，统言之就是"先后"。故《大学》云："知所先后，则近道矣。"所以说，"八条目"的先后之序，实有"本末"与"终始"两重逻辑。所谓"古之欲明明德于天下者，先治其国；欲治其国者，先齐其家；欲齐其家者，先修其身"，即"壹是皆以修身为本"，是"本末"之义；"欲修其身者，先正其心；欲正其心者，先诚其意；欲诚其意者，先致其知；致知在格物"，以"物格知至"为先，以"身修"为后，是"终始"之义。"终始"是就修身成德的次第而言的，"本末"是就明德修身之与人伦政治实践的关系而言的。相应地，"知所先后"也就包含"知本末""知终始"两个方面。由"知本末"而"知本"（修身为本），由"知终始"而有"格、致、诚、正、修"之序（修身之序）。论实践之格局，在于"知本"而"修身"；论工夫之先机，在于"知至"而止之。

本来，"致知""知至"工夫，要在"格物""物格"时下。亦即，学者须于各自所面临的差别的、具体的实践处境中，识别、看出、领会、理解其"至善"之所在。换言之，"格物致知"需要实践的体认和判断力。但对孔门后学而言，事物至善之所在，大都已有先在之判断、具体之德行为依据，并非真正有待解决之问题；学者通过传习，就可以闻见相关的道理。所以对儒家学者来说，难点不在"格物致知"，而在确立志向，真正付诸实行。于是我们看到，《大学》论"事有终始"，始于"知止"，而非"知至"；论工夫次第，始于"诚意"，而非"格物致知"。《大学》设"格物致知"于"诚意"之先，是以"知至"为前提；论工夫以"诚意"为始，则是以实践为归宗。在此意义上，我们可以说，"格物致知"为"诚意"而设。

二 "诚意"：诚实其好之之意而知止

孔颖达指出，《大学》工夫始于"诚意"[①]，其说是。何谓"诚意"？"诚意"章云："所谓诚其意者，毋自欺也，如恶恶臭，如好好色，此之谓自谦，故君子必

[①] 郑玄注，孔颖达疏：《礼记正义》，第 2236 页。

慎其独也!"《大学》以"好恶"解"诚意",但其意义仍有不同理解。一说,"诚意"的"意"是一般的"意","好恶"是一个例子。如"诚其意"朱注:"意者,心之所发。实其心之所发,欲其必自慊而无自欺。"① 一说,"诚意"的"意"特指"好恶"而言。如孔颖达曰:"'如恶恶臭'者,谓臭秽之气。谓见此恶事,人嫌恶之,如人嫌臭秽之气。心实嫌之,口不可道也。'如好好色'者,谓见此善事而爱好之,如似人好色。心实好之,口不可道矣。言诚其意者,见彼好事恶事,当须实好恶之,不言而自见。不可外貌诈好恶,而内心实不好恶也。皆须诚实矣。"② 简言之,诚的工夫用在好恶上;意不是其他,就是"好善恶恶之意"。此说可取。

在七十子后学时代,好恶问题得到了空前的凸显。从情性角度看,好恶乃是人性之发端,是人的存在的初始意向。据前引《乐记》,"物至知知"结果表现为"好恶",此即"性之动",或者说,"性之动"就表现为"好恶"两端。出土文献《性自命出》亦云:"好恶,性也。所好所恶,物也。"以好恶之倾向为人性之所固有,以好恶之活动为此倾向的对象化的实现。作为人性固有之倾向及其活动之发端,好恶也是人的现实存在的规定性的来源,是人伦政治实践的内在根据或标准。如《礼记·哀公问》所谓"与民同利",《大戴礼·哀公问五义》所谓"与民同情",《孟子·梁惠王下》所谓"与民同乐",皆实指好恶而言,是以"同好恶"为政治生活的根本。后来,王阳明说:"良知只是个是非之心。是非只是个好恶,只好恶就尽了是非,只是非就尽了万事万变。"(《传习录》,第288条)同样是以好恶为规范性的来源。换言之,人的好恶实是天理之所寄。③

实际上,在《大学》中,好恶及相关说法反复出现。凌廷堪对《大学》所见的"好恶",做过详细的梳理:

---

① 中华书局整理本作:"意者,心之所发也。实其心之所发,欲其一于善而无自欺也。"但据学者考察,朱子晚年定论当如正文所引(参见陈林:《朱熹〈大学章句〉"诚意"注解定本辨析》,《孔子研究》,2015年第2期)。

② 郑玄注,孔颖达疏:《礼记正义》,第2242页。

③ 钱穆说:"正因好恶并不是人欲,而实为天理之本原。只好恶不中节,好恶昧了良知,才始是人欲。阳明言良知,必言知行合一。知善知恶是良知,好善恶恶也即是良知。必信得此层,才信得阳明知行合一是本体之说。"(钱穆:《心与性情与好恶》,《中国学术思想史论丛》二,第95—96页)

好恶者，先王制礼之大原也。人之性受于天，目能视则为色，耳能听则为声，口能食则为味，而好恶实基于此，节其太过与不及，则复于性矣。《大学》言好恶，《中庸》申之以喜怒哀乐。盖好极则生喜，又极则为乐；恶极则生怒，又极则为哀。过则佚于情，反则失其性矣。先王制礼以节之，惧民之失其性也。然则性者，好恶二端而已。《大学》云："所谓诚其意者，毋自欺也，如恶恶臭，如好好色。"此言诚意在好恶也。又云："所谓修身在正其心者，身有所忿懥则不得其正，有所恐惧则不得其正，有所好乐则不得其正，有所忧患则不得其正。心不在焉，视而不见，听而不闻，食而不知其味。"忿懥，恶也。好乐，好也。此言正心在于好恶不离乎视听与食也。又云："所谓齐其家在修其身者，人之其所亲爱而辟焉，之其所贱恶而辟焉，之其所畏敬而辟焉，之其所哀矜而辟焉，之其所敖惰而辟焉。故好而知其恶，恶而知其美者，天下鲜矣。"此言修身齐家在好恶也。又"所谓治国必先齐其家者"下云"其所令反其所好而民不从"，此专言好也。又"所谓平天下在治其国者"下云"所恶于上毋以使下，所恶于下毋以事上，所恶于前毋以先后，所恶于后毋以从前，所恶于右毋以交于左，所恶于左毋以交于右"，此专言恶也。下又云："《诗》云：'乐只君子，民之父母。'民之所好好之，民之所恶恶之，此之谓民之父母。"又云："唯仁人放流之，迸诸四夷，不与同中国，此谓唯仁人为能爱人，能恶人。"又曰："好人之所恶，恶人之所好，是谓拂人之性，灾必逮夫身。"此言治国平天下亦在于好恶也。爱亦好也。故正心之忿懥、恐惧、好乐、忧患，齐家之畏敬、哀矜、敖惰，皆不离乎人情也。《大学》性字只此一见，即好恶也。《大学》言好恶，《中庸》言喜怒哀乐，互相成也。好恶生于声色与味，为先王制礼节性之大原，此其故子产言之备矣……盖喜怒哀乐皆由好恶而生，好恶正则协于天地之性矣。子产所言，皆礼之精义，与《大学》《中庸》实相表里。①

凌廷堪指出，《大学》言"好恶"，《中庸》言"喜怒哀乐"，"喜怒哀乐"亦由"好

---

① 凌廷堪：《好恶说上》，《校礼堂文集》，北京：中华书局，1998年，第140—142页。

恶"而来。《大学》无论是诚意、正心、修身，还是齐家、治国、平天下，都是扣着"好恶"说的。治国、平天下的絜矩之道、使民之道、推举之道、为民父母之道，说到底只是个"同好恶"而已。[1] 凌氏之说，大义不失。

顺此，我们认为，"诚意"的"意"专指"好恶"而言；"好恶"的本质，则是人性原初的"取舍"的意向。[2] 先秦"志意"并言。"志"是志向，"意"是意向，都是情感意向或实践意向的表达。朱子曰："志是心之所之，一直去底。意又是志之经营往来底，是那志底脚。"[3] "一直去底"，说明方向是定的；"经营往来底"，说明方向是不定的。这正是"志向"与"意向"的核心差别。"意"虽然表达了情感、实践的倾向，但它本身还不是确定不移的。不确定，所以需要做工夫。《大学》所谓"诚意"，实际上是要将偶然兴发的、尚未确定的意向确定下来，使之成为真实不变、确定不移的志向。阳明曰："初时若不着实用意去好善恶恶，如何能为善去恶？这著实用意，便是诚意。"（《传习录》，第119条）切矣。需要注意的是，"好善""恶恶"是一体之两面。"诚意"偏于前者，依其语脉，指"诚实此好善好德之意"。

"诚意"接着"致知"，显然是对"知至"而言的。如前所说，"知至"是知至善之所在，"知止"是知止于至善之所在。到了"知止"，才是志有定向。因此，从"知至"到"知止"，实际上是一个立志的过程，而其工夫全在"诚意"。通过"诚意"，可以把意向变为志向，把好善好德之意，确立为修身成德之志。所以我们看到"诚意"章从"《诗》云'瞻彼淇奥'"到"此谓知本"的大段论述，皆在铺陈"知至""知止""知本"之义。如此安排，是要把"知至""知止""知本"作为"诚意"工夫的内在环节而加以呈现。引《诗》《书》及孔子之言，除了讲明道理之外，也是为了兴发和夯实学者对"至"（至善）、对"本"（明德）的向往、喜好、追求之意，确立修身成德之志。"知至"而诚能向往之、喜好之、追求之，则是"不自欺"；向往之、喜好之、追求之，能"如恶恶臭、如好好色"，则是"自慊"；如此，便是"意诚"。

《大学》对"诚意"的强调，实是孔子实践关切的回响。子曰："知之者不如

---

[1] 凌廷堪：《校礼堂文集》，北京：中华书局，1998年，第140—142页。
[2] 《申鉴·杂言下》："好恶者，性之取舍也。"
[3] 黎靖德编：《朱子语类》，北京：中华书局，1986年，第94页。

好之者，好之者不如乐之者。"(《论语·雍也》)"之"指道德之事。"知之"是认知，"好之"是意向和志向，"乐之"是自得状态。由"知之"到"好之"到"乐之"，是一个从闻见、认知，到意向、志向，直至成德、成仁的历程。

孔子之时，知而不行、知之而不能好之，已是弟子的大病。冉求曰："非不说子之道，力不足也。"子曰："力不足者，中道而废。今女画。"(《雍也》)冉求自称"说子之道"，但严格来说，他远没有达到真正的"悦"，充其量只是一定程度上的"知"。孔子谓颜回曰："人莫不知此道之美，而莫之御也，莫之为也，何居为闻者？盍曰思也夫。"(《孔子家语·颜回》)人人自称"知此道之美"，却"莫之御、莫之为"；只是"知之"，终不能"好之""乐之"。既如此，又何必自称"有知""有闻"？《中庸》引子曰："人皆曰'予知'，驱而纳诸罟擭陷阱之中，而莫之知辟也。人皆曰'予知'，择乎中庸，而不能期月守也。"批评的也是知而不能行、不能守的问题。

为了解决这个问题，孔子尤为强调"好之"。子曰："吾未见好德如好色者也。"(《子罕》，《卫灵公》)人之所难，在于好德之诚如好色一般自然真切。《论语》两次记载，可见孔子感慨之深。子曰："我未见好仁者，恶不仁者。好仁者，无以尚之；恶不仁者，其为仁矣，不使不仁者加乎其身。"(《里仁》)孔子的"我未见"，从语用的角度理解，当然是为了激励学者。孔子认为，学者不能用力于仁，不是能力的问题，而是个人意愿的问题，是"好仁"不诚的结果。子曰："可与共学，未可与适道。"(《子罕》)"可与共学"是共其所知，"未可与适道"是由于志向不同，共学于道，未必能共志于道。其间同样是从"知之"到"好之"的过渡问题。

从思想的延续性说，《大学》的"诚意"，正是顺着孔子的"好之"而来的。它以"意"为把手，以"诚"为工夫，致力于解决从"知之"到"好之"，从"共学"到"适道"的过渡问题。据此，我们可以重新条畅《大学》"诚意章"。

> 所谓诚其意者，毋自欺也，如恶恶臭，如好好色，此之谓自谦。故君子必慎其独也！小人闲居为不善，无所不至，见君子而后厌然，掩其不善，而著其善。人之视己，如见其肺肝然，则何益矣！此谓诚于中，形于外，故君子必慎其独也。曾子曰："十目所视，十手所指，其严乎！"富润屋，德

润身，心广体胖，故君子必诚其意。

"毋自欺"，是说不要有转折，不要有迂曲，要"如恶恶臭，如好好色"那般直接真切地好善好德。如此快足于心，谓之"自慊"。"慎其独"，传统有两种代表性的解法（郑玄、朱熹），随着战国竹简的出土，其古义得到了更多关注与探讨。[①] 我们认为，"独"谓心，"慎独"即"慎治其心"[②]。"小人闲居"一节，是为了说明"诚于中，形于外"。此"诚"字，主要是指德行的内在凝聚。德行凝聚于内，必表现于外在言行举止之间，而为人所见。故重提"君子必慎其独也"。治心的关键是毫无保留和遮掩，犹如暴露在众人面前一般，故引曾子之语。最后一句是说成德对身心的滋润之功。此则"诚意"之效，重申"诚意"之旨。

此下，引《诗》"有斐君子，终不可喧兮""于戏前王不忘"等，以先王君子"道德至善"而为民人永志不忘，引发学者的向往之情。引《尚书》"克明德""克明俊德"等，说明为学在于自明其德，是"知本"之义。引汤之《盘铭》"苟日新，日日新，又日新"，《书》"作新民"，《诗》"周虽旧邦，其命维新"等，围绕一个"新"字，阐明君子为学自新之不可懈怠、无有穷尽。君子唯有日新不已，以求造乎其极，方能得儒门生命情态之真髓，跻于圣贤之列。又三引《诗》，二引孔子之言，以文王作为"明明德"之型范，重申道德至善之所在，及明德大化之极致。孔子以此为至，以此为志。这些段落大量引用《诗》《书》及孔子之言，反复申明"知至""知止""知本"之义，在讲明道理之际，兴发、提撕、引导学者，使之由知之而好之，确立修身成德之志，着手自成其德、自明其德的生命实践。这正是"诚意"的本质关切。

总之，《大学》的"诚意"，是顺着"知至""知本"之知，实其好至、好本、好善、好德之意。实意向为志向，由"知至"而"知止"。顺此，乃有"正心""修身"等更进一步的工夫实践。

[①] 参见梁涛、斯云龙编：《出土文献与君子慎独——慎独问题讨论集》，桂林：漓江出版社，2012年。
[②] 概念的替代使用，不是徒劳的。谓"心"为"独"，是为了突出心所具有的某些状态或功能特征。七十子后学时期，心之所以谓之"独"，一来是因为此心在内而有"独知"之功能；二来是因为此心之于四肢百体有专断之权，是一身之主宰。

三 "壹是皆以修身为本"

"诚意"是意向或志向的调适与准备,"正心""修身"则是具体工夫,前后属于不同的层次,故《大学》不说"所谓正心在诚其意"。

> 所谓修身在正其心者:身有所忿懥,则不得其正;有所恐惧,则不得其正;有所好乐,则不得其正;有所忧患,则不得其正。心不在焉,视而不见,听而不闻,食而不知其味。此谓修身在正其心。

"身有"的身,伊川曰:"当作心。"[1]朱子从之:"盖是四者,皆心之用,而人所不能无者。"[2]这一改法有一定的道理。但从《大学》本义说,"身"字不须改。"身有所××,则不得其正"四句是说"修身"之蔽,犹下章"人之其所××而辟焉"是说"齐家"之蔽。既言修身之蔽,则当以"身"为主语。此段是说,"其心"若有所"忿懥""恐惧""好乐""忧患",则"其身"必不得其正。故原文相当于:(心)有所忿懥,则身不得其正;(心)有所恐惧,则身不得其正;(心)有所好乐,则身不得其正;(心)有所忧患,则身不得其正。[3]《大学》以此阐明,正身在于正心,修身在于修心。心有所失,换句话说,就是此心不存。故下文云:"心不在焉,视而不见,听而不闻,食而不知其味。""在"与"不在",不是客观的有或没有。心之"在",有当下呈现及主宰之意。此心的主宰作用不能彰显,则五官百体(身)皆无所主。由是推之,若其心不正,则其身必失。故曰"此谓修身在正其心"。

接下来:

> 所谓齐其家在修其身者:人之其所亲爱而辟焉,之其所贱恶而辟焉,

---

[1] 程颐:《伊川先生改正大学》,《二程集》,第 1130 页。
[2] 朱熹:《四书章句集注》,第 8 页。
[3] 任蜜林认为:"此句的意思应是'身有所忿懥,则心不得其正',下三句仿此。"(任蜜林:《〈大学〉本义试探》,第 68 页)待商榷。情感毕竟属心。

之其所畏敬而辟焉，之其所哀矜而辟焉，之其所敖惰而辟焉。故好而知其恶，恶而知其美者，天下鲜矣！故谚有之曰："人莫知其子之恶，莫知其苗之硕。"此谓身不修不可以齐其家。

"辟焉"的"辟"，郑玄作"譬"，曰："之，适也。譬，犹喻也。言适彼而以心度之曰：吾何以亲爱此人？非以其有德美与？吾何以敖惰此人？非以其志行薄与？反以喻已，则身修与否可自知也。"① 如此一来，"人之其所××而譬焉"五句，都是学者反己修身的工夫。与此不同，朱子曰："之，犹于也。辟，犹偏也。五者在人，本有当然之则，然常人之情惟其所向而不加审焉，则必陷于一偏而身不修矣。"② 我们认为读"辟"更为合适。《大学》五句"辟焉"，乃是"齐家"之通病；其病根，则在于己身之亲爱、贱恶、畏敬、哀矜、敖惰。家之不齐，在于身之不修，据此，可以突出"齐其家在修其身"的"在"字。"在"是由于、根据义。若按照郑孔的说法，不是"齐家在修身"，而应说"于齐其家之时修其身焉"，与《大学》文义不符。下文云："故好而知其恶，恶而知其美者，天下鲜矣！"喜欢谁，就认为什么都好；讨厌谁，就觉得什么都不好。这正是顺着亲爱、贱恶、畏敬、哀矜、敖惰之"辟"来说的。③《大学》又引了一句谚语。这都是不能修身的结果，故曰："此谓身不修不可以齐其家。"

其实，"正心"是"修身"之大端，或者说是其中最重要的部分。"心正"之结果，在"身修"之中。故《大学》所谓"修身"，不是"身体"的身，而是"己身"的身，相当于孔子"古之学者为己"的"为己"，是个人身心内外的整体完成。故前文云："自天子以至于庶人，壹是皆以修身为本。其本乱而末治者否矣，其所厚者薄，而其所薄者厚，未之有也！此谓知本，此谓知之至也。"孔颖达曰："本乱，谓身不修也。末治，谓国家治也。言己身既不修而望家国治者，否也。"④ 可见，从天子至于庶人，从平天下至于养父母，皆以修身为根本。根本栽培深厚，枝叶自然丰茂。德成于身，人伦政治实践乃有落脚之处。故"壹是

---

① 郑玄注，孔颖达疏：《礼记正义》，第 2250 页。
② 朱熹：《四书章句集注》，第 8 页。
③ "辟"近于孔子所谓"惑"。子曰："爱之欲其生，恶之欲其死。既欲其生，又欲其死，是惑也。"（《颜渊》）
④ 郑玄注，孔颖达疏：《礼记正义》，第 2241 页。

皆以修身为本"，便是"知本"，便是知之极致。

历史上，"修身为本"的"本"的理解，曾是一个难题。理学把"八条目"视为工夫，前后又有本末、先后的递进关系。顺此思路，论"本"必然要从"格物致知"开始，以"格致"为本。这就难免与"壹是皆以修身为本"相冲突。为此，刘宗周提出"本之本"的说法，试图解决这一矛盾。他说："欲明明德于天下，而天下之本在国，国之本在家，家之本在身，而心、而意、而知，为至善之地，则本之本也。"①蕺山提出"本"与"本之本"的区别，实际上是以"本末"为一组相对的概念。然而，就《大学》本义而言，"八条目"并非都是前后相继的工夫，它们之间有层次的差别。"格物致知"是知"本"，"诚意"是好"本"。真正被《大学》称为"本"的，只有"明德"或"修身"。所以说，《大学》"壹是皆以修身为本"，乃是一个根本的主张，不可移易。可以参证的是，孟子曰："人有恒言，皆曰'天下国家'。天下之本在国，国之本在家，家之本在身。"（《孟子·离娄上》）孟子以天下、国、家、身次第为本，但身之下再无所谓身之本，也是这个意思。《大学》所谓"修身"，即孔子所谓"为己"；"修身之学"即孔子的"为己之学"，它是一个综括性的概念。

"修身"以下，论"齐家""治国""平天下"，是具体的人伦政治实践活动。其中，值得注意的是：其一，"所谓治国必先齐其家者""所谓平天下在治其国者"，强调了前后之间的推展关系。从家而国而天下的推展关系，基于古代社会"家国同构"的事实②，也符合人的实践活动和实践领域逐步扩大的过程。如《大雅·思齐》云："刑于寡妻，至于兄弟，以御于家邦。"足以刑，是修身；"刑于寡妻，至于兄弟"，是齐家；"以御于家邦"，是治国。③《老子》云："修之于身，其德乃真；修之于家，其德乃馀；修之于乡，其德乃长；修之于国，其德乃丰；修之于天下，其德乃普。故以身观身，以家观家，以乡观乡，以国观国，以天下观天下。"在此，身—家—乡—国—天下的层次关系，更为明晰了。其二，虽然有先后扩展之关系，但三者各自仍以"明德""修身"为本。换言之，各个层次的实践活动，"壹是皆以修身为本"。

---

① 刘宗周：《刘宗周全集》第一册，第644页。
② 参见梁涛：《郭店竹简与思孟学派》，北京：中国人民大学出版社，2008年，第108页。
③ 解者一般认为，这是说文王；我们认为，可能是说太姒。

四 小 结

根据以上讨论,我们可以对古本《大学》有一个整体的理解。

何谓"大学"?开篇第一句云:"大学之道,在明明德,在亲民,在止于至善。""明明德",即大学之道,即平天下之道;"亲民",其效也;"止于至善",理想社会之极也。以"明德"为本,"明明德"为末,故曰"物有本末"。何来"明德"?开篇第二句云:"知止而后有定,定而后能静,静而后能安,安而后能虑,虑而后能得。"明德的获得,始于"知止",终于"能得",故曰"事有终始"。"物有本末",故以本为先,以末为后;"事有终始",故以始为先,以终为后。故开篇第三句云:"知所先后,则近道矣。"所谓先后之序,散而言之,即"八条目"之谓。"八条目"之中,"格物、致知"是"即物"而"知至";"知至"而加以"诚意"之功,乃所以"知止";"知止"而"正心""修身",至于"身修",则是"明德"之成,故曰"修身为本"。"修身为本","明德为本",其义一也。"修身"而后"齐家""治国""平天下",由本及末,所谓"明明德于天下",是大学之道也。

"八条目"中,后世对"格物致知"与"诚意"的理解,歧义最大。从古义来说,"格物"即来物,"物格"即物来。"致知"之知,即"知至"之知;而"知至"之至,据上下文指"至善"。"格物致知",相当于"即物而致知",即物而求其至善之所在;结果是"知至",知至善之所在。始于物的论述,与同时期《乐记》"物至知知"、《性自命出》"物取性动"一致。"知至"是"知止"的前提。但从"知至"到"知止"不是一个自然的过程;两者之间的过渡,正如《论语》"知之"与"好之"、"共学"与"适道"之间的跨越一般,实是成德实践的核心关隘。故《大学》到此,提出了"诚意"的工夫。所谓"诚意",即诚实其好善恶恶之意;是在知至、知本、知善、知德的前提下,诚实其好至、好本、好善、好德之意,使此种意向逐步确立为志向。志定,即"知止",然后有"正心""修身"的工夫。进而,以"修身"为本,统摄一切具体的人伦政治实践。此是《大学》要义。

一般而言,思想可以有超越时代的意义;但思想之活动,必是历史之活动。所谓思想之活动,是指对问题的关切、探讨的径路与方式。思想之活动,乃是时代精神的跃动与表征。故我们对经典文本的了解,需要找到其所自出的思想脉络和精神世界，如此才能使之从内部焕发出本己的生命力。《大学》作为七十子后学时期的重要作品，不但继承了孔子之学的基本格局与问题意识，也体现了七十子后学思想的一般进路及其特征。故对《大学》古义的了解，既要求我们就其古本原貌做出诠释，也要求我们就其所自的思想语脉做出理解。我们对《大学》古义的探寻，是为了如其所是地呈现《大学》，为了能够契入先秦儒者的思想世界，从中受到醇正的熏陶；而了解《大学》古义，也能使我们更好地理解《大学》诠释史，目的不是否定后世学者的创造性诠释，而是综观思想嬗变之历程，开出新的存在之可能。

第二篇
理学建构与思想论辩

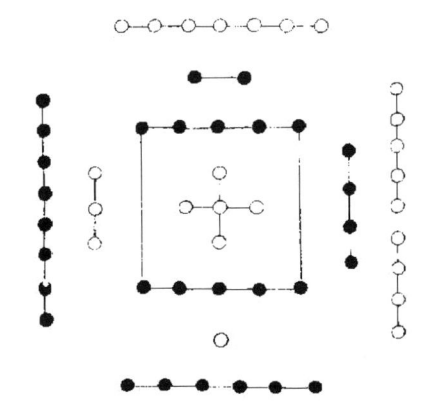

朱熹的帝王学

〔日〕土田健次郎
（早稻田大学文学学术院）

一　士大夫与平天下

朱熹认为，人皆可以成圣。理想的社会，就是圣人组成的集体。天下万民各明其明德，平天下就会实现：

> 人皆有以明其明德，则各诚其意，各正其心，各修其身，各亲其亲，各长其长，而天下无不平矣。①

然而，朱熹真的相信这样的世界会到来吗？即使从上古圣王的时代算起，这样的社会都不曾存在过。所以在朱熹看来，个人修养的完善与社会的安定之间，如何关联在一起，就是一个重要的问题。个人即使成为圣人，天下不会立刻太平。圣人孔子之在当时，平天下不也没有实现吗？

"平天下"如果照字面意思，解释为"安定天下"，每个人都需要成为王者，

---

① 朱熹：《大学或问》，《朱子全书》第六册，第511页。本文在做引用时，尽量依据现在通行的版本，标明页码和出处。其中朱熹的著作，除《朱子语类》外，均依据朱熹撰，朱杰人等主编：《朱子全书》，上海：上海古籍出版社、安徽：安徽教育出版社，2002年。但是实际上，笔者在研究过程中，更多使用过去的刊本，标点和断句等方面难免与现行本有所不同，这一点请读者见谅。

才可以进行天下的安定统治。但是朱熹的意思并非如此,《大学或问》中他就此说道:

> 曰:治国平天下者,天子诸侯之事也。卿大夫以下,盖无与焉。今大学之教,乃例以明明德于天下为言。岂不为思出其位,犯非其分,而何以得为为己之学哉。曰:天之明命,有生之所同得,非有我之得私也。是以君子之心,豁然大公,其视天下,无一物而非吾心之所当爱,无一事而非吾职之所当为。虽或势在匹夫之贱,而所以尧舜其君,尧舜其民者,亦未尝不在其分内也。又况大学之教,乃为天子之元子众子,公侯卿大夫士之适子,与国之俊选而设。是皆将有天下国家之责而不可辞者,则其所以素教而预养之者,安得不以天下国家为己事之当然,而预求有以正其本、清其源哉。①

"治国""平天下"不是天子诸侯之事吗?——朱熹先提出这个设问,然后做了回答。即所谓"治国""平天下",并非指王和诸侯对天下国家的统治,而是说即使是平民百姓,尽到自己的责任,就是对天下安定的贡献。朱熹在说明"性"的时候,常常用官职做比喻。尽自己的职责,就意味着尽"性"。

另外,对于"天职"朱熹如下说道:

> 耳目口鼻之在人,尚各有攸司。况人在天地间,自农商工贾等而上之,不知其几,皆其所当尽者。小大虽异,界限截然。本分当为者,一事有阙,便废天职。居处恭,执事敬,与人忠。推是心以尽其职者,无以易诸公之论。但必知夫所处之职,乃天职之自然,而非出于人为,则各司其职以办其事者,不出于勉强不得已之意矣。②

"职"这个词,对于皇帝,对于宰相,都可以使用:

---

① 朱熹:《朱子全书》第六册,第513—514页。
② 黎靖德编,王星贤点校:《朱子语类》卷十三,第235—236页。本文引用《朱子语类》时,均依据黎靖德编,王星贤点校:《朱子语类》,北京:中华书局,1986年。

臣闻，人主以论相为职，宰相以正君为职。二者各得其职，然后体统正而朝廷尊。①

皇帝、宰相、士大夫，都需要各尽其职。

朱熹的思想，同时满足了个人的内在完善和社会分工两方面的需要。在他看来，由圣人组成的理想社会，像是一个接近无穷大的数字。实际中，他所设立的目标是在有德之君的手下，贤臣云集，民众也一定程度得到教化的状态；而要实现这个目标，道学为社会所认知、所学习，是必不可少的条件。

二 朱熹的道统论

皇帝的皇位受认可，在于他的王朝是正统。在日本，正统与道统之间的界限不明；而在中国，基本上正统意味着政权的正统性（Legitimacy），道统意味着传道的正统性（Orthodoxy）。不过这只是基本用法，有时也存在将道统比喻性地称作正统的情况。

正统一词，在朱熹之前已有使用。汉代班固的《典引》等古代的作品中，已可见到用例。而到了宋代，如众所知，欧阳修、司马光、苏轼、章望之等人的正统论，更是喧腾一时。②

而"道统"一词，在朱熹之前几乎没有使用。③ 确立"道统"一词的功劳，

---

① 朱熹：《己酉拟上封事》，《朱子文集》卷十二，《朱子全书》第二十册，第 623—624 页。
② 有关正统论的研究数量众多，其中饶宗颐《中国史学上之正统论》（香港：龙门书店，1977年）具有代表性，书中对资料做了搜集，并附有解说。
③ 钱大昕说"道统"始见于李元纲《圣门事业图》（1172）"其第一图曰传道正统"（《十驾斋养新录》卷十八）；刘子健（James T. C. Liu）举出这一观点之后，认为李心传《建炎以来系年要录》卷一百零一（1136）所载朱震举荐谢良佐之子克念的文章，才是"道统"最早的用例（"How Did a Neo-Confucian School Become the State Orthodoxy?" in Philosophy East and West 23, No. 4, 1973）。这里出现了道统论，却没有使用"道统"一词。另外，朱熹以前虽然有"道统"一词，含义却与理论化的道统论不同。道学道统论的形成过程，参见土田健次郎：《道学の形成》，东京：创文社，2002年；中文版为朱刚译：《道学之形成》，上海：上海古籍出版社，2010年。

很大程度还是在朱熹。①尤其《中庸章句序》的"盖自上古圣神继天立极而道统之传有自来矣……"这段话,更是广为人知。有关朱熹的道统论,笔者已发表了自己的见解。他的道统论有两个层面:一个是在儒学内部主张道学的正统,另一个是在道学内部主张自己的正统。

下面讨论朱熹的道统论。从上古圣神到尧、舜、禹、汤、文王、武王,都是王者以道相传授。这意味着,这一阶段道统与正统相重合。而到了并非王者的孔子,道统与正统相分离,孔子成了单独道统的继承者。有一种看法认为,孔子未成为帝王,给儒教埋下了怨恨②;但是反过来看,或许这才是儒教的幸运。正因为道统从政权问题中脱离出来,才使得儒教的道不局限于执政者和高官,所有的人都有机会直接参与进来。"人皆可以成圣"这个道学的主张,是以人皆可以接受道统为前提的。在这里,儒教的学问与修养不再限于统治层,而对所有的人都可以提出要求。

有学者指出,继承道统的王者们既是圣人,又居天子之位,兼具"内圣外王"两面;并且以《中庸章句序》中的"上古圣神"至周公为道统的时代,孔子以后为道学的时代。但是笔者认为,孔子以后依然是道统。

这里重要的是,对于正统与道统的具体关系,朱熹几乎从未说起。道统的传人如果必须是王者,那么宋朝皇帝应当继承道统;然而,朱熹虽然要求皇帝理解道,却没有以道统传人作为必要的前提。一度断绝的道统,重新获得的延续,并非在皇帝之手,而是在周敦颐和二程;可见道统脱离王权,独自成为一个问题。

另外,元朝以后出现了治统论,认为皇帝继承了朱子学的道统;日本则出现了皇统论,主张天皇集道统、正统于一身。③治统论是将道德上并不完美的皇帝,无条件认定为道统的传人,削弱了朱子学原本的道德原理主义特点。朱熹的思想对于政权,持严格的道德原理主义态度,而这正是依靠正统与道统的分离而成立的。

对朱熹而言重要的是:孔子并非王者;最接近孔子的是一介布衣的颜回;

---

① 笔者对于朱熹道统论的看法,参见上揭土田健次郎著《道学の形成》。
② 浅野裕一:《孔子神话—宗教としての儒教の形成》,东京:岩波书店,1997年。
③ 土田健次郎:《"治统"觉书—正统论・道统论との関系から—》,《东洋の思想と宗教》23,2006年。

士大夫眼下的目标就是这个颜回。这意味着道统从政治权力中解放出来。圣人纯粹成为心境的问题；圣王之间相传的道统，其核心也是尧、舜、禹相授受的"人心惟危，道心惟微，惟精惟一，允执厥中"（《书经·大禹谟》）——这个道德性的传授。换句话说，道统论的本旨在于，上古圣神相传而来的道，就是一个心的问题。这个心的问题可以达成平天下，是题中应有之义；然而侧重点却在于，实现平天下的根本在于人心。

三　朱熹的正统论

下面讨论朱熹的正统论。一般认为宋代的正统论，发端于因修史和制定朝廷仪礼的需要，而对五代各朝正统与否所进行的探讨。以后者为例，由于王朝需要配以五行之一，所以探讨五代各朝的正统与否，将决定宋朝所对应的五行，从而奠定宋朝仪礼的总基调。

但是宋代特色的正统论，则起于认识到政权正统性与道义性的不一致。苏轼有言："正统之论起于欧阳子，而霸统之说起于章子"[1]；欧阳修被认为是这种正统论的发端，此后苏轼的"名""实"之论也在此意义上显得重要。朱熹的正统论将王朝的道义性与"正统"概念截然分开，就是这种宋代式正统论的一次体现。[2]

明确阐述朱熹正统论的是《资治通鉴纲目凡例》（以下称《凡例》）。一般认为，《凡例》是朱熹亲笔所作，但是也有人持怀疑的态度。归根结底，从现存资料来看，《凡例》是否为朱熹亲笔确有怀疑余地，然而要断定不是朱熹所作，也很难做到。[3] 最终留下的疑问是这样的：朱熹对《资治通鉴纲目》（以下称《纲

---

[1] 苏轼著，孔凡礼点校：《正统论·辩论二》，《苏轼文集》，北京：中华书局，1986年，第121页。
[2] 笔者对于朱熹正统论的看法，参见土田健次郎：《朱子学の正统论·道统论と日本への展开》，吾妻重二主编、黄俊杰副主编：《国际シンポジウム　东アジア世界と儒教》，东京：东方书店，2005年。
[3] 《资治通鉴纲目》一般认为是赵师渊在朱熹的基础之上完成的（七家注附朱熹致赵师渊的八封信）。但是赵师渊有关的资料太少，具体成书过程无法确定。相对于此，《凡例》一般被认为是朱熹的亲笔，但是也有怀疑的意见，如清朝的王懋竑就举出《凡例》经王柏之手才出现、黄榦等门人没有提及这两点，暗示伪作的可能性（《朱子年谱考异》卷一）。近年，汤勤福也主张《凡例》是伪作（《朱熹给赵师渊"八书"考辨》，《史学史研究》，1998年第3期）；对此，郭齐认为这种怀疑可以理解，但是证据不够充分（《关于朱熹编修〈资治通鉴纲目〉的若干问题》，《四川大学学报》（哲学社会科学版），（转下页）

目》)显露了异常的执着,既然是其《凡例》,朱熹理应在书信等文章中有所提及,而且门人弟子也应对其有所讨论,然而两者都没有。不管怎样,《凡例》作为朱子学正统论的明确表述受到传承,是不争的事实。

《凡例》的内容直截了当,令人吃惊。成为正统的条件,就是统一天下并维持两代以上。如果取得了天下,而不能传给下一代,则依据"篡贼谓篡位干统而不及传世者"(《凡例·统系》)的规定,只是"篡贼"而已。相反,秦朝虽然焚书坑儒,由于持续了秦始皇、秦二世两代,所以获得正统的认可,隋朝同样也是如此。例如,《纲目》在秦始皇去世时,就用了表示天子驾崩的"崩"字(《纲目》卷二始皇帝三十七年)。

朱子学正统论有一个最大的特点,是将蜀国认定为三国时期的正统。一般容易认为,朱熹这样认定是出于道德上的考虑;然而实际上,刘备的德行等与此无关,将蜀汉定为正统,仅仅因为刘备是汉朝王室的后裔。也就是说,这里仅仅是统一王朝的继承者,即使沦为地方政权,也视为正统这一原则的应用而已。

这里依据《凡例·统系》,将正统、篡贼、无统整理如下:

正统:周、秦、汉、隋、唐。
篡贼:汉之吕后、王莽,唐之武后之类。
无统:周秦之间、秦汉之间、汉晋之间、晋隋之间、隋唐之间、五代。

即使原则上统一天下并维持两代以上是受天命的标志,将秦、隋这种以儒教的立场难以接受的朝代也认可为正统,终究会让人有所抵触。顺带一提,日本江户时代的朱子学者浅见䌹斋说,如果秦朝王室尚存,即使汉夺得政权,秦

(接上页)2001年第6期)。而日本的中砂明德在整理以往的观点,并详细调查各种刊本和资料的基础之上,认为《凡例》是否为朱熹所作,最终无法断言;即使确为亲笔,依据《凡例》擅自增改"考异""考证"而附于《纲目》的工作,也是在朱熹生前居住的建阳进行的(《中国近世の福建人:士大夫と出版人》,名古屋:名古屋大学出版会,2012年)。《纲目》在朱熹逝世将近二十年后出版;所有宋刊和元刊的刻本都没有《凡例》,元代程端礼《程氏家塾读书分年日程》中虽然有所提及,但是中砂明德提醒,这并不意味《凡例》在当时已经普及。总之,这里只有不针对朱熹本人,而在朱子学的范围下进行讨论。

依然是正统。①

另一方面，朱熹似乎又持有三国无统论：

> 问：正统之说，自三代以下，如汉唐亦未纯乎正统，乃变中之正者。如秦西晋隋，则统而不正者。如蜀东晋，则正而不统者。曰：何必恁地论。只天下为一，诸侯朝觐狱讼皆归，便是得正统。其有正不正，又是随他做，如何恁地论。有始不得正统，而后方得者，是正统之始。有始得正统，而后不得者，是正统之余。如秦初犹未得正统，及始皇并天下，方始得正统。晋初亦未得正统，自泰康以后，方始得正统。隋初亦未得正统，自灭陈后，方得正统。如本朝至太宗并了太原，方是得正统。又有无统时，如三国南北五代，皆天下分裂，不能相君臣，皆不得正统。（义刚录作：此时便是无统。）某尝作《通鉴纲目》，有无统之说。此书今未及修，后之君子必有取焉。②

这条语录为陈淳所记，同时黄义刚也在场；根据田中谦二的年代考，这种情况出现在朱熹七十至七十一岁人生的最后时期。③ 按文中的说法，《纲目》也是三国无统论。然而，与此相反，下面的语录显然是蜀汉正统论：

> 温公《通鉴》以魏为主，故书蜀丞相亮寇何地，从《魏志》也，其理都错。某所作《纲目》以蜀为主。④
>
> 问《纲目》主意。曰："主在正统。"问："何以主在正统？"曰："三国当以蜀汉为正，而温公乃云，某年某月诸葛亮入寇，是冠履倒置，何以示训。缘此遂欲起意成书。推此意，修正处极多。若成书，当亦不下《通鉴》许

---

① 浅见䌹斋：《三国正统辨》，《靖献遗言讲义》卷二，近藤启吾、金本正孝编：《浅见䌹斋集》，东京：国书刊行会，1989年，第318—321页。
② 黎靖德编，王星贤点校：《朱子语类》卷一百零五，第2626页。
③ 田中谦二：《朱门弟子师事年考》，《田中谦二著作集》第三卷，东京：汲古书院，2001年。该文初刊于《东方学报（京都）》四四，1973年；续作《朱门弟子师事年考续》，《东方学报（京都）》四八，1975年。《著作集》在此基础上进行了大幅增订，本文引用均依据《著作集》版。
④ 黎靖德编，王星贤点校：《朱子语类》卷一百零五，第2637页。

多文字。但恐精力不逮,未必能成耳。若度不能成,则须焚之。"①

前者语录的记录者不明;后者是余大雅,据田中的年代考,是朱熹五十至六十岁之间的语录。② 由此看来,朱熹或是同时兼有三国正统论和无统论,或是由三国正统论变成了无统论。引文后者说,写作《纲目》的动机之一,就是主张蜀汉的正统。现在的《纲目》也是以蜀汉为正统。说他由此变成了无统论,一时让人难以置信。而且,如果蜀国只是"正统之余",而非"正统",同样南宋也被金夺去了北方半壁江山,也不能称之为正统了。这个问题不易解答,只有待于他日之考。对于正统论中的道义性缺失,明代朱子学者方孝孺提出了质疑。其《释统》一文的内容,用图表示如下③:

正统一		三代、汉、唐、宋
变统三	取之不以正	晋、齐、宋、梁
	守之不以仁义	秦、隋
	夷狄而僭中国,女后而据天位	苻坚、武氏

这里意识到夷狄政权的问题,可能还是受元朝的影响。朱熹虽然说"唐源流出于夷狄,故闺门失礼之事,不以为异"④,但是无意将唐朝视为夷狄的朝代;他的正统论中,华夷之别尚不明显。众所周知,唐王朝出身于武川镇军阀,有浓厚的鲜卑血统。另外,方孝孺的分法,就其结果而言,与区分正统和霸统的章望之《明统论》⑤相近。

总之,方孝孺追求朱子学的道德主义,结果连朱熹本人的正统论都进行了批判。然而,如果在正统的条件中要求完美无瑕的道义性,那么即使方孝孺列

---

① 黎靖德编,王星贤点校:《朱子语类》卷一百零五,第2637页。
② 上揭田中论文《朱门弟子师事年考》。
③ 方孝孺著,徐光大点校:《释统》,《逊志斋集》,《方孝孺集》,杭州:浙江古籍出版社,2013年,第66—68页。
④ 黎靖德编,王星贤点校:《朱子语类》卷一百三十六,第3245页。
⑤ 载于《经进东坡文集事略》卷十一苏轼《正统论》所附的南宋郎晔注中。苏轼撰,郎晔选注,庞石帚校订:《经进东坡文集事略》,北京:文学古籍刊行社,1957年。

为正统的汉、唐、宋，其实也不能称之为正统。①

这让人想起朱熹与陈亮的争论。陈亮认为汉、唐是道已显现的时代，而朱熹予以否认。在朱熹看来，统一天下之时具备完美道义性的朝代，周之后一个也不存在。所以浅见䌹斋为朱熹解释，他所认为正统的王朝，并不意味道义上也同样完美。道义上完美的朝代，就是如此的难得。既然如此，现实中可以期待的，就只有作为政治主体刷新朝政的士大夫，以及通过帝王学对帝王所做的感化。士大夫的力量将在此参与进来，而先决条件即将其凝聚在一个共同的对象上；所以正统论在此发挥作用，决定正统的政权，提供忠诚的对象。

四　朱熹的帝王学

朱熹所生活的南宋，已经成了地方政权；但既然是对于统一王朝北宋的继承，按照朱熹的规定，依然是正统。人们需要向南宋朝廷尽忠，正是由于它是正统的王朝。然而，如前所述，正统的王朝不意味着皇帝就是圣人，所以这里需要帝王学的登场。

朱熹与陈亮之间那场著名争论的焦点，就在于政治的安定是否可以视作道的实现。朱熹在给陈亮的信中，如此写道：

> 夫人只是这个人，道只是这个道，岂有三代汉唐之别。但以儒者之学不传，而尧舜禹汤文武以来转相授受之心不明于天下，故汉唐之君，虽或不能无暗合之时，而其全体却只在利欲上。此其所以尧舜三代自尧舜三代，汉祖唐宗自汉祖唐宗，终不能合而为一也。②

陈亮认为，汉唐太平之世就其结果而言，道已经显现；而朱熹认为，不具备对道的理解，就不存在道的实现。理解道的前提是认识到理解道的必要性。有此认识，才可以逐步向理想的状态前进；无此认识，政治上的成果永远都只是

---

① 浅见䌹斋:《正统说》,《靖献遗言讲义》卷八,参见上揭近藤启吾、金本正孝编:《浅见䌹斋集》,第 362 页。

② 朱熹:《答陈同甫》八,《朱子文集》卷三十六,《朱子全书》第二十一册,第 1588 页。

一时偶合而已。心对于帝王而言十分重要，为此朱熹说道：

> 臣闻，天下之事，其本在于一人，而一人之身，其主在于一心。故人主之心一正，则天下之事，无有不正。人主之心一邪，天下之事，无有不邪。①

这篇文章是光宗即位，下诏广求意见（淳熙十六年，1189），六十岁的朱熹应诏准备上奏的奏章。结果，朱熹并没有上奏。究其原因，黄榦在《朱子行状》中如下说道：

> 会执政有指道学为邪气者，力辞新命，除秘阁修撰，仍奉外祠，遂不果上。②

即因为朝中有道学的敌对势力，所以没有上奏。朱熹意识到敌对势力而放弃上奏，反过来看，不正意味着这篇奏章中可能有浓厚的道学色彩吗？

这篇奏章由十条建议组成：

一、讲学以正心　　二、修身以齐家
三、远便嬖以近忠直　四、抑私恩以抗公道
五、明义理以绝神奸　六、择师傅以辅皇储
七、精选任以明体统　八、振纲纪以厉风俗
九、节财用以固邦本　十、修政事以攘夷狄

（原注：按前总目，此处当有修政事以攘夷狄一条，今缺。）

第一、第二条是学问与修养，第三条是用人；朱熹究竟在哪些方面对皇帝抱有期待，从中可以清楚地看到。

皇帝致力于学问与修养，意味着他对于道的觉醒。在朱熹看来，皇帝在道

---

① 朱熹：《己酉拟上封事》，《朱子全书》第二十册，第618页。
② 朱熹：《朱子全书》第二十七册，第550页。

上觉醒，任用贤相，进而使民众得到教化，就是安定天下的第一方略。换句话说，拥有最高用人权的皇帝准确地用人，才可以使朝政得到刷新。

皇帝用人的得当与否，取决于皇帝自身的见识。为培养这种见识，士大夫能做的，就是提供帝王学。程颐在《论经筵札子》三（《程氏文集》卷六）的"贴黄"中说：

> 臣以为，天下重任，唯宰相与经筵。天下治乱系宰相，君德成就责经筵。由此言之，安得不以为重。①

在这里经筵能与宰相并提，就是因为它是传授帝王学的地方。

朱熹也在《通书解·治第十二》中，对于人才任用有如下强调：

> 君取人以身，臣道合而从也。（周敦颐原文："心纯则贤才辅。"）
> 众贤各任其职，则不待人人提耳而教矣。（原文："贤才辅则天下治。"）
> 心不纯，则不能用贤。不用贤，则无以宣化。（原文："纯心要矣，用贤急焉。"）②

有学者指出，士大夫的政治实践主要有两种方式：一是进入朝廷的权力中心，辅佐君主统治天下；二是成为地方官，重建局部的秩序，直接"泽民"。并且朱熹等道学家，原本倾向于后者。（又说，道学家也具有在中央辅佐君主的愿望。）朱熹担任地方官时的努力，尤其社仓法的实施等，可谓其代表性事例。然而笔者认为，更应该考虑的是，道学所具有的帝王学的一面。道学家们向皇帝靠近，除了具体政策的实现之外，更为期待的是指引皇帝，让他认识到"平天下"的基础就在于心，从而使得以宰相为首的人选得到合理任用，而各项政策也都从此心的立场出发开展。现实中，程颐等成为皇帝之师的例子，给了道学家鼓舞，他们热衷于向皇帝直言，或是直接奔向帝王的怀抱。

---

① 程颢、程颐：《二程集》，北京：中华书局，1981年，第540页。
② 周敦颐著，陈克明点校：《周敦颐集》，北京：中华书局，1990年，第23—24页。

道学以帝王学提供者的方式受到瞩目，促进了其势力的扩大。程颐以崇政殿说书的身份，成为哲宗的侍讲。旧法党士大夫被王安石排斥出中央之时，他们深刻认识到神宗任用王安石这种人带来多么巨大的影响。所以当他们重回中央之后，就重视对年幼的哲宗进行帝王学教育，从而将布衣的程颐拔擢为侍讲。这为道学在士大夫中间树立帝王学形象奠定了基础。后来程颐的弟子尹焞也担任了崇政殿说书。

朱熹针对神宗用人的影响之大，如此说道：

> 神宗极聪明，于天下事无不通晓，真不世出之主，只是头头做得不中节拍。如王介甫为相，亦是不世出之资，只缘学术不正当，遂误天下。使神宗得一真儒而用之，那里得来。此亦气数使然。天地生此人，便有所偏了。可惜，可惜。①

朱熹又盛赞神宗为"大有为之主"，并说如果任用了程颢，会取得很大的成果：

> 神庙，大有为之主，励精治道，事事要理会过。是时却有许多人才。若专用明道为大臣，当大段有可观。明道天资高，又加以学，诚意感格，声色不动，而事至立断。当时用人参差如此，亦是气数舛逆。②

在朱熹看来，任用王安石还是程颢这一用人的选择，决定了政治的走向。

朱熹的帝王学中具有重要意义的，一个是《书经·大禹谟》的人心道心之传，一个是《大学》。《大禹谟》说明尧、舜、禹帝王之间所相传的是心法，与陈亮的争论中这一点也得到了凸显。帝王学为的是磨炼帝王的心法，道学正在这一点上发挥作用：

---

① 黎靖德编，王星贤点校：《朱子语类》卷一百二十七，第3046页。
② 黎靖德编，王星贤点校：《朱子语类》卷七十二，第1832页。

其一所谓讲学以正心者,臣闻天下之事,其本在于一人,而一人之身,其主在于一心。故人主之心一正,则天下之事,无有不正。人主之心一邪,则天下之事,无有不邪。如表端而影直,源浊而流污,其理有必然者。①

至于《大学》所说"自天子以至于庶人,壹是皆以修身为本",强调的是从天子到平民都需要修身。《大学》是一部象征着从皇帝到平民都经由同样的阶梯,向圣人努力的书。从"格物""致知"到"平天下","八条目"的路程,皇帝与士大夫一同前行。宁宗即位,受命担任焕章阁待制兼侍讲,时年六十五岁的朱熹,在《行宫便殿奏札二》(《朱子文集》卷十四)中,向皇帝阐述格物穷理的必要性之后说道:

诚能严恭寅畏,常存此心,使其终日俨然,不为物欲之所侵乱,则以之读书,以之观理,将无所往而不通,以之应事,以之接物,将无所处而不当矣。此居敬持志所以为读书之本也。②

在此基础上,又说道:

此数语者,皆愚臣平生为学艰难辛苦已试之效,窃意圣贤复生,所以教人不过如此,不独布衣韦带之士所当从事。盖虽帝王之学殆亦无以易之。特以近年以来,风俗薄陋,士大夫间闻此等语,例皆指为道学,必排去之而后已。③

"布衣韦带之士"即普通士人之学,与帝王之学初无二致;这一点的强调,值得我们注意。如下,朱熹又说道:

---

① 朱熹:《己酉拟上封事》,《朱子全书》第二十册,第618页。
② 朱熹:《朱子全书》第二十册,第670页。
③ 同上。

> 须得人主如穷阎陋巷之士,治心修身,讲明义理,以此应天下之务,用天下之才,方见次第。①

这里"人主"也只与"穷阎陋巷之士"一般;皇帝和士大夫,都以同样的方式,进行修养与学问。皇帝学习《大学》,意味着与士大夫共享同一个前进的阶梯;士大夫也好,皇帝也好,都从"格物"出发,走向"平天下"。

朱熹在《己酉拟上封事》中,强调必须上正纲纪、下厉风俗的同时,又指出为此需要的是宰执、台谏、人主都各尽其职:

> 然纲纪之所以振,则以宰执秉持而不敢失,台谏补察而无所私,人主又以其大公至正之心恭己于上而照临之。②

每个人都尽好自己的角色,政治才可以良好运行。

另外,有学者指出,相对于《大学》,朱熹在给皇帝的奏章中,更多引用尧、舜、禹"人心""道心"之传等《书经》中有关王者的内容。但是需要注意,"格物""正心"在奏章中也有所强调。

绍兴三十二年(1162)壬午夏六月,孝宗即位,诏求直言;三十三岁的朱熹,应此上了《壬午应诏封事》(《朱子文集》卷十一)。文中朱熹先引用《书经·大禹谟》"人心惟危,道心惟微,惟精惟一,允执厥中",说明了王者的基本精神;在此基础上,对于近年重视"记诵华藻",以及老、释的"虚无寂灭"之害做了批评,之后说道:

> 是以古者圣帝明王之学,必将格物致知以极夫事物之变,使事物之过乎前者,义理所存,纤微毕照,了然乎心目之间,不容毫发之隐,则自然意诚心正,而所以应天下之务者,若数一二辨黑白矣……盖致知格物者,尧舜所谓精一也。正心诚意者,尧舜所谓执中也。自古圣人口授心传而见于

---

① 黎靖德编,王星贤点校:《朱子语类》卷七十二,第 1832 页。
② 朱熹:《己酉拟上封事》,《朱子全书》第二十册,第 625 页。

行事者，惟此而已。至于孔子，集厥大成。然进而不得其位以施之天下，故退而笔之以为六经，以示后世之为天下国家者。于其间语其本末终始先后之序尤详且明者，则今见于戴氏之记所谓《大学》篇者是也。故承议郎程颢与其弟崇政殿说书颐，近世大儒，实得孔孟以来不传之学，皆以为此篇乃孔氏遗书，学者所当先务，诚至论也。①

这里朱熹强调了《大学》的"格物致知"在帝王学中的重要性，并说阐明这一点的正是道学。第二年，朱熹又在《癸未垂拱奏札一》(《朱子文集》卷十三)中如下说道：

> 臣闻大学之道自天子以至于庶人，壹是皆以修身为本，而家之所以齐，国之所以治，天下之所以平，莫不由是出焉……此所谓大学之道，虽古之大圣人生而知之，亦未有不学乎此者。尧舜相授所谓惟精惟一、允执厥中者，此也。②

可以看到，朱熹认为《大学》与《书经》中"危微精一"之语直接联系在一起。朱熹六十五岁向宁宗进讲时，虽说出于上意，所讲内容正是《大学》。实际上对于皇帝而言，帝王学是令人厌烦的；程颐和朱熹做侍讲时，其毫不妥协的态度，分别让哲宗和宁宗最终都疏远了他们。帝王学是向周围旁观的士大夫所做的一种宣传。在皇帝看来，帝王学是一个负担；而在士大夫看来，却令人欢欣鼓舞。

朱熹帝王学的特色，在于正统和道统分开之后，对于道德性得不到保证的皇帝，要求与士大夫有相同的学问和修养，以此促使皇帝实现道学理想的用人。皇帝与士大夫都从各自的立场，实践《大学》的"八条目"；这里存在一种分工性质的同时，君臣之间又得以产生君臣一体的感觉。朱熹的帝王学，正是从士大夫的角度所构建的帝王学，所以可以在士大夫社会显示出其存在感。

(刘珉译)

---

① 朱熹：《朱子全书》第二十册，第572页。
② 同上，第631页。

闻见与德性
——朱子、阳明"知"论辨析

向世陵

（中国人民大学国学院）

明清之际，黄宗羲总结王阳明心学，论阳明居越以后学有三变，曾概括曰：

> 先生悯宋儒之后，学者以知识为知，谓"人心之所有者不过明觉，而理为天地万物之所公共，故必穷尽天地万物之理，然后吾心之明觉与之浑合而无间"。说是无内外，其实全靠外来闻见以填补其灵明者也。①

这种作为批评对象的"宋儒之后"的"以知识为知"，大致是循守宋儒尤其是朱子的格物致知理路，即人心本来无知，其所有者仅心之明觉或意识能力，而作为对象的理则为天地万物所共具，故只能从外部事物中求取知识，即穷理，最终实现吾心明觉与外来物理的融合会通。

如此"全靠外来闻见以填补其灵明"的合内外之道，用熟知的西方经验论的路数说，就好像人心如白板，一切知识来源于经验。然而，西方经验论的肯定性命题，在黄宗羲价值优先的论说氛围下，直接被置于否定的地位。所以会

---

① 黄宗羲：《姚江学案·王阳明传》，沈芝盈点校：《明儒学案》，北京：中华书局，2008年，第180—181页。

有这样的结果，不能不与宋明时期流行的，划分闻见之知与德性之知，并轻视闻见之知的见解相关。那么，知识到底与闻见和德性是何关系，以及为何德性之知不萌于闻见，就需要做一点认真的讨论。

一 从张、程到朱子对闻见之知与德性之知的辨析

按黄宗羲所引阳明之言，"吾心之明觉与之浑合而无间"是在吾心"穷"天地万物之理之后，所以就前提说，人心与物理是主客相对的"二分"模式，从而形成宋儒既有内外又合内外的格物穷理的认识路经，其典型的代表就是朱子。但是，朱子是概括了张载、二程的"知识"定位而来，他所谓"知"或"知识"，实际包括了闻见之知与德性之知在内。但就张载自身来讲，他论知识主要还是指闻见之知，并由此去看待知识的合内外。张载云：

> 人谓己有知，由耳目有受也；人之有受，由内外之合也。知合内外于耳目之外，则其知也过人远矣。①
> 闻见不足以尽物，然又须要他。耳目不得则是木石，要他便合得内外之道。若不闻不见，又何验？②

知识是源于耳目闻见即接触外物而来，人之"受"并不只是被动地接收，而是人心与外物相"合"即加工的结果。闻见固然只能获取有限的经验，它不能"尽物"，但没有闻见则如木石一般，人心也不可能发挥任何统合的作用，合内外之道亦无从谈起。在此意义上，可以说经验是知识的来源。不过，什么是"合内外于耳目之外"且远过人的"知"呢？张载语焉不详，后人多以为是指超越于耳目闻见之外的德性之知③，因其克服了耳目闻见的束缚和局限，又能充

---

① 张载：《正蒙·大心》，《张载集》，北京：中华书局，1978 年，第 25 页。
② 张载：《张子语录上》，《张载集》，第 313 页。
③ 后来学者对于张载此语的认知，可参见《正蒙合校集释·大心篇第七》中汇集的相关解说。林乐昌：《正蒙合校集释》，北京：中华书局，2012 年，第 381—382 页。

分体现德性之知作为"天德良知"①的良善天性的价值,所以说是在闻见所受之"外"而有知。

张载划分闻见之知与德性之知,肯定了一切通过与物交接而从外获得的知识,包括感性和理性知识,都属于闻见之知的范畴,但其中最重要的规定还是德性之知不萌于闻见。所谓"见闻之知,乃物交而知,非德性所知;德性所知,不萌于见闻"②。张载的划分得到二程的充分响应,程颐曰:"闻见之知,非德性之知。物交物则知之,非内也,今之所谓博物多能者是也。德性之知,不假闻见。"③这说明,对于闻见与德性的知识二分,在当时不是孤立的看法。

相对于张载的规定,程颐所述更明白地强调了两点:一是闻见之知物交物的"非内"性质,知识是从外来的;而有"非内"自然也有"内",后者即属于天赋而不需要借助闻见的德性本体,"德性谓天赋天资,才之美者也"④。二是闻见之知指博物多能那样的由外入内的一般知识,它不限于由闻见而来的直接经验,也包括在此经验基础上理性活动的过程及结果,例如对自然事物的本质和规律等物理方面的认识。当然,德性所知也需要理性,但理性只是德性的证明手段,德性之知的实质在先天必然的道德原则,它不能由闻见之知归纳而来。程颐在发明自己的格物穷理观时,与学生有问答曰:

> 问:"格物是外物,是性分中物?"曰:"不拘。凡眼前无非是物,物物皆有理。如火之所以热,水之所以寒,至于君臣父子间皆是理。"⑤

人所格之物既有外物,又包括内物即"性分中物"。外物、内物各有其理,格物的目的就是穷理,由"性分中物"穷来的是维系君臣父子的天德良知,由外物穷来的则是水火所以寒热的自然知识。所以,知识的所谓内外,既是指来源也包括性质,二者关联起来,闻见的自然知识源于外而德性良知本于内,至于

---

① 张载:《正蒙·诚明》,《张载集》,第20页。
② 张载:《正蒙·大心》《正蒙·诚明》,《张载集》,第24页。另,"闻见"与"见闻"在宋明儒通用,本文亦认为是同一的概念,故不做区分。
③ 程颐:《遗书》卷二十五,《二程集》,北京:中华书局,1981年,第317页。
④ 程颐:《遗书》卷二上,《二程集》,第20页。
⑤ 程颐:《遗书》卷十九,《二程集》,第247页。

"合内外"则显然跟双方有关,并跟"诚明"的问题关联了起来。譬如:"自其外者学之,而得于内者,谓之明。自其内者得之,而兼于外者,谓之诚。诚与明一也。"① 以《中庸》的明诚互动关系用在这里,说明德性之知也存在兼合内外的问题,只是"合"在这里不是指合而后才有知,而是指内在德性外化为德行实践,使内外之善一贯充实的过程;闻见之知的合内外则不同,它是实在的外物进入内心的结果,科学知识便是在此基础上产生的。

那么,坚守德性之知不萌于闻见的道理在何处呢?最直接的一点,就是维护德性(仁义)的先天必然。在此视域下,若接受德性来源于经验,则"天生德于予""天命之谓性"的性理学基石便会根本动摇,人之道德实践之所以可能便缺乏内在动力或不具有充分理由,相应地,"善"亦会变成没有多少说服力的习俗说教。在实际论证中,坚守仁义或善的先天必然与设定德性之知不萌于闻见,就成为一个互相发明的原则的两面。

不过,继承张、程学术的朱子,在这一问题上却有自己的看法。在他这里,"合内外"的格物致知活动,既在于增进人们对周围世界的了解,也在于提高人的道德境界,故闻见与德性都为人所需要,双方不应该截然割裂。那么,朱子又是如何来进行论证的呢?这需要先从格物致知的活动开始。

首先,人与对象或心与物的主宾之分是格致活动可能的前提。在这里,作为宾客一方的物,并不限于闻见经验所及的外物,也包括作为意识内容的内物(德性),程颐的诚明一致其实已内在含有这一观念,到朱子则更为明晰。

朱子在与友人江德功的讨论中,江氏简单地以穷理训释致知,朱子便不同意,以为"于主宾之分有所未安",因为"知者,吾心之知;理者,事物之理。以此知彼,自有主宾之辨,不当以此字训彼字也"②。就是说,此方的我心知觉能力去认知彼方的事物之理,自然就形成了此彼、主宾之辨,二者的区分是不应混淆的。所以,径自以"理"字训"知"字便不妥。当然,从知识求取的最终结果来说,双方又可以统一起来,所谓"格尽物理,则知尽"③ 也。主宾之辨所指向

---

① 程颐:《遗书》卷二十五,《二程集》,第317页。
② 朱熹:《答江德功》,《朱文公文集》卷四十四,《朱子全书》第二十二册,上海:上海古籍出版社、合肥:安徽教育出版社,2002年,第2038页。
③ 黎靖德编,王星贤点校:《朱子语类》卷十五,北京:中华书局,1986年,第295页。

的，是双方的相须互动，这正是合内外之功。故他说：

> 人之所以为学，心与理而已矣。心虽主乎一身，而其体之虚灵，足以管乎天下之理；理虽散在万物，而其用之微妙，实不外乎一人之心，初不可以内外精粗而论也。①

心知与物理构成为认识活动的主宾双方，心因其虚灵，具备了收归管束天下之理的性能和作用；理作为事物的本质、规律和至善德性，又能通过心的意识活动被体贴和彰显出来。从而，不能够执着于内外、主宾之分的前提而将双方分隔开来。"分"是承认认识的可能和条件，"合"才是认识期待的结果。对此，朱子在《补大学格物致知章》中概括道：

> 所谓致知在格物者，言欲致吾之知，在即物而穷其理也。盖人心之灵，莫不有知；而天下之物，莫不有理。惟于理有未穷，故其知有不尽也。是以大学始教，必使学者即凡天下之物，莫不因其已知之理而益穷之，以求至乎其极，至于用力之久，而一旦豁然贯通焉，则众物之表里精粗无不到，而吾心之全体大用无不明矣。此谓物格，此谓知之至也。②

朱子撰写的这段文字，在确认致知即是格物穷理后，指明认识可能的前提是心物、主宾双方各自的特性："人心之灵，莫不有知"出于对人心灵觉的不怀疑而断定它一定能有——占有知（知识）；而"天下之物，莫不有理"则是依赖前置的经验和当下的直观做出的肯定判断；物理尽管可能是客观实在——仍然基于既有经验，但作为意识的实在内容，却表现为一个人心不断逼近它的究竟或真相（真理）的过程；最终，在不断逼近中走向"豁然贯通"，物理作为整全的知识被吾心所纳入，而吾心因为这种究竟知识的纳入而通体明晰，从认识开始时的能够占有知识走向结束时的实际占有知识，而且充实完满，没有任何的欠

---

① 朱熹著，黄珅点校：《大学或问下》，《四书或问》，上海：上海古籍出版社、合肥：安徽教育出版社，2001年，第24页。
② 朱熹：《大学章句》，《四书章句集注》，北京：中华书局，1983年，第6—7页。

缺或不清晰。

在这里,朱子所设定的致知或认识活动的开始,是现实人之活动的任一横截面,而非整个人类意识的最初始发,即不是从零开始。在此情形下,人认识对象或体贴物理都是建立在既有经验(莫不有知)的基础上。同时,由于天赋德性确立的道德基石,人心与物理互动的走向是成就完善的圣贤人格,这就要求自然物理的穷究必须与道德伦理的明晰打通。一旦达到这一阶段,即"物格""知至",人便最终进入了圣贤之域。所谓"《大学》物格、知至处,便是凡圣之关。物未格,知未至,如何杀也是凡人。须是物格、知至,方能循循不已,而入于圣贤之域"①。自然,达不到物格、知至,过不了凡圣关,也就做不得圣贤。

其次,接下来的问题,就是闻见之知可否通向德性。与张载、二程明确断言德性之知不萌于闻见有别,朱子并不刻意区分"外物"与"内物",他通常持整体的"知"的观点,而且往往借自然物理引出德性伦理,这样实际上导致的,就是经由格物理来明本心的格物致知道路,后来阳明格竹子之理的问题也概由于此。换句话说,可否借由把握外在事物本质和规律这一知识形态,进入内在德性的自我觉醒和彰显,从而打破竹子的自然之理(如生理)与伦理(至善)之理之间的障壁,以养成完善的圣贤人格呢?朱子的回答是肯定的,因为只有这样才能有助于物理与天理的打通,实现体贴天理的问学目的。对于朱子的理论建构和为学工夫来说,体贴天理是一个至关紧要的步骤,一旦真切地体贴到天理,人就超越了个体经验而享有了普遍必然的知识,所以"真知"的问题也就随之而来。如他说:

> 闻见之知与德性之知,皆知也。只是要知得到,信得及。如君之仁、子之孝之类,人所共知而多不能尽者,非真知故也。②

闻见与德性,一是后天经验之知与先天必然之知的关系,二是自然事物之知与道德天理之知的关系,但它们又整体上统属于一个"知"的范畴。言谈中

---

① 黎靖德编,王星贤点校:《朱子语类》卷十五,第298页。
② 黎靖德编,王星贤点校:《朱子语类》卷六十四,第1560页。

朱子关心的，显然不在区分闻见与德性，而只是在乎是不是"真知"。真知是指能真切"知到""信得"其理，比方君之仁爱百姓，子之孝顺父母，都是要实实在在地落实，知体现于行中。他以为，许多道理人们似乎都知晓，但因不能真切地做到和确信，也就不是真知。朱子强调真知有"尽"的要求，就是说，只知不行不是真知，只闻见表面而不能穷究其内涵即"尽知"，同样也不是真知。所谓"致知所以求为真知，真知是要彻骨都见得透"[1]。从而，"真"就不仅是质，也包括量，即"彻骨都见得透"，而非只进入皮肉或骨头表面。朱子论格物穷理，常强调不能"穷得三两分"，而是要"穷尽得到十分"[2]，正是发明的这一道理。

同时，"真"明显属于知识进路和理性的要求，而非德性和伦理的要求。朱子不提倡闻见与德性的区分，还因为二者本来存在关联而不应截然分割，所以对学生据张、程观点而发之问，他并没有简单地判定孰是孰非。如下面三条：

问："张子所谓'德性之知不萌于闻见'，是如何？"曰："此亦只是说心中自晓会得后，又信得及耳。"[3]

问："闻见之知，非德性之知。他便把博物多能作闻见之知。若如学者穷理，岂不由此至德性之知？"曰："自有不由闻见而知者。"

问横渠"耳目知，德性知"。曰："便是差了。虽在闻见，亦同此理。不知他资质如此，何故如此差！"[4]

就前两条论，闻见是可以通向理的，此理实际上包容了博物多能类的自然事物之理与归属于德性的道德天理。朱子承认有不由于闻见的知的存在，但又并不肯定德性之知不萌于闻见的绝对化观点，而是尽量折中其说。第一条的"只是说心中自晓"云云，明显是限制性的表述，因为心中的自然明白，不论是顿悟还是直观，都未否定其材料可能来源于闻见；结合第二条的"自有不由闻见而知者"，作为一特称判断，它与"自有由闻见而知者"完全可以共存。至于

---

[1] 黎靖德编，王星贤点校：《朱子语类》卷十五，第283页。
[2] 同上。
[3] 黎靖德编，王星贤点校：《朱子语类》卷二十八，第715页。
[4] 黎靖德编，王星贤点校：《朱子语类》卷九十九，第2537页。

第三条，学生问话过于简略，朱子回答亦不甚详尽。大致是学生想知道张载将"知"划分为耳目与德性的理由及恰当性，朱子显然不认可对双方的割裂，强调了闻见并不与德性相悖，二者的目的均在于明理，并以为张载如此杰出的资质，何以会对"知"做出如此不恰当的规定。

当然，闻见如何关联德性，外物与内心究竟如何打通，朱子并没有讲述清楚，但他显然意识到了这一问题，也企图予以解决。他提出的方案，是借助于格物穷理而来的对人的本心即内在德性的"警觉"，即他所谓的"唤醒"工夫。他说：

> 人之本心不明，一如睡人都昏了，不知有此身，须是唤醒，方知。恰如瞌睡，强自唤醒，唤之不已，终会醒。某看来，大要工夫只在唤醒上。然如此等处，须是体验教自分明。
>
> 人有此心，便知有此身。人昏昧不知有此心，便如人困睡不知有此身。人虽困睡，得人唤觉，则此身自在。心亦如此，方其昏蔽，得人警觉，则此心便在这里。①

朱子的"本心"是"全德"，也就是天理②，如此道德天理既然心中纯全，理论上就不需要外在物理来填充，即非如黄宗羲所概括的"全靠外来闻见以填补其灵明"。那么，外物（经由闻见）对本心德性的作用，就不是直接提供经验材料，而是这种由经验材料上升为理性的格物穷理过程，或曰对象性活动本身对天赋德性的触发。这一过程并非容易，尽管"此身""此心"本在，然人困睡昏蔽而不能觉知，所以需要"强自"唤之的外力和持续不已的工夫——这些都统归于格物的活动——才能使人觉醒。如此的唤醒工夫，既不离闻见，又超越于闻见，它保留了天赋德性的必然性质，又容纳了闻见的经验活动及对德性的唤醒，从而将闻见与德性贯通了起来。

---

① 黎靖德编，王星贤点校：《朱子语类》卷十二，第 200 页。
② 参见朱熹：《论语集注·颜渊》，《四书章句集注》，第 131 页。

二　朱子的格致进路与王阳明的质疑

从王阳明晚年总结为学经历，并要"说与诸公知道"的"意思"来看，他对朱子格物说从信奉到反思和批评，主要有这样三层含义：一是"做圣贤，要格天下之物"；二是格物是力气活，既然"无他大力量（去格物了）"，自然"圣贤是做不得的"；三是"乃知天下之物本无可格者，其格物之功，只在身心上做"。由此，圣人就是"人人可到，便自有担当了"。阳明的总结是基于他切身的格物经验，所谓"众人只说格物要依晦翁，何曾把他的说去用？我着实曾用来"[①]。根据自己的"着实"之用，阳明否定了朱子的格物观，也随之否定了朱子据此"做圣贤"的工夫。

然而，朱子的格物致知道路是否就像阳明所说，即真的就是阳明总结的"意思"呢？这还需要进一步的分析。

作为古代社会的读书人，"做圣贤"自然是普遍性的志向和追求，但将"做圣贤"与"格天下之物"关联起来，则无疑属于宋儒的理论贡献。朱子讲明："且如为学，决定是要做圣贤，这是第一义，便渐渐有进步处。"[②] 而这个为学做圣贤的具体工夫，就是格物穷理。由于"世间之物，无不有理，皆须格过"[③]，格天下之物而会通其理，以成就圣贤人格，就成为几乎所有士人治学修身的一个基本诉求，阳明初始便立下此志向便理所当然。其中暗含的道理，就是经由格天下之物的知识进路走向德性，物理直通伦理，从而成就完美的圣贤人格，并最终引起阳明格竹子之理的著名实践。

在朱子，自然事物在"天下"之物中，自然之理也就当穷："一草一木，岂不可以格？如麻麦稻粱，甚时种，甚时收，地之肥，地之硗，厚薄不同，此宜植某物，亦皆有理。"[④] 农学的知识或理是经由闻见而来的，这与格竹子之理属于同一的知识进路。但是，可否由此推致德性之知或道德天理呢？朱子没有给出这

[①]　王阳明：《语录三》，吴光等编校：《王阳明全集》卷三，上海：上海古籍出版社，1992年，第120页。
[②]　黎靖德编，王星贤点校：《朱子语类》卷十五，第282页。
[③]　同上，第286页。
[④]　黎靖德编，王星贤点校：《朱子语类》卷十八，第420页。

方面的现实例证，他所举例仍属于德性扩充的过程，如："自'无穿窬之心'，推之至于'以不言餂'之类；自'无欲害人之心'，推之举天下皆在所爱。至如一饭以奉亲，至于保四海，通神明，皆此心也。"① 就此，竹子之理仍是竹子之理，德性扩充仍是德性扩充，二者之间尚未架设起可以过渡的桥梁。在此情形下，闻见知识不必然与德性和做圣贤相联系，阳明要想从格竹子之理的经验中实现超越，做德性完满的圣人，就实在是一次知识的冒险。

不过，在朱子自己的观念系统中，格物致知的活动应当涵括物理与伦理，因为双方最终都是一理："盖万物各具一理，而万理同出一原，此所以可推而无不通也。"② "理一分殊"的架构，是他如此坚守的最基本的理由。

> 又曰："物必有理，皆所当穷，若天地之所以高深，鬼神之所以幽显是也。若曰天吾知其高而已矣，地吾知其深而已矣，鬼神吾知其幽而显而已矣，则是已然之词，又何理之可穷哉？"……或问："观物察己者，岂因见物而反求诸己乎？"曰："不必然也，物我一理，才明彼即晓此，此合内外之道也。语其大，天地之所以高厚，语其小，至一物之所以然，皆学者所以致思也。"③

格物的目的是要知天地鬼神变化的所以然，而不能只是满足于对既成事实的肯认。朱子说他是"窃取"程子之意补了《大学》（《格物致知章》）阙文，事实上他这里确是接着程子往下讲的。考虑到吾心（我、己）与物理的对象性存在是认识活动可能的前提，就容易使人以为察己与观物也是分为二的工夫，故从程颐到朱子，要求矫正这一失误，做到己与物、内与外贯通起来，所谓"合内外之道"也。

与前面的唤醒工夫侧重外对内的打通不同，这里论合内外之可能，一是因为物我一理、理为天下所公共所设定的前提，在此前提下，"才明彼即晓此"，而

---

① 黎靖德编，王星贤点校：《朱子语类》卷十八，第420页。
② 朱熹著，黄珅点校：《大学或问下》，《四书或问》，第21页。
③ 同上，第21—22页。

不会有间隔；二是外物理与内心理既然本来贯通，"观物察己"就不会是观物与察己的两段功夫，而是"观物理以察己"的合一整体。① 由此，物我内外也不必刻意区分，只要明理，则无论是在天下还是己身，均"无往而不识"。按此逻辑，"做圣贤"与"格天下之物"就不是二事而是一事，也就不存在强行跨越的问题。

但需注意的是，朱子或其他理学家的问题，重点在闻见能否通向德性，至于德性之知能否反推出闻见之知，道德能否走向知识，因为违逆了"希圣""希贤"的人格培养目标，所以在古人那里是不被考虑的。②

同时，合内外既然是从"观物察己"开出，那这个"观察"物与己的工夫，自然不能与闻见分割开来，事实上它本身就是由闻见而来。不过，在朱子已基本被消解的德性之知不萌于闻见的设定，到王阳明又重新被强化，并对闻见多加限制。那么，阳明轻视闻见之知又是基于何种理由？

阳明在给顾东桥的书信中，通过别解经典语句，阐明德性不能来源于闻见，而且对人们历来肯定的多闻多见做了颠覆性的解释，使其变为学者需要克服的"务外好高"的弊病。他说：

> 夫子尝曰"盖有不知而作之者，我无是也"，是犹孟子"是非之心，人皆有之"之义也。此言正所以明德性之良知，非由于闻见耳。若曰"多闻择其善者而从之，多见而识之"，则是专求诸见闻之末，而已落在第二义矣，故曰"知之次也"。夫以见闻之知为次，则所谓知之上者果安所指乎？是可以窥圣门致知用力之地矣。③

夫子陈述自己不是"不知而作"，被阳明解释为孔子认为自己都是知而作，

---

① 参见程颐《遗书》：问："观物察己，还因见物，反求诸身否？"曰："不必如此说。物我一理，才明彼即晓此，合内外之道也。语其大，至天地之高厚；语其小，至一物之所以然，学者皆当理会。"又曰："观物理以察己，既能烛理，则无往而不识。"（参见《遗书》卷十八，《二程集》，第 193 页）

② 牟宗三认为朱子的格物穷理义无关于知识："盖朱子之格物穷理义，虽可以顺而至于含有知识义，而其本意实不在言知识。其所谓格物穷理，意在当机立察，乃含于动察之中：察之于念虑之微，求之于文字之中，验之于事物之著，索之于讲论之际，皆是格物，亦皆是穷理。而此格物穷理却是去病存体，旨在求得普遍而超越之一贯之理，所以仍是一套道德工夫，不在成知识也。"（参见牟宗三：《从陆象山到刘蕺山》，长春：吉林出版集团有限公司，2010 年，第 164—165 页）

③ 王阳明：《语录二》，《王阳明全集》卷二，第 51 页。

知与作（行）是合一的；孟子则肯定是非之心人皆有之，这都被阳明用作证明德性之知不由于闻见的论据。闻见之知作为后天的经验知识，逊色于人先天本有的"知之上"的德性良知，只能是次等的作为知识之知，圣门致知用力也就不能落在此种闻见知识上。

不过，阳明虽轻视闻见，却并不否认知识本身的价值，事实上他对自然物理有相当的认识。譬如他有《观稼》诗称：

> 下田既宜稌，高田亦宜稷。种蔬须土疏，种蓣须土湿。寒多不实秀，暑多有螟螣。去草不厌频，耘禾不厌密。物理既可玩，化机还默识；即是参赞功，毋为轻稼穑！①

从诗里不难发现，体现于阳明之"观"（闻见）中的农学知识已相当丰富，在他眼中：地势低的田易蓄水而适宜种稻，地势高的田需耐旱故适宜种粟；种蔬菜需要土疏松，种薯蓣需要土湿润；气温低作物多开花不结实，气温高作物害虫多滋生；而不论旱地还是水田，都要勤除草松泥匀肥。这些娴熟于胸且可玩味的"物理""化机"，大多是符合今天的农作规律的，说明阳明对此已从现象的感知上升到理性的把握。阳明并道，古人常言参赞天地之化育，而重视稼穑农作正是基础性的内容。

显然，如此的"物理"作为源于闻见的自然知识，并无可能从良知开出，说明阳明也并非一般地贬斥闻见和知识。只是知识的求取，满足的是人生存的物质层面的需要，无关乎人的道德品位和境界提升，而后者才是阳明接引学生的主要目的。所以，对于学生求知识方面的请教，他需要引向德性的培养。譬如有学生提问"知识不长进如何"，阳明对此的回答，是要抓住根本，即"须从本原上用力，渐渐盈科而进"。只要"本原"上用力，自然会有知识的丰富。他将婴儿由不知到知而终致事无不能，类比于圣人从喜怒哀乐未发之中走向位天地、育万物的场景，以为这就如同种树，自己只管栽培灌溉而最终能收获枝叶花实一样。②他因此批评宋儒不明白人之明觉是"精气"日足日开的结果，初下

---

① 王阳明：《外集一·观稼》，《王阳明全集》卷十九，第695—696页。
② 王阳明：《语录一》，《王阳明全集》卷一，第14页。

手格物便要求尽究物理。

阳明的批评自有他自己的道理,但从上面《观稼》的农学知识可知,它不可能是只管栽培灌溉而自动到来的,的的确确需要专门的格物致知实践。当然,求知本身在宋明诸儒都不是目的,目的仍在明善诚身,由"希贤"而"希圣",而道路便是"自明诚"。所谓"先明乎善,而后能实其善者,贤人之学,由教而入者也,人道也"①。这种先明善而后实善的工夫,具体便表现为朱子的格物致知,人之明善是在就学而穷理的过程中实现的,所谓"经礼三百,曲礼三千,无非使人明此理",即是在学礼行礼的闻见酬酢中实现对理的明觉的。这既包括在知识意义层面对经礼、曲礼等"物"理的明察,也包括通过这一格物活动对本心德性的觉醒,合起来便是"明此性而求实然之理"交相互发的过程。②而在阳明,他虽然也有圣与贤之分说,但在实质上,"致良知"的"致吾心之良知于事事物物"明显属于"自诚明"的圣人路数,这也是他"决然以圣人为人人可到"而"自有担当"的真实写照。

三 格物之功只在心上做的"做圣人"路径

在阳明留下来的全部语录中,其"天下之物本无可格者,其格物之功,只在身心上做"一句,最能体现他思想的特色。作为阳明觉醒标志的只在心上做工夫,基本理由就是心外无理、心外无物。德性之知(内)不萌于闻见(外)的观点,说到底是建立在这一基础上的。

就阳明通常所举之例来看,心之所发是意,意之所在为物,如意在事亲即事亲为一物;而既无心外之物,也就谈不上需要外来的闻见知识。但是,阳明这种"见父自然知孝,见兄自然知弟"的"不假外求"的良知,无疑存在逻辑上的论证困难,正如学生当年所提问的"如何而为温清之节,如何而为奉养之宜,须求个是当,方是至善"。因为从良知开出来的,可以有心的诚孝,但行孝如温清定省在何种程度上适当,即具体"节目"方面的知识,却并不包含在其中,如

---

① 朱熹:《中庸章句》,《四书章句集注》,第32页。
② 参见黎靖德编,王星贤点校:《朱子语类》卷六十四,第1567页。

根据不同气候适宜地增减衣物,只能由闻见经验概括而来。①阳明对此的反驳,是反问"若只是那些仪节求得是当,便谓至善,即如今扮戏子,扮得许多温清奉养的仪节是当,亦可谓之至善矣"②。阳明之言固然有理,即不能仅从"扮温清奉养的仪节是当"这一形式便推断其内容为至善;但是,问题还有另一方面,形式既然成立,它必然会反作用于内容,不能排除由形式的善导向内容的善这一现实的可能。

孔子当年有"礼云礼云,玉帛云乎哉?乐云乐云,钟鼓云乎哉"③之言,意谓礼乐的实质在内容,而不能仅仅着眼于玉帛钟鼓的华美形式。孔子对内容的强调,有他所处时代的现实理由,但并不能由此推出形式无关紧要。到宋儒,对形式的重要意义有了进一步的认识。张栻从"道与器非异体也"④出发,强调"礼虽非玉帛,而礼不可以虚拘;乐虽非钟鼓,而乐不可以徒作。刑本遏恶也"⑤。礼乐之形(刑)本生于调节行为以实现遏恶兴善之目的,否则它不可产生,也无存在的必要。在自觉遵守形式约束的氛围下,心性受其陶冶而培养出善的健全人格和境界,可说是常人走向善的一条可行道路。

孔子之语阳明亦引用,但阳明强调的仍是"本"即内容的层面,"制礼作乐必具中和之德",乐律器数只是末节⑥;"世儒之支离,外索于刑名器数之末,以求明其所谓物理者。而不知吾心即物理,初无假于外也"⑦。然而,本末关系的架构不一定支持阳明的推论,即便刑名器数只是末节。因为末之意义正在于发明本,本末一致、由末推本抑或下学上达,不只是宋儒的格物致知之方,它也是儒家一贯的求知路径。按照张栻"道与器非异体也"的规定,格物而求明其理乃十分自然之事。当然,问题的关键,仍在物理与心理如何打通,阳明的物理

---

① 牟宗三云:"吾甚至且可说:即在成就'事亲'这件行为中,同时亦必有致良知而决定去成就'知事亲'这件知识行为。即'事亲'固为一行为物,而同时亦为一'知识物',既为一'知识物',吾良知天心在决定事亲中亦须决定坎陷其自己而了解此知识物。此即知什么是事亲,如何去事亲也。"(参见牟宗三:《从陆象山到刘蕺山》,第161页)
② 王阳明:《语录一》,《王阳明全集》卷一,第3页。
③ 《论语·阳货》。
④ 张栻:《论语解·子罕篇》,杨世文点校:《张栻集》,北京:中华书局,2015年,第181页。
⑤ 张栻:《易说》卷一,《张栻集》,第25页。
⑥ 参见王阳明《语录二·答顾东桥书》(《王阳明全集》卷二,第52—53页)相关部分。
⑦ 王阳明:《象山文集序(庚辰)》,《王阳明全集》卷七,第245页。

本缘于心理——良知天理的推致所就。良知天理既不萌于闻见,也就不可能于刑名器数中体贴出来。

从心外无物无理出发,阳明强调吾心良知自足,良知之外无知:"良知之外,更无知;致知之外,更无学。外良知以求知者,邪妄之知矣;外致知以为学者,异端之学矣。"① 阳明针对的对象仍是于外物中求理,而良知即是天理,本来自足,不可能外良知求得天理,所以说良知之外更无知;而所谓"学"者,体认良知实有诸己也,非为假于穷索以增益之,故不可能外致良知而取来。但是,由此也可看出,阳明实际上也承认了存在有穷索增益的外在知识——闻见之知,后者意味致良知之外另有其学。虽然在道德评价和道统论上,阳明将其归入了邪妄之知和异端之学一类。

至于"无知"自身,可以有两层蕴含:一是知就是良知,体现为德性修养水准的知善知恶正依于"良"知,而"无知"即是否定再有其他"良"的知;二是良知外即便有知——闻见之知,也是不必去知,故同样可叫作"无知"。他又说:

> 天下事物,如名物度数、草木鸟兽之类,不胜其烦。圣人须是本体明了,亦何缘能尽知得?但不必知的,圣人自不消求知;其所当知的,圣人自能问人。如"子入太庙,每事问"之类,先儒谓"虽知亦问,敬谨之至",此说不可通。圣人于礼乐名物,不必尽知。然他知得一个天理,便自有许多节文度数出来。不知能问,亦即是天理节文所在。②

自然事物的知识虽然存在,但这不属于圣人之知的范畴。圣人所知,只在于本体即良知天理,在此之外关于草木鸟兽、礼乐器具的大量知识,圣人往往就是"无知"。但这不是什么缺陷,而是不必去知;倘若治国理政的确有什么需要,自然会从良知天理中呈现出来,并表现为相应的节文度数,其中包括当问就问的名物知识的获得。所以,对源于闻见的自然知识,也就不需要专门去寻求。可以说,这是从效用的角度为其"格物之功只在身心上做"所做的辩护。

---

① 王阳明:《与马子莘(丁亥)》,《王阳明全集》卷六,第218页。
② 王阳明:《语录三》,《王阳明全集》卷三,第97页。

当然，阳明这里实际有点诡辩，即将"只在心上做"而不当求之闻见的特定心学立场，替换为"不必尽知"的一般知识论设定。

在此情形下，由于术业有专攻和社会及人体器官的分工，譬如稷勤其稼，而不耻其不知教；夔司其乐，而不耻于不明礼；目不耻其无聪，足不耻其无执，等等，包括圣人在内的任何人都不可能也不必一切尽知。那么，又当如何应对日用百行呢？这在阳明那里的解决，是因其精神流贯、志气通达和血脉条畅，从而不会有人己、物我之分，故他之善即我之善，足目虽分工却又共济一身之用。显然，"万物一体之仁"的博爱情怀和境界，成为阳明论证闻见之知不必要和不需求的重要理论手段。①

可以说，人本是有限的生命体，其器官的互补与感觉的统合作为人不必尽知的论据，是有其自身的理论效力的，但是这与排斥闻见和经验知识不是同一个概念。阳明所以要坚持良知天理不萌于闻见，理论的需要是一方面，针砭和矫正不良社会风气则是他更为现实的理由，即出于他"拔本塞源"的救弊的目的。在这里，与闻见相伴随的，不止有经学上的繁杂支离，更有习染霸术的利欲追求。他说：

> 圣学既远，霸术之传积渍已深，虽在贤知，皆不免于习染，其所以讲明修饰，以求宣畅光复于世者，仅足以增霸者之藩篱，而圣学之门墙遂不复可观。于是乎有训诂之学，而传之以为名；有记诵之学，而言之以为博；有词章之学，而侈之以为丽。若是者纷纷籍籍，群起角立于天下，又不知其几家，万径千蹊，莫知所适……相矜以知，相轧以势，相争以利，相高以技能，相取以声誉……记诵之广，适以长其敖也；知识之多，适以行其恶也；闻见之博，适以肆其辨也；辞章之富，适以饰其伪也。是以皋、夔、稷、契所不能兼之事，而今之初学小生皆欲通其说，究其术。其称名僭号，未尝不曰吾欲以共成天下之务；而其诚心实意之所在，以为不如是，则无以济其私而满其欲也。②

---

① 参见王阳明《语录二·答顾东桥书》(《王阳明全集》，第54—55页)相关部分。
② 同上，第55—56页。

放眼天下，一切皆为利来。在此氛围下，无论是儒生的记诵词章，还是贤智的声誉标榜，抑或初学者的称名僭号，都是基于私欲的知识求取路向，知识的广博非但不能促进德性的修养和天理的体认，而且简直就是欲望泛滥的帮手，所以阳明要予以坚决的反击和批驳。

阳明将闻见与习染关联，意味着从道德论出发对闻见之知罪状的宣判。在这里，德性之知被闻见习染所遮蔽，除了利欲的追逐和记诵词章的标榜以致不能彰明良知天理外，还存在认"识神为性体"、故"障道日深"的理论本身的迷误。阳明曾感叹良知真面目数百年来不被人识，学生九川解作"亦为宋儒从知解上入，认识神为性体，故闻见日益，障道日深耳"，得到阳明首肯。① 就此而言，老子先前便有"为学日益，为道日损"② 之说，"识神"亦源于佛老，大体谓心灵、意识，指识神为性体，就是认心为性。宋儒从张载、二程始，有"合性与知觉，有心之名"和"心即性也"等说③，有可能为阳明师徒所指。其谓"从知解上入"而"障道日深"，可能是指其逐物而格，在对事物的闻见中去体贴内在的性理，结果闻见愈多，则愈被闻见所迷，终究寻不得性体。但无论是张载还是程颐，都突出了心作为主体与本体的关联，张载强调"大心"正在于突破闻见的束缚，程颐主张"其实都是一个道"而强调心以性体为内容，均与九川所言不甚合拍，亦可能是另有所指。

从正面的道理讲，人生活于社会，与周围事物密切关联，实不可能屏除闻见。而且，宋儒虽注重格物穷理，但涵养用敬亦落脚在"主一无适"，强调变化气质，说明他们对于闻见习染的弊病也有清醒的认识。在理本论的视域下，天下事物莫不有理，人要生存，就必须要格致事物之理，并通过对物理的探究，触发对内在性理（或德性）的体贴。如此的进学道路，就是借助闻见（观天察地知人）的工夫而明觉德性，闻见在格物致知的整体中就不是无足轻重的，而是必需的手段。阳明自然明白宋儒的意图，但他却力证这是一条走不通之路，以求矫正宋儒以来的外心求理之弊。不过，阳明虽因此而轻视闻见，却也认为不必强制屏除闻见。故当九川感觉"用功收心时，有声有色在前，如常闻见，恐不是

---

① 王阳明：《补录·传习录拾遗》，《王阳明全集》卷三十二，第1179页。
② 《老子·四十八章》。
③ 前者参见张载：《正蒙·太和》，《张载集》，第9页；后者参见程颐：《遗书》卷十八，《二程集》，第204页。

专一"时，阳明的回答是："如何欲不闻见？除是槁木死灰，耳聋目盲则可。只是虽闻见而不流去，便是。"①只要是身体健全的人，便不可能隔绝闻见，做修养工夫，关键要达到"虽闻见而不流去"，这与宋儒"主一无适"的主敬涵养，实际存在着一致性。问题的关键，其实不在闻见有无，而在本心的状态。

从心外无物无理的立场出发，闻见就不可能是良知凭借的手段，但它也有自己的作用，就是良知发用流行的经验证明。阳明称：

> 良知不由见闻而有，而见闻莫非良知之用，故良知不滞于见闻，而亦不离于见闻。孔子云："吾有知乎哉？无知也。"良知之外，别无知矣……大抵学问功夫只要主意头脑是当，若主意头脑专以致良知为事，则凡多闻多见，莫非致良知之功。盖日用之间，见闻酬酢，虽千头万绪，莫非良知之发用流行，除却见闻酬酢，亦无良知可致矣。故只是一事。若曰致其良知而求之见闻，则语意之间未免为二，此与专求之见闻之末者虽稍不同，其为未得精一之旨，则一而已。②

将良知与闻见比作为头脑与发用的关系，仍可归属于本末的范畴，但不是正常的本决定末又由末及本的关系，而是本在末中表现且离末无所谓本。如此一种良知之外"无知"的原则，阳明要始终坚守，但与前述"无知"立足于德性自足和屏弃异端有别，这里的特点在强调本末"一事"而良知与闻见合一。这在不经意间肯定了闻见之知的价值，因为任何个体的良知发用，都是在既有知识的笼罩或参与下实现的，所以不可能于致良知之外另求闻见，良知之外自然就"别无知"了。

如果说，朱学的问题在如何从闻见走向德性，王学的问题则在良知如何发用于闻见酬酢，去弊求真而处其当。在这方面，的确需要"专求之见闻之末"以获取知识。阳明对此予以批评，说明求真还不是他急需考虑的选项。他想要"说与诸公知道"的，是"决然以圣人为人人可到"从而"便自有担当了"的圣人

---

① 王阳明：《语录三》，《王阳明全集》卷三，第91页。
② 王阳明：《语录二·答欧阳崇一》，《王阳明全集》卷二，第71页。

进路。

自孟子提出"人皆可以为尧舜"和荀子讲"涂之人皆可以为禹"以来，儒家倡导做圣人而培养完善人格的工夫，就从来没有间断。尽管自孔子之后无人真正成为圣人，但"可以"为圣人却始终在根本上推动着儒者的道德进步，并以为经由下学上达而最终能实现这一理想。可是，自张载、二程分离闻见与德性且规定德性不萌于闻见之后，如此进学之路便发生了重大变化，因为知识已无关乎德性，不再为人的境界提升提供资源。朱子显然意识到这一问题而想要进行补救，强调知识的兼容性，但其格物穷理的路径被阳明的"致良知"所否定，后者倡导的，是自本之末的良知本体的彰显流行。

阳明对此应当说是比较执着的。他强调："若传习书史，考正古今，以广吾见闻则可；若欲以是求得入圣门路，譬之采摘枝叶，以缀本根，而欲通其血脉，盖亦难矣。"[1] 无论是他前面所称的头脑还是这里言及的本根、血脉，都表明通过抓枝叶末节的办法绝无可能求得入圣之门路。唯有涵养德性，自信良知天理的自足，才能从根本上消解圣人与常人的位格差异，使"做圣人"的终极目标具有现实的可能。所以，对于自宋儒以来颇为玄妙的体贴圣人气象的说法，阳明彻底地予以颠覆。他以为这完全是没头脑的话，"圣人气象自是圣人的，我从何处识认？"我需要的，是就自己良知上真切体认，因为"自己良知原与圣人一般，若体认得自己良知明白，即圣人气象不在圣人而在我矣"[2]。阳明的"我"当然不是仅指阳明个人，而是任一个体。但人有聪慧愚钝，老少贵贱，是否都能通向圣人？阳明对此给予了肯定的回答，因为"圣人的心忧不得人人都做圣人"[3]。当然在施教上要考虑到资质愚钝之人和孩童的接受能力，需要慢慢引导开发，而不能骤然以天道性命灌输之。但从原则上说，童子洒扫应对、恭敬先生、致敬师长都是致良知，卖柴人与公卿大夫各有所事也都是格物，圣人与童子、卖柴人的区别，不过是"更熟得些子"[4] 而已。

最终，从心外无物无理的本体论前提，到格物之功只在心上做的内省体贴

---

[1] 参见《王阳明年谱二》，《王阳明全集》卷三十四，第1280页。
[2] 王阳明：《语录二·启问道通书》，《王阳明全集》卷二，第59页。
[3] 王阳明：《语录三》，《王阳明全集》卷三，第103页。
[4] 参见同上，第120页。

工夫，阳明从根本上改变了穷究物理以使心明觉的"做圣人"的知识进路。"圣人之道，吾性自足，不假外求"既是前提，也是结果，目的在为彰显自身的"致知格物之训"。① 但在同时，闻见之知虽不承担为德性之知提供材料或内容的职责，但作为现象存在和经验活动，是良知流行的现实证明，是对内在德性的蓄养和烘托，"则凡多识前言往行者，孰非畜德之事？此正知行合一之功矣"②。在此氛围下，内在德性彰显于闻见酬酢之中，人情、物理与良知融合为一，至善人格的养成和圣人境界的实现不再是遥不可及，它们一并落实于"致良知"而合内外之道的日用常行之中。

---

① 黄宗羲：《姚江学案·王阳明传》，《明儒学案》，第 180、181 页。
② 王阳明：《语录二·答顾东桥书》，《王阳明全集》卷二，第 51 页。

人性与物性之辨
——朱熹思想的内在张力与船山的检讨

陈赟

（华东师范大学中国现代思想文化研究所暨哲学系）

人性与物性具有共同的形而上学的本原？如果分享共同本原的人性与物性，具有相同的构成，那么这是否意味着人性与物性均是这一本原的同质体现？抑或在显发共同本原的视角下，人性与物性具有不同的本质内涵，甚至它们自身就是自身的根据？从这些问题所构成的视域出发，足以考察朱熹在天理观的视域下对人性论的独特理解。本文试图从朱熹对《中庸》性—道—教这一基本纲领的解释张力出发，勾勒朱熹对人性与物性之同异的理解；而后揭示王夫之对朱熹的检讨，并由这一批判出发，基于先秦哲学的资源，提供人性与物性同异问题的另类构思。

一 人性与物性：朱熹对《中庸》纲领的不同阐发及其思想张力

《礼记·中庸》云："天命之谓性，率性之谓道，修道之谓教。"这三句话可谓《中庸》的整个纲领，它给出了中庸之为中庸的可能性。朱熹在《中庸章句》对其的理解是："天以阴阳五行化生万物，气以成形，而理亦赋焉，犹命令也。于是人物之生，因各得其所赋之理，以为健顺五常之德，所谓性也……人物各循其性之自然，则其日用事物之间，莫不各有当行之路，是则所谓道也……圣人因人物之所当行者而品节之，以为法于天下，则谓之教，若礼、乐、刑、政之属是也。"① 显然，在这里，命意味着天之所命，作用于人与物，故而命是兼言人、物的，而性、道也同样兼言人、物，只是教被理解为圣人品节人、物当行之道，故而教是人的专有之物。但王夫之认为，朱熹对性、道、教的解释呈现出某种张力，其对应的文本是《中庸章句》与《中庸或问》，在前者，性道兼言人、物，而教则属之于人；在后者，则俱为分疏：

> 《章句》于性道，俱兼人物说，《或问》则具为分疏：于命则兼言"赋与万物"，于性则曰"吾得之乎是命以生"；于命则曰"庶物万化由是以出"，于性则曰"万物万事之理"。与事类言而曰理，则固以人所知而所处者言之也。其于道也，则虽旁及鸟兽草木、虎狼蜂蚁之类，而终之曰"可以见天命之本然，而道亦未尝不在是"，则显以类通而证吾所应之事物，其理本一，而非概统人物而一之也。②

朱熹在《中庸或问》中，的确出现了不同于《中庸章句》的表述，但从"盖天命之性，率性之道，皆理之自然，而人物之所同得者也"③来看，朱熹仍然坚持性、道为人、物之所同得，但朱熹从对命与性的分疏开始，由此展开的对性、道的论述，其着眼点明确地是以人为主体的：

> 天命之谓性，言天之所以命乎人者，是则人之所以为性也。盖天之所以赋与万物而不能自已者，命也；吾得乎是命以生而莫非全体者，性也。故以命言之，则曰元、亨、利、贞，而四时五行，庶类万化，莫不由是而出；以性言之，则曰仁、义、礼、智，而四端五典，万物万事之理，无不统于其间。盖在天在人，虽有性命之分，而其理则未尝不一；在人在物，虽有气

---

① 朱熹：《中庸章句》，《朱子全书》第六册，上海：上海古籍出版社、合肥：安徽教育出版社，2002年，第32页。
② 王夫之：《中庸》，《读四书大全说》卷二，《船山全书》第六册，长沙：岳麓书社，1996年，第455页。
③ 朱熹：《中庸或问》，《朱子全书》第六册，第551页。

禀之异，而其理则未尝不同。此吾之性，所以纯粹至善，而非若荀、扬、韩子之所云也。率性之谓道，言循其所得乎天以生者，则事事物物，莫不自然，各有当行之路，是则所谓道也。盖天命之性，仁、义、礼、智而已。循其仁之性，则自父子之亲，以至于仁民爱物，皆道也；循其义之性，则自君臣之分，以至于敬长尊贤，亦道也；循其礼之性，则恭敬辞让之节文，皆道也；循其智之性，则是非邪正之分别，亦道也。盖所谓性者，无一理之不具，故所谓道者，不待外求而无所不备。所谓性者，无一物之不得，故所谓道者，不假人为而无所不周。虽鸟兽草木之生，仅得形气之偏，而不能有以通贯乎全体，然其知觉运动，荣悴开落，亦皆循其性而各有自然之理焉。至于虎狼之父子，蜂蚁之君臣，豺獭之报本，雎鸠之有别，则其形气之所偏，又反有以存其义理之所得，尤可以见天命之本然，初无间隔，而所谓道者，亦未尝不在是也。①

对朱熹而言，仁义礼智之性是无一物而不得的，循性意义上的道并不外在于万物，而是遍在于万物，即便是动物，有形气之偏，但也仍然如同人那样，存其义理所得，以见天命之本然，因而《中庸》所谓的道是兼人和物来说的。然而，朱熹所说的天命之性，专指纯粹至善的仁义礼智之性，皆天之所予，虽然人不能独占之，但其所展开的万事万物之理，毕竟对人而全体显现；而循性之道更是从人的视角加以论说，所谓的父子之亲、仁民爱物、君臣之分、敬长尊贤等，无不针对人而发。换言之，当仁义礼智之性与君君臣臣父父子子的伦常秩序结合时，它与人的特有关联便彰显了，即便朱熹说禽兽偶然地、局部地、零星地分有伦常时，这也并不妨碍五常之性与人类伦常之间的特别关系。

尽管如此，就朱熹主导的观点来看，他仍然站在一种超出人的视角来看待人性与物性的问题，其基本观点可以概括为：仁义礼智之性，人物无别。通常被我们称为德性的仁义礼智信五常之性，对朱熹而言，并不是人的专有之物、特有之物，更不能为人所垄断，而是遍在于包括人与其他存在者的共有品质。既然在仁义礼智之性上，人性与物性并没有什么不同，那么，如何解释人与事

---

① 朱熹：《中庸或问》，《朱子全书》第六册，第 551—552 页。

物的差异，或者不同存在者的差异？朱熹将之归结为源于气质的不同：

> 人物之性，亦我之性，但以所赋形气不同而有异耳。①
> 尽人性，尽物性，性只一般，人物气禀不同。②
> 自气禀而言，人物便有不同处。③
> 人物本同，气禀有异，故不同。④

对于朱熹而言，人、物的差异可以从气禀加以解释，由于气禀是先天性的，因而人、物之别仍然是先天地被规定的，所以人以外的存在者，其气质相对于人，偏而不正、驳而不纯、昏而不明、薄而不厚。在更为严格的意义上，"人之性论明暗，物之性只是偏塞。暗者可使之明，已偏塞者不可使之通也。横渠言，凡物莫不有是性，由通蔽开塞，所以有人物之别"⑤。物性之偏塞，是因为其禀气之粗；而人性之可由暗而明，是源于其禀气之精。所谓气之精，意味着气之清通而中正；所谓气之粗，意味着由于气之浊、偏而蔽塞难通："二气五行，交感万变，故人物之生，有精粗之不同。自一气而言之，则人物皆受是气而生；自精粗而言，则人得其气之正且通者，物得其气之偏且塞者。惟人得其正，故是理通而无所塞；物得其偏，故是理塞而无所知。且如人，头圆象天，足方象地，平正端直，以其受天地之正气，所以识道理，有知识。物受天地之偏气，所以禽兽横生，草木头生向下，尾反在上。物之间有知者，不过只通得一路，如乌之知孝，獭之知祭，犬但能守御，牛但能耕而已。人则无不知，无不能。人所以与物异者，所争者此耳。"⑥这就是说，人、物同样受到气禀的先天性限制，但因人所禀之气清通中正，故而有可以解蔽、通达的可能性，而人以外的其他存在者则先天地不具有这种通达的能力⑦；而且，虽然人受到先天气禀的限制，但人与其

---

① 朱熹：《中庸章句》，《朱子全书》第六册，第50页。
② 黎靖德编：《朱子语类》卷六十四，《朱子全书》第十六册，第2115页。
③ 黎靖德编：《朱子语类》卷五十九，《朱子全书》第十六册，第1875页。
④ 同上，第1877页。
⑤ 黎靖德编：《朱子语类》卷四，《朱子全书》第十四册，第183页。
⑥ 同上，第194—195页。
⑦ 黎靖德编：《朱子语类》卷九十四，《朱子全书》第十七册，第3134页。

他存在者的不同在于,人先天地又具有突破气禀限制的能力,因而人可以"无不知""无不能",从而人区别于禽兽的这种突破气禀限制的能力仍然根源于其气禀的清通中正。不仅如此,人与人之间的差异,同样也从气禀之不同而被解释:"就人之所禀而言,又有昏明清浊之异。故上知生知之资,是气清明纯粹,而无一毫昏浊,所以生知安行,不待学而能,如尧舜是也。其次则亚于生知,必学而后知,必行而后又其次者,资禀既偏,又有所蔽,须是痛加工夫,'人一己百,人十己千',然后方能及亚于生知者。及进而不已,则成功一也。孟子曰:'人之所以异于禽兽者几希。'人物之所以异,只是争这些子。若更不能存得,则与禽兽无以异矣!"①按照这种思路,"阴阳合德,五性全备,然后中正而为圣人",至于一般人,则千差万别,"有得木气重者,则恻隐之心常多,而羞恶、辞逊、是非之心为其所塞而不发;有得金气重者,则羞恶之心常多,而恻隐、辞逊、是非之心为其所塞而不发。水火亦然"②。就人之所以异于禽兽者而言,并不是孟子所说的人之所以为人的仁义礼智之性,而是在于人的卓异的气禀使其具有充分敞开、完全实现仁义礼智之性的能力,其他存在者只能部分地,因此也是不充分地具有这种能力;而且这种能力不是源于"无情意,无计度,无造作"③的仁义礼智之性本身,而是源于"能凝结造作"④的气。换言之,人、禽在仁义礼智之性上是被视为无别的,故而人与禽兽之别,在朱熹那里,便转由气禀的概念承担。

由于人物之性无别,因而仁义礼智之性,即便无生意的枯槁、瓦石在理论上亦有之。⑤

又问:"'性即理',何如?"曰:"物物皆有性,便皆有其理。"曰:"枯槁

---

① 黎靖德编:《朱子语类》卷四,《朱子全书》第十四册,第194—195页。
② 同上,第205页。
③ 黎靖德编:《朱子语类》卷一,《朱子全书》第十四册,第116页。
④ 同上。
⑤ 据《朱子语类》记载:"问:'曾见答余方叔书,以为枯槁有理。不知枯槁瓦砾,如何有理?'曰:'且如大黄附子,亦是枯槁。然大黄不可为附子,附子不可为大黄。'""问:'枯槁有理否?'曰:'才有物,便有理。天不曾生个笔,人把兔毫来做笔。才有笔,便有理。'又问:'笔上如何分仁义?'曰:'小小底,不消恁地分仁义。'"(黎靖德编:《朱子语类》卷四,《朱子全书》第十四册,第188—189页)

之物，亦有理乎？"曰："不论枯槁，它本来都有道理。"因指案上花瓶云："花瓶便有花瓶底道理，书灯便有书灯底道理。水之润下，火之炎上，金之从革，木之曲直，土之稼穑，一一都有性，都有理。人若用之，又著顺它理，始得。若把金来削做木用，把木来镕做金用，便无此理。"①

显然，朱熹将仁义礼智之性视为一切存在者的共有之性，但在朱熹的表述中，又可以发现一种张力：花瓶不可做书灯，书灯亦不可做花瓶用，正是因为它们理之不同。顺着其性理，则花瓶只能作为花瓶来用，书灯只能作为书灯来用，这其实又是用理之不同来区分书灯和花瓶。但从本原看，花瓶之性无别于书灯，皆为仁义礼智之性，因而彼此的区别，并非由其本然之性，而只是就理气相衮的状况下，气性不同，其用途有别罢了。而以无别之仁义礼智之性观照二者，似乎丝毫无关于"尽物之性"的话题，这是朱熹物性论中的难题。将仁义礼智之性视为人与万物皆具的观点，其极端就是枯槁有性，但枯槁本身就是丧失了生命力、活力与生意的东西，在朱熹那里"生意"与"生理"绝不相通，枯槁可以为之有性、有生理，但却绝不可谓之有生意。

> 问："枯槁之物亦有性，是如何？"曰："是他合下有此理，故云天下无性外之物。"因行街，云："阶砖便有砖之理。"因坐，云："竹椅便有竹椅之理。枯槁之物，谓之无生意，则可；谓之无生理，则不可。如朽木无所用，止可付之爨灶，是无生意矣。然烧甚么木，则是甚么气，亦各不同，这是理元如此。"②

生意之根子在气，故而生意相当于生气；生理之专属之理，对应的是仁义礼智之性。枯槁虽有仁义礼智之性，然而永远都没有展布此性的能力，因而此性不具有此性本有的能力。这一点也使得朱熹对物性的论说陷入了吊诡：枯槁先天地具有仁义礼智之性，但枯槁又先天地不具有显现仁义礼智之性的能力，

---

① 黎靖德编：《朱子语类》卷九十七，《朱子全书》第十七册，第3266页。
② 黎靖德编：《朱子语类》卷四，《朱子全书》第十四册，第189页。

这样,仁义礼智之性还是枯槁之性吗?

但其实朱熹对人性与物性之同异的论述分为若干层面。就本原上说,也就是从理自身而不杂气的视角而言,人、物皆具仁义礼智之性,并且在这一点上人、物之性无别。但是在经验相关的现实性上,理又不能离气而存在,理在气中,所以一旦说到现实的性,便无法绕开气来说性,杂理气而言性,则人性与物性便有所不同。但从道理层次上,这种不同是气质作用的结果,而不是性之本体自身携带的差异。

> "才说性,便已不是性也",盖才说性时,便是兼气禀而言矣。"人生而静以上不容说","人生而静以上",只说得个"人生而静",上面不通说。盖性须是个气质,方说得个"性"字。若"人生而静以上",只说个天道,下"性"字不得。所以子贡曰"夫子之言性与天道,不可得而闻也",便是如此。所谓"天命之谓性"者,是就人身中指出这个是天命之性,不杂气禀者而言尔。若才说性时,则便是夹气禀而言,所以说时便已不是性也。濂溪说:"性者,刚、柔、善、恶、中而已矣。"濂溪说性,只是此五者。他又自有说仁义礼智底性时,若论气禀之性,则不出此五者。然气禀底性,便是那四端底性,非别有一种性也。然所谓"刚柔善恶中"者,天下之性固不出此五者。然细推之,极多般样,千般百种,不可穷究,但不离此五者尔。①

这就是说,以仁义礼智之性,乃人、物同具,故而人性与物性无别,是从性之本体,也即从理而不杂气的视角切入的。但是理气不杂的视角只是推其本原而抵达的理解,但就理自身的实际存在样式而言,"天命之性,非气质则无所寓。然人之气禀有清浊偏正之殊,故天命之正,亦有浅深厚薄之异,要亦不可不谓之性。旧见病翁云:'伊川言气质之性,正犹佛书所谓水中盐味,色里胶清。'"②在理气相杂交叠的视角内,由于气异而理不得不异,故而人性与物性有

---

① 黎靖德编:《朱子语类》卷九十五,《朱子全书》第十七册,第3198页。
② 黎靖德编:《朱子语类》卷四,《朱子全书》第十四册,第196页。

别，这种区别是由气质的不同而随之造成的理的显现的差异，即物对仁义礼智之性的显现是不充分、不完全的，甚至极为局部的，譬如：或有仁而无义礼智，或有义而无仁礼智，等等。仁义礼智作为相互通达、并行不碍、彼此支撑、相互强化的通达品质，在人以外的存在者那里，先天地是不可能的；而在人那里却是先天地成为一种可能性。就这个角度来看，人性与物性本身又是不同的，甚至可以同时说人、物所禀之气乃天地之间的同一气，无论阴阳清浊，皆是一气之流行，在这个意义上，人、物之性的差别反而是理异而气同。

在理气不杂的视角内，也就是尚未落入有形的视域，这个时候人、物未生，性由于没有搭挂在具体事物之中，故而只是在天之理；一旦着眼于事物，则理在气中，便不能仅仅说在天之理，而只是在人、在物之性。

"人生而静以上"，即是人物未生时。人物未生时，只可谓之理，说性未得，此所谓"在天曰命"也。"才说性时，便已不是性"者，言才谓之性，便是人生以后，此理已堕在形气之中，不全是性之本体矣，故曰"便已不是性也"，此所谓"在人曰性"也。大抵人有此形气，则是此理始具于形气之中，而谓之性。才是说性，便已涉乎有生而兼乎气质，不得为性之本体也。然性之本体，亦未尝杂。要人就此上面见得其本体元未尝离，亦未尝杂耳。

未有形气，浑然天理，未有降付，故只谓之理；已有形气，是理降而在人，具于形气之中，方谓之性。已涉乎气矣，便不能超然专说得理也。程子曰"天所赋为命，物所受为性"；又曰"在天曰命，在人曰性"，是也。[①]

换言之，所谓性在未禀形气的时候，只是在天之理，即仁义礼智之理；而在已禀时成为在物之理，才是所谓性。就此而言，言性必当兼气禀而言，而且言性必当就具体事物来说，也就是所谓的性总是某物或某一存在者之性。但对朱熹而言，这样就具体事物而言的性由于无法脱离形气，故而便不是"理底性"[②]

[①] 黎靖德编：《朱子语类》卷九十五，《朱子全书》第十七册，第3196页。
[②] 同上，第3191页。

了,这样只要仍然在形气的意义上谈论性,就意味着吾人未能超越经验的视野,所见者并不是性的本体,而只是性的表现,即所谓情。"到伊川说'性即理也',无人道得这处。理便是天理,又哪得有恶! 孟子说'性善',便都是说理善;虽是就发处说,然亦就理之发处说。"①性即理,触及的是经验层面之外的在天之理,它在事物未形时并非不存在,在事物既形时又与气禀结合,而构成事物之性。一旦性成为事物的本性,那么它就有了经验层面上的表现,这也就是情。"盖性无形影,情却有实事,只得从情上说入去。"这种"因情以知性"的方式,恰如"因流而知源"。②

在如果说在《中庸章句》《大学或问》等中,朱熹强化了人性与物性的"理同气异",那么在《孟子集注》中,则强调"气同理异":

> 先生《答黄商伯书》有云:"论万物之一原,则理同而气异;观万物之异体,则气犹相近,而理绝不同。"问:"'理同而气异',此一句是说方付与万物之初,以其天命流行,只是一般,故理同;以其二五之气有清浊纯驳,故气异。下句是就万物已得之后说,以其虽有清浊之不同,而同此二五之气,故气相近;以其昏明开塞之甚远,故理绝不同。《中庸》是论其方付之初,《集注》是看其已得之后。"曰:"气相近,如知寒暖,识饥饱,好生恶死,趋利避害,人与物都一般。理不同,如蜂蚁之君臣,只是他义上有一点子明;虎狼之父子,只是他仁上有一点子明;其它更推不去。恰似镜子,其他处都暗了,中间只有一两点子光。大凡物事禀得一边重,便占了其它底。如慈爱底人少断制,断制之人多残忍。盖仁多,便遮了义;义多,便遮了那仁。"③

> 某有疑问呈先生曰:"人物之性,有所谓同者,又有所谓异者。知其所以同,又知其所以异,然后可以论性矣。夫太极动而二气形,二气形而万化生。人与物俱本乎此,则是其所谓同者;而二气五行,絪缊交感,万变不齐,则是其所谓异者。同者,其理也;异者,其气也。必得是理,而后有以

---

① 黎靖德编:《朱子语类》卷九十五,《朱子全书》第十七册,第 3191 页。
② 同上,第 3194 页。
③ 黎靖德编:《朱子语类》卷四,《朱子全书》第十四册,第 183—184 页。

为人物之性，则其所谓同然者，固不得而异也；必得是气，而后有以为人物之形，则所谓异者，亦不得而同也。是以先生于《大学或问》因谓'以其理而言之，则万物一原，固无人物贵贱之殊；以其气而言之，则得其正且通者为人，得其偏且塞者为物；是以或贵或贱而有所不能齐'者，盖以此也。然其气虽有不齐，而得之以有生者，在人物莫不皆有理；虽有所谓同，而得之以为性者，人则独异于物。故为知觉，为运动者，此气也；为仁义，为礼智者，此理也。知觉运动，人能之，物亦能之；而仁义礼智，则物固有之，而岂能全之乎！今告子乃欲指其气而遗其理，梏于其同者，而不知其所谓异者，此所以见辟于孟子。而先生于《集注》则亦以为：'以气言之，则知觉运动人物若不异；以理言之，则仁义礼智之禀，非物之所能全也。'于此，则言气同而理异者，所以见人之为贵，非物之所能并；于彼则言理同而气异者，所以见太极之无亏欠，而非有我之所得为也。以是观之，尚何疑哉！有以《集注》《或问》异同为疑者，答之如此，未知是否？"先生批云："此一条论得甚分明。昨晚朋友正有讲及此者，亦已略为言之，然不及此之有条理也。"①

朱熹对人性、物性同异的认识分为两个视角：理气不杂的视角，也即天命之本原的视角，又被表述为人、物"方受（天命）之初"的视角，即人、物之生的视角；理气相杂的视角，又被表述为人、物"已得（天命）之后"的视角，即人、物之成的视角。综合两者而得的结论是：从本原出发的视角看，仁义礼智之性，人、物同具，故而人性与物性无别，人、物之异出于气质；从人、物自身的视角来看，人、物所禀者一气，而其性不能无异，人性与物性有别。前者的实质是"性同气异"②，人性与物性无别；后者则是气同而性（理）异，人性与物性有别。这两个视角所涉及的其实是同一问题的不同观看角度。

不难看出，朱熹对人性与物性同异的讨论最终关涉理气的不杂、不离的双重关系，由此形成了对人性与物性的双重看法，这一看法藉由程颢"论性不论

---

① 黎靖德编：《朱子语类》卷四，《朱子全书》第十四册，第186—187页。
② 朱熹说："性同气异，只此四字，包含无限道理。"（朱熹：《文集》卷三十九，《朱子全书》第二十二册，第1858页）

气,不备;论气不论性,不明,二之则不是"的构思,坚持上述双重视角的整合:"论天地之性,则专指理言;论气质之性,则以理与气杂而言之。未有此气,已有此性。气有不存,而性却常在。虽其方在气中,然气自是气,性自是性,亦不相夹杂。至论其遍体于物,无处不在,则又不论气之精粗,莫不有是理。"①朱熹如此的考虑,一方面是通过理气不杂的视角切入纯粹至善的仁义礼智之性,以为性善论提供担保;另一方面则通过理气相即的视角得出纯粹至善的仁义礼智之性不得不从气质中穿过②,与气质相混杂,由此为恶的起源提供解释,恶因而不是出自本然之性,而是源自气禀③,气禀成了原本纯粹至善的世界之病理功能的体现。由于上述双重视角,故而朱熹对于人性与物性的总体看法便是:"须知其异而不害其为同,知其同而不害其为异方得。"④

但坚持仁义礼智之性为人和物共具,因而在本然意义上人、物无别的看法,构成朱熹人性与物性论述的一个显著特色,而其理论来源,则自程颐。"据伊川之意,人与物之本性同,及至禀赋则异。盖本性理也,而禀赋之性则气也。性本自然,及至于生赋,无气则乘载不去,故必顿此性于气上,而后可以生。及至已生,则物自禀物之气,人自禀人之气。"⑤正是程颐对人性与物性的这一看法,导致了以《中庸》之性道兼言人物,而以教属人的观念:

> 问:"伊川云:'天命之谓性,率性之谓道',此亦通人物而言。'修道之谓教',此专言人事。"曰:"是如此。人与物之性皆同,故循人之性则为人道,循马牛之性则为马牛之道。若不循其性,令马耕牛驰,则失其性,

---

① 黎靖德编:《朱子语类》卷四,《朱子全书》第十四册。
② 朱熹说:"气质之性,便只是天地之性。只是这个天地之性却从那里过。好底性如水,气质之性如杀些酱与盐,便是一般滋味。"(同上,第197页)
③ 朱熹在论即理学人性论的谱系时说:"及周子出,始复推太极阴阳五行之说,以明人物之生,其性则同,而气质之所从来,其变化错揉有如此之不齐者。至于程子,则又始明性之为理,而与张子皆有气质之说,然后性之为善者,无害于气质之有不善,气质之不善者,终亦不能乱性之必为善也……至于性,则理而已矣,其纯粹至善之德,不以气质之美而加多,不以气质之恶而为有损,特其蔽之厚薄,随有不同耳。"(朱熹:《孟子或问》,《朱子全书》第六册,第982—983页)更详尽的讨论,可以参见许朝阳:《善恶皆天理:宋明儒者对善恶本体义蕴之探讨》,台北:文史哲出版社,2014年,第70—108页。
④ 黎靖德编:《朱子语类》卷九十五,《朱子全书》第十七册,第3195页。
⑤ 黎靖德编:《朱子语类》卷六十二,《朱子全书》第十六册,第2019—2020页。

而非马牛之道矣,故曰'通人、物而言'。"①

但这一对于《中庸》性、道、教的看法,在同时代的学者那里引起了广泛的争议,甚至朱熹自己就有不同的理解,比如他有时候甚至认为,性、道、教三者均是兼人、物说。②与朱熹同时代的彪居正认为,天命之性,"惟人得之,而物无所与"③。更有学者如史伯璇坚持认为:"性虽人物所同具,道虽人物所共由,教虽圣人通为人物而设,然能自致于学以求尽其性者,唯人耳。"④这就是说,以物言性、道本身割裂了《中庸》中性、道、教的一体关联,而在实际的层面,以物言性、道并不具有实质的意义。陈栎表达了如下的看法:"此章命性、道、教,皆当兼人物而言,而必以人为主。然苟不兼及于物,则道理便该不尽,只以此篇后章证之,尽己之性,尽人之性,必说到尽物之性,则可见矣。"⑤这就是说,兼人、物而言性道,其实只是为面向人的教化张本,其实质的意义离开人便无法理解。这里他与朱熹表达了一个共同的观点,似乎正是由于人、物之性无别,所以《中庸》才有在尽人之性与尽物之性加以连接的做法。⑥但后面的讨论将要表明这一观念包含着内在的困难。总而言之,在朱熹的学生及其同时代人那里,以性道兼言人、物,人性与物性无别的观念,面临着诸多质疑,故而真德秀在对朱熹的辩护中,才强调"以是而观,则此章兼人、物而言,尚何

---

① 黎靖德编:《朱子语类》卷六十二,《朱子全书》第十六册,第2022页。
② 黎靖德编《朱子语类》有如下记载。问:"'率性之谓道',通人、物而言,则'修道之谓教',亦通人、物。如'服牛乘马','不杀胎、不夭夭','斧斤以时入山林',此是圣人教化不特在人伦上,品节防范而及于物否?"曰:"也是如此,所以谓之'尽物之性'。但于人较详,于物较略;人上较多,物上较少。"(同上)问:"集解中以'天命之谓性,率性之谓道'通人物而言。'修道之谓教',是专就人事上言否?"曰:"道理固是如此。然'修道之谓教',就物上亦有个品,先生所以咸若草木鸟兽,使庶类蕃殖,如《周礼》掌兽、掌山泽各有官,如周公驱虎豹犀象龙蛇,如'草木零落然后入山林,昆虫未蛰不以火田'之类,各有个品节,使万物各得其所,亦所谓教也。"(同上)
③ 朱熹:《答张敬夫十》,《文集》卷三十,《朱子全书》第二十一册,第1326页。
④ 《四书大全校注》,第142页。
⑤ 同上,第143页。
⑥ 朱熹说:"万物皆只同这一个原头。圣人所以尽己之性,则能尽人之性,尽物之性,由其同一原故也。若非同此一原,则人自人之性,物自物之性,如何尽得?"(黎靖德编:《朱子语类》卷六十二,《朱子全书》第十六册,第2016页)

疑哉?"①

二　王夫之对朱熹人性与物性论述的反思

王夫之敏锐地发现了朱熹对《中庸》首章性、道、教解释中存在的张力，但他更清楚，朱熹的论述有其重构理学的企图，是对《中庸》断章取义的结果，不尽合《中庸》本义：

《章句》之旨，本自程子。虽缘此篇云"育物"，云"尽物之性"，不容闲弃其实，则程、朱于此一节文字，断章取义，以发明性道之统宗，固不必尽合《中庸》之旨者有之矣。两先生是统说道理，须教他十全，又胸中具得者一段经纶，随地迸出，而借古人之言以证己之是。②

程朱借古人之言以证己意，以建立其以天理观为主体的理学体系，故而其对性、道、教的理解，与《中庸》有一定的距离。

船山另辟蹊径，在朱子学笼罩一切的氛围内重新面对《中庸》的性、道、教论述的内在逻辑。"若子思首发此三言之旨，直为下戒惧慎独作缘起。盖所谓中庸者，天下事物之理而以措诸日用者也。若然，则君子亦将于事物求中，而日用自可施行。然而又不能者，则以教沿修道而设，而道则一因之性命，固不容不于一动一静之间，审其诚几，静存诚，动研几。而反乎天则。是行乎事物而皆以洗心于密者，本吾藏密之地，天授吾以大中之用也。审乎此，则所谓性、道者，专言人而不及乎物，亦明矣。"③船山以为，《中庸》性—道—教的论述，必须在其思想的整体脉络里加以思考，《中庸》首章性—道—教的论述，引出君子之

---

① 真德秀云："朱子于告子之谓性章，深言人物之异，而于此章(《中庸》首章)，乃兼人物而言。生之谓性，以气言者也；天命之谓性，以理言者也。以气言之，则人物所禀之不同；以理言之，则天之所命，一而已矣。然则虎狼之搏噬，马牛之蹄触，非道耶？曰：子思之所谓率性云者，循其天命之性也。若有搏噬蹄触，则气禀之所为，而非天命之本然矣。以是而观，则此章兼人、物而言，尚何疑哉？"(参见《四书大全校注》，第142页)

② 王夫之：《中庸》，《读四书大全说》卷二，《船山全书》第六册，第455页。

③ 同上。

实学,即戒慎恐惧与慎独这一静存动察的工夫,正是这一工夫构成了君子成为君子的切入口。就这一君子之实学而言,"上推其所以必然之理于天,而著其大用于天地万物,以极其功效之费"①,构成了首章的主体脉络。就文本的次序而言,"本文自天命说到教上,顺理以言之";但就立言之意而言,"则自教推原道天上去,以明修道之教,本以率性,而所率之性,乃天之所以为天而命乎人者,故修道者不可但于事上求合于道,必静存以体天理不息之诚,动察以谨天理流行之机也"②。

这里存在着与朱熹的不同理解,率性之道、修道之教,其最终根据可以上溯推原至天,但对于人而言,其所推原之天并非脱离命于人而人得之为性的天命之天,也非在天命谓之性之外的本然之天。本然之天,无时不以命的方式始终处于流行的过程中,而其命流行,固不专对人,命实兼人、物而言,是面向一切存在者的,无论是既成的,还是未成的。但作为人之道、教的根据之天,实为命于人而人得之为性的性中之天。此性虽原自天,但既命于人,对于人之道与人之教而言,便不能舍人之性而言天。《孟子·尽心》之所以坚持由尽心以知性,由知性以知天,其原理便在于此。即便吾人可以在终极的意义上说,人道与教化成立的根据在于天命,但天命浩瀚无边,在人性之外的辽阔遥远世界未尝没有此天命,即便人文社会历史世界之外,天命之流行亦未尝止息,然而人不得以此无边无界之天命,作为人道之依据;而且,在严格意义上,对于此无边无界之天命的言说,已经跨出了人之言说的正当范围。对于人的存在而言,不可能舍性而言天命,天命最终落实在其性体上,命大而性小,而人性之外的天命(具体落实为物性)并非人的存在之根据。在这个意义上,言人之性,便已经触及人所受之天命,故而人以天命为根据,与人之以人道为根据,或者说人之自为根据,不仅可以兼容,甚至在某种意义上是对同一意涵的不同表述;而对于性外之天,不仅仅《中庸》,即便整个先秦儒学都有意识地保持缄默,所谓人生而静以上不容说,是被无言地落实的,是言及天命的正当性界限。这样,就不难理解《中庸》首章所言性—道—教,由教而推原人道,由人道而推及人性,

---

① 王夫之:《中庸》,《四书笺解》卷二,《船山全书》第六册,第124页。
② 同上,第124—125页。

由人性而上及天命，这本来是《中庸》的内在逻辑。"'天命之谓性'，兼人物言，乃程子借中庸以论道，须如此说。若子思本旨，则止说人性，何曾说到物性上。物之性却无父子君臣等五伦，可谓之天生，不可谓之天命。"① 船山区分"天生"与"天命"，天生指自然而然形成的，因而也是偶然的，并不能也不必经过获得性的努力培育的，它没有经过受之者主动、自觉的接受程序，正因如此，它也是随时可以失去的不稳定的"品质"；而天命则落实在存在者那里成为存在者之所以为存在者的稳定性的品质，它不仅仅包含着天之所予的被给予向度，而且也同时包含着受之者的接纳向度。君君臣臣父父子子等五伦及其制度化事实，并非天生的，而是人类思想与实践的作品，它与天命于人而人受之以为性的人性能力有关。如果主张仁义礼智之性为物性的根本内容，而物本身又毫无接受它、实践它的能力，那么这一主张就内在地包含着一种悖谬，它预设了一种物性能力，而物却又永远无法展现、实现之，由此物性成了一种没有仁义礼智之能力的能力，一种永远外在于物的物性，这样的物性究其实只是人性的某种投射。以人性与物性同具仁义礼智之性，实非《中庸》本有之意，"一部《中庸》，何曾讲到鸟兽草木同此一理上？"②

对于朱熹以兼言人、物之性解说《中庸》首章性、道、教的一个文本依据，即在于《中庸》第二十二章道及了"唯天下至诚，为能尽其性；能尽其性，则能尽人之性；能尽人之性，则能尽物之性"。但这并不意味着，《中庸》将人性与物性等同，更不意味着仁义礼智信五常之性为人、物所同具。尽物之性的主体不是物，而是人，人之尽物之性与物之自循其性含义并不相同，前者所表述的仍然是人之道，在这里，物性是作为人道的相关者而被涉及的。明乎此，就不难理解，尽物之性，固然是尽物之理，但在这里，"其理，人所用之之理，物之才可使之效用者也"③。换言之，这里的"尽物之性"关联着人对物的使用，它意味着基于人的目的而最大限度地尽物之才用，而不是"草木鸟兽咸若"一类的"套话"，而不过是对于物"取之有时，用之有节"，对物的开发使用不致造成自然世界生意的枯竭。这样，尽物之性，只是人尽物之才用，故而即便其关乎仁义礼

---

① 王夫之：《中庸》，《四书笺解》卷二，《船山全书》第六册，第125页。
② 同上，第149页。
③ 同上，第147页。

智之性，也只是关乎人之仁义礼智之性，而非关乎什么物之仁义礼智之性。船山提出："天命之人者为人之性，天命之物者为物之性。今即不可言物无性而非天所命，然尽物之性者，亦但尽吾性中皆备之物性，使私欲不以害之，私意不以悖之，故存养省察之功起焉。"[①] 尽物之性仍然是人道的有机构成部分，因而它是人对人的自我要求，是人在与物打交道时人为自己确立的尺度。[②] 至于物之所以为物的因果性解释，当然包含在物性的概念中，这个概念之所以是经验性的，是因为这样的物性概念必然与气关联，是落在气中的性，循物之理而用物，是使用物时避免人的能量的耗费的经济易简原则所要求的，但如果将这个物理等同于仁义礼智之性，则它并不能增进人之循物理而处物的任何理解。

既然在人之性与在物之性没有什么不同，那么这一对人性与物性同质化的理解，必然导致人不必反求诸身，而是即物穷理，便可以得其仁义礼智之性。"如必欲观物性而以尽之，则功与学为不相准。故《或问》于此，增入学问思辨以为之干旋，则强取《大学》格物之义，施之于存养省察之上。乃《中庸》首末二章，深明入德之门，未尝及夫格致（第二十章说学问思辨，乃以言道之费耳），则番阳李氏所云'《中庸》明道之书，教者之事'，其说为通。亦自物既格、知既致而言，下学上达之理，固不待反而求之于格致也。"[③] 正是受到人可以在物性中发现仁义礼智之性这一思想的支持与鼓励，朱熹将《大学》格物之说移植到《中庸》的理解中，但《中庸》自身的思想脉络却并非如此。这种移植的一个结果是"混人、物于一性"。"混人、物于一性"，意味着以仁义礼智之性的泛化的方式，达到仁义礼智之性的普遍化论证，仁义礼智之性普遍化的结果是性善论得以在本体论层面获得支持，在承诺性善的前提下解释了善恶的起源，但同时也将善恶从人及其社会那里泛化到了所有存在者的层面。

一旦设置了人、物之性无别，那么，在逻辑上，尽物之性与尽人之性就具有同样的意义；而且，物与物本身因人而造成的差序层级，譬如切身之物与不切身之物的区分，就不再具有实质性的意义。这就造成在不切身的物上去求仁

---

① 王夫之：《中庸》，《读四书大全说》卷二，《船山全书》第六册，第456页。
② 牛耕马乘，并非与自在的牛马之性的构成部分，"牛马之性何尝要耕要乘？此人为也，非天命也"（王夫之：《中庸》，《四书笺解》卷二，《船山全书》第六册，第125—126页）。
③ 王夫之：《中庸》，《读四书大全说》卷二，《船山全书》第六册，第456页。

义礼智之性的情况:"况夫所云尽人物之性者,要亦于吾所接之人、所用之物以备道而成教者,为之知明处当,而赞天地之化育。若东海巨鱼,南山玄豹,邻穴之蚁,远浦之苹,虽天下至圣,亦无所庸施其功。即在父子君臣之间,而不王不褅,亲尽则祧,礼衰则去,位卑则言不及高,要于志可动气、气可动志者尽其诚,而非于不相及之地,为之燮理。故理一分殊,自行于仁至义尽之中,何事撤去藩篱,混人物于一性哉?"①王阳明的格竹子的故事②,只有以朱熹的人性与物性在原理上无别为背景,才得以可能;而在程颐、朱熹之前的思想传统中,不可能支持与鼓励在某物上求天命吾性之至理。的确,格竹子求为圣贤的假设,与狗子、大黄皆有佛性的预设在形式上是一致的,这就是物与人之性本同,而在狗子、大黄、竹子上去求仁义礼智之性的做法,必然造成在人之外致力于人伦之学的取向。

当程朱将《中庸》性、道、教中的性兼言人、物时,那么率性之道也就不能舍物而言了。程伊川云:"循性者,牛则为牛之性,又不做马底性;马则为马底性,又不做牛底性。"朱熹由此认为,"循性是循其理之自然尔"③。这里理之自然在人、在物,是不同的,即便是在不同的物那里也是不同的,"理之在人在物,亦不可做一等说"④。由此难以理解的是性理无别的马、牛,其率性之道并不相同,而且这种不同超出了与人的相关性,而是来自牛、马自身:"盖物之自循其性,多有与人初无干涉,多有人所不识之物,无不各循其性于天地之间,此莫非道也。"⑤人、物之性同而人、物之道不同,物与物之性同而其道也各不相同:

---

① 王夫之:《中庸》,《读四书大全说》卷二,《船山全书》第六册,第456页。
② 钱德洪《王文成公年谱》:"五年壬子,先生二十一岁,在越……是年为宋儒格物之学。先生始侍龙山公于京师,遍求考亭遗书读之。一日思先儒谓'众物必有表里精粗,一草一木,皆涵至理。'官署中多竹,即取竹格之;沉思其理不得,遂遇疾。"(王阳明著,吴光等编校:《年谱一》,《王阳明全集(新编本)》卷三十二,杭州:浙江古籍出版社,2010年,第1228页)《传习录》下卷:"众人只说格物要依晦翁,何曾把他的说去用?我着实曾用来。初年与钱友同论做圣贤要格天下之物,如今安得这等大的力量?因指亭前竹子,令去格看。钱子早夜去穷格竹子的道理,竭其心思,至于三日,便致劳神成疾。当初说他这是精力不足,某因自去穷格。早夜不得其理,到七日,亦以劳思致疾。遂相与叹圣贤是做不得的,无他大力量去格物了。及在夷中三年,颇见得此意思,乃知天下之物本无可格者,其格物之功,只在身心上做。"(王阳明著,吴光等编校:《王阳明全集(新编本)》,第132页)
③ 黎靖德编:《朱子语类》卷六十二,《朱子全书》第十六册,第2017页。
④ 黎靖德编:《朱子语类》卷五十九,《朱子全书》第十六册,第1875页。
⑤ 黎靖德编:《朱子语类》卷六十二,《朱子全书》第十六册,第2021页。

"人与物之性皆同,循人之性,则为人之道。循牛马之性,则为牛马之道。若不循性,使马耕牛驰,非牛马之道矣。"①但在朱熹那里,物性的问题还是被转换为人之尽物之性的解释取向上。船山的质疑在于:"至程子所云马率马性,牛率牛性,其言性为已贱。彼物不可云非性,而已殊言之为马之性、牛之性矣,可谓命于天者有同原,而可谓性于己者无异理乎?程子于是显用告子'生之谓性'之说,而以知觉运动为性,以马牛皆为有道。"②在此至为关键的是,一方面,命于天者有同原,人、物皆具共同的本原,这就是天;但另一方面,性于己者有异理,因而物性与人性不同,物性与物性也是千差万别的,由此对于不同的物,人类尽物之性的方式也因应这种不同。人性与物性同原而异理,异理意味着人与物未必同具仁义礼智之性,仁义礼智之性只是天命于人而人得以为性者,而人以外的物固不能得之以为性。但这并不意味着同原之天,虚而无实。人性与各个不同的物性,就是同原之天之实而不虚的体现。因为人性、物性就是天之所命而物以之为性者,故而天固然只是一原之天,但对人、物而言,其已然有所不同。由于天与性在命中获得连接,故而从人、物而言,不能离命而言天,离人、物而言命。不离人、物言命,不离命言天,故而天并非只是有体而无用。"释氏无天用,故不取理。"③但如果假定人性与物性无别,那么,其实在这"理"的层面,人性与物性恰恰是"无理"的,也就是说,理本有的秩序之、区别之、条理之的意义在人性与物性的层面反而失去了,而只是蜕变为一个形而上学的品质,在物所具有的仁义礼智之性(物之天理)那里,这种形而上学的品质有体而无用。"天下之理无穷,立天理乃各有区处。穷理尽性,言性已是近人而言也。"④从物而言,天理各有区处,因而此物之理与彼物之理,即便同源,但也必然不同,由此在与物打交道的过程中而有区别对待的实际情况。但就人之知天至于命的实践而言,亦只能从自尽其性出发,而无关于格竹子、格狗子之性,因为人性、物性不同,仁义礼智之性只是人之所以为性者,因而便是人之天命之所系。物自循其理,人自尽其性,各自回返自身,这才是天命之要求,故而人、

---

① 黎靖德编:《朱子语类》卷六十二,《朱子全书》第十六册,第 2022 页。
② 王夫之:《中庸》,《读四书大全说》卷二,《船山全书》第六册,第 456 页。
③ 张载著,林乐昌编校:《易说下》,《张子全书》卷十,西安:西北大学出版社,2015年,第241页。
④ 同上,第 241 页。

物之天之所命不同，物、物之天之所命亦不同。

船山强调："夫人使马乘而使牛耕，固人道之当然尔。人命之，非天命之。若马之性则岂以不乘而遂失，牛之性岂以不耕而遂拂乎？巴豆之为下剂者，为人言也，若鼠则食之而肥矣。倘舍人而言，则又安得谓巴豆之性果以克伐而不以滋补乎？"[1] 物之所以为物之性，在其自身，而未必在于与人之相关性，甚至在于物之对人而言的有用性。程朱以马乘、牛耕为马、牛之性，其实错把人之尽物之性当作物性自身。尽物之性的主体是人，其根据在于人道。就牛、马之性而言，马不乘、牛不耕也不会失其本性。"若牛之耕，马之乘，乃人所以用物之道。不成者牛马当得如此拖犁带鞍！倘人不使牛耕而乘之，不使马乘而耕之，亦但是人失当然，于牛马何与？"[2] 为人所用，并非牛、马之性的固有内容；正如"蚕之为丝，豕之充食，彼何恩于人，而捐躯以效用，为其所当然而必由者哉？"[3] 蚕之吐丝为人所用，猪之可供人食，并非蚕、猪构建自身存在方式的率性之道。"《章句》'人物各有当行之路'，语自有弊，不如《或问》言'事物'之当。盖言'事物'，则人所应之事、所接之物也。以物与人并言，则人行人道，而物亦行物道矣。即可云物有物之性，终不可云物有物之道，故经传无有言物道者。此是不可紊之人纪。今以一言蔽之曰：物直是无道。如虎狼之父子，他那有一条径路要如此来？只是依稀见得如此。万不得已，或可强名之曰德，如言虎狼之仁、蜂蚁之义是也，而必不可谓之道。"[4] 无论道是作为道路、作为原则、作为目的，皆是构建其存在的方式，而人以外的存在者，无与于此。当吾人说人、物共由之路意义上的道时，吾人所说者只是天道，而不是人、物各自率性之道。"物不可谓无性，而不可谓有道。道者人、物之辨，所谓人之所以异于禽兽者也。故孟子曰'人无有不善'，专乎人而言之，善而后谓之道……张子推本神化，统动植于人而谓万物之一源，切指人性，而谓尽性者不能以天能为能，同归殊途，两尽其义。"[5]

---

[1] 王夫之：《中庸》，《读四书大全说》卷二，《船山全书》第六册，第456—457页。
[2] 同上，第460页。
[3] 同上。
[4] 同上。
[5] 王夫之：《诚明篇》，《张子正蒙注》卷三，《船山全书》第十二册。

就人率性顺命之道而言，不必也无法牵涉物之所以为物之物性。"凡之于命而一本，凝之为性而万殊。在人言人，在君子言君子。则存养省察而即以尽吾性之中和，亦不待周普和同，求性道于猫儿狗子、黄花翠竹也。固当以《或问》为正，而无轻议蓝田之专言人也。"[1] 人的存养省察的根据不是人与物同然无别之天，而是凝为性而寓于万殊中的天命之性，因而不仅猫狗有道、物有物道的观念，极有问题，它超出了人的把握范围；而且它也不能为人道提供有意义的养分。通过将人性与物性等同，而将仁义礼智之性普遍化的论证方式，意在建构一个为伦常秩序所充盈弥漫的宇宙，这个宇宙的任何一个角落与细节，似乎都可以激发、调动我们对伦常秩序的自觉担当，因为伦常秩序所赖以支持的仁义礼智之性就是这个伦常宇宙的实相。然而这种"周普和同"的普遍化论证方式，却开启了"求性道于猫儿狗子、黄花翠竹"的罅隙。一旦放弃事物自身根据之外的任何悬设的形而上学终极目标，天道本身必须被理解为事物以自身为根据、朝向自身的运动中呈现的各正性命的秩序。[2]

三　结　论

对于朱熹这样具有难以企及的理论深度与思想高度的哲学家而言，思想的复杂性与丰富性往往远远超出人们的估计，而且，其体系中不同思想极之间存在的张力，使得其思想本身内蕴着自我克服困境的意识与能力。虽然，朱熹的人与物同具仁义礼智之性而无别的思想内蕴着与佛教具有甚深渊源关系的求性

---

[1] 王夫之：《中庸》，《读四书大全说》卷二，《船山全书》第六册，第457页。
[2] 王船山在《张子正蒙注》卷三《诚明篇》中又云："前篇统人物而言，原天所降之命也；此篇专就人而发，性之蕴于人所受而切言之也。《中庸》曰'天命之谓性'，为人言而物在其中，则谓统人、物而言之可也。又曰'率性之谓道'，则专乎人而不兼乎物矣。物不可谓无性，而不可谓有道，道者人物之辨，所谓人之所以异于禽兽也。故孟子曰'人无有不善'，专乎人而言之，善而后谓之道；泛言性，则犬之性，牛之性，其不相类久矣。尽物之性者，尽物之理而已。虎狼噬人以饲其子，而谓尽父子之道，亦率虎狼之性为得其道而可哉？禽兽，无道者也；草木，无性者也；唯命，则天无心无择之良能，因材而笃，物得与人而共者也。张子推本神化，统动植于人而谓万物之一源，切指人性，而谓尽性者不以天能为能，同归殊途，两尽其义，乃此篇之要旨。其视程子以率性之道为人、物之偕焉者，得失自晓然易见；而抉性之藏，该之以诚明，为良知之实，则近世窃释氏之沈，以无善无恶为良知者，其妄亦不待辨而自辟。学者欲知性以存养，所宜服膺也。"（王夫之：《船山全书》第十二册，第112页）

道于狗子、大黄的取向，但朱熹本人却又似乎意识到在人之理与在物之理的区分："然理之在人在物，亦不可做一等说"①；不仅如此，他更是直截了当地表示，"今欲去犬、牛身上讨仁义，便不得"②。换言之，他似乎又努力地封锁前述由人性、物性无别而开启的在人以外的物中寻求性道的罅隙。然而朱熹对"伦理的宇宙"的渴望又使他不能满足于"牛自是牛之性，马自是马之性，犬自是犬之性"③所传达的独化而自然的宇宙图像，他更希望通过一本万殊的方式强化仁义礼智之性的普遍性。朱熹试图开启一种理解的模式，这种模式既面对经验世界中人、物各异其理的现象性事实，但同时又在本原的层面呈现万物的一体同源。于是，他将程颢"论性不论气，不备；论气不论性，不明"的构思，发展成相互支持的双重视角。人、物因皆具仁义礼智之性而无有区别的构思，在一种非经验性的视域内被建立，它虽然并不指向经验世界之外的另一重所谓洁净空阔的性理世界，但毕竟构成吾人观看经验世界中的存在的一种非经验性方式。对于朱熹而言，这种超出经验的理解视角与从经验出发而达成人性与物性理解的视角，并行不悖，各得其所，并不存在其中的一个凌驾于另外一个的情形。然而，从那种超出经验的、不杂于气的观看视角而达成的对物性的理解，对那些并不能彻底地把握其哲学整体构思的人们来说，的确暗含着将仁义礼智之性固化为洁净空阔的与经验世界并存的性理世界的危险，而这样一种世界既不需要从经验世界获得支持，也无法通过经验世界而被证实，但却很容易被人们引向那种宇宙生成论过程的理解，即在这个理气混杂不离的经验世界之前，存在着一个仅仅只有理而没有气的阶段；或在这个万物都陷落之后，唯有此理还在的可能性。所有这样一种取向都将纯粹至善而且不杂于气的仁义礼智之性引向那种抽象的形而上学的本体，而仁义礼智之性就弥漫在现象世界的每一个角落里，无论是万物生成之前，还是万物毁灭之后，它都依然存在。而这些危险，严格地说，都是建立在对朱熹哲学的误解的地基之上的。

然而，这并不意味着船山对朱熹的批判就建立在对朱熹的误读的基础上，船山对朱熹的批判引发出了一个至为关键的问题，这就是在天之理是否可以

---

① 黎靖德编：《朱子语类》卷五十九，《朱子全书》第十六册，第 1875 页。
② 同上，第 1876 页。
③ 同上。

脱离形气，即具体事物来理解的问题。如果天道并不外在于事物之本性，如果言及理时总是在气之理而无气外之理，那么，讲人、物皆具仁义礼智之性因而人、物之性在源头上无别就是没有意义的。人、物的气异而理亦殊，故而人、物之别，是无间于气与理的。朱熹所谓的不杂气而言理的视角本身存在着一种危险，那就是将仁义礼智之性固化为现成的既定本性，而形气不过是显现或遮蔽这种既定本性的工具。由于性总是某物之性，因而人生而静以上，并不存在性的问题，也是言说与思想应当悬置的对象。这就意味着，朱熹的那种离气而专言理的进路，并不是审视人性与物性的恰当方式。

历史地看，在程颐、朱熹之前，并不存在着那种离气而专言理的进路，同样地，也很难发现那种人性与物性同具仁义礼智之性因而人、物之性无别的观点。相反，在《荀子·王制》中，我们看到的恰恰是人、物有别而义专属于人的观念："水火有气而无生，草木有生而无知，禽兽有知而无义，人有气、有生、有知，亦且有义，故最为天下贵。"荀子所呈现的宇宙并不是"伦理宇宙"的同质性放大，而是一个层级性的非同质性的宇宙。气为一切存在的基本维度，而生并不是宇宙的全部，而是存在着有气而无生的事物，正如存在着有气有生而无知的事物一样，从气的存在到气＋生的存在，再到气＋生＋知的存在，最终到气＋生＋知＋义的存在，存在者的层级性结构彰显出来。人并不是因为知而别于物，而是因为义而别于物。义所体现的伦理被上升到标志人之所以为人而不同于物的层面。从荀子的视角出发，把仁义礼智的"生理"人为地推广到整个宇宙的做法并不能改变这一"生理"在广袤无边的沙漠中仅仅是微小绿洲的事实，在阴阳之气的深渊中，仁义礼智的"生理"不过是理的世界中一渺小部分而已。当朱熹将浩瀚无边、丰富多彩、难以为人心所穿透的世界变成了仁义礼智的确定的自我宣言或自我声明时，人性并没有因此而更加高贵，道德也并不因此而更加庄严，相反，它反而强化了这样的印象，人性因为与整个宇宙之理的一致、与万物之性的和同，而显得庄严高贵，人所做的并不是坚守并珍惜天之所予而人独得的那些在这个世界的他物那里并没有的品质，而是因为分享与他物共有的品质，人性由此而显得伟大；反过来说，人性在其原则上并不包含人类独有而物无与的那些品质，而只是人、物共具的公共品质，这样，人文化成与人文创造这种仅仅在人那里产生的现象就不再被构思为人性的展开与其构成的作品。荀子的层级性宇宙得到了《周易·说卦传》如下言述的支持:"立天之道曰阴与阳,立地之道曰柔与刚,立人之道曰仁与义。"天道、地道并不是仁义礼智之性的弥漫与充盈,而是与人道并立的、有其自身秩序与结构的不同存在区域,正是这种不同才使得"参天"说、"配天"说或"继天"说,得以成为可能,换言之,人是在"配天""继天"的过程中,不仅仅是发现了、回归了人性,而是以建构的方式创造了人性,天生与人成的交互作用才是人之所以为人的全部,但朱熹那里人的所有努力都是回归、复归被天命所生的性理,由此船山在一切方面,不仅仅是性理,还包括感性的所有方面,企图证成的人禽之别,在朱熹那里也就没有了意义。

朱熹的同质性宇宙(universe)图景导向道德的普遍化论证:既然仁义礼智之性是所有存在物都内具的本性与能力,那么,对于在更高层次与更大范围上分有了仁义礼智之性的人而言,就成为一项不能逃避的责任,这是一种来自普遍宇宙体系的论证。与此不同,荀子的层级性宇宙(Kosmos)支持的是隆礼重法的人文历史建构。对船山而言,人文历史的建构构成人类共同体不同于其他存在者的显著特征:"人之所以异于禽兽者,仁而已矣;中国之所以异于夷狄,仁而已矣;君子之所以异于小人,仁而已矣。而禽兽之微明,小人之夜气,仁未尝不存焉。唯其无礼也,故虽有存焉者而不能显,虽有显焉者而无所藏。故子曰复礼为仁。大哉礼乎!天道之所藏而人道之所显也。"[1]船山所讲的礼并非是性理意义上的仁义礼智之礼,而是展开为规范和秩序、体制和制度的节文之礼,它是人文的建制化事实,这种意义上的礼构成了人类文化的主干。正是通过这种礼,人不仅得以守护了天所赋予人而使人有别于其他存在者的仁,而且,更使得人得以居住在人自己建构的人文历史的世界。相对而言,船山打开了一个更为广阔的世界,在这个世界中,不仅修齐治平的传统事业,而且人类的一切文化形式,都可以是人性的展开方式。

当然,从更为深层的形而上学视角来看,朱熹与船山的最终差别可以归结为天观的不同,这一不同不仅关涉着是否可以从纯粹之理的角度来观照天,而且更关涉着是否可以从事物之外的视角来谈论天。这是一个更为复杂的问题,笔者将另外专门讨论。

---

[1] 王夫之:《礼记章句·礼记章句序》,《船山全书》第四册,第9页。

朱子"求二帝三王之心"《书》学宗旨讨论

陈良中

（重庆师范大学文学院）

经典的意义和价值在阐释中不断生发，作为帝王之书的《尚书》，其丰富的内涵在宋代得到了充分的揭示，宋代《尚书》家开辟了众多新的研究领域，思辨思维的发达，使《尚书》辨伪成为重要研究领域，又由疑辨而生出对文本原貌的探求。唐天宝中卫包改"隶古定"为楷体，无疑导致了经典的文字讹误，《尚书》一域出现了力图恢复"隶古定"本《尚书》的努力，以正卫包之失，保留文本的真实面貌。唐有唐内府本，后周有郭忠恕古文《尚书》刻本[1]祖内府本，忠恕刻本传至宋次道、王仲至、吕大防，"宋、王二氏所传，宋太宗所得，即郭忠恕所见本"[2]。薛季宣又著《书古文训》，开启由文字而求真经义的研究一途。溯源而上，学界出现了对汉儒《书说》的辑录，王应麟《古文尚书》马郑注的辑录是其典范。

《尚书》在宋代最大的意义是作为宋代各派思想建构的重要凭借，对于重塑时代儒家思想，建构宋代各派思想观念都具有重要价值。浙东一派注重事功，象山一系解《书》以阐明"吾心即宇宙""心体澄明"，程朱一系借《书》阐其心性论、修养论、道统观，为儒学的复兴做出了卓越贡献。《尚书》记载了三代嘉言

---

[1] 王应麟：《玉海》卷三十七，扬州：广陵书社，2007年，第712页。
[2] 永瑢等：《四库全书总目》卷十三，北京：中华书局，1965年，第106页。

善政，圣贤之行事在朱子思想世界里绝不仅是史实，还具有为后世立法的性质。《尚书》记载了从尧、舜、禹、汤、文、武至周穆王帝王人物谱系，以及傅说、太甲、周公、召公等人臣谱系，与帝王之更迭相应的是圣贤治世精神的流传，朱子治《书》专用力于挖掘圣贤精神。朱熹把圣贤精神精确地概括为"二帝三王之心"，提出"《尚书》文义通贯犹是第二义。直须见得二帝三王之心，而通其所可通，毋强通其所难通，即此数语便已参到七八分"①，阐明了自己解《书》的宗旨。朱子所倡"二帝三王之心"展示为多维度的思考，但学界还未有结合朱子《书》解对这一问题内涵的系统阐述。"二帝三王之心"包含了：以圣贤为典范的人性本质的探讨，达至圣贤的修养之方，圣王合一的治国之道，以及历代圣王相传治国之道。所论之自我完善、治道经验和社会理想，对于社会和个体完善都具有重要意义。

一 以圣贤为典范的人性本质

心性问题是宋明理学讨论的焦点之一。性善性恶的争论，理想人格的探究，不仅是应对佛道两家思想的挑战，更是要解决人自身心灵安顿的问题。

人性来自何处？人的本质是什么？朱子没有抽象的讨论，而是借助经典的阐释建构其思想系统。朱子解《书》有对人性问题的深刻讨论，解《汤诰》"惟皇上帝，降衷于下民"揭示了"天赋善性"的观念，云："以降言为命，以受言为性。"② 人性源自天赋，天赋予人为何？云："盖自天降衷，万理皆具，仁义礼智，君臣、父子、兄弟、朋友、夫妇，自家一身都担在这里。"③ 人生而万理具备，先天而具仁义礼智等伦理价值，朱子借助《尚书》训释阐释了人的同质性，伦理道德的先天性。人既有同质性，那差异性又来自何处？朱子认为人性本善，但有道心、人心之分。其对《大禹谟》"人心惟危，道心惟微；惟精惟一，允执厥中"

---

① 朱熹：《晦庵先生朱文公文集·续集》卷三，《朱子全书》，上海：上海古籍出版社、合肥：安徽教育出版社，2002年，第4717页。

② 黎靖德编：《朱子语类》卷十八，《朱子全书》，上海：上海古籍出版社、合肥：安徽教育出版社，2002年，第622页。

③ 黎靖德编：《朱子语类》卷一百二十一，第3822页。

十六字心传的阐释，充分地揭示了他的人性思想，云："心者，人之知觉，主于中而应于物者也。指其生于形气之私者而言，则谓之人心；指其发于义理之公者而言，则谓之道心。人心易动而难反，故危而不安；义理难明而易昧，故微而不显。"①朱子指出心是认知世界的感官，有"人心""道心"两个层面。"人心"是气凝聚成形而具有各种生理欲望的那颗心，"人心亦未是十分不好底，人欲只是饥欲食、寒欲衣之心尔"②。包含人的基本需要，"人心是知觉，口之于味、目之于色、耳之于声底，未是不好，只是危"③。气禀不同则现实之人各有异趣，有善有恶。"道心"发于义理，是天理之显现，是人之本质。人之所生禀气为形，禀理为性，皆备"道心""人心"，云："心之虚灵知觉，一而已矣。而以为有人心、道心之异者，则以其或生于形气之私，或原于性命之正，而所以为知觉者不同，是以或危殆而不安，或微妙而难见耳。然人莫不有是形，故虽上智不能无人心，亦莫不有是性，故虽下愚不能无道心。"朱子把心分为"道心""人心"两个层面，并以所禀理、气之不同，探讨了人性中善恶的根源。"人心""生于形气之私"，"人莫不有是形，故虽上智不能无人心"。"人心"生于形气之私，人之千差万别便由此而生，"人心"说揭示了人何以不同的原因。"道心""原于性命之正"，人"莫不有是性，故虽下愚不能无道心"，"道心"说则揭示了人类本质之同然性。朱子又谓："性即理也，天以阴阳五行化生万物，气以成形而理亦赋焉，犹命令也。于是人物之生，因各得其所赋之理以为健顺五常之德，所谓性也。"④人之性出于天，"盖自天降生民，则既莫不与之以仁义礼智之性矣。然其气质之禀或不能齐，是以不能皆有以知其性之所有而全之也"⑤。就现实而论，由于气禀不同，人皆有别性。从根源上讲，人皆有善，而这种善性亘古不变，"人性上不可添一物，尧舜所以为万世法，亦是率性而已。所谓率性，循天理是也"⑥。圣人得其本然之全体，性合于天，所行皆能合于天理。朱子借《尚书》训释阐明了人性基本问题，阐明了人的共同本质和个体差异的根源。

---

① 朱熹：《晦庵先生朱文公文集》卷六十五，第3180页。
② 黎靖德编：《朱子语类》卷七十八，第2663页。
③ 同上，第2668页。
④ 朱熹：《四书章句集注》，《朱子全书》，第32页。
⑤ 同上，第13页。
⑥ 同上，第245页。

《尚书》中的圣王充分昭示了人性之善，朱子藉由《尚书》训释讨论了完善之人——圣人气象，如《尧典》"安安"，朱子弃《传》"安天下之当安者"之说，谓"无所勉强之貌"，乃言尧"德性之美皆出于自然，而非勉强，所谓性之者"，尧率性而行，行皆合道，非出于强迫。又解"允恭克让"云："常人德非性有，物欲害之，故有强为恭而不实，欲为让而不能者。惟尧性之，是以信恭而能让也。"圣人与天理人欲之处能辨析毫微，不为物欲所蔽。又《召诰》"兹殷多先哲王在天"，朱子云："众人物欲蔽之，故魄散而气不能升；惟圣人清明在躬，志气如神，故其死也，精神在天，与天为一"。人欲尽处，天理流行，圣人可与天合一，塑造了圣人理想人格，揭示了完善成人之境界，为普通人修身提供了一种典范。德合天理是行为正确性的保障，朱子解《皋陶谟》"天命有德，五服五章哉！天讨有罪，五刑五用哉"谓"天命""天讨"乃赏以德之大小，刑以罪之轻重，圣人未尝加一毫私意于其间，只是奉行天法而已。如"天叙有典，敕我五典五惇哉！天秩有礼，自我五礼有庸哉"，许多典礼都是"天叙""天秩"，圣人只是敕正应用而已。进而谓冠、昏、丧、祭之礼，与夫典章制度、文物礼乐、车舆衣服，无一件是圣人自做底，都是天做下了，圣人只是依傍他天理行将去。① 朱子把一切的人间制度都看成是天理的自然流露，只有圣人能依天理而行。

人性本善，圣人是理想人格，圣人以一种典范规训着大众的行为。

二 达至圣贤的修养之路

如何完善自我？经典中圣贤无疑是一种典范。经学家往往把解读经典作为取法先贤的途径，朱子强调读书要体会，要见出"圣贤本意"，"圣贤千言万语，只是使人反其固有而复其性耳"②。朱子所谓"学者当以圣贤之言反求诸身，一一体察。须是晓然无疑，积日既久，当自有见"③。这里所说的"见"，绝不是指"只专就纸上求理义"的对经典文意的单纯理解，"读书须要切己体验，不可

---

① 黎靖德编：《朱子语类》卷七十八，第2676页。
② 黎靖德编：《朱子语类》卷八，第280页。
③ 黎靖德编：《朱子语类》卷十一，第337页。

只作文字看"①。在这一层面来讲，读《书》解《书》"求二帝三王之心"就是自我完善之路。朱子训释《尚书》贯注了人如何完善探讨。如解《尧典》"钦明文思"，朱子曰："钦，恭敬也；明，聪明也。"训诂本《注疏》，但所谓"敬为体而明为用"，"体"是指"主敬"是修养功夫的根本，"明"是修养完成之后的一种状态，是应对外部世界无所不适的境界。朱子把"敬"作为修养之根本方法，认为《尚书》首以"钦"之一字为言，此"《书》中开卷第一义也，读者深味而有得焉，则一经之全体不外是矣，其可忽哉！""敬"乃圣人精神所在，也是《尚书》中核心精神，朱子发现了"二帝三王之心"的隐秘精神，此一解释阐明了朱子对于理想人格养成的深刻思考，具有普遍的方法论意义。圣人不仅是完善的个体，还具有普遍的感染力，可以化人为善，朱子解《尧典》"克明俊德，以亲九族，九族既睦，平章百姓，百姓昭明，协和万邦，黎民于变时雍"云："'克明俊德'只是明己之德，词意不是明俊德之士。"②阐释其义曰："此言尧推其德，自身及物，由近及远，所谓放勋者也。"以《大学》"三纲领"之说阐释了作为典范的尧治理天下的可行路径，关注圣人以德教化天下的意义。《康诰》"庸庸祇祇威威显民"，《传》云："用可用，敬可敬，刑可刑，明此道以示民"，朱子以为"明明德于民"③，关注的是统治者的道德模范作用。在人的完善上，朱子通过《尚书》文本的阐释揭示了圣君贤臣是道德教化承担者的观念，以道德的自觉而觉他。天子则是道德的最高典范，其解《洪范》"皇建其有极"对此观念做了明确的昭示，朱子不认同传统训"皇"为"大"、"极"为"中"的观点，曰："盖皇者，君之称也；极者，至极之义，标准之名，常在物之中央，而四外望之以取正焉者也。"又曰："皇，君。建，立也。极，犹'北极'之'极'。至极之义，标准之名，中立而四方之所取正焉者也。言人君当尽人伦之至。语父子，则极其亲，而天下之为父子者，于此取则焉；语夫妇，则极其别，而天下之为夫妇者，于此取则焉；语兄弟，则极其爱，而天下之为兄弟者，于此取则焉。以至一事一物之接，一言一动之发，无不极其义理之当然，而无一毫过不及之差，则极建矣。"④朱子于《文

---

① 黎靖德编：《朱子语类》卷十一，第337页。
② 黎靖德编：《朱子语类》卷七十八，第2640页。
③ 朱熹：《晦庵先生朱文公文集》卷六十五，第3194页。
④ 蔡沈著，钱泉武、钱宗弼整理：《书集传》卷四，南京：凤凰出版社，2010年，第143页。

集》《语类》中多有论及,云:"皇须是君,极须是人君建一个表仪于上……便有肃、乂、哲、谋、圣之应。五福备具,推以与民,民皆从其表仪,又相与保其表仪。"① 朱子之释义是有文献证据的,《尔雅·释诂》曰:"皇,君也。"《洪范五行传》曰:"建用王极。"② 个体之完善有君师的示范与导引,朱子"皇极"解表达了他企慕君师合一的政治理想,提出"正君心"为天下万事之本的观点。朱子在《戊申封事》中表达了他的这一思想,语曰:"大舜所以有'惟精惟一'之戒,孔子所以有'克己复礼'之云,皆所以正吾此心而为天下万事之本也。此心既正,则视明听聪,周旋中礼,而身无不正。是以所行无过不及而能执其中,虽以天下之大,而无一人不归吾之仁者。"③ 强调了君主道德表率天下的意义。其《延和奏札二》亦云:

> 人主所以制天下之事者,本乎一心,而心之所主,又有天理、人欲之异。二者一分,而公私邪正之涂判矣。盖天理者,此心之本然,循之则其心公而且正;人欲者,此心之疾疢,循之则其心私而且邪。④

朱子以为古来圣君所宰制天下乃秉此心法大要,对国君提出了严格的道德要求,这无疑是对君主专制体制下君权横肆的警惕。朱子多次上疏反对君主独断,其思想根源就在于此。又云:

> 盖人之气禀,或清或浊,或纯或驳,有不可以一律齐者。是以圣人所以立极乎上者至严至密,而所以接引乎下者至宽至广,虽彼之所以化于此者,浅深迟速,其效或有不同,而吾之所以应于彼者,长养涵育,其心未尝不一也。⑤

---

① 黎靖德编:《朱子语类》卷七十九,第 2711 页。
② 王闿运:《尚书大传补注》,上海:商务印书馆,1937 年,第 65、67 页。
③ 朱熹:《晦庵先生朱文公文集》卷十一,第 591 页。
④ 朱熹:《晦庵先生朱文公文集》卷十三,第 639 页。
⑤ 朱熹:《晦庵先生朱文公文集》卷七十二,第 3456 页。

"皇极"是人君以身建立标准而布命于下，天下之人皆不敢徇一己之私以从乎上之化而会归于至极之标准，朱子有意化解了君主的世俗权力而抬高其道德要求，把君主作为道德的统帅而天下百姓有以取范，使百姓法道德而去其气禀之偏、物欲之弊，最终实现群体之善。改变了《洪范》原本宣扬神权政治的思想，强调按照"于帝其训"建立一个至高无上的统治准则——皇极，遵循"天人感应"之道，君主以"六极"作威，"五福"作福，卜筮决疑，是神权加暴力的统治手段。① 朱子新释使《尚书》中至高无上的神权政治发生了以德范民的根本性转变。《舜典》"命汝典乐，教胄子。直而温，宽而栗，刚而无虐，简而无傲。诗言志，歌永言，声依永，律和声，八音克谐，无相夺伦，神人以和"，朱子谓大凡人直者必不足于温，宽者必不足于栗，刚者必至于虐，简者必至于傲，教者须因其德性而辅翼之，"所以防其气禀之过而矫揉之"，教胄子者欲其如此，而教之以乐，荡涤邪秽，斟酌饱满，动荡血脉，流通精神，养其中和之德，而救其气质之偏。圣人作乐以"养情性，育人材，事神祇，和上下，其体用功效广大深切如此！"以理学"气禀说"阐释现实人性差异及救偏之方。

但个体完善更重要的是一种自明，圣凡无本质差别，守得道心常在，无毫厘之差则为圣人，相反则为凡夫。朱子认为"人心之危者，人欲之萌也；道心之微者，天理之奥也。心则一也，以正不正而异其名耳。'惟精惟一'，则居其正而审其差者也，绌其异而反其同者也"。人心是本善的，人欲会导致人偏离甚至丧失自己的本心，当情感发动之际，需精察何为天理，何为人欲，常持守道心不使有毫厘之差，"居其正而审其差"，"绌其异而反其同"，不被人欲左右，则道心常在，动合天理，几于圣人矣。"精"是应事即物时辨析毫芒，不为人欲所蔽。"一"则是识得本心之后的持守不移。于已发则精察天理、人欲之别，于未发则操存涵养本心，所谓："精则察夫二者之间而不杂也，一则守其本心之正而不离也。从事于斯，无少间断，必使道心常为一身之主，而人心每听命焉，则危者安，微者著，而动静云为自无过不及之差矣。"精以察之，一以守之，使人心听命于道心，达致"存天理，灭人欲"的理想人生境界。朱子语云："虽圣人不能无人心，如饥食渴饮之类。虽小人不能无道心，如恻隐之心是。但圣人于此择之也精，

---

① 详参刘起釪先生《尚书校释译论》第三册《洪范》讨论之二，北京：中华书局，2005年，第1207页。

守得彻头彻尾。"① 朱子孜孜以求一个改造社会个体的良方，人能以道心御人心，藉此以提升个体精神境界便是他指示的必由之路。朱子《答陈同甫》书云：

> 夫人自有生而梏于形体之私，则固不能无人心矣。然而必有得于天地之正，则又不能无道心矣。日用之间，二者并行，迭为胜负，而一身之是非得失、天下之治乱安危，莫不系焉。是以欲其择之精而不使人心得以杂乎道心，欲其守之一而不使天理得以流于人欲，则凡其所行，无一事之不得其中。②

在朱子看来，把持道心不但是个体完善的径路，也是社会和谐完善的途径，所谓"天下之治乱安危亦系之"。个体完善至于"凡其所行，无一事之不得其中"，言为世法，行为世范，个体行为与类本体的整体价值趋向完美融合，一个通过个体身修而达至天下齐的和谐社会就能得以实现，是所谓"天下国家无所处而不当"也。

解经之于经学家就是从经典中寻求生存价值的理想途径，这种价值的最高体现就是成为圣贤，而成为圣贤就要借经典体验圣贤之心。

三　传心与道统观

朱子发明"二帝三王之心"，还旨在探究圣贤治世一以贯之的精神，这一精神是天下太平的保障，即所谓"心传说"。学界一般只论及"虞廷十六字"，朱子是把《尚书》文本作为圣贤精神的整体来思考。朱子曰："尧是初头出治第一个圣人。《尚书·尧典》是第一篇典籍，说尧之德都未下别字，'钦'是第一个字。如今看圣贤千言万语，大事小事，莫不本于敬。"③ 把"敬"作为圣贤之根本精神。又云："圣人相传，只是一个字。尧曰'钦明'，舜曰'温恭'。'圣敬日跻'。

---

① 黎靖德编：《朱子语类》卷七十八，第 2665 页。
② 朱熹：《晦庵先生朱文公文集》卷三十六，第 1586 页。
③ 黎靖德编：《朱子语类》卷十四，第 367 页。

'君子笃恭而天下平'。"①认为《皋陶谟》一篇是"尧、舜、禹、汤、文、武相传治天下之大法"②。圣圣相传之道贯通《尚书》全书,最集中的论述则在"皇极"和"虞廷十六字"。

朱子谓《洪范》诸事"是个大纲目,天下之事,其大者大概备于此矣"③。把《洪范》"九畴"看作一个整体,指出人君"居天下之至中,则必有天下之纯德,而后可以立至极之标准。故必顺五行、敬五事以修其身,厚八政、协五纪以齐其政,然后至极之标准卓然有以立乎天下之至中,使夫面内而环观者莫不于是而取则焉"④。《洪范》"九畴"是以"皇极"为中心建立起的治世之大法,"《洪范》一篇首尾都是归从皇极上去。盖人君以一身为至极之标准,最是不易。又须'敛是五福',所以敛聚五福以为建极之本。又须是敬五事、顺五行、厚八政、协五纪,以结裹个皇极。又须乂三德,使事物之接,刚柔之辨,须区处教合宜。稽疑便是考之于神,庶征是验之于天,五福是体之于人。这下许多是维持这皇极"⑤。整个《洪范》就构成一个以君德教化天下的治世模式,"五行是发源处,五事是操持处,八政是修人事,五纪是顺天道。就中以五事为主。视明听聪,便是建极……三德亦只是就此道理上为之权衡,或放高或捺低,是人事尽了。稽疑,又以卜筮参之。若能建极,则推之于人,使天下皆享五福;验之于天,则为休征。若是不能建极,则其在人事便为六极,在天亦为咎征。其实都在人君身上,又不过敬用五事而已,此即笃恭而天下平之意"⑥。"九畴"以"皇极"为中心贯通为一,揭示了治天下之大道,指出"皇极""是人君为治之心法"。

朱子把"传心说"推衍为圣贤一贯精神,解《大禹谟》"允执厥中"云:"尧当时告舜时只说这一句,后来舜告禹又添得'人心惟危,道心惟微,惟精惟一'三句。是舜说得又较仔细。这三句是'允执厥中'以前事,是舜教禹做工夫处。说道人心惟危,道心惟微,须是惟精惟一,方能允执厥中……《论语》后面说'谨权量,审法度,修废官,举逸民'之类,皆是恰好当做底事,这便是执中

---

① 黎靖德编:《朱子语类》卷十四,第366页。
② 黎靖德编:《朱子语类》卷七十八,第2672页。
③ 黎靖德编:《朱子语类》卷七十九,第2704页。
④ 朱熹:《晦庵先生朱文公文集》卷七十二,第3454页。
⑤ 黎靖德编:《朱子语类》卷七十九,第2712—2713页。
⑥ 同上,第2709页。

处。尧、舜、禹、汤、文、武治天下，只是这个道理。圣门所说，也只是这个。"①孔子思想直承上古圣王，并发扬为儒家一贯精神，朱子《延和奏札五》云："舜之戒禹曰：'人心惟危，道心惟微。惟精惟一，允执厥中。'而必继之曰：'无稽之言勿听，弗询之谋勿庸，谨乃有位，敬修其可愿，四海困穷，天禄永终。'孔子之告颜渊既曰：'克己复礼为仁。一日克己复礼，天下归仁焉。为仁由己，而由人乎哉？'而又申之曰：'非礼勿视，非礼勿听，非礼勿言，非礼勿动。'既告之以损益四代之礼乐，而又申之曰：'放郑声，远佞人。郑声淫，佞人殆。'呜呼！此千圣相传心法之要，其所以极夫天理之全而察乎人欲之尽者，可谓兼其本末巨细而举之矣。"②由舜以来，圣贤有一贯之道。朱子《答陈同甫书》云："所谓'人心惟危，道心惟微，惟精惟一，允执厥中'者，尧、舜、禹相传之密旨也。夫人自有生而梏于形体之私，则固不能无人心矣。然而必有得于天地之正，则又不能无道心矣。日用之间，二者并行，迭为胜负，而一身之是非得失、天下之治乱安危，莫不系焉……夫尧、舜、禹之所以相传者既如此矣，至于汤、武则闻而知之，而又反之以至于此者也。夫子之所以传之颜渊、曾参者此也，曾子之所以传之子思、孟轲者亦此也。故其言曰：'一日克己复礼，天下归仁焉。'又曰：'吾道一以贯之。'又曰：'道不可须臾离也，可离非道也。是故君子戒慎乎其所不睹，恐惧乎其所不闻。'又曰：'其为气也，至大至刚，以直养而无害，则塞乎天地之间。'此其相传之妙，儒者相与谨守而共学焉，以为天下虽大，而所以治之者不外乎此。"③确立了尧、舜、禹、汤、武、孔、颜、曾、子思、孟轲的传道谱系。又云："如《中庸》'明善'是惟精也，诚之便是惟一也。《大学》致知、格物非惟精不可能，诚意则惟一矣。学只是学此道理。孟子以后失其传，亦只是失此。"④朱子通过对经书精神的梳理发掘了由尧、舜、禹至孟子的思想传承脉络，打通了《尚书》与"四书"的关联，建立起了圣贤精神传承的人物和经典谱系。

朱子探究"二帝三王之心"带有鲜明的价值导向，如德治主张、严君臣大义，为现实政治提供一种借鉴，构建一种理想。如其论舜用刑，反对世人"圣人

---

① 黎靖德编：《朱子语类》卷七十八，第 2671—2672 页。
② 朱熹：《晦庵先生朱文公文集》卷十四，第 664 页。
③ 朱熹：《晦庵先生朱文公文集》卷三十六，第 1587 页。
④ 黎靖德编：《朱子语类》卷七十八，第 2669 页。

专意只在教化，刑非所急"之说，朱子认为："圣人固以教化为急，若有犯者须以此刑治之，岂得置而不用？"[1] 五刑之轻者可流以宥之，而金赎只用于鞭扑之轻刑，"流宥所以宽五刑，赎刑所以宽鞭扑"[2]。圣人用刑"低昂轻重莫不合天理人心之自然"[3]，批驳圣人全用德治教化，反对置刑不用之说。朱子指出五刑皆赎起于周穆王，"古之所谓赎刑者，赎鞭扑耳"[4]。流以宥五刑，赎以宥鞭扑，如此"乃平正精详，真舜之法也……大率圣人作事，一看义理当然，不为苟且姑息也"[5]。朱子认为："夫既已杀人伤人矣，又使之得以金赎，则有财者皆可以杀人伤人，而无辜被害者何其大不幸也！且杀之者安然居乎乡里，彼孝子顺孙之欲报其亲者，岂肯安于此乎？所以屏之四裔，流之远方，彼此两全之也。"[6]在朱子看来，以金赎大罪会导致严重的不公和社会混乱，"至穆王一例令出金以赎，便不是，不成杀人者亦止令出金而免？故萧望之赎刑议有云：'如此则富者得生，贫者独死，恐开利路以伤治化。'其说极当"[7]。又《舜典》"钦哉钦哉，惟刑之恤哉"，朱子解云："多有人解《书》做宽恤之恤，某之意不然。若做宽恤，如被杀者不令偿命，死者何辜？大率是说刑者，民之司命，不可不谨，如断者不可续，乃矜恤之恤耳！"[8]"恤"之一字关乎治体，朱子注经严辨义理。解《大禹谟》"罪疑惟轻"，指出岂有不疑而强欲轻之之理乎？批驳王季海（淮）当国，"好出人死罪以积阴德，至于奴与佃客杀主亦不至死"[9]的枉法行为，从而指斥当时士大夫"耻为法官，更相循袭，以宽大为事，于法之当死者，反求以生之"，殊不明圣人制刑之意。舜犹称"五刑以弼五教"，教之不从则刑以督之，惩一人而天下人知所劝诫，所谓"辟以止辟"，用刑杀之而仁爱蕴乎其中。若非法以求其生，则人无所惩惧，陷于法者愈众。[10]朱子把《尚书》作为治世法典，解书旨在发掘君

---

[1] 黎靖德编：《朱子语类》卷七十八，第2653页。
[2] 同上。
[3] 同上。
[4] 同上，第2653—2654页。
[5] 同上，第2654页。
[6] 同上，第2653—2654页。
[7] 同上，第2654页。
[8] 同上，第2655页。
[9] 同上，第2663页。
[10] 同上，第2662—2663页。

臣之嘉言善政，于君臣大义严加判析，朱子赞同《尧典》"胤子朱"为"丹朱"而不是胤国诸侯，云："'胤子朱'做丹朱说甚好。然古有胤国，尧所举，又不知是谁？鲧殛而禹为之用，圣人大公无毫发之私。禹亦自知父罪当然。"① 又以鲧殛而禹用的史实发掘出了圣王不私其子选贤与能的大公无私精神。又详论舜禹居摄之义，云："尧命舜曰：'三载，汝陟帝位。''舜让于德弗嗣'，则是不居其位也。其曰'受终于文祖'，则是摄行其事也。故舜之摄不居其位，不称其号，只是摄行其职事尔。到得后来舜逊于禹，不复位言，止曰'总朕师'尔。"② 史实究竟如何不可得考，朱子之论旨在严君臣大防。

朱子解《书》求"二帝三王之心"的观念旨在把经典作为现实的指南，其所涉之丰富内涵需要深刻发掘。

四　余　论

朱子解《书》求"二帝三王之心"之书的观念对其后《尚书》学影响深远，其后《尚书》著述基本上遵循朱子宗旨，把《尚书》作为圣贤治道心法的载体。时澜序夏僎《尚书详解》云：

> 要必深究详绎，求见乎唐虞三代之用心而后可。故读二典三谟之书，当思尧、舜授受于上，皋、夔、稷、契接武于下，都喻吁咈者何谓。读三盘五诰之书，当思人君布告于上，臣民听命于下，丁宁委曲通其话言而制其腹心，开其利病以柔其不服者何旨。读九命七誓之书，当思其命诸侯命大臣者何道，誓师旅誓悔悟者何见。以是心读是书，唐虞三代之用心庶乎其有得，而唐虞三代之议论可以心通而意解矣。③

时澜明确表述了于典、谟、训、诰、誓、命中得"唐虞三代之用心"的治书宗旨，这是本朱子求"二帝三王之心"的思想。由于朱子未能完成《尚书》著

---

① 黎靖德编：《朱子语类》卷七十八，第 2640—2641 页。
② 同上，第 2648 页。
③ 夏僎：《尚书详解》，《文渊阁四库全书》经部第五〇册，第 405 页。

述，学界无法完全把握其"二帝三王之心"说的主旨，时澜把《尚书》作为一个整体以求淑世思想，其阐述无疑有助于我们认识朱子的思想。陈经著《尚书详解》，自序云：

> 帝王之书，帝王之行事也。帝王之行事，帝王之心也……读此书之法，当以古人之心求古人之书，吾心与是书相契而无间。①

"读此书之法，当以古人之心求古人之书"，同样阐述了求圣贤之心的读书宗旨。宋末元初金履祥《尚书表注》自序云："《书》者二帝三王圣贤君臣之心，所以运量警省，经论通变，敷政施命之文也。君子于此考迹以观其用，察言以求其心，以诚诸身，以措诸其事，大之用天下国家，小之为天下国家用。"②明代王樵《尚书日记序》云："读其书如身在其时，论其世如事在于己，则我之心即古人之心，古人之心即我之心。"③朱鹤龄《尚书埤传序》云："《尚书》者，帝王之心法、治法所总而萃也。"④此论甚夥，略举一二以见其梗概。诸家论述多主帝王心法，这是一种以挖掘经典精神为主导的解经方式，解经中有深切的现实关怀，这是今日研读经典应当关注的重要观念。

---

① 陈经《尚书详解》，《文渊阁四库全书》经部第五三册，第3页。
② 金履祥：《尚书表注·自序》，《丛书集成》初编，中华书局，1985年，第1页。
③ 王樵《尚书日记序》，影印《文渊阁四库全书》经部第五八册，第222页。
④ 朱鹤龄《尚书埤传序》，影印《文渊阁四库全书》经部第六〇册，第688页。

朱子论天地以生物为心[*]

唐文明

（清华大学哲学系）

《仁说》一文，是朱子中和新悟之后所作，对于理解朱子的思想有着极其重要的意义。[①]《仁说》分五段，除最后一段只是一句写作说明外，前面四段从结构上来说包括总论、拓论与驳论三部分。第一段是总论，提出一篇的核心观点，即以天地之心说仁，具体内容包括三层意思：天地以生物为心；人物之生，各得夫天地之心以为心；心之德之总名曰仁。第二段是拓论，是对总论的进一步展开，包括两部分内容：先讲心之德，以仁包四德说明心之德何以总摄贯通无所不备；后讲心之道，以即物而在说明道无非是天地之心的临在与充满，然后聚焦于情之未发已发引出圣贤工夫即在求仁，而归之于克己复礼。[②]第三段和第四段是驳论，辩驳程门弟子在工夫问题上的流离与偏失。本文结合《太极图说解》及《朱子语类》中的相关文献记载，探讨总论中的"天地以生物为心"。

在现代以来关于宋代儒学的研究中，只有少数学者把天地作为单独的主题加以探讨。大多数学者在讨论相关问题时往往聚焦于太极与天地万物之间的

---

[*] 本文已发表于《清华大学学报》，2019年第1期。

[①] 陈来认为，《仁说》作于乾道壬辰（1178），即朱子四十三岁时，参见陈来：《朱子哲学研究》，上海：华东师范大学出版社，2000年，第221页。牟宗三在《心体与性体》第三册用了近两百页的篇幅专章论述朱子《仁说》及与《仁说》相关的论辩过程，显然他意识到《仁说》一文的重要性，尽管他对朱子在宋明儒学史上的地位的评价充满偏见。

[②] 有些版本也将这一段分为两段，以两个"盖"字起头。

关系这一主题。在这样一个问题化的方式中，天地与万物被合并在一起笼统言之，并不一定分开进行专门的讨论。既然天地是万物的创生者，那么，严格来说，天地不能被等同于万物。因此，在理解朱子"天地以生物为心"的观点时，首先将天地作为单独的主题提出来是有意义的。

然而，仅从《仁说》一篇并不能呈现朱子对天地的深层看法。就朱子的思想体系而言，《太极图说解》其实是进入天地主题的一个恰当线索。周敦颐的《太极图说》以赞《易》作结，且在结尾处引用了《易传》中的两段话："故曰：'立天之道曰阴与阳，立地之道曰柔与刚，立人之道曰仁与义。'又曰：'原始反终，故知死生之说。'"朱子在解释这两段引文时说：

> 阴阳成象，天道之所以立也；刚柔成质，地道之所以立也；仁义成德，人道之所以立也。道，一而已，随事著见，故有三才之别，而于其中又各有体用之分焉，其实则一太极也。阳也，刚也，仁也，物之始也；阴也，柔也，义也，吾之终也。能原其始而知所以生，则反其终而知所以死矣。此天地之间，纲纪造化，流行古今，不言之妙。圣人作《易》，其大意盖不出此，故引之以证其说。[1]

将朱子这里的解释与周敦颐所传太极图的五层圈对照起来看，我们能够得到这样的理解：太极图中的第一层圈是太极，我们知道朱子以理言之；第二层圈是阴阳，对应于天道；第三层圈是五行，对应于地道；第四层圈是男女，对应于人道；第五层圈是万物，对应于具体的世界。这个理解的要点首先当然在于朱子继承周敦颐援引《易传》来解释太极图，即以阴阳论天道，以五行（刚柔）论地道；其次还在于朱子以阴阳与五行分论气与质，所谓"阴阳五行，气质交运"，类似的说法也见诸《语类》：

> 阴阳是气，五行是质。有这质所以做得物事出来。五行虽是质，他又有五

---

[1] 朱熹：《太极图说解》，《朱子全书》（修订本）第十三册，上海：上海古籍出版社、合肥：安徽教育出版社，2010年，第76页。

行之气做这物事，方得。然却是阴阳二气截做这五个，不是阴阳外别有五行。①

从这里"不是阴阳外别有五行"的引文可以清楚地看到，说太极图的第二、三、四层圈分别对应于天、地、人之道，并非是提出一种将三者隔绝的理解，恰恰相反，《太极图说》显然是要强调太极到万物之间的连续性。但也恰恰是在连续性这一运思方向上，太极图中仍有隐含的意蕴至今没有被揭示出来。朱子明确说到了第二层圈与第一层圈、第三层圈与第二层圈之间的关系：阴阳无非太极，太极以动静呈现于阴阳，所以阴阳属气，太极具焉；五行无非阴阳，阴阳不分则不合，分而相合则有四，故阴阳之流行有五，谓之五行。那么，在第四层圈与第三层圈、第五层圈与第四层圈之间，是否也存在着类似于第二层圈与第一层圈、第三层圈与第二层圈之间的关系呢？

答案无疑是肯定的，否则整个太极图就会出现一种不应有的断裂。第四层圈与第三层圈之间的关系，也就是"乾道成男，坤道成女"与五行之间的关系。那么，究竟该如何理解这里的人道与地道之间的关系呢？一个现成的看法似乎是，既然人得阴阳五行之秀气而生，那么，分为男女不同性别的人类与前一层的五行就具有连续性。这个理解自然没有错，但并没有把这一关系的全部意蕴揭示出来。既然周敦颐引用《易传》天道、地道、人道来对应中间这三层圈，那么，第四层圈就不是简单地说明人作为一个种类得阴阳五行之秀气，而是试图刻画人道。于是问题就在于：究竟如何理解人道？朱子依据《易传》解释说："仁义成德，人道之所以立也。"思考到这一步，答案或许就呼之欲出了，只要我们不忽略仁义与人伦的紧密关联。孟子说："仁之实，事亲是也；义之实，从兄是也。"既然仁义之实是事亲从兄，那么，人道无非就是人伦之道。回到太极图，我们不难想到，第四层圈"乾道成男，坤道成女"的确切含义实际上就是在《周易》中以八卦命名的家庭人伦秩序：乾坤为父母，生养了长男、长女、中男、中女、少男、少女六个子女。其实，另一个理解的途径是，周敦颐所传太极图实际上与《周易》中论及八卦的那段话是完全对应的："易有太极，是生两仪；两仪生四象，四象生八卦；八卦定吉凶。"请注意这里的对应关系：两仪对应于天

---

① 黎靖德编：《朱子语类》卷一，《朱子全书》第十四册，第123页。朱子论阴阳五行，推崇邵雍和张载，故《朱子语类》卷一中有这样的记载："论阴阳五行，曰：'康节说得法密，横渠说得理透'。"（参见同上，第124页）

道，四象对应于地道，八卦对应于人道。① 也就是说，太极图中"乾道成男，坤道成女"这一层圈对应于八卦，其切实的伦理含义即指向由夫妇、父子、兄弟共同构成的家庭人伦秩序，此即王夫之所谓"圣学为人道之本"②。

---

① 在《阴阳与象数》一文中，我曾经指出《周易》中论及太极与八卦的那段话与《老子》中"道生一，一生二，二生三，三生万物"的看法也是完全一致的，并进而指出了很多流行的错误理解，其中的关键是要意识到，《老子》中的"道"对应于《周易》中的"太极"，"一"对应于"两仪"，"二"对应于"四象"，"三"对应于"八卦"。参见万俊人主编：《清华哲学年鉴（2005）》，北京：当代中国出版社，2007年。在这一理解中，四象与五行属于同一个层次，至于为何在这里呈现四与五的差异，尚需专门论述。

② 王夫之《张子正蒙注》卷九《乾称篇上》云："此篇张子书于四牖示学者，题曰《订顽》；伊川程子以启争为疑，改曰《西铭》。龟山杨氏疑其有体无用，近于墨氏，程子为辨明其理一分殊之义，论之详矣。抑考君子之道，自汉以后，皆涉猎故迹，而不知圣学为人道之本。然濂溪周子首为《太极图说》，以究天人合一之原，所以明夫人之生也，皆天命流行之实，而以其神化之粹精为性，乃以为日用事物当然之理，无非阴阳变化、自然之秩叙，有不可违。然所疑者，自太极分为两仪，运为五行，而乾道成男，坤道成女，皆乾、坤之大德，资生资始，则人皆天地之生，而父母特其所禅之几，则人可以不父其父而父天，不母其母而母地，与《六经》《语》《孟》之言相为龃龉，而与释氏真如缘起之说虽异同。则濂溪之旨，必有为推本天亲合一者，而后可以合乎人心，顺乎天理而无敝。故张子此篇不容不作，而程子一本之说，诚得其立言之奥，而释学者之疑。窃尝沉潜体玩而见其立义之精。其曰'乾称父，坤称母'，初不曰'天吾父，地吾母'也。从其大者而言之，则乾坤为父母，人物之胥生，生于天地之德也固然矣；从其切者而言之，则别无所谓乾，父即生我之乾，别无所谓坤，母即成我之坤。惟生我者，其德统天以流形，故称之曰父；惟成我者，其德顺天而厚载，故称之曰母。故《书》曰'唯天地万物父母'，统万物而言之也；《诗》曰'欲报之德，昊天罔极'，德者，健顺之德，则就人之生而切言之也。尽敬以事父，则可以事天者在是；尽爱以事母，则可以事地者在是；守身以事亲，则所以存心养性而事天者在是；推仁孝而有兄弟之恩、夫妇之义、君臣之道、朋友之交，则所以体天地而仁民爱物者在是。人之与天，理气一也，而继之以善，成之以性者，父母之生我，使我有形色以具天性者也。理在气之中，而气为父母之所自分，则即父母而溯之，其德通于天地也，无有间矣。若舍父母而亲天地，虽极其心以扩大而企及之，而非有恻怛不容已之心，动于所不可昧。是故于父而知乾元之大也，于母而知坤元之至也，此其诚之必几，禽兽且有觉焉，而况于人乎！故曰'一阴一阳之谓道'，乾、坤之谓也；又曰'继之者善，成之者性'，谁继天而善吾生？谁成我而使有性？则父母之谓矣。继之成之，即一阴一阳之道，则父母之外，天地之高明博厚，非可躐等而与之亲，而父之为乾，母之为坤，不能离此以求天地之德，亦昭然矣。张子此篇，补天人相继之理，以孝道尽穷神知化之致，使学者不舍闺庭之爱敬，而尽致中和以位天地、育万物之大用，诚本理之至一者以立言，而辟佛、老之邪迷，挽人心之横流，真孟子以后所未有也。惜乎程、朱二子引而不发，未能洞示来兹也！"（参见王夫之：《张子正蒙注》，北京：中华书局，1975年，第313—315页）王夫之这一段话概括性很强，指出周敦颐《太极图说》对宇宙秩序的开示在关键处尚欠明晰，而张载的《西铭》则将宇宙秩序中的差等性进一步呈现出来了，程颐则以其理一分殊之论进一步表达出对差等的高度尊重，揭示了周、张二人立言的奥秘，解释了后学者可能的疑惑，虽然他也批评"程、朱二子引而不发，未能洞示来兹"。其实，正如程颐明确提出"理一分殊"使我们对于《西铭》不会再有杨时那样的疑惑或可能的误解一样，只要我们明确指出《太极图说》中第四层圈的"乾道成男，坤道成女"对应于指向家庭人伦秩序的八卦系统，那么，对于《太极图说》中的宇宙秩序及其伦理含义，类似的疑惑或可能的误解也就不会再有了。相应地，那种认为《太极图说》并未呈现儒教宇宙观从而质疑周敦颐是否有资格成为理学开山鼻祖的看法也就可以平息了。

第五层圈与第四层圈之间的关系，即万物之道与人道的关系。①周敦颐《太极图说》在说明这种关系时诉诸人极："惟人也，得其秀而最灵。形既生矣，神发知矣，五性感动，而善恶分、万事出矣。圣人定之以中正仁义而主静，立人极焉。"朱子在解释这一段时正是以天地之心论人极：

> 盖人物之生，莫不有太极之道焉。然阴阳五行，气质交运，而人之所禀独得其秀，故其心为最灵，而有以不失其性之全，所谓天地之心，而人之极也。然形生于阴，神发于阳，五常之性，感物而动，而阳善阴恶又以类分，而五性之殊散为万事。盖二气五行，化生万物，其在人者又如此。自非圣人全体太极有以定之，则欲动情胜，利害相攻，人极不立，而违禽兽不远矣。②

一方面，人之为人，在于与万物相比"其心为最灵"，"有以不失其性之全"，在于天地之心；另一方面，人禀受天地之气以为形体，不免驳杂而有利欲之求。正是人的这两个不同方面共同决定了人在三才之道中的独特地位：作为有行动能力的践行者，人是道得以流行的最关键因素。人若利欲熏心而不以天地之心主之则道断不能行，道不能行则万物不能各得其所。万物的成就离不开人的精心呵护与照看，而天地之心正是人能够呵护和照看万物的终极依凭，所以才能说"苟非此心寂然无欲而静，则亦何以酬酢事物之变，而一天下之动哉"③。换言

---

① 以地道、人道与万物之道分别刻画《太极图说》的第三、四、五层圈，或许还需要解释一些可能的疑惑。有人会说，既然第三层圈的五行就已经是在讲万物了，那么，这与第五层圈讲万物如何区别？还有，既然人也属于万物，那么，将人置于地道与万物之道之间的理据何在？这两个疑惑显然具有一定的相关性，对此我的回答是，第三、四、五层圈的确皆可关联于万物来理解，但各自的关联方式并不相同，具体来说，第三层圈还停留于对万物的质的分类，即五行；第四层圈则是从万物中分出人类这一独特的物种，就其独特性而言则在于人的性不同于其他物种的性，因而也可以说是进一步对万物的性的分类；第五层圈则不再停留于分类，而是指向一个具体的世界，由具体的人来照管具体的事物，因而包含着应然的维度，要求对于个体的差异给予充分的尊重，且以"各正性命、保合太和"为人文化成的理想方向。因此，从程朱等人更成熟、更完善的理学形态看，《太极图说》所揭示的，正是理一分殊的宇宙化生过程。
② 朱熹：《太极图说解》，《朱子全书》第十三册，第74页。依据陈来，《太极图说解》初稿成于乾道庚寅（1170），定稿成于乾道癸巳（1173）。参见陈来：《朱子哲学研究》，第77页。
③ 朱熹：《太极图说解》，《朱子全书》第十三册，第75页。

之，如果说天地是万物的创造者，那么，人就是万物的成就者。无疑这正是《易传》关于人与万物的关系的核心思想，也是孟子说"万物皆备于我"的确义。因此，第五层圈与第四层圈之间的关系应当这么来理解：人天生就是万物的成就者，因其有最灵之心，能得天地之心以为心。在这个意义上，人其实就是道的枢纽，人文化成就是宇宙运行的一个本来向度。

不难注意到，如此理解的两层圈之间的关系和前面几层圈之间的关系似乎并不在同一个意义上：前面几层圈之间的关系看起来是在描述实然，这两层圈之间的关系则是在启示应然。既然人能够赞天地之化育的根本原因在于人能得天地之心以为心，那么，这里就不存在实然与应然的断裂，反倒是说，实然要求应然，应然成就实然。换言之，只要还能在包含天、地、人三极的宇宙目的论的高度上理解人的意义，也就是把握住了人在三才之道中的地位与功能，实然与应然就保持着原始的统一性。

因此，概括来说，太极图的五层圈分别对应于太极、天道、地道、人道和万物之道，太极通贯于天，天通贯于地，地通贯于人，人总承太极天地而通贯于万物。① 如果皆以道之总名来刻画的话，那么，可以说，太极为道之源，天为道之运，地为道之行，人为道之枢，万物为道之器。这也意味着，就人的认知而言，论天不能脱离太极，论地不能脱离天，论人不能脱离地，论物不能脱离人，一环承接一环，一环紧扣一环。

在基本上澄清了朱子在理气论思想架构中如何理解天地之后，我们就可以直接进入朱子关于天地之心的看法了。② 关于天地有心还是无心，朱子与其弟子有一些讨论，最著名的、也常常被引用的是以下一段问答：

---

① 前文说"人道无非就是人伦之道"，是仅就人的生活秩序而言，是狭义的人道；这里说"人总承太极天地而通贯于万物"，也可以说是广义的人道，是就宇宙运行、万物化生而言。

② 对于天地之心这一观念的思想史考察，可参见陈来：《仁学本体论》，北京：生活·读书·新知三联书店，2014年，第227页以下；另亦参见陈来：《宋明儒学的"天地之心"论及其意义》，《江海学刊》，2015年第3期。对于究竟如何理解天地之心，迄今为止的探讨远远不够，这正是本文的着力之处。这一义理导向的探讨自然也涉及朱子如何综合前人的理解而形成对天地之心的更为全面的看法这一思想史问题，因而本文也有材料方面的补充，特别是挖掘了王弼、孔颖达在《周易正义》中相关论说的思想史意义。

道夫言："向者先生教思量天地有心无心。近思之，窃谓天地无心，仁便是天地之心。若使其有心，必有思虑，有营为。天地何尝有思虑来。然其所以'四时行，百物生'者，盖以其合当如此便如此，不待思惟，此所以为天地之道。"曰："如此，则《易》所谓'复见天地之心''正大而天地之情可见'，又如何？如公所说，只说得他无心处尔。若果无心，则须牛生出马，桃树上发李花，他又却自定。程子曰：'以主宰谓之帝，以性情谓之乾。'他这名义自定，心便是他个主宰处，所以谓天地以生物为心。中间钦夫以为某不合如此说。某谓天地别无勾当，只是以生物为心。一元之气，运转流通，略无停间，只是生出许多万物而已。"问："程子谓：'天地无心而成化，圣人有心而无为。'"曰："这是说天地无心处。且如'四时行，百物生'，天地何所容心？至于圣人，则顺理而已，复何为哉！所以明道云：'天地之常，以其心普万物而无心，圣人之常，以其情顺万事而无情。'说得最好。"问："普万物，莫是以心周遍而无私否？"曰："天地以此心普及万物，人得之遂为人之心，物得之遂为物之心，草木禽兽接着遂为草木禽兽之心，只是一个天地之心尔。今须要知得他有心处，又要见得他无心处，只恁定说不得。"①

这一段问答包含着朱子关于天地之心的许多重要看法，值得仔细分析。首先，杨道夫所持的观点是"仁便是天地之心"，其背后隐含的意思是，天地本身无心，而既然仁是人的本性，那么，说"仁便是天地之心"的意思也就等于说人是天地之心。这个观点其来有自，可以追溯得很早。在《礼运》所记载孔子对子游所说的话中，明确提出"人者天地之心"的看法："故人者，天地之心也，五行之端也。"董仲舒在《春秋繁露·俞序第十七》中则以仁为天心："春秋之道，大得之则以王，小得之则以霸。故曾子、子石盛美齐侯，安诸侯，尊天子，霸王之道，皆本于仁。仁，天心，故次之以天心。"不难看出，如果将这里的"人者天地之心"与"仁为天地之心"与"仁是人之本性"的观点结合起来，就可能得到道夫的理解。在思想史上明确提出"天地本无心，人为天地之心"的观点的可

---

① 黎靖德编：《朱子语类》卷一，《朱子全书》第十四册，第117页。

能是为王弼作解释的孔颖达。在《周易·复卦》象辞"复其见天地之心乎"下，王弼以"寂然至无"说"天地之心"，对此，孔颖达进一步解释说："天地养万物，以静为心，不为而物自为，不生而物自生，寂然不动，此天地之心也……天地非有主宰，何得有心？以人事之心托天地以示法尔。"[①]正如杨道夫所说，这种观点的关键在于认为天地没有思虑与营为，用现在的话来说，这是一种比较接近自然主义的解释，但朱子显然并不同意，他恰恰援引《易传》"复见天地之心""正大而天地之情可见"等文献提出反驳，认为不应当否认天地生物的主宰之义，所以不应当只说天地无心，更应当说天地有心。

其次，这段话涉及朱子如何继承二程思想遗产这一理学史上的重大问题。在朱子强调天地生物的主宰之义不能放弃之后，杨道夫引用程颐的话问朱子，实际上是向朱子提出了自己的疑问：您说天地有心，但程颐却说"天地无心而成化"，这如何解释？朱子则用程颢的话来回答，认为程颢在这一点上说得最好："天地之常，以其心普万物而无心。"在朱子看来，应当同时注意到天地有心与天地无心两个方面，二者并不矛盾，而是各有所当，且能够统一起来，因此在这段问答的最后他总结说："今须要知得他有心处，又要见得他无心处，只恁定说不得。"

于是，问题在于，究竟如何理解天地有心与天地无心这两个方面，才不至于陷入矛盾呢？我们看到，在说天地无心时，杨道夫引用了"四时行，百物生"这一条，朱子在解释程颐说天地无心时又引用了这一条，并以"天地何所容心"感叹之；在说天地有心时，朱子所举的例子分析地来说是牛生出牛，马生出马，桃树发桃花，李树发李花。将这两方面联系起来，我们能够发现，有心与无心其实对应于特殊与普遍，或者说有限与无限。特殊的事物生来就有其特殊性，因而具有有限性，这是天地有心的表现，但所有特殊的事物都是天地所生，都在生生这个大化流行的普遍过程之中，因而又都具有无限性，这又是天地无心的表现。因此，天地有心是就万物生来就有其特殊性或有限性这一面而言的，而天地无心则是就万物生来就有其普遍性或无限性这一面而言的。在此或许不难想到，天地既有心又无心的看法其实是与理一分殊的观念直接对应的：天地

[①] 参见王弼、韩康伯注，孔颖达疏：《周易正义》，阮元主编：《十三经注疏》上，北京：中华书局，1980年影印本，第39页。

有心一面对应于分殊；天地无心一面对应于理一。① 因此，对于天地有心或天地之心的主宰之义，这里应当区分出两个层次。首先，天地之心的主宰之义意味着只有将天地之心理解为灵或神明才是恰当的，这是天地有心的一般含义；其次，基于天地有心再说天地无心，则是将天地之心的主宰之义主要落实在了保证万物的差异性这一点上。

这一思想自然来自二程，其渊源仍然能够回溯到王弼和孔颖达。在进一步解释王弼提出的"寂然至无"时，孔颖达说：

> 言"寂然至无是其本矣"者，凡有二义：一者，万物虽运动于外，而天地寂然至无于其内也，外是其末，内是其本，言天地无心也；二者，虽雷动风行、千化万变，若其雷风止息、运化停住之后，亦寂然至无也。若其以有为心，则异类未获具存者。凡以无为心，则物我齐致，亲疏一等，则不害异类，彼此获宁。若其以有为心，则我之自我，不能普及于物，物之自物，不能普赖于我，物则被害，故未获具存也。②

王弼继承《老子》的有无论来解说《周易》，以寂然至无来说明天地之心，孔颖达的解释将这一点又有所推进：若以有为天地之心，则此心不能普及于万物而不配称万物之本，因此只能以无为天地之心，因其能普及于万物而堪当万物之本。二程的观点显然受了王弼和孔颖达的影响，但在根本处有大异。我们知道，对于玄学家所说的有无，理学家代之以动静来刻画，即以有无为动静，其中有对应于动，无对应于静。在对"复见天地之心"的理解中，王弼以静极而复，故主"静而见天地之心"，这与他以寂然至无为天地之心的看法是完全一致的；程颐则以天地之大德曰生，故主"动而见天地之心"，实际上是在充分认可理一的基础上又特别强调分殊的重要性，因为通过对"动"的强调更能突显万物的"分殊"，如果说"静"侧重于表达"理一"的话。二者之间的一个根本差别在于，在玄学家那里，天地之心是虚说，所谓"以人事之心托天地以示法尔"；

---

① 只有基于天地有心说天地无心，才能说天地有心、无心分别对应于分殊与理一，因为这里"无心"的确切含义是"心普万物"。参见下文的进一步分析。

② 参见王弼、韩康伯注，孔颖达疏：《周易正义》，《十三经注疏》上，第39页。

在理学家那里，天地之心必然是实说而不可能是虚说，因为如果是虚说，则分殊这一面就难免落空了，进而理一这一面也就失去了意义。也就是说，承不承认天地之心的主宰之义，实际上是玄学家与理学家的一大差别，背后则是不言天理、以无统有的宇宙论与理一分殊、动静一如的宇宙论之间的差别。① 从仁为天地生物之心这一点来说，这种差别的伦理意味也是明显的，正如钱穆在叙述朱子论宇宙之仁时概括的："朱子专就心之生处、心之仁处着眼，至是而宇宙万物乃得通为一体。当知从来儒家发挥仁字到此境界者，正惟朱子一人。《老子》曰：'天地不仁，以万物为刍狗。'从《老子》道家义，则此宇宙大整体，乃是一不仁之体。由朱子言之，则此宇宙大整体，乃是一至仁之体。"②

在这段问答中，朱子还提到，张栻曾经和他讨论，认为说"天地以生物为心"不如说"天地生物之心"，朱子则相反，认为说"天地以生物为心"比说"天地生物之心"更为恰当。③ 这两种表述看起来只有非常细微的差别，在朱子的著作中也都被多次使用。不过，朱子还是认为"天地以生物为心"的表述更为

---

① 虽然程颐以"理一分殊"来解释张载的《西铭》，但张载却主纯粹的天地无心说："天则无心、无为、无所主宰，恒然如此，有何休歇？"参见张载：《张载集·横渠易说·上经》，北京：中华书局，1978年，第113页。这其实表明，持"人者天地之心"的观点与是否认为天地生物有主宰之义这二者之间并不具有必然的关联：一种可能是持"人者天地之心"且不认为天地生物有主宰之义，如张载；另一种可能是持"人者天地之心"但仍认为天地生物有主宰之义，如下文论及的张栻。此外，天地之心的主宰之义与高度肯定万物的特殊性或有限性直接相关，这一点也暗示了天地之心的主宰之义与天理思想的密切关联，正如我将在下文所要分析的。万物的特殊性与普遍性的原始统一从理的方面讲就是朱子曾明确表达过的万理来自一理，或物物皆有一太极。在此，重要的或许是要指出，有限并非意味着局限，而是意味着成就，于是，根本上来说，无限也并非是对有限的克服，而是有限的根源，因而也意味着是对所有有限之物的认可、容纳与成全。

② 钱穆：《朱子学提纲》，《朱子新学案》第一册，《钱穆先生全集》新校本，北京：九州出版社，2011年，第61页。然而，钱穆这里的"心"仍是在朱子所谓人得夫天地之心以为心的层次上讲的，所以，关联于他的"心属气"的持论，钱穆其实在根本处误解了朱子而在宇宙论层次上持类似于王弼或张载等人的天地无心论，故钱穆对于"人者天地之心"的理解是："朱子之意，实似谓天地并无主宰，乃须人来作为天地之主宰。"（参见同上，第407页）这一点也可以从钱穆认为朱子"会通了庄、老道家之自然义"而结合以儒家的人生义这一论断中清晰地看出："道家主张乃是一本于自然，朱子理气论则自然只是一道，故说有气则必有理。在宇宙形上界，理是无情意，无计度，无造作，无作用。但一落到人生形下界，人却可以凭此理来造作，理乃变成了有作用。人生界在气的圈子之内，自当有情意、有计度。只要此情意计度合乎理，则此理便会发生作用与造作。如是则又从庄、老道家转回到孔、孟儒家来。"（同上，第42页）

③ 在与朱子的通信中，张栻曾说："《仁说》如'天地以生物为心'之语，平看虽不妨，然恐不若只云'天地生物之心，人得之为人之心'似完全，如何？"参见张栻：《南轩先生文集》，《朱子全书》外编第四册，第330—331页。

恰当，背后自有理由。直观地看，既然朱子强调天地生物的主宰之义，那么，一个可能的考虑在于，"天地以生物为心"的表述更有可能被理解为一种实在的描述，从而隐约透露出天地生物的主宰之义，而"天地生物之心"的表述更容易被理解为一种修辞上的比拟，从而使得天地生物之心成为虚说而失落其中的主宰之义。① 进一步讲，如果以"天地生物之心"为单说，以"天地以生物为心"为统说，那么，张栻似乎认为，统说不如单说，因为单说是单就"天地生物"这一件事而言天地之心，而统说则将天地之心全部落在"生物"这一件事上了。朱子则不然，他认为这里应该统说，因为在他的理解中，天地与万物之间的关系其实就只有"生"这一件事，此即"某谓天地别无勾当，只是以生物为心。一元之气，运转流通，略无停间，只是生出许多万物而已"。

朱子的这个理解仍与他试图综合二程关于天地有心和天地无心的论说有关，也直接关联于他对仁包四德的论证，因为其实只有将天地与万物的关系统说为"生"，才能拒斥天地除生物之外别有思虑、别有营为的观点，因而才能清晰地阐明天地无心的一面；同样，也只有将天地与万物的关系统说为"生"，才能说仁包四德。② 再进一步讲，说天地只以生物为心就是要求我们只从生生的意义上领会天地之心，超出这一界限难免流于虚妄不实，或者说有心与无心都

---

① 此义已由许家星从另一个角度指出，参见许家星：《朱子、张栻〈仁说〉辨析》，《中国哲学史》，2011年第4期。另外，这么分析并不意味着张栻落入类似于玄学家的理解而不承认天地有主宰之义。实际上，张栻的观点仍与朱子更为接近。一方面，张栻明确持"人为天地之心"的观点："天下之生久矣，纷纭轇轕，日动曰植，变化万端。而人为天地之心，盖万事具万理，万理在万物，而其妙著于人心。一物不体则一理息，一理息则一事废。一理之息，万理之紊也；一事之废，万事之隳也。心也者，贯万事，统万理，而为万物之主宰者也。致知所以明是心也，敬者所以持是心而勿失也。故曰'主一之谓敬'，又曰'无适之谓一'。"另一方面，张栻也强调天的意志的重要性："一日奏事，帝问天。先生曰：'不可以苍苍者便为天，当求诸视听言动之间。一念才是，便是上帝监观，上帝临汝，简在帝心；一念才不是，便是上帝震怒。'"前段引文出自《敬斋记》，参见张栻：《南轩先生文集》，《朱子全书》外编第四册，第202页；后段引文参见黄宗羲、全祖望：《宋元学案》第二册，北京：中华书局，1986年，第1633页。

② 思虑和营为的主题自然是将天地之心与人心相对照而言的，因为人心的思虑和营为是显然的，《朱子语类》中言及此义的不少，兹引两条。"问：'天地之心亦灵否？还只是漠然无为？'曰：'天地之心不可道是不灵，但不如人恁地思虑。伊川曰：天地无心而成化，圣人有心而无为。'""苍苍之谓天。运转周流不已，便是那个。而今说天有个人在那里批判罪恶，固不可，说道全无主之者，又不可。这里要人见得。"(黎靖德编：《朱子语类》卷一，《朱子全书》第十四册，第116—117、118页) 更进一步，将朱子的意思概括为"天地除生物之外别无思虑、别无营为"是恰当的，类似的说法如："'天地以生物为心'。天包着地，别无所作为，只是生物而已。亘古亘今，生生不穷，人物则得此生物之心以为心，所以个个肖他。"(黎靖德编：《朱子语类》卷五十三，《朱子全书》第十五册，第1756页) 就是说，生物就是天地全部的思虑和营为，而我们也只能通过生物这件事去理解天地的思虑和营为。

同归于对这一界限的认识,这是对天地之心最清晰、最理性的把握;同样,既然仁义礼智皆为天命之性,而仁为天地之心,那么,四德统于仁,一定是因为天地之心统于"生"。换言之,持天地只以生物为心的观点其实是为仁包四德奠定了一个宇宙论基础。①

概括一下,关于天地有心还是无心的问题,可能有三种不同观点:单纯的天地有心说、单纯的天地无心说和天地既有心又无心说。朱子显然持第三种观点,这也是他在这个问题上充分认可二程并试图综合二程的一个表现。不过,第三种观点仍可能有两种截然异趣的版本。如果是以天地无心为第一义,即否认天地有主宰之义,那么,再说天地有心就只能是比拟地说,即虚说;如果是以天地有心为第一义,即承认天地有主宰之义,那么,天地之心既然是实说,再说天地无心的意思就是,天地之心普及万物,如日月之容光必照,且天地除了以生生之意行使其主宰功能外,并不以另外的思虑和营为随意插入、干涉世间的事务。很显然,朱子综合二程而以天地之心为"无心之心"的看法只能归于后一种。

以上辨析有助于我们明白,朱子特别重视天地之心的主宰之义,但对于如何理解这里的主宰之义,仍是有待说明的。翻检《朱子语类》,不难发现,在被问到应当如何理解经典中有关上帝或天之"降""命"等明显具有主宰含义的记载时,朱子的回答往往更强调理的规定性这一面,这自然提示我们应当从理的规定性方面去理解天地之心的主宰之义:

问:"'上帝降衷于民','天将降大任于人','天佑民,作之君','天生物,因其才而笃','作善,降百祥,作不善,降百殃','天将降非常之祸于此世,必预出非常之人以拟之',凡此等类,是苍苍在上者真有主宰如是邪?抑天无心,只是推原其理如此邪?"曰:"此三段只一意。这个也只是

---

① 朱熹:"问:'仁包四者,只就生意上看否?'曰:'统是一个生意。如四时,只初生底便是春,夏天长,亦只是长这生底;秋天成,亦只是遂这生底,若割断便死了,不能成遂矣;冬天坚实,亦只是实这生底。如谷九分熟,一分未熟,若割断,亦死了。到十分熟,方割来,这生意又藏在里面。明年熟,亦只是这个生。如恻隐、羞恶、辞逊、是非,都是一个生意。当恻隐,若无生意,这里便死了,亦不解恻隐;当羞恶,若无生意,这里便死了,亦不解羞恶。这里无生意,亦不解辞逊,亦不解是非,心都无活底意思。仁,浑沦言,则浑沦都是一个,义礼智都是仁;对言,则仁义与礼智一般。'"(参见黎靖德编:《朱子语类》卷九十五,《朱子全书》第十七册,第3180页)

理如此。"①

问："命之不齐，恐不是真有为之赋予如此。只是二气错综参差，随其所值，因各不齐。皆非人力所与，故谓之天所命否？"曰："只是从大原中流出来，模样似怎地，不是真有为之赋予者。那得个人在上面分付这个。《诗》《书》所说，便似有个人在上怎地，如'帝乃震怒'之类。然这个亦只是理如此。天下莫尊于理，故以帝名之。'惟皇上帝，降衷于下民'，降，便有主宰意。"问："'大哉乾元！万物资始。乾道变化，各正性命。'万物盈乎两间，生生不穷，日往则月来，寒往则暑来，风雷之所以鼓动，山川之所以流峙，皆苍苍者实有以主其造化之权邪；抑只是太极为万化枢纽，故万物自然如此？"曰："此与前只一意。"②

在第一段问答中，针对"有主宰抑或只是理"的问题，朱子回答"只是理如此"。需要明确指出的是，朱子的这一回答并不意味着他不认可主宰之义。如果说天之主宰是经典旧义，而理之规定是理学新说，那么，对于朱子来说，重要的恰恰在于，后者是作为对前者的解释而存在的，于是也就预设了二者在理解上的统一性。更进一步，正如前文所分析的，朱子特别重视天地之心的主宰之义，其中的一个重要理由恰恰在于，只有指出天地之心的主宰之义才能真正确立对万物的规定性，从而才能阐明理一分殊的宇宙生成论。在第二段问答中，针对"有主宰抑或只是气"的问题，朱子同样回答"只是理如此"，同时也明确肯定了"有主宰"；针对"主宰还是自然"的问题，朱子则说与前一问"只一意"，仍然是强调理的规定性。如果我们将理的规定和气的流行同归于自然，那么，笼统来说，在这两段问答中，问者其实都是在自然之义与主宰之义之间感到无法取舍才请教于朱子，而朱子的回答虽然强调了理的规定性这一面，但这绝不意味着他否弃主宰之义而独取自然之义。反过来，如果说思考自然之义与主宰之义的统一性才是理解朱子思想的正确方向，那么，是不是说朱子直接将

---

① 黎靖德编：《朱子语类》卷一，《朱子全书》第十四册，第118页。问题中引经典共六句，朱子则说是"此三段"，或许是按照他的理解，引文每两句意义相关，从而可以划为一段。

② 黎靖德编：《朱子语类》卷四，《朱子全书》第十四册，第190—191页。另可参见钱穆：《朱子新学案》第一册，第405页以下。

主宰之义等同于理的规定性了呢？这种常见的误解似乎还有文本上的根据：

> 问："天地之心，天地之理。理是道理，心是主宰底意否？"曰："心固是主宰底意，然所谓主宰者，即是理也，不是心外别有个理，理外别有个心。"又问："此'心'字与'帝'字相似否？"曰："'人'字似'天'字，'心'字似'帝'字。"①

很多人根据"所谓主宰者，即是理也"这一句认为，朱子所谓的主宰，就是指理的规定性。这显然是错误的，因为规定与主宰并非一回事。规定与主宰的确有密切关系，如前所述，朱子的真实看法可能是，万物皆被理所规定，正是万物皆被主宰的表现或后果。但是，问题还在于，如果没有天地之心来推动天地之理去执行其规定性，理的规定性就无法实现，因此，天地之心所承担的主宰功能，在宇宙创生的过程中具有不可抹杀的独特意义。② 正是基于这一必要的澄清，我们才能正确地理解朱子所说"不是心外别有个理，理外别有个心"。首先，从第二问及朱子的答语来看，将"人"与"心"分别对应于"天"与"帝"似乎表明此条中的"心"并非直接就天地之心来说，而是就人所得夫天地之心以为心来说。如果是在这个层次上理解"不是心外别有个理，理外别有个心"，那么，其确切含义应当是朱子在很多地方阐发过的"心具众理"，如《孟子集注》中所说，"心者，人之神明，具众理而应万事者也"，或如《大学章句》中所说，"明德者，人之所得乎天而虚灵不昧，以具众理而应万事者也"。不过，既然朱子说"人"与"天"相似，"心"与"帝"相似，我们仍然能够将之上推到天地之心的终极层次。质言之，如果说人之为人在于其性，在于其理，那么，心就是从主宰之义上说人；类似的，如果天之为天也在于其理，那么，帝就是从主宰之义上说天。将这个意思概括一下就是，心的功能若关联于理则表现为理的能动性。

---

① 黎靖德编：《朱子语类》卷一，《朱子全书》第十四册，第117页。
② 就理的规定性的实现而言，作为推动力的天地之心显然涵摄了天地之心、人得夫天地之心以为心、物得夫天地之心以为心三个层次；如果将第一和第三个层次上的天地之心取消而将第二个层次上的天地之心置换为人的理性之心，那就可能得到一种心学的现代版本，其流弊正在于天理被取代或被废黜，因为如此置换后的理不再是天理。

另一种可能的思路是从气的方面来理解心，然后在此基础上再谈自然之义与主宰之义的统一性。实际上，滥觞于明代而流行于现代的一种观点就如此推论：既然朱子并不主张"心即理"，而又有"心者气之精爽"等从气的方面说心的不少言论，那么，可以认为朱子思想中的心不是属于理而是属于气。根据这种观点，天地生物的自然之义主要从理的方面讲，天地生物的主宰之义则只能从气的方面讲，这也意味着自然之义与主宰之义的统一性只能从气之精爽的方面讲。在《朱子哲学中"心"的概念》一文中，陈来已经通过详细的检索而得出结论说："在全部《文集》《语类》中，没有一条材料断言心即是气，这清楚表明朱子思想中并没有以心为气的看法。"[1] 需要指出的是，陈来此文中的"心"，并非直接指作为宇宙根源的天地之心，而是在人得夫天地之心以为心的层次上而言的，因此他会说："'心即理'和'心即气'同样是朱子所反对的，可以说，惟其有人心，故心不即是理，惟其有道心，故心不即是气。"[2] 不过，从这一结论仍然可以推导出，在宇宙论的层次上，既不能将心等同于理也不能将心等同于气。那么，基于这一定见，又如何看待朱子"心者气之精爽"等说法呢？其实，正如能够从与理的关联这一面理解心的功能一样，同样可以从与气的关联这一面理解心的功能，换言之，如果说心的功能关联于理表现为理的能动性，那么，心的功能关联于气则表现为气的灵敏性。

既然心的功能无非就是主宰，而我们同时能够从理的能动性和气的灵敏性两方面去理解心的功能，那么，自然可以说，理的能动性与气的灵敏性都是天地之心的主宰之义的具体表现。基于这一看法再来看太极图，我们不难得出这样的结论：其实，整个太极图所展示的无非就是一个天地之心，改为叫天地之心图也毫无不妥，甚至更为恰当。具体一点来说，天地之心作用于宇宙化生的每一个环节，作用于太极与阴阳之间，作用于阴阳与五行之间，作用于五行与男女之间，作用于人与万物之间——无须赘言，天地之心的作用一旦到了人的层面，就是作为应然而提出来的。这正是朱子对程颢所言"天地之常，以其心

---

[1] 陈来：《朱子哲学中"心"的概念》，《中国近世思想史研究》（增订版），北京：生活·读书·新知三联书店，2010年，第129页。

[2] 同上，第129页。

普万物而无心"这句话的确解，自然也是朱子宇宙论的定论。①

由此必然引出一个重要问题：同样作为宇宙根源的心与理哪个更为优先？从朱子非常重视理这一点来看，似乎他更倾向于理优先于心，正如我们前面已经看到的，他有不少从理的角度来说天地之心的言论。不过，仔细分析一下会发现，我们不仅无法坐实这种观点，还极有可能倒向这种观点的对立面。钱穆在总结相关问题时说：

> "天即理"是新说，天作主宰是旧义。旧义新说，当知其同而不妨其为异，又当知其异而不害其为同。抑朱子直至晚年，其心中似不认为此宇宙此自然界可以全凭一理字而更无主宰。因理之为名，仅一静辞，非动辞。只能限制一切，却不能指导鼓舞一切。故在理之上，似应仍须一主宰，始可弥此缺憾。然朱子于此，亦终不曾作一肯定语为此问题作解答。若定要朱子为此问题肯定作一解答，则朱子之意，实似谓天地并无主宰，乃须人来作为天地之主宰。②

可以看到，钱穆已经明确意识到在朱子的思想中，恰当的推论在于肯定"在理之上"有一个主宰的力量，但他却错误地认为朱子始终没有做出这种肯定，且更为错误地认为朱子持"天地并无主宰，乃须人来作为天地之主宰"的观点，虽然在说到这一点时仍流露出犹疑的语气。

将心与理哪个更为优先的问题重新叙述一遍可能更容易看到正确的理解方向。既然"天地之大德曰生"，"生生之谓易"，那么，分别用生生之意、生生之理和生生之气来刻画宇宙论层面的心、理、气就是恰当的，而宇宙运行的整个

---

① 联系前文阐明的《太极图说》与理一分殊思想的关联，这里存在一个以心论理一分殊的思路，简而言之，理一分殊的每一个环节，都离不开天地之心的作用。
② 钱穆：《朱子新学案》第一册，第407页。田浩就此评论说："尽管朱熹被描述成备受天之主宰的问题所困扰，并很不情愿讨论天作为独立于理的主宰，钱穆先生仍然承认：朱熹在假设存在一种难以言状的统治性力量时，是把天（主宰）与理区别开来说的。无视朱熹在讨论天时的窘态毕露，钱穆先生强调以天为主宰的观念植根于古代经典，以理释天则是全新的观念，并成为定型后朱熹哲学的核心。"（参见田浩：《旁观朱子学：略论宋代与现代的经济、教育、文化、哲学》，上海：华东师范大学出版社，2011年，第205—206页）

过程也能被恰当地刻画为生生之道。于是问题就转换为：生生之意与生生之理哪个更为优先？很显然，以生生而言，说生生之意优先于生生之理更为通顺，因为如果连生生之意都没有，又哪能谈得上生生之理呢？①《语类》中也有记载可以更为清楚地说明朱子其实是有生生之意优先于生生之理的主张的：

> "其体则谓之易，其理则谓之道，其用则谓之神。"人杰谓："阴阳阖，屈伸往来，则谓之易；皆是自然，皆有定理，则谓之道；造化功用，不可测度，则谓之神。"程子又曰："其命于人，则谓之性；率性，则谓之道；修道，则谓之教；只是就人道上说。"人杰谓："《中庸》大旨，则'天命之谓性，率性之谓道'，是通人物而言；'修道之谓教'，则圣贤所以扶世立教，垂法后世者，皆是也。"先生曰："就人一身言之：易犹心也；道，犹性也；神，犹情也。"翌日再问云："既就人身言之，却以就人身者就天地言之，可乎？"曰："天命流行，所以主宰管摄是理者，即其心也；而有是理者，即其性也，如所以为春夏、所以为秋冬之理是也；至发育万物者，即其情也。"②

可以清楚地看到，此条最后一节中的"其心""其性""其情"都是在讲天地，而朱子在讲天地时直接以理为心所主宰管摄的对象，是很值得注意的。对此，田浩评论说："令人吃惊的是，朱熹如此强调天之心有别于理，而且是理的指导者。"③其实更值得注意的是朱子在"就人一身言之"时是以心、性、情分别对应于易、道、神。既然按照朱子的意思，这种对应关系可以合理地扩展到"就天地言之"，那么，天地之心自然只能对应于易、道、神中的易。朱子当然重视理，这一点在当时特别针对佛老而言，因此他的很多讲法都是围绕如何突显理的重要性而展开，但也正是在这个方向上，他的思想必然导向承认一个超越的天地之心的观念作为宇宙的终极根源。质言之，讲心不讲理容易流于佛，讲气不讲

---

① 若以人物既生以后说，则生理优先于生意，如朱子说枯槁也有生理，但无生意："枯槁之物，谓之无生意则可，谓之无生理则不可。"（黎靖德编：《朱子语类》卷四，《朱子全书》第十四册，第 189 页）
② 黎靖德编：《朱子语类》卷九十五，《朱子全书》第十七册，第 3187—3188 页。
③ 田浩：《旁观朱子学：略论宋代与现代的经济、教育、文化、哲学》，第 209 页。以"指导"来说"主宰管摄"似乎并不精确，但田浩此文还是表达出了对主宰之义的强调。

理容易流于老；鉴于此，朱子继承二程的思想既讲理气不杂又讲理气不离，以此厘定理在儒门宇宙论中的重要地位，而天地之心作为一个超越的观念正是被用来统合理气之间的这种复杂关系的。这也就解释了，为什么心的功能既要从理一边讲又要从气一边讲。以易、道、神的结构来说，不仅有工夫论层面的心统性情，更有宇宙论层面的心统性情，而宇宙论层面的心统性情显然为工夫论层面的心统性情奠定了基础，而心统理气正是对这两个层面的心统性情的一个恰当解释。①

总而言之，按照本文的分析和推论，既然在朱子的宇宙论中天地之心是个更为根本的观念，那么，我们对于朱子宇宙论的整个架构的理解就应当得到相应的调整。相对于朱子学界长期以来只重视理、气二元的状况，本文的理解自然更加突显了天地之心的超越意义与统合功能。反过来说，既然天地之心比天地之理更为优先，那么，我们是否可以脱离开天地之理而只谈天地之心呢？无疑，这正是朱子所极力反对的。②仍以宇宙论层面的生生而言，脱离开生生之理而空谈生生之意或生生之道，都难免流于异端，所谓"弥近理而大乱真"；生生之意始终通过生生之理和生生之气发挥作用，从而才落到实处。也就是说，我们必须始终在心、理、气三者相统一的架构中理解朱子的宇宙论，即使我们顺着前面的思路对心与理孰先孰后的问题做出了明确的回答。

---

① 我们知道，在中和问题上朱子经历过一个从二分到三分的思想转变，最终确定的正是"以心为主而论之"的思想架构："然比观旧说，却觉无甚纲领。因复体察，得见此理须以心为主而论之，则性情之德、中和之妙，皆有条而不紊矣。"（朱熹：《答张钦夫》，《晦庵先生朱文公文集》卷三十二，《朱子全书》第二十一册，第1418—1419页）另外，一定程度上唐君毅已经注意到这一点，虽然他对天地之心的主宰之义也不甚措意，基本上也是在人得夫天地之心以为心的层次上来运思的："人之实现理于气，赖于人心之内外之感通，正如天之生物之依于阴阳之感通。故在天，可以无心之心而成化之'易'，为统摄理气之概念；在人则当以心为统摄理气之概念，心正为一面内具理，而一面能求表现此理于气者。此内具之理，在人在心，即名曰性，此相当于在天所言之道；此理之表现于气，以应万事万物，曰情，此相当于天之神，而此心则相当于天之易，亦相当于天之无心之心。"（唐君毅：《中国哲学原论·原性篇》，香港：新亚书院研究所，1968年，第378—379页）田浩指出唐君毅与现代以来研究宋代儒学的其他重要权威人士一样，"往往贬低天的哲学意义"："唐君毅先生认为，宋代儒学的创建者以天为基础观念，就如同佛教把其思想建立在心的基础上；然而，唐先生更大的兴趣在于注意到二程、朱熹对天与理、道等量齐观。"（参见田浩：《旁观朱子学：略论宋代与现代的经济、教育、文化、哲学》，第201页）

② 现代性给儒教带来的挑战也主要在理上而不在心上。

朱子学思历程考察与年谱编写
——论"朱陆异同论"之学术史义涵

游腾达

(台湾清华大学华文文学研究所)

前言:问题缘起

"朱陆异同"问题本是中国学术史上一大关键性议题,章学诚(字实斋,号少岩,1738—1801)称其为"千古不可合之同异,亦千古不可无之同异也"[①]。

盖宋朝朱熹(字符晦,号晦庵,1130—1200)、陆九渊(字子静,自号象山居士,1139—1192)两人的思想分歧于他们在世之时已现端倪,如鹅湖之会、无极、太极之辩等。且在两人身后,朱、陆之争越演越烈,甚至形成门户之见,党同伐异。然在南宋晚期,已开始有人期望调停两家之说,倡议会同朱陆之学。[②]继之,元朝儒者亦不乏主张此说者,如刘埙(字起潜,学者称水村先生,1240—1319)便曾辑录《朱陆合辙》[③]一书;也有试图通过调和双方的修养工夫,使朱、

[①] 章学诚著,叶瑛校注:《文史通义校注》,北京:中华书局,2005年,第261页。
[②] 例如汤千(字伯升)、程绍开(号月岩)等。参见黄宗羲、黄百家纂辑,全祖望修定:《存斋晦静息庵学案》,《宋元学案》卷八十四,《黄宗羲全集》,杭州:浙江古籍出版社,2005年,第346、354页。
[③] 该书已亡佚,今仅存一序,参见刘埙:《朱陆合辙序》,《水云村稿》卷五,《景印文渊阁四库全书》集部一三四册,台北:台湾商务印书馆,1983年,第3页下—第5页上。相关研究参见徐远和:《理学与元代社会》,北京:人民出版社,1992年,第215—222页。

陆两人会同归一者，如吴澄（字幼清，晚称伯清，号草庐，1249—1333）与郑玉（字子美，号师山，1298—1358）。[①] 又有赵汸（字子常，号东山，1319—1369）著《对问江右六君子策》一文，认为朱、陆两人从学入德的途径虽有不同，但依据两人惕厉自省之言，可推测：苟象山不早卒，最终两人当可相契而"合并于暮岁"[②]。赵氏之说在合会朱、陆的主张中，试图以学思历程的演变来深化论述，以及采取举证文献的方法，确实拓展并深化了"朱陆异同论"的论述层次。

到了明代，则有程敏政（字克勤，号篁墩，1444—1499）作《道一编》，创"始异终同"之论，即将朱、陆两人学问的异同详细区分为"异→疑→同"三个阶段：始焉若冰炭之相反，中焉为疑信相半，最终，则有若辅车之相倚。数十年后[③]，乃有程瞳（字启瞳，号莪山）一反篁墩之说，特裒辑朱子辟陆学、浙学之言，合为《闲辟录》十卷，以示朱、陆之学迥然有别。稍后，王守仁（字伯安，号阳明，谥文成，1472—1528）节录朱子书信三十四封，编《朱子晚年定论》一书，声称为世所重之《四书集注》《或问》等书乃朱子中年未定之说，而其晚岁时另有一番悔悟，惟思改正而未及。阳明此论一出，即刻引发广泛的回响。之后，便有陈建（字廷肇，号清澜，1497—1567）著《学蔀通辨》，痛诋象山、阳明之学与禅学同为学术之蔀障，并考证朱、陆两家《文集》《语类》《年谱》等著作，认为朱子早年虽与象山未会而合，中年则对其说疑信相半，晚年始深觉其非，故最终两人之学实判若冰炭；换言之，即提出朱、陆"早同晚异"之论（"同→疑→异"三阶段），亦即对以篁墩、阳明为代表的"早异晚同"说痛加驳斥。

但纵使如此，赞同篁墩、阳明之说者，仍大有人在，甚至以实际的行动来

---

① 全祖望言："继草庐而和会朱、陆之学者，郑师山也。草庐多右陆，而师山则右朱，斯其所以不同。"（参见黄宗羲、黄百家纂辑，全祖望修定：《师山学案》，《宋元学案》卷九十四，《黄宗羲全集》，第 677 页）
关于"朱陆异同"争议之发展史的研究，参见陈荣捷：《元代之朱子学》《从朱子晚年定论看阳明之于朱子》，《朱学论集》，台北：学生书局，1988 年，第 315—318、354—358 页；冈田武彦著，吴光等译：《明学的源流（朱陆异同源流考）》，《王阳明与明末儒学》，上海：上海古籍出版社，2016 年，第一章第二节，第 17—31 页；白百伶：《宋元之际朱陆异同论》，台北：中国文化大学中国文学系，2004 年硕士论文，第四章，第 89—100 页；蔡龙九：《朱子晚年定论之相关探究》，台北：台湾大学哲学系，2009 年博士论文，第二、三章，第 70—209 页。
② 赵汸：《对问江右六君子策》，《东山存稿》卷二，《景印文渊阁四库全书》集部一六〇册，第 18 页下。
③ 案：程敏政于弘治二年（己酉，1489）作《道一编序》，而程瞳为《闲辟录》作序文则在正德十年（乙亥，1515）四月；王阳明序《朱子晚年定论》则在正德十年冬季。

支持与阐扬。如稍后，阳明弟子钱德洪（原名宽，字德洪，改字洪甫，号绪山，1496—1554）便增录《朱子晚年定论》一书，由一卷本扩增为三卷本，刊行于世①；以及王门后学张元忭（字子荩，号阳和，1538—1588）复辑"朱子悟后诗"一编，与《朱子晚年定论》合刻为《朱子摘编》一书，以辅助佐证并宣扬阳明的观点。②

尔后数百年来，学者们对"朱陆异同论"问题始终缠讼不休，此议题俨然成为学术史上一大公案。③

综观上述所言关乎此学术议题的发展过程，可发现历来儒者在面对"朱陆异同"一问题时，有人采取调停合会的宽容立场，更有人秉持区判同异的处理态度，而在后一种处理方式中，除了坚持朱、陆二人观点"全异"之外，主要有以程篁墩、王阳明两人为代表的"早异晚同"说与以陈清澜为表率的"早同晚异"说这两种看法。面对此冲突的议题，首先，我们也许会追问何者为是？其立论理据何在？又或者可以思考：站在学术研究的观点，该如何解决这种种分歧的意见呢？

实则，若进一步深入这两种论述的内容来看，此二说同样认定陆象山的学说始终没有移易，而朱子则有阶段性的变化，无论是从与象山相异转为相同，还是从与象山相合转为背道而驰。因此，更有认同朱子学的前贤了解到，欲解答此一学术难题，所迫切需要加以响应的，不是投身"朱陆学说之是非"或"朱陆哲思之同异"等课题的争辩（前者是一义理之评定，乃至门户之争的问题，后者则是哲学观点的探析与比较研究），而是当该回归朱子学问本身，考察并且厘清朱子学思历程前后演进的轨迹与脉络，这才能对"朱陆异同"的争议达到正本清源的根本效果。换一个角度来说，这项工作也可说是对阳明所提出的朱子

---

① 永富青地：《关于〈朱子晚年定论〉的单行本》，《故宫学术季刊》，2008年第26卷第2期，第89—103页。
② 关于阳明《朱子晚年定论》一书提出后，在学界引发的种种意见及其影响，参考吉田公平：《陆象山と王阳明》，东京：研文出版社，1990年，第230—245页。
③ 案：例如在此之后，还有冯柯（字子新，号宝阴，1523—1601）著《求是编》，特立专章驳斥阳明《朱子晚年定论》；入清之后，复有孙承泽（字耳伯，号北海，又号退谷，1592—1676）作《考正晚年定论》，辨析朱子四十五岁以后根本无有一字合于陆氏，亦无有一言涉及自悔。与此相反，则有李绂（字巨来，号穆堂，1673—1750）的《朱子晚年全论》，该书广收朱子五十岁以后论学书函三百五十七条，力求证明朱子晚年与象山之学若合符节。

"晚年定论"一命题的直接响应,因此,下文将由此展开讨论。

一 朱子学思发展阶段论的考察

盖阳明在正德九年、十年(1514、1515)之际[1],逐渐感到崇朱学者的舆论压力与反弹[2],对"朱陆异同"问题不得不有所回应,"乃取朱子晚年悔悟之说,集为小册,名曰'朱子晚年定论'"[3]。此说一出,迅速在学术圈中引发轩然大波,站在反对、批判的一方,当时便有汪循(字进之,号仁峰,又号京兆,1452—1519)[4]、罗钦顺(字允升,号整庵,1465—1547)、魏校(字子才,号庄渠,1483—1543)、余祐(字子积,号讱斋,1465—1528)与顾璘(字华玉,号东桥,1476—1545)[5]等人,他们纷纷提出质疑并明白指出阳明引据失考之处,例如罗整庵即表示《晚年定论》中所录存《答何叔京》四函,实作于朱子四十六岁之时(因何氏卒于淳熙乙未年,1175),且在两年后,朱子始完成《论孟集注》与《或问》的编撰。后者被阳明判为中年未定之说,却称前两年写就的《答何叔京》四函是朱子晚年之作,显然"考之欠详,而立论之太果也"[6]。

值得注意的是,阳明的说法,虽然存在引据失考(时间不合)的破绽,但也确实激发了学者们对何为朱子"晚年定论"的思考与朱子学思历程演变的议题探索。[7]

---

[1] 案:钱德洪所编《阳明先生年谱》将"刻《朱子晚年定论》"系于正德十三年(戊寅,先生四十七岁),而此处系年则参考束景南的考证修订,参见束景南:《王阳明年谱长编》,上海:上海古籍出版社,2017年,第746、806—813、855—863页。

[2] 阳明说:"留都时偶因饶舌,遂致多口,攻之者环四面。取朱子晚年悔误之说,集为《定论》,聊藉以解纷耳。"(参见王阳明:《与安之》,吴光等编校:《王阳明全集》(新编本)第一册,卷四,杭州:浙江古籍出版社,2010年,第186页)可见其主观动机在回应外界对其学说的抨击,即借此书来表明自己与朱子(晚年之说)并无不同,换言之,其写作目的不专在"朱陆异同"之辨(或论证朱陆同调)一学术问题。(以下凡本文引述阳明语,俱从此全集本,不再标注版本。)

[3] 王阳明:《与汪仁峰书(二)》,《王阳明全集》(新编本)第五册,卷四十四,第1791页。

[4] 钱明指出:汪循的反对代表新安理学集团对阳明学说之扩散的全力围击,而阳明编纂《朱子晚年定论》只是当时为了缓解舆论压力的权宜之计。参见钱明:《王学之遭遇——徽学考》,《王阳明及其学派论考》,北京:人民出版社,2009年,第十六章,第421—441页。

[5] 案:顾东桥的质疑参见王阳明:《传习录》中,《王阳明全集》(新编本)第一册,卷二,第49页。

[6] 罗钦顺著,阎韬点校:《与王阳明》,《困知记》,北京:中华书局,2013年,第144页。

[7] 杨正显述解夏尚朴(字敦夫,号东岩,1466—1538)对当时朱陆问题之争论的情况描述时,便提及这点。参见杨正显:《觉世之道:王阳明良知说的形成》,北京:北京师范大学出版社,2015年,第95—96页。

（一）魏校：文公论心学凡三变

例如在当时，魏庄渠不仅认为《朱子晚年定论》一书"不计年之先后、论之异同，但合己意，即收载之"[①]，且他在这封《与余子积》的信函中，更充分表达他对朱子学思历程的看法与其最终定见的观点，他说：

> 文公论心学凡三变：如《存斋记》所谓"心之为物，不可以形体求，不可以闻见得，惟存之之久，则日用之间，若有见焉"。此则少年学禅，见得昭昭灵灵意思。及见延平，尽悟其失。后会南轩，始闻五峰之学，以察识端倪为最初下手处，未免阙却平时涵养一节工夫。《别南轩诗》所谓"惟应酬酢处，特达见本根"。《答叔京》书尾谓"南轩入处精切"，皆谓此也。《中和旧说》论此尤详。其后自悟其失，改定已发未发之论，然后体用不偏，动静交致其力，功夫方得浑全，此其终身定见也。

这段话申述朱子之学思历程曾经历过三次重大的转折，从少年时期的学禅阶段，到拜见李侗（字愿中，称延平先生，1093—1163），因而归返儒门，是第一变；继之，结识张栻（字敬夫，号南轩，1133—1180），得闻胡宏（字仁仲，称五峰先生，1105—1161）之说，初悟《中庸》"中和"之论，以动（已发）时省察（察识端倪）为工夫下手处，这是第二次的转变；尔后，复警觉此一修养"未免阙却平时涵养一节工夫"，于是，又有第三次的悔悟，转而强调当于静时涵养，动时省察，且"动静交致其力，功夫方得浑全"。如是，方为朱子的最终定见。

庄渠的说法，大抵是以中和新旧说为核心，第二变指的是中和旧说，第三变则属中和新说，可见当时学者对朱子参悟中和一问题已有所掌握。至于第一变则犹有可议之处，然已碰触到朱子早年习禅与何时拜李延平为师，这一代表

[①] 魏校：《与余子积》，《庄渠遗书》卷三，《景印文渊阁四库全书》，台北：台湾商务印书馆，1983年，第33页。

案：这段话往往被误认为是余祐（字子绩）的观点，如被收录在黄宗羲（字太冲，号南雷，称梨洲先生，1610—1695）所编《明儒学案》卷三，《崇仁学案三》"侍郎余讱斋先生祐"的小传以及《明史》卷二百八十二的《余祐传》中，然而实际上，应该是魏庄渠的论点。

朱子逃佛归儒之时间点的关键问题。①

这般透过朱子学思历程的探讨，来具体响应"朱陆异同"问题的处理方式，并非孤例，实际上，在明清学术思想史上俨然成为一股朱子学诠释史的潮流。

（二）高攀龙：朱子所见历三转而始定

明代晚期高攀龙（初字云从，后字存之，别号景逸，谥忠宪，1562—1626）对朱子学思历程的论述也同样扣紧中和新旧说一议题而发，他说：

> 朱子初年之见，盖认性为未发，心为已发，凡谓之心则无未发之时，而未发之性存焉，则终未尝发也，故其工夫亦只在察识端倪，而却于程子所谓涵养于未发之前者有疑，盖全向流行发用处寻求也。后来却见得浑然全体之在我，存者存此，养者养此，非别有未发者限于一时，拘于一处，然其枢在我，非如向日在万起万灭，方往方来之中立脚矣。后又益见得性情之妙管摄于心，而动静之功贯彻于敬。当其未发，仁义礼智之性具焉，此心寂然不动之本体也；及其已发，恻隐羞恶辞让是非之情形焉，此心感而遂通之妙用也。而戒慎恐惧之功则周流贯彻于动静之间，而尤必以涵养为省察之本，此所以未发则镜明水止，而喜怒哀乐之发则无不中节也。凡朱子所见大约历三转而始定。②

高景逸同样主张朱子的成学历程经历过三次的转折：首先是从延平的"默坐澄心，体认天理"到认"性为未发，心为已发"，而工夫只在察识端倪；此时只知在万起万灭、方往方来的意念活动处用功。后来方见得所谓"未发"者绝非限于

---

① 案：关于朱子何时从学于李延平（代表朱子回归儒学认同），历来有多种说法，盖朱子曾三度至延平亲访李先生，分别是癸酉（二十四岁）、戊寅（二十九岁）与庚辰（三十一岁）。早先版本的《朱子年谱》认为癸酉年间初见延平，便拜入延平门下，如李默本、洪去芜本《年谱》；而王懋竑则考订朱子当于庚辰年始尽弃异学，受教于先生。参见王懋竑，何忠礼点校：《朱熹年谱》，北京：中华书局，2006年重印，第17页，以及《年谱考异》卷一，第292—293页；至于束景南的《朱熹年谱长编》（上海：华东师范大学出版社，2001年）则一反前说，主张当以《延平答问》一书的首封书信为据，认为朱子于绍兴二十七年丁丑（1157，二十八岁）方是彻底信从李延平之教的时刻，参见该书第225—226页。

② 高攀龙：《与顾泾凡论已发未发》，《高子遗书》卷八上，《景印文渊阁四库全书》，台北：台湾商务印书馆，1983年，第18页。

一时,拘于一处,凡已发之中便有未发之体存焉,因此,工夫虽从已发处下手,但必透彻至未发之性体方为得力,这是第二次的转折。此后,又有第三次的转折,这次是对已发未发有了新的界说,不再以心、性两者分属之,改以心统贯、管摄性、情二者,且无论动、静两时皆可以持敬戒惧之工夫照应之,惟必以静时的涵养为动时的省察之根本,至此,方为朱子最后之定见。

高景逸的论述较魏庄渠之说,对于中和议题之参悟过程中,朱子的心性论观点之细微转变有更清楚的掌握,是以他对朱子学思转折的阐述更为精致。然上述两说都仅是在单篇书信往来中表达自己对朱子的学思历程之理解,至顺治十八年辛丑(1661)秦云爽(字开地,号定叟)撰作《紫阳大指》一书,则有专著出现。[①]

(三)秦云爽:平生得力止在中和之旨

《紫阳大指》[②]一书共计八卷,卷一为朱子初学,卷二论已发未发,卷三论涵养本原,卷四论居敬穷理,卷五论致知格物,卷六论性,卷七论心,卷八论太极。每卷收录朱子相关主题书函若干,间缀以简短的按语说明编辑之意。其主要观点在该书《目录》中有清楚的表述,试看下列三条:

> 卷一　朱子初学　朱子初年原自有未定之论,由此而读全集,可次第识也。
> 卷二　论已发未发　此是千圣真脉,朱子一生学力大关,特详录。
> 卷八　论太极　朱子平生得力止在中和之旨,录此亦见先觉一贯大概云。

秦定叟部分接受阳明所言,他认为朱子早年确实存在未定之论,不过在中年(乾道三年,1667,朱子年四十岁)参悟已发未发之旨以后,便确立终生的学问宗旨,不再有所改易,故此中和问题的领会,实是"朱子一生学力大关"。

又细言之,当说"先生于已发未发之论,盖三变而后定"[③]也。因此,他录

[①] 案:据该书《凡例》,此书成于顺治十八年辛丑,然迟至二十一年后(康熙二十年辛酉,1681)始得梓行。
[②] 秦云爽:《紫阳大指》,《四库全书存目丛书》子部第二十二册,台南:庄严文化事业,1995年。
[③] 秦云爽:《紫阳大指》卷一,第12页。

引《答何叔京》三书①后,下一按语言,"愚按此三书实先生一转关处也"②,表示于延平卒后,朱子方自悟得中和旧说。接着,卷二开篇引《文集》卷四十三《答林择之》③书说"此先生大转关处也"④,代表朱子中和新说之领悟,又录《答张钦夫》两函⑤后,强调"此二书与《答林择之》书略同,但更畅达耳,先生之学于是始大定。自后议论盖无不本于此云"⑥。

上述之说,犹近于魏庄渠、高景逸两人之论,仍是在扣紧中和问题为朱子学问发展的关键,除此之外,秦定叟又在卷四录存《答吕伯恭》⑦一书正式回应何为朱子"晚年定论"的问题,盖该信函中朱子言:"熹旧读程子之书有年矣,而不得其要。比因讲究《中庸》首章之指,乃知所谓'涵养须用敬,进学则在致知'者,两言虽约,其实入德之门无蹈于此。"秦定叟于文末下一按语云:

  愚按先生一生所以自治治人者,实尽此两言。至说"说敬字处尤多",又因"入道莫如敬,未有致知而不在敬"之语,此真先生晚年定论也。愚反复先生之书,录其论两言之最亲切警省有裨学者如左。⑧

可见秦氏认为当以"涵养须用敬,进学则在致知"一语作为朱子最终的晚年定论。

(四)陆陇其:再定于退求句读文义之后

有趣的是清初朱子学名家陆陇其(字稼书,称当湖先生、平湖先生,1630—1693)在得览秦定叟所作《紫阳大指》一书后,甚为不满,因此,针对秦氏"两

---

① 案:即朱熹:"熹孤陋如昨",《答何叔京》书二;"专人赐教",《答何叔京》书四;"奉亲遭日如昔",《答何叔京》书十一,《晦庵先生朱文公文集》卷四十,《朱子全书》第二十二册,上海:上海古籍出版社、合肥:安徽教育出版社,2002年,第1801—1802、1804—1805、1821—1822页(以下本文凡引用朱子文集,俱以此《朱子全书》本为主,不再详注出版项)。
② 秦云爽:《紫阳大指》卷一,第8页。
③ 朱熹:"所答二公问",《答林择之》书六,《晦庵先生朱文公文集》卷四十三,第1967页。
④ 秦云爽:《紫阳大指》卷二,第1页。
⑤ 朱熹:"诲谕曲折数条",《答张敬夫》书二,《晦庵先生朱文公文集》卷三十二,第1392页;"诸说例蒙印可",《答张钦夫》书十八,第1418—1421页。
⑥ 秦云爽:《紫阳大指》卷二,第5页。
⑦ 朱熹:"窃承进学之意甚笃",《答吕伯恭》书四,《晦庵先生朱文公文集》卷三十三,第1425页。
⑧ 秦云爽:《紫阳大指》卷四,第1页。

转关"的说法，他提出自己的见解：

> 然考《紫阳大指》中载《答何叔京》三书而评之曰："此三书实先生一转关处也。"则犹似未脱阳明之窠臼者。尝合朱子一生学问前后不同之故考之，朱子之学传自延平，延平教人静中观喜怒哀乐未发气象矣，教人反复推寻以究斯理矣。朱子四十以前出入佛老，虽受学延平，尚未能尽尊所闻，是以有中和旧说，有《答何叔京》诸书，与延平之学不免矛盾。及延平既没，朱子四十以后始追忆其言而服膺之，《答林择之书》所谓"辜负此翁"者，则悟中和旧说之非，而服膺其未发气象之言，此朱子之转关也。《答薛士龙》书所谓"困而自悔，始复退而求之于句读文义之间"，则是以答叔京诸书为悔，而服膺其反复推寻以究斯理之言，此又朱子之一转关也。是朱子之学一定于悟未发之中，之后再定于退求之句读文义之后。①

陆平湖认为秦氏之说过度强调已发未发的心性体验，终难脱阳明"晚年定论"之说的窠臼，而他的论点旨在点出朱子的成学过程就是对其师李延平之教诲的回归，盖延平曾教导朱子"观喜怒哀乐未发气象"与"反复推寻以究斯理"这两种修养要领，然而朱子四十岁以前始终耽溺于佛老之学，纵使已受学于延平，却未能全然服膺延平之教。故待延平过世以后，朱子四十岁时深感"辜负此翁"，重新寻讨延平之教诲，因而对于求未发时气象有新的领会，所以有中和新说之悟，这是第一道转关。继之，朱子又有"困而自悔，始复退而求之于句读文义之间"②的反省语，可见朱子又从单就心性用功转向读书明理，注重句读文义之学，此是第二道转关。故概言之，朱子之学"一定于悟未发之中"，"再定于退求之句读文义之后"。

除此之外，陆平湖还撰有《读朱随笔》一书，该书的体例不同于《紫阳大指》之主题式的选辑朱子文献，以说明朱子学思历程一课题，而是通盘地自《朱子大全集》卷三十至卷一百以及《别集》八卷中节录朱子文献，以为一选编读

---

① 陆陇其：《答秦定叟书》，《三鱼堂文集》卷五，《景印文渊阁四库全书》集部第二六四册，台北：台湾商务印书馆，1983年，第24—25页。
② 朱熹："熹窃伏穷山"，《答薛士龙》书一，《晦庵先生朱文公文集》卷三十八，第1696页。

本，其选材范围虽不限于"朱陆异同"问题，但此问题意识实为其文献选辑的首要指导纲领。其要者，如节录《答张敬夫》①书后云："愚按此书注云'壬辰冬'，而《中和旧说序》在壬辰八月，则此书固朱子定论也。"②再如征引另一《答张钦夫》③书，言："通一书大抵言心有动静，而非复如中和旧说矣。此与《答湖南诸公第一书》意同，其为朱子定论无疑。"④此处可留意，陆平湖认为朱子对中和问题的彻底解决要推迟到壬辰（乾道八年，1172）朱子四十三岁时。其次，对于朱陆"晚同"的论点，他则透过《鄂州州学稽古阁记》⑤后的按语，"此一篇足破六经皆我脚注之言，此是癸丑年作，又可见其晚年之论矣"⑥，传达朱子晚年对为学读书工夫的讲求，故不可能混同于象山之论。犹有进者，他更引述《答李季章》书有"汉儒之学有补于世教者不小"⑦之语，说："其书末自言明岁已七十，则知朱子于晚岁乃惓惓于汉儒之学如此，姚江之晚年定论岂不诬哉！"⑧这不仅辩驳了阳明的"晚年定论"之说，更呼应了他提出的朱子晚年之学"再定于退求之句读文义之后"的主张。

在上面的讨论中，可以看到诸位儒者对于"朱陆异同"问题所引发的朱子学思历程之讨论，大致上都采取举证文献的方式来进行讨论，于是更进一步值得省思的问题则是诸说之理据的可信度问题，这便关系到文献考订与系年的工作。

（五）童能灵:《朱子为学次第考》

在陆平湖之后，又有朱泽沄（字湘淘，别号止泉，1666—1732）的《朱子圣学考略》与童能灵（字龙俦，晚号寒泉，1683—1745）的《朱子为学次第考》这两部著作，饶富趣味的是，这两部书不约而同地都以考证之"考"字为名，且其

---

① 朱熹："答晦叔书"，《答张敬夫》书十，《晦庵先生朱文公文集》卷三十一，第1341页。
② 陆陇其:《读朱随笔》卷一，《景印文渊阁四库全书》子部第三一册，台北：台湾商务印书馆，1983年，第6页。
③ 朱熹："诸说例蒙印可"，《答张钦夫》书十八，《晦庵先生朱文公文集》卷三十二，第1420页。
④ 陆陇其:《读朱随笔》卷一，第18页。
⑤ 朱熹:《鄂州州学稽古阁记》，《晦庵先生朱文公文集》卷八十，第3800—3801页。
⑥ 陆陇其:《读朱随笔》卷四，第31页。
⑦ 朱熹："熹今岁益衰"，《答李季章》书四，《晦庵先生朱文公文集》卷三十八，第1709页。
⑧ 陆陇其:《读朱随笔》卷一，第42页。

体例均采年谱"系年"之编排方式,即依朱子之年岁为次序,逐年辑录重要的文献材料,并随文加上案语,以提示要点。为清眉目,此处先说明童寒泉的《朱子为学次第考》。

在厘清上述诸儒的各种论说后,童氏的论点实不难理解。首先,他认为:"朱子早晚之分只在心与理之辨。"① 此说何谓也?童寒泉解释道:《延平答问》中所录"戊午书中所谓'天理流动之机',于一机字内见此理也,此便是心与理不分明处。学者读朱子文集,正须于此等处辨其为早年之说耳"②。又依照"性即理"的观点言,"心与理之辨"也可说为心与性之间的严格畛域划分③,依此原则,童氏于《朱子为学次第考》的"己丑·四十岁"条下云:

> 春,始易中和旧说。
>
> 能灵谨按:此为朱子进学大节目,故谨书之。然实据朱子所自作《中和旧说序》也,其序作于后三年壬辰,而实追论是岁己丑之学,故载于是岁之下,但其间亦特未发已发条理初分耳。若夫心性之辨,则犹在壬辰、癸巳之间云。④

童寒泉认为朱子四十岁的中和新说之悟,为"始分未发已发条理"⑤ 的关键时刻,此时"虽已变旧说,而仍有未尽处,殆至癸巳以后,其说始为无病"⑥,也就是说,这时候朱子的诸多说法(书信往来之记录)"仅为初分未发已发条理之言,而心性之辨盖犹有待也"⑦。所以,要等到壬辰(乾道八年,1172,朱子四十三岁)完成《西铭解》、癸巳(乾道九年,1173,四十四岁)写就《太极图说解》《通

---

① 童能灵:《朱子为学次第考》卷一,清乾隆间刻本,《北京图书馆藏珍本年谱丛刊》第二十九册,北京:北京图书馆,1999年,第26页。
② 童能灵:《朱子为学次第考》卷二,第9页。
③ 案:童寒泉曾仿"理气不离不杂"的论点,说明心与理的关系为"理不离乎心,而亦不杂乎心"。参见童能灵:《朱子为学次第考》卷一,第36页。
④ 童能灵:《朱子为学次第考》卷二,第29页。
⑤ 同上,第32页。
⑥ 同上。
⑦ 同上,第33页。

书注》①，才代表朱子学问的真正圆熟。所以，他强调"论朱子之学者，当以壬辰、癸巳以后之说为断，为终身定论也。读朱子之书者，亦自当以不合于《西铭》《太极》《通书》之说者，断为早年之论，明矣"，也进而批评："顾《学蔀通辨》但以朱子四十岁为断；近日当湖陆氏，又以壬辰为始分未发已发之年，恐皆有所未尽也。"②

另外值得一提的是，童氏在该书的《凡例》中言："是书专考朱子为学次第，其间浅深疏密、异同曲折纤析，逐年逐月皆有可见，即后学用心实不出此一途……以此与陈氏《通辨》一书专为朱陆异同之论稍有别云。"③ 由此可清楚地看到他的写作用心已能自觉地要求超越"朱陆异同"论中谁是谁非的门户纷争，而期许能直就朱子学思历程的转折与递嬗来接引后学。

二 朱泽沄详论朱子的学思历程

紧接着，让我们回头来看朱止泉的《朱子圣学考略》（下文简称《圣学考》）一书。④ 笔者特将此书另立一单元讨论，有两个原因，一是《圣学考》对朱子学思历程演变的考察相当精详，远甚上述诸说；二是更加重要的，他与王懋竑（字予中，号白田，1668—1741）的关系极为密切，他的论点以及之后与王白田展开的争辩，可说是王白田写作《朱子年谱》的重要背景。

---

① 案：《西铭解》《太极图说解》《通书注》三书请见《朱子全书》第十三册。诸本《朱熹年谱》均将《西铭解》系于乾道八年壬辰（1172，四十三岁），至于《太极图说解》《通书注》两书则系于乾道九年癸巳（四十四岁），但据束景南研究得出：《通书注》当作于淳熙十四年丁未（1187，五十八岁）。参见束景南：《朱熹年谱长编》，第489、871—872页。

② 童能灵：《朱子为学次第考》卷二，第42页。

③ 童能灵：《朱子为学次第考》，《凡例》第六条。

④ 案：依据《朱止泉先生年谱》"康熙五十五年丙申五十一岁"条下记录："于是年起手著《朱子圣学考略》，凡朱子德业、政事，采择编辑，附以按论，分先后次第，详为发明，积十年始成。"（参见朱轼：《朱止泉先生年谱》，郑晓霞、吴平标点：《扬州学派年谱合刊》，扬州：广陵书社，2008年，第13页）则《朱子圣学考略》一书当脱稿于雍正三年乙巳（1725）。

至于《朱子为学次第考》一书的写作时间，可由童寒泉于刊刻时（乾隆元年丙辰，1736）写就的《原序》与《凡例》逆推，盖两文中他一再提到"是书之成已十余年"，则该书当完稿于1726年之前。可见两书的写作时间极为相近，但笔者从两人的著作观察，却未见有交流互动之痕迹。

《圣学考》①一书，可视为一编年体的朱子文献选集，全书共计十卷，写作目标包括两个方面，一是阐明朱子学思的发展历程，二是纠正历来"朱陆异同"论的种种错谬，证明无论早年或晚年，朱、陆两人实"无毫发同处"②。

关于朱子的为学次第，他首先从朱子早年从学于李延平开始说起，他说：

> 朱子自见李先生后，深究圣贤言语而实体之，是第一大关。"道无他元妙，日用间着实做工夫自见得"数语，朱子始闻在此，后来得力在此。③
>
> 朱子自见李先生后，同安官余，反复其说，已知其不我欺，渐渐看出释氏破绽，及癸未、甲申深识其非而力辟之，是又一大关。④

往昔论朱子早年对于学问探求的问题，多着眼于由习禅至辟佛归儒之转折与拜李延平为师这两事。朱止泉认为两者自有关联，但可分开来看，即朱子自二十四岁初见李延平时，即拜入门下，此刻已知为学当以儒门正典为学问依归，这是朱子学思演进的第一大关。只是"此时见理未透，工夫未到耳"，毕竟"若云禅学，何能一二年后即觉其非，而力辟之乎？"⑤是以直到三十岁时作《谢上蔡语录后序》一文才有明显的驳斥佛学之语⑥，且需再经过四、五年（癸未、甲申）方真能通晓佛学的根本错误而严加批判，故此为朱子学思进展的第二大关。

继之，关于朱子参悟中和问题的始末，最可见朱止泉的研究功力，他透过

---

① 《朱子圣学考略》一书，现存三个版本，分别是：
　（1）辽宁省图书馆藏民国刻本，《续修四库全书》第九四六册，上海：上海古籍出版社，1995年。
　（2）清华大学图书馆藏旧钞本，《四库全书存目丛书》子部·儒家类第二十册，台南：庄严文化，1997年。
　（3）台湾"中央图书馆"另收藏有一清抄本，此版本为节本。
　三个版本的内容略有出入（因该书付刻前，曾为他人编修精简），其中以第一版本较佳（较接近原书），故本文之征引均以此本为准，下文仅随文标明，不再详注。
② 朱泽澐：《圣学考》卷十，第550页。
③ 朱泽澐：《圣学考》卷一，第204页。
④ 同上，第218页。
⑤ 同上，第205页。
⑥ 《圣学考》在征引《谢上蔡语录后序》一文之后，有一按语："是时，朱子卫道辟禅之心，已于此篇发之。"（同上，第206页）

大量文献材料的罗比排列，并且条分缕析地梳理出朱子此一阶段的思想转折。止泉于《圣学考》"丁亥朱子三十八岁"条下标记"访张敬夫于长沙"，复云："长沙之行、己丑之悟是朱子圣学要紧处也。"① 为何这次长沙行如此重要？因为此次的会面激发了朱子对"中和旧说"的领悟，止泉又录朱子《奉酬敬夫赠言并以为别》第二首诗②后言：

> 此朱子别南轩先生于楚州第二诗也。《中和旧说序》云"钦夫告予以所闻，余亦未之省，退而沉思，殆忘寝食"数语与此诗互相发明，其要在"惟应酬酢处，特达见本根"十二句，只于发处见本根，故从察识端倪下手耳……此诗年月虽不可考，玩"天机验所起"与"毫厘有弗察"③，同是察识端倪之旨，自丁亥冬至己丑春，答张、何、石、范诸书大旨都是如此，此是一大关。④

他认为朱子此诗虽无法详考其年月，但其中诗句"惟应酬酢处，特达见本根"与《中和旧说序》之内容遥相呼应，要旨同在将日用间动静语默之生命活动概以"已发"目之，而"未发"之大本便内具其中，所以，工夫当由已发处"察识端倪"下手，此即中和旧说之悟，是朱子学思进程的另一大关。

若以心性论的观点分析之，则朱子因伊川曾有"凡言心者，皆指已发而言"之语，遂认已发属"心"，而未发属"性"，因此，可说此察识工夫"正要从心识性，只未契未发气象，偏于动耳"⑤。至于己丑年中和新说之悟后，朱子最大的转折与改变就是明白不当将心、性二者分属于已发、未发，因为心之活动周流贯彻，通贯乎动静两端，止泉反省这个改变说："特其以已发属心，未发属性，为稍偏耳，及己丑春，由疑而悟，乃得心贯动静之理，用工次第了然可见。"⑥

---

① 朱泽沄：《圣学考》卷一，第221页。
② 朱熹：《奉酬敬夫赠言并以为别二》，《晦庵先生朱文公文集》卷五，第387页。
③ 案：此两诗句为张南轩语，参见张栻著，杨世文点校：《送张深道二》《诗送元晦尊兄》，《新刊南轩先生文集》卷一，《张栻集》，北京：中华书局，2015年，第708、713页。
④ 朱泽沄：《圣学考》卷一，第222页。
⑤ 朱泽沄：《圣学考》卷二，第226页。
⑥ 同上，第230页。

及通前后而深味之，乃恍然于其故矣，前一书朱子与南轩论察识端倪以验夫未发，故返求日用之间，即于感通触觉者察而存之，以贯大本达道之全体，而于天命之性尚未契焉。第二书亦是此意，"方往方来、来得无穷"之说，尤觉重看端倪，无须臾止息，质之《与湖南诸公书》、《已发未发说》、"诸说例蒙印可"书，及《恒》卦、《艮》卦注，皆主于静，《太极注》说："静者常为主"之语，显然凿枘不相入，始知所谓"非是"者，职此故也……大抵朱子己丑前以动为重；己丑后敬贯动静，而以静为本，此进学之最要紧、最显著。①

止泉表示他通过文本的精读与相关文献的类聚对勘，详加体会，终于发现这几封书信的共通之处在于特别重视已发时所呈露的端倪，甚至认为人心之活动是无一刻止息的，因此，修养工夫就在"察识端倪以验夫未发"。然而这种体会与后来的《与湖南诸公书》、《已发未发说》、"诸说例蒙印可"书，乃至《易经》的《恒》卦、《艮》卦注、《太极注》等相比较，就会发现朱子前后两说大相径庭。大抵言之，己丑以前，以"动"为主，强调察识端倪的工夫路数；己丑以后，则知晓持敬工夫当贯彻乎动静两端，但必以"静"时的涵养工夫为本。所以，在《圣学考》中，止泉乃不惮其烦地摘录大量的书信与语录材料来呈现他的这点发现，例如：

按朱子己丑透悟即着实用涵养工夫，如《答林择之》前三书（附载于后），子直所录，其最显著者……即此知朱子于持敬中见仁体自然昭明呈露，历历可验如此。子直所记前二段，朱子自道向来未曾专用功于本体，以示学者；后五段，就近日所见亲切全在安静涵养本体，以示学者。合观之，朱子自学、教人谆谆以涵养本体为主，后来无穷工夫皆基于此二三年间。②

当该留意，止泉对未发时的心性内容与涵养工夫，有其个人独到的体会，他认为在尚未与外物交接，念虑尚未萌发之际，此时湛然之心，实含容充塞万理于

---

① 朱泽沄：《圣学考》卷二，第224—225页。
② 同上，第237页。

其中，止泉云："其未发也，万理森列于中，昭昭不昧。"① 甚至可说，当此未发之际，澄然之心中浑是本来之天理。② 故"当外物不接，内欲不萌之际，一心湛然，万理皆备，此是未发本体，涵养兢兢，才有把柄。及其动也，敬以察之，克治扩充，总此一源贯注"③。也就是说，朱子在己丑之悟后所主张的未发涵养工夫，旨在涵养未发本体，保守此未发气象，使之常存而不失。是以，此未发时的静涵工夫实是"万理浑然之涵养"④，具有本质性的修养意义，后来的动时省察、克治扩充等工夫皆奠基于此，而非只是一可使心气转为澄明静定的调控、助缘之工夫（为之后的格物明理工夫做预先之准备的辅助性修养方法）。所以，止泉一再强调"主于静""以静为本"，而正是对这一点的极度强调，遂引发后来王白田的强烈质疑与反对（这当然也有白田误解"主静"说的成分在内）。

此外，在己丑之悟以后，朱子的学思发展并未就此打住。于是朱止泉又继续探究朱子在四十岁以后的学问进展与修养境界，他注意到：

> 朱子自己丑透心贯动静，分寸积累，尚觉涵养工少，故有与吕、张二书。《复斋记》作于丙申十月，已透得"不肆焉以骋于外，则本心全体即此而存"，博约明诚两进交养，此又是一进境。⑤

朱子曾有一函与吕祖谦，提到自己当时"与季通讲论，因悟向来涵养工夫全少，而讲说又多强探……若保此不懈，庶有望于将来"⑥。有学者便因信中强调往昔对于涵养工夫有所欠缺，便主张这封书信为己丑悟时之语。⑦ 然止泉针对书中所言之事细加详考，判定此封书信当作于淳熙三年（丙申，1176，朱子

---

① 朱泽澐：《语录》卷二，《朱止泉先生文集》，清乾隆四年顾天斋刻本，《清代诗文集汇编》第二百一十八册，上海：上海古籍出版社，2010年，第705页。
② 止泉有言："事物未至，思虑未萌之时，此心浑是本来天理，即程子所谓仁体。"（参见朱泽澐：《共学山居讲义》，《朱止泉先生文集》卷八《杂著》，第791页）
③ 朱泽澐：《与戴西洮一》，《朱止泉先生文集》卷三，第716页。
④ 朱泽澐：《圣学考》，《提要》，第179页。
⑤ 朱泽澐：《圣学考》卷四，第292页。
⑥ 朱熹："昨承远访"，《答吕伯恭》书四十八，《晦庵先生朱文公文集》卷三十三，第1467页。
⑦ 案：此处所言，乃是止泉针对陆稼书曾有此论而发，参见《读朱随笔》卷一，第20页与《圣学考》卷四，第292页。

四十七岁），且书中所言，"是朱子自用涵养未发工夫，屡进屡深，学如不及之意"①。又结合《复斋记》来看，经过博文约礼、明善诚身齐头并进，交养互发的奋发勤勉，此时乃臻至"于语默动静之间，有以贯乎一而不为内外之分"②的修养境界。继之，止泉又说：

> 朱子自己丑悟心贯动静后，处处用功，如答林择之诸书，尤加意涵养，《答薛士龙》书"求之于句读文义之间，谨之于视听言动之际"，身心内外，讲学践履，无不齐头着力。至丙申与季通先生讲论，专意涵养，而不辍讲学之功，以益其栽培。又历十二年至丙午，主敬亲切，动静合一，是又一大关。③

这段文字谈朱子的学问次第，亦是从己丑之悟说起，盖"己丑，朱子悟未发之中之旨，是圣学大关键"④，因而在此之后的学思发展，便奠基且围绕着"中和新说"之所得而发。且承上一段所论，朱子历经十余年的努力，至丙午年（淳熙十三年，1186，年五十七岁），朱子"主敬"工夫益加精熟，举凡博学于文或约之以礼等一切行礼如宜地行动中皆有"持敬"工夫贯串其中，止泉称朱子此时已达"动静合一"之境。

又在来年"丁未年朱子五十八岁"下收录《朱子语类》中弟子廖德明（字子晦）、窦从周（字文卿）两人所录朱子语各三条后，补充下面这段精彩的案语：

> 玩此六段，朱子涵养、格物、集义之功皆统于敬，合而为一，是又一大关矣。一段中云"未有事时且涵养"四句，实朱子自四十后用功之方。今云"成两截事"⑤，窃尝疑之，渐获恍然。方其用功时，自是"将此去应物"，

---

① 朱泽沄：《自序》，《圣学考》，第 173 页。
② 朱熹：《复斋记》，《晦庵先生朱文公文集》卷七十八，第 3739 页。
③ 朱泽沄：《圣学考》卷六，第 379 页。
④ 朱泽沄：《提要》，《圣学考》，第 180 页。
⑤ "未有事时且涵养，到得有事却将此去应物，却成两截事。今只如此格物，便只是一事。"（语出黎靖德编，王星贤点校：《朱子语类》卷十八，北京：中华书局，2004 年，第 404 页）

亦以主敬未熟,义理未足,不免有存体待用,留心照管之意,心迹、内外不能浑融。至丙午,又用十余年工夫,主敬熟矣,义理足矣,满腔子主一无适,整齐严肃,满腔子恻隐羞恶辞让是非之心,即此是敬,即此是格物、集义,敬中有物、有义,格物、集义只是敬以贯通,无有心迹、内外之别……盖此时已动静合一。①

止泉将这个阶段的学问次第、修养境界名为"动静合一"的原因在于朱子于四十岁己丑之悟后,虽掌握心统性情、敬贯动静之旨,但在修养工夫上不免将静时的涵养与动时的省察、格物(集义)等修养工夫分为两截,在不同时节(未发/已发)各别留心管照,因此,不免有存体待用,心/迹、内/外无法浑融为一之失。经过十余年的努力,至此时,"主敬"工夫精熟,义理充足饱满,终于工夫一统于敬,即举凡涵养、格物、集义等工夫皆由主一无适的持敬修养加以统贯,"已到敬义合一地位"②,再无心/迹、内/外之别。

再进一步来说,止泉所论朱子为学次第犹不止步于五十七、八岁的"动静合一"之境,他认为朱子的学思历程至庚戌年(绍熙元年,时年六十一岁)又有一层转进,他说:

> 自四十后,未发涵养是日用本领工夫,读书应事必以是为本,《易》注《恒》《艮》二卦皆以静为主,《太极注》"静者常为主",有是根本,又有前后穷理工夫,积年累月,心中浑是至虚至明气象,至六十一岁方信得动时静便在这里,"方见得分明","理会得怎地",故动时心亦不动,此亦自有勤恳恻怛,不能自已处,自有脱然无所系累处之候也,岂偶然哉!……丙午至此又是一大关,自此后愈纯愈熟,到圣人地位。③

止泉以《朱子语类》中朱子有言"某向时也杜撰说得,终不济事。如今方见得分明,方见得圣人一言一字不吾欺。只今六十一岁,方理会得怎地。若或去

---

① 朱泽澐:《圣学考》卷六,第387页。
② 同上,第375页。
③ 朱泽澐:《圣学考》卷七,第421页。

年死,也则枉了"①,作为朱子学思另一层次升进的有力证据②,但此时的修养境界为何呢?

> 朱子是时久已造一贯地头……玩"圣人之心无所不到"数语,尤见朱子之心已纯是天理,仰观俯察一切应用皆是此理,所以庚戌有"见得分明""理会得恁地"之语,功深学到,左右逢原,非偶然也。③
>
> 夜气一段,心上积累极分明也……要皆就身心上着实收敛充广,直是一心该括万理,包罗万象,而太极把柄阖辟在我者,此六十一岁"方见得道理恁地"之意也。④

由此可知朱子在耳顺之年已达到"一贯"的境界,亦即"心地中只是一块天理发见昭融,一身行事自然,随时随处无非心理贯通"⑤的修为境界,此时,心与理融贯为一,所以说"朱子之心已纯是天理","一心该括万理,包罗万象",也就呈现"心在则理在,理在而心在"的绝妙境界。因此,在工夫的表现上,便化除了勤勉刻苦之相,故无须特地持敬,而内心自然有警恻笃实之效;无须特地穷究道理,而律则自然彰明显著。身心内外、理事交融,而臻于神化。⑥

> 丁巳,朱子云:"许多道理在这里。"⑦玩此言知朱子此时之心都是性命、道理,浑然灿然而已。到此地位,只是诚敬纯熟,即心即理,满足

---

① 参见黎靖德编,王星贤点校:《朱子语类》卷一百零四,第 2621 页。
② 案:止泉还指出另有两条论据,一是朱子自道"某觉得今年方无疑"(参见黎靖德编,王星贤点校:《朱子语类》卷一百零四,第 2622 页),二是朱子说:"莫学某看文字,看到六十一岁,方略见得道理恁地。"(参见黎靖德编,王星贤点校:《朱子语类》卷一百一十五,第 2779 页)
③ 朱泽沄:《圣学考》卷七,第 446 页。
④ 同上,第 451 页。
⑤ 同上,第 432 页。
⑥ 止泉云:"至于六十一岁涵养纯粹,一切道理贯通融会,有心在理在,理在心在之妙,自此后,极纯极熟,许多道理都在这里,敬不待持而自笃,理不待穷而自著,性体在是,工夫在是,内外融彻无迹,渐近神化。"(朱泽沄:《自序》,《圣学考》,第 174 页)
⑦ 参见黎靖德编,王星贤点校:《朱子语类》卷一百零四,第 2622 页。全文作:"某当初讲学,也岂曾到这里?幸而天假之年,许多道理在这里,今年颇觉胜似去年,去年胜似前年。"

光辉。①

最后，在朱子辞世之前三年（庆元三年丁巳，1197，六十八岁）终达至"即前圣之心、天地之心，许多道理融会贯通，直到左右逢原，大成时候也"②的究极境界。止泉复云：

> 按是时朱子圣学已进于大成，亦只从志气坚定造到性天纯一地位，学者不可骤慕纯一，轻视坚定，舍坚定亦无纯一矣……是时之所得、所养亦有可形容者：朱子读书讲学、居敬主静之功非一日矣，日以圣贤切要之言培养其根本，日以经书精微之义开拓其心胸。凡居家居官，事上安民之道都从讲学中透出；凡生人生物，因天因地之原，都从讲学中透入。所以本体呈露，妙用显行，觉得千人万人只是这个，四德都在自家性分之内；觉得生死消息，君臣父子，动静食色，都是天地之志与事，而吾之知之、行之者即是继述天地之志与事，如此广大，如此精实，所以"吾之心即天地之心"③，只是一个道理，天地在此，人物在此，心目间只是义理而安固不摇，只是义理而洋溢不息，即心是性，即人是天，此朱子是时之学之大成也。④

这段文字传达出朱子终其一生读书讲学、居敬主静之功极其奋勉，努力至此，终究体会到从坚定志气的修养，可达到性天纯一之地位，参赞天地之化育就是承继绍述天地之志与事，日用伦常只是显己心之所不容自已者，故微小之人身便可有广大之心量，吾之心即天地之心。也就是说，朱子此时体证到我之"心"并非只是在腔子内作为身之主宰的意识主体，它更可与往古来今、古圣先贤、天地之心相沟通往来者，故就心性天的纯一无隔说，是即心是性，即人是天。如此，朱子之学已进于大成时后矣。故简言之，朱子此时之修为境界已提升到

---

① 朱泽沄：《提要》，《圣学考》，第181页。
② 朱泽沄：《圣学考》卷十，第574页。
③ "圣人言语，只是发明这个道理。这个道理，吾身也在里面，万物亦在里面，天地亦在里面。通同只是一个物事，无障蔽，无遮碍。吾之心即天地之心。圣人即川之流，便见得也是此理，无往而非极致。"（黎靖德编，王星贤点校：《朱子语类》卷三十六，第977页）
④ 朱泽沄：《圣学考》卷十，第544—545页。

天人合一之境了。

综上所论，朱止泉将朱子的学思历程区分为以下几个重要的升进阶段：

绍兴二十三年	癸酉	二十四岁	受学于延平李先生之门
隆兴元年	癸未	三十四岁	力辟佛学之非
乾道三年	丁亥	三十八岁	访南轩，悟中和旧说（以动为重）
乾道五年	己丑	四十岁	悟中和新说（敬贯动静，以静为本）
淳熙三年	丙申	四十七岁	专意涵养，不辍讲学（即动验静）①
淳熙十三年	丙午	五十七岁	工夫统贯于敬（动静合一）
绍熙元年	庚戌	六十一岁	此心纯是天理，心理贯通
庆元三年	丁巳	六十八岁	造到性天纯一地位（大成时候）

他的说法确实比前面介绍过的各种论点，来得更加精审且全面，一方面，他在文献的考订与资料的举证上，较他人来得精确而缜密；另一方面，他能关注到朱子四十岁中和新说以后的学思发展历程，这一点也可说是他的重要突破与贡献。

三　主"静"与主"敬"之辩

据《圣学考》书末《附录》，止泉门人王咸传（王白田之次子）所作《圣学考略辨伪》所言："先生成是书，觅人誊写清本，嘱先君子删订。"② 又王白田《行状》亦载："朱公著《圣学考略》既成，甚不自信，谆嘱府君是正，而以府君所纂订《朱子年谱》为绝大关系，力促速就，属望尤至。"③ 可见当《圣学考》一书草就之际，朱止泉便立刻请人誊录乙册，寄呈白田先生，冀望与他一同研议并获

---

① 案：语出朱泽澐：《〈答王尔缉〉别纸》，《朱止泉先生文集》卷三，第713页。该文中，止泉将朱子为学历程分为五个阶段：四十岁以前、己丑之悟、丙申之年、丁未之年以及庚戌以后。分别标示为：动中工夫、主静御动、即动验静、动静合一以及天理昭著，不以动言。

② 朱泽澐：《圣学考略辨伪》，《圣学考》附录，第5页下。

③ 王箴听等：《皇清敕授文林郎翰林院编修先考王公府君行状》，王懋竑：《白田草堂存稿》，清乾隆十七年刻本，《清代诗文集汇编》第二百二十册，上海：上海古籍出版社，2010年，第1110—1111页。

得斧正。

然而或许该书篇秩甚夥、涵盖问题层面既广且深，也可能白田平日累于公务，故他曾致书止泉言明："尊作久藏箧中，点阅未毕。"① 另一函又提到此书"留弟处已半载，尚未及细阅，盖不敢以粗浅之心测觊"②。又表示："动静寂感之说，尚未能无疑，俟详思之，再以奉复。"③ 也因此，自《圣学考》脱稿之后的数年间，查考两先生之文集著作，未见王白田对止泉之论点有显明且直接的论议，凡有意见讨论交流者，多半"仅以考订文义为事"④。是以推迟数年，直到雍正八年（庚戌，1730）左右，两人才展开正面的意见交锋：

> 昨承老兄商动静工夫云："朱子于延平静坐之说，晚年颇不以为然。且以《行状》所云：'旧日下得语太重'，只未发则静存，已发则动察。"诚然！诚然！但朱子此意谓不可讨要静坐，一向如此耳。其实主静工夫不可不着力，《太极注》云："中正仁义，动静周流，而其动也必主乎静。"又云："中正仁义浑然全体，而静者常为主。"《本义》《恒》卦注云："动静相生，循环之理，然必静为主。"《艮》卦云："动静各止其所，而皆主夫静。"《太极说》云："惟主乎静，则其着于动也无不中节，而不失其本然之静。"玩此数条皆是动静存省，而以静为主。至《答徐彦章》书两言"静为主，而动为客"，最为精密，所当潜玩；"中和、动静尤为大义"数语，与《答湖南诸公书》《已发未发说》同意，晚年立教亦是如此。⑤

上文曾说明朱止泉对于喜怒哀乐未发之际的"主静"涵养工夫（体证未发心境，使之常存而不失）有其个人独到的体会，因此，在《圣学考》中再三致意，随处提点。关于这一点，王白田颇不以为然，故想藉由朱子晚年对李延平主张"默坐澄心"以体认未发之中的反省来提醒朱止泉不宜主张太过。然而止泉解释朱

---

① 王懋竑："前者获承手书"，《与朱湘涛书》书三，《白田草堂续稿》卷三，第534页。
② 王懋竑："朱子与南轩先生以癸未相遇于行都"，《与朱湘淘书》书十七，《白田草堂续稿》卷三，第545页。
③ 王懋竑："南轩先生集虽尝翻阅"，《与朱湘淘书》书十八，《白田草堂续稿》卷三，第546页。
④ 王懋竑："辱赐手教论学易之道"，《与朱湘淘书》书十二，《白田草堂续稿》卷三，第540页。
⑤ 朱泽澐：《答王予中·庚戌八月》书六，《朱止泉先生文集》卷四，第727页。

子对延平教法的反省只是申明不可一意寻讨静坐,这是朱子一贯的主张。且更紧要的是,他再次重申"主静"工夫是确然不可不着力领会的,因为诸如《太极图说解》《周易本义》中《恒》《艮》两卦注、《太极说》《答徐彦章》书等关键文献中皆有相关的论述,可见朱子至晚年始终不改"主静"之教法。

可惜在此函之后,白田的答复未见留存。不过止泉于收悉白田之复函后,又有以下之书函:

> 又"以静为主,动为客,朱子晚年不如此说",恐未尽然。《易》注、《太极注》朱子所最斟酌者,而重静之说,《易》注凡二见,《太极注》凡三见,《语类》十二卷载刘履之、沈庄仲录,沈录云:"静为主,动为客;静如家舍,动如道路。"是晚年语,皆如此说。实我辈用功切要之旨,似无可疑。高明以为何如?①

"静者为主,而动者为客"一语,在《晦庵先生朱文公文集》卷五十四《答徐彦章》书中凡两见,止泉认为此语得为其"主静"说之确证,然而却遭到白田的坚决反对(不能确考其岁时),坚称"朱子晚年不如此说"。因此,止泉便再次重申其主要论据(如《易》注中两见、《太极注》中三见),并追加征引了《朱子语类》卷十二刘砥(字履之)与沈僩(字杜仲)两人所载朱子晚年语以为己证。

止泉的论点始终未获白田信服,所以在来年(雍正九年辛亥,1731)止泉复追书一封详列更多的论据,以申述"主静涵养,以静为本之训,所以注释经书,垂教后世者,一定不可更易","以静为主之训,自是不易之论"。且在文末,更将他个人对"主静"说的深刻体会和盘托出:

> 学者诚取此数篇,反复熟读,诵之于口,通之于思,养之于心,佩之于身,自验果能动静周流,静常为主。时止时行,止常为主否?能有鉴空衡平、明镜止水之体用否?……诚能从博闻强识、躬行力践,统会于宥密深静之中,积累涵蓄,存省工夫无间于动静,而必以无欲之静为主,功深力

---

① 朱泽沄:"昨老兄所言",《答王予中》书八,《朱止泉先生文集》卷四,第728页。

到，万理淳澈，则当未有感触之时，此心澄然，天理具在，尽有意味，愈涵养愈深沉，即应事接物，此心此理仍是静时气象。此朱子中年、晚年深有望于朋友、及门，谆谆恳恳见于《文集》《语录》，而不能自已者也。①

文中止泉试图以反诘的方式点醒白田：举凡动静周流、时行时止、鉴空衡平等诸般深潜纯一之气象的修养体现，均统会于宥密深静的心性修炼之中。因此，存养与省察工夫虽分属动静、已发未发两端，但实用工夫时本无间断，不过，更重要的是其用功之关键必以无欲之静为主。再进一步，剖析言之，则是当事物未至，未有感触直觉的活动之前，体认此心寂然澄澈，却有浑然之天理涵存其中的未发气象，并加以保任涵养，如此一来，纵使在应事接物之际，此心此理仍是未发（静）时之精神状态。止泉认为这就是朱子自中年以迄晚年见存于著作之中，以深望于友朋、门人弟子的修养工夫与成圣境界。

言至此，不难领会止泉先生对朱子的中和新说自有其一番迥异于他人的深刻领悟，这也是他为什么始终坚持朱子之学"以静为本"的原因所在。

就目前留存的王白田文献来说，上面的几次往来，均未见白田的复函，现存可见者为上函的次年（雍正十年壬子，1732）白田决意撰作一长文进行全面且严正的批驳"以静为本"的说法，该文甚长，仅录其要者如下：

夫人之有动静也，犹其有呼吸也，呼则必吸，吸则必呼，静则必动，动则必静……论其循环则有互根之妙，论其时节则有各致之功，此固不可以少偏者矣。周子《太极图说》"定之以中正仁义而主静"，朱子推其说以为："动静周流，而其动也，必主于静。"《易本义》于《恒》、于《艮》皆本此义，然南轩先生已疑与"无欲故静"之指不合，而《易本义》乃释"终则有始，各止其所"之义，固非以为学问之通法也。至《大学、中庸章句》《或问》《论语、孟子集注》皆垂世立教，开示学者次第工程，一定不易之法，则未尝一言主静！……若《大学或问》极言"敬者，圣学之所以成始而成终"，《中庸或问》言"未发之前，敬以存之；既发之后，敬以察之"，尤为明白切

---

① 朱泽澐："弟以久病"，《答王予中·辛亥》书九，《朱止泉先生文集》卷四，第729页。

实，而未尝有主静一字也。①

白田首先说明他对"动／静"这组概念的理解，他认为"动／静"犹如人之"呼／吸"，乃是循环不已，互根相续的概念；若分以两时节论之，则动、静两端各有其修养施力的着重点。由这点来看，以"动／静"立论，不宜偏主一隅。再者，针对止泉的论据，朱子于《太极图说解》言"其动也，必主于静"乃在诠解周敦颐（字茂叔，人称濂溪先生，1017—1073）《太极图说》"定之以中正仁义而主静"一语，《易本义》于《恒》《艮》两卦之批注亦本此而发，然这个诠解已遭张南轩指出恐与濂溪自注"无欲故静"一语不合。甚至《易本义》的论据其实只是释卦文字，非学问之通用法则。尤有甚者，揆诸允为朱子学说定论的《四书章句集注》与《四书或问》等书，只见"敬贯动静""敬者，所以成始成终"之说，而未尝有一语论及"主静"二字。

> 《未发已发说》作于己丑，有"以静为本"之说，其与何叔京、林择之、石子重、胡广仲诸书，多主此意，考其时皆在壬辰、癸巳间。至答南轩书在三十二卷之末，与《未发已发说》同时，其中多未定之论，如云"以正对中，则中为重；以义配仁，则仁为本"，与《图解》相反，壬辰乃改从今说……故虽以敬贯动静，而必以静为本，至壬辰、癸巳皆然，甲午、乙未以后则不复主此说。②

不只《太极图说解》与《易本义》中《恒》《艮》两卦注无法作为立论依据，而撰作于己丑至癸巳间的诸多信函，如《未发已发说》与《答张钦夫（诸说例蒙印可）》书等，仍属未定之论，实不足为凭。比如《答张钦夫（诸说例蒙印可）》书有言"周子之言主静，乃就中正仁义而言，以正对中，则中为重；以义配仁，则仁为本"③，但数年后的《太极图解》则重新调整"中正仁义"四字的配对，称

---

① 王懋竑：《壬子答朱湘淘书》，《白田草堂存稿》卷十一，第 337 页。
② 同上，第 337—338 页。
③ 朱熹："诸说例蒙印可"，《朱子文集》卷三十二，《答张钦夫》书十八，第 1420—1421 页。

"中也,仁也,感也……正也,义也,寂也"①。这就证明朱子此阶段之言论仍多未定之论。所以纵使朱子曾有"敬贯动静,以静为本"之语,但到淳熙二年(乙未,1175,四十八岁)以后便不再有这种说法了。

> 吾兄所举答吕寺丞、孙敬甫书皆分清未发工夫、未发地界,未有主静之意……答敬甫云:程子"涵养须用敬,进学在致知"两语如车两轮,如鸟双翼,未有废其一而可行、可飞者。其言最为分明、直截,此岂有主静之说哉……唯《与湖南诸公书》《答徐彦章》书与《已发未发说》同湖南书自在己丑,湖南书附于六十四卷之末,亦疑朱子所自删也,《彦章》书其时不可考,然多讹误,不足据,亦必非戊戌、己亥后书也……沈庄仲所录"静为主,动为客;静如家舍,动如道路",此即《中庸章句》"体立而后用行"之说,非有以静为本之意。②

白田不断采取文献分析与文义探究的方法,以子之矛攻子之盾,指出止泉所举证的《答吕子约》《答孙敬甫》等信函不仅没有"主静"之意,反而突显出程伊川"涵养须用敬,进学在致知"的持敬与格物相辅相成之修养工夫才是朱子的学问宗旨。下文将会说明此语后来成为王氏所领会与反复申明的朱子学思进程之究竟纲领。

至于堪为"主静"说之证据的《与湖南诸公论中和第一书》《已发未发说》《答徐彦章》书以及相关语录等文献,白田则认为《与湖南诸公论中和第一书》收在《文集》卷六十四之末,疑为朱子所不欲留存,而拟删去者,就如同他在《文集》中剔除了部分中和旧说的文稿一般。至于《答徐彦章》书,经由白田的考定,则不仅无法推断其写作时间(必定不是己亥朱子五十岁以后的晚期作品),且文字多有讹误,故实不足以作为论据。③

此外,止泉再三强调其"主静"说乃根据朱子诠解周濂溪《太极图说》"定

---

① 朱熹:《太极图说解·图解》,《朱子全书》第十三册,第71页。
② 王懋竑:《壬子答朱湘淘书》,《白田草堂存稿》卷十一,第338—339页。
③ 王白田曾就此书的考订问题(文字讹误)致书止泉,参见王懋竑:《朱子答徐彦章书》,《与朱湘淘书》书十四,《白田草堂续稿》卷三,第543页。

之以中正仁义而主静"一语而来,针对这个论点,白田则提出下面这一点强而有力的反对意见:

> 其教学者必举程子"涵养须用敬"两语,则其不主周子亦可见矣。朱子丙申作《濂溪先生书堂记》、己亥作《隆兴祠记》、癸卯作《韶州祠记》、癸丑作《邵州祠记》皆未尝及主静之说,主静之指发于周子,凡四作记乃不一言之,盖丙申以后已自改其前说矣,此尤分明可为证据者也。①

《朱子语类》中记载学生问濂溪言静与伊川言敬之同异②,朱子的答语显示朱子教导后学必举程子"涵养须用敬,进学在致知"一语,可知其不赞同周子"主静立极"之说。再进一步来说,朱子自四十七岁(丙申)以后所作的四篇关于周濂溪先生的书堂记或祠堂记等文章③俱不曾语及"主静"之说,这便可证实朱子已改变前说,不再侧重周子"主静"之论了。

是以最终,止泉的论据多为白田所辩破,纵使有少数"以静为本"的文献材料,白田也认为这是"中年未定之论",故总结出"大抵敬可以贯动静,而静不可以该动,故专言静则偏,不无流弊"④一语来劝诫止泉。

面对共学之挚友这般严厉地批驳,止泉复造书一封为己说辩护,可惜完书后不久,止泉就溘然辞世了,更令人感到憾恨的是这篇信函并未见存于现有的《止泉先生文集》或《外集》中,反而在五年之后(乾隆元年丙辰,1736,白田六十九岁),王白田却写下一封万言书来追答止泉的这篇绝笔信,文章开头便说明此一情事:

> 呜呼!此湘淘兄之绝笔也,其生平学问具见于此,而其所差误亦在于此……此书作于壬子五月八日,其时湘淘病已剧,而余亦病,故不及作答,

---

① 王懋竑:《壬子答朱湘淘书》,《白田草堂存稿》卷十一,第489—491页。
② 朱熹:《朱子语类》卷九十四,第2386页。全文作:问:"周先生说静,与程先生说敬,义则同,而其意似有异?"曰:"程子是怕人理会不得他'静'字意,便似坐禅入定。周子之说只是'无欲故静',其意大抵以静为主,如'礼先而乐后'。"
③ 案:此四篇为《江州重建濂溪先生书堂记》《隆兴府学濂溪先生祠记》,《朱子文集》卷七十八;《韶州州学濂溪先生祠记》,《朱子文集》卷七十九;《邵州州学濂溪先生祠记》,《朱子文集》卷八十。
④ 王懋竑:《壬子答朱湘淘书》,《白田草堂存稿》卷十一,第339页。

而湘淘已卒于六月十九日矣。历今五载……复为申言之。湘淘自少闭门力学，不交接世俗……专意探索，于静中有得力处，其学问大指从《延平答问》中来，而于朱子《文集》《语类》取其与己意合者，为疏通证明之，至于《文集》之庞杂、《语类》之讹误，则未尝以辨之也。其后更推极崇深，旁罗贯穿，以《太极图说》，《定性书》，《蒙》，《艮》卦注，《玉山讲义》为宗指，而据朱子"以静为本"四字以定其说，遂创为"必从主敬以透主静消息"之论，于是湘淘之学自为一家，而与朱子垂世立教之指亦少异矣。余盖不能无疑于此。①

说明事由之后，白田为止泉的朱子学研究给出一个总评，他说：止泉个人之学乃于静处得力，其学问宗旨大抵从《延平答问》而来，却执持朱子一时所言"以静为本"四字，并撷取朱子文献中与己意相合者，创为"从主敬参透主敬消息"之说。这仅可说是他个人的创获，"乃自建纲宗……非朱子教人之法也"②。故白田不能无疑而必与之辩。

继之，白田此函便根据止泉的来信分为十二个段落，摘取止泉的语言文字，详加辨析，锱铢必较，唐鉴（字栗生，号敬楷，又号镜海，1778—1861）评此书"自不免于破碎缭绕之病"③，笔者以为确实如此，且细查其辩语实不外前一书所云之种种反对意见之反复申述。

不过，此函却有两点相当值得留意，第一是止泉的原书函未获留存，所幸可由白田的答书中窥见其最后论旨，盖白田再三说及"夫主敬穷理以透涵养未发，主静立极之功，此是书中大指归宿处"④。又在此书后附有《书重答朱湘淘书后》一文，亦云："湘淘此书，其宗指在从居敬参透主静消息，谓敬、静有贯通之妙，而以主静为极诣。"⑤此一说法，虽遭白田强烈质疑，他说："遍考朱子《章句》《集注》《文集》《语类》诸书，未尝有一语及此者。"⑥但由此语不难推想止泉

---

① 王懋竑：《重答朱湘淘书》，《白田草堂存稿》卷十二，第340页。
② 同上，第3页b。
③ 唐鉴：《翼道学案·宝应王先生》，《清学案小识》卷四，台北：广文书局，1971年，第50页下。
④ 王懋竑：《重答朱湘淘书》，《白田草堂存稿》卷十二，第25页b。
⑤ 王懋竑：《书重答朱湘淘书后》，《白田草堂存稿》卷十二，第26页b。
⑥ 王懋竑：《重答朱湘淘书》，《白田草堂存稿》卷十二，第25页b—第26页a。

之意,他正是要由居敬穷理的工夫"以透未发之中",体证"天理本然之静,虚明不着一物"①的未发心境。也就是说,止泉的"主静"说意在指示体证与保任未发之中的修养境界。再者,相对于《壬子答朱湘淘书》重在辩破朱止泉"主静"之论,此《重答朱湘淘书》则可看到王白田自身立论的观点,其论点主要是以"主敬"来对比于止泉的"主静",他认为朱子明言"敬贯动静",意指持敬的工夫无分于动、静两个时节,故"言主敬,不必更言主静",盖"主敬已足该括主静矣,又何必添说主静乎?"②且他更本此理解进一步地指出"'涵养须用敬'二语,此则朱子终身守之为定法"③。这个观点后来明确地呈现在他著名的《朱子年谱》一书中,只是此时尚未明白指出朱子确立此宗旨的时间点。然而,此"主敬"说的确立或许是这场论议对王白田之学术成就最大的正面刺激与帮助。

在此之后,又有《答朱宗洛书》可一并参看,因为此函为朱止泉之子朱光进(宗洛)来书商讨"主静"之说的回复信,由于经过之前的论议,以及白田的身居长辈的身份,故在此书中,他的论说益加直截而果确,例如他说:"尊公先生谓'必从主敬以透主静消息',以愚见妄论之,则既曰主敬,又曰主静,心有二主,自相攫拏,非所以为学。又主敬之上更有主静一层,未免头上安头,是太极上又有无极,上天之载之上又有无声无臭,恐其卒归于虚无寂灭而已。"④又评论己说与止泉之说的论据之优劣言:

> 今之言主静者,据朱子"以静为本""必曰主静"两书之语,皆在己丑、庚寅间。言主敬者,则据朱子《大学或问》"敬者,圣学之所以成始成终",及甲辰《答吕士瞻》、戊申《答方宾王书》,杨道夫、叶贺孙、沈僩诸录皆在甲辰、癸卯后,而《大学或问》则朱子之手笔,以为垂世立教之大法者,其所据之前后得失,亦自晓然矣。⑤

---

① 王懋竑:《重答朱湘淘书》,《白田草堂存稿》卷十二,第 25 页 a。
② 同上,第 17 页 b—第 18 页 a。
③ 同上,第 19 页 a。
④ 王懋竑:"前辱手书",《答朱宗洛书》书一,《白田草堂存稿》卷十三,第 11 页。
⑤ 同上,第 16 页 a。

白田指出堪作为"主静"说的文献依据者,充其量不过《答张钦夫》与《答胡广仲》两书而已,此二书皆作于朱子四十岁前后;然而持"主敬"说者,不仅可以朱子亲笔写就的《大学或问》为凭证,该书内容就有"敬者,圣学之所以成始成终"之语,且还有朱子晚年书信与语录的支持,故何者为真凭实据之论,是晓然明白的。更重要的是,王白田终于在此书中明确地指出朱子终身不移的学问宗旨,他说:

至庚寅,乃极言敬字用功亲切之妙。
《与林择之书》,拈出程子"涵养须用敬,进学则在致知"二语……自是指归一定,终身守之不易。①

至此,白田明白地指出朱子确立以程子的"涵养须用敬,进学则在致知"二语作为学问宗旨的确切时间点就在乾道六年(庚寅,1170),朱子四十一岁的时候。这一说法后来成为其代表作《朱子年谱》的标志性论点。

四　王白田《朱子年谱》持论之原委

关于王白田编纂《朱子年谱》②所参照的《年谱》版本,依白田的说法,可知有李默本、洪去芜本以及闽本,另外还参考了邹琢其的《朱子年谱正讹》,这是学界所熟知的③,但对于其书中关于朱子学思历程的独特主张,或令人感到莫知所以④,透过上文的讨论,可知白田持论是其来有自的。他那些看似特立独行、

---

① 王懋竑:"前辱手书",《答朱宗洛书》书一,《白田草堂存稿》卷十三,第12页。
② 王懋竑撰,何忠礼点校:《朱熹年谱》,北京:中华书局,2006年。本文引用王氏所作《朱子年谱》据依此本,下面不再详注出版项。
③ 案:关于针对《朱子年谱》之文献学的研究,参考容肇祖所作《记正德本〈朱子实纪〉并说〈朱子年谱〉的本子》与《跋洪去芜本〈朱子年谱〉》两文,收入《容肇祖集》,山东:齐鲁书社,1989年,第105—169页。又关于李默本《年谱》的研究,参见佐藤仁:《论李默本〈朱子年谱〉——与明代学术的展开相关联》,吴震、吾妻重二主编:《思想与文献:日本学者宋明儒学研究》,上海:华东师范大学出版社,2010年,第101—112页。
④ 案:例如牟宗三《心体与性体》(台北:正中书局,1990年)第三册便极度留意此事,乃特立专节讨论:"王懋竑认新说'亦多未定之论'之非是。"(第154—175页)

异议可怪之论，其实正是针对朱止泉的"主静"说而发，底下将以其所作《朱子年谱》（含《考异》与《论学切要语》）为材料说明这一点，同时亦可见该书之编纂乃试图透过坚实的文献系年与考订工作来回应"朱陆异同"的问题，而反过来，也可说是"朱陆异同"论的发展促成了《朱子年谱》的编写工作，这或许可说是此一往往令人陷入门户之争而难以自拔的学术史难题之正面意义。

（一）《朱子年谱》中延续与朱止泉论辩之轨迹

首先，在上文中已说明王白田由反对朱止泉的"主静"说，转而提出"主敬"的论点与之抗衡，而在晚出的《答朱宗洛书》中确立朱子于庚寅年（乾道六年，四十一岁）拈出程子"涵养须用敬，进学则在致知"二语后始确立学问宗旨，这一说法白田在《年谱考异》与《论学切要语》中再三强调，例如：

> 庚寅，始拈出程子"涵养须用敬，进学则在致知"二语，学问大指定于此。①
> 至庚寅，拈出程子"涵养须用敬"两语，终身守之不易。②

此论点之首要理据就在《年谱》卷一"乾道六年庚寅，四十一岁"条所录《答吕伯恭书》与《答刘子澄书》两函③，因为此两函俱标举该语为"入德之门，无踰于此"，是"体用本末，无不该备"者。白田更在《年谱考异》中论证：

> 按自庚寅与吕东莱、刘子澄书，拈出程子两语，生平学问大指盖定于此……至甲寅《与孙敬甫书》云："程夫子之言曰'涵养须用敬，进学则在致知'，此两言者，如车两轮，如鸟两翼，未有废其一而可行、可飞者也。"尤为直截分明。盖相距二十五年矣，而其言无毫发异也。自庚寅以后，书问往来，虽因人说法，间有所独重，而其大指不出此两语。晚年为《鄂州

---

① 王懋竑：《朱子年谱考异》卷一，第297页。
② 王懋竑：《朱子论学切要语》卷一，第432页。
③ 王懋竑：《朱子年谱》卷一，第48页。案：即朱熹："窃承进学之意"，《答吕伯恭》书四，《晦庵先生朱文公文集》卷三十三，第1425—1427页；"来书深以异学侵畔为忧"，《答刘子澄》书二，《晦庵先生朱文公文集》卷三十五，第1533—1535页。

稽古阁记》《福州经史阁记》，正以此两语相对发明，其指意尤晓然矣。《通辨》《正学考》皆不载此二书，今据《文集》补入。①

白田的论证方式是说明朱子不仅在四十一岁时揭示此二语作为学问宗旨，且直至绍熙五年（甲寅，1194）六十五岁时致书孙敬甫②也同样是这个主张，于是可以证明此二语当是朱子持守终身的学问要旨，即使这些年间书问往来，或因人说法，因病予药，而有倚重之不同，然其大指实不出此二语。又在此前后写作之《鄂州州学稽古阁记》与《福州州学经史阁记》两文亦可作为旁证。

此处需补充说明，据《年谱·例义》所载："先生友朋讲论，凡有采取，必明其所自。同邑朱止泉著《圣学考略》，先生改曰'正学考'，所论屡及之。"则可知上段引文白田特别慨叹"《正学考》不载此二书"，正是针对朱止泉而发。

又因为止泉主张朱子己丑之悟所得的"中和新说"为其学说宗旨，并由此创发"以静为本"之见解，这是止泉"主静"说的立论主轴。在上面的讨论中，已经说明王白田不认同这个观点，因而与他展开"主静／主敬"的论辩，白田的反对意见也在《年谱》中明确的呈现，细言之，其论述可分成两个方面，一是申述"不可执己丑一悟以为定也"③，二是白田视"中和新说"为回归李延平"体认未发气象"之论，故论证朱子晚年对延平多有微词，已不再主张此说矣。

关于己丑之悟犹多未定之论的论点，白田有以下的说法：

> 按《已发未发说》《与湖南诸公论中和第一书》皆在己丑之春，盖乍易旧说，犹多未定之论……《与张钦夫》"诸说例蒙印可"一书，当在《与湖南诸公书》之后，亦己丑答也，其中亦多未定之论。如"以心为主"，即"心体流行"之见。又云"仁者心之道，而敬者心之贞也"，后来都无此语……又云"以静为本"，亦似偏于静……凡此恐皆未定之论。④

---

① 王懋竑：《朱子年谱考异》卷一，第320页。
② 朱熹："未及识面"，《答孙敬甫》书一，《晦庵先生朱文公文集》卷六十三，第3061页。
③ 王懋竑：《朱子年谱考异》卷二，第331页。
④ 王懋竑：《朱子年谱考异》卷一，第311—312页。

白田对《已发未发说》以及《与湖南诸公论中和第一书》两文的反对意见，在《壬子答朱湘淘书》中已有过表示，这部分在《年谱考异》中大抵不变，只是说得更加详细。至于代表己丑之悟的《答张钦夫（诸说例蒙印可）》书，白田则不惮其烦地指出七个要点，说明书中之论仍属未定之论，实不足以作为朱子的学说宗旨。白田的这个论点，当然是很有问题的，然何以会如此？此正因为他误解止泉的"主静"说，以及面对"朱陆异同"问题的忌讳心理所致。前者如在《答朱宗洛书》中，白田已有言，"动静则以时节言，如人闭户独坐，默然无思，此静也……若以静为主，必屏绝念虑，坐禅入定"①；而后者则如在上段引文之后，白田续言："如云'从涵养中渐渐体出这端倪来'，陈湛之学似之。又云'苟得其养，而无物欲之昏，自然发见昭著，不待别求'，阳明之学似之。是皆早年未定之论，而后来所不取也。"②因为对止泉的"主静"说有这般错误的联想（视为等同延平"默坐澄心"以体认未发气象的教法，甚至有沦为陆王心学、禅学的弊病），所以他要详加辨明朱子"逮庚寅，拈出'涵养须用敬'两语，已不主延平"③。彼云：

　　　　迄己丑，又悟其非，更定已发、未发之分，以胡氏先察识后涵养为不然，而于未发仍守延平之说。其云"以静为本"，又云"从静中渐渐养出端倪来"，则犹体认未发气象之论也……癸巳以后，往来讲论亦不及延平。至甲辰《与吕士瞻》书、戊申《与方宾王》书，明言程子之说不可移易，延平自是一时入处，未免合有商量。晚年语录，杨道夫、叶味道、陈安卿、廖子晦所记尤详。《中庸或问》力辩吕氏求中之非，而谓龟山亦未免吕氏之失。龟山之说，则延平之所自出也，此其前后异同之故，亦大略可考矣。④

　　白田详考朱子对李延平学说的态度与评议观点，指出乾道九年（癸巳，1173，四十四岁）以后的论议已少有涉及延平，而在淳熙十一年（甲辰，1184，

---

① 王懋竑："前辱手书"，《答朱宗洛书》书一，《白田草堂存稿》卷十三，第 15 页 a。
② 王懋竑：《朱子年谱考异》卷一，第 312 页。
③ 王懋竑：《朱子年谱考异》卷三，第 377 页。
④ 王懋竑：《朱子年谱考异》卷一，第 297—298 页。

五十五岁）、十五年（戊申，1188，五十九岁）的书信，乃至晚年语录、《中庸或问》等皆坚守程子之说，而对延平之教不无非议。白田此一考证工作是有价值的，但是他将中和新说、止泉的"主静"说直接等同于李延平的教法，恐怕是值得商榷的。

（二）回应朱子学问次第进程说

王白田撰作《朱子年谱》，除了在朱子四十、四十一岁详加考辨其学问宗旨的确立时间外，他还对止泉所提出的朱子为学次第说，别有关怀，盖止泉认为朱子的学思发展历程不止步于己丑之悟，经过修养的层层深化，朱子在五十七岁时将所有工夫统归于"敬"，达至"动静合一"的境界，复于六十一岁体证到"心理贯通"的高妙理境，故庚戌年有"方理会得恁地""见得分明"之语。但如同前面所言，白田认为朱子从庚寅年（1170，四十一岁）便确定以二程"涵养须用敬，进学则在致知"二语为宗旨，终身守之不易，故对于止泉的学问进程说，自是无法苟同。他说：

> 按此（指《答潘恭叔》）所云："读书求义，乃其间之一事"，此为恭叔言，欲其向里着实用功，所谓因人说法，应病与药者，非向来先后缓急，果有倒置处也。其下云："苦其说之太高与太多"，其意可见也。邹谱仅载前段，而合之《与子澄书》，则似朱子至丙午方自悔者。《正学考》以"丙申至丙午，十二年为一大关键，至此，主敬工夫益亲切"，皆是误认，不可不辨也。①

止泉《圣学考》卷六录《答潘恭叔》书八②，附案云："丙申与季通先生讲论，专意涵养而不辍讲学之功，以益其栽培。又历十二年至丙午（1186），主敬亲切，动静合一，是又一大关。"③而邹琢其《年谱正讹》则取《答潘恭叔》书五的前段文字，并辅以《与吕子澄》书，显示朱子此时"今方自悔耳"。然白田解释此段文字乃针砭、劝诫潘氏之语，此由"大抵近日学者之弊，苦其说之太高与太多耳"可

---

① 王懋竑：《朱子论学切要语》卷一，第 431 页。
② 朱熹："敬之一字"，《答潘恭叔》书八，《晦庵先生朱文公文集》卷五十，第 2313 页。
③ 朱泽沄：《圣学考》卷六，第 379 页。

以看出，故丙午（1186，五十七岁）又是一大关窍的说法实是错误的认识。

同理，关于止泉强调绍熙元年（庚戌，1190，六十一岁）又是朱子学思递嬗之一大关键的说法，亦为白田所反对，他说：

> 《语录》有云："只今六十一岁，方理会得恁地。"又曰："某觉得今年始无疑。"又曰："自觉得无甚长进，于上面犹隔一膜。"此圣贤日新不已，望道未见之心，若遂据以为证，是又痴人前不得说梦也。《文集》《语录》中多谦己诲人之辞，大率因人说法，应病与药，又间或有为而发，如《与象山书》："无复向来支离之病。"此因象山讥其"支离"，故云尔，不可泥看……此又读《文集》《语录》者所当知也。故因《年谱》语而附论之，世之君子，望有以定其是非焉。①

白田认为这些话语不可执实来看，因为其中多有自我谦抑，以求诲人之辞，又或者是就言说的对象与情境而有特殊的针对性，因此，不宜拘泥于语言文字之中。且这样的说法，就如同孔子自陈五十而知天命，六十而耳顺一般，是日新不已，求道甚笃而若未见之意，故"非是六十岁前错用工夫，到此方悔悟也"②。

关于朱子的学思历程问题，除了辨析止泉之说的错误外，值得补充说明的是，白田特别在意的是"果斋李氏又谓'晚年见诸生缴绕于文义之间，始颇指示本体，令深思而自得之'，其失朱子意尤甚，后来异论皆自于此也"③之说。盖李方子（字公晦，号果斋，1169—1226）为朱子门人，尝著《紫阳年谱》三卷，为《朱子年谱》之作的嚆矢，惜屡经编修刊印，其元本已不可见④，但其观点实流传甚广⑤，

---

① 王懋竑：《朱子年谱考异》卷一，第298—299页。
② 王懋竑：《朱子年谱考异》卷四，第383页。
③ 王懋竑：《朱子论学切要语》卷二，第455页。
④ 王懋竑明白地表示"李果斋元本不可见"，参见王懋竑：《朱子年谱考异》卷一，第288页；《记朱子年谱正讹后》，《白田草堂存稿》卷八，第6页b。
⑤ 案：李方子《紫阳年谱》（原本）已散佚不可见，近人束景南从真德秀《西山读书记》卷三十一与李幼武《宋名臣言行录外集》卷十二，辑得大部分内容，两书中确有"晚见学者缴绕于义理之间，深虑斯道之无传，始颇指示本体，使深思而自得之，其望于学者益切矣"的文字，参见束景南：《朱熹年谱长编·附录》，第1522—1523、1553—1554页。且关于此说，陆陇其的《读朱随笔》卷四亦曾语及。

朱止泉、王白田等人皆知晓其说①，白田甚至认为在历来朱子学诠释史上的种种"晚年"异论皆发端于此一谬说，故他对此说的立论根据亦详加论析一番：

> 按果斋李氏所云"晚年指示本体，令人深思而自得之"，盖指《玉山讲义》《答陈器之》《林德久》诸书而言。以今考之，皆发明性善之指，说出地头名目……非有"指示本体，令人深思而自得之"之意。阳明《晚年定论》之作，朱门久自开之矣！朱子所云"不待七十子丧，而大义已乖者"，岂不信哉！②

白田指出果斋之说的理据不外《文集》卷七十四的《玉山讲义》、卷五十八的《答陈器之问玉山讲义》以及卷六十一的《答林德久》三篇文章③，但仔细检核这些文本的内容，可以发现它们讨论、发挥的只是性善之说，而非真另指示一超越、高悬的本体，令人用功遥契之意。这个偏失朱子本意的情况正说明了不需等待王阳明高举朱子"晚年定论"的大纛，在夫子门墙内已有乖违其说的憾事，正如《大学或问》中朱子直言"不待七十子丧，而大义已乖矣"一样。然而，若真要勉强论述一朱子"晚年定论"，白田则指出朱子明确批驳"别有一物，光辉闪烁"，合下便要体察、把捉的《答廖子晦》书，差可论列，故有言："廖书在庚申正、二月间，此真所谓'晚年定论'者。"④

虽上述所论，白田对止泉之论多有非难之处，但这不表示白田全然反对止泉的研究心得，实则在立谱的关键处——"朱陆异同"问题上，他大大得益于止泉的独到见解。

淳熙二年乙未（1175），在吕祖谦（字伯恭，称东莱先生，1137—1181）的促成下，代表理学与心学的两位思想家朱子与陆象山进行了第一次的会面论学，史称"鹅湖之会"。白田在《年谱考异》中言：

---

① 朱止泉对李果斋"晚年指示本体"说的讨论，参见朱泽沄：《圣学考》卷九，第 34 页 a—b。
② 王懋竑：《朱子年谱考异》卷四，第 399 页。
③ 案：白田在《论学切要语》中则另有一说法，他引《文集》卷五十二《答吴伯丰》书云："果斋李氏所论，似本此书。"（王懋竑：《朱子论学切要语》卷二，第 452 页）然《论学切要语》为未定稿，故上文以《年谱考异》为主，仅志于此以存其说。
④ 王懋竑：《朱子论学切要语》卷二，第 1479 页。

> 按鹅湖之会，《年谱》不详，《语录》无及此者。《象山年谱》《语录》所载最悉，朱陆异同皆见于此，故附著之……按鹅湖之会、朱陆异同是作谱大关键，果斋元本不可得见，李为阳明后人，于此皆讳而不言，故载《文集》诸书并张、吕书，俾后人有考焉。①

关于鹅湖之会的记录，往昔的《年谱》语焉不详，《朱子语类》亦少有存载。反而在《象山年谱》与《象山语类》中记载悉备。可是，实在说来，鹅湖之会、朱陆异同正是《年谱》纂作的重大关键，因此，王白田选择在《朱子年谱》的正文"淳熙二年乙未"条下，打破惯例地摘录非谱主的文献（《象山年谱》与《语类》），并且辅以《答张南轩》书以及《东莱集》《南轩集》等材料，期望能呈现该次面会之实情。

既然"朱陆异同"是作谱之大关键，于是白田在《年谱考异》"淳熙八年辛丑，五十二岁。二月，陆子静来访"条下，详注云：

> 按陆氏之学，与朱子合下不同，故朱子于未相识时，即断其为禅学。鹅湖之会，议论不合……故虽不合，而常有招徕劝诱之意，盖于陆氏兄弟惓惓有深望焉……至甲辰，因曹立之表，遂与朱子忤，然轮对五札，朱子与书，明谓其自葱岭带来……戊申，遂有无极、太极之辨，诋訾不遗余力，判然与朱子为敌矣。朱子诵言攻之，亦在乙巳、丙午以后，知其必不可以合也。②

正如白田所自称的"弟生平唯以考订异同，解释文义为事"③，在前面的例证中，白田详于文义的辨析，而在此处，他通过详细系年与举证的文献考究方法来说明朱、陆两家之学"合下不同"，"必不可以合"。

此主张的提出看似轻而易举，然而面对积累三百余年林林总总的论述陈

---

① 王懋竑：《朱子年谱考异》卷二，第330页。
② 同上，第351页。
③ 王懋竑：《壬子答朱湘淘书》，《白田草堂存稿》卷十一，第25页a。

说，要能入乎其中（精准地掌握问题的关键）又可出乎其外（避免陷入我是彼非的独断评判）地通盘解决与响应，其实并不容易，所以白田除了坚持运用文献考订系年与文义辨析的处理方法外，他对于历来诸说的评议，很大的程度上是藉赖朱止泉的《朱子圣学考略》一书，例如他说：

> 程氏《闲辟录》、陈氏《学蔀通辨》皆辨朱陆异同之说，为有功于吾道者。程氏说得其大概，而间有误处。陈氏说极为详尽，而始同终异，中年疑信相半之说，则亦有未然者，今不暇悉论也。吾友朱湘涛辨陈说极详，见所著《正学考》中。①

程瞳《闲辟录》以辨明朱、陆之别为核心，陈建《学蔀通辨》则一反"始异终同"说，而力主"早同晚异"，中年疑信参半。王白田则站在文献实证的立场，认为两书不免皆有未妥之处，但其《年谱》之作，依其体例乃以文献系年，行谊考核为主，故无暇悉论，然而止泉的《圣学考》一书，则是在辨析朱子为学次第外，更能对历来诸说的立论根据详加考辨，故为白田所特别推重。

言至此，应已说明了王白田《朱子年谱》的持论原委，实与朱止泉的《朱子圣学考略》一书所提出的朱子为学次第说与"主静"论关系密切，理解这一点，将有助于掌握宋明清儒学史中"朱陆异同"论的整体发展脉络，进而掘发出此论题在门户之争以外的学术史义涵。

当然，"朱陆异同"论一学术议题的发展，并不会到某个人或某本著作身上就戛然而止，基于诠释研究的开放性，此议题在王白田的《朱子年谱》之后，仍持续地被讨论下去，例如李绂（字巨来，号穆堂，1673—1750）不仅编辑《朱子晚年全论》《陆子学谱》等书，并创"朱子生平之学凡四变"之说②；复有夏炘（字心伯，号弢甫，1789—1871）裒辑阐述朱子学之篇章成《述朱质疑》一册，书

---

① 王懋竑：《朱子年谱考异》卷二，第352页。
② 案：李氏所言"朱子生平之学凡四变"之内容为：绍兴三十年（庚辰），因师事李延平先生，一变至道。四十岁以后，始弃延平之教，专意著述，此又一变也。五十三岁，始有悔心，欲守陆子所讲为入德之方。六十岁以后则悉依陆子尊德性之教，此一变则朱子之定论也。参见李绂：《朱子不惑录序》，《穆堂别稿》卷三十二，第5页。

中倡议"朱子之学凡三转"的看法，以驳斥穆堂《晚年全论》及修正白田《朱子年谱》的论点。①

五　结　语

本文概览了宋代以来"朱陆异同"论史的发展，而关注的焦点在明代中叶以后，直至清代王懋竑完成《朱子年谱》的编撰。

在这段两百多年的学术发展史中，学者们有鉴于"朱陆异同"论的争议点在朱子的学说发展阶段（早年或晚年）是否有混同于象山之学的时期，或王阳明所提出的朱子"晚年定论"一命题，因而致力于探讨朱子学思历程的发展。

例如与阳明同时的魏庄渠提出"文公论心学凡三变"的说法，明末高景逸则说"朱子所见大约历三转而始定"。而到清初秦定叟乃有《紫阳大指》的专书之作，认为朱子平生得力在中和之旨，而"涵养须用敬，进学则在致知"一语乃是朱子最后的晚年定论。此说遭到陆平湖的反对，陆氏以为朱子之学有两个转关，最终"定于退求之句读文义之后"，此外，复有《读朱随笔》之作。之后，则有童寒泉的《朱子为学次第考》与朱止泉的《朱子圣学考略》两部著作，这两部著作同样采取文献考订与数据系年的实证方式，论证说明朱子的学思发展的阶段性。童氏主张中和新说之悟固然重要，但壬辰（1172，四十三岁）以后确立心性之别，才是朱子思想的圆熟确立。而朱止泉则巨细靡遗地详述朱子学说的发展阶段，除了有中和新旧说之悟，更有五十七岁的动静合一之境、六十一岁的心理贯通境界，而至六十八岁则是通贯天人的大成时候。

朱止泉的观点，尤其着重中和新说，强调未发时的涵养工夫，并倡议"以静为本"的"主静"说。朱氏特将其说与王白田商议，遭到白田的强力反对，因而引发一场"主静"与"主敬"之争的论议，在此论议中，白田在破斥止泉之说的过程中确立朱子之学当以庚寅（1170，四十一岁）拈出程子"涵养须用敬，进学

---

① 案：夏炘的"三转"说，分别是指从学延平、自悟中和旧说与己丑悟中和新说，且主张在己丑之悟便已确立以程子"涵养须用敬，进学则在致知"二语为终身学说定论。参见夏炘：《与胡琡卿茂才论学蔀通辨及三鱼堂集答秦定叟书》，《述朱质疑》卷五，咸丰二年景紫山房刻本，《续修四库全书》子部儒家类第九五二册，上海：上海古籍出版社，1995年，第17页b—第18页a。

则在致知"二语为根本宗旨。这个观点，最后清楚反映在其《朱子年谱》的写作上，故称己丑之悟犹多未定之论，学问大旨定于庚寅的论点。

透过这个考察，我们可由朱子学诠释史的角度来看待这场聚讼数百年的"朱陆异同"论争，投身其中的学者们致力于考察朱子的学思发展历程以及完成《朱子年谱》的编写。且如此一来，便可见出其超越门户之见以外的学术史意义。

从"公"到"人"

——程朱"以公言仁"的转变

汤元宋

(中国人民大学国学院)

一 仁道难言、以公言仁

儒者不可不言仁。但何谓仁，自孔子开始，便难有定论。孔子反复言之，不仅因其重要，也因其难以一言以尽之。作为理学形成期的关键人物，二程都曾感叹仁之难言。学者常以"医书言手足痿痹为不仁"为例说明程颢善喻，但此句后半截程颢即说"仁至难言"。[①]或许恰因其难言，程颢才用比喻。同样的，程颐也曾感叹"仁道难名"。[②]

仁虽难言，但二程亦多言之。二程论仁，各有侧重。简言之，程颢主要以一体言仁，程颐主要以公言仁。[③]程颢以一体言仁非本文重点，此不详述，下文

[①] 程颢、程颐：《二程集·遗书》卷二上《二先生语二上·元丰己未吕与叔东见二先生语》，北京：中华书局，2004年，第15页。

[②] 程颢、程颐：《二程集·遗书》卷三《二先生语三·谢显道记忆平日语》，第63页。

[③] 陈来在《论宋代道学话语的形成和转变——论二程到朱子的仁说》(《中国学术》，2001年第4辑)和15年后的《仁学视野中的"万物一体"论(上)》(《河北学刊》，2016年第3期)中，都以三点来总结二程的仁说，即程颢主要以一体论仁、以知觉论仁、以生意论仁，而程颐的要旨为唯公近仁、爱人非仁、仁性爱情。虽有三说，但核心是以一体言仁和以公言仁。

先列程颐以公言仁的几段核心材料:

> 问:"如何是仁?"曰:"只是一个公字(A1)。学者问仁,则常教他将公字思量。"①
>
> 仁之道,要之只消道一公字。公只是仁之理(A2),不可将公便唤做仁。公而以人体之,故为仁(A3)。只为公,则物我兼照,故仁,所以能恕,所以能爱,恕则仁之施(A4),爱则仁之用也(A5)。②

以上材料,尤其是数个"只"字,强调了"以公言仁"在程颐仁学理论中的正当性和排他性。但"(仁)只是一个公字(A1)"与"公只是仁之理(A2)"之间稍有区别,"(仁)只是一个公字(A1)"强调"公"字,以为只一"公"字便可以言仁。而"公只是仁之理(A2)"则稍微降低调门,认为若言其大概,固然可以只说一个"公"字,但若要准确表述,则公"只是"仁之理,还不可等同于仁,较之"公"之一字,"公而以人体之"的表述更周全。但即便承认"公只是仁之理(A2)"是程颐更准确、周全的表述,也不妨碍程颐强调"以公言仁"的正当性和排他性这一结论,毕竟作为"仁之理"的是"公"而非其他概念。

程颐为何强调"以公言仁"?劳思光曾说二程论仁主旨接近,程颢以一体释仁、程颐以公释仁,"其意则一也"③。表面上看,程颐以公言仁,"公"字所蕴含的天下大公的意味,似与程颢万物一体较为相近。然而,程颐以公言仁时反复强调的"只"字所具有的排他性,所排除的当是程颐反对的其他言仁诸说,而这其中或许就包括程颢及其弟子。程颐曾说:

> 子曰:仁者必爱,指爱为仁则不可(B1)。不仁者无所知觉,指知觉为

---

① 程颢、程颐:《二程集·遗书》卷二十二上《伊川先生语八上·伊川杂录》,第285页。
② 程颢、程颐:《二程集·遗书》卷十五《伊川先生语一·入关语录》,第153页。
③ 劳思光:《新编中国哲学史》卷三上,台北:三民书局,2012年,第240页。唐纪宇亦主此说,认为程颐的"以公言仁"同程颢的"仁者浑然与物同体"以及"以觉言仁"在表述方式上大相径庭,但实质上,二者的思想都蕴含着以万物为一体的儒者精神。参见唐纪宇:《道德实践的形而上学基础——论程颐的"理一"思想》,《天津社会科学》,2015年第5期,第155页。

仁则不可（B2）。①

义训宜，礼训别，智训知，仁当何训？说者谓训觉、训人，皆非也。当合孔、孟言仁处，大概研穷之，二三岁得之，未晚也。（B3）②

大体而言，程颐以为"不可""非也"的言仁方式，主要是"指爱为仁""指觉为仁"（或者叫"以觉训仁"）和"以人训仁"三种。程颐反对"指爱为仁"主要是针对汉唐儒者，比如韩愈所谓的"博爱之谓仁"③。程颐说："爱自是情，仁自是性，岂可专以爱为仁？"④其后朱熹所主张的"仁为爱之理"，添一"理"字，亦是与程颐一脉相承。这种"仁性爱情"的两层结构是程朱理学之定见，此不详述。

程颐为何反对"指觉为仁"？过往研究主要依靠一些合理的推测。程颢和程门高弟谢良佐都主张以知觉论仁。程颢曾说"不知痛痒，谓之不仁"⑤，谢良佐曾说"有知觉、识痛痒便唤做仁"⑥，考虑到程颐对于程颢以知觉论仁观点的熟悉，以及程颐（1033—1107）与谢良佐（1050—1103）的生平多有交集，可以合理地推断，当程颐反对"指觉为仁"时应是熟知他们的观点。另一佐证是，"说者谓训觉、训人，皆非也（B3）"此条，池春生在程颐《年谱》中系在崇宁三年（1104），也就是程颐晚年。⑦进一步地推测，以程颐对于佛教的熟悉，他或许能敏锐地察觉到程颢、谢良佐"指觉为仁"可能导向佛教"作用是性"的流弊。陈淳就曾如此描述程颐反对"指爱为仁"、"指觉为仁"的学术脉络：

自孔门后，人都不识仁。汉人只把做恩惠说，是又太泥了爱。又就上起楼起阁，将仁看得全粗了，故韩子遂以博爱为仁。至程子（程颐）始分

---

① 程颢、程颐：《二程集·粹言》卷一《论道篇》，第1173页。此条出自《河南程氏粹言》，《粹言》以程颐为主而杂以程颢。严格来说，此条并未标明出自程颐，但前辈学者多因其义理而以为此条出自程颐。（参见牟宗三：《心体与性体》中册，上海：上海古籍出版社，1999年，第251页）就本文论证而言，即便对此条材料存疑，其他材料依旧可以证明程颐是反对以爱为仁和以觉训仁。
② 程颢、程颐著：《二程集·遗书》卷二十四《伊川先生语十·邹德久本》，第314页。
③ 韩愈著，刘真伦、岳珍校注：《韩愈文集汇校笺注》卷一《原道》，北京：中华书局，2010年，第1页。
④ 程颢、程颐：《二程集·遗书》卷十八《伊川先生语四·刘元承手编》，第182页。
⑤ 程颢、程颐：《二程集·外书》卷三《陈氏本拾遗》，第366页。
⑥ 黄宗羲、全祖望：《宋元学案》卷二十四《上蔡学案》，北京：中华书局，1986年，第935页。
⑦ 池春生：《伊川先生年谱》卷七，清咸丰五年本。

别得明白,谓"仁是性,爱是情"……上蔡(谢良佐)遂专以知觉言仁,又流入佛氏"作用是性"之说去。夫"仁者固能知觉,谓知觉为仁则不可"。若能转一步看,只知觉纯是理,便是仁也。①

这些推断大体合理,但毕竟属于后来者的表述;虽然在二程去世未远的南宋中前期已有相关推测,但难逃后世"建构"之嫌疑。因此对于程颐为何反对"指觉为仁"还应当寻求程颐文本"内证"的可能。当程颐使用"仁者必爱,指爱为仁则不可(B1)"与"不仁者无所知觉,指知觉为仁则不可(B2)"这一相同句式时,他希望传递的义理也应是相似的,即"爱"与"觉",都只是"仁"产生的结果,而不是关于"仁"的本质规定。程颐曾说"(恻隐之心)既曰'仁之端',则不可便谓之仁"②。前文亦云"恕则仁之施(A4),爱则仁之用也(A5)",所谓"仁之端""仁之施"和"仁之用",都是为了衬托更为根本的作为"仁之理"的"公"。

而与"当合孔、孟言仁处(B3)"形成内证的,是程颐经典的"类聚言仁"说:

> 问仁。(程颐)曰:"此在诸公自思之,将圣贤所言仁处,类聚观之,体认出来。③

孔孟言仁处甚多,"类聚言仁"最可能的结果是如朱熹认为"仁"太复杂,难以像"义""理""智"以"一字训"。④但程颐并不反对以"公"字训"仁",他只是反对以"觉""人"训"仁"。这种反差,可以证明他对"以公言仁"的重视。

需要补充的是,程颐"以公言仁"有两层含义。一方面,他排除了以爱、觉、人言公的合法性,主张只可以公"言"仁;另一方面,他又主张不可以公

---

① 陈淳著,熊国祯、高流水点校:《北溪字义》卷上《仁义礼智信》,北京:中华书局,1983年,第25页。
② 程颢、程颐:《二程集·遗书》卷十八,第182页。
③ 同上。
④ 或问:"仁当何训?"曰:"不必须用一字训,但要晓得大意通透。"(黎靖德编,王星贤点校:《朱子语类》卷六,北京:中华书局,1986年,第118页)此说另参见朱熹:《晦庵先生朱文公文集》卷六十《答潘子善》第三书,《朱子全书》(修订版)第二十三册,上海:上海古籍出版社、合肥:安徽教育出版社,2010年,第2904页。

"为"仁。在理学文献乃至理学研究文献中,"以某'言'某"和"以某'为'某"是两种不同的表述,前者强调相通,后者强调相同。程颐"以公言仁",不意味着他直接"以公为仁"。他明确说:

> 仁道难名,惟公近之,非以公便为仁。①
> "唯仁者能好人,能恶人。"仁者用心以公,故能好恶人。公最近仁。人循私欲则不忠,公理则忠矣。以公理施于人(B4),所以恕也。②

程颐强调"以公言仁",也看到了公非仁,两种表述背后的矛盾是因为程颐希望建立自己独特的仁学理论,但他在批驳其他学者后又在自身理论中留下缺口。而这其中的关键,与程颐"以公言仁"中对后世影响最大的命题——"公而以人体之"——有关。

二 程颐:"公"而以人体之

程颐"以公言仁"极为重要的一条材料,便是上文所引"公而以人体之,故为仁(A3)"。对该材料的讨论有诸多难度:其一,程颐虽然多次阐发"以公言仁",但"公而以人体之"的表述仅有一次,因此不容易把握其在程颐"以公言仁"诸说中的地位和程颐如此表述的意图;其二,"公而以人体之"的提出虽然是为了定义"仁",但借用了"公""人""体"三个概念,对这些概念的解释可以呈现不同的义理,在材料不足征的情况下,学者们众说纷纭;其三,相较于程颐的"罕言之","公而以人体之"命题在后世却有连篇累牍的讨论,尤其是朱熹及其门人的讨论,这些讨论虽然激发并呈现了该命题的各种理论可能,但也给研究程颐的"本义"带来干扰,过往研究者受此影响而较少关注程颐的出发点。因此,本节并不致力于精准解释程颐"公而以人体之"命题的内涵,而侧重于说明该命题的大致理论倾向。

---

① 程颢、程颐:《二程集·遗书》卷三《二先生语三·谢显道记忆平日语》,第63页。此句亦收录在《二程集·粹言》中,文词稍有不同,但无碍文意。参见程颢、程颐:《二程集》,第1171页。
② 程颢、程颐:《二程集·外书》卷四《程氏学拾遗》,第372页。

二程论仁，往往有两个出发点，其一是要对其他学者的观点进行商榷，最终形成排他性的、具有自身特点的解释，其二是要处理自身理论与儒家经典的关系。就论仁而言，二程都需要处理《中庸》和《孟子》中的表述：

> 仁者人也（C1），亲亲为大；义者宜也，尊贤为大；亲亲之杀，尊贤之等，礼所生也。①
>
> 孟子曰："仁也者，人也。（C2）合而言之，道也。"②

"仁者人也（C1）"和"仁也者，人也（C2）"的表述大体一致，都是以"人"言"仁"，《孟子》更呈现一种"仁"与"人"之间先分后合的关系。何以能以"人"言"仁"，二程解释的侧重点有所不同。程颢说：

> 孟子曰："仁也者，人也，合而言之道也。"《中庸》所谓"率性之谓道"是也。仁者，人此者也。（C3）……是以仁者无对，放之东海而准，放之西海而准，放之南海而准，放之北海而准。③

此段材料，牟宗三以为"最为赅贯，可视为明道言仁之综括"④。此段之疏通，牟宗三论之详矣，此不赘述。就本文论证主旨而言，程颢添一"此"字，以"仁者，人此者也（C3）"来解释孟子所言"仁也者，人也（C2）"，程颢笔下"人"为动词，带有道德实践意味。整句义理如《中庸》开篇所言"率性之谓道"，所谓"人此者也"即"率性"，人率天所赋之性，又因万物共秉天所赋之性，所以通过一定的修身功夫，最终可以达到"仁者无对"、放之四海而皆准。而程颐对于同一文本的解释，与程颢不同：

> 仁，理也。人，物也。以仁合在人身言之（C4），乃是人之道也。

---

① 朱熹：《四书章句集注》，北京：中华书局，1983年，第28页。
② 同上，第367页。
③ 程颢、程颐：《二程集·遗书》卷十一《明道先生语一》，第120页。
④ 牟宗三：《心体与性体》中册，第187页。

伊川。①

与程颢万物一体式的解释不同，程颐反对直接"以人训仁"，他更强调将仁视为一种（公）理，将人视为承载理的物质性载体，对"仁（理）"和"人（物）"先行区别后，再以"合"的功夫联系在一起，"以仁合在人身言之（C4）"更像是"公而以人体之"的另一种表述。

二程解《中庸》《孟子》以人言仁之要旨，还有一段文字容易成为干扰项：

> 仁者公也，人（一作仁）此者也（C5）；义者宜也，权量轻重之极；礼者别也，知者知也，信者有此者也。万物皆有性（一作信），此五常性也。若夫恻隐之类，皆情也，凡动者谓之情。②

此段材料未标明出处，牟宗三以性情两分为标准，断言出自程颐，认为"仁者公也，人此者也（C5）"是"公而以人体之"的另一种表述。③相较于程颢"仁者，人此者也（C3）"的说法，程颐"仁者公也，人此者也（C5）"的说法看似相同，仅仅是添加"公也"二字，但却暗含着与程颢不同的侧重点。程颢直接以人言仁，重一体，而程颐则是先言仁为公理，后言人"有"此公理、"践"此公理，重区分，而此区分中，程颐更重视的是前半截"仁者，公（理）也"。

关于程颐"公而以人体之"命题的讨论，还需要澄清后来者的干扰，才能确定程颐的理论倾向。学者在讨论程颐"以公言仁"时，往往将"公只是仁之理"与"公而以人体之"视为互有矛盾的两组命题。这样的理解或始于朱熹，朱熹曾和弟子反复讨论"公"与"仁"的关系：

> 公在前，恕在后，中间是仁。公了方能仁，私便不能仁。可学。（D1）④
> 或问仁与公之别。曰："仁在内，公在外。"又曰："惟仁，然后能公。"

---

① 程颢、程颐：《二程集·外书》卷六《罗氏本拾遗》，第391页。
② 程颢、程颐：《二程集·遗书》卷九《二先生语九·少日所闻诸师友说》，第105页。
③ 牟宗三：《心体与性体》中册，第251页。
④ 黎靖德编，王星贤点校：《朱子语类》卷六，第116页。

又曰:"仁是本有之理,公是克己工夫极至处。故惟仁然后能公,理甚分明。故程子曰:'公而以人体之。'则是克尽己私之后,只就自身上看,便见得仁也。"(D2)①

仁是爱底道理,公是仁底道理。故公则仁,仁则爱。端蒙。(D3)②
公是仁之方法,人身是仁之材料。铢。(D4)③

朱熹认为仁、公关系有两种理解。从先后次第上说,有"公了方能仁(D1)"的"先公后仁说"和"惟仁,然后能公(D2)"的"先仁后公说";以及更本质的,公是"仁底道理(D3)",还是"仁之方法(D4)",即所谓的"仁之理"与"仁之方"之分。将"公"理解为"仁之理"自然没有问题,程颐明确说"公只是仁之理(A2)",而将公理解为"仁之方",其最核心论据便是"公而以人体之"命题所具有的功夫论意味,如陈来说:"公是仁之理,是说就公与仁的关系看,'公'是一种本质原理……但他(程颐)又力主'公而以人体之,故为仁',这等于说'公'并非原理,而只是实践和体现'仁'的功夫。"④其他学者也多因类似的理解,而将另外数条原本功夫论色彩并不浓重的材料理解成程颐是以"功夫"言"公"。

"公而以人体之"乃至程颐"以公言仁"中所论是"公",究竟是公理,还是功夫。⑤从字面上说,也关系到如何理解"公而以人体之"中的"而"字:若

---

① 黎靖德编,王星贤点校:《朱子语类》卷六,第116页。承中国人民大学刘蒙露同学告知,《朱子语类》此条材料与《晦庵先生朱文公文集》卷五十六《答郑子上》第十四书相近,若以文集为准,则朱熹并不主张"先仁后公"之说。语类此条记载有误,且难以通过句读加以恢复。但即便朱熹不主张"先仁后公"之说,朱熹认为"公"与"仁"的关系依旧有"公是仁之理"和"公是仁之方"两种理解,不妨碍本节核心讨论。现录《答郑子上第十四书》中文字如下,以供参考:

(郑可学:)在临漳问仁、公,先生曰:"仁在内,公在外。"此论与程氏所论,固证得世儒以"公"为"仁"之误,但可学窃谓:"仁是本,公是末,必仁然后能公,如程氏之说,则是公然后能仁,不知未仁,何以能公?"(朱熹):"仁是本有之理,公是克己功夫极至处,故惟公然后能仁,理甚分明。其曰'公而以人体之',则是克尽己私之后,只就自身上看,便见得仁也。"(朱熹:《晦庵先生朱文公文集》卷五十六《答郑子上》第十四书,《朱子全书》(修订版)第二十三册,第2687页)

② 黎靖德编,王星贤点校:《朱子语类》卷六,第116页。
③ 同上。
④ 陈来:《仁学视野中的"万物一体"论(上)》,第3页。吴震亦主此说,参见吴震:《朱子思想再读》,北京:三联书店,2018年,第73页。
⑤ 劳思光另有以"公心"解"公"之说。参见劳思光:《新编中国哲学史》卷三上,第240页。

"公"作"公理"解，则"而"表并列，与时间先后无关；若"公"作"功夫"解，则"而"表时间先后，意为"然后"，即先通过"公"之功夫"然后"才能实现仁。

若仔细辨析"公而以人体之，故为仁"命题，可以看出"人体之"已经有功夫论的意味，若认为"公"也指"功夫"，则"公"与"人体之"两种功夫不易区分。对于"公而以人体之"一句，更切合程颐本义的理解或许是如"仁者公也，人此者也（C5）"，"而"前"公"字是说"公是仁之理"，即"仁者公也"，"而"后"人体之"三字是说功夫，即"人此者也"。换言之，"仁者公也"乃是"人此者也"的"对象"，而非前后相续的两层功夫。又如程颐言"以公理施于人（B4）"，"公"字并不是从功夫的角度连着"人"说，而主要是连着"理"说，指的是"公理"。

诚然，程颐言仁有不同角度，陈淳曾指出程颐说仁"有以理言者，有以心言者，有以事言者"①，程颐也重视行仁的功夫，但在他以公言仁时，"公"字最主要的内涵或许还是"仁之理"。

三　朱熹：公而以"人"体之

"以公言仁"，自然需要处理公与仁的关系。当程颐重点论述"公是仁之理"时，依旧会产生一些疑问。与汉唐儒者以爱言仁不同，程颐主张"仁性爱情"，或者用朱熹的表述"仁是爱之理"。既然"仁是爱之理"，再说"公是仁之理"，难免有叠床架屋之嫌，"理"上如何又能有"理"。而前述从朱熹开始对于程颐"以公言仁"就有"公"是"仁之理"还是"仁之方"的争论，部分理学家主张"公是仁之方"，即针对"公是仁之理"所带来的"理上有理"的矛盾。本节重点分析朱熹与弟子的相关讨论。

朱熹对于程颐"以公言仁"理论中"公而以人体之"命题的态度比较复杂：

"公而以人体之"，此一句本微有病。然若真个晓得，方知这一句说得

---

① 陈淳著，熊国祯、高流水点校：《北溪字义》，第26页。此段收在"仁义礼智信"条最末，因为其中夹杂着朱语录，点校本难以明其所指乃是程颐。但看宽永九年（1632）之和刻本，则知"仁义礼智信"条最末两条有小节标题，题为"程子论仁，凡两条"。

好，所以程先生又曰："公近仁。"盖这个"仁"便在这"人"字上。你元自有这仁，合下便带得来。只为不公，所以蔽塞了不出来；若能公，仁便流行。①

在朱熹看来，"公而以人体之"命题是"微有病"还是"说得好"，取决于如何理解这一命题。若将重心放在"公"上，甚至以为公就是理，那便是"微有病"；若将重心放在"人"上，认为公只是近仁而非仁，那便是"说得好"。相比于程颐，朱熹更明确地以"人"字为重点解释"公而以人体之"命题，他所希望表达的义理有两个层次。第一层义理为仁是人"元自"有之。当朱熹主张仁是人本来即有时，他对于公的解释不同于程颐公理、人物两分中的"仁之理"，而是将公视为实现人本有之仁的"仁之方"。当朱熹说"若能公，仁便流行"时，"能"之一字，表明这里的"公"是仁之功夫。

朱熹侧重从"人"字解释"公而以人体之"，所要表达的第二层义理更为精微，与此句中的"体"字有密切关系，可以说，朱熹通过对"体"字的再解释，才真正完成了他从"人"字解释"公而以人体之"的理论构建。换言之，若要全面展现程颐"公而以人体之"命题的内涵，除了上文所讨论的"公"字是指的"仁之理"还是"仁之方"，"而"字是表示"所以然"还是"然后"，朱熹还需要讨论"体"字的对象和内涵，"体"字的讨论也关系到"之"字的内涵。

首先看"体"字的对象，也就是"之"字的具体内涵。朱熹讨论过两种解释：

此功夫却在"人"字上，盖人体之以公（E1），方是仁。②
未可便以公为仁，须是体之以人（E2），方是仁。③

这两则材料所指向的重点，无论是"此功夫却在'人'字上（E1）"还是"未可便以公为仁（E2）"，都体现了朱熹从"人"字而非"公"字解释"公而以人体之"的主张。"须是体之以人（E2）"一句之重点无疑是人，而"盖人体之以公（E1）"六字，重点也是在第二字"人"，而不是第六字"公"，因为前半截明

---

① 黎靖德编，王星贤点校：《朱子语类》卷九十五，第2453页。
② 同上，第2455页。
③ 同上。

确指出"此功夫却在'人'字上"。

进一步的讨论是,"体"的对象,是"公(E1)"还是"人(E2)"。"人体之以公(E1)"的表述很明确,"体"是动词,"人"是实施该动词的主体,而"公"是该动词的具体内容。如此,则"体之以人(E2)"又当作何解释,能否与"人体之以公(E1)"自洽?

朱熹关于"体"的对象看似矛盾的表述,与朱熹如何解释"体"的内涵有关。且先看朱熹与弟子董铢的一段讨论:

> 问:"(程颐所言)'仁之道,只消道一"公"字。公是仁之理,公而以人体之,故曰仁。'窃谓仁是本有之理,公是克己功夫到处。公,所以能仁。所谓'公而以人体之'者,若曰己私既尽,只就人身上看,便是仁。体,犹骨也(F1),如'体物不可遗'之'体','贞者事之干'之类;非'体认'之'体'也(F2)。"曰:"公是仁之方法,人是仁之材料(F3)。有此人,方有此仁。盖有形气,便具此生理。若无私意间隔,则人身上全体皆是仁。如无此形质,则生意都不凑泊他。所谓'体'者,便作'体认'之'体',亦不妨。体认者,是将此身去里面体察,如中庸'体群臣'之'体'也。"铢。①

董铢是与朱熹讨论"公而以人体之"义理最为频繁的门生之一,《朱文公文集》和《朱子语类》中存有不少材料。此处董铢所强调的"仁是本有之理,公是克己功夫到处"与前文朱熹所主张的"仁是本有之理,公是克己工夫极至处(D2)"义理一致,即公是"仁之方"。需要稍加解释的是,董铢说的"公,所以能仁"之"所以",并不是说公是比仁更为高阶的"仁之理",因为有这样的作为"仁之理"的公的存在,所以仁才可能;而是说有了公这一"仁的方",才能去除壅塞,回复人身上原有的仁。"所以"二字,并非表"所以然"之"根据",而是表"次第",意思如同"然后"。

这段材料中,董铢提出了对于"体"的两种理解:其一,"体,犹骨也

---

① 黎靖德编,王星贤点校:《朱子语类》卷九十五,第2453—2454页。

(F1)","体"有名词意味;其二,"体认之体(F2)","体"有动词意味。董铢赞成前者,他强调"仁是本有之理""只就人身上看,便是仁",也即前文所言,朱熹侧重从"人"字解释"公而以人体之"命题时所要表达的第一层义理,即仁是人"元自"有之。朱熹自然认可这一种解释,但朱熹另外提出,若能正确认识,以"体认"解"体"也无妨,甚至这种解释也不妨碍"体,犹骨也"的比喻。

何谓"体,犹骨也(F1)",董铢没有正面解释这一比喻的所指,但借用了《中庸》"体物而不遗"和《周易·文言》"贞者事之干"的典故。虽然董铢用典的精确意思尚难以把握,但朱熹对于此两处典故的注释则是其成熟看法。朱熹在《中庸章句》中解"体物"二字为"是其为物之体……其言体物,犹易所谓干事"[1];朱熹在《周易本义》中解"贞者事之干,君子体仁足以长人"的"体仁"二字为"以仁为体"。[2] 很明显,"体物""体仁"之"体",偏向动词意味,而"为物之体"和"以仁为体"之"体"偏向名词意味,但在朱熹看来,二者之间存在着内在的一致性。

这种一致性如何建立?这关系到朱熹侧重从"人"字解释"公而以人体之"命题,真正想要强调的第二层义理,即此人"元自"有之的仁,依然需要在人身上做公之功夫才能实现。朱熹在回应董铢的疑问时说"公是仁之方法,人是仁之材料(F3)",他认为,公和人,某种意义上都可以算是仁的依存,只有在人身上以公心去除私心(这便是公之功夫),仁才可以实现,真正的仁,是要合公与人两者才能实现。从合公与人的角度说,朱熹才主张"体者,便做'体认'之'体',亦不妨"。朱熹随后说"体认"之"体","如《中庸》'体群臣'之'体'也"。"体群臣"出自《中庸》第二十章,朱熹《中庸章句》云"体,谓设以身处其地而察其心也"[3],即日常所言设身处地之体察、体认,此处用典突出的也是体的功夫意味。

董铢在收到朱熹此番回复后,与朱熹又有一番讨论,更可凸显朱熹之主张:

问:"向日问'公而以人体之则为仁',先生曰:'体,作"体认"之

---

[1] 朱熹:《四书章句集注》,第25页。
[2] 朱熹:《周易本义》,《朱子全书》(修订版)第一册,第146页。
[3] 朱熹:《四书章句集注》,第29页。

"体"亦不妨。'铢思之，未达。窃谓有此人则具此仁。然人所以不仁者，以其私也。能无私心则此理流行，即此人而此仁在矣。非是公后，又要去体认寻讨也。"先生顾杨至之谓曰："'仁'字，叔重（董铢）说得是了，但认'体'字未是。体者，乃是以人而体公（E3）。盖人撑起这公作骨子，则无私心而仁矣。盖公只是一个公理，仁是人心本仁。人而不公，则害夫仁。故必体（G1）此公在人身上以为之体（G2），则无所害其仁，而仁流行矣。作如此看，方是。"铢。①

董铢的主张一如之前，但朱熹的回应中却有几处颇值得仔细辨析。首先是朱熹一个看似复杂的表述"必体（G1）此公在人身上以为之体（G2）"，这一句话可以视为朱熹解释"公而以人体之"最完备的解释。其中两个"体"的内涵，前一"体（G1）"字是具有功夫论意义的动词意味的体认，而后一"体（G2）"字则是"事之干"意味、名词意义上的体，也是董铢所理解的"体，犹骨也"的骨子；而在朱熹的理解中，"体，犹骨也"的比喻可以同时包括两种内涵的"体"，因为唯有通过功夫论意义的体公的功夫，公理才能真正成为人内在之骨，唤醒人所本有之仁。

另外，朱熹所言"体者，乃是以人而体公（E3）"，与前文"人体之以公（E1）"所主张义理相近，也有助于理解前文存疑的"须是体之以人（E2）"一句。"须是体之以人（E2）"可以理解为倒装句，"以人"二字应在"体之"之前，"之"便是"公"，即所谓"以人而体公（E3）"。

朱熹在此以"盖人撑起这公作骨子"来解释"体，犹骨也"的比喻，朱熹认为公的功夫是通过在人身上的道德实践，让仁成为一个人真正内在的骨子，而不是外在之理。朱熹曾肯定陈安卿的一段表述：

> 公只是仁之理，专言公，则只虚空说着理，而不见其切于己，故必以身体之，然后我与理合而谓之仁，亦犹孟子"合而言之，道也"。②

---

① 黎靖德编，王星贤点校：《朱子语类》卷九十五，第2454页。
② 朱熹：《晦庵先生朱文公文集》卷五十七《答陈安卿》第三书，《朱子全书》（修订版）第二十三册，第2737页。

可见朱熹"体，犹骨也"的比喻是针对"以公言仁"可能导致的"只虚空说着理，而不见其切于己"的弊端。在朱熹的行文中，"公"虽然也有"公之理"的表述，但大体而言，如果说程颐的侧重点是在"公之理"，那么朱熹的侧重点则转向了"公之方"，在朱熹看来，与其强调有流于虚空之弊的"公之理"，不如强调更切于人身的"公之方"，与其强调程颐之"分"以突显公理，不如强调"合"更为周全。

四 结 论

每个时代的思想家所主张的义理，往往与其所面临的挑战有关。二程之仁说，乃是针对汉唐以爱为仁之弊端；程颐"以公言仁"，则是针对同时代包括程颢在内的以觉训仁、以人训仁之弊端，而格外强调"公之理"。但程颐言仁所主张的"公而以人体之"命题蕴含着巨大的理论张力，虽然程颐本人未全面展开，但朱熹和其门生为了规避程颐此说可能具有的虚说仁的弊端，全面讨论了其中的"公"究竟是"公之理"还是"公之方"，"而"是"所以然"还是"然后"，"体"的内涵和对象等，将程颐提出的这一命题中蕴含的理论可能做了极大地呈现，并将"公而以人体之"的重点从"公"字转向"人"字。朱熹最终主张的"仁之名不从公来，乃是从人来"[①]，"紧要在'人'字上，仁只是个人"[②]，不仅仅实现了理论的转折，而且在解释上以人言仁也更加契合《中庸》"仁者人也"和《孟子》"仁也者，人也"的经典表述。

[①] 黎靖德编，王星贤点校：《朱子语类》卷九十五，第2454页。
[②] 同上，第2455页。

论朱子的心主性情说

张锦枝

（上海社会科学院哲学研究所）

一 两种解释进路

朱子的心主性情说是朱子心性情论的核心观点。学者通常倾向于关注心主情论，心主宰情易于理解，心主性则颇为费解。大体上，关于心主性的解释有两种进路。一种是认为心主性即主敬工夫，陈来先生认为："至于心对于性的'主宰'作用须要从未发时的主敬工夫来看，不可拘泥于词语。"[1]他主要从工夫论的角度说明心在未发时的主敬提撕保证、决定性能不受干扰地作用于人的现实思维的作用。一种是从心之知觉的角度说明心主性，蒙培元先生讲"心'主'性情，是从功能上说，指心以知觉功能统领性情，实现性情"[2]。他是从德性主体的角度讲心主性是心觉性，能觉之心和所觉之性统一于德性主体，而心主情即情感是主体的存在方式，敬和知觉都是理解心主性情论的重要方面。两说分别从本体和工夫两方面加以诠解，在朱子的文献中都有实实在在的依据。然而，两种解释都是在心透显性的意义上解释心主性的，偏重于强调性对心的制约。陈来先生解释朱子心主性的内容认为："性作为意识活动总体的本质、规律对意

---

[1] 陈来：《朱熹哲学的"心统性情"说》，《浙江学刊》，1986年第6期。
[2] 蒙培元：《朱熹心统性情说再议》，《儒家典籍与思想研究》，2010年。

识活动应起一种支配的作用,而在朱熹又认为,对心的修养又在一定程度上决定着性的这种支配作用能否得到正常表现和发挥。"①这句话用朱子原句表达即"所谓主宰者,即是理也"②,"所以'存其心'则'养其性',心该备通贯,主宰运用"③。其实,讲到"对心的修养又在一定程度上决定着性的这种支配作用能否得到正常表现和发挥",心对性的主宰力已经大大减弱,只剩下心对性的呈现力了。陈来先生在《朱子哲学研究》中对朱子所谓"心也者,知天地,宰万物,而主性情者也"④也是将信将疑,他说:"朱熹对心性的这些说法常常基于个人的心理体验,缺乏科学性和清晰性,但是可以肯定的是,所谓心主乎性绝不意味着心能主宰天地之理,能主宰天地万物。"⑤心主宰性并不混同于心主宰理,待下文详述。蒙培元先生知觉论亦有文献支持,典型如朱子在《答胡广仲》中所说:"心主性情,理亦晓然,今不暇别引证据,但以吾心观之,未发而知觉不昧者,岂非心之主乎性者乎?已发而品节不差者,岂非心之主乎情者乎?'心'字贯幽明、通上下,无所不在,不可以方体论也。"⑥他认为,未发而知觉不昧者,是说知觉处于虚灵明觉而不昏昧的潜在状态,即不偏不倚之中。这是由心之知觉指点性之存在。因而,心主性之主又具有能觉和所觉合一的主体意涵。蒙先生的说法相当圆融,但其理解心性的关系仍然落在心透显性的意义上。总体上,两说对于朱子心主性情论中心对于性的主宰力并没有落实。

其实,不少学者对朱子"心主性"的提法都表示了质疑,王夫之就说:"若说个主字则是性情显而心藏矣,此又不成义理,性自是心之主,心但为情之主,心不能主性也。"⑦从朱子关于心、性关系的表述来看,心与性的关系微妙难言。心与性确实存在着相互制约的关系,性是心主宰的依据。《语类》记曰:"问:'天地之心,天地之理。理是道理,心是主宰底意否?'曰:'心固是主宰底意,

---

① 陈来:《朱子哲学研究》,上海:华东师范大学出版社,2008年,第255页。
② 黎靖德编:《朱子语类》卷一,《朱子全书》第十四册,上海:上海古籍出版社、安徽:安徽教育出版社,2010年,第117页。
③ 黎靖德编:《朱子语类》卷五,《朱子全书》第十四册,第231页。
④ 朱熹:《胡子知言疑义》,《晦庵集》卷七十二,《朱子全书》第二十四册,第3556页。
⑤ 陈来:《朱子哲学研究》,第256页。
⑥ 朱熹:《答胡广仲》,《晦庵集》卷四十二,《朱子全书》第二十二册,第1902页。
⑦ 王夫之:《读四书大全说》卷八,清船山遗书本。

然所谓主宰者,即是理也,不是心外别有个理,理外别有个心。'"① 又有:"景绍问心性之别。曰:'性是心之道理,心是主宰于身者。四端便是情,是心之发见处。四者之萌皆出于心,而其所以然者,则是此性之理所在也。'"② 从以上对话来看,性是心之理,性之理才是真正的主宰者。性如果被私意所胜,则心之主宰不再。成中英先生曾经说:"夫心性关系者,从原始儒学到宋明理学,似乎均有二元的冲突:性之著见为心,以心发表于性,但性又倚赖心来发挥。"③ 成先生的总结仍在性体心用的框架下,以性为表达的主体而不涉及心之主宰的问题。我们亦可以将成先生的总结推进一步并反过来以心为主体来说,心主宰性,又以性之理为其主宰之理据,有主宰之循环的嫌疑。然而,心主宰性确是朱子心性学说中不可忽视的方面。唐君毅先生在《中国哲学原论·导论篇》中曾说:"若谓以心能知理,理下贯于身之气,即能主宰,则心于此乃成为一虚脱之闲家俱,何不径言理为主宰?"④ 可见,唐君毅先生认为如果视理为主宰,那么不仅心主宰性,心主宰身、情之主宰都成虚词。

二 朱子强调心主性的意义

朱子向来缜密,对于概念之间的辨析尤为细致。检视朱子文献,其中多次反复说明心对于性的主宰,试举《文集》中几例说明:

> 夫心主乎性者也,敬以存之,则性得其养而无所害矣。此君子之所以奉顺乎天,盖能尽其心而终之之事。⑤
>
> 心主于身,其所以为体者性也,所以为用者情也。是以贯乎动静而无不在焉。以此言之,已似太粗露了,何得更为无着莫乎?⑥

---

① 黎靖德编:《朱子语类》卷一,《朱子全书》第十四册,第117页。
② 黎靖德编:《朱子语类》卷五,《朱子全书》第十四册,第225页。
③ 成中英:《朱熹与张栻的论学:性体情用心统与性体心用导向心之九义》,《四川师范大学学报》(社会科学版),2014年第3期。
④ 唐君毅:《中国哲学原论·导论篇》,北京:中国社会科学出版社,2005年,第311页。
⑤ 朱熹:《答张敬夫问目》,《晦庵集》卷三十二,《朱子全书》第二十一册,第1398页。
⑥ 朱熹:《答何叔京》,《晦庵集》卷四十,《朱子全书》第二十二册,第1839页。

"心妙性情之德","妙"字是主宰运用之意。①

性,本体也,其用情也;心则统性情,该动静而为之主宰也。②

性者,心之理也;情者,心之用也;心者,性情之主也。③

心主性情,理亦晓然。今不暇别引证据,但以吾心观之,未发而知觉不昧者,岂非心之主乎性者乎?已发而品节不差者,岂非心之主乎情者乎?"心"字贯幽明、通上下,无所不在,不可以方体论也。④

性不能不动,动则情矣。心主性情。故圣人教人以仁,所以传是心而妙性情之德。⑤

心虽主乎一身,而其体之虚灵,足以管乎天下之理;理虽散在万物,而其用之微妙,实不外乎一人之心,初不可以内外精粗而论也。然或不知此心之灵,而无以存之,则昏昧杂扰,而无以穷众理之妙。不知众理之妙,而无以穷之,则偏狭固滞,而无以尽此心之全。此其理势之相须,盖亦有必然者。是以圣人设教,使人默识此心之灵,而存之于端庄静一之中,以为穷理之本,使人知有众理之妙,而穷之于学问思辨之际,以致尽心之功。巨细相涵,动静交养,初未尝有内外精粗之择,及其真积力久,而豁然贯通焉,则亦有以知其浑然一致,而果无内外精粗之可言矣。⑥

从以上材料来看,朱子不唯对心主性有着多次明确地肯定和说明,其所谓"心统性情""心妙性情"等表达中"统""妙"亦涵摄统率、主宰之义。在工夫论次第上,朱子改尽心知性知天为知性尽心知天,凸显了心对性、情的统摄,从工夫论上则不唯不是以心显性,而是以性显心。

众所周知,朱子的思想经历了两次重要的变化,一次是丙戌之悟,一次是己丑之悟。从"性体心用"到"心统性情",到底是转折还是递进,也即,心统性情论能不能包含性体心用论,这是一个重要的问题。按照朱子的说法:

---

① 朱熹:《答何叔京》,《晦庵集》卷四十,《朱子全书》第二十二册,第 1842 页。
② 朱熹:《孟子纲领》,《晦庵集》卷七十四,《朱子全书》第二十四册,第 3584 页。
③ 朱熹:《元亨利贞说》,《晦庵集》卷六十七,《朱子全书》第二十三册,第 3254 页。
④ 朱熹:《答胡广仲》,《晦庵集》卷四十二,《朱子全书》第二十二册,第 1902 页。
⑤ 朱熹:《胡子知言疑义》,《晦庵集》卷七十三,《朱子全书》第二十四册,第 3563 页。
⑥ 朱熹:《大学或问》,《四书或问》,《朱子全书》第六册,第 528 页。

两日思之，疑旧来所说，于心性之实未有差，而"未发""已发"字顿放得未甚稳当。疑"未发"只是思虑事物之未接时，于此便可见性之体段，故可谓之中而不可谓之性也。发而中节，是思虑事物已交之际皆得其理，故可谓之和而不可谓之心；心则通贯乎已发未发之间，乃《大易》生生流行、一动一静之全体也。①

《已发未发说》也有论及：

《中庸》未发、已发之义，前此认得此心流行之体，又因程子"凡言之者，皆指已发"之云，遂目心为已发，而以性为未发之中，自以为安矣。比观程子《文集》《遗书》，见其所论多不符合，因再思之，乃知前日之说虽于心性之实未始有差，而未发、已发命名未当，且于日用之际欠却本领一段工夫。盖所失者，不但文义之间而已。②

己丑之悟以后，朱子虽自言"心性之实未始有差"，事实上与之前相比，有差有不差。陈来先生认为，己丑之悟前后心性论一致在于，心体流行无所间断和性始终隐而不发要通过他者来表现。③前后心体流行确实都无间断，然而"性始终隐而不发要通过他者来表现"的说法过于分别性、情。朱子改胡宏《知言》"性不能不动，动则心矣"为"性不能不动，动则情矣，心主性情"，动者依然是心，只是更具体地说，动的是心之情，情动又是性动的体现。如果单单将情作为表现性的他者，则性体情用的关系无法体现。心主性情改性体心用为性体情用的表达，将心之已发的部分安顿给情，增加了心之未发的部分，并大大强调了心对于性、情二者统摄和主宰的作用。朱子调整心性情结构为心主性情，是对之前性体心用论的一种推进。成中英先生认为："朱子的中和新说不必非否认中和旧说的本体内涵，而必须要以中和旧说中的性体心用为基源引导出心与性或与性情之间的多种关系。心之统合性情，或心之统帅性情，只是此等

---

① 朱熹：《答林择之》，《晦庵集》卷四十三，《朱子全书》第二十二册，第1967页。
② 朱熹：《晦庵集》卷六十七，《朱子全书》第二十三册，第3266页。
③ 陈来：《朱子哲学研究》，第175页。

多种关系之一二端而已。"① 本文是赞成这种看法的。

如果说，朱子仅仅是要调整心的作用，使之不局限于动和已发，那么按照朱子后来所认为"思虑未萌，事物未至之时，为'喜怒哀乐之未发'。当此之时，即是心体流行，寂然不动之处，而天命之性，体段具焉"②的话，"性体心用"的结构就够用了，"心用"既可以表示已发，也可以扩展到未发之用，因为他认为已发和未发俱是在心体流行的意义上言之。然而，朱子将喜怒哀乐之未发、已发分别交付于性、情，而心统摄、主宰性情，就是意在通过心统性情和心主性情的结构凸显心对于性情的统摄和主宰作用。

三　三种误解

那么，造成我们对心主性这一点不能确信的，主要有三个误区：心小性大；心性相分；性情相分。

影响理解心主性的原因之一是隐藏的性大心小或者性重心轻的观念。张载曾因"心御见闻不宏于性"的心小性大说受到伊川批评，伊川说："不当以体会为非心，以体会为非心，故有心小性大之说。圣人之神与天（一有地字）为一，安得有二？至于不勉而中，不思而得，莫不在此，此心即与天地无异，不可小了佗，不可（一作若或）将心滞在知识上，故反以心为小。"③张载的心小性大说主要是心囿于闻见之知，而不能体悟直觉。这里所谓的心小性大类似于言性重言心轻，如吕留良说《大学》"无重心义，以其本天也"④。与之相反还有心大性小的重心说。程朱则中道而行，以心性为一。如上文，伊川说"圣人之神与天（一有地字）为一，安得有二？至于不勉而中，不思而得，莫不在此，此心即与天地无异，不可小了佗"，亦是解答。朱子说："人多说性方说心，看来当先说心。古人制字，亦先制得'心'字，'性'与'情'皆从'心'……今先说一个心，便教人识得个情性底总脑，教人知得个道理存着处。若先说性，却似性中别有一个心。

---

① 成中英：《朱熹与张栻的论学：性体情用心统与性体心用导向心之九义》。
② 朱熹：《已发未发说》，《晦庵集》卷六十七，《朱子全书》第二十三册，第3267页。
③ 程颢、程颐：《二程遗书》卷二上，《文渊阁四库全书》本。
④ 吕留良：《大学》一，《四书讲义》卷一，清康熙天盖楼刻本。

横渠'心统性情'语极好。"①心性本来为一。至于朱子说"心性皆天之所以与我者"②,也是说明了不仅性是天之与我者,心也是天之与我者。因此,看重性而轻视心的说法是无根据的。

就天地而言,"天命流行,所以主宰管摄是理者,即其心也;而有是理者,即其性也,如所以为春夏,所以为秋冬之理是也;至发育万物者,即其情也"③。就人而言,有人曾质疑心主性情是性小心大,朱子回应说心性不宜小大而论。

朱子说:"心性则一,岂有小大?"④他评论横渠"心御见闻,不弘于性"说:"渠说'人能弘道,非道弘人'处云:'心能检其性,人能弘道也;性不知检其心,非道弘人也。'此意却好。又不知它当初把此心、性作如何分?横渠说话有差处,多如此。"⑤可见,心小性大还蕴含着心性相分。心性相分也是朱子所明确反对的。他说:"性对情言,心对性情言。合如此是性,动处是情,主宰是心。大抵心与性,似一而二,似二而一,此处最当体认。"⑥"以'天命之谓性'观之,则命是性,天是心,心有主宰之义。然不可无分别,亦不可太说开成两个,当熟玩而默识其主宰之意可也。"⑦所谓"当熟玩而默识其主宰之意",即体认命与天、心与性"似一而二、似二而一"的关系中心对于性的主宰之意。心性之间"似一而二、似二而一"的关系其实是心性贯通,心天然涵具性的关系。"问:'心是知觉,性是理,心与理如何得贯通为一?'曰:'不须去着实通,本来贯通。''如何本来贯通?'曰:'理无心则无着处。'"⑧脱离心具性这一点,而以主观任意来看待心,确实会导致心不能主性的观点。心亦是性之所以为性者。

性情相分,由"性不动"而来。在性体情用的框架下,"性之静也而不能不动,情之动也而必有节焉,是则心之所以寂然感通、周流贯彻而体用未始相离者也"⑨。性不动是无所谓动静,但情动就是性的体现,因为体用不离。蒙培元

---

① 黎靖德编:《朱子语类》卷五,《朱子全书》第十四册,第226、227页。
② 朱熹:《答张敬夫问目》,《晦庵集》卷三十二,《朱子全书》第二十一册,第1398页。
③ 黎靖德编:《朱子语类》卷九十五,《朱子全书》第十七册,第3188页。
④ 黎靖德编:《朱子语类》卷九十七,《朱子全书》第十七册,第3287页。
⑤ 同上。
⑥ 黎靖德编:《朱子语类》卷五,《朱子全书》第十四册,第224页。
⑦ 同上。
⑧ 同上,第219页。
⑨ 朱熹:《答张钦夫》,《晦庵集》卷三十二,《朱子全书》第二十一册,第1419页。

先生曾经指出,性是形而上者,不可以动静言之,因此他分析朱子的"性者心之静"的说法,不是通常意义上的动静之静,而是"人生而静,天之性也"的"静"。① 朱子关于性之"动静真妄"有过解释,他说:"至谓'静'字所以形容天性之妙,不可以动静真妄言,则熹却有疑焉。盖性无不该,动静之理具焉。若专以静字形容,则反偏却性字矣。《记》以静为天性,只谓未感物之前,私欲未萌,浑是天理耳,不必以静字为性之妙也。真妄又与动静不同,性之为性,天下莫不具焉,但无妄耳……盖真则指本体而言,静则但言其未感物耳。明道先生云:'人生而静之上不容说,才说性时,便已不是性矣。'盖人生而静,只是情之未发,但于此可见天性之全,非真以静状性也。"② 性无分动静,然于情之未发时,可见天性整全。性静情动的相分只是形式,性体情用才是实质。脱离性体情用的框架,则必然有心只能主情而不能主性的结论了。以上是理解心主性的三重障碍。

四 从性体情用到心主性情,心主宰性情是何以可能的?

唐君毅先生说:"理之自然流行于气,气之自然表现理,是一自然之变化,或自然之易,不是心。"③ 生物和无知觉之物皆可以表现理,则人作为万物灵长又体现于何处? 可见,尽管朱子认为万物皆有性,但心主性情的命题仅仅为人而发,是人区别于万物,也区别于他人的重要命题,不仅仅是在工夫论的意义上,也是从本体论意义上而言的。

"性是心之道理,心是主宰于身者。四端便是情,是心之发见处。四者之萌皆出于心,而其所以然者,则是此性之理所在也。"④ 朱子只是说理是主宰者,并不说性是主宰者,说所以然者是性之理,不说所以然者就是性。心主性情既是普遍的,人人皆有之,又是特殊的,心主性情即以承认此特殊、个体性为前提。我心只能主我性情,不能主他人之性情。因此,此"性"必定就下落于人身上的

---

① 蒙培元:《朱熹心统性情说再议》,第558页。
② 朱熹:《答胡广仲》,《晦庵集》卷四十二,《朱子全书》第二十二册,第1900页。
③ 唐君毅:《中国哲学原论·原性篇》,北京:中国社会科学出版社,2005年,第250页。
④ 黎靖德编:《朱子语类》卷五,《朱子全书》第十四册,第225页。

个体性而言之。朱子己丑之悟后对于性、心的理解都有调整,他放弃"以性为未发之中"的看法,取伊川"性非即是中"的说法。针对湖湘学派以心为已发、吕祖谦以心为未发,朱子提出心贯穿已发、未发,因此对于伊川"赤子之心可以谓之和",以心为已发的观点,朱子在《已发未发说》中解释道:"程子所谓'凡言心者,皆指已发而言',此却指心体流行而言,非谓事物思虑之交也。"① 如果说,心是流行意义上的心体,性也是就流行心而言的人生而静以下意义上的性。朱子又引程子"人生而静以上不容说,才说时便无不是性矣",说"盖圣贤论性无不因心而发,若欲专言之则是所谓无极而不容言者,意无体段之可名矣"。"圣贤论性无不因心而发"可谓一语道破,朱子论性不是离心言性,性是心主宰之性,而非人生而静以上纯粹概念意义上的性。

心主性不可理解为心主理。在朱子,性与理也是有区别的。"理便是性之所有之理,性便是理之所会之地"②,这里朱子提醒的是理与性不可完全无分别。理是主宰者,并非等同性是主宰者。理周流万物,才是"有心而无心",是真正的主宰者。性在人身上,由心而成其为性者。

程子云:"未发之前谓之静则可,静中须有物始得,这里最是难处,能敬则自知此矣。"朱子评论说:"以事言之,则有动有静,以心言之,则周流贯彻,其工夫初无间断也,但以静为本尔。"③ 心之工夫无间断是重点,但"未发之前"朱子不提了。针对南轩"未发之前,心妙乎性,既发则性行乎心之用矣。"朱子认为,"于此窃有疑。盖性无时不行乎心之用,但不妨常有未行乎用之性耳。今下一'前'字,亦微有前后隔截气象"。其实后来朱子自注这封信所论乖戾,又有订正。所谓"乖戾"在于,"今下一'前'字,亦微有前后隔截气象","未发之前"的说法来自伊川,张栻只是借用而已。朱子后来接受了"未发之前"的说法,"未发之前"就是"未发",并没有一个"未发"之前的状态叫作"未发之前"。"不妨常有未行乎用之性"与前一句"性无时不行乎心之用"相矛盾,其实并没有"未行乎用"之性,即便性在未发之中,事物思虑未交之时,仍然是在心体流行的意义上说的。性是无时不行乎心之用的性。反过来,心也是贯穿未发

---

① 朱熹:《晦庵集》卷六十七,《朱子全书》第二十三册,第 3268 页。
② 朱熹:《答冯作肃》,《晦庵集》卷四十一,《朱子全书》第二十二册,第 1852 页。
③ 朱熹:《已发未发说》,《晦庵集》卷六十七,《朱子全书》第二十三册,第 3268 页。

已发的，工夫无间断。如果说，心对于情有主宰，那么在未发之中，心对于性也同样有主宰的作用，否则心之工夫和作用就不能周流贯彻而无间断了。

其次，性体情用是心主性情题中之义。性体情用，性情又分别统摄于一心，是朱子对当时性情论反思的一个结果。朱子认为，前贤和时人对性、情关系存在着两种极端的看法：一种是汉代以来，以情为性，混淆性情的看法；另一种则矫枉过正，以性、情截然相分，不相照管。前一种情况导致"学者终日言仁而实未尝识其名义"的结果，后一种情况言性，则看似高明公允，实际上"以公天下而无物我之私"①，"漠然无情，但如虚空木石"②，已堕入墨学。固然唯公能体仁，然公并非仁。关于性、情的关系，朱子既反对性情不加分别，又反对二者互相区隔。朱子认为，性发为情，情发于性，没有无性之情，也没有无情之性。他甚至说"性、情一物，其所以分，只为未发已发之不同耳。不以未发已发分之，则何者为性，何者为情耶？仁无不统，故恻隐无不通，此正是体用不相离之妙"③。从这个意义上说，心主宰情，主宰的是心所发、性所动之情，情即是性的表现。准确地说，心是一直主宰性的。当性动而为情，心主情时，非别有一性在情之外由心主宰着，而是此时性已在情中，心主情同时亦心主宰性了。朱子曾经说："盖性无不该，动静之理具焉。若专以静字形容，则反偏却性字矣。《记》以静为天性，只谓未感物之前，私欲未萌，浑是天理耳，不必以静字为性之妙也。"④可证关于心主性一段，朱子仅以未发言之，非已发之中心不能主性，而是已发之情即是动之性，无须另外说明了。也正因为性体情用的关系，朱子心主性情论中，特重未发一段涵养工夫，因为未发工夫的效验可直接呈现在已发之中，未发、已发本来相通。

朱子说："但本体无着莫处，故只可于用处看便省力耳。"⑤心不可捉摸，性亦不可捉摸，心主性极费思量，费思量不代表不存在。体在用上看，心主性从心主情来看便省力。朱子说："性、情则一，性是不动，情是动处。"⑥心对于情的主

---

① 朱熹：《又论仁说》，《晦庵集》卷三十二，《朱子全书》第二十一册，第1412页。
② 同上。
③ 朱熹：《答何叔京》，《晦庵集》卷四十，《朱子全书》第二十二册，第1830页。
④ 朱熹：《答胡广仲》，《晦庵集》卷四十二，《朱子全书》第二十二册，第1900页。
⑤ 朱熹：《答林德久》，《晦庵集》卷六十一，《朱子全书》第二十三册，第2935页。
⑥ 黎靖德编：《朱子语类》卷五，《朱子全书》第十四册，第232页。

宰本质上是心对性的主宰贯穿动静的表现。反之，如果心不能主宰性，则心亦不能主宰性之情。后来阳明说"未发得中，已发得和"也正是在此性体情用，体用一源的意义上说。"夫心主乎性者也，敬以存之，则性得其养而无所害矣"①，未发之中性得其所养，就是心对于性的主宰。朱子在订正蔡沈《书经集传》时对于心之主宰说得更为具体。他说："敬者，一心之主宰。性即心所具之理也。敬则此心收敛于天理之中而性可节，不敬则此心放纵于人欲之伪而性日流。"②

敬所以能为一心之主宰，依据在于心之知觉。冯作肃关于"情本于性，故与性为对。心则于斯二者有所知觉，而能为之统御者也。未动而无以统之，则空寂而已。已动而无以统之，则放肆而已"③的论述，得到了朱子的肯定。朱子关于心主性情之义早在《与张敬夫》的书信中得以完整表达：

> 比观旧说，却觉无甚纲领，因复体察，得见此理须以心为主而论之，则性情之德、中和之妙，皆有条而不紊矣。然人之一身，知觉运用，莫非心之所为，则心者，固所以主于身，而无动静语默之间者也。然方其静也，事物未至，思虑未萌，而一性浑然，道义全具，其所谓中，是乃心之所以为体而寂然不动者也。及其动也，事物交至，思虑萌焉，则七情迭用，各有攸主，其所谓和，是乃心之所以为用，感而遂通者也。然性之静也而不能不动，情之动也而必有节焉，是则心之所以寂然感通、周流贯彻而体用未始相离者也。然人有是心而或不仁，则无以着此心之妙；人虽欲仁而或不敬，则无以致求仁之功。盖心主乎一身而无动静语默之间，是以君子之于敬，亦无动静语默而不用其力焉。未发之前，是敬也固已主乎存养之实；已发之际，是敬也又常行于省察之间。方其存也，思虑未萌而知觉不昧，是则静中之动，《复》之所以"见天地之心"也。及其察也，事物纷纠而品节不差，是则动中之静，《艮》之所以"不获其身，不见其人"也。有以主乎静中之动，是以寂而未尝不感；有以察乎动中之静，是以感而未常不寂。寂而常感，感而常寂，此心之所以周流贯彻而无一息之不仁也。然则君子

---

① 朱熹：《答张敬夫问目》，《晦庵集》卷三十二，《朱子全书》第二十一册，第1398页。
② 陈栎：《朱子订定蔡氏集传》，《尚书集传纂疏》卷五，《文渊阁四库全书》本。
③ 朱熹：《答冯作肃》，《晦庵集》卷四十一，《朱子全书》第二十二册，第1852页。

之所以"致中和而天地位、万物育"者，在此而已。盖主于身而无动静语默之间者，心也；仁则心之道，而敬则心之贞也。此彻上彻下之道，圣学之本统。明乎此，则性情之德、中和之妙可一言而尽矣。①

所谓敬贯动静，是心之性情之实，虽然朱子常强调敬"主乎存养之实"，实际上敬也是已发之际心主乎省察的工夫。正因为未发已发一贯，敬的工夫可以一贯，而这一贯动静的敬的工夫本身就是心之知觉的作用。知觉是主宰的依据。

唐君毅先生说："故心乃以其未发之寂，上通、内通于性理，而主乎性；以其已发之感，外通、下通于气，而主乎情。性之见乎情，即理之形于气，即吾人之依理以有其身体之行为，故心主乎性情，即主乎此身，而心主此身，以在此腔子里，即心主性情而统性情、统理气。"② 唐君毅先生试图以理气论沟通心主性情之主与心主身之主为一。朱子只说"心主于身，其所以为体者性也，所以为用者情也。是以贯乎动静而无不在焉"③，说明心主于身的依据仍然是性体情用，却未有理体气用说与之对应④，理气论是唐先生的发挥。然朱子又说"以此言之，已似太粗露了，何得更为无着莫乎？"⑤ 所谓太粗露，是说仅说明心主性体情用过于疏简，而没有将心、性、情之间关联的复杂性体现出来。

五 性与知觉

尽管朱子心主性情论存在着不可忽视的心主性的一面，然而，在客观效果上，朱子的学说仍然给人以性主心情的印象。其原因在于朱子止于深究心之知觉的作用与性之间的关联，而是刻意停下来，意在警惕知觉的主体作用。本来，

---

① 朱熹：《答张钦夫》，《晦庵集》卷三十二，《朱子全书》第二十一册，第1419页。
② 唐君毅：《中国哲学原论·原性篇》，北京：中国社会科学出版社，第249页。
③ 朱熹：《答何叔京》，《晦庵集》卷四十，《朱子全书》第二十二册，第1839页。
④ 朱子认为"体是这个道理，用是他用处"，因此有"道为体，义为用"、"天道为体，人道为用"、"理者天之体，命者理之用"、"性是人之所受，情是性之用"等说法，但即便按照陈荣捷先生《朱子论体用》（《朱子新探索》，台北：学生书局，1988年，第277页）"同体异用"说，亦无理体气用之论。
⑤ 朱熹：《答何叔京》，《晦庵集》卷四十，《朱子全书》第二十二册，第1839页。

知觉即德性意识，性与知觉的关系不证自明。朱子以前，不少理学家强调性与知觉的关系。比如杨龟山说："知其理一，所以为仁，知其分殊，所以为义之意，盖全在知字上用着力也。"朱子关于知觉与性的关系亦是承认其本来贯通。如：

> 问："心是知觉，性是理，心与理如何得贯通为一？"曰："不须去着实通，本来贯通。""如何本来贯通？"曰："理无心，则无着处。"①
>
> "合性与知觉有心之名则恐不能无病，便似性外别有一个知觉了。"②

然而，仅仅是贯通并不足以说明二者的具体关联。更进一步，以心之知觉自察，或以知觉求仁，则为朱子所不许。

> 问："知觉是仁否？"
> 曰："仁然后有知觉。"
> 问："知觉可以求仁否？"
> 曰："不可。"
> 问："谢氏曰：'试察吾事亲从兄之时此心如之何？知此心则知仁。'何也？"
> 曰："便是这些话心烦人，二先生却不如此说。"③

谢上蔡云："不仁便是死汉，不识痛痒了。仁字只是有知觉了了之体段，若于此不下工夫令透彻，即缘何见得本源毫发之分殊哉？若于此不了了，即体用不能兼举矣。此正是体用兼举处。人道之立，正在于此。"朱子随附评论说："仁之一字，正如四德之元。而仁义二字，正如立天道之阴阳、立地道之柔刚，皆包摄在此二字尔。"④谢上蔡论性与知觉是体用兼举，被朱子轻轻一转而为"仁之一字""仁义二字"，知觉却完全不提了。朱子还批评谢上蔡："谢氏之

---

① 黎靖德编：《朱子语类》卷五，《朱子全书》第十四册，第219页。
② 同上，第227页。
③ 黎靖德编：《朱子语类》卷二十，《朱子全书》第十四册，第705、706页。
④ 朱熹：《延平答问》，《朱子全书》第十三册，第332页。

说,机警有余,然四者本以质言,而仁非知觉可训,则亦误矣。"①在性与知觉的问题上,朱子谨承程子之训。为了防止以见性之名玩弄灵明知觉,朱子更是将知觉压制在仁包四体之智目之下,认为"知觉自是智之事,在四德是'贞'字。而知所以近乎仁者,便是四端循环处。若无这智,便起这仁不得"②。说"仁主乎爱""知觉谓之仁便智也"都是偏于以性来制约知觉。

其实,按照朱子讲"未发之前,是敬也固已主乎存养之实;已发之际,是敬也,又常行于省察之间。方其存也,思虑未萌而知觉不昧,是则静中之动,《复》之所以'见天地之心'也。及其察也,事物纷纠而品节不差,是则动中之静,《艮》之所以'不获其身,不见其人'也。有以主乎静中之动,是以寂而未尝不感;有以察乎动中之静,是以感而未常不寂。寂而常感,感而常寂,此心之所以周流贯彻而无一息之不仁也。"③接着讲知觉与性一体,是顺理成章的。而朱子论未发之中:

问:"未发之前,当戒慎恐惧,提撕警觉,则亦是知觉。而伊川谓'既有知觉,却是动',何也?"

曰:"未发之前,须常恁地醒,不是瞑然不省。若瞑然不省,则道理何在?成甚么'大本'?"

曰:"常醒,便是知觉否?"

曰:"固是知觉。"

曰:"知觉便是动否?"

曰:"固是动。"

曰:"何以谓之未发?"

曰:"未发之前,不是瞑然不省,怎生说做静得?然知觉虽是动,不害其为未动。若喜怒哀乐,则又别也。"

曰:"恐此处知觉虽是动,而喜怒哀乐却未发否?"

先生首肯,曰:"是下面说'复见天地之心',说得好。复一阳生,岂不

---

① 朱熹:《论语或问》,《四书或问》卷十三,《朱子全书》第六册,第821页。
② 黎靖德编:《朱子语类》卷二十,《朱子全书》第十四册,第706页。
③ 朱熹:《答张钦夫》,《晦庵集》卷三十二,《朱子全书》第二十一册,第1419页。

是动？"

曰："一阳虽动，然未发生万物，便是喜怒哀乐未发否？"

曰："是。"①

知觉贯彻，显然贯穿未发、已发的知觉比如爱之类的已发之情具有更为根本的意义。心之呈现性与知觉密切相关，心、性为一也正是在此意义上说。朱子之知觉再往前一步，则心主宰性便有了实质的落实和进展。

朱子思想中知觉与性具有两个面向："心觉仁"，"仁则有知觉"。在存有论的意义上，仁与知觉一定是一齐并在的。那么，逻辑关系上，仁与知觉孰先孰后呢？朱子在回复张钦夫《又论仁说》中说道："仁本吾心之德，又将谁使知之而觉之耶？"②又谓："心自是个识底，却又把甚底去识此心？"③"故谓仁者心有知觉则可，谓心有知觉谓之仁则不可。"④可见，朱子是将仁判为知觉的根据，而知觉则并入心，不可再追问其重要性。

朱子说知觉可以求仁"不可"，"这些话心烦人"，关于心之主动性的纠结，来自朱子思想自身的纠结。"正为不见天理，而专认此心以为主宰，故不免流于自私尔"⑤，对佛学的认识促使朱子不能完全彻底地信任心，而必强调性的制约，欲达到心之自主性与性的制约性相平衡的局面。

六 结 语

本文试在心主身解心主性情论上更进一解，即心主性情即心主一的结果。心对于性情之主宰，本质上是心的自我主宰的表现。心主敬，也即心主一。既然敬贯动静，"敬，只是此心自做主宰处"⑥，"夫心主乎性者也，敬以存之，则性

---

① 黎靖德编：《朱子语类》卷九十六，《朱子全书》第十七册，第 3246 页。
② 朱熹：《晦庵集》卷三十二，《朱子全书》第二十一册，第 1412 页。
③ 黎靖德编：《朱子语类》卷二十，《朱子全书》第十四册，第 707 页。
④ 朱熹：《又论仁说》，《晦庵集》卷三十二，《朱子全书》第二十一册，第 1413 页。
⑤ 朱熹：《答张敬夫》，《晦庵集》卷三十，《朱子全书》第二十一册，第 1314 页。
⑥ 黎靖德编：《朱子语类》卷十二，《朱子全书》第十四册，第 371 页。

得其养而无所害矣"①。则心主宰性，其实是心自做主宰。心是性情之全体，心主乎性情，亦只是心自做主宰。这样说并非于心、性、情不做分别，而是就三者紧密的关联而言。心主宰性与性是心之理是心主性情说的两个方面。

唐君毅先生说："理之自然流行于气，气之自然表现理，是一自然之变化，或自然之易，不是心。"②此言甚是。姑且不论他将性情分属于理气的部分，此句亦可以反驳那些仅仅将心对性的主宰看作心对性的呈现的看法。然而，当心完全主宰了性情，则未发为中，已发为和，有心即是无心，类似于天地之心，心主宰性与性范导心是合一的。

行文至此，本文认为心主性情包含了性是心之理和心主宰性两个方面，两方面都要肯定。从客观面而言，性是心之理，从主观面来说，心主宰性。正因为心对于性的主宰，性之所含仁义礼智可以塑造多种人生之可能。我们长久以来之所以特别小心地维护性是心之理的一面，强调心的最大发挥也不过是按照理则行事，而可以忽视朱子反复强调心主宰性，无法正视在一身之中看似矛盾、互相制约的这两个方面，一是由于将心、性和性、情的关系看得过于分析、隔截，取不杂而弃不离。我们熟悉于称朱子"心性情"的结构为"三分架构"，而在朱子，从来未有三分之说。朱子"舍心无以见性，舍性无以见心"和"性情则一"等说法，仍需我们细细体会。二则是对于性为心之理的方面过于强调。《语类》记朱子语："横渠云：'心统性情者也。'既是心统性、情，伊川何得却云'自性之有形者谓之心，自性之有动者谓之情'耶？如伊川所言，却是性统心、情者也。"③如果单单强调性是心之理和情之体的话，那么不如说性统心情，不要谈心统性情好了。

钱穆先生在评价朱子心主性情说时，侧重说明两点：一是极倡情与外事相

---

① 朱熹：《答张敬夫问目》，《晦庵集》卷三十二，《朱子全书》第二十一册，第1398页。
② 唐君毅：《中国哲学原论·原性篇》，第250页。唐君毅先生在说明人之心连于其自身的表现于气者，须同时与心者"理之所会之地"合说方备时，引《语类》卷五"心为理之所会之地"，原文为"性便是心之所有之理，心便是理之所会之地（升卿一'心'字饶录为'性'）"，对照《晦庵集》卷四十《答何叔京》"性便是理之所会之地"，《晦庵集》卷四十一《答冯作肃》"理便是性之所有之理，性便是理之所会之地"，可见《语类》黄㽦和饶鲁所记均有误，唐先生所引随之而误。
③ 黎靖德编：《朱子语类》卷五十九，《朱子全书》第十六册，第1885、1886页。

感应的一面，反对灭情言性；一是强调心之主宰，认为"朱子意，不仅重在分性情为体用动静，更重在主以心为管摄"①。从反对灭情言性的意义上，钱穆先生甚至认为："若只曰心即理，像似重视此心，实则减轻了此心之分量与功能不少矣。"②如果是内非外，重本轻末，忽视心在情上的运用，则心即理不如心主性情的表达全面。同样，如果从心之主宰的意义上，心即理也不如心主性情讲主宰更能体现人能弘道的一面。

心之虚明知觉是人与万物的根本区别，心主性情提出的意义就在于人能弘道。从这个意义上说，心主性情包含了性是心之理和心主宰性的双重意味。这与朱子提造理、造道异曲同工：

> 张子曰："由太虚，有天之名；由气化，有道之名；合虚与气，有性之名；合性与知觉，有心之名。"愚谓尽心知性而知天，所以造其理也；存心养性以事天，所以履其事也。不知其理，固不能履其事，然徒造其理而不履其事，则亦无以有诸已矣。③

> 程子曰："赞天地之化育，自人而言之，从尽其性至尽物之性，然后可以赞天地之化育，可以与天地参矣。言人尽性所造如是，若只是至诚，更不须论所谓人者，天地之心及天聪明自我民聪明，止谓只是一理，而天人所为各自有分。"④

> 尽心知性知天，言学者造道之事；穷理尽性至命，言圣人作《易》之事。⑤

凡事向来不是天所能全权决定的，而是"天人所为，各自有分"，人在其中起到一半的作用，所以才叫人参赞化育。

一直以来，朱子学说被误解为性理锢囿了心的活动，甚至被以为"吃人"

---

① 钱穆：《朱子新学案》第二册，台北：三民书局，1971年，第36页。
② 同上，第36页。
③ 朱熹：《孟子集注》，《四书章句集注》卷十三，《朱子全书》第六册，第425、426页。
④ 朱熹：《中庸集略》卷下，《四书或问》，《文渊阁四库全书》本。
⑤ 朱熹：《答何叔京》，《晦庵集》卷四十，《朱子全书》第二十二册，第1830页。

和"杀人"的天理，这正是因为对朱子的"心"的主动性认识的不够，也发挥得不够。以上以性理禁锢心灵正是朱子所反对的性大心小，片面强调性对心的规范，而忽视心对性的创造一面。心之于性和性之于心的作用正是一体之两面，割裂二者则要么落入心之放失，要么造成后人诟病朱子的他律。

因小学之成以进乎大学之始

——浅谈朱子之"小学"对于理解其《大学》工夫的意义

郭晓东

（复旦大学哲学学院）

一

众所周知，朱子平生用力最多者，在《大学》一书，朱子曾自称其"平生精力尽在此书"[①]，故学者研习朱子之说，大多将关注的重心放在朱子对《大学》的诠释上，如牟宗三先生在对宋明理学进行三系分疏时，就认为伊川朱子一系的主要特征即"以《大学》为主"[②]。相较而言，朱子对"小学"的论述则较少有人予以应有的重视，或者仅将朱子之"小学"视为一种蒙学教育。淳熙丁未（1187）朱子与门人刘清之合编《小学》一书，朱子序文中有"授之蒙童、资其讲习"[③]云云，似乎朱子亦同样将"小学"视为蒙学。

淳熙己酉（1189），朱子序定《大学章句》，明确将"小学"与"大学"相提并论：

[①] 黎靖德编：《朱子语类》卷十四，北京：中华书局，1994年，第258页。
[②] 牟宗三：《心体与性体》第一册，台北：中正书局，1969年，第49页。
[③] 朱熹：《小学原序》，《朱子全书》第十三册，上海：上海古籍出版社、合肥：安徽教育出版社，2001年，第393页。

> 人生八岁，则自王公以下，至于庶人之子弟，皆入小学，而教之以洒扫、应对、进退之节，礼乐、射御、书数之文；及其十有五年，则自天子之元子、众子，以至公、卿、大夫、元士之适子，与凡民之俊秀，皆入大学，而教之以穷理、正心、修己、治人之道。①

从上文看，我们很容易得出结论认为，朱子心目中"大学"与"小学"的区别，仅仅在于受学对象年龄的不同，以及所学内容的差别，从而以之阐明"大学"之为"大人之学"的意义所在。② 然而，朱子在《大学或问》中又说：

> 学之大小固有不同，然其为道则一而已。是以方其幼也，不习之小学，则无以收其放心，养其德性，而为大学之基本。及其长也，不进于大学，则无以察夫义理，措诸事业，而收小学之成功。③

就此而言，"大学""小学"固有不同，但没有实质性的差异，仅在于为学次第之先后而已，"其为道则一"，因而二者是相辅相成的关系，故朱子视"小学"为"大学之基本"，视大学为"收小学之成功"，《章句序》中亦称"因小学之成功，以著大学之明法"。那么，我们应该如何理解朱子的这些表述呢？"小学"在何种意义上可以视为"大学"之"基本"呢？

二

为了阐明"小学"对于"大学"的意义，我们不妨从《大学》的工夫入手予以讨论。

《大学》工夫之次第，以"格物致知"为首，朱子对《大学》的诠释，亦显然

---

① 朱熹：《四书章句集注》，北京：中华书局，1983年，第1页。
② 《大学章句》即云："大学者，大人之学也。"参见朱熹：《四书章句集注》，第3页；《大学或问》则说："此对小子之学言之也。"参见朱熹：《四书或问》，上海：上海古籍出版社、合肥：安徽教育出版社，2001年，第1页。
③ 朱熹：《大学或问上》，《四书或问》，第1页。

以"格物"说为中心,朱子不但在《大学章句》中为《大学》作了一段《格物补传》,而且称"此一书之间,要紧只在格物两字上"[1],又称"格物致知是《大学》第一义"[2],陈来先生也认为,"格物是朱熹大学思想的核心观念"[3]。因而欲理解《大学》之工夫,首先必须理解《大学》之"格物"说。然而,诚如钱穆先生所说,"朱子思想,以论格物穷理为最受后人之重视,亦最为后人所争论"[4]。宗朱学者固然以朱子之说为不刊之论,但我们同时似乎可以看到更多的是对朱子"格物"说的批评。早在朱子同时代就有陆象山批评朱子的"格物"工夫为"支离"[5],其后王阳明亦质疑朱子的"格物"工夫无助于自身的成德。[6]在现代学者中,冯友兰与牟宗三两先生的批评亦颇具代表性。在冯友兰先生看来,"格物"是"增进人对于客观上的各个具体事物的知识",他评论朱子的《格物补传》说:"这篇《补传》实际上分为两段。在豁然贯通焉似前为前段,以后为后段。前段的要点是'即物而穷理',说的是增进知识,后段的要点是'吾心之全体大用无不明矣',说的是提高精神境界。这本来是两回事,分开来说本来是可以的。朱熹全篇文章是把'即物而穷理'作为'吾心之全体大用无不明矣'的方法,这就成为问题了。这就是把两回事混为一回事,把'为学'和'为道'混为一谈,这就讲不通了。"[7]牟宗三先生的批评与冯先生相类似,他认为朱子的"格物致知"说是"泛认知主义","格物致知是心知之明与在物之理之间的认知摄取关系"[8],从而"将知识问题与成德问题混杂在一起讲"[9]。如果诚如陆、王及冯、牟诸贤所批评,则朱子工夫论的理论缺陷是显然的,不管怎么说,知识与道德毕竟分属两个不同的领域,以知识为成德之阶,当然可以认为是在缘木求鱼。然

---

[1] 黎靖德编:《朱子语类》卷十四,第255页。
[2] 朱熹:《答宋深之第四》,《朱文公文集》卷五十八,《朱子全书》第二十三册,第2773页。
[3] 陈来:《朱熹哲学研究》,北京:中国社会科学出版社,1993年,第207页。
[4] 钱穆:《朱子新学案》第二册,北京:九州出版社,2011年,第621页。
[5] 如象山为鹅湖之会所作的诗中便讥刺朱子之学为"支离事业竟浮沉",参见陆九渊:《语录上》,《陆九渊集》卷三十四,北京:中华书局,1980年,第427页。
[6] 如《传习录》卷下说:"先儒解格物为格天下之物,天下之物如何格得?且谓一草一木亦皆有理,今如何去格?纵格得草木来,如何反能诚得自家意?"参见王阳明著,吴光等编校:《王阳明全集》,上海:上海古籍出版社,1992年,第119页。
[7] 冯友兰:《中国哲学史新编》下册,北京:人民出版社,2007年,第168页。
[8] 牟宗三:《心体与性体》第三册,第397页。
[9] 牟宗三:《心体与性体》第一册,第50页。

而，我们不得不对此提出质疑，朱子之学居然浅薄如斯？正如金春峰所指出的，"硬将其套为西方的认识论，解格物为研究穷索物理，致知为积累客观知识，《大学补传》就不仅显得十分贫乏，而且以求知为成德之途，弄成矛盾、混乱，扞格不通，起码的思想水准也没有了"①。以朱子在理论上一贯周匝缜密而言，似乎不当如此。于是，我们不妨重新对朱子的"格物致知"思想做一审查。

《大学》称"致知在格物"，朱子在《大学章句》中解释说：

> 致，推极也。知，犹识也。推极吾之知识，欲其所知无不尽也。格者，至也。物犹事也。穷至事物之理，欲其极处无不到也。②

所谓"致"是推极，"致知"是"推极吾之知识"，单就此讲，颇不容易理解，到底何谓为"吾之知识"？学者或有将"致知"解为获得知识者，但朱子显然不是训"致"为获得，而是训为"推极"，"推极"者，自内向外也。朱子又训"格"为"至"，则"格物"者，至物也。然而，仅仅说至物，并没有太大实质性的意义。关键的问题是，我们要到事物那里去干什么？在这一点上，《大学》文本没有给出任何说法，朱子遂由至物而引申为"穷至事物之理"，亦即所谓"穷理"。因而，所谓"格物"，便被朱子诠释为到物那里去穷理，或者说是去穷尽事物的理。虽然朱子认为"格物"与"穷理"两个概念仍然存在细微的差别，但在一般意义上讲，"格物"可以认为就是"穷理"③，对"格物"的理解关键也在于对"穷理"的理解。那么，什么是"穷理"呢？一般的说法是将穷理理解成研究事物的道理。④这样，朱子之"格物致知"似乎就是到物那里去穷理而获得知识。⑤但问题是，从工夫的角度看，如何才可能到物那里去穷究事物的道理呢？对此最经典的表述莫过于《格物补传》：

---

① 金春峰：《自序》，《朱熹哲学思想》，台北：东大图书公司，1998年，第15页。
② 朱熹：《四书章句集注》，第4页。
③ 陈来：《朱熹哲学研究》，第209页。
④ 陈来：《宋明理学》，沈阳：辽宁教育出版社，1991年，第180页；杨立华：《宋明理学十五讲》，北京：北京大学出版社，2015年，第233页。
⑤ 如陈来说："朱熹所说的致知只是指主体通过考究物理在主观上得到知识扩充的结果。"陈来：《朱熹哲学研究》，第212页。

所谓致知在格物者,言欲致吾之知,在即物而穷其理也。盖人心之灵,莫不有知,而天下之物,莫不有理。惟于理有未穷,故其知有不尽也。是以大学始教,必使学者,即凡天下之物,莫不因其已知之理而益穷之,以求至乎其极。至于用力之久,而一旦豁然贯通焉,则众物之表里精粗无不到,而吾心之全体大用无不明矣。此谓物格,此谓知之至也。①

就文本的第一句讲,"致知在格物",似乎可解为到物那里去穷尽事物的道理而获得知识,虽然我们说朱子并不训"致"为获得。但是,朱子所"欲致"的"吾之知",并不是普泛意义上所讲的"我的知识",而是"我本有之知",故"致"才可以训为"推极",即自内而向外推致。朱子讲"人心之灵,莫不有知",则"知"者,实乃我本有之知。②朱子又云,"即凡天下之物,莫不因其已知之理,而益穷之,以求至乎其极",这句话对于理解朱子"格物致知"说尤其关键,其中的关键词即在于所谓"已知之理"。也就是说,"格物致知"之工夫,必须"因其已知之理",才有下手处,若无"已知之理",则工夫势必落空。

《语类》中又说:

穷理者,因其所已知而及其所未知,因其所已达而及其所未达。人之良知,本所固有。③

此亦明确地指出:第一,穷理必因其已知而及其所未知;第二,此已知者,即人本所固有的良知。此良知也就是《大学》所谓的"明德"。《大学》文本一开篇即云,"大学之道,在明明德",此即已预设了我们每个人都有可明之"明德"。④朱子在《章句》中释"明德"云:"人之所得乎天,而虚灵不昧,具众理而应万事者也。"⑤则此明德得乎天而具众理,即心之本体,实即《中庸》所讲

---

① 朱熹:《四书章句集注》,第 6—7 页。
② 《朱子语类》卷十四云:"致知乃本心之知。"(参见黎靖德编:《朱子语类》卷十四,第283页);又曰:"知者,吾自有此知。"(参见同上,第 293 页)
③ 黎靖德编:《朱子语类》卷十八,第 392 页。
④ 《朱子语类》卷十四云:"明德,谓本有此明德也。"(参见黎靖德编:《朱子语类》卷十四,第267页)
⑤ 朱熹:《四书章句集注》,第 3 页。

的"天命之性"。正因为心具有众理,则格物穷理的工夫才有可"因"之"已知之理"。

然而,既然"人之良知,本所固有",那么我们就要问,为什么我们现实中的良知不能全体朗现?为什么我们有明德良知的同时还要将之推致极处?《章句》说:

> 明德者,人之所得乎天,而虚灵不昧,以具众理而应万事者也。但为气禀所拘,人欲所蔽,则有时而昏,然其本体之明,则有未尝息者。故学者当因其所发而遂明之,以复其初也。①

《语类》又说:

> 刘圻父说格物、致知。曰:"他所以下'格'字、'致'字者,皆是为自家元有是物,但为他物所蔽耳。而今便要从那知处推开去,是因其所已知而推之,以至于无所不知也。"②

又曰:

> 人心莫不有知,所以不知者,但气禀有偏,故知之有不能尽。所谓致知者,只是教他展开使尽。③

"人心之灵,莫不有知",或者"人之良知,本所固有",或者"自家元有是物",这是"格物"可能的前提。而"所以不知者",此"知"所以有"未知""未达"者,盖在于"气禀所拘,人欲所蔽"。然而,在朱子看来,尽管有"气禀"与"人欲"的拘局与遮蔽,但良知"本体之明,则有未尝息者",即此良知总有"发见"的时候。对于朱子来说,此良知所"发见"之处,便是工夫的下手处,所以

---

① 朱熹:《四书章句集注》,第1页。
② 黎靖德编:《朱子语类》卷十五,第292页。
③ 黎靖德编:《朱子语类》卷十四,第264页。

朱子才说"当因其所发而遂明之"。"所发"即良知所"发见",其工夫即是"因"此而推明之,此亦即《格物补传》所谓"因其已知之理而益穷之"。此可"因"之"知"与"理",朱子又称为"格物"的"端绪":

> 若今日学者所谓格物,却无一个端绪,只似寻物去格。如齐宣王因见牛而发不忍之心,此盖端绪也,便就此扩充,直到无一物不被其泽方是。致与格,只是推致穷格到尽处。凡人各有个见识,不可谓他全不知。如"孩提之童,无不知爱其亲;及其长也,无不知敬其兄",以至善恶是非之际,亦甚分晓。但不推致充广,故其见识终只如此。须是因此端绪从而穷格之。未见端倪发见之时,且得恭敬涵养;有个端倪发见,直是穷格去,亦不是凿空寻事物去格也。①

这里所谓的"端绪"或"端倪",即我们前面所说的吾人明德之"发见"处,如齐宣王所发之恻隐之心。故格齐宣王见牛这件事,其"端绪"或"端倪"就是见牛而发出的不忍之心,而穷格推极之工夫,就是将对牛而产生的不忍之心扩充,使无一物不被其泽,这才构成朱子所讲的一次完整的"格物致知"的过程。因此,"格物"前须有一"端绪",若"端倪"未见,则只有涵养而谈不上"格物",只有当人心感事而有明德之"发见"时,才可就此推开穷格,否则就是成了"凿空寻事物去格"。后人不解此意,以至于王阳明有庭前格竹子之病,按钱宾四先生的说法,这正是所谓的"无端绪寻物去格"也。②

三

既然《大学》的"格物"工夫离不开应有的"端绪",那么,此"端绪"又来自哪里呢?从理论上说,固然如朱子所称,每个人良知"本体之明,则有未尝息者",即此良知总有"发见"的时候,此良知"发见"处,可以作为"格物"下手

---

① 黎靖德编:《朱子语类》卷十八,第402—403页。
② 参见钱穆:《朱子学提纲》,《朱子新学案》第一册,第147页。

的"端绪""端倪"。但是,在现实层面上讲,正如《章句》所说,人的"明德"由于"气禀""人欲"之故,总是暂明暂灭,如果只是消极坐等良知之"发见",则非儒家工夫之道。从积极的工夫角度来说,更应该做的是主动地去培养可资以"格物"的"端绪"。然而,如何才能养成此"端绪"呢?就"大学"工夫来讲,既然是以"格物"为首,而"格物"又有赖于其所"因"的"端绪",则此"端绪"之培养,必不能由"大学"来完成。《语类》卷十四记:

"未格物以前,如何致力?"曰:"古人这处,已自有小学了。"①

以"未格物以前,如何致力"提问,可以看出,虽然"大学"工夫是以"格物"为首,但从工夫的整体上看,"格物"亦不过只是全体工夫的一个中间环节而已,在"格物"之前仍有工夫。从朱子论工夫的次第上讲,"格物"之前的工夫就是"小学"工夫。所以朱子又说:

盖幼而不知小学之教,故其长也,无以进乎大学之道。②

又《语类》曰:

今人小学都不曾去学,却欲便从大学做去。且如今格一物,若自家不诚不敬,才格不到,便弃了,又如何了得!工夫如何成得!③

是以在朱子看来,若无"小学"之教,便失去了进入"大学"工夫的根基,所以《章句序》视"小学"为"大学"之"基本"。更进一步地说,在朱子看来,这种在"大学"之前的"小学"工夫,事实上就是培养作为"格物"之"端绪"的重要工夫。朱子称:

---

① 黎靖德编:《朱子语类》卷十四,第279页。
② 朱熹:《经筵讲义》,《朱文公文集》卷十五,《朱子全书》第二十册,第710页。
③ 黎靖德编:《朱子语类》卷十八,第403页。

> 今人不曾做得小学工夫，一旦学大学，是以无下手处。①

在朱子看来，若无"小学"工夫，骤然学"大学"，则"大学"工夫就没有"下手处"，也就是说，"小学"工夫是要为"大学"工夫提供"下手处"，此"下手处"，其实就是上文所讲的"端绪"或"端倪"。那么，"小学"工夫是一种什么样的工夫呢？按《章句序》所说，"小学"所学，是"教之以洒扫、应对、进退之节，礼乐、射御、书数之文"，朱子又说，"小学是事，如事君，事父，事兄，处友等事，只是教他依此规矩做去"。②可见，小学所学的，是人之为人的一般教养，以及日常生活中的基本道德规范。然而，以上只是在工夫的节目上说，如果论其精神，在朱子看来，则是通过"涵养践履"来落实"孝悌诚敬"，如朱子说：

> 古人由小便学来，如"视无诳"，如"洒扫、应对、进退"，皆是少年从小学，教他都是诚敬。③

也就是说，"洒扫、应对、进退"之教，只是养其"诚敬"而已。反过来，如果没有"诚敬"的精神，则虽然存在其节目，但已不能谨乎此"洒扫、应对、进退"之教，《大学或问》说：

> 盖吾闻之，敬之一字，圣学所以成始而成终者也。为小学者，不由乎此，固无以涵养本原，而谨夫洒扫、应对、进退之节，与夫六艺之教。④

朱子又在《答吴晦叔第九》说：

> 盖古人之教，自其孩幼而教之以孝悌诚敬之实，及其少长，而博之以诗书礼乐之文，皆所以使之即夫一事一物之间，各有以知其义理之所在，

---

① 黎靖德编：《朱子语类》卷十四，第251页。
② 黎靖德编：《朱子语类》卷七，第125页。
③ 黎靖德编：《朱子语类》卷十八，第403页。
④ 朱熹：《大学或问上》，《四书或问》，第2页。

而致涵养践履之功也。(自注:此小学之事,知之浅而行之小者也。)及其十五成童,学于大学,则其洒扫应对之间,礼乐射御之际,所以涵养践履之者,略已小成矣。于是不离乎此而教之以格物以致其知焉。①

尽管朱子称"小学"之事为"知之浅而行之小者",但通过"教之以孝悌诚敬之实",事实上在十五岁入"大学"之时,"小学"涵养践履的工夫体现在效验上已经是略有"小成"了。那么,这所谓"小成",又意味着什么呢?一方面,"小成"当然是相对"大成"而言,学既有小、大之分,其"成"亦有小、大之分,"小成"者,是因为"小学"之事为"知之浅而行之小者",因为"小学"只是《大学或问》中所说"收其放心,养其德性",尚未能够做到"大学"所要求达到的"察夫义理,措诸事业",所以视其"成"为"小"。然而,从另一方面来讲,"小成"虽小,但毕竟也是有所"成",所谓"收其放心,养其德性"即是其"成"。朱子又说:"小学涵养此性","忠信孝弟之类,须于小学中出"。② 在朱子看来,经过"小学"的养成,已经有了"诚敬善端"的"发见"。③ 也就是说,一个人经过"小学"的工夫,已经成了一个"善"的人④,朱子甚至比喻说,"小学"之后,"已自有圣贤坯模","大学"之功不过是在此坯璞加些"光饰"而已。⑤ 朱子又说:"古人于小学存养已熟,根基已深厚,到大学,只就上面点化出些精彩。"⑥ 可以说,此"诚敬善端"之"发见",或所养成的"圣贤坯模",才是"大学""格物致知"工夫的根基所在。故朱子称"不离乎此教之以格物以致其知焉"。反过来,

---

① 朱熹:《答吴晦叔第九》,《朱文公文集》卷四十二,《朱子全书》第二十二册,第1914页。
② 黎靖德编:《朱子语类》卷十四,第252页。
③ 如朱子说:"古人小学养得小儿子诚敬善端发见了。"(参见黎靖德编:《朱子语类》卷七,第124页)
④ 在朱子看来,"小学"阶段养成"善","大学"之工夫则可臻于"至善"。朱子固然极重视《大学》"止于至善"之说,有"'善'字轻,'至'字重""善,须是至善始得"(《朱子语类》卷十四)等说法,但同时亦认为欲"止于至善",却离不开"小学"所打下的"善"的根基。有关朱子论"善"与"至善"的关系,可参见拙文《善与至善:论朱子对〈大学〉阐释的一个向度》,《台大历史学报》,2001年第28期,第23—50页。
⑤ 如朱子说:"古者小学已自养得小儿子这里定,已自是圣贤坯璞了,但未有圣贤许多知见。"(黎靖德编:《朱子语类》卷七,第124页)又:"古者,小学已自暗养成了,到长来,已自有圣贤坯模,只就上面加光饰。"(同上,第125页)钱穆先生亦称,在朱子那里,"做起码圣人是小学工夫,做杰出透格圣人是大学工夫"。参见钱先生随笔《成色与分两》,《湖上闲思录》,北京:生活·读书·新知三联书店,2000年,第30页。
⑥ 黎靖德编:《朱子语类》卷七,第125页。

若离此根基,则不足以从事"大学"的工夫:

> 诚欲因夫小学之成以进乎大学之始,则非涵养履践之有素,亦岂能居然以夫杂乱纷纠之心而格物以致其知哉?①

也就是说,如果不经"小学"涵养履践有素之工夫,则人心尚处于"杂乱纷纠"之中,朱子认为是不可能下"大学""格物致知"的工夫的。所以然者,若人心始终处于"杂乱纷纠"之中,"气禀""人欲"偏胜,导致"本体之明"多处昏蔽之中,则"已知之理"不明,"大学"工夫所赖以存在的"端绪"就很难显现出来,自然也就无法因其已知而推致其所未知,因其已明而推致其所未明。所以朱子才说,"未见端倪发见之时,且得恭敬涵养"②,而"小学"工夫的意义,恰恰在于通过涵养履践来保存心体之本然,是以朱子又说:"故《大学》之书,虽以格物致知为用力之始,然非谓初不涵养履践而直从事于此也。"③

不过,朱子有关"小学"的种种论说,在某种意义上讲,都是他对古代的某种理想性设想,是所谓"三代之隆,其法浸备"的结果,而实际情况是,"及周之衰,贤圣之君不作,学校之政不修,教化陵夷,风俗颓败"④,从而三代理想的"小学"并不行于后世。不过,既然"小学"不行于后世,那对朱子而言,"大学"工夫所需要的"端绪"又从何而来呢?又如何建立起一套完整的工夫体系呢?在朱子看来,三代之后"小学"不行,这是事实,故其编《小学》一书,就有甚深的意味,而非仅是启蒙的需要。与此同时,就工夫而言,既然"小学"工夫"洒扫、应对、进退"之教,只是养其"诚敬"而已,是以朱子就据伊川的说法,以持敬来补"小学"之阙:

> 问:"《大学》首云明德,而不曾说主敬,莫是已具于小学?"曰:"固

---

① 朱熹:《答吴晦叔第九》,《朱文公文集》卷四十二,《朱子全书》第二十二册,第1915页。
② 黎靖德编:《朱子语类》卷十八,第403页。
③ 朱熹:《答吴晦叔第九》,《朱文公文集》卷四十二,《朱子全书》第二十二册,第1915页。
④ 朱熹:《四书章句集注》,第1页。

然。自小学不传，伊川却是带补一'敬'字。"①

这样，从工夫的整体上看，朱子"主敬"的工夫就有了更为重要的意义，它实质上替代了"小学"的工夫，或者说"主敬"就被视作"小学"工夫②，并因而成为"大学"工夫的"入手处"。不过，从另一方面来讲，朱子认为"主敬"的工夫较之"小学"工夫而言，涵盖的范围要来得更宽泛一些，故其说："某看来，小学却未当得敬，敬已是包得小学。敬是彻上彻下工夫。"③ 所谓"彻上彻下"，即指"敬"不仅只是"大学"工夫之前的工夫，同时也贯穿于"大学"的整个工夫过程中。④ 在这个意义上讲，朱子通过论"小学"与"大学"的工夫，事实上与其论《中庸》"主敬涵养"的"未发"工夫可互相发明。

四

总之，对朱子而言，《大学》工夫不可以孤立地看待，我们不能将《大学》工夫单独割裂出来。在《大学》之八条目中，固然以"格物致知"为首，但在朱子的整个工夫序列中，格致亦不过是全体工夫中的一个环节而已。也就是说，格致之工夫本身仍然离不开它的前提，即所谓"格物"之"端绪"，而这个"端绪"则来之于"格物"这个环节之前的工夫，亦即"小学"的工夫，同时也就是"主敬涵养"的工夫。"大学"工夫是"因小学之成"而开始的，无"主敬涵养"之工夫，也就不能"因小学之成功，以著大学之明法"⑤。可以说，"小学"与"大学"

---

① 黎靖德编：《朱子语类》卷十七，第370—371页。
② 如朱子说："如今全失了小学工夫，只得教人且把敬为主，收敛身心，却方可下工夫。"（参见黎靖德编：《朱子语类》卷七，第125页）
③ 同上，第126页。
④ 《大学或问》说："敬之所以为学之始者然矣，其所以为学之终也，奈何？曰：敬者，一心之主宰而万事之本根也。知其所以用力之方，则知小学之不能无赖乎此以为始。知小学之赖此以始，则夫大学之不能无赖乎此以为终者，可以一以贯之而无疑矣。盖此心既立，由是格物致知以尽事物之理，则所谓'尊德性而道问学'；由是诚意正心以修其身，则所谓'先立其大者，而小者不能夺'；由是齐家治国以及乎天下，则所谓'修己以安百姓，笃恭而天下平'。是皆未始一日而乎离乎敬也，然则敬之一字，岂非圣学始终之要也哉！"（参见朱熹：《四书或问》，第2页）
⑤ 朱熹：《四书章句集注》，第2页。

在工夫上是相辅相成的关系，无"小学"则"大学"工夫无根本，无"大学"则"小学"工夫难以圆满。同时，也正是《大学》"格物致知"之工夫离不开"小学"涵养履践之功，我们对"格物致知"工夫的性质及其得失也才可能有一个真切的了解，从而对朱子之工夫论的批评，也相应地可以在一定程度上得以澄清。

"《近思录》,四子之阶梯"说之重思

——以朱子《四书》与《近思录》的比较为中心

许家星

（北京师范大学哲学学院）

近年来,《近思录》成为理学研究的活跃论题[①],而如何理解陈淳所录"《近思录》好看。四子,六经之阶梯。《近思录》,四子之阶梯"则论见分歧,颇堪玩味。盖北溪之录不仅涉及如何定位《近思录》在朱子学中的地位,更关乎朱子学的为学工夫。本文拟在已有研究基础上对此加以新的论述。先就"好看""阶梯""四子"的语义做进一步解释,指出《近思录》"好看"与"难看"并不矛盾,而是分指文本与读者;"阶梯"之喻蕴含凸显与不足双重意义;"《近思录》,四子之阶梯"如为朱子之言,则"四子"当指周张二程四子;如为北溪之言,则当指"四书"。进而对《近思录》有关"四书"之说与朱子《论孟精义》《四书章句集注》说相较,发现《近思录》关乎"四书"者约158条,仅占全书622条之四分之一,而仅引《伊川易传》一书即达106条,且此158条常有皆就"四书"同一章节论题阐述者。可见,从所涉"四书"范围来看,《近思录》不足以为"四书"阶梯。再就《精义》《近思录》《四书或问》《集注》比较来看,《近思录》仅反映出朱子编撰该书时对"四书"的理解水平,较之朱子晚年成熟之见,不乏错

---

① 如学界在《近思录》的取材成书,朱子、吕祖谦与《近思录》的关系,朱子论《近思录》,《近思录》学术史,《近思录》与中国学术思想等论题上成果颇多。

谬，其质量不足以为"四书"阶梯。又就朱子思想历程来看，他从未将内容杂驳、两人合编的《近思录》与"四书"关联，而是视"四书"系列中的《精义》为《集注》之阶梯，而广收"四子"精华的《集注》则可视为通向"四书"之阶梯。故以《近思录》为"四书"阶梯，当是北溪早年之见，实非朱子之意。

一 "好看""阶梯""四子"释义

（一）"好看"与"难看"

朱子关于《近思录》存在"好看"与"难看"两种看似矛盾的说法。此二说分别为叶贺孙与陈淳所录：

> 《近思录》好看。四子，六经之阶梯。《近思录》，四子之阶梯。淳。
> 且熟看《大学》了，即读《语》《孟》。《近思录》又难看。贺孙。①

朱子此种既"好看"，又"难看"的说法并非孤例，如他对《周礼》的态度亦然，认为该书既"好看"，但又"未敢令学者看"。

> 《周礼》一书好看，广大精密，周家法度在里，但未敢令学者看。方子。②

如《近思录》真的"好看"（简单好懂义），则作为"阶梯"更名正言顺，如其"难看"，则显然不利于作为"阶梯"了。清人王懋竑、夏炘及今人邓艾民皆以此为据反驳"阶梯"说。钱穆先生认为，此"好看""难看"之异乃反映出朱子晚年觉察到《近思录》之驳杂而态度改变，"是朱子于此书意见，先后显有

---

① 黎靖德编：《朱子语类》卷一百零五，《朱子全书》，上海：上海古籍出版社、合肥：安徽教育出版社，2002年，第3450页。有学者认为，此"难看"表明如先读《四书》再读《近思录》，则会增加阅读《近思录》的难度。

② 黎靖德编：《朱子语类》卷八十六，第2912页。

不同"①。石立善则认为此"好看"并非指好读、容易读，而是"关键""重要"。②诚如石氏所言，此"好看"非通常之"容易"，乃带有"精彩""耐看""值得好好看"的意味，是就《近思录》内在思想价值而论，《语类》中关于"好看"的此义甚多，如以下两例皆非容易看义，而是值得留意看、精彩义。

> 子思且就总会处言，此处最好看。可学。③
> "亦足以发"一句，最好看。南升。④

"难看""不敢令看"是就书之义理深浅、范围广狭、表述当否及读者的理解接受力而论，朱子此语本为教导学人教学用语，是就接受主体的接受能力而言。故《近思录》之"好看"与"难看"说并非矛盾，二者所指有别，分别就作品与读者言。《近思录》作为"难看"之书，就为学次序言，当非朱子首选。

（二）何种"阶梯"

学界对此"阶梯"似罕见讨论。"阶梯"之譬往往是强调作为手段的"阶梯"而非"阶梯"后面所要达到的目标。如在此两层"阶梯"论中，分别突出了作为阶梯的"四子"和《近思录》，而阶梯所要达到的"六经"则被虚置。此"阶梯"说突出了先后本末轻重关系，以层次分明的对比突出《近思录》优先于"四子"，"四子"优先于"六经"。如视此"四子"为"四书"，且视为朱子说，则"四书"优先于"六经"在朱子那里多有论述，朱子认为二者是可食之熟饭与打禾为饭的关系，学习二者在理解上存在难易之别，功效上又有多少之分，当以"四书"为先。

> 《语》《孟》《中庸》《大学》是熟饭，看其它《经》是打禾为饭。节。⑤

---

① 钱穆：《朱子新学案》第三册，《钱宾四先生全集》，台北：联经出版公司，1998年，第176页。
② 石立善：《朱子所谓"四子"何指》，《衡水学院学报》，2015年第2期。
③ 黎靖德编：《朱子语类》卷四，第191页。
④ 黎靖德编：《朱子语类》卷二十四，第833页。
⑤ 黎靖德编：《朱子语类》卷十九，第645页。

>《语》《孟》工夫少,得效多;六经工夫多,得效少。大雅。①

若《近思录》为"四书"阶梯,则其当优先于"四书",简易、高效于"四书",据笔者陋见,朱子并无此说。盖《近思录》本就在朱子的经典系统之外。且"阶梯"之喻,通常在同一经典系列下比较。朱子实以《论孟精义》为《论》《孟》之阶梯。

>今读《语》《孟》,不可便道《精义》都不是,都废了。须借它做阶梯寻求,将来自见道理。德明。②
>因论《集义论语》(按:似当为《论语集义》),曰:"于学者难说。看众人所说七纵八横,如相战之类,于其中分别得甚妙。然精神短者,又难教如此。"振。③

朱子一方面指出收入张程及其门人说的《精义》驳杂而不乏错谬,众说交错,甚或相互冲突,但仍肯定其有作为《语》《孟》阶梯的参考价值,但其"阶梯"价值能否显现则取决于读者,故《精义》作为阶梯对学者的思考鉴别力要求甚高,并不适合思考能力差的学者,而带有一定的"负价值"。可见,朱子"阶梯"之譬虽通常强调作为"阶梯"者的重要,但对"阶梯"的不足亦有反思。此外,《精义》作为《语》《孟》之阶梯,其实是指《论孟集注》而非单纯《论语》《孟子》。他明确指出《集注》与《精义》是精髓与毛坯关系,《集注》出于《精义》而取代之。

>《集注》乃《集义》之精髓。道夫。④
>前辈解说,恐后学难晓,故《集注》尽撮其要,已说尽了,不须更去注

---

① 黎靖德编:《朱子语类》卷十九,第644页。
② 同上,第660页。
③ 同上,第659页。
④ 同上,第657页。

脚外又添一段说话。①

据此而论，以无所不载、众说错杂的《近思录》，而非殚精竭虑、"逐字称等"的《集注》作为阶梯，只能是陈淳而非朱子之意。此外，有学者顺此"阶梯"推论出"四书"与《近思录》具有"内在同一性"，故此"阶梯"可视为朱子思想发生了由致力于北宋理学而转向先秦儒学的阶段转型。然考诸朱子治学经历，似无此。愚以为，在朱子学语境下的"四书"，不能单纯理解为反映先秦儒学的著作，而更主要的是指体现理学思想的《集注》，朱子因家学之故，对先秦"四书"的学习，始终在理学话语系统内展开，并最终以理学这一时代精华思想赋予"四书"以新的意味，可谓旧瓶装新酒，不存在这一阶段转型。李纪祥认为，在已悬为功令的朱子学氛围中，此"四子"即是指《集注》而非先秦四书。② 若此，则作为《集注》前身的《精义》已是名副其实的"阶梯"，实无须以杂收北宋四子的《近思录》为《集注》阶梯了。

（三）谁之"四子"

"四子，六经之阶梯。《近思录》，四子之阶梯"中"四子"所指，历来主流看法认为是指"四书"，质诸前后语境，证之北溪、勉斋文献，确然无疑。本来，如纯粹从陈淳语境下来解读此"四子"为四书，以此为陈淳之语而非朱子语，视为陈淳自身思想的表达，则尚可通。但陈淳一旦举起朱子大旗，要求学者从朱子的文本、话语来理解《近思录》为'四书'之阶梯"时，则的确令人狐疑而难免质询。作为朱门领袖的勉斋首先发难，其质疑挑明了如何理解朱子"四书"与《近思录》的关系：

> 先《近思》而后四子，却不见朱先生有此语。陈安卿所谓"《近思》，四子之阶梯"，亦不知何所据而云。朱先生以《大学》为先者，特以为学之法，其条目、纲领莫如此书耳。若《近思》则无所不载，不应在《大学》之

---

① 黎靖德编：《朱子语类》卷十九，第658—659页。
② 李氏言："由《近思录》而《四书章句集注》，由《四书章句集注》而五经圣人之学。"（李纪祥：《入道之序：由陈淳、黄榦之歧到李滉〈圣学十图〉》，《道学与儒林》，唐山：唐山出版社，2004年，第83页）

先。至于首卷,则尝见先生说其初本不欲立此一卷,后来觉得无头,只得存之,今《近思》反成"远思"也。以故二先生之《序》皆寓此意,亦可见矣。今观学者若不识本领,亦是无下手处。如安卿之论亦善,但非先师之意。若善学者,亦无所不可也。[①]

勉斋所论含义丰富而击中要害。第一,追随朱子数十年,却从未听朱子讲过"先《近思》而后四子"的话。这是从话语的来源否定此说真实性。勉斋与朱子具有其他弟子所无法比拟的亲密性,既是翁婿关系,又担负着朱子传道重托,在朱门中很自然的具有权威话语权和领袖地位。第二,"不见此语"更是就勉斋所熟知的朱子思想体系论,《大学》因其纲举目张、层次分明的特点,在教法意义上,无可置疑的居于首要优先地位,即便《论》《孟》亦要次之。朱子为捍卫《大学》居"四书"之首说,不惜与人反复争辩而费尽口舌。北溪冒出的《近思录》居于《大学》之先说,显然是对朱子思想的冲击与颠覆,在弟子之间造成了无所适从的混乱感。第三,《近思录》本身不够纯粹完善而问题众多,朱子对之褒贬兼具,无法与对《大学》的推崇相比。《近思录》质量并非很高,在教法上亦存在瑕疵,如首卷即论道体,未遵循序而进的原则。第四,勉斋又从为学先识本领,否则无从下手的立场出发,肯定道体置首的价值,此论呼应了吕祖谦之序,亦是勉斋有意发掘朱子学内部的资源以矫正朱学流弊的考虑。第五,北溪提出朱子据四先生说发明"四书",而四先生说"关于大体而切于日用者"又皆收入《近思录》,推出《近思录》对理解朱子"四书"其实很重要,勉斋对此表示赞同。盖《近思录》与《集注》所收皆以二程说为主,存在部分重合关系。但在肯定"其论亦善"的同时,明确指出北溪之论"但非先师之意",乃是北溪的自我创见,与朱子无关;并进一步道出"善学者无所不可"的开放态度,表达了对北溪作为"善学者"的认可与支持,体现了勉斋作为领袖既坚持立场,又包容新说的风范。勉斋没有拘泥朱子"以《大学》为先"的教导,亦没有要求北溪等持异议的弟子必须回归朱子原来教导,甚为难得。正因勉斋根本否定朱子有"四

---

① 黄幹:《复李公晦书》,《勉斋集》卷八,《文渊阁四库全书》第一一六八册,台北:台湾商务印书馆,第91页。

子阶梯"说，故没必要讨论此处"四子"在朱子看来所指为人或书了。

勉斋之说实已道尽真相：如以《近思录》为"四书"之阶梯，那只能是北溪之见而非朱子之意。就朱子《近思录序》来看，该书是特"为穷乡晚进有志于学，而无明师良友以先后之者"而设，是一部理学基本入门书，"诚得此而玩心焉，亦足以得其门而入矣"。在此基础上的进一步提升，则有赖于"求诸四君子之全书"。此"四君子"自可简称为"四子"。《与陈丞相别纸》言："伊洛文字亦多，恐难遍览。只前此所禀《近思录》乃其要领。"①《答或人》言："《近思录》本为学者不能遍观诸先生之书，故掇其要切者，使有入道之渐。"②

故就朱子之意论，所谓"《近思录》，四子之阶梯"说的"四子"当指"四子全书"而言。朱子时常就《近思录》与伊洛文字关系而论，而从不就《近思录》与"四书"关系而论，亦表明《近思录》如为阶梯，只能是北宋四子之书的阶梯。③但上一句"四子，六经之阶梯"解为周张二程四子则显然不伦不类，与"四书"为"五经"阶梯说冲突，此种混乱愈加表明此语录乃北溪而非朱子说。

二 《近思录》与《精义》《集注》之比较

（一）《近思录》涉及"四书"之比

"《近思录》，'四书'之阶梯"说的要害在于把《近思录》与"四书"关联起来，突出了《近思录》的优先性，不惜与朱子努力建构的"四书"为先说正面冲突，且声称此为朱子所言，更带上了"挟朱以攻朱"的意味，使得朱子陷入自相矛盾的困境。事实上，朱子从未就《近思录》与"四书"的相互关系关联比较。就朱子而言，《近思录》与《集注》无法相提并论。首先，正如时贤所论，《近思录》是朱子与吕祖谦合作妥协的产物，朱、吕在编撰过程中是平等而非主次关

---

① 朱熹：《朱子全书》第二十一册，第1180—1181页。
② 朱熹：《朱子全书》第二十三册，第3142页。
③ 方旭东《近思录新论》（《哲学研究》，2008年第3期）坚持"四子"为北宋四子论，惜乎未点破当分别朱子与北溪说。另明人孙承泽、今人高全喜、刘述先等均持此见。参见苏费翔：《〈近思录〉、四子之阶梯——陈淳、黄榦争论读书次序》，《哲学与时代：朱子学国际学术会议论文集》，2012年，上海：华东师范大学出版社。

系，故该书收入了大量《易传》、科举、史学等诸多体现吕祖谦意愿的内容，在诸如"道体"置于卷首等内容次序安排上，亦是如此。[1] 其次，朱子在《近思录》上所费心血与他对《集注》的反复修改相比，太微乎其微，此足以反映出朱子的态度了。《近思录》是朱吕通力合作，在游玩山水的心境下，"旬日而圈定"的选集[2]，不用说毕生修改的《集注》，即便是作为阶梯的《论孟精义》，朱子亦是三易其名而有初本与改本等不同版本。

以下，我们粗略统计《近思录》所引四子说见于朱子"四书"者，主要是《论孟精义》《集注》《论孟或问》，亦含《学庸或问》《中庸辑略》若干条，具体如下表：

著作	卷一	卷二	卷三	卷四	卷五	卷六	卷七
近思录	51	111	78	70	41	22	39
精义、集注	19	38	25	12	10	4	7

著作	卷八	卷九	卷十	卷十一	卷十二	卷十三	卷十四
近思录	25	27	64	21	33	14	26
精义、集注	6	1	2	5	7	4	4

《精义》《集注》共144条，加上卷一《中庸》7条、卷三《大学》4条，卷四3条，约158条，仅占《近思录》所有622条之四分之一，其余四分之三皆与"四书"无关，较之《易传》一书即收入106条，显然大为逊色，是诚不足以为"四书"之阶梯也。且此158条有不少条目皆是就"四书"同一章节加以解说，故实际涉及"四书"章节更少。仅见于《读论语孟子法》《孟子序说》的就有数条，又如以下《孟子》三章即占有《近思录》16条，约九分之一，可见《近思录》涉及"四书"之少了。"浩然之气"章6条分布：卷二第38、60、61条，卷三第1条，

---

[1] 杜海军：《吕祖谦与〈近思录〉的编纂》，《中国哲学史》，2003年第4期；虞万里：《吕祖谦与近思录》，《湖州师范学院学报》，2004年第2期。

[2] 王传龙指出，五月五日作序之时，"《近思录》实际上只存在圈定好的条目，还没有抄撮成书，而其初稿要到同年八月份才完成"（王传龙：《再论近思录的取材成书与价值取向》，《厦门大学学报》，2016年第1期）。

卷四第56条，卷五第12条。"不忍人之心"章5条分布：卷一第24、35、42、50条，卷二第27条。"性无善无不善"章5条分布：卷一第40、41条，卷二第30、80、81条。

（二）朱子对《近思录》有关"四书"条目的批评

《近思录》初编于乙未1175年，处于壬辰1172年《论孟精义》、丁酉1177年《四书或问》之间，己酉1189年《四书集注》之前，反映朱子1175年前后的思想，故该书尽管如陈荣捷先生所言"选材甚精，去取甚慎，互议极详"[①]，然较之晚年《集注》，仍有不小距离。表现在若干条目受到朱子批评，处于应当删除之列。陈氏认为，《近思录》仅修改卷二第三条所引伊川《颜子所好何学论》"所养"为"所往"，删"性其情"与"情其性"二句，体现了《近思录》"通篇之客观精神，伟大无比"。指出即便朱子"不赞同伊川之说，而此皆不碍其采纳程子之语也"。愚以为，朱子非是知其不妥而收入之，乃是朱子当时对二程思想的认识所限，故与其晚年思想有所差异。朱子自著著作，普遍存在反复修改、前后有别现象。越是重要著作，修改次数越多。《近思录》甚少修改。如有修订版，当有增删。

以下八条，朱子皆有所不满而《近思录》收之，见出《近思录》之过渡性和局限性。

> 大其心……圣人尽性，不以见闻梏其心。其视天下，无一物非我。孟子谓尽心则知性知天以此。（《孟子》，13.1）[②]
>
> 如其下段"物出于性"一条所云者，然有大之之意而初无用力之方。又以圣人尽性为言，则非孟子之本意。[③]

按：此针对《尽心上》首章而发，所引与《精义》同，《或问》批评"物出于性"无用力之方，故此条未收入《近思录》，今本《精义》亦未见。批评"圣人尽

---

① 陈荣捷：《朱子之近思录》，《朱学论集》，上海：华东师范大学出版社，2007年，第79—84页。
② 陈荣捷：《近思录详注集评》卷二，第83条，上海：华东师范大学出版社，2007年，第85页。
③ 朱熹：《孟子或问》卷十三，《朱子全书》第六册，2002年，第995页。

性"句偏离孟子意,盖朱子以穷理工夫解尽性,而张子以无物非我之境界解之。

厚重知学,德乃进而不固矣。(《论语》,1.8)①

此盖古注旧说而张子从之,但文势若有反戾而不安者。盖曰"不重则不威",则当曰"不学则固"。若曰"学则不固",则当曰"重则有威"。且学之为功,又岂止于不固而已哉。②

按:此针对"学则不固"章而发,张子解"固"为不固执,来自孔安国"固,蔽也",朱子指出此解颠倒文义,不合情理,《集注》解为"坚固"。

既言"夫子之言",则是居(或曰"固")常语之矣。圣门学者以仁为己任,不以苟知为得,必以了悟为闻,因有是说。(《论语》,9.1)③

程子、张子、吕氏以为圣人未尝不言性命……此说善矣。然考之《论语》之书,则圣人之言性命者,盖鲜焉。故门人又记之曰:"子罕言利与命与仁"。窃恐子贡之本意,亦不过于此也。④

按:此就"夫子罕言"章而发,张子等皆以"常言"解"罕言",认为非夫子罕言,而是常言弟子未悟,故说"不可得而闻",解"闻"为"了悟"。此显然是朱子所不能认可的,朱子据解经当求本意的原则,认为"罕"就是"极少","闻"就是"听说"。《集注》特别指出,学者不得而闻的原因在于"圣门教不躐等,子贡至是始得闻之"。

人不为《周南》《召南》,其犹正墙面而立。常深思此言诚是。不从此行,甚隔着事,向前推不去。盖至亲至近,莫甚于此,故须从此始。(《论

---

① 陈荣捷:《近思录详注集评》卷二,第 90 条,第 92 页。
② 朱熹:《论语或问》卷一,第 623 页。
③ 陈荣捷:《近思录详注集评》卷三,第 17 条,第 110 页。
④ 朱熹:《论语或问》卷五,第 705 页。

"《近思录》，四子之阶梯"说之重思 / 493

语》，17.10）①

　　至张子所谓"为二南之事"者，则似过之。惟其以是为说，是以其所谓正墙面者，不以为不明乎治家之道，而以为不通乎治国之事者也。其意欲密而所以为说者反疏矣。②

　　按：此就"周南"章而发，张子以"行动"解"为"，认为章旨非论齐家之道，而是治国之事。朱子批评其说"欲密反疏"。《集注》解："为，犹学也。《周南》《召南》，《诗》首篇名。所言皆修身齐家之事。"《语类》亦批评横渠"为"的行动说："为字，如固哉高叟之为诗之为，只是谓讲论尔。横渠所谓'近试令家人为《周南》《召南》之事'，不知其如何地为。必大。"③

　　圣人之道如天然……故圣人之教，常俯而就之。事上临丧，不敢不勉，君子之常行……（《论语》，9.15）④
　　程子之意精矣。但失不以"何有于我"为圣人之谦辞耳。⑤

　　按：此为"出事公卿"章，"默而知之"章亦同此意。《或问》认为程子未能揭示夫子之言乃是谦辞，这本是针对"出则事公卿"章的解释，《集注》未加解释，而让读者参阅7.2"默而识之"章解，认为"三者已非圣人之极至，而犹不敢当，则谦而又谦之辞也"。批评伊川把"丧事"拆解为"事上临丧"两义，恐是源于解释之误。"丧事不敢不勉，恐只是一句。程子亦有云'丧事人所不勉'，恐《解》中亦且欲成文，不免如此作句，未必以四字包上三字也。"⑥

----

① 陈荣捷：《近思录详注集评》卷六，第21条，第202页。《近思录》已精简《精义》所引之一段："近试使人家为《周南》《召南》之事，告之教之则是为之也。道须是从此起。自世学不讲，殊不成次第，今试力推行之。"
② 朱熹：《论语或问》卷十七，第880—881页。
③ 黎靖德编：《朱子语类》卷四十七，第1634页。
④ 陈荣捷：《近思录详注集评》卷十一，第4条，第274页。《精义》在"就之"与"临上"之间有一段《论语》原文之引用，"为其莫能度也。至曰二三子以我为隐……忠信如丘者焉"。《近思录》出于精简而删除之。此体现出《近思录》取材之裁剪。
⑤ 朱熹：《论语或问》卷九，第773页。
⑥ 朱熹：《答林充之》，己丑，《文集》卷四十三，第1986页。

伊川先生曰：儒者潜心正道……如"师也过，商也不及"，于圣人中道，师只是过于厚些，商只是不及些；然而厚则渐至于兼爱，不及则便至于为我，其过不及同出于儒者，其末遂至杨、墨。至如杨、墨，亦未至于无父无君，孟子推之便至于此，盖其差必至于是也。(《论语》，11.15)①

按：此针对"过犹不及"章而发，朱子至少于《或问》时即在多个场合批评伊川的杨、墨出于子张、子夏说。如《论语或问》引胡寅说批评之：

杨、墨之学出于师、商，信乎？曰：胡氏论之当矣。胡氏曰：杨朱即庄周所谓杨子居者，与老聃同时，墨翟又在杨朱之前，宗师大禹而晏婴学之者也。以为出于二子，则其考之不详，甚矣。②

《孟子或问》继续批评："程子论杨墨之源流，考之有未精者，吾已辨之于《论语》之篇矣。"③《文集》批评之："杨、墨之说恐未然，杨氏之学出于老聃之书，墨子则晏子时已有其说也。非二子之流也。"④《语类》亦批评之："问：'伊川谓师、商过、不及，其弊为杨墨。'曰：'不似杨墨。墨氏之学，萌蘖已久，晏子时已有之矣。师、商之过、不及，与兼爱、为我不关事。'必大。"⑤

人不能若此者，只为不见实理。实理者，实见得是，实见得非。凡实理得之于心自别……(《论语》，4.8)⑥

《精义》伊川说："闻道知所以为人也，夕死可矣，是不虚生也。"又曰："朝闻道，夕死可矣，死得是也。"

"故程子于此专以为实见理义重于生，与夫知所以为人者为说，其旨

---

① 陈荣捷：《近思录详注集评》卷十三，第1、2条，第296—297页。
② 朱熹：《论语或问》卷十一，第788页。
③ 朱熹：《孟子或问》卷六，第952页。
④ 朱熹：《答潘恭叔》书一，乙未，第2297页。
⑤ 黎靖德编：《朱子语类》卷三十九，第1411页。
⑥ 陈荣捷：《近思录详注集评》卷七，第25条，第211页。

亦深切矣。但所谓不虚生、死得是者,意若小偏耳。"①

按:此针对"朝闻道"章而发,《或问》批评《精义》中伊川"不虚生""死得是"说偏离文意,主旨非是论生死之是否,而是突出闻道之可贵。《近思录》放弃此说,仍保留《或问》称赞的"实见得是非"说,再次显示《近思录》在《精义》基础上有过精细选择,但朱子此后对此加以批判,认为客观之理与主体之见各有其独立性,不可以人之见来判定理之实。作为客观的理存在于事物之上,真实之见是对人的要求而非理。"先生顾安卿曰:'伊川说实理,有不可晓处。云"实见得是,实见得非",恐是记者之误,"见"字上必有漏落。理自是理,见自是见。盖物物有那实理,人须是实见得。'义刚曰:'理在物,见在我。'曰:'是如此。'义刚。"②可见《近思录》虽超越了《精义》,但仍停留于《或问》,远未完善。《集注》以尹氏"诚有所得"替代"实见是非"说。

上达反天理,下达徇人欲者欤(《论语》,14.37)。③

按:此针对"下学上达"章,《或问》认为"张子亦庶几焉,但文势小倒耳"④。文本是论下学而上达,张子解为下达和上达,不合文意,故《集注》未取。

(三)《近思录》较《精义》转精者

通常《精义》所选解释较《近思录》为详多,比较二者,可见晚于《精义》两年的《近思录》有意删除《精义》若干不妥之处。

一是精选精简。删除无关大意的譬喻、举例文字。如:

伊川:性出于天,才出于气……(譬犹木焉,曲直者,性也。可以为梁栋,可以为榱桷者,才也。)才则有善有不善,性则无不善。

---

① 朱熹:《论语或问》卷四,第684页。
② 黎靖德编:《朱子语类》卷二十六,第953页。
③ 陈荣捷:《近思录详注集评》卷二,第85条,第86页。
④ 朱熹:《论语或问》卷四,第839页。

(《孟子》,11.6)①

按:《近思录》删除了括号中《精义》中有"譬犹"句,更精简。
《近思录》有时通过删除"又曰",综合伊川二说为一说。如:

> 人之视最先,非礼而视,则所谓开目便错了。次听、次言、次动,有先后之序。人能克己则心宽体胖,仰不愧,俯不怍,其乐可知,有息则馁矣。②

此处《精义》《集注》所载"又曰人能克己"皆为单独一条。《或问》亦然:"视听言动之说、心广体胖之说。"

二是《近思录》收入《精义》应收而未收者,显出对《精义》的补充。

> 伊川先生答朱长文书曰……名者可以厉中人,君子所存,非所汲汲。③

按:《精义》所引与《近思录》不同,《或问》认为《精义》失载《答朱长文》,该书发明章旨紧切,当补充。"程子又尝语朱长文,引此章之语而发明之,其意尤切,而《精义》失之,今见文集,学者可以考也。"④庚子修订版《精义》当有所收入。

三是《近思录》删除《精义》不当收而收者,显示后出转精之势。

> 贤者惟知义而已,命在其中。中人以下,乃以命处义,如言"求之有道,得之有命,是求无益于得",知命之不可求,故自处以不求。若贤者则求之以道,得之以义,不必言命。
>
> 既曰中人以上不消言命。又曰中人以下,以义处命矣。而又曰"圣人而言命,盖为中人以上者设",何也?曰:"以文考之,前说两见皆同,而后

---

① 陈荣捷:《近思录详注集评》卷一,第40条,第30页。
② 陈荣捷:《近思录详注集评》卷五,第28条,第186页。
③ 陈荣捷:《近思录详注集评》卷二,第5条,第46页。
④ 朱熹:《论语或问》卷十五,第855页。

说无他援据,当以前说为正,后说盖误,以下为上耳。"①

按:朱子批评《精义》所收张子三说存在两种矛盾看法,既认为中人以上不言命,又有命为中人以上而设说,指出后句"以上"当为"以下"。而《近思录》恰未收被批评句。

程子所谓"圣人非不知命,然于人事不得不尽"。此说非是者,奈何?曰:人事即天命也,人事不尽,则祸患乃其自取,而天命不立矣。故尽人事者,是乃所以顺夫天命而谨守之,此知命所以不立乎严墙之下也。若曰己知命之若彼而姑尽其事之如此,则是乃天人、义命判然二物。且圣人之知命也未尝审,而其行事或出于苟然矣。②

按:《或问》批评《精义》所收伊川"圣人非不知命,然于人事不得不尽"说割裂天人、义命观,故《近思录》删除之。

(四)《集注》较《近思录》转精者

郑声佞人,能使为邦者丧其所守,故放远之。(《论语》,15.10)③

按:《集注》改"为邦者"为"人",所指更具有普遍性,但亦改变了张子针对为政者的本意,化为对所有人的道德要求。

在物为理,处物为义。(《孟子》,11.7)④

---

① 朱熹:《孟子或问》卷十三,第997页。
② 朱熹:《孟子或问》卷九,第974页。
③ 陈荣捷:《近思录详注集评》卷八,第24条,第230页。
④ 陈荣捷:《近思录详注集评》卷一,第15条,第11页。

按:《集注》在引此句后又补充明道"体用之谓也",进一步解释理与义的体用关系。

> 发而中节,则无往而不善。(《孟子》,5.1)

按:《集注》于此后补充九字"发不中节,然后为不善",表达与中节相对的不中节之不善,语义更完备。

> 弘而不毅,则难立;毅而不弘,则无以居之。明道。(《论语》,8.7)
> 弘而不毅,则无规矩;毅而不弘,则隘陋。伊川。①

按:此二条为《近思录》卷二第48、69条,《集注》则融合明道、伊川用语:"弘而不毅,则[无规矩而]难立;毅而不弘,则[隘陋而]无以居之。""无规矩""隘陋"为伊川语。反之,亦可视此为伊川说而采用明道用语。《集注》取二家之长以综合之,《近思录》两取之,会造成学者无所适从之惑。

(五)《精义》《近思录》《集注》三者比较

透过三者比较,可清晰呈现朱子对"四书"认识的深化,从而对《近思录》性质和定位有更准确把握。

> 中字最难识,须是默识心通。且试言:一厅则中央为中,一家则厅中非中,而堂为中;言一国,则堂非中,而国之中为中。推此类可见矣。(且如初寒时则薄裘为中,如在盛寒而用初寒之衣,则非中也,更)如三过其门不入……则非中也。(《孟子》,13.26)②

按:《精义》收入最全,《近思录》删"且如初寒时……则非中也"的譬喻句,

---

① 陈荣捷:《近思录详注集评》卷二,第15条,第69、78页。
② 陈荣捷:《近思录详注集评》卷一,第30条,第21页。所引文献括号内文字表示被删原文。

《集注》最简,仅收"中字最难……推此类可见矣"。可见随着认识深入,朱子选择愈加精要。

> 问:"仁与心何异?"伊川曰:"心是所生……或曰譬如五谷之种,必待阳气而生。"曰:"非是阳气,发处却是情也。心譬如谷种,生之性便是仁也。"(《孟子》,11.11)
> 问:"仁与心何异?"曰:"心譬如谷种,生之性便是仁,阳气发处乃情也。"程子所谓心如谷种,仁则其生之性,是也。①

按:《近思录》较《精义》大有删改,仅保留首尾各一句作为问答,突出了"谷种"说,《集注》则进一步以"所谓"句型凝练其表达。

> 君子敬以直内。微生高所枉虽小,而害则大。(《论语》,5.23)②

按:《集注》删无关文意的"敬以直内",改"而害则"为"害直为大"。补入"直",突出了重"直"的章旨。另《精义》无"微生高"三字。

> (三千子)[七十]梏其性而亡之。(故曰情其性。)然学之道,必先明诸心,知所(养)[往],然后力行以求至,所谓自明而诚也。(故学必尽其心,尽其心则知其性。知其性,反而诚之圣人也。故《洪范》曰思,曰睿,睿作圣。)诚之之道。学之之道也。(视听言动皆礼矣,所异于圣人者盖。)[然]圣人则不思而得,不勉而中(从容中道);颜子则必思而后得,必勉而后中,(故曰颜子之)[其]与圣人相去一息。(孟子曰:充实而有光辉……可谓充实而有光辉矣。)所未至者,守之也,非化之也。以其好学之心,假之以年,则不日而化矣。(故仲尼曰不幸短命……孟子则学而知也。)(《论语》,6.2)③

---

① 陈荣捷:《近思录详注集评》卷一,第36条,第26页。
② 陈荣捷:《近思录详注集评》卷十二,第15条,第288页。
③ 陈荣捷:《近思录详注集评》卷二,第3条,第41页。所引文献中括号内文字表示《集注》所补。

按:《精义》所引《颜子所好何学论》最全,《近思录》删除甚多,或删除引文以求精简,如"孟子曰""故仲尼曰"以下一段;或删前后意义重复者,如末节又出现"不思而得"等;或过于枝节游离者,如末节讨论孔孟之别。改写"故曰颜子之"为"其"。最值得注意者,乃在于删除朱子看来有问题者,如删《精义》所引"故曰性其情""故曰情其性",陈荣捷先生认为"朱子删此两语,以其有情恶气味",意在消除王弼道家思想影响。① 但却未指出"自明而诚也"与"诚之之道"之间所删("故学必尽其心……睿作圣"),盖朱子实不满此"尽其心则知其性"说;而主张知其性才尽其心,认为二者犹穷理与知至关系。《集注》对《近思录》又有数处修订:改"习而通"的"三千"为"七十",更准确。确定"知所养"为"知所往",与下文"力行"相承接;改"乐"为"惧"。改"觉者"为"学者",更精准、平实而合乎朱子思想;且整个删除"故曰性其情,愚者则不知制之,纵其情而至于邪僻,梏其性而亡之。故曰情其性。凡学之道,正其心养其性而已,中正而诚则圣矣",而非限于那十字。

(天下有多少美才)[天下之英才不为少矣],(只为道不明于天下)[特以道学不明],故不得有所成就。(且古者兴于诗,立于礼,成于乐,如今人怎生会得,)(古人于诗)[夫古人之诗],如今(人)[之]歌曲(一般),虽间(巷草野)[里]童稚,皆习闻[之而知]其说(而晓其义),故能兴起(于诗)。(后世)[今虽]老师宿儒,尚不能晓其义,(怎生责得)[况]学者[乎],是不得兴于诗也。[古人自洒扫应对,以至冠、昏、丧、祭,莫不有礼。](古礼既废)[今皆废坏],[是以]人伦不明,(以至)治家(皆)无法(度),是不得立于礼也。古人[之乐](有)2歌咏[所]以养其(情性)[性情],1声音[所]以养其耳[采色所以养其]目,3舞蹈[所]以养其血脉。今皆无之,是不得成于乐也。[是以]古之成材也易,今之成材也难。(《论语》,8.8)②

---

① 参见陈荣捷:《近思录详注集评》,第42页,注7。
② 陈荣捷:《近思录详注集评》卷十一,第16条,第280页。所引文献序号1、2、3为笔者所加,表示《集注》修改后所颠倒的次序。

按：《集注》较《近思录》所引修改甚多，正如《或问》所言，"程子备矣，然其间亦有疏密缓急之异，详味而审思焉可也"。改"道"为"道学"，把客观的"道"改为主体对道的学习、传承、阐发之学。删原文"古者"句，以为简洁。改"晓其义"为"知其说"，更准确表达了儿童对古诗的把握。在"古礼既废"前补"古人自"一句，语义通贯，衔接完备。补充"之乐"二字，亦是同样考虑。补"采色所以养其"句，耳、目分开表达，更为完善、准确。颠倒声音、歌咏句之语序，改口语化语录为书面用语，通过删、补、调、改等手段，使原文语义更为精准、连贯、通畅，同时亦体现了朱子的独特理解。

三 小 结

综上所述，以《近思录》作为进入"四书"（无论是先秦"四书"还是朱子"四书集注"）的阶梯是不能成立的。这首先就由朱、吕编撰该书的宗旨决定了，二贤给予该书的定位是一部穷乡晚进可以参考的周张二程之读本，而非先于"四书"之前的更基础读本。陈淳阶梯论的理由是要理解"四书"必须经由周张二程之著作，而《近思录》又是选取其中"关于大体而切于日用"者，故《近思录》为把握"四书"之前提。况且，朱子对"四书"的理解亦是经由研读四子著作而入，并指出《近思录》在次第、归宿、规模上与"四书"分别相应。"其次第仿《大学》，其会趣准《中庸》，其规模效《语》《孟》……故吾先生所以发明'四书'之宏纲大义者，亦自（北宋）四先生之书得之，而此编其四先生之要旨萃焉。"[①]这样就把《近思录》与"四书"紧密关联起来，此说貌似合理，其实不合朱子探索"四书"的真实历程，且其《近思录》与"四书"比配之说亦属个人牵强之解。

首先，朱子对"四书"的毕生探究，虔诚而专精，编撰了多部选取北宋诸家四书说的专门系列著作。早期有《论语要义》《论语训蒙口义》《孟子集解》等，壬辰有集合诸家（含二程门人）论《孟》论说精华的《论孟精义》，丁酉有对各家

[①] 陈淳：《书李推近思录跋后》，《北溪大全集》卷十四，《文渊阁四库全书》第一一六八册，台北：台湾商务印书馆，1987年，第612页。

得失加以辨析的《四书或问》，己酉有与《中庸章句》并行，收入各家《中庸》解的《中庸辑略》。这些"四书"系列著作才构成"四书"的直接阶梯。① 朱子是通过汇聚理解北宋诸家《四书》说来重新阐释先秦"四书"，他的"四书"研究肇始、奠基于《精义》而与之密不可分。《精义》诸说是朱子进入"四书"的钥匙。故根本不需要借助"驳杂无绪"与他人合编、受制于人的《近思录》来学习前辈"四书"思想。其次，不合乎朱子强调专一，反对各书互相牵扯的治学原则。《近思录》即"牵扯"各书而成的著作，零碎散落其中的涉及"四书"解释的一百多条，远不如《易传》起眼。《近思录》选材非常分散。作为周张二程著述的选本，它只是考虑选出各家可取的文字，置于相应的大主题（同卷）之下，而并未考虑各家说在论述同一具体论题时的差异性，显得分散错杂，与《精义》《集注》以经典文本为主，收摄各家议论的紧凑风格明显有别。这是由《近思录》在以宏大主题为前提下，而以人物为主，再据著作卷次顺序的编排原则决定的。这样的编纂风格不符合朱子追求的"比照而观""分析异同""考量得失"的治学实践和要求，不利于初学者对四子说的领会。我们稍将《近思录》与《精义》《或问》《集注》比较即可感觉二者差异，后者众说罗列的情景，使读者会不由然地对各说加以分析考量。又次，不符合朱子对初学者由易到难的教学原则。《近思录》直接收集四子原文而无任何解释，甚或缺乏前后语境，初学者根本不知其所论是否针对"四书"而发，其义理亦绝非初学所能把握。即便逐条置于经文之下的《论孟精义》，朱子亦有鉴于所收各家，甚至一家各说冲突之情况，认为只有资质上乘，分辨力强的弟子方适合读《精义》，而勉斋就是遵照朱子教导由《论孟精义》入手。今《语类》所录有关《精义》（《集义》）诸说多为勉斋所录，《雍也》篇全部二十八章《精义》，勉斋皆仿照朱子做法逐一加以比较辨析，朱子再予以回应。② 最后，朱子写作《集注》的目的就是希望后人通过学习"不多一字不少一字"的《集注》来把握先秦"四书"思想，而不是再像他那样重新浪里淘沙地挑选四子之言。如按照北溪要求，须先通过《近思录》才能把握"四书"，那置《集注》于何地呢？朱子虽由四子之书诠释"四书"，但他精心成就《集注》

---

① 参见拙稿《朱子四书学形成新考》，《中国哲学史》，2013年第1期。
② 详参许家星：《朱子学的治学方法、精神及其当代意义——以朱子、勉斋〈论语精义〉之辨为中心》，《哲学动态》，2019年第10期。

一书,实有以此书为道统根本所在而优先于《近思录》之意。

总之,以《近思录》为"四书"阶梯,是陈淳学道之见,断非朱子之言。陈淳是有意借朱子为旗帜来表达自身看法,这在记录体中应非少见,勉斋对此类情况早有预料,故开始并不同意编撰朱子语录。钱先生认为朱子晚年对《近思录》看法改变,其实,非朱子在变,而是陈淳态度改变,晚年已弃此说而置"四书"于《近思录》之前。① 李纪祥亦认为,勉斋所坚守的是师门旧说,北溪则"系后于朱子历史地说",乃自创新说。但此新说几成为后朱子学时代的一个常识和定见,与《近思录》作为北宋理学之汇编有关。它实质上反映了后学对朱子所建构的理学道统的推崇,希望通过《近思录》来深入学习四子思想,通过重走朱子四子研习之路来更好的理解《集注》。

---

① 参见苏费翔:《〈近思录〉〈四子〉之阶梯——陈淳、黄干争论读书次序》,《哲学与时代:朱子学国际学术会议论文集》,第506—508页。陈淳代表作《北溪字义》,又名《四书性理字义》,即是对《四书集注》诸多范畴的再阐发。

论朱熹道统论对"道南一脉"的舍弃

王 宇

(浙江省社会科学院哲学所)

所谓"道南一脉",是指程颢在杨时南还时称:"吾道南矣。"此语出自杨时门人所编《龟山语录》,朱熹则将此语采入《二程外书》卷十二和《伊洛渊源录》。①朱熹去世后,"道南一脉"的地位不断提升。根据顾宏义的研究②,淳祐六年(1246),福建路提刑杨栋请求朝廷向罗从彦、李侗赐予谥号,他认为,二程去世后,杨时为传道者,"二先生没,门人传其道者曰龟山杨文靖公,文靖传之罗先生从彦,罗先生传之李先生侗",而朱熹师事李侗,构成了一条传道师统,"由周程而来,其所传授本末源流,不可诬也"。③朝廷批准杨栋之奏,下令有关部门启动议谥程序,周坦在《覆谥议状》中称:"罗公从彦……上承伊洛之正派,下开中兴以后诸儒之授受,昭然不可泯也。公受学龟山之门,其潜思力行,任重诣极,同门皆推敬之。义理之学正郁于时,一线之传赖是得以仅存。"④明确肯定了罗从彦是"伊洛之正派",即二程正统之传,并指出罗从彦师从杨时时,程学正受到朝廷的压制,"义理之学正郁于时",程学的传承已经是"一线之

---

① 参见顾宏义:《"吾道南矣"说的文献学考察》,陈来、朱杰人主编:《人文与价值——朱子学国际学术研讨会暨朱子诞辰880周年纪念会论文集》,第366—381页。
② 罗从彦:《豫章文集》卷十七,《文渊阁四库全书》第一一三五册,第777页。参见顾宏义:《"吾道南矣"说的文献学考察》,第379—381页。
③ 杨栋:《请谥罗李二先生状》,《豫章文集》卷十五,《文渊阁四库全书》第一一三五册,第766页。
④ 罗从彦:《豫章文集》卷十五,《文渊阁四库全书》第一一三五册,第767页。

传"。终于，朝廷赐予李侗谥号"文靖"、罗从彦谥号"文质"，遂使"道南一脉"在道统中的地位得到了官方的肯定。

可见，"道南一脉"的地位提升是在朱熹去世后发生的，那么，在朱熹生前，"道南一脉"在道统谱系中为什么没有拥有一席之地呢？本文认为，"道南一脉"历史的地位，与朱熹对整个程门群体不能传道的总体衡定息息相关，也是他在构建道统观时必须要加以认真清理的一个理论障碍。

一 朱熹对"道南"以及二程门人不能传道的总体判断

"道南一脉"关于朱熹与二程门人的关系，长久以来给研究者留下深刻印象的是朱熹对所谓"道南一脉"（杨时—罗从彦—李侗）的褒扬。朱熹只在一处提到"道南一脉"等同于程学的传道正统，即撰于孝宗隆兴元年（1163）的《祭延平李先生文》：

> 道丧千载，两程勃兴。有的其绪，龟山是承。龟山之南，道则与俱。有觉其徒，望门以趋。①

所谓"的"，应该指准确、完整地继承二程思想。不过，这是朱熹唯一一次承认"道南一脉"具有传道者的地位。到了乾道九年（1173），朱熹先后编辑了《二程外书》，草成了《伊洛渊源录》，"吾道南矣"一则尽管被采入二书，但都注明了出自《龟山语录》。而且，杨时在《伊洛渊源录》中位于卷十，虽然独立占据了一卷（附录其子杨迪），但排在刘绚、李吁、吕大钧、吕大忠、吕大临、谢良佐、游酢之后，亦未获得特殊的位置。实际上，《伊洛渊源录》卷八以下至卷十四各卷都是记载二程门人事迹的，只是二程门人的史料汇编，无法体现"道南一脉"的正统地位，反映了朱熹在这个问题上高度谨慎的态度。

而且，朱熹晚年还认为编纂《伊洛渊源录》的工作的价值不大。他在绍熙二年（1191）写道：

---

① 朱熹：《晦庵集》卷八十七，《朱子全书》第二十四册，第4064—4065页。

哀集程门诸公行事，顷年亦尝为之而未就，今邵武印本所谓《渊源录》者是也……然此等功夫亦未须作。比来深考程先生之言，其门人恐未有承当得此衣钵者。此事尽须商量，未易以朝耕而暮获也。①

经过多年思考研究，朱熹认为二程门人中"恐未有承当得此衣钵者"，二程门人没有一人可以传承道统。朱熹还批评了社会上流行的程门宗派图之类的宣传品：

所示"宗派"，不知何人为之？昔子贡方人而孔子自谓不暇，盖以学问之道为有急乎此者故也。使此人而知此理，则宜亦有所不暇矣。无见于此，则又何所依据而轻议此道之传乎？若云只据文字所传，则其中差互丛杂，亦不可胜道。②

朱熹不仅反对"轻议此道之传"，且指出从二程门人留下来的"文字"可以看出，"差互丛杂，亦不可胜道"，义理缪于二程之处在在皆是，故程学门人中不可能出现过可以全面继承二程的传道者。

朱熹还曾将程门弟子比作孔子门人中的"七十子"，批判其不能传道。在《朱子语类》中，有弟子问："程门谁真得其传？"朱熹答："也不尽见得。如刘质夫、朱公掞、张思叔辈，又不见他文字。看程门诸公力量见识，比之康节、横渠皆赶不上。"③邵雍、张载是具有传道者地位的学者，二程门人赶不上他们，自然就不可能是传道者。朱熹还反对刘子澄编辑记载二程门人言行的《续近思录》："程门诸先生亲从二程子，何故看他不透？子澄编《近思续录》，某劝他不必作，盖接续二程意思不得。"④他还引用尹焞的话："见伊川不曾许一人。"⑤淳熙七年（1180），朱熹在《又祭张敬夫殿撰文》中论及程颐去世后的情形："然微言之辍

---

① 朱熹：《答吴斗南（便中奉告）》，《晦庵集》卷五十九，《朱子全书》第二十三册，第2836页。
② 朱熹：《答程允夫（可欲之说甚善）》，《晦庵集》卷四十一，《朱子全书》第二十二册，第1873页。
③ 黎靖德编：《朱子语类》卷一百零一，《朱子全书》第七册，第2555页。
④ 同上。
⑤ 同上。

响，今未及乎百岁，士各私其所闻，已不胜其乖异。"① 在绍熙四年(1193)，朱熹又写道："自尧舜以至于孔孟，上下二千余年之间，(道)盖亦屡明而屡晦。自孟氏以至于周、程，则其晦者千五百年，而其明者不能以百岁也。程氏既没，诵说满门，而传之不能无失，其不流而为老子、释氏者几希矣，然世亦莫之悟也。"② 这些言论都明白表示，程颐之后，道又一次在师统中失传了。

在《大学或问下》中，朱熹还集中地在思想上对程门弟子一一加以点评，结论是根本不足以传道。当有人问自程颐发明格物穷理思想之后，"而其学者传之，见于文字多矣，是亦有以发起师说而有助于后学者耶？"③ 朱熹在回答中断然指出："若其门人，虽曰祖其师说，然以愚考之，则恐皆未足以及此也。"④ 所谓"此"即程颐思想的核心要义，接着朱熹对吕大临、谢显道、杨时、尹焞、胡安国、胡宏六家进行了点评(对杨时的批评将在本文下文专门讨论)⑤，朱熹最后指出：

> 呜呼，程子之言其答问反复之详且明也如彼，而其门人之所以为说者乃如此。虽或仅有一二之合焉，而不免于犹有所未尽也，是亦不待七十子丧而大义已乖矣，尚何望其能有所发而有助于后学哉！⑥

二程为门人讲说反复其详，并不存在交流的障碍，而门人诸子理解仍然歧出多端，这令朱熹感慨不已。然而，这种感慨实则为朱熹在道统谱系中"直接二程"埋下了伏笔。

朱熹对李侗的态度最为复杂。高宗绍兴二十八年(1158)拜入李侗门下对于朱熹思想发展具有转折性的历史意义，朱熹对此自然终生感激，在上引《大学或问下》中，朱熹在批评了程门六子之后，写道：

---

① 朱熹：《晦庵集》卷八十七，《朱子全书》第二十四册，第4075页。
② 朱熹：《邵州州学濂溪先生祠记》，《晦庵集》卷八十，《朱子全书》第二十四册，第3803页。
③ 朱熹：《大学或问》下，《朱子全书》第六册，第529页。
④ 同上，第530页。
⑤ 同上，第530—532页。朱熹《大学或问下》原文中并未点六人之名，此据赵顺孙解释，参见赵顺孙撰，黄珅点校：《大学纂疏·中庸纂疏》，上海：华东师范大学出版社，1992年，第69—72页。
⑥ 朱熹：《大学或问》下，第532页。

> 间独惟念昔闻延平先生之教，以为为学之初，且当常存此心，勿为他事所胜，凡遇一事，即当且就此事，反复推寻，以究其理，待此一事融释脱落，然后循序少进，而别穷一事。如此既久，积累之多，胸中自当有洒然处，非文字言语之所及也。详味此言，虽其规模之大，条理之密，若不逮于程子，然其工夫之渐次，意味之深切，则有非他说所能及者。惟尝实用力于此者，为能有以识之，未易以口舌争也。①

朱熹充分肯定了李侗"究尽一事之理后，别穷一事"的格物思想，认为较之前述程门六子弊病较少，是值得初学者遵循的功夫次第。但是，朱熹仍很有分寸地写道："详味此言，虽其规模之大，条理之密，若不逮于程子……"李侗显然还不能准确、完整地继承二程思想。在绍熙五年（1194）《沧洲精舍告先圣文》中他说："熹以凡陋，少蒙义方，中靡常师，晚逢有道。"②所谓"有道"，就是李侗。这次释菜之礼中，李侗与北宋五子、司马光一起从祀，而"道南一脉"中李侗以上的杨时、罗从彦二人则并未从祀，都是朱熹尊崇业师的表示，而不是确认"道南一脉"为程学正统。

而在为李侗撰写的《行状》中，不但隆兴元年（1163）《祭延平李先生文》中的"有的其绪"之说再未出现，朱熹还将李侗的逝世仅仅定位为"道南一脉"的终结："不幸天丧斯文而先生殁矣，龟山之所闻于程夫子而授之罗公者，至是而不得其传矣。"③所谓"龟山之所闻于程夫子"，显然并非表示龟山乃二程的正统传人，相反倒暗示了龟山所传二程之学是片面的。特别值得注意的是，朱熹还多次提到李侗之学没有得到传承："而学者亦莫之识，是以进不获施之于时，退未及传之于后。"④且道南一脉传承终结于李侗，"至是而不得其传矣"⑤，声称包括自己在内的弟子都不能继承李侗，这并非完全出于自谦，也

---

① 朱熹：《大学或问》下，第532页。
② 朱熹：《晦庵集》卷八十六，《朱子全书》第二十四册，第4050页。
③ 朱熹：《晦庵集》卷九十七，《朱子全书》第二十五册，第4520页。
④ 朱熹：《延平先生李公行状》，《晦庵集》卷九十七，《朱子全书》第二十五册，第4520页。又卷八十七《祭延平李先生文》："进未获施，退未及传。殉身以殁，孰云非天！"（《朱子全书》第二十四册，第4065页）
⑤ 朱熹：《延平先生李公行状》，《晦庵集》卷九十七，《朱子全书》第二十五册，第4520页。

反映了他对李侗思想的某种异议。从思想逻辑考察,朱熹在道学系统内的发展方向却与李侗不同,二者的不同,亦是小程与大程的不同。在李侗死后,朱熹完全转向小程的立场,使得宋代乃至整个宋明理学的面貌与特质发生了极大的改观。①

总体而言,朱熹否认了二程门人中出现过传道者,但二程门人毕竟亲炙二程,各有所得,因此要继承二程的思想遗产,绝不能无视二程门人的记录和著述。然朱熹的哲学体系之所以能够自成一家,根本上是直接向周敦颐、二程、张载学习,从而"深造自得"的结果,以李侗为代表的"道南一脉"至多发挥了引导入门的作用,且这一师承统绪痕迹随着其思想体系的成熟和完备也日益黯淡了。绍熙五年(1194)沧洲精舍释菜仪中只有李侗一人从祀,而杨时、罗从彦不与,便证明了这一点。

二 黄榦的"朱子直接二程"说

朱子学内部对朱熹传道者地位的确认,是由朱熹最重要的弟子兼女婿黄榦完成的。黄榦从宁宗开禧三年(1207)开始动笔撰写《朱子行状》,至嘉定十年(1217)方告完成。②《朱子行状》云:

> 窃闻道之正统,待人而后传。自周以来,任传道之责,得统之正者,不过数人,而能使斯道章章较著者,一二人而止耳。由孔子而后,周、程、张子继其绝,至先生而始著。盖千有余年之间,孔孟之徒所以推明是道者,既以煨烬残阙、离析穿凿,而微言几绝矣。周、程、张子崛起于斯文湮塞之余,人心蠹坏之后,扶持植立,厥功伟然。未及百年,踳驳尤甚。先生出,而自周以来圣贤相传之道一旦豁然,如大明中天,昭晰呈露,则撮其言行又可略与?辄采同志之议,敬述世系爵里出处言论,与夫学问道德

---

① 陈来:《朱子哲学研究》,上海:华东师范大学出版社,2000年,第71页。朱熹与李侗的思想差异在《延平答问》中已经表现得非常明显,相关分析参见《朱子哲学研究》第二章《朱子与李延平》(第44—72页)。
② 邓庆平:《黄榦的朱学道统论》,陈来、朱杰人主编:《人文与价值——朱子学国际学术研讨会暨朱子诞辰880周年纪念会论文集》,第405页。

行业人之所共知者，而又私窃以道统之著者终之，以俟知德者考焉。①

黄榦代表朱子门人，宣称朱熹在道统中的地位是"道统之著者"；而与八年前刘弥正的《覆谥议状》相比，黄榦淡化了从二程到朱熹的师统传授，而强调了程颐之后"未及百年，踳驳尤甚"，即二程门人无一能够传道。《朱子行状》论及师从李侗一节时则是这样说的："延平李先生学于豫章罗先生，罗先生学于龟山杨先生。延平于韦斋为同门友。先生归自同安，不远数百里徒步往从之。"② 也止于事实表述，而未褒扬"道南一脉"。纵观全部《勉斋集》，黄榦根本就没有提到过"道南"一语，遑论"道南正脉"和道统的关系。在另一篇重要论文《圣贤道统传授总叙说》中，黄榦更明白表示："此又先师（朱熹）得统于二程者也。"③ 进一步从哲学思想的继承性角度论证了朱熹在道统谱系中"直接二程"，不可能在朱熹与二程中间插入杨、罗、李三子。不但黄榦如此，陈淳、魏了翁、真德秀也从未提起过"吾道南矣"或"道南正脉"。

三 "道南正脉"与"不立文字"的错误倾向

所谓"不立文字"，是指轻视读书穷理，甚至以禅宗式的棒喝代替语言文字的交流的倾向。这一倾向在杨时一系的传承中已崭露头角，并遭到朱熹批判，而朱熹去世后出现的"道南崇拜"论述中，"不立文字"的倾向更被强化，甚至成为论证"道南一脉"道统地位的论据，遂完全印证了朱熹生前的担忧。

（一）"道南崇拜"中出现的"不立文字"倾向

由于罗从彦、李侗著述很少，缺乏丰富的思想资料，于是杨栋在罗从彦、李侗《请谥状》中提出，自宁宗以来，朝廷大力褒扬朱熹乃至朱熹弟子，朱熹本师李侗却无人褒扬，原因与其著述不多有关：

---

① 黄榦：《朝奉大夫文华阁待制赠宝谟阁直学士通议大夫谥文朱先生行状》，《勉斋集》卷三十六，《文渊阁四库全书》第一一六八册，第428页。
② 同上，第423页。
③ 黄榦：《勉斋先生黄文肃公文集》卷二十六，第585页下。

然朱文公之学实师乎先生，独未闻有以推尊其师者，岂以其师著书不多，不若诸人之论述详而发明广欤？不然何隆礼于其弟子，而反遗其师也？①

杨栋进一步提出，著述并非传道的必要条件："此言为道义而发，书之多寡初不足计。且圣贤著述，皆非得已。"他举的例子是这样的：

孔子曰："予欲无言。"孟子曰："予岂好辩哉，予不得已也。"颜子不著书，实为亚圣。然而《论语》必以《尧曰》终篇，《孟子》末章历叙尧舜至孔子，而韩愈《原道》之作，所谓"以是传之"，必谨择而明辨者，所以示万世之公传，率天下以正道，实至重至大之事，不可忽也。

孔子表示"予欲无言"，孟子则自称不得已与人辩论，颜回绝无著述，可是孔、孟、颜都成为传道圣贤。可见语言文字并非传道所必需，不但不是必需，而且以语言传道实乃不得已之举。这样一来，罗从彦、李侗著述寡少并不妨碍其成为"道南正脉"承上启下的关键环节。杨栋又说：

观朱文公所称罗氏曰："潜思力行，任重诣极，如公一人而已。"其称李氏曰："讲诵之余，危坐终日，以验夫喜怒哀乐未发之前气象为如何，而求所谓中者。若是者，盖久之而知天下之大本在乎是也。"然则朱文公之所得于李先生，李先生所得于罗先生者，厥或在此，而有出于文字词义之表者可知矣。②

杨栋把罗从彦、李侗、朱熹相传之学总结为躬行践履，而讲学读书明理则被轻描淡写为"讲诵之余"，似乎"讲诵"的重要性远远不如兀然危坐以求"未发之前气象"；而师徒授受之际"有出于文字词义之表者"，更贬低了语言文字传道的地位，有意无意地渲染一种"心心相印"的传授模式。

---

① 杨栋：《请谥罗李二先生状》，《豫章文集》卷十五，《文渊阁四库全书》第一一三五册，第766页。
② 同上，第766页。

无独有偶，元人刘将孙也有类似的观点。他发现李侗的著作已经很少，罗从彦更少，"得豫章家集所传者，寥寥仅见，又非延平比"。刘将孙根据这一现象得出的结论却是："愚于是益信二先生之所以上接伊洛而下开考亭者。或曰：其简也若是，道乌乎传？余作而言曰：兹道之所以传也。"刘氏的理由与杨栋大同小异：

> 子曰："予欲无言。"又曰："文，莫吾犹人也；躬行君子，则吾未之有得。"言语之道盛，而自得之学隐矣。二先生之自得者，有不能得于言也；其所以传朱氏者，亦不在于言也；朱氏之得于二先生者，亦有不能言者也。而朱氏之所为言之长者，其所授者无二朱氏也。朱氏之言，不得已而言者也。而世之求道者往往必求之言也，则吾为斯道慨然于此久矣。①

刘将孙认为语言文字已经成为传道的障碍，像罗从彦、李侗这样的传道者，"有不能得于言也"，其所传授于朱熹的也是"亦不在于言"。朱熹本人著述汗牛充栋，但在刘将孙看来，"朱氏之言，不得已而言者也"。不但如此，他批评天下学者拘泥于语言文字学习朱熹（"而世之求道者往往必求之言也"）。总之，要在文集、语录、经解之外追求"言外之意"。刘将孙此说也违背了朱熹的道统观。

（二）朱熹对"道南一脉""不立文字"之弊的批判

上文已经提到，在《大学或问下》朱熹对龟山进行了不点名的批评，这里将相关段落引述于下，以便讨论：

> 又有以为天下之物不可胜穷，然皆备于我，而非从外得也；所谓格物，亦曰反身而诚，则天下之物无不在我者，是亦似矣。然反身而诚，乃为物格知至以后之事，言其穷理之至，无所不尽，故凡天下之理反求诸身，皆有以见，其如目视耳听，手持足行之毕具于此，而无毫发之不实耳。固非

---

① 刘将孙：《豫章先生遗稿跋》，《豫章文集》卷十六，《文渊阁四库全书》第一一三五册，第775页。此文撰于元成宗元贞二年（1296）。

以是方为格物之事,亦不谓但务反求诸身,而天下之理自然无不诚也。《中庸》之言明善即物格知至之事,其言诚身即意诚心正之功,故不明乎善,则有反诸身而不诚者;其功夫地位固有序而不可诬矣。今为格物之说,又安得遽以是而为言哉?①

朱熹认为杨时以"反身而诚"为功夫,"格物"之"物"被化约为"我之身",而放弃了"格天下之物"的功夫;朱熹则认为"反身而诚"是经历了"格天下物"这一功夫之后的境界和效验,其顺序不可颠倒:"其功夫地位固有序而不可诬矣。"②由于杨时轻视"格天下之物",其所谓"格物"目的不是为了获得对对象的认知,而是为了获得人究竟应该为自己设定怎样的观念③,那么就必然会滋生轻视"读书穷理"的倾向。事实上,朱熹也确实在"道南一脉"传承的过程中发现了这个弊端,并进行了批判。淳熙十二年(1185),朱熹为杨时门人李郁撰写墓志铭,其中引述了杨时对李郁的教诲:

> 而龟山每告之曰:"唐虞以前,载籍未具,而当是之时,圣贤若彼其多也。晚周以来,下历秦汉,以迄于今,文字之多,至不可以数计,然旷千百年,欲求一人如颜、曾者而不可得。则是道之所以传,固不在于文字,而古之圣贤所以为圣贤者,其用心必有在矣。"及李公请见于余杭,则其告之亦曰:"学者当知古人之学何所用心,学之将以何用。若曰'孔门之学,仁而已',则何为而谓之仁?若曰'仁,人心也',则何者而谓之人心耶?"④

杨时向李郁强调,语言文字传道是不确定和不可靠的,应该略去文字直求圣人之心。根据朱熹记载,李郁受此教言之后,"退求其说以进,愈投而愈不合,于是独取《论语》《孟子》之书而伏读之,蚤夜不懈,十有八年,然后涣然若

---

① 朱熹:《大学或问下》,第 530 页。
② 关于杨时思想的内在逻辑,参见何俊:《南宋儒学建构》,第 27—39 页。
③ 同上,第 30 页。
④ 朱熹:《西山先生李公墓表》,《晦庵集》卷九十,《朱子全书》第二十四册,第 4178 页。

有得也,龟山盖深许之"①。朱熹在这篇墓志铭的末尾写道:

> 呜呼,圣贤远矣! 然其所以立言垂训,开示后学,其亦可谓至哉。顾自秦汉以来,道学不传,儒者不知反己潜心,而一以记览诵说为事,是以有道君子深以为忧,然亦未尝遂以束书不读、坐谈空妙为可以徼幸于有闻也。若龟山之所以教,与西山之所以学,其亦足以观矣。②

朱熹指出,杨时基于对汉唐儒学"记览诵说"、不知明道的弊端的批判,而强调追寻"古之圣贤之所以用心",这并无问题;但是强调"传心"并不意味就要抛弃语言文字这一中介,更不是否定"读书穷理"的工夫。杨时教导李郁"道之所以传,固不在于文字",但李郁还是最终通过研读《论语》《孟子》而获得了对于"圣人之心"的理解,且得到"龟山深许"。李郁之所以能够"涣然有得",恰恰是因为他没有机械遵从杨时之教,而注重了读书研索。这一过程表明,语言文字是宋代学者探索"道"的唯一桥梁,像杨时那样过分贬低语言文字传道的功用,会引发好高骛远之弊,甚至流入释老。这正是朱熹要表彰"若龟山之所以教,与西山之所以学"的意义所在。由此可见,朱熹撰《西山先生李公墓表》用意在于批判注重束书不观的陆九渊之学,并通过揭示杨时对李郁的教导,而李郁反其意用之这一事实,暗示杨时流于"不立文字"的逃禅倾向对陆九渊也有影响。

四 朱熹道统论对"不立文字"倾向的批判

朱熹对"道南一脉"轻视读书、不立文字倾向的担忧,竟被后来的"道南崇拜"所证实,这从历史的角度证明,"不立文字"的倾向对朱子学的传承产生了实质的维护;而从理论上看,其对朱熹道统论亦有极大的破坏性。

土田健次郎指出,朱熹的道统论与禅宗的"传灯"模式有性质上的差异,其

---

① 朱熹:《西山先生李公墓表》,《晦庵集》卷九十,《朱子全书》第二十四册,第4178页。
② 同上,第4180页。

中一点就是儒学具有"公开性",支持着这种公开性的就是经书的权威,以及只要是人类就必定具有的"道心"的普遍性。① 此处再加申说,朱熹认为"道"在宋代的再次发现,是主观的"心"的认识功能与客观的经典提示相结合的成果,故"道统"若要延续,必须保持"心"与"言语文字"的平衡,二者不可偏废。

孟子以下千二百年之间,"道"不得不脱离师徒授受的统绪而得到传承,故朱熹称赞周敦颐"不由师傅,默契道体",其传道的基本特征为"心传道统",但这并不意味着周敦颐与孟子是"以心传心",周敦颐对道的发现既有主观的"心传道统",客观上又受到了经书的启发,而绝非排除语言文字的结果。关于这一点,朱熹在其道统论经典论述《中庸章句序》中反复强调,语言文字是传道不可或缺的中介,此文在述及孟子之后"道"失传时称:"及其殁而遂失其传焉。则吾道之寄,不越乎言语文字之间。"当"道"在师徒授受系统中失传后,语言文字成了保存"道"的唯一载体。在下文述及二程能够重新明道,对抗佛老二氏时,他再次强调正是因为子思留下《中庸》一篇,使得二程有可能再次明道:"盖子思之功于是为大,而微程夫子,则亦莫能因其语而得其心也。"二程是通过《中庸》这一文本中介而"得子思之心",因此道统的传承"因其语而得其心",绝不能脱离语言文字中介。

然而,"以心传心""心心相印"的要害在于抛弃语言文字这一中介,禅宗历史上常见以顿悟、棒喝、竖拂子等非语言文字的传道,对儒学也有影响。朱熹对此一直十分警惕,曾特别加以批评。朱熹说:"呜呼! 圣人之意,其可以言传者,具于是(《论语》)矣。不可以言传者,亦岂外乎是哉? 深造而自得之,特在夫学者加之意而已矣。"② 无论是"可以言传"者,还是"不可以言传者",圣人都已经著之于《论语》一书中,学者不可脱离文本,而要深造自得,反复涵泳文字。有学者认为周敦颐《太极图说》"有单传密付之三昧",即一些玄妙的奥秘并未在《太极图说》之中写出,而秘密传授给了二程。朱熹反驳:

夫道在目前,初无隐蔽,而众人沉溺胶扰,不自知觉,是以圣人因其

---

① 土田健次郎:《道学之展开》,第468—469页。
② 朱熹:《论语要义目录序》,《晦庵集》卷七十五,《朱子全书》第二十四册,第3614页。

> 所见道体之实，发之言语文字之间，以开悟天下与来世。其言丁宁反复，明白切至，惟恐人之不解了也，岂有故为不尽之言以愚学者之耳目，必俟其单传密付而后可以得之哉？

圣人的语言文字清晰透彻，足以传道，妨碍学者明道的并非语言文字，而是缺乏进一步对语言文字的钻研玩味和道德修养工夫："但患学者未尝虚心静虑，优柔反复，以味其立言之意，而妄以己意轻为之说，是以不知其味而妄意乎言外之别传耳。"① 总之，"不立文字，教外别传"是禅宗传统，儒学绝无此事。

到了黄榦的道统论述中，似乎是受到了同一问题意识的刺激，他也不厌其烦地强调了语言文字，尤其是文本建设是道统传承中的重要地位。黄榦在《朱子行状》中写道：

> 谓圣贤道统之传，散在方册，圣经之旨不明，则道统之传始晦。于是竭其精力，以研穷圣贤之经训。于《大学》《中庸》则补其阙遗，别其次第，纲领条目，粲然复明。于《论语》《孟子》则深原当时答问之意，使读而味之者如亲见圣贤而面命之。于《易》与《诗》则求其本义，攻其末失，深得古人遗意于数千载之上。凡数经者，见之传注，其关于天命之微、人心之奥、入德之门、造道之域者，既已极深研几，探赜索隐，发其旨趣而无遗矣。②

所谓"道统之传，散在方册"包含了两个推论，一是说明道统传承不能抛弃"方册"，二则说明"方册"中关于道的指示，需要人的"心"进行主观认识，否则仍然是"圣经之旨不明，则道统之传始晦"。黄榦此说，与朱熹的"则吾道之寄，不越乎言语文字之间"一脉相承，都是强调经典文本是传道的基本依据，欲明道必须从解经入手。黄榦还强调，朱熹通过文本建设强化和丰富了道统的学统形态，其最主要的成就全在于《四书章句集注》，"于《论语》《孟子》则深原当时答问之意，使读而味之者如亲见圣贤而面命之"，即通过朱熹《四书章句集

---

① 朱熹：《答汪叔耕（来书所论向来为学次第）》，《晦庵集》卷五十九，《朱子全书》第二十三册，第 2814—2815 页。

② 同上。

注》所理解的孔孟之道,与孔孟门人亲传面命所得,毫无二致,这一论断,构成了对朱熹去世后勃兴的师统崇拜有力的纠正。

从客观上看,杨时为代表的"道南一脉"的哲学思想与朱熹冲突很多①,仅从这些客观抵牾之处就可以判断,朱熹在思想上不满于"道南一脉",最终"舍弃道南一脉"。② 具体到道统论,朱熹已经察觉到了"道南一脉""不立文字"、轻视读书穷理的倾向,而这种倾向对朱熹道统论实有相当大的破坏作用。可悲的是,在"道南崇拜"的过程中,"不立文字"的论述成为基调,实已突破了朱熹的师道观,尤其违反了朱熹"因其语而得其心"的道统理论。

由于朱熹、黄榦反复正面强调了程门弟子不能传道,黄榦在其道统论论述中也从未列入"道南一脉",终南宋一朝,杨、罗、李三人的谥号始终为两字谥(文靖、文质、文靖),而没有升格为单谥,这证明"道南一脉"始终没有进入官方的道统系列。

---

① 详细分析参见何俊:《南宋儒学建构》,第二章《洛学的分流》,第一节《道南学派》,第25—63页。
② 同上,第38页。

吕祖谦与张栻的交游以及"东南三贤"之由来

张天杰

(杭州师范大学公共管理学院)

说起南宋初年的儒学,自然要提及"东南三贤",也即吕祖谦(1137—1181,字伯恭)与张栻(1133—1180,字敬夫,又作钦夫)以及朱熹(1130—1200,字元晦),他们相互间的交游,形成了一个学术共同体,创造了南宋儒学的辉煌时代。

学界关于"东南三贤"的研究,因为"朱张会讲",对朱熹与张栻交游的研究最为丰富;又因为《近思录》,对朱熹与吕祖谦的交游也有论析。相对而言,吕祖谦与张栻的交游则少有人涉及了。事实上,吕、张二人间的交游包括了两年的严州、临安之会,以及约十二年的书信论学,当是学术史上一大被忽视的盛事;而且正是因为吕、张二人的相与论学,以及"不在场者"朱熹以书信间接参与,方才最终形成了"东南三贤"学术共同体。故而研究吕、张之间的交游,以及其间朱熹如何介入等问题,对于完整而全面地认识"东南三贤"之由来,以及更好地认识南宋儒学的建构,都有着重要的学术意义。[①]

[①] 吕、张关系,学界研究极少:潘富恩、徐余庆《吕祖谦评传》(南京:南京大学出版社,1992年)只有较少文字陈述相关史实;王宇《张吕会讲与东南三先生格局的奠定》(《浙江学刊》,2018年第5期)分析了张、吕二人临安之会及其对"东南三贤"格局的影响,然就二人交游之具体,以及其交游与朱熹的关系等未及探讨。"东南三贤"研究的学术史回顾,另参见田浩先生《朱熹与张栻、吕祖谦互动述略》(《湖南大学学报》,2018年第1期)。本文的撰写,受到顾宏义编撰的《朱熹门人往还书札汇编》(上海:上海古籍出版社,2017年)与任仁仁、顾宏义编撰的《张栻师友门人往还书札汇编》(北京:中华书局,2018年)先后排次以及按语的启发颇多,特此说明。

一　严州、临安之会

吕祖谦与张栻很早就已惺惺相惜。在吕祖谦看来，张栻"传世精忠，潜心正学"[1]；而在张栻看来，则吕祖谦"世德相传，天资甚茂"[2]。一个是抗金名将、当朝丞相之子，一个是中原文献家学之传人，故而他们的交游，特别是乾道五年至七年（1169—1171）的严州、临安之会，可谓珠联璧合，相得益彰。

乾道五年八月，吕祖谦"以太学博士补外，添差严州学教授"[3]，十月底赴任，此时听说张栻即将到严州（又称严陵）担任知州，便主动去信给张栻。在书信中，表达了对于张栻的向往之情：

> 历访缙绅，咸推墙仞。惟魏国既行而复尼，惟衡山有韫而莫施。今兹一来，任是二责，实系斯文之兴废，岂徒阖境之戚休？[4]

他认为当时的儒者虽也努力，或因时命，或因物情，功效则已长久不明，所缺少的就是一个优秀的引领者。经过了所谓"历访缙绅"之后，大多推重于张家，前有魏国公张浚（1097—1164），后有讲学于湖南岳麓书院的张栻，故"实系斯文之兴废"。张栻若能来严州，则必是一地之福了。张栻收到此信之后，自然也就在其回信中表示了对吕祖谦的景仰之情，他说："考丽泽之象，正资讲习之功；诵《伐木》之诗，益见和平之助。"[5]吕祖谦在金华丽泽书院的讲学活动，早就在学术圈中有了相当的影响，故而表示非常愿意有此一聚。吕祖谦后来又去信说："今兹旌纛之来，万目共视，一举一措，盖将占吾道之盛衰。"[6]张栻当年既

---

[1] 吕祖谦：《通张严州启》，《东莱吕太史文集》卷四，黄灵庚、吴战垒主编：《吕祖谦全集》第一册，杭州：浙江古籍出版社，2008年，第76页。
[2] 张栻：《答吕太博启》，《新刊南轩先生文集》卷八，杨世文点校：《张栻集》，北京：中华书局，2015年，第876页。
[3] 杜海军：《吕祖谦年谱》，北京：中华书局，2007年，第46页。
[4] 吕祖谦：《通张严州启》，《东莱吕太史文集》卷四，《吕祖谦全集》第一册，第76页。
[5] 张栻：《答吕太博启》，《新刊南轩先生文集》卷八，《张栻集》，第876页。
[6] 吕祖谦：《与张荆州》，《东莱吕太史别集》卷七，《吕祖谦全集》第一册，第394页。

有"身历世变"的官场经验，又有身处"清旷幽闲之地"的学术蓄养，于是成为海内之士所共同期待的人物，能来严州自然成为"万目共视"，也就是影响"吾道之盛衰"的大事。吕祖谦在另一书信中则说："莫知入德之门，愿承下风而请余教，为日久矣。"① 这固然有客套话的成分在，但也可以从中看出当年张栻在学界的地位之高。在此信中还说：

> 到官甫数日，而恭闻麾幢。既有近问，遂获进预指呼之末，积年所愿，一旦获伸。尚容俯伏坐隅，侧聆謦欬，以酬夙志。

此时的吕祖谦已经先到严州了，故而希望张栻能够早日成行。

乾道五年（1169）十二月，张栻到达严州。到了之后"废尼寺改建为学宫"②，将原学宫南边的尼姑寺故址增广入于学宫，这应当就是对时任教谕的吕祖谦的有力支持。吕、张二人从容论学，吕祖谦的弟子潘景宪（叔度，1134—1190）也曾来严州从游。③ 因为严州百姓"厄于重赋"，故吕、张一起商议请求蠲免。吕祖谦亲自为张栻代作《乞免丁钱奏状》，奏状上后，本以为当受责，"不意诏捐百姓赋税半额，约七万余缗"，于是又代作《谢免丁钱表》。④ 此事可见当时吕、张之间不但论学相合，讨论政事也极为相合；或者说张栻在严州任职时间不长，却留下了口碑极佳的政绩，其背后主导则还是吕祖谦，也就是说吕与张更有用世之心。

乾道六年五月初七，吕祖谦除太学博士；闰五月九日，从严州赶赴临安供职，后以太学博士召试为国史院编修官、实录院检讨官。⑤ 同年五月，张栻也被从严陵召还，任吏部员外郎兼权左右侍立官、侍讲等职。⑥ 吕、张二人分别离

---

① 吕祖谦：《与张荆州》，《东莱吕太史别集》卷七，《吕祖谦全集》第一册，第394页。
② 杜海军：《吕祖谦年谱》，第56页。杜海军的按语说"董理其事者固当为学官吕祖谦而无疑"，此事可以看作二人精诚合作的结果。
③ 同上，第59页。
④ 同上，第63—67页；胡宗楙：《张宣公年谱》，邓洪波辑校：《张栻年谱》，北京：科学出版社，2017年，第56页。
⑤ 杜海军：《吕祖谦年谱》，第73、76、86页。
⑥ 胡宗楙：《张宣公年谱》，《张栻年谱》，第58—60页。

开了严州，八月又在临安再聚。吕祖谦又精心安排，方得与张栻同巷而居，"数日迁居，政与张丈相邻，又得朝夕讲肄，殊以为幸"①。所以说，前一期的严州之会，是机缘巧合；而后一期的临安之会，则是再续前缘，特别是吕祖谦的有意为之，而使得他们的学术交游得以进一步拓展，还与周必大（1126—1204）、林光朝（1114—1178）等人一起论学，陈傅良（1137—1203）也是在此时入太学，并向吕、张问学。②

乾道七年（1171）三月，外戚张说（？—1180）除签书枢密院事，张栻上疏谏其不可，面责宰相虞允文，最后则是他自己被迫出任袁州知州。此后吕、张未能再度会面，只能以书信往来继续论学，直到张栻去世。乾道八年，吕祖谦的父亲去世之后，张栻因为曾在严州见过吕父，故特意撰写了祭文，其中说："况于令子，友义为深，一奠之礼，敢以薄而废耶？"③可见吕、张二人情谊深厚。

二　"不在场者"朱熹的参与

在吕、张严州、临安之会之时，吕祖谦与张栻分别与他们共同的友人朱熹保持着频繁的书信往来，比如请求蠲免丁钱、谏张说事等，他们都曾写信与朱熹讨论过。④在严州时，吕祖谦也在与朱熹的书信中说起张栻："张丈在此，得以朝夕咨请……"⑤至于二人在临安时期"旦夕讲论"的盛况，则与朱熹提及的次数更多，特别是吕祖谦，他在给朱熹的书信里说："张丈邻墙，日夕相过讲论。士子有志于此者，亦有一二辈，切摩工夫，粗不歇灭断续。""张丈又复连墙，得朝夕讲论，但恨几席在远，不得咨扣为恨耳。"⑥张栻也同样在书信里与朱熹讲到二人的论学之欢："伯恭邻墙，日得晤语，近来议论甚进，每以愚见告之，不复少隐也。"⑦此处重点谈一下在场的吕、张二人，以及不在场的通信参与者朱

---

① 吕祖谦：《与朱侍讲》，《东莱吕太史别集》卷七，《吕祖谦全集》第一册，第400页。
② 杜海军：《吕祖谦年谱》，第84—87页。
③ 张栻：《祭吕郎中》，《新刊南轩先生文集》卷四十三，《张栻集》，第1424页。
④ 杜海军：《吕祖谦年谱》，第67、93页；胡宗楙：《张宣公年谱》，《张栻年谱》，第56页；束景南：《朱熹年谱长编》卷上，上海：华东师范大学出版社，2001年，第449—450页。
⑤ 吕祖谦：《与朱侍讲》，《东莱吕太史别集》卷七，《吕祖谦全集》第一册，第397页。
⑥ 同上，第401、400页。
⑦ 张栻：《答朱元晦》，《新刊南轩先生文集》卷二十二，《张栻集》，第1094页。

熹，他们共同讨论过的问题，主要以朱熹所著的《知言疑义》《太极图说解》《西铭解》《中庸集解》与吕祖谦编撰的《阃范》为主。

首先，关于《知言》一书，早在朱熹介入之前，吕祖谦与张栻在严州的时候，二人共同讨论较多的便是湖湘学者胡宏（1106—1162）的《知言》，吕祖谦在与友人的书信中说：

> 张守议论甚平正，且虚心从善，在今士大夫中殊不易得也……论胡生《知言》见处极高，而文理密察之功颇有所未到。
>
> 《知言》中所疑往往适同，朝夕相与讲论，甚可乐。①

到了乾道六年（1170）初，朱熹写出了《知言疑义》的初稿，分别寄给吕、张二人。吕祖谦便有书信给朱熹，也说起当年与张栻讨论《知言》的事：

> 《知言》，往在严陵时与张丈讲论，亦尝疏出可疑者数十条。今观来示，其半亦相类。见与张丈参阅，续当咨请也。其余已见于张丈书者，更不重出。②

由此可知吕、张的论学集中于胡宏《知言》中的疑点，且观点相近，因为朱熹这次说起，故由张栻将二人讨论的成果寄给了朱熹。约在乾道七年六七月间，朱熹有书信给吕祖谦说："《知言疑义》再写，欲奉呈。又偶有长沙便且寄钦夫处，属渠转寄。若到，千万勿示人，但痛为指摘为幸。"③不久之后，吕祖谦回信与朱熹："《知言疑义》，亦俟后便。""《知言疑义》，比与张丈订正者，既已附去。今复有欲商榷者，谨疏于后。"④后者约在乾道七年十二月，吕祖谦在信中详细谈了自己的多条看法，此后便不再论及此书了。

---

① 吕祖谦：《答潘叔度》，《东莱吕太史别集》卷十，《吕祖谦全集》第一册，第697、497页。
② 吕祖谦：《与朱侍讲》，《东莱吕太史别集》卷七，《吕祖谦全集》第一册，第403页。
③ 朱熹：《答吕伯恭书》，《晦庵先生朱文公文集》卷三十三，朱杰人、严佐之、刘永翔主编：《朱子全书》，上海：上海古籍出版社、合肥：安徽教育出版社，2002年，第1433页。
④ 吕祖谦：《与朱侍讲》，《东莱吕太史别集》卷七，《吕祖谦全集》第一册，第405页。

同样在乾道六年（1170），张栻在与朱熹的书信中说：

> 《知言》自去年来看多有所疑，来示亦多所同者，而其间开益鄙见处甚多，亦有来示未及者，见一一写行，俟后便方得上呈，更烦一往复，庶几粗定。
> 《知言》之说，每段辄书鄙见于后，有未是处，却索就此簿子上批来，庶往复有益也。近来又看得几段，及昨日读寄来者，皆未及添入，俟更详之，后便寄去。①

也就是说，朱熹指出的疑问之处，大部分也是吕、张二人曾经提及过的，还有一部分则是朱熹并未涉及的，于是张栻写出来寄给朱熹。当然朱熹个人的讲论，在张栻看来也极有启发。张栻就在朱熹的稿子上，每段都写了自己的见解，他也是希望由朱熹来写出一个代表他们共同观点的《知言疑义》的定本。朱熹综合之后的本子再度寄来之后，张栻又在书信中说：

> 《知言疑义》前已纳呈，今所寄尤密，方更参详之。
> 《知言疑义》开发尤多，亦有数处当更往复，及后来旋看出者，并俟后便。此论诚不可示它人，然吾曹却得此反复寻究，甚有益，不是指摘前辈也。②

此次张栻认为大体上没有什么疑问了，仅就其中数段还写了新看法，再后来又指出了数处，估计都是极小的问题了。再说，胡宏毕竟是他的老师，故而又强调这个文本"不可示人"，虽说是在寻究问题而不是"指摘前辈"，但也当谨慎处置。朱熹当时也只是将《知言疑义》在范围较小的朋友圈内传播，并有过总结：

> 《知言》之书，用意精切，但其气象急迫，终少和平。又数大节目亦皆差误，如性无善恶、心为已发、先知后敬之类，皆失圣贤本指。顷与钦夫、

---

① 张栻：《答朱元晦》，《新刊南轩先生文集》卷二十二，第1096、1097页。
② 同上，第1098页；卷二十四，第1125页。

伯恭论之甚详，亦皆有反复，虽有小小未合，然其大概亦略同矣。①

在朱熹看来，《知言》虽很精切，但差误较多，经过与张栻、吕祖谦的反复讨论，意见大略相同了。作为胡宏的传人，张栻最关注《知言》，早在严州之时便经常与吕祖谦讲论，吕较为认同张的看法。朱熹写作《知言疑义》时，吕祖谦虽有参与往复讨论，但提供的见解并不多；而张栻则有多次都提供详尽的见解，并且恳请朱熹将二人意见综合而写成定本。所以说张、吕二人对于朱熹写作《知言疑义》有着重大的影响。束景南先生也认为胡宏的《知言》为湖湘学派的"圣经"，而朱熹所作《知言疑义》"大致由朱熹与张栻、吕祖谦共同讨论而成，先由各人写成疑义，讨论修改后，汇编成书"②。

其次，在朱熹的另一著作《太极图说解》（此文初名《太极图解》）上，张栻对朱熹并不认同，曾与吕祖谦说起。吕祖谦在与友人的信中说起张栻"论朱元晦妙理几微，亦未以为然者"③，张栻对朱熹《太极图说解》初稿中的某些"妙理"，其实是一直都"未以为然"的，吕祖谦也有同感，而朱熹则对张、吕的意见颇不以为然，换言之，就周敦颐（1017—1073）《太极图解》的诠释而言，张、吕与朱的分歧极大。

讨论《太极图说解》，这缘于他们共同致力的刊刻先贤遗著。早在乾道五年（1169）的十二月，吕祖谦将朱熹校订、程颐（1033—1107）所著的《程氏易传》刻于婺州（金华）的东阳学宫，该书为吕祖谦家藏的尹焞（1071—1142）亲笔本与朱熹校订本，合其同异而两存。④《太极图说解》，朱、张、吕就此反复论辩的起因则是他们新编刊了一部周敦颐所著的《太极通书》。乾道六年春，朱熹"草成《太极图说解》，寄张栻、吕祖谦讨论，至闰五月修订成"⑤；到了该年的闰五月，吕、张二人合作编刊的《太极通书》与朱熹所编的《二程先生遗书》刻于严

---

① 朱熹：《答刘子澄》，《晦庵先生朱文公文集》卷三十五，《朱子全书》，第1535—1536页。
② 束景南：《朱熹年谱长编》卷上，第456页。
③ 吕祖谦：《答潘叔度》，《东莱吕太史外集》卷五，《吕祖谦全集》第一册，第697页。
④ 吕祖谦：《书校本伊川先生易传后》，《东莱吕太史文集》卷七，第112页；相关考证参见束景南：《朱熹年谱长编》卷上，第420—421页。
⑤ 束景南：《朱熹年谱长编》卷上，第426页。

州学宫。① 此事吕祖谦在与朱熹的书信中说:"《通书》已依《易传》板样刊。"② 可见真正主事者,当是作为州学教授的吕祖谦。此书将朱熹的《太极图解》列于《通书》篇首,带有导读的性质,可见吕、张二人很重视朱熹的意见。但是朱熹看到张栻的《通书后跋》却说:"《通书》跋语甚精,然愚意犹恐其太侈,更能敛退以就质约为佳。"③ 朱熹还在此信中还说:"《太极解》后来所改不多,别纸上呈,未当处更乞指教。"也就是说朱熹还在修订《太极图解》,在得到新的修订本后,张栻回复说:

> 《太极图解》析理精详,开发多矣……但觉得后面亦不必如此辩论之多,只于纲领处拈出可也。不然,却只是骋辩求胜,转将精当处混汩耳。④

在他看来,朱熹此文虽然解析义理颇为精详,但辩论太多则没有必要。而此时的吕祖谦,也在与朱熹的信中说:"《太极图解》近方得本玩味,浅陋不足窥见精蕴,多未晓处,已疏于别纸。"⑤ 所谓"别纸"就是《太极图义质疑》一文,专门提出商榷意见。其实吕祖谦与张栻观点较为接近,特别强调了保存周敦颐《太极图说》原义的必要性。⑥

于是他们的讨论便不能再继续下去了。朱熹还在与友人的书信中说:"得钦夫书,论太极之说,竟主前论,殊不可晓。伯恭亦得书,讲论颇详,然尤鹘突。"⑦ 当然,与张、吕二人的讨论,对于朱熹在此文的进一步修订而言,其实还是有一定的助益的,他在另一书信中说:"《太极说》近看尽有未精密处,已略刊正。""《太极说》修定,削去后语,只作一统论,意似亦无不尽也。"⑧ 由此可知,尽管朱熹并不认同张、吕,但是在与他们讨论之后,还是改进了不少,特别

---

① 张栻:《通书后跋》,《新刊南轩先生文集》卷三十三,《张栻集》第 1272 页。
② 吕祖谦:《与朱侍讲》,《东莱吕太史别集》卷七,《吕祖谦全集》第一册,第 397 页。
③ 朱熹:《答张敬夫》,《晦庵先生朱文公文集》卷三十一,《朱子全书》,第 1332 页。
④ 张栻:《答朱元晦》,《新刊南轩先生文集》卷二十二,第 1100 页。
⑤ 吕祖谦:《与朱侍讲》,《东莱吕太史别集》卷七,《吕祖谦全集》第一册,第 397 页。
⑥ 吕祖谦:《太极图义质疑》,《东莱吕太史别集》卷十六,《吕祖谦全集》第一册,第 589 页。
⑦ 朱熹:《与林择之》,《晦庵先生朱文公别集》卷六,《朱子全书》,第 4951 页。
⑧ 朱熹:《答蔡季通》,《晦庵先生朱文公续集》卷二,《朱子全书》,第 4682、4698 页。

是后面部分的"辩论之多",听从了张栻的意见将其"削去"。最终在乾道六年（1170）闰五月,修订成定本的《太极图说解》。①

再次,说说《西铭解》与《中庸集解》。乾道六年秋,朱熹将其所作《西铭解》寄给张栻、吕祖谦。②张栻说："《西铭》近日常读,理一分殊之指,龟山后书终未之得……龟山以无事乎推为理一,引圣人老者安之、少者怀之为说,恐未知《西铭》推理一之指也。"③也就是说,张栻也非常关注张载（1020—1077）的《西铭》一文,认同程颐"西铭明理一分殊"④的结论,但认为杨时（龟山,1053—1135）并未真正理解这一指要,这些其实也是朱熹的主张。他还说：

《西铭》之论甚精,乾称父坤称母之说,某亦如此看,盖一篇浑是此意也。但所论其间有一二语,鄙意未安,俟更为精读深思方报去。

《西铭》所谓理一而分殊,无一句不具此意,鄙意亦谓然,来示亦尽之矣。但其间论分立而推理一,与推理以存义之说,颇未相同……虽推其理之一,而其分森然者,自不可乱,义盖所以存也。⑤

很显然,与《太极图解》一样,张栻依旧有多处不认同朱熹,特别是在"理一分殊"的推演上,朱特别在意其"一",而张则更关注其"分"。关于《西铭解》,吕祖谦似未作深入的讨论,仅在书信中说："示下《太极图》《西铭解》当朝夕玩绎,若尤有所未达,当一一请教。"⑥然而翻检前后书札,似乎都未有详论。

至于《中庸集解》（也即《中庸章句》的初稿）,早在乾道六年的五月,朱熹写信给吕祖谦"讲究《中庸》首章之指"："承喻所疑,为赐甚厚,所未安者,别纸求教。"吕祖谦则说："《中庸》《太极》所疑……数日玩味来诲,有尚未谕者,复列于别纸。"⑦他们所谓的别纸,也即另外的纸上抄录的文稿,分别为朱熹的

---

① 束景南:《朱熹年谱长编》卷上,第 426 页。
② 同上,第 439 页。
③ 张栻:《答朱元晦》,《新刊南轩先生文集》卷二十二,《张栻集》,第 1095 页。
④ 程颐:《答杨时论〈西铭〉书》,程颢、程颐:《二程集》,北京:中华书局,1981 年,第 609 页。
⑤ 张栻:《答朱元晦》,《新刊南轩先生文集》卷二十二,第 1097、1098 页。
⑥ 吕祖谦:《与朱侍讲》,《东莱吕太史别集》卷七,《吕祖谦全集》第一册,第 405 页。
⑦ 同上,第 398 页。

《中庸集解》与吕祖谦《中庸集解质疑》,以及朱熹《答吕伯恭问龟山中庸》等。因为朱熹有《答敬夫论中庸说》一文,故张栻此时应当也有参与此讨论,然相关书信却未有保存。对《中庸》的理解,朱、吕、张三人的看法也不尽相同,然而与《太极图说解》相比,则分歧较少。

最后,再来谈谈吕祖谦本人的著述引发的朱、张二人不同的态度。乾道六年四月(1170),吕祖谦编成了《阃范》一书,闰五月,此书始刊。① 张栻对此书表示赞赏,吕祖谦在与友人的书信中说:"张丈甚爱此书,欲便刊板。""张守小女皆诵。"② 张栻还为此书作了序,其中说:

> 某谓此书行于世,家当藏之,而人当学之也。家庭闺阃之内,乡里族党之间,随其见之深浅、味之短长,笃敬力行,皆足以有补。③

他认为此书当作家藏,人人都要学习,将之作为家庭内、乡党间的规矩,还让他的小女儿诵读此书,可见其相当的重视。④ 有意思的是,朱熹却对此书非常不以为然,在与张栻的书信中说:

> 伯恭想时时相见,欲作书不暇,告为致意。向得渠两书,似日前只向博杂处用功,却于要约处不曾子细研究,病痛颇多,不知近日复如何?大抵博杂极害事,如《阃范》之作,指意极佳,然读书只如此,亦有何意味耶?先达所以深惩玩物丧志之弊者,正为是耳……将圣贤之言都只忙中草草看过,抄节一番,便是事了,元不曾子细玩味。⑤

朱熹接下来还说吕祖谦"见处全不精明",并提及其"留意科举文字""出入苏氏父子",于是因为"求巧"故而"坏了心路"。也就是说,朱熹认为吕祖谦的学问

---

① 杜海军:《吕祖谦年谱》,第69、76页。另,吕祖谦文集、年谱之中多有"阃"字与异体字"壸"混用。
② 吕祖谦:《答潘叔度》,《东莱吕太史别集》卷十,《吕祖谦全集》第一册,第486、488页。
③ 张栻:《阃范序》,《新刊南轩先生文集》卷十四,《张栻集》,第968页。
④ 杜海军:《吕祖谦年谱》,第76页。
⑤ 朱熹:《与张敬夫》,《晦庵先生朱文公集》卷三十一,《朱子全书》,第1333—1334页。

越做越博杂,至于《闻范》一书只是抄节圣贤之言而不加阐发,故更缺少意味,这些意思确实不适合直接与吕祖谦说,通过张栻转告则可也。张栻回信却为吕祖谦多说好话:

> 《闻范》之说极佳,即以语伯恭矣,只如此读过,诚可戒也。伯恭近来尽好说话,于苏氏父子亦甚知其非。①

他也认为朱熹关于《闻范》的一番说法极佳,故要转告吕祖谦,不过吕祖谦近来进步极大,也不再相信苏氏父子了。其实此时朱熹也有亲自写信告诫吕祖谦的:

> 向见所与诸生论说《左氏》之书极为详博,然遣词命意,亦颇伤巧矣。恐后生传习,益以浇漓,重为心术之害。
>
> 熹昨见奇卿,敬扣之以比日讲授次第,闻只令诸生读《左氏》及诸贤奏疏,至于诸经、《论》、《孟》,则恐学者徒务空言而不以告也。不知是否?若果如此,则恐未安。②

在朱熹看来,吕祖谦教导诸生,因为考虑到科举考试的需要,故而多有讲说《春秋左氏传》,那就有心术之巧的意味在;故而特意强调为学次序,首先当修身,故要读《论语》《孟子》以及诸经,然后才是读史,以利于制事。这两通书信吕祖谦有回复说:"所与诸生讲说《左氏》,语意伤巧,病源亦在是,自此当力扫除也。"③表示对其看法有一定的认同,但并未有展开,则不尽完全认同。为学路径的差异,其实也是各有各的主张,并不见得要整齐划一,这一点朱熹也是非常明白的。朱熹还在收到张栻为吕祖谦解释的信后,回信中说:"伯恭不鄙下问,不敢不尽愚。但恐未是,更赖指摘。近日觉得向来胡说多误却朋友,大以为惧。"④他也担心自己的看法,也许是误导了朋友,毕竟学问路数也不必尽同。

---

① 张栻:《答朱元晦》,《新刊南轩先生文集》卷二十二,《张栻集》,第1095页。
② 朱熹:《答吕伯恭》,《晦庵先生朱文公文集》卷三十三、三十五,《朱子全书》,第1429、1532页。
③ 吕祖谦:《与朱侍讲》,《东莱吕太史别集》卷七,《吕祖谦全集》第一册,第402页。
④ 朱熹:《与张敬夫》,《晦庵先生朱文公文集》卷三十一,《朱子全书》,第1333页。

综合而言，吕祖谦与张栻二人相与论学的近两年，这期间或是他们的论学影响了朱熹，如《知言》，就是由张栻发起，吕、张先有讨论，然后再由朱熹介入并写成了代表三人看法的定本《知言疑义》；或是朱熹先写了诠释文本，再寄给张、吕二人，二人分别与朱熹往复论辩，最后意见并未统一，朱熹则在讨论的基础上写成代表自己理解的定本，如《太极图说解》与《西铭解》；还有就是吕祖谦自己编撰了《阃范》，再请张、朱二人指教。第一种《知言疑义》的合作，三人共同分享意见，似并无大的分歧；第二种类型则是对《太极图说》与《西铭》这两种北宋先贤经典文本的诠释，特别是《太极图说》朱熹与张、吕二人看法分歧较大，最终朱熹也不太认同张、吕，虽然也受他们的一定影响；至于第三种情况，由《阃范》之类的书可以看出，朱、吕二人一重义理、一重文献，其治学有着重大的区别。

三　别后问答

乾道七年（1171），吕、张二人分别之后，他们的交游进入了书信往来的新阶段，且又互有进益。此阶段约有十年，讨论的主要问题较为广泛，如观史之次第、张栻的《论语解》与《孟子解》，还有道学家的心性修养方法，而后者朱熹也有所参与。吕、张在书信往来时，当然也经常论及"不在场"的第三者朱熹，继续就朱熹寄给他们的学术文本发表看法，而做出学术评判的主要是张栻。

吕祖谦的文献之学，对张栻也有一定的影响。此前大约张栻也曾向吕祖谦问起观史之次第，故吕祖谦在乾道八年春夏间的书信中说：

> 观史先自《书》始，然后次及《左氏》《通鉴》，欲其体统源流相承接耳。
> 国朝典故，亦先考治体本末，及前辈出处大致……但恐择善未精，非特自误，又复误人。①

---

① 吕祖谦：《与张荆州》，《东莱吕太史别集》卷七，《吕祖谦全集》第一册，第395页。

张栻则回复说:"所示读书次第皆着实。"① 至于具体对于史学与典故之学有些什么看法,则因为张栻的回信缺失而无法判定,不过他对此并不十分关注,则是可以看出来的。

到了淳熙四年(1177)冬,张栻正在删改《论语解》与《孟子解》(后名《孟子说》)的初稿,他对吕祖谦说:

> 《孟子解》虽已写出,其间毛病改缀不停,正如春草,旋铲旋有,且欲自家体当,遽敢传诸人。见录一本,它时欲奉寄求益也。②

张栻提到自己的《孟子解》已经成书了,然而一直在修订其中的毛病,所谓"正如春草,旋铲旋有",正好朱熹也有《语孟精义》,故而二书此后多有反复。当时也过录了《论语解》与《孟子解》二书,寄给了吕祖谦,于是吕祖谦特意写了长文《与张荆州问论语孟子说所疑》,详细讨论了张栻《论语》与《孟子》之中的问题。张栻后来回复说:

> 《学而》篇数段甚有滋益,三段已改过,别录去。"巧言令色"章前已曾改。今送《言仁》一册去。"父没观其行",却恐文意只当于居丧说……论子思摽使者之说甚有味。停蓄镇重之戒,敢不深佩!③

对比吕祖谦的"所疑",提及的内容不完全一致,估计吕祖谦另外还有别的文章或书信讨论张栻二书,然并未保存下来。此处仅举《与张荆州问论语孟子说所疑》"巧言令色"一条来看张、吕二人的学术影响,张栻说此章:"皆常人之所安行而不以为耻者。"吕祖谦则说:

> 巧言、匿怨之类,常人固多不免,然其间岂无知其非者?但为己不切,

---

① 张栻:《寄吕伯恭》,《新刊南轩先生文集》卷二十五,《张栻集》,第1133页。此阶段书信往来的考证,参见任仁仁、顾宏义:《张栻师友门人往还书札汇编》,北京:中华书局,2018年,第76—77页。
② 张栻:《寄吕伯恭》,《新刊南轩先生文集》卷二十五,《张栻集》,第1134页。
③ 同上,第1136页。

视之悠悠，不以为耻耳！①

吕祖谦的这一批评张栻非常赞同，故后来进行了改正。可见除了朱熹，吕祖谦也对张栻《论语》与《孟子》的诠释，有着重大的影响。

那么张栻可以教导吕祖谦什么呢？自然还是道学的工夫论。乾道八年（1172）五月，吕祖谦去信说："平时徒恃资质，工夫悠悠，殊不精切……然于要的处或卤莽领略，于凝滞处或遮护覆藏，为学不进，咎实由此。"②在两年承教的阶段，无论是张栻的"面讲"或是朱熹的书信指摘，都使得吕祖谦对于自己学问的驳杂、卤莽等弊病有所自觉，故而才会专门就此向张栻求教。张栻则有一通较长的书信，讨论了"体察之功"：

> 近来读诸先生说话，惟觉二程先生完全精粹，愈看愈无穷，不可不详味也。来教有云"平时徒恃资质，工夫悠悠，殊不精切"，此可见体察之功。某每思尊兄于寻常人病痛往往皆无之，此在资质固为美，然在学问不可不防有病……惟析夫义理之微，而致察于物情之细，每存正大之体，尤防己意之偏。③

细究张栻的这一番话，大约有三层意思，推荐吕祖谦认真研读二程先生的语录，这是第一层的意思；第二层，吕祖谦自觉工夫不能"精切"，在张栻看来就是因为日用之间的"体察"做得不够；第三层，也就是最彻底的分析，认为吕祖谦因"世德相传"故本人"资质"极佳，诸如寻常人缺少家教之类的病痛往往不会有，然而在学问上头，确切地说则是在省察"物情之细"、存养"正大之体"以及防范"己意之偏"三方面的工夫则做得还不够。当然工夫的极致，也不是一般人所能达到的，所以张栻在此信中也曾剖析自己：

> 某读书先庐，粗安晨夕。顾存养省察之功固当并进，然存养是本，觉

---

① 吕祖谦：《与张荆州问论语孟子说所疑》，《东莱吕太史别集》卷十六，《吕祖谦全集》第一册，第601页。
② 吕祖谦：《与张荆州》，《东莱吕太史别集》卷七，《吕祖谦全集》第一册，第394页。
③ 张栻：《寄吕伯恭》，《新刊南轩先生文集》卷二十五，《张栻集》，第1133—1134页。

> 向来工夫不进，盖为存养处不深厚，存养处欠故省察少力也。方于闲暇，不敢不勉，但良朋在远，每诵"一日不可无俟无可"之言，未尝不引领东望也。①

也就是说，就省察、存养二者而言，存养是本、省察是末，如在存养上欠缺则省察也难以得力，要做好这两项工夫，除了自己努力在闲暇之际勉励，还需要"良朋"之助，然而"良朋在远"，只能徒然"引领东望"而已。

再进一步，吕祖谦领会了张栻的意思，治学就是不可"徒恃资质"，而要去做实用工夫，他在回信中说：

> 朝夕省察所存者果常不违乎？所感者果皆正乎？日用饮食之间果皆不逾节乎？疏密生熟，历历可见，于此实用力焉，工夫自无不进之理。
>
> 从前病痛，良以嗜欲粗薄，故却欠克治经历之功；思虑稍少，故却欠操存澄定之力。积蓄未厚而发用太遽，涵泳不足而谈说有余。②

这些都是针对此前张栻所说的"存养省察之功固当并进"，吕祖谦认为自己更应当注意日用之间的嗜欲，必须去做"操存澄定"的工夫，努力去积蓄、涵泳。类似的体验之谈，他还在另外的书信里经常讲起，可见张栻一番言论的影响之深。于是张栻又做了详尽的回应：

> 来书所自察向来之病，其间有云以私为公、以情为性者，可见察之之精，更宜深勉于笃敬之功也。向来每见衣冠不整，举止或草草，此恐亦不可作小病看。古人衣冠、容止之间，不是要作意矜持，只是循它天则合如是，为寻常因循怠弛，故须着勉强自持。外之不肃，而谓能敬于内，可乎？此恐高明所自知，但不可以为小病耳。③

此处他首先肯定了吕祖谦的"自察向来之病"，认为他"察之精"，接着更应当继

---

① 张栻：《寄吕伯恭》，《新刊南轩先生文集》卷二十五，《张栻集》，第1133页。
② 吕祖谦：《与张荆州》，《东莱吕太史别集》卷七，《吕祖谦全集》第一册，第395、396页。
③ 张栻：《寄吕伯恭》，《新刊南轩先生文集》卷二十五，《张栻集》，第1135—1136页。

续做好"笃敬之功",比如"衣冠不整"之类的毛病也不可轻视,古人注意衣冠、容止并不是故作矜持,而是其中有着"天则",不可在此处"怠弛",还当"勉强自持"。"天则"是什么?就是"外"之严肃与"内"之笃敬本是一体的。与上回相似,张栻在另一书信中又说:

> 大抵觉得老兄平日似于果断有所未足,时有牵滞,流于姑息之弊。虽是过于厚、伤于慈,为君子之过,然在它人视我,则观过可以知仁,在我自检点,则终是偏处……又如论朱元晦出处,亦似未安……某旧在临安,已觉兄之病有此。①

指出吕祖谦的弊病,对人对事不够果断,常会"牵滞""姑息",这些虽然是"君子之过",但是观过知仁,还是要注意的。此处又特别分析了对朱熹出处选择的看法,吕祖谦当时的看法确实有些含糊。当然张栻在此书信中,也依旧有着自我批评,说到自己在"笃敬"工夫上有所"不逮","于沉潜处少工夫",故自己也要继续"勉强自持":

> 每得来书,未尝无所开警,所谓威仪辞气间,岂特兄所当勉?某日从事于此,而每恐其不逮也……某自觉向来于沉潜处少工夫,故本领尚未完。一二年来,颇专于"敬"字上勉力,愈觉周子主静之意为有味。程子谓于喜怒哀乐未发之前更怎生求,只平日涵养,便是此意,须深体之也。

张栻除了说自己工夫做得不够,还说起对于周敦颐、程颐与"敬"相关工夫论的体会,强调的是要体味周敦颐的"主静"与程颐的"涵养",要吕祖谦一起去体味。吕祖谦后来在与陈亮(1143—1194)的书信中说:"长沙张丈比累得书,平实有味,歉然益知工夫之无穷,往年豪气,殊觉销落。"②可见张栻所论述的修养工夫,对于吕祖谦来说,确实非常重要而有效,甚至可以说有变化气质之功。

---

① 张栻:《寄吕伯恭》,《新刊南轩先生文集》卷二十五,《张栻集》,第1138—1139页。
② 吕祖谦:《与陈同甫》,《东莱吕太史别集》卷十,《吕祖谦全集》第一册,第469页。

其实与张栻类似的话意思，朱熹也对吕祖谦讲过多次，且同样是在乾道八年（1172）前后，比如，他说吕祖谦"天资温厚"故而"平恕委曲之意多"，所以"不可专以所偏为至当"[1]，还说："示喻深知前此汗漫之非，幸甚。比来讲究必已加详密矣。累得钦夫书，亦深欲伯恭更于此用力也。"[2] 于是吕祖谦回应说：

> 自罹祸变以来，困心衡虑，始知前此虽名为嗜学，而工夫泛漫，殊未精切……推原病根，盖在徒恃资禀，观书粗得味，即坐在此病处，不复精研，故看义理则汗漫而不别白，遇事接物则颓弛而少精神。[3]

当时正逢其父之丧，故而认真反省自己的为人为学，推究病根，也就是"徒恃资禀"，看书中的义理则较为"汗漫"，遇事接物也较为"颓弛"。可见吕祖谦对于自身的弊病，已经有了较为深刻的反省，此后与朱熹一起编撰《近思录》等，也可以看作是反省之后的调整。

再说朱熹、吕、张二人书信往还之时，特别重要的话题就是朱熹与张栻此时共同钻研的相关经典或问题，朱、张还有新的著作。张栻认为此时的朱熹"数通书讲论，比旧尤好"[4]。在三人之中，朱熹是最为勤奋的，在朱、张会讲之后，还与张栻在书信中反复讨论学问，总体来看是朱熹的那些讲论"比旧尤好"，大有进益，但还是问题不少。在与吕祖谦的数通书信中，张栻提及的朱熹著作主要有三种。其一，"仁义中正之论"：

> 但仁义中正之论，终执旧说。濂溪自得处浑全，诚为二先生发源所自。然元晦持其说，句句而论，字字而解，故未免返流于牵强，而亦非濂溪本意也。[5]

这也就是上文所说《太极图说解》，此时指的当是朱熹的定本。在张栻看来，

---

[1] 朱熹：《答吕伯恭》，《晦庵先生朱文公文集》卷三十三，《朱子全书》，第1430页。
[2] 同上，第1436页。
[3] 吕祖谦：《与朱侍讲》，《东莱吕太史别集》卷七，《吕祖谦全集》第一册，第408—409页。
[4] 张栻：《寄吕伯恭》，《新刊南轩先生文集》卷二十五，《张栻集》，第1134页。
[5] 同上。

朱熹还是"句句而论,字字而解",辩论太多,又有牵强之处,与周敦颐(濂溪)《太极图说》不合。其实吕祖谦也依旧不认同朱熹,他的回信没有保存,但张栻再与朱熹的书信里有说起:

> 伯恭昨日得书,尤疑《太极说》中体用先后之论,要之须是辨析分明,方真见所谓一源者,不然,其所谓一源,只是臆度想象耳。但某意却疑仁义中正分动静之说,盖是四者皆有动静之可言,而静者常为之主,必欲于其中指二者为静,终有弊病,兼恐非周子之意。①

对此朱熹回复说:"又太极中正仁义之说,若谓四者皆有动静,则周子于此更列四者之目为剩语矣……正不须以分别为嫌也。"② 如此看来,对于朱熹《太极图说解》的定本,吕、张二人对其中的"体用先后之论""仁义中正分动静之说",都有与朱熹不同的解释。讨论了两年之后,朱与张、吕二人在对周敦颐思想的诠释上依旧分歧较大。

其二,关于《洙泗言仁录》与《仁说》的论辩。首先,张栻编撰了《洙泗言仁录》寄给朱熹之后,朱熹指出:"大抵二先生之前,学者全不知有仁字,凡圣贤说仁处,不过只作爱字看了。"③ 他还有多通书信指出了张栻此书值得商榷的几个地方,以及序中文字"似未安"等问题。其次,张栻有回信给朱熹,做了进一步的辨析:"《言仁》已载往返议论于后,今录呈。"④ 张栻此处说的"往返议论",当是包括了他新作的《仁说》初稿,大约是接到张栻的回复之后,朱熹也作了一篇《仁说》,后来还作了《巧言令色说》等文。张栻在收到朱熹的《仁说》之后,又有多通书信论辩,其中特别强调"所谓'爱之理'之语,方见其亲切""所谓'爱之理',发明甚有力"⑤。最后,张栻在与吕祖谦的书信里,则对于此次与朱熹的论辩,做了一个总结:

---

① 张栻:《答朱元晦》,《张南轩先生文集》卷二十,《张栻集》,第1065页。
② 朱熹:《答张敬夫》,《晦庵先生朱文公文集》卷三十一,《朱子全书》,第1337页。
③ 同上,第1335页。
④ 张栻:《答朱元晦》,《张南轩先生文集》卷二十,《张栻集》,第1066页。
⑤ 同上,第1069、1074页。

> 元晦《仁说》后来看得渠说"爱之理"之意却好，继而再得渠书，只拈此三字，却有精神，但前来所寄言语间终多病。兼渠看得某意思亦老草，后所答今录呈。但渠议论商榷间，终是有意思过处，早晚亦欲更力言之。①

他认为朱熹的《仁说》抓住"爱之理"三字讨论，这个意思很好，但是寄来的书信中也多有弊病，即有"意思过处"，而且朱熹看张栻所编《洙泗言仁录》及所作《仁说》等过于草率，"意思亦老草"，所以还需要据理力争。张、朱二人的往还论辩，吕祖谦也都读到了，特别是张栻《仁说》反复改正的过程中，吕祖谦也曾有所助益，然而相关评论未保存下来。关于此时朱熹的《仁说》等文章，吕祖谦曾有回信说："《仁说》《克斋记》及长沙之往来论议，皆尝详阅。长沙之论，固疑其太宽。如来示，虽已明指其体，尤疑侵过用处分数稍多，更俟深思熟看，当以所未晓处往请教。"②似乎吕祖谦较为认同朱熹的看法，反而觉得张栻起先的议论太过宽泛了。

其三，《语孟精义》相关的讨论。乾道八年（1172）正月，朱熹的《语孟精义》编成，刊刻于建阳，此书当有寄给张、吕二人。③因为张栻也有关于《论语》与《孟子》的诠释著作，故而他问吕祖谦："《语孟精义》有益学者，序引中所疑曾与商确否？"④朱熹的《语孟精义》自然是有益学者的好书，但是此书的体例，张栻不太认同。此时的张栻却曾将自己所作的《论语解》寄给朱熹，朱熹作有详尽的答复，如《答张敬夫语解》等。⑤朱熹也跟吕祖谦说起："钦夫近得书，寄《语解》数段，亦颇有未合处。然比之向来，收敛悫实则已多矣。"⑥对于张栻撰写的经典诠释著作，朱熹表示赞赏，虽然也有"未合处"。后来关于《论语》《孟子》的诠释，朱、张的往来讨论曾持续较长一段时间。吕祖谦则对《论语精义》一书，提出过许多中肯的意见：

---

① 张栻：《寄吕伯恭》，《新刊南轩先生文集》卷二十五，《张栻集》，第1136页。
② 吕祖谦：《与朱元晦》，《吕东莱吕太史别集》卷七，《吕祖谦全集》第一册，第410页。
③ 束景南：《朱熹年谱长编》卷上，第458页。
④ 张栻：《寄吕伯恭》，《新刊南轩先生文集》卷二十五，《张栻集》，第1134页。
⑤ 朱熹：《答张敬夫语解》，《晦庵先生朱文公集》卷三十一，《朱子全书》，第1343页。
⑥ 朱熹：《答吕伯恭》，《晦庵先生朱文公集》卷三十三，《朱子全书》，第1442页。

《论语精义》近得本，日夕玩绎，烦聚皆在目前，工夫生熟，历然可见，与分看甚不同……序引中说魏晋及近世讲解，此意尤好。但中间说横渠及伊川门人处，如伯夷、伊尹与颜、曾等语，却似筋骨太露耳。①

朱熹的多种经典诠释，都是略汉魏、晋、唐经解，详宋儒经解，吕祖谦则认为此书序中的说明"此意尤好"，不过将张载（横渠）与程颐（伊川）门人等拔高则"太露"了。吕祖谦后有书信谈论此书之中"子在川上"等条目的具体诠释，还有帮朱熹咨询此书在义乌被刊刻等事。②朱熹则回复说："'川上'之论甚当，'不逝'之云极知非是，然须如此说破，乃可以释学者之疑耳。"③也就是说，朱熹还是有自己的主张，并不完全认同吕祖谦。

乾道八年（1172）末，朱熹还曾将所作《大学章句》《中庸章句》寄给张栻、吕祖谦二人，张栻有数通书信参与讨论，吕祖谦则似未有论及，故不再详述。④

回顾从乾道八年到淳熙七年（1180）的九年，吕与张有着断续的书信往还，他们主要讨论道学修养工夫与朱、张正在编撰的学术论著。前者自然以张栻指引吕祖谦为主，而朱熹也偶有书信论及，吕祖谦指出自己有"徒恃资质，工夫悠悠，殊不精切"之病于是向张栻求教，这应是其治学一个重要转折点，与朱熹一起编撰《近思录》也可以看作经过反省之后更关注道学修养的一个表现。再说他们讨论学术，又以《论语》与《孟子》的诠释为主，因为张栻与朱熹都有著作故多有辨析，其实吕祖谦参与不多，但也分别去信指出张、朱书中某些可商榷之处，促进他们著作的完善。至于张栻所编的《洙泗言仁录》，以及朱、张二人撰写《仁说》等文章，应当就是朱、张"中和说"之辨的延续；吕祖谦对此也只是有所回应而涉及不多。由此可知吕祖谦虽然比以前更重视道学修养，但对理学文献的整理与诠释依旧兴趣不大。

---

① 吕祖谦：《与朱侍讲》，《东莱吕太史别集》卷八，《吕祖谦全集》第一册，第428—429页。
② 吕祖谦：《答朱侍讲所问》，《东莱吕太史别集》卷十六；《与朱侍讲》，《东莱吕太史别集》卷七，《吕祖谦全集》第一册，第593、409页。
③ 朱熹：《答吕伯恭别纸》，《晦庵先生朱文公文集》卷三十五，《朱子全书》，第1522页。
④ 束景南：《朱熹年谱长编》卷上，第479页。

四　结　语

吕祖谦与张栻的严州、临安之会,当为南宋学术史上朱熹、张栻岳麓之会,朱熹、吕祖谦寒泉、三衢之会以及朱熹、陆九渊、吕祖谦鹅湖之会中间的另一重大盛事,但一直为学界所忽视。然而二人在严州不到一年的任期,却为他们在地方志之中留下了不朽的印迹,张、吕去世不久,严州地方就将二先生并祠于学宫,嘉定十年(1217)又被移入七贤祠;景定二年(1261),张、吕同时获准从祀孔庙;景定三年,桂林(即静江府)因为张栻(宣公)曾在此做官,吕祖谦(成公)又生于此,故为纪念张、吕而建宣成书院并祀二先生。①

吕祖谦曾在二人分别之后给张栻的信中说:"两年承教,可谓浃洽。"② 两人在此两年之中的"浃洽",也就是相互之间各有所得,共同进益;而说"承教"则又是吕祖谦感觉自己受教良多了。遗憾的是,张栻过早地去世,使得他们相互之间的论学,戛然而止。淳熙七年(1180)二月,吕祖谦听闻张栻的凶信之后,在给朱熹的书信里说:

> 痛哉!痛哉!闻时适方饭,惊愕气通,手足厥冷,几至委顿。平生师友间,可以信口而发,不须拣择,只此一处尔。③

这里可以得出两个结论:一方面,听到消息,手脚冰凉,全身麻木,这样的反映可见此友情之深厚;另一方面,他认为平生的师友之间,可以"信口"而发议论的也只张栻那里一处,可见在他心目中此亦师亦友之情极难得。随后,吕祖谦写了祭文,回顾二人的交游历程,其中说:

> 声同气合,莫逆无间。自是以来,一纪之间,面讲、书请。区区一得之虑,有时自以为过公矣,及闻公之论,纲举领挈,明白严正,无缴绕回

---

① 杜海军:《吕祖谦年谱》,第297、299页。
② 吕祖谦:《与张荆州》,《东莱吕太史别集》卷七,《吕祖谦全集》第一册,第394页。
③ 吕祖谦:《与朱侍讲》,《东莱吕太史别集》卷八,《吕祖谦全集》第一册,第431页。

互、激发偏倚之病,然后释然心悦,爽然自失,邈然始知其不可及。①

从严州的同事开始共约一纪,也即淳熙十二年(1185)的"面讲、书请",大多是张栻在指正吕祖谦治学中的弊病。吕说有时候"自以为过公矣",然听了张"纲举领挈,明白严正"的讲论之后,方才明白自己还有"缴绕回互、激发偏倚"等毛病,而终究"不可及"。这话,虽然有客气在成分在,但还是可以看出张栻始终是在引导的一方,且深刻地影响了吕祖谦。需要补充的还有,淳熙元年前后,吕祖谦的弟弟吕祖俭(1140—1198),也曾向张栻问学,在《张栻集》中有数通书信保存,论及《二程遗书》之中"敬鬼神而远之""罪己责躬不可无"等问题,以及"主一"与"敬",等等。②若综合而检索吕氏兄弟与张栻之间的书信往还,则将张栻尊为前辈的意思更为明显。

再者,吕祖谦在与朱、张二人的交游中,始终以后学自居,这一点不但可以从他在书信里的语气可知,也可以从他与朱、张二人或其他师友的书信里的称呼上看出来。吕祖谦每次提及张栻则称"吾丈""张丈"或是"长沙",提及朱熹则一般称"吾丈""朱丈",往往以后学自居,而朱、张之间都是相互称字,称吕祖谦也都是"伯恭";还有朱、张二人都很关注吕的进学如何,批评也较为直接,似也有将吕看作晚辈的意思。比较而言,吕对张更为尊敬,因为提及朱熹时也常称其"朱元晦",如与好友陈亮的书信里既说到了"长沙张丈",又说到了"朱元晦"。③虽然他们后来并称"东南三贤",但实际上朱、张为同辈,且张的地位更高,而吕则当为晚辈、受教者,当然说他们是亦师亦友的关系则更为恰当。

值得注意的是,朱熹、张栻与吕祖谦并称"东南三贤",这一提法在朱熹与张栻的传记中似乎极少见到,而在吕祖谦的传记之中则特别引人注目:"祖谦之学本之家庭,有中原文献之传。长从林之奇、汪应辰、胡宪游,既又友张栻、朱熹,讲索益精。"④也就是时候,吕祖谦的治学,主要自然是家传的中原文献之

---

① 吕祖谦:《祭张荆州文》,《东莱吕太史文集》卷八,《吕祖谦全集》第一册,第135页。
② 张栻:《与吕子约》,《新刊南轩先生文集》卷三十二,《张栻集》,第1249—1251页。
③ 吕祖谦:《与陈同甫》,《东莱吕太史别集》卷十,《吕祖谦全集》第一册,第469页。
④ 脱脱等:《吕祖谦传》,《宋史》卷四百三十四,第12872页。《宋史》朱、张二人的本传都没有将"东南三贤"之中的另二人并提。

学,其次则是林之奇(1112—1176)、汪应辰(1118—1176)、胡宪(1085—1162)等人,然而真正造至精深则是因为与张栻、朱熹的相互讲索。至于胡宪,则是胡安国(1074—1138)的侄子、胡宏的堂兄,又是朱熹早年的老师,可以说是吕祖谦因此而向朱、张问学,将"东南三贤"最后加以连接的潜在纽带之一。再说"东南三贤"的提法,也与吕祖谦以及浙学一系有着更为密切的关系。早在吕祖谦去世的淳熙八年(1181)十一月,视吕祖谦为畏友的辛弃疾(1140—1207)在祭文中就说:"厥今上承伊洛,远溯洙泗,金曰朱、张、东莱,屹鼎立于一世,学者有宗,圣传不坠。"① 这应当是朱、张、吕三先生"鼎立"之说的第一次提出。此后又有吕祖谦与辛弃疾共同的好友陈亮,在与张栻之弟张杓的书信中则说:"乾道间,东莱吕伯恭、新安朱元晦及荆州鼎立,为一世学者宗师。"② 还有浙东的后学楼钥(1137—1213)在纪念吕祖谦的时候也说:"乾道、淳熙间,儒风日盛。晦庵朱公在闽,南轩张公在楚,而东莱吕公讲道婺女。是时以学问著述为人师表者相望,惟三先生天下共尊仰之。"③ 从这些最早的文本以及吕祖谦的传记来看,"东南三贤"的提法确实是吕祖谦以及浙学一系在主导着。

所以说,"东南三贤"的核心人物、学术领袖当为张栻;而撰述著作,并引发共同讨论最多的则是朱熹;吕祖谦在其中往往作为晚辈、受教者的角色,同时也成为连接两位前辈之纽带。张栻早逝,以及下一年吕祖谦的早逝,于是朱熹在为吕祖谦写的祭文中说:

> 天降割于斯文,何其酷耶!往岁已夺吾敬夫,今者伯恭胡为又至于不淑耶!道学将谁使之振……若我之愚,则病将谁为之箴,而过将谁为之督耶!④

在他看来,随着吕、张二人的去世,原本持续着的学术共同体自然解体,道学振

---

① 辛弃疾祭文,参见《祭文一·辛幼安殿撰》,《东莱吕太史别集附录》卷二,《吕祖谦全集》第一册,第763页。此文中还说:"弃疾半世倾风,同朝托契,尝从游于南轩,盖于公而敬畏。"故辛弃疾与吕祖谦、张栻的交游,当在吕、张临安之会时期。
② 陈亮:《与张定叟侍郎》,《陈亮集》卷二十一,北京:中华书局,1974年,第322页。
③ 楼钥:《东莱吕太史祠堂记》,《攻媿集》卷五十五,《丛书集成新编》第六十四册,台北:新文丰出版公司,1985年,第761页。
④ 朱熹:《祭吕伯恭著作文》,《晦庵先生朱文公集》卷八十七,《朱子全书》,第4080页。

作的事业也就只能由他一人来承担了。故而田浩先生说,淳熙八年(1181)之后朱熹在道学群体中的地位变得更为重要,有时甚至对其他学者不屑一顾。[①]这种"不屑一顾",又以对于浙学的态度最为明显。再后来随着理学的官学化,朱子学(闽学)从一种与浙学、湘学平等的地域性学派,转而凌驾于众多学派之上。朱熹本人与吕、张的关系,以及朱子学与浙学、湘学的关系也容易被误解,特别是《朱子语类》中对浙学的论断,若以此为依据则必然会发生偏差。故而通过梳理他们之间的交游与论学,还原历史的真实极有必要,而以吕、张为视角则可看到许多前人不太注意的问题。

[①] 田浩:《朱熹与张栻、吕祖谦互动述略》。

跨越千年的"悟"会

——论宋儒杨慈湖对先秦儒家圣人观的禅学化诠释

孙海燕

（广东省社会科学院哲学与宗教研究所）

圣人一直是儒家最高的理想人格。但学以成圣，是在宋代新儒学中才流行起来的观念。这一观念的兴起，实深受佛禅"即心是佛""见性成佛"等思想的影响与刺激。在儒家心学史上，象山的著名弟子杨慈湖堪称受佛禅影响最为显著的儒者之一，这集中体现在慈湖"心之精神是谓圣"的圣人观念，以及"不起意"的成圣工夫上。一个对先秦儒学的圣人观略有体察的人，乍读慈湖对圣人"虚明无体""无所不通""至灵至神""无思无为"等特质的刻画，可能会有完全对不上号的感觉。事实上，慈湖圣人观的禅学化倾向，既可谓其来有自，又可谓所来有渐，与宋明理学"援禅入儒"的思想文化大背景息息相关。慈湖只是受此文化环境的无意识地熏染，在此路向上走得更远，表现得更突出而已。

本文拟以先秦儒家，尤其是孔子的圣人观为参照，深入分析杨慈湖圣人观的心学化特点，并在儒家心学发展史脉络中寻绎其形成缘由。这既是对儒家"圣"观念史的梳理，也是对宋明儒学"援禅入儒"现象的个案研究。

一　先秦儒家的圣人观及其成德工夫

（一）先秦儒家的圣人观

孔子在后世虽被誉为"至圣先师"，但他本人却绝不敢以圣自居，有道是"若圣与仁，则吾岂敢？"（《述而》）此言多被后世学者解释为"夫子自谦"，实则更可能是孔子自忖个人的才德与功业，尚配不上这一尊号。因为在孔子所处的东周，圣人大致具有五大"位格"：（1）通神明的巫。即圣人是能够与天地神灵沟通的人。《易传》"与天地合其德，与日月合其明，与四时合其序，与鬼神合其吉凶"，郭店楚简《五行》"圣人，知天道也"，孟子《尽心下》"大而化之可谓圣，圣而不可知之谓神"，都体现圣人的这一神圣性。（2）居高位的王。《易传》"圣人之大宝曰位"，《大禹谟》"帝德广运，乃圣乃神"，都说明圣人乃极具权位的人（甚至是天子）。（3）功勋卓著的英雄，即圣人是能够改变世运，"博施于民而能济众"，有卓著功勋的英雄。（4）禀明睿知的天纵之才。圣人必须明睿天授、智慧超人，是《中庸》所谓"唯天下至圣，为能聪明睿知""聪明圣知达天德者"。（5）仁德充极的伦理楷模。孟子说"圣人，人伦之至也"，即圣人必须是德行完备、尽善尽美的道德完人。概括地说，上古的圣人是"内圣外王"的集合体，不仅具有高超的德行才智，而且具有崇高的功勋地位，甚至带有某种不可思议的神异特质。以今人的眼光看，这种圣人带有浓厚的神化色彩，大抵是中华原始先民对部落、氏族首领的理想化诉求。

到了孔子这里，圣人的神异性已大为弱化，但其他方面的特质仍得以保留。从孔子"大哉尧之为君也！巍巍乎，唯天为大，唯尧则之"（《泰伯》）、"无为而治者，其舜也与"（《卫灵公》）等赞叹语看，他心目中的圣人代表当然是尧、舜。倘若以"博施于民而能济众"等标准看，即使尧、舜也不能极尽圣人之量（"尧舜其犹病诸"）。孔子一生以未见圣人为憾，所谓"圣人，吾不得而见之矣；得见之君子者，斯可矣"（《述而》）。他在晚年仍感叹"凤鸟不至，河不出图，吾已矣夫"（《子罕》）。就孔子及其弟子看，与其说圣人，毋宁说君子才是念兹在兹的理想人格。整部《论语》，他仅六次提到"圣人"，而关于君子地方却有 106

次。孔子虽没有说常人不能成为圣人，但在现实的人格追求上，他并没有把圣人作为直接的努力目标。单以传道授业来说，孔子也不过是想通过自己的言传身教，培养一批德才兼备的士、君子，使他们立庙堂则辅王道，处乡党而美风俗，让混乱无序的社会重归于太平有序。他之所以更倾心于君子，显然是圣人的高不可攀性：如果说圣人的才智、仁德还可以去极力追求（"求则得之"）的话，圣人的功业、地位无疑更多地依赖外缘条件，甚至是可遇不可求的。

然而，在儒家思想崛起的春秋战国之际，社会结构与思想观念正经历着剧烈变革①，圣人观念也发生着重大变动。具体说来，圣人的神性面向大为淡褪，权位面向日益边缘化，功业面向也不断弱化，而才智和德行的面向越来越居于核心地位。孔子在世时，就有人称之为圣人。《论语·子罕》："太宰问于子贡曰：'夫子圣者与？何其多能也。'子贡曰：'固天纵之将圣，又多能也。'"这是把圣人博学多能的一面凸显了出来。《孟子·公孙丑上》："昔者子贡问于孔子曰：'夫子圣矣乎？'孔子曰：'圣则吾不能，我学不厌而教不倦也。'子贡曰：'学不厌，智也；教不倦，仁也。仁且智，夫子既圣矣！'"这也说明，在孟子所处的战国时期，德行和智慧（"仁且智"）已成为圣人的关键因素。与此圣人观的嬗变相一致，孟子和荀子才有了"人皆可以为尧舜""涂之人可以为禹""始乎为士，终乎为圣人"之类的话。这类话虽强调的是一种"可能性"，但无疑都含有"圣人可学"之意，成圣的门槛显然是降低了。尽管如此，由于先秦儒学极强的政治品格，圣人的功业向度始终存在着，而纵观整个儒家思想史，一直到宋代以前，儒者基本上都以士、君子或仁者作为人格追求，绝不敢以圣人自期。

（二）先秦儒家的成德工夫

由于先秦儒家不以成圣作为念兹在兹的人格追求，故不宜说先秦儒学已

---

① 陈来指出："从春秋思想文化的发展来看，有如下渐进的发展：承继着西周文化发展趋向，充满了实证精神的、理性的、世俗的对世界的解释越来越重要，而逐渐忽视宗教的信仰、各种神力及传统的神圣叙事。宗教性和非宗教性的仪典形式逐渐让位于德性精神的强调，礼仪文化渐渐转化，形式化的仪典文明渐渐转变为理性的政治思考和道德思考。"参见陈来：《古代思想文化的世界——春秋时代的宗教、伦理与社会思想》，北京：生活·读书·新知三联书店，2002年，第10—11页。

有成圣工夫论。但宽泛地说，如果将功业、才智、德行视为先秦儒家圣人观的三大要素，并将成为君子、贤士等视为成圣之必由人格阶段的话，我们也可以说先秦儒家已有成德乃至成圣的工夫论。① 在此意义上，先秦儒家典籍中"博文约礼""克己复礼""志于道，据于德，依于仁，游于艺""言笃敬，行忠信""自讼""博学、审问、慎思、明辨、笃行""尽心知性""义利之辨""求放心""集义""知言养气""勿忘勿助""养心寡欲""化性起伪""虚壹而静""慎独""改过""格物致知""正心诚意"等名目，都可被引申为工夫论话语。应该强调的是，孔子对儒家成德工夫有一奠基性贡献，决定了此后儒家入世修行的大方向，即他继承"三代"以来的"礼乐文明"，以心理性的"仁"诠释规范性的"礼"，把人类往"修己治人"这条道德之路上引，藉此开辟出一条以体验和实践为基本立场，以"下学而上达"为一贯之道的"仁道"。其后的孟、荀诸儒，虽在人性论等方面互有异同，但遵循的都是这条大方向。因此，先秦儒家成就道德人格的工夫，可用"行仁"二字来概括。

　　这种"行仁"工夫，又可从仁的实践性、体验性、生成性三方面加以分疏。（1）就实践性而言，仁是对道德原则、伦理规范的切实践履。颜渊问仁，孔子答以"克己复礼为仁"，其中礼只是符合仁之精神的规则制度，其本身并不即是仁，只有"力行近乎仁"。由于儒家的道德原则与开物成务、关心民瘼的经世精神捆绑在一起，儒者无不重视经验知识的积累与践行，讲究"格物致知""多闻多见"（所谓"一事不知，儒者之耻"），包括"六艺"在内的一切正面的知识和能力皆在学习之列。这一实践过程，即一种变化气质的过程，它依靠内心良知对所学知识（此"知识"非止于伦理知识，更多的是一种人生的历练和体验的积累）的一种价值内转（反省、防检、提撕、自讼、慎独），使知识内化为生命的一部分（摄"智"归"仁"）。这使得儒家的道德人格富有一种"实践理性"精神。（2）就体验性来说，仁指涉一种道德情感的在场状态。即此而言，"行仁"工夫既是对道德情感或道德理性的保任与充实，更是借助所学"道""礼"（理）对自身情欲（人的生理限制）的一种抑制、克服与超越。孔子无论是答宰我问"三

---

① 近年来，倪培民教授注重从工夫论的角度研究先秦儒学，认为儒家哲学本质上是一种工夫哲学。王正博士著有《先秦儒家工夫论研究》一书（北京：知识产权出版社，2015年），认为儒家工夫论并非到宋明理学才出现，在先秦儒家那里已经十分丰富而深刻了。

年之丧"时以心"安"论仁,还是教导弟子"无终食之间违仁"之类,都不仅在告诫弟子勿违背某具体的道德原则,更是要他们主动地坚守一种德性自觉的精神状态。孟子所谓"君子以仁存心",或"恻隐之心仁也"等说法,亦均基于此体验性立场。(3)就生成性而论,"行仁"是一个具体的、活着的人格德化过程。在此过程中,仁有着程度深浅的差异,既可以"我欲仁斯仁至矣"而未有力不足者,故一念动处而当下即是;又可以因"杀身求仁""死而后已"而高远无极。故孔子不轻易以仁许人,亦从不以仁自居。这种"行仁"工夫,在孔子生命中的具体呈现,就是一个从"十有五而志于学",经"而立""不惑""知天命""耳顺",最终到"从心所欲不逾矩"境界的自我超越历程。

二 慈湖的圣人观:"心之精神是谓圣"

圣人可学是在宋代儒家中流行起来的新观念,成圣工夫只有到宋代儒家才成为日常的自觉践履。这与新儒家在佛禅影响下对儒家圣人观的重新诠释有重大关系。大体上说,宋明理学中的圣人,相比于先秦儒家多位一体的圣人,不仅功业的向度萎缩殆尽,连聪明睿智、博学多才的向度也被边缘化,内缩为道德意识"惟精惟一",道德境界"无思无为"的圣人,而以"静坐体察"为主的"存天理,灭人欲"工夫则成为成圣的基本进路。这一观念变异,正是宋明儒者认为"圣人可学",走向"体道成圣"之路的思想基础。相比而言,程朱理学以具有"形而上"品格的天理为本体,注重"格物穷理",其圣人观还保持着博学多才的经验性品格;而陆王心学受佛教如来藏一系"心性本觉"思想的影响较深,更强调本心的自善、自明和自足,其圣人观也更多凸显了"无思无为""物来顺应"的一面。慈湖的圣人观,就突出体现了这一观念史的变迁。兹从三个方面加以论析。

(一) 以心之"精神"为圣人特质

"心之精神是谓圣"集中代表了慈湖的圣人观,也是其心学的宗旨所在。首

要指出的是,"精神"二字在慈湖心学中有着独特含义①,主要指称本心的一种光明神妙状态:

> 此心虚明无体,精神四达,至灵至明,是是非非,云为变化,能事亲、能事君上、能从兄、能友弟、能与朋友交、能泛应而曲当、不学而能、不虑而知,未尝不清明,何俟乎复清之?②
>
> 清明在躬,广大无际,精神四发,不疾而速,不行而至,收之拾之,乃成造意,休之静之,犹是放心。③
>
> 孔子语子思曰:"心之精神是谓圣。""圣"亦无所不通之名,人皆有是心,此心未尝不圣,精神无体质,无际畔,无所不在,无所不通。④

从慈湖"此心虚明无体,精神四达,至灵至明"等语所组成的语义群而言,"精神"就是本心的原初状态。此"精神"人人皆有,圣凡皆同,非源自血气形体,然又具备"范围天地""发育万物"的功能,其发挥作用如太阳照耀万物一样,是无思无为、无任何造作的:

> 心非血气,非形体,精神广大无际畔,范围天地,发育万物,何独圣人有之,人皆有之。⑤
>
> 无思无为之实,乃人心之精神妙用。《易》曰"变化云为",日月之光,

---

① "精神"这一概念,自先秦以来,主要出现在道家的著作中。《老子》的"精"指"精气","神"指鬼神或灵验。《庄子·德充符》"外乎子之神,劳乎子之精",开始对言"精""神",皆指发于血气而不同于血气的"心知"(与今人"意识"一词较近)。《天道》篇曰:"水静犹明,而况精神乎!圣人之心静乎!天地之鉴也,万物之镜也。"首先运用精神一词。《知北游》篇之"澡雪而(汝)精神",《列御寇》篇之"敝精神乎蹇浅""饭精神乎无始",也以精神指心知。应该说,心知是精神一词的基本含义。唯《天下》篇之"独与天地精神往来"、《刻意》篇之"精神四达并流",似偏重于心灵境界之引申义。先秦儒学并无将"精""神"二字连用者。大概与儒、释、道三教不断融合有关,"精神"在宋明理学中已频频出现。其内涵也不断复杂化,除了诠指一般的意识外,还包括人的血气活力、心理状况乃至外在气象等。
② 杨简:《永嘉郡治更堂亭名记》,《慈湖遗书》卷二,《文渊阁四库全书》本。
③ 杨简:《与张元度》,《慈湖遗书》卷三。
④ 杨简:《临安府学记》,《慈湖遗书》卷二。
⑤ 杨简:《吴学讲义》,《慈湖遗书》卷五。

无所不照。①

由此可见，慈湖所谓的"心之精神"绝非一般认知意义上的头脑清晰，或生理机能上的神志饱满，而是表诠着"本心"的光明神妙。这种本心，不仅具有"清明虚朗""至神至灵""自正自善""广大圣智""发育万物"等内在特征，而且具有超越语言、概念、想象的直觉能力。事实上，慈湖对"本心"的这种描述，与他长期"静坐反观"而偶然获得的"见道"体验有关。且看慈湖对个人"觉悟"的一段描述：

> 某方反观，忽觉空洞无内外、无际畔，三才、万物、万事、幽明、有无通为一体，略无缝罅。畴昔意谓万象森罗，一理贯通而已，有象与理之分，有一与万之异。及反观后所见，元来某心体如此广大，天地有象有形有际畔，乃在某无际畔之中。②

从体验特征看，慈湖在反观中获得的"本心"体验与先秦儒家的"本心"体验有很大的不同。孟子的"万物皆备于我"，是在对"四端"之心体认、扩充基础上而达到的德性自足境界，此境界的获得，是与"尽心知性知天""知言养气""求放心""集义"等道德践履是分不开的。孟子固然有"反身而诚""深造自得"等工夫，但也都侧重于对本心的求取、发明、存养和扩充，即对人类特有的道德情感和道德理性的一种持守、体验和实践。这与孔子的"自讼"，《中庸》《大学》的"慎独"是一致的。他们都要以公共性的道德伦理来审判、反省自己的身心行为，使人从对物欲的求索中回过神来，保持个人道德意识的充盈，藉此变化气质，挺立自己的道德人格。而慈湖所描述的"心之精神"的"本心"，与孟子"恻隐""羞恶"等道德情感充盈的本心差别甚大，在本质上更近于禅门"本自清净""本自具足""本不生灭""能生万法"的"自性心""真如心"或"大圆镜智"。与此相应，慈湖心中的"圣人"，也不同于先秦儒学中博学多能、"博施

---

① 杨简：《家记四》，《慈湖遗书》卷十。
② 杨简：《炳讲师求训》，《慈湖遗书》续集卷一。

济众"、"人伦之至"、"仁且智"的圣人,而是有着"虚明无体象,广大无际量"心境的圣人。①

(二)以"不起意"为成圣工夫②

按照慈湖的说法,人心本来是自正自善、虚明无体的,"人皆有是心,此心未尝不圣",可以发育万物,寂然不动而又感而遂通,其发用是无过失的。那么,这种天赋的圣心又是如何失去的呢?他的看法是过失皆起乎"意"。

> 心之精神是谓圣,此圣人之言,何敢不信?……精神虚明,安有过失?意动过生,要道在不动乎意尔。③

孔子的"四毋说"是慈湖一再提及的话头。《论语·子罕》:"子绝四,毋意、毋必、毋固、毋我。"孔子此语,是告诫弟子在学习中应自觉戒除各种"我慢"和主观。其中的"意"字,即今之"臆",指违背事实的妄想臆断。而慈湖"不起意"之"意",固然也包括认识中的偏僻私见,行事中的刻意妄为,以及违背伦理的私心、物欲之类,但其最本质的含义,却是一切"分别智"之下的知识。

> 何谓意?微起焉皆谓之意,微止焉皆谓之意。意之为状,不可胜穷,有利有害,有是有非,有进有退,有虚有实,有多有寡……若此之类,虽穷日之力、穷年之力,纵说横说,广说备说,不可得而尽。然则心与意奚辨?是二者未始不一,蔽者自不一。一则为心,二则为意;直则为心,支则为意;通则为心,阻则为意。直心直用,不识不知,变化云为,岂支岂离,感通无穷,匪思匪为。孟子"明心",孔子"毋意","意毋"则此"心明"矣。④

---

① 杨简:《炳讲师求训》,《慈湖遗书》卷一。
② 关于慈湖的"不起意"工夫,笔者在《杨慈湖心学工夫的道德困境》一文中有深入论说。此小节系紧扣"成圣"工夫略加阐述。拙文载《现代哲学》,2014年第3期。
③ 杨简:《书遗桂梦协》,《慈湖遗书》续集卷一。
④ 杨简:《绝四记》,《慈湖遗书》卷二。

> 意之变态无穷,有利之意,有害之意;有柔之意,有强之意;有彼之意,有此之意;有众之意,有寡之意;有进之意,有退之意;有过之意,有不及之意,又有中之意。有意则有所倚,虽曰中,实无中。①

在上文中,慈湖列举了利害、是非、进退等一系列生活中的常用概念来描述"意"的内涵。他所论"心"与"意"之关系,无疑和禅家"自性心"与"染著心"的关系在诸多方面若合符节,要之是要人断绝由认知心现起的一切"分别见"(又称"分别智"),破除对一切境相的贪恋、执取。他以"不起意"作为成圣工夫,正是要从根子上消解人在主客二元对立境遇下所产生的分别心,其所描述"直心直用,不识不知"的"无意"状态,正是这样一种"不思善,不思恶",不起"分别心"的无念之境。另外,与"无念为宗"紧密相关的,是禅家反对一切"修为""造作"的"触类是道"或"平常心是道"说。如洪州宗马祖道一开示徒众说:

> 道不用修,但莫污染。何为污染,但有生死心,造作趋向,皆是污染。若欲直会其道,平常心是道。何谓平常心?无造作,无是非,无取舍,无断常,无凡无圣。②

这与上文所引慈湖"直心直用,不识不知,变化云为,岂支岂离,感通无穷,匪思匪为"诸说,又简直如出一辙,而与传统儒家"择善固执""慎思明辨""知言养气"等修身方法格格不入。故单就"不起意"工夫本身而言,其与禅宗所谓"破对待""无所住而生其心"的修证法门,实在难说有什么本质差别。③

应该指出,"意"是伴随着认知能力出现的一种心理趋向,是人类的生命动

---

① 杨简:《先圣大训》卷一,《文渊阁四库全书》本。
② 释道原:《景德传灯录》卷二十八,《大正藏》卷五十一,第440页上。
③ 冯焕珍《说"无念为宗"》一文,对禅家"无念为宗"思想考论甚详,其中解释无念说:"'无念'就是无守境之念,这种念之本性是执着,由末那识念(执着)我、人二相,渐渐扩展为念苦念乐、念美念丑、念善念恶、念真念假,乃至念生死、念涅槃、念烦恼、念菩提等等念,本心、自性中原本无有如许种种念。如此,则本心、自性无念乃无妄念而有自性念,而自性念就是佛法所谓根本智。"(冯焕珍:《说"无念为宗"》,《中华佛学学报》,台北:中华佛学研究所,2002年第6期)

力、活力之所在,表现为对某种生理性(物质)、情感性(形象)、理智性(观念)对象的追求(此正佛家认为必须放下的"执取")。举例而言,婴儿对母亲的依恋感是以对母亲长相的记忆表象为运演对象,一个人正义感的培养依赖于各种社会性道德观念的心理化。而一旦完全破坏掉人性中形象、观念的生成系统,人的情感与道德就不复存在或扭曲变形。与禅家旨在追求个人的内心解脱,而注重"言语道断"的内观不同,孔、孟儒家旨在以人类最基本的孝悌情感为起点,通过道德理性指引,实现伦理人间的构建,故不得不注重"学问思辨"所必需的概念系统。

而从慈湖常年"静坐反观"而大悟近十、小悟几十的求道经历看,其"不起意"工夫,本质上是努力使主体精神收摄在不起"分别心"的无念之境中。与之相关,他所体验到的"光明神妙"的本心,以及泯灭了一切对待的"万物一体感",给人印象终是儒家"道德心"的意味淡,而佛禅"自性心"的色彩重。说到底,"不起意"乃从佛禅"无念为宗"等教法中转手而来。[①] 而"无念为宗"这一禅修工夫,终究是为了宗教解脱而非道德实践。

(三)以"觉悟"为工夫效验

不同于先秦儒家,慈湖将"不起意"工夫实践中的"觉悟"视为"见道"的标志。慈湖自己回忆说:"少读《易大传》,深爱'无思也,无为也,寂然不动,感而遂通天下之故'。窃自念:学道必造此妙。"[②] 当他经过漫长的身心修炼,一旦获得这种"高峰体验",自然使他在心理上产生极大的满足感和成就感,从而强化了他对"本心"的既定认识,遂有"道在是也"之叹。从慈湖"元来某心体如此广大,天地有象有形有际畔,乃在某无际畔之中""始信人人心量皆如此广大"等语言所流露出来的巨大喜悦看,他显然将这种"觉悟"视为成圣的端倪。

[①] 当然,站在佛禅内部的立场,慈湖"不起意"工夫是否为佛禅中人所认可,则属另外一回事。如南怀瑾批评慈湖说:"杨慈湖(简)谓'人心自明,人心自灵,意起我立,必固碍塞,始丧其明,始失其灵。'学者称其言直截洞彻,谓慈湖以不起意为宗,复议其为禅。若以不起意与禅之无念为宗相提并论,无怪儒者所知之禅,止此而已,其于佛也,禅也,实未梦见。故谓理学家之见地造诣,只明得意识心念清净,起而应用为极则,其于工夫,则只入于冥坐澄心之途,余犹非所及。"(南怀瑾:《禅海蠡测》,上海:复旦大学出版社,2012年,第267页)

[②] 杨简:《杨氏易传》卷二十总论,《文渊阁四库全书》本。

据此标准，慈湖认为孔子之后，曾子庶几近之，至于孟子、子思则不免"小觉而大非，其言多害道。二子名声满天下，指其非者何其少"①。就当朝人物而言，"濂溪、明道、康节所觉未全，伊川未觉，道夫昆仲皆觉"②。不得不说，慈湖的这类看法，是对儒家传统圣人观的重大误解。事实上，这种工夫持守中的"明觉"体验，非但不足以使人在"修齐治平"等方面开物成务，甚至也不能保证修行者道德人格的证成。对多数人而言，倘不辅之以格物穷理等道问学工夫，只追求这种"不起意"中的湛然明觉，极可能终日守一"虚见"而误作"本心呈露"。黄宗羲曾批评慈湖"不起意"说：

> 慈湖所传，皆以明悟为主。故其言曰："此一二十年来，觉者逾百人，古未之见，吾道其亨乎？"然考之钱融堂、陈和仲以外，未必皆豪杰之士也，而况于圣贤乎？史所载赵与篥以聚敛称，慈湖谓其已觉，何也？夫所谓觉者，识得本体之谓也。象山以是为始功，而慈湖以是为究竟，此慈湖之失其传也。③

总而言之，慈湖心中的孔子，已不是博学多闻的孔子，不是怀抱着人道热忱周游列国、拯救天下的孔子，而是通过静坐反观的"不起意"工夫以实现"心之精神"的孔子。这一过度心学化的孔子，与传统的孔子形象差距极大。有学者对此评论说，"未正面给出价值意义根源，然却重在消解吾人意虑造作、自缚"的"人格典范"，便是杨简诠解的圣人。杨简梳解《论语》文本时，更将孔子自述体道境界、学行历程与其"毋意""不起意"之说相提并论，恍然孔子一生学行全以"毋意""不起意"课题为中心。④即便慈湖自己也承认："孔子曰'心之精神是谓圣'，即达摩谓'从上诸佛，惟以心传心，即心是佛'。"⑤他所谓的"圣人"，实质上正是觉悟并保持了心之"精神"的觉者，这与佛教成就了"无上正

---

① 杨简：《大哉》，《慈湖遗书》卷六。
② 黄宗羲、全祖望：《槐堂诸儒学案》，《宋元学案》卷七十七，北京：中华书局，1986年，第2604页。
③ 黄宗羲、全祖望：《慈湖学案》，《宋元学案》卷七十四，第2506页。
④ 参见张念诚《杨简心、经学问题的义理考察》第二章第一节之慈湖"四毋说"析论部分（台北"国立中央大学"中文研究所博士论文，2003年）。
⑤ 杨简：《炳讲师求训》，《慈湖遗书》卷一。

等正觉"的佛陀颇有异曲同工之妙。

三 慈湖圣人观的心学史溯源

然而，慈湖圣人观的禅学化倾向，以及其与先秦儒家圣人观的巨大落差，毕竟是旁观者的一种外在评判，就慈湖本人而言，则不仅以儒者身份自重，更坚信自己的学问是真正的儒圣之学。事实上，他对佛禅也不时流露出贬斥之意，如他曾作诗慨叹："可笑禅流错用心，或思或罢两追寻。穷年费煞精神后，陷入泥途转转深。"[①]又如象山晚年在贵溪应天山讲学，建"精舍"而居，慈湖对此表示质疑，以至象山专门写信解释"精舍"二字非佛家所专有。此类事情虽小，足见慈湖对儒释之辨还是相当留意的。这就给我们提出了一个问题，即慈湖对自己学问的"入禅"，竟何以会如此浑然不觉呢？

要解答这一问题，必须考察慈湖心学产生的时代背景，即宋代独特的政治、文化氛围及修学风尚，这也正是慈湖圣人观产生的心学史因缘。

（一）宋儒"学以成圣"的价值追求

宋代新儒学之兴起，有着十分复杂的时代气运。这种时代气运，既是一种客观情势，又是一种内在要求，似乎非要"逼着"新儒家把"成圣"作为自己生命的焦点意识与终极关切不可。一方面，宋代君主"与士大夫共治天下"的文治政策，激起了文人士大夫"致君尧舜"的政治热情，促进了儒者深层的人格觉醒和经世精神的复苏，同时为他们批判佛老、复兴儒学提供了精神动力。另一方面，浓郁的佛禅气息弥漫朝野，尤其是高度中国化的禅宗依其高深的禅理和精妙的禅法，对作为社会精英的文士集团保持着持久吸引力。当此之际，追求一种既承担现实责任而又能安顿身心性命的"成圣之学"，自觉或不自觉地成为许多儒者的文化心理趣向，"学以成圣"的观念也因此潜滋暗长，并被付诸日常的道德实践。关于这点，唐君毅先生指出：

---

① 杨简：《偶作》之五，《慈湖遗书》卷六。

> 宋明儒自觉的教人寻孔颜乐处，以成德之乐为归趣，同时即自觉的要讲明圣学。故教人为学之始，即立志作圣。古者圣与王连，所谓内圣外王。孔孟教人皆偏重教人为士，由为士自可归于圣，故曰："人皆可以为尧舜。"然孔孟教人殊少直截教人为圣。荀子虽明言为学"始乎为士，终乎为圣人"，未尝直截教人皆以为圣自勉。汉儒则恒谓圣由天出，非由学而至。然宋明理学之教人，则常在第一步即要人立志为圣。①

唐氏的论说，显然有充足的文献依据。然而，经过上千年的观念嬗变，尤其是在佛家"即心是佛""即身成佛"的现实刺激与影响下，新儒家已不可能再追求原始儒家的那种具有多重位格的圣人，圣人于是被赋予一种新解释：不仅传统圣人人格中的"事功"面向再度被边缘化，"才智"面向也被非本质化，而心性修养意义上"惟精惟一""无思无为"的道德境界则被凸显出来。如周敦颐《通书·圣学章》所载：

> 圣可学乎？曰："可。"曰："有要乎？"曰："有。"请闻焉。曰："一为要，一者，无欲也。无欲则静虚动直。静虚则明，明则通；动直则公，公则溥。明能公溥，庶矣乎！"

与先秦儒家基于政治伦理实践的成德工夫相比，周敦颐将"无欲"作为成圣要诀，将静虚明通作为圣人心境，这不能不说是一重大变异。他认为圣人可学而至，更成为宋明儒者的共识。另外，周敦颐让二程兄弟思索"孔颜乐处"之"乐"在何处，也无疑是将二人向"圣贤气象"这一高明之路上引。明代儒学大师王阳明自小便立志做圣人，更是心学史上耐人品味的话头。至于本文的主角慈湖，少年时便发誓要体证"无思也，无为也，寂然不动感而遂通"的圣人之境，长大后更是为此境界殚精竭虑。观此诸相，即可知"成圣"一念是如何让宋明儒者魂牵梦绕了。这一因佛禅刺激而流行开来的"圣人可学"观念及其因之

---

① 唐君毅：《宋明理学家自觉异于佛家之道》，《中国哲学原论·原道篇》下册，北京：中国社会科学出版社，2006年，第880页。

而来的实践意志，堪称宋明心学史上的"头等大事"，当然也是慈湖圣人观产生的思想史背景。

（二）心学史上的"以觉训仁"思想

从内在脉络说，慈湖以"心之精神"训"圣"，是对心学史"以觉训仁"思想的进一步发展与深化。所谓"以觉训仁"，指的是将对本心之"觉悟"作为儒家核心概念——"仁"的基本含义。程明道曾以手足知痛、知痒的感受能力来说明仁的感通性特点，如谓"医家以不识痛痒谓之不仁，人以不知觉不认义理为不仁，譬最近"①。但这还主要是一个形象的比喻，到了弟子谢上蔡（良佐），就演化出了"以觉训仁"说："仁是四肢不仁之仁，不仁是不识痛痒，仁是识痛痒。"②"心有所觉谓之仁……身与事接，而心漠然不省者，与四体不仁无异也。"③其后的张横浦（九成）不仅突出了"本心"光明精一的特征，更直言"仁即是觉，觉即是心。因心生觉，因觉有仁"④，这就使"以觉训仁"说与佛禅"心性本觉"的思想打成一片了。正如何俊先生所言，孔子之仁主要指落实在现实生活中的实践，而"张九成以觉概括仁，实际上取消了仁的实践性，而以主体的是否自觉为仁的达到与否，这就将儒家注重的广泛的社会实践活动收缩为一己的意识觉悟"⑤。

慈湖延续了横浦的"以觉训仁"说，其特点在于将《论语》中的仁与知做了区分，提出了"知者觉之始，仁者觉之纯"的命题⑥：

> 先圣曰："知及之，仁不能守之，虽得之必失之。"知者觉之始，仁者觉之纯。不觉不足以言知。觉虽非心思之所及，而犹未精一，精一而后可以

---

① 程颢、程颐：《二程集》上册，北京：中华书局，1981年，第33页。
② 谢良佐：《上蔡语录》卷二，《文渊阁四库全书》本。
③ 据朱子《论语精义》卷六下引，《四库全书》第一九八册，上海：上海古籍出版社，1990年，第13页。
④ 黄宗羲、全祖望：《宋元学案》卷四十，清道光刻本。
⑤ 何俊、范立舟：《南宋思想史》，上海：上海古籍出版社，2008年，第52页。
⑥ 笔者撰有《"以觉训仁"的新形态——杨慈湖"仁论"试析》一文，对慈湖"以觉训仁"思想做了深细考察。拙文载《鹅湖》月刊，2011年第7期。

言仁。①

　　仁，觉也。医家谓肌体无所知觉曰不仁。知者亦觉，而不同其仁，何也？孔子曰："若圣与仁，则吾岂敢？"仁几于圣矣。知者虽觉虚明而旧习未尽消。意念微动即差，未能全所觉之虚明，必至于纯明不已，而后可以言仁。②

　　慈湖此处知与仁并提，显然受《论语》中孔子知与仁对举的影响。在孔子那里，"知"不仅涵摄着对道德规则的学习和体悟，同时带有强烈的向外追求客观知识的意味。当然，从总体上看，仁是表述全德的概念，仁能兼知，而知不能兼仁。但在慈湖这里，知与仁却成了区分人心之觉悟次第的一对概念。"知者觉之始，仁者觉之纯"，知与仁虽都是对虚明心体的觉察，然而知只是觉的低级阶段，尚不能剥落心中的所有旧习，无法达到澄然纯明的精一之境。从慈湖"仁几于圣矣"等说法看，"仁者觉之纯"与"心之精神是谓圣"其实是一个可以相互诠释的心学命题，正如"菩萨"之于"佛"一样，"圣"不过是仁的觉行完满状态。

（三）对"无意"境界的执着

　　如果说"以觉训仁"是慈湖"心之精神是谓圣"思想的直接来源，那么宋儒对"无意"境界的执着追求，则是慈湖"不起意"成圣工夫的实践动力。

　　众所周知，在先秦儒家中确有一种"无意"的圣人境界。孔子的"从心所欲不逾矩"，孟子的"由仁义行非行仁义"，《中庸》的"不思而得""不勉而中"都指涉着这一境界。必须指出，先秦儒家对此"无意"之境的陈说，要么是对圣人气象的描述，要么是对中庸之德的刻画，但并不要人直接在"心体"上汲汲以求。用现代人的话说，这种"无意"是一个人的道德意识与行为在工夫烂熟后由"有意识"转入"无意识"的自然流露。相对于孔子"博文约礼"的经验性工夫路线，孟子"反身而诚""勿忘勿助"的修养工夫确实更为内在化，但就人格修炼

---

① 杨简：《愤乐记》，《慈湖遗书》卷二。
② 杨简：《论论语下》，《慈湖遗书》卷十一。

看，孟子仍然十分注重"义利之辨""动心忍性""苦其心志"等艰苦工夫的。至于强调"积学""强学"的荀子更不待言。①

然而，新儒家既然要在心性修养上与佛禅一较高下，不免要对儒学中"无意"境界加以强化，乃至将这种极高明的道德境界下降为工夫的基本目标，在一些儒者那里甚至成为工夫论、境界论上的偏执性追求。如明道就特别强调工夫实践中的"洒落""和乐"之境，其《识仁篇》云："识得此理，以诚敬存之而已，不须防检，不须穷索……心勿忘、勿助长，未尝致纤毫之力。"②他在给张横渠的信中说："与其非外而是内，不若内外之两忘也，两忘则澄然无事矣。"③明道所提倡的这种洒落空灵、无思无著之境，无疑是受佛教"无我""无著"思想影响的结果。钱穆先生曾对此评论说："此等意境，实即六百年来禅门诸祖师之意境。惟诸祖师出家了，而理学先生不出家，故各就本分说之，不得不异。其实理学亦可说即是宗门法嗣也。"④陈来先生则指出："整个宋明理学发展的一个基本主题就是：如何在儒家有我之境的立场上消化吸收佛教（也包括道家文化）的无我之境。全部宋明理学的心性论与工夫论，大半讨论的无非就是这个问题，只是具体表现各异而已。"⑤结合前文，我们要说，慈湖颇近于佛禅"无念为宗"的"不起意"工夫，正是宋儒汲汲于"无意"圣境的一种极端表现形式。以至于明代心学家王阳明，也认为"杨慈湖不为无见，又着在无声无臭上见了"⑥。

（四）"静坐体悟"的学思风尚

慈湖对圣人的禅学化诠释，也与当时"静坐体悟""深造自得"的学思风尚密切相关。客观地说，宋明理学出现之前，与佛教相比，心性工夫论始终是儒家的一大软肋。且不论印度有着极为渊深的瑜伽、禅定传统，就中国禅宗自身而言，也已在此问题上勠力数百年，形成了一套丰富而完善的禅修理论。反观

---

① 孔、孟、荀三人学思工夫的异同，可参见拙文《孔、孟、荀学思观辨略》，《孔子研究》，2009年第6期。
② 程颢、程颐：《河南程氏遗书》卷二上，《二程集》上册，第17页。
③ 程颢、程颐：《答张横渠子厚先生书》，《二程集》上册，第461页。
④ 钱穆：《再论禅宗与理学》，《中国思想史论丛》五，北京：生活·读书·新知三联书店，2009年，第255页。
⑤ 陈来：《有无之境：王阳明哲学的精神》，北京：人民出版社，1991年，第236页。
⑥ 陈荣捷：《王阳明传习录详注集评》，台北：学生书局，1983年，第354页。

儒学阵营，虽有孔子"克己复礼""自讼"，孟子"求放心""尽心知性""知言养气"，《大学》"格物致知""慎独"等论说，但与佛禅修心法门的深切著明和次第井然相比，实未免显得过于粗略。今日的新儒家既然要满足自己的"成圣"需要以及对"无意"境界的追求，并要在心性修炼上与禅宗较一日之长，倘若局限于先秦儒家的成德之教，终不免捉襟见肘。

为了"修本以胜之"，宋明理学家无论是理学抑或心学一派，都对佛禅"入室操戈"，走上了一条"静坐体悟"的工夫路子。如二程兄弟都常常静坐，明道"终日坐如泥塑人"，伊川"每见学者静坐，便叹其好学"，杨时强调在静中"体验未发"，朱侗主张"默坐澄心"，朱子也教人"半日静坐，半日读书"，象山则"常洒扫林下，宴坐终日"。此情形诚如明代袁了凡所说："静坐之诀，原出于禅门，吾儒无有也。自程子见人静坐，即叹其善学，朱子又欲以静坐补小学收放心一段工夫，而儒者始知所从事矣。"[1]尽管儒者的静坐在目的、方法等方面与禅家的坐禅有重大不同，但静坐作为一大修身工夫，仍不得不说转手自佛禅。只是这种静中体悟工夫，在儒者中传播既久，在后世也就成为儒、释、道三教心性修养的共法了。

宋明儒对佛禅静坐工夫的具体吸收，当然是因人而异的。终慈湖一生，都在践行父亲杨庭显所授的"静坐反观"法门。[2]从慈湖的诸多描述，尤其是他的一系列"大悟""觉悟"看，此法门显然与佛家禅定有极多的相近处。慈湖对"心之精神是谓圣"的自信及其对"本心"的描述，都源于他常年"静坐反观"而得的"见道"体验。同为象山弟子、甬上四先生之一的袁燮曾说："自象山既殁之后，而自得之学始大兴于慈湖，其初虽有得于象山，而日用其力，超然独见，而明人心，大有功于后学，不可谓自得乎？"[3]慈湖的心学，与其说得自象山，毋宁

---

[1] 袁黄：《袁了凡静坐要诀·原序》，上海：上海古籍出版社，2013年，第25页。
[2] 关于慈湖所受家学的影响，可参见钟彩钧：《杨慈湖心学概述》，《中国文哲研究集刊》，台北"中央研究院"中国文哲研究所，2000年第17期。慈湖与象山的师弟关系，可参见拙文《陆象山与杨慈湖师弟关系辨证》，《现代哲学》，2010年第2期。
[3] 袁燮：《书赠傅正夫》，《论杂著》，《絜斋集》卷七，清武英殿聚珍版丛书本。另外，关于慈湖学之渊源，明人周广在《慈湖先生遗书》卷十八《后序》中说："先生之学，受之庭训，悟之扇讼，而大有得于静观体会之余，求诸心之精神，则曰圣在是。见孔子绝四，曰毋意则欲不起念，自谓学者舍是皆第二义也。"他也将静观体会作为慈湖心学之主要成因。

说是他在父亲影响下"深造自得"的结果。我们也由此可看出,佛禅对慈湖的影响,主要是一种间接的熏染与浸润。也正因为这种间接性,他不知不觉中混淆了儒禅在"心体"上的界限。

(五)"六经注我"的解经方式

"心为经本"思想,是宋明心学不同于传统儒学的特征之一,它深刻影响到心学家的解经方式。对象山、慈湖有重大影响的心学家张横浦认为:

> 尧舜禹汤文武周公之道,具在人心。觉则为圣贤,惑则为愚、不肖。圣人惧其惑也,乃著之六经。①
>
> 六经之书焚烧无余,而出于人心者常在。则经非纸上语,乃人心中理耳。②

在张横浦看来,人心才是道德天理的真正发源地。"六经"不过是圣人借助文字著述,对成己成物之心的记述表彰。而人心与圣心的差别,唯在于"觉"与"惑"之间。他痛惜学者陷溺于对圣贤经典的训诂章句,而不知"经非纸上语,乃人心中理耳"。他的这一看法大体是宋明心学家的共识,象山便有"六经皆我注脚"及"六经注我"的名言。慈湖更多有"经礼三百,曲礼三千,皆吾心中之物,无俟乎复思,无俟乎复虑"③之类的论说。

以愚见,心学家"心为经本"的思想,与禅宗"不立文字""呵佛骂祖""以心传心"的流行教法有一种如影随形的同构关系。在宗门灯录中,常有禅宗祖师以《楞伽经》《金刚经》"印心"的记录。在《坛经》中,六祖慧能也有"三世诸佛,十二部经,亦在人性中本自具有。不能自悟,须得善知识示道见性。若自悟者,不假外善知识"④之类的说法。只不过禅门打破的是对佛经的迷信,儒者

---

① 张九成:《海昌童儿塔记》,《横浦集》卷十七,宋刻本。
② 黄宗羲、全祖望:《横浦学案》,《宋元学案》卷四十。
③ 杨简:《家记四》,《慈湖遗书》卷十。
④ 慧能著,郭朋校释:《坛经校释》,北京:中华书局,1983 年,第 60 页。

打破的是对"六经"的迷信罢了。①这一将"心"的地位翻转于"六经"之上的时代声音,具有极大的思想解放作用,使人心突破了各种教条的桎梏,对慈湖的"证量解经"产生了重要影响。

不同于象山的"不立文字",慈湖几乎是论遍群经。然而从传统注疏的要求看,他的不少著述已不属于正常的经典诠释,而是援引经典话语,对自己"证道"体验的证明,属于典型的"六经注我"。慈湖对孔子"毋意""心之精神是谓圣"等语的诠释发明,都体现了这一作风。这里不妨以他对"心之精神是谓圣"解释为例,略加分析。"心之精神是谓圣"一语,源自《孔丛子》所载孔子与子思的一段对话:

> 子思问于夫子曰:"物有形类,事有真伪,必审之,奚由?"子曰:"由乎心。心之精神是谓圣,推数究理,不以物疑,周其所察,圣人难诸。"②

就这段文字看,孔子确实很重视"心"的认识功能。但结合上下文,便知"心之精神是谓圣"中的"精神"指的是"意识"或"神志",而"圣"则有"通达事理"之意。从"推数究理"与"周其所察"等语来看,孔子分明在说,人可以通过人心所具有的观察、认知、推理等能力达到对万物规律的理解。这种见解,不仅与《论语》"博学多闻"传统相互一致,与朱子"格物穷理"说法也大致合辙,要之属于儒学的实践理性精神。然而,慈湖对这段话却做了全新的发挥:

> 孔子斯言见之《子思子》之书,世又谓之《孔丛子》,世罕诵习。呜呼!圣人有如此切至之诲,而不载之《论语》,致学者求道于心外,岂不大害?某谨取而为集语,觊与我同志者或未观《孔丛子》而偶见此书,庶早悟此心之即道,而不他求也。至哉,人心之灵乎!至神至明,至刚至健,

---

① 按,阳明对此更有透辟的解析,如谓:"人心天理浑然,圣贤笔之书,如写真传神,不过示人以行状大略,使之因此而讨求其真耳,其精神意气,言笑动止,固有所不能传也。后世著述是又将圣人所画摹仿誊写,而妄自分析加增以逞其技,其失真愈远矣。"(《传习录》卷上)
② 傅亚庶:《孔丛子校释》,北京:中华书局,2011年,第96页。

至广至大，至中至正，至纯至粹至精而不假外求也。人皆有此至灵之心，而不自知、不自信，偶昏偶蔽，遂浸而至于恶积而不可掩，罪大而不可解，大可惜也，大可念也。心无体质，德本昭明，如日月照临，如水鉴烛物，不必劳神，而自能推见，自能究知。若驰神于彼，周悉致察，虽圣人不能。何则？劳动则昏，不必逆诈，不必亿不信，而自有先觉之妙也。人皆有此灵见。①

在上文，慈湖慨叹"心之精神是谓圣"一语未载之于《论语》，害得后世学者"求道于外"。他认为人心"至神至明""心无体质，德本昭明"，一切外向的周悉致察都属于"驰神于彼"，必将徒劳而无功，只落得"劳动则昏"而已。这显然与《孔丛子》"心之精神是谓圣"的原意有着天壤之别。其中的是非曲直，明代理学家罗钦顺已洞若观火：

> "心之精神是谓圣"，此言出于《孔丛子》。初若可疑，及考其全文首尾，亦颇明白。"圣"字自不须看得重，而其意义亦非此句所能尽也。慈湖独摘此一句，处处将来作弄，岂有他哉？盖此句实与佛家"即心是佛"之言相似，其悟处正在此，故欣然取以为证，使人无得而议焉，更不暇顾其上下文义何如也。②

罗钦顺认为慈湖独取此句，不过是用来增加自己论说的权威性，因为其"悟处正在此"。此可谓一针见血之论。慈湖对《孔丛子》一书的所载内容本不无怀疑，却对"心之精神是谓圣"一语情有独钟，这只能解释为，这句话是慈湖最能发挥自己心学要旨的理想格言。与其说慈湖受孔子"心之精神是谓圣"一语启发而锲入先圣的本心，毋宁说这句话为他印证自己的"本心"提供了经典依据。他所一再描述"精神"圣境，不正是他在一系列"觉悟"中的心理体验么？

---

① 杨简：《泛论学》，《慈湖遗书》卷十五。
② 罗钦顺：《困知记》卷下，北京：中华书局，1990年，第107页。

四 余论：慈湖心学的儒、禅之判

上文论述了慈湖在圣人观念上与先秦儒家的重大差别，分析了差别产生的思想史因缘，揭示了慈湖对佛禅境界与工夫的无意识吸收。尽管如此，这绝不意味着笔者将慈湖心学等同于禅学，或像批判者那样视之为"阳儒阴释"。

须知禅宗作为印度大乘佛教中国化的典型，虽有强调入世修行、普度众生的一面，然其毕竟以佛教"三法印"（诸行无常、诸法无我、涅槃寂静）为圭臬，在根本精神上是"出世"的。以圣贤自期的慈湖，有着极强的道德责任感和经世致用之志，这与志在"了生死""出轮回""证涅槃"的佛教徒无疑有着天壤之别。象山在论及儒佛之辨时说："惟义惟公，故经世；惟利惟私，故出世。儒者虽至于无声、无臭、无方、无体，皆主于经世；释氏虽尽未来际普度之，皆主于出世。"① 藉此而论，慈湖"心之精神是谓圣"的本心，虽在境界体验上极近于佛禅的"大圆镜智"，但他追求此智慧的目的仍是要证成孔孟"从心所欲不逾矩""由仁义行而非行仁义"的道德化境。相应地，慈湖的"不起意"工夫，虽在方法论层面与禅宗的"无念为宗"难解难分，但其工夫旨归终究不是为了解脱生死，而是人间伦理的建设。慈湖虽经历了一系列禅家式的"觉悟"，但他毕竟没有在心底上接受佛教所谓的"三法印"。有鉴于此，慈湖心学无论在境界体验、工夫法门等方面无论多么酷似禅宗，我们都不能将其视之为禅学。何况慈湖一生以儒者自处，"生平践履无一瑕玷，处闺门如对大宾，在暗室如临上帝"②，为官行政皆清明有政绩，诚可谓德行无亏、人格甚伟，不失为卓越的儒家士大夫。

钱穆先生曾云："宋明理学，亦可谓乃是先秦儒学与唐宋禅学之一混合物。论其精神，则断然儒也。而其路径意趣，则终是染涉于禅学而不能洗脱净尽，此非宋明儒之失，乃唐代禅学之确有所得。若必谓儒是禅非，以陆王为禅，以程朱为儒，此则终自陷于门户之见，不足以语夫学术思想源流派分之真相

---

① 陆九渊：《与王顺伯》，《陆九渊集》卷二，1980年，第17页。
② 袁甫：《记乐平文元遗文阁》，转引自黄宗羲、全祖望：《慈湖学案·附录》，《宋元学案》第七十四卷，第2479页。

也。"① 我们说，思想史是在不断更新变异中得以永葆青春的，其间必须有一批思想家进行大胆的思想创辟，尤其要主动吸收其他学说的生命智慧。在此思想吸收和创新过程中，因种种限制，存在着许多理解上的歧误，甚或理论建构中的偏颇，都是在所难免的。即此而论，慈湖对儒家圣人的诠释，乃至他的整个心学系统，纵然吸收了很多禅学成分而显得儒禅杂糅，终不失为一种有借鉴意义的思想探险。

---

① 钱穆：《禅宗与理学》，《中国学术思想史论丛》四，北京：生活·读书·新知三联书店，2009年，第240页。

"朱学嫡脉"王柏的理学及其地位

王 锟

(浙江师范大学法政学院)

关于宋元时期朱子学派的讨论,学术界历来重视南宋末年的真德秀、魏了翁、黄震,以及元代的许衡、刘因、吴澄等人,而对"北山四先生"理学的关注不够。就现有理学的研究成果来看,除侯外庐、邱汉生、张岂之编的《宋明理学史》外,其他论著鲜有涉及"北山四先生"的理学。即便是《宋明理学史》,也只是对"北山四先生"理学做了一般性介绍,却未能对其思想深入研究,这与其"朱学嫡脉"的称号不相称。造成这种现状的原因,不仅在于"北山四先生"的文献保存较少(即使残存的文献也没有点校整理),而且在于学术界对他们的忽视。下面以文献保留相对较多、在宋元理学史上有重要地位的王柏为对象,考察其理学思想,以窥"北山四先生"理学之一斑。

一 王柏的学脉及著述

朱子没后,后学林立,重要的有西山蔡元定、勉斋黄榦、九峰蔡沈、北溪陈淳、潜庵辅广、拗堂刘炎、木钟陈埴等人,他们都护卫师门甚力,并开馆授徒,传授朱学。其中勉斋黄榦,号为朱学正宗。

在朱子的门人之中,黄榦最受朱子珍爱。黄榦为朱子女婿,朱子筑一室与其居,并有时让黄榦代自己讲授。朱子逝前曾手书黄榦说:"吾道之托在此,吾无憾矣。"① 当黄榦在世时，朱子其他门人恐不能确切衍述其师说，竟不敢传其所记的朱子语录，黄榦在朱门地位之重要，可见一斑。更值得一提的是，黄榦以传播朱学为己任，其后学学脉悠长，宋元时期的三支朱子后学，皆赖他而传。其中南方的两支，有据可考。一支是由黄榦传给饶鲁，饶鲁再传给程若庸，并由程若庸传给吴澄，这是江西一脉。另一支是由黄榦传给北山何基，何基再传给鲁斋王柏，由王柏传给仁山金履祥，由金履祥传给白云许谦，这是浙江一脉。何基、王柏、金履祥、许谦，史称"金华四先生"，《宋元学案》又称"北山四先生"。而北方有赵复、姚枢、刘因、许衡一系之朱学，也最有可能出自黄榦之传。② 南方的两支后学，其中江西一脉染于陆学，所以"北山四先生"最为朱学的正统和嫡脉。何、王、金、许一脉，宗朱子之学，并以传承朱学为己任，他们师门兴盛，硕儒辈出，学脉不断，为宋元时期传播朱子理学的重镇，而且其后学延至数百年，成为明清时期朱子学的重要倡导者。其中，王柏是"北山四先生"的第二代、朱子的三传弟子，也是宋元之际传播朱学正宗的重要桥梁。

王柏（1197—1274），字会之，号鲁斋，金华人。王柏之祖王师愈为程颐弟子杨时的及门，并与朱子、吕祖谦往来论学。王柏之父王瀚从朱子、吕祖谦问学。十五岁，王柏父死而孤。他少有大志，仰慕诸葛亮，自号长啸。三十岁以后，"始知家学授受之原，慨然捐去俗学以求道"，又以"长啸"之名"非圣门持敬之道"，更号"鲁斋"③，王柏由此转向理学。他多次拜访朱子门人杨与立、挈堂刘炎，后闻何基受学于黄榦而得朱子之传，经杨与立的推荐而从学于何基。以后几十年，王柏汲汲于研讨理学而不求功名官职。他虽不入仕，但绝不避世。王柏非常重视朱子理学的传播，曾多次受聘于丽泽书院，晚年还应聘主讲于天台上蔡书院，著述讲学。王柏注重现实的政治社会问题，他批评当时科举制度的败坏，认为其妨碍了国家选用治理天下的人才，主张恢复古代的考选制度；他批评南宋之所以国弱民贫，在于吏治腐败，剥削太重，提出了"富国强兵，必

---

① 脱脱等：《宋史·黄榦传》，北京：中华书局，1977年。
② 关于"赵复之学出于黄榦之传"的考证，参见陈荣捷的《元代之朱子学》一文，陈荣捷：《朱学论集》，上海：华东师大出版社，2007年，第194—198页。
③ 叶由庚：《圹志》，《鲁斋集》卷十附录，金华丛书本。

以理财为本"①的解决方法；当元军攻南宋时，他提醒当政者应对军事重镇襄阳加强防务；他重视社仓的作用，并对朱子的社仓之法提出了改进、完善的办法，如此等等，不一而足。

王柏精通经史、学识广博，著书宏富，总计八百余卷。其中，经学方面的著作有《读易记》、《涵古易说》、《太象衍义》、《涵古图书》、《读书记》、《书疑》、《禹贡图》、《书附传》、《诗辩说》(即《诗疑》)、《诗可言》、《读春秋记》、《左氏正传》、《续国语》等；有关四书研究的著作有《鲁经章句》《论语衍义》《论语通旨》《孟子通旨》《订古中庸》《标注四书》等；有关理学研究的著作有《太极通书讲》《周子太极衍义》《研几图》《伊洛指南》《伊洛精义》《濂洛文统》《拟道学志》《朱子指要》《朱子系年录》《紫阳诗类》等；其他著作有《天官考》(《宋史》本传作《天文考》)、《地理考》、《天地造化论》、《墨林考》、《六义字原》、《帝王历数》、《正始之音》、《雅歌》、《文章指南》、《文章复古》、《文章续古》、《发遣三昧》、《杂志》、《朝华集》、《家乘》、《石笋清风录》、《文集》七十五卷，可惜大部分均已散佚，现存有《书疑》、《诗疑》、《研几图》等，另《文集》二十卷(《金华丛书》所收《文集》为十卷)。以上著作，有关四书五经和理学著作占绝大部分，涉及王柏思想的方方面面，下面只论述他的理学思想。

二 道统论

道统观念是朱子理学的重要内容和特征之一。道统或法统观，在中国思想史上最初出现在佛教中。佛教在中国传播的过程中，非常重视佛法的传递世系，并形成了师门、"判教"和争夺正统的观念。正是佛教的道统观，后来影响了儒学并被儒学所仿效。儒家的道统论，相对于佛教较为晚出，大概产生于唐代的韩愈和李翱。在复兴儒学和对抗佛教的过程中，受佛教道统论的激发，韩愈和李翱等人形成了儒学道统的雏形。南宋以来，儒学大兴，学派林立，各学派为了便于传播和竞争，他们非常重视道统。在继承唐代儒学道统观的基础上，他们不断进行修正，形成各自的道统论。

---

① 王柏:《送曹西淑序》,《鲁斋集》卷四,金华丛书本。

朱子是理学的集大成者，同时又是道统观念的有力倡导者。王柏曾指出："道统之名，不见于古，而起于近世，故朱子之序《中庸》，拳拳于道统之不传，所以忧患于天下后世也深矣。"① 此段说的就是朱子在《中庸章句序》中所论述的道统，即列举了尧、舜、禹、汤、文、武、周以至孔、颜、曾、思、孟的道统传授世系；朱子还以二程为接孟子之后"千载不传之绪"，并隐含自己以接续二程道统自期。在朱子后学中，黄榦一派，自认得朱子嫡传，故其最重道统。黄榦在《圣贤道统传授总叙说》一文勾画了一副传道世系图：从尧、舜、禹、成汤、文王、武王、周公、孔子、曾子、子思、孟子、周子、二程子到朱子。这是黄榦对朱子道统观的继承和发挥。黄榦的道统观，影响了"北山四先生"。

王柏非常重视道统，他说："四时行焉，百物生焉，此非天地之道统乎？圣人以仁义设教，为天地立心，为生民立道，所以继绝学而开太平，此则圣人之道统也。"② 在这里，王柏把"天地之道统"与"圣人之道统"并提，并认为"圣人之道统"出自"天地之道统"，他把人类文化的道统归根于天道的必然。为此，王柏还提出了从孔孟到周敦颐、二程、杨龟山（杨时）、李延平、朱子、黄榦、何基的道统世系图，并以"理一分殊"作为所传道统的要旨。③

王柏的道统论，把与朱子有直接师承关系的杨龟山、李延平列入世系，同时把与自己有直接师承关系的黄榦、何基列入世系；更重要的是，他还把"理一分殊"作为该世系道统的要旨，反映了王柏以朱子理学为正统的观点。要知道，"理一分殊"是朱子理学最有标志性的命题。不仅如此，王柏曾作《拟道统志》二十卷，大概就是按上述道统来编写的，可惜此书已不传，我们不能窥见其具体内容。后来，王柏的门人车若水（玉峰）编有《道统录》三巨编，其族侄兼门人王佖也编了一部《道统录》，据说其内容"始自周子，至于黄勉斋"④。车若水、王佖所编写的《道统录》虽没有传世，但也可从侧面证明王柏及其门人对道统的重视。另外，王柏的高足金履祥也重视道统问题，在其编的《濂洛诗派图》中，金履祥以濂溪为理学的开山，并以二程、杨时、罗从彦、李侗（延平）、朱

---

① 王柏：《跋道统录》，《鲁斋集》卷五，金华丛书本。
② 同上。
③ 王柏：《何北山先生行状》，《何北山遗集》卷四，金华丛书本。
④ 王柏：《答车玉峰》，《鲁斋集》卷八，续金华丛书本。

子、黄榦、何基、王柏这一传道世系为正宗，而把其余都看作旁支而不收其诗，这反映出王柏的道统观对金履祥的影响。

总之，王柏的道统观有以下特点：其一，继承朱子和黄榦的道统观，以周程为孔孟的嫡脉，以邵雍等为旁支；其二，他们宗朱子，并把与朱子有师承关系的程门弟子杨时为嫡脉，以其余的程门弟子谢良佐、游酢、尹和靖等为旁支；其三，以黄榦为朱学的嫡脉，以蔡元定、陈淳、蔡沈等为旁支；其四，他们护卫朱学甚严，并以"理一分殊"为所传道统的要旨。

三 护翼"四书"及朱子的《集注》

王柏所属的"北山四先生"学派，号为朱学的正宗，集中体现在其对《四书集注》的重视和羽翼上。

众所周知，《四书集注》是朱子晚年的作品，是其学术结集的最重要的成果，朱子思想的微旨，具见于《四书集注》。朱子本人也非常看重《四书集注》，写成之后他一直修补不辍，直到去世的前几天他还在修改。不仅如此，朱子经常告诫学生说，为学之道，必须读"四书"；读"四书"有次序，必先读《大学》，其次《论语》《孟子》，最后《中庸》。他还认为，学者只有读得"四书"洽熟，方可有入道之基。当然，"四书"是儒家重要的经典，理学的其他学派，如湖南张栻、江西陆九渊、浙学吕祖谦，也读"四书"，但他们没有朱子那么强调"四书"，也没有说为学之道应先读"四书"，读"四书"以《大学》为先，更没有说读"四书"是入道之本。而且即使他们读"四书"，往往也有自己的注本，不一定就非得读朱子的"四书"注本。相反，朱子后学一般都非常重视对《四书集注》的研习。可以这样说，研读《四书集注》，是朱子学派区别于其他学派的重要标准之一。

受朱子的影响，黄榦就非常重视《四书集注》。[①] 黄榦对何基的临别之教，就是让他"读熟'四书'，使胸次浃恰，道理自见"[②]。正是接受了黄榦熟读"四

[①] 其实，朱子门人都非常重视《四书集注》。对后来影响很大的陈淳的《性理字义》以及程端蒙的《性理字训》二书，就是从《四书集注》中所提炼而出的对理学基本范畴的"词典式"解释，成为人们理解《四书集注》的重要参考书。

[②] 王柏：《何北山先生行状》，《何北山遗集》卷四，金华丛书本。

书"的教诲,何基说:"读书以《四书》为主,而用《语录》以翼之。"这里所说的"四书",就是《四书集注》的简称,而"语录"是《朱子语录》的简称。所谓"用《语录》以翼之",就是表达了他以《朱子语录》护翼《四书集注》的观念,这反映了他以读《四书集注》为学问的根本。为此,何基还告诫王柏说,读书当以《大学》为先。

在何基的影响下,王柏非常推崇"四书"。王柏说:"'四书'者,故非为文章之文也,乃经天维地之具,治世立教之书。"① 他非常重视"四书",并有数部研究"四书"的著作,如《标注四书》《鲁经章句》《论语衍义》《论语通旨》《孟子通旨》《定古中庸》等,这些著作大部分已经散失,仅就残存于《鲁斋集》的相关文献看,他基本上继承了朱子"四书学"的精神。

然而,王柏不仅仅是继承,他还对朱子的《四书集注》有一些怀疑。例如,他认为,《大学》之"格物致知"章之传不亡,无待于补;他不满于朱子的"格物致知"补传一章,认为这是"勇于补而不勇于移";他还认为,朱子对《中庸章句》次第的安排是承袭了汉儒的旧观点,以为《中庸》本有两篇,应当于"诚明"以下别为一篇。然而必须指出,王柏与《四书集注》之个别观点的差异,并不是说他攻击朱子,而恰恰反映了他对"四书"的深入钻研及朱子的笃信,其重视"四书"之心与朱子无异也。

由此可见,王柏非常重视"四书"及朱子的《集注》,他们著书立说,通过发挥、引申朱子"四书学"以求圣贤之道,这有力地促进了朱学的传播,护翼了师门道统。

四 理一分殊说

"北山四先生"继承"理一分殊",并把它当作朱子一系道统最核心的旨意。王柏在对何基的祭文中说:"邹鲁运远,天启濂洛。理一分殊,以觉后觉,宗旨是将。罗李授受,集于紫阳(朱子)。"② 他罗列了朱子道统的世系图,并以"理

---

① 王柏:《答王栗山》,《鲁斋集》卷八,续金华丛书本。
② 王柏:《何北山先生行状》,《何北山遗集》卷四,金华丛书本。

一分殊"为传授的宗旨。

要问"理一分殊"其意旨为何，有何特点？王柏撰《理一分殊》一文，对此有明确的回答。他说：

> 统体一太极者，即所谓"理一"也；事事物物上各有一太极者，即所谓"分殊"也。以《易》言之，《大传》曰"易有太极"，此《易》之理一也。及生两仪、四象、八卦，又从而八之为六十四卦、三百八十四爻，每卦每爻各具一太极；四十九策之中，每揲每变各具一太极，所谓《易》之分殊也……又以人之一身而言之，四肢百骸，疾痛疴痒，莫不相关，实一气感通，同为吾之体，犹理一也。然目视耳听，手持足行，口言心维，不可以通用，待头目必厚于手足，卫胸腹必重于四肢，足不可加于首，冠不可同于履，何者？分殊故也。"理一"易言也；"分殊"未易识也。此致知格物所以为学者工夫之最先也……
>
> 或者曰：夫子之时，未尝有"理一分殊"之说也，意者诸老创此论，抑亦新人之耳目乎？曰：不然也。圣人不先天以开人，后贤亦因时而立教。夫子时虽未有"理一分殊"四字之名，而其所以教人者，亦莫非"理一分殊"之旨。夫孝之道一也，何其答门人之问不一？说仁之道一也，何其答门人之问未尝同？为政之道亦一也……夫子之传"一贯"，乃合而言之，是万为一，所谓"分殊而理一"也。周子之图太极，是分而言之，一实于沧海之中。周子之言，如一干之木，而为千条万叶之茂。后世学者恶繁而好略，惮难而喜易，不肯尽心于格物致知之功，务为大言以欺人曰"天下只是一个道理"。斯言若已悟曾子之一唯，及叩之，初未识何者谓之道，何者谓之理，不过学为笼罩之言，以盖其卤莽灭裂之陋。每闻斯语，则已知其决非学者矣。圣人于天下之理，幽明巨细，无一物之不知，故能于日用之间，应接事物，动容周旋，无一理之不当。学者苟未究其分之殊，又安能识其理之一？夫岂易言欤！愿诸君宽作岁月，大展规模，自洒扫应对，威仪动作，以至于身心性情之德；自礼乐、射御、书数、钱粮、甲兵、狱讼，以至于人伦日用之常，虽乾当坤倪，鬼秘神彰，风霆之变，日月之光，爰暨山川、草木、昆虫，莫不各有当然之则，所谓"万一各正，小大有定"也。

于此事事物物上各见得一个太极,然后体无不具,用无不周也。异时出而从政,决不误人之天下国家,决不自误此身而负此生矣。此分殊所以最切于学者。①

这段话里的"理一",是指作为世界万物生成根据的终极原则;而"分殊",是指每一事物"分有"此原则而成为自身性质的东西。"理一"是人们在认识过程中总括、抽象出来的总原则,而"分殊"是在对每一事物识的过程中得出的具体的、分的原则。"理一"遍在于"分殊"之中,而"分殊"体现着、依赖着"理一"。王柏"理一分殊"的特点有:(1)"理一分殊"的重心,在"分殊"而不在"理一","理一"易说,"分殊"难识。(2)而要识得"分殊",就必须"致知格物",即通过读书、考索名物,对自然(从草木虫鱼到日月星辰、天地山川)、社会(从典章制度到日用伦常)和人身修养广泛进行探索,寻找其中本有的道理。(3)然后,才能真正把握"理一"。学者如果未能究其"分殊",就不能识其"理一"。为此,王柏批评当时浙江流行的慈湖陆学,以"天下只是一个道理"的大言欺人,是"学为笼罩之言,以盖其卤莽灭裂之陋",认为学者只有以"致知格物"工夫求"分殊",便可克服陆学空谈"本心"而不理会事物之弊病。

现在要问:为什么王柏把"理一分殊"作为朱子道统的宗旨呢?其后学之话可做回答。王柏的再传弟子许谦说"文公(朱子)初登延平之门,预为笼侗之言,好同而恶异,喜大而耻小,延平皆不许,既而曰'吾儒之学,所以异于异端者,理一而分殊。理不患其不一,所难者分殊耳'。朱子感其言,故其精察妙契,著书立说,莫不由此",并认为"学者求道之纲领,但朱子理一而求之分殊也"。② 在这里,许谦追溯了"理一分殊"的来源,并含蓄指出"理一分殊"理论的重心在"分殊"而不在"理一";而后来的黄宗羲对此评论说:"当仁山、白云之时,浙河皆慈湖一派,求为本体,便为究竟,更不理会事物。不知本体未尝离物以为本体也。故仁山重举所言,以救时弊,此五世之血脉也。"③ 这段评论明确指出,王柏及其后学重视"理一分殊",还有一直接的原因,那就是为了对抗

---

① 王柏:《理一分殊》,《金华王鲁斋先生正学编》上卷,《率祖堂丛书》本。
② 许谦:《答吴正传书》,《白云集》卷二,金华丛书本。
③ 黄宗羲、全祖望:《北山四先生学案》,《宋元学案》卷八十二,北京:中华书局,1986年。

慈湖学派所倡导的陆学，并且是为补救慈湖学派只求"本心"而不理会事物之弊病而提出的。朱子本人"理一""分殊"并提又强调"分殊"，而王柏重视"分殊"及"致知格物"，这是他与朱子相同的地方。

"理一分殊"及《四书集注》，是朱子理学的精华，王柏作诗赞曰："迪予朱子，理一分殊，泛扫淫波，煌煌四书，有析其精，一字万钧。有会于极，万古作程。"[1] 正是在研习朱子理学精华的基础上，王柏形成了自己天道论。

五　天道论

王柏的天道论，是围绕着"太极"理论而展开的。与朱子一样，王柏非常重视太极学说。他所著的《太极通书讲》《周子太极衍义》《研几图》等书，就是讨论"太极"问题的，可惜不传。然在残存的文献中，仍可知大概。

在《元会说》一文中，王柏把朱子的"太极图说"与邵雍的"元会运世"理论创造性地结合，形成自己的宇宙生成演化论。

王柏认为，宇宙的演化由以下的次序展开：第一是"元之元"，"此所谓无极而太极，虽未有迹可寻而其理已粲然备具于中矣"。这是宇宙最初阶段，这一阶段，天地万物未生而只有"太极"。"太极"本身蕴藏着众理，它是万物产生的根据。第二是"会一"，"此太极动而生阳，静而生阴，互为其根时"，这是由太极而生混一之气的阶段。第三是"会二"，"此分阴分阳而两立"，这是产生阴阳二气之阶段。第四是"会三"，此"阳变阴合而生水火木金土五气"，四时成、男女存的阶段。第五是"会四"，此是二气交感化生万物之阶段。第六是"会五"，这是上古"结绳而治"的素朴时代。第七是"圣人始定以仁义中道"，建立伦理道德的阶段，也是文明社会的时期……[2] 如此，王柏把"太极图说"逻辑上的顺序与"元会运世"时间上的顺序一一配对结合，描绘出了一幅以"太极"为根源而演化天地万物及人类社会的总图。这种配对结合，有的显得牵强，但却不同于前人所描述的宇宙生成演化论，这是在继承朱子"无极而太极"的宇宙论基础

---

[1] 王柏：《诗四言》，《鲁斋集》卷一，续金华丛书本。
[2] 王柏：《元会说》，《鲁斋集》卷十五，续金华丛书本。

上的进一步发展,反映了王柏并不只是"守成师法"而具有创新的一面。

如果说以上"太极"的讨论,是从形式上探究天地万物产生之理和根源,那么,王柏还以"天地生物之心"为命题,从实质上探究天地万物产生的根据。

他说:"一气流行而无间断者,惟存此心之仁而无间断耳。此心之仁,即父母生育之仁也。父母生育之仁,即天地生物之心。"① 这段话的意思是:生物之气之所以流行不已,是由于仁心做主,仁心就是"天地生物之心"。也就是说,"天地生物之心"是气化流行,天地万物发生的根据。如问"天地生物之心"何以体现？王柏说:从《复》卦可体认"天地生物之心"。《复》卦的卦象,五阴爻之下有一阳爻,象征着隆冬时节,万物萧杀,有一阳气潜动,此是"生生不息之机"。"万物必有大剥落,然后有大发生。"一旦春雷惊动,万物便会苏生。所以,一阳潜动,最能见"天地生物之心"②。王柏说:"空中三五点,天地便精神。"③ 从寒冬中的点点梅花,可见"天地生物之心";还可以从"人心之仁"见"天地生物之心"。王柏说:"天道流行,发育万物,得天地生物之心以为心,是之谓仁。仁为心之德而爱之理。爱莫大于爱亲,此本其所由生也。其次则仁民爱物,此推其所并生也。"④ 总之,"天地生物之心",不仅是万物发生的根源,而且它还体现在人的仁爱与万物的生发之中。这种观点,实际上是对朱子"天地以生物为心"命题的继承和发挥。

总之,王柏的天道讨论,无论是形式上的"太极",还是实质上的"天地生物之心",都是继承并阐发了朱子天道观念的基本精神,显示了他的思想具有创新之面向。

六 心性工夫论

心性工夫论是程朱理学的核心。一般地说,心性论就是理学家的人性论,它要回答人的本性为何,本性从何而来。如果人性本善,那么现实生活中的人

---

① 王柏:《慕庵记》,《鲁斋集》卷五,续金华丛书本。
② 同上。
③ 王柏:《题梅》,《鲁斋集》卷三,续金华丛书本。
④ 王柏:《好生录序》,《鲁斋集》卷五,续金华丛书本。

为何有善有恶、有智有愚的差异？另外，与人性论相关的问题还有：人性能变化、能完善吗？如果能，那么以何种方式实现？这就关系到修养工夫论的问题。对于上述问题的回答，程朱理学认为，人性是由天所赋予而人得自天的。人之降生，天莫不赋予仁义礼智之性；仁义礼智是人本然之善性，这本然之善性，是人所禀受的天理，所以称之为"天理之性"。"天理之性"是纯粹至善，具于人心中。然人是由所禀受的天地之气（即生成人的材料）凝聚为形而生成，由于人的气禀有清浊、薄厚、通塞之不同，人性便就有了智愚之分，这就是所谓的"气质之性"。"气质之性"有善有恶，当人的行为不违背仁义礼智之时，就是善。然当人被物欲所诱惑或蒙蔽而使其迷失了仁义礼智之本然之性时，人便可能做出许多不善的行为，如同明镜被尘土遮蔽了一样，这就是恶。那么，人们如何才能恢复自己的本来之性呢？为此，程朱提出了"持敬涵养"和"格物致知"并用的修养方式。

在心性论和修养工夫上，北山学派继承了朱子的思想。何基在写给弟子王柏的《鲁斋箴》中说："惟人之生，均禀太极。万理森然，成其物则。知觉虚灵，是谓明德。或弊而昏，则由气质，曷开其明，曷去其塞，复其本然，惟学之力……诚明两进，敬义偕立；一唯领会，万理融液。"[①] 这段话里的"太极"即是天理；"明德"即是仁义礼智之性；"诚"即是诚敬，"明"是知善；"敬义"即是"敬以直内，义以方外"的简称，也就是内心诚敬，行事合理之意。何基认为，人性禀自天理（"太极"即天理），天理在人心中便是仁义礼智之明德，然人心之明德，常被物欲昏蔽，要去其昏蔽而恢复人本然之明德，既要内心持敬涵养，又要知得事物的合理之处。

《鲁斋箴》是何基写给王柏书斋的座右铭，王柏肯定对其经常涵泳潜玩，了然于心。王柏说："天之生是人，莫不付之以仁义礼智之性，不以圣贤而加焉，亦不以愚之不肖而故少也。然托之于人者，为气禀所拘，故有晦有明，为物欲望所蔽，故或绝。人之可以全其付托之初而不为气质物欲所胜者，其学问之功也。"[②] 就是说，人本有仁义礼智的"天理之性"，然"天理之性"托付于人则有

---

① 何基：《鲁斋箴》，《何北山遗集》卷一，金华丛书本。
② 王柏：《三伍字义说》，《鲁斋集》卷六，续金华丛书本。

"气质之性","气质之性"有明有暗,如果人被物欲所蔽,则仁义礼智之本性差不多会泯没了,人要战胜气质物欲的蒙蔽而复本有的仁义礼智之性,必须靠学问修养工夫。试问如何"复其初"或"明其德"? 王柏说:"德所以明,由致知焉,致知之要,又在格物。"①他看重致知格物工夫的重要性,认为学者只有就天下之物中推寻其理,用力日久,心之德则自然修明了。

当然,理学家的心性修养工夫不只是一套言说的理论,更重要的是看它能否在日常生活中真正践履,能否通过它养成儒家的气象和人格。事实上,从王柏的行状来看,他终其一生,以承担朱子理学道统为己任,不求官、不慕利,汲汲于"为己之学",并成就了非凡的人格和气象,后人称赞说:"鲁斋如明霞丽天。"②可见,王柏是知行合一、学修并重的醇儒。正因如此,其为儒林所尊重,四方之士从学者甚众,其师门广大,绵延数百年,有力地维系着朱子道统,促进朱子理学的传播和弘扬。

七 王柏在理学史上的地位

王柏是朱子的三传弟子,在宋元理学史上有重要影响。这里从横向的,即其与同时代其他学派的关系,以及纵向的,即其对宋明理学的前后关系加以考察。

南宋孝宗、光宗时期的浙江,正是朱学、吕学、陆学及永康、永嘉功利学派交汇的地区,其间学派林立,学术思想繁荣。然而不久,吕学的中坚吕祖谦盛年而卒,由于缺乏强有力的向心力,其后学大多要么归向江西陆学,要么归浙江功利学派,吕学零落。功利学派在陈亮、叶适之时异军突起,然二人卒后,后学不振。陆九渊之后,江西陆氏后学因浅薄无根而沉沦,而浙江的"甬上四先生"形成的"慈湖学派"成为陆学的中坚。因此,朱子没后,所谓朱学与陆学的对立与争论,实际上主要是杨简以来的"慈湖学派"与黄榦以来的"北山学派"之争。

---

① 王柏:《时在字辞》,《鲁斋集》卷四,续金华丛书本。
② 许谦:《白云集原序》,《白云集》卷首,金华丛书本。

王柏与朱子学的渊源很深,他多次拜访问学朱子门人杨与立和拶堂刘炎,并被杨与立推荐入何基之门。另外,王柏的祖父王师愈是朱子的学侣,父亲王翰曾师从吕祖谦,后又师从于朱子,王柏本人不可能不受其父的影响。朱子高弟徐侨的学生叶由庚,王柏同他有学问往来。赵星渚是朱子门人叶味道和度正的弟子,也是王柏重要的学侣和同调。王柏与赵星渚经常书信往来,问难讨论。还有,车若水(玉峰)、王必是朱子的三传弟子,后来却都师从王柏学习。

　　王柏与黄榦的江西一脉也有关系。王柏的族侄及弟子王必曾受学于饶鲁,王柏肯定会与他们讨论江西所传的朱学。另外,饶鲁的弟子吴澄,曾评论王柏的高足张导江曰:"以论正援,据博贯穿,俨然新安朱氏之尸祝也。"① 即认为张导江简直就是朱子的代言人,从中可以看出吴澄对王柏及其学生的学问颇有了解,而且这种评价确实抓住了王柏及其弟子恪守师门的事实。可以推想,由黄榦而来的浙江、江西两支后学,其思想的互动和影响还是相当大的。

　　王柏与吕学关系很密。王柏的父亲王翰是吕祖谦的及门弟子。汪开之是吕祖谦的再传弟子,他给王柏早年讲"为己之学",曾影响王柏立志于学道。王柏还与汪开之同读"四书",取朱子《论孟集义》,别以铅黄朱墨,以求朱子取舍之义。② 可见,王柏推重朱子"四书"的行动,已经影响到汪开之的学风。吕祖谦的弟子戚如琥,其孙戚绍、曾孙戚象祖都是王柏的讲友,相互论学不断,而吕祖谦的弟子倪士毅的后人"三倪"也是王柏的讲友。可以说,王柏与吕氏后学频繁的互动,使一部分吕氏后学转向朱学。

　　总之,王柏在同其他朱子门人、吕氏后学和江西朱学的相互交往和讨论中,遍布吸收而辅翼成自己的理学,使自己的理学在守朱学的同时还有所创新。另外,王柏及其所代表的"北山学派"在与"慈湖陆学"的对立中,形成了他们坚守朱子道统、重视"分殊"和"致知格物"的特色,也正如此,王柏没有如江西吴澄那样,走上"和会朱陆"的道路,成就了他作为朱学正宗的地位。

　　在纵向方面看,王柏还是宋元之际传播正宗朱学的桥梁。王柏虽然在南宋灭亡前三年就去世了,然金华朱学由其高足金履祥和张导江传到元代。其中,

---

① 黄宗羲、全祖望:《北山四先生学案》,《宋元学案》卷八十二。
② 同上。

金履祥及其弟子许谦延续了东南地区的朱学,而张导江则把正宗的朱学传到北方。元初之时,张导江被聘入江宁学宫,时中原士大夫都遣子弟从他学《四书集注》,后来他又讲学维扬,学生更盛。黄宗羲说:"鲁斋以下,开门授徒,惟仁山、导江为最盛。仁山在南,其门多隐逸。导江在北,其门多贵仕,亦地使之然也。"① 黄百家也说:"吴正传言:导江学行于北方,故鲁斋之名因导江而益著。盖北方盛行朱子之学,然皆无师授,导江以四传世嫡其而乘之,宜乎其从风而应也。"② 元初之时,许衡、刘因等虽倡朱学,然而其传杂而不纯,王柏弟子张导江乘机向北方传播了正宗朱学。后来,王柏的再传弟子许谦又被请至南京讲朱子之学,当时弟子甚众,前后著录者一千多人。许谦的门人吴师道后来还被召入国子监,宗朱子为教。这些讲学活动,都使朱子理学在北方乃至全国广泛传播,王柏及后学之功大焉。

---

① 黄宗羲、全祖望:《北山四先生学案》,《宋元学案》卷八十二。
② 同上。

"气服于理"

——许衡理学思想研究

史甄陶

（台湾大学中国文学系）

前 言

本文主要探讨的是许衡的理学思想，以及他继承与发展程朱之学的特点。许衡（1209—1280），字仲平，号鲁斋，怀州河内（今河南焦作）人。许衡出生于金朝统治时期，青少年阶段则成长于蒙金战争的阴霾之中，但是他却始终热衷于读书求学，但并非为着求取功名，而是想要找寻"古者为治为学之序，操心行己之方"。他在二十五岁那年，为了躲避战乱，逃到山东岨崃山，得到《周易》王弼的注本，他将此书视为出处之圭臬，躬行实践有三年之久，并且开始有了生徒，直到许衡二十九岁参加考试，取得儒者的身份，在大名招收学生，并且与窦默成为好友。[1]乃马真后元年（1242），许衡三十四岁时，赴苏门向姚枢问学，"得伊川《易传》、晦庵《论孟集注》、《中庸大学章句》、《或问》、《小学》等书，读之深有默契于中，遂一一手写以还"[2]。这可说是许衡接受程朱之学的开始。自此之后，他钻研理学，同时也关注经传、子史、礼乐、名物、星历、兵刑、食货、

---

[1] 宋濂等：《元史》卷一百五十八，台北：洪氏出版社，1978年，第3716—3717页。
[2] 许衡著，王成儒点校：《考岁略》，《许衡集·附录》卷十三，北京：东方出版社，2007年，第307页。

水利等方面的学问。等到忽必烈即汗位（1260），许衡受征召入朝参政，其中经历五次起落，但是其中最重要的官职，则是至元八年（1271）任集贤大学士兼国子祭酒。许衡曾说"此吾事也"，并在这个职务上投入十年之久，完成许多重要著述①，并且使蒙古的统治者熟悉程朱之学。许衡的思想看似都与理学相关，但是就其变化而言，他从早年遵从王弼之学，到中年转向程朱理学，这个转折值得留意，同时，许衡究竟如何继承与发展程朱之学，也是本文关心的问题。因此，本文主要着眼于许衡的思想与王弼的观点有何关联，同时，他在本体论、心性论与工夫论上与程、朱有何异同之处，希望借此凸显他思想的特点，并且反映元代朱子学发展的面貌。

一　理在气中

许衡在二十五岁以前身处于金朝，笃行王弼《易》学，深受其影响。尔后在蒙古统治之下，面对"壬寅以还，民益困弊，至于己酉、庚戌，民之困弊极矣"②，遂产生经世的责任感，转向程朱之学。由此可见，许衡受到王弼和程朱思想的影响，这点在他的《读易私言》中，表现得相当明显。③ 然而，若是从本体论的角度上观察，许衡与王弼的思想之间，存在着相当错综复杂的情况，这点可由许衡对"自然"一词的用法来看。

在许衡的著作中，"自然"这个词语一共出现将近七十次，若是更进一步与朱熹《四书章句集注》比较，朱熹《大学章句》中"自然"一词仅出现一次，但是许衡在《大学直解》中使用十五次；在《中庸章句》中"自然"一词出现六次，而许衡在《中庸直解》中使用二十七次。由此可以看出许衡对"自然"一词的重视程度。然而他的用法是什么呢？首先，许衡所说的"自然"，是"天然"的同义词。例如《大学直解》"未有学养子而后嫁者也"，许衡解释道："盖甚言慈母养

---

① 许衡著，毛瑞方等点校：《许衡集·前言》，长春：吉林出版集团，2010年，第1—5页。
② 许衡：《时务五册》，《许衡集》卷七，第183—184页。
③ 三浦秀一：《13世纪北中国的程朱学与许衡的思想》，《湖南大学学报》，2017年1月第1期，第21—25页。

子之心，出于天性之自然也。"① 其次，许衡所说的"自然"，指的是天理运行的结果。以《中庸》"诚者，自成也"的解说为例，许衡的看法是：

> 子思说："天地以实理生成万物，如草木，自然便有枝叶，如人，自然便有手足，不待安排。故曰：'诚者，自成也。'"②

他特别以草木和人作为比喻，强调在天理规律的发展变化下，草木有枝叶，人有手足，不用刻意布置。再者，许衡以"自然"的概念，说明"中庸"之意。以《中庸》"仲尼祖述尧舜，宪章文武，上律天时，下袭水土"为例。许衡说：

> 子思说："帝王之道，惟尧舜为极，至孔子则远宗其道。帝王之法，惟文武为备，孔子则近守其法。天运有四时之不同，孔子则法其自然之运。水土有四方之所宜，孔子则因其一定之理。"这一节是说圣人能体中庸之道。③

他认为孔子效法"自然之运"和因循"一定之理"，也就是圣人体察"中庸之道"的另一种解释。这里所说的"自然"，本身并不具有存有论的意义，只能说是对"道"之展现的说明。

如果将许衡对"自然"二字的用法，与王弼的"自然"义做一对照，可以看出许衡保留了王弼"自然"之说在"发用"上的意义，而去除其"存有"的含意。王弼《老子注》第二十五章中，他主张"自然者，无称之言，穷极之辞也"④。这是为了说明"自然"比"道"字更能指涉存有论的意涵。⑤但是许衡使用"自然"二字，只是为了说明"存有"所展现的状态，是一种规则，而非"存有"自身。此外，王弼也说："天地任自然，无为无造，万物自相治理，故不仁也。"⑥这里所说的"自然"，取其"自生自长"的含意，也就是"道"在"用"上的表现。从上

---

① 许衡：《大学直解》，《许衡集》卷四，第84页。
② 许衡：《中庸直解》，《许衡集》卷五，第134页。
③ 同上，第146页。
④ 楼宇烈：《王弼集校释》，北京：中华书局，1980年，第65页。
⑤ 蔡振丰：《魏晋玄学中的"自然"义》，《成大中文学报》，2009年10月第26期，第5页。
⑥ 楼宇烈：《王弼集校释》，第13页。

述许衡对"自然"一词的用法中,可以看到他只强调"存有"在现实世界所发挥的作用而已,并未取其"存有"之意。

许衡在三十四岁转向程朱之学。二程与朱熹以"天理"作为万物之本体,并且这本体是形上实体,这与王弼以"无"论存有,截然不同。然而许衡探讨存有的视角,又有何特点呢?也就是说,他如何继承和发展程朱的理气论?首先,从许衡对于"太极"的解说来看,许衡说:"天下皆有对,唯一理无对,便是太极也。"① 这是从探讨本源的角度,将太极作为"一理"而言;但他又说:"太极之前,此道独立。道生太极,函三为一,一气既分,天地定位。"② 此处则是从天、地、人的构成上看,太极随"气"而具,也就是说,将"太极"理解为"气之理"。③ 这两种对"理""气"先后关系的解释,看似并不一致,然而陈来先生已经注意到,无论是本源论,或者构成论,都是朱熹的观点。④ 再者,许衡对于"理"的解说,较关心前者,还是后者呢?曾有人问许衡:"理出于天?天出于理?"许衡回答说:

> 天即理也。有则一时有,本无先后。有是理而后有是物,譬如木生,知其诚有是理,而后成木之一物,表里精粗无不到。如成果实相似,如水之流溢出,东西南北皆可。体立而用行,积实于中,发见于外,则为恻隐、为羞恶,内无不实而外自无不应。凡物之生,必得此理,而后有是形,无理则无形。孟子所谓"妄人者无此理,何异于禽兽哉"!事物必有理,未有无理之物,两件不可离,无物则理何所寓。读史传事实文字,皆已往粗迹,但其中亦有理在。圣人观转蓬,便知造车。或观担夫争道,而得运笔,意亦此类也。但不可泥于迹而不知变化,虽浅近事物亦必有形而上者,但学者能得圣神功用之妙,以观万事万物之理可也,则形而下者事为之间,皆

---

① 许衡著,王成儒点校:《许衡集》卷二,第29页。
② 许衡:《稽古千文》,《许衡集》卷十,第226页。
③ 福田殖先生认为,许衡这段话,是将"太极"视为"一气",并且这"一气"就是宇宙之根源的"元气"。这样的解读,有可商榷之处。福田殖著,金培懿译:《关于许衡》,《中国文哲研究通讯》第八卷,第2期,第51页。
④ 陈来:《朱熹哲学研究》,上海:华东师范大学出版社,2000年,第75—99页。

粗迹而不可废。①

从这段话中，可以看出许衡探讨理气论的重点，较关心构成论。第一，从构成的时间上来看，他强调谈"理"不能离"气"，两者同时出现；第二，虽然在构成上说"理""气"不可分，但是"理"构成万物之性，因此是第一性的，从这个角度说，"理"在"气"先。②然而许衡与朱熹略有不同的是，朱熹认为"必禀此气，然后有形"③，是从物之素材这一面说，但是许衡却强调"无理则无形"，则是从物性的一面说。第三，他着重"体立而用行"，也就是强调人在"行"的层面，自然会反映出"理"，不待安排。第四，他认为观察形而下的事物时，要注意其形而上之"理"；要了解形而上之"理"，也要经由形而下之物。由此可见，许衡将探讨重心放在"理在气中"，也就是"将理视为'气之理'来把握"。这是明代朱子思想的主流，许衡可说是此思潮的先驱。④

二　人心的良知良能

由于许衡认为体认天理一定要考虑气的存在，也就是从气中见理，因此在心性论上，许衡重"心"不重"性"。他认为"心"十分重要，是人之所以配天的根据，许衡说：

> 人与天地同，是甚底同？人不过六尺之躯，其大处同处指心也，谓心与天地一般。

人之所以能与天地同等，就在于人具有"心"。此外，人的"心"是道德实践能力的来源。他说：

---

① 许衡：《语录》，《许衡集》卷一，第2—3页。
② 陈来：《朱熹哲学研究》，第93页。
③ 朱熹：《答黄道夫一》，《朱子文集》卷五十八，台北：德富文教基金会，2000年，第2798页。
④ 山田庆儿：《授时暦の道：中国中世の科学と国家》，东京都：みすず书房，1980年。

> 圣人是因人心固有良知良能上，扶接将去。他人心本有如此意思，爱亲敬兄，蔼然四端，随感而见。圣人只是与发达推扩，就他元有的本领上进将去，不是将人心上元无的，强去安排与他。后世却将良知良能是斫丧了，却将人性上元无的强去安排栽接，如雕虫小技。①

许衡认为圣人道德实践的行为动力，是圣人之心固有之良知良能，这个"心"是人所固有，并在道德上具有主动积极的创造力，并非受控于外在标准。

就着朱熹的人性论而言，作为实践主体的"心"，是"气之虚灵"者，仍属于形而下之气，但是所谓的"虚灵"，在许衡看来，"心"虽然是"气"，但是"圣贤以理为主，常人以气为主"②，所以只要"气"中之"理"能够成为主导者，心便能发挥其良知良能，也就等同于"理"。当有学生问他说："心也、性也、天也、理也，何如？"他的回答是："便是一以贯之。"③然而"心"在什么情况下才能"以理为主"，并且能发挥出道德判断的能力呢？许衡说：

> 圣人以中道、公道应物而已。无我、无人、无作为，以天下才治天下事，应之而已。④

在他看来，圣人强调以"无我""无人""无作为"的态度"应物"，这看似有王弼思想的影响，但也与王弼不同。许衡强调的"无我"，并非全然没有前提，此前提就是"中道"或"公道"。也就是说，人需要在秉持中道的情况之下，对应外在世界，才是正确的态度。他曾说：

> 安处善，乐循理，世间要安乐，无如此者。晦翁以此释富而好礼，欲求安，欲求乐，无如此者舍是或有可苟安者，不旋踵忧危及之矣。人能循理为善，则与天为徒，虽君父命令，亦有不必从者，盖时少有误也。惟

---

① 许衡：《语录上》，《许衡集》卷一，第8页。
② 许衡：《语录下》，《许衡集》卷二，第26页。
③ 许衡：《鲁斋心法》，《许衡集》卷十五，第361页。
④ 许衡：《语录上》，《许衡集》卷一，第4页。

> 天理善道,岂有差误?岂有误人者哉?正恐信之不笃,积之不实,若能积久,物无不动,事无不行。今事有不能行者,物有不信化者,只是不曾积实。释氏有所谓如意宝珠,有所欲为无不如志,此正指德性而言。天理在是,善道亦在是,苟于此焉真积力久,其所欲为无不如志者,反身而诚,乐莫大焉。每事是实理,无一点人伪间杂,安得不乐?①

从许衡描述人之善良美好的生活情状中可知,前段引文所说的"中道",其实也就是这里所说的"天理",而人之"无为"是不随人欲而为,乃是循"天理"而行,这"天理"也就是道德的终极标准。这是超越的,高于世间人伦关系中最高的等级——君主与父亲。人在依循"天理"的情况下,便能使得"物无不动"和"事无不行"。若是事物不动不行,则是因为人在德性上的积实工夫不够。

总而言之,许衡重视从现实生活经验中,实践道德生命。他主张"心之所存者理一,身之所行者分殊"②。因此道德生活的实践,也是心之理的体现。许衡的心性论虽然不离朱熹学说的系统,但仍有他个人偏重的要点。许衡很明确地将"心""性""天""理"等同视之,但是这并不表示他无视于朱熹将"心"归属于"气"的主张,然而当许衡说"道心便是天理"时,所强调的是"心"之"气"服于"理"的状态,这也就是人的良知良能,可以自发自律地决定道德行为,此时"气"就是善的。很显然地,许衡关注的焦点是"气",并且从"气服于理",说明人之所以成为道德主体的根据。

但是除了圣人之心以外,他也说:"凡人行事,大乖忤、大和合、利害成败,无非在于气。"③也就是常人之"气"也会脱离"理",因此"气"的作用不容小觑。关于圣人之心与常人之心的比较,许衡曾在解释《孟子·尽心上》"反身而诚,乐莫大焉。强恕而行,求仁莫近焉"时提到:

> "反身而诚"是气服于理,一切顺理而行,气亦是善,岂有损于其间?"强恕而行",是气未服顺,理当西而气于东,必勉强按服,必顺于理,然后

---

① 许衡:《语录下》,《许衡集》卷二,第38—39页。
② 同上,第22页。
③ 同上,第48页。

可也。①

若是相较于朱熹说"'反身而诚',见得本具是理"的视角②,许衡则把重点放在"气"上,强调的是"气服于理",只要"气"顺"理"而行,"气"就在善的状态;至于"强恕而行"则是"气"与"理"未合,需要借由"勉强按服",使"气"服"理"。但是这并非一朝一夕可以完成的,需要"至功深力到,则与'反身而诚'一矣"③。可见对许衡而言,"气"本身并不是恶,而是"气"是否服于"理",才是人之善恶的所以然。不仅如此,对许衡而言,人心也会受到气禀的影响,便构成人或智、或愚、或贤、或不肖的各种表现。他说:

> 盖上帝降衷,人得之以为心,心形虽小,中间蕴藏天地万物之理,所谓性也,所谓明德也……明德虚灵,明觉天下,古今无不一般。只为受生之所禀之气,有清者,有浊者,有美者,有恶者。得其清者则为智,得其浊者则为愚,得其美者则为贤,得其恶者则为不肖。若得全清全美,则为大智大贤,其明德全不昧也,身虽与常人一般,其心中明德与天地同体,其所为便与天地相合,此大圣人也。若全浊全恶,则为大愚大不肖,其明德全昧,虽有人之形貌,其心中暗塞,与禽兽一般,其所为颠倒错乱,无一是处,此大恶人也……清美之气所得的分数,便是明德存的分数;不敌浊恶所得的分数,便是明德暗塞了的分数。明德止存得二三分,则为下等人;存得七八分,则为上等人;存得一半,则为中等人。明德在五分以下,则为恶常顺,为善常难。明德在五分以上,则为善常顺,为恶常难。明德正在五分,则为善为恶,常交战于胸中,战而未定,外有正人正言助之,则明德长而为善;外有恶人恶言助之,则明德消而为恶。清的分数,浊的分数,美的分数,恶的分数,参错不齐,所以便有千万般等第。④

---

① 许衡:《语录下》,《许衡集》卷二,第39页。
② 黎靖德编,王星贤点校:《朱子语类》卷六十,北京:中华书局,1986年,第1435页。
③ 许衡著,王成儒点校:《许衡集》卷一,第40页。
④ 许衡:《小学大义》,《许衡集》卷三,第63—64页。

许衡从心所具备之明德与气禀的组合情况，判断人之圣或恶：圣人心中的明德，也就是"性"，不受气禀的遮蔽，"气"全然服于"理"，因此"气"乃是全清全美的状态；恶人则是明德全被气禀所暗塞，"气"不服于"理"，因此"气"乃是全浊全恶的状态。至于"气"不服于"理"，明德被闭塞，也有程度上的差别：上等人的明德存七八分、中等人的明德存五分、下等人的明德存三分。许衡强调，这不仅是明德所存的比例，同时也是清美之气所存之比例。

那么，导致"心"之"气"无法完全服于"理"的关键，到底是什么呢？许衡说：

> 天生圣人，明德全明，不用分毫功夫，于天下万事，皆能晓解，皆能了干。见天下之人，皆有自己一般的明德，只为生来的气禀拘之，又为生以后耳目口鼻身体的爱欲蔽之，故明德暗塞，与禽兽不远。圣人哀怜，故设为学校，以变其气，养见在之明，开未开之明，使人人明德，皆如自己一般，此圣人立教之本意。[1]

在许衡的观念里，人心中的明德全然具足，但是生来就被气禀拘禁，又被欲望所遮蔽，因此明德暗塞。若要增多明德的分数，许衡所强调的重点不是从明德本身下手，而是提升清美之气的分数，也就需要"变化气"以养明德、开明德。因此，许衡修养工夫的焦点，主要是放在"气"的变化上，一旦"气"有了改变，与"理"相合的分数愈高，则明德愈长，为善的能力也就愈大，这也就是"正心"的工夫。

三　变化气质的工夫

许衡工夫论的焦点，既然在"气"的变化上，他所采取的具体方式，可分为"敬"的工夫，"礼"的实践和"格物致知"，以下便针对这三方面进行讨论。

---

[1] 许衡:《小学大义》,《许衡集》卷三，第64页。

(一)"敬"的工夫

许衡重视"敬"的工夫,对他而言,这是一种收敛的态度。许衡说:

> 为学之初,先要持敬,敬则身心收敛,气不粗暴。清者愈清,而浊者不得长,美者愈美,而恶者不得行。静而敬,常念天地鬼神临之不敢少忽;动而敬,自视听色貌言事疑忿,得一日省察,不要逐物去了。虽在千万人中,常知有己,此持敬之大略也。①

"敬"的工夫主要是针对"气"的澄清,不要随物发散而言。持守"敬"则能使清气愈清,浊气不长,也就是"气"更加服于"理","理"自然能成为主导。此外,许衡也从"主一"说"敬":

> 圣人之心,如明镜止水,物来不乱,物去不留。用工夫,主一也。主一是持敬也。②

所谓"主一"的具体事例,许衡曾举出吕祖谦和张栻的说法:

> 东莱尝云,南轩言,心在焉则谓之敬。且如方对客谈论,而他有所思,虽思之善,亦不敬也。才有间断,便是不敬。③

由此可见,心不走作便是"主一"。用此工夫,能使"心"如同明镜和止水。这主要沿袭朱熹的看法。朱熹说:"若此心湛然,常如明镜,物来便见,方是。"④ 又说:"圣人之心,如一泓止水,遇应事时,但见个影子,所以发必中节。

---

① 许衡著,王成儒点校:《小学大义》,《许衡集》卷三,第64页。
② 许衡著,王成儒点校:《语录上》,《许衡集》卷一,第4页。
③ 同上。
④ 黎靖德编,王星贤点校:《朱子语类》卷一百一十四,第2767页。

若自心黑笼笼地，则应事安能中节！"① 也就是说，镜子和止水的最佳活动状态，乃是照映出对象的原貌，没有出于镜子本身的干扰。就着理气论而言，"气"若能如实地反映其"理"，便是"心"最好的状态。

（二）"礼"的实践

就着"气"的引导而言，许衡认为"礼"的实践，亦为心性修养的工夫。此论点之所以成立，需要先了解许衡主张什么是"礼"。他说：

> 礼者，人事之仪则，天理之节文。圣人之于仪则节文，乃所以当然者，不可易也。②

从形而下的经验世界来看，"礼"是人事的规则，从形而上之"理"来看，"礼"是"天理"的具体表现；圣人眼中的"礼"，乃是"理"之所当然，不可改变。至于"礼"的根源为何？他说：

> 圣人和顺，积于中，发之为礼乐，礼乐之本在是。③

在许衡看来，礼乐制度源于圣人之"中"，也就是人所固有之"理"，因此"礼"是从圣人之道德主体所建立。对许衡而言，这是"礼""法"之别的关键。他在解说孔子对子路的态度时说：

> 夫子哂子路为国以礼，其言不让。大抵礼不是强生出来束缚人，只是天理合有底行将去。后世所谓礼近于法，束缚禁忌，教人安行不得，非圣人所谓礼也。子路不因人情之所固有，便要硬做将去。④

在许衡看来，"礼"是"天理"的具体化，是人情之所固有；"法"是从外在

---

① 黎靖德编，王星贤点校：《朱子语类》卷一百一十五，第2770页。
② 许衡：《语录上》，《许衡集》卷一，第18页。
③ 同上。
④ 同上，第47页。

强制于人，使人感觉受到限制，无法甘心执行。因此，许衡批评子路没有回到人的道德主体性上思考，因此不能获得孔子的赞同。虽然这未必是孔子的原意，但是借此可以得知，许衡认为制定道德规范的能力出于人之所固有，于是"礼"的执行同时也是"理"的实践，具备修养工夫的意义。许衡曾说："礼只是个敬之节文。"[1]又说：

> 横渠教人以礼，使学者有所据守，程氏教人穷理居敬。然横渠之教人，亦使知礼之所以然乃可，礼岂可忽耶？制之于外，以资其内，外面文理都布摆得是，一切整暇，心身安得不泰然？若无所见，如吃木札相似，却是为礼所窘束。知与行二者当并进。[2]

他将张载所强调的守"礼"，与程颐的"穷理居敬"，视为工夫的一体两面——当以"礼"规范外在行动的同时，也正是收敛身心的工夫。因此，行"礼"也是知"理"，"礼"并不是对人的约束而已，对安顿身心极有帮助。许衡更进一步举例说明：

> 无物不相依附者，辨方正位，体国经野，是正外以正内也。今夫席不正不坐，事其大夫之贤，友其士之仁，外面检束，使不致不正，这是从外以及内。却有由中以正外，如心正而后身修，身修而后家齐，此内外交相养也，亦必相辅成德，然必以心为主。[3]

以"礼"为行动的准则，其作用不仅是外在行为的表现，而是由外及内的工夫，既养外也养内，但是最根本的重点还是回到"心"的问题上。

（三）"格物致知"

许衡曾说："二程以格物致知为学，朱子亦然，此所以度越诸子。"[4]因此，

---

[1] 许衡：《语录上》，《许衡集》卷一，第18页。
[2] 许衡：《语录下》，《许衡集》卷二，第37页。
[3] 同上，第47页。
[4] 许衡：《语录上》，《许衡集》卷一，第5页。

他也意识到"格物致知"是程朱之学的重要工夫。先就"格物"而言,朱熹说:"格,至也。物,犹事也。穷至事物之理,欲其极处无不到也。"①许衡沿袭朱熹的解释说:

> 圣人教人,今日学一件,把那一件道理穷究到是处,明日再去为一件,又恁的穷究,今日、明日只管穷究将去。或看文书评论,古人是的、不是的,或是眼前见的事,思量合做、不合做的,这几般一件件分拣得是呵,便是格物。②

"格物"的基本意义乃是"穷理",也就是做出"是"与"不是"、"合做"或"不合做"的判断。此外,许衡还有更进一步的分析:

> 博学、审问、慎思、明辨,此解说个穷字。其所以然与其所当然,此说个理字。所以然者是本原也,所当然者是末流也。所以然者是命也,所当然者是义也。每一事每一物,须有所以然与所当然。③

从"理"的内容来看,分为"所以然"与"所当然"两个层次。上述所谓"是"与"不是"、"合做"与"不合做",只是"所当然"的问题。但是还有"所以然"这个层面需要关注。然而"所以然"的问题要如何把握?这点可由以下的例证说明:

> 或论:"凡人为诗文,出于何而能若是?"曰:"出于性。诗文只是《礼部韵》中字,已能排得成章,盖心之明德使然也。不独诗文,凡事排得著次第,大而君臣父子,小而盐米细事,总谓之文;以其合宜,又谓之义;以其可以日用常行,又谓之道。文也、义也、道也,只是一般。"④

---

① 朱熹:《大学章句》,《四书章句集注》,北京:中华书局,1983年,第4页。
② 许衡:《小学大义》,《许衡集》卷三,第57页。
③ 许衡:《语录上》,《许衡集》卷一,第5—6页。
④ 同上,第11页。

许衡以做好的诗文为探究之对象的解说中，可知他关注两个层面：一是在实际的表现上，自然"排得成章"，这也指出"所当然"的一面；一是好诗文出于"性"——心"之"明德"的一面，这是就着"所以然"而言。但不仅如此，许衡也说：

> 文之一字，后世目词章为文。殊不知天地人物，文理粲然，不可乱也。孔子称斯文也，岂词章而已矣。三代圣人立言垂训，皆扶持斯文者也。君臣父子五教，人文之大者也，下至事物皆有文。人有事不顺者，曰"错了"。既曰"错"，是文理差舛故也。既文理差舛，则事不成矣。①

他不赞成当时将"文"仅视为"词章"的狭隘解释，并主张要扩大为孔子称"斯文"的观点。但是许衡对孔子之"斯文"赋予理学的意义，强调在人伦上，在日常生活上，只要"凡事排得著次第"，便合于"理"，并以"文理"作为决断是非对错的标准。综上所述，就着许衡的观点而言，形而上的"天理"全然展现为形而下的"文理"，成为有次第且易掌握的规则，同时只要能依循具体的规则——"礼"，便能让上达"天理"。这使得"理"不再抽象且难以捉摸。

四 躬行实践的态度

许衡重视从形而下的经验世界，上达"天理"。至于他采取的为学方式，则是讲求知、行并进，并且特别重视实践。这从他早年接受王弼之学的方式，就可以看出端倪。尔后他转向程朱之学，也是同样的态度。这可说是他对"学"的基本理念。他曾说：

> 凡为学之道，必须一言一句，自求己事。如《六经》《语》《孟》中，我所未能，当勉而行之。或我所行不合于《六经》《语》《孟》中，便须改之。

---

① 许衡：《语录下》，《许衡集》卷二，第49页。

先务躬行，非止诵书作文而已。①

又说：

> 看史书当先看其人之大节，然后看其细行。善则效之，恶则以为戒焉，所以为吾躬行之益。徒记其事而诵其书，非所谓学也。

学习《六经》、《论语》、《孟子》和史书的目的，在许衡看来，最优先的乃是反求诸己，在道德上躬行实践，并不只有诵书作文而已。

不仅如此，许衡也以"知""行"概念，作为把握"四书"的要领。以《大学》而言，许衡说：

> "格物"是"知"底头，"诚意"是"行"底头。②

这个架构同时也适用于《孟子》。他说：

> "尽其心者，知其性也；知其性，则知天矣"，在《大学》所谓物格知至也，是知到十分善处也。"存其心，养其性，所以事天也"，在《大学》所谓意诚心正是也，行到十分善处也。③

以《论语》而言，他说：

> 圣人教人只是两字，从"学而时习"为始，便只是说"知"与"行"两字。④

至于《中庸》所展现的知行概念，许衡认为"博学之、审问之、慎思之、明辩之，

---

① 许衡：《语录上》，《许衡集》卷一，第4页。
② 许衡：《语录上》，《许衡集》卷二，第29页。
③ 同上，第26页。
④ 许衡：《语录上》，《许衡集》卷一，第5页。

只是要个知得真,然后道笃行之一句"①。由此可见,他也试图从"四书"中,找到支持自身理念的根据。

然而许衡如何看待"知"与"行"的关系呢? 首先,要先了解他对"知"的解释。许衡曾经针对《大学》中所说的"知"进行解释。《传六章》"盖人心之灵,莫不有知",他的说法是"人之一心,虽不过方寸,然其本体至虚至灵,莫不有个自然知识";又《传六章》"惟于理有未穷,故其知有不尽也",他的解释是"若于天下事物的道理,不能一件件穷到那极至处,则他心里虽有自然的知识,也未免昏昧欠缺,有不能尽了"②。很显然的,许衡将"知"都解释为"自然的知识",这"知识"并非外在客观之"知",而是先天已潜存于人的心中,人需要在后天借由格物穷理,将其揭露出来。在这样的脉络下来看"知""行"关系,他主张:

> 凡行之所以不力,只为知之不真。果能真知,行之安有不力者乎?③

也就是说,许衡认为"真知"必定可以"力行"。"知"与"行"的关系不能从先后的顺序来看,而是一体两面,同时为人所具备。这可说是朱熹思想的延续。④

许衡重视知行合一,强调躬行实践的态度,从元代开始就受到重视,明朝更是多人受他影响。元代姚枢侄子姚燧(1239—1314)说:"先生之学,一以朱子之言为师,穷理以致其知,反躬以践其实。始而行其家,终而及之人。"⑤耶律楚材(1190—1244)说:"先生天资弘毅,卓然有守。其恭俭正直,出于天性,虽艰危穷阨之际,所守益坚。"⑥明代以躬行实践之姿,被视为"醇儒"的薛瑄(1389—1464),曾盛赞他说:"鲁斋,在后学固莫能窥测,窃尝思之,盖真知实践者也。"又说:"鲁斋力行之意多。"⑦胡居仁(1434—1484)说:"鲁斋天资纯

---

① 许衡:《语录上》,《许衡集》卷一,第5页。
② 许衡:《大学直解》,《许衡集》卷四,第78页。
③ 许衡:《语录上》,《许衡集》卷一,第5页。
④ 朱熹说:"知行常相须,如目无足不行,足无目不见。论先后,知为先;论轻重,行为重。"(黎靖德编,王星贤点校:《朱子语类》卷九,第148页)
⑤ 许衡:《先儒议论》,《许衡集》卷十四,第323页。
⑥ 同上,第324页。
⑦ 同上,第326页。

正,所行自不苟。"清代陆世仪(1611—1672)曾经说过,"明初儒者,多自许衡一派来。故曹月川语录甚似鲁斋,其躬行亦相似"[①]。又说:"薛文清之理学,亦自许鲁斋一派来,故其语录甚似许鲁斋,其录中赞许鲁斋,不遗余力。"[②]由此可见,许衡强调知行合一,重视躬行实践,对于元明朱子学者的影响力,实在不容小觑。

五 结 论

本文主要从本体论、心性论和工夫论三个面向,把握许衡理学思想的特点。从以上的讨论中可以得知,许衡早年受到王弼之学的影响,后来转向程朱之学,然而他始终关注现实经验世界,强调躬行实践。在理气论上,他认为谈"理"不能离"气",将探讨重心放在"气中之理"。这是明代理气论的焦点,许衡可说是探讨此问题的先驱。在心性论上,许衡重视"心"更甚于"性",在他看来,虽然"心"属于"气",但是只要能让"心"之"气服于理",则人的良知良能,自然能随感而见,但是若"气"不服于"理",则人心会流于恶,无法发挥道德判断的作用。因此,若要让人去恶从善,就需要借由主"敬"、行"礼"和"格物致知"等修养工夫,使"心"之"气"服于"理"。在工夫论中,许衡一方面重视外在规范的重要性,赋予其形而上之理的根据,建立"礼"的存在价值;另一方面他也强调"知"的内在超越性,使得"格物致知"的对象,转为对心中"自然知识"的揭露,进而让下学上达之说更加缜密。除此之外,许衡在为学上重视践履笃行的态度,对明代朱子学的发展,影响甚深。许衡去世之后,程朱之学成为元代科举考试的主要内容,看似受到国家体制的支持,然而却使得朱子学流于训诂辞章之学。许衡强调躬行实践的态度,影响明代曹端、薛瑄等人,为尔后程朱之学的多元发展,奠定重要的基础。

[①] 陆世仪:《思辨录辑要》卷三十一,台北:台湾商务印书馆,1983年,第3页。
[②] 同上,第4页。

刘基理学思想新论

张宏敏

（浙江省社会科学院哲学所）

宋明时代的儒学是"新的儒学"（Neo-Confucianism），由于它以"天理"为本体和至善，所以称之为"理学"（亦称"道学"）。在元明易代的十四世纪，程朱理学在完成以"理""气""心""性"为基本范畴的"道学"话语——学理体系构建之后，成了官方倡导的主流哲学，《四书集注》作为元明两代科举考试的教科书即是例证。元明之际儒学的学术走向，主要表现为这一时期的儒学家对陆九渊的"心学"、程朱的"理学"、张载的"气学"的杂糅性继承与推演。而元明易代之时的浙江思想学术之进展，则顺应了儒学思潮演变的这一学术走向，涌现了以宋濂、王祎、苏伯衡、胡翰、方孝孺等为代表的"金华朱子学人"；与此同时，在浙南地区还出现了一位"精通理学"的儒学家——刘基（1311—1375，字伯温，浙江青田人，今属温州文成人），他对程朱理学的思想传播与学术创设，体现了元明之际关注解构理学的学术走向。

学界关于刘基理学思想的研究肇始于侯外庐学派。二十世纪八十年代，侯外庐等主编的《宋明理学史》认为刘基在理学史上享有较高的学术地位[1]；唐宇元的《刘基思想论析》认为刘基是一个自具特色的理学家[2]；周松芳的《理实之

---

[1] 侯外庐等主编：《宋明理学史》下，北京：人民出版社，1983年，第55页。
[2] 唐宇元：《刘基思想论析》，《浙江学刊》，1985年第3期，第72—80页。

辨——简论刘基理学思想的特色及其对文学的影响》以为"刘基应该是精通理学的";陈立骧的《刘基"天道论"初探》以为刘基实可称得上是一位"思想家"或"哲学家"。① 本文主要通过分析宋儒对刘基学术思想的影响,继而指出刘基并非一位严格意义上的理学家,不过刘基的学术思想也涉及理学的一些内容,并对宋元理学之中的"理气之辩"有新的解读。

一　刘基论宋儒之学

据黄伯生《故诚意伯刘公行状》载,刘基在"习举业"过程中对两宋"性理之学"宗旨已能把握,"闻濂洛心法,即得其旨归"②。对于两宋理学缘何传世并成为封建社会国家之主流意识形态,刘基以为主要是因为理学大家的文章集中反映了"理昌而气明"的文学观。刘基在洪武四年(1371)撰写的《苏平仲文集序》文中提到:"继唐者宋……而周、程、张氏之徒,又大阐明道理。"③ 理学大家周敦颐(1017—1073)、程颢(1032—1085)、程颐(1033—1107)、张载(1020—1077)所作理学文章,"理"明而"气"足,道理与文气并重,因而得以传世并流布。

刘基在论述宇宙生成论之"理"时,对周敦颐"太极说"、邵雍"数"论、张载的"气"学皆有不同程度的借鉴与发挥。周敦颐以《太极图说》奠定了"理学开山祖师"的学术地位,《太极图说》中宇宙发生、生成论对理学的本体论的确立有典范意义,朱熹有《太极图说解》。"无极而太极。太极动而生阳,动极而静,静而生阴,静极复动。一动一静,互为其根。分阴分阳,两仪立焉。阳变阴合,而生水火木金土。五气顺布,四时行焉。五行一阴阳也,阴阳一太极也,太极本无极也。五行之生也,各一其性。无极之真,二五之精,妙合而疑。乾道成男,坤道成女。二气交感,化生万物。万物生生,而变化无穷焉。惟人也得其秀而最灵。"④ 在周敦颐看来,"太极"是宇宙的本原,人和万物都是由阴阳二气和水火木金土五行相互作用而生成的,尤其突出人的价值和地位:"惟人也,

---

① 陈立骧:《刘基"天道论"初探》,《浙江工贸职业技术学院学报》,2007年第2期,第13—18页。
② 裴世俊等选注:《刘基文选》,苏州:苏州大学出版社,2001年,第265页。
③ 刘基著,林家骊点校:《刘基集》,杭州:浙江古籍出版社,1999年,第80页。
④ 周敦颐著,谭松林、尹红整理:《周敦颐集》,长沙:岳麓书社,2002年,第4—7页。

得其秀而最灵。"刘基对《太极图说》之中"天地""阴阳""五行""得其秀而最灵"的"人"予以阐释发挥之。《赠徐仲远序》文以为："天以阴阳五行,生为人也。阴阳五行之精,是为日月木火土金水之曜。七曜运乎上,而万形成于下。人也者,天地之分体,而日月木火土金水之分气也。"① 天地、阴阳、五行之间相互运动、作用、生克而"生为人",刘基的"生人"论明显有着周敦颐的宇宙生成论的"理学"痕迹。此外,刘基在《郁离子·九难》之中以"随阳公子"之言而陈述的天地阴阳五行运动而成人的宇宙起源学说,也明显地借鉴了"太极图说"理论："太极浑浑,分为乾坤。乾坤翕辟,结为日月。日月代明,播为五精。二五媾真,形而为人,玄黄两间,独为物灵,得天全也。"② 这就是人"为物灵"的原理机制之所在。

邵雍《皇极经世书·观物外篇》对"太极"(理)、"气"、"数"三者之间的关联有论述："太极,一也,不动,生二,二则神也。神生数,数生象,象生器……神则数,数则象,象则器,器之变复归于神也。"③ 邵雍之"太极"可以理解为天地万物生成之"理","生二""理生气"是阴阳二气互相发用、相辅相成,"数"是天地变化的大衍之数,它是宇宙万物生成的内在规定性,"象""器"则为具体的事物。刘基对邵雍"数"论的发挥主要表现为："理生气,气生数,由数以知气,由气以知理。"④ 不过,在刘基这里,"理"才是万事万物生成之本,"理"也就具有哲学本体论的意义。尽管如此,"理"并非宇宙万物的主宰,儒家经典《尚书》有"帝""上帝"的观念。《尚书·益稷》："溪志以昭受上帝,天其申命用休。"⑤《尚书·汤誓》："予畏上帝,不敢不正。"⑥《尚书·君奭》："我亦不敢宁于上帝命,弗永远念天威越我民。"⑦ 尔后,《诗经》《孟子》等儒家经典多次阐述"上帝"之论。总之,在儒家元典看来,"上帝"是创造宇宙万物的始祖,人类和众神的主宰,也是人类敬畏的对象。刘基作为传统儒教的信仰者,自然敬畏"上

---

① 刘基著,林家骊点校：《刘基集》,第80页。
② 刘基著,吕立汉等注释：《郁离子》,郑州：中州古籍出版社,2008年,第240页。
③ 邵雍著,卫绍生校注：《皇极经世书》,郑州：中州古籍出版社,2007年,第522页。
④ 刘基著,林家骊点校：《刘基集》,第80页。
⑤ 李民、王健撰：《尚书译注》,上海：上海古籍出版社,2000年,第43页。
⑥ 同上,第105页。
⑦ 同上,第321页。

帝""帝","宰天地者,帝也"。可见,在刘基思想体系之中,"帝"比"理"更具有哲学本体论依据。

张载《正蒙·乾称》篇有"民胞物与"论表达了对理想社会治道的憧憬:"民吾同胞,物吾与也……凡天下疲癃残疾,惸独鳏寡,皆吾兄弟之颠连而无告者也。"① 刘基《夏夜台州城中作》诗中"一民一物吾肺腑,仁者自是哀鳏恫"句,既有程颢理学体系中"仁者以天下万物为一体"的仁爱理论②,又将张载"民胞物与"所强调的儒家仁爱普适价值融入其中。此外,从刘基"理生气,气生数"论中,我们依稀可以解读出张载"气"学思想。然而,不同于张载"太虚即气",以无形之"太虚"为"气之本体"③,刘基之"气"为构成"人"的物质质料,并把"气"与"人"的关系喻为"母"与"子"的关系,"夫气,母也;人,子也。母子相感,显微相应,天人之理也"。这里,"理"又是"人"得以生成的原理,"理"的生成论意义由此凸显。刘基哲学名篇《天论》中的"元气"理念也吸收了张载"太虚即气"的理论内核,这里我们可以称刘基理学体系为"元气论"。

朱熹集理学大成而创建"闽学",成为一代理学宗师。刘基作为儒门后生,对朱子理学崇拜有加,"缅怀紫阳子,千载谁与同"的诗句足以说明之。④《诚意伯文集》之中关于评论朱熹的文献,主要体现为刘基对"鹅湖之会"有感而发的诗文之中。元至正六年(1340),刘基于江西行省职官掾史任上致仕并隐居力学四年之后,决意复出为政,是年四月北上大都干谒,八月前后南返⑤,在奉送封王使臣至闽路途中,有诗作《望武夷山作》⑥《过闽关》⑦《过闽关九首》⑧等。朱熹一生与武夷山关系密切,有论者指出,"他的七十一年生涯中有四十余年时光是在闽北和武夷山度过的","四书集注"之《论语集注》《孟子集注》就是朱熹于南宋淳熙四年(1177)提举武夷山冲佑观期间完成的。刘基在"过闽关"时,

---

① 张载著,章锡琛点校:《张载集》,北京:中华书局,1978年,第62页。
② 朱熹、吕祖谦编订,陈永革注评:《近思录》,南京:江苏古籍出版社,2001年,第12页。
③ 张载著,章锡琛点校:《张载集》,第7页。
④ 刘基著,林家骊点校:《刘基集》,第337页。
⑤ 周松芳:《刘基研究·刘基年谱》,广州:广东人民出版社,2006年,第219页。
⑥ 刘基著,林家骊点校:《刘基集》,第337页。
⑦ 同上,第498页。
⑧ 同上,第527—528页。

尽管有公事在身，无法登览武夷山，仍然情不自禁地赋诗讴歌武夷山，以表达对先贤大儒的崇敬。九月前后，刘基完成护送使臣任务，由闽返杭①，路过武夷山时，依然念念不忘，然"欲往无与俦"，厥成《题武夷图》诗②；为了弥补遗憾，刘基在路经江西信州之时，在友人孔充相的陪伴之下，凭吊了吕祖谦于淳熙二年（1175）所召集，以调停朱熹理学、陆九渊心学矛盾而发生的"朱陆之辩"的策源地——鹅湖。③睹物生情，感慨万千，作有《孔子充相送至鹅湖》诗："忆昨过武夷，欲往无与俦。今兹逢故人，遂得鹅湖游。轻云翼征盖，翔风当鸣驺。古塔插苍霭，寺门启平畴。陟径既纡郁，冯轩亦樛流。云旗袅香雾，金像明清秋。昔贤论道处，松柏深且幽。鸿飞渺沧海，龙去空灵湫。怀人已寂寞，对景空淹留。兴阑成远别，马首山悠悠。"④这里，刘基对鹅湖寺"古塔""寺门""云旗""金像""松柏"等场景进行了描述，意在追念、缅怀、瞻仰淳熙二年朱、陆二人论辩即"昔贤论道处"的场景；然而贤者大儒论道的情景已经成为历史，"怀人已寂寞，对景空淹留"，留给刘基内心世界的只能是无限的感慨与遗憾。

经过元代科举考试而进士及第的刘基，对官方科举程序推荐教材朱氏章句集注了然于胸。检索《元史·选举志》关于汉人、南人科举"考试程序"："第一场明经经疑二问，《大学》《论语》《孟子》《中庸》内出题，并用朱氏章句集注，复以己意结之，限三百字以上；经义一道，各治一经，《诗》以朱氏为主，《尚书》以蔡氏为主，《周易》以程氏、朱氏为主，以上三经，兼用古注疏，《春秋》许用《三传》及胡氏《传》，《礼记》用古注疏，限五百字以上，不拘格律……"⑤不难看出，刘基不但研习过朱熹《四书章句集注》，还对朱熹《诗集注》、程朱所注《周易》有过详细阅读。

孔子儒家在道德修养的工夫论立场上极力主张"修己以敬"⑥，修身养性的

---

① 周松芳：《刘基研究·刘基年谱》，第219页。
② 刘基著，林家骊点校：《刘基集》，第338页。
③ 关于朱陆"鹅湖之会"内容，限于内容，兹不赘论，可参见彭永捷著：《朱陆之辩：朱熹陆九渊哲学比较研究》，北京：人民出版社，2002年。
④ 刘基著，林家骊点校：《刘基集》，第338—339页。
⑤ 宋濂等：《元史》，北京：中华书局，1976年，第2019页。
⑥ 杨伯峻译注：《论语译注》，北京：中华书局，1980年，第159页。

诀窍在于保持严肃恭敬的态度，再如"君子敬而无失"①，"敬事而信"②。这就要求君子在处理事情上以"敬"为第一准则，即"居处恭，执事敬"③。宋儒尤其是程朱理学在德性修养与学问长进的理论上，继承了孔子等原始儒家的理论旨趣，注重"涵养须用敬，进学在致知"④的进路，因为"入道莫如敬，未有能致知而不在敬者"⑤。易言之，个人的品质涵养与内心的道德修炼的关键在于"敬"。深谙儒学菁华的刘基自然对程朱理学的"敬"论予以发挥："夫君子之所以为德者，恭敬而已矣。恭敬也者，不可须臾离也"，"圣人无一息之不恭且敬"。⑥ 刘基应笃列图彦诚之求，为其居室"敬斋"作"铭"，并以为持"敬"应该做到"庄其外而肃其内"⑦。无独有偶，蒙古氏宗道先人的燕居之室也名曰"敬斋"，宗道请刘基为其"敬斋"作"箴"以纪之。刘基在这篇《敬斋箴（并序）》文中，再次强调了"敬"在儒家"修齐治平"大业中的重要地位："敬业者，其万事之根本与！"⑧ 修身当以"敬"为标的："克念作圣，敬而已矣。"⑨ 此外，刘基在为后进赴任地方官所作送别诗文之中多用"敬"字勖勉，如《送季德大之文登税务官任》诗中诫勉季德大："勿谓政难，克敬则立。勿谓俗殊，克诚则辑。"⑩ 又如《春日一首送吴浩然之饶州府通判》："企贤则善，企圣则贤。古人有言，立事惟勤。克敬勿懈，何适不臻？"⑪ 这就是说，"敬"是为官从政之本。

此外，刘基对程朱理学提倡的"格物致知""即物穷理"式认识论予以推崇与发挥。在《郁离子·物理》篇中，刘基对"格物致知"的"要道"有着自己的解读："观其著，以知微；察其显，而见隐。此格物致知之要道也。"⑫ 在《赠弈棋相子先序》论道："儒者之道，格物以致其知，贵能推其类也。故观水而知学，

---

① 刘基著，林家骊点校：《刘基集》，第125页。
② 同上，第4页。
③ 同上，第140页。
④ 朱熹、吕祖谦编订：《近思录》，第60页。
⑤ 同上，第140页。
⑥ 刘基著，林家骊点校：《刘基集》，第155页。
⑦ 同上，第158页。
⑧ 同上，第166页。
⑨ 同上，第167页。
⑩ 同上，第305页。
⑪ 同上，第307页。
⑫ 刘基著，吕立汉等注释：《郁离子》，第216页。

观耨田而知治国，善推之而已。"①不难发现，刘基是论系对朱熹"格物致知"方法即"类推"方法论的阐述。从思维方法论角度上讲，刘基以为儒学教育活动的开展必须要注重类推即举一反三、触类旁通的思考方式与教学方法。与此同时，刘基与张载等理学家一样，以为把握天人之"理"，必须反对止于"闻见"，"不研其情，不索其故，梏于耳目而知，非知天人者矣"②，"德性之知"才是对"大道""天理"的根本性认识。尽管如此，我们应该看到，刘基的认知修养理论与两宋理学家的"德性之知"认识论还是有一定差距的。

二 刘基的理气观

"理""气"范畴内涵及其辩证关系的探讨是宋明理学关注的话题之一，生当元明之际的刘基自然对"理""气"范畴及其关联也有论述。刘基的理气观主要有两层含义：一是针对宋元理学视域之下宇宙生成论或哲学本体论意义而言，是谓哲学层面的"元气说"；一是传统文学理论关照之下的理气观，是谓"理明气足"的文学理论。

（一）理明气足的文论

刘基作为元明之际的一代诗文大家，"所为文章，气昌而奇，与宋濂并为一代之宗"③。尽管如此，刘基文论之作并不多见，主要体现在《苏平仲文集序》《王师鲁文集序》这两篇序文之中，着重"理气并重"的文学观与"文之盛衰，实关时之泰否"的时代风格的探讨。

1."理昌而气明"

传统文论之中，关于"理""气"二者在"文"中地位关系问题，一直争论不休。三国曹丕在《典论·论文》明确主张"文以气为主"，并且以为"气之清浊有体，不可力强而致"。曹丕所论之"气"（"清气"），与《孟子》"浩然之气"相

---

① 刘基著，林家骊点校：《刘基集》，第66—67页。
② 刘基著，吕立汉等注释：《郁离子》，第216页。
③ 张廷玉等：《明史》，北京：中华书局，1974年，第3782页。

仿，主要强调生命个体的自我道德修养水平。曹丕之论也影响到刘勰《文心雕龙》之中"文气"说，可以肯定，刘勰是坚持"文以气为主"的立场的，"气以实志，志以定言。吐纳英华，莫非情性"①。然而，刘勰以为"文之枢纽"在于"因文以明道"②，从而一举奠定了《文心雕龙》在中国文论史上的地位。唐代韩愈、柳宗元等发起的"古文运动"继续发扬"文以明道"的传统命题，张扬文学的教化、政治功能。

而后，宋儒周敦颐在《周子通书·文辞》中径直提出了"文所以载道"的理论③，从而确立了"道德"（"理"）对"文辞"的统领义。所以，宋儒王柏以为"文以气为主，古有是言也。文以理为主，近世儒者常言之"④。此后两宋学者又逐渐把"文"—"理"—"气"三者关系修正为"文以理为主，以气为辅"。元代学者刘将孙明确提出了"文以理为主，以气为辅"的观点："文以气为主，非主于气也，乃其中有所主，则其气浩然，流动充满而无不达，遂若气为之主耳。故文之盛也，如风雨骤至，山川草木皆为之变，如江河浩渺，波涛平骇，各一其势……曰文以理为主，以气为辅。"⑤ 对此，元儒吴澄予以认同。

刘基沿着前辈文论继续前行，通过整合了传统文论之"文以气为主""文以理为主，以气为辅"的表达，同时推崇"上古三代之文"，形成了以"理昌气明"为内涵的"理气并重"的文学观，这在中国文学史是一大发明。刘基在《苏平仲文集序》文中提出"文以理为主，而气以摅之。理不明，为虚文；气不足，则理无所驾。"这里有两层含义，一方面，"理"是"文"之纲，"气"是在"理""文"之间起到了一种张力的作用；另一方面，无"理"之"文"即为"虚"，有"理"之文"气"须足，"气"依"理"、"理"驭"气"。要之，"为文之道"即是"理明气足"。刘基认为文章内容应主"理"，以"理"为主；行文方式即文体、文风应以"朴厚"为"尚"，"得之于自然"⑥。在刘基看来，汉代文学大家论著诸如贾（谊）《疏》、董（仲舒）《策》、韦（孟）传之《诗》，之所以"语不惊人而意自至"，归根

---

① 周振甫著：《文心雕龙今译》，北京：中华书局，1986年，第259页。
② 同上，第14页。
③ 周敦颐著，谭松林、尹红整理：《周敦颐集》，长沙：岳麓书社，2002年，第46页。
④ 王柏著：《题碧霞山人王公文集后》，《鲁斋集》卷十一，文渊阁四库全书本。
⑤ 刘将孙：《谭村西诗文序》，《养吾斋集》卷十，文渊阁四库全书本。
⑥ 刘基著，林家骊点校：《刘基集》，第88页。

结底,"由其理明而气足以摅之"的文学创作理念而达成。为了说明这个道理,刘基又有以下例证。

西汉武将赵充国(前137—前52)、宗室子刘向(前79—前8),二人身份、社会地位在当时相当显赫,但是他们的文章风格秉持了"汉家朴厚之尚",所以赵氏的"屯田之策"、刘氏的"封事之言"达到了"往复开陈,周旋辨析,诚意垦至,理明辞达,气畅而舒"的文论成就,这种"有源而得之自然"的创作笔法即使号称"鸿生硕儒""争名当代者"也无法与之并称。与之相反,尽管司马相如(前179—前117)以赋名世,以"夸逞之文"献于汉武帝,因以讽喻为名,所以误导了武帝的治国策略,大兴"夜郎筇笮、通天桂馆、泰山梁甫之役",这些劳民伤财的举动,在刘基看来,简直"与秦始皇无异"。结果汉武帝为保全王室基业、弥补过失,不得不在晚年采用"致勤持斧之使,封富民之侯,下轮台之诏"等政治干预措施,从而"仅克有终"。司马相如之赋作,不以"理"为主,语辞渲染、夸张华丽,危害不浅,"文不主理之害,一至于斯,不亦甚哉!"①

2."文之盛衰,实关时之泰否"

刘基对上古三代的文学创作成就极为推崇,"唐虞三代之文,诚于中而形于言,不矫揉以为工,不虚声而强聒也,故理明而气昌。玩其辞,想其人,盖莫非圣贤之徒知德而闻道者也,而况又经孔子之删定乎!"②上古三代之文应该成为今日文学创作的典范,其中最重要的一点就是,诗文创作应该有感时事而成,"文之盛衰,实关时之泰否",文学之盛衰与社会治乱息息相关,一代之"文"必须足以反映一时之"治乱兴衰"。申而言之,一方面,文学是反映社会治乱的"晴雨表";另一方面,社会治乱兴亡也关系乎"文之盛衰"。

魏晋南北朝及隋,各种文体"驳杂不一",文坛创作之风日趋绮靡,所以也反映了这些朝代"国祚不长"。李唐盛世,文章大家辈出,诗文名家有陈子昂、李白、杜甫、韩愈、柳宗元等。继唐者宋,诗文大家又有欧阳修、苏洵、苏轼、苏辙、曾巩、王安石等,"其文与诗追汉、唐矣";更为重要的是,周敦颐、程颢、

---

① 刘基著,林家骊点校:《刘基集》,第88页。
② 同上。

程颐、张载等两宋理学的创立者和代表人物,"又大阐明道理,于是高者上窥三代,而汉、唐若有歉焉。故以宋之威武,较之汉、唐,弗侔也而七帝相承,治化不减汉、唐者,抑亦天运之使然与?"①至于元朝,虽仅逾百年,然而其疆域辽阔、版图甚大,而有刘因、许衡、姚燧、吴莱、虞集、黄溍、范梈、揭傒斯等诗文大家,并且是"皆可垂后者"。总之,汉、唐、宋、元的社会治乱与文气兴衰息息相关,"故气昌而国昌,由文以见之也"。

"文气",作为古代文论的一个重要的概念和术语,主要用于指称文章所体现的作家精神气质,其具体内容指作家本人的天赋个性和创作才能。在刘基这里,"文"之于"气",犹"木"之于"气":"得其盛则叶茂而华实蕃,得其衰则叶萎而华实少。至于连林之木,系于一山谷之盛衰,观其木可以知其山之气。文之于时犹是也。"②这就是说,文章所体现的"文气"也可以反映一个时代治乱、兴衰。上古三代之文,"浑浑灏灏""硕大而宏博",这正是"王泽一施于天下"之"时",这种"文气"的特质就是"仁厚之气"。"文""气""时"三者之间的关系昭然若揭。再比如汉代,"至今称文之雄者莫如汉",汉代之"时",疆域辽阔、政局稳定的时代机遇,成就了独特的"文气"。唐、宋、元三朝的"文气"品质也与朝政的治乱有着千丝万缕的瓜葛,可以肯定的是:"天将昌其运,其气必先至焉,理固然矣。"③

(二)"天理"与"元气"

传统哲学即宋元理学视域关照下的"理""气"关系,在刘基这里,主要体现为对传统"元气"理念的解构,并形成了自己独特的"元气"论哲学体系,这在中国哲学上是一个了不起的学术成就。

1. 刘基之"理"

首先,我们分析一下"理"在刘基哲学思想中具体含义。刘基所论之"理"与程朱理学的核心范畴所论之"理"迥然有别,因为程朱理学是一个以哲学本

---

① 刘基著,林家骊点校:《刘基集》,第89页。
② 同上,第94页。
③ 同上,第95页。

体论、认识论、道德修养方法论等为主要内涵的完整的学术思想体系。刘基作为传统儒者,并不是严格意义上的"理学家",也不是一个创建了自己知识论体系的"哲学家",所以刘基之"理"充其量只能说带有宋元理学的"痕迹"而已。

刘基之"理"有"物理"的含义,即事物自身所具有的本质属性,也就是天性之"理"。"虎豹鹰鹯,日杀物以养其躯,至死不厌;驼虞视生草而不折,见生虫而不践。其嗜好不同,出于天性,易之则两死,物理然也。"① 可见,天性之"理"是生命有机体所特有的一种与生俱来的自然属性。刘基之"理"与《老子》道家之"道"相似,道家辩证法理论已经贯穿于"理"中:"冬寒之极,必有阳春;激湍之下,必有深潭;大乱之后,必有大治。理则然也。"② 此"理"可以套用事物发展的客观规律来理解之。

刘基《郁离子》中有多处用"道"来指称"理"的提法,比如"行法有道"③"天地之道"等④,与此处用法基本相同。《郁离子·麋虎第十六·论物理》篇中以为对"物理"的把握与理解,需要借助于程朱理学"格物致知"的认识论,即"观其著,以知微;察其显,而见隐。此格物致知之要道也"⑤。这只是"格物致知"说的一个在知识论层面的作用而已,所以说,刘基对程朱理学的理解与接受是不全面的。

2."气之正者,谓之元气"

一般以为,《天说》为刘基哲学思想代表名篇,因为刘基提出了自己的"元气"学说。刘基《天说》以为"气"是天地万物包括人类自身得以生成的基本物质质料,"天以气为质","人也者……假于气以生之"⑥,进而引出"元气"的观念。尽管气有阴阳、邪正之分,而"天之气本正","天气"是"气之正者",是谓"元气"。"气之正者,谓之元气,元气未尝有息也。"这就是刘基对"元气"内涵的界定。"元气"的本质属性就是"元气不息""元气可复":"天之气本正,邪气

---

① 刘基著,林家骊点校:《刘基集》,第135页。
② 同上,第163页。
③ 同上,第221页。
④ 同上,第161页。
⑤ 同上,第216页。
⑥ 同上,第163页。

虽行于一时，必有复焉……其复也可期，则生于邪者亦不能以自容焉。"①"有元气，乃有天地。天地不坏，元气不坏。"②此外，刘基"元气"循环运动不息的理论还见于诗作《题富好礼所蓄村乐图》："循环天运往必复，邪气暂至不远瘳。"③

作为天地万物生成之本源的"元气"，如同《老子》道家之"道"，"反者道之动"④，始终具有循环往复运动的基本属性；在这一点上，刘基之"元气"还类似于张载的"太虚即气"。"太虚"作为"气之本体"有"聚"与"散"两种基本功能："太虚不能无气，不能不聚而为万物，万物不能不散而为太虚。"⑤《老子》之"道"永恒运动，往而复返；张载"太虚"内部所蕴含的阴阳二气聚散不已，终而复归于"太虚"；刘基所论"元气"也是"未尝有息"，"正气"终胜"邪气"而复归于代表"天理"的"元气"。

"元气"作为刘基《天说》哲学体系的最高范畴，并非刘基本人的首创。《鹖冠子·泰录》："天地成于元气，万物乘于天地。"《论衡·谈天》："元气未分，浑沌为一。"《论衡·言毒》："万物之生，皆禀元气。"《白虎通义·天地》："天地者，元气之所生，万物之祖也。"这里"元气"主要用于指称构成天地万物的原始物质质料，抑或阴阳二气混沌未分的物质实体。董仲舒《春秋繁露·王道》："王正则元气和顺。"柳宗元在回应屈原《天问》而有的《天对》篇认为"庞昧革化，惟元气存"，"元气"乃是宇宙万物的起源；同时，在《非国语》篇中基于"阴与阳者，气而游于其间者也"的认识，指出"元气"乃是"自动自休""自峙自流"般矛盾运动的结果。⑥总之，刘基的"元气说"是吸收并整合前代学者已有的学术理论而加以"重构"的思想观念。

除却《天说》篇，刘基在寓言政论集《郁离子》中多次用"元气"指称天地万物的主宰。比如《郁离子·神仙篇》："天以气分而为物，人其一物也。天下之物异形，则所受殊矣。修、短、厚、薄各从其形，生则定矣。"这里，"气"就是天地万物生成的基本物质质料；申而言之，"天人同气"，"元气"又是"天者，

---

① 刘基著，林家骊点校：《刘基集》，第139页。
② 同上，第141页。
③ 同上，第414页。
④ 陈鼓应著：《老子注译及评介》，北京：中华书局，2003年，第223页。
⑤ 张载著，章锡琛点校：《张载集》，北京：中华书局，1978年，第7页。
⑥ 柳宗元著，曹明纲点校：《柳宗元全集》，上海：上海古籍出版社，1997年，第386页。

众物之共父也"的唯一依据,"夫如是,而后元气得以长为之主;不然,则非天矣"。① 与此同时,"气"之存灭决定着人的生死,刘基用"火着""火灭"的比喻来说明人的生死过程:"夫人之得气以生其身,犹火之着木然,魂其焰,体其炭也。人死其魂复归于气,犹火之灭也,其焰安往哉?故人之受气以为形也,犹酌海于杯也,及其死而复于气也,犹倾其杯水而归诸海也。"② 人的生死是由"气"所支配,并不存在所谓的灵魂长生不灭的道理。有时,刘基的"元气"还是"天地之正气"的代表,比如《江行杂诗》中歌颂在江州之战中遇难的"忠烈状元"李黼(1298—1352)时说道:"江州太守文儒宗,骂贼就义真从容。天翻地覆元气在,斯人万古其犹龙。"③ 这里的"元气"可以用孟子笔下的"浩然正气"来解释。

刘基以"元气"作为天地万物生成的基本要素、条件,与二程、朱熹以"理"为天地万物本源的"理一元论"不同,但是它与张载"太虚即气"的"气本论"有相似之处,以为"有元气,乃有天地。天地有坏,元气不息"。张载的"太虚"论以为:"太虚无形,气之本体;其聚其散,变化之客形尔。"④ "本体"在是指本然之体,意味太虚是气的本来状态,气的存在状态因其或聚或散的不同变化形式而有不同,"气不能不聚而为万物,万物不能不散而为太虚",唯有"太虚"才是永恒的实在本体,而聚散变化的世界万物,则是气的存在的暂时形态,即所谓"变化之客形"。

在朱熹的理学体系中,"理"是"理","气"是"气":"理形而上者,气形而下者。"尽管"理"生"气","气"是"理"的物质载体,天地万物消失了,但是"理"却是独立存在而永不消失的。"要之也先有理。只不可说是今日有是理,明日却有是气,也须有先后。且如,万一山河大地都陷了,毕竟理却只在这里。"⑤ 从"理"的永恒存在性意义上说,刘基的"元气"可以与程朱之"理"画等号。所以,我们可以称刘基《天说》哲学体系为宇宙生成—本体论意义

---

① 刘基著,吕立汉等注释:《郁离子》,第199页。
② 同上,第201页。
③ 刘基著,林家骊点校:《刘基集》,第524页。
④ 张载著,章锡琛点校:《张载集》,第7页。
⑤ 黎靖德编,王星贤点校:《朱子语类》,北京:中华书局,1986年,第4页。

上的"元气说"。受过一定程度"性理之学"熏陶的刘基[①],对宋元理学之中"理""气""心"等主要范畴的关系有自己的见解,提出了"理"为"气"之"心"的命题:"天之质,茫茫然气也,而理为其心,浑浑乎惟善也。善不能自行,载于气以行。""人也者,天之子也,假于气以生之,则亦以理为其心。"[②] 在这里,"气"虽然是天地人物生成的质料,但是"理"又是"天""人"之"心",而且此"理"之"心"就是"阳气""正气"指称的生生不息之"元气"。简言之,刘基所提之"理"终归于"元气"。

与《天说》提到的"气"是"天""人"生成的物质元素一样,刘基在《雷说》中以为,雷、电等自然界物质现象的发生原理与机制也与"气"有关,"雷者,天气之郁而激而发也。阳气团于阴,必迫,迫极而迸,进而声为雷,光为电,犹火之出炮也"[③]。所以,雷电发生只是阴阳二气的自然作用。与此相关,刘基引入了"形神之辨"问题,"神"不是不可捉摸的,"雷与神皆气之所为也",这是因为"气也者,无所不能也。忽而形,倏而声,为雷为神,或有或无,不可测知。人见其忽而形也,而谓之神。夫神也者,妙万物而无形,形则物矣。是故有形而有质者,有形而无质者,有暂者,有久者,莫非气所为也"。"神"是由于"阴阳之气"变化万端所致,并且"气"之变化万端正是对"神"的注解;"神"所生成的有形的物质,皆由"气"构成。这里,刘基又对南北朝时期以范缜为代表的"形神之辨"理论又有发挥,"气形而神寓焉,形灭而神复于气。人物鬼神,或常或变,其归一也"[④]。此"一"即"气"。由此,我们可以得到以下启示:刘基力主从"气"之阴阳变化角度对"雷电""鬼神"进行解释,合情合理,这既是一种无神论思想,也是一种朴素的自然科学理论。要之,刘基的"元气论"体现了一种朴素的唯物主义思想。

刘基以为,只有圣人可以驾驭"元气":"神道先知,防于未形,不待其几之发也。尧之水九载,汤之旱七载,天下之民不知其灾。朱均不才,为气所胜,则举舜禹以当之。桀纣反道,自绝于天,则率天下以伐之。元气之不汩,圣人为

---

① 裴世俊等选注:《刘基文选》,苏州:苏州大学出版社,2001年,第265页。
② 刘基著,林家骊点校:《刘基集》,第139页。
③ 同上,第141页。
④ 同上,第142页。

之也。"①不难发现,刘基心目中的"圣人"具体指称对象是尧、舜、禹、商汤、周文王、周武王、周公、孔子。这些圣人"犹良医",皆可以救治天地之"病":"朱均不肖,尧舜医而瘳之;桀纣暴虐,汤武又医而瘳之。周末孔子善医,而时不用,故著其方以传于世,《易》《书》《诗》《春秋》是也。"总之,"有元气乃有天地,天地有壤,元气无息。尧舜汤武立其法,孔子传其方,方与法不泯也。有善医者举而行之,元气复矣"②。"元气"不息,天地万古长存,圣人为"天地立法"的使命也将衍续不息。可以看出,刘基以为自己已经继承了圣人所传的"方"与"法",完全可以用之"医治"天下,"为天地立心,为生民立命,为往圣继绝学,为万世开太平"。

---

① 刘基著,林家骊点校:《刘基集》,第140页。
② 同上,第140—141页。

吕柟的经学观念与解经方法略探

陈战峰

（西北大学中国思想文化研究所）

清末皮锡瑞（1850—1908）称"论经学，宋以后为积衰时代"，而尤断明代经学为"极衰时代"，"明时所谓经学，不过蒙存浅达之流；即自成一书者，亦如顾炎武云：明人之书，无非盗窃"①。明代经学虽与汉唐、宋元风格不同，难免虚浮不实，但依托经学典籍建构新的思想与学说，却自有其贡献。吕柟经学在明代经学中思想学术特色比较鲜明。

吕柟，字仲木，号泾野，陕西高陵县人。生于明成化十五年（1479），卒于嘉靖二十一年（1542），是明代著名的理学家。正德三年（1508），举进士第一，授翰林院修撰。正德年间，曾两度引退。嘉靖初年复起，又因议礼被贬解州，任判官，建立解梁书院，重视讲学。嘉靖六年，升南京宗人府经历，历任南京吏部考功司郎中、尚宝寺卿、太常寺少卿，并在柳湾精舍、鹫峰东所等处讲学，这段时期是他学术活动的鼎盛时期，被誉为"九载南都，与湛甘泉、邹东廓共主讲席，东南学者尽出其门"（《明儒学案》卷八），"讲习几与阳明氏中分其盛，一时笃行自好之士多出先生之门"（《明儒学案》卷首《师说》）。后任北京国子监祭酒一年多，官至南京礼部右侍郎。

吕柟经学著作颇丰，比较有代表性的有《周易说翼》三卷、《尚书说要》五卷、《毛诗说序》六卷、《春秋说志》五卷、《礼问》二卷（五种统称《泾野先生

---

① 皮锡瑞著，周予同注释：《经学历史》，北京：中华书局，2004年，第198、210、201页。

五经说》)及《四书因问》六卷[①]，其经学见解在吕泾野诗文集等[②]中也有反映。吕柟经学作品的价值，古人也有高度评价，被誉为"仁义之精华，孔颜之正脉"[③]"发前圣之奥旨，正后贤之偏识，指来学之迷途"[④]等。

目前，学术界就吕柟经学研究的特色、方法及与关学关系[⑤]，对《四书因问》中的《孟子》[⑥]进行了探讨，在吕柟学术与思想研究方面呈现不断开拓和深化的态势。[⑦]吕柟思想综合张载关学，对朱子学有吸收改造，与阳明学分庭抗礼，但也有融会。在经学思想方面，目前对于吕柟重视工夫，即"致曲"的探讨，强调其具有关学躬行实践的层面[⑧]，对于其经学思想与朱子学、阳明学的内在关系，还有探讨的空间。

吕柟经学思想与朱子学关系密切[⑨]，《明史》称吕柟与罗钦顺是在王阳明（1472—1529）、湛若水学术盛极一时的时候"独守程朱而不变者"(《明史》卷二百八十二《吕柟传》)，这是否合乎吕柟思想学术实际，还有研究余地。经学思想的核心是考察其中占主导的经学价值观念[⑩]，即具有普遍性和支配性的思

---

① 吕柟撰，刘学智点校：《吕柟集·泾野经学文集》，西安：西北大学出版社，2015年。
② 吕柟撰，米文科点校：《吕柟集·泾野先生文集》，西安：西北大学出版社，2015年；吕柟撰，赵瑞民点校：《泾野子内篇》，北京：中华书局，1992年；吕柟撰，赵瑞民点校：《泾野子内篇》，西安：西北大学出版社，2015年。
③ 薛应旂：《传一·泾野先生传》，《方山先生文录》卷十四，明嘉靖东吴书林刻本。
④ 张萱：《吕泾野》，《西园闻见录》卷七，民国哈佛燕京学社印本。
⑤ 刘学智：《前言》，吕柟撰，刘学智点校：《吕柟集·泾野经学文集》，第5—8页；刘学智：《吕柟的经学思想及其关学精神》，《唐都学刊》，2016年第5期。
⑥ 李敬峰：《取法程朱，辨乎阳明——吕柟的〈孟子〉学及其思想意义》，《中国哲学史》，2016年第3期。
⑦ 马智：《吕柟理学思想研究述评》，《哲学动态》，2009年第6期。
⑧ 刘学智将吕柟的经学思想概括为四个方面："重视经学，以为'经学是士子之堤防'"，"'治经'之关键在于'求道''治身'"，"强调治经的目的在于'力行'"，"'治经'一定要'求之于心而放之于行'"（刘学智：《吕柟的经学思想及其关学精神》，第60—61页）。这四个方面主要是强调治经的目的（"求道"）和功用（"治身""力行"）。
⑨ "吕柟的经学在明代中叶代表了一个不同于阳明心学的独特方向，即恪守程朱的方向"，"相较于程朱之经说经注，吕柟的经学还是显得粗疏一些"，"他在经注中以'求道'为目标，以'力行'为归宿，重视实践而反对空谈，以及对修身的关注，都表现出鲜明的关学特色"（刘学智：《吕柟的经学思想及其关学精神》，第63页）。
⑩ "中国过去涉及经学史时，只言人的传承，而不言传承者对经学所把握的意义，这便随经学的空洞化而经学史亦因之空洞化。更因经学史的空洞化，又使经学成为缺乏生命的化石……即使不考虑到古代传统的复活问题，为了经学自身的完整性，也必须把时代各人物所了解的经学的意义，作郑重的申述，这里把它称为'经学思想'，此是今后治经学史的人应当努力的大方向。"（徐复观：《中国经学史的基础》，台北：学生书局，1982年，第208页）

想，特别体现在他对经学价值、经典关系以及经学研究方法等的看法上，而前提是关于吕柟经学思想基础的探讨。

一 吕柟的关学特质与心学倾向

吕柟学术以躬行实践、践履笃实著称[①]，被邹守益（东廓）(1491—1562)誉为"以躬行倡之"(《邹东廓集》卷一《赠王克孝》)，万历年间冯从吾(1557—1627)表彰为"重躬行，不事口耳""不为玄虚高远之论"(《关学编》卷四)。

吕柟的学术渊源比较复杂，表面上直接受授于河东学派，他曾问学于河津薛瑄(1389—1464)的三传弟子渭南薛敬之(1435—1508)。薛瑄开创河东学派，重视躬行实践，因此，《明儒学案》列吕柟于《河东学案》。

吕柟是关中人，服膺于张载(1020—1077)所创立的关学，对张载的思想颇为重视。明代关学又有了一些新的发展，鲜明的是继承关学传统，不拘门户，融合周程张朱，重视践行躬礼，可称为关中理学。如当时形成的三原学派，就与河东学派学风比较相近。吕柟和三原马理(1474—1556)相友善，吕柟去世后，马理撰写了《南京礼部右侍郎泾野吕先生墓志铭》(《泾野子内篇》附录三)。黄宗羲(1610—1695)认为"关学世有渊源，皆以躬行礼教为本，而泾野先生实集其大成"(《明儒学案》卷首《师说》)，从学术思想发展的内在理路分析，这种说法是有一定道理的。但是，吕柟的"关学"，实际上已经与张载的"关学"有所异同，吕柟在当时更多遥承周程张朱余绪，力主理学，与心学相抗衡。在这种意义上，"关学"即"关中理学"，后来这种思想学术不断发展，绵亘至清代。毋庸置疑的是，张载原创性的"关学"在吕柟思想的形成发展以及"关中理学"的演变中具有重要的影响和作用。此外，以吕柟为关学的集大成者，实源于《明儒学案》，而并非是现当代学者才有的认识。

吕柟与周程张朱的宋代理学有着紧密的内在联系，特别是受到张载重礼、重践行的学风的影响。他对张载"德性所知，非闻见小知而已"等思想也有进一步的发展，主张"不曾废闻见"(《泾野子内篇》卷二十七)、"心尽亦由多见多

[①] 吕柟撰，赵瑞民点校:《泾野子内篇·前言》，第1页。

闻中来"(《张子抄释》卷一)、"德性之知亦或假见闻,但不恃焉耳"(《二程子抄释》卷六)等,重视感官经验对道德涵养的积极作用,是对宋代"德性之知不萌于见闻"的认识的校正和发展。

吕柟重视仁学。"先生曰:'仁者,人也。凡万物生生之理,即是天地生生之理,元非有两个。故人生天地间,须是把己私克去,务使万物各得其所,略无人己间隔,才能复得天地的本体。夫孔门诸贤,于一时一事之仁则有之,求万物各得其所,与天地同体气象便难。惟颜子克己复礼,几得到此境界,故夫子于夏时、殷辂、周冕、《韶》舞,惟与他说得,他人无此度量,夫子不得轻与也。'"① 吕柟"仁者,人也"的思想与传统的"仁者,爱人也"有所不同,它的关键在于发现和把握万事万物之间的联系,以及给人的伦理道德启示和论证,人可以通过克去己私,沟通天人、人己间隔,最终达致"与天地同体"的境界。所以,此处所谈的"仁者,人也"意在点明"仁"是"人"的本质属性,并由仁爱他人推及仁爱万物,使万物各得其所。"与天地同体"才是"仁"的最高价值目标。因此,吕柟的"仁者,人也"的思想要较"仁者,爱人也"更加深刻深远,对后者做了进一步深化,是后者发生的理论基础,同时也是对张载的"民胞物与"思想的继承和发展。

吕柟对二程和"程门四子"的评价,能够反映他的基本学术旨趣。"光祖问:'二程先生孰优?'先生曰:'明道优。然始学之道,其必先自伊川之方严进乎!'"② "光祖问:'程门尹、谢、游、杨四子孰优?'先生曰:'惟尹彦明吾最敬焉,笃志力行,有周、汉人风,使及孔门,可方由、求乎!'"③ 胡大器与吕柟之间有段对话:"大器问:'明道、伊川皆大贤也,初学何先?'先生曰:'当学伊川严毅方正为是。若学明道和粹,而工夫不至熟,只见燕朋日日往来不绝,忽不知岁月之将至。然学熟后便是明道也。'"④ 也可进一步印证这种看法,即以程颐(1033—1107)为入手处,渐至程颢(1032—1085)的境界和气象。"何廷言:'程子、张子之心,无些物我之间。如张子方与弟子说《易》,闻程子到,善

---

① 吕柟撰,赵瑞民点校:《鹫峰东所语第二十》,《泾野子内篇》卷十五,第145页。
② 吕柟撰,赵瑞民点校:《解梁书院语第八》,《泾野子内篇》卷五,第36页。
③ 同上。
④ 吕柟撰,赵瑞民点校:《柳湾精舍语第十一》,《泾野子内篇》卷七,第48—49页。

讲《易》,即撤皋比,使弟子从程子讲《易》。程子方与弟子论主敬之道,见张子《西铭》,则曰"某无此笔力"。可见二子之心甚公。'先生曰:'此正是道学之正脉。如孔门之问答,虞廷之告语,皆是此气象。可见古人之学,绝无物我之私。他如朱、陆之辩,不免以己说相胜。以此学者不可执己见。'"①吕柟服膺于张载和程颐的学说,由他对程张朱陆的评析,可见他反感争于口舌是非、偏执己见的学风,这与他重践行的学术主张是一致的。

吕柟的学术思想与传统的宋代理学(特别是性理道学)分野很明显,端倪渐露。"'光祖近得《新增伊洛渊源录》,乃月湖杨公廉之所增也,多是朱文公论议诸贤之短处。敢问是非?'先生曰:'月湖亦好古之士,但所见亦近世口说性理道学。若孔门切实正学,渠恐未闻,故所录诸贤皆未真。'"②吕柟对杨廉编撰的《新增伊洛渊源录》不无微词,他将"性理道学"与"切实正学"在一定意义上对立了起来,这就不难理解吕柟重视践行的原因了。

吕柟重视"正心""务实":"先生曰:'志在荣身者,未必能荣其身;志在荣名者,未必能荣其名。故君子以正心为本,务实为要。'"③吕柟对"心"的重要性有足够的认识。他在回答弟子的问题时有番对话:"问:'老子有言:"不见可欲则心不乱。"然则必见可欲而乱乎?夫使吾心有主,其能乱乎?必若吾夫子所谓非礼勿视听者,然后为无弊。'曰:'人于非礼,耳目虽勿视听,而心中不忘,则亦乱耳。'"④他对"养心"和"养心"的方式格外重视,明确认为"养心是学问根本"⑤。他告诫学生要经常检省本心,无论读书还是听讲。"先生常谓大器曰:'看书先要将己心与日用常行比合,其见自别。'"⑥"先生讲罢,谓诸生曰:'某之言论,不可以为是,必合之于心与理安,方为是。'"⑦以至于"先生闻施秀才家被毁,对人致勉曰:'此不必动心,教他再用功,水来溺不著,火来烧不著。'"⑧

---

① 吕柟撰,赵瑞民点校:《鹫峰东所语第十八》,《泾野子内篇》卷十三,第122页。
② 吕柟撰,赵瑞民点校:《柳湾精舍语第十》,《泾野子内篇》卷六,第43页。
③ 吕柟撰,赵瑞民点校:《云槐精舍语第三》,《泾野子内篇》卷二,第16页。
④ 吕柟撰,赵瑞民点校:《端溪问答第七》,《泾野子内篇》卷四,第29页。
⑤ 同上,第35页。
⑥ 吕柟撰,赵瑞民点校:《柳湾精舍语第十一》,《泾野子内篇》卷七,第48页。
⑦ 同上,第52页。
⑧ 同上,第48页。

"先生谓大器曰：'千虑万思不如一静，千变万化只在一心。'大器曰：'静，无欲之谓；心如谷种之谓。'又曰：'心上起经纶如何？'先生曰：'那经纶固是心上起，但看怎生样起。'又问。曰：'就在谷种上生起。''谷种焉能生？'曰：'仁而已。'"①吕柟重静、心、仁的学说。"问为学。曰：'只要正己。孔子曰："上不怨天，下不尤人，知我者其天乎！"若求人知，路头就狭了。天打那处去寻？只在得人，得人就是得天。《书》曰："天视自我民视，天听自我民听。"'学者未省。曰：'本之一心，验之一身，施之宗族，推之乡党，然后达诸政事，无往不可。凡事要仁有余而义不足，则人无不得者。'"②

"陈世瞻问：'欲使南北一样士习，可能否？'先生曰：'南海有圣人出焉，此心此理同，北海有圣人出焉，此心此理同。所不同者，特风气山川隔著耳。学者不可以其隔处自限也。思慎不见夫子以中和变南北之强乎！'"③这里，体现了吕柟思想中心学与气学、陆学与关学的交融特征。其中"南海有圣人出焉，此心此理同，北海有圣人出焉，此心此理同"屡被陆九渊（1139—1193）、杨简（1141—1226）等称道，而重视山川风气对人的影响，则是张载在论述风土气质与歌谣关系时的思想，与张载气学思想有内在的联系，同时也是关学心性之学的反映。张载思想中原本就有心性之学的因素，为吕柟思想的发展提供了逻辑依据。

虽吕柟有心学倾向，但与王阳明心学不同。在这一点上还能体现程朱理学与关学的基本特质，即"重躬行"的特征。"或质阳明致良知。先生曰：'阳明凡百事皆习过了，老来静坐。学者来问，亦以此告人，忒自在了。然孔子不是这般学，好古敏求，发愤忘食，终夜不寝，问礼问官之类，未尝少懈，况下圣人者乎！学者当日夜勤力不息，犹恐知之不真，得之或忘。'"④"何廷仁言：'阳明子以良知教人，于学者甚有益。'先生曰：'此是浑沦的说话。若圣人教人，则不如是。人之资质有高下，工夫有生熟，学问有浅深，不可概以此语之。是以圣人教人，或因人病处说，或因人不足处说，或因人学术有偏处说，未尝执定一言。

---

① 吕柟撰，赵瑞民点校：《鹫峰东所语第十四》，《泾野子内篇》卷九，第82页。
② 同上，第84页。
③ 同上，第85—86页。
④ 吕柟撰，赵瑞民点校：《柳湾精舍语第十一》，《泾野子内篇》卷七，第52页。

至于立成法,诏后世,则曰:"格物致知","博学于文,约之以礼"。盖浑沦之言可以立法,不可因人而施。'"① 可见,吕柟对阳明之学还是有一定批评的,其中体现了关学敦厚的特点,与心学还保持着距离,经过南大吉(1487—1541)兄弟在关中传播阳明学的努力,至冯从吾(1557—1627)、李二曲(1627—1705)等人又有变化,吸收融会阳明学。这也从关学与心学的关系角度体现了关学的递变特点与规律。

"先生曰:'今世学者,开口便说一贯,不知所谓一贯者,是行上说,是言上说? 学到一贯地位,多少工夫! 今又只说明心,谓可以照得天下之事。宇宙内事固与吾心相通,使不一一理会于心,何由致知? 所谓不理会而知者,即所谓明心见性也,非禅而何!'"② 吕柟所说的"心学"实指领会于心,理会于心,与禅学不同。同时,他所强调的"一贯",也分为言和行两个方面,从而反对在言辞上论说再三,而不见诸践行的行为。

吕柟的"知行学说"可概括为"知为行始,行与知随",知与行密不可分,相辅相成。"先生谓:'知得便行为是,谓知即是行却不是。故知者行之始,行者知之随,犹形影然,又犹目视而足移然。'"③ 这是吕柟的"知行学说",他反对王阳明认知为行的主张,但是强调知是行的前提和基础,近似于"知先行后",但是又有细微差别。这是吕柟对宋明学者关于知行关系看法总结后得出的学术观点。"先生曰:'天下事当言不言,当行不行,失之弱;至于过言过行,却又失之露。其要只在心上有斟酌损益方好。'"④ 与吕柟、马理同时的另一位关学人物杨爵(1493—1549)就秉行"当言则言,当行则行",耿直不回,谥号"忠介"。关学的确有重气节、重节操的传统,躬行实践,义无反顾。

明代经学重视"实行之学",与明初统治者的政策导向有关,"学问虽不进,但在实行方面,或出气节之士,或养成道德家",后经社会风习激荡与思想演变,澄心静观的学风风靡,但这种尚气节操守、重躬身实行的风格却得到了保留和发扬,特别是在关中理学家那里表现更为明显,"宋之道学所谓'天地之塞

---

① 吕柟撰,赵瑞民点校:《鹭峰东所语第十八》,《泾野子内篇》卷十三,第 121—122 页。
② 吕柟撰,赵瑞民点校:《鹭峰东所语第十六》,《泾野子内篇》卷十一,第 103 页。
③ 吕柟撰,赵瑞民点校:《鹭峰东所语第二十》,《泾野子内篇》卷十五,第 146 页。
④ 同上。

吾其体'其规模何等地大,而明之心学,'心即天,言心则天地万物皆举之矣'(《传习录》),言语虽大,规模却陷于方寸,且以天地为经纬的礼乐制度的研究也没有"①。实际上,这里所说的"宋之道学"正是以张载《西铭》语为代表,而"礼乐制度"也是张载、朱熹等人格外关注的内容,这对吕柟来说影响深远。吕柟等还编撰《诗乐图谱》,以"复雅颂之古乐,本末俱举,质文兼修"(《诗乐图谱·吕柟序》)为旨归。②

吕柟发现行为践行是否合宜、合乎中庸之道,决断的标准最终还要取决于"心"的斟酌损益,这也是他重视"心"的重要原因,其实在关学创始人张载那里,已经为"心"的地位提供了理论说明,具有一定的心性倾向,吕柟只是做了进一步展开和发展而已。

重视践行的关学学风和特色实是吕柟思想的重要基础。他虽然受张载思想的影响,但又没有局限于张载思想,而是有了一定的传承和创新。吕柟学术思想尽管有些部分与心学比较接近,或者说受到了心学的影响,但是在整体上却是融合程朱与张载之学的。

二 吕柟的主要经学观念

能够比较集中反映吕柟理学思想的著作主要有《五经说》《四书因问》《宋四子抄释》《泾野子内篇》等。《五经说》包括《周易说翼》《尚书说要》《毛诗说序》(一作《毛诗序说》)、《春秋说志》《礼问》等。《泾野子内篇》包含不少相关语录,虽然零散不整,但却是观照吕柟经学研究与其理学思想形成之间重要关系的珍贵史料。从吕泾野流传下来的《五经说》与《四书因问》来看,他对"四书""五经"的重要性都有强调,反映了融会诸经、自铸新解的努力和尝试。在"五经"(即一般所说的"六经"),他继承张载遍观群经的告诫:"横渠亦曰:'五经须常放在面前,每年温诵一遍,况学者乎!'"③教育门人博览众经,融会贯通。这在把握经学典籍的关系方面有其独特性和创新性。

---

① 本田成之著,孙俍工译:《中国经学史》,上海:上海书店,2001年,第235、237页。
② 吴志武:《明代吕柟编撰的〈诗乐图谱〉研究》,《中国音乐学》,2012年第3期。
③ 吕柟撰,赵瑞民点校:《柳湾精舍语第十一》,《泾野子内篇》卷七。

即使是在宋明时期，经学义理解说流行，而吕柟对汉儒的章句注疏成果也甚为关注，他虽然也主要侧重义理阐发，但却没有强烈的汉宋门户观念。他认为："读经者不可不读《十三经注疏》，其书皆汉儒所作，其源流皆自孔门传授。"[1]

（一）经学道德功能："药石皆具于'六经'"

"经学者，士子之堤防也。"[2]吕柟重视经学典籍在提高人伦道德修养、防检人心方面的重要价值。吕柟的"六经"观很独特，他视"六经"为提高人生修养的药石。吕柟重视践行，把"六经"与应对时务联系起来，彰显"六经"的时代感和生命力，具有深刻的思想内涵和启发性。"夏子曰：'今之不知时务而好谈经者，皆腐儒也。'先生曰：'"六经"尽时务也，第读经者弗知耳。如其知经也，必不敢背经矣。'"[3]他认为经书在人们的生活中地位异常重要，是须臾不可离开的，就像人们生活需要物质依靠一样。"先生叹曰：'经书是平天下粱肉，未有舍经而能致治者。后世偏用法律，是失开设学校之初意也。'"[4]

吕柟以体用合一、体用不二的思想对待"六经"，在解决某些似是而非的问题上能够独辟蹊径，发人深思。"问：'"天得一以清，地得一以宁"，王侯得一以守其国。夫所谓"一"，非理乎？所谓理，非太极乎？然后知老子得《易》之体也。'曰：'老子未知《易》之用，焉知《易》之体！'"[5]"问《仪礼》《周礼》。曰：'此周公传心之要。孔子作《春秋》，本二《礼》而作。'"[6]这种认识虽并未有足够的文献依据，但却体现了吕柟解经的心学理趣和倾向。

（二）经典载道本质：本末一贯，始终一理

吕柟通过对《大学》的阐发，认为《大学》"本末一贯，始终一理"，即"'明德'即所以亲民，明德而能亲民，无所杂焉，所谓'止至善'也"（《四书因问》卷

---

[1] 吕柟撰，赵瑞民点校：《太学语》，《泾野子内篇》卷二十七。
[2] 吕柟撰，米文科点校：《赠张惟静提学序》，《吕柟集·泾野先生文集》，第257页。
[3] 吕柟撰，赵瑞民点校：《云槐精舍语第一·正德年中语》，《泾野子内篇》卷一，第7页。
[4] 吕柟撰，赵瑞民点校：《柳湾精舍语第十一》，《泾野子内篇》卷七，第50页。
[5] 吕柟撰，赵瑞民点校：《端溪问答第七》，《泾野子内篇》卷四，第30页。
[6] 吕柟撰，赵瑞民点校：《鹫峰东所语第十二》，《泾野子内篇》卷七，第54页。

一)①，主张"明明德"在"三纲领"中地位重要，是其他二者的基础和保证。

"问：'千古圣贤心事与天地万物万事之理，无不赖文字以传。所谓文字，如"六经""四书"之类是也。故尝窃料人固不可专靠书册，舍书册亦岂所以为学邪？'曰：'顾观之者如何耳。四方上下、山川草木，皆书册也，要之有所归耳。'"②吕柟注意体会自然世界和社会生活，万千世界都与要应对的时务结合在一起，"天人相应"，因此，在他看来，世间把握圣贤之心和宇宙之理的途径很多，不仅仅唯凭借书册进行。这种思想是对狭隘的经典观念的补充，它有助于启发人们关注现实，应对社会生活中的矛盾和问题。但是，与心学末流不同的是，吕柟强调要有归宿，而不是漫无边际、游谈无根。这是吕柟学术思想的一个鲜明特色：自由性与限定性的统一和结合。

吕柟对"道"的把握是比较周全的，没有拘泥于阴阳二分的论道模式。"问：'饮以养阳，食以养阴，生民之恒，故观便液之清浊而阴阳可见。夫道不离乎日用，故男女、饮食，道之端也。彼求于人事之外，无乃非道乎！'曰：'此等阴阳论道，恐亦太浅。若谓求道于人事之外非道者，则甚切。'"③

（三）吕柟对"四书"与"六经"关系的看法

吕柟解经思想中有种自觉的观念，即以"四书"的观念来解释"五经"，这是对南宋"四子，六经之阶梯"的细微调整，同时也是"四书学"勃兴与发展的体现。

"戴光问：'《易》卜筮何如？'先生曰：'《易》专言正心、修身、齐家、治国道理。后世以吉凶祸福言，便小看了《易》。《易》，变易以从道也。'"④整体上，吕柟解经侧重人事，但是这种以"四书"解经的特点还是比较明显的。"先生曰：'《易》之意，都在言外看可得。《旅》"射雉，一矢亡"。盖矢比利欲，雉比明德，如去利欲，便得明德。若只在象上拘泥，就看不去了。'"⑤这就是一个例证。

吕柟"四书"观、"六经"观与朱子学有密切的联系。《朱子语类》有"四子，

---

① 吕柟撰，刘学智点校：《吕柟集·泾野经学文集》，第294页。
② 吕柟撰，赵瑞民点校：《端溪问答第七》，《泾野子内篇》卷四，第28页。
③ 同上，第34页。
④ 吕柟撰，赵瑞民点校：《鹫峰东所语第十三》，《泾野子内篇》卷八，第68页。
⑤ 同上。

六经之阶梯;《近思录》,四子之阶梯"(《朱子语类》卷一百零五),虽然在表面上推尊"六经",而实际上则在大力表彰"四书"和北宋五子,朱熹身后"四书学"的长足发展,以至人们有"五经"系统与"四书"系统的看法。

吕柟齐观"六经"和"四书",在经学史上,不仅是对张载"遍观群经""反复体会"的继承,也是对朱子学对立"五经"和"四书"的倾向的纠正。他从文道关系角度看待儒学经典,对"六经""四书"的关系理解深刻,即都是载道的工具,而关键是如何发挥这些文化经典对敦风良俗、提高人的德行方面的切实功用。

三　吕柟的解经方法

吕柟的经学思想与其经学方法密切联系。吕柟的经学方法,一般多被概括为以义理说经,基本是沿袭宋学的路径。《四库全书总目提要》认为《周易说翼》"专主义理,不及象数"(《四库全书总目提要》卷七),《尚书说要》"虽间有阐发"而不免"以私意揣摩"(《四库全书总目提要》卷十三),《毛诗说序》也只是"标举大意"(《四库全书总目提要》卷十七),《春秋说志》虽"务为新说苛论"但"褒贬迂刻,不近情理"(《四库全书总目提要》卷三十),《礼问》"多循旧义,少所阐发"(《四库全书总目提要》卷二十五)。四库馆臣的说法虽难脱汉宋之争的门户之见,但在吕柟经学解释的特色把握上却入木三分,即吕柟承袭宋学的方法,解经不拘泥训诂而重视阐发义理。同时,吕柟重视将经解与现实生活联系起来,发挥经学的积极作用。他在《四书因问》中和门人讨论"四书"时,"多因'四书'之义,推而证诸躬行,见诸实事"(《四库全书总目提要》卷三十六),具有质朴鲜活、重视躬行实践的特色。

"经典皆人事"是中国经学的一大鲜明特色,它推进了学术研究中道德伦理化倾向,而知识性的理性探究并不发达。"叶监生问读书多忘却。先生曰:'还是未体贴。程子云:"古之经典,今之人事也。"若《礼》经,最切于日用,若《易》《诗》《书》,亦是人事。故《学记》曰:"善学者,师逸而功倍,又从而庸之。"盖其能体行也。'"[①]

[①] 吕柟撰,赵瑞民点校:《鹫峰东所语第十二》,《泾野子内篇》卷七,第59页。

"官问:'孔子奚不论日月、雨雹?'先生曰:'昔在子路问事神,夫子且不对曰"未能事人"?夫圣人论人如此其亟也,人犹舍而求之渺茫。如圣人而论日月、雨雹也,后之流弊不可胜言矣。然其言人即言天也,言天即言人也。故《春秋》纪日蚀、雨雹、水旱、霜雪,皆为言乎人。'"①"言人即言天,言天即言人",吕柟用这种观念沟通了经典中自然规律与道德法则之间的关系,认为二者是一体的,也是对中国哲学天人关系的反思与印证。这种天道与人道相统一的观点,是吕柟把握经典文献的又一重要基础。

在《易》学方面,他具有平易解《易》的《易》学思想。"问:'《易》中先儒以某卦自某卦变来,其爻自某爻变来,恐非圣人之意乎?'曰:'圣人何尝有此意!盖《易》原非为卜筮作,不过假象说明天地间道理,使人知吉凶、消长之理,进退、存亡之道尔。朱子曰:"有伏羲的《易》,有文王的《易》,有周公的《易》,有孔子的《易》,有程子的《易》。"岂有此理!夫程子不过是说孔子的,孔子不过是说周公的,周公不过是说文王的,文王不过是说伏羲的,其《易》一也。'"②这段材料集中反映了吕柟《易》道贯通古今的《易》学思想。

吕柟重视修身重本,他对《大学》的看法与众不同。"诗问:'格物者何?'先生曰:'其亦程子主一之说乎!''何谓也?'曰:'如目有视面、视膝、视足及淫视、勿视之不同也,格而知之,以必行耳。言动诸物皆然也。故《大学》旧本以修身知本为知至也。''朱子所补"格物之章"非欤?'曰:'未尝亡也,又何补之有!且如其补,为所谓当世不能究其辞,累世不能殚其用也。'"③吕柟认为《大学》本身未曾亡佚,朱熹没有必要来补充"格物章",强调《大学》本身就在表明修身持本的重要性,与他的思想是内在统一的。他强调:"学圣人要先读《论语》,读《论语》莫先讲仁。仁至大而切,学道者不学此,则终身路差无所成。"④"问圣贤教人之方。曰:'《大学》乃是立定规矩条目,使人有所持循。《论语》则多因门人弟子问答及君臣相与之言,各就其资禀造诣,与夫人之病痛处言。《语》《孟》不必同于《中庸》,《中庸》不必同于《语》《孟》。拘拘执一者

---

① 吕柟撰,赵瑞民点校:《东林书院语第六》,《泾野子内篇》卷三,第25页。
② 吕柟撰,赵瑞民点校:《鹫峰东所语第十七》,《泾野子内篇》卷十二,第119—120页。
③ 吕柟撰,赵瑞民点校:《云槐精舍语第三》,《泾野子内篇》卷二,第16页。
④ 吕柟撰,赵瑞民点校:《鹫峰东所语第十二》,《泾野子内篇》卷七,第55页。

非也。'"①

吕柟弟子白水的廉介询问读书的方法，吕柟说："其上以我观书，其次以书观我，其次以书观书。""其上，行有余力而学文，可以作圣；其次，体圣人言，可以作贤；其次，恣记诵之博，无身心之实。误天下苍生者，皆以书观书者也。"② 吕柟从读书法的角度强调了躬行实践与口耳之学的区别，重视德行、倡导身体力行是吕柟学术的重要特点。胡大器问他做学问的方法，"问今之讲道学者。先生曰：'虽则幽深玄远，但我有捷径法，只做得不耻恶衣恶食，便是道学。'"③

因为重视德行与力行，吕柟很重视因材施教，回答学生提问能够结合学生实际，具有很强的针对性。"珫问文。先生曰：'治《左氏》。'周官问文。曰：'治《尚书》。'原勋问文。曰：'治《孟子》。'权用曰：'何谓也？'曰：'珫俚而不则，官易而不典，勋博而不畅。'"④

在对待典籍方面，吕柟反对章分句索的烦琐作风，而要全面把握、体味涵咏。"光祖问：'孔子常云："吾志在《春秋》，行在《孝经》。"观斯言，《孝经》不可疑矣。朱子乃疑非尽是圣人之言者何？'先生曰：'朱子特以其分章引《诗》，体格不变为疑耳。然圣人之言，在意不在文；圣人之志，在感不在法。盖必其章分条释，间阎童稚可诵而鼓舞故也。'"⑤他觉得"章分条释"是为了便于初学的幼童吟咏，"圣人之言，在意不在文；圣人之志，在感不在法"，自然不应拘泥于文字等的表面形式。

"伊问：'《书》终于《秦誓》者何？'先生曰：'《秦誓》其可以作圣乎！夫人不患于有过，患于有过不知悔而改也。悔而改之，虽秦穆也，尧舜皆可为矣。故《书》以《二典》始，以《秦誓》终。'"⑥吕柟解释经书（如《诗》《书》等）篇章的安排顺序时，大多侧重内容的义理和逻辑，从整体角度加以把握，解释便比较合乎事理、情理，对经典及其注本的版本源流梳理也会产生影响。吕柟认为当时婚娶都要论财，"欲兴《桃夭》肃雍之化，不亦难乎！"⑦

---

① 吕柟撰，赵瑞民点校：《鹫峰东所语第十五》，《泾野子内篇》卷十，第90页。
② 吕柟撰，赵瑞民点校：《云槐精舍语第一·正德年中语》，《泾野子内篇》卷一，第1页。
③ 吕柟撰，赵瑞民点校：《柳湾精舍语第十一》，《泾野子内篇》卷七，第48页。
④ 吕柟撰，赵瑞民点校：《东林书屋语第五》，《泾野子内篇》卷三，第23页。
⑤ 吕柟撰，赵瑞民点校：《柳湾精舍语第十》，《泾野子内篇》卷六，第47页。
⑥ 吕柟撰，赵瑞民点校：《东林书院语第四》，《泾野子内篇》卷二，第19页。
⑦ 吕柟撰，赵瑞民点校：《东林书院语第六》，《泾野子内篇》卷三，第25页。

用"道"的观点来解释《诗经》的功能与"《诗》亡"的特点，是理学家的基本特点，吕柟也不例外。

  陈诏问："自汉以来诗亡，何谓也？"先生曰："观风之官不设而《风》亡，王道废而《雅》亡，谄道兴而《颂》亡。""李白、杜甫何如？"曰："二子应博学宏辞科则可矣，于诗则未也。然而君子犹有取焉者，辞有近乎史者也。""潘岳、刘琨、江淹、鲍照、二陆、三谢、沈、宋如之何？"曰："乱世之作也，宜勿有于世矣。"问曹植、王粲、刘桢、阮籍。曰："其汉之衰乎！然而涂斯人之耳目者，则自是耳。"问韦孟、苏武、陶潜。曰："赖有此欤！其《鹤鸣》《蓼莪》《考槃》之亚乎！故君子不知《风》不足以成俗，不知《雅》不足以立政，不知《颂》不足以敦化。"①

由吕柟对"《诗》亡"的看法，足可以看出，他将《风》《雅》《颂》与"道"联系了起来，同时也突出了《诗》的社会政治伦理功能，具有一定的历史价值。他认为，《风》可以"成俗"，《雅》可以"立政"，《颂》可以"敦化"。他评价历代著名的诗人，并不是着眼于他们在文学上或诗歌发展史上的贡献，而是将诗作与社会风气、人伦道德联系起来，实质上继承的仍然是"《诗》教"传统。②

---

① 吕柟撰，赵瑞民点校：《云槐精舍语第一·正德年中语》，《泾野子内篇》卷一，第2页。
② "诗问诗。先生曰：'诗之亡久矣。三代之诗，或感于物，或缘于政，或有怀而兴，其辞典可教也，其情迩可咏也。后汉以来，设题目，苦思虑，盖其所短，侈其所长，悦人耳目，迷人心志。诗终不可以咏，不可以教，诗之亡久矣。必不得已，其民间之歌谣乎，犹有风乎尔。'"（《云槐精舍语第二·正德年中语》，《泾野子内篇》卷一）在吕柟看来，诗（包括《诗经》中的诗篇）的意义主要在于有内容，有感而发，而不是雕琢字句，拘泥形式。他认为在民间歌谣中还有"风诗"的印痕，这在一定程度上侧面反映出吕柟对《风》诗歌谣体的认同。宋代朱熹等人已有这种认识，吕柟的这种认识不是没有渊源的。吕柟评价杜甫和韩愈，认为"其诗溺，故其道微"（《云槐精舍语第一·正德年中语》，《泾野子内篇》卷一），"诗溺道微"注意到"诗文"与"道"一定意义上的对立性。吕柟对《诗经》以外的其他诗歌形式也有生动简明的划分和把握，可以视为吕柟广义的诗歌观点，或诗学观点，它也是吕柟《诗经》学理论的立论基础，即主张诗歌中的思想（道义）要与诗歌内容（事物）有机地结合起来。"问：'作诗体如何？'曰：'诗有几般样。有事物无道义，是晋、唐诗；有道义无事物，是宋人诗；事物与道义并用，吾儒之诗。'"（《柳湾精舍语第十一》，《泾野子内篇》卷七）"大器问：'诗可学乎？'先生曰：'圣人可学，况诗乎！但不可溺耳。'"（《柳湾精舍语第十一》，《泾野子内篇》卷七）不可溺于诗，吕柟对徒有形式、缺乏义理的诗篇还是有所警惕的。他主张"一代有一代之诗"（《鹫峰东所语第十三》，《泾野子内篇》卷八），并反复叮嘱学生"耕田不深无高稼，治学不深无端行"（《云槐精舍语第一·正德年中语》，《泾野子内篇》卷一），揭示了学与行的密切关系。

吕柟反对空泛议论。"问治'六经'。先生曰：'此皆圣贤精义妙道所在，学者非徒以姿辩博也。盖圣贤前言往行，固有后学心思所不及，躬行所不到者，诵其言，将以广其知识，增益其所不能也。'"①"先生因人专务于高谈，曰：'在陕有一秀才，不肯读书，每日高大议论。则诲之曰："可读'五经'。"对曰："此是记诵之学也。"曰："不然。心存方能记得，与圣贤通。不然读经如吃木楂同。"横渠亦曰：'"五经"须常放在面前，每年温诵一遍，况学者乎！'"②"问：'"五经""四书"熟后，再看何书？'先生曰：'行后方能熟，虽不治他书可也。'"③"先生叹曰：'今人读经书，徒用以取科举，不肯用以治身。即如读医书，尚且用以治身，今读经书反不若也。'"④"有问'知行合一'者。先生曰：'尔如此闲讲合一不合一，毕竟于汝身心上有何益？不若且就汝未知者穷究将去，已明白者尽力量行去，后面庶有得处。'"⑤强调"知行合一"贵在践行，而不在于空发议论。可见，吕柟的读经观不在于巧言高谈，也不在于逞强使性、追逐名利，而在于把握经书的精神，实现与圣贤心灵沟通，将经书作为治身的依托和凭借。"先生语诸生曰：'民生不安，风俗不美，只是学术不正。学术不正，只为惟见功利一边，鲜知道义。所以贵于讲学者，又不在言语论说之间，惟在笃行道义，至诚转移而已。'"⑥"笃行道义，至诚转移"正是吕柟的为学主张。

吕柟对汉唐经学与宋代经学及两者关系的分析评价，比较集中地反映了他的经学主张和解经方法。

"戴光问：'汉儒太穿凿。'曰：'不然，其来历还是孔孟遗意。后来周程张朱非此不能训诂，至于义理，自家主断。汉儒间有一二处穿凿，又门人相传失真。如我与诸生讲论言语，三四人录下，中间也有写得是的，也有写得想象的，也有写得差错的，便有高下深浅。是以相传愈广，失旨愈多。学者贵乎得心为难，语录次之。'"⑦总体上，吕柟对汉代学者评价还是比较高的，也注意到宋代学者

---

① 吕柟撰，赵瑞民点校：《鹫峰东所语第十五》，《泾野子内篇》卷十，第 93 页。
② 吕柟撰，赵瑞民点校：《柳湾精舍语第十一》，《泾野子内篇》卷七，第 51 页。
③ 同上。
④ 吕柟撰，赵瑞民点校：《鹫峰东所语第十三》，《泾野子内篇》卷八，第 64 页。
⑤ 吕柟撰，赵瑞民点校：《鹫峰东所语第十七》，《泾野子内篇》卷十二，第 118 页。
⑥ 吕柟撰，赵瑞民点校：《鹫峰东所语第十五》，《泾野子内篇》卷十，第 96 页。
⑦ 吕柟撰，赵瑞民点校：《鹫峰东所语第十三》，《泾野子内篇》卷八，第 68 页。

在训诂义理等方面与汉代学术之间的内在联系，虽说对汉代学者穿凿附会的地方多有开脱的努力，但是能够在学理层面上重视汉宋学术之间的关联，已属难能可贵。

"汉儒以反经合道为权，还是因经行不得，只得用权。非反经而何？汉去古未远，看书甚好。今不可便谓之非也。如舜不告而娶，正是反经合道处。"[①]吕柟对解经"反经合道""权"的方法的认可，并且对汉学的价值比一般理学家的评价要高得多。"皋陶说九德，皆就气质行事上说。至商周始有礼义、性命之名。宋人却专言性命，谓之'道学'，指行事为粗迹，不知何也？"[②]他批评宋人"道学"专言性命之弊。

吕柟对隋代的王通有很高的评价。"先生曰：'孟轲、董仲舒之后，得道之深者，其惟隋王通乎！若在孔门，当雍、商之间矣。'介曰：'续《诗》续《书》，人咎其僭经；《中说》，人咎其拟《论语》者何？'曰：'《诗》《书》不续，何以见后世之衰，为来告邪？若《中说》，多发前人之奥，其行则王子之志也，其文则薛收、姚义之笔也，可尽议乎！"[③]他之所以对王通有宽容性看法，主要在于关心"续《诗》续《书》"的现实作用，是应时务的表现，而没有拘泥于"僭经""拟圣"等传统观点。

合理理解这一学术现象，关键在于吕柟独特的"六经"观，这种观念提供了开放性的、实践性的视角，从而使颇有争议的王通在思想学术史上的重要地位得到了一定的呈现。"董仲舒，汉之醇儒也，其初有功于孔子之道者乎！孟轲之后，邪说又息，孔子之道大明于世，自董子始。"[④]

综上所论，吕柟在继承关学、融会和发展朱子理学思想的过程中，具有自己独特的创造，他重视躬行实践，但又有深刻的论述和阐发。在经学观念和解经方法方面，吕柟独特的"六经"观提供了开放性的、实践性的研究视角，并进一步沟通了经典中自然规律与道德法则之间的关系，是对中国哲学中天人关系的反思与印证，对传统"六经"教的精神和方法也有继承和弘扬。

---

① 吕柟撰，赵瑞民点校：《鹫峰东所语第十二》，《泾野子内篇》卷七，第55—56页。
② 吕柟撰，赵瑞民点校：《鹫峰东所语第十七》，《泾野子内篇》卷十二，第118页。
③ 吕柟撰，赵瑞民点校：《云槐精舍语第三》，《泾野子内篇》卷二，第14页。
④ 同上，第17页。

论会论文集》和《论中国哲学史：宋明理学讨论会论文集》两册，共957页，其中的宋明理学卷主要收录了研究北宋五子及朱熹、陆九渊、王阳明等人的论文33篇（国外学者的论文则一概未收），关于"理学的性质"，首次提出了"理学"是以"性"与"天道"为核心内容的一套理论体系的观点，并肯定朱熹哲学思想是"人类的思想财富"，在当时中国哲学界产生了重大的影响。

时隔三十七年之后的2018年8月，此次"宋明理学国际论坛"是改革开放以来又一次规模空前的宋明理学国际会议，在人数规模上虽不及1981年杭州宋明理学会议，但就研究的深度和广度而言，则有重大突破。例如这部《宋明理学新视野》上下两册，共达一百余万言，呈现中国哲学视域下的理学与儒学、理学与道学、理学与经学、理学与心学、理学与气学乃至中西比较、现代诠释、东亚儒学等多元互动的学术特征，同时在研究取向上，又有问题意识突出、专题分析深入、理论视野宽阔、哲学素养深厚等鲜明特色，便是一个重要的印证。据此可以说，与三十多年前的研究状况以及晚近海外汉学界相比，当今中国的宋明理学研究已有了实质性和全面性的重大推进，也实现了全面超越，走在国际中国哲学界的前列。

此次会议论集的编选，经复旦大学哲学学院及上海儒学院相关专家的审核，从会议发表论文87篇当中，挑选出73篇，共分四类主题而构成。就其研究团队而言，虽然仍由中国自己培养的二十世纪八九十年代获得博士学位的一批资深学者担当主角，但是由这批学者培养的又一代新生力量却占据了论文作者的大多数，出现了令人可喜的薪火相传的现象。另需一提的是，此次研究成果充分反映出中国哲学研究已呈国际化协同发展的新气象，来自世界各国及中国港台地区的学者也占据了不少的分量，预示着中国哲学国际化必然是未来发展的新趋向。

总之，这次"宋明理学国际论坛"是1981年杭州宋明理学会议以来规模最为盛大、主题最为鲜明、成果最为丰硕的一次盛会。我们希望借由此次会议的召开以及论集的出版，为推动宋明理学乃至中国哲学的未来发展做出微薄的贡献。

吴 震

2018年10月30日

后 记

2018年是纪念中国改革开放四十周年的重要一年，回顾四十年来的中国哲学学科的成长史，可以说在各个方面都取得了长足进步和丰硕成果，尤其是宋明理学研究更有全面性和突破性的发展。本论集收录论文73篇，是2018年8月22日至23日复旦大学哲学学院和上海儒学院主办"宋明理学国际论坛"会议论文的结集。此次编集是经复旦哲学·中国哲学丛书编委会的审核，从会议论文87篇当中择优选取的结果。

"宋明理学"作为中国哲学现代研究的一个领域的形成，当可追溯至二十世纪二十年代著名史学家吕思勉撰述的名著《理学纲要》(1926年讲稿，出版则在1931年)，其书虽未冠以"宋明"两字，然观其内容，由"理学之原"讲起，以濂洛关闽、象山阳明为主，显然就是一部宋明理学"简史"，故于宋明理学研究领域之形成有开创之功，殆无疑义。然"宋明理学"作为中国哲学研究的一个专业方向得以确立，则在改革开放开始招收研究生的1978年，屈指算来，复旦哲学系作为首批获准的宋明理学研究方向学科点，至今已有四十年的历史了。

尽管晚近以来，关于中国哲学发展有"三期"说或"四期"说，然宋明理学占据承上启下的历史地位，应是学界之共识。不过，遥想当年，学界对于中国哲学研究之现状不免有"重两头而轻中间"之感叹，盖谓学界中人独重先秦与近代，却不免于宋明理学研究用力不足、后继乏人，相应地，其研究成果亦略呈单薄。这一局面开始得以改观的一个标志性"事件"，则不得不说是1981年杭州宋明理学会议的召开。这不仅是改革开放以后而且是1949年以来的第一次国际性宋明理学会议(当时只称"全国宋明理学讨论会")，规模空前，与会者来自海内外各国专家学者260余人，当时国内著名学者如冯友兰、贺麟、张岱年、任继愈、沈善洪、冯契等，国际著名学者如陈荣捷、狄百瑞、山井涌、秦家懿、刘述先等，纷纷撰稿与会。会后出版的论文集分《论宋明理学：宋明理学讨

明的见解。"积衰"就是事物长期由强变弱的过程,几乎没有恢复的可能性。与之相对,"变古"就是改变古义的意义,未必有批判的含义。由上可知,特别是皮锡瑞活着的晚清时期,不少人士对"变"(变法、改变、变革等)这个词有一定的肯定,因此笔者认为皮氏也对宋学,尤其是王(安石)学,产生了好感,将宋代经学部分独立出来,重新撰写新的一章,将它叫作《经学变古时代》。

另:手稿本第九章有"朱子答人问胡文定云"的记述,但是通行本将"文定"误写成"安定",民国经学大师周予同也没有发现,让笔者充分认识到阅览手稿本的重要性。

四 结 论

就著作宗旨来讲,皮锡瑞《经学历史》是经学教科书,然而,笔者在此不得不想起民国经学大师周予同的评语:"皮氏这本书自有其许多优点,值得我们一读;更其是为经学史辟一新途径,是值得我们后学者尊敬的……"[1]

说起清儒对宋学的评议,一般被认为清朝人彻底批判了王安石、朱熹以及明代的思想家。这个看法一方面稳妥适当,另一方面失之偏颇。特别是,成立所谓"经学史"的十九世纪末至二十世纪初,出版了许多有关"经学史"的著作,我们应该重新仔细地阅读,来分析对宋明理学的评价。笔者在此举皮锡瑞《经学历史》来介绍皮氏的经学史思想,以后也将继续研究清朝至民国的经学家的经学史观。

---

[1] 参见周予同《经学史与经学的派别——皮锡瑞〈经学历史〉序》,朱维铮编校:《周予同经学史论著选集》(增订版),上海:上海人民出版社,1996年。

说，惟元赵汸《春秋属词》，义例颇明。孔广森治《公羊》，其源出于赵汸。明梅□《尚书考异》，辨古文之伪，（多中肯綮），开阎若璩、惠栋之先。皆【卓然咸家有功后学】（铁中铮铮、庸中佼佼者也）。

（12）明永乐十二年，敕胡广等修《五经大全》，颁行天下。此一代之盛事，自唐修【义疏】（《五经正义》）后，越八百余年而再见者也。乃所修之书，大为人姗笑。【《日知录》】（顾炎武）谓：《春秋大全》全袭元人汪克宽《胡传纂疏》，《诗经大会》全袭元人刘瑾《诗传通释》。其三经，后人皆不见旧书，亦未必不因前人也。取已成之书，钞誊一过，上欺朝廷，下诳士子，（唐、宋之时，有是事乎！）经学之废，实自此始。《四库提要》更加考定，谓《周易大全》割裂董楷、董真卿、胡一桂、胡炳文四家之书，饾饤成编；《书传大全》亦剽袭陈栎《尚书集传纂疏》、陈师凯《书蔡传旁通》；《礼记大全》采诸儒之说凡四十二家，而以陈澔《集说》为主，澔书之列于学官自此书始。【郑晓《今言》云：洪武开科，五经皆主古注疏及宋儒，后乃尽弃注疏，始于颁《五经大全》时，以为诸家说优者采入故耳。】案官修之书，多剿旧说，唐修【义疏】（《正义》），已不免此。惟唐所因者六朝旧籍，故该洽犹可观。明所因者元人遗书，故谫陋为尤甚。此《五经【义疏】（正义）》至今【犹】（不得不）钻研，《五经大全》【并】（入后遂尽遭）唾弃也。元以宋儒之书取士，《礼记》犹存郑注；明并此而去之，使学者全不【见】（睹）古义【一字，明一代所谓经义不过蒙存浅达之流】（而代以陈澔之空疏固陋，《经义考》所目为兔园册子者）。故经学至明为极衰时代。而剥极生复，贞下起元，至【我】（国）朝，经学昌明，乃再盛而骎骎复古。

通过《经学历史》手稿本《经学积衰时代》的复原工作，笔者发现了下述的要点。

在《经学历史》手稿中，宋明时代的记述被统合在一章中，题为《经学积衰时代》。之后，宋代的部分独立出来，将它叫作《经学变古时代》。皮氏又给手稿本《经学积衰时代》增添了手稿本《经学再盛时代》第十章以及《经学积衰时代》第二章，重新撰写通行本《经学积衰时代》。

在此，笔者将"变古"与"积衰"之间的差异比较，来分析皮氏的对两宋、

（10）汉学至郑君而集大成，于是郑学行数百年；宋学至朱子而集【其】大成，于是朱学行数百年。懿彼两贤，师法百祀，其巍然为一代大宗者，非特以【其】学（术）之闳通，【亦】（实）由制行之高卓也。以经学论，郑学、朱学皆可谓小统一时代。郑学统一，惟北学为然；所谓宁道孔、孟误，讳言郑、服【服谓子慎】非；若南学，则【并】（兼）用伪孔、王、杜，而不尽宗郑、服；是犹未得为统一也。朱学统一，惟南方最早。金、元时，程学盛于南，苏学盛于北。北人虽知有朱夫子，未能尽见其书。元兵下江【南】（汉），得赵复，【濂洛关闽】（朱子）之书始传【至】（于）北。姚枢、许衡、窦默、刘因辈翕然从之。于是元仁宗延祐定科举法，《易》用朱子《本义》，《书》用蔡沈《集传》，（《诗》用朱子集《传》），《春秋》用胡安国《传》【皆〔朱子〕宋儒之徒】，惟《礼记》犹用郑注，是则可谓小统一矣。（尤）可异者，隋平陈而南并于北，经学【则】（乃）北反并于南；元平宋而南并于北，经学亦北反并于南。论兵力之强【盛】，北常胜南；论学力之【膨胀】（盛），南乃胜北。隋、元前后遥遥一辙，是岂优胜劣败之理然欤？抑报复循环之道如是欤？

（11）（论）宋、元、明三朝之经学，元不及宋，明又不及元。宋【人虽拨弃古义，然如】刘敞、王安石【等】（诸儒），其先皆尝潜心注疏，故能辨其得失。朱子论疏，称《周礼》【为最好，《诗》《礼》次之，《易》为下】（而下《易》《书》），非于诸疏功力甚深，何能断得如此确凿。宋儒学有根柢，故虽【不信】（拨弃）古义，犹能自成一家。若元人则【惟遵守】（株守）宋儒之书，而于注疏所得甚浅。如熊朋来《五经说》，于古义古音多所抵牾，【此其所以】（是元）不及宋也。明人又株守元人之书，【而】于宋儒亦少研究。如季本、郝敬【解经】多（凭）臆说【不根】，杨慎作伪欺人，丰坊【至】造《子贡诗传》《申培诗说》以行世而【人】（世）莫能辨，【八股〔亦〕空疏，古义沦坠，此明所以又不及元也】（是明又不及元也）。顾炎武论《书传会选》云：“其传中用古人姓名、古书名目，必具出处，兼亦考证典故。盖宋、元以来诸儒之规模犹在。而其为此书者，皆自幼为务本之学，非由八股出身之人，故所著之书虽不及先儒，而尚有功于后学。自八股行而古学弃，《大全》出而经说亡。”其论明之不及宋、元，可谓深切。元、明人之经则【不】(未)可尽为朱子咎。【而】若王柏作《书疑》，将《尚书》任意增删；《诗疑》删《郑》《卫》【之】风，【又间有增窜，】雅、颂亦任意改易；可谓无忌惮矣。《四库提要》斥之曰："柏何人斯，敢奋笔以进退孔子哉！"经学至斯，可云一厄。(他如)俞廷椿《【周礼】复古编》，割裂五官，以补冬官；吴澄《礼记纂言》，将四十九篇颠倒割裂，私窜古籍，使无【全】完肤。宋、元、明人(说经)之书，若此者多，而实宋人为之俑始。

（9）唐、宋明经取士，犹是汉人之遗【法】；而唐不及汉，宋又不及唐者，何也？汉【专取】(以)经术造士，上自公卿，下逮掾吏，莫不通经。其进用，或由孝廉茂才，或由贤良对策。若射策中科，止补文学掌故、博士弟子员，【未为】(非)高选也。唐之帖经，犹汉之射策；其学即浅，(而)视之又不重。所重视者，诗赋之辞，时务之策，皆非经术。援经义对策者，仅一刘蕡引《春秋》正始之文，发宦侍无君之隐。以直言论，固属朝阳之凤；以经义论，亦同独角之麟；而唐不能用。此【唐】(其)所以不及汉也。宋仁宗始复明经科，神宗变帖经为墨义。【其君正但】帖经之记诵属实，非数年不为功；墨义之文字蹈空，即一时可猝办。唐时(帖括)全写注疏【谓之帖括】，议者病其不能通经。权德舆谓注疏犹可以质验；不者，倘有司率情，上下其手，既失其末，又不得其本，则荡然矣。宋用墨义，正如权德舆所料。又(专)用王氏新学，不遵古义。苏轼以为黄茅白苇，〔其多所〕【时之经义取裁可知。后虽罢王氏学，而以科举文字说经必有空衍义理横发议论之弊。故朱子尝云"经义甚害事，分明是侮圣人之言"，是其时之经义无可观，亦可知宋人说经之书多此弊。】(徐禧言窃袭人语不求心通者相半，此其所以并不及唐也。且宋以后，非独科举文字蹈空而已，说经之书，亦多空衍义理，横发议论，与汉、唐注疏全异。)朱子答人问胡【文】(安)定云："寻常亦不满于胡说，解经不使道理明白，却说其中多使故事，大与做时文答策相似。"夫以胡安国《春秋传》，后世颁之学官，用以取士者，犹不免与时文答策相似；【窃谓此不特《春秋》胡传为是。宋以后说经者，〔与先儒朴实说经〕类多空衍义理横发议论，与汉唐注疏之解经异】，皆由【时文答策】科举之【法】(习)深入人心，不可涤除。【此宋之所以不及唐也】(故论经学，宋以后为积衰时代)。

唐人啖、赵、陆一派）。如孙复、孙觉、刘敞、崔子方、叶梦得、吕本中、胡安国、高闶、吕祖谦、程公说、张洽、吕大圭、家铉翁，皆其著者，以刘敞为最优，胡安国为最显。元、明用胡《传》取士，推之太高；近人又诋之太过，而胡《传》卒废。平心而论，胡氏《春秋》大义本孟子【诛乱贼】，一字褒贬本《公》《谷》，（皆不得谓其非。）【两家惟】（而）求之【道】（过）深，务出《公》《谷》两家之外；锻炼太刻，多存托讽时事之心。其书奏御经筵，原可藉以纳约。【惟】（但）尊王攘夷，虽《春秋》大义；而王非【拱揖拜跪】（唯诺趋伏）之可尊，夷非一身两臂之可攘。胡《传》首戒权臣习艺祖惩艾黄袍之非，启高宗猜疑诸将之意。王夫之谓岳侯之死，其说先中于庸主之心。此其立言之大失（由解经之不明）也。崔子方《春秋本例》，以日月为本，在宋【人】（儒）中，独能推明《公》《谷》【之学】；而所作《经解》并纠《三传》，未能专主一家。朱子云："《春秋》义例……不能自信于心，故未尝敢措一辞。"（此朱子矜慎之处）亦由未能专信《公》《谷》，故义例无所依据也。

（8）宋人不信注疏，驯至疑经；疑经不已，遂至改经、删经、移易经文【此一代之陋风极，不可训】（以就已说，此不可为训者也）。世讥郑康成好改字；不知郑《笺》改毛，多本【纬】（鲁、韩之说）；【求】（寻）其依据，犹可征验。注《礼记》用卢【植】（马）之本，当如卢植所云"发起纰缪"；注云"某当为某"，亦必【实】（确）有【据】（凭）依。《周礼》故书，不同《仪礼》；今古文异，一从一改，即以《齐》《古》考《鲁论》之意。《仪礼》之《丧服传》，《礼记》之《玉藻》《乐记》，（虽）明知为错简，但存其说于注，而不易其【次序】（正文）。先儒之（说）经，如此其慎【也】，（岂有擅改经字者乎！）唐魏徵作《类礼》，改易《礼记》【篇】次序，张说驳之不行，犹得谨严之意。乃至宋而【此风大昌】（风气大变）。朱子注《论语》，【于重出诸章不删】（不删重出之章）；"与其进也"三句，不钩转其文，但存（其说）于注。注《诗》"爰其适归"，云《家语》作奚，而不改为奚；（据古本）"上帝甚蹈"，云《国语》作神，而不改为神；（其）体例犹未失也。独于《大学》，移其文，又补其传；《孝经》分经传，又删经文；未免宋人【结】习气。而移《大学》先有二程子，删《孝经》【朱子】云本【于】胡侍郎、汪端明【两公】，

【不能不】从郑注；皇、熊说异，而皆在郑注范围之中。宋时三礼之学，【颇】(讲习亦)盛。王安石以《周礼》取士。后有王昭禹、易祓、叶时，皆可观。《仪礼》有李如圭《集释》《释宫》，张淳《识误》，并实事求是之学。《礼记》，卫湜《集说》一百六十卷，采摭宏富，可比李鼎祚之集《周易》。而陈祥道之《礼书》一百五十卷，贯通经传，晁公武、陈振孙服其精博。窃谓祥道之书，博则有之，精则未也。宋人治经，务反汉人之说。以礼而论，如谓郊禘是一，有五人帝，无五天帝，魏王肃之说也。禘是以祖配祖，非以祖配天，唐赵匡之说也。此等处，前人已有疑义，【非始】宋人(遂据以诋汉儒)。【平心论之】三代之礼【已】(久)亡，汉人去古未远，其说必有所受。(古时宫室制度，至汉当有存者。如周之灵台，汉时犹在，非后人臆说所能夺也)。【至其大典礼之】(若古礼之)不宜于今者：郊禘一岁屡行，天子难于亲出；宗庙四代迭毁，人情必疑不安。后世天则每岁一郊，祖则同堂异室，此皆不必强【规】(摹)古礼，亦不必以古礼为非，宋人〔勇于自信〕薄视前人苟异先儒】(尽反先儒)，一切武断；改古人之事实，以就我之义理；变三代之典礼，以合今之制度；是皆未敢附和以为必然者也。朱子《仪礼经传通解》，以十七篇为主，取大、小戴及他书传所载系于礼者附之，【但】(仅)成家、乡、邦国、王朝礼，丧、祭二礼未就而朱子殁，黄榦续成之。其书甚便学者，为江永《礼【书】(经)纲目》、秦蕙田《五礼通考》【之】所自出。

(7)《(春秋)公羊》、《穀梁》，汉后已成绝学。《左氏》传事不传义，后人专习《左氏》，于《春秋》一经，多不得其解。王安石以《春秋》为断烂朝报而废之，后世以此诟病安石。【而其】(安石)答韩求仁问《春秋》曰："此经比他经尤难，盖《三传》不足信也。"尹和靖云："介甫不解《春秋》，以其难之也，废《春秋》非其意。"据尹氏说，安石【原】(本)不欲废《春秋》者，然不信《三传》，则《春秋》已废矣。若以《春秋》为断烂朝报，则非特安石有是言，专执《左氏》为《春秋》者皆不免有此意。信(《左氏》家)经承旧史、史承赴告之说，【则】(是)《春秋》【是】(如)朝报矣；不信《公》《谷》家日月褒贬之例，而概以为阙文，是《春秋》如朝报之断烂者矣。【岂尽安石之罪哉！】宋人【说】(治)《春秋》者【最】多，(而不治颛门，皆沿难，始疑孔《传》】。朱子【以为】(继之，谓"某尝疑)孔安国书【似】(是)假，《书序》是魏、晋间人作。【传亦不似汉人。今文多难，古文反易。不应】《书》凡易读者皆古文)，伏生(所传皆难读，如何)偏记其所难而易者全不能记【其易者】。"〔其〕【可谓】(朱子所疑，真)千古卓识。蔡《传》不从师说，殆【以是】(因其序以传心为说；传心)出虞廷十六字，不敢(明)著其伪乎！阎若璩作《古文疏证》，攻(伪《书》)伪《传》；毛奇龄为古文作《冤词》。人【皆】(多)是阎非毛，【此】(实)亦未可概论。阎攻伪《书》、伪《传》极精，而据蔡《传》则误。毛不信宋儒所造事实，而一从孔传，此则毛是而阎非者，学者当分别观之。

（5）(《诗》)鲁、齐、韩三家，《艺文志》以为鲁最近之。《齐诗》【四】(五)际六情，独传异义，则《诗》之别传也。《韩诗》，唐时尚存，惜无传人而亡。【惟】《毛传》孤【传】(行)，郑《笺》间采鲁、韩。【是】(自)汉以后，(说《诗》)皆宗毛、郑。宋欧阳修《本义》始辨毛、郑之失，而断以己意。苏辙《诗传》始以毛《序》〔非取子夏？〕【不出子夏】(不可尽信)，止存其首句，而删去其余。南宋郑樵《诗传辨妄》始专【难】(攻)毛、郑，而极诋《小序》。当时周孚已反攻郑樵。朱子早年说《诗》，亦主毛、郑；吕祖谦《读诗记》引朱氏曰，即朱子早年之说也。后见郑樵(之)书，乃将【毛序逐条辨驳，作诗】大小【编】(序)，别为一编而辨之，名《诗序辨说》。其《集传》亦不主毛、郑，以《郑》《卫》为淫诗，且为淫人自言【又断大小雅某篇为某处乐歌】。同时陈傅良已疑之，谓：以城阙为偷期之所，彤管为淫奔之具，窃所未安。马端临《文献通考》辨之尤详，谓：夫子尝删《诗》，取《关雎》乐而不淫；今以文公《诗传》考之，其为男女淫泆而自作者，凡二十有四，何夫子犹存之不删！又引【《左传》】郑六卿饯韩宣子所赋诗，皆文公所斥以为淫奔之人所作，而不闻被讥。乃知当如序者之说，不当如文公之说也。是(朱子)《诗集传》，宋人【亦】(已)疑之。而朱子作《白鹿洞赋》，引《青衿》伤学校语，门人疑之而问，朱子【以为】(答以)序亦不可废。是朱子作《集传》，不过自成一家之言，非欲后人尽废古说而从之也。王柏乃用其说而删《诗》，岂朱子之意哉！

（6）三《礼》本是实学，非可空言；(故)南北学分，(而)三《礼》皆数,（犹）未尝驾其说于孔子之上也。宋道士陈抟乃本太乙下行九宫之法，作先天后天之图，托伏羲、文王之说而加之孔子之上。三传得邵子，而其说益昌。邵子精数学，亦《易》之别传，非必得于《河》《洛》。程子不信邵子之数，其识甚卓。《易传》言理，比王弼之近老氏者，为最纯正。朱子以（程子）不言数，【遂】（乃）取《河》《洛》九图冠于所作《本义》之首。于是宋【以后】（元、明）言《易》者，开卷即说先天后天。不知图是点画，书是文字；故汉人以《河图》为八卦、《洛书》为九畴。【今陈抟】（宋人）所传《河图》《洛书》，皆黑白点子，是【有图而无书】（止可称图，不可称书）。而乾南坤北之位，是乾为君，而北面朝其臣。此皆百喙不能解者。【故】（是）以先天后天说《易》者，皆无足观。

（4）《尚书》传自伏生，今存《大传》；而《洪范五行传》（专言祥异），则《书》之别传也。太史公当武帝立欧阳《尚书》之时，【其】（所）引《尚书》，必欧阳说，与伏传多吻合。大小夏侯出，始小异。古文说出，【遂】（乃）大不同。今考《五经异义》（引）《古尚书说》【及】（《五经疏》引）马、郑遗说，如六卿、六宗、广地万里、服十三（二）章之类，多【引】（援）《周礼》以解【尚书】（唐、虞）。夫《周礼》即（属）周公手定之书，（亦）不可强尧、舜下从成周之制，是古文说已不可信矣。伪孔《传》出，王肃杂采今古，与马、郑互有得失。诸儒去古未远，虽【改】（间）易其制度，未尝变乱其事实也。至宋儒乃以义理悬断数千年以前之事实，谓文王不称王；戡黎是武王；武王但伐纣，不观兵；周公【但】（惟）摄政，【不称】（未代）王；无解于"王若曰孟侯朕其弟子封"之文，乃以为武王封康叔；《君奭》是周公留召公；王命周公后是留后治洛；【皆】（并）与古说不合。考之《诗》《书》，皆言文王受命。伏《传》、《史记》皆言文王称王，以戡黎为文王事，非武王事。武王既可伐纣，何以必不可观兵。伏《传》言周公居摄；《史记》言周公践位。又言武王时，康叔幼，未得封；《左氏传》祝□（明）言周公封康叔，□以卫人说卫事，岂犹有误！《史记》言《君奭》作于周公居摄时，非留召公。又言周公老于丰，薨于丰，未尝留后治洛。唐置节度留后，古无是（此）官名。【此】皆变乱事实之甚者，孔《传》尚无此【弊】（说），故孔《传》（虽伪），犹愈于蔡《传》也。【此】（疑孔《传》始于宋）吴棫【发为章句之学；读《春秋》未知十二公，已谓《三传》可束之高阁。"陆游曰："唐及国初，学者不敢议孔安国、郑康成，况圣人乎！自庆历后，诸儒发明经旨，非前人所及；然排《系辞》，毁《周礼》，疑《孟子》，讥《书》之《胤征》、《顾命》，黜《诗》之序，不难于议经，况传注乎！"案宋儒【不信注疏】（拨弃传注），遂【至疑经】（不难于议经）。排《系辞》谓欧阳修，毁《周礼》谓修与苏轼、苏辙，疑《孟子》谓李觏、司马光，讥《书》谓苏轼，黜《书》（诗）序》谓晁说之。【是】（此）皆庆历及庆历稍后人，可见其时风气实然，亦不独咎刘敞、王安石矣。

（2）宋人【经说】（说经）之书【多】（传于今者），比唐不止（多）出十倍，乃不以为盛而以为衰者，唐人犹守古义而宋人多【创】（务）新义也。唐人经说传世绝少，此亦有故。考《唐书经籍志》，唐人自为之书二万八千余卷，《五经》义说著于录者凡数十种，则亦未为鲜矣。而今所传不及什一，由于其时刊本未出，传钞不易，一遇兵燹，荡为煨烬。世传古籍，唐以前什一二，宋以后什八九。此非特唐人所著之书为然，亦非特唐人所著经说为然也。【宋儒拨弃先儒，自矜创获】（又自）宋末元、明，专用宋儒之【说】（书）取士，注疏且束高阁，何论注疏之外！于是唐以前【人经说】（古籍）之不亡于兵燹者，尽亡于宋以后。所以唐人经说传世寥寥。宋则刊【本】（刻）已行，流传甚易，宜其存多佚少。今所传宋人【史】（文）集说部皆十倍于唐人，非止经说。是未可以经说之多寡判唐、宋之优劣也。五代极乱之时，【开一极】（忽开）文明之【起点】（象；如）锲木一事，实为艺林之珍。《五代会要》，后唐长兴三年始依《石经》文字刻九经印板。经书之有木板，实始于此。逮两宋而刻本多【矣】。（此宋以后之书所以多传于今日也。）

（3）孔子以《易》授商瞿，五传而至田何，又三传为施雠、孟喜、梁丘贺，此《易》之正传也。京房受《易》于焦延寿，托之孟氏，不相与同，多言卦气占验【流于术数】，《易》之别传也。郑注言爻辰，虞注言纳甲，不过各明一义，本旨不尽在此。郑与荀爽皆费氏《易》；惟虞翻言家传孟氏，而【中】（注）引《参同契》，又言梦道士使吞三爻，则间本于道家。王弼亦费氏《易》，而旨近老氏，则亦涉道家矣。然诸儒虽近道家，【涉】（或用）术类的记载和手稿本中篇名的更改过程是一致的。因此，光绪三十一年（1905）七月十三日就几乎已经完成的《经学历史》，即是手稿本。但是，《经学历史》的出版是在一年后的秋天。根据《日记》七月十六日至十月十五日的记载，手稿本完成后，《经学历史》的修改及填写工作仍在继续进行着。① 也就是说，这并非是他在《日记》上所说的"粗毕"的《经学历史》。

下面笔者试图复原手稿本版《经学历史·积衰时代》（手稿本中，第八章《经学变古时代》并不存在）。其中的〔　〕表示手稿原本，【　】表示皮锡瑞删除的部分，（　）表示通行本的部分。并且（2）的部分是修改后移到《积衰时代》的。

经学积衰时代

（1）经学自唐以至宋初，已陵夷衰微矣。然笃守古义，无取新奇；各承师传，不凭胸臆，犹汉、唐注疏之遗也。宋【李沆为】（王旦作）试官，【不取】（题为）"当【师】（仁）不让于【仁】（师）"，不取贾边解师为众【者】（之新说，可见）宋初笃实之风。【可以想见】乃不久而风气遂变。《困学纪闻》云："自汉儒至于庆历间，谈经者守训故而不凿。《七经小传》出而稍尚新奇矣。至《三经义》行，视汉儒之学若土梗。"据王应麟说，是经学自汉至宋初未尝大变，至庆历始一大变也。《七经小传》，刘敞作，《三经新义》，【出】王安石【〔作周〕礼义，其子雱注《诗》《书》，是为《三经新义》，用以〔取士〕，至南宋始废〔其书〕。今《诗》《书》义亡，不可考。《周礼义》〔亡而复出〕尚存其略，王氏自称新义，其不师古可知】，（或谓《新义》多剿敞说）。元祐诸公，排斥王学；而伊川《易传》专明义理，东坡《书传》横生议论，虽皆传世，【未免】（亦各）标新。司马光《论风俗札子》曰："新进后生，口传耳剽，读《易》未识卦爻，已谓《十翼》非孔子之言；读《礼》未知篇数，已谓《周官》为战国之书；读《诗》未尽《周南》《召南》，已谓毛、郑

---

① 例如，七月十八日"校《经学历史》，增改数处"，八月二十九日"《历史》增入二处"，十月五日"复校《经学历史》一过，稍加注"等。

图书馆",在《中国古籍总目·经部》(中华书局,2012年)中著录为"经学历史二卷,稿本,湖南师大"。此书在2013年3月通过中国国务院的审核,被收录于中国国务院颁布的《第四批国家珍贵古籍名录》中。然而至今为止,遑论其内容,就连其存在也鲜有人知。

首先简要介绍手稿本的版本信息。手稿本是在红线稿纸上以墨书写,版框为16.1 cm×11.5 cm,四周双边,有界,朱线栏,半叶九行,每行二十四到二十五字不定,版心白口,单朱鱼尾,版心下部有《松云阁》的印字。通行本全书一卷,而手稿本由上卷三十六叶,下卷三十八叶(包括上下卷中间的空白叶)两卷构成。手稿本中多处可见皮锡瑞的修正和填写的痕迹,由此可以看到由手稿至定稿的变化过程。

例如,关于篇名,手稿本的结构与通行本一样都是十章,但其中的三篇能看到修改过的痕迹。第一章,起初被命名为《经学胚胎时代》,之后被改称为《经学萌芽时代》,最后被修改成与通行本相同的《经学开辟时代》。第二章,起初被命名为《经学萌芽时代》,之后被依次改为《经学开创时代》《经学开始(创始?)时代》,最后与通行本一样定为《经学流传时代》。另外,第八章《经学变古时代》起初并不存在。第十章,起初被命名为《经学再盛时代》,之后被改称为《经学复盛时代》。

由上可知,手稿本的文章结构曾几次经历过变化,这也与皮锡瑞在《师伏堂日记》①中关于《经学历史》执笔的记载相符合。《经学历史》于光绪三十一年(1905)五月五日开始执笔,光绪三十二年由湖南思贤书局出版。根据《日记》,《经学历史》的书写始于皮氏受湖南省学务所提调陈庆年(1862—1929)的委托。他在《日记》中写道五月五日"此事亦不难,暑假后,便可为之",六月九日"录经学胚胎时代四条",六月十日"录经学萌芽时代数条",七月九日"录四条至明末矣",七月十日"将《历史》开卷稍作增加,改为开辟承流时代",七月十三日"《经学历史》粗毕"。可见,从委托到完成仅仅用了两个月。而且,有关《日记》中"录经学胚胎时代四条""录萌芽时代数条""改为开辟承流时代"之

---

① 《师伏堂日记》是从光绪十八年(1892)正月一日至三十四年二月四日也就是皮锡瑞死去当日的日记。原稿被湖北省图书馆收藏。影印本2009年由国家图书馆出版社出版,标点整理本由吴仰湘《皮锡瑞全集》第九至十一册收录。

争,二是自南宋初理学家们对他的批判。① 对于王安石的评价皮氏与钱氏持不同的观点,皮氏偏重于冷静分析。他认为疑经的风气不仅仅是王安石,庆历以后都是,"可见其时风气实然","亦不独咎刘敞、王安石"(《经学变古时代》第一节)。相传王安石将《春秋》作为断烂朝报,并没有立于学官,后人因此批判王安石。皮锡瑞道:"若以《春秋》为断烂朝报,则非特安石有是言,专执《左氏》为《春秋》者皆不免有此意。"(《经学变古时代》第五节),避免特别批判王安石。可是皮氏认为王安石的科举改革导致了经学的衰落,批判地指出:"科举取士之文而用经义,则必务求新异,以歆动试官;用科举经义之法而成说经之书,则必创为新奇,以煽惑后学。经学宜述古而不宜标新;以经学文字取人,人必标新以别异于古。一代之风气成于一时之好尚,故立法不可不慎也。"(《经学积衰时代》第二节)

那么皮氏为何没有批判王安石呢？笔者认为进入二十世纪初,梁启超的《王荆公》(1908)发行后,学者间对于王安石的态度发生了改变,最初的否定改为肯定。该书前言说:"本书以发挥荆公政术为第一义,故于其所创诸新法之内容及其得失言之特详,而往往以今世欧美政治比较之,使读者于新旧知识咸得融会本书。"那时,清朝正遭受着前所未有的政治危机,内忧外患,比王安石执政时要严重得多,对主张通过变法改良而使中国强大起来的梁启超来说,很自然的会想起王安石以富国强兵为目的的新法改革。梁启超与皮锡瑞都是维新派,故可以说维新派人士会产生对王安石的共鸣。②

三 从《经学历史》手稿本看的宋明理学

湖南师范大学图书馆收藏有《经学历史》手稿本。该书在《湖南省古籍善本书目》(岳麓书社,1998年)中著录为"经学历史二卷,稿本,湖南师范大学

---

① 参见李华瑞:《王安石历史地位沉浮与南宋以后中国社会历史变迁》,《王安石变法研究史》,北京:人民出版社,2004年。笔者在《王安石學派の興隆と衰退―蔡卞と秦檜―》(《日本中國學會報》56,2004年)中分析过北宋末至南宋的新学和理学的消长过程。

② 参见佐藤慎一:《中国に宋近世説は存在したか？―清末知識人の宋代イメージ―》,《中国―文化》20,东京:中国社会文化学会,2005年;李华瑞:《王安石历史地位沉浮与南宋以后中国社会历史变迁》。

证……总之，无论何项学术，皆当自求心得，不当是己非人，意有不同，不妨周咨博访，互相印证，以折衷于一是。即学派宗旨不可强合，尽可各尊所闻，各行所知，不妨有异同，不必争门户。无论何项学术，不要务虚名，要切实用。

皮锡瑞说："解经当实事求是，不当党同妒真"（《今文尚书考证》凡例），《经学历史》的记述也反映出了他的思想。

在《经学复盛时代》第四节，他评价了有些汉学家不藐视宋学：

> 江、戴、段之学未尝薄宋儒也。宋儒之经说虽不合于古义，而宋儒之学行不愧于古人。且其析理之精，多有独得之处。故惠、江、戴、段为汉学帜志，皆不敢将宋儒抹杀。学求心得，勿争门户。若分门户，必起诟争。

皮锡瑞本来对宋朝持批判态度，尤其是北宋时期的"宋儒拨弃传、注，遂不难于议经"（《经学变古时代》第三节）的风气，并且他指出"经学变古时代"开辟了"经学积衰时代"的道路是有误的。尽管如此，他对于宋代经学，从"门户之见"中脱离，平心地研讨，指出了其特点。

比如，皮锡瑞对汉学派江藩（1761—1830）《国朝汉学师承记》批判了"不脱门户之见，未免小疵"，同时对于宋学派方东树（1772—1851）《汉学商兑》也给予"纯以私意肆其谩骂"，"名为扬宋抑宋，实则归心禅学"（《经学复盛时代》第四节）等强烈的批判。

北宋的王安石（1021—1086），在南宋至清朝的评价是不可被认可的。《四库全书总目提要》经部礼类一《周官新义十六卷附考工记解二卷》写道："安石之意，本以宋当积弱之后，而欲济之以富强，又惧富强之说必为儒者所排击，于是附会经义以钳儒者之口，实非真信《周礼》为可行。迨其后，用之不得其人，行之不得其道，百弊丛生，而宋以大坏，其弊亦非真缘《周礼》以致误。"钱大昕攻击王安石"得罪于名教"，是"狂惑丧心之大恶"（《王安石狂妄》，《十驾斋养新录》卷七），王安石的"新学"被斥为异端邪说，主要有二。一是与理学斗

二 从《经学历史》通行本看的宋明理学

皮锡瑞撰《经学历史》，光绪三十二年（1906），由长沙思贤书局刻板刊行，至宣统三年（1911），又由上海群益书社铅印出版，题为《经学历史讲义》，书名虽然不同，其实为一书。1928年，周予同注释本刊行后，经商务印书馆先后列入《学生国学基本丛书》和《万有文库》，其影响逐渐扩大。而光绪三十一年，刘师培《经学教科书》即由上海国粹学报馆刊行，此时，皮氏《经学历史》尚未付刊，那么可以说经学史的最早著作就是刘师培《经学教科书》。

清末取消科举，民国废止读经，自此之后，所谓"经书"遂遭废弃，湮没不彰。伴随着传统之瓦解，官方经学也不可避免地走向"终结"。为了适应新式学堂的教学需要、消除荒经蔑古之患，有些经学家编写了一批经学教科书，皮锡瑞的《经学历史》、刘师培的《经学教科书》就是其中的代表。两本经学教科书都表达了在新式教育中延续"经学"的共同旨趣。

皮锡瑞认为，"凡学不考其源，莫能通古今之变；不别其得失，无以获从入之途"（经学开辟时代）。因此《经学历史》同样采取了"通古今之变"的经学史叙述模式。他将自先秦至晚清的经学历史分为（1）开辟（春秋时期）、（2）流传（战国时期）、（3）昌明（西汉时期）、（4）极盛（西汉—东汉时期）、（5）中衰（三国—西晋时期）、（6）分立（南北朝时期）、（7）统一（隋唐时期）、（8）变古（两宋时期）、（9）积衰（元明时期）、（10）复盛（清朝）十个时期，较为系统、完整地描述了经学发展的全过程。

皮锡瑞一直采取"学宜通达，不宜狭隘"（南学会第二次讲义）的态度。他在第二次讲义中，多次批判了"门户的见"也就是派别主义：

> 今之学者，有汉学，有宋学。讲汉学者，有西汉今文之学，有东汉古文之学。讲宋学者，有程、朱之学，有陆、王之学。近日又以专讲中学者为旧学，兼讲西学者为新学。党同伐异，总以学自己是，人家不是。平心而论，汉学未尝不讲义理，宋学未尝不讲训诂。同是师法孔子，何必入室操戈？西学出于中学，本周、秦诸子之遗，庄、列、关尹诸书所载，是其明

局应"深知变通以开民智,求人才为急务",众人讲求"有体有用之学",匡济时艰。他共讲演十二次,自称"其大旨在发明圣教之大,开通汉宋门户之见;次则变法开智,破除守旧拘挛之习"。因其所讲,能贯穿汉宋,融合中西,沟通时事,深受听众欢迎。其讲义及问答,都刊登在《湘报》上。南学会一些讲演,受到保守派的诋毁攻击,王先谦、叶德辉等在《湘绅公呈》中尤指名说:"虽以谨厚如皮锡瑞亦被煽惑,形之论说,重遭诟病。"而皮锡瑞却态度自若说:"明知而不避者,以时急如救焚拯溺,即焦毛、濡手足,所不辞也。"曾往复辩论,驳斥叶德辉等所谓"附异端""悖正学"之说。四月,仍回南昌经训书院,继续宣传维新变法。不久,南学会停讲,他写信给陈宝箴和熊希龄等说:"宜以坚忍镇定待之。"五月,江西高安邹殿书创办经济学堂,设立励志学会,他应邀去讲学,又为江西顽固派所嫉。

光绪二十四年(1898),戊戌政变发生,谭嗣同等六君子惨遭杀害。江西顽固派御史徐道焜等劾奏皮锡瑞"离经畔道,于康有为之说心悦诚服"。次年正月,清廷着江西巡抚将皮锡瑞驱逐回籍,又敕湖南巡抚将其革除科名,交地方官严加管束。此后皮锡瑞长期从事教学,历任湖南高等学堂、湖南师范馆(后为中路师范)、长沙府中学堂讲席,学务公所图书课长及长沙定王台图书馆纂修等职。光绪三十四年,皮锡瑞去世,终年五十九岁。葬长沙南郊冯家冲。

皮锡瑞博贯群经,创通大义,今文经学,造诣尤深。所著《经学通论》,胪列心得,示学人以途径;《经学历史》,尤为经学入门之作。主张解经当实事求是,不当党同妒真,对各家持论公允。又善于诗和骈文,所著《师伏堂集》,刊于光绪三十年,计有骈文六卷、诗草六卷、咏史一卷、词一卷。又著有《尚书大传疏证》《古文尚书疏证辨证》《九经浅说》《古文尚书冤词评议》《孝经郑注疏》《郑志疏证》《今文尚书考证》《圣证论补评》《尚书中候疏证》《驳五经异义疏证》《发墨守箴膏肓释废疾疏证》《汉碑引经考》《王制笺》《师伏堂笔记》以及《师伏堂日记》等书。2015年吴仰湘编《皮锡瑞全集》已由中华书局出版。①

---

① 参见皮名振:《皮鹿门先生锡瑞年谱》,上海:商务印书馆,1936年;吴仰湘:《通经致用一代师——皮锡瑞生平和思想研究》,长沙:岳麓书社,2002年;《皮锡瑞的经学成就与经学思想》,长沙:岳麓书社,2013年。

霍（1897—1976）撰写了《中国经学史》，在民国二十五年（1936）出版。在日本也有相同的趋向，经学史著作的撰写以昭和二年（1927）本田成之（1882—1945）《支那经学史论》的发刊为开端，其后，泷熊之助的《支那经学史概说》（1934）和诸桥辙次（1883—1983）的《经学研究序说》（1936）也相继出版。

检讨这个原因虽是学术上很有趣的问题，但是这暂且不论，目前笔者想要探究的课题是，皮锡瑞的《经学历史》如何看待以及评价宋明理学时期。

笔者与桥本教授从 2013 到 2014 年在湖南师范大学图书馆阅览并抄写了《经学历史》手稿本全卷，并与其通行本进行了对比，结果发现手稿本和通行本不仅在字句间有异同，甚至在其经学史观上也存在着显著的差异。因此，笔者将向各位介绍手稿本与通行本的内容差异，并重新探讨皮锡瑞的经学史。

一　皮锡瑞的生平志业

皮锡瑞，湖南善化（今长沙市）人，字鹿门，一字麓云，举人出身。三应礼部试未中，遂潜心讲学著书。他景仰西汉伏胜，署所居名"师伏堂"，学者因称之"师伏先生"。

他生于道光三十年（1850）十一月十四日，十二岁补县学生员。光绪九年（1883）举人。以后多次参加会试皆落第，以后潜心讲学著述。光绪十七年任湖南桂阳州龙潭书院讲席。两年后任江西南昌经训书院讲席。左宗棠平定新疆后，皮锡瑞认为新疆是俄国垂涎之地，主张屯田，巩固边防。光绪九年，日本吞并琉球、法国占据安南东京（现越南河内）后不久，他代好友云贵总督署任职的王怀钦作疏，请求政府收复琉球，援救安南，积极抵御了列强的侵略。甲午战争后，他对签订《马关条约》极为愤慨，又先后读到康有为《新学伪经考》和郑观应《盛世危言》等著作，受到影响，开始倾向变法，认为当务之急"宜先靖内乱，严惩贿赂，刻绳赃吏，责帅以法，实事求是。且必先өө宋明陋习，不必皆从西俗"。在光绪二十二年给黄鹿泉信中，他极言变法不可缓，指出"中国局势如同病入膏肓，欲学医以治之，亦恐缓不济急，况尚有沮之者！"维新运动兴起以后，皮锡瑞从江西回湘探亲，应熊希龄等人邀请，留湘赞助新政。光绪二十三年春，在南学会主讲学术，指出"中国微弱，四夷交侵，时事岌岌可危"，政府当

晚清经学家对宋明理学的理解
——以皮锡瑞《经学历史》及《经学历史》手稿本为中心[*]

井泽耕一

(茨城大学人文社会科学部)

前　言

笔者至今翻译过的经学(史)论著有三种。第一个是《朱子语类》卷八十六的《周礼》部分，这本《朱子语类译注·卷八十四—八十六》已于2014年由日本汲古书院出版。第二是晚清皮锡瑞《经学历史》的译注，笔者与日本奈良教育大学桥本昭典教授目前正共同从事翻译工作。第三是晚清刘师培《经学教科书》的译注(登载《茨城大学人文学部纪要·人文コミュニケーション学科论集》第4—17号)。

后二者的特点就是，作者都是在二十世纪初中国经学史的先驱者。清末湖南经学家皮锡瑞(1850—1908)的《经学历史》，时至现在仍可被列为经学通史上的第一位。其实，在《经学历史》刊行的光绪三十二年(1906)前后，其他的经学史著作也陆续出版。在《经学历史》发刊的前一年，即光绪三十一年，刘师培(1884—1919)的《经学教科书》作为"国学教科书"之一发行。其后，马宗

---

[*] 本稿是平成二十八年至令和二年(2016—2021)科学研究费补助事业基础研究(C)(课题号码；16k02154)成果的一部分。

学来实现天主教与儒教的和谐发展。基于此来看,阳明学发挥了衔接天主教与儒教的桥梁作用。此外,星湖学派中的一批学者后来皈依天主教,也与受到阳明学的影响有关。阳明学注重对事物现象不拘泥于规范化的形式以及自由思考的方式,对星湖学派理解天主教起了很大的作用。

霞谷的弟子们同属于少论派，因此阳明学作为少论派的家学被继承下来，他们的学风形成了朝鲜的阳明学派。朝鲜阳明学派对后世的影响主要体现在如下几个方面：

第一，对思想界、文学界、史学界的影响。阳明学带有主观性的感情色彩，重视个人思想与感情表达的自由。这种观点使得当时学界开始出现反对朱子学教条主义和僵硬体制的学风，文学界也出现了强调作家个性创意的作品，学者开展创作的热情被大大激发，朝鲜历史上著名的"真景文化"就是这一时期艺术界取得的巨大成就。不仅如此，在良知意识上产生的史观也给当时社会树立了一种主体性的觉醒意识，这在一定程度上提高了史学者自律性的价值判断。朝鲜的"小中华主义"便是这一史观的产物。这种小中华意识使得朝鲜社会尊周攘夷、尊明反清，更加重视民族差别而非文化差异，以此凸显朝鲜民族的主体性。

第二，对朝鲜后期实学思想、开化思想的形成产生了重要影响。实学者们逐渐从朱子学的权威体系中脱离出来，批判朱子学的非现实性。在星湖学派内部形成的阳明学主要是从反对朱子的《大学章句》并支持古本《大学》的基础上发展起来的，其内容包括明德孝悌慈说、重视诚意等。星湖从个人的角度对阳明的人格以及实用性思想都有好感，在这过程中积极追求学问的多样性，并把这种思想传给其门下，对后期实学派进行经世致用的改革发挥了引领作用。

开化派阳明学者的代表人物是朴殷植（1859—1925，号白岩）。当时朝鲜正处于被西方强迫开港的时代，朴殷植认为在这种适者生存的法则中唯一能够生存下去的方法就是培养自力更生能力，这是作为帝王之学和权威主义的朱子学所不能解决的，即朱子学格物致知的方法很难适应当时弱肉强食、优胜劣汰的生存竞争。所以他提倡阳明学，并从确立民族主体性的层面对其进行了重新构成，强力主张抛弃那些只是一味顽固崇尚理论知识的想法，应该侧重具体实践并提高生产，把阳明学知行合一的学说视为解决时代问题的出路。朴殷植的这一开化思想是基于阳明学对韩国近代发展进行的一种主体性探索。

第三，对天主教的理解和吸收等方面发挥了一定程度的作用。因为西学的信仰层面与阳明学主观性的情感主义有着很大的衔接空间，很容易让人产生亲近感，所以朝鲜后期丁若镛、权哲身、丁夏祥等信奉西学的学者试图通过阳明阳明学的命运可谓雪上加霜。这也像极了霞谷郑齐斗本人坎坷曲折的一生。霞谷虽出身名门，为郑梦周第十一代孙，但五岁丧父，跟随祖父生活，自幼饱受磨难。虽天性聪颖好学，但几次科举应试均失败，后来专攻心性之学。其间虽因官员举荐而走上仕途，但终因痛恨官场弊端且志不在此，毅然决定辞官隐退。他自幼身体羸弱，据说在三十四岁时就曾写下遗书给其师朴世采。在当时士祸党争不断的朝鲜社会，他冒着"斯文乱贼"之风险，毅然选择阳明学，试图从中找到人生之真理，这是需要勇气的。他六十一岁移居偏僻的江华岛，居处在先父墓地近旁，自此隔绝与外界之往来而潜心学问，并度过了孤苦的晚年生活，终年八十八岁。

霞谷是一位孤独而不幸的哲学家。在当时的社会氛围下，很少有人能与其产生学术共鸣。但即便这样，霞谷追求真实而自由的学术精神，还是激励了一批学者，从而使得韩国阳明学的发展如潺潺小溪般流传下来。因为霞谷晚年隐居江华岛，所以追随其学问的学者后来形成的阳明学派也被后人称为"江华学派"。

江华学派虽然没有如韩国性理学大江大河般汹涌澎湃，但也自成一系。霞谷及其弟子们在当时被极端的党争所连累，甚至也遭受了家门破落的悲惨命运，但始终没有放弃对阳明学的追求，而将其继承为家学。就霞谷家门来看，其玄孙郑文升（1788—1875）及其子郑箕锡（1813—1889）、外孙申绰（1760—1828）等都继承了家门学问并发扬传承。霞谷门下的弟子主要有李匡明、李匡臣（1700—1744）、李匡师（1705—1777）堂兄弟三人以及李泰亨、金泽秀、沈錥等人。李匡臣曾著述《疑朱王问答》，对朱子与王阳明的学问进行了比较研究。不仅如此，李匡师还让其子李令翊（1738—1780）、李肯翊（1744—1806）都继承了阳明学统，形成李氏家学。李匡明也把阳明学传给了自己的儿子李忠翊（1744—1816），而且这种学风一直传到李忠翊第四代孙李建昌（1852—1898）、李建升、李建芳（1861—1939）等人。此外，霞谷的弟子申大羽（1735—1809）也将其学问传统传给了儿子申绰（1760—1828）。申绰对考证学很有研究，留下了《诗次故》《易次故》等典籍的注释。①

---

① 琴章泰著，韩梅译：《韩国儒学思想史》，第169页。

霞谷思想中的"生道"即是"恻隐之心",亦是"仁"。他指出:

> 恻隐之心,人之生道也。良知即亦生道者也。①
>
> 凡此生道不息,即所谓仁理也。此仁理即天地之体,五性备焉。于事物无不尽,于天地无不具,惟在充之而已。不知何故,必欲添岐物理邪?其求于物理者,盖谓欲识天地之性,以求性命之源焉耳。其为心,固是也。然所谓天地之性即此仁体,吾之仁体即天地之性也,岂有不能尽吾仁之体,而可以求性命之源者乎?②

霞谷所言的"生道"意味着生命的根本、生命的原理,这就是"仁"。这也说明了霞谷是性善论者。他提出"良知即亦生道者也",认为致良知的过程就是仁之善端扩充的过程,也是生道恒通的过程,性命之原扩张、显现的过程。③从恻隐之心、仁、善这一道德的角度来把握和诠释"生道",突出反映了霞谷重视道德性的学术特点。

综合可见,"生气""生理""生道"等术语构成了霞谷学的基本概念和主要思想。"生气"阐明了由于气的生生不息,才有活泼的生命力之生生不已;"生理"反映了永不停息的运动和变化,构成了宇宙生成的命根;"生道"表明了变化流行、生生不息的"生道"是宇宙的原理和生命的根本。这个"生"字反映了霞谷学的理论特色,凸显了其对宇宙生命的终极关怀。④

三 江华学派的形成及后世影响

韩国阳明学的历史是一段曲折的历史,自传入初期就被官方判定为异端学说,从而导致不能在韩国本土立足。特别是遭到朝鲜名儒退溪的大力排斥后,

---

① 郑齐斗:《霞谷全集·与闵彦晖论辨言正术书》卷一,第39页。
② 郑齐斗:《霞谷全集·存言中》,第171页。
③ 李苏平:《韩国儒学史》,北京:人民出版社,2009年,第490页。
④ 李苏平:《韩国儒学史》,第492页。

霞谷将理分为多种，如死理、物理、事理、生理、真理等。他认为朱子提出的由心外寻找的物理是死理，事理主要指行为原理，生理则相当于性，"理性者，生理耳"[①]。真理是相对于凡理而言的，具有"生理"中的真与善。不可否认，在这些理中，霞谷最为重视并强调的理便是"生理"。霞谷肯定自己所说的"生理"与朱子学中的理（性）具有相同的意思，但朱子学之理只是作为普遍原理而存在的，其本身没有统摄、主管万物的能力。霞谷否定了朱子学的这种理。在他的立场上，理并不是作为单纯的原理而存在，而应该是对应具体的事物并能够认识和判断客观对象，具有活动能力，是一种生动的存在，这正是"生"的意义所在。这种思想也是阳明"生生之学"的传承。因此，他将以心的主体性和能动性为基础的阳明学用理气论来分析，确立了心所具有的本质特性（理）和兼有生动特性（生）的"生理论"的学问体系。

霞谷不仅提出了"生理"，还提出了"生气"与"生道"。在他看来，气也有很多种，如纯气、元气、形气和器。之所以如此分类，是因为气也有适用于体用而言的先天和后天。虽然对气的这一分类比较常见，但主张"生气"与"生理"相对称的思想却不多见。霞谷经常如下提起"生气"：

一团生气之元，一点灵昭之精，一个生理。[②]
生之体即理也，固所谓性也。生气之中，理体存焉。[③]

他认为，性是"生气"之中的理，所以阳明的观点是"心即理"。理气不可分为二物，共同运作，才能体现心之"生气"。不仅如此，霞谷还主张理和气分别是"生之体"和"生之质"，十分重视"生"的特性。从"生"的哲学角度来论述理气，这在阳明学中并没有明确具体的体现。霞谷这种高度重视"生"的思想正源于他将生动活泼的心作为其哲学的出发点。从这一点上可以说，霞谷学促进了阳明心学的发展。

此外，霞谷还认为，"生理"与"生气"合一便形成了生生之道，即"生道"。

[①] 郑齐斗：《霞谷全集·存言上》，《韩国文集丛刊》，第160辑，第287页。
[②] 同上，第287页。
[③] 同上。

的可能性。在阳明看来,正确的行为不是像朱子学那样通过对客观事物的认识并以此为前提实现的,而是通过良知本体的发动而实现的。如果主观感情或者私欲遮盖了良知本体,即"以欲蔽之也,习昏之也",则不能实现正确的行为。

为了克服这一问题,霞谷提出了体用的原理。他把良知区分为本体之性和作用之情,从而有了检验良知本体纯粹性的余地。他在《良知致用图》中,将良知之体视为与天理同级,置于明德和未发之中的位置,这就包括了性与理的意义,因为天下没有性外之理,也没有理外之心,心之本体即为性之本然,无善无恶为心之体。同时,霞谷将良知的发用视为心之情,具体表现则为恻隐、羞恶、辞让、是非之四端与欲、恶、爱、惧、哀、怒、喜之七情,这就是良知之用。良知以体状言,体即良知之体,用即良知之用。霞谷还强调指出,这种良知的本体和作用具有不可分的一元关系。霞谷这种强调一元论的立场试图充实重视实践的阳明学之本旨,确立了人的主观能动性意识。

(三)生理说

"生理论"是霞谷理气论的中心思想。在霞谷看来,"生理"包括两种意思,一种是作为形而上学的存在原理的意思,另一种是具有具体活动的生命力的意思。霞谷在其论著中多次提及"生理":

> 人心之神,一个活体生理。①
> 精神生气为一身之生理。②

此处"生理"就是"人心之神",指的是人的精神及仁义礼智的本性。如此看来,霞谷将精神和本性看作"心之体",是充满活力和生气的"生理"。霞谷非常重视本性,称"性者,理之体也"③。"性乃生理""理之体"的提法均体现了霞谷将生理视为"性",即形而上学的存在原理之意。

---

① 郑齐斗:《霞谷全集·存言中》,《韩国文集丛刊》,第160辑,第171页。
② 郑齐斗:《霞谷全集·存言上》,《韩国文集丛刊》,第160辑,第253页。
③ 郑齐斗:《霞谷全集·存言中》,《韩国文集丛刊》,第160辑,第171页。

> 心之于义理，自无不知。如目之于色，耳之于声，口之于味，无不能知者。其有不能者，以欲蔽之也习昏之也。①

如上，霞谷认为，人具有良知、良能是固有之知，即这种能力是心先天所具有的。由于人生而具有良知、良能，所以即使不学习正确的原理即"义理"也能知晓。义理是自知的，正如口能品味、眼能辨色一样。如果说有人不知晓义理，那不是因为不学习而不知晓，而是被欲望和习俗蒙蔽所导致的。这一观点也是出自阳明学之说。阳明曾举"孝"为例指出，人即使不学习如何尽孝，也会自发履行对父母的孝行之义务。可见，阳明学的良知说不是单纯的客观知识和道理，而是关于义理的智慧，是生而俱来的良知、良能。此外，这种良知、良能不仅是指人心所具有的能力，它还是人能够思虑、恻隐或感知身体疼痛的特性，甚至还是"树之能发达畅茂者"的生长特性。不仅如此，霞谷还认为，良知与良能二者是合一的，良知即良能：

> 盖知能二字不可二之，其自能会此者，是良知，良知即是良能。②
> 性者天降之衷，明德也，自有之良也。有是生之德，为物之则者也。故曰明德，故曰降衷，故曰良知良能。③
> 其所谓良知良能，即非其性善而何。④

霞谷认为，良知就是"天降之衷"，是善之本性，包含了智慧以及发挥智慧的能力，即包含了良能的含义。所以，这种良知的终极意义是指人的道德本性和实践能力。在此基础上，霞谷进一步指出，人生来就知晓道德善性即明德，并能亲自实践，致良知就是充分发挥道德善性和实践能力。

霞谷认为，良知是人的道德本性，同时也是具有持续不断进行道德实践的、具有能动性生命力的存在。但另一方面，良知在发动的过程中存在着人欲介入

---

① 郑齐斗：《霞谷全集·存言上》，《韩国文集丛刊》，第160辑，第285页。
② 郑齐斗：《霞谷全集·答闵诚斋书》卷一，《韩国文集丛刊》，第160辑，第25页。
③ 郑齐斗：《霞谷全集·存言下》，《韩国文集丛刊》，第160辑，第307页。
④ 郑齐斗：《霞谷全集·答闵诚斋书》卷一，《韩国文集丛刊》，第160辑，第29页。

即理"。

> 分心与理为二,知与行为两。夫泛学事理则理者是公空底,茫荡无有实着。故如言克己,不曰复理,而曰复礼;致知不曰穷理,而曰致知;不曰止于理明乎理,而曰止至善明善。其曰礼曰仁曰知曰善,千言万语,皆就人心德性上指其仁义礼知之实言之。其说为学之功,其从实体上着功,何尝有一言必就事理而为学者乎?①

这种否定心外之物理和事理的观点自然如实继承了阳明学。霞谷认为,内在于事物的天理就是心之理,即"良知"。由此来看,霞谷的"格物致知"实际上就是"心即理",其学问也是遵循了这种"心即理"的思路。霞谷将这种心内的德性之理视为"仁义礼智之实",体现了一种道德本性思想。

可见,在格物致知问题上,霞谷对表面字义的解释看起来与朱子学相似,特别是在"事"和"至"上,但二者内容却完全不同。而且霞谷主张,在这一过程中所实现的"致知"不是为了增加客观知识,而是操纵控制心的意念。换言之,程朱的格物致知说是穷至事理、物理的知识,属于认识论的层面。但继承了阳明思想的霞谷的格物致知说则不是认识论,而是带有一种修养论的学问倾向。②

(二)良知体用论

良知体用论是霞谷阳明学的另一特征。阳明认为良知是人心中内在的天理,同时把心的本体理解为具有自觉发动的知觉能力之本体,树立了以强调心的主体性和能动性为特色的良知论。霞谷也对阳明的这种良知论产生了共感。关于"良知",霞谷指出:

> 是固良知良能所固有之知也。③

---

① 郑齐斗:《霞谷全集·存言上》,《韩国文集丛刊》,第160辑,第287页。
② 尹丝淳著:《韩国儒学史》上,第167页。
③ 郑齐斗:《霞谷全集·存言上》,《韩国文集丛刊》,第160辑,第285页。

训诂而无注说尚矣。朱子以物理为解，则不得不作注，此古经所以变也。朱解既以离之，则又不得不改为之说，此今注所以更也。其所改者，盖切要不得已之说也，如他文义解说之当者，无以加矣。①

霞谷认为，六经之文如日星明亮，知晓之人一看便通晓其意，无须注解。但朱子用物理来注解格物，令人不得不费解看注解，这就明显脱离了古典本义。所以他认为要修改注解如下：

> 要之明其明德之功，又只是一格物者耳。致知在格物，致，至也。知者，心之本体，即至善之发也。格，正也，物者事也，即意所在之事也。致其本体之知者，其实在于其所事之正焉，而其至也不过尽其物之实尔。②

在霞谷看来，"格物"之"格"为正，"物"为"意所在之事"，带有意欲。朱子所言的"物"即"事"，但这种事是"对象之事"，具体而言是正心之事、修身之事、治国之事、孝悌之事、忠信之事等。但霞谷认为是"物（事）"，即没有实体的事，是包含意之内容的事。"物"是包含在内心的"意念"，与物体是完全不同的。因此即使称"致"为"至"，也不是穷极认识对象的意义，即意欲的"尽"之义。因此，郑齐斗主张"至"是"尽物之实"，也称为"至之尽"。

朱子的格物在于穷极事物之理，而霞谷的格物在于指向某一事情的"正意"，即不是为了认识事物而去穷理。"致知"的"致"是"至"，"知"是心之本体，是"至善之发"，即良知。所以，心体之至善或良知之发，是为了使事情不发生错误的"正"。"知"既是新的本体，也是意的本体，它是至善。这一过程所实现的"致知"不是为了增进对客观知识的理解，而是"正意"，以期达到致良知。

霞谷认为，物不在心外，故事物的条理（法则、秩序等）也是由心而发的性，应称为"理为一心"，因为物理在心内。心和理不为二，而是一，这就是"心

---

① 郑齐斗：《霞谷全集·大学说》，《韩国文集丛刊》，第160辑，第113页。
② 同上，第115页。

> 致于今日说话者，不是学朱子，直是假朱子。不是假朱子，直是傅会朱子，以就其意，挟朱子而作之威济其私。①

霞谷认为，当时的学界不过是假借朱子学来满足个人私利，并非真正的学术之风，于是便开始对这种性理学一边倒的学风进行反思。他抛弃朱子学并选择阳明学的目的是为了克服当时在持续不断地礼讼和党争中政治人虚伪和假饰的弊病，试图从阳明学中找到新的学风，并实践真正的生活。霞谷自二十三岁起便开始痴迷于阳明学的高深奥妙，认为阳明学之道简洁明了而不乏精密，甚为欢喜。②自此直到八十余岁高龄，他不惜面对身体的羸弱以及当时恶劣的生存环境，一直潜心研读阳明学，其主要著作有《学辨》《尊言》《四书说》③《定性书解》《经学集录》《心经集义》《文集》以及《诗书春秋札录》等。这些都奠定了霞谷在韩国阳明学史上的重要地位。

霞谷阳明学的特征主要体现为格物致知论、良知体用论以及生理说，下面便对其进行逐一分析。

（一）格物致知论

关于《大学》的"格物致知"，朱子认为"格"是"至"，"物"是"事"，故"格物"就是"穷至事物之理，欲其极处无不到也"。"致"是"推极"，"知"是"识"，故"致知"就是"推极吾之知识，欲其所知无不尽也"。可见，朱子所认为的"格物致知"就是极尽追求事物之理，以期达到没有缺憾的知识境界。

但霞谷并不认可朱子的这种解释，认为这是错误的解释，脱离了古本《大学》之义，所以试图对其进行重新注解。霞谷指出：

> 夫六经之文，昭如日星。知者见之，自无不洞如，无事于注为，故有

---

① 郑齐斗：《霞谷全集·存言上》，《韩国文集丛刊》，第160辑，首尔：民族文化推进会，1992年，第285页。
② "余观阳明集，其道有简要而甚精者，心深欣会而好之。"（同上，第312页）
③ 霞谷留下的诗文集《霞谷集》中并没有出现"四书说"这一名称，目录中虽然有"中庸说""大学说""论语说""孟子说"等用语，但是却没有"四书说"。韩国出版的《国译霞谷集》为了方便学界使用，将上述四个"说"合起来称呼，创造了新词"四书说"。

卫朱子学，排斥阳明学。

退溪排斥阳明学的观点得到学界的广泛认同和吸收，此后阳明学便被定为异端学说而严加排斥。[①] 宣祖六年（1573）正月，柳希春（1513—1577）以退溪的理论为依据在经筵席上排斥阳明学。许篈（1551—1588）及赵宪（1544—1592）等人作为朝廷圣节使书状官出使明朝，在《朝天日记》中对当时中国学界对阳明学的肯定表示了坚决的反对立场。[②] 后来壬辰倭乱（1592—1598）时，随援兵来到朝鲜的明代学者宋应昌、袁黄等人希望朝鲜王朝认同阳明学，并摆脱朱子学的陈腐之说；明代学者万世德也曾向朝鲜政府发送公文，要求朝廷将陆象山、王阳明配享于文庙，但是朝鲜政府和学界均表示了明确的拒绝立场。后来，十七世纪的朴世采（1631—1695，号玄石）、十八世纪的韩元震（1682—1751，号南塘）等都对阳明学展开了批判。至朝鲜末期，阳明学已经呈现非常微弱的存在态势。

二 霞谷阳明学的主要内容

郑齐斗（1649—1736），字士仰，号霞谷，朝鲜时代著名阳明学者，江华学派学术泰斗。霞谷生活于朝鲜时代中后期，当时社会经历了壬辰倭乱和两次胡乱（1627、1636—1637），经济颓废，社会动荡。十七世纪以后，中国的清朝取代明朝正式实现明清交替，日本江户幕府政权也得以成立，整个东亚处于激烈动荡的时期。在东亚政治秩序变化的过程中，朝鲜朝廷一直力图强化朱子学的义理精神，巩固朱子学的仪礼制度，企图恢复经济与社会稳定。但在这过程中，朱子学也渐渐变为朋党斗争的工具，代表性事例便是礼讼论争。特别是这时期的朝鲜学界处于清一色的性理学氛围中，空理空谈之风甚上，学术气氛僵硬。霞谷描绘当时的情景如下：

[①] 朝鲜另一性理学大儒栗谷对阳明学的态度是，"取其功而略其过，亦忠厚之道也"（《学蔀通辨跋》，《栗谷全书》卷十三）。面对当时朝鲜学界皆以阳明学为异端并加以排斥的现状，栗谷坦言，若能真正笃信并实践朱子学，固然不错。但若只是一味图谋私欲，便会朱陆之学"两废"，又有何根据而对别人的优劣评失横加指责？因此，栗谷虽然也指出阳明学的不足，但同时也对其长处进行了肯定（参见柳承国著，姜日天、朴光海等译：《韩国儒学与现代精神》，第132页）。

[②] 李丙焘：《韩国儒学史》，首尔：亚洲文化社，1987年，第355—356页。

第二，批评阳明的"心即理"。阳明通过"心即理"否定当时重要的实践德目——忠孝的客观规范，主张实践真理由心而生。关于这一点，退溪批判认为将穷理学习和实践效果混为一谈。

第三，批判阳明排斥朱子学客观规范和形式的原因是沉迷于修身养性的佛教禅学。

第四，批判阳明的"知行合一说"。阳明指出，朱子为使人成圣而进行的"先知后行"的学习，最终只会导致分不清始终，因此主张"知行合一"。对此，退溪指出，若心的运动产生于形气，则阳明的"知行合一"还有可能；但若心的运动产生于义理，则需要分辨知与行，批判阳明偏重于感性世界。①

退溪逐条对《传习录》进行批判后指出，"害仁义，乱天下，无非此人"，强烈批判王阳明。后来退溪的弟子赵穆和柳成龙也追随老师而批判阳明学，特别是柳成龙还撰写了《知行合一说》等文来批判阳明，并在出使明朝时，还极力批判当时太学生尊崇王阳明和陈献章的学风。由此来看，阳明学自传入初期就受到重视道统的朝鲜性理学界批判。②

朝鲜性理学的本质是对抗老佛玄学的形而上学，并将道德的伦理说实现形而上学之体系化，从而确立真理的终极标准。在当时的时代背景下，作为朱子学者的退溪必须要对批判朱子学的阳明学进行否定和批判。自1392年建国后，朝鲜已经经历了一百多年的创业期，前期学者郑道传（1348—1398）、权近（1352—1409）等均以"辟异端"为根据，大力排斥老庄和佛教，以此来确保儒学的正统性。与道德修养相比，当时的"辟异端"更倾向于确立并巩固新国家政权所需要的文物制度。但是后来以世祖（在位：1455—1468）的王位篡夺事件为始，朝鲜社会的士祸不断，统治者的道德性问题也变得日益突出。在这种思想背景下，退溪之学的目的便是一方面要巩固朱子性理学的统治理念，另一方面也要巩固朱子学对于统治者道德性问题的制度定位。因此，退溪要坚决捍

---

① 柳承国著，姜日天、朴光海等译：《韩国儒学与现代精神》，北京：东方出版社，2008年，第224页。
② 琴章泰著，韩梅译：《韩国儒学思想史》，北京：中国社会科学出版社，2011年，第161页。

阳明学传入初期，朝鲜学界也并非完全是排斥或反对的声音。十六世纪中期至十七世纪中期，朝鲜学界有不少响应阳明学，或至少是对阳明学抱有好感的学者，而且这些学者大都是这一时期在学界和政界享有知名度并有影响力的学者，如南彦经（1528—1595，号东冈）、李瑶（生卒年不详，号庆安令）、许筠（1569—1618，号蛟山）、李睟光（1563—1628，号芝峰）、张维（1587—1638，号溪谷）、崔鸣吉（1586—1647，号迟川）等。

南彦经本是徐敬德的门人，曾接受过退溪的书信指导。因为他对阳明学持有好感，还因此受到退溪的责备和警告。① 由此可推知，南彦经已经认识到阳明学中存在值得肯定的思想。李瑶身为王室之人，曾向当时的宣祖讲述阳明学的优点，可见对阳明学的喜爱程度。许筠和李睟光原本就具有开放的学问态度，因对阳明学具有一定的好奇心而关注阳明学。张维认为，与中国相比，十七世纪的朝鲜学界太过于"一边倒"，即过于倾向朱子学，以致学问领域太狭窄，因而主张应开展阳明学研究以发展朝鲜儒学②；而且他本人也对阳明学进行了一定程度的研究，成为朝鲜阳明学研究的先驱者。

但在独尊性理学的朝鲜学界，道统显得尤为重要，阳明学作为非正统的异端学说还是遭受到了严厉的排斥。十六世纪中期，朝鲜大儒退溪著述《传习录论辨》，对阳明学进行了强烈的批判和反驳，其要点整理如下：

> 第一，批判阳明的"亲民说"。阳明对朱子以百姓为对象进行教化感悟的"新民说"进行批判，按照《大学古本》的字义，将"亲民"解释为"亲爱和培养"。退溪站在朱子学的立场上主张，作为"明明德之学"就要发现自己的德，由学而明己德。因此"新民"就是推广自己之所学，使百姓之德焕然一新。

（接上页）并与朱子展开反复辩论，确实很令人佩服。即使其学问与朱子的宗旨不同，但因其讲明了心性之学，所以对崇尚程朱之教的学者来说，此书也是非常有益处的（《慕斋集》卷九）。中宗十六年，朴祥和金世弼把《传习录》改编为诗歌，此后1558年，洪仁佑和南彦经针对阳明学展开了讨论（《耻斋遗稿》卷二）。这些都反映了当时朝鲜学界对阳明学采取了自由吸收的态度（宋锡准：《阳明学的传入与吸收》，《儒学研究》，第16辑，2007年8月，第35页）。

① 李滉：《答南时甫》，《退溪集》卷十四，成均馆大学尊经阁影印本，1962年，第135页。
② 《溪谷漫笔》，《韩国文集丛刊》，第82辑，首尔：民族文化推进会，1991年，第46页。

朝鲜时期阳明学的发展与霞谷郑齐斗

邢丽菊

（复旦大学韩国研究中心）

一 阳明学的最初传入

阳明学是最初陆九渊（1139—1192，号象山）为否定程朱理学而创立，后被王守仁（1472—1528，号阳明）继承而发扬光大的儒学思想。由于是以否定程朱理学而建立的思想，因而在以朱子学为统治思想的朝鲜时期很难取得实质性的发展。后来的事实也证明，阳明学由于韩国性理学者的阻碍在朝鲜并没有得以广泛流传，而是一直处于弱势地位。

朝鲜时期对阳明学的认知开始很早，按照朴祥（1474—1530，号讷斋）为批判阳明学而编写《辨王阳明守仁传习录》的时间推断，应该是在中宗十六年（1521）。[1]此时王阳明才五十岁，距离其代表作《传习录》首次在中国刊行（1518）才过去三年而已。由此可见朝鲜学界对中国兴起阳明学这一思潮之动向非常关注，嗅觉非常敏锐。[2]

---

[1] 吴钟逸：《阳明传习录传来考》，高丽大学哲学会编：《哲学研究》，第5集，1978年，第33页。
[2] 韩国学者宋锡准认为，与王阳明的《传习录》相比，《象山集》传入朝鲜的时间更早些，象山实学性的学问态度在朝鲜学者之间也受到肯定。中宗十二年（1517）韩效元（1468—1534）在教育王室元子的文章中，曾引用陆象山的话（《中宗实录》卷二十七，中宗十三年一月乙未）。中宗十三年，金安国（1478—1543，号慕斋）作为谢恩使到明朝时，曾携带《象山集》并进行刊印。金安国在刊行《象山集》时，对象山学进行了肯定的评价。他认为，陆九渊作为和朱子同时代的人，能够潜心于尊德性，（转下页）

然者"①。南塘认为中"其善本善,非有待于气",巍岩批判他的这一说法是"悬空说中"②,"恐原本已足遗事太快"③。

鹿门认为"通"和"局"二字并不只局限于理气分属的问题,"盖自其一原处言之,则不但理之一,气亦一也,一则通矣。自万殊处言之,则不但气之万,理亦万也,万则局矣"④,批判"今人每以理一分殊,认作理同气异,殊夫知理之一,即夫气之一而见焉"⑤。

他们的理论与愚潭批判栗谷有异曲同工之处,排除学派的脉络,只看理论的走向,可以说愚潭和巍岩、鹿门学术的联系性还是值得进一步考察的。

四 结 论

愚潭《四七辨证》中曾说退溪与栗谷的学说"水火不容",格格不入,作此文的目的就是为了批判栗谷的学说,弘扬退溪的学说。但是我们细细考察《四七辨证》不难发现愚潭并不是一味地去批判栗谷的主张,也没有单纯地去拥护和继承退溪的思想,而是通过对两位学者理论的分析理解,综合二者的学说,自主开创了其独特的学说,这可以说是"法古创新"的典型。愚潭的理论对朝鲜性理学的发展起到了什么作用,在韩国思想史上处在什么样的位置,都是我们日后需要进一步研究的课题。

---

① 李谏:《答韩德昭别纸》,《巍岩遗稿》卷七。
② "来谕曰'中者直指天命于至静,其善本善,非有待于气',此说尽好,凡理义有原本而言者,有即事而言者,善言理者,则未尝不即事而原本。盖原本而不即事,则其弊也悬空说理,即事而不原本,则其弊也认气为道矣。故子思未尝悬空说中,而曰'未发之中',未发事而中其中也。"(同上,第359页)
③ "其曰'其善本善,非有待于气'者,则恐原本已足遗事太快。"(同上)
④ "通局二字,不必分属理气,盖自其一原处言之,则不但理之一,气亦一也,一则通矣。自万殊处言之,则不但气之万,理亦万也,万则局矣。"(任圣周:《鹿庐杂识》,《鹿门集》卷十九,第386页)
⑤ 同上,第384页。

（2）对"理通气局说"的批判

愚潭认为所有的存在都是"一理一气而已"，二者"浑融无间"①以此为基础在"万物一源"的"普遍性"层面上"湛一清虚之气"和"太极本然之体"是浑融无间的关系，因此理与气是"通"的；在"万物异体"的"特殊性"层面上理的"昏明开塞"对应气的"偏全清浊"，因此理与气都被"局"限制了。②前者是"理通气通"，后者则是"理局气局"。

愚潭将栗谷的主张诊断为"内在于万物的理虽通，但在物塞在人通，在人之理在物虽通，物与物之间的理却不通，因此不管气是什么状态，理之本然自若"，并批判这样与气分离的理最终只会归结到"窈冥昏默之地"。

也就是说愚潭认为假如理丧失了能动性和主宰性，只不过是气运动的形而上学的依据，那么则是"徒见本原之理赋与万物，不见散殊之理各有其则，则寂而不感，终归于灭，虚而不有，终归于无沦，而至于断绝事物之域矣"③。这也是性理学对老佛的批判，愚潭认为栗谷的理与老佛中所讲的空虚的存在并无二异。

三 愚潭与巍岩、鹿门的联系

愚潭直接用性理学对老佛批判的理论对栗谷的理气论进行批判，认为栗谷的理是"虚理"，退溪的理才是性理学所追求的"实理"。他将理的普遍性和气的普遍性与理的特殊性和气的特殊性相对应，而与气"断绝"的理则对应"虚理"，这与巍岩李柬（1677—1727）所主张的"理气同实"，鹿门任圣周（1711—1788）所主张的"气一分殊""理一分殊"非常相似。巍岩认为"彼偏于恶之气，即有偏于恶之理"④，"天下未有气未纯于本然，而理独纯于本

---

① "夫天地之间，一理一气而已，故湛一清虚之气浑融无间于太极本然之体。"（丁时翰：《四七辨证》，《愚潭集》卷八）
② "然则万物一原之处，太极本然之体，湛一清虚之气，俱无隔碍，不可谓之有通有局也。万物异体之时，理之昏明开塞，气之偏全清浊，皆有定分，亦不可谓之一通一局也。"（同上）
③ 同上，第354—355页。
④ "窃念天下未有无理之气，亦未有无气之理，彼偏于恶之气，即有偏于恶之理，则此分明一副理气也。彼于此中之性者，又有一于静之气，则此又是一副理气也。"（李柬：《答韩德昭别纸》，《巍岩遗稿》卷七，第358页）

思维模式的冲突,但最终都是在"合"的基础上看"分",虽然需要进一步的确认,但我们大致可以知道愚潭为了更好地说明"分",也必然会以"合"为基础。

二 "实"的哲学

早在退溪之前,奠定了朝鲜性理学基础的晦斋李彦迪(1491—1553)就指出儒学是"实"的哲学,并批判佛教与道教的本质就是"虚"。

> 此理虽若至高至妙,而求其实体之所以寓,则又至近而至实。若欲讲明此理而徒急于冥茫虚远之地,不复求之至近至实之处,则未有不沦为异端空寂者矣。①

晦斋认为理"至高至妙",并不是否认它是形而上学的实体,而是说理并不是存在于虚远的地方,而是内在于"至近至实"之处。比如理是万物存在的依据,理是内在于现实世界的"实理"。晦斋的这一主张与朱子说《中庸》是实学有异曲同工之处,而愚潭这种"实的哲学"我们可以在他对栗谷的批判中窥见一斑。

(1) 对"气发理乘一途说"的批判

栗谷将现实世界的所有作用都归结于是气的作用,愚潭认为这种理论剥夺了理的能动性,使理处于"窈冥昏默之地"②,而这与性理学批判老佛的"空寂虚无"无异,因此栗谷的理就是"虚理"。愚潭批判栗谷的理"丧失了能动性,只是气运动的根据,没有主宰的能力,归于空寂无望之地,不能成为万化的根本"③。这样的批判一直延续到"理通气局"④。

---

① 李彦迪:《书忘斋忘极棠无极太极说后》,《晦斋集》卷五,第389页。
② "盖栗谷所论每以理无为气有为而主张气字太过,凡于发用流行之处皆归之于气;窈冥昏默之地,皆归之理。故既以徒具于寂然者,为所以发之本,而又以为理堕在气质以后,散殊之用只在于气而本体之理不害自若。"(丁时翰:《四七辨证》,《愚潭集》卷八,第354页)
③ "若曰阴静阳动,机自尔也,非有使之者,则周子何以曰太极动而生阳,静而生阴乎? 若曰阳之动,则理乘于动,非理动也,阴之静则理乘于静,非理静也,则朱子何以曰理有动静故气有动静? 若理无动静,气何自而动静乎? 今谓阴静阳动,其机自尔,而其所以阴静阳动者理也者,终未见所以动所以静主宰之处,而未免于空寂虚无之归,恶在其真实无妄,能为万化之根者哉。"(同上,第340页)
④ "于是说出理通气局一节。"(同上,第354页)

修养则"人能践行尽性","人心与道心为一","四端七情则更不须分别"。① 这是从"合"的立场上说人心道心四端七情,但愚潭认为这种境界只有圣人才能达到,因此虞舜将人心道心分而言之,朱子则明确了其形而上学的根据,并在同一脉络下区分了四端七情是理发和气发,退溪则对此进行补充,得出"四则理发气随,七则气发理乘"②。我们可以看一下以下引文:

> 吾道既东,退溪先生乃表章而祖述之,分注于建图立说之中,而曰:四端理发而气随之,七情气发而理乘之。就混沦一心之中,分言理气互发相随之妙,以发明孟子、朱子之遗意,非不知七情之统四端,四端之包在七情中,而创为分开之说也。③

愚潭认为退溪并不是不知道四端和七情之间统合包含的关系,而是在充分地理解了这一事实之后用理气互发说来分别说明,为了能更好更完整的说明四端七情的关系他使用了"分别言之"和"浑沦言之"这两种相反的方式。

性理学强调对立项之间的平衡,因此我们不能因为退溪以"分"的模式为基础,就怀疑他的思维模式当中就没有"合"的思考方式。他总是在"分别言之"的同时"浑沦言之",只是为了确保四端的绝对价值选择了"分"的模式。同样的栗谷也并不是单纯的只停留在"分"的思维模式之中,他既不偏向理的不离性,也不偏向理的不杂性,追求"理气之妙"。但是由于他认为退溪的理论犯了"二元化"错误,才选择了"合"的思维方式,把人心道心形而上的根源都看作是"理(性)"。

从上面的分析我们不难看出愚潭的《四七辨证》虽然充满了"分"与"合"

---

① "人能践行尽性,则耳目口鼻自顺天则,而人心与道心为一。性之未发,大本既立;情之已发,达道斯行,则七情四端更不须分别。"(丁时翰:《四七辨证》,《愚潭集》卷八,第352页)

② "而这地位自非圣人之不待思勉者,则有难轻议。故尧之告舜,只说允执厥中,而舜之告禹,又以人心道心分而言之。《乐记》统言喜怒哀惧爱恶欲七情,《中庸》亦以喜怒哀乐混沦言情,而孟子又剔发恻隐羞恶辞让是非之情,直发于仁义礼智之性者,以其端之纯善,明其性之本善。是以朱子于人心道心既已或原或生明其性命形气之互有知觉,于四端七情,又以理发气发,明其理气之互相发现。退溪之言互发,即推明朱子理发气发之论,为理气互发之意而已,而其所谓理发气随气发理乘者,又以释朱子所谓理发者非无气而理徒发也,气发者非无理而气自发也。"(同上,第352—353页)

③ 同上,第318页。

说,将道心人心'二者之间,隔断横决'。"①而且他认为退溪"四端理之发现,七情气之发现"这种"分言理气互发者,何少异于人心道心之互言知觉耶"②,而"分"的理论同时也适用于心、性、情。

> 心一也而以人心道心分言之,性一也而以本然之性气质之性分言之,情一也而以四端七情分言之。③

就是说心性情虽然都只有一个,但是可以分别说成人心和道心,本然之气和气质之性,四端和七情。从这个立场出发,愚潭批判栗谷没有理解人心和道心,四端和七情,或生和或原,理发和气发分言的逻辑,反而背道相驰,因此不管栗谷如何努力将自己的理论与朱子的理论相融合,最终的结果只能是失败。④他认为栗谷的错误在于将"人心道心皆源于理,俱是气发;四端七情,只有气发理乘一途"⑤。由此我们窥见"分"的哲学模式与"合"的哲学模式之间的冲突。

但是愚潭并不是只是停留在"分"的模式上,他主张"道心发现于人心上,四端包在七情中,虽是相对说下,而元无相对各出之事"⑥,以此为基础不断的

---

① 丁时翰:《四七辨证》,《愚潭集》卷七:
1. 程子:人心是血气做成的故危,道心是本来禀受得仁义礼智之心,圣人以此二者。
2. 朱子:"心之虚灵知觉一耳,而以为有人心道心之异者,以其或生于形气之私,或原于性命之正,而所以为知觉者不同",夫混沦一心之中,道心不外于形气,人心不离于性命,则自常人观之,宜若不可对待立名,分开说下,而虞舜之所以授受,孔孟之所以相传,既如彼其分理气,程朱之所以发明,又如此其分性命形气。
3. 退溪:夫限道心于未发之前,则是道心无与叙秩命讨,而性为有体无用,判人心于已发之后,则是人心不资于本原性命,而情为有恶无善。夫如是则向所谓不可见之微,不可测之危二者之间,隔断横决。(第352页)
② "退溪之分言理气互发者,有何少异于人心道心之互言知觉耶?"(丁时翰:《四七辨证》,《愚潭集》卷八,第353页)
③ 丁时翰:《四七辨证》,《愚潭集》卷七,第319页。
④ "盖栗谷初未见虞舜分言人心道心之意,孟子剔发四端之旨,故于朱子或原或生理发气发之论,皆不以为然,而亦不敢遂然尽弃其说,于朱子所自著或原或生之说则多方迁就,每欲援附己说,而有若衲凿之不和,故辄委之于不得已之言。"(丁时翰:《四七辨证》,《愚潭集》卷八,第353页)
⑤ "于理发气发之论,则以其出于门人之所记,而退溪之所本,更不顾藉,直斥之以大本不一,遂以为人心道心皆源于理,而俱是气发,四端七情只有气发理乘一途,合而断之曰:发之者气,所以发之者理,无先后无离合,不可谓互发。"(同上)
⑥ 同上,第352页。

愚潭所述栗谷的第二个学说"气发理乘一途说"是栗谷为了批判退溪和高峰四七论辩中提出的理气互发说而提出的解决方案，第三个"理通气局说"是"气发理乘一途说"的一个延伸。①

本文试图在愚潭对栗谷学说的批判和对退溪学说合理化的论证过程当中考察其理论体系的形成以及在韩国儒学史上的位相。

一 "分"与"合"的辩证法

退溪将四端与七情分属于理和气，形成了严格区分的"分"的理论模式，并以此为基础展开了一系列的论证。相反，栗谷认为"七包四""人心道心一源"，形成了"合"的理论模式，并以此为基础发展出了一套理论体系。愚潭作为退溪理论的传承者，自然以"分"的理论模式为宗旨。他在《四七辨证》第一条中认为"虞舜首以人心道心分言"，朱子则将人心道心的所从来各自规定为理和气，这是"明虞舜对举分言之本义"。②

愚潭所用"对举分言"一词，与退高论辩时高峰评价退溪理论的展开方式时所用的"四端七情对举互言"③一词相似。即尧舜和朱子的人心道心说都是以人心和道心"分别对立"的立场为基础，这一立场同时也贯彻在愚潭的《四七辨证》之中。他在《四七辨证·总说》中主张："程朱人心道心'对待立名，分开说下'，具体来说就是将道心／人心分属于理／气，性命／形气，退溪则继承此

---

① "理气元不相离，似是一物，而其所以异者，理无形也，气有形也。理无为也，气有为也。无形无为而为有形有为之主者，理也；有形有为而为无形无为之器者，气也。理无形而气有形，故理通而气局；理无为而气有为，故气发而理乘。"（李珥：《答成浩原》，《栗谷全书》卷十，第210—211页）
② "'心之虚灵知觉，一而已矣'，而虞舜首以人心道心分言，朱子释之以'或生于形气之私，或原于性命之正，而所以为知觉者不同'。朱子之言，乃因人生禀赋天地之理气者，而指其从理从气之知觉，以明虞舜对举分言之本义，以示学者审机用功之旨诀，而后来学者，反疑对举分言之为心有二本，于是罗整庵倡为人心道心相为体用之论，以斥朱子或生或原之说，今者栗谷又创为'人心道心相为终始之论'以攻退溪理气互发之说。"（丁时翰：《四七辨证》，《愚潭集》卷七，第317页）
③ "答李滉书曰：四端七情对举互言，而揭之于图，或谓之无不善，或谓之有善恶，则人之见也，疑若有两情，且虽不疑于两情，而亦疑其情中有二善，一发于理，一发于气者，未为当也。"（奇大升：《请享疏》，《高峰先生别集附录》卷二，第316页）

在《总论》之末他又指出了这三种理论所存在的问题:

> 故于人心道心,则以为皆源于理,而遂为相为始终之说,以反或原或生之意,于四端七情,则以为皆发于气,而遂为"发之者气所以发者理"之说,以反理发气发之意,至于"理通气局",则又以为得见整庵、花潭之所未见,阐发前圣所不言之旨,而其所谓理通者,徒归寂灭虚无之地,未有安顿着落之处。①

根据愚潭的主张,他认为栗谷将分别从"性命"和"形气"中发出的道心和人心误认为都是从"理"中发出,四端和七情误认为都是从"气"中发出。愚潭把朱子和退溪(人心道心说和四端七情论)的这种将理和气看作两个根源的主张称为"二源论",而栗谷这种将理和气归结为一个根源的理论称为"一源论",他认为栗谷的"一源论"因为与朱子和退溪的"二源论"背驰,所以才会产生错误。②

栗谷所说的理的普遍性和气的局限性,即"理通气局说"其结果是"理通"因为与气相分离,与性理学所排斥的佛教、道教一样,理成了"寂灭虚无"的东西。因此也有人批判栗谷所主张的理不过是气发的根据,而这样的理最终会沦为"窈冥昏默"的存在。他们批判栗谷所说的理是空虚的观念性存在,强调理之所以称之为理的根本原因是理的"实在性"。

那么愚潭对栗谷学说的理解是不是正确的呢?其意义及在韩国儒学史上的位相又是怎样的呢?众所周知"人心道心相为终始说"起因是由于牛溪提出"人心道心之说,既如彼其分理气之发,而从古圣贤皆宗之,则退翁之论,自不为过耶"③。他以朱子将人心道心分属理气为基础,提出了退溪四端七情论的正当性及人心道心和四端七情的关系的问题。栗谷对此的答辩以及牛溪的再辩往复不断,使得论辩的主题从四端七情论转换到了人心道心论。

---

① 丁时翰:《四七辨证》,《愚潭集》卷八,第355页。
② 笔者主张的"一源论/二源论"必须要与一般使用的"一源论/二源论"区分,笔者所使用的这两个词语是汉字字面上所表述的意义,即一个根源(源泉)/两个根源(源泉)。
③ 李珥:《答成浩原(壬申)·附问书》,《栗谷全书》卷九,第195页。

愚潭对栗谷理气心性论的批判与实的哲学

〔韩〕崔英辰
（成均馆大学）

绪　论

韩国性理学的基础是由退溪（李滉，1501—1570）与高峯（奇大升1527—1572），栗谷（李珥，1536—1584）与牛溪（成浑，1535—1598）通过四端七情论辩构成的。这两次论辩不仅形成了两种哲学模式，而且形成了两个对立的学派和政派。[1]愚潭丁时翰（1625—1707）的性理学是对这两种哲学模式相互冲突相互融合。[2]

愚潭在《四七辨证·总论》开卷之始就将栗谷的四十多个条目的内容概括如下：

> 首言人心道心相为终始，中言发之者气所以发者理，终言理通气局。[3]

---

[1] 玄相允著，李炯性校注：《朝鲜儒学史》，首尔：玄音社，2003年，第183页；尹丝淳：《韩国儒学史：韩国儒学的特殊性研究》，首尔：知识产业社，2012年，第325页。
[2] 李基镛：《愚潭丁时翰和原州》，《愚潭丁时翰研究》，2009年，第23—28页；金景浩：《愚潭对互发说的拥护和对栗谷的批判》，《愚潭丁时翰研究》，第246页；崔英成：《17—18世纪的韩国儒学和丁时翰》，《愚潭丁时翰研究》，第175页。
[3] 丁时翰：《四七辨证》，《愚潭集》卷八，第351页。

一观点十分自信,坚信它很难有改动的余地,但问题到此并没有结束。因为即使我们证明了牟宗三对康德智的直觉的概念理解有误,道德之心创生的对象只是善相,根本不能说是物自身的存有,但道德之心为什么能够创生存有?作为善相的存有是真实的还是假相?这种特殊的现相与外部世界的存在是何种关系?这些问题仍然没有得到解决。

综上所述,牟宗三心性之学始终贯穿着三个问题意识,这就是活动问题、流弊问题、存有问题,与之相应的分别是活动论、形著论、存有论。牟宗三为解决这些问题用尽了一生的心血,做出了重要的贡献,但也留下了一些问题,需要后人加以解决。要继承牟宗三的儒学思想,必须在这方面下大气力。在相继结束了孟子研究和牟宗三研究后,我集中精力建构儒家生生伦理学[①],就是希望以自己的方式解决这些问题,将儒学思想研究向前推进一步。

[①] 儒家生生伦理学是我继孟子研究和牟宗三儒学思想研究之后的一个重要课题,目前已发表了一组文章,主要有:《我们应当如何确认自己的智性——关于儒家生生伦理学逻辑起点的思考之一》(《复旦学报》,2017年第5期)、《我们应当如何确认自己的欲性——关于儒家生生伦理学逻辑起点的思考之二》(《复旦学报》,2017年第6期)、《我们应当如何确认自己的仁性——关于儒家生生伦理学逻辑起点的思考之三》(《复旦学报》,2018年第1期)、《跨越气论的"卡夫丁峡谷"——儒家生生伦理学关于自然之天(气)与仁性关系的思考》(《学术月刊》,2017年第12期)、《信念的还是实体的?——儒家生生伦理学关于德性之天与仁性关系的思考》(《孔子研究》,2018年第1期)、《儒家生生伦理学对休谟伦理难题的破解》(《社会科学》,2018年第10期)。这些文章有着紧密的内在关联,敬请关注。

说"觉他"的智的直觉,既不是康德意义的,也不是牟宗三诠释的那个意义的,究其实只约略相当于"胡塞尔现相学意向性的直接性"。①

这段文字表达了这样一个核心观点：牟宗三对康德智的直觉的理解大致相当于"胡塞尔现相学意向性的直接性"。"胡塞尔现相学意向性的直接性"是我特意拈出来的一个说法,在现相学研究中可能并不特别重要,在说明牟宗三思想失误方面却有着重要价值。在胡塞尔现相学中,意向指向一个对象是直接进行的,中间不需要借助认识论意义的时空和范畴。牟宗三所强调的智的直觉,其实就是这种思维的直接性。既然如此,那么与这种思维直接性相对应的对象,就仍然属于现相的范畴,尽管是一种十分特殊的现相,而绝对不能称为物自身或物自身的存有。考虑到这种特殊的现相与道德相关,而道德是关乎善的,所以我将其称为"善相"。所谓善相,简单说即是由道德之心创生的那个现相。这是我研究牟宗三存有论的一个核心概念。遗憾的是,由于牟宗三身居高位,人们往往对其抱仰视态度,甚至加以神化,没有想到他在这个问题上会犯如此根本性的错误。自牟宗三以智的直觉分判儒学与康德之优劣以来,那么多人学习研究,其中有做中国哲学的,有做西方哲学的,其中还有以康德为专业方向的,从没有人能够看到这里隐藏的问题。一些学者习惯性地从康德的立场出发,为牟宗三打圆场,做辩护。②尽管这种护师的心态可以理解,但也说明他们在这一点上并未真正读懂牟宗三。以这种方法对待牟宗三,无助于将牟宗三的思想推向前进,只能在旧有的窠臼中打转,越陷越深。

将道德之心创生的存有称为物自身存有还是称为善相,这是我与牟宗三在存有论上的根本区别,也是我与学界其他学者的重大不同。尽管我对自己的这

---

① 杨泽波：《贡献与终结——牟宗三儒学思想研究·第三卷·存在论》,上海：上海人民出版社,2014年,第349—350页。

② 一个现实的例子可见李明辉近期的论文：《康德的"物自身"概念何以价值意涵？——为牟宗三的诠释进一解》,《云南大学学报》,2018年第2期。在该文中,作者仍然站在康德的立场解释物自身何以有价值意涵,为牟宗三做辩护。我从不否定物自身在康德那里有价值意涵,只是强调牟宗三讲的物自身与康德讲的物自身并不是同一个意思。牟宗三讲的物自身或物自身的存有是指道德之心创生的那个对象,而不是康德作为本体的自由。所以我才反复强调"此物自身非彼物自身"。参见杨泽波：《贡献与终结——牟宗三儒学思想研究·第三卷·存在论》,第350—351页。

不是这样。他研究智的直觉不是从"本源性"的角度，而是从人的认识局限性的角度出发的。在他看来，人的认识必须借助认识形式，从而构成了认识的局限性，只能认识现相，不能认识物自身。如果人的认识可以不借助认识形式，那么也就可以不受此局限性的影响，直达对象自身了。这种不需要借助认识形式的思维方式，就是智的直觉。简言之，在牟宗三心目中，智的直觉之有无关键在于是否需要借助时空和范畴：如果必须借助，认识就有"曲屈性"和"封限性"，就不是智的直觉；如果不需要，认识就无"曲屈性"和"封限性"，就是智的直觉。牟宗三这样理解智的直觉，脱离了康德的基本思路，与康德所说智的直觉已经不是一回事了。这个缺陷直接导致牟宗三其后在圆善论、合一论中的一系统失误，严重扰乱了人们的视线，大大影响了这位重要哲学家的理论地位。这可以说是牟宗三心性之学最大的遗憾。

既然牟宗三对康德智的直觉理解有误，那么他花费如此气力提出这个问题，究竟要表达什么思想呢？我在《贡献与终结——牟宗三儒学思想研究》第三卷有这样一段论述：

> 我研究下来得出的结论是："觉他"的思维方式并不是康德意义的智的直觉，也与牟宗三对康德智的直觉的诠释不合，只大致相当于"胡塞尔现相学意向性的直接性"。在胡塞尔现相学中，意识有其意向性，而意识指向一个对象是直接进行的，并不需要像康德讲认识问题那样，必须通过时空范畴这些形式。去除一些不同的表述方式，这种意向性的直接性与牟宗三"觉他"的直觉有一定的可比性。二者牵涉的是同一个问题：主体对于客体的赋意活动是直接进行的，还是必须借助康德所说的认识形式？两人的看法也比较一致，都认为这种过程是直接进行的，不需要借助认识形式绕上一个弯子。所不同的是，在胡塞尔那里，这种情况是指一种意向性的直接性，牟宗三则将其称为智的直觉。由于对胡塞尔现相学缺少相应的了解，根据自己对康德智的直觉的独特理解，看到"自觉"和"觉他"的过程都不需要借助时空和范畴，以"自觉"是智的直觉为出发点，认定"觉他"的思维方式也是康德所不认可的智的直觉，终于造成了牟宗三在智的直觉问题上的重大失误。一旦看清了这个道理，我们就会明白，牟宗三所

是对无限心的智的直觉而说的。如果我们人类无'无限心',亦无'智的直觉',则物自身对我们人类而言就只是一个消极意义的预设。可是,我们既可设想其是无限心的智的直觉之所对,则它不是我们认知上所知的对象之'事实上的原样'之概念甚显。纵使譬况地可以说原样,如说'本来面目',亦不是所知的对象之'事实上的原样',而乃是一个高度的价值意味的原样,如禅家之说'本来面目'是。"① 这就是说,按照牟宗三的理解,物自身是智的直觉的对象,不是别的什么东西。在康德那里,因为人类没有智的直觉,所以物自身只有消极的意义。如果我们能够证明人类可以有智的直觉,那么智的直觉便有了积极的意义,与其相对的就是物自身,而不再是现相了。因为这种物自身与道德相关,而道德是关乎价值的,所以这种物自身便是一个价值意味的概念,即所谓价值意味的物自身。牟宗三认为,这才是对康德相关思想的准确诠释。简言之,人的道德之心既有限又无限,因有限而有感性直觉,因无限而有智的直觉。这种智的直觉觉照之即是存有论地实现之、创造之。这种创造不是单纯创造一种现相,而是创造一种价值。这种价值就是物之实相,也就是物自身,是物自身的存有。

我在长期的牟宗三研究中发现,牟宗三在这里犯了一个十分不应该犯的错误,而其根源即在于其对康德智的直觉的理解有失准确。在康德那里,智的直觉(观)与感性直觉(观)② 直接相对。感性直觉有两个要素,一是对象刺激所形成的质料杂多,二是作为认识形式的时间和空间。没有对象的刺激,无法得到质料杂多;没有时间和空间,又没有办法对质料杂多进行整理。因此,感性直觉在康德那里最重要的特征是被动性和接受性,用康德自己的话说,是一种"派生的直观"。智的直觉则不同,它是一种"本源性"的直觉,即所谓"本源的直观"③,单凭自身就能够提出经验,做出判断,形成认识。当然,人类并不具有这种能力,这种能力或许只有上帝才有,但我们对此完全不能确认。牟宗三

---

① 牟宗三:《现象与物自身》,《牟宗三先生全集》第二十一卷,第7页。
② 牟宗三"智的直觉"一词译自英文"the intellectual intuition",而非直接译自德文"die intellektuelleanschauung"。英文和德文这两个概念并非完全同义,有细微的差别。参见邓晓芒:《康德哲学诸问题》,北京:生活·读书·新知三联书店,2006年,第303页。
③ 康德著,邓晓芒、杨祖陶译:《纯粹理性批判》,B72,第50页。

的存在，创生道德存有。道德存有即是道德之心创生的存有，是道德之心以自身的价值和意义影响宇宙万物，使其染上道德色彩而产生的一种存有。道德存有的核心问题是有与无。这里的有特指道德之心创生的那个对象，因为它带有了道德的内容；这里的无特指未经道德之心影响的那个对象，因为它是空白的，没有任何道德的色彩。道德存有意义的有，不能从物理的意义上理解，不是讲宇宙之演化，不是说自然生命由无变到有，而是指道德之心对宇宙万物产生的影响，使宇宙万物变得有了意义和价值。与道德存有论相关的内容，我们古人很早就有涉及，但长期以来多是一些片断、颗粒，既不条理也不系统。佛教传入后，经过对其义理特别是万法唯识思想的消化和吸收，渐渐引起人们的关注，相关论述多了起来，但总体上仍然未能成为一个正式的课题。直到近代熊十力创立新唯识论，牟宗三弘扬其师之学，将其上升到道德存有论的高度，置于西方存有论的大背景下进行比较，加以阐发，才吸引了人们足够的注意，成为儒学研究一个不可缺少的部分。将道德存有论引入儒家学理的殿堂，是牟宗三延续熊十力的思路对儒学发展的标志性贡献。

牟宗三出道以来就十分关注道德存有问题，经过《心体与性体》的写作，相关思想已有较为充分的展开。但后来牟宗三有一个反省，认为该书未能讨论智的直觉问题，是一个重大遗憾。此时他意识到，康德提出智的直觉这个概念有重大意义，但康德不承认人可以有这种能力，将这种能力归给了上帝，大大减损了这一思想的价值。依据儒家传统，人完全可以有智的直觉。人的智的直觉表现在"自觉"和"觉他"两个方面，这两个方面的思维方式都是康德不承认人类可以具有的智的直觉。牟宗三后期写作《智的直觉与中国哲学》《现象与物自身》等书，均是围绕这个焦点展开的，这个问题由此成为牟宗三后期思想的中枢。

智的直觉问题的介入，对牟宗三道德存有问题的表述产生了根本性的影响。由于将道德之心创生道德存有的思维方式理解为康德意义的智的直觉，牟宗三坚持认为，儒家道德存有创生的对象不再是现相[①]，而是物自身。"物自身

[①] 中文中"象"和"相"是两个完全不同的字，与"Phenomenology"相近的当为"相"，而不是"象"。所以本文在这个意义上只说"现相"，不说"现象"。

天不是实体,不是客观性的全权代表,没有能力克治心学流弊。以性体之客观性保障心体不走向弊端的做法尽管在历史上起到了一定的作用,如蕺山所做的那样,但不可能从根本上达到目的。数百年后,牟宗三仍然沿用这个古老的思路,以性体保障心体的客观性以克服心学流弊,其学说的合理性亟待重新考虑。这样一来,我们就不得不面临一个新的问题:既然牟宗三的路子有缺陷,不足以从根本上克治心学的流弊,那么如何才能完成这一艰巨的任务呢?我们纵然可以找出牟宗三形著论的种种不足,但心学的流弊仍然可能随时发生,怎样才能从根本上杜绝这些流弊,使心学走上健康的道路,是一个非常严峻,不得不认真思考并加以解决的课题。

三

牟宗三心性之学的第三个问题意识是关于道德存有的,简称存有问题。道德存有是存有的一个分支,因其主体是道德之心,而非认知之心,故名道德存有,而与之相关的学说即为道德存有论。在西方哲学中,存有论有着悠久的历史,早在古希腊时期就确定了基本的方向。牟宗三指出:"西方的存有论大体是从动字'是'或'在'入手,环绕这个动字讲出一套道理来即名曰存有论。"[①] 从"是"或"在"字入手,分析物是如何存在的,有什么样相和特征,由此讲出一套道理来,以知一物之何所是或何所在,这就是西方哲学的存有论。中国没有西方这种意义的存有论,但同样有自己的存有论。中国哲学以道德为中心,不管儒家、道家、佛家皆然,其中又以儒家为主导。儒家讲道德除关注心性、知行等问题外,还涉及道德之心能否对宇宙万物发生影响的问题。因此,儒家意义的道德之心有两个功能:一是可以创生道德善行,使人成德成善,成为一个道德的人,这是其道德实践的意义;二是可以赋予山河大地、一草一木以道德的价值和意义,使其染上道德的色彩,这是其道德存有的意义。

存有问题有着极强的理论意义。牟宗三顺着熊十力新唯识论的方向发展,清楚看到,道德之心自然可以决定个人的成德成善,同时还可以影响宇宙万物

[①] 牟宗三:《圆善论》,《牟宗三先生全集》第二十二卷,第327页。

后，为了替自己的政权寻找合法性，提出"皇天无亲，惟德是辅"的说法。这个说法很好地解释了政权的转移，兴盛了数百年，但也蕴含着很大的风险，因为周人政权的合法性并不是天给予的。后来周代统治者没有德了，却始终得不到上天的处罚，于是人们渐渐对这种说法产生了怀疑，出现了"怨天疑天"的思潮。孔子正处在这个重要的历史转折期，所以他不可能再直接将上天视为一个有意志的人格神，不可能再把自己的使命与原始宗教联系在一起。孔子的这一努力代表着重要的人文转向，对儒家思想没有走宗教的道路打下了不可撼动的基础。孔子之后，孟子为了解决仁究竟来自何处的问题，创立了性善论。而为了使性善论建构完整，孟子必须对良心的来源有一个终极交代，不得不重新回到天，直言良心是"天之所与我者"，将道德的终极根据归到了天上。其后，《中庸》的"天命之谓性"，《易传》的"乾道变化，各正性命"延续的都是这个思路。理清先秦天论发展的内在理路，我们不难明白，儒学把道德的终极根据放在天上，不过是"借天为说"而已。所谓"借天为说"意即借用先前天论的思维习惯，将道德的根据归到天上，以满足人们思维的形上要求而已。这个问题当从两面看。一方面，我们丝毫不否认"借天为说"的客观效果，因为一旦将道德的根据挂到天上，在古人心目中，道德便具有了形上性，从而大大加强了儒家学理的信念性和力量感。另一方面，我们又必须时刻保持警惕，明白天并不是道德根据的真正来源，以天作为事物的终极根据，只是延续古代天论思想的传统，将道德的终极根据推给上天罢了。[①]

明白这个道理对于正确看待牟宗三的形著论有重要帮助。既然儒家将道德根据归到天上不过是"借天为说"而已，那么这个意义的天就是虚的，不是实的，因此这个天以及由此而来的天道、道体都不是客观性的代表，无法承担克服心学流弊的重任。牟宗三创立形著论的根本目的，是以天道、道体讲性体，天道、道体是客观的，性体也是客观的。如果心学发生了问题，需要性体出来，以其客观性来保障心体的客观性，使之不发生错误，走向弊端。但上面的分析已经证明了，儒家将道德的根据归到天上，只是"借天为说"而已。这个意义的

[①] 杨泽波:《从以天论德看儒家道德的宗教作用》,《中国社会科学》,2006年第3期。后来,我将该文的主要观点移入拙著《贡献与终结——牟宗三儒学思想研究·第二卷·三系论》(上海:上海人民出版社,2014年)中,作为反驳牟宗三的形著论的一个主要依据。参见该书第94—108页。

着如何抄近道，行方便，只能造成低端重复，为后人耻笑。

在形著论中，性体能够保障心体的客观性，是因为其来自天道。天道又叫道体，是道德何以可能的先验根据和客观根据，而这也是宋明儒学的重要话题。根据牟宗三的梳理，宋明儒学最重要的思想资源即在先秦的《论语》《孟子》《中庸》《易传》，另外再加一个《大学》。《论语》《孟子》《中庸》《易传》这四部著作之所以重要，关键又可归为其中的两句诗：一是"维天之命，於穆不已"，二是"天生烝民，有物有则，民之秉彝，好是懿德"。①《诗经》中这两个句子的地位原本并不特别突出，牟宗三将其单独拎出来，旨在肯定天是道德实践所以可能的先验根据和客观根据。这个根据有两方面的特征：一是"不已"，即"维天之命，於穆不已"的"不已"，意为不停地起作用、行命令、有创生。二是"秉彝"，即"民之秉彝，好是懿德"的"秉彝"，意即我们从天上禀赋来的那些内容。牟宗三反复告诫读者，道体是一个生生不已的过程，创生世间的万事万物。人得到上天的禀赋，才有了性体，而这个性体就是个人的道德根据。有了这一根据，一旦心体出了问题，有了流弊，就需要性体出来加以克治。

面对牟宗三这一思路，我特别关注这样一个问题：性体真的可以保障心体的客观性，使其不流向弊端吗？为了回答这个问题，我认真分析了孔子之仁、孟子之良心的来源。在我看来，人之所以有仁，有良心，一是因为有生长倾向，二是因为有伦理心境。②生长倾向是天生的，如果将天取自然之义的话，可以将生长倾向与天联系在一起。但即使如此，也不能将自然之天理解为一个形上实体，更不能认为这种天可以主动赋予人以良心善性。伦理心境是社会生活和智性思维在内心结晶而成的伦理境况和境界。这一定义本身即说明，伦理心境是后天养成的，与天没有直接关系。生长倾向和伦理心境并非二本，仁也好，良心也罢，不过是建基于生长倾向之上的伦理心境而已。历史上儒家之所以把道德的终极根据归到天上，与其特定的历史背景密切相关。周人推翻殷人统治

---

① 牟宗三认为："此两诗者可谓是儒家智慧开发之最根源的源泉。"（牟宗三：《心体与性体》第一册，第39页）

② 以生长倾向和伦理心境解说孔子之仁、孟子之良心，是我多年来一以贯之的做法。这种做法起始于我的博士论文，其后数十年没有本质性的变化。参见杨泽波：《孟子性善论研究》（再修订版），上海：上海人民出版社，2016年，第二章。

创立儒学之后，孟子发展了仁的方面，开创了心学先河。经过漫长的发展，心学到明代已经完全成熟，影响日巨，但其内在的缺陷也渐渐显露出来。蕺山之时这种情况变得尤为严重，"猖狂者参之以情识，而一是皆良；超洁者荡之以玄虚，而夷良于贼"[1]。蕺山不忍看到这种局面，自觉承担起救治之责。他先是提出了"意根最微"之说，将意提至超越层，与作为已发的念区别开来，后来又区分了心宗与性宗，希望以性宗作为保障，使心宗不陷于流弊。牟宗三将五峰、蕺山独立为一系，正是看重其学理既重心体，又重性体，两者齐备的特点。为了将这一特点彰显出来，他创立了形著论。"形著"的说法出自《中庸》二十三章的"诚则形，形则著，著则明"，原是诚心必表现于外，表现于外就日渐显著，日渐显著即有发越光盛之貌的意思。牟宗三借助这一说法建立形著论，旨在表明心体代表主观性，性体代表客观性，心体与性体各有其长，互为其用。通过心体保障理论有活动性，通过性体保障心体有客观性。牟宗三打破历史陈见，不仅将五峰、蕺山独立为一系，而且将其排在最高位置，认为其学理价值甚至高于象山、阳明，就是想利用性体为心体加以保护，使其不再流于弊端。

由此可知，牟宗三创立形著论是想通过以性体保障心体客观性的办法，从理论上彻底解决心学流弊的问题，志向宏大。形著论不宜简单看作对历史学脉的重新梳理，更应视为牟宗三为解决心学流弊提出的理想方案。现在学界有一个不好的现象。一些学者对牟宗三没有下多少功夫，却常常讲牟宗三就那么回事，他的书不值一读，等等。这种自以为是的看法实在要不得。牟宗三当然有其不足，但他至少看到了阳明心学的问题，并试图加以解决，至少有这方面的问题意识。现在不少人研究心学，不管是孟子还是象山、阳明，往往只是讲他们的好，而看不到或不愿意讲他们的问题，更谈不上提出一套办法加以解决了。大哲学家之所以为大，是因为他提出的问题大，解决问题的方案发人深思。牟宗三即是如此，他之所以能够成为现代新儒家第二代的代表人物，是因为他的问题意识强，解决的问题大。我们读牟宗三的著作不应只读他的材料，更应读他的问题意识，读他的思路，读他的气魄，读他的承担。如果不是这样，时时想

---

[1] 刘宗周：《证学杂解·二十五》，《刘宗周全集》第二册，台北："中央研究院"中国文哲研究所，1996年，第325页。

评价牟宗三的这一思想，认为它蕴含着重要的价值，实际上开辟了一个新的学术研究方向，我将其称作"道德动力学"。牟宗三并没有直接使用过"道德动力学"这个说法，我将其作为一个专属概念提出来，意在表明，一门伦理道德学说要有效能，能够变为道德实践，必须有充足的动力，否则再完整再系统也只是一个死理，没有实际意义。

为了解决道德动力问题，牟宗三从心学立场出发，特别强调一门伦理道德学说中必须有心的位置，与此相关的论述即为牟宗三的活动论：

> 说"天命流行之体"，乃至说"创生之实体"，是形式地说，客观地说，说心、说神、说寂感是实际地说，内容地说，亦是主观地说。此即明此"於穆不已"之实体不只是理，亦是心，亦是神，总之亦可曰"寂感真几"（creative reality ＝ creative feeling）。此是此实体在本体宇宙论处为心理合一、是一之模型。若道德自觉地言之，便是孟子所说之本心或良心。心即理，此是那心理是一之模型之实践地彰著。①

"天命流行之体"作为创生实体，实际起作用的只能是心。这里的心即是孟子所说的良心。有了孟子之良心，道体、天命流行之体才能有活动性，才能成为活物，才能创生；反之，则无活动性，无创生性。牟宗三这一说法无疑具有重要的理论意义，但细察牟宗三的相关论述，不难看出，他只是说理义之悦我心，犹刍豢之悦我口，这本是定然的，"不须问如何可能"②，但未能具体说明心为什么能够有活动性以及这种活动性的运行机制是什么。而这两个问题如果得不到解决，活动论便仍然有缺陷，谈不上完整。

二

《心体与性体》除了定朱子为旁出外，同样关注心学的流弊问题。自孔子

---

① 牟宗三：《心体与性体》第三册，《牟宗三先生全集》第七卷，第85页。
② 牟宗三：《心体与性体》第一册，《牟宗三先生全集》第五卷，第168页。

德判定道德自律的主要标准是道德的纯粹性,即依据理性自我立法,自我服从,中间不掺杂任何功利目的,而不是是否讲知识。如果以是否讲知识作为分判自律和他律的标准,那么很不幸,康德很可能也难逃他律之虞,因为康德道德哲学的进路同样需要讲知识。①

尽管有此过失,但牟宗三做出这种判断并非完全没有意义。牟宗三这样做,与其区分心体与性体有关。依据牟宗三的一贯看法,与道德根据相关既有心体,又有性体。性体可以保障心体的客观性,但其本身没有活动性,其活动性需要通过心体来保障。朱子在这个关键环节上有所不足。朱子当然也讲心,但他对孟子之良心缺乏深切的体悟,讲心偏向了认识方面,成了认识之心。认识之心只是一种认知能力,通过它可以寻求事物之所以然,认识道德德目背后的很多道理,但本身没有活动性,无法成就具体的德行。为了清楚表达这一思想,牟宗三创立了一个特殊概念,这就是"即存有即活动":

> (朱子)所不透之一点,说起来亦甚简单,即在:对于形而上的真体只理解为"存有"(Being, ontological being)而不活动者(merely being but not at the same time activity)。但在先秦旧义以及濂溪、横渠、明道之所体悟者,此形而上的实体(散开说,天命不已之体、易体、中体、太极、太虚、诚体、神体、心体、性体、仁体)乃是"即存有即活动"者。(在朱子,诚体、神体、心体即不能言。)此是差别之所由成,亦是系统之所以分。此为吾书诠表此期学术之中心观念。②

天道是存在的实体,可以叫作"存有"。这种存有有一个重要特征,这就是能够动起来,这叫作"活动"。两方面合起来,即为"即存有即活动"。能活动就有创造力,能够直接产生道德,这是最理想的。反之,如果一种存有不能动起来,就叫作"只存有不活动"。由此可知,牟宗三批评朱子,表面看是朱子讲道德偏向了认知,是道德他律,其实是嫌朱子学理有缺陷,没有活动性。我高度

---

① 参见杨泽波:《"道德他律"还是"道德无力"》,《哲学研究》,2003年第6期。
② 牟宗三:《心体与性体》第一册,《牟宗三先生全集》第五卷,台北:台湾联合报系文化基金会、联经出版公司,2003年,第62—63页。

学①，但这并不能代表心性之学不能单独研究，也无法掩盖现代新儒家第二代在这个方面做出的重大贡献。

作为《宣言》作者之一的牟宗三也是如此。牟宗三学术思想分为早、中、晚三期，除早期撰写"外王三书"（《政道与治道》《道德的理想主义》《历史哲学》），提出坎陷论，思想重点在政治问题之外，以《心体与性体》为转折点，中期和晚期的精力都集中在心性之学方面。牟宗三心性之学研究始终贯穿着三个问题意识，分别是活动问题、流弊问题、存有问题。为解决这些问题牟宗三付出了一生的心血，提出了很多极有价值的观点，但也留下了一些问题亟待后人解决。

一

《心体与性体》的写作代表牟宗三学术生涯进入了中期，而这部著作也是他一生写得最好的作品。这部著作的一个重要标志，是打破传统理学、心学两分格局，将宋明理学的发展划分为五峰、蕺山，象山、阳明，伊川、朱子为代表的三系。其中五峰、蕺山和象山、阳明为正宗，伊川、朱子为旁出。牟宗三将伊川、朱子定为旁出，核心理据是其学说没有坚持道德自律原则，走了道德他律之途。牟宗三这样分判，是因为朱子以知识讲道德，将道德的根据安置在知识之上，与康德道德自律的思路不合，"就知识上之是非而明辨之以决定吾人之行为是他律道德"②。这个表述具有标志意义，直接表达了牟宗三在这个问题上的基本思想。按照这个判定，依靠本心还是依靠知识讲道德，是两个完全不同的路子：前者是道德自律，后者是道德他律。象山、阳明，五峰、蕺山为前者，伊川、朱子为后者。而我的研究已经证明，牟宗三在这里有一个严重的失误。康

---

① 这个转向是由蒋庆引起的。二十世纪九十年代，蒋庆对学界过分强调心性儒学的倾向提出了严厉批评，认为这种做法没有抓住儒学的本质。他强调儒学从根本上说是一种政治之学，从而大力提倡政治儒学，引起了很大的反响。参见蒋庆《政治儒学——当代儒学的转向、特质与发展》，北京：生活·读书·新知三联书店，2003年。但他将儒学分为两块，一为政治儒学，一为心性儒学，强调"二学离则两美，合则两伤"，明显割裂了儒学，同样引起学界的反弹。其后蒋庆又著有《再论政治儒学》（上海：华东师范大学出版社，2011年），对自己的观点有所修正，提法有所缓和，但没有原则性的更改。

② 牟宗三：《心体与性体》第三册，《牟宗三先生全集》第七卷，台北：台湾联合报系文化基金会、台北：联经出版公司，2003年，第440页。

牟宗三心性之学的三个问题意识及其遗留的课题

——《为中国文化敬告世界人士宣言》发表六十周年而作

杨泽波

（复旦大学哲学学院）

由牟宗三、徐复观、张君劢、唐君毅共同撰写的《为中国文化敬告世界人士宣言——我们对中国学术研究及中国文化与世界文化前途之共同认识》（以下简称《宣言》）发表已经六十周年了。这也标志着现代新儒家第二代代表人物正式踏入历史舞台足有半个多世纪了。

《宣言》的作者出于强烈的历史使命感，为中国文化鼓与呼，批评了当时对中国文化的很多错误认识，阐述了他们的理解，特别凸显了心性之学的重要，指出："共认此道德实践之行，与觉悟之知，二者系相依互进，共认一切对外在世界之道德实践行为，唯依于吾人之欲自尽此内在之心性，即出于吾人心性自身之所不容自已的要求；共认人能尽此内在心性，即所以达天德，天理，天心而与天地合德，或与天地参。此即中国心性之学之传统。""不知不了解中国心性之学，即不了解中国之文化也。"① 虽然后来一些学者对这种过于抬高心性之学的倾向有所反省，批评这种理解忽视了儒学的政治意义，丢掉了政治之

---

① 牟宗三、徐复观、张君劢、唐君毅：《为中国文化敬告世界人士宣言——我们对中国学术研究及中国文化与世界文化前途之共同认识》第六部分《中国心性之学的意义》。

五　总结与展望

唐先生总述宋明理学心性论的发展，从周、张继承汉代宇宙论的气之性开始，经过二程的理体，到达朱子的心自为体用。从朱子的心理为二到陆王的心理为一，走向体用不二的工夫论。刘蕺山更把属于实际作用的情气溯源于默运于心的纯情纯气，可说是体用合一的极致。最后唐先生从蕺山说为理学做了展望：

> 吾人今如顺蕺山之于心体上言具至善天理天则之意之情，以更极其旨而论，则心体上既有具此至善之天理天则之情之意，亦自当同具：缘此情意而有之愿欲与才能，以并为此形上心体自身之用。而后此形上心体，乃于人之所以成其盛德大业者，在本原上，无不完全具足……则其由情意而有之愿欲才能，亦为无限量，而为由天情天意而有之天愿、天欲、天才、天能；其所成之盛德大业，即为神鬼神帝，生天生地者。此方为天人不二之形上心体之全德。①

道德本于良知良能，是人类普遍的价值，也是普遍的能力。因此内圣之学要放下对才能的执着，如阳明拔本塞源论所言。但在人人充养万物一体之仁，不复以功业才能相夸耀相欺压后，对于功业才能应该有更正面的论述。唐先生本蕺山之论更进一步，以为心中既有形而上的情意，则依情意而来的愿欲才能也应纳入心体自身，而后本原无不具足，发用亦无限量。唐先生此说甚美，可以补充处，在于人人依宋明内圣之学体验万物一体之仁后，虽然不以功业才能较量高下，却可以尽其原有的功业才能之量，以互相补足，共同建立客观的盛德大业，以共同完成的外王功业，来圆满各自的内圣之学。

---

① 唐君毅：《中国哲学原论·原教篇》，第 505—506 页。

阳明以体用合一言本心良知，其条理是性，流行是气，而统一于知觉，因此阳明的良知说已经含蕴蕺山的本情本气说。然而阳明仅以心理合一言良知，以对治现实情气的障蔽，故其释程明道"于怒时遽忘其怒"之说，以为"但悟得良知时又自不难"。蕺山则谓心中四气周流，因而以怒后自当继之以喜，说明何以不难。蕺山意谓未发时虽不见情气，自有形上的纯情纯气周流，而为现实情气的根源。这样即不必视现实情气为无因而生或矫强而生。主宰构成理则，但主宰是天生的、内在的"意"。意之主宰，使四气自运于於穆，而见天则天理或性体。但意是不宰之宰，故诚意工夫只在静存，即《人谱》第一阶段的"凛闲居以体独"，不使"元气偶虚"，元气充盛周流即为道德的基础。在朱子，因为性心为二，心之静存是涵养性而不即是性。在阳明，因为体用不二，主要的工夫在动时致良知而不在静存。如今蕺山以静敛静存吸收朱子存养心体之旨，但此存养便使意成为主宰，不致有朱子性心为二的问题。而对于阳明，则扭转其由用以摄体，而回归于全体以起用。蕺山的慎独工夫乃所以保证纯情纯气周流无碍，也就是中气对四气的调节，其效果是无事时的平衡，即所谓中。有未发之中而后有已发之和，其中自然流行之情，如由怒而喜，称为性宗，良知感应之情，如当喜而喜，称为心宗。笔者认为这是一感应同时从性与心两方面做解释。例如一个道德实践后的满足感，从性说不是从外来，而是内在情感转换而显现（由怒而喜），从心说则是感应于外事而产生的（当喜而喜）。于是道德是适当的情感感应，而这些情感是本有的。至于性，蕺山取消了程朱形而上的性理的位置，性只是指情气的周流恰好。① 蕺山学说中，情气不再是应感而后起，而是自身即在心体中，情气之用，乃是从纯情纯气之体而来。这不仅是把用纳入体中，更是改变了形上结构，从朱子的理本，经阳明的知本，更转换到蕺山的情气为本。但另一方面，理、知、情气虽然是性，仍然是心之本体的存在，仍然是面对心性自身而言的。

---

① 《原心》："生机之自然而不容已者，欲也。欲而纵，过也。甚焉，恶也。而其无过不及者，理也。其理则谓之性、谓之命、谓之天也。其著于欲者谓之情，变而不可穷也。"（刘宗周：《刘子全书》卷七，第1页上）在这文脉中，"欲"相当于情、气，"情"反而相当于欲。因此"性"是就情气的恰好而言。又《原性》："性者，心之性也。心之所同然者，理也。生而有此理之谓性，非性为心之理也。"（同上，第2页上）心所同然之理，亦指情气的恰好，性乃即此而言。

之花之说。格物穷理的引文，则谓须经过工夫而后心成为理、理成为心。这是在心即理的前提下，性理永远居前一步，作为心之精益求精的目标。景逸的心理关系，正是以心是潜隐的性理来解释"虚涵性理"，因此其论心即理、格物穷理皆以心性论立场。心即理，故心不起时是在物为理，心起时是处物为义。格物穷理，故理成为心，心化为理，两不相碍。笔者以为当景逸回复朱子时，已比阳明更进一步。阳明所谓心即理，静则为虚灵知觉，动则为处物之义。景逸回复朱子，心虽即是理，然而静为在物之理，动仍须穷理工夫，心之于理乃精益求精，永不能尽，则其说的平实恳到犹胜于阳明。

四　刘蕺山的发展

刘蕺山的思想，据刘汋编著《年谱》所称，有阶段性发展，又兼朱王而超越之，是十分具有特色的思想。除了性外，意与气亦其特别之处。唐先生云：

> 至于刘蕺山则于良知之心知中，指出有善善恶恶之"意根"，为之存主，以有天情元气之自运於穆，以为纯意纯情纯气，同时见至善之天则天理，或性体之渊然在中，以为此心知之主宰，而亦流行于此心知。此则乃为在本然之心体自身上，说其自具有本然之发用之言……此实乃是由人之先静敛其心之一般之发用，以静存默契此心体之自身上，所本来原有，而运于於穆之发用，所成之论也。故此一之工夫，自其始于静敛静存处说，正亦是朱子言存养心体之旨；而其于心体上所见得之运于於穆之发用，则又正缘阳明于心体上言其自具其用之旨而进者也。①

须注意的是蕺山用意根作为心的主宰，性体存在于心体中，因此是以心为主而论之，仍属于主体的心性论。然而他不以情气为发而后有，而是未发以前便在心中默运，情气之发乃是由隐而显，是其思想特别之处。在朱子思想中，虽说心是气之虚灵，但情气乃发而后有，且与性为二，而须有发时的省察工夫。

---

① 唐君毅：《中国哲学原论·原教篇》，第502—503页。

朱子《中庸章句序》："心之虚灵知觉，一而已矣，而以为有人心道心之异者，或生于形气之私，或原于性命之正，而所以为知觉者不同。"唐先生以为从宇宙论外部看心受形气或天命决定，而分为人心道心，则道心不是必然成立的。景逸的说法表面像朱子，但细看，发于义理者是从粘于躯壳的识向自身翻转，亦即从内部看其自身，所以一觉而天地悬隔。心为气之灵，乘于"气"机故以为形而下，然而就其自身看则为不受限制的"灵"，证实了景逸是从心自身看的心性论立场。唐先生本人论景逸收摄阳明而回复朱子处，在修身为本与格物。然而修身为本之说实是沿袭李见罗的主张，重提格物才是。唐先生云：

> 其言格物穷理之义，亦未尝离此心而言。其所以不离此心而言者，则在其言物理之未知也，非直谓此物理在心外；而只是：此"物理"与"知此物理之心"，皆未现而俱寂。此即如阳明之谓山中之花，人未见时，花与心俱寂也。俱寂者，心与物相俱而寂而隐。而当其见于心也，亦与知之之心，相俱而显。俱隐俱显，形影不离。非必言有心外之物也……故曰"天下岂有心外之物哉。当其寂也，心为在物之理，义之藏于无朕也。当其感也，心为处物之义，理之呈于各当也。心为在物之理，故万象森罗，心皆与物为体。心为处物之义，故一灵变化，物皆与心为用"（《遗书》卷三"理义说"）。此即谓心知与物，在寂与感，皆不离也。又曰"格物者，穷理之谓也；穷理者，知本之谓也……理者，心也；穷之者，亦心也。但未穷之心，不可为理；未穷之理，不可为心。此处非穷参妙悟不可。悟则物物自有天然之则。日用之间，物还其则，而我无与焉，如是而已"（《遗书》卷八"答刘念台"）。此即谓心理虽不离，然仍有当穷之心之理，待于穷，然后能于日用之间，随处依物之理或天则而行也。[①]

引文中的物不在心外，并不是说没有离开心的客体事物，而是从心的关联来说物，因此物不独立于心。至于由此关联而来的物理，虽有客体性的存在，然而当心与物不相感应时是隐藏的，感应时则心、物、理俱起，此正如阳明山中

[①] 唐君毅：《中国哲学原论·原教篇》，第456页。

悲悯之情之隐现于心，即孟子所谓恻隐之心也……凡于通常所谓我以外之人物，有缺憾苦难，而见其为我之缺憾苦难；或于通常所谓我之缺憾苦难，见及其为一切人物所可同有；而皆为一天地间之缺憾苦难，以现于此心，而无内无外；皆顿悟此不忍悲悯之心也。然此心能于天地间之我与人物之苦难，见其无内无外，亦可于天地间之我与人物之乐，见其无内无外，当下充塞宇宙之乐。故虽是同此儒者之无内无外，充塞宇宙之悟境中，而人可或悲或乐，亦可哀乐相生，如环无端……人能不见内外，即无内外，而全心在感，全感在心；则此外更无宇宙之人物在念，故当下遍满、充塞宇宙。①

悟境通内外天人今古而一，今人以神秘主义称之，有种种分类与分析。②唐先生则做合理的说明。就悟境之浑全无分别，随着机缘或工夫顿尔呈现而言，乃属不可言说者，但此境界本身则非不可理解的。依唐先生说，悟境无内外天人今古之别，主要是破除小我之隔，打通隔碍则与天地今古一切人物能相感应。然而并不是说一切人物顿时浮现于前，而是说我思感所及的人物与我全无隔碍，有我全部的响应，因此当下遍满、充塞宇宙。又由于我已转化为无私的大我，此人物之于我，一方面遍满充塞，另一方面又无丝毫留滞。因此景逸引用程明道："百官万务，兵革百万之众，饮水曲肱，乐在其中。万变俱在人，其实无一事。"又说："万变皆在人，执一毫我不得。万化皆在身，求一毫人不得。"③

唐先生论景逸之学，指出他收摄阳明学而回复朱子，笔者对此理解为景逸以心性论立场诠释朱子。景逸有一条心的论述可用来说明：

心一也，粘于躯壳者为人心，即为识。发于义理者为道心，即为觉。非果有两心，然一转则天地悬隔，谓之觉矣，犹以为形而下者，乘于气机也。④

---

① 唐君毅：《中国哲学原论·原教篇》，第452—453页。
② 可参见史泰司（W. T. Stace）著，杨儒宾译：《冥契主义与哲学》，台北：正中书局，1998年。
③ 分别参见高攀龙：《困学记》，《高子遗书》卷三，《四库全书》本，台北：台湾商务印书馆，1983年，第16页；《语》，《高子遗书》卷一，第4页下，第22条。
④ 高攀龙：《答念台三》，《高子遗书》卷八上，第29页上。

东林学针对王学之弊，主要是致良知之教可为人假借而起。"此致良知之论乃教人自见其是非，而自是是非非。于是我自己之是非，可为他人所不得而是非，而我又可自本其是非以是非天下人；以为此皆所以自致吾良知之是。"① 于是成为无忌惮与大狂肆。"东林之学者乃一方用力于自修，一方亦关心世道，而欲辨世间之君子小人之善恶，更发为是是非非之评论；乃不惜为伸此是非之正者于天下，而不顾利害生死，更以节义自见者也。"②

唐先生对于顾泾阳思想，举"语本体则性善二字，语工夫则小心二字"，释云："吾亦以为对此无善无恶之论，至少必须限定其义之所指。无善无恶之化境，亦必须由先辨善恶、辨君子小人之别而至。亦只能谓此境为善之一，而不能以之销融一切善。此则所以保存此善之在先性。而凡言体用、本体工夫、性命之形上学的概念，亦皆当依此善之在先性而说。此亦即谓：必以道德学之概念，先于一切形上学之概念而说，方更合于孔孟荀等儒者重善恶之辨、君子小人之辨之旨。晚明阳明之学之流，既趋于高明浑化，而有种种高明浑化之论；则固当再由高明而道中庸，由浑化而分辨，乃能知此辨善恶与辨君子小人之意之切。此则正有赖于东林学派与晚明之甘泉学派之人，及李见罗以至刘蕺山之辨无善无恶之论，以完成此儒学当有之一发展者也。"③

关于高景逸，唐先生解释其悟境。宋明理学有一些重要学者自言悟境，如罗念庵楚中之悟、高景逸的汀州之悟都是著名的例子。唐先生也描述自己悟境，在论景逸处则有对悟的通论，并以儒家恻隐之情与鸢鱼之乐来说明：

> 此诸悟境自可有种种不同。然其同者，则是皆无内外天人之别，亦无时间上之今古之别，与空间之上下四方之别；又皆是忽然顿现，前无来处，后亦无去处……不因其外之物而有，亦不因之而无，无定在，而无所不在……然同有此一悟境者，其所悟亦可有不同……儒家于此之悟境，则可是直悟万物皆备于我，而己与天合德，此似宗教之境；又可是顿见此心之虚明灵觉，如佛家之悟一切法，本性空寂；亦可是进而悟此心有种种不忍

---

① 唐君毅：《中国哲学原论·原教篇》，第443页。
② 同上，第446页。
③ 同上，第449—450页。

简述如下：

> 至于阳明之徒，如聂双江、罗念庵，言归寂以通感，亦要在先识虚寂之心体，更依之以通感……至于王龙溪，则又承阳明之言良知之是是非非，而无是无非之发用处，而即此用以见良知之即感即寂，即用即体，而直契此即用即体之体。①

> 罗近溪恒合"生""身"与"觉"及"仁"以言心，即此身此生之日用常行，指点此心之时出其深隐，以见体用动静之不二。此其言乃更高明而浑融，而近乎明道。②

聂双江、罗念庵的归寂工夫意在超出良知发用时的夹杂，然而他循其工夫而复归的心体仍是即体即用的。阳明后学中，归寂派和现成派的区别主要在工夫论，其本体论同为主体的心性论，主张体用动静不二，而不离于儒家经世。罗近溪提出"性地为先"，超越执着工夫或境界可能造成的歪曲，只依生与善的本性活动，而逐渐上达。近溪针对修道者面临的心火（走火入魔）问题，主张无工夫的工夫。然而自然仍是心的另一面向，因此仍然属于主体的心性论。

三 东林学派的发展

关于明代的程朱理学，唐先生对明初的薛敬轩、曹月川，仅言"其于朱子理气之论有疑，皆不关朱学之大体"。于胡敬斋仅言其传吴康斋之学，"宗朱而评斥白沙之学"③。于阳明当时的罗整庵，则言"尚多承朱子所言之义，重在别性理或天理，于人当下现成之心知"④。至于东林顾泾阳、高景逸，唐先生则有专章讨论。

---

① 唐君毅：《中国哲学原论·原教篇》，第501—502页。
② 同上，第502页。
③ 同上，第349页。
④ 同上，第501页。

的说法，然而心作为主观面，仍然属于用的一面。[①]这样就可以说明朱子心与理为二的问题。心理为二是程朱本性论哲学的构造，心从自身之体看，虚灵知觉与道义全具是相涵关系，的确为二。从自身看已经如此，则从外部看其属气，亦是与理为二。于是不论从内或从外看，都是主体对其内涵的形上之理，加以包含该载、敷施发用，内与外只是视角不同，并不造成不同的结果。那么将朱、陆、王视为连续性发展是否仍能成立？笔者认为欲见其互通，对朱子的心不能只限于认知心（认识理）的一面，也就是须将唐先生所描述的"虚涵万理"理解为心之虚灵即隐性的性理。这是将朱子心学化，向陆王靠拢。但在朱子文献中也能找到相当的支持。就中和旧说而言，心是生生中所生的一面。到了中和新说，心是周流贯彻于已发未发间的流行。就《中庸章句序》与《大学章句》而言，心虽然属于主体，但对客体不仅认知，还有推行，而且主体已具备相当的道德质量，不只是知识心而已。在《大学章句》《大学或问》论各纲领条目工夫处，心皆已具道德质量，工夫只是精益求精而已。这样就可以为朱子的心理为二说与陆王的心理为一说之间找到通邮点。

二 阳明后学的发展

朱、陆、王三子思想发展的基源问题是心理关系问题。朱子以心与理为二，上文说明若循程朱的本性论哲学，心与理是主体与客体之别，因此心与理的合一是工夫论上的融合，并不像唐先生所说的心与理在本体上实为不二。如果心体上实为不二，应视为陆王在心性论上的发展，而推动这种发展的仍然是道德实践工夫。在朱子主客对立的形上学中，主体的心为求符合于客体的理，易流于逐求博学或服从外在权威。阳明的心即理说，乃是为了克服心理为二所产生的杂霸、虚假的流弊，因而转为主体的心性论。然而在阳明之后，此心是否即是理，所据为判准的良知如何凑泊，又成为阳明后学的基源问题。唐先生对此

[①] 兹引一条语录说明。"问：天地之心、天地之理。理是道理，心是主宰底意否？曰：心固是主宰底意，然所谓主宰者，即是理也。不是心外别有个理，理外别有个心。"（《朱子语类》卷一，《四库全书》本，第5页下—第6页上）朱子虽说到理心一体，但有主宰而后有主宰之意，仍是以理为客观实在，心为主观运用。

朱子三十七岁的中和旧说有接近象山本心的说法，乃受湖湘学影响。中和旧说以未发为性，已发为心，而对于未发之性的理解，有"浑然全体，应物而不穷者……良知萌蘖亦未尝不因事而发现""只是来得无穷""生生者"①等。如此则未发已发，或性与心，是流行动力与流行者体用合一的关系，是即流行而体会其有本，此处性为体、心为用之说承自伊川，而生的概念来自明道"性即气""生之谓性"之说。四十岁成立的中和新说，始确定应以心为主，心之体为性，心之用为情，而分体用动静做工夫。因此中和新、旧说皆在中年期，皆面对心性自身而论，只是旧说消化二程的性体心用说，趋于浑一；新说则在心上建立体用，然而体用作为性情相对，反而分明起来。至于《大学章句》，特别是《格物补传》，乃晚年成熟之说，姑订于六十岁，有相应于心之体用的工夫论。但同时的《中庸章句序》与相关文献，却是唐先生指为"从宇宙论上说"的文本依据。则朱子受宇宙论影响反属最后阶段。

笔者认为对朱子心性论宜重新理解，以见其与宇宙论不相矛盾。就朱子建立心自为体用的中和新说来看，其言云："然方其静也，事物未至，思虑未萌，而一性浑然，道义全具，其所谓中，是乃心之所以为体，而寂然不动者也。及其动也，事物交至，思虑萌焉，则七情迭用，各有攸主，其所谓和，是乃心之所以为用，感而遂通者也。"②心自为体用，并不就心之虚灵知觉与其感应于物而言，而是指心所统的性情。性是"道义全具"，情是"各有攸主"，亦即性情不仅是形式上的寂然与感通，更是就道德法则的内容而言。在此情况下，心之自为体用，实是心即于性情而为体用。唐先生似未注意到在伊川以性为理体，实开启本性论哲学，朱子以心自为体用，其实是合起来作为理体之用。③伊川以为性即理，而有性体心用之说，但在朱子的发展，心之为体用是就修养性情而言，心以自身的虚灵明觉涵养性之体与主宰情之用。朱子心性情三分说虽比伊川性体心用说复杂，但兼体用之心合起来仍为性体之用。朱子亦有将性心合成一个

---

① 分别参见朱熹：《答张敬夫》，《朱子大全》卷三十，第19页下、第20页下；《观列子偶书》，《朱子大全》卷六十七，第24页下。
② 朱熹：《答张敬夫》，《朱子大全》卷三十二，第24页下—第25页上。
③ 前文虽指出唐先生于中国人性论有更多元的观点，然而整体而言似较倾向于以感通言性，因此对朱子之心以虚灵知觉为体，则指之为性，而于伊川朱子理体为性之说，虽言及而未加发挥。

言，朱陆并无大不同。然而必须注意到，唐先生论述"在宇宙论上或泛论工夫时看心"云云，所根据的文本是《中庸章句序》及相关联的文献，而论"在纯粹之心性论，与直相应于其心性论之工夫论"则根据《大学章句》。二者皆是晚年成熟期思想，难分先后。唐先生继续说：

> 今观朱子之言工夫之精义，实不在其由宇宙论之观点，以看此工夫所成之道心或其在天地间之地位一面，亦不在其泛说心之操存舍亡之处；而正在其直接相应于纯粹心性论中，所面对之心性，以言工夫处。此面对心性以言之工夫，实朱子思想之核心之所在。自此核心上看，则其言本心，明有同于象山言本心"不以其一时之自沉陷自限隔而不在"之旨者。此中之异点，盖唯在依象山义，此"去物欲气禀之杂"之工夫，即此本心之自明自立之所致；而朱子则有一套涵养主敬之工夫，以直接对治此气禀物欲之杂，此一套工夫又似纯属后天之人为者。在朱子，此涵养主敬之工夫，只在使内心之湛然之清明之体见，而知觉不昧，以使万理得粲然于中为止，故纯为一未发时静中之工夫。至于心之向外格物穷理而知物理，则所以明内具之性理，以为省察诚意正心之准则，而为心之已发而动，有思虑后，以使动合于理之工夫。此二工夫，一属静，一属动；一属未发，一属已发；一属向内，一属自外；一为明体而立体，一为达用而用行；一为心之主乎性，一为心之主乎情……二者各不相同，而相辅为用。而朱子所以开工夫为此相对之二者，则又正由其在宇宙论中之先分"动静等为二"之观念，透入其心性论中而来。此乃其不同于象山之无此动静、已发未发、体用、内外等之分别者。象山之言满心而发，乃满乎心之内，亦发而充实乎万物。此即无异一即体即用、即内即外、即动即静、即未发以成已发之言。象山之有此言，又由其初未尝如朱子之依宇宙论观点，以言由气之有动静，言心之有动静，亦未尝如朱子泛论工夫时，重此心之出入存亡二面之故也。①

---

① 唐君毅：《中国哲学原论·原教篇》，第622—623页。

中，则又初不重依气以言心，亦未尝不言"超乎一般之动静存亡之概念之上"之本心或心体。此本心或心体，乃内具万理以为德，而能外应万事以为用，亦原自光明莹净，广大高明，而无限量者；唯由物欲气禀之杂，然后体有不明，用有不尽。于是人之一切去除其物欲气禀之杂之工夫，如相应于此心性论而言，亦可说不外求自明其心之性理之善，而有以复其初，以使此心之全体无不明，而大用无不尽。此其义与象山之言工夫，唯在剥落去人心之病障，以自复其本心，而发明其本心，以满心而发之旨，初无大不同；而与其在宇宙论上或泛论工夫时看心之观点，明有不一致处。大约当朱子自宇宙论看心时，乃自外看心之属于人，而依于人之气、心之表现于其主乎身，而使此身能有运动知觉上。此心之表现，或觉于理而为道心，或觉于欲而为人心，或顺欲而违道，以成具不善人欲之心。自此三心之表现上看，皆有动有静，有存有亡，而道心亦有存有亡，乃别无一"无存亡出入"之心为本原。至于人之是否有与圣人同之纯一不已之道心，乃依其心气而定。则人于此，若必自信其能有圣人之道心，即实无客观上之必然的根据。至其在泛论工夫时，则人用其工夫，以使心合于道，而道心存，无此工夫而道心亡；于是道心便是存而可亡、亡而可存者。然在其纯粹心性论与直接相应之工夫论中，则朱子乃面对此心而言性。此所面对者，唯有此心，则于此心，便可只见其存，亦宜就其存而论其存，而不见其亡；其亡乃由气禀物欲之昏蔽，则虽亡而其体未尝不存；但隐而不见，而其用亦隐而不见耳。此中，唯赖去气禀物欲之昏蔽，以复其心之清明，以使此心之全体见，而后大用行，则人固当自始有此心之全体，为其本心矣。①

指出朱子言心，有从宇宙论说与从心性论说二种。心是气之灵的说法属前者，而心具众理而应万事的说法属后者，二者皆有相应的工夫论。就前者而言，工夫在心之存亡，不但存亡无定，且心既从属于气，对于气便无必然的主宰性。但在后者，由心性自身上看，心自具完全的体用，则视物欲气禀之杂为心内部的病障，工夫即以心性自身为根据，亦以心性自身为成功的保证。就心性论而

---

① 唐君毅：《中国哲学原论·原性篇》，第620—622页。

象山之言心与理一，乃初就心与理之俱用俱发，而皆是之处，教人加以自觉；以使人直下缘此，以知其本心之体，乃于四端万善之理，无不备足。此乃即用显体之教。然象山则罕用体用二名……然在阳明，则于良知之好善恶恶，是是非非之处，见即心即理之本心之发用；于良知之好善恶恶，而无善可好，无恶可恶，是是非非，而无是可是、无非可非处，见此本心之体虽发用，而未尝不虚寂，以存朱子之虚灵明觉言心之义。而其由此以言心理、体用、动静之不二，遂可显然为朱子之言之进一解，其言即为出于朱，而自然归于陆，以重申陆之义者。①

象山则由发用的心理合一，追溯此体原来为一，凡发用的合一皆直由本体的合一而来。阳明则由发用的心理合一言良知，良知是即体即用，而更无体用的分别。象山由发用之合一归宿于本心之善，良知以无是无非为本体，乃是阳明进一步指出本体虚寂，以此而合于朱子虚灵明觉言心之义。

检讨唐先生的说法，唐先生认为朱子心的工夫是体用动静为二。无事时涵养而保全虚灵明觉，是静时存体的工夫。此说虽是，但朱子的工夫能否完成心理为一，是值得探讨的。前引文中唐先生谓心作为寂然不动之体而"虚涵性理"，此言有模棱之处，在其所指的是虚即隐性的性理呢，还是虚含藏性理于内？唐先生似是主张前一义。但从朱子以"包含该载、敷施发用"说明心与性的关系来看，若说心乃是就具理于内，而又推行于外在行事的能力而言，似乎更合理。心虽不受限制，但能力并不等于法则，于是心体作为"虚灵明觉"，与性体作为"道义全具"，并不是同一件事。心与理不能合一的理由乃在于此。要使心理合一，必须使虚灵明觉便是道义全具，而这是陆王的道路。

在此笔者依《原性篇》引述唐先生谈朱子与陆王工夫论的不同。其言云：

朱子在宇宙论上，固以心属于气，气依理而动静，并以心为有动有静，有存有亡者；在工夫论上亦谓此合道之心，可由存而亡，亦可由亡而存，其存亡全系在工夫上。然在纯粹之心性论，与直相应于其心性论之工夫论

---

① 唐君毅:《中国哲学原论·原教篇》，第500—501页。

陆王之论之进于朱子,乃在于朱子所谓寂然之心体上,直下言其本具此感通之用,与此心体之自身即理;而视此为吾人之形而上的本心良知……然此心理合一之体之存在,在学者初只是一推论,而此推论之相对的证实,则唯在学者之自观此心此理之俱用俱发,以见有此合一或呈现此合一之处。此所呈现之合一,固非其体上之合一之全量。故在学者分上,对此全量之合一,亦无绝对的全证,只有相对的分证。唯分证可相续不断,则于全证之可能,亦更无可疑;而学者遂可以自信得及之信心,以补此分证之所不及;亦可本此推论与分证及信心之所及,以直下说此心体或本心良知之体上,更无所谓心理之二、体用之二;并即依止于此,以为究竟义也……此心体上之心理合一义,即所以说明"学者之所以求合一,以由二而成非二"者也。朱子之言工夫,即归在教学者之由二而成非二,则此心体上之心理合一之义,即正所以完成朱子之言工夫之教者也。然此中若先无学者所见之"二",即无使二成不二或合一之工夫,亦无言此体上之合一之必要,此体上之合一,亦无意义。由是而学者所当信之体上之合一,即又正建基于学者于现成当下之境上,所见之"二者之原未尝合一"上。则此"合一"与"不合一"二义,乃属于上下层而俱成。故性理之幽微而深隐,与当下现成之心,若不合一,而超越于其上,此学者之所必当先有以自知者也。于形上之心体,具此合一,而心理实不二,此则学者所当由推论、分证、以自信,而期于全证者也……然朱子言心为气之灵,犹存其前诸说之遗,于心体自身与理之合一,及心体之自具其用、即静即动之义,未如陆王之说到究竟。故在此一义理之言说上,必以陆王为归。①

　　依此段论述,朱、陆、王皆以此心此理俱用俱发,而呈现合一处为事实基准,而进一步地加以论述。朱子的立场是"学者分上",由发用的心理合一(亦有不合一处),而追溯以为在未发处当有涵养心体,以求心理合一的工夫,此即朱子中和新说之旨。然而心理合一工夫的可能,乃因形上心体具此合一。此处朱子不如陆王说到究竟,故必以陆王为归。依唐先生的说法是:

---

① 唐君毅:《中国哲学原论·原教篇》,第498—500页。

非形上本体。到了二程才以性为形上本体。至于心，如濂溪"形既生矣，神发知矣"，横渠"合性与知觉有心之名"，伊川"自性之有形者谓之心"，虽然有从体质之用向性体之用的发展，毕竟是就虚灵知觉之用而言的。到了朱子，才有在心自身上言体用的意义。但心作为体，当不是引文所说"此体亦以其虚灵而原无限量之故"，而是中和新说所谓"方其未发也，而一性浑然，道义全具，其所谓中，是乃心之所以为体，而寂然不动者也"。① 心之体不就虚灵知觉言，而是就性言，而此性指道德之性，或说理性。这理性概念起于伊川，以其为心体而自我体证则起于朱子。

朱子提出心自具体用的思想，陆王心即理说实承朱子说而起并更进一步，朱子之说亦应以陆王为归结。这是唐先生大力阐述之处，谨略述如下：

> 朱子言心之为一虚灵明觉，乃兼有寂然不动之体，与感而遂通之用者。自心之寂然不动之体上看，心既有超于气质之昏蔽之外之义，亦有超越于天地万物之境相之上，以虚涵性理之义……然朱子又有心为气之灵之说，则又似使心属于气。此则由朱子之言心，原由其先之说转进而成……然此气之灵之一语，可重在"气"上，亦可重在"灵"上……则吾人固可谓朱子之言，乃意在由气之灵以上指，以及于心之具性，以见心之所以能超于气之故；而非意在说心之不过"气"之灵也……则陆王以降，更不自气上说心，而只以心统气，正为承朱子之说而更进，而明显的完成朱子之承其前言心与气之论而发展，所指向之意义者也。②

朱子有心为虚灵明觉，兼有体用之说。唐先生之意，心作为体，因为有灵的一面，可以不为其体质之气所限，因而超越昏蔽与实然境相而达于无限。陆王不自气上说心，而只以心统气，正是就心的无限性而言，气从属于本心，而不足以障蔽之，此是承朱子之说而发展者。唐先生的分析则如下：

---

① 朱熹：《答张钦夫》，《朱子大全》卷三十二，四部备要本，台北：台湾中华书局，1970年，第24页下。
② 唐君毅：《中国哲学原论·原教篇》，第497—498页。

气上已原有体用合一之旨。然汉儒以气连于质，则此体应为体质之体，而横渠则由气之流行，以见其体质之虚，而即以虚为气之本；而气即有"清通之神，而能感物之性"。感物而"体物"，性即有体义。然此"体物"之体，初为一动辞，只表一"以虚为体之气"之用。则此性之体义，乃间接说，非直接说。此盖由其尚未立性即理之义，故其所谓性之为体，尚可说为气之体，非必即程子之以理为性之理体也。至横渠之言心，则克就气之虚而清通之神，与万物相感，而有知觉处说。故心之知觉，即"气之表现其虚灵"，以显其与物感通之性，于"与知觉俱起之应物之情"之事……朱子言心之虚灵知觉，兼为寂然不动之体；而横渠之言心之虚灵知觉，则当尚只是一感而遂通之用。故横渠言心，更兼言大心之工夫。必有大心之工夫，而后心真能合内外，未尝言心之体本来是大，亦未言心之体无大小之可说也。至明道言圣人之心之情，"廓然而大公，物来而顺应"，"此道与物无对，大固不足以言之"，伊川言"心具天德"，"通之以理，则心无限量"，乃始以德以道以理，言心之不与外物为对，以自无限量。二程言心之义，乃咸有更进于横渠。然二程于此心之无限量，毕竟是自体上说，或自用上说，于义亦不明。大约伊川仍只是以性理为心之体，而以知觉感通为心之用……朱子之疑于胡五峰"心以用尽"之说，即由朱子必于心之用之外，更言"心之虚灵知觉，自为寂然不动之体，而此体，亦以其虚灵而原无限量"之故。此正当为伊川、横渠言心之说之进一步。[①]

本段简述心性概念从濂溪至朱子的发展。性成为独立本体，乃是宋代理学的发展。汉代宇宙论的气已有体用合一的意思（唐先生称为存在的流行，流行的存在），但体用犹就体质与功用而言。以刀为喻，汉代体用论犹如刀为体，利为用；宋代理学的发展则反过来以利为体，刀为用，体成为有普遍意义的形上本体，用则就体的具体有限的表现而言。濂溪的性还有汉代宇宙论五行之性的痕迹，乃就气质之体的性而言。横渠的思维结构同此，但因其以气质之体为虚（气质流行之故），故感物而体物为性，性因此得到体的意义，然尚属气之用，而

[①] 唐君毅：《中国哲学原论·原教篇》，第495—497页。

何所是。"① 就是说，人性何所是，是就其实现人生理想时或优或劣的条件而言的。如孟子性善，是就尧舜圣人理想可以实现而建立；荀子性恶，是就礼义文化理想之所对治而断言。于是人性论会与工夫论相结合，以人生理想的实现为目的。

由于人性论涉及对理想、自我与世界的认识，因此是变动的。关于先哲人性论的诠释，相较于牟宗三与劳思光，唐先生有更多元的观点，但又以发展与辩证的角度寻求彼此的会通，像是有一条脉络存在。关于宋明整体的发展，唐先生言："今若专以宋明儒所重之心性之学言之，则始于疑荀子之言性恶，然初仍信扬雄善恶混，与告子之性无善恶之论。后乃及于信孟子之性善之论。于此心性之说明，则初未将心性与气情欲等分别而论。程朱乃别此心之性于情，以理言性。陆象山更于此心言本心。明之王阳明，乃于本心中指出良知。至刘蕺山，又于良知中指出至善之意根。此整个言之，乃于此心性之义，次第加以抉择、拣别，以向于精微。"② 以下论述便以朱陆王关系为主，更向上向下述其源流。

一　北宋理学至朱陆王的发展

《中国哲学原论·原教篇》第十九章综述宋明理学中心性之论之发展，可据以了解唐先生对整个时期的发展观点。本文抄其大要，并加上笔者的说明与意见。唐先生说：

> 濂溪之言，明罕及于心而多及于性，张程乃渐重心。濂溪《太极图说》，由天之金木水火土之五行，方及仁义礼智之性。则其言性，明尚近郑康成注《中庸》"天命之谓性""木神则仁，金神则义……"之说，其意虽可别有在，其言犹是连阴阳五行之气质以说性也。横渠之言性，乃自气之虚而有其清通之神以感物上言。吾于《原性篇》尝谓汉儒之气，已是一存在的流行，或流行的存在。如以体用之名说之，存在其体，流行其用，则

---

① 唐君毅：《中国哲学原论·原性篇》，香港：新亚书院研究所，1968年，第3页。
② 唐君毅：《中国哲学原论·原教篇》，香港：新亚书院研究所，1975年，第13页。

唐君毅论明代理学

钟彩钧

（台北"中央研究院"中国文哲研究所）

前　言

宋明理学是唐君毅先生哲学研究的主要方向之一，取得了极高的成就，但要单独划出明代理学来讨论并不容易。理由是唐先生最着力也引起学界最多关注的是他对朱陆王三贤思想关系的分析，以朱陆王关系为主题，则宋代与明代已难分别而论；而他又着眼于心性体用的分合与相应工夫，为理解朱子的心性论，又不能不回溯其渊源所自的北宋理学。为了更完整地说明心性体用间的关系，本文仍不得不从北宋理学论起。

如用劳思光宋明理学的宇宙论、本性论、心性论一系三阶段说参照，唐先生自身的哲学立场是心性论，其论宋明理学亦以从宇宙论中心向心性论中心回归为发展方向。笔者加上"中心"两字，因为北宋周、张非不谈心性，明末高、刘也谈天地，他们的区别在于思想中心不同，周边的概念随之也有不同的意义。在本文伊始，先指出唐先生思想的几个特色。关于中国人性论，他以为："中国先哲人性论的基本观点，首在非将人或人性，视为一所对之客观事物，来论述其普遍性、特殊性、或可能性等，而主要是就人之面对天地万物，便面对其内部所体验之人生理想，而自反省此人性之何所是，以及天地万物之性之才能完整起来，成为儒学的完整的工夫论之义，也说明了二系交互相涵之意。当然，象山在知道朱子此说之后的回应，也很有讨论的价值，他说：

> 朱元晦欲去两短、合两长，然吾以为不可。既不知尊德性，焉有所谓道问学？①

象山认为朱子在不知尊德性的情况下而道问学，则道问学不能有益于尊德性，即是说对于何谓德性需要先有所了解。象山此意固然真切，但用以批评朱子，可能不对。朱子的道问学，以明理为先，是根据本知之理而益穷之，如伊川所说的常知与真知的关系，人对道德法则的了解是本有所知的，如果是这样，朱子的道问学，并非是在不知尊德性的情况下做工夫，而是用道问学来加强对德性之理的本有了解。至于象山能否接受，在当下肯定心即理而给出实践后，也需要加强道问学的工夫呢？从他所说的"不知尊德性，焉有所谓道问学"就可推出知尊德性后，就要有道问学之需要。他所谓的尊德性，应该是以立大本、求放心为首要工夫，此即上文所说的，从自由意志为先来理解无条件的实践，这种尊德性的工夫，如同牟先生所说的逆觉体证，由此就可以端正人的心志，当下畅通真正的道德行动之源，但由此工夫之后，学问思辨当然是不能缺少的。在象山的言论中，也有不少强调自己能够读书明理的说法，只是认为必须以辨端绪、辨志为先。对于在明辨义利、辨志而显本心后，如何把道德之理抽出来做道问学的工夫，象山说得的确比较少，或虽有说而为其强调第一义的工夫所掩盖，故其门下弟子有朱子上文所说的毛病，于是吾人就可以说，象山的工夫理论形态也需要向朱子重视明理格物这方面来补充。而阳明在讲学的内容方面，虽然说得比象山为多，但其后学的发展偏重往"四无"及"为善去恶而无迹"的化境处来体会，对于道德法则的分析比较不足，这也需要回头做道问学的工夫。

---

① 陆九渊：《年谱》四十五岁下，《陆九渊集》卷三十六，北京：中华书局，2010年，第494页。

来，充分了解，走的是"道问学而后更尊德性"的工夫；而陆王是"尊德性而后道问学"，由此保住尊德性之不滑转，也可以说是更能尊德性。如果上述可通，则二系都不能自足，必须通到另一系，才能完成其自己，故程朱、陆王二系的会通，并不是其中一系可以独立自全而会通另一系，而是两系都不能自足，都要通到对方的系统，才能够完成自己。如此说的会通，是两系都要离开其自己，包含对方，才能得到最后的完成，而成为儒学的完足的成德之教的理论。

朱子有一段常被引用的话，希望会通自己与象山两个义理形态：

> 大抵子思以来教人之法，惟以尊德性、道问学两事为用力之要。今子静所说专是尊德性事，而熹平日所论却是问学上多了。所以为彼学者，多持守可观，而看得义理全不子细，又别说一种杜撰道理遮盖，不肯放下。而熹自觉虽于义理上不敢乱说，却于紧要为己为人上多不得力。今当反身用力，去短集长，庶几不堕一边耳。①

按：朱子认为象山门人实践上可取，但对于义理看得不仔细，又有一种杜撰出来的道理，不肯放下，即虽然用心于持守，但不明理，就不能没有流弊。而朱子认为自己虽然在讲学、明理上用功比较多，但在紧要为己为人，即反身实践处，工夫不够，而今后要反身用力、去短集长，就是要采取象山之长补己之短，也涵象山的形态也要取朱子之长以补其短。这就表达了我上文所说的，程朱的主理形态须肯定心理是一，才有真正的实践。要求心理是一，就是要意志遵照道德法则而行，而且是只遵照道德法则，不能夹杂其他的想法。而从本心良知即是理这一体悟出发，虽然可以从心即理的肯定而当下给出实践行动的根源动力，但也必须增强对道德之理的理解，即需要把心中所含的道理，抽出来分析之，即需要强调道问学的工夫来做补充。朱子这一说法，便表示了这两种形态的工夫理论，必须要以对方作为自己的补充。这两个形态如果只守着自己而不取对方之所长，便会有所不足，而有轻有重，不免堕于一边而有流弊。朱子这一段正可以表达上文所说的程朱、陆王二系必须要从自己走向对方，二系互相补充

---

① 朱熹：《答向平父》第二书，《朱子大全》第七册，卷五十四，台北：台湾中华书局，1983年，第5—6页。

实的意志力求趋近道德法则,于是尊敬就可以作为道德实践的动力。康德这一说法固然是在基督教背景下来说的,但他对尊敬(敬重)之情的根源说明与尊敬在道德实践中的作用,也可以用来说明敬在朱子实践理论上的重要性。何以朱子强调主敬涵养是进学致知的先行工夫?何以说在情未发及已发时均需用敬?如果采用康德言敬的理论,再加上伊川、朱子"人对道德之理是有本知或常知"之说,则朱子的涵养用敬或持敬穷理,就不是空头的涵养或空头的持敬(只是涵养气心),以敬涵养时是涵养或持守本来明理的心,理的作用本来就在一般人的心中,明德未尝息,是时时流露出来的,故尊敬有其来源。因为人一旦意识到心中的理的纯粹性、无条件性,就会产生敬意,于是心理的活动就会严肃、整齐而要求生命中的理性作为活动的主宰,此时所涵养的,是心具理的心,虽然不能说心即理的本心,但理的作用一定在心中有所流露。

以上说明康德的道德哲学理论同样可以作为伊川、朱子一系的成德理论的说明,即说明伊川、朱子之学的合理性,这也可证明我借康德之论以诠释朱子学,并非如卢教授所说"摘取康德片言只语,以为支撑自己的论点所用,抓其一点,而不顾及康德之本意"。从上述的比较,似乎更可以见到康德哲学的本意。

六 结 语

从以上所述,可证伊川、朱子之学是要通过对本知的道德之理做进一步的、哲学性的分析,以生起真正道德实践的理论形态。人在明白道德之理的意义,及此理是我们必须依循以实践的,而且也就是我们自己所肯定的理,所谓"性理"之后,便会要求自己活动的主体(即心)要完全按照此理而行,在这一要求上,就可以体证到人的真实生命或真正的意志。其实这一必须按性理而行的要求,正是真心之所在。故对于道德性理的分析,会产生体证自己的心是道德的本心,理是意志之所自发之理的结果。朱子对此义或未能充分明说,但应朝此而发展。在陆王方面,固然从本心良知的当下呈现、知是知非,而体会到道德的真心,而此真心的活动就是理的呈现,但不能够以此为满足,必须将心即理的"理"的意义抽象出来,做仔细的分析,通过这一步的工夫,才可以稳住或保住本心不因为感性的反弹而滑转。于是,在程朱是就本有的对道德理解抽象出理有本知说，可以对自己给出的意志的原则做进一步的了解，这就不是他律的伦理学。

（2）对于本来了解的道德之理，所以要做更进一步的了解，据康德说是要对付人在要求自己从事道德实践时，会顺着欲望的要求而把道德的存心弄成不纯粹的，所谓"自然的辩证"，这一点也可以说明何以诚意要以致知为先，何以知要先于行。只要明白这"知"是真知，就不会以为从外物求理才能知理，即并不是以"所以然"来规定"所当然"。由于"自然的辩证"是人要求从事道德实践必须面对之困难，必须加以克服。因此之故，康德主张人对道德的一般了解，必须进至实践哲学，即要将在日常具体生活中表现的普遍的道德之理，抽象出来而正视之，此正可说明了程朱重视致知穷理的用心及其格物之工夫教法。

（3）虽然自由意志与道德法则是互相涵蕴或相互回溯的，但要了解无条件的实践之事，必须从法则开始，而不能由自由开始。康德此义可以说明朱子何以重视以心明理而不赞成以心观心，及以觉训仁之工夫入路之故。后者是由本心的呈现、活动以知理（证知此心之活动即是理）的路数。阳明认为有心就有理，如果让真诚恻怛的本心良知呈现，就是理的呈现。这明显就是要以自由意志为先来理解何谓无条件实践之路数。康德认为由于人对自由意志不能认知，故不能以自由为先，而所以能以法则为先，因为一旦反省人自身行动，思考人应依循的实践法则是什么，就可以了解具有普遍性的实践法则必须只是形式的法则，不能有任何的质料作为内容，也不能以欲求的对象或经验性的因果来决定法则，于是此实践法则一定是无条件的律令。法则是以其自己便让人有如上之了解，只要人一想到何谓道德法则就会有如此的了解、如此的知识。此一以法则为先来认识无条件的实践的讲法，对说明程朱的理论形态，可谓十分恰当。

（4）康德认为人的意志所以能够接近道德法则，按照道德法则而实践，是由于尊敬法则；而人之所以会尊敬法则，是由于跟无条件的道德法则比较起来，人是不可能符合无条件法则的严格要求的，即人不可能无条件地为义务而义务。作为一个具有感性欲望的现实存在的人，远远做不到法则对于人的要求，在这种对比或自我省察的情况下，人就一定得谦卑其自己。人的谦卑与他自觉到自己的现实意志与法则的距离成正比，即人越感觉到不如法则要求的纯粹，就越会感觉到谦卑，而在这一种对比下，尊敬之情就会产生，而尊敬就会使现天理，但这是从人所本知的道德之理来出发，而希望彻底了解此理的意义及其源头来处。要用这种穷格的工夫彻底明理，而不是要借形上学的理论来说明道德。故朱子的天道论或太极论仍然是道德的形上学，即是从已知的道德法则的意义推其极来说，用道德法则来说明天道生化，说明存在界，这种形上学理论并无损于道德的本义。

五　康德的道德哲学也可以用来说明朱子之思想形态

自从牟先生用康德道德哲学论证孟子、陆王一系的理论是"自律的伦理学"，而伊川、朱子一系被牟先生衡定为"他律的伦理学"之后，康德的道德哲学理论，被认为与陆王一系义理相同，这造成了学界一种印象，即以为康德的道德学理论只能用于阐释陆王心学，或者陆王心学等同于康德的道德学。若是如此，则与陆王学对垒的程朱一系，当然就不能用康德的理论来说明了。其实牟先生认为康德学是伊川、朱子与孟子、陆王二系的居间形态[①]，即康德学固然不同于朱子学，但也没有到陆王学的地步。牟先生这个说法或许也可以含有朱子学在某方面与康德学接近之意。居间形态就是表示两种形态都与康德学有接头处，而根据我前文及其他论文的分析，康德的道德学理论有好几点可以用来阐释朱子学，列如下：

（1）康德认为一般的理性（一般人）对道德法则或何谓义务本来就有了解，但必须要从"一般理解"进至"哲学的理解"。这一看法同于伊川所说而为朱子重视的，对于道德之理，人是有常知的，但必须从常知进至真知。朱子"因其已知之理而益穷之，以求至乎其极"，正表示了格物致知是从本知至真知之意。而伊川、朱子要从事物之然追问所以然，又认为"所当然"与"所以当然"有层次的不同，就是要对道德应然之理给出"哲学的理解"，如同康德所说的"道德底形而上学"。而在从本知到真知的格物致知的过程中，虽然是从作为对象的存在物中明理，但这是有常知做根据的进一步求了解，不能因为这一形态有心理为二的情况，就判为要从意志的对象处寻找决定意志的道德原则。从对道德之

[①] 康德著，牟宗三译注：《康德的道德哲学》，第266页。

害此,且非为恐亏其所以生者,而后杀身以成仁也。所谓成仁者,亦但以遂其良心之所以安而已,非欲全其所以生而后为之也。此《解》中常有一种意思,不以仁义忠孝为吾心之不能已者,而以为畏天命、谨天职,欲全其所以生者而后为之,则是本心之外别有一念计及此等利害重轻,而后为之也。诚使其能舍生取义,亦出于计较之私,而无恳实自尽之意矣。大率全所以生等说,自它人旁观者言之,以为我能如此则可,若挟是心以为善,则已不妥帖,况自言之,岂不益可笑乎?《吕览》所载直躬证父一事,而载取名事,正类此耳。①

朱子此段是评论张栻(字敬夫,号南轩,1133—1180)的《癸巳论语说》关于"志士仁人"章的见解。南轩原解认为:"仁者,人之所以生也,苟亏其所以生,则其生也,亦何为哉?"即认为人如果害仁,就是亏损了"所以生"。朱子的批评认为人之所以不愿求生以害仁,是发自内心的"不能已",不是因为考虑到对于"所以生"会有所亏。"所以生"是生之所以然,指天道或天命。朱子认为不是因为考虑到对不起生之所以然的天道,才不做害仁之事。这就表示了实践道德是无条件的,即使是天道的意义也不在考虑之列。依此意可以证明朱子对于实践道德是为义而行的事,即乃是无条件的,有恰当的理解。他不赞成说因为不合天道,所以不敢行不仁不义之事。人之所以不行不合仁义之事,乃是心之不容已,"其心中自有打不过处",即是内心自发自觉的决定,并非为了其他。于此,我们就不能说朱子是以形而上学的理论来作为道德实践的根据,即他并不是形而上学的道德学之形态,不是用存有论的圆满来规定道德的善。此段一再强调道德实践的无条件性,言之十分恰当。他根据此义来批评张南轩的《论语解》,说《解》中常有一种"不以仁义忠孝为吾心之不能已者,而以为畏天命、谨天职,欲全其所以生者而后为之",即南轩的说法是因为要考虑形而上的天道,所以去从事实践,朱子认为这种讲法是有问题的,由此可见朱子反对用天道论来说明道德。当然,朱子的格物穷理论,是要格到事事物物的所以然的

---

① 朱熹:《与张敬夫论癸巳论语说》,《晦庵先生朱文公文集》卷三十一,《朱文公文集》第一册,第495—496页。

是呈现,故康德的法则与自由互涵说,必须说到意志自由是真实的呈现才是完足的。伊川、朱子虽然肯定心要依理而行,或心合理,心理是一,但并不能达到陆王本心良知的活动一定就是理的呈现的地步。康德对意志的自律,或意志依理而行的说法,也同样不能达到心即理或心自然无欲,无意为善而自然是善之地步。故对道德法则若能有正确的了解,而产生要依无条件的道德法则而行,如此就可以说是意志的自律,不然绝大多数的人都无分于道德实践。按理一般人都可以以道德的理作为自己行动的依据,即要求自己的行动必须是按理所当然之故而行,因对何谓道德实践,何谓义务本有所知;但如果说即使到此地步,也不能是意志的自律,因为乃是心依理而行,心与理仍然为二之故。如果真的是这样,就几乎没有人能够做真正的道德行动了,因为如果是自觉的依理而行,如上文所说的"under"道德法则,仍然是心与理为二,而心与理为二假如还是他律,则当然在这种情况下,便还是意志的他律;又如果是意志的他律是假的道德原则之源,则难道我们自觉道德法则,而又勉力地要求自己按照法则而行,是假的道德实践吗?如果是这样讲,绝大部分人都没有希望从事真正的道德实践了。因此我上文的分析,是借互涵说中从道德法则的分析必进至肯定自由,来说明伊川、朱子的义理系统,是可以通过格物穷理而肯定人必须按照无条件的实践法则而行,而此一义理系统,因为可以给出按照无条件的实践法则而行动之意,则此一系统也应该可以是儒学成德之教可以有或必须有的一种义理形态与工夫理论,如此一般人才可以有分于真正的道德实践。

卢教授又认为朱子的思想形态一定是他律的伦理学,由于朱子主张心理为二,明心外之理作为实践的根据,与陆王学绝不能相通,这是"铁案",不能动摇的。此意在上文引述刘述先教授对自律的讨论中,就可以见到并非如此,而且我认为朱子对于道德之理是无条件的当然之理,实践道德必须为义务而义务,不能另有目的,是有非常恰当而且深切的理解的。而在对道德法则有正确的理解的情况下,越明理便越会要求自己从事无条件的践德,在此时给出的道德行为,是具有真正的道德价值的。如此说可通,朱子思想就不能被理解为"他律的伦理学"。最近看到朱子一段话,可以帮助证明上说的意思,朱子云:

> 志士仁人所以不求生以害仁者,乃其心中自有打不过处,不忍就彼以

理所肯定的自由等同于意志的自律，这是可以分析出来的，但我们人能否有自我立法的、自律的意志，则是意志之实处的问题，而意志自由不能成为我们的经验对象，表示了人的现实意志能否自律地、纯粹地依自己给出的无条件的法则而行，则是有问题的。故康德所谓的"不能由自由意志开始以了解何谓无条件的实践"，是说由于我们对于自由意志不能有知识，所以不能作为了解道德的开始，这等于牟先生所说的"自由意志并不能呈现"。故不能认识自由并不只是认识的问题，而是自由意志能否呈现的问题，或人在现实上是否有自由意志的问题。故康德所说不能由自由开始，并不能只以意志自由与法则相涵来理解，如果只从相涵说（交互论）来说，从法则可以推至自由，从自由也可以推至法则，不能有严格先后次序的区分。如果此分析不错，则康德严格反对对于无条件的实践的了解由自由来开始，就等于说，由于自由意志不能呈现（只能是设准），则要了解何谓无条件的实践，就只能从道德法则来开始。而依牟先生所说，自由是可以呈现的，则顺此意，吾人可说也可以从自由开始来了解何谓无条件的实践，而此意就等同于说从自由意志的呈现而让人（或让自己）体会、证悟何谓无条件的实践。如果此说不错，则我用从法则开始或从自由开始来理解何谓无条件的实践，以区分程朱与陆王二系，为什么不可以呢？陆王正是以本心良知的呈现为第一义的工夫，本心明或良知明，然后理才明，对于天理的了解，必须在良知本心的呈现才可能，此一陆王学的关键义理，正是表达了康德所谓的"以自由始"之义。只要明白康德所以反对以自由始，是因为自由并不是呈现，而与从法则肯定自由，此自由按道德之理可以分析出来之义不同，理解此就可以解消卢教授上文提出的疑义了。卢教授文中所说"陆王'心即理'以天理为首出之义被颠倒了"，其实不合陆王义，陆王学是以本心良知为首出，天理如同牟先生所说，是在一心之伸展、遍润、朗现中呈现，并非以天理为首出。以本心、良知为首出，这正是心学的特色。

当然，按牟先生的衡量，康德不能肯定意志自由是呈现的，表现了康德对意志的自由之分析不够充分，而陆王的心即理义，应该是康德之说的"百尺竿头，更进一步"。牟先生此说当然有其义理上的根据，既然通过道德法则的分析一定肯定意志的自由，则意志自由如果不能呈现，道德法则乃至道德的实践并不能是真实的；而如果道德实践是真实的事情，意志自由不可能只是设准而不对于法则与自由的关系，在《基础》与《实践理性批判》的说法有不同，好像康德对法则与自由的关系的了解产生了变化，甚至是巨大的颠倒[①]，意即他们认为在《基础》第三节中，康德从分析意志的自由而论证意志之自律，即从自由的消极义的不受外因的影响进至积极义，即自由意志是一种从因生果的作用，不能没有法则，而其法则必是自己给出的。于是自由的积极义，就等于是意志的自律。自由是其本身具有法则的意识活动，意志以无条件的实践法则作为其原则；而在《实践理性批判》中，则从对道德法则的分析而肯定自由，而且强调了对于无条件的实践之事的了解，必须由法则开始，而不能由自由开始，因为自由并不能是人的经验知识的对象。如果我的理解没有错误，则他们所谓的"颠倒"，应该是误会了，在《基础》第三节中，从分析意志的自由，而说明自由是道德的基础，这样对自由的论证，并不是说明自由是我们可以认知的对象，只是表明法则与自由，都是道德的根据，所谓"自由是道德法则的存在根据，而法则则是对自由的认知根据"，这当然也表示二者是互涵的，但与后文所谓的必须由法则开始，不能由自由开始来理解何谓无条件的实践，意义是不同的。所谓从自由开始，是对自由有认识，或自由是人的经验对象，根据如此的对自由的认知或经验来理解何谓无条件的实践，这一途径是不可能的，因为自由并不是认知的对象。由此可知，在《基础》第三节中，从自由而推论到意志的自律，或以自由作为道德的充分条件，并不含人对自由意志可以认识，前面的推论，都只是分析，根据道德的意义或以道德作为理性的事实，而分析出种种内容，可以分析出自由是道德的基础，但这种按理的分析，并不含人对自由有知识。对于自由意志能否有知识，那是另外一个问题了。牟先生对此有详细的说明，牟先生认为康德从对道德的分析而肯定意志的自律，这是从理上做分析，并不表示人的意志的确是自由的，即自律是按理而分析的结果，而自律当然也可以说就是意志的自由，但说自由是就意志之实处来说，即需从实际上的意志来看，而如果就意志之实处说，人不能认识到意志是自由的。牟先生的说明十分清楚，对于自由意志的认识，是自由能否呈现的事情，如果自由意志不能呈现，则我们不能对此有知识，虽然按理可以通过对于道德法则的了解而肯定自由。此按

[①] 亨利·E.阿利森著，陈虎平译：《康德的自由理论》，第302页。

王学是以自由意志为先来理解无条件的实践的,虽然对康德原意有所引申,但应该是没有问题的,很可以借此意来表达陆王学此一形态的特色。在阳明或王龙溪,就常有以良知为先之意,如上文所说。当然以上的论述根据康德所说的"法则"与"自由"互涵(或译为"交互")①,而对于了解无条件的实践的事情,只能以法则来开始,不能从自由来开始的说法,要用来说明程朱、陆王二系的不同,确是一种引申,是需要做补充说明的,以下就此意再做一些讨论。

康德从对道德法则、义务的分析,必须肯定人有自由意志;而人假如有自由意志,则此意志所遵守的法则,一定是无条件的律令,即道德法则。②康德又以"自由是道德的存在根据,道德是自由的认知根据"来表达二者的关系③,如果了解人类的意志可以不受自然律的决定,则人的意志是自由的,但意志作为行动的决定因,有因必有果,这就表示了意志有其法则性,而自由意志的法则既然不由外因决定,则自由意志的法则一定是意志自己给出的,这就分析出自由的消极与积极的含义,消极是从不受外因、自然律决定处说,积极是从意志的自我立法来说。而自由的积极含义,就是意志之自律,这就是道德法则,也就是定然律令所必推出来的意思,这是康德在《道德底形上学之基础》(有译作《道德形上学的基本原理》,或《道德形上学之奠基》)第三节所说,此处从自由说起,再论到道德法则。对此,阿利森引卡尔·阿梅里克斯的说法,认为康德

---

① 互相涵蕴(reciprocally imply each other)之义,在亨利·E.阿利森《康德的自由理论》(H. E. Allison, *Kant's Theory of Freedom*, Cambridge University Press, 1990)一书中有专章讨论,说是康德的"reciprocity thesis"(pp. 201-213,陈虎平译为"交互论",参见亨利·E.阿利森著,陈虎平译:《康德的自由理论》,沈阳:辽宁教育出版社,2001年,第301—321页)。

② 在《实践理性批判》第一卷第一章的第五节与第六节所说的问题一与问题二(参见康德著,牟宗三译注:《实践理性底批判》,《康德的道德哲学》,台北:学生书局,1982年,第164—165页),很清楚表达了此交互相涵的意义。问题一:"设想单只格言之纯然的立法形式是意志底充足决定原则,试找出那'单因著此纯然的立法形式而可被决定'的意志之本性。"(按:此表示对法则的分析需肯定意志自由。)问题二:"设想意志是自由的,试找出那'唯一有资格去必然地决定意志'的那法则。"(按:此是说对意志自由的分析就可以得出道德法则。)

③ 在康德《实践理性批判》的序言中如是说:"我在此说自由是道德法则底条件,此后在正文中我又主张道德法则是'我们在其下首先意识到自由'的条件,当我有如此之两说时,我怕有人想象说他见到了不一致,所以我只简单地如此注解:自由是道德法则底成立(或存在)之根据……而道德法则是自由底认知之根据……因为设道德法则不曾早已显明地在我们的理性中被思想,我们决不能认为我们自己在认定'自由'这样一个东西中为有理,虽然它并不是矛盾的。可是设无自由,那必不可能去在我们自己内追寻道德法则。"(康德著,牟宗三译注:《康德的道德哲学》,第129页)

为经验知识的对象，康德并未如陆王般肯定心即理的心，当下是呈现的。故上文说意志的自律虽然是道德的最高原则，但人必须能有自由的意志，此道德的最高原则才可以成立，而对自由的肯定，只能通过对法则的分析。于是，自由与法则虽互涵，而不能进一步给出意志自由真实呈现的证据，故这里卢教授的推论是有问题的。卢教授又说：

> 他把陆王主张"心即理"说成是"从自由始，即由自由意志契入无条件的实践"，如此一来，陆王"心即理"以天理为首出之义被颠倒了。依愚见，杨教授又一次使用他所喜好的做法，就是摘取康德片言只语，以为支撑自己的论点所用，抓其一点，而不顾及康德之本意。

按：陆王心即理的说法，卢教授说是"以天理为首出"，这一理解恐怕不对。良知固然即是天理，但天理的意义或对天理的肯认，是在本心良知的充分实现下才说的，如象山云："万物森然于方寸之间，满心而发，充塞宇宙，无非此理。"① 象山此段话是表示满心而发就呈现了此理充塞宇宙的意义，是以心为首出，并非以天理为首出；阳明固然也说"良知即天理"，但须体悟良知为先，从良知的知是知非处，而体会到这就是天理之所在。此如同牟先生所说，陆王这一义理形态，是一心之伸展、一心之遍润、一心之朗现②，天理就在此心之遍润朗现中被肯定，而不是以天理为先，故牟先生认为此一义理形态对于客观面的义理，是说得不够而有虚歉的，作为客观面的天理，依陆王，是在主观面的本心良知的呈现下朗现，比较不饱满，这也即表示了陆王并非以天理为首出之意。这就可以说明卢教授对上述引文的理解是有问题的。卢教授似乎认为陆王之学便是以法则开始来理解无条件的实践，故有上文的论述及对我的质疑，但她这一理解恐怕是错的，康德所反对的从自由开始来认识无条件的实践，才是陆王之学的理论形态。不然，从自由意志来认识无条件的实践，要归给哪一个形态呢？何以康德那么重视对自由意志能否认识这一问题呢？如上述不误，则我认为陆

---

① 陆九渊：《陆九渊集》，第423页。
② 牟宗三：《心体与性体》第一册，第47页。

而并非本心之呈现。对于道德法则是人依为义务而义务的无条件律令而行，这是人人都能了解的，但了解此义，不等于我们当下就是本心良知的呈现，因为人时刻都在感性的欲求中活动，是否能有完全不受感性、欲望的限制，纯粹的为义务而义务的本心的呈现，是不无可疑的。由于有受感性限制的问题存在，故对于道德天理的了解与纯粹为了天理而行的本心的呈现，需要分开看，而对于人此刻的心是否为道德的纯粹的本心，必须要有不同于感性的直觉的智的直觉所证悟。如果人不能有不同于感性直觉的智的直觉，则此本心、良知的呈现还是不能被证实。于是，依康德及牟先生的说法，从对道德法则的分析而肯定自由意志，那是属于从"理"上的肯定，那是"分析"的，即那是道德法则所含之义，但人是否能有纯粹的自由意志，或本心、良知，则不是道德之理所能含的，那是意志之实处的问题，如上文所已说。而如果要证明意志的确自由，便非要有智的直觉不可，依康德，由于智的直觉是人所不能有的，故对于何谓无条件的实践的事情的了解，只能从道德法则开始，而不能从自由来开始。这对于从何处开始来了解无条件的实践之事的分辨，是十分重要的。法则与自由二者虽然相涵，而且可以互证，但必须要从法则来开始了解何谓无条件实践，如果了解此意，则上述卢教授的评论，便不见得合理了。她不只对康德的必须从法则开始之义不能正视，又轻忽了必须要有直觉才能认识自由意志或自由意志才能呈现之义，又对陆王肯定本心、良知之为呈现，滑转成为本心、良知是在做"普遍立法而呈露"。在人以普遍的立法作自我行动的依据时，的确该是本心、良知的呈现，但依康德，如果是自由意志的呈现，必须要有智的直觉才能认知，因为此自由意志不同于经验的存在；而我们据以认识对象的感性直觉，并不能直觉到自由。由于没有不同于感性直觉的智的直觉，故自由意志只能是设准，而牟先生则认为此以普遍的立法来要求自己的行动意志，是随时可以呈现的事实，既然随时可以呈现本心，则智的直觉之可能，非肯定不可。故康德与牟先生虽然对自由意志是否可呈现见解不同，但都强调了智的直觉是关键，而卢教授似乎是轻忽了这一点。如果真的有以上的理解不恰当或滑转，则怎么可以根据她这一不合原意的理解，来反对我用从法则开始或从自由开始来理解何谓无条件的实践，来区别朱子与陆王二种不同义理形态呢？陆王所说的心即理，此心是当下可以呈现的，而康德的自由意志只能是设准，始终不能呈现，不能成为自己拟定了意志之格准，立刻就直接意识到道德法则首先呈现给我们（KpV 5:29）。并且，理性把它展现为完全独立不依于任何感触条件的决定根据，"所以道德法则就径直导致自由概念"（KpV 5:30）。依本人的理解，康德该段文要义在说明：意志自由之实存由道德法则证明，并且通过道德法则被认识。同样，我们可以指出，本心并非经验对象，不能也不需要藉直观来展现自己，而是经由本心之普遍立法（天理）而呈露。据此我们能指出，儒学正宗所包含"心即理"义与康德意志自律义相通，根据就在二者皆包含理性在意欲机能中立普遍法则之洞见。我们无法理解杨教授何以能援引该段关于自由之推证极为重要的一段文来说明"心即理"与朱子"以义利之辨言儒学"之义"相涵相通"。

按：卢教授此段借康德之说来表达她对陆王之学的理解，但她此一诠释恐怕是不合康德原意，亦不合于陆王之学的。从法则固然可以肯定自由，但这一肯定由于不能有智的直觉作根据，则自由并不能是一能为人所认识的事实，这是康德一再强调自由意志是"设准"之意，卢教授的诠释似乎越出了康德的原意。自由意志在康德只能从对道德法则的分析而肯定，不能通过经验来证实，如上文所说，通过法则而认识自由，但从此意并不能推出"儒学正宗所包含'心即理'义与康德意志自律义相通，根据就在二者皆包含理性在意欲机能中立普遍法则之洞见"。卢教授未能正视康德所说的自由意志不能被直觉，即不能是"经验的对象"义，不能直觉，即不能呈现，于是自由意志只能是"设准"，即只能通过从对道德法则的了解而被肯定。虽然能够肯定，但是否人能有自由意志，还是问题。对此义牟先生也屡屡强调，而据卢教授这里所说"意志自由之实存由道德法则证明，并且通过道德法则被认识"，则意志自由既是通过道德法则而被肯定，而且是可以被认识的，这样就没有意志自由只是'设准'而不能呈现之义。所以卢教授此处未免有过度推论之嫌。她又认为"本心并非经验对象，不能也不需要藉直观来展现自己，而是经由本心之普遍立法（天理）而呈露"，这是她个人的解释，不同于牟先生认为陆王所说的本心、良知是呈现之义，依牟先生本心、良知既是呈现，则必须对其有直觉，此直觉只能是智的直觉。卢教授的解释则是本心在作为普遍的立法时而呈现，恐怕这也只是对于理的了解，虽然法则与自由互涵，由道德法则就可以肯定自由意志的存在，但人的意志究竟能否是自由的，这是一探究实际上的人的意志的问题，如牟先生所说，是"意志之实处的问题"①。既然是意志之实处的问题，就不能只就对道德法则做分析而产生的结果来论断，即虽然按道德法则可以分析出意志的自律，但意志的自律是否可能，要看人是否真有意志的自由，而意志能有自由，则是要看是否在经验认知上可以证实人真的有自由意志。而后面这一步，在知识上是不能证明的。故虽然意志的自律是按理分析出来的，但自由则不然。如果道德是真实的事情，意志必须能自律，而意志的自律是否可能，要看人是否真的有自由意志。道德法则与自由虽然是互涵的，但人是否真的有自由意志，仍然是有问题的。康德因此便有虽然从法则可以肯定自由（或道德法则是自由的认识根据），而从人有自由意志就可以成立道德（自由意志是道德的存在根据），二者是相涵的之说，但对于无条件的实践之事的认识，需从法则开始，不能从自由开始，因为自由不是经验知识的对象。故康德虽然说二者互涵，但肯定了对道德的认识必须根据法则，不能先根据自由，而由对法则的分析，会肯定自由，即自由意志是"设准"（postulate）。康德对这一区别十分郑重。从此义便引发了我对朱陆（王）二型义理可从主理与主心来区分之思考，这应是很自然的，似非如卢后文所说无法理解或不合康德本意。又康德所谓的"关于无条件地实践的东西之知识"并不是自由与法则相涵便可达成，此因人对道德法则有所知（有理性的知识），对自由则无所知之故，因此康德才有从何开始的讨论。卢教授下文续云：

> 并且指出：我们关于无条件的实践之事的认识"不能从自由开始"（KpV 5:29）。理由是：自由的最初概念是消极的，所以我们不能直接意识到自由；而且也不能从经验中推论出自由概念，因为经验让我们只认识到显相之法则，也就是只认识到自然的机械作用，因而无自由可言（KpV 5:29）。进而，康德揭明：我们能够从道德法则开始，因为一旦我们

---

① 牟宗三：《康德道德哲学述评》，《牟宗三先生全集》第二十七册，台北：联经出版公司，2003年，第311页。

意义虽有不同,但其实相涵相通。"了解康德该文者必知道,该处关系到康德对自由的推证,简言之,康德首先通过实践理性之批判考察揭明"自由"和"道德法则"是交互为用的概念,即是说,只要说明其中之一为真,则另一亦随之为真。①

按:卢教授这一段的叙述是不错的,但康德原意,并不止于此。康德从人人本知的对道德法则或义务的了解,分析出道德法则的含义,如为义务而义务,道德行为依无条件的律令而行等。又分析出人是能够立普遍法则,而自己去遵行的,即是可以作为普遍的立法者;故人这种道德人格使得人不能被当作工具来利用,人本身就是目的,到最后给出意志的自律就是道德的最高原理,而这便是积极意义的自由。从道德法则分析到意志的自律,那是按理就可以分析出来的结果,故法则与自由是互涵的。但康德之意并不止于此,他从二者互涵而讨论对于"无条件的实践的认识以何为开始",强调必须要以法则为开始;而这一有所轻重与抑扬的说法,实可用来表达朱子的义理系统的合理性。朱子以穷理为先,可类比康德此意。从法则与自由的互涵,就可以引申出从法则或从自由开始都可以使人知德。康德虽然否认了从自由开始可以知德,因为对于自由人不能有直觉,不能有知识,但按前述互涵之意,由自由以知德是可能的,而这就是牟先生所畅发的孟子、陆王一系的实践的进路。当然依康德,若言人可由自由意志来开始以认识无条件地实践之事,须肯定人有智的直觉。孟子从心之善来证性之善,又说明仁义内在,很明显走的是从意志自由而证悟何谓道德实践之路,象山的以发明本心为首要工夫,阳明所说的"致知存乎心悟",王龙溪一再强调"从心悟入",也正表示了以自由意志为先的道德实践的进路,故康德此说,正可以说明程朱、陆王二系对于成德工夫的不同主张,何以会认为此说令其大惑不解呢?从康德所说的对无条件的实践的认识以何为开始的讨论,很自然就可以想到程朱、陆王二系的不同进路,怎么可以把康德此说一定要限制在"自由与法则的互证"此一意义上?一定要把康德之说限制在上述的意义上,恐怕是"守文之徒"的做法。

---

① 卢雪崑:《就对"思辨于成德是否必要"之论题的质疑作几点说明》,第11页。

都有尊敬在其中，所谓"敬贯动静"，故持敬是入圣之关键工夫。虽然朱子之言敬之产生，未必有如康德所说，人在面对道德法则时自感不足，以此说明尊敬之情的根源。康德之说是在基督教的传统下，对人性的看法而来的，伊川、朱子都肯定性即理，即由于道德之理便是吾人之性，谦卑之情比较淡；但虽如此，朱子对于人的现实生命的不如理，是很有切感的，他认为陆象山不知气禀的复杂，是很有名的批评①，这已经近于康德之所说。朱子论敬之言，有多处认为敬是在良心发现时提撕猛省，即朱子言敬也并非只是涵养气心，而是在心中有道德之理的呈现（即明德的彰显）时用工夫，即此敬的情感，也是有其根源的，明理便能起敬。故朱子与康德都强调了敬在道德实践中的作用，而如果在明理的过程中，一定会产生敬意，则道德实践的动力，伊川、朱子的理论及工夫实践，就有其真实的来源。

四　进一步讨论

以上大体重述了我上一篇文章的主旨，也补充了该文一些未尽之意，应该已经把我近年对朱子（包括伊川）的思想形态的看法，及程朱、陆王二系之会通之道作了比较系统的叙述，可以说已经足够了，但由于同门学友间对于我借康德之道德哲学理论来诠释朱子学，尤其是以道德法则与自由意志互涵的讲法来阐述程朱、陆王二系入路的不同，是多有质疑的；对此，我希望借着对卢雪昆教授质疑之答复，做更进一步的讨论。卢教授有以下的批评：

> 再有令人大惑不解者，杨教授引康德论"自由和无条件的实践法则是相互引导（weisen）也相互返回（zurück）的"（KpV 5:29）及其后一大段文，并据之说："康德此段文反复表示法则与自由之相涵。若此义成立，即不管是从自由意志或从无条件的实践的实践法则（即道德法则）来开始分析或思考，都会预设对方。依是则以心即理或以义利之辨言儒学的第一义，

---

① "陆子静之学，看他千般万般病，只在不知有气禀之杂，把许多粗恶底气都做心之妙理，合当恁地自然做将去。"（朱熹：《朱子语类》卷一百二十四，第2977页）

以实现道德的行为，创发了道德的价值，故是纵贯的。由于朱子在工夫论上，主张通过格物穷理，使心对于理有充分的了解，于是也有横相的工夫。而在工夫的最后，由于真知理，心就可以完全依理而行，故也有真正的道德行为出现。由于这是真正的道德行为的实践，故也可以说是纵贯的活动。于是如上文所说，朱子可以说是从纵而横，又从横而纵的义理形态。也可以说为"始于纵，继而横，终而归纵"的形态。①如果此说可通，则牟先生对朱子学的判定别子为宗，就可以有商量的余地。牟先生认为，由于朱子所言之理是存有而不活动的，而理是心之对象，心与理是横摄的关系，于是道德实践的动力不足，心依理而行并无保证，故是意志的他律的形态。对此吾人就可以给出有理据的回应。如果朱子的理论形态可以用"始于纵，继而横，终而归纵"的说法来诠释，则实践的动力当然是可以给出来的。即是说，如果朱子要明的理是本有本知的道德之理，则愈了解此理，就会愈要求自己循理而行，这便有实践的动力。若问何以知理会产生循理而实践的动力？则可以回答说在了解道德之理的内容时，由于此理是无条件的律令，在人了解何谓无条件的实践后，便会按照无条件的实践来要求自己。所以会用此意来要求自己，因为此理是自己的理性给出的，一旦明白或进一步明白自己本知的道德法则，则随着了解的加深，便会产生出此理所要求的是吾人认为理所当然的事实，焉有自己认为理所当然者而不肯依之而行？由此了解，便可以有实践动力的给出。此处也可以用康德所说的明白了道德之理时，就会产生尊敬的说法来补充。依康德，人在明白了道德法则是无条件的实践法则时，就会感到自己不可能有如此纯粹的无条件的实践，于是产生了谦卑、愧疚之感，由此人就会对道德法则产生敬意，而尊敬之情一旦产生，也就给出了道德实践的动力。②朱子也重尊敬，认为在静时涵养，动时察识之时，

---

① 唐君毅先生在《中国文化之精神价值》的最后三章讨论"中国文化未来的创造"，认为在中国文化的圆而神的境界中，必须加入方之智（西方的重求表现的精神，也可以说是重思辨的精神），如果能这样，就可以使中国的文化精神有纵有横，十字架开。我认为对朱子学也可以参考唐先生这一说法来诠释，即加入认识之横摄，使心对于理有真正的认知，而使心依理而行更有保证。林安梧教授有摄横归纵之说，参见林安梧：《关于朱子"格物致知"及其相关问题之讨论："继别为宗"或"横摄归纵"》，陈来编：《人文与价值：朱子学国际学术研讨会暨朱子诞辰800年周年纪念会论文集》，上海：华东大学出版社，2011年，第28—44页。颇有见地，但本文的论述与其不必同。

② 参见康德：《纯粹实践理性的动力》，《实践理性批判》，第一部第三章。

"纵而横，横而纵"的形态，此系以心本知理为始，以心完全合理为终。这两步的心与理都十分密切，不能说是心与理为二的横摄形态，虽然也不能等同心即理的形态，但似可以借用纵或纵贯来说明，能给出真正的道德实践，应该就是纵贯的作用，而不只是认知理而已。由于是纵而横，横而纵，故程朱这一实践工夫论是可以给出真正的道德实践的行动者，所谓真正的道德实践活动，就是自发自律地按照无条件的实践的原则或命令而行。

牟先生认为儒道佛三教因为都指向最后的、究竟的层次，在这意义上说，都是纵贯系统，但由于道家与佛教并不如儒家从道德意识而给出实践，对于一切法的存在也不是从天道的创生来说明，故是"纵贯横讲"（亦曰"纵者横讲"）[1]，不似儒家的纵贯纵讲。道释本来对一切法的存在也有其说明，但由于道家虽以道作为一切存在的根源，但道的生万物只是"不生之生"，让开一步而让万物自生自长，故是"纵贯横讲"；佛教虽也由从佛与众生不离，给出了圆教保住一切法的理论，但由于以般若智证空为核心的讲法，虽然也有真常心为一切法的根源之说，但也不会主张真心创生一切法，故也是"纵贯横讲"。朱子理论中有其道德形上学的讲法，太极是一切存在的根据，而且太极是道德之理，故当然也有其纵贯的意义，也应是"纵者纵讲"，只是由于主张心理为二，理为心所认知的对象，故表现了横摄的形态。吾人似乎可以借用牟先生的说法，用"纵贯横讲"来说明朱子的形态，以表示朱子成德工夫上的横摄并不能抹杀其纵贯相。当然，就太极之理来说，比较可以看到纵贯相，但由于太极是存有而不活动的，创生性的意义不够饱满，故牟先生认为朱子不能充分表现天道性命相贯通之意[2]；又由于心理为二，心与理成为横摄的关系。但如果按照本文前面的论述，则朱子由于肯定了心本知理，而理也是道德之理，则依朱子所说，理在心中显而为明德之意，也可以说有纵相。即是说在心中可以有理的彰显，而表现了道德的活动。道德的活动并不同于认识论的横摄，而是由意志的自我决定，

---

[1] 牟宗三：《纵贯系统的圆熟》，《中国哲学十九讲》，台北：学生书局，1983年，第421—429页。
[2] 牟宗三：《心体与性体》第一册，综论，第二节，台北：正中书局，1968年。在《中国哲学十九讲》中，也说"宋明儒中，除了伊川、朱子稍有偏差外，都能充分保持纵贯的意义。但是伊川、朱子的那些词语还是从纵贯系统中提炼出来的；他们只是不自觉的转向，大体类乎柏拉图传统的形态。所以我说这是'别子为宗'，而非儒家的正宗"（第438—439页）。

做进一步的了解,能够了解充分,则心也必会要求自己完全的合理而行,心的完全合理是格物致知的工夫最后的目标。于是吾人可说伊川、朱子在以格物致知为穷理的工夫时,的确是主张心与理为二,但在以心的本知理或本具理作为格致的出发点时,则并不能说心理为二,而在格致的工夫充分达成,使心之全体大用无不明,理之表里精粗无不到时,则心理也是一。于是程朱的形态虽然是有心理不一之相(即不能说心即理),但心中本有理的作用,或心对于理本来有正确的了解。本着此对性理已有的了解,来做进一步了解,这是以理作为心知的对象,做充分的了解。通过心理为二的情况而使心充分明白本知的理,又通过致知格物而对本知之理有充分的了解,即真知之后,便达成了当前作为行动主体的心,成为依理而行的道德的主体。此时会以理作为心的活动的真实根据,亦会自我要求心的活动不能有不合理的情况出现,而且这种要求是用于自己的存心上的,并非只考虑外在的行动。这一形态的实践,可以用唐君毅先生所说的,朱子要明的理是当然之理,而在明白到当然之理之后,就会肯定此理为真实的存有;而在明白到此理是真实的存有后,人便会肯定此理、遵行此理,而此时人的现实心灵,就会往纯粹的按照道德法则而行处用心用力,使心依理的要求不断改变,也可以说是不断地纯净化、善化其自己。[①]于是,明白道德之理,按唐先生的说法,就会造成现实心灵的转化,使现实的心灵成为道德的主体,会要求自己给出真正的道德行动。这一说法虽然不同于牟先生逆觉体证之说,不必先肯定本心或心之本体作为实践的根据,但也应该可以给出真正的道德行为。

如果朱子的工夫论或其义理形态可以做这样的诠释,则从心理为二、以心明理的横摄形态,可以给出真正的道德行动。于是不必只肯定心理是一,本心呈现而畅通道德行动之源这一纵贯形态才可以给出真正的道德行动。于是吾人可说,伊川、朱子所重的格致明理的做法,虽然是横摄的形态,但由于其所要了解的是真正的道德法则,而对道德法则的内容若有真切的了解,就会引发按道德法则而行的无条件的实践,如果真正的道德行动的开出,是纵贯的,则伊川、朱子这一形态,或其成德的工夫,是"由横而纵"的形态与工夫。这也可以说是

[①] 唐君毅:《由朱子之言理先气后论当然之理与存在之理》,《中国哲学原论·原道篇》卷三附录。

显心理为二之相，但如果理是由义利之辨而体会到的道德之理，则心依此理而行，不应是虚假的道德行动。①

由于牟先生认为朱子是心理为二的形态，心对理的认知是诚意的根据，故是他律的伦理学，他又用横摄系统来表达此意。但如果如上文所说，伊川与朱子都肯定了心对于理的本知，或甚至本具，则心与理的关系可以借康德所谓的一般实践理性对道德法则本有所知来说明，在此一意义下，不能因为心不即理就说理是外加的，而且与心成为主客横摄的情况。在此情况下，理可以仍然是由内发的，如康德所说的道德法则根源于理性，人对道德法则的认识是先验的。伊川、朱子就很强调性即理，虽然不能直接说心即理，但一再强调此理并非由外铄，意即现实的心固然不就是理，但理也在现实的心中随时可以表现。如上文所说，程朱肯定心对于理有本知，则理随时在心中表现是可能的，因为心如果对于理有本知，就可以依理而行。朱子在诠释《大学》所说的"明德"时，强调明德是未尝息的，不论智愚，明德都会在日用中表现出来。② 根据此一说法，又加上《大学章句·格致补传》所说的"莫不因其已知之理而益穷之，以求至乎其极"，则依朱子，理既然根于人性（当然是理性义的人性或道德人性，而非生之谓性之性），可以说是本有的，并非通过对外在对象的认知而得。只是对于此本知本具的理，需要进一步求了解，这就不能不把理从心的本知处抽出来而

---

① 刘述先教授对于牟先生所规定的自律之意有以下的批评："牟先生又限定只有如明道那样直接由本体论的方式去体证他所谓即活动即存有的本体，才是'自律道德'，这也不符合西方哲学一般对于此词之理解。在西方哲学的传统，由苏格拉底以来，倡导'唯智主义的伦理学'（intellectualistic ethics），人依照真理（truth）行所当为（virtue for virtue's sake），就是自律道德。行德的目的为了德性以外的快乐、功利，才是'他律道德'。照牟先生的说法，康德（Immanuel Kant）依于基督教的传统，不能肯定'智的直觉'，那么岂不是连康德也不是'自律道德'，这是西方人没法理解的观念。而伊川的渐教，修养到了一个阶段，就会有一异质的跳跃，终于体证到'穷理尽性至命只是一事'，这是一种'悟'，并不是经验知识积累的结果。由此可见，伊川所教仍是圣学的一个分支，虽然牟先生认为他还有一间之隔，也不能否定他在这门学问所下的功夫和造诣。"（刘述先：《论儒家哲学的三个大时代》，香港：中文大学出版社，2008年，第115页）刘先生此说可供参考。如果刘先生此处对自律的规定是西方哲学界的共识，则朱子的理论形态就可以说是意志的自律。因为朱子正是照著道德的本意，即从义利之辨来认识道德是无条件的实践之事，而朱子所认为的实践仁义，当然是按照这一对道德之理的了解而从事实践。刘先生认为伊川也是圣学的一个分支，就是表示伊川（含朱子）并不能像牟先生所说的为儒门的别子。

② 我在最近发表的《朱子的"明德注"新诠》《泰东古典研究》，第42辑，韩国：翰林大学校泰东古典研究所，2019年6月，第159—188页）论证朱子所理解的明德，是性理在于心。虽然心与理为二，但心知与理有先验的关联性，也就是说心是本知理的，此对于理之知是"人莫不有"的。

缺了分解的说明，这恐怕就是王学所以会有末流弊病的缘故，即如果从自由意志开始，而不能回归对道德法则的分析与肯定，会在实践上流于荡越。通过以上的分析，程朱系的以理的分析为先，可以或甚至必须反躬要求自己的意志成为纯粹的，如是，道德实践的行为，就不是停留在心理为二的情况下的行为，而为愈实践、愈证道德之理是意志本身的自我要求，可以达到理是心、心是理的境界。在陆王学，虽然以呈现本心，当下致良知（如牟先生所说的逆觉体证）为第一义的工夫，但也必须回到对此心呈现的理的充分了解上，对此心此理的意义也必须有充分的讲明的工夫，象山、阳明的讲学工夫本来不缺，但如何在心即理，良知即天理的肯定下，不满足于此心的呈现，而把心中所流露的理抽象出来，做充分的了解，以保此心的长期呈现，则是陆王一系所要有的进一步发展。

三　朱子义理的纵相与横相

以上据唐牟二先生对朱陆异同问题的解决，又加上康德的道德哲学理论，希望说明程朱、陆王二系有真实的可会通的途径，而二系都可以作为儒学成德之教的有效的理论与工夫。只是此二系必须彼此相通，或可说从一系的发展一定涵盖另一系，而不能只停留在某一系本身的义理上。或可如此说，二系各依其本身的义理系统，而做合理的发展，就必须涉及或涵蕴另一系的理论说法。于是二系的不同只是内圣之学入路之不同，而二系的不同入路，同样可以达成成德，甚至成圣的结果，即朱陆二形态都可以符合于上说的儒学第一义。朱陆虽是两个不同的义理形态，但二形态是互相涵蕴的、彼此支持的，故二系都可说是合于儒门的第一义之成德之教的理论。如果此说可通，则对于意志的自律，不宜只限于心当体是理的呈现此一形态，心明理而依理而行也可以是意志的自律，因为此时虽显心理为二之相，但理也是意志的自我立法给出来的，只是理对于意志有责成勉强的要求。如果此二形态都可以是意志的自律，则程朱、陆王二系皆属意志之自律的伦理学，而不能说伊川、朱子是意志的他律。按康德，他律只能给出假的道德原则，即不是为义务而义务，而以此一他律的定义来说伊川、朱子的形态，应该是不恰当的。伊川、朱子要求心依理而行，虽一义理形态,是通过对理的分析及掌握,而返回来要求自己的意志成为纯粹的。①此明理后,要求自己符合理的要求而实践,有其实践上的必然性。另一方面,如果以意志自由来开始,由于对自由意志的了解,就必会知道此意志是依道德法则而行的意志。于是通过对自由意志的分析一定会回到对道德法则的了解,故从自由开始,因自由与法则相涵,则也必会要求对自由意志本具的法则做充分的了解。此意在孟子有很清楚的展示。孟子通过指点人皆有四端之心而证人性之善,又由尽心知性以知天,走的正是从本心开始(以自由意志来开始)的路子;但孟子对于义利之辨也有很清楚的展示,辨义利就是分辨无条件的律令与有条件的律令的不同。孟子又对于道德法则或仁义之具有绝对的价值,说明得非常详细②,由此也可以证,从自由意志开始也自然会回到对道德法则做充分了解。象山、阳明的立大本、致良知之说,也就是从意志自由开始来理解或体会无条件的实践,应当也回头对心即理中理的意义做充分的展示,然而在这一要求上,就要看出陆王对于道德法则的全幅内容之展示,恐怕并不足够;或并非不足够,而是他们对于道德法则的内容的分解,被他们所强调的立大本、求放心、致良知之为首要工夫之义所掩盖,或由于要扭转朱子心理为二的形态,强调了此心此理当下呈现且是一切道德行为的根源,而轻忽对于理的内容的展示。尤其顺着阳明学发展的王龙溪、周海门,强调良知的自然无欲、知而无知,心意知物是一,强调了非分解的境界,对于道德法则本身的意义欠

(接上页)always acts according to moral laws)(Kant, *Groundwork of the Metaphysis of Morals*, trans. and analysed by H. J. Paton, New York: Harper Torchbooks, 1964, p. 142)巴通的批注表明了自由意志还是一个服从道德法则的意志,是在道德法则之下(under)而行动,这也表示了心依循理仍是心理为二的情况,而在此情况下,也就是意志的自律了。这当然与牟先生所规定的心即理是有距离的,更不能是无意于为善而自然是善,即"为善去恶而无迹"的境界,后者的情况就不是经验知识可知的对象了。当然,到了心的明觉本身就是理,才是陆王心即理的层次,也是康德的意志的自律应有的理境。但在康德,这是属于神圣意志的情况,他并不以神圣意志的境界来规定自律的意义,此从上文所说自由意志仍然是在法则之下(服从法则)的意志之意可知。

① 伊川有一段语录对于穷理之后必须反躬给出说明,伊川云:"随事观理,而天下之理得矣。天下之理得,然后可以至于圣人。君子之学,将以反躬而已矣。反躬在致知,致知在格物。学贵于自得,得非外也,故曰自得。"(程颐:《二程遗书》卷二十五,《二程集》,第316页),此段应该很可以说明,明理之后会要求意志成为纯粹之意,观万物之理,或格物致知,目的在于反躬自得。

② 如云:"行一不义,杀一不辜,而得天下,不为也","君子所性,虽大行不加焉,虽穷居不损焉,分定故也",等等。

会从善而转恶,容易自欺,正是程朱强调从常知必须进至真知,必须通过格物穷理才能诚意的说法之用心。他们对此人心之毛病,实有共同的了解。而此一以法则为先,通过对本有了解的道德法则之内容做充分的展示,说明道德法则是先验的、普遍而必然的,不能依据于任何经验的、感性的欲求,利益或事功,而是道德法则单靠自己,就可以给出人必须遵从的权威。这种康德对道德的说明,也很切适于伊川、朱子对于性即理的种种说明,朱子所强调的理在先,便强调理的先验性、无待于任何现实上的作用。理的价值与其存在的真实性,并不依赖气来说明,虽然理的实现必须由于气。朱子的这些说法,确近于康德所说的"道德底形上学"(metaphysics of morals)。

从康德法则与自由的互涵说,对道德法则的分析便会了解意志之自律,因为按照无条件律令而行的意志本身即是法则之给予者,此意志不能按照意志之外的对象所产生的法则来行动,因为如果是这样,就是意志的他律,即行动是有所为而为,那就不能是道德的行动。于是意志的自律是道德的最高原则,也可以说意志的自律是可以从对道德法则的了解而分析出来的。由于意志的自律就是道德的最高原则,就必须肯定意志的自由,因为如果意志不能是自由的,即若不是不受其他因素影响的而自立普遍法则而遵守之,就不可能有意志的自律这一回事。于是从对道德法则的分析就可以肯定自由,而从对自由意志的理解也可以推出道德法则是决定此意志的原理。由于法则与自由的交互涵蕴,则如果伊川、朱子的格物穷理,是对道德法则的充分了解,则必会推至意志必须是心与理一的心,即此心是只因为理所当然的缘故而给出行动,如果伊川与朱子的格物穷理希望达到的结果,是给出或成就一个只因为理所当然的缘故而行的行动的主体,则可以说是透过明理为先,而希望意志达到纯粹的地步,而此纯粹的意志或心,是完全依理而行的。这就是康德所说的自由意志。① 于是此

---

① 当然此自觉的依理而行的意志,或心与理一的心,不能如牟先生所讲心理是一的心,心理是一的心是心的活动就是理的存有,或心的活动就是道德法则的呈现。朱子讲的心理是一的心还没有达到这一地步。但虽不合于牟先生的规定,可能合于康德的说法。康德所肯定的通过对法则的分析而得出的纯粹意志,也只能是依循法则而行的意志,而不能说心的活动就是法则本身。巴通(H. J. Paton)在《道德底形上学之基础》第三节第一小节"因此,一个自由的意志和一个服从道德法则的意志是一回事"处(康德著,李明辉译:《道德底形上学之基础》,台北:联经出版公司,1990年,第76页),做了一批注云:"一个服从(under)道德法则的意志,不是一个总是符合道德法则的意志……"(is not a will which(转下页)

志的他律的形态；康德本人所采取的道德哲学的途径，本来就是从对道德的一般理性的了解，进至哲学的理性的了解（而哲学的了解之所以不同于一般的了解，是把普遍者从具体中抽象出来加以理解，此亦即所谓思辨），又从通俗的道德哲学，进至道德的形而上学。由于道德法则或何谓道德义务是一般理性（一般人）都能了解的，故对道德做哲学的理解，或言道德的形上学，并非在人对道德的理解之外另找根源，故并非从对象处寻找决定意志之原则。而所以不能停留或满足于对道德法则的一般了解，是有"自然的辨证"①（natural dialectic）之缘故。由于人在对道德法则有所知或有义务意识时，感性欲望会起来挑战，要把按无条件律令而行的自我要求，转为希冀践德同时可以满足感性欲望的需要，此是存心的滑转，即把存心只为了理所当然、义之所在而给出行为，转为满足个人的欲望而给出善行。这种存心上的滑转、意志的不纯粹，也造成了人的"自欺"的后果，使人误以为此时自己给出来的善行是真正的道德行为，对此心理现象如果不加省察、改过或惩治，人的存心就会逐渐从善的存心转为恶的存心。对于此一由道德实践的自我要求而引发的生命问题，必须加以对治，人才能成德。而对治此一生命现象，康德认为必须通过"把在具体生活中的道德法则抽象出来而正视之"这一步工夫②，康德此意正好说明了程伊川与朱子主张格物穷理的用意，而格物穷理的工夫，大体上的确可以用上面所说的，把在具体生活中的道德法则抽象出来加以明白的了解这一做法来理解。又"自然的辩证"应与康德在《纯然理性限度内之宗教》所说的"人性中的根本恶"③相关联。此"根本恶"发用是依于道德意识而起的，故如果只止于或满足于对道德之一般了解，而不进一步做哲学思辨，对道德实践非但不能贯彻，更会使人性中恶之倾向借机起用，使人下堕，可说是"非徒无益，而又害之"的。这也说明了朱子强调格物致知之后才能诚意的理由。④故我认为康德这一分析，即人的存心

---

① 参见康德：《道德底形上学之基础》，第一节之末。
② 同上。
③ 参见同上，第一章。
④ 朱子在分析致知与诚意的关系时，与康德所说的"自然的辨证"的现象非常相似，说明了如果在此处不用工夫而去为善去恶，则非但不能达到效果，反而害了道德实践。参见《朱子语类》卷十六"传六章释诚意"处，而在《大学纂疏》的有关部分，将《朱子语类》与《大学或问》有关部类聚在一起，更为明白（参见赵顺孙纂疏，黄珅整理：《大学纂疏·中庸纂疏》，上海：华东师范大学出版社，1992年，第73、76—77页）。

又有自律与他律的不同,则二系的理论,又如何都达到成圣的目的?当然如果如唐先生所说,朱子的心有心体义,则不成问题,但如此理解心,并不合朱子原意,故要证成朱陆二贤的工夫论都可以达到成德成圣的目的,便必须另有讲法。

二 从互涵说会通程朱、陆王二系

康德说无条件的实践法则与自由意志互相涵蕴(互相回溯,reciprocally imply each other)[①],而虽然二者可以互涵,但对于认识何谓无条件的实践,则必须由法则开始,不能由自由开始。我借用康德此说来说明朱陆两个形态的不同及可以相通之理。我认为朱子通过对道德法则的分析,以求达到对理有"真知",从而给出真正的道德实践,这是以道德法则作开始来理解何谓无条件的实践的事情。而能够以法则来开始,是因为人对道德法则本来有所知。康德认为道德法则是一般人都能了解的,可以说是道德法则以其自身展现,而让人对其有所了解。人一旦反省何谓道德法则,就会想到道德法则是以无条件的律令给出的规定,而人的道德行为,必须是按无条件的律令而发的行为。如人之守信,只因为言说必须有信用,此是当然的,不能因为其他缘故而守信。这种对道德或义务的知识,是不必从经验而来的,故是先验的,又说为"理性的事实"。如果伊川、朱子所说的格物穷理,是根据对于道德性理的先验的了解而求进一步的了解,则程朱的义理形态,并不能简单地被理解为意志的他律。因为对于何谓道德、义务及其中所涵之无条件性的实践法则(道德之理),是人本来有所知的。这是人对自己的行为稍加反省即可知的,故为理性的、先验的知识,并非从有关对象的经验的理解而得,也并非从"然"而追溯"所以然"的存有论的推证才能知道的。格物穷理的工夫固然也涵有从事事物物的存在之然而探究其所以然,但这有对于理的"本知"(伊川言"常知")作根据,以求进一步的了解,并非对于道德之理一无所知,完全要靠从事物的所以然处的理解,来规定何谓道德之理。程朱从对道德之理的本知、常知进到真知,这应不是康德所说的意

[①] 参见康德《实践理性批判》第一部分,第一章,第六节。参见康德著,李秋零译:《实践理性批判》(注释本),北京:中国人民大学出版社,2011年,第28页。

及心即理与心理为二哪一种理论是恰当的说法。这也的确是就儒学之为成德之教而言的根本问题，在这里决定儒学的第一义或第二义，也是合理的，故牟先生认为肯定心即理，才能是儒学的正宗并且是第一义的形态①，而且跟上述从义利之辨来说的儒学的第一义，是相关联的。

按以上的讨论，应探究唐先生所说的儒学的第一义与儒学理论的本体的关系，这样也必须回到心即理或心不即理（而只能言性即理）两种义理形态的是非对错上来探究。而既然唐先生认为朱陆二贤对于儒学的第一义没有不同，则他的以尊德性为儒学第一义，在对比于心即理或性即理的区分上，究竟肯定哪一个形态呢？据唐先生对朱子学的诠释，他认为虽然朱子的工夫先从心不如理、不合理来入手，但最后要归于心就是理，而此"心是理"的最后归趣之所以可能，是由于朱子主张心有心体义，即朱子对于心有"心本自高明广大，万理毕具"的规定。②唐先生此说可以为他所认为的朱陆的不同只是工夫论的不同，给出一个很好的说明。但如此一来，朱子所说的心就具有心体义，即本身即是理之义，与朱子以"心是气之灵"的规定不符。我顺着唐先生的立论，希望说明朱陆二系在儒学的第一义上是相通的。我的想法是如此：人按照（或遵从）由义利之辨的道德意识所给出道德之理（无条件的律令），实践以成德，这是儒学第一义；而程伊川、朱子即依对此理之知而加强之，以格物穷理及主敬为工夫，使心趋近无条件地为善之理想。陆王则从肯定心须依理而行，体会到这一欲践行的是人的本心、人的真正之自己，于是以扩充此本心或良知为首要工夫。如此说对于所谓儒学的第一义，则大略近于唐先生以尊德性为朱陆二贤所共同肯定之意，而有进一步的规定；虽稍不同于牟先生所说，但亦可相通。唐先生所说朱陆二贤的不同是工夫论上的不同，则含二贤的工夫对于成德都是有效的，故儒学的第一义，当该是要人成德，而成德的最高境界便是成圣。如果程朱、陆王二系对于成德之教，都给出了有效的工夫理论，则二系的工夫论都可以达到成圣的目的，二系就可以相会通。但假如其中有心即理与心理为二的不同，

---

① 韩国朝鲜朝儒者田愚（号艮斋，1841—1922）则认为朱子区分心理为二，以心明理的理论形态为"吾儒第一义"，这真是见仁见智了。参见田愚：《艮斋集》二，《韩国文集丛刊》，首尔：景仁文化社，2003年，第81页。

② 唐君毅：《朱陆异同探源》，《中国哲学原论·原性篇》，第620—623页。

形态的不同来区分朱陆。牟先生的区分,是认为朱陆对于儒学所说之本体的理解有不同;而对本体的理解有不同,应可说在第一义上有不同。而唐先生认为朱陆异同的第一义为工夫论的不同,即表示在对一般所认为的儒学的第一义,即本体的了解上,朱陆是没有不同的。朱陆的不同只能就工夫论上的不同来说。唐先生重和会,不认为朱陆在儒学的基本义理上,有不同的理解。唐先生以工夫论的不同为朱陆的第一义之不同,便是认为朱陆在儒学的根本义(儒学的第一义)上是相同的。而唐先生所认为的儒学的第一义,是所谓尊德性,这似不同于从儒学的本体意义上言第一义。宋明儒之学,可以用本体与工夫两面来理解,而他们对本体的理解如何,就决定了工夫论上的主张,如果按此意,则论本体是第一义,论工夫是第二义。而唐先生则认为,在尊德性上,二贤并无不同,则他所说的第一义是尊德性。如果对儒学的第一义做这样的规定,则唐先生所理解的儒学第一义,就是"如何使人成德",或"人如何成圣贤",而人的成德必须按照从义利之辨而理解的道德原则来实践,即人如果能长期保持纯粹的存心,为义而行,而不为了利而行义,就是有德者。用康德的话来说,人能够按照无条件的律令而行,为义务而义务,就是真正的道德实践,能够如此理解道德,及要求自己给出为义务而义务的行动,就是有道德意识,能长期如此,就是德行。唐先生所理解的儒学第一义即尊德性,应该定在此一意上,即以"只为了义务而行,而不为利",这种纯粹的存心要求自己,以此为人生可达至的最高价值,而这就是儒学成德之教的主旨。① 这样规定儒学的第一义比较宽广,程朱陆王乃至其他对道德或义务有正确了解的儒者,都可以被纳入。这可以说是广义说的儒学的第一义,以"成德"为人生的最高价值,以"成德之教"来规定儒学的本质。而牟先生由比较朱陆而主张以肯定心即理的义理形态为儒学的第一义,而这形态也是直贯创生的形态,程伊川与朱子所主张的"心理为二",通过持敬穷理来达到心完全真知理的地步,是横摄系统,为第二义、辅助的形态。牟先生所说的第一义,则可以说是狭义的。当然,由义利之分辨,要求自己按照无条件律令而行,这一成德之教如何能够保证成为圣贤呢?于是也要涉

---

① 朱子就有"义利之说,乃儒者第一义"的讲法。参见朱熹:《与延平李先生书》,《晦庵先生朱文公文集》卷二十四,《朱文公文集》第一册,台北:台湾商务印书馆,1979年,第378页。

路"是就朱陆异同问题不能解决来说的,即由于朱陆异同的争辩,在学理上不能有令人信服的解决,二系似乎各有道理,都有不容否认的合理性,却又互相敌对,势同水火。有关此问题的形上学与工夫理论的讨论,已至山穷水尽的地步,于是造成了清儒另起炉灶,希望从朱王二系所根据的儒学原典的原意之考证,来衡定此争论的是非。当然,以考证文献的原意来判别哲学思想理论的孰是孰非,并非正途,哲学问题还是需要从哲学理论本身是否能成立来解决,故清儒的考证对朱陆王的争议的解决并无直接的帮助;但由此内在理路之说,亦可见朱陆异同问题之未能解决,对于儒学的发展有重大的、关键性的影响。对二系的争议还是必须给出令人满意的哲学性的衡定或解决。是以关于朱陆异同的问题,在当代的学术界,仍然引起不断的讨论。如牟宗三先生以儒学的第一义与第二义,或纵贯系统与横摄系统,来解释二系形态之不同,他肯定心即理的陆王一系为纵贯的形态,为儒学的正宗,也是儒学义理的第一义。此系肯定一超越的本心、心体,作为道德实践之根据,以逆觉此心体为成德之教的关键工夫。伊川、朱子的心理为二,要通过格物穷理,从对理的清楚掌握来诚意,以给出道德行动,为横摄(横列、静涵)的形态。此系言心是经验的心,不能肯定心即理之心体,心与理平行为二,心通过后天的经验学习,方可明理,又需以敬涵养,方可保证此心遵理而行。牟先生认为此系可作为纵贯系统的辅助形态,为儒学的第二义。① 程朱的系统固然重要,但乃只是重要的辅助,并非儒学的本质形态。牟先生并用康德所说的意志的自律与他律来区分此二形态,由于程朱主张心理为二,理并非心的活动本身的法则性,而且要通过对事物的所以然之理的理解来确定道德之理,故为意志之他律的形态。

唐君毅先生则认为朱陆异同的第一义是工夫论的不同。二贤都重尊德性,而他们的主张之不同,如心与理是一、是二等,如何达到尊德性之工夫的不同。他认为象山从"心与理是一"处悟入,以心理是一的直下肯定为工夫;朱子则看到人心与理的不一,而要用工夫去掉心理不一的障蔽,即用工夫使心理是一。② 唐先生并不如牟先生般,从心即理与心不即理(心理为二)及直贯形态与横摄

---

① 牟宗三:《象山与朱子之争辩》,《从陆象山到刘蕺山》,台北:学生书局,1979年,第91—96页。
② 唐君毅:《朱陆异同探源》,《中国哲学原论·原性篇》,香港:新亚研究所,1968年,第534—536页。

再论程朱、陆王二系的会通

杨祖汉

（台湾"中央大学"哲学研究所）

我在第十二届当代新儒学国际学术会议（2017年10月，贵阳：孔学堂），发表了《程朱、陆王二系的会通》一文①，该文宣读后颇有回响，赞成与反对的意见都有，此文意图会通长期争论的两个义理形态，这一目的当然是不容易达成的。经历数百年不已的争论，如有对二系义理做出不同于以往的诠释，并试图会通，解决两种形态的争议，必会受到强烈的质疑。本文试图补充该文未尽之意，并对质疑者的意见给出回应。②

一 前文大意

该文从有的学者有关明清之际思想转折的见解谈起，即认为清儒的学术思想所以会转向考据学，不继承宋明义理而继续发展，有其"内在的理路"，并不能只从清兵入关对民族文化有所摧残的外缘原因来理解。而此所谓"内在的理

---

① 该文已刊载于《当代儒学研究》第二十四期，桃园："国立中央大学"儒学研究中心，2018年6月，第47—68页。
② 卢雪昆教授在会议上公开质疑，认为朱王二系有自律他律的不同，不能做出我借康德自由与法则的互涵而给出的会通，她在其后发表的论文更对于我这一说法作比较详细的论难，并认为程朱确为意志的他律，不能视为儒学正宗（卢雪昆：《就对"思辨于成德是否必要"之论题的质疑作几点说明》，《鹅湖月刊》，第509期，2017年11月，第11页）。本文后半会对她的质疑做出回应。

读是为了迎合世界化的要求,这完全是误解。是的,笔者确实是主张要放弃从存有论、本体论的角度去论证心性学,但这不是要否弃儒家的心性论。儒家心性论的真正内容从来就不是西方意义上的形上学理论。李泽厚先生说,整个宋明儒学的心性论在哲学上是失败的,我想也就是这个意思。但李先生没有指出的是,它作为功夫的指导,作为提升境界的杠杆,是极有意义的。作为功夫指导的儒家心性论,才是心性论的真正内容,因而也是中国文化的核心内容!而且,它也正是过分理智化的西方哲学所最为缺乏的。在后现代的理论对西方近代理性主义哲学全面解构以后的今天,实际上世界范围内的哲学亟须注入新的建构资源。对心性论的功夫解读不但不是放弃中国文化的核心以迎合世界,而是揭示和弘扬中国文化的核心,以改变世界哲学的图景。

也许一个更有哲学深意的问题是,笔者的这个功夫解读是不是意味着对本体论的消解,把儒家解释为萨特式的主体选择。这样说又对又不对。它可以说是对的,因为在功夫论的解读里,本体即功夫,本体论的意义也是被从功法上来理解,并且通过其功效来予以评价的。在这里确实不再有离开了功夫含义的本体本身的地位和意义。这样做可以防范形上学的独断论,因为一旦明确表面上的形上学之争实质上是功夫论的分歧,就可以避免独断的危险和无谓的争论,直达问题的实质,诉诸经验来检验其功效了。归根结底,儒学的合理性在于使人能成为"见而民莫不敬,言而民莫不信,行而民莫不说"[①]那样的君子,而不在于个人内心对自己形上本体的"自证"。但上述说法又可以说是错的,因为这不是否认心性论的价值,不是要简单地回到日用纲常,而是要纠正把心性论简单地当作形上学理论的那种倾向。在功夫论的解读里,本体论的观点是决定人生态度和生活方式的重要思想基础和概念框架,因此不但不能消解,而且要很认真地予以取舍。这在形上学被解构的后现代,为形上学找到了其恰当的位置:它不是反映客观世界的镜子,而是指导生活方向的杠杆。它的目的不是提供超越的理据,而是提升和指导功夫。作为人生的艺术,功夫绝非只是"主体选择"的问题。

---

① 《中庸》,第三十一章。

此语道破了心性之学的实质：虽然表面上它是一个形上学、本体论，但它实际上是功夫论。或许唐先生在起草《宣言》的时候，尚处于"从宋明儒之说"的阶段，未达到那"忽有会于"的觉悟。

五

《宣言》的作者所面临的历史背景，与宋明时期有一共同点，即儒家文化再次面临巨大的挑战。在宋明时期，以本体论形式出现的心性之学可以对应佛老的心性之学，形成对后者的有效回应。但《宣言》的作者面对的不是宋明时佛老盛行的中国，而是一个以起源于古希腊，经历了休谟、康德的近代启蒙而集聚了巨大物质能量的西方文化为主流的世界。这个文化不是以形上理论引导人走向消极离世，而是肯定人欲人生，以逻辑计算理性见长。面对这样的新的挑战，《宣言》作者重新祭起思孟心性学理论的大旗，以为中华文化确立其"超越的安立"，为世界文明重新建立其精神的维度，是否能够取得与宋明儒一样的成功？在《宣言》发表后六十年的今天，情况又有了变化。近代西方理性在实践领域的黄金时期已经渐渐过去，其本身所包含的种种局限正通过日益深刻的全球性危机而暴露。经过德里达等后现代思潮的解构和宗教极端势力的反弹，世界正在进入"后现代""后殖民"和"后世俗"的时代。在这个世界里，一方面人们感觉到真理的缺席和价值的失落，连人类持续存在所要求的最基本的道德底线都难以维持，所以亟须提倡精神性，另一方面却广泛存在着对形上语言的本能的抵触和讥讽，对任何"精神性"、超越性和普遍性抱有深度的警惕和怀疑。在当代的语境中通过复兴形上学存有论来发展儒学并为世界文明注入活力的理想显得美丽但却不切实际，因为它势必会被当作已经被后现代哲学所否弃的形上学、独断论一类。以那样的形式出现的精神性，出于政治正确性，或许会被"容忍"而在世界哲学舞台上保留一席之地，但很难成为世界文化发展的资源。

更为重要的是，以形上本体论形式出现的心性理论为中华文化之核心，会导致对儒家心性学真实价值的遮蔽。在笔者看来，当今儒学的复兴，应该从功夫的角度去把中国文化中的心性论讲透，而不是简单重复宋明儒的做法，去致力于建构超越的形上心性理论。有人可能会以为笔者有关儒学心性论的功夫解法则做出自我决定并固执之，而更是突破自我封闭，进入实践的领域，就像射箭者那样，"失诸正鹄反求诸其身"①，按照射箭的效果来确定什么是善，然后固执之。儒家心性之学作为一种自我认同，当然可以成为道德实践的出发点（基础），但这个出发点的合理性的证明不在理性自身当中，而是在实践的结果所显现的"弘道"当中。

把那完全不同意义上的"基础性"作为类似而放到一起，笼统地使用"证实"，会导致对儒家心性论的严重误解。好比把一首唐诗交给一份科学杂志的编辑去评审，在唐诗里"黄河之水天上来"是绝佳妙句，可是其真正的妙处，不在于比"黄河之水青藏高原来"看得更深一步，看到青藏高原的水也是天上降雨而来，而在于通过对自然现象的夸张想象，导致人心情感的特殊呼应。儒家心性论与康德心性论的区别，在于儒家的心性论是从属于其功夫论的，是以功夫看到本体论之必要性，甚至是为了取得特殊的功效而设计构造出来的，而不是相反，以本体论出发去论证其功夫之可能性或者以本体论来作为其功夫论的理据。前者的目的是证本体功夫之实效，后者的目的是证功夫本体之实存。

其实牟先生在《心体与性体》中说，"'心性之学'亦曰'内圣之学'"。"此内圣之学亦曰成德之教"②，并且将儒家的本心性体称作"直接而自然"呈现的"具体清澈精诚恻怛之圆而神的境地"，是圣人才有的"襟怀"。③这些话语已经非常接近从功夫论的角度来解释存在论意义上的本体。唐先生在谈到孟子人性论时曾说道：

> 吾初意从宋明儒之说……惟以人之心是善，故人皆可以为尧舜，而有其良贤，遂得言民贵……然近忽有会于孟子言心性之善，乃意在教人缘此本有之善，以自兴起其心志，而尚友千古之旨……吾对整个孟子之学之精神，遂宛然见得其中有一"兴起一切人之心志，以自下升高，而向上植立之道"……斯道也，简言之，可姑名之为"立人"之道。④

---

① 《中庸》，第十四章。
② 牟宗三：《牟宗三集》，北京：群言出版社，1993年，第308、309页。
③ 同上，第357、356页。
④ 唐君毅：《中国哲学原论·原道篇》卷一，香港：新亚书院研究所，1974年，第212页。

而据经验理性去推证之形上学。

此语既是解蔽又是遮蔽。它所揭示的是，儒家心性论与西方一般的形上学有相似处，即它也包含一形上学，但此形上学是"近乎康德所谓道德的形上学"，因为它也是"道德实践的基础"。它不是外在研究思索的结果，而是必须由道德实践而得到证实的。牟先生在其自己的著作中特地用"道德的形上学"（moral metaphysics）与"道德底形上学"（metaphysics of moral）来表述这种区别。前者以"道德"为形容词，是需要通过道德实践而得到呈现的形上本体；后者则是理论的形上学，是站在一旁客观了解作为对象的道德的形上学。[1] 而此语遮蔽的是，心性之学本质上不是一个知识体系，而是一个功夫体系，因而其合理性最终不在于被证实为真，而在于其显现的功效，它之作为道德实践的基础与康德所谓的道德实践的基础是不同的。在康德的体系里，道德形上学的论证要解决的是有关道德实践之可能的条件的问题，这本质上依然是个"实然"的问题，即道德的根据事实上究竟是什么的问题。这个问题在康德之前的哲学传统当中被认为只有两种可能的途径，即综合的经验归纳或分析的理性推论，而康德则发明了第三种论证法，即先验的（transcendental）的论证法。它避开了对事实究竟如何做出任何直接的判断，而是问：我们所说的事实（道德实践）必须具备什么样的形上条件才有可能？通过其先验论证揭示出来的道德实践的基础，回答的是道德实践之可能的必要条件。它之由后天的道德实践所"证实"，只能是在"先验的"意义上，即"如果我们进行的是道德实践的活动，那么这样的活动必须依赖那些条件才有可能"。儒家心性论之为道德实践的基础，当然也可以从康德的角度去理解，并得出它们有一致性的结论，因为儒家所说的心性，也是道德实践之可能性的必要条件。但同时，它又与康德所说的"基础"有一个重要的不同，即它的最终依据不是在"良知自我呈现"的那种作为本体之存在的存有论意义上的证实，或者说是"实在"，而是在其后天的允许人生能够"发而皆中节"的功效上的"实效"。儒家心性论中的"择善而固执之"不只是通过内观而发现良知本体，像康德式的"绝对命令"那样，理性按照自身的

---

[1] 参见牟宗三：《牟宗三先生晚期文集》，第220页。

道"的高度,建构其心性理论,一方面又时时有人点出天地本无心,是人"为天地立心"(张横渠),点出"心之体"本身"无善无恶",善恶乃"意之动"(王阳明),点出"心无本体,工夫所至,即其本体"(黄宗羲)。当程朱过分强调"天理",强调"性、命"之分和"大体、小体"之分,从而使儒家学说带有超越性和普遍性,但同时产生了抽象化的倾向(即脱离经验内容,把人性理解为抽象的理性,忽视现实人生的感性存在)和外在化的倾向(即理性在被赋予了超越普遍的性质以后,蜕变为异己的外在制约,成为官方意识形态的理性专制,切断了人心这个道德源泉和外在的道德原则要求之间的关系)的时候,王阳明提出"心即是理",重新将道心落实到人心,将超越重置于经验,将普遍体现于特殊。从功夫而言,这是让人可以直接在源头上用力,重新确立每个个人作为道德主体的自信和自决能力,但是在这样做的同时,阳明学说也因而对作为主体的个人提出了更高的要求,因为他的哲学更可能会使人把主观意见当作良知,拒绝助缘,一意孤行而发生危险。但这正是功夫的特点——任何功法都有其特定的局限,而不是超时空的纯善。可见,从功夫角度去理解儒家心性论,则其心性论之理由和得失可以得到恰当安置,而如果离开了功夫论去理解心性论,试图以心性论作为功夫论之基础,则是本末倒置,其整个体系也就不能稳固了。

四

《宣言》的作者在论及心性之学的时候,确曾着意将其与西方一般意义上的形上学区分开来。他们写道:

> 西方一般之形上学,乃先以求了解此客观宇宙之究极的实在与一般的构造组织为目标的。而中国由孔孟至宋明儒之心性之学,则是人之道德实践的基础,同时是随人之道德实践生活之深度,而加深此学之深度的。这不是先固定的安置一心理行为或灵魂实体作对象,在外加以研究思索,亦不是为说明知识如何可能,而有此心性之学。此心性之学中自包含一形上学。然此形上学乃近乎康德所谓道德的形上学,是为道德实践之基础,亦由道德实践而证实的形上学。而非一般先假定一究竟实在存于客观宇宙,

把面前的图像看作鸭子是同一个过程。①

人禽之辨能够起作用的关键不是人和禽兽的区别在哪里,而是它包含了人对自我身份的认同,这个认同本身是价值观的表现。一个人对自我身份的认同包含了他的价值认可。中国文化正是在人禽之辨的那个理论上建立起了自我身份的认同。虽然在事实上,人禽之间在这一点上的区别并不太明显,而且能够找到反例,在逻辑上,此说虽有漏洞,但是通过人禽之辨,孔孟以来的中国传统已经牢固地树立了人之为人在于我们有仁义的观念,所以反过来,我们才说没有仁义的人"禽兽不如"。其实身份认同并非表现价值观的唯一方式,有时候,我们的价值观恰恰是通过发现自身的不足和外在的榜样来表现的,即儒家提倡的"见贤思齐"。孟子通过人禽之辨来做出这个价值认同,其实是自己心里已经有了一个需要认同的价值,然后基于在我们这个星球上人恰好大部分有"四端"这样一个偶然的事实②,以此来表述人应该发扬此"四端"。可以设想,如果孟子生活在我们前面假设的那个孪生地球上,他就不会去讲人禽之辨,或者至少会换一种讲法。他会论证人应当通过学习而去改变自己,缩小人禽的差别,"见禽兽思齐",从而让人能够进化到像动物一样。

总之,人禽之辨本身就是价值认同的行为,或者说是功夫的运用。如果把它当作一个逻辑推论,在其前提中排除了价值认同,它就是不能成立的逻辑推理。如果不排斥其中的价值认同而又把它作为价值认同的根据,它就陷入了循环论证。整个儒学的心性理论,在被看作对形上世界的纯客观描述的时候,就已经被放到了一个本不该属于它的,基础不稳的位置上了。所以,尽管宋明儒一面大力提倡心性之学,把人心与各种意义上的"本"打通,提高到"天理""天

---

① Ludwig Wittgenstein, *Philosophical Investigations*, New York: Macmillan, 1953, pp. 194-195.

② 孟子既说人皆有四端,又说无此四端者"非人也"(参见《孟子·公孙丑上》),如果前者是基于客观观察而得出的归纳,后者则是把它变成了规定性的定义(stipulative definition),即便在经验世界发现有人生而无此四端,亦不能作为"人皆有四端"之反例了。事实上,按照哈佛大学心理学家(Martha Stout)的研究,人类当中大约有百分之四是所谓的反社会人格(sociopath),即没有同情心的人(Martha Stout, *The Sociopath Next Door*, NewYork: Broadway, 2005)。这些人生来就不会对别人的痛苦产生同情感,但是他们可以通过其他的经验而学会如何表现得有同情心的样子,以便得到周围的人的接受。按照孟子关于无四端者"非人也"的说法,那些人就不能算作人了。在休谟和康德以后,我们都知道,经验永远不会给我们提供普遍性和必然性。那么孟子的普遍性和必然性来自什么?他的论断是不是因为反社会人格的存在而被证伪了?

灭了。如果进化论是对的，那么许多物种正是因为它不按照既定的自然本性去生活，而是面对生存的挑战，发生了进化变异，才得以生存下来。所以我的本性如何并不说明我应该按照这个本性去生活。儒家不是也认为人应该要修炼才能成人吗？在这一点上，荀子的逻辑反而显得更加合理。荀子虽然认为人性本恶，但这不妨碍他认为人应该有仁义，因为人"是什么"与人"应该成为什么"并不是一回事。

人禽之辨这样的观念在西方也很普遍。亚里士多德就也曾把人的独特性作为确定人的目的（telos）的方法之一，并且把他的德性伦理理论建立在由此得出的目的论形上学之上，但是正因此亚里士多德的观点同样需要质疑。黄勇在一篇书评里对这类观念背后的理由作了颇为有力的概括。黄勇认为，如果我们不知道我们所评论的对象是什么，我们就无从评价它是好的还是不好的。评价一株仙人掌是不是好与评价一头狼是不是好的标准不一样。要评价仙人掌的好坏，我们先要了解什么是仙人掌。同样，要评价人的好坏，也需要先知道人是什么。换句话说，我们需要首先有一个客观的人性观念，不论这种观念是目的论的、功能论的、自然科学的，还是本质主义的，才能有关于人的好坏的标准。一颗好的橡树籽是能够长成橡树的，同样，一个好的幼儿是能够成长为有仁义礼智的人的。[①] 但是这个论证需要考虑到一个重要区别，即"有一关于 X 之性的观念"和"X 之客观本性"的区别。当我们说一颗好的橡树籽是能够长成橡树的，我们需要有"这是一颗橡树籽"的观念。如果我们把面前的这颗东西看作"松鼠的食物"，那么判断其好坏的标准就成了"它能不能变为松鼠的一部分"了。同样，我们可以有各种对人性的观念。如果我们把人看作是理性的动物，那么人之"善"就取决于理智能力；如果我们把人看作是能从事创造性活动的动物，那么人之善就取决于其创造力。所以，与其说人之好坏标准取决于人之客观本性，不如说我们的自我认同就包含了我们的价值选择。换句话说，"我们是什么"的形上学观念通常与"我们希望把自己看成什么"密不可分。用维特根斯坦对于那个著名的"鸭兔图"所作出的观察来说，我看到一个鸭子和我

[①] Yong Huang, "Confucian Ethics: Altruistic? Egoistic? Both? Neither?" in *Frontiers of Philosophy in China*, 2018, 13（2）, pp. 217-231.

上，禽兽都有四端，那里的人和禽兽的区别在于反而人有残忍之心，喜欢欺负弱小，残害同胞；仅仅由于社会法律和道德规范的约束，"地球二"上的人才理性地控制着自己，不至于灭亡。按照"人禽之辨"的逻辑，既然在那"地球二"上，人之有别于禽兽之处就在于人有残忍之心，那么那里的人岂不是就应该残忍，并且应该存养这种特质，并通过修养把残忍发挥到极致，把魔鬼奉为楷模？可是难道在那个星球上的人不应该放弃自己的独特性，向地球二的动物学习，争取让自己进化到动物的水平？

更进一步看，从一个事物的自然本性去规定其价值取向本身就有问题。《中庸》试图打通人心与天命，说"天命之谓性，率性之谓道，修道之谓教"。这在儒家传统当中似乎从来就是一个定论，人们只是讨论如何去理解它，而没有人对此发生过质疑。但假如孪生地球上的一个强盗说，我天生就想抢夺别人的东西，因此我的天命之性就是做强盗。我抢夺财物时率性而行，从不犹豫，所以我是按照道在生活；而且我不断修炼我的偷、抢的技艺，这就是我的"修道之为教"，这为什么不行？

再看宇宙和天。儒家从《易传》开始就把仁与天地之"生生"联系起来，把仁赋予了宇宙论和形上学的意义。但凭什么说天之德是"生生"，而不是"杀生"？举凡天下所有生命，天无不令其生，也无不令其死。天既有生生之仁，又有杀生之不仁。"天地不仁，以万物为刍狗"（《道德经》），很难想象儒学的创始人们不知道这一点。宋明儒视天地万物为一体，有万物一体之仁。确实，万物本来就处于"一气流通"的联系之中，但万物也因为有分而成为万物，不然就只有一物了，何来万物？既然万物有联系也有分别，为什么说一体才是仁，是本体，万体分殊不是仁，不是本体？严格说来，万物有关联而又有区分，有生也有死，而无论合与分，生与死，都各有相关的、无法先验确定的利弊。一对连体婴儿恐怕更希望他们不是一体。脱离了儒家修炼的目标而谈论本体，将儒家的宇宙论和天道当作对世界的纯客观的描述，理论上很难说通。

从逻辑上讲，包括人禽之辨在内的试图从事物自然性状当中推出其价值的观念，蕴含了被摩尔（G. E. Moore）称作为"自然主义的谬误"（naturalistfallacy）的问题。这个问题的核心就在于自然的并不一定就是好的。从实然命题中引出应然命题需要一个过渡的理由或者解释。历史上许多物种因为其种种弱点而湮励人将"四端"当作自己的天赋本性来认同和弘扬。他和告子、荀子的分歧也必须从功夫推荐的角度来看,才能领会其真意并做出恰当的评价。

三

这里,我们可以以孟子人性论的一个核心论据"人禽之别"为例,作一些分析。这个后来在儒家主流传统里被不断引用,却从未得到认真质疑的理论,蕴含了这样一个逻辑推论:人与禽兽之区别在于人有仁义礼智"四端",而动物没有,因此,该"四端"乃人之性;由于"四端"乃人之性,因此人应当存养"四端",按照"四端"来生活。

从纯逻辑的角度看,这个推理非常成问题。首先,人禽之别在于人有"四端"就是一个可以争议的命题。经验告诉我们,禽兽并不都毫无恻隐之心。至少在比较高级的动物当中,就不乏同情、爱悯之类的表现。学界早有人指出,动物界在亲属和非亲属之间,乃至不同的物种之间都存在利他行为。恻隐羞恶等都不足以真正展现人禽之别,而人所达到的残忍程度,事实上远远超出了任何禽兽。[①]从事实而言,人和禽兽的区别也许从语言能力、理智能力、自由意志、创造力等方面来看更为明显。

其次,也是更为重要的问题是,即便承认四端是人与动物的区别之所在,就能得出人应该按照四端这一本性来生活的结论吗?这个推论之不安之处是,它把人性的确定建筑在了外在于人的事实上,那就是禽兽没有四端(姑且不论前面提到的对此质疑)。它无异于说,因为禽兽没有四端,所以我的独特性就在于有四端,所以我就必须按照四端来定义我的"性",并按照这个性来生活。反过来说,如果禽兽恰巧也有此四端的话,我们的人性就因此而不是四端了,因此我也就不一定要按照四端去生活了。借用美国哲学家普特南(Hilary Putnam)在语言哲学方面用过的一个假想实验,假设地球有一个孪生"兄弟",那个"地球二"与我们这个"地球一"在各方面都非常相像,只是在"地球二"

[①] 参见杨泽波:《新"人禽之辨"》,《云南大学学报》(社会科学版),2017年;王觅泉:《进化论伦理学视野下的孟子人禽之辨》,《天津大学学报》(社会科学版),2016年第3期,第252—256页。

性学之兴起,其性质与商周时期的君主以"天命"来论证其政治上的合法性相似。古代君主以"王权天命"来宣示其统治的合法性,后来周朝取代殷商,以"皇天无亲,惟德是辅","天命无常,惟德是从",敬德修德以配享天命的思想取代纯粹依赖上天赋予的权力,来为自己取殷商而代之正名。虽然同是天命,后者显然加入了人的主动性,而且把天命看作每个人都有可能得到的。如果说古时政治权力意义上的"天命"只属于个别的君主所有(无论是天赋的还是人自己修来的),思孟心性学则把天命看作是每个人都具有的,是天所赋予每个人的"性"。通过把人的"性"与天连接起来,从思孟到宋明儒这一道统为儒家学说作为正统文化的"合法性"提供了依据,或者按牟先生的说法,是给周公的文制以"超越的安立"(transcendental justification)①。

从学理思想上来说,思孟以降乃至宋明的心性理论是否成功,则另当别论。毫无疑问,心性之学是一种形上理论。就其表达方式而言,对其最为直接的理解便是把它当作形上的存有论(即对形上实在的描述性理论)。笔者在十多年前就已提出②,孟子的性善论虽然从表面看来是对人性的事实描述,但是其中除了存有论的层次,实际上还蕴含了语言定义的层次、价值认同的层次和功夫指导的层次。脱离了后面几个更为深层的内容,其描述性的存有论结论就会因得不到恰当的理解而显得相当粗率,不但会丢失本来丰富立体的理论当中最为核心的内容,而且会使心性之学像康德之前的西方形上学理论那样显得独断,经不起严格推敲。就孟子而言,中外学术界早有评论,指出孟子在论辩之中常常显得不够严谨。③其实孟子性善说的真正的动机是提供一种功夫的推荐,即鼓

---

① 牟宗三:《牟宗三先生晚期文集》,《牟宗三先生全集》第二十七卷,台北:联经出版公司,2003年,第68页。

② 倪培民:《作为功法的孟子人性论》,方克立主编,《中国传统哲学的现代诠释——第12届中国国际哲学大会论文集之二》,北京:商务印书馆,2003年,第484—495页;Ni Peimin, "A Comparative Examination of Rorty's and Mencius' Theories of Human Nature," in *Rorty, Pragmatism, and Confucianism*, ed. Yong Huang, New York: Suny Press, 2009, pp. 101-116, with Rorty's response, pp. 285-286.

③ 在中国思想史上,一方面由于思维方式的相同,另一方面在《孟子》成为经典以后,儒家学者多将孟子的言论当作权威来理解而不敢从批判的角度去审视,所以较少有人指出孟子论辩逻辑方面的问题,而海外汉学界则由于一方面逻辑分析的传统较强,另一方面,相对而言比较容易从旁观者的立场来审视,所以对《孟子》当中所牵涉的逻辑问题讨论较多。可参见韩振华:《孟子是个讲"逻辑"的人吗?——基于对西方汉学视角的考察》,《复旦学报》(社会科学版),2014年第1期,第65—75页。

率性就是道，是行天道。这里，"性"与"天"相关联，天地正气和人格生命，宗教信仰和道德实践合而为一。孟子进一步提出他的性善论，把人性当中的"四端"，即恻隐之心、羞恶之心、辞让之心、是非之心，当作天赋于人的"性"。思孟之心性说在很长时期内一直不是中华文化的主流，甚至不是儒学的主流。其成为儒学主流，是直到思孟之后一千多年，通过宋儒的重视，并将其与《尚书·大禹谟》中"人心惟危，道心惟微，惟精惟一，允执厥中"的所谓"十六字心传"联系起来发挥，使之上接尧舜，构成一道统[1]，又相应地将《中庸》和《孟子》列入《四书》，作为儒家核心经典，取代以前《五经》的位置，才促成了思孟心性之学在儒学和整个中华文化中地位的大幅提升。而宋儒使心性理论最终成为儒学的核心话语，其中当然有学理上的脉络，但更为直接的动机是以此回应来自佛老的挑战[2]，弥补儒学自身仅仅作为社会日用纲常而在"上达"天道方面之不足。整个宋明儒学对心性问题的探讨，都是在佛老心性论广为流传的背景上，以重新诠解和发挥先秦儒家心性理论而展开的。宋明儒学家们一方面吸收佛老理论当中的思想和话语，一方面又从先秦儒学中寻找资源，将儒学拔高到天道、天理的层面，在"理""气""心""性""天道"等本体论概念上展开论证，成就了儒学的复兴。

当然，孔子的倾向与思孟心性学所代表的倾向之不同，并不意味着它们相互矛盾。孔子的途径可以说是"下学而上达"，但它并不排斥"上学以下贯"之可能。在宋明的特定历史条件下，通过论证"天命"之性来应对佛老的挑战，实为高明之举。它既可以由此建立儒家的形上理论来与佛老之学当中的相应部分抗衡，又可以借助佛老在这方面的丰厚资源来建构自身。但心性之学在宋明时期的成功，更多的是在社会层面，即从社会影响而言，它确实促进了儒学的复兴。这与其学理思想上的成功与否不能混为一谈。学术思想之社会影响并不完全取决于其内在的理论价值和说服力，它往往也取决于许多外在因素，如社会的需要、思想家的语言技巧、追随者和出版者的重视和推荐等。宋明时期心

---

[1] 参见陈良中：《"十六字心传"理论的形成及内涵》，《兰州学刊》，2007年第4期。
[2] 朱熹在其《中庸章句序》中明确阐述了建立此道统的意义在于应对当时"异端之说日新月盛，以至于老佛之徒出，则弥近理而大乱真"的局面，"以斥乎二家似是之非"（朱熹：《四书章句集注》，北京：中华书局，1983年，第15页）。

中国文化其他各部分或者各个方面的关系问题。对心性之学本身的内容和性质应当如何理解才为恰当？只有通过对这些问题的反省，才能回答在二十一世纪的今天，以心性之学作为中华文化之本来推广，是不是复兴和发展中华文化的最佳方向。

二

我们知道，在孔子那里心性论只是显示了一些萌芽。孔子虽然也说"知天命"①，但他没有解释是如何知天命的，也没有解释天命是什么。从孔子思想的总体倾向而言，这个天命其实可以理解为就是他所追求和践行的仁道。他有时好像显示了强烈的信心，是上天把品德赋予了他，因此即便别人想加害于他，也"其如予何"②，奈何不了他，但这更像是他在给学生们鼓气。其实他非常现实，所以他会"微服过宋"③，而不是仗着天命在我而无所顾忌。他更相信的是"人能弘道，非道弘人"④。整本《论语》记录孔子言性之处只有"性相近也，习相远也"⑤这一句话。另一出现"性"字是"子贡曰：'夫子之文章，可得而闻也；夫子之言性与天道，不可得而闻也'"⑥。可以推见，对孔子来说，成为一个君子、仁人，与其说是某种天赋、天意，不如说是学习和践行修炼的成果。《论语》之首章以"学而时习之"开篇，历代学者多认为不是偶然。它反映了孔子所代表的，不是强调天赐而具有合法性的倾向，而是相信通过自己的学习和修炼，以人配天，展现天道的倾向。

心性论之成为一种学说，始于孔子之孙子思和孟子。子思所作的《中庸》开篇就说"天命之谓性，率性之谓道"，所以知性就是知天命，属于最高的知；

---

① 《论语·为政》。
② 《论语·述而》。
③ 《孟子·万章上》。
④ 《论语·卫灵公》。
⑤ 《论语·阳货》。
⑥ 《论语·公冶长》。子贡的话常常被理解为孔子对此隐秘不发，但孔子说过，"二三子以我为隐乎？吾无隐乎尔。吾无行而不与二三子者，是丘也"（《论语·述而》）。其实最为合理的解释是他故意避而不谈性与天道，以强调后天之"习"的重要性，强调"人能弘道，非道弘人"（《论语·卫灵公》）。

论",将此道体、心体直接概括为"仁",接续着这一传统。此说更得到了杜维明先生的支持。在2017年一次以"当代儒学发展的回顾与展望"为主题的学术会议上(嵩阳书院2017年6月24至25日),杜先生郑重地把从思孟心性学说为基础来构建世界伦理作为其近年来主张的"精神性人文主义"的主要内容推出,认为这种仁道坚信"人禽之辨"所揭橥的人之所异于禽兽的"几希",也就是王阳明的"良知",即人的独特性之所在,是人最真切内在、最有价值、最能普世化的核心。他把这个古典传统在宋明时期的波澜壮阔的发展,联系到当今世界遇到的种种困境,认为它可以成为世界哲学考虑人类最核心问题的一个重要参照。他把这种"几希"的良知称作为"本体"和"源头活水"。通过这个源头去把他所说的四个面向,即人与自我、人与群体、人与自然、人和天道都关联起来,甚至联系到宇宙大爆炸,即以人的良知本体的根源性和独特性来认识人在宇宙中的地位。在会后的小范围座谈中,他再次提道:"从人禽之辨到宋明,到牟宗三、唐君毅、徐复观等的那个宣言,有一个信念,就是人的存在是有价值的。这是个共识。是不是这样?这是我最近的一个思考。"在2018年8月的世界哲学大会上,杜先生在其以《精神人文主义——己、群、地、天》为题的主题报告中,再次重申了他"坚信'思孟心学'所体现的仁道必能扬弃启蒙心态所突出的凡俗的人文主义,而成为人类二十一世纪探究和平发展不可或缺的参照"。这样的思考,就其气魄和视野而言,显然超过了四君子的《宣言》,但其核心的观点,依然继承了《宣言》之思想,即仍以思孟心性之学为本。如果说《宣言》的主调还是为中华文化做辩护,杜先生的"精神人文主义"的主调则是基于对世俗人文主义所造成的精神层面的失落,要以中华文化的心性学为参照,为世界文化做出建设性的贡献。

这里,我们首先可以反思的是,心性之学是否是中华文化之本?"本"字可以有多种不同的理解,如作为来源("本源","本根"),作为根据或基础、立足点("根本"),作为核心内容或者原则("基本"),作为本来面貌("原本"),作为与现象相对的真实存在或者存有("本体")。《宣言》的作者既把它称为是中华文化的"本源",又说它是中华文化的"核心",还是"中国思想之中所以有天人合德之说之真正理由所在",可见在《宣言》作者心中,思孟心性学兼具"本"之若干含义。这涉及心性之学在中国文化本身发展的历史上的地位问题和它与法使中国文化成为世界文化,而且会伤害中华文化,使之从内部丧失生命力,造成比当年的花果飘零更加危险的处境。

其次,六十年后的今天,西方人士对中国文化的了解肯定是有了一些进步,但也主要表现在道家和佛教的影响上,而非作为中国传统文化主流的儒家文化。走进西方国家的书店,就可以发现东方哲学和宗教类的书少得可怜,即便有,也多数是佛教和道家文化的读物,而且是偏向于神秘浪漫色彩,满足猎奇者文化消费需求的那种。[1]西方对中华文化更多的还是处在出于"政治正确"而包容的层面。在今日的世界上未见有其他国家民族积极吸收中华文化,以其为参照来发展和构建其自身的未来。国际上只有很少数的人士把儒家文化当作具有现代应用价值的宝贵文化资源看待。或许是因为《宣言》本身从来没有被正式翻译成英文发表,它在西方几乎没有产生任何影响,多数西方学界的人士都没有听说过这个《宣言》,遑论仔细读过,当然更谈不上因此而被振聋发聩。

究竟需要怎样才能完成《宣言》所欲达到的目标?在《宣言》的作者们看来,要立国人之自信和纠西人之偏见,必须要揭示中国文化之最有价值的核心。这毫无疑问是正确的。文化自信必须是建立在对自我的文化之价值的认识上,有此认识才能有真正的自信。西人对中华文化的偏见,也需要通过展示中华文化当中真正有价值的内容来予以纠正。但什么是中国文化之核心呢?《宣言》的作者们认为:"中国之学术文化,当以心性之学为其本源。""此心性之学,正为中国学术思想之核心,亦是中国思想之中所以有天人合德之说之真正理由所在。"《宣言》的作者们认为,从思(子思)和孟(孟子)以来直到王阳明,儒学主流皆以人的善性或良知连接天理、天道,把价值本体论化,又以这样的本体论作为理据,支持儒家的基本价值体系和功夫修炼。这就是中国的"道统",是中国人精神的安顿之处,也是中国文化能够对世界文化做出主要贡献之处。当代新儒家从熊十力到牟宗三等先生高举"心体""性体""道体",认为中国文化的根柢就在儒家的心性学。徐复观关于中国哲学史的主要著作就是《中国人性论史》,认为中国文化可以概括为"心的文化"。近年来,陈来先生提出"仁本体

---

[1] 有人认为西方对道家和佛家文化的兴趣在很大程度上是一种"东方主义"的表现,即将其当作一种"另类"文化来消费,而不是真正对佛道文化的接受。参见 J. J. Clarke, *The Tao of the West: Western Transformations of Taoist Thought*, London and NY: Routledge, 2001。

一

按照《宣言》执笔者唐君毅先生的解释，此《宣言》之缘起，是作者们看到"西方人士对中国学术之研究方式，及对中国文化与政治前途之根本认识，多有未能切当之处"，需要"纠正西方学者对中国文化问题的偏见"。此文既为"为中国文化告世界人士宣言"，则其初意当是对全世界，尤其是对西方人士所言。《宣言》"本重在先由英文发表"，然而它在起草过程中，先成中文，定稿后"因循数月，未及翻译。诸先生又[认为]欲转移西方人士之观念上之成见，亦非此一文之所能为功。最重要者仍为吾中国人之反求诸己，对其文化前途，先有一自信。故决定先以中文交《民主评论》及《再生》二杂志之一九五八年之元旦号同时发表。"由此可见，此宣言既是告世界人士，也是告中国人士自身，为国人明确其文化上、精神上的寄托和安顿。《宣言》的目的因此可以概括为两条：纠西人之偏见；立国人之自信。

作为后人，我们能否告慰四先生，他们发表《宣言》的目标已经达到？具体而言，六十年以后的今天，中国人对其文化前途有没有获得自信？西方人士对中国文化的偏见有没有得到纠正？

首先，有关中国人对其文化前途的自信，四先生发表《宣言》的背景与今天当然大不一样。他们面临的是中华文化花果飘零的局面，需要面对西方为自身的文化辩护，要寻找全球四分之一人口的精神安顿。《宣言》里一种悲情和忧患意识溢于言表。六十年后的今天，中国经济高速发展为世界第二，中国官方提倡四个"自信"，号召复兴中华传统文化，承载中华传统文化的国学在中国也成了显学，中华民族的自信与当年相比显然有了大幅提升，但实际状况其实并不乐观。传统文化的复兴尚未普遍落实，国人对中华文化的内在价值的认识并未发生实质性改变。当下国民中表现的文化自信，其实更多的是来自民族自尊，离对中华文化真正价值的自信还有相当的距离；而被民族自尊和经济快速发展所带动起来的文化热，容易出现走向另一个极端的危险，即由空洞自信变成盲目浮躁的自大，变成商业运作和炒作表演，变成对官方宣传的表面呼应和迎合，或者变为原教旨主义式的复旧和与世界文化的对立。上述的种种倾向，不仅无

心性之学与当代儒学的世界化

——评《为中国文化敬告世界人士宣言》*

倪培民

（北京师范大学哲学学院、美国格兰谷州立大学哲学系）

今年是唐君毅、牟宗三、徐复观、张君劢四先生发表《为中国文化敬告世界人士宣言》（以下简称《宣言》）六十周年。六十年前的今天，起草此宣言的四先生在中华文化面临西方的冲击而花果飘零的境况下，出于中华文化之承担者的共同责任感，挺身而出，发表见解，呼吁中外人士肯定中华文化之生命及其内在价值，其文化担当精神跃然纸上，读来依然鲜活如初，令人肃然起敬。就凭这一点，《宣言》也应该被看作中华文化史上的一个里程碑式的事件。而且，作为宣言的作者，四位先生都是当代中华文化研究之大家，代表了一代学术之最高水平，所以《宣言》本身也成了中国当代文化史的组成部分，成为研究当代中国文化史的重要材料，其价值自不待言。

笔者以为，纪念《宣言》的最好方式，莫过于对《宣言》本身之目标以及当代中华文化发展的方向做一反思，以进一步促进对整个中华文化之命运的关注。

---

* 本文乃基于在复旦大学"宋明理学国际论坛——暨上海儒学院第二届年会"（2018年8月22—23日）的发言稿整理扩充而成。

文化之责任的中国人。唐先生说："今日之时代，不同过去之时代。一时代总有一时代的问题。无论作事与为学，总不能闭眼不看时代的问题。这不是说人只求适应时代。对一时代中的一切事物，我们都应以批判的眼光，去看其是否合乎真善美的标准，而加以裁判、选择。由此以决定我们自己之行为的方式，形成我们自己的人格，以创造未来的时代的中国与世界。"

唐先生这段话当时是对香港的青年说的，其实也可对每一个中国人说。前两年唐先生全集在大陆出版，标示的句子即是"做一个人，做一个中国人"。其实，这几句话的含义甚深，期许与相应之责任，绝非一般。唐先生说的"做一个人"，已经归结了整个成德之教的君子之学。而"做一个中国人"亦不只是单纯的国族认同，更涉及文化认同与文化承担。如果能如唐先生的期许，而有众多中国人朝此方向努力，则不但中国人对自己的文化有高度的认同与自信，也能传承优点，结合传统文化资源，开创现代生活中的真善美等价值。如此，即是中国文化理想在现实中的具体创造与实现。

中国人应该把中国文化当成活的文化，而把自己当成这个活文化的一个成员，也是这个文化创造与具体实践的参与者。若接受这个观点，则我们可以进一步聚焦于中国哲学之研究，对于中国人应该如何看待中国哲学的问题，套用上述观点而回应如下：中国人（尤其是学术工作者或知识分子）应该把中国哲学当成活的哲学，而把自己当成这个活哲学一个成员，也是这个哲学创造与具体实践的参与者。如此，或许当代儒学在争论格物致知之本义之余，可以结合当代道德心理学发展一套现代的儒家工夫修养论。唐先生的一生，自己已先完成对青年之五点期许者，晚年完成的《生命存在与心灵境界》，更为后继者展示如何为当代中国哲学注入原创的活水。

护，对于为人类客观精神生命之表现的文化，也应当如此。"

此处虽说现实之能否充分展现理想，乃属第二义。但若现实与理想之间存在巨大差异，而仅剩寡头的理想，亦为大遗憾。由究竟义上，当然是理想与现实结合。如唐先生之写《中国文化之精神价值》，极力赞扬中国文化的精神价值，表彰其间种种的美好精彩，即以理想召唤，期待全民朝此方向努力，期待我们现实生活中的各个方面皆能成为理想之具体呈现。《宣言》虽对近代中国之现实婉转维护，但唐先生等人在这点上是很清楚的；我们不仅希望西方人对中国文化的传统理想有敬意，同时希望他们对现实上的文化表现也有敬意；亦即对文化理想之落实于现实中，而起敬意。

在文化的理想层面上，《宣言》提到，西方应该学习东方的智慧。"第一点，我们认为是'当下即是'之精神，与'一切放下'之襟抱。""第二点，是一种圆而神的智慧。""第三点，是一种温润而恻侧或悲悯之情。""第四点，是如何使文化悠久的智慧。""第五点是天下一家之情怀。"这些智慧是希望西方学习我们的，当然，在这之前，我们要问，中国人自己肯定、重视这些智慧吗？中国人在现实生活中展现出这种智慧吗？这些文化理想或智慧是于现代活着的，还是仅存于古代的古董？

中国文化的兴衰起落终究要靠中国人自己。1974年，唐先生于"五四"纪念日对香港青年学生讲话[①]，其中提到对海外中国青年的五点期许：第一，做一个人。亦即重人禽之辨，重视伦理，修养品德，创造真善美文化。第二，作一个中国人。唐先生强调："于此我要先提醒诸位注意，此'中国人'的观念，并不是以我一时所居之地域而定，亦不是依现代的国籍法而定。此乃是依血族而定，亦即依我们之生命之本原而定。只要我们之血族，我们之生命之本原，是中国人，则我们永远是中国人。但我们更须常常自觉此我永远是中国人，自觉的求真正作一个中国人。如何才算真正作一个中国人呢？此更要在常常自觉我一个人之生命，与我之血族不可分，与整个中华民族不可分，由此以扩大我个人之生命生存的意义与价值。"第三，作一个心灵开放的中国人。第四，作一个尊重中国历史文化与历史人物的中国人。第五，作一个承担延续发展中国历史

---

① 唐君毅：《中华人文与当今世界》下册，台北：学生书局，1988年，第334—340页。

以上三种路数是否仍流行于今日西方汉学界，是否西方汉学界有更好的研究路数是我们应该学习的，我非此领域专家，不敢多言。不过，几十年来，在中国哲学研究方面有许多外文资料，其中显现出唐先生未提到的一种路数，即是以西方哲学重要概念与西方关心之主题来探讨中国哲学或中国文化，试图找出相应或异同之处，或追问其间之根由。此中不乏西方学者，但主要以旅美华裔学者居多。以外文书写，则其言说对象主要不是中国人，但中国学界亦可有所观摩。这种研究路数的长处或限制何在，值得学界关注。

个人以为，随着中国崛起，西方学术界如何看待中国的态度势必有所调整，西方中心主义的偏见也会多些自制与修正。科学是否有文化差异，除了少数科学哲学家持肯定立场，绝大多数人都会认为科学有其普遍性。没有中国式的科学或西方式的科学，科学只有一种。但是，中国经济发展的成功，已经让西方经济学家不再坚持只有一套正确的经济发展模式，而开始研究中国经济发展的独特轨迹。甚至，也有部分西方学者开始承认西方的民主亦未必是普适的政治模式。在文化方面亦然，在西方的高等教育里，西方中心主义早已成为政治不正确的代名词。顺此而下，西方学术研究者看待中国的态度必与六十年前有巨大分别。

当然，一个文化受到他人看待的方式，乃是整体力量的展现。但是，唐先生等人所期待的，远比上述深远，而更着眼于文化的理想层面。《宣言》云："我们希望世界人士研究中国文化，勿以中国人只知重视现实的人与人间行为之外表规范，以维持社会政治之秩序，而须注意其中之天人合一之思想，从事道德实践时对道之宗教性的信仰。这是我们要大家注意的第一点。"《宣言》又云："中国文化理想有所不足之处，及其在现实上的缺点，我们当然承认。此俟以下再说。但是我们必须认清：看任何文化，如果真能视之为人类之客观的精神生命之表现，则我们首当注目而加以承认的，应当是其原来理想所具备的正面价值的方面。我们须知，理想之不足，是在理想伸展为更高更大之理想时，才反照出来的。现实上的缺点与坏处，是在我们实现理想时，受了限制，阻碍及其它牵挂而后反照出来的。此乃属于第二义。我们能对于个人先认识其理想的长处，则我们可先对人有敬意。再继以认识其理想之不足与现实上之缺点，则可使我们想方法补救其理想之不足与现实上之缺点，以表现我们对他的爱的文化。更重要的,还不是研究传统文化时不能看成古董,而是中国文化本来就需要一代一代的中国人活起来才算数。否则,中国传统文化若与当代中国无关,纵使不看成古董,讲的还是古董。平心而论,如果中国把自家传统文化看成死的,肯定不是受到这些西方汉学家的影响,而是自己先已丧失了文化自信。因此,重点不在于西方人是否看你是古董,而是自己怎么看,自己怎么展现活生生的精彩出来。这点是唐先生等人始终清楚的,且毕生努力的。

第三种被唐先生认为有缺点的西方研究路数乃是,研究者顺自身对中国现实问题之关怀而片面取材,顺己意而诠释,未能全面地整体地客观了解。《宣言》云:"此种现实的动机,与上述由对文物之好奇心,而作对文物之纯学术的研究之动机,正成一对反。而此种动机,亦似较易引起人去注意活的中华民族之诸问题。但由现实政治之观点,去研究中国历史者,乃由今溯古,由流溯源,由果推因之观点。当前之现实政治在变化之中,如研究者对现实政治之态度,亦各不一致,而时在变化之中。如研究者之动机,仅由接触何种之现实政治而引起,则其所拟定之问题,所注目之事实,所用以解释事实之假设,所导向之结论,皆不免为其个人接触某种现实政治时之个人之感情,及其对某种现实政治之主观的态度所决定。此皆易使其陷于个人及一时一地之偏见。"

此段或许是在指涉民主、科学与中国传统文化是否兼容或相续之类的问题。不过,这类问题主要是中国人在清朝末年受到西方武力冲击之下而自觉关切的。中国要不要走科学之路,大概没有争议。中国文化原本是否有科学的根底,则有很多争议,至今未息。例如,今天仍会引用李约瑟《中国科技史》来证明中国原来就有科学。其次,中国要不要走民主的路,"五四"时期争论不大,但今天则未必。中国原本有无民主根底,亦多有争议,而唐先生等人在此持肯定立场亦很清楚。

此处要讨论的是,西方学者之研究路数对中国有何影响。中国传统文化中有无科学与民主,或有无科学与民主的根底,或有无与科学与民主相抵触者,这些都是客观的学术问题,西方学者可谈,中国学者亦可谈;不论采取什么路研究数,最终在学术上还是要以理服人。但是,中国要不要走科学、民主的路以及如何走,则是中国人自己的实践抉择。外国学者在这方面的研究,或许会造成影响,但最终还是要靠中国人自定方向。

未必能有效果。事实上，当年几位先生在稿成数月后，已冷静地意识到这点。

就《宣言》的初衷而言，其实质作用是落空的，我们未曾听过有外国学者因为这篇《宣言》而改变其研究中国文化之态度。不过，除了近代中国人主动吸收西方思潮而受其影响之外，反过来看，外国学者以何种态度研究中国文化，对中国文化本身似乎也没有发生什么重大的影响。尽管中国人往往会因外国人之重视与否而影响对本国思想之评价，但这种影响常是一时风气，发挥不了长久深远效果。就唐先生提到的三种有缺点的西方汉学路数而言，唐先生固然很是在意它们未能尊重并理解中国文化，但到了今天，我们可以回过头检视，不论这种路数在西方是否仍为主流，它们在中国有发挥任何实质效果吗？

唐先生提到的第一种路数乃是传教士的研究态度。《宣言》云："中国学术文化之介绍入西方，最初是三百年前耶稣会士的功绩。耶稣会士之到中国，其动机是传教。为传教而输入西方宗教教义，及若干科学知识技术到中国。再回欧洲即将中国的经籍，及当时之宋明理学一些思想，介绍至西方。当然他们这些使中西文化交流的功绩，都是极大的。但是亦正因其动机乃在向中国传教，所以他们对中国学术思想之注目点，一方是在中国诗书中言及上帝及中国古儒之尊天敬神之处，而一方则对宋明儒之重理重心之思想，极力加以反对。"

平心而论，今天这些说法在中国几乎看不到任何影响，我们没有因为西方传教士之尊天敬神而更为尊天敬神，我们也没有因为西方传教士之反对理学心学而更为轻视理学心学。牟先生晚年在台湾公开演讲批评天主教的罗光总主教，理由即在反对其《中国哲学思想史》以天主教概念诠释中哲，而斥之"偷梁换柱"。然而，时过境迁，罗光的讲法亦未在学术界留下深刻影响。

第二种路数乃是研究古物的态度。《宣言》云："西方人士研究中国文化之动机，实来自对运入西方，及在中国发现之中国文物之好奇心……此种兴趣，与西方学者，要考证已死之埃及文明、小亚细亚文明、波斯文明，而到处去发现、收买、搬运此诸文明之遗物之兴趣，在本质上并无分别。"因此，唐先生呼吁外国人要把中国文化看成活的文化。《宣言》云："我们首先要恳求：中国与世界人士研究中国学术文化者，须肯定承认中国文化之活的生命之存在。"

不过，关键还不在外国人怎么看，而是中国人自己怎么看。牟先生常说，中国人不能像西方人那样以研究金字塔、木乃伊的研究古董的态度来研究自己

对于中国文化《宣言》的几点省思

朱建民

(台湾东吴大学哲学系)

1958年,唐君毅先生主导并主笔,与牟宗三、徐复观、张君劢三位先生联名发表《为中国文化敬告世界人士宣言——我们对中国学术研究及中国文化与世界文化前途之共同认识》。《宣言》发表前一个多月,唐先生在信函中提道:"此文本意是教训西方人治汉学者,今虽不能即译为英文,但仍表示吾人之一声音与态度。同时间接可端正若干中国人之态度。"[1]而宣言开头按语亦表明:"此文初意,本重在先由英文发表,故内容与语气,多为针对若干西方人士对中国文化之意见而说。但中文定稿后,因循数月,未及迻译。诸先生又觉欲转移西方人士之观念上之成见,亦非此一文之所能为功。最重要者仍为吾中国人之反求诸己,对其文化前途,先有一自信。"因此,先以中文发表。

《宣言》的对象,原意直接针对外国人(主要是研究中国文化的西方学者),目的在纠正其看待中国文化之态度与研究中国文化之路数。不过,英文版未出,几位先生即省察到此举效果有限,转而将原非发文目标的本国人提出来当成间接对象。六十年过去了,《宣言》受到的关注与发挥的效果还是局限在华人圈,《宣言》并未在西方学界引起关注,也未发挥任何实质效果。这与《宣言》是否以外文发表固然有关,但个人以为,纵使《宣言》译为外文而广为散布,亦

---

[1] 唐君毅:《唐君毅全集》卷二十六,台北:学生书局,1991年,第116页。

已经有许多人宣称儒家失去了生命力,但儒家思想一直在发展,在西方文明的冲击下,我们能否真正达成儒学的第三期发展,儒学第三期的使命究竟为何,这是《宣言》留给我们的问题,而思考这些问题是表达对《宣言》的"同情"和"敬意"的最好方式。

最后,《宣言》提出了完善的人格问题,也就是融合了世界各种文化的"人"该有什么样的综合素质。《宣言》认为希腊文明培育出了理智、理性的精神。希腊的自由观念和罗马法中的平等观念,建构处理近代西方的民主政治精神。希伯来的宗教精神和儒家的天人合德思想,则保证了天下一家的情怀。这样,儒家价值的在"成人"的历程中,与希伯来精神一起,担负起超越性的使命。将这几种文化精神凝聚在一个人身上,这个人既是道德的主体,也是政治的主体(公民),更是超越性的主体(天民)。在这个人格模型中,人类文明的各个要素被抽象地糅合在一起。很显然,《宣言》所昭示的文化图景是各种文化的优质资源的叠加,而不是各个文明体在自身的文化的基础上吸收别的文化的特性来成就自己,而是以失去自己为代价而去构建一个抽象的"混合主体"。在这样的体系中,我们发现儒家的伦理历史和制度历史被抽空。

《宣言》作为现代儒学发展史上一个里程碑式的文献,力图唤醒人们对于儒家生命力的认可,并阐发儒家心性之学的资源,这对于处于"花果飘零"时期的儒家来说,堪称有"续命"的功用。

但《宣言》过于"受制"于"五四"以来民主和科学的强势话语,将儒学发展的方向收束于民主建国和确立科学思维上,由此,心性之学的超越性取代了儒家其他经典在确立儒家价值时的基础地位,从而使儒家"修己治人"的整全性体系被拆解。《宣言》通篇没有讨论儒家经典系统在现代学科体系中的地位,从而实质上置经学于"科学"的对立面,这样的新儒学剥离了经学的负担,却使儒家道统去承接西方的民主制度,这样儒学既失去了自己在制度设置上的可能性,也难以成为民主的必要项而存在。

我们承认儒学在面对三千年未有之大变局过程中进退失据的困境,但是透过《宣言》,提醒我们去思考这样的问题:第一,现代儒学如果不在其自身的经典系统和历史中去建构自己的现代思想品格,那么这样的新儒学是否还毫无疑问地是"儒学"?第二,儒学在未来的发展中的真正生命在哪里?是将其伦理精神贯注在现代的制度建构的过程中,还是去论证其与民主制度之间的一致性?或者说,儒家是否丧失了建构新的制度形态的可能性?第三,儒家的人格的独特性是要建立在儒家的义理基础上,还是与其他文明的人格理想构成一个"优秀人格综合体"?

第五点，是天下一家之情怀。《宣言》坚信凡未能民主建国之国家，都最终会走上民主建国之道路。不过民主建国并非人类历史的终结，人类最后必然归于天下一家。所以人们不仅要有国民意识，还需有天下情怀。中国人总说天下与天下国家。以"天下为一家，中国为一人"，本仁心以相信"人皆可以为尧舜"，本仁心以相信"东西南北海，千百世之上，千百世之下之圣人心同理同"。儒家之讲仁爱，与基督教讲爱一样，都有普遍性的一面。

基于这五个优点，所以《宣言》提出了他们对于世界学术思想之期望，这期望就是将上述五个优点发展成为西方学术研究的期待。这种期待包括期待西方人克制其文化中心主义的态度，而发展出以人类为"视野"的价值观，为未来的大同世界做准备。

> 人类还须发展出一大情感，以共同思索人类整个的问题。这大情感中，应当包括对不同民族，不同文化之本身之敬重与同情，及对于人类之苦难，有一真正的悲悯与恻怛之仁。由此大情感，我们可以想到人类之一切民族文化，都是人之精神生命之表现，其中有人之血与泪，因而人类皆应以孔子作《春秋》之存亡继绝的精神，来求各民族文化有价值方面之保存与发展，由此以为各种文化互相并存，互相欣赏，而互相融合的天下一家之世界之准备。①

这种"大情感"的建立，只凭西方文明中的理性态度是不够的，儒家的心性之学所确立的成己成人的态度是不可或缺的。如果只是用人之理智的理性，去对各种自然社会人类历史做客观的冷静的研究，只能解决认识领域的一部分问题；而儒家的心性之学"则在人之主体的存在之真正自作主宰性之树立，而此主宰性之树立，则系于人生存在自身之超化升进。此一种学问，亦即中国之所谓立人极之学问。人极立而后人才能承载人之所信仰，并运用人之所创造之一切，而主宰之。这是这个时代的人应当认识的一种大学问"②。

---

① 唐君毅：《中国文化与世界》，《唐君毅全集》第四卷，第63页。
② 同上，第65页。

再进一步,使其对普遍者之执,可才起即化。"①他们有时以柏格森的"直觉"来比照这种智慧,概言之,就是与理性所建构的概念性、确定性思维所不同的具有灵活性和适应性。这与其说是中国智慧的特点,还不如说是告诉西方人,要想真正了解中国人和中国文明,需要这样的认识范式的转变。"西方人亦必须有此圆而神之智慧,乃能真与世界之不同民族,不同文化相接触,而能无所阻隔,并能以同情与敬意之相遇,以了解其生活与精神之情调与心境;亦才能于其传统文化中所已认识之理型世界、知识世界、上帝世界、技术工业世界,分门别类的历史人文世界之外,再认识真正的具体生命世界,与人格世界与历史人文世界中一切,而与之感通。"②

第三点,是一种温润而怛恻或悲悯之情。西方人之热情与爱,与权力意志相纠缠,所以要便绝去其权力意志与占有之念之根。要去此根,则爱必须真正与敬同行,而不应该有宗教上的优越感或其他的优势形态,需人与人之间的爱要通过"礼"来表达。"于是爱中之热情,皆向内收敛,而成温恭温润之德。而人对人最深的爱,则化为仁者之恻怛之情。此可通于佛家之悲悯。恻怛悲悯,与一般之爱之不同,在一般之爱,只是以自己生命精神之感情,视人如己的向人流注。此处之视人如己,即可夹杂'对人加以占有之念'之泥沙并下。而恻怛悲悯,则只是自己之真实存在之生命精神,与他人之生命精神间之一种忐忑的共感,或共同的内在振动,此中,人对人自然有真正的同情,亦有情流,向人流注。"③

第四点,是如何使文化悠久的智慧。《宣言》指出:"中国文化是世界上唯一历史久而又自觉其久,并原于中国人之自觉的求其久,而复久的文化。"现代西方近代文化,固然极精彩灿烂,但如何能免于如希腊罗马文化之衰亡,已有不少的人忧虑及此。"中国人在一切文化生活上,皆求处处有余不尽,此即所以积蓄人之生命力量,使之不致耗竭过度,而逆反人之自然的求尽量表现一切之路道,以通接于宇宙生生之原者。"④

---

① 唐君毅:《中国文化与世界》,《唐君毅全集》第四卷,第56页。
② 同上,第57页。
③ 同上,第59页。
④ 同上,第60页。

力量。即使从文化保守主义的立场，亚非各国无论是接受民主自由还是接受苏联式的政治制度，其实都不是基于自身文明的制度设计，如此，新儒家们的批判并不是从文化的角度，而是站在西方文化普遍性的立场上的制度反省，事实上也失去了梁漱溟那一代新儒家的制度批判和文化多元立场。

唐君毅他们批评西方精神缺乏对其文化膨胀的反思：

> 真正的西方人之精神之缺点，乃在其膨胀扩张其文化势力于世界的途程中，他只是运用一往的理性，而想把其理想中之观念，直下普遍化于世界；而忽略其他民族文化的特殊性，因而对之不免缺乏敬意，与同情的了解，亦常不从其他民族文化自身之发展的要求中，去看西方文化对其他民族文化之价值。①

其实，文化的多元立场并不应该向西方人"讨求"，而是儒家如何从社会发展中找到自己的发展之路。虽然"东方主义"的概念在当时并没有被萨义德所提出，然而，《宣言》明显带有一种"东方主义"的立场来批评东方主义。这种批评更接近于文化的批评，实质上构成了对于西方文化中心主义的"曲通"，所以《宣言》的最后更多接近于对于西方的"规劝"而非儒家立场的自我宣示。

接下来，《宣言》具体提出了西方人所应该吸收的中国文化的有优点，共有五个方面。

第一点，是"当下即是"之精神，与"一切放下"之襟抱。核心是要强调中国文化以心性为一切价值之根源，所以对于人生价值和宇宙价值有肯定。这样可以克服西方文化知进而不知退所造成的人生之危机，可增加西方文化自身之安全感与坚韧性。

第二点，是一种圆而神的智慧。所谓一切放下之智慧是消极的，圆而神的智慧则是积极的。"这种智慧之运用，最初是不执普遍者，把普遍者融化入特殊，以观特殊，使普遍者受一特殊之规定。但此受某一种特殊之规定之普遍者，被人自觉后又成一普遍者；仍须不执，融入特殊中，而空之。于是人之心灵，得

---

① 唐君毅：《中国文化与世界》，《唐君毅全集》第四卷，第51页。

族国家之间的冲突其实对应的也是欧洲文明不同发展阶段的最为尖锐的问题。《宣言》很客观地指出，这些欧洲文明自身的问题经由历史的发展由其自身逐步克服，比如宗教战争已不复存在，民族国家的问题也因为联合国的设立而缓解，但有一个关键的问题没有解决，即当时所存在的以苏联为代表的社会主义阵营和以美国为主导的西方资本主义国家阵营的长期对峙。

以西方文明的世界里出现的对立来指出西方文化的缺点，这多少是一个比较奇特的结论，因为西方文明因为宗教和社会经济发展水平的不同，并非如中华文化一样的"一本性"，所以，这只能算是多样性，而不能说是优缺点。而且，从总体而言，欧美的模式和苏联的模式体现了对如何解决大规模生产之后的分配不平均的方法上的差异，姑且不论这两种社会体制的差异正好体现了不同的"自由观念"和"经济模式"的关联。所以，儒家并没有直接对应这些问题的现实的方案。

因此，《宣言》接下来的分析如果抛开政治因素，在学术上并不具备说服力。新儒家人士认为美苏的冷战对世界文明的最大危害是这样的分歧影响到非西方世界，他们认为亚非民族接受唯物主义的思想，不接受西方的民主体制，产生了许多集权政权，而这值得西方人士深刻反省。

> 本来亚洲之中国文化、印度文化……在先天上皆非唯物主义，在理论上正应与西方之自由民主文化相结合，然其今日何以尚未如此，实值得西方人士作深刻的反省。[①]

西方文明内部一直具有很强的自我反思传统，《宣言》提出的劝告用心良苦，却缺乏实践性的方法。

《宣言》过于担心大陆的政治变革所导致的"文化危机"，但并没有看到亚非各国接受唯物主义背后所包含的一种对西方侵略的抗拒情绪，由此产生的对于苏联模式的接受其实是对资本逻辑所造成的不平等的社会秩序的反抗。虽然有人认识到殖民运动的问题，但并没有反省殖民运动背后的精神因素和资本的

---

① 唐君毅：《中国文化与世界》，《唐君毅全集》第四卷，第51页。

港台新儒家当然也继续着这样的使命,但从前文看,他们的战线已经空前收缩。《宣言》将文化精神立基于心性之学,然而,心性之学的现实目标却是开出民主的"新外王"和"良知坎陷"后的"新学统",因而实际上造成了文化精神性因素和文化实体性、制度性呈现之间的脱节。因此,当新儒家列举中国文化的优点的时候,虽然将心性之学置于很高的地位,但在功能上并非由此导出基于自身价值的制度体系,其功能主要集中于对于西方文明的"补充"和"矫正"。这最终会导致一直推崇的文化优势"虚无化"。

《宣言》的第十部分"我们对中国现代政治之认识"主要是分析中国在社会主义国家建立之后的政治状况,多是对当时的政策的批评,在此搁下不表。第十一和十二则主要可以看作通过中西文化的比较来说明中国智慧的优势。这部分的核心就是在肯定西方政治和学术是符合社会发展的趋势,而中国独特的心性之学可以为之提供价值引导。

《宣言》提出西方之宗教、科学、哲学、文艺、法律、实用技术,都值得我们学习,但西方文化并不能独自引导世界文化的发展,而东方文化也可以提供其独有的价值。

东方文化的价值体现在对西方科学、民主和社会发展中的种种弊病的"矫治"上,《宣言》所罗列的西方文化的种种问题包括:

> 如由宗教改革而有宗教之战争;由民族国家之分别建立而有民族国家之战争;由产业革命而有资本主义社会中劳资之对立;为向外争取资源,开发殖民地,而有压迫弱小民族之帝国主义行动;及为争取殖民地而生之帝国主义间之战争;……在今日科学已发展至核子武器,足以毁灭人类之时期,人类之前途乃惶惶不可终日。此皆近代西方文化之突飞猛进所带来之后果。则我们今日对西方文化,毕竟应如何重新估价?并对之应抱有何种希望?应为吾人所认真思考之问题。①

很显然,这些问题的确是西方历史发展中真实存在的问题,宗教战争和民

---

① 唐君毅:《中国文化与世界》,《唐君毅全集》第四卷,第50页。

系,即儒家在理想上是坚持民本思想的,但在现实中也会替统治者想办法。

《宣言》将建立民主政治和新学统视为儒家在现代社会的使命,但他们又想从儒家的思想传统中找到源头,这样,心性之学的独特性反而要嫁接到西方启蒙运动之后的社会政治思想之上。

在现实的选择中,民主政治和新学统事实上是对儒家传统的"背离",因为,在制度层面和知识层面需要落实民主制度和科学精神,这样,《宣言》将儒家的新的发展阶段嫁接到西方文明那里,作为文明自信的基础的"内圣"层面的价值事实也难以确立。另一方面,西方的民主和科学的精神作为其文化发展的内在产物,与其超越性的宗教精神之间存在着密切的关系。由此,《宣言》将儒家思想中最具有超越性的面向凸显出来,客观上是将儒家的形态"西方化"。

进一步说,西方的民主和科学是政教分离的启蒙运动的成果,这样,强调心性之学和落实中国的民主科学之间的关系又需要有一个重新分离的过程,这个问题被牟宗三先生最为典型地描述为"内圣开出新外王"和"良知坎陷",这样,《宣言》所宣称的儒家的生命力和儒家的未来之间的关系是曲折甚至分离的。

四 中西之间

《宣言》的最初写作动机就是写给外国人看的,所以,《宣言》也可以看作是唐君毅和牟宗三这一代新儒家对中西问题的新看法。很显然,这看法与梁漱溟、冯友兰等人是有一些差别的。

我们知道,近代以来中国文化的危机来源于西方文化的冲击,由此而生发出中西、古今问题。从某种角度看,古今问题是中西问题的延伸。当西方的军事和经济优势十分明显地呈现在我们面前的时候,传统文化中处理中国与外部世界的夷夏观念被华洋、中西这样的名称所取代,并在新文化运动时期转变为新旧和古今。沿着这样的名词的转变的历史,我们可以看到一个轨迹,即由中西初遇时的文化中心主义逐渐转变为文化自信的逐渐丧失,到最后变成文明的自我否定。所以,新儒家从其产生之时起,就担负重建文明自信的使命,因此从梁漱溟的"三路向"到钱穆的"为故国招魂",都体现出试图通过多元主义的策略来表达文化民族主义情怀的倾向。

视为"专制政治",并认为宰相制度和科举制度提供了政权制衡和平等参与政治的可能性,对此遭到张君劢、徐复观的严厉批评,这也是双方产生裂隙的重要原因。而《宣言》则主要体现了徐复观和张君劢等人的政治观念,认为传统儒学的民本观念虽与民主观念之间存在着亲缘关系,但必须转化才能成为真"民主"。

> 中国政治制度中,仅由政府内部之宰相御史等,对君主权力所施之限制,必须转出而成为:政府外部之人民之权力,对于政府权力作有效的政治上的限制。仅由君主加以采择与最后决定,而后施行之政治制度,必须化为由全体人民所建立之政治制度,即宪法下之政治制度。只是由篡窃战争,始能移转之政权,必须化为可由政党间,作和平移转之政权。此即谓由中国君主制度本身之发展,及中国文化对于君主制度下政治之反抗与要求,中国政治必须取消君主制度,而倾向于民主制度之建立。①

要让儒家的"天下为公"的理想真正得到落实,就必须确立起道德主体,必须人人平等地成为"政治的主体"。但儒家的政治理想难以在现实中落实,因为在世袭的君主制度下,君民之间不能实现平等的政治地位:

> 此中即有中国文化中之道德精神,与君主制度之根本矛盾。而此矛盾,只有由肯定人人皆平等为政治的主体之民主宪政,加以解决,而民主宪政,亦即成为中国文化中之道德精神自身发展之所要求。今日中国之民主建国,乃中国历史文化发展至今之一大事业,而必当求其成功者,其最深理由,亦即在此。②

在这个论述中,儒家的精神被认为与君主制完全矛盾,这并不是历史的事实。我觉得徐复观先生的"双重本体论"更能体现传统社会中儒家与政治的关

---

① 唐君毅:《中国文化与世界》,《唐君毅全集》第四卷,第40页。
② 同上,第42页。

> 中国思想之过重道德的实践，恒使其不能暂保留对于客观世界之价值的判断，于是由此判断，即直接的过渡至内在的道德修养，与外在的实际的实用活动，此即由"正德"，直接过渡至"利用厚生"。而正德与利用厚生之间，少了一个理论科学知识之扩充，以为其媒介；则正德之事，亦不能通到广大的利用厚生之事。或只退却为个人之内在的道德修养。由此退却，虽能使人更体悟到此内在的道德主体之尊严，此心此性之通天德天理——此即宋明理学之成就——然而亦同时闭塞了此道德主体之向外通的门路，而趋于此主体自身之寂寞与干枯。①

在《宣言》看来，心性通天德天理，却也闭塞了认识客观世界的纯粹立场。前文中，《宣言》着力要让人们用同情和敬意来体认道德认识和道德实践的结合，但在这里，却又说如果失去客观性认识的一面，主体的自身就会"寂寞与干枯"。所以，原有的学统必须接续新的科学为主体的"学统"。"在中国传统之道德性的道统观念之外，兼须建立一学统，即科学知识之传承不断之统。而此事，正为中国文化中之道德精神，求其自身之完成与升进所应有之事。亦即中国文化中道统之继续所理当要求者。"② 传统儒家独有的"学统"，是"道统"之存在并体现中西差异的关键，何以新学统反而成为道统的自我发展的基础呢？这便是牟宗三所说的"曲统"的矛盾之处。

在这样的思路下，道统所开出的"政统"也需要在新的形势下将道德主体转向"民主建国"之路。梁漱溟先生认为民主制度有其合理性，但中国这样的伦理本位、职业分途的文化特性，必然导致中国人既不能走西方民主道路，也不能走苏联式的阶级斗争的路。港台新儒家则在政体选择中，则开始肯定民主制度的建立是儒家的内在要求。《宣言》说："不能说中国政治发展之内在要求，不倾向于民主制度之建立，更不能说中国文化中无民主思想之种子。"

对于儒家与民主自由之间的关系，港台新儒家中以徐复观、张君劢与钱穆的研究最为深入。但钱穆的倾向与徐、张很不同，钱穆反对将中国古代政治

---

① 唐君毅：《中国文化与世界》，《唐君毅全集》第四卷，第36页。
② 同上，第38页。

等人的多元现代性的思路,转而开始证明"五四"启蒙思潮的合理性,而他们对于儒家的心性之学的肯定与"民主建国"的目标和"科学"观念的确立互为表里。这样,早期新儒家对启蒙的批判到了港台新儒家这里,变成接受启蒙观念之后再努力证明儒家与民主、科学之间的协调性。这样的转折固然与中国大陆的政治变革有关,也与港台新儒家在失去大陆这样的文化土壤之后,必须在新的政治环境中找寻"一枝之栖"(刘述先先生语)的处境有关。他们把儒家的生命力"系于""民主建国"和"科学精神的建立"之上,并将之看作"儒学第三期发展"的使命。

这些使命在牟宗三先生的"外王"三书中,表述为"良知坎陷"和"内圣开出新外王",或道统、政统、学统的"三统并建"。①在《宣言》中则比较抽象地表述为"道德实践的主体"必须自觉地成为"政治的主体"和"认识的主体"。

《宣言》指出,中国古代思想因为过于强调正德、利用、厚生,缺乏纯粹的知识兴趣。科学精神的建立就是要抛弃价值判断而纯求其对象的客观呈现。不过,前文所推崇的心性之学中注重知行合一、认识活动与道德实践不可分离的特征,使我们在思维方式上缺乏科学理论的创立。

所以,在论证超越性的时候所推崇的心性之学,难以发展出民主和科学,因此,《宣言》需要做一个理论上的"转圜"。与前面讨论心性之学的特殊性有所不同的是,《宣言》中说:"中国人如不能兼使其自身,自觉为一认识的主体,则亦不能完成其为道德的主体,与实用活动之主体。"②这是《宣言》最为复杂的部分,心性之学要求道德的主体性要仰赖自觉为一个认识主体才能"完成"自己,虽然道德主体的价值判断的重要性依然被强调,但是,在进行是非判别之前,先必须"暂忘其为道德主体",这样才能建立"纯理论的科学知识世界,或独立之科学的文化领域"。③为什么要暂忘呢?是因为科学时代需要中国的心性之学在保持其超越性的一面的同时,又发展出其客观性的一面。

---

① 据蔡仁厚先生的研究,牟先生的三统说继承弘扬儒家与中国文化的核心理念,肯定道统,即肯定道德宗教的价值,护住孔子所开辟的人生宇宙的大本大源;开出学统,即转出"知性主体",融入古希腊传统,发展出学术的独立性,重心是发展科学;继续政统,即由认识政体发展的意义,而肯定民主政治的必然性,重心是发展民主政治。参见蔡仁厚:《牟宗三先生学思年谱》,台北:学生书局,1996年,第123页。
② 唐君毅:《中国文化与世界》,《唐君毅全集》第四卷,第37页。
③ 同上,第38页。

"五四"以后的新儒家思潮所看重。比如说梁漱溟在《东西文化及其哲学》的系列讲演中，一方面通过文化的不同路径和不同时段需要不同文化这样的方式来证明孔学在未来的"有效性"，但另一方面，他从历史上的文明关系来说明中国文化所具有的融合而非冲突的对待方式，保证了其文明的持久和拓大。①

港台新儒家虽然并不认同梁漱溟的文明"路向"论，但他们依然将中华文化"之所以长久"作为一个重要的条目。注重保存历史，存亡继绝，注重保存文化，珍惜自己的文化传统。之所以如此，应该从学术思想去探究。

《宣言》认为中国思想虽有超越性，却注重现实生活，虽偏重保守，却是要求人们向内用力；与其注重生育而强调种族繁衍，不如说是重视生命的价值。如此，"我们与其说中国民族文化历史之所以能长久，是其他外在原因的自然结果，不如说这是因中国学术思想中，原有种种自觉的人生观念，以使此民族文化之生命，能绵延于长久而不坠"②。

《宣言》认为注重宇宙和人类生命的延续并非只是儒家一家的倾向，道家的超越肉身存在的精神和儒家所包含的生生不息的精神，在保证中国文化的长久上有共同的作用。在儒家之《易传》《中庸》中有所谓"可大可久"及"悠久成物"之观念，老子中有要人法"天地长久"及"深根固蒂长生久视"之观念，都导向文化生命的长久不息。

三 民主与科学乃是民族文化发展的内在要求

以我个人的解读，《宣言》前七部分可以看作是对中国文化精神的一种"界定"，这样的"新"界定可以看作是唐君毅、牟宗三等新儒家对于儒家文化的一种独特的解释。我们知道任何新的解释都有其现实的目的，对于孤悬海外的新儒家而言，他们的目的来源于对传统文化在大陆的情况的忧虑。

如果说，新儒家思潮的早期是在进行现代性的批判和中国特殊性的证明，但是，当中国成为社会主义大家庭一员的时候，港台新儒学转而舍弃了梁漱溟

---

① 梁漱溟先生认为未来的文化必然是以礼乐来代替法律的，所以中国文化在将来将发挥更大的作用。参见梁漱溟:《东西文化及其哲学》,《梁漱溟全集》第一卷，济南：山东人民出版社，2005年，第522页。
② 唐君毅:《中国文化与世界》,《唐君毅全集》第四卷，第29页。

悟（杜维明教授后来发明了一个词叫"体知"），其道德意识的自觉和道德实践的高度决定于道德主体的"功夫"，一种既包含一般意义上的认知又包含实际的道德活动的知行合一的"过程"。对此，《宣言》说：

> 我们必须依觉悟而生实践，依实践而更增觉悟。知行二者，相依而进。此觉悟可表达之于文字，然他人之了解此文字，还须自己由实践而有一觉悟。此中实践如差一步，则觉悟与真实之了解，即差一步。在如此之实践与觉悟，相依而进之历程中，人之实践的行为，固为对外面之人物等的。但此觉悟，则纯是内在于人自己的。所以人之实践行为，向外面扩大了一步，此内在之觉悟，亦扩大了一步。①

对于人的道德本体的觉悟显然就不单是一种对道德规则的了解，而是一种富有宗教情感的道德实践，在这种道德意识中的人，绝不会将其所体会到的价值理想看作是可有可无的，或者可以在实践中随意调整的，而必然是带有一种宗教式的"牺牲"精神在内的。

> 当知在此心性学下，人之外在的行为，实无不以其为依据；亦兼成就人之内在的精神生活，亦无不兼为上达天德，而赞天地之化育者。此心性之学乃通于人之生活之内与外及人与天之枢纽所在，亦即通贯社会之伦理礼法，内心修养，宗教精神，及形上学等而一之者。②

唐君毅等人在将"心性之学"作为道统之具体表现而加以强调和说明的同时，进一步从道统的延续性来证明中国文化的生命力。中国文化的持久性是现代新儒学所一直用来证明其价值的十分重要的理据，按我的理解来说，如果说强调心性之学的超越性和内在性呈现一定程度的"隐微化"的特征，那么中华文化的持久发展能力则是可以由历史的"事实"来论证的。这一"事实"一直被

---

① 唐君毅：《中国文化与世界》，《唐君毅全集》第四卷，第26页。
② 同上，第27页。

合德之说之真正理由所在。①

《宣言》分析了知识界忽视心性之学的原因，认为科学主义、清代考据学的后果、共产主义之存在决定意识、西方宗教上的原罪思想和性善论之间的矛盾，如此种种都使他们看不到道德伦理的天道基础。虽然清末以来许多思想家对于佛教有很多的借助，但他们接受和看重佛学之重心亦主要在心性问题上。尽管都注重心性，但佛教之心性之学与儒家之心性学有根本差别，佛教之解脱是个人式的，而儒家的心性完善则是要以为社会贡献力量作为其最高层次，对此，接受了佛家心性之学的清末以来的经学家并不真正了解宋明心性之学的内在理路。

做了如此辨析之后，《宣言》又从康德的"实践理性"所产生的"判断力"中找到了儒家伦理与康德的道德形上学之间的亲缘关系。

《宣言》认为把儒家的心性之学当作心理学、灵魂论和一般性的哲学形而上学来看，都是不合适的。科学的心理学和认知科学，都是把人当作一个"自然"的存在物，而中国的心性之学，则是一种包含着人性成长的"各种可能性"。心性之学在形而上的意味上比较接近康德的道德形而上学，"为道德实践之基础，亦由道德实践而证实的形上学"。

> 中国由孔孟至宋明儒之心性之学，则是人之道德实践的基础，同时是随人之道德实践生活之深度，而加深此学之深度的。这不是先固定的安置一心理行为或灵魂实体作对象，在外加以研究思索，亦不是为说明知识如何可能，而有此心性之学。此心性之学中自包含一形上学。然此形上学，乃近乎康德所谓的形上学，是为道德实践之基础，亦由道德实践而证实的形上学。而非一般先假定一究竟实在存于客观宇宙，而据一般的经验理性去推证之形上学。②

与人的道德活动不能分开的认知活动，不是一种科学的认知，而是道德体

---

① 唐君毅：《中国文化与世界》，《唐君毅全集》第四卷，第22页。
② 同上，第25页。

"思孟式"①的发挥,从而将主宰式的"天"和"道德化"的"天"之间的关系做了一定程度的模糊化处理,这样的模糊化也体现在《宣言》所喜欢采用的"宗教性"概念上,即存在着一神宗教所具有的超越性,但并不存在宗教的形态。这个理路在港台新儒家内部也引发出一个巨大的争论,比如许多人质疑没有此岸和彼岸区分的儒家思想是否可以称之为超越性,而"内在超越"这个概念本身是否有矛盾。在《宣言》中,"天人交贯"所强调的是现实世界和超越世界之间的统一而非隔绝。

《宣言》强调"天人交贯"就是要解释古代中国人对天之宗教信仰是如何贯注于后来思想家之对于人的理解中,并发展成为天人合一的观念的。也要通过"天人交贯"反过来在论述中国古代文化之宗教性因素是如何融合到诸如宋明儒者的人生伦理道德的思考中的。

《宣言》的观点是:"天人交贯"让人的生命世界以完成个人的道德理想作为其目标。"一方面使天由上彻下以内在于人,一方亦使人由下升上而上通于天。"这样的道德境界论经由宋明时期的思想家阐发而完善,形成"义理之学"。

> 中国人之人生道德伦理之实践方面之学问,此乃属中国所谓义理之学中。此所谓义理之学,乃自觉的依义理之当然以定是非,以定自己之存心与行为,此亦明非只限于一表面的人与人之关系之调整,以维持政治社会之秩序,而其目标实在人之道德人格之真正的完成。②

义理之学的核心是心性思想,既然西方学者和近代中国的启蒙学者错误地认知了中国人的超越性宗教层面,他们必然也会忽视中国的"心性之学",当然也就不能把握心性之学作为中国思想核心的地位。

> 心性之学,亦最为世之研究中国学术文化者,所忽略所误解的。而实则此心性之学,正为中国学术思想之核心,亦是中国思想中之所以有天人

---

① 所谓"思孟式"的路径,也就是强调人的活动与天地之化育的一致性,也认定人心、人性与天道之间的内在一致性,这样尽心知性可以知天。
② 唐君毅:《中国文化与世界》,《唐君毅全集》第四卷,第21页。

杂性的理解。《宣言》认为"天"的观念在古代指有人格的上帝,古人对天的宗教信仰贯注于后来思想家关于人的思想中,成为天人合德、天人合一、天人不二、天人同体的观念。儒家天人交贯的思想一方面使天由上彻下以内在于人,另一方面使人由下升上而上通于天。这样的天人观造就了中国人的信仰,比如气节之士杀身成仁、舍生取义这样的伦理态度都体现了天所带来的宗教性特质。

儒家义理之学、心性之学是打通人的生活之内外、上下、天人的枢纽。在一定意义上,唐牟称儒学为道德的宗教、人文的宗教或成德之教,充分论证其既超越又内在、既神圣又凡俗的特性。按照郭齐勇教授的概括:"第二代新儒家潜在的背景(或潜台词)是:西学最有价值的是宗教,中国却没有宗教的传统。因此他们从强势的排斥性的启蒙心态中摆脱出来,掘发儒学资源中的宗教精神价值,分析了儒学与世界上其他大的宗教的同一与差异,并开始试图与各宗教对话。"[①] 的确,唐君毅等人对于儒家宗教性的挖掘具有一箭双雕的作用,既可以此对启蒙思潮进行反思,又可以突出儒家的精神性。

因此,唐君毅等人对儒家宗教性的认识,与前代新儒家有很大的差别。从梁漱溟开始,就特别强调讨论宗教与社会制度之间的关系。在梁漱溟看来,西方宗教的团契,构成了西方社会生活中团体生活的基础,成为西方民主制度的基础。梁漱溟由此得出的结论是中国既不可能走向民主制,也不能走向苏联式的社会主义,而是应该走乡村建设的道路。唐牟等的宗教性论述旨趣与梁漱溟几乎相反,他们是要通过对儒家超越性的强调,而化解儒家与新制度之间的"不合拍"。

《宣言》批评了西方学者和中国近代以来的启蒙思想家认为中国缺乏超越性的宗教情感的成见,并认为这样的观点会导致人们将中国人的伦理道德系统贬低为仅仅是行为规范或道德教条的做法。的确,缺乏超越性基础的伦理道德原则是苍白的和难以打动人心的。

《宣言》作为一部立场性的文本,其对儒家宗教性的论证虽然略嫌粗疏,但这可以被看作唐牟宗教观的一种更为直接的表达。《宣言》通过对于天人关系的

[①] 郭齐勇:《当代新儒家对儒学宗教性问题的反思》,《中国哲学史》,1999年第1期。

统"所承载的主要内容是什么呢？对此，《宣言》从中国人的宗教观和伦理观出发展开分析。

宗教观在近代中国的思想中有其独特性，一方面，宗教与科学之间存在着冲突，因此宗教被视为是前科学的。另一方面，宗教又是西方文化的基础，由此，中国是否存在宗教，中国是否需要宗教是一个争论激烈的议题。根据《宣言》序中的描述，徐复观先生对于《宣言》中的宗教部分的内容提出了许多修改意见，因为徐复观先生认为殷周之间的思想转变，将中国人对于宗教的情感人文化，"把传统的宗教，彻底脱皮骨为道德的存在"[①]。但宣言的起草者唐君毅先生并没有采纳徐复观先生的意见，唐君毅先生认为儒家即使不具备西方宗教形式化系统，但在超越性和永恒性上，儒家具有"宗教性"。从《宣言》中对于儒家宗教性的表述来看，其对于儒家与宗教关系的论述更为接近唐君毅和牟宗三先生的宗教观以及对儒家宗教性的强调。

《宣言》指出，中国并没有产生类似西方的那种制度性的宗教教会，在历史上也没有出现因为信仰分歧而导致的宗教战争，也就不需要从政教分离来推动启蒙运动。但与"五四"诸公所不同的是，他们并没有将宗教视为要被"科学"取代的一种"迷信"，也没有如"五四"时期的梁漱溟那样，提出以"道德代宗教"。《宣言》不是从"理性"的角度来否定宗教的价值，而是看到了宗教的超越性维度对于确立西方文明的价值观所产生的意义。这一点对于唐牟一系的新儒家而言十分重要。唐君毅和牟宗三一直要为他所要接受的西方民主制度找到一个价值基础，也就是说要处理儒家传统与民主政治之间的关系。作为民主制度的有力支持者，唐君毅和牟宗三要为形成于西方的民主政治制度找到一个中国本土的"超越性"资源，也就是说，要反对"五四"新文化运动将儒家视为民主的障碍的成见。既然儒家的制度性传统并不具备民主的现实化可能，那么，如何从精神层面来弥合儒家与民主之间的关系就是当务之急，基于此，儒家的宗教性成为重要的落脚点。据此，《宣言》提出：中国民族的宗教性的超越感情及宗教精神，与它所重视的伦理道德，乃至政治，是合一而不可分的。

《宣言》中对于儒家宗教性的维度的认识建基于对先秦思想中的"天"的复

[①] 徐复观：《中国人性论史·先秦篇》，北京：九州出版社，2014年，第56页。

位,并认为儒家的"道统"延续主要系于"心性"传统。《宣言》指出:文化传统的生命力存在于道统之中,道统是中华文化的根,其他的都是枝叶而已。

《宣言》也意识到中西方的许多学者和知识分子并不喜欢"道统"这个概念,因为经由"五四"新文化运动的批判,"道统"往往被理解为帝制的合法性证明,"道统"论也与近代以来的科学主义新思维不符。但在唐君毅等新儒家看来,文化的延续性必然需要其支撑点,这就是"道统"。所以,《宣言》提出应该建立起有别于新文化运动所确立的"客观化"思维,以"同情和敬意"的方式来认识"道统"这个"事实"。"道统"确立了中国精神传统的一贯精神,也就是中国文化的"一本性"。与西方文化在发展过程中不断吸收异质文化而使文化发展的形式和方向不断产生变异所不同的是,在中国历史上,其他文化的传入并没有从根本上动摇乃至改变中国文化的基本精神,中国的政治、法律、伦理、道德,也没有发生根本性的变化。这样的"一本性"在政治上体现为"政统",在哲学上则体现为"道统"。《宣言》说:

> 中国文化之性质,乃指其"一本性"。此一本性乃谓中国文化,在本原上,是一个体系。此一本并不否认其多根。此乃比喻在古代中国,亦有不同之文化地区。但此并不妨碍,中国古代文化之有一脉相承之统绪。殷革夏命而承夏之文化,周革殷命而承殷之文化,即成三代文化之一统相承。此后秦继周,汉继秦,以至唐、宋、元、明、清,中国在政治上,有分有合,但总以大一统为常道。且政治的分合,从未影响到文化学术思想的大归趋,此即所谓道统之相传。①

《宣言》强调,应该摆脱西方哲学的成见来看待中国哲学的特征,不能因为中国哲学著作中的论证过于简单和思维形式不够严密而忽视其内在价值,而是要从道统和政统的关系来理解中国哲学的独特性,以及中国文化与西方文化的差异性,从而发现其独特的意义。

《宣言》所要凸显的中国文化的独特价值是什么呢?也就是绵延久远的"道

---

① 唐君毅:《中国文化与世界》,《唐君毅全集》第四卷,第14页。

因为还有人在研究中国文化，所以，中国文化是活的。唐君毅他们是以文化生命的续命者自居的，他们都有一种态度上的一致性，即他们在用同情和敬意来对待自己的文化传统。

> 因为客观上的历史文化，本来自始即是人类之客观精神生命之表现。我们可以说，对一切人间的事物，若是根本没有同情与敬意，即根本无真实的了解。因一切人间事物之呈现于我们之感觉界者，只是表象。此表象之意义，只有由我们自己的生命心灵，透到此表象之后面，去同情体验其依于什么一种人类之生命心灵而有，然后能有真实的了解。①

要认识到中国文化是一种活着的文化，并了解其生命力之所在，理解文化的方法十分重要。对此，《宣言》认为"同情和敬意"是让我们具备透过表象的认识能力的基础。此认识方法的提出，显然是要纠正西方汉学家和"五四"以来的学者所要求"客观化"的研究方法所造成的对于中国文化缺乏感情的态度。所以，《宣言》提出，同情和敬意增加一分，认识和了解就能增进一分。唯有对儒家文化抱有同情和敬意，中国文化生命力才能得到彰显。《宣言》说：

> 要成就此客观的了解，则必须以我们对所欲了解者的敬意，导其先路。敬意向前伸展增加一分，智慧的运用，亦随之增加一分，了解亦随之增加一分。敬意之伸展在什么地方停止，则智慧之运用，亦即呆滞不前，人间事物之表象，即成为只是如此如此呈现之一感觉界事物，或一无生命心灵存在于其内部之自然物。②

二 道统、超越性与心性之学

《宣言》最具争议性也是最核心的关切点是对儒家精神传统的"心性化"定

---

① 唐君毅：《中国文化与世界》，《唐君毅全集》第四卷，第12页。
② 同上。

飘零"的境地,为了让更多的人意识到儒家文化所遭受的困境并思考摆脱困境的方法,《宣言》的写作也可以看作唐君毅等人文化使命感的体现。

如前文所说,《宣言》写作的直接目的是要矫正西方汉学界研究中国文化的人士的一些错误方法。因此,宣言罗列了几种西方的中国研究范式,比如传教士模式、考古学家模式和国际政治模式。这几种模式有一个共同点就是"对象式"的研究,因而难以真正了解中国文化的生命力之所在。《宣言》劝告他们不要被一段时间以来中国重大的政治变革事件所"遮蔽",并由此得出对中国文化前景的错误判断。《宣言》坚信:近代以来民主建国的失败,只是表明中国文化病了,但并不能由此推论出其失去生命力了。

新儒家证明中国文化依然具有生命力的理由,主要有两点:一是提出历史文化中贯注了参与这些进程的人的生命力;二是依然有人在为这个历史倾注生命力。这两点着眼于批驳中国文化已经"断裂"的看法。

> 历史文化之本身,亦是无数代的人,以其生命心血,一页一页的写成的;总易忘了这中间有血,有汗,有泪,有笑,有一贯的理想与精神在贯注。因为忘了这些,便不能把此过去之历史文化,当作是一客观的人类之精神生命之表现。遂在研究之时,没有同情,没有敬意,亦不期望此客观的精神生命之表现,能继续的发展下去;更不会想到:今日还有真实存在于此历史文化大流之中的有血有肉的人,正在努力使此客观的精神生命之表现,继续发展下去,因而对之亦发生一些同情和敬意。①

在这两条理由中,第一条并不一定有反击力。任何历史都贯注了参与者的生命力,但有许多文明在历史的发展过程中消失了。不过第二条则十分重要。无论政治体制和价值观发生怎么样的转变,只要承载文明的人群依然存在,那么文明的基因会让文化价值透过各种方式呈现出来,文明的基因不灭,那么,这种文明就会"活下去"。《宣言》说,因为有许多以这种文化作为信仰的人在研究和继承,所以,儒家文化生命力并没有消失。

---

① 唐君毅:《中国文化与世界》,《唐君毅全集》第四卷,台北:学生书局,1991年,第11页。

价值作为政治合法性和制度资源的基础。从解释国家合法性基础的宪法原则来说，无论是《临时约法》还是《天坛宪草》，所接受的都是西方现代的政治法律原则，比如个人自由和平等，以及权力制衡的原则，这样的转变否定了长期以来作为价值原则的儒家伦理纲常；而以陈独秀、胡适和鲁迅等为代表的新文化运动参与者，认定儒家价值与现代政治原则的对立性，强调孔子思想与现代宪政是"非此即彼"、不能共存的，并从袁世凯尊孔引申出复辟和尊孔之间的关联。新文化运动提出"民主"和"科学"的口号，民主所对应的就是传统中国的封建专制，而科学原则的提倡反衬中国传统思维方式的"非科学性"。

不过，"五四"新文化运动中激烈的反传统思潮有其批评者，比如学衡派所代表的人文主义思潮，更为直接的批评者是梁漱溟先生。

受全球性保守主义思潮的影响，儒家思想作为中国保守主义思潮可资借鉴的资源而具有批判"西化"论或证成中国自己发展道路的可能性。对此，梁漱溟先生的《东西文化及其哲学》和《乡村建设理论》是最具代表性的作品。虽然，梁漱溟先生并没有否定民主和科学的价值，然而他是以"路向"不同而宣告那些制度和价值在中国的"失效"。在梁漱溟看来，中西文化的差异决定了中西会形成不同的发展道路和政治制度体系，因此，中国不能照搬西方的模式，而应从中国的实际出发，探索自己的建国之路。

儒家价值在民国时期得以被看重，还在于民族主义一直是民国以来政府和知识界大多数人所共同持有的倾向，民国政府的主流意识形态一直存有"民族主义"的底色，这很大程度基于外国侵略所带来的抵御外侮的所激发的民族凝聚力。西方列强的经济和军事压力，特别是日本的侵略唤起国人追求民族独立的重要精神力量。无论是冯友兰先生的《贞元六书》还是钱穆先生的《国史大纲》等，都是这样的精神导向下创作的经典。这也是现代新儒家的重要精神向度。

1949年后，民族主义已被世界主义所取代，在中国意识形态版图和知识版图中，儒家被判定为与"新社会"相对立的"旧价值"。儒家的血缘伦理被视为是走向集体主义和共产主义的阻碍。基于此，无论在中国人的心目中，还是在世界上关心中国文化的人士那里，都判定儒家价值不可能再对中国人的价值世界和生活方式产生作用，而只能是成为一种"凭吊式的古迹"。

在这样的政治情势下，生活在海外的新儒家们深感中华文明遭遇到"花果新儒家"和"狭义新儒家"①,并以此来强调钱穆先生并不属于这一以"熊十力先生的弟子"为主体的"新儒家"学派。

《宣言》在发表前也曾请钱穆先生合署,但被钱穆先生拒绝。根据学者的解释,钱穆先生之所以拒绝签名是基于这样的思考,即许多人联合签署《宣言》容易给人"宗派"感,而学问要有宗主,却不可以有宗派。但实质上是因为钱穆先生并不同意唐君毅和牟宗三等人的儒学观。

按照该学者的说法,钱穆先生之所以在一段时间里跟熊系新儒家关系密切,固然有共同坚持中华文化本位性这样的基本立场的做基础,也因为"偶然的历史机缘",就是客观的政治形势,让他们在香港有了密切的接触的机会。但该学者说,从钱穆先生拒绝在《宣言》上签字,就明确地可以看出他们之间的差异。

钱穆先生与狭义新儒家的差异从学术上看,主要是对儒学的形态和核心精神认识的差异。与狭义新儒家所主张的儒学第三期发展的儒学史认识不同的是,钱穆先生将儒学史分为六期,并认为儒家是包含文学、历史、经学和政治等在内的复杂系统,并非只有"哲学"这一面向。由此,钱穆先生并不认同宋儒所提出的"道统"思想,认为整个文化大传统即是道统,而非一脉心传的抽象道统。

之所以从钱穆和新儒家的差异角度来进入这个话题,关键在于我们可以看到在儒家花果飘零的时期,对于儒学的不同认识也意味着对于儒家的使命的不同认识,也就是说,本文通过《宣言》对于港台新儒学的讨论,主要只涉及熊十力一系的"狭义"的港台新儒学,并不能涵盖同一时期所有的新儒家学者的观点和倾向。

一　强调中国文化的生命力

中华民国的成立和"五四"新文化运动的爆发是对儒家在现代中国的命运的双重打击。中华民国所确立的政治原则和政治法律制度基本上剥离了儒家

---

① 干春松:《如何理解"现代新儒学"思潮》,《光明日报》,2016年11月17日。

从 1958 年的《宣言》看港台新儒家的问题意识

干春松

(北京大学儒学研究院)

在现代新儒学的发展历史上,由唐君毅、牟宗三、徐复观和张君劢签署的《为中国文化敬告世界人士宣言》是一篇具有重要的影响力的文字。虽然,据包弼德(Peter Bol)的说法[①],这个本意是要纠正国际学术界对中国文化偏见的文本并没有在西方世界产生影响,但是,该宣言却在中文世界产生了持久的影响。

据唐君毅先生的说法,起草《宣言》的最初缘起是想改变西方人对中国文化的认识的偏差,在唐君毅和张君劢商议之后,由唐君毅执笔起草了最初版本的《宣言》[②],并经过徐复观等人的修改意见而定稿。本来想以英文发表,但考虑到中国学人对中国文化特别是儒家也有类似的"偏见",所以,就以中文先发表。

这个《宣言》也被人认为是以"新儒家思潮"来标举新儒家思想流派的开端性事件。但《宣言》的签署者中并没有当时在港台地区极具影响力的钱穆先生,这也引发了后来有的学者专文来讨论钱穆先生与唐君毅、牟宗三等人对于儒家核心内容的理解的差别。为此,学者专门提出了两个新儒家的概念,即"广义

[①] 该说法并不来自文字,而是来自录于 2018 年 8 月 22—23 日在复旦大学召开的"宋明理学国际论坛"上的交谈。本文最初为该论坛而做,会议期间以 1958 年《宣言》发表 60 周年而做了专题纪念分论坛。而据说在台湾和香港地区都将举行以《宣言》发表 60 周年的纪念活动。

[②] 下文以《宣言》来指代。

二十世纪西方哲学演进的另一重要脉络也值得注意：胡塞尔崇尚视觉，以"Eidos"（"相"）为其追求目标；海德格尔自觉批判视觉中心主义，推崇听觉；海德格尔的弟子伽达默尔进而对味觉—判断力做了进一步考察，以此作为诠释学展开的一个基础。同为海德格尔弟子的阿伦特亦试图从思维、意志推进至味觉—判断力。可惜的是，味觉思想在西方无根基，阿伦特最终也没能写出《精神生活·判断力》。西方思想最终还是与味觉思想失之交臂。

从物我疏离的视觉思想，走向始而有距离，继而化解距离的听觉思想，最终走向物我始终无距离的味觉思想，这是解决人与天地万物如何共在问题的一条思想趋向。二十世纪以来，视觉思想造就人与天地万物的疏离，此乃中西方共同面对的世界图景。由味觉—判断力出发，以解决人与世界的疏离化问题，这既是世界哲学生长的一种可能路向，也是中国传统思想再次绽放的内在驱动力。

康德在《实践理性批判》中强调法则、命令的客观性与普遍有效性，这就规避了"质料"（意志的对象）而走向"单纯立法形式"。这虽然仍旧在视觉思想轨道内，但视觉思想所展开的条件——严格的距离性已经悄然被松动。"上帝""灵魂""自由意志"（理性）之悬设，尽管三者仍旧高高在上，但已经承诺此距离可以消弭。①"上帝存有"之悬设保存了听觉思想的基本架构。"绝对命令"如上帝的声音，自上而下地发布（"心中的道德律"如"头上的星空"），对每个人普遍有效，强制每个人无条件服从。对个体来说，"绝对命令"是"强制"，是"义务"。通过"敬重"（一如"信仰"）而化解命令与人之间的距离，此正是听觉性思想。这与儒家强调修行工夫，走自下而上以化解内与外、上与下之间的距离之思路不同。

　　《判断力批判》中的判断力基于味觉。②判断力不仅仅表述对象形式与认识能力之间的协和一致（主观合目的性），同时也表述着对象的形式与对象本身可能性之间的协和一致（客观合目的性）。尽管康德一直努力把质料的感性判断排除在真正的味觉判断之外，而仅仅将其限制在形式的感性判断，但以自然合目的性为其先验原理的判断力始终指向自然与自由之间距离之消弭。反思判断力所涉及的是一个一个的特殊事物，但作为个体的个人都可以从特殊事物的特殊性中领会出一般性。特殊与一般之间的自由转换，也在一定程度上消除了人与对象之间的认知鸿沟。③

---

① "意志与道德律的完全的适合就是神圣性，是任何在感官世界中的有理性的存在者在其存有的任何时刻都不能做到的某种完善性。然而由于它仍然是作为实践上的而被必然要求着，所以它只是在一个朝着那种完全的适合而进向无限的进程中才能找到。"（《灵魂不朽，作为纯粹实践理性的一个悬设》）

② 伽达默尔说："趣味这一概念在被康德作为他的判断力批判的基础之前就有很长的历史。"（伽达默尔：《真理与方法》，上海：上海译文出版社，1999 年，第 44 页）伽达默尔所说的"趣味"即"味觉"。实际情况是：味觉一直被视觉、听觉压制，被定性为"享乐性"感官而非"认识性"感官。汉娜·阿伦特以疑惑的口吻质疑康德："为什么味觉应该提高到和成为心理判断能力的手段？而判断力为什么应该基于这种感觉？"（阿伦特、姜志辉译：《精神生活·意志》，南京：凤凰出版传媒集团，2006 年，第 264—265 页）

③ 对于判断力是否是认识能力，康德的表述很丰富，比如在第一版序言中说"于是那种批判就只是指向我们先天地认识事物的能力，所以只是讨论认识能力，而排除愉快和不愉快的情感和欲求能力；而在诸认识能力中则根据其先天原则来讨论知性，而排除（作为同属于理论认识的能力的）判断力和理性。"（康德著，邓晓芒译：《判断力批判》，北京：人民出版社，2002 年，第 1 页）一方面，作为认识能力，愉快和不愉快的情感不同于知性；另一方面，它对形式做无概念的判断，具有主观普遍性，在认识能力的秩序中处于知性与理性之间，因此与知性又不同。不妨说，判断力乃广义的认识能力。

其思想方式中还保留着对听觉的推崇,如"若一志,无听之以耳而听之以心,无听之以心而听之以气。听止于耳,心止于符"(《人间世》)。在"以耳听"之外提出"以心听""以气听"等,都表明了这一点。同时,庄子已经将道理解为与万物同在者,而且有意无意地提到新的把握道的方式——"体道"(《知北游》)。作为经验方式与认知方式,"体"不是外在的观看,不是旁观,而是整个的人进入对象的内部,对象与人始终处于"零距离",这是"体"的基本特征。在此意义上,"体"与孟子的"心"一致,乃味觉思想的一种方式。①

从《老子》到《庄子》的演变逻辑在魏晋玄学中得到再次演绎,从《老子注》到《庄子注》之思想演变即可直观此特征。《老子注》以"无"立"道",反对新形名家(曹氏父子的名法之治)。《老子注》以"无"为"本",崇本而息末,即"抑万殊"。"崇本"而使"体"高高在上,体道之承诺不免虚化(看似味觉化,实为听觉化)。《庄子注》重"万殊",强调"自得""自化""自尔",万物自因自果。道在万殊,体道说得以贯通(味觉化)。

由此看,抑制视觉思想,先挺立听觉思想,再推进至味觉思想,这不仅是儒家思想演变的逻辑,也可说是中国思想史演变的感官逻辑。

四 余 论

就世界文化看,古希腊形成视觉优先思想传统,希伯来发展出听觉优先思想传统。两希合流,听觉优先传统传入欧洲,以听觉思想补充视觉思想,希腊理想得以充实。继而,在近代科学激发下,视觉中心主义在欧洲得以确立。但在此主线中,听觉思想,甚至味觉思想都被一再尝试,甚至我们也能发现与中国思想史类似的演变逻辑。

在康德三大批判中,《纯粹理性批判》为视觉精神的贯彻:"看"(感性直观)与对"所看"的整理("知性范畴")构成了纯粹理性的基本内容。在此视觉思想架构下,物自身与现象之间、自然对象与我之间都设置了不可跨越的鸿沟。康德设想的"intuition"可直达"上帝""灵魂""自由意志",但却否认人有此机能。

---

① 关于"体"的具体分析,请参见贡华南:《体,本体与体道》,《社会科学》,2014年第7期。

一步抑制视觉，统摄听觉。舌为心之窍，心以味觉的方式展开，此乃中国思想的一个基本特征。① 宋儒区分"德性之知"与"见闻之知"，抑制、超越"见闻之知"，将视觉、听觉同时超越，而归向以"心"（心本身而非心之窍）之"所体"为基本内涵的"德性之知"。② 王阳明所展开"心目之辩"，较之横渠，更自觉地高扬"心"而抑制"目"，无疑是儒家这一传统的自觉继承与推进。阳明将与天地万物相互感应作为心的基本活动方式。"感应"实质是相互契入、无距离彼此融合的交接方式，这是"心之窍"的"舌"（味觉）的典型活动方式。贵心而贱耳目，可以看作对以上思想历程之再次重演。阳明对心的活动方式的论述，正是对味觉思想的深度强化。③

二十世纪儒学由新理学推进到新心学，亦在演绎着此思想逻辑。新儒家们试图超越科学（视觉化），而确立"本体"（熊十力）、"理"（冯友兰）。此"体"和"理"与人始有距离（给出的解释是心灵被蒙蔽或未加反思等），但人可以通过去除私欲或加以反思化解其与人的距离（听觉化）。牟宗三等对理与人之间的距离深感不安，遂以"良知是呈现"（或"即存有即活动"）为核心展开其思想系统，并以"良知坎陷说"化解了内外界限，再次完成理向心的递进，儒家内在逻辑再次演绎。

不难发现，儒家之确立首先是在反对、超越视觉思想基础上听觉思想之确立，即先确立起与人有距离的规范系统，并配合修行工夫最终化解此距离。而儒家思想之进一步演进则必然走向无距离的味觉思想。此思想演变的感官逻辑在道家思想史中也有明显的体现。

先秦道家中，《老子》既反对老的诗书礼乐传统，也反对新的形名思潮。也可以说，反对视觉思想乃其确立自身的前提。《老子》所确立的"道"亦是高高在上的，所谓"象帝之先"（第四章）、"先天地生"（第二十五章）展示出"道"的崇高性，也给人以深深的距离感。同时《老子》努力以"无""损"等修行工夫化解人与道之间的距离，最终归于"闻道"。④《庄子》以"逍遥"为第一义，虽然

---

① 可参见贡华南：《中国早期思想史中的感官与认知》。
② 比如张载曰："见闻之知，乃物交而知，非德性所知；德性所知，不萌于见闻。"（张载：《张载集》，北京：中华书局，1978年，第24页）"不萌于见闻"表述的是，两者乃不同类的"知"。
③ 关于阳明"心与目之辩"，请参见贡华南：《心与目之辩——王阳明思想的一个主题》，《社会科学》，2017年第12期。
④ 如四十一章："上士闻道，勤而行之；中士闻道，若存若亡；下士闻道，大笑之。"

三 感官逻辑与思想道路的自觉

如我们所知，春秋思想世界中存在着两股重要的思想力量，一是《诗》《书》《礼》《乐》代表的老的思想传统，另一个是齐桓—管仲的形名—事功思潮。后者颠覆了前者，确立起视觉化思潮的主导地位。孔子自觉反对外在的、客观的、视觉化之刑政，而主张以仁心充实礼乐，重新确立礼乐尊严。① 在此理路中，一方面，礼与人之间初始时保留着距离，以维护礼之尊严；另一方面，礼与人之间的距离可以通过人的修行工夫得以化解，最终达到礼与人之间内在融通，所谓"从心所欲不逾矩"是也。这种始而设置距离，终而化解距离之理路正是"听觉思想"的典型特征。孔子偏爱"闻道"，表明其对自己的思想有着高度的自觉。② 孟子对重建外在的、与人有距离的"礼"并无热情。在他看来，仁义礼智在"心"中有其根基。心内具仁义礼智，或谓心与仁义礼智本然无间无距离。人要做的是"存心""养心""尽心"。从孔子到孟子，其思想方式也由听觉式推向味觉式。

由韩愈、朱熹等人鼓吹的"道统"将孔子到孟子塑造为儒学的统绪，也确立了从听觉到味觉思想方式之演变脉络。宋明儒从理学到心学的演变逻辑正是此思想方式演变脉络之再次演绎。程朱反对以才性（自然、理智）确立客观秩序（名教），也反对名法之治（视觉化具体表现），而确立"礼""天理"。"天理"为"形而上"，有尊严而给人以高高在上感觉。但人可以通过用敬涵养成为如理而在者，由此而化解天理与人的距离。陆象山对天理与人之间的距离深感不安，进一步将理拉进心里，心与理合，再次演绎着从孔到孟的思想逻辑。

先秦儒者通过区分"见而知之"与"闻而知之"，抑制"见而知之"而挺立"闻而知之"；汉儒通过"耳舌之辩"而以味觉（即作为"心之窍"的"舌"）进

---

① 春秋思想世界的二元对立，构成了诸子百家共同的思想背景，孔子反对新兴的形名—事功思潮，而主张重建礼乐世界。具体论述请参见贡华南：《春秋思想界的张力：论新思潮与老思潮的关系》，《复旦学报》（社会科学版），2017年第5期。

② 值得注意的是，《论语》多是弟子听来的，其中虽有教学之间的互动，但主要是老师自上而下的发布。弟子听闻权威，并努力使之化之于身，最终结集成书。此外，孔子"兴于诗""成于乐"观念也一直与听觉密切关联：《诗》由听风而得，"乐"之展开也只能经由听闻。礼崩乐坏之后，乐犹可得而闻（比如孔子问乐），但《乐经》的失传，象征着听闻传统逐渐崩坏。

动方式相一致。"恻隐之心"对周遭情境中的人(事物)而发,"羞恶之心"对着人而发,包括人和我。如朱熹曰:"羞,耻己之不善也,恶,憎人之不善也。"①具体说,羞对着自己之不善而发,恶对着他人之不善而发。"耻己之不善",这里的"不善"既指行动招致的不善后果,还可以指"不善的动机"。前者是指对客观规范、原则的违背,是已成的事实;后者则指尚未形于迹,却已在心灵中展开了的行为与规范之间冲突的预演。故羞之所起,不尽是因为已经触犯、违反了道德规范,也不尽是因为做得不对而自责,它尤其偏向"未发",即偏向对种种可能性的评价,随时担心自己做得不好,担忧尊严之潜在的失落。因此,羞首先表现为精神有意识的自我防护。②不善之己(可能)出现,则羞随之而起;人之不善(可能)出现,恶随之而起。"羞恶之心"与人、己之(可能的)不善随时感应,彼此融通。后者非前者指对象,而是前者发起之机缘。更确切地说,(可能的)不善之起,"羞恶之心"即起,并知其对于我之意味,从而警戒自我,以免自我道德沉沦。所以,"羞恶之心"的对象并非是在自己之外的独立自存者,而是随时与自我在感应的一种事态。"羞恶之心"并不预设不善已然存在,更不会期待它成为现实。在此意义上,"羞恶之心"之活动方式不是听觉式活动,更不是视觉式活动,而属于典型的"味觉式"活动。

说孟子的"心"以"味觉式"展示,并不是说孟子已经对味觉思想有了充分自觉。就中国思想史说,味觉思想在汉代才完成。这表现在,将"舌"理解为"心"之"窍"(《素问》)或"心"之"候"(《白虎通》)。"心"的展开乃是以味觉方式(即以"舌",而非"耳"或"目"方式)展开:人与对象自觉敉平距离,关注质料("意味")而非外在形式等。③对照着"见而知之""闻而知之",不难发现孟子所说的"心"("恻隐之心"等)的展开正是味觉式活动。

---

① 参见朱熹:《四书章句集注》,北京:中华书局,1983年,第237页。又如:王船山:"羞,耻己之不善也,恶,憎人之不善也。"(参见王夫之:《船山全书》第八卷,长沙:岳麓书社,1996年,第214页)

② 对于"羞"的完整分析,请参见贡华南:《羞何以必要——以孟子为中心的考察》,《孔子研究》,2009年第1期。

③ 具体可参见贡华南:《中国思想史中的感官与认知》。

孔子提倡"闻道",将"耳顺"境界作为通达最高的"从心所欲不逾矩"境界的直接通道,都显示出对听觉的偏爱。

如果说孟子还只是隐晦地在"闻而知之"与"见而知之"之间区分了高下,竹简《五行篇》则明确以"闻而知之"与"见而知之"区分了"圣人"与"贤人"。所谓"闻而知之,圣也;见而知之,知也"。这表明,孔子后学已经自觉展开"闻见之辩",并且自觉秉承了"闻道"思想系统。二者之辩在一定意义上对于唐宋儒者道统之制作也提供了思想方法之依据。

但是,孟子本人并未停留在"闻而知之",而是自觉将"闻而知之"推向"心"。这是孟子的贡献。"心"的活动方式与"闻""见"的活动方式有何不同呢?按照《孟子》提供的线索,我们可以找出"心"的活动方式之特征。"心之官则思"(《告子上》),"心"以何种方式"思"?在《孟子》中,人皆有的"心"可分为"恻隐之心""羞恶之心""辞让之心"与"是非之心"(《公孙丑上》)。"四心"之展开表现为"心"当恻隐而恻隐,当羞恶而羞恶,当辞让而辞让,当是非而是非。孟子举例说:"今人乍见孺子将入于井,皆有怵惕恻隐之心;非所以内交于孺子之父母也,非所以要誉于乡党朋友也,非恶其声而然也。"恻隐乃心对特定情境("孺子将入于井")的自然显露,是为此情境中的特定人紧张、恐惧、伤痛、怜爱、不忍。此情境中的人不是"心"的对象——心之所对。它们与心没有距离,或可说,它们不在"心外";它们又不是心之所生,故可说,它们也不在"心内"。我有"恻隐之心",才能随时感受到此情境微妙的变化。或可说,它们触动心时,心便恻隐起来。心本身持续地紧张、恐惧、伤痛、怜爱、不忍……像是自己身临险境,像孺子一样无法摆脱。尽管事实上自己很安全(作为有心人),但此安全之境况已被忘记(作为孺子)。我与孺子之间始终无距离,我同时作为有心人与孺子,两种身份交织在一起。正因为我与孺子之间无距离,我才能充分感受此中意味——这对于我意味着什么。

严格说来,"恻隐之心"之对象不是与己不相干的客观之物,而是与己无距离的随感随应者,包括人、物、道、仁、义、礼、智等。显然,"恻隐之心"的活动方式不是视觉式的,也不是听觉式的,它并没有预设一个外在于心的规范,进而在修行中完成心与规范之合一。"羞恶之心"的活动方式与"恻隐之心"活之第一人孔子之伟大。如：

> 何事非君，何使非民；治亦进，乱亦进，伊尹也。可以仕则仕，可以止则止，可以久则久，可以速则速，孔子也。皆古圣人也，吾未能有行焉；乃所愿，则学孔子也。(《公孙丑上》)
>
> 伯夷，圣之清者也；伊尹，圣之任者也；柳下惠，圣之和者也；孔子，圣之时者也。孔子之谓集大成。(《万章下》)

按照孟子的说法，这些可称之为"圣"的都能做到"仁且智"。但是，相较于"集大成"的孔子，伊尹仅算一偏（任），而未能真正做到将诸美德"大而化之"。

可以看出，在孟子心目中，"闻而知之"为上，"见而知之"为次。尧、舜、汤、文王、孔子都是闻而知之的圣人。至于禹、皋陶、伊尹、莱朱、太公望、散宜生等只能算是见而知之的智者。以"见而知之"与"闻而知之"作为划分圣人层次的标准，从而将感官价值秩序问题凸显出来。

二 闻、见与心

对于"闻"与"见"的关系，孔子有断语："多闻，择其善者而从之；多见而识之，知之次也。"(《述而》)多闻为知之先，多见为知之次[1]，这可以看作是孔子对闻、见的一般规定。"多闻"中隐含着"闻者"对"所闻"的信赖与接受。但是，诸"所闻"之间并非具有同等的价值，信赖、接受亦非盲从，孔子强调"择其善者"，突出的是闻者对所闻的辨析与选择。"见"而"识"只是对外在事物的了解与判别，其中并无对所见的信赖，而更多包含着对所见的整理与征服。[2]

---

[1] 李泽厚将"知之次"理解为"知的次序"，即"多闻"为先，"多见"为后（李泽厚：《论语今读》，安徽：安徽文艺出版社，1998年，第189页）。钱穆理解为"这是次一级的知"，亦是以"多闻"为优，以"多见"为次（钱穆：《论语新解》，北京：生活·读书·新知三联书店，2002年，第190页）。两者无实质差异。

[2] 朱熹对多闻与多见的解释颇令人玩味。朱子反对"闻浅见深""闻详见略"之说，但对闻见并非不做分别。在他看来，多闻与化，有得于己，故当从；多见仅是对外在事物之识别，无得于己，故不必从，未必当行。可参见黎靖德编：《朱子语类》，北京：中华书局，1994年，第899页。

禹以其"贤"而造福天下,使水注之海,驱蛇龙而放之菹,由此使人得平土而居之。此无量功德足以称道后世,所以当别人以禹"不传于贤而传于子"(《万章上》)为理由而质疑禹德衰的时候,孟子极力为禹作辩护:"启贤,能敬承继禹之道。益之相禹也,历年少,施泽于民未久。"(《万章上》)禹本来和舜一样,欲传于贤(益)。但由于自己儿子(启)贤于他所推荐的益,因此,禅让没能成功。舜与禹之子或贤或不肖,这非人之所能为,不应该据此来贬抑禹之德。

不过,在孟子看来,禹有贤能有美德,但并非尽善尽美。孟子说:"尧、舜既没,圣人之道衰。"(《滕文公下》)孟子屡称道舜,是因为,在他看来,舜最能践行仁义之道,是完美的圣人。如:"舜明于庶物,察于人伦,由仁义行,非行仁义也。"(《离娄下》)在孟子,圣人之道指的是人伦之道、仁义之道。圣人之道衰,即指仁义之道、人伦之道衰。孟子断言,尧舜之后道衰,其言下之意是禹乃道衰的表现。如我们所知,禹通水之"故",亦能驯服猛兽毒虫,可以说,其熟悉、践行的更多的是天地万物之道,而不是人伦之道。这恐怕才是禹低于舜之处,也是孟子慨叹尧舜后道衰的原因。

在《孟子》中,伊尹也被多次提起,比较完整的是以下段落:"伊尹耕于有莘之野,而乐尧舜之道焉。非其义也,非其道也,禄之以天下,弗顾也;系马千驷,弗视也。非其义也,非其道也,一介不以与人,一介不以取诸人,汤使人以币聘之,嚣嚣然曰:'我何以汤之聘币为哉?我岂若处畎亩之中,由是以乐尧舜之道哉?'汤三使往聘之,既而幡然改曰:'与我处畎亩之中,由是以乐尧舜之道,吾岂若使是君为尧舜之君哉?吾岂若使是民为尧舜之民哉?吾岂若于吾身亲见之哉?天之生此民也,使先知觉后知,使先觉觉后觉也。予,天民之先觉者也;予将以斯道觉斯民也。非予觉之,而谁也?'思天下之民匹夫匹妇有不被尧舜之泽者,若己推而内之沟中。其自任以天下之重如此,故就汤而说之以伐夏救民。"(《万章上》)这里,孟子解释伊尹"以尧舜之道要汤"的细节。首先,伊尹"乐尧舜之道"——仁义之道、人伦之道,自觉坚定地以此道立身处事。其次,对尧舜之道足够自信,且能自觉将尧舜之道推行于天下。再次,以天下为己任的担当意识。孟子称伊尹为"圣之任者",总体上肯定其思想道路。

不过,孟子又喜欢将伊尹与伯夷、柳下惠并提,而以此衬托自有生民以来看,"道统说"由唐代韩愈明确提出,宋代朱熹等人强化,现代牟宗三等学者亦极力鼓动,其源头则是《孟子》末章中所显露的"道统"意识:

> 由尧舜至于汤,五百有余岁,若禹、皋陶,则见而知之;若汤,则闻而知之。由汤至于文王,五百有余岁,若伊尹、莱朱,则见而知之;若文王,则闻而知之。由文王至于孔子,五百有余岁,若太公望、散宜生,则见而知之;若孔子,则闻而知之。由孔子而来至于今,百有余岁,去圣人之世,若此其未远也。(《尽心下》)

这里所列举的圣贤尧、舜、禹、皋陶、汤、文王、伊尹、莱朱、太公望、散宜生、孔子等人无疑是孟子心目中的圣人——人伦之至者。但是这些圣人之间并非齐同,或者说,他们的境界是有差别的。孟子用"闻而知之"与"见而知之"将此群体划分为二:汤、文王、孔子是闻而知之;禹、皋陶、伊尹、莱朱、太公望、散宜生是见而知之。

就这一章看,孟子对"闻而知之"与"见而知之"并没有下断语。但结合《孟子》文本,我们会看到,"闻而知之"者总高于"见而知之"者。尧、舜、汤、文王、孔子的精神不必说,禹与伊尹何以只算"见而知之"者呢?

我们可以结合《孟子》文本来看看孟子对禹的看法。一方面,禹以"智"为最大特点:"所恶于智者,为其凿也。如智者若禹之行水也,则无恶于智矣。禹之行水也,行其所无事也。如智者亦行其所无事,则智亦大矣。"(《离娄下》)"智"有大小,小智造作("凿"),禹之智在于以水之"故"治水,故为大智。另一方面,禹之德亦高,如:

> 禹恶旨酒而好善言。(《离娄下》)
> 禹疏九河,瀹济漯,而注诸海;决汝汉,排淮泗,而注之江,然后中国可得而食也。当是时也,禹八年于外,三过其门而不入。(《滕文公上》)
> 禹闻善言则拜。大舜有大焉,善与人同。舍己从人,乐取于人以为善。(《公孙丑上》)

从见、闻到心：中国思想史演变的感官逻辑

贡华南

（华东师范大学中国现代思想文化研究所暨哲学系）

就思想方法说，"道统"意识表现为思想道路之自觉。从孟子开始，对"道统"的表述便通过见、闻等感官认知方式展开。感官逻辑构造着思想方法，二者又构成了思想道路讨论的必要准备环节与前提。因此，从感官认知开始讨论思想道路既必然又必要。

如我们所知，在认知客观世界的道路上，视觉、听觉、味觉分别主导思想道路的塑造，分别成就了视觉思想、听觉思想、味觉思想。具体说，视觉思想以人与对象之间自觉保留距离为特征，追求形式性、客观性；听觉思想也预设人与对象之间的距离，但此距离可以通过人的修行而消解；味觉思想自觉敉平主客之间距离，以主客彼此交融而互相应和为基本特征。先秦以来，视觉思想在中国思想史中被尝试，但被儒家、道家自觉抑制、超越，从而走上听觉思想，最终味觉思想含摄听觉思想，成就了有别于古希腊、希伯来的中国思想。[①]

一 "闻而知之"与"见而知之"

"道统"意识是儒家高度自我认同及思想道路自觉的体现。从中国思想史

[①] 关于视觉思想、听觉思想、味觉思想的具体特征，以及三者在中国思想史中的冲突与味觉思想在中国思想史中的确立历程，请参见贡华南：《中国早期思想史中的感官与认知》，《中国社会科学》，2016年第3期。

证"对象同样无法依靠逻辑论证推导出来,理性主义的态度同样也可将其祛除。

四 小 结

"朱熹是荀学"命题的提出意味着是现代哲学家已经意识到简单地以孟荀对峙的义理格局来解释相关问题的局限性。正宗与歧出、"情理说"都是现代哲学家重构道统、促使儒学更好面对现代社会的努力与尝试。虽然牟、李的立场、论证和观点会引起来自不同方面的争议,但荀子与孟子传统在现实中究竟如何统合的问题会激起更多后来学者的探索。尤其是当"朱熹是荀学"的命题愈益受到关注时,荀子之于宋明理学的角色与功用也会引起人们重视。

儒学从来都不单单只是现代意义上的理论,而是始终充当着教化人心、安身立命的功能。外在规范收敛人心的教化维度与自觉修炼功夫的心性维度始终是儒学发展中保持张力的两端。将朱熹与荀子直接斥为歧出与"别子"的判定固然不足取,但牟氏所言歧出之"新"恰恰是与心性之学维系张力平衡的另一端。"情理说"倒是相较客观地肯定了孟荀不可偏废的贡献,但李氏所言"情理说"只是将荀学传统提升到本体论高度加以细化研究工作的开端。

要言之,"朱熹是荀学"命题的提出既是学界"重建道统",恢复儒学精神与活力工作的阶段性标志,也是重新思考荀子与宋明理学的关系、深化儒学研究的重要切入点。

自洽,这种对于道德纯粹性的价值诉求是否为伦理生活中情感寄托的方向?这两点与历史事实较为相符。既然朱熹缺乏理论自觉地"行荀学",那么凡是重视外在规范约束的理学家何尝不是如此?"朱熹是荀学"命题的提出是对依据心性与工夫模式来思考宋明理学的挑战。心性与工夫是宋明理学的核心问题,但宋明理学的问题意识不应囿于此。仅凭心性与工夫问题所建构的"道统"会隘化儒学的问题域。"朱熹是荀学"的命题正是提出了宋明理学如何统摄荀学的问题。"统合孟、荀,创立内外兼备的工夫论与实践方法"[①]是现代儒学发展面临的课题,亦是朱熹乃至一直以来都是儒学创新的难题。

重构道统是宋明理学解决问题的理论举措。以道统意识为统领,以"四书"为经典,朱熹在创造性诠释经典的过程中建构学说,使得经典焕发现实感召力,完成了儒学在宋代的开新与重建。然而仅靠重构狭隘"道统"以统摄儒学的整体性问题是不够的。恢复儒学活力不仅是理论的建构,而且还涉及祭祀等具体超越形式的问题。通过礼仪引导实践行为,这种外在规范是儒学在整顿生活世界的组成部分,是连接儒学精英与大众的桥梁和纽带。这种规范在精英层面会通过培养内在的敬畏感与实践体证实现外在仪式的内在化,从而转化为自觉自愿的道德自律行为。与之相应,它在大众层面会衍化为民间宗教信仰,成为他律的规范。这亦正是李氏所言的"宗教性道德的范导是现代荀学"。朱熹与荀子在某种意义上试图寻求孟学与荀学之间的平衡,引导人们更好地安顿生活。心性之学强调道德主体的证成并依此来实施教化、治理,完成内圣外王,而对于大众层面伦理行为的外在规范性缺乏足够的关注。朱熹与荀子重视礼的功用,通过界定祭祀、神祇等超越对象,以期从整体上更好地关照整个生活世界。

以心性论为标准来定义儒学的做法无法反映历史的全貌,亦不符合儒学在现实生活中的展开方式。这部分内容往往会以宗教性的方式呈现。仪式、信仰、祭祀等都属于儒学超越性的内容。儒学在现代社会言说体证、实现情感寄托等问题,离开这些超越性的内容而只言心性之学很难说得通。儒家重视性体与天道的问题,还用"魂魄"等来解释"鬼神",并在实践中予以祭祀。单纯地讲心性之学本身是一种理性态度,会将儒学中"宗教"维度祛除。牟氏"逆觉体

[①] 梁涛:《儒家道统说新探》,第108页。

天理,灭人欲"的诠释体现了理学视域中的问题。既然作为宋明理学集大成者的朱熹是荀学一脉,那么宋明理学是否亦意味着是荀学传统的延续?

三 统合与重构

"朱熹是荀学"命题的提出对于荀子与宋明理学的义理对峙的说法提出了挑战。宋明理学通常被认为属于孟子传统,而朱熹是最大代表。将朱熹视为荀子的做法在某种意义上正是统合孟荀。遗憾的是牟氏理论自觉依然是将孟荀对峙,以正宗与歧出来评价二者的贡献,将荀子与朱熹视为是歧出意义上的"新",一种对正宗儒学的背离。荀子与朱熹的歧出身份使得在牟氏那里注定难以有效统合孟荀。歧出只有放弃自身"新"的身份而屈从于正宗的问题模式才能获得正面肯定。放弃意味着消解。理解、体证性体与道体是牟氏划分正宗与歧出的依据。牟氏固然是要创立内外兼备的工夫论以解决儒学发展中面临的难题,但其依据孟子来统摄荀子的做法只会陷入狭隘道统论的窠臼。虽然简单地将荀子—朱熹列为主线的说法同样是一种偏颇,但相较于正宗与歧出的做法而言,依照"情与理""举孟旗、行荀学"来审视孟荀传统在儒学发展及其未来的功能与角色在理论上更易自洽。"只有统合孟、荀,相互补充,才能重建道统,恢复儒学的精神生命与活力。"① 将荀子、朱熹列为正宗的做法需要予以义理上的系统论证,李氏始终将统合孟荀作为其核心问题意识来处理则是公允的。无论是孟荀互补阶段强调从本体论高度细化荀子研究,还是以荀子为主线阶段强调情理并重,荀子始终是受重视的。

牟与李提出"朱熹是荀学"命题,致力于儒学创新时,都重视客观化、"外王"问题对于儒学发展的重要性。牟氏沿着心性之学的路数来提及该命题,人们皆可依其引证文献展开交锋,维护或反对。李氏依据"情理说"来谈该命题,明确将使用外在规范约束情欲的理路归为荀学传统,并依此来判定朱熹"行荀学"。从"行"的层面而言,依据外在规范来约束欲望以指导行为实践,这是否为伦理生活中的真实主线?从"情"的层面而言,强调道德自律、工夫与心性的

---

① 梁涛:《儒家道统说新探》,上海:华东师范大学出版社,2013年,第115页。

致知正是"举孟旗、行荀学",从情和理两方面来整全儒学问题。朱熹缺乏理论自觉,但本身在统摄孟荀,对孟荀问题的思考已经超越心性工夫框架,有神道设教的意蕴。神道设教与发自内心的"诚"都属荀子关注点。荀子内外并重的传统与朱熹相类。李氏不满足于孟荀并重,认为荀子是主线,把朱熹与荀子置于同一传统中。二人不仅重视心与性的问题,对外在世界都有强烈关注。"君子以为文,而百姓以为神。以为文则吉,以为神则凶也。"① 荀子依照情与理来剖析"雩而雨"现象,认为文是理性的、可靠的,神是情感寄托性的。情与理要恪守各自边界。荀子也谈心性工夫、修身,但其问题视域并未囿于此,合情合理地治世是其关注的问题中心,心性只是荀学的一个面向,故而揪着荀子心性"未达大本",并将心性视为荀学全部的做法很难合理地把握荀子。

《易传》更近于荀而非孟。②《易传》接着荀子,从外在历史眼界建立起天人相通的世界观。③ 这与牟氏将《易传》列为孟子一系的做法截然相反。朱熹从格物致知到正心诚意的进路体现出一种对于自然欲望的主宰、控管、约束、规范。格物致知、正心诚意等心性工夫问题被李氏视为荀学进路。荀子礼法并称强调外在规范约束④,依礼对自然欲望予以控制,由外而内,由伦理规范而道德行为,以实现社会秩序的公正性。因此,朱熹在义理上是"行荀学"。⑤ 遗憾的是,李氏对"朱熹行荀学"的义理梳理尚不够充分。相较而言,他用"情理结构说"来肯定孟子与荀学传统的同等重要性、提出"朱熹是荀学"的说法对于思考儒学在现代社会的重建具有启发性。他提出"朱熹是荀学",以期"兼祧孟荀",以情本体宇宙观和宗教性道德来统合儒学问题意识、构建现代的公共理性。在他看来,宗教性道德的范导正是现代荀学,情本体宇宙观则是现代孟旗。⑥ 统合孟荀不仅是心性与工夫正宗与否的争论,更是解决儒学在现代社会生存发展问题的理论基础。

宋明理学以心性之学同化荀子问题域的做法有失偏颇,朱熹格物致知、"存

---

① 《荀子·天论》。
② 李泽厚:《中国古代思想史论》,第 127 页。
③ 同上,第 135 页。
④ 同上,第 113 页。
⑤ 李泽厚:《举孟旗,行荀学——为〈伦理学纲要〉一辩》,《探索与争鸣》,2017 年第 4 期。
⑥ 同上。

求先验的性善论鲜明对立，反对一切超经验的迷信与虚妄，克服和冲淡了这种神秘方向。① 相较孟子—理学传统，荀子这条线索起了重要的理性清醒剂的解毒抗衡作用。② "性恶论"正是包括朱熹在内的宋明理学和现代新儒学所担心、诟病和批判的。"朱熹在理论层次上高于程颢、陆象山等人"③，是宋明理学的代表④、儒学的"正统"。朱熹与荀子分属儒学传统中两条不同路线。在《中国古代思想史论》中，朱熹与荀子尚属互益、互补的关系，并非同一传统。这是李氏对牟氏之于朱熹评价的驳斥。在他看来，要孟荀并重，充分发扬和发展荀学传统，势必要把它提升到宋明理学所深刻精细化了的本体高度。⑤ 李氏在为朱熹和荀子正名，将二人视为儒学不同传统的代表，但尚未提出"朱熹行荀学"的说法。

"朱熹强调'存天理灭人欲'，其实是举孟旗、行荀学（这点十分重要，指理论的客观建构和实践功能，非朱的自觉意愿），以纲常伦理压抑人的情欲，无怪乎好些学者都以朱学为荀学……以'灭人欲'的教育来管控百姓……所以孔—荀—董—朱，成了中国伦理学传统的实际主线。"⑥ 运用礼乐来管控情欲，以外在的手段实施教化，是荀学重要内容。朱熹强调"存天理，灭人欲"，但这一命题的基本含义二程已有。在李氏看来，朱熹虽非基于自觉意愿，但事实上在行荀学。依此逻辑，二程也不例外。倘若二程、朱熹等都在"行荀学"，这只能说明依据心性与工夫来言宋明理学的做法本身有局限，或者说荀学本身就是理学的重要传统之一。

朱熹"行荀学，举孟旗"的缘由是"孟子以那种尽管不符合逻辑却极为煽情的论辩语言，比务实可靠的荀子论证，作为情感信仰便更易为人们所亲近和接受"⑦。荀子论证比较务实可靠，但情感上不易使人亲近、接受；孟子则极富煽情，易为人们情感上亲近、接受，但缺乏务实可靠性。依李氏言，朱熹倡导格物

---

① 李泽厚：《中国古代思想史论》，第 125 页。
② 同上，第 126 页。
③ 同上，第 263—264 页。
④ 同上，第 224 页。
⑤ 同上，第 269 页。
⑥ 李泽厚：《伦理学补注》，《探索与争鸣》，2016 年第 9 期。
⑦ 同上。

缘由在于《大学》缺乏义理方向。①

歧出如何会成为正宗？"强力"与"近乎常情"是牟氏给出的解释。"强力"意味朱熹对于心性工夫等问题的诠释能力强大；"近乎常情"表示朱熹的义理诠释与为学工夫易被人理解接受，有实现安身立命的功效。倘若朱熹的"性理"与荀子的"礼道"相类，差别只在于措辞的话，那么荀子也具备成为大宗的理由，为何荀子没成为大宗？朱熹依照荀子心态言说心性之学成为歧出，与荀学本身就是歧出，这是两个不同的问题，但这两个问题在牟氏这里成为同一个问题。

正宗与歧出的判定是牟氏引人关注的焦点，但"朱熹类荀子"的说法作为其思想建构的环节而出现，潜在地蕴含着分疏、统合孟荀传统、合理评价儒学不同传统等问题。牟氏将荀子与朱熹归为一类的做法改变了宋明理学中孟荀对峙的义理格局，将朱熹剥离出孟学传统的做法变相地进行了统合孟荀的工作。遗憾的是他只从存有的理解、思维范式等方面做了简要归类，未能对二者学理上的关系予以必要梳理。

二 "孟荀互补"与"行荀学"

针对牟氏轻视荀学、认为朱熹是"别子为宗"的做法，李氏立场鲜明，但关于朱熹与荀子关系的认知前后有变化。他在《中国古代思想史论》中强调孟荀传统是同等重要、互相补益的，"恰好成为儒学中的两个并行的车轮和两条不同的路线，从不同方面把孔子仁学结构不断丰富化"②。统摄孟荀的问题意识和依照"情理结构"进行分析的理论方法在此业已出现。近年来，他提出"举孟旗，行荀学"，认为荀学传统是主线，将朱熹列为荀子一系，提出"朱熹行荀学"。

宋明理学建立自律道德的形而上学本体论对于挺立人的道德主体固然至关重要，但因其与"外王"缺乏深刻的理论关系，走向了准宗教性的超越道路，带来了非常有害的社会后果。③荀子强调人为，以改造自然的性恶论与孟子追

---

① 牟宗三：《心体与性体》下，第 18—19 页。
② 李泽厚：《中国古代思想史论》，合肥：安徽文艺出版社，1999 年，第 56 页。
③ 同上，第 292—293 页。

人之为人的标志,从形而下的"所以然"来谈性。朱熹的"所以然之理"则是形而上的、超越的、本体论的。① 朱熹从本质上将"礼辨之道"普遍化而说为性。② 朱熹与荀子在契合道体、重视外在工夫、导致道德无力等问题方面被牟氏归为相类似。朱熹接续荀子脉络来发展。倘若荀子将礼字转为性理,一旦有理论自觉,荀子就是朱熹,而朱熹则是有着理论自觉的荀子。荀子与朱熹的差异只是形式性的。

朱熹"以荀子之心态讲孔子之仁,孟子之心与性,以及《中庸》《易传》之道体与性体,只差荀子未将其所说之礼与道视为'性理'耳……此一系统因朱子之强力,又因其近于常情,后来遂成为宋明儒之正宗,实则是以别子为宗,而忘其初也"③。荀子之心态即:思考方式是直线分解④型的,将下学上达、致知格物作为切实平实的读书法,忌讳谈论笼统浮泛的超越体证⑤,倚重的经典是《大学》。⑥ 这种心态与生命缺乏契接与呼应。濂溪、横渠、明道一系倚重《中庸》《易传》,"逆觉体证"能契会实体⑦,生命与於穆不已的天道实体相契接方是正统。朱熹以《大学》为主导,将道体、仁、性提炼为存有论的理,而将心旁落,工夫的重点落在致知格物,皆无法遥契道体,领悟儒家的原旨,或所契悟的道体只存有而不活动⑧,工夫上由《中庸》入手,终于《大学》的路数远离于孔孟精神。⑨ 荀子与朱熹的思维方式相类,"无人能视荀子为正宗也"⑩,故朱熹亦属歧出。"朱子始真有点新的意味,而又恰似荀子之对孔孟而为新。"⑪ 荀子与朱熹的"新"分别是先秦儒学和宋明儒学大宗的歧出。无论是荀子与《大学》关系紧密,还是朱熹倚重《大学》来阐发儒家义理将先秦儒家原义转为另一系统,究其

---

① 牟宗三:《心体与性体》上,第79—80页。
② 同上,第86页。
③ 同上,第41页。
④ 牟宗三:《心体与性体》下,第23页。
⑤ 同上,第40页。
⑥ 《大学》"虽非即荀学,然亦不必即能通《论》《孟》之精神","乃主智论,乃他律道德,此不合先秦儒家之本义"(参见牟宗三:《心体与性体》中,第345、347页)。
⑦ 牟宗三:《心体与性体》下,第54页。
⑧ 同上,第55页。
⑨ 同上,第47页。
⑩ 牟宗三:《心体与性体》中,第416页。
⑪ 牟宗三:《心体与性体》上,第49页。

统摄荀学本身就是对孔子传统的一种偏驳。荀子与宋明儒言性的话语系统不同。荀子言性伪，宋明儒言气质之性和天命之性相对，二者是有差异的。气质之性是依心性之学的理论框架来展开的，将荀子的性比附为气质之性是不妥的。以心性之学为正宗，荀子注定为"别子"。心性之学会遇到推衍外王的难题，荀学则需要面对统摄儒学成德之教中实践工夫的问题。[1]这两个问题是并存的，而非同一问题。因此，如何统合由孟荀深化了的问题是儒学发展的关键。

"以曾子、子思、孟子，及《中庸》《易传》与《大学》为足以代表儒家传统之正宗，为儒家教义发展之本质，而荀子不与焉"[2]荀子善为《易》，在《荀子》书中有多重体现[3]，刘向在校理《荀子》一书所撰序录中也提及荀子善为《易》《礼》。无论是"《大学》为荀学说"[4]，还是礼书"怕只是荀子作"[5]的说法都说明荀子与《易》《礼记》关系极为密切。刘向、朱熹、冯友兰所引文献是确证的，文献梳理又是牟氏义理架构的重要方式，为什么会出现结论相左的情况？对牟氏而言，荀子没有接续心性问题的脉络来发展儒学，诠释经典，即便他对于《易》《礼》再熟悉，关系再密切，也不足以列为发展儒家教义一脉。朱熹接续道统，针对心性问题、经典进行创造性诠释，并成为宋明理学最大代表。但朱熹对于道体、性体的理解不符合牟氏的正解，故亦被排除出正统，成为歧出。荀子与朱熹皆因对心性的理解有别于"正宗"而被判为"别子"。就此而论，二者相类。

依照牟氏的理解，朱熹与荀子皆属横摄系统，无法解决心性与工夫中道德自律的问题，会导致道德他律。"荀子亦是横摄系统，只差荀子未将其礼字转为性理耳……讲成横摄系统者是朱子学。"[6]荀子所言天偏重客观义，提出"化性起伪"，以礼统摄性理问题，关注礼乐治世，但并未着力思考如何贯通天道与工夫。礼虽蕴涵着成德之教的要义，但工夫有外在化、沦为道德他律的危险。朱熹的"性理"是只存有不活动，会导致心性工夫无法落实，沦为他律。荀子与朱熹对于道体都没有正确的体察，无法贯通天道与工夫。荀子以"辨""礼"作为

---

[1] 牟宗三:《心体与性体》上，第193页。
[2] 同上，第15页。
[3] 李学勤:《〈帛书〉周易与荀子一系〈易〉学》，《中国文化》，1989年创刊号。
[4] 冯友兰:《三松堂全集》第十一卷，郑州：河南人民出版社，2001年，第208—209页。
[5] 朱熹:《朱子全书》第十七册，上海：上海古籍出版社，合肥：安徽教育出版社，2010年，第2888页。
[6] 牟宗三:《心体与性体》下，第346—347页。

的。针对朱熹是否为歧出，有诸种辩驳。其中，林安梧接着牟氏义理予以推进，认为朱熹并非歧出，而为一"横摄归纵"的系统。① 在辩驳牟氏"歧出说"的诸种观点中，李氏回应最具代表性。牟氏"朱子与荀子相类"的提法尚且含混，李氏则明确表示"朱熹是荀学"。牟氏与李氏各执一偏的做法在学理上都欠公允，却都认为"朱熹是荀学"。该命题是二人思想建构的重要环节，也是我们思考儒学义理发展脉络的关节点。

一 别子与歧出

正宗儒家与道统问题紧密相关。宋明儒昌明道统，孟学为其宗主，荀子备受冷落。牟氏等现代新儒家延续了宋明儒的基本立场，推崇孟学，抑制荀学。牟氏认为"践仁以知天"，自德以言性② 是孔子开创的新传统，承继者为正宗；荀子承袭了"自生以言性"的古老传统，可"统摄于宋儒所言之气质之性"。"孔子仁教所开启的成德之教的'成人'代表着孔子生命智慧的方向"③。儒家的生命智慧须以孔子为标准。孟子继承了孔子开创的新传统故而成为正宗。荀学虽包括在孔子学说之中，但它不是孔子之为孔子的核心，故而是"别子"。仁是孔子的发明，但仁与礼的关系是中心问题。只有将仁置于礼乐传统才能更好地理解孔子的发明。以是否为孔子发明来评判正宗的做法，这与孔子的问题意识相偏颇。

荀子以生言性，言气性，提出"性伪之分"，没有从具有普遍性的道德心性来谈性。他以建构社会秩序为中心统摄心性、工夫等问题，虽然道德心性的发用流弊并非其讨论问题的中心，但成德之教的"成人"问题依然是其重要的关注点。与其说荀子没有洞见到超越的内在道德性的性④，倒不如说是理论诠释框架差异所导致。与其说荀子建立不起道德善的性⑤，倒不如说以心性之学来

---

① 林安梧:《明清之际：一个思想观念史的理解——从"主体性"、"意向性"到"历史性"的一个过程》，金泽、赵广明编:《宗教与哲学》，第4辑，北京：社会科学文献出版社，2015年。
② 牟宗三:《心体与性体》上，第193页。
③ 同上，第16页。
④ 牟宗三:《心体与性体》中，第15页。
⑤ 同上，第168页。

"统合孟荀"与重建道统的现代思考

——从牟宗三、李泽厚言"朱熹是荀学"说起*

朱锋刚

（西安电子科技大学人文学院）

宋明理学的抑荀态度使得荀子在很长时间都未能得到合理评价。这种状态一直延续到现代新儒家。牟宗三（下文统称"牟氏"）提出"三系论"，认为荀子与朱熹类似，是"别子"。李泽厚（下文统称"李氏"）提出朱熹是荀学[1]，是主线，孟子、阳明是"别子为宗"。两人立场有别，评价相反，但都将朱熹与荀子归为一类。虽然两种说法都有偏颇，但"朱熹是荀学"命题的提出对于思考"统合孟荀"乃至整全儒学问题意识有着重要意义。

荀子始终是以孟学传统中的他者形象出场。朱熹承续了心性之学的立场，是孟学传统的代表性人物。"识性"是宋明理学评价荀子得失的重要依据。荀子"性伪之分"的做法与"心性与工夫"的话语系统格格不入，"是以荀子之心态……是'别子为宗'也"[2]。朱熹亦因将"道体"理解为只存有不活动，工夫上无法实现自律道德而属"别子"，故朱熹与荀子相类。牟氏将荀子的判定推论至朱熹的做法引起极大争论。无论批判、继承还是超越，牟氏的说法都是绕不开

---

* 本文为国家社会科学基金项目"宋明理学中的荀学文献集成及其研究"（18XZX009）阶段性成果。
[1] 李泽厚：《举孟旗，行荀学——为〈伦理学纲要〉一辩》，《探索与争鸣》，2017年第4期，第58—62页。
[2] 牟宗三：《心体与性体》上，长春：吉林出版集团有限公司，2013年，第41页。

明清思想转型使这一理想失去了现实依托。《明儒学案》对明代学术的总结以及寄托于其中的政教理想,亦被一分为二,前者备受赞赏,后者被视为应予以摒弃的门户之见。①

因此,如果我们能摆脱现代学术界"客观学术史"的评价标准,恢复《明儒学案》理学之书、政教之书的本来面目,当前许多问题都能迎刃而解。例如,历来对《明儒学案》所谓"门户之见""一偏之见"之指责,其实正是此书所寄托的政教理想之鲜活展现。由全祖望最终完成的《宋元学案》远不及《明儒学案》精彩,其根本原因或许正在于前者抛弃了作为后者"知识平台"的慎独哲学立场,以及由此而奠立的旗帜鲜明之政教理想。

四 结 语

《明儒学案》并不是一部简单的学术史著作,而是一部展现理学政教秩序的理学之书,具有完整的意义系统。它把存在着诸多差异的各家学术统合为一个价值整体,表述理学家对政教秩序的寄托。可以说,《明儒学案》在政教理想上和黄宗羲另一名著《明夷待访录》是完全一致的。黄宗羲的著述目标是希冀后人由此开创政教新局面。因此,我们不能简单地将《明儒学案》定位为学术史著作,虽然它的确具备此类功能;但理学政教之书与学术史著作的目标和性质完全不同,这是必须留意的。

另一方面,现代人常说宋明理学是内向之学,例如当前流行的心性儒学与政治儒学之区分即为典型;这种观点的误区在于刻意忽视了理学心性之学对社会政治秩序的深邃思考。通过重新检讨《明儒学案》的著述性质,有助于我们深入理解理学与政教秩序之间的意义关联;而《明儒学案》所蕴含的平等和开放意义亦有待于我们在祛除现代观念遮蔽之后的重新发现。

---

① 参见陈畅:《论〈明儒学案〉的道统论话语建构》。

氏般陷于顽钝无耻之弊；世道之所以沦丧，就在于此类学术流弊"生心害政"导致"流血千里"。黄宗羲对这一问题做出了深层义理分析，其辨儒释之分曰：

> 夫儒释之辨，真在毫厘……以义论之，此流行之体，儒者悟得，释氏亦悟得，然悟此之后，复大有事，始究竟得流行。今观流行之中，何以不散漫无纪？何以万殊而一本，主宰历然？释氏更不深造，则其流行者亦归之野马尘埃之聚散而已。故吾谓释氏是学焉而未至者也。其所见固未尝有差，盖离流行亦无所为主宰耳。①

此处对于流行与主宰的义理辨析，正是黄氏赞誉为"始得其真"之刘宗周慎独思想结构。黄宗羲肯定释氏悟得流行之体，未曾将流行与主宰判为截然两物；同时也指出其无视流行中的灿然条理、真主宰，导致其所说的流行只不过是杂乱、盲目的聚散活动，落实在社会政治伦理层面则流为顽钝无耻之弊端。这种思想辨析简洁而深入，可谓"此指出真是南辕北辙，界限清楚"，自然应当归功于黄宗羲师门慎独哲学之奠基。在这一意义上，黄宗羲以"主宰与流行之恰当平衡"表彰刘宗周慎独学，实际上正是表彰其师门学术具备对治阳明学、佛老流弊之政教意义。

顾炎武在与黄宗羲的通信中说："天下之事，有其识者未必遭其时，而当其时者或无其识。古之君子所以著书待后，有王者起，得而师之。"②"有其识者未必遭其时"当亦为黄宗羲之心声，此"有识者"在黄宗羲《明儒学案》一书中无疑是特指刘宗周。黄宗羲《明儒学案·序》自陈"间有发明，一本之先师，非敢有所增损其间"，便是明证。厘清这一点对于我们认识《明儒学案》一书著述目标有重要意义。黄宗羲《留书·自序》称："吾之言非一人之私言也，后之人苟有因吾言而行之者，又何异乎吾之自行其言乎？"③《明儒学案》之编纂，是黄宗羲对师门学术方法及其优越性的一次展示，他希望在统合明代多端之教的基础上寄托师学，以待后来者通过掌握刘宗周之学而开创政教新局面。可惜的是，

---

① 黄宗羲：《参政罗近溪先生汝芳》，《泰州学案三》，《明儒学案》，《黄宗羲全集》第八册，第4页。
② 顾炎武：《与黄太冲书》，《顾亭林诗文集》，北京：中华书局，1959年，第246页。
③ 黄宗羲：《留书·自序》，《黄宗羲全集》第十一册，第1页。

"理学之书"必须放在晚明时代政教背景中理解和定位。

其次,《明儒学案》是一部政教之书。从黄宗羲对两部《宗传》的批评来看,收集和整理"诸儒之说"只是基础,关键是在收集和整理过程中展现出来的政教秩序和意义。如前所述,宗法是宋代以降中国传统社会的核心组织原理,身处平民化社会的理学家,在组织教化"一盘散沙"的庶民以及组织各异学说方面,使用的是同一个"宗法观念"原理。"宗传"体著述的主要目的是针对"教滥而讹"的晚明政教现状,根据宗族的组织原理提出正本清源的做法,并把多端之教统合成一个意义整体。黄宗羲的《明儒学案》和"宗传"体著作的目标并无二致,其差异只在于将各异之学说统合起来的原理形态有所不同。黄宗羲的优胜之处就在于从师门学术中获得了一种全新的"一多关系"原理,从而能在多与一(个体与公共)之间取得恰当平衡。

需要说明的是,理学之书和政教之书并非两种异质的定位,而是宋明理学学术一体两面之表现。因为作为理学核心思想的一多关系(个体性与公共性)议题,在古典文教系统中具有最为根源性的政治意义。如前文所论,本文重点讨论的"宗传"和"道统"都涉及个体性与公共性议题。具体说来,宗传的意象展现了《明儒学案》所从出的宋明社会思想史背景及其政教意义;道统的意象则进一步说明了《明儒学案》政教意义如何奠基,如何发挥作用。正是在这一意义上,《明儒学案》及两部《宗传》探讨的核心思想本质上涉及宋明理学与政教秩序的建构问题。且以黄宗羲思想为例再做一说明。

黄宗羲曾沉痛反省明朝灭亡之因:"数十年来,人心以机械变诈为事。士农工商,为业不同,而其主于赚人则一也。赚人之法,刚柔险易不同,而其主于取非其有则一也。故镆铘之藏于中者,今则流血千里矣。"[1]"机械变诈"一词出自朱子《孟子集注·尽心章句上》注释"耻之于人大矣。为机变之巧者,无所用耻焉"之文句[2];而在思想上则渊源于刘宗周对阳明学良知教以及佛老流弊之反省:"王守仁之学,良知也,无善无恶,其弊也必为佛、老,顽钝而无耻。"[3]在刘宗周看来,阳明学流弊在于危殆人心,驱使人逐于功利而不自知,犹如佛老二

---

[1] 黄宗羲:《诸敬槐先生八十寿序》,《黄宗羲全集》第十一册,第66页。
[2] 朱熹:《孟子集注》,《四书章句集注》,北京:中华书局,1983年,第351页。
[3] 刘宗周:《修正学以淑人心以培国家元气疏》,《刘宗周全集》第三册上,第23页。

认知的"客观学术史"有距离，是否意味着《明儒学案》宣扬的是"一偏之见"呢？另外，学界多赞叹《明儒学案》在明代儒学"分源别派"方面的"平等""开放"，以及在评述各家思想要点方面的精当；但同样体例的《宋元学案》却远不及《明儒学案》，例如牟宗三先生就认为"《宋元学案》对于各学案之历史承受，师弟关系，把疏详尽，表列清楚，然而对于义理系统则极乏理解，故只堆积材料，选录多潦草，不精当，至于诠表，则更缺如"①。除了《宋元学案》的完成者与黄宗羲本人在理学素养上的差异外，还有没有其他因素？如果我们能认识到《明儒学案》的本来面目，那么对这些问题都能豁然开朗。因为这些问题本来就根源于对《明儒学案》一书著述目标及性质之定位误差。

首先，就著述性质而言，《明儒学案》首先是一部"理学之书"。黄宗羲在《发凡》开篇即称："从来理学之书，前有周海门《圣学宗传》，近有孙锺元《理学宗传》，诸儒之说颇备。"②黄宗羲没有明确界定"理学之书"的内涵，但收集和整理"诸儒之说"颇为完备这一点，或可视为其主要特质。如前文所述，作为"理学之书"的两部《宗传》在正统性与多样性（兼收并蓄）之间取得了一定程度的突破，故而能够做到所收录的"诸儒之说颇备"。黄宗羲在《发凡》中又称：

> 儒者之学，不同释氏之五宗，必要贯串到青原、南岳。夫子既焉不学，濂溪无待而兴，象山不闻所受。然其间程、朱之至何、王、金、许，数百年之后，犹用高曾之规矩，非如释氏之附会源流而已。故此编以有所授受者，分为各案；其特起者，后之学者不甚著者，总列诸儒之案。③

诚如陈锦忠所论，黄宗羲这种既不持强烈的门户之见，也没有以授受渊源来确定正统的观念，迥异于朱子《伊洛渊源录》"以下各种专为述学承、渊源乃至立学统的作品"，而近于前述孙奇逢《理学宗传》乃至周汝登《圣学宗传》。④因此，《明儒学案》与两部《宗传》著作的共同之处是同为"理学之书"。而此类

---

① 牟宗三：《心体与性体》上册，上海：上海古籍出版社，1999年，第46页。
② 黄宗羲：《明儒学案·发凡》，《黄宗羲全集》第七册，第5页。
③ 同上，第6页。
④ 陈锦忠：《黄宗羲〈明儒学案〉著成因缘与其体例性质略探》，第136页。

文献，为之分源别派，辨析其中的万殊之理，厘定不同学说之间的差异；同时，他基于师门学术指出各家思想不周延或不合理之缺失，保证各家学说能以"如其所是、是其所是"的方式呈现，此即慎独之学。

总之，刘宗周慎独学的特质在于肯定个体性和多样性的基础上兼顾理的"虚位性"和"统贯性"，在个体与公共之间取得恰当平衡；黄宗羲由此得以建构一个百川汇海式的"知识平台"，其特色是：注重展现"虚位之一"背景下，每一个体区别于其他个体的差异所在，这些殊别个体之间的差异又如何体现"统贯之一"的绝对性。这既能保持各家思想多样性的特质，亦能使各家思想以参证、彰显"平台"（刘氏之学）的方式存在于体系之中。由于这一知识平台奠基于刘宗周慎独哲学，黄宗羲提挈宗旨、分源别派的工作做得越细致、越令人信服，越能彰显刘宗周哲学的意义和地位。此即黄宗羲所述"主宰亦非有一处停顿，即在此流行之中"思想的真正落实。从这一角度看，作为《明儒学案》终篇之作的《蕺山学案》以"五星聚张"来寓意"子刘子之道通"①，看似是黄宗羲"党人习气""门户之见"之"罪证"，实际上是他在赞叹和展示"知识平台"的客观公共性。② 这就是《明儒学案》这样一部以师学为道统的著作能展现出现代人所珍视的"独立""开放"意义的根本原因。可见，在传统宗族社会，依据宗法、道统观念开展出来的一多关系架构，并非只有现代人想象中的压制、保守、专断和狭隘，其平等和开放意义有待于我们在祛除现代观念遮蔽之后的重新发现。

三 《明儒学案》：性质再检讨

现代学术界普遍把《明儒学案》定位为一部客观学术史著作，这不能不说是一种"美丽"的误会。关于这一点，近来的学界研究已多有发明。随着近年来明代学术文献的大量影印出版，学者们通过对比《明儒学案》与明代理学家原著，发现《明儒学案》中的评论甚至是部分引录原文与文献原貌有距离；这似乎进一步确认了全祖望所谓的"门户之见深入"之面目。但是，与现代学者

---

① 黄宗羲：《蕺山学案》，《明儒学案》，《黄宗羲全集》第八册，第891页。
② 参见陈畅：《论〈明儒学案〉的道统论话语建构》。

在虚假抽象之"一"被消解之后,"多"自身之条理即是"一"。真理回到对生命负责的真实下手处,展现为在现实生活中的每一情境真实体悟而来的生命智慧,互相之间不能替代,具体的生命尤其不能被抽象的观念遮蔽。"诸先生深浅各得,醇疵互见,要皆功力所至,竭其心之万殊者,而后成家,未尝以懵懂精神冒人糟粕。"① 这种真理观也就是朱鸿林先生所说的"河海一体的交通网络。只要能够汇通于海的,都是有效的途径;概念上没有主流和支流之分"②。

概言之,刘宗周慎独思想一方面确认万物都是自生、自得、自化、自足的,祛除整齐划一之外在束缚,强调个体性和多样性;另一方面确认天理就是万物自生自长内在的通达条理,强调建立在个体性和多样性基础上的公共性。这意味着阳明学个体性哲学的真正完成。对本文而言,最重要的意义是,黄宗羲的阐发使得其师门慎独心性之学展现出知识意义上的客观性。钱穆先生曾以医案作喻加以阐明:

> 梨洲说"古人因病立方,原无成局",讲学著书,也就等于一个医生开方治病,要看什么病,才开什么方,哪有一定的方案。所谓"学案",亦就是在当时学术中各个方案,都因病而开。梨洲又说"通其变,使人不倦,故教法日新,理虽一而不得不殊,入手虽殊而要归未尝不一",这是说,时代变,思想学术也该随而变。所以要变,乃为来救时病,反其本,则只是一个真理。③

钱先生对因病立方的阐释,其实涉及个体性、多样性与公共性之间的关系问题。"理虽一而不得不殊"观念中的"理一"不是虚悬于个体的真理,而是万物自生自长内在的通达条理。由此,对殊别万物中的个体性条理之探求,其行为本身就是"理一"之通达。正是在这一意义上,刘宗周、黄宗羲思想所确立的个体性、多样性与公共性之平衡,最终转出了心学的知识进路,其在《明儒学案》中表现为:有明一代宗旨纷呈的学术思想就是万殊之"物",黄氏博求明儒

---

① 黄宗羲:《明儒学案序》,《黄宗羲全集》第十册,第78页。
② 朱鸿林:《为学方案——学案著作的性质与意义》,《中国近世儒学实质的思辨与习学》,第372页。
③ 钱穆:《中国史学名著》,北京:生活·读书·新知三联书店,2000年,第236—237页。

郭象注《庄子》时曾提出"天者,万物之总名"的命题[1],意在强调万物都是自生自长,没有造物主。刘宗周的用法与此类似,意在指出天(道、性)不是万物(万器、万形)之外的超越主宰,而是万物自生自长内在的通达条理。万物都是自生、自得、自化、自足的,在万物之外另行确立一个超越、抽象之主宰,那不过是"逃空堕幻"之虚假物。可以说,刘宗周思想关注每一当下具体、活生生的真实,拒斥脱离当下的任何抽象虚构物。因此,黄宗羲在《明儒学案·序》里提出的著名命题"心无本体,工夫所至,即其本体"[2],其实就是慎独思想的内涵。心无本体,是反对以虚假的抽象物装饰门面;工夫所至,是回到每一具体当下,回到真实之起点。黄宗羲称:

> 千百年来,糜烂于文网世法之中,皆乡愿之薪传也。即有贤者头出头没,不能决其范围。苟欲有所振动,则举世目为怪魁矣……狂狷是不安于流俗者,免为乡人,方有作圣之路。[3]

真实的道理、知识应该来自现实生活中每个活生生具体情境;文网世法却脱离当下、虚构出抽象教条来取代具体的真实。狂狷是冲决虚构之范围,只有展现真性情,回到真性情,才有作圣之路。只有突破虚假抽象物对真实性情的遮蔽,天(道、性)才会在每一个物(器、形)当下的活生生呈现,从不间断。故而每一个体的真实工夫一旦确立,宇宙便自然展现出一体通达的面相。这一思路开展出黄宗羲对真实学问的判断:

> 学问之道,以各人自用得着者为真。凡倚门傍户,依样葫芦者,非流俗之士,则经生之业也。此编所列,有一偏之见,有相反之论,学者于其不同处,正宜着眼理会,所谓一本而万殊也。以水济水,岂是学问![4]

---

[1] 郭象注《庄子逍遥游》"夫吹万不同"之句,参见郭象注、成玄英疏:《南华真经注疏》,北京:中华书局,1998年,第26页。
[2] 黄宗羲:《明儒学案·自序》,《黄宗羲全集》第七册,第3页。按:"工夫",《南雷诗文集》所收《序》作"功力",参见《黄宗羲全集》第十册,第77页。
[3] 黄宗羲:《孔子在陈章》,《孟子师说》卷七,《黄宗羲全集》第一册,第165页。
[4] 黄宗羲:《明儒学案·发凡》,《黄宗羲全集》第七册,第6页。

实质是处理主观与客观、一与多的关系议题,亦即个体之主体性与礼法秩序之公共性的关系议题。黄宗羲的论述表明,刘宗周提出了一套独特的一多关系理论,此即其慎独学"始得其真"的根源所在:独是主宰之"一",但此"一"不是超越孤绝之存在,而是即在流行之"多"中。其意义在与朱子"理一分殊"、阳明"一即全体、全体即一"说的对比中凸显。朱子学侧重"一"的统贯性,把客观性建立在疏离个体性的基础上,导致析理事(气)为二,理虚悬于事,流为虚妄,失去真实普遍性;故而刘宗周以"主宰在流行之中"加以解决:主宰(理)不是"有物先天地"般的超越存在,而是流行(气)之中的通达条理。阳明学把"一"虚位化,以强调个体之绝对性的方式达致客观性,但是无所拘束的个体心当下呈现的未必是良知,可能是情欲恣肆,也可能是脱离现实基础的虚幻价值;故而刘宗周以"觉有主"加以贞定:在"虚灵明觉"之良知加入"好善恶恶"之意的内涵,确保其主宰性。刘宗周在肯定个体性和差异性的基础上兼顾理的"虚位性"和"统贯性",在多与一、个体与公共之间取得恰当平衡;这种平衡不是盲目折中,而是哲学立场的全新转变。黄宗羲喜欢使用"盘中之丸"的比喻来表现这种哲学立场的特质:"盘中走丸,横斜圆直,岂有一定,然一定而不可移者,丸必不出于盘也。"[①] 盘是"主宰""一""公共性";丸是"流行""多""个体性"。"一"化身为平台,"多"在此平台尽情舒展自身,其各正性命的过程,也就是生意贯通(一之实现)的过程。因之,在慎独学的视野中,每一实现自身通达条理之个体都有其独立自足性,事物异彩纷呈的多样性并不意味着对立,而是体现了道体之无尽。由此,千差万别的事物互不妨碍、互相成就,构建出一个理想的共同体。这是一种把活力与秩序完全融合为一体,彻底消解抽象之体的思想。刘宗周称:

  天者,万物之总名,非与物为君也。道者,万器之总名,非与器为体也。性者,万形之总名,非与形为偶也。[②]

[①] 黄宗羲:《陈叔大四书述序》,《黄宗羲全集》第十册,第44页。按:《发凡》中引述杜牧原话,此处为黄氏改述。

[②] 刘宗周:《学言中》,《刘宗周全集》第二册,第480页。

刘宗周自己晚年时期不同。刘宗周五十七岁时发生根本性的思想转变，他的思想在五十七至六十八岁方为晚年成熟期；《皇明道统论》属于中年作品，而《明儒学案》奠基于刘氏晚年思想；因此《皇明道统论》与《明儒学案》的观点冲突，实为刘氏中年与晚年思想差异之表现。①

基于上述考察，既然黄宗羲自陈《明儒学案》"间有发明，一本之先师，非敢有所增损其间"，前述"独立""开放"的思想意义自然也就是黄宗羲从其师门继承的思想特质（此处特指刘宗周晚年思想）。而所谓"以师学为道统"，其实也就是指黄宗羲推崇其师门学术蕴涵的"独立""开放"意义，而绝非"门户之见深入"之表现。就此，有必要深入考察刘宗周思想的特质。刘宗周之学以慎独为宗，黄宗羲对其师门之学有精到的论述：

> 儒者人人言慎独，唯先生始得其真……慎之工夫，只在主宰上，觉有主，是曰意……然主宰亦非有一处停顿，即在此流行之中，故曰"逝者如斯夫，不舍昼夜"。盖离气无所为理，离心无所为性。佛者之言曰："有物先天地，无形本寂寥，能为万象主，不逐四时凋。"此是其真赃实犯。奈何儒者亦曰"理生气"？所谓毫厘之辨，竟亦安在？……先生大指如是。此指出真是南辕北辙，界限清楚，有宋以来，所未有也。②

黄宗羲这一概括有独特的阳明学理论背景，澄清这一背景才能全面理解"始得其真"的含义。慎独本来是指涉工夫之理论，但在阳明学中特指一多关系。牟宗三先生对此有精辟见解：阳明学把《中庸》以存有论进路讲的客观性体，顺着《孟子》心学之道德实践（主观、具体）讲，这种思路将良知与性体画上等号；因此，阳明学派所说的慎独是"套在不睹不闻莫见莫显底方式中说良知"③。换言之，阳明学派语境中的慎独，是以心体、知体说性体的路数，义理

---

① 详参陈畅：《刘宗周晚年思想转变及其哲学意义》，冯天瑜主编：《人文论丛（2009年卷）》，北京：中国社会科学出版社，2010年；陈畅：《论〈明儒学案〉的道统论话语建构》。
② 黄宗羲：《明儒学案·蕺山学案》，《黄宗羲全集》第八册，第890—891页。
③ 参见牟宗三：《从陆象山到刘蕺山》，上海：上海古籍出版社，2001年，第249—253页。按：牟先生从这一分析中引出其著名的形著说，这是在现代哲学体系中处理主观与客观、一与多的关系的理论。

学案》给出了一个重新思考的可能。

二 "道统": 对抽象之体的消解

黄宗羲《明儒学案》有一个无法忽略的特质: 以师学为道统。正是由于这一特质, 导致即便是私淑于他的全祖望也批评他"党人之习气未尽""门户之见深入"。[1]但问题在于: 为何一部以师学为道统的著作, 能展现出现代人所珍视的"独立""开放"意义?

在黄宗羲文本中处处可见其"以师学为道统"的印迹, 黄氏本人毫不讳言。显而易见者如: 黄宗羲用"元亨利贞"来解释宋明时代的道统发展, 并以"贞"来定位其师刘宗周[2], 继而声称刘宗周集明代学术之大成, 且"诸儒之弊, 削其町畦"[3];《明儒学案·序》中述及师门渊源, 并在批评恽日初所撰《刘子节要》无法发明师学精义之后, 自负于《明儒学案》"间有发明, 一本之先师, 非敢有所增损其间"[4];《蕺山学案》盛赞"儒者人人言慎独, 唯先生始得其真"[5];散布于各个学案中的大量"蕺山先师曰"之类的文字; 等等。这些都说明了《明儒学案》"以师学为道统"的面相。有趣的是, 现代学术界往往忽略这一点, 以彰显《明儒学案》的开放意蕴。此类研究的立论基石建立在《明儒学案》卷首《师说》(即刘宗周五十岁所著《皇明道统录》之节录本)与《明儒学案》之观点差异上。例如, 有种观点认为两书最大的不同在于: 前者仍强调道统的维系和传承, 基本上与前述两部《宗传》一致; 后者则跳脱道统的羁绊, 以客观的态度整理儒门学术。[6]关于这一点, 笔者已著文论述: 这一判定是由于研究者们不熟悉刘宗周文献而错误做出的。因为《师说》的观点不仅与《明儒学案》有差异, 亦与

---

[1] 全祖望:《与郑南谿论明儒学案事目》;《答诸生问南雷学术帖子》,《全祖望集汇校集注》, 上海: 上海古籍出版社, 2000 年, 第 1693、1695 页。
[2] 黄宗羲:《孟子师说》卷七,《黄宗羲全集》第一册, 第 166 页。
[3] 黄宗羲:《陈乾初先生墓志铭 (改本四稿)》,《黄宗羲全集》第十册, 第 367 页。
[4] 黄宗羲:《明儒学案序》,《黄宗羲全集》第十册, 第 78 页。
[5] 黄宗羲:《蕺山学案》,《明儒学案》,《黄宗羲全集》第八册, 第 890 页。
[6] 黄进兴:《学案体裁产生的思想背景》,《优入圣域: 权力、信仰与正当性》, 西安: 陕西师范大学出版社, 1998 年, 第 452—453 页。

好处的平衡,各美其美,美美与共,如此方有活力。

综上所述,两部《宗传》序言和《明儒学案·发凡》共同展现了晚明人面对的时代问题:"教滥而讹"的政教局面。如同在"一盘散沙"的平民化社会需要宗族伦理组织和教化人民一样,明代理学家们对"教滥而讹"局面的克治之道便是将众多学说以某种方式组织起来,进而展示其教化意义。如前所述,"宗传"有两个意涵:正统性和组织性。前者能保证教化不偏离轨道,后者能把一众学说以富有活力的样态组织起来。黄宗羲在《发凡》开篇处比较《明儒学案》和两部《宗传》,首先是将这三本书视为同类著作。在这一意义上,《明儒学案》并非截断众流般的全新体裁著作,而是与两部《宗传》一样扎根于宋明时代的社会、政治土壤并有着相似问题意识和解决思路的著作:以宗族社会中的一多关系为核心,构建理学政教理想之书。以往的研究在这一问题上有两个误区:一是过分强调宗法的排他性,忽略其组织性;二是强调《明儒学案》的开放蕴涵,侧重彰显其与宗法之间的差异。例如,朱鸿林先生虽然指出黄宗羲视《明儒学案》和两部《宗传》为同类著作,即同为理学之书;但他认为两部《宗传》的纂述原则和它们所展示的为学方法都是宗统观念的表现,而《明儒学案》主张的学问方法则完全不同:"宗传"代表着保守、专断和狭隘的求学之道,"学案"以平面类比的方式组织知识,具有独立和开放意义。[1] 朱先生的分析有许多睿见,启人良多,但其中也贯穿着今人对于宗法观念的偏见。现代人站在自由民主的道德制高点,往往视宗族为保守专断。这当然与清代以来宗族社会之发展僵化以及无力应对西方坚船利炮的挑战有关。例如何炳棣先生晚年在一篇论文中强调:"两千年来覆载儒家思维的框架是宗法模式的……宗法是民主的悖反,其理至明……孟子真正超过以往和同时代哲人之处是他对不平等不民主的人类社会作出一个宇宙层次的哲学辩护:物之不齐,物之情也。"[2] 如前所述,宗法是宋代以降中国传统社会的核心组织原理,从这一角度说儒家思维的框架是宗法模式的,有其道理。但是,宗法模式与现代社会的平等和民主模式有差异,是否就一定意味着它在价值位阶上处于劣势呢?事实上,黄宗羲的《明儒

---

[1] 朱鸿林:《为学方案——学案著作的性质与意义》,《中国近世儒学实质的思辨与习学》,第368—373页。
[2] 何炳棣:《儒家宗法模式的宇宙本体论——从张载的〈西铭〉谈起》,《哲学研究》,1998年第12期。

述风格上有一个共同点：没有强烈的（朱、王）门户之见，也没有专为一派建立学统的意味。① 正如黄宗羲在《明儒学案》中赞颂的："（孙奇逢）所著大者有《理学宗传》，特表周元公、程纯公、程正公、张明公、邵康节、朱文公、陆文安、薛文清、王文成、罗文恭、顾端文十一子为宗，以嗣孟子之后，诸儒别为考以次之，可谓别出手眼者矣。"② 显然，《发凡》提及两部《宗传》，原因之一就是这两部著述在正统性与多样性（兼收并蓄）之间取得了一定程度的突破，故而黄宗羲在《发凡》中并没有批评两部《宗传》的正统性（排他性）诉求，他批评的其实是两部《宗传》虽然能够兼收并蓄，但是都没有展现出恰当的组织性，没有按各家学说自身特点"如其所是"地展示自身。这种批评反映了"宗传"体著述在组织性方面的意涵。黄宗羲称：

> 且各家自有宗旨，而海门主张禅学，扰金银铜铁为一器，是海门一人之宗旨，非各家之宗旨也。钟元杂收，不复甄别，其批注所及，未必得其要领，而其闻见亦犹之海门也。学者观羲是书，而后知两家之疏略。③

黄宗羲谓周汝登"主张禅学，扰金银铜铁为一器"，是说周氏过分强调千古一心、圣学一脉中的"一"（即周氏主张的禅学），以富有侵犯性的方式强行扭曲各家思想，不能如实反映各家之宗旨。黄宗羲在《明儒学案》中批评"周海门作《圣学宗传》，多将先儒宗旨凑合己意，埋没一庵，又不必论也"④，即为一例证。至于孙奇逢，黄宗羲认为他的做法与周汝登相反：迷惑于杂多，无法见多中之一，故而没有甄别原则地杂收众家，且评论不得诸家学术要领。如果把两部《宗传》的编纂看作人伦共同体的建立，则这两个共同体毫无疑问是以压抑或混乱为特点的共同体，毫无生机可言。此即"两家之疏略"之根源。可见，在黄宗羲看来，学术统系（或人伦共同体）的组织，应该在一与多之间能达到恰到

---

① 参见陈锦忠：《黄宗羲〈明儒学案〉著成因缘与其体例性质略探》，第133—134页。
② 黄宗羲：《明儒学案·诸儒学案下五·徵君孙锺元先生奇逢》，《黄宗羲全集》第八册，杭州：浙江古籍出版社，2005年，第722页。
③ 黄宗羲：《明儒学案·发凡》，《黄宗羲全集》第七册，第5页。
④ 黄宗羲：《教谕王一庵先生栋》，《泰州学案》，《明儒学案》，《黄宗羲全集》第七册，第855—856页。

组织和教化功能。换言之,"宗"之内涵同时涵括了排他性的正统观念(多中之一),以及统合差异元素于整体之中的组织性(一中之多)。"宗旨"是涵盖源流的整体要义,因此与后一种含义相关。而"宗传"又展现了哪些内涵呢?让我们回到周汝登和孙奇逢的文本中。周汝登本人没有具体解释"宗传"含义,其挚友陶望龄为《圣学宗传》作序,开宗明义曰:

> 宗也者,对教之称也。教滥而讹,绪分而闰。宗也者,防其教之讹且闰而名焉。故天位尊于统,正学定于宗。统不一,则大宝混于余分;宗不明,则圣真奸于曲学。①

孙奇逢则解释"宗传"为:

> 学之有宗,犹国之有统,家之有系也。系之宗有大有小,国之统有正有闰,而学之宗有天有心。今欲稽国之运数,当必分正统焉;溯家之本原,当先定大宗焉;论学之宗传,而不本诸天者,其非善学者也。②

对比两家序言,不难发现"宗传"的意象源自宗族制度,而不是禅宗传灯观念。"宗传"犹如嫡传,是用宗族血脉相承来比喻学术正统与学脉源流及思想纯而不杂。"宗传"体著述的首要目标在于确立思想之正统,将其与闰统及伪讹之教区别开来。此类"宗传"体著述在晚明时期非常盛行。例如刘宗周著有《圣学宗要》,此书是他以友人刘去非所著《宋学宗源》为蓝本增订而成。刘宗周选录了部分理学家的代表作并加以评论,其《序》云:"如草蛇灰线,一脉相引,不可得而乱,敢谓千古宗传在是。"③此类"宗传"体著述的盛行,正反映了晚明人共同面对的时代问题:"教滥而讹"的政教现状,故而有必要以确立正统的方式来防范和杜绝。值得注意的是,周汝登《圣学宗传》和孙奇逢《理学宗传》在撰

---

① 陶望龄:《圣学宗传序》,周汝登:《圣学宗传》卷首,《续修四库全书》第五一三册,上海:上海古籍出版社,2002年,第2页。
② 孙奇逢:《理学宗传·叙一》,张显清主编:《孙奇逢集》上册,郑州:中州古籍出版社,2003年,第620页。
③ 刘宗周:《圣学宗要·引》,《刘宗周全集》第二册,第266页。

族是宋代以降的传统社会中组织和教化人民的最主要形式。自北宋以来的历代大儒对此多有论述。如张载曾说:"管摄天下人心,收宗族,厚风俗,使人不忘本,须是明谱系世族与立宗子法。宗法不立,则人不知统系来处。"[1] 这种将宗族建设与政治、教化关联起来的论述,是为了解决时代难题——由于唐宋之际的社会变迁,宋初所面临的是平民化社会"一盘散沙"的局面;如何解决这一局面,是当时的重大社会政治问题。[2] 宗族共同体兼具组织和教化功能,成为当时全社会有意识的共同选择;这使得我国在宋代以后形成以宗族为基底的社会,"不同于西方军事社群、政治社群和基督教社群"[3]。宗族以血缘为基础,组织宗族的是儒家伦理。故而宗法能在族内统合骨肉,亲亲睦族;推诸社会,也能达到厚风俗、管摄天下人心的作用。由此,宗族制度就成了社会内在结构的秩序,而整个社会在思想层面也倾向于运用宗族结构和观念来观察社会、讨论学术。[4] 例如南宋北山四先生之一的王柏对"理一分殊"之诠释就以此为喻:"理一分殊之旨,每于宗谱见得尤分明,人之宗族盛大繁衍,千支万派,其实一气之流行。"[5] 究其根源,在于从日常生活经验来看,宗族是理解一多关系的最佳载体。因此,"宗传"和"宗旨"毫无疑问是这一思维方式的产物。事实上,这种思维方式展现了宋明理学的多元面貌:它不仅仅是一种学术思潮,更是一种社会秩序的塑造运动。[6]

宗族制度基于血缘关系而建立,尽管关于血脉纯正性的观念会引发排他性之诉求,但是除此之外,宗族制度中更重要的是基于血脉的自然延伸而引出的

---

[1] 张载:《经学理窟·宗法》,《张载集》,北京:中华书局,1978年,第259—259页。这段话也被二程所引述,可见颇能代表北宋理学家对宗法的看法。

[2] 相关研究可参见蔡孟翰:《从宗族到民族——"东亚民族主义"的形成与原理》,《思想史》,第4期,台北:联经出版公司,2015年,第57—166页;龚鹏程:《宋代的族谱与理学》,《思想与文化》,台北:业强出版社,1995年,第248—304页。

[3] 参见龚鹏程:《宋代的族谱与理学》,《思想与文化》,第293页。按:龚鹏程认为宋代宗族和理学都是适应时代需求、创造新型文化过程中逐渐"抟铸成型"的产物;而在理学推广过程中,宗族就成为其推广的形式载体。此为确论。

[4] 龚鹏程《宋代的族谱与理学》一文有详尽的讨论。

[5] 王柏:《跋董氏族谱遗迹》,《鲁斋集》卷十一,《景印文渊阁四库全书》第一一八六册,台北:台湾商务印书馆,1986年影印本,第170页。

[6] 关于后一种面貌,可参看科大卫《皇帝和祖宗:华南的国家与宗族》(南京:江苏人民出版社,2010年)之精彩研究。

统"意象，进而回到《明儒学案》诞生的思想史现场，探究其著述性质。

一 "宗传"：共同体建构

思想是在对话中形成的，思想家通过著作与前贤及其所处时代对话，而其著述本意往往潜藏于对话所营构的思想语境之中。因此，尽可能地还原思想史语境，厘清黄宗羲面对的社会、思想议题，是理解《明儒学案》的前提。黄宗羲在《发凡》第一段中首先提及两部著作：周汝登的《圣学宗传》与孙奇逢的《理学宗传》。以往的研究大多侧重于凸显《明儒学案》与两书的差异，但其实，三部著作的共同之处才是黄宗羲展开对话的基础，更加值得重视。

在《发凡》头两段文字中，有两个关键词"宗传"和"宗旨"，其原型毫无疑问来自宗法、宗族制度。这种用法常见于明代思想语境，例如黄宗羲之师刘宗周编纂有《阳明传信录》三卷，此三卷的功能分别为"存学则""存教法""存宗旨"；而所谓"宗旨"，主要是指阳明良知学"近本之孔孟之说，远溯之精一之传""契圣归宗"。① 这即是以宗族血脉譬喻学说精神源流。泰州学派罗汝芳《孝经宗旨》更清晰地使用"宗法"观念来诠释"宗旨"：

> 宗也者，所以合族人之涣而统其同者也。吾人之生，只是一身，及分之而为子孙，又分之而为曾玄，分久而益众焉，则为九族。至是各父其父，各子其子，更不知其初为一人之身也已。故圣人立为宗法，以统而合之，由根以达枝，由源以及委，虽多至千万其形，久至千万其年，而触目感衷，与原日初生一人一身之时光景固无殊也……人家宗法，是欲后世子孙知得千身万身只是一身；圣贤宗旨，是欲后世学者知得千心万心只是一心。②

罗汝芳指出，宗旨以宗族"合族人之涣而统其同者"为原型，具备统合历史上圣贤千言万语、千心万心为"一心"的功能。作为以血缘为枢纽建构的共同体，宗

---

① 刘宗周：《阳明传信录·小引》，《刘宗周全集》第四册，台北："中央研究院"中国文哲研究所筹备处，1996年，第1页。
② 罗汝芳：《孝经宗旨》，《罗汝芳集》，南京：凤凰出版社，2007年，第435—436页。

论《明儒学案》著述性质及其现代意义

——以《发凡》及《序》为中心

陈 畅

（同济大学哲学系）

  黄宗羲所著《明儒学案》是一部什么性质的著作，这似乎已经不成为问题。《四库全书总目提要》将《明儒学案》列为史部传记类著述；梁启超则判定《明儒学案》为中国"有完善的学术史"的开端[1]，这奠定了近代以来《明儒学案》研究的基本框架。然而，《明儒学案》果真是学术史著作或史部著作吗？陈锦忠、朱鸿林的相关研究辨明了《明儒学案》在著述性质上是理学之书，在体裁上是子部著作而非史部著作[2]，从而引导我们深入反省"四库—梁启超"范式之缺失。可见，学术界长久以来形成的对《明儒学案》之定位并不准确。当前学术界在这一问题上虽然有所突破，但在探讨《明儒学案》著述本意及其所属学术传统时仍有若干重大问题未能厘清，有待进一步展开。[3] 有鉴于此，本文将重点考察《明儒学案·发凡》及两篇《序》，尤其是作为文本核心的"宗传"和"道

---

[1] 梁启超：《中国近三百年学术史》，北京：东方出版社，2004年，第55页。
[2] 陈锦忠：《黄宗羲〈明儒学案〉著成因缘与其体例性质略探》，《东海学报》，1984年第25期，第111—139页。朱鸿林：《为学方案——学案著作的性质与意义》，《中国近世儒学实质的思辨与习学》，北京：北京大学出版社，2005年，第355—378页。
[3] 例如《明儒学案》与刘宗周思想之关系、《师说》与《明儒学案》之思想差异代表什么等议题；这些议题对于我们理解《明儒学案》性质至关重要，却被轻易放过。参见陈畅：《论〈明儒学案〉的道统论话语建构》，《学海》，2012年第1期。

的内在理路提供了新的视角,甚至为解读明清学术转型提供了线索。①

其实,明代学术演进过程中所体现的气学取向乃是儒学自身固有的一个传统。从春秋战国时期到秦汉之际再到两宋,儒者们都依托于气这一元素来言说其各自的思想体系。②鸟瞰儒学史的演进,其内部确实存在着一个重气的传统,只不过可能因为气难以为思维所把握的特点③,气一直没能真正充分地进入思想的世界中,从而使得这一传统一直处于一种隐性的状态。而整个明代气学正是延续了儒学内部这种固有的气学传统,并且通过深邃缜密的哲学思辨将这一思想线索由暗返明,为理解整个儒学史的演进提供了一个非常重要的面向。④

---

① 丁为祥:《气学——明清学术转换的真正开启者》,《孔子研究》,2007年第3期,第68—72页;陈来:《诠释与重建:王船山的哲学精神》,2010年,《绪言》的"定位"部分。

② 先秦时期,在《论语》《孟子》《郭店楚墓竹简》的《性自命出》中均有对"气"的论述。《郭店楚墓竹简》,北京:文物出版社,1998年;肖永明、王志华:《朱子对孟子"夜气"思想的阐发》,《北京大学学报》(哲学社会科学版),2018年第3期,第14页脚注;李零:《郭店楚简校读记》,中国人民大学出版社,2007年,第136页;陈来:《竹简〈五行〉篇讲稿》,北京:生活·读书·新知三联书店,2012年,第121—129页。秦汉盛行的"阴阳五行""天人感应",无不建立在"气"的基础上。北宋张载依托"气"构建其气学体系;南宋的朱子依托"理""气"构建其理学体系。因此,有学者指出,中国哲学有一个根深蒂固的元气论传统(杨立华:《一本与生生》,上海:生活·读书·新知三联书店,2018年,第31页)。

③ 李泽厚曾指出过"气"的复杂性:"它亦身亦心,亦人亦天,亦物质亦精神。""既与自然、天地相关,又与人际、人情联系。它既属伦理,又属自然。其根本特征是无处不在而又流动不居。"(李泽厚:《由巫到礼释礼归仁》,北京:生活·读书·新知三联书店,2015年,第37页)

④ 现代学者对儒学的分期大体有两种观点,其区别的关键就在于是否承认汉儒的地位。单纯从气学的立场出发,李泽厚所主张的"儒学四期说"显然更能契合传统儒学的发展脉络(李泽厚:《历史本体论·己卯五说》,北京:生活·读书·新知三联书店,2008年,第130—155页)。

为进一步凸显具有儒家特色的全生、全归的思想，船山接着说道："圣人知气之聚散无恒而神通于一，故存神以尽性，复健顺之本体，同于太虚，知周万物而仁覆天下矣。"[1] "死生同于太虚之中，君子俟命而不以死为忧，尽其才，养其性，以不失其常尔。"[2] 因为气在聚散的变化过程中，始终贯通着太虚本体的神，与此相似，人于生死存殁之际也在体现着太虚的神，所以，君子生时便需竭尽发挥其才能、存养其性情，以维持人伦的常道，这样殁后才能复归于乾坤，与太虚同一。不难发现，太虚作为本体，已经由之前的宇宙论层面转化至了伦理层面，从之前作为宇宙化生的起点变而成为顺生宁死的归依，这无疑反映了明代气学的广泛性与深刻性。

四 结 语

从太虚诠释的角度来看，明代前期的学者，在学术旨趣上依然承袭着程朱理学，他们对太虚的理解还不成熟。然而，正是在这样一种不成熟的理解下，才为明代中后期的学者们赋予太虚心性的内涵提供了可能。但明代思想史的延伸并没有终止于太虚的心性化，而是进一步通过气学达到了思想上的高峰。[3] 就明代士人这一群体而言，他们之所以会选择气，可能与其自身的经历以及他们对明代社会所持的一种观念有关。[4] 从哲学上看，重视理是在追求善，重视气则是在矫厉恶，这明显是两种不同的伦理路径的取向。可以说，太虚内涵从理到气的转换体现了明代学者寻求新的思考与生存方式的诉求，这就不仅为重新理解明代儒学进程中所彰显的气学传统提供了启发，而且也为认识宋明理学

---

[1] 王夫之：《船山全书》，第31页。
[2] 同上，第103页。
[3] 冯友兰评价船山说："他是后期道学的集大成者，也就是全部道学的集大成者。"（冯友兰：《三松堂全集》，第23页）
[4] 赵园曾指出："有关'戾气'的话题吸引了我的，首先不是那一时代的政治暴虐，而是有关明代政治暴虐的'士'的批评角度，由此彰显的士的自我反省的能力，他们关于政治暴虐的人性后果、士的精神斫丧的追究，对普遍精神疾患的诊断，以及由此表达的对'理想人格'的向往。"（赵园：《明清之际的思想与言说》，第144页）

种伦理学意义上的"全"。① 船山进一步为之所以要强调全生、全归给出了他自己的解释："倘如散尽无余之说,则此太极浑沦之内,何处为其翕受消归之府乎?又云造化日新而不用其故,止此太虚之内,亦何从得此无尽之储,以终古趋于灭而不匮邪?且以人事言之,君子修身俟命,所以事天;全而生之,全而归之,所以事亲。使一死而消散无余,则谚所谓伯夷、盗跖同归一丘者,又何恤而不逞志纵欲,不亡以待尽乎!惟存神以尽性,则与太虚通为一体,生不失其常,死可适得其体,而妖孽、灾眚、奸回、浊乱之气不留滞于两间。"② 在他看来,若人殁后便散尽,一无所余,则会使得人们不知道在苍茫天地之间何处才是真正的归宿;若造化生生却不用旧有的材质,那么太虚是如何成就这种生生不息的源头使其有无穷无尽的材质呢?又何以会这样不断地趋向于一种无限的毁灭呢?③ 依循这种流俗的看法,则会取消掉伯夷、盗跖在价值归宿上的差异性,更有甚者,还将会骋逞心志、放纵欲望。因此,君子应该一反流俗的做法,修身立命以事天,全生全归以事亲。只有这样才能保证生时有常则可依循,殁后遇虚体可从得;才能尽性、存神,消融掉人世间的"妖孽、灾眚、奸回、浊乱之气",最终通达于太虚本体。他又说:"未生则此理气在太虚为天之体性,已生则此理气聚于形中为人之性,死则此理气仍返于太虚。形有凝释,气不损益,理亦不杂,此所谓通极于道也。"④ 万物生化之前,作为体性的太虚已经存在;万物生化之后,太虚之体便凝涵成为人之性;人殁后则太虚又重归于体性的存在阶段。船山称这一过程为"通极于道",也就是上文所说的"与太虚通为一体"。

---

① 这种"全生""全归(死)"的思想是儒家区别于其他思想流派的特殊之处。比如,道家并不认可这种"全生""全归(死)"的主张。《老子》第五十章说:"生之徒十有三,死之徒十有三。人之生动之死地,亦十有三。夫何故?以其生生之厚。"王弼注说:"取其生道,全生之极,十分有三耳;取死之道,全死之极,亦十分有三耳。而民生生之厚,更之无生之地焉。"(王弼注、楼宇烈校释:《老子道德经注校释》,第134、135页)

② 王夫之:《船山全书》,第22页。

③ 颇为吊诡的是,船山所反对的这两种看法,二程却曾以之质疑过张载。杨立华就此曾指出:"程子首先针对张载的那种循环论的、气本论的思想进行了批判……在张载那里,质料是永恒的,或者说材料是永恒的。程颐觉得质料或材料怎么可能是永恒的?""在程子这儿……理是永恒的,生生之理是永恒的,而所有的气、作为材料的气,都是创造出来的,因此最终也会灭尽无余的。所以程子讲:'凡物之散,其气遂尽。'(《二程集》,北京:中华书局,1981年,第163页)"(杨立华:《宋明理学十五讲》,第172、173—174页)

④ 王夫之:《船山全书》,第120页。

涸也。"① 船山从名实的话题切入，认为虽然由名所指的道、理根本上都是单一的实，但出于分析的必要，名却可以多种多样。作为本体的太虚与其自身所涵的阴阳，以及合阴阳而成的"太和"，虽实质上都是气，但为了凸显彼此之间的差异，并不能统言之为气。为侧重于万物自然生生的开始阶段，需借"天"之名来指代。为强调化的过程，则出现了气化之名。② 同样，阴阳二气蕴涵于太虚之中，在动静的状态中彼此之间相互摩荡，凭借着时位来进一步彰显其特有的功能，万物正是在顺承这种功能的过程中形成了各自内在的条理，依循着各自的条理以作为当然之则，便分别出现了分殊的道。接着，船山进一步指出，天、道之名只是对万物的一个泛指，对人的特指，则须落实到性、心之上。作为本体的太虚体现了德性的凝聚；有动有静的阴阳则暗含了实践过程中的节律与规则。将太虚的健顺之德内化为优于万物的五行并为人所秉继，便是性之名的来源。可见，性本原于天，顺承于气化之道，凝聚于气化之形，因此，就可以通达于五行、万物之理。当性蕴于心中并能够感通外物之时，同时也是形、神、物三者相会之时，此刻知觉的功能便开始发用，这样就会依次出现象、数、名与义，能揭示出四者之所以出现的原因、顺序以及相互之间的关联便体现了心的特殊功能。由性而有知，反过来，再由知而知性，双方相互交错于一处并有所分别，这样便产生了统一二者的心。依逻辑的顺序来看，是由天显道，循道得性，依性达道；反过来，依工夫的顺序，则是尽心知性，由性达道，通道于天。无论哪一种顺序，从根本上来说，都是太虚本体的呈现。又因为逻辑顺序总是体现为一种已然状态，所以只能在未然的工夫层面用力，使不符合造化生生的杂糅、凝滞得到清纯，从而实现天人合一，这样便可以全归于体现性道的太虚本体。

船山还说："生以尽人道而无歉，死以返太虚而无累。全而生之，全而归之，斯圣人之至德矣。"③ 对于人伦的终极仪范。圣人来说，真正的德性既包含生时能够孜孜不倦地履尽人道，还包含死后可以长久地回归太虚本体，实现一

---

① 王夫之：《船山全书》，第32—33页。
② 船山此处虽认为"天""气化"以及后文所说的"道"都只是"名"，但这种"名"并不脱离"实"，恰恰是"实"的表达。之所以会有"名""实"的分疏，应该是考虑到"实"的过程性与这一过程的层次性、重叠性、间断性、多样性及复杂性的结果。
③ 王夫之：《船山全书》，第20页。在船山看来，太虚与全归相联系，正是一种德性的体现（陈来：《诠释与重建：王船山的哲学精神》，上海：生活·读书·新知三联书店，2010年，第356—362、380—385页）。

气的妙合作用。当气凝聚时就出现了包含形体与性命在内的人,当气消散时人的形体与性命又都回归于太虚中。无论是气聚还是气散,太虚作为性命的本原都没有受到任何的损益。既然气的聚散无外于太虚,那么人的生死也应最终返归于太虚。就太虚是性命的本原这一论断而言,王廷相的阐述只开启了一个端绪,更为深刻、详细讨论的展开到船山那里才完成。

2. 全归太虚通为一体

梁启超在《清代学术概论》一书中曾引谭嗣同评论船山的话:"五百年来学者,真通天人之故者,船山一人而已。"① 可谓知言之论。在明代气学论者当中,王船山的特殊之处在于他将气彻底地贯通于天人之中,体现为他对"全归太虚"的解读。② 他在《正蒙注》中说:"名者,言道者分析而名;言之各有所指,故一理而多为之名,其实一也。太虚即气,絪缊之本体,阴阳合于太和,虽其实气也,而未可名之为气;其升降飞扬,莫之为而为万物之资始者,于此言之则谓之天。气化者,气之化也。阴阳具于太虚絪缊之中,其一阴一阳,或动或静,相与摩荡,乘其时位以著其功能,五行万物之融结流止、飞潜动植,各自成其条理而不妄,则物有物之道,人有人之道,鬼神有鬼神之道,而知之必明,处之必当,皆循此以为当然之则,于此言之则谓之道。此二句兼人物言之,下言性心,则专言人矣。太虚者,阴阳之藏、健顺之德存焉;气化者,一阴一阳,动静之几、品汇之节具焉。秉太虚和气健顺相涵之实,而合五行之秀以成乎人之秉夷,此人之所以有性也。原于天而顺乎道,凝于形气,而五常百行之理无不可知,无不可能,于此言之则谓之性。人之有性,函之于心而感物以通,象著而数陈,名立而义起,习其故而心喻之,形也,神也,物也,三相遇而知觉乃发。故由性生知,以知知性,交涵于聚而有间之中,统于一心,由此言之则谓之心。顺而言之,则惟天有道,以道成性,性发知道;逆而推之,则以心尽性,以性合道,以道事天。惟其理本一原,故人心即天,而尽心知性,则存顺没宁,死而全归于太虚之本体,不以客感杂滞遗造化以疵颣,圣学所以天人合一,而非异端之所可

---

① 梁启超:《清代学术概论》,北京:中华书局,2016 年,第 29 页。
② 就船山的独特性,赵园也曾有过暗示:王夫之对于那个暴力充斥的时代,持更清醒而严峻的批判态度,其议论也更能代表那个时代及士人的反省深度(赵园:《明清之际的思想与言说》,第 17 页)。

神妙充足，蕴涵于太虚之中。只有穷知于太虚，才能真正明白理的源头及地位。

（二）通极于道：全归于太虚本体

1. 太虚乃性命之本原

除在宇宙本体的层面讨论太虚之外，晚明学者还将这一范畴应用在人伦道德层面，凸显了明代气学的广延性与深刻性，如王廷相所说："有太虚之气而后有天地，有天地而后有气化，有气化而后有牝牡，有牝牡而后有夫妇，有夫妇而后有父子，有父子而后有君臣，有君臣而后名教立焉。是故太虚者，性之本始也。"[①] 对于包含着人类在内的整个世界而言，它的出现有一个内在的时间顺序：从太虚到天地到气化到牝牡，再到夫妇到父子到君臣到名教。这就意味着，太虚不仅是气化宇宙的本体，还是道德性命的逻辑起点。因此，人伦秩序、礼义教化都必须建立在太虚这一原始起点的基础之上才能得到最终的完成。他又说："两仪未判，太虚固气也；天地既生，中虚亦气也，是天地万物不越乎气机聚散而已。是故太虚无形，气之本体清通而不可为象也；太和氤氲，万物化醇，生生而不容以息也，其性命之本原乎！"[②] 无论是在未分判之前，还是在已分判之后，天地都是太虚的体现，只是形式不同而已。作为本体，太虚处于一种无形无象的状态；作为性命的本原，则蕴涵于万物不间断的化生中。

与王廷相的这种看法相类似，船山也说："天以太虚为体，而太和之絪缊充满焉，故无物不体之以为性命。"[③] 太虚不仅是体，其本身所涵的阴阳二气充满宇宙之际，而且还是万物性命的根源。"言太和絪缊为太虚，以有体无形为性，可以资广生大生而无所倚，道之本体也。"[④] 正因为自身充周着阴阳之气的太虚作为本体，太虚才能成为万物衍生不息的终极依据，其中既包括天道，也包括人道。因为在他看来："太虚之气，无同无异，妙合而为一，人之所受即此气也。"[⑤] 人类得以出现的根源与其他万物得以出现的根源并无二致，都是太虚之

---

① 王廷相：《王廷相集》，第 752 页。
② 同上，第 758 页。
③ 王夫之：《船山全书》，第 66 页。
④ 同上，第 40 页。
⑤ 同上，第 123 页。

而入于太虚则不形。"① 作为天地万物化生的最基本的元素气或阴阳二气，在聚而成形的万物生生销尽之后，仍要返于无形的太虚。太虚之所以能够作为气的终极归宿，最根本的原因就在于它的本体性地位。船山有时也用"体"来说明太虚的这种地位，他说："散入无形而适得气之体。"②"聚而成形，散而归于太虚，气犹是气也。神者，气之灵，不离乎气而相与为体，则神犹是神也。"③ 这里的表达与上述采用本体字样的表达并无二致。这样的表述在王廷相那里也能看到："气至而滋息，伸乎合一之妙也；气返而游散，归乎太虚之体也。是故气有聚散，无灭息。"④ "伸乎合一之妙"正是船山所说的"神"。气只会散尽回归于太虚，并不会消亡于空无。正是出于这一缘故，方以智也说："考其实际，天地间凡有形者皆坏，惟气不坏。"⑤ 方氏所说的不坏之气指的正是本体性的太虚。

作为气的太虚与理之间的关系，是气学论者所必须要面对的另一个重要的问题。在气学论者看来，太虚的本体性地位，就直接决定了它比理更具有第一性与根本性。王廷相明确说道："万理皆出于气，无悬空独立之理。造化自有入无，自无为有，此气常在，未尝澌灭。所谓太极，不于天地未判之气主之而谁主之耶？故未判，则理存于太虚；既判，则理载于天地。"⑥ 与理学家的主张不同，王氏认为，那种独立无所依靠的理并不存在，理都是出于气。气的永恒性才决定了理的永恒性：当万物还没有成形之前，理存在于本体的太虚之中；当万物已然成形之后，理便存在于气聚而成的天地万物之中。天地的真正主宰者应该是未判之气——太虚，而非理。船山也说："天惟健顺之理充足于太虚而气无妄动。"⑦ "在天者和气缊于太虚，充塞无间，中函神妙。"⑧ "穷高明者，达太虚至和之妙，而理之所从出无不知也。"⑨ 由气所构成的世界，无论是既形之后的万物，还是未形之前的太虚，气都具有第一性。但这种气并非杂乱无序，而是理、

---

① 王夫之：《船山全书》，第 23 页。
② 同上，第 26 页。
③ 同上，第 23 页。
④ 王廷相：《王廷相集》，第 753 页。
⑤ 方以智著、庞朴注释：《东西均注释》，第 219 页。
⑥ 王廷相：《王廷相集》，第 596 页。
⑦ 王夫之：《船山全书》，第 68 页。
⑧ 同上，第 367 页。
⑨ 同上，第 161 页。

气、元机,从所达到的范围看是太极,从有无的层面看是太虚,这四个范畴在这里几乎具有相同的内涵。① 王氏又说:"《列子》曰:'太易者,未见气也;太初者,气之始也;太始者,形之始也;太素者,质之始也。'此语甚有病,非知道者之见。天地未形,惟有太空,空即太虚;冲然元气。气不离虚,虚不离气,天地日月万形之种,皆备于内,一氤氲萌蘖而万有成质矣。是气也者乃太虚固有之物,无所有而来,无所从而去者。今曰'未见气',是太虚有无气之时矣。又曰'气之始',是气复有所自出矣,其然,岂其然乎? 元气之上无物,不可知其所自,故曰太极;不可以象名状,故曰太虚耳。"② 列子根据气的显见、形的形成与质的出现,将宇宙分为四个阶段③,王廷相对此进行了深刻的批判。他认为,未显见的气、天地未成形之前的太空、万有所成的质,归根到底都是太虚的呈现。又因太虚不离于气,所以也可以说是气的呈现。

3. 太虚是体

确定了太虚是气之后,明代学者们又进一步指出太虚的本体性。就此船山指出:"于太虚之中具有而未成乎形,气自足也,聚散变化,而其本体不为之损益。"④ "散而归于太虚,复其絪缊之本体,非消灭也。"⑤ 这里明确用了"本体"。虽然气在聚散的过程中变化万千,但作为本体的太虚并没有因之而有所改变;相反,气在散尽之后则要返归于其本体——太虚。所以,他有时便直接说:"天地之化,人物之生,皆具阴阳二气。其中阳之性散,阴之性聚,阴抱阳而聚,阳不能安于聚必散,其散也阴亦与之均散而返于太虚。"⑥ "聚而出为人物则形,散

---

① 这一点,已有学者指出:"在王廷相哲学逻辑结构中,'太虚''太极''元气'三个概念经常交叉使用,实质上三者内涵趋同,属于逻辑学意义上的同一概念。"(曾振宇:《从张载到王廷相:中国古代气学的超越与回复》,《齐鲁学刊》,2010年第3期,第8页)但是,这四个范畴也只是在特定的语境中才可以相互交叉使用,在其他语境中则需分别处理,详后讨论。

② 王廷相:《王廷相集》,第849页。

③ 李零指出:"古人把道生天地万物分为四阶段:太易、太初、太始、太素。太易无气,太初有气,太始有形,太素有质。"(李零:《兰台万卷》,北京:生活·读书·新知三联书店,2013年,第205页)并参见《列子》一书中的《天瑞篇》(杨伯峻:《列子集释》,北京:中华书局,2016年)。

④ 王夫之:《船山全书》,第17页。

⑤ 同上,第19页。

⑥ 同上,第57页。

可以合理地解释天地间的化生，太虚是虚则会流于老庄"有生于无"的偏见。

2. 太虚是气

对于理学家来讲，理是真正的"实"。这一思维逻辑同样适合于气学家，在他们看来，气才是真正的"实"。因此，船山并没有停留在"太虚一实"的观点上，而是进一步指出太虚是气。他说："太虚一实之气。"[1]"实者，气之充周也。"[2]太虚所是的实正是气。这种本体论上的最后选择，也能从一个侧面反映出明代学术的气学取向。他又说："太虚之为体，气也，气未成象，人见其虚，充周无间者皆气也。"[3]太虚所是的气是一种本体性的气，即"未成象"之前的气。[4]这就打破了太虚是虚、是空无所有的俗见，确立了太虚是实、是气的主张。

明代气学论者的另一位代表王廷相（1474—1544）就太虚是气也有非常明确的表述。[5]他说："道体不可言无，生有有无。天地未判，元气混涵，清虚无间，造化之元机也。有虚即有气，虚不离气，气不离虚，无所始，无所终之妙也。不可知其所至，故曰太极；不可以为象，故曰太虚，非曰阴阳之外有极有虚也。二气感化，群象显设，天地万物所由以生也，非实体乎！是故即其象可称曰有，及其化可称曰无，而造化之元机，实未尝泯。故曰道体不可言无，生有有无。"[6]作为不可以为象的太虚，相对于成象的有似乎是无，但这种无并非空无所有，而是不离于气，因此王廷相又称其为"元气"。太虚正是作为这种能够创生万物的元气，所以又被看作天地之间造化的"元机"。从造化的角度看是元

---

[1] 王夫之：《船山全书》，第41页。
[2] 同上，第27页。
[3] 同上，第377页。
[4] 杨立华在讨论张载的哲学时曾提道："如果我们去仔细阅读《正蒙》里面谈到的形与象，会发现形与象是有严格分界的：有形一定有象，反过来，有象不一定有形，形比象低一个层次。"（杨立华：《宋明理学十五讲》，北京：北京大学出版社，2015年，第139页）《老子·四十一章》说："大象无形。"王弼注说："象而形者，非大象。"楼宇烈指出："'大象'，即无形之象。"（王弼注、楼宇烈校释：《老子道德经注校释》，北京：中华书局，2016年，第113、116页）
[5] 将处于明代中期的王廷相置入晚期来讨论，是逻辑地考察太虚观念演变的需要，这种关照更能反映出明代儒学的发展历程。
[6] 王廷相：《王廷相集》，北京：中华书局，1989年，第751页。

有了新的建树。

（一）太虚一实：太虚乃气之本体

对太虚进行本体建构的逻辑环节具体展开为：首先要确立它的实体性，在此前提下，进一步明确实体之气而非实体之理的进路，最后完成太虚作为气本体的哲学表达。

1. 太虚是实

明清之际的王船山（1619—1692）首先指出了太虚的实存性与实在性。他说："太虚，一实者也。"[1] "太虚之中，无极而太极，充满两间，皆一实之府。特视不可见，听不可闻尔。"[2] "能明太虚之有实，乃可知万象之皆神。"[3] 太虚是一种实体性的本质存在，因其存在方式的特殊性，所以并不能为耳目等感官所觉察，他所理解的太虚具有很强的抽象性与思辨性。与之同时的方以智（1611—1671）也说："吾故又变'所以'之号，旧谓之'太虚'，我何妨谓之'太实'？旧谓之'太极'，我何妨谓之'太无'？且谓之'生生'，且谓之'阿阿'，又安往而出吾宗乎？"[4] 在方氏的观念中，太虚与太实具有内在的一致性。而且为了凸显太虚的实在性，他认为可以称太极为太无，因为在他看来，四者在本体层面具有同等的地位。

王、方二人之所以主张太虚是实，是为了反对太虚是空的俗见。船山说："故闻太虚之名，则以为空无所有而已，明则谓之有，幽则谓之无，岂知错综往来，易之神乎！"[5] 那种将太虚看作空无所有的观点，是不理解幽明、有无、往来功效的表现，归根到底，是对"神"的无知。方以智也说："董子谓天地间气化之淳，若虚而实。张横渠曰：知虚空即气，则有无隐显、神化性命，通一无二。谓虚生气，则入老、庄有生于无自然之论，不识所谓有无混一之常。"[6] 太虚是实

---

[1] 王夫之：《船山全书》，长沙：岳麓书社，2011年，第402页。
[2] 同上，第153页。
[3] 同上，第375页。
[4] 方以智著、庞朴注释：《东西均注释》，北京：中华书局，2001年，第224页。
[5] 王夫之：《船山全书》，第374页。
[6] 方以智著，张永义、邢益海校点：《药地炮庄》，北京：华夏出版社，2011年，第209页。

虚于气,犹道于阴阳。

高氏将太虚理解为气,也是要为他以太虚言心性的思路张本。他说:"静中观喜怒哀乐未发时,湛然太虚,此即天也。心、性、天,总是一个。"①心、性、天三者无差别,而太虚又与天无异,如此,太虚便与心性无异。又说:"得先生平等之教,并认平等之误平等者,性体也。森罗万象,并育并行,善者还他善,恶者还他恶而已,无与焉之谓也。若非见性,人等恶于善,究且背善从恶矣。所谓火力煅炼质性秽浊,复吾太虚真体,非以调停剂量之精神熏物而无忤也。"②在性体中,善恶并存不杂。"见性"既是在背恶从善,也是在回复"太虚真体"。他还从人心、道心的角度指出:"知危者便是道心,此提最醒。得此把柄,至于精一、执中无难矣……人心一片,太虚是广运处,此体一显即显,无渐次可待,彻此则为明心一点。至善是真宰处,此体愈穷愈微,有层级可言,彻此方为知性。"③"见性"就是要以道心为把柄,发挥人心的虚灵功能。而这一虚灵功能,正是至善太虚的体现,所以他说:"心如太虚,本无生死。"④在以太虚论心时,高氏将心性等同,反映了他既用朱子学的格物论来纠偏阳明后学,同时又援阳明学的境界论入朱子学的主观诉求。⑤

三 太虚一实的本体论与全归太虚的伦理观

在继承明代前中期思想遗产的基础上,晚明学者对太虚的诠释已深入到一个新阶段,表现为自觉地进行哲学本体的建构与伦理价值的关怀。赵园曾指出,明代士人不缺乏对自己时代的批判能力,尤其在明清之交经历了劫难的那一代人中的思想家。那一代士人中的优秀者所显示的认识能力,为此后相当一段时间的士大夫所不能逾越。⑥正是这种独特的批判能力,才让他们在精神上

---

① 高攀龙:《高子遗书》,第 360 页。
② 同上,第 476 页。
③ 同上,第 489 页。
④ 同上,第 538 页。值得注意的是,高攀龙"心如太虚,本无生死"的说法,强调"心"与太虚具有超越生死的本体性。这一观点与晚明王船山的"全归"思想(参见后文)颇有内在的一致性。
⑤ 张学智:《中国儒学史·明代卷》,第 550—556 页。
⑥ 赵园:《明清之际的思想与言说》,上海:复旦大学出版社,2010 年,第 2 页。

得出了与湛氏一致的观点:"人心与太虚同体。"① "良知之昭明灵觉,圆融洞澈,廓然与太虚而同体。"② 联系前述的宇宙论,三人所说的同体即气,这就意味着心已被理解为太虚之气。③

湛、刘还从君子、圣人的境界层面进行了讨论,进一步凸显了太虚的心性化。湛氏说:"是故君子浑然而太虚,体物而无累。太虚者其天乎!是以至大生焉。体物者其地乎!是至广成焉。存至大者德也,发至广者业也。"④ 君子进境至太虚,其德业便能与天地相并。又说:"圣人只是至虚。"⑤ "圣人之心,太虚乎!故能生万化,位天地,育万物,中和之极也。"⑥ 圣人正是由于心况太虚,才最终实现了与天地相参的"中和"。刘氏则说:"圣人心存太虚,一疵不存,了无端倪可窥,即就其存主处亦化而不有,大抵归之神明不测而已。"⑦ 圣人若能心存太虚,便可以达到"过化存神"的效果。虽同是以太虚论心,但湛氏的出发点是对心的重视,刘氏则意在统合朱王。⑧

(二)心如太虚:高攀龙的太虚观

明代中后期的高攀龙(1562—1626)在与友人讨论时说:"翁曰:公近释《正蒙》且论'太和'何如?曰:张子谓虚空即气,故指气以见虚,犹《易》指阴阳以谓道也。曰:即此便不是,谓气在虚空中则可,岂可便以虚空为气?余曰:谓气在虚空中,则是张子所谓以万象为太虚中所见之物。虚是虚,气是气,虚与气不相资入者矣。"⑨ 他虽分别虚、气,但同意张载太虚是气的主张⑩,认为太

---

① 刘宗周:《论语学案》,《景印文渊阁四库全书》第二〇七册,北京:商务印书馆,1986年,第597页。
② 王阳明:《王阳明全集》,第211页。
③ 虽被表达为心(良知)与太虚(气)同体,似乎二者具有同等地位,但详味其中的意蕴指向,显然是在强调太虚(气)比心(良知)更具有哲学上的第一性、逻辑上的优先性,这就意味着气已成为思想表达的主要媒介。
④ 湛若水著,钟彩钧、游腾达点校:《泉翁大全集》,第518—519页。
⑤ 同上,第2008页。
⑥ 同上,第45页。
⑦ 刘宗周:《刘子遗书》,第151页。
⑧ 张学智:《中国儒学史·明代卷》,第132—133、563页。
⑨ 高攀龙:《高子遗书》,《景印文渊阁四库全书》第一二九二册,北京:商务印书馆,1986年,第377页。
⑩ 学界就张载"太虚即气"哲学命题中的"即"字基本存在着两种理解,这一点已有学者作出了梳理,参见杨立华:《气本与神化:张载哲学述论》,第37页。高攀龙的这种解读也基本是沿着张载的脉络。

散？自太虚观，何处而求聚散？'"①现象的气有聚散，而且万物正是在聚散的气化过程中生灭；本体的气即太虚，则无聚散。所以湛氏既肯定气有聚散，又不否定气无聚散，因为这是处于两个层面的气。后来刘宗周（1578—1645）颇同意湛氏的这种见解，他说："或曰：虚生气。虚即气也，何生之有？吾溯之未始有气之先，亦无往而非气也。当其屈也，自无而之有，有而未始有；及其伸也，自有而之无，无而未始无也。非有非无之间，而即有即无，是谓太虚，又表而尊之曰'太极'。"②太虚之气即有即无，当其屈时，则万物化生，所以是"有"；当其伸时，则万物散尽，所以是"无"。

湛、刘主张太虚即气的宇宙观，其实是要为太虚的心性化做铺垫。湛氏说："太虚之涵万象，以其不与万象也。若与万象则非太虚矣，又焉能涵？心不与书史，故能合一。合一则不求记而自记，不求工而自工矣。"③这是从功能角度将心与太虚对言。又说："（心）与太虚同体，故能以虚应世。"④刘氏也说："人心径寸耳，而空中四达，有太虚之象。"⑤在结构层面心很类似于太虚。太虚与心从功能层面的相互喻指到结构上的无差别，并最终指向了"同体"。就这一点，王阳明（1472—1529）也说："良知之虚，便是天之太虚；良知之无，便是太虚之无形。"⑥在虚、无的层面上，作为本心的良知与太虚并无二致。⑦刘、王二人也

---

① 湛若水著，钟彩钧、游腾达点校：《泉翁大全集》，台北："中央研究院"中国文哲研究所，2017年，第130页。
② 刘宗周：《刘子遗书》，《景印文渊阁四库全书》第七一七册，北京：商务印书馆，1986年，第143页。
③ 湛若水：《湛甘泉先生文集》，桂林：广西师范大学出版社，2014年，第1405页。
④ 同上，第1469页。
⑤ 刘宗周：《刘子遗书》，第143—144页。
⑥ 王阳明：《王阳明全集》，上海：上海古籍出版社，1992年，第106页。考察阳明与湛氏的交往经历，他的这种论述应该曾受到过湛氏的影响（张学智：《中国儒学史·明代卷》，第138—139页）。
⑦ 阳明虽没有明确指出太虚是气，但从他的其他论述可以证实这一点，比如，他说："人的良知，就是草木瓦石的良知。若草木瓦石无人的良知，不可以为草木瓦石矣。岂惟草木瓦石为然，天地无人的良知，亦不可为天地矣。盖天地万物与人原是一体，其发窍之最精处，是人心一点灵明。风、雨、露、雷、日、月、星、辰、禽、兽、草、木、山、川、土、石，与人原只一体。故五谷禽兽之类，皆可以养人；药石之类，皆可以疗疾：只为同此一气，故能相通耳。"（王阳明：《王阳明全集》，第107页）与这段类似的表达还有："我的灵明，便是天地鬼神的主宰。天没有我的灵明，谁去仰他高？地没有我的灵明，谁去俯他深？鬼神没有我的灵明，谁去辨他吉凶灾祥？天地鬼神万物离去我的灵明，便没有天地鬼神万物了。我的灵明离却天地鬼神万物，亦没有我的灵明。如此，便是一气流通的，如何与他间隔得！"（同上，第124页）灵明即良知。可以看出，气是良知得以呈现的根本依据，意味着良知（心）具有气的属性。这正好可以反推，在阳明的思想脉络中，太虚是气。因此，以太虚论良知就是在以气论心。

与胡氏一样,罗钦顺(1465—1547)同样对张载的太虚观提出了批判。他说:"张子《正蒙》'由太虚有天之名'数语,亦是将理气看作二物,其求之不为不深,但语涉牵合,殆非性命自然之理也。""《正蒙》有云:'阴阳之气,循环迭至,聚散相荡,升降相求,絪缊相揉。盖相兼相制,欲一之而不能。此其所以屈伸无方,运行不息,莫或使之。不曰性命之理,谓之何哉!'此段议论最精,与所谓太虚、气化者有间矣。盖其穷思力索,随有所得,即便札记,先后初不同时,故浅深疏密,亦复不一,读者择焉可也。"① 罗氏认为,张载虽然分理、气为二,且又详细地描述了整个自然的化生过程,但也只是他穷思考索的结果,并没有探入性命之理。胡氏、罗氏对张载太虚观的批判,共同反映了二人在学术上归宗朱子的努力。②

二 以太虚之气论心性

明代中后期的学者继承了张载的思想,把太虚解读为气,以此为基础,又将之与心并论,体现出以太虚之气言心性的学术取向。这种取向与明代心学所具有的境界论性质有关③,而且他们也没有进一步挖掘太虚作为气的深层哲学内蕴。

(一)人心与太虚同体:湛若水、刘宗周的太虚观

湛若水(1466—1560)在宇宙论层面继承了张载"太虚即气"的观点,他曾与人讨论说:"蒋信问:'横渠先生曰:"气之聚散于太虚,犹冰凝释于水。"然则气有聚散乎?'甘泉子曰:'然。'曰:'白沙先生曰:"气无聚散,聚散者物也。"然则气果无聚散乎?'曰:'然。'曰:'何居?'曰:'以一物观,何讵而不为聚

---

① 胡居仁:《困知记》,北京:中华书局,1990年,第30、31页。
② 张学智:《中国儒学史·明代卷》,第101、385—391页。
③ 同上,第132页。在中后期学者群体的话语中,太虚既是气又是心,因此以太虚论心便有两层意蕴:一是太虚的心性化,二是心性的太虚化。前者是指气成为心性解读中的主导元素,后者则直接将心性理解为广义上的气。而且阳明及其后学,也有对太虚的相关论述,不过阳明基本是从良知的角度阐发,在其后学的语境中则有很浓厚的气学思想背景(黄宗羲:《明儒学案》,北京:中华书局,1985年)。整体来看,以太虚论心的表达,不仅没有削弱明代整体的气学思潮,反而加深了气学思潮在心性领域的影响。

非浮云一般的游物。"扫却浮云而太虚自清,彻去蔽障而天理自著。"① 扫却浮云,太虚便湛明清澈;恰似除去遮蔽,天理便自然显著。又说:"雷电风雨,参错交动于下,而太虚之本体自若;万事万变,纷纭胶扰于外,而吾心之本体自如。"② 表明在本体层面,太虚与心并无差异。需要指出的是,薛氏用太虚指理与本体的思想基本继承于程朱:"或问'太虚'。程子曰:'亦无虚。'遂指虚曰:'皆是理,安得谓之虚?天下无实于理者。'朱子曰:'天下之理,至虚之中有至实者存,至无之中有至有者存。夫理者,寓于至有之中,不可以目击而指数也。'观程、朱之言,可以知道矣。"③ 不难发现,在薛氏的思想中,太虚不仅没有被赋予新的内涵,且还是一个不稳定的概念。

(二)太虚因迹而设:胡居仁、罗钦顺对张载的批判

与薛瑄不同,胡居仁(1434—1484)对太虚则持一种批判的态度,他说:"极之为言始于箕子,申于孔子。其为物不贰而生二生四至百千万亿。以迹观之,浑无一物;以理求之,枢纽万物。圣人见其理,故曰'太极'。昧者惑于迹,故设为'太清''太虚''太空'之号,而于太极之理无睹焉。学术邪正所由判也。"④ "极"虽是化生宇宙万物的根源,但其本身却无迹可寻,只是逻辑推演的结果。圣人有见于此,才命之曰太极。而之所以会出现太清、太虚、太空的名号,则是惑于"迹"的表现,借此并不能认识到本原层面的理,这是分判学术正、邪的标准。基于这样的认识,胡氏对张载的太虚观提出了批判,他说:"张横渠言太虚不能不聚而为万物则可,言万物不能不散而为太虚则不可。聚则生,散则尽,物理之自然,岂又散去为太虚者?太虚亦不待万物散而为也。"⑤ 他同意张载太虚凝聚为万物的观点,却反对万物消散为太虚的说法。在他看来,太虚指向的是太极化生万物的过程,是生生之理的体现,也就不可能是万物散尽之后的归宿,因为万物消亡只能归于无。

---

① 薛瑄:《薛瑄全集》,第1153页。
② 同上,第1241页。
③ 同上,第1258页。
④ 胡居仁:《易像抄》,《景印文渊阁四库全书》第三一册,台北:台湾商务印书馆,1986年,第142—143页。
⑤ 胡居仁:《居业录》,《景印文渊阁四库全书》第七一四册,第27页。

一 太虚即气即理与太虚因迹而设

明代前期的学者对太虚的理解处于继承程朱、批判张载的阶段,这明显受到了宋元理学的影响①,在此阶段,太虚还是一个内涵不稳定的哲学范畴。

(一)太虚即气即理:薛瑄对程朱的继承

明前期的薛瑄(1389—1465)对太虚的论述有一定的代表性,在其思想脉络中,太虚的内涵主要包含两个方面:一是以云的意象比拟太虚,二是继承程朱的看法,认为太虚是理。

以云比拟太虚的表述主要体现在他的诗文中,如《静得轩为刘金宪赋二首》中说:"细雨缓催幽砌草,好风轻卷太虚云。"②《题静学轩》中又说:"止水不波云影见,太虚无翳月华明。"③《愚村居士哀辞》中也说:"澹若无情兮,浮云太虚。"④《读书录》中又说:"日月星辰之照耀,太虚云物之斑布。"⑤诗文虽不乏想象的成分,但薛氏把太虚理解为云这一点却是无疑的。与云的比喻相关,太虚有时又被理解为空间:"天地间游尘纷扰,无须臾止息,无毫发间断,是皆气机使然,观日射窗屋之间可见。因有诗曰:'游尘从此见,长满太虚中。'"⑥太虚作为空间的意涵基本是从云的意象中延伸而出⑦,且与气相关,从中已能看出气学的端倪,显然这是他受关学影响的结果。⑧

薛瑄又认为太虚是理,他说:"浮云一过而太虚湛然。"⑨指明湛然的太虚并

---

① 张学智:《中国儒学史·明代卷》,北京:北京大学出版社,2011年,第25页。
② 薛瑄:《薛瑄全集》,太原:山西人民出版社,1990年,第507页。
③ 同上,第523页。
④ 同上,第864页。
⑤ 同上,第1172页。
⑥ 同上,第1268页。
⑦ 这一点可能受张载的影响,陈来曾指出,张载说的"虚空并非像普通人所了解的那样,它并不是一个绝对的空间,不是一个中间一无所有的大柜子,而是在它中间充满着一种无法直接感知的极为稀薄的气"(陈来:《宋明理学》,北京:生活·读书·新知三联书店,2011年,第66页)。
⑧ 张学智:《中国儒学史·明代卷》,第85页。
⑨ 薛瑄:《薛瑄全集》,第1132页。

明代儒学演进中的气学传统

——以"太虚"诠释为视角

肖永明　王志华

（湖南大学岳麓书院）

　　明代儒学在其演进的过程中，表现出明显的气学特色。[①] 以往学者多从理—气的视角对这一特色进行解读，考虑到宋代理学家的体系建构大多也是以理—气为基础，所以单纯以理—气为间架还不能真正标举明代学术的独特风格，因而，本文试图以气学为线索来进一步理解明代儒学的演进。同时，自张载以后，太虚就成为气学中占有核心地位的哲学范畴。且自明代前期开始，太虚就已经为学者们所关注，到明中后期，对于太虚的探讨更是不断深入。[②] 可见，就理解明代气学而言，太虚可以作为一个关键的切入点。考察明儒对太虚的诠释，对理解明代儒学的整体风格、宋明理学的内在脉络以及儒学史的演变都具有重要的意义。

　　[①] 冯友兰就曾指出："气学自张载以后没有比较大的发展，影响也比较小。到了明中叶以后，才有人提倡。"（冯友兰：《三松堂全集》，郑州：河南人民出版社，2001年，第232页）陈来也指出："至少在明代中期以后，主张'气质之性'的学者越来越多，这已是众所公认的历史事实。"（陈来：《元明理学的"去实体化"转向及其理论后果——重回"哲学史"诠释的一个例子》，《中国文化研究》，2003年第2期，第1页）曾振宇也说："明代中期以后，思想界潜伏着一股思想的暗流，那就是思想界对张载哲学的回归与张扬。"（曾振宇：《中国气论哲学研究》，济南：山东大学出版社，2001年，第224页）

　　[②] 朱建民曾指出："在整个中国思想史上，张载之标举太虚，亦有独特之地位。""张载是中国思想史上第一位以太虚作为重要概念的思想家。"（朱建民：《张载思想研究》，北京：文津出版社，1989年，第59页）不过，根据杨立华的考察，太虚在胡瑗的《周易口义》中就已经出现（杨立华：《气本与神化：张载哲学述论》，北京：北京大学出版社，2008年，第32页）。

动他们,几乎连对话的可能都非常困难。①由此观之,在孟子的整体理论特色与章节对话蕴含之间存在扞格和罅缝,应该说是合乎情理的。而相比之下,朱子的理解便显得更为纯粹,直以心性道德的语言和思路对孟子的"推恩"问题做出了融贯的说明,仁政王道的问题在朱子的理解中,不是作为目的问题而出现,而是作为"推恩"所表现的道德实践和道德完成自然而有的结果。

在此并不十分严格的意义上,我们把这一点看作是朱子在政治和道德问题上对孟子的"扭转"。

四　简短的结语

"推恩"问题在孟子的思想中是一个颇有特色的理论问题,涉及政治、道德以及道德心理学的诸多方面,也引起了中外学者的相当的重视。本文既以朱子论"推恩"为主题,则相关学者的研究只是作为背景资料而立,以期起对照显发之用。

朱子对"推恩"问题的理解与他的整个心性理论协调一致,紧密相连,同时也表现出与西方学者的相关理解颇为不同的理论特色。朱子把"推恩"的"推"理解为"扩充",而所扩充的主要不是作为已发的恻隐、不忍的道德情感,而是此道德情感赖以生发的恻隐之仁心,故而朱子教导人们应在此未发的恻隐之仁心处涵养用力,而不当过分执着于因境而发的道德情感,而"推恩"所涉及的远近、难易、差等问题,朱子则以其"理一分殊"的理论加以解释,表现出儒家传统智慧的特色。总体而言,朱子对"推恩"的理解自成一体,在理论的整全性和一致性上,有胜于西方学者的一面。

---

① 对话、劝说如要获得成功,一个重要的特点就要在现场情境下切实"打动"对方,而面对满眼都是功利的诸侯而言,若不在"效果"上着手,则很难真正"打动"他们,这是从常识着眼的理解,却十分符合战国时期众多士人游说诸侯的策略。

为一套自足的心性论理论[①];同时,以朱子四十年如一日注释"四书",他不可能不熟悉《孟子》一书的篇章和对话结构,剩下的可能解释是,朱子或者根本不认为第七章中孟子与齐宣王的对话,在结构及此结构蕴含的意义理解上存在任何问题;或者朱子只是站在自己的立场将孟子与宣王具体的对话结构及其蕴含的意义理解从孟子的整体理论上加以分析把握。就目前来看,后一种解释无疑更符合朱子的理解方向。《孟子或问》有一段记录或可得其大概,朱子云:"齐王不忍一牛之死,其事微矣,而孟子遂以是心为足于王者,何也?曰:不忍者心之发,而仁者天地生物之心,而人之所得以为心者也。是心之存,则其于亲也,必知所以亲之;于民也,必知所以仁之;于物也,必知所以爱之矣。然人或蔽于物欲之私,而失其本心之正,故其所发有不然者,然其根于天地之性者,则终不可得而亡也。故间而值其不蔽之时,则必随事而发见焉。若齐王之兴兵结怨,而急于战伐之功,则其所蔽为不浅矣。然其不忍一牛之死,则不可不谓之恻隐之发,而仁之端也……王既不能自知,而反以桓、文为问,则孟子安得不指此而开示之耶?然战国之时,举世没于功利,而不知仁义之固有,齐之百姓又未见王之所以及民之功,是以疑其贪一牛之利,非孟子得其本心之正,而有以通天下之志,尽人物之情,亦孰知此为本心之发,而足于王于天下哉?"(《孟子或问》卷一)[②]

当然,指出《孟子》一书中整体理解上所表现的道德哲学的"义务论"特色与某些对话章节结构中所表现的"效果论"意味,或许是有些学者不曾想到、不愿想到的,或者认为根本就是没有意义的多此一举。但此一现象的确具有文本解读的根据。考虑到孟子的核心关怀是在政治上推行仁政,而其所使用的却是心性的道德的方法,故而在孟子与各诸侯的对话、劝说中,政事与道德之间不免会有掺杂、扞格,这似乎并不难理解,何况战国之时,各诸侯一心想的是富国强兵、统一天下,孟子要实现自己的政治理想,推行仁政,若不从"效果"上打

---

① 此处所谓"自足的心性论理论"暂时已撇开了牟宗三先生对朱子道德哲学的具体质疑,乃就朱子本人思想系统而言。

② 《四书或问》虽被认为是未定之书,但亦不可一概而论,朱子自己说他作《或问》乃"欲学者试取正意"(《语类》卷一百二十一《朱子十八·训门人九》)。相比而言,我们固当以《集注》为主,但《或问》也有参考的重要价值。

行仁政的动机理由。不过，这种劝说策略也潜藏着一些问题，给出人们去做某事（行仁政）的动机理由，主要在情感和欲望上激发和"推动"人们去做某事，其重点并不落在某事（行仁政）本身是对的，并因为某事是对的而应该去做；相反，是因为劝说对象看到了做某事（行仁政）的好处，而这种好处又恰恰能够满足其最大的欲望（"辟土地，朝秦楚，莅中国而抚四夷"）。换言之，孟子的对话和劝说似乎是以效果论为道德实践寻找动机和理由，这在理论上便会有极大的风险[①]，盖从孟子的道德哲学的理论上看，仁政本身便具有理由和动机的自足性，仁政也不需要依凭别的后果来证明其自身的价值或正当性，仁政之实行自然有其后果（如统天下于王道），但此后果不是用来证明仁政之正确，而是仁政之实行不期然而然的结果。

如此看来，孟子的道德哲学理论与其通过对话和劝说结构（此处只以第五章和第七章为例）所表现出来的理论特色之间似乎并不那么协调一致[②]，前者可以被诠释为一套"义务论"，后者却具有"效果论"的意味；与此相应，"推恩"问题如果落在前者，其自身便是自足的[③]，如果落在后者，"推恩"即可能成为某种手段或工具。

假如上述分析还有文本根据的话，则朱子本人是否意识到可以对《孟子》一书就有关对话、劝说的章节在结构上进行独立的理解和分析，我们目前尚未看到相关的文字。但可以确定的是，朱子把《孟子》的《梁惠王上》第七章理解

[①] 有关孟子思想或其道德劝说是否具有效果论性质的问题，西方学者间或有所提出，可参阅顾立雅（G. H. Creel, *Chinese Thought: From Confucius to Mao Tze-tung*, Chicago: The University of Chicago Press, 1953, pp. 86-87），倪德卫（David S. Nivison, *The Way of Confucianism: Investigations in Chinese Philosophy*, p. 106），信广来（Kwong-loi Shun, "Moral Reasons in Confucian Ethics," in *Journal of Chinese Philosophy*, 16, 1989, p. 341）等。中文学界较有代表性的是蔡信安，参见蔡信安：《道德抉择理论》，台北：时英出版社，1993年，第150—154页。

[②] 此处所谓"并不那么协调一致"乃基于两个假设的前提，一是假定对《孟子》一书可以有整体理论的把握和章节对话脉络的分析两种不同的读法；二是假定孟子的相关对话章节可以作为独立的文本加以分析。某一段落或章节是否可以作为独立文本加以分析，而不至于被认为断章取义，当满足以下两个条件：（1）该段落或章节论述的目的、宗旨清楚且确定；（2）该段落或章节论证的过程完整而清晰。

[③] 朱子云："七篇之书，莫非体验、扩充之端……孟子大概是要人探索讨计，反己自求。"（《语类》卷十九《论语一·论孟纲领》）

疑和意见，而是顺着梁惠王的心志，认为只要惠王能够"施仁政于民"云云，那么，惠王的人民即便拿的是木棒也足于打败秦楚身披坚厚的铠甲、手执锐利兵器的军队了。因此，实行仁政的人可以无敌于天下，其政治愿望自然亦皆可满足和实现。

通过上述分析，我们大体可以将上述两段的对话结构表述为：

（1）A 有 X 欲望
（2）行仁政可以实现和满足 A 的 X 欲望
（3）A 应行仁政

上述孟子与宣王和惠王的对话结构在表述上略有不同，但实质上并无差别。为免烦琐，我们即以宣王为例进行分析。在上面的对话结构中，宣王所以行仁政（此仁政即包括"推恩"问题在内）乃是因为借此可以成就其政治大欲，如是，仁政之被实行并不是出于仁政本身，而是出于宣王之政治大欲。若就理论本身而言，孟子试图劝说宣王行仁政，其最大的理由当来自仁政本身，可在上述对话结构中，孟子并未在这点上用心，相反，在孟子的对话中，仁政只是出于实现宣王之政治大欲的"目的—手段"的考虑而成为行动的理由，而仁政本身却不构成行动的理由。

宣王没有行仁政，没有推其恩以德泽其治下的百姓，"推恩"失败了，孟子说宣王是"不为"。从道德心理学的角度看，"推恩"的失败或宣王的"不为"涉及对话者为何要推其恩以行仁政的动机或欲望问题。在上述对话脉络中，我们看到，宣王最大的欲望是莅中国而抚四夷，今假设经由孟子的劝说，宣王即便有了行仁政的欲望，那么，这种欲望也并不是由仁政本身产生出来的，而是由其一统天下的政治目标产生的，用休谟的话来说这种欲望也只是"衍生"（derive）的、而不是"原生"（original）的欲望，因而宣王即便认识到行仁政的理由，此理由也只是工具性质的理由。孟子随顺宣王之政治大欲，以为行仁政即可无敌于天下，这种劝说在效果上的确足于让宣王动心。然而，无敌于天下是行仁政自然而有的结果，而不是为什么要行仁政的理由。如此看来，孟子对宣王的对话和劝说主要不在理论上证成仁义之政，而似乎在竭力为宣王给出在此一对话结构中，孟子的中心关怀是仁义政治的施行，"推恩"及其涉及的不忍和恻隐之心只是其中的一个环节，或者说，推其不忍之情即可实现宣王的志向。正因如此，在上述的对话结构中，我们是充分地将齐宣王的政治目的（野心）纳入孟子的劝说中来考虑。第七章一开头齐宣王即要求孟子讲述齐桓、晋文称霸诸侯之事，此其实已确然无疑地透露了宣王的心志，但孟子却劝说宣王要实行仁政，并通过"以羊易牛"的事例向宣王证明：（1）宣王有能力实行仁政；（2）同时，宣王通过孟子的劝说，也了解到其治下的百姓处于苦难之中，觉得自己应该对百姓施于恩泽（"推恩"）。但是，宣王却"恩足以及禽兽，而功不至于百姓者"，孟子认为宣王是不为而非不能。然而，为什么不能？宣王谓"将以求吾所大欲也"，宣王之大欲即是"欲辟土地，朝秦楚，莅中国而抚四夷也"，终至无敌于天下。不过，孟子除了认为依宣王那种做法根本不可能满足其愿望外，似乎自始至终皆没有对宣王之政治大欲的正当性问题给予必要的反省，同时，孟子似乎也没有就仁政本身在理上的自足性给予足够的说明，相反，在孟子的劝说脉络中，反而顺着宣王的心志，认为只要宣王发施仁政便可竟其一统天下之功。换言之，孟子首先默认了宣王的政治大欲，只是认为如欲成就其政治大欲，当以"推恩"以行仁政为先，如是，"推恩"问题似乎成了成就宣王政治大欲的手段。

此一对话结构的特色也可见于第五章：

> 梁惠王曰："晋国，天下莫强焉，叟之所知也。及寡人之身，东败于齐，长子死焉；西丧地于秦七百里；南辱于楚。寡人耻之，愿比死者一洒之，如之何则可？"孟子对曰："地方百里而可以王。王如施仁政于民，省刑罚，薄税敛，深耕易耨，壮者以暇日修其孝悌忠信，入以事其父兄，出以事其长上，可使制梃以挞秦楚之坚甲利兵矣。彼夺其民时，使不得耕耨以养其父母，父母冻饿，兄弟妻子离散。彼陷溺其民，王往而征之，夫谁与王敌？故曰：'仁者无敌。'王请勿疑！"

在此一章中，梁惠王的政治愿望乃是替那些为国牺牲的人雪耻报仇，并问孟子"如之何则可"，孟子仍未就梁惠王的政治愿望之正当性问题提出任何质齐宣王的对话脉络中首先是作为政治与社会哲学问题而提出的。政治当然要讲求道德作为基础，要接受道德的咨询，但政治问题与道德哲学问题却有不同的侧重。前者所关心的是"事"，所讲求的是"效果"；后者所关心的是"理"，所讲求的是价值的证立与委身。而我们通过朱子对孟子"推恩"理论的诠释，可以看到，朱子的注释包括其在《语类》等著述中的诸多解释，虽然紧扣着孟子与齐宣王之间的对话、论辩脉络展开，但很明显，朱子是将孟子的"推恩"理论在较严格的意义上理解为一套道德哲学的术语（terms），解释为对恻隐之仁心的扩充，而扩充恻隐之仁心即落在道德成就或道德实现的层面，所谓"扩充得去"、"都要尽"（《语类》卷五十一《孟子一》）、"使事事是仁"（《语类》卷五十三《孟子三》）。此一现象至少表示出朱子对孟子劝说齐宣王的对话更多的是站在成就道德的角度来理解的，而未曾将孟子如何从对话、劝说的角度"打动"（motivate）齐宣王施行仁政以统一天下的政治考虑更多地纳入其中。在朱子看来，孟子的目的是意欲通过说服、劝导的方式让齐宣王完善和成就道德，而不是直接劝说他实行仁政。如前所云，在朱子的理解中，孟子所取的齐宣王见牛无辜就死而生的不忍，并就此所做的一整套包括"推恩"在内的道德劝说，只不过是孟子面对齐宣王时的一种方便说法而已，因为在朱子看来，齐宣王"人欲蔽固"，而要对这种人进行有效的道德劝说和引导，便只能"指其可取者言之"（《语类》卷一百零一《程子门人》），否则便很难达到劝说的目的。依朱子，齐宣王只要依照孟子的劝说，由见牛所生的同情反本，扩充其恻隐之仁心，即可成就道德，至于仁义政治和统一天下乃是顺此而有的不期然而然的结果。

不过，如果我们把"推恩"问题放到第七章孟子与齐宣王的整个对话脉络中来理解，那么，其对话结构大体呈现这样的情形：

（1）孟子劝齐宣王实行仁政；
（2）宣王觉得其志向在于"辟土地，朝秦楚，莅中国而抚四夷"；
（3）孟子说，只要实行仁政，保民而王，则可以实现其志向；
（4）所以宣王应该推恩以行仁政。

"推恩"与爱有差等并不矛盾,对此,陈来有更为详备的解释,陈来认为:"照理学看,每个人在宇宙中都占有一定的地位,对他人他物具有一定的义务,由于地位不同,每个人对他人直接承担的义务也不同。个人对亲属、对外人、对天地万物各具有不同义务,其间有等级差别,一个人应当首先爱其父母,然后及人及物,这就是立爱必自亲始。虽然,仁爱在具体施行上亲疏有等、贵贱有别,但在理学看,其中体现的道德原则是一致的,或者说是同一个基本原则。即是说道德的基本原则表现为不同的道德规范,这也就是道德原则中普遍与特殊的关系,从这样一个特定的角度涉及到一般与个别的关系。"[1]

三 对孟子的扭转？

就较为狭隘的意义上说,"推恩"问题在理论上涉及道德实践中的道德成就问题,而理解孟子的道德实践至少可以有两种不同的路径或方式,其一是通过说明"四德"之实践所需要的人性论基础和修养功夫来呈现孟子道德实践理论的特征,即此而言,我们会认为,孟子的道德哲学倾向于动机论和义务论,这从其性善论之断言以及"由仁义行,非行仁义也"(《离娄下》)、"君子所以异于人者,以其存心也。君子以仁存心,以礼存心"(《离娄下》)、"从其大体为大人,从其小体为小人"(《告子上》)等言说中明显可以看出；其二是通过分析孟子与他人的对话或论辩,尤其是通过分析孟子试图借此对话和论辩以改变他人的道德思考、走上道德实践之路的事例来呈现孟子道德实践的特色。按理,上述两种路径所讨论的道德实践本质上应当是一致的,但表现上却不尽相同,前者侧重于从道德实践的理论层面来表现孟子道德哲学的特色,它要求在理论上提供一套可证立、可委身的价值理想；后者则侧重于从道德实践的事实层面(如对话、论辩等)来表现孟子思想的特点,需要指出的是,由于后者明显地落在对话和论辩的脉络之中,因而显示出很强的"理由""效果"呈现的特色,而这种特色在对话脉络中可能会呈现较为严重的理论问题。

在本文第一部分中我们曾经指出,整体地看,"推恩"问题在第七章孟子与

---

[1] 陈来:《朱子哲学研究》上海:华东师范大学出版社,2000年,第112页。

爱由亲始；同类之间，虽有远近不同，但"同类而相亲"，故"推恩"容易；同类与异类之间的推，由于"同生而异类"，与人相隔亦远，"推恩"则较难。在"以羊易牛"章中，宣王对牛（作为异类之物）无罪就死而生不忍之情，并给予赦免，但对其治下的百姓的苦难却无动于衷，这是一种违背常识的做法，故孟子责之云："今恩足以及禽兽，而功不至于百姓者，独何与？"依孟子，恩及于百姓容易，恩及于禽兽较难，而宣王反其道而行之，除不为外，实乃失当然之序，故朱子注曰："盖天地之性，人为贵。故人之与人，又为同类而相亲。是以恻隐之发，则于民切而于物缓；推广仁术，则仁民易而爱物难。今王此心能及物矣，则其保民而王，非不能也，但自不肯为耳。"又云："今王恩及禽兽，而功不至于百姓。是其爱物之心重且长，而仁民之心轻且短，失其当然之序而不自知也。"

围绕此一问题，学者争议较多的是其中涉及的差等亲疏的问题。有学者认为，孟子的"推恩"说试图从特殊的血缘亲情出发，实现普遍性的仁者爱人，但孟子同时又主张"爱有差等"，如是，"推恩"的普遍之爱与爱有差等两者之间便难以相容。[①] 基本上，孟子的"推恩"以恻隐之仁心为基础，以"亲亲而仁民，仁民而爱物"为路径，以"达之于天下"（《尽心上》）为目的，故而我们认为，推恩在原则上是一个无封限的概念，在此意义上也可以称作普遍之爱。但孟子的思想中的确蕴含爱有差等，在孟子与夷子的辩论中，孟子认为，天之生物，使之一本，而夷子却是二本，朱子对此注云："孟子言人之爱其兄子与邻之子，本有差等……且人物之生，必各本于父母而无二，乃自然之理，若天使之然也。故其爱由此立，而推以及人，自有差等。"然而，在理论上，普遍之爱与差等之爱如何得到合理的说明呢？《孟子或问》的一段话可以给人启发，朱子云："老吾老以及人之老，幼吾幼以及人之幼，而天下可运于掌，何也？曰：天地之间，人物之众，其理本一而分未尝不殊也。以其理一，故推己可以及人；以其分殊，故立爱必自亲始。为天下者诚能以其心而不失其序，则虽天下之大而亲疏远迩无一物不得其所焉，其治岂不易哉。"（《孟子或问》卷一）普遍的爱是"理一"，差等的爱是"分殊"。因为是"理一"，所以普遍之爱有其必然；又因为世间万物各有不同，所以差等之爱有其必要；虽谓差等，但其爱则一，故而在朱子看来，

[①] 参见刘清平文。

可以看出，朱子之时，这种头足倒置、舍本逐末的为学现象已经出现，故朱子谆谆教诲学者"这生物之心，只是我底，触物便自然感；非是因那物有此心，我方有此心"，而是无"那物"时，我心已在，必须就此已在之心上推扩。依朱子，"以羊易牛"章中因对牛的同情而发见自家本有的仁心并就此扩充以成就德行，原本只是孟子因机指点的方便说法，若学者执着于此，并以为是上手佳途，便不对了。正有见于此，朱子乃反反复复地加以说明，且累言之而不足：

> 孟子指齐王爱牛之心，乃是因其所明而导之，非以为必如此然后可以求仁也。夫必欲因苗裔而识本根，孰若培其本根而听其枝叶之自茂耶？（《文集》卷七十三《杂著·胡子知言疑义》）
>
> 孟子此事，乃是一时间为齐王耳。今乃欲引之以上他人之身，便不是了。（《语类》卷一百零一《程子门人》）
>
> 孟子告齐王，乃是欲因而成就之，若只执此，便不是。（《语类》卷一百《邵子之书》）
>
> 知言问以"放心求心如何"，问得来好。他答不得，只举齐王见牛事。殊不知，只觉道我这心放了底，便是心，何待见牛时方求得！……如终身不见此牛，不成此心便常不见！（《语类》卷五十九《孟子九》）

"因苗裔而识本根"，因那情而见那心，并非全不对，却非为学成德的正确之方。学者当在本原处涵养理会，反其本而推之，即此心自然会触物便感，随感随应，随应随润，如是，则何须待那些子发见！

最后，孟子的"推恩"说在理论上还涉及一个远近、难易和亲疏厚薄的问题。依孟子之说，"老吾老以及人之老"或"刑于寡妻，及于兄弟"，这里有一个人与我或寡妻与兄弟之间的关系，对同类而言，这种关系存在一个远近问题，"推恩"的途径和方法即是由近及远，故朱子对此注云："盖骨肉之亲，本同一气，又非但若人之同类而已。故古人必由亲亲推之，然后及于仁民；又推其余，然后及于爱物。皆由近以及远，自易以及难。"当然，"推恩"所涉及的对象自非只止于同类之间，就仁心无封限而言，"推恩"必同时及于世间的每一物，如是，"推恩"就还有一个异类之间的推的问题。自己与骨肉之间"本同一气"，故说的理解所体现的轻其枝叶、直落本根的方法，表现出与西方学者迥然不同的特色。按之于"以羊易牛"的案例，孟子的确指出了偶发的事件、情境的特殊事实，并就此事实中指点出不忍的道德情感。西方学者在诠释孟子"推恩"的过程中，无论持何种观点和主张，他们皆十分注重此偶发事件、情境，并就此事件、情境对人物所引发的各种可能的心理现象进行细密的分析，从动机到理由、从感受到意向、从情感到欲望、从认知到实践等，似乎对每一现象都试图找出因果性的分析和说明。平心而论，这种努力在一定意义上的确拓展和深化了儒家道德心理学的理论，应当得到重视和肯定。不过，如此一来，孟子的"推恩"理论所涉及的更为基础性和本质性的问题反倒淡出了人们的视野，一方面，对偶发的事件、情境及其所引发的道德情感现象的分析得到了凸显与放大，另一方面，真正生发出此种道德情感的不待外求的恻隐之仁心本身反而隐而不显。站在朱子的立场，这种了解方式正犯了本末倒置的错误。正如种树，重点不在料理枝叶，而在壅培本根一样，"推恩"问题也主要不在注重这种由特定的偶发事件所引发的各种情感和态度，而是要学者借此已发的情感和态度反思到自家身上本有的恻隐之仁心，并就此栽培壅灌，涵养扩充。这才是根本，才是掘井及源的究竟一着。如果只是执着于此类偶发事件及其情感表现，则无异于舍本逐末，故朱子云：

> 这生物之心，只是我底，触物便自然感；非是因那物有此心，我方有此心。且赤子不入井，牛不觳觫时，此心何之？须常妆个赤子入井、牛觳觫在面前，方有此恻隐之心；无那物时，便无此心乎？(《语类》卷一百二十《朱子十七·训门人八》)

此处需要强调指出的是朱子"无那物时，便无此心乎"一说，"那物"指的是赤子入井、牛之觳觫。在这种说法中，"那物"与宣王所生的恻隐的情感之间建立起了因果关系，有那物即有那情，无那物即无那情。如此一来，人的恻隐、不忍之情的产生似纯系乎偶发的"那物"，而真正生发人的恻隐、不忍之情的"生物之心"（恻隐之仁心）却不再引起人们的重视。为了见此情以至见此心，人们只得被动地等待"那物"的出现，甚至"常妆个赤子入井，牛觳觫在面前"。

谓恻隐之心，仁之端也。扩而充之，则可以保四海矣。故孟子指而言之，欲王察识于此而扩充之也。"此处所谓恻隐之心乃是仁心所发的端绪，"欲王察识于此"之"察识"在朱子乃是已发处的功夫，已发的察识功夫当然重要，但似乎不完整不根源，察识的目的还要反本以见此心，并由此心推而扩充出去，"此心之发，固当密察存养而扩充之矣，然其明暗通塞之几，乃存乎平日所以涵养之厚薄，若曰必待其发见之已然而后始用力焉，则喜怒哀乐未发之时，学者为无所用其力，可乎？"（《孟子或问》卷一）正因如此，在《集注》中，朱子常常强调"反本"来扩充此心，如朱子云："王因孟子之言，而前日之心复萌，乃知此心不从外得，然犹未知所以反其本而推之也。"又云："盖力求所欲，则所欲者反不可得；能反其本，则所欲者不求而至。"《孟子或问》中的一段说法可以看作在某种意义上透露出了朱子对"情感扩充"论的批评和回应，朱子云：

> 范氏诸说皆善，但以齐王不能推其所为，不能举斯心加诸彼，则孟子此言正谓推近及远者，发以明齐王能远遗近之失，欲其于此深识其本而善推之，非欲其反推爱物之心以及于仁民也。（《孟子或问》卷一）

此处所谓"爱物之心"指的是恻隐、不忍之情，乃此心之发见处。依朱子，孟子言"举斯心加诸彼"乃欲即宣王对牛的不忍之情反其本以见此心（所谓"深识其本"），并就此扩充出去，而不是推已发不忍之情以仁民。今观朱子之意，"斯心"与"此情"之间有一种"本根与枝叶"或"迹与本"的关系，我们不能重其"迹"而遗其"本"，而应该反其"本"而显其"迹"，如是方能推近及远，福泽万民。假如我们将朱子此意与他把"推"理解为"扩充"，把"推恩"理解为"扩充此心"联系起来，我们大体可以看到，在朱子的心目中，宣王见牛之觳觫而生的不忍之情，只是一个"引子"，朱子真正教导我们的是，要透过这个"引子"让人反思到自家恻隐之仁心，此仁心深广不竭，不可胜用，唯就此扩充出去，方为究竟之法。①

假如上述分析有其根据，那么，我们可以进一步看到，朱子对孟子"推恩"

---

① 在注释《孟子·告子上》"仁义礼智，非由外铄我也，我固有之也，弗思耳矣。故曰：'求则得之，舍则失之。'或相倍蓰而无算者，不能尽其才者也"时，朱子云："言四者之心人所固有，但人自不思而求之耳，所以善恶相去之远，由不思不求而不能扩充以尽其才也。"

同情心既包含了解除他人痛苦的目的，也为解除这种痛苦的行为提供理由，但同情心却不包含对此一目的的欲望。① 同情心包含了目的，这一点我们当然承认，但同情心如何为行动提供证立的理由？一个出于同情的行为一定具有道德上的正当性吗？朱子可能不会同意，朱子明确指出："恻隐羞恶，也有中节、不中节。若不当恻隐而恻隐，不当羞恶而羞恶，便是不中节。"又云："四者（四端之情）时时发动，特有正不正耳。"（《语类》卷第五十三《孟子三》）由此看来，同情心并不具有行为规范的证立功能，不能一任同情心之发，"须有断制"，此断制即是此心所包含的仁与义，亦即理，故朱子云："这仁与义，都在那恻隐羞恶之先，未有那恻隐底事时，已有那爱底心了；未有那羞恶底事时，已有那断制裁割底心了。"（《语类》卷五十三《孟子三》）

我们再回到原来的思路。前面说过，朱子并不把"推恩"直接释解成"推情"，而是释解成扩充此心。依朱子，恻隐、不忍之情既为此心之发见处，那么，推此恻隐、不忍之情，严格说来当在推此心处用力，恻隐、不忍之情只是此心所发的表现，故而在根源意义上，扩充此恻隐、不忍之情当在扩充此心上直落下手方为究竟功夫，道德行动的理由和动机亦应当在此心（"心统性情"意义上的"心"）上寻找。所以，当孟子说宣王不行仁政，非挟泰山以超北海，乃折枝之类时，朱子对此注云："是心固有，不待外求，扩而充之，在我而已，何难之有？"前面我们说过，当朱子把"推恩"解成"扩充"，而"扩充"又偏向于意志的品格时，此意志则预设了一个道德主体，而这个道德主体正是朱子所说的"心"。如是，我们看到，在朱子的解释中，"推恩"似乎每每在不同的角度被解为"推心"。如朱子云："古之圣王所以博施济众而仁覆天下，亦即是心以推之而已，岂自外至哉。"（《孟子或问》卷一）"如爱牛，如赤子入井，这个便是真心。若理会得这个心了，都无事。"（《语类》卷一百二十四《陆氏》）又云："心有何穷尽？只得此本然之体，推而应事接物皆是……盖此乃尽心之效如此，得此本然之心，则皆推得去无穷也。如'见牛未见羊'说，苟见羊，则亦便是此心矣。"（《语类》卷六十《孟子十》）依朱子，"推心"乃是"反本"的功夫，此前我们曾引朱子对孟子"是心足于王矣"的注释云："王见牛之觳觫而不忍杀，即所

---

① David B. Wong, "Is There a Distinction between Reason and Emotion in Mencius?" p. 33.

妥帖。

在另一方面，我们也不难看到，朱子虽然在许多地方把"推恩"了解为扩充人的恻隐、不忍之心，但此恻隐、不忍之心，在朱子那里说的正是情，这与朱子对心、性、情的特定了解密切相关，如朱子云："恻隐、羞恶、辞让、是非，情也。仁、义、礼、智，性也。心，统性情者也。"（《孟子集注·公孙丑上》）"如曰'恻隐之心'，便是心上说情。"（《语类》卷四《性理一》）又云："四端便是情，是心之发见处。四者之萌皆出于心，而其所以然者，则是此性之理所在也。"（《语类》卷五《性理二》）[①]正因如此，学者将这种恻隐、不忍之心称为道德情感显然是有所据的。不过，如此一来，若把朱子所理解的"推恩"直接解为"推情"，却并不符合朱子的意思。在朱子那里，"推恩"的准确意思乃是扩充此心。

但是，有些西方学者如万百安[②]、井原敬、任满说等人则据此将孟子的"推恩"直接理解成"推情"，亦即"情感的扩充"，他们的主张当然并不是没有根据，因为孟子所言的推其不忍之心的确可以理解为推其道德情感，他们认为人的天生的情感能力已然自足，无须重要的改变、扩展和培养。[③]我们暂且撇开他们在照应孟子的整体文本及义理上是否足够有效不论，"情感扩充"的主张其实已经受到了一些学者的质疑。[④]另一方面，情感如何扩充？单纯的情感本身是否可以给人的行动提供足够动力？这些问题在理论上似乎也并不是自明的。[⑤]而黄百锐则将自己的主张释解成"发展的扩充"以区别于"逻辑的扩充"和"情感的扩充"。依黄氏，当一个富有同情心的人对他的行为进行辩护时，他所诉诸的是他人的痛苦，而不是诉诸他正好有解除他人痛苦的欲望，换言之，

[①] 又引一条供参考，朱子云："心者，兼性情而言；兼性情而言者，包括乎性情也。孝弟者，性之用也。恻隐、羞恶、辞让、是非，皆情也。"问："伊川何以谓'仁是性'？孟子何以谓'仁人心'？"曰："要就人身上说得亲切，莫如'心'字说。心者，兼体、用而言。程子曰：'仁是性，恻隐是情。'若孟子，便只说心。程子是分别体、用而言；孟子是兼体、用而言。"（《语类》卷第二十《论语二》）

[②] 万百安文请参见 Bryan Van Norden, "Kwong-loi Shun on Moral Reason in Mencius," in *Journal of Chinese Philosophy*, 1991, 18(4), pp. 353–370.

[③] 主张"情感扩充"的学者虽然在主要方面有其相似的看法，但他们之间在具体观点上也各不相同。

[④] David B. Wong, "Reasons and Analogical Reasoning in Mengzi," p. 191.

[⑤] 我们举一个生活中的实例，如小张平时就喜好，也了解汽车，一日受同事之邀到销售汽车的4S店观看一部他早已了解、名声甚好的汽车，经由对样车的驾驶体验和销售员对该车的各种性能指标的详细讲解，(1)小张知道了这是一部好车；(2)小张从内心也喜欢这部车；(3)小张也不缺钱购买这部车。但最后小张并没有购买这部车。类似这样的例子可以从一个侧面把它了解为情感在行为动机方面的失效。

我们说过，"推恩"的"恩"在此指的是恻隐之心，而朱子对"推"的理解明确指的是"扩充"，换言之，"推恩"就是扩充恻隐之心。朱子所谓"扩而充之，则可以保四海"明显是对着孟子"推恩足于保四海"而来的。而作为对"以羊易牛"章的总结，我们同样可以看到与朱子对"推恩"理解为"扩充"的主张保持了一致的看法，朱子云："此章言人君当黜霸功，行王道。而王道之要，不过推其不忍之心，以行不忍之政而已。齐王非无此心，而夺于功利之私，不能扩充以行仁政。"

如果离开《集注》，朱子在其他地方的说法也一样，如朱子云：

> 如怵惕孺子入井之心，这一些子能做得甚事。若不能充，今日这些子发了，又过却，明日这些子发了，又过却，都只是闲。若能扩充，于这一事发见，知得这是恻隐之心，是仁；于别底事便当将此心充去，使事事是仁。如不欲害人，这是本心，这是不忍处。若能充之于每事上，有害人之处便不可做，这也是充其恻隐。如齐宣王有爱牛之心，孟子谓"是乃仁术也"。若宣王能充著这心，看甚事不可做！（《语类》卷五十三《孟子三》）

> 如齐宣王因见牛而发不忍之心，此盖端绪也，便就此扩充，直到无一物不被其泽，方是。（《语类》卷十八《大学五》）

孺子入井之恻隐，爱牛之不忍，表达了相同的道德情感，扩充此情感则足于保四海。我们此前说过，"推恩"预设了 A 与 B 两种事件或境况，而且就理上言，"推恩"在原则上并无封限。这种说法既可以说是从朱子而来，也可以说是印证了朱子的主张。上引所谓"于这一事发见""于别底事"即是两种事件由此推及于彼的表达，朱子只是将"推恩"的"推"了解为"充"或"扩充"，而扩充的结果并无封限，所以朱子云"使事事是仁""看甚事不可做""无一物不被其泽"。朱子是否自觉地意识到不采用墨家的"推"来理解孟子的"推恩"，由于未曾看到确切的文献，不敢断言。但朱子不用逻辑推理的概念，而用"扩充"的概念来了解"推"，当有其特定的用心，在义理上也更为周全。推理概念就其内涵规定而言指向的是理性的品格，而扩充概念就其内涵规定而言则偏向于意志的品格，若放在《孟子》的文本和思想系统中来了解，朱子的这种诠释无疑更为殊非全面呈现其主张。事实上，对于"推恩"问题，无论是把它了解成逻辑的扩充、情感的扩充还是发展的扩充，上述学者之间都有严肃的商量、批评和讨论。只是当我们的视线转向朱子对孟子"推恩"问题的理解时，我们会发现，与西方学者的看法和观点相比，朱子的诠释表现出颇为不同的风格和特色。总体而言，西方学者的解释偏于分析哲学的路数，从认知、行动、情感、理性，到内在、外在、动机、理由等，牛毛蚕丝，无不辨识，但另一方面也仿佛给人一种析之既细、离之亦远的印象，而朱子的解释虽有其自己的立场，但他却能从孟子思想的整体出发，充分体现出儒家心性哲学的特色。

从文献资料上看，朱子对孟子"推恩"说的解释，除《集注》外，可以说遍及其他许多地方如《语类》《或问》《文集》等，仅《语类》部分便有约十七卷以不同方式论及对"推恩"的解释。理论上看，"推恩"之所以可能的前提是人天生必有"恩"，此"恩"在上述的文本脉络中指的是恻隐之心，或说不忍之心、同情之心，故朱子云："人若无此，则不得谓之人，所以明其必有也。"(《集注·公孙丑上》)"推恩"就是推此恻隐之心。但所谓"推"究竟做何理解？如前所云，倪德卫和信广来等学者皆在不同程度上借用墨家"推"的概念，将孟子的"推恩"在某种意义上理解成类比逻辑的推理。这种理解所遭遇到的理论难题是，无论是出于理性压力的策略(谓合理不合理)，还是出于准逻辑的推论(谓一致不一致)，推理能得出的只是知识，但却难于造就行动，何况就恻隐、同情之心作为道德情感来理解的话，其如何作为推理的对象也并非不待解而明的。而当我们转到朱子的理解时，我们注意到，在朱子的众多说法中，朱子并未将"推"与类比推理联系起来，而是直接把"推"理解为对恻隐之心的"扩充"。[①]《集注》中，当宣王看到牛无罪就死之觳觫而心生不忍时，孟子指点曰"是心足以王矣"，朱子对此注云：

> 王见牛之觳觫而不忍杀，即所谓恻隐之心，仁之端也。扩而充之，则可以保四海矣。故孟子指而言之，欲王察识于此而扩充之也。

[①] 此处所谓"恻隐之心""不忍之心"指的即是"情"。

推理。①需要注意的是,虽然上述学者对孟子的"推恩"是不是逻辑推理互有争论,但他们的共同特点都紧扣着事件(如以牛易羊、见牛不见羊等)以及事件所引发出来的人物的道德心理反应进行各种深度的动机、理由的分析。黄百锐认为,孟子的"推恩"或扩充包含着对各种情感能力的养育美化,富有意义的改变和拓展,而这些变化并不能仅仅通过对逻辑一致性的认识而获得。②在《〈孟子〉一书中存在理性与情感的区分吗?》一文中,黄氏认为,《梁惠王上》第七章孟子对宣王的劝说并不是一种逻辑论证,换言之,孟子并非试图通过指出宣王对牛的同情与对百姓的无情之间的不一致,并以改变这种不一致来获得道德行动的理由。假如孟子对宣王劝说的目的是要让宣王认识到他应该对百姓施于同情,而宣王没有这样的同情反倒是正常的,因为认识到应该有同情与实际上是否有同情是两种不同性质的问题。依黄氏,孟子要向宣王确认,认识到牛的痛苦并由此而产生的同情心既是宣王赦免牛的动机,也是其行为证立的理由。故而面对理性认知与道德情感互斥的困难,黄氏认为,孟子的道德情感具有认知的面相,"同情(compassion)典型地包含着至少隐含着对以特定方式行动的理由的认识"③。可以说,黄氏的此一主张是试图为倪德卫的解释遗留的问题所做的解困。不过,情感如何具有证立行动理由的功能?学者肯定会有不同的看法。④通常人们会认为,情感表达的是好恶,而认知表达的是对错,这当然只是西方道德哲学的主流看法,但若谓儒家传统不同于西方,故情感皆具有证立行动理由的功能,我们亦恐很难遽下断语。

二 朱子的理解

以上我们简略地对孟子的"推恩"概念以及西方学者对此的相关看法做了介绍,必须说明的是,对西方学者的介绍只是就其观点的主要方面略做陈述,

---

① David B. Wong, "Reasons and Analogical Reasoning in Mengzi," pp. 198-199.
② Ibid., p. 191.
③ David B. Wong, "Is There a Distinction between Reason and Emotion in Mencius?" in *Philosophy East and West*, 1991, vol. 41(1), p. 32.
④ Cf. Craig K. Ihara, "David Wong on Emotions in Mencius," in *Philosophy East and West*, 1991, vol. 41(1), pp. 45-54.

王赦免牛但又不去解除百姓的痛苦，便会陷入自相矛盾之中。①

类似的主张我们也可以在信广来的相关论说中看到。在信广来看来，在"以牛易羊"章中，孟子劝说宣王实行仁政的过程体现出孟子所采取的是一种类比推论的方式，借由这种方式使宣王认识到他有行仁政的能力（对牛之就死所表现的不忍之心），同时也让宣王认识到他治下的百姓正处于痛苦之中。如是，通过凸显宣王对牛的同情与对百姓的无情两者之间的不一致（inconsistence）以使宣王实行仁政。信氏认为，孟子将宣王对牛的反应和态度看作道德的自我培养的起点，孟子使用"推"这个技术性的词汇意味着在他的心目中有一个类比推理，亦即通过一种用于特定的自发（spontaneous）反应和态度作基础的类比推理，人们可以发现他们应当在其他境况和对象上具有相似的反应和态度。②

以类比的逻辑推理来理解孟子的"推恩"在一定程度上有助于显明"推恩"过程中由此及彼的关系，但也有一些学者并不同意这种理解。任满说认为，孟子在此章中所采取的道德论辩不应理解为一种逻辑推理，孟子劝说齐宣王并非要宣王接受某种信念（beliefs），孟子言"推"的所及的对象常常采取的是一种"关心的模式"（mode of regarding）。③黄百锐则将对已有的有关孟子"推恩"的解释划分为几种类型，如倪德卫、信广来的"逻辑的扩充"，万百安、井原敬、任满说的"情感的扩充"（emotive extension）以及他自己的"发展的扩充"（developmental extension）。④事实上，尽管艾文贺不同意倪德卫以逻辑推理来解释孟子的"推恩"，进而提出一种"类比共鸣"（analogical resonance）的观念⑤，但在黄百锐看来，艾氏所谓的"类比共鸣"仍然是一种

---

① 任满说对此认为，倪氏所理解的"推"在某种意义上是一种"修辞性的说服模式"（a rhetorical mode of persuasion），或者说是一种"理性压力的策略"（rationalpressuretactic）。Manyul Im, "Action, Emotion, and Inference in Mencius," in *Journal of Chinese Philosophy*, 2002, 29（2）, p. 235.

② Kwong-loi Shun, "Moral Reasons in Confucian Ethics," in *Journal of Chinese Philosophy*, 1989, 16（3-4）, p. 322.

③ Manyul Im, "Action, Emotion, and Inference in Mencius," in *Journal of Chinese Philosophy*, 2002, 29（2）, pp. 221, 242.

④ David B. Wong, "Reasons and Analogical Reasoning in Mengzi," in *Essays on the Moral Philosophy of Mengzi*, ed. Xiusheng Liu and Philip J. Ivanhoe, Indianapolis: Hackett Publishing Company, Inc., 2002, pp. 190-191.

⑤ Philip J. Ivanhoe, "Confucian Self Cultivation and Mengzi's Notion of Extension," in *Essays on the Moral Philosophy of Mengzi*, p. 234.

同时，用孟子"举斯心加诸彼"的话来解说"推恩"，"推"即是"举"，"恩"即是"心"，"推恩"当约略可理解为"举心"或"推心"的另一种说法。尚需说明的是，"恩"固然可以理解为恩德或恩惠等不同的含义①，而在孟子的言说脉络中，具体所指的是宣王给百姓带来的实际好处或"益品"（goods），但落在"以牛易羊"的脉络中，此"恩"指的是由此心所发的不忍、恻隐之情（或曰同情心，朱子常谓之恻隐之心），所以，在某种意义上我们也可以把它理解为一种道德情感。需要强调指出的是这种道德情感乃是根于心而发的，故孟子总是云"举斯心""以不忍人之心，行不忍人之政""是心足于王矣"。审如是，则在我们对"推恩"的这种本质性说明中，"推恩"指的就是由 A 事件或境况到 B 事件或境况的推扩，推恩过程所必然涉及的人己、远近、难易等概念只具有具体的、说明性的功能，而不具有抽象的、普遍性的意义。

在西方学者中，对于孟子"推恩"的解释，倪德卫首先问："人们怎样去'推'他们的爱、憎、同情心、潜在的自我尊重等，从而使他们'充其类'，充分而有效地推动他们去做明白或该明白他们应该做的事？"②倪氏注意到墨家的类比逻辑所使用的"推"的概念，亦即通过显示两个东西是相似的，迫使论辩对手把他们的赞成由这个东西推到那个东西，"孟子把'推'的概念从辩论的逻辑扩展到对我的意志（原文为'dispositions'，当为'意向'较恰当）的自我控制。看到这个情形（case）（我在这个情形中有主动的同情）和那个情形（我在那个情形中没有主动的同情）的相似性，我把我的同情从这个情形推到那个情形。然后，我就能在那个情形中做（并且以正确的方式要做）我以前认识到应该做但又不愿做并且不能（以正确的方式）做的事情"③。具体到第七章的解释，在倪氏看来，孟子通过指出宣王因被牛的痛苦所感动而赦免牛此一事件，正是试图让宣王认识到他应当对同样处于苦难中的他治下的百姓做出同样富有同情心的反应。倪氏因而提出，孟子在此处的劝说或论辩存在一种逻辑论证，亦即如果宣

---

① 杨伯峻将"恩"理解为"好心好意"或"恩惠"。参见杨伯峻：《孟子译注》北京：中华书局，2010年，第18、19页。
② 倪德卫著，周炽成译：《儒家之道——中国哲学之探讨》，南京：江苏人民出版社，2006年，第129页。
③ 同上，第173页。参见原文 David S. Nivison, "Two Roots or One?" in *The Ways of Confucianism: Investigations in Chinese Philosophy*, ed. Bryan Van Norden, Chicago: Open Court, 1996, p. 137。

与社会哲学问题提出来的，或者用我们现在的话来说，是外王的问题，孟子正是由此脉络提出其"推恩"理论。①

不过，既言"推恩"，即"推恩"本身亦可作一个相对完整的问题来分析。如前所言，"推"本身则预设了两种事件或境况，"举斯心加诸彼"亦可分析得出"此"与"彼"的分别；而所"推"者则一。具体地说，在孟子的文本中，"推恩"问题涉及三个相互关联的不同特征，其一是同类对象之间的差别。从"老吾老"推及"人之老"，从"幼吾幼"推及"人之幼"；从"寡妻"推及"兄弟""家邦"，这种同类对象之间的差别，在孟子同时也预设了"远与近""厚与薄"的不同。其二是不同类对象之间的难易。宣王对无罪就死之牛尚且有不忍之心，并见其觳觫而给予赦免，但宣王却对作为同类对象的其治下的百姓所遭遇到的苦难无动于衷。依常识而立，这种做法不合情理，也不可想象。依孟子，对不同类之对象施以同情已经较为困难，而对同类之对象施以恩泽则更为容易，因为人与人之间"同类相亲"，而人与禽兽之间则"同生而异类"。因而"推恩"所表现的亲亲、仁民、爱物之间不仅有远近、厚薄的差别，而且也有难易的不同。正因如此，孟子批评宣王"恩足以及禽兽，而功不至于百姓者"，是寻难而弃易，是不为而非不能。其三是"推恩"的范限问题。孟子论"推恩"在其言说脉络中常常由人己、远近、难易等概念指点而出，上述概念由于其具体性特征，在一定程度上影响到对"推恩"所及范围的理解。就理上言，孟子的"推恩"原则上并无封限可说，"推恩足于保四海，不推恩无以保妻子"，"保四海"谓安天下，"天下"概念并不是具体的实指的封限概念。

明白了上述特征以后，我们再转过来讨论"推恩"问题。

如前所云，"推恩"是行为者在面对 A 事件（境况）时（"吾老"）其心会自然产生道德反应（"老"），并将此种道德反应推及 B 事件（境况）（人之老）中去，使行为者在面对 B 事件（境况）时具有相同的道德反应。这是对"推恩"的原则性或本质性的说明，在此一说明中，的确预设了 A 与 B 两种事件或境况；

---

① 冯友兰先生认为，依孟子，若齐宣王"因己之好货好色，即推而与百姓同之，即'举斯心加诸彼'也。若实现此心于政事，则其政事即仁政矣。'善推其所为'即仁也，即忠恕也。孔子讲仁及忠恕，多限于个人之修养方面。孟子则应用之于政治及社会哲学。孔子讲仁及忠恕，只及于'内圣'；孟子则更及于'外王'"（参见冯友兰：《中国哲学史》上，上海：华东师范大学出版社，2000 年，第 95 页）。

子的理想是施王道，开出的良方是行仁政。仁政为什么能行？是因为"人皆有不忍人之心。先王有不忍人之心，斯有不忍人之政矣"（《公孙丑上》）；仁政该如何实行？孟子认为，只要在位者推其不忍人之心及于其治下的百姓，便足于保四海、致太平。孟子因齐宣王不忍见一牛无罪而就死地之觳觫，认为其必能实行仁政，故孟子云：

> 老吾老，以及人之老；幼吾幼，以及人之幼，天下可运于掌。《诗》云："刑于寡妻，至于兄弟，以御于家邦。"言举斯心加诸彼而已。故推恩足以保四海，不推恩无以保妻子。古之人所以大过人者无他焉，善推其所为而已矣。

就孟子此段而言，"推恩"的要义可以理解为"举斯心加诸彼"，用现在的话说，即是"设身处地，将心比心"去想去做，"老吾老，以及人之老；幼吾幼，以及人之幼"以及"刑于寡妻，至于兄弟，以御于家邦"乃是通过具体的带有事例性意味的说法以便明了"推恩"之义。故而，所谓"推恩"，简单地说，指的是行为者在面对某事件（或境况）时发现自身所具有的特殊的"心"会自然产生某种道德反应，并将此"心"所产生的道德反应施加到其他相关事件或境况中去，以使该行为者在面对其他相关的事件或境况时也能做出相同的道德反应。不过，要理解孟子此段所说的"推恩"，最好还是与孟子对齐宣王"以羊易牛"章的整个言说脉络联系起来。宣王有莅中国、王天下的政治愿望（欲望），孟子告之于保民而王，则莫之能御。宣王怀疑自己有这样的能力，孟子则通过"以牛易羊"的故事，认为宣王对无罪而就死地的牛尚且不忍其觳觫，可见若宣王发其不忍之心推恩泽于百姓便足可以统一天下，宣王"今恩足以及禽兽，而功不至于百姓者，独何与？然则一羽之不举，为不用力焉；舆薪之不见，为不用明焉；百姓之不见保，为不用恩焉。故王之不王，不为也，非不能也"。意思是说，宣王的不忍之心足于使禽兽沾光，却不能使百姓得益，个中原因是什么呢？一根羽毛都拿不起，只是不肯用力；一车柴火都看不见，只是不肯用眼；百姓得不到安定的生活，只是不肯推恩。因此，宣王不行仁政来统一天下，只是不肯干，而不是不能干。由此观之，"推恩"问题在孟子与齐宣王的对话脉络中首先是作为政治不论，即就概念语词及其蕴含而言，诸如何谓"推"？"推"是一种类比推理吗（analogical reasoning）？抑或是一种类逻辑的占有（para-logical occupation）？朱子为何将"推恩"直接理解为"扩充"？若"推恩"是一种逻辑意义上的类比推理，目的在寻求一致性原则（principle of consistency）（即一情境之有到另一情境之有保持普遍的一致），那么，我们又当如何理解朱子所说的"盖天地之性，人为贵"，与牛相比，人更值得同情？换言之，"一致性原则"与"差等化理由"之间的文本解释与理论效力究竟如何落实？此外，什么是"恩"？"恩"是一种道德感吗？假如"恩"是一种道德感，就其作为类比逻辑"推"的对象又是如何可能的？朱子何以要人透过恻隐之情看到恻隐之仁心？我们究竟应当如何理解"见牛之觳觫"的情境性引发与朱子所强调的"无那物时，便无此心乎"（《语类》卷第一百二十）之间的关系？

　　似乎可以说，上述每一个问题都涉及复杂的道德和心理理论的解释。由于论题所限，本文只试图以朱熹对"推恩"的解释为主干，并就此做简单的勾勒。同时，除对"推恩"本身的解释之外，假如我们把第七章孟子与齐宣王的整个对话结构一并纳入进来考察，我们会发现，在孟子对齐宣王的劝说中，孟子劝宣王推其恩以行仁政似乎只是出于实现宣王之政治大欲的"目的—手段"的考虑，以之成为行动的理由，而仁政本身却不构成行动的理由，换句话说，在与宣王的对话脉络中，孟子似乎主要不在理论上证成（justify）仁政本身，而似乎在竭力为宣王给出行仁政的动机理由，这在一定程度上造成了《孟子》一书在理论本质与对话脉络中的意义蕴含之间在解释上的"罅隙"与紧张。本文的基本主张认为，西方学者对"推恩"的相关解释固然有其优越之处，但相比之下，朱子的诠释更能显示出理论的整全与一致。本文的主要目的有二，即一方面尝试透过朱子对"推恩"的理解以显示朱子理论的主要特色，并即此回应西方学者的解释，另一方面也试图透过朱子的这种解释以呈现朱子在某种意义上对孟子理论的"扭转"。

一　文本与概念解释

　　孟子的整个理论立说，大端而言，是对礼崩乐坏的世界提出救治之方。孟

"反其本而推之"

——朱子对《孟子》"推恩"问题的理解

东方朔

（复旦大学哲学学院）

"推恩"问题出自《孟子·梁惠王上》第七章"以羊易牛"章。就现今学术视野看，对孟子"推恩"的解释，除老一辈学者如冯友兰、任继愈等之外，当今学人对此也已做了相当多的研究[①]，而英语学界对孟子"推恩"理论的解释则较为繁杂，在某种意义上说也可视为一种推进和深入。[②]

正如论题所显示的，本文所要处理的只是围绕朱子对"推恩"问题的相关解释，以显示朱子立论的特色。

"推恩"问题表面上看似乎只是一个较为简单的道德推扩问题，但若做深入的考察，其间亦可涉及许多复杂的政治和道德问题。今暂且撇开政治问题

[①] 参见刘清平：《论孟子推恩说的深度悖论》，《齐鲁学刊》，2005年第4期；吴先伍：《"见牛未见羊也"——〈孟子〉中"见"的道德本性》，《中国哲学史》，2008年第2期；张丰君：《孟子推恩说何以可能》，《管子学刊》，2012年第2期；李凯：《论孟子"推恩"说的现实性、困境与出路》，《齐鲁学刊》，2012年第5期；等等，不繁赘引。

[②] 在英语学界，较有代表性的学者如倪德卫（David S. Nivison）、信广来（Kwong-loi Shun）、黄百锐（David B. Wong）、艾文贺（P. J. Ivanhoe）、万百安（Bryan W. Van Norden）、任满说（Manyul Im）、田中孝治（Koji Tanaka）、井原敬（Craig Ihara）等皆对此有专门的论述。笔者在给研究生上课时，曾专门就西方汉学家（指英文世界而言，其余则由于语言能力所限，不能论及）对此的相关论述给予了梳理。由于该部分与本文相涉不是很大，故而我们在稍后只作为背景资料加以必要的说明。

的美德伦理学中，美德具有首要性，即是最基本的概念，在这个伦理学体系中的所有其他概念都来自美德概念，或者从属于美德概念，或者服务于美德概念。这就好像在道义论中道德原则是首要的概念，而其他概念都来自、从属于或者服务于这个概念，而在后果论中后果是个首要的概念，而其他概念都来自、从属于或服务于这个概念。在此基础上，我以这种理想类型的美德伦理学为标准来考察儒家（以朱熹为例）和亚里士多德的伦理学。结论是，以这样一种理想类型的美德伦理学来衡量，亚里士多德的伦理学不是一种美德伦理学，而朱熹的则是。需要指出的是，尽管我在别的地方曾说明朱熹的伦理学有比亚里士多德伦理学优越的地方[①]，在这里说朱熹的伦理学是美德伦理学而亚里士多德的不是，并不表示朱熹的伦理学比亚里士多德的伦理学优越，毕竟亚里士多德和朱熹都没有声称他们要发展一种美德伦理学。我们这里做的工作只是分类的工作：如果伦理学可以分为道义论、后果论和美德论的话，朱熹的属于美德论，而亚里士多德的则不是；至于亚里士多德的伦理学是否如我上面提到的某些学者所说的是后果论，则不是本文所要断言的。从这一点看，本文无论对于美德伦理学还是对于伦理学本身，并没有做出太大的贡献。不过，由于亚里士多德是几乎所有人在谈论美德伦理学时首先想到的人，本文关于亚里士多德的伦理学不是美德伦理学的结论也许还是相当激进。

---

① Huang Yong, "The Self-centeredness Objection to Virtue Ethics: Zhu Xi's Neo-Confucian Response," in *American Catholic Philosophical Quarterly*, 84（4）, 2016, pp. 651-692; "Two Dilemmas of Virtue Ethics and How Zhu Xi's Neo-Confucianism Avoids them," in *Journal of Philosophical Research*, 36, 2011, pp. 247-281。

人的独特性就是积极的理性生活，这也就是他所谓的幸福，美德只是让理性活动具有卓越性的性格特征。这样，美德便成了从属于理性活动和幸福的东西，因而不再是首要的了。而在朱熹那里，作为人之为人的特征的，不是别的，正是仁、义、礼、智这些美德。前面我们提到，斯洛特在谈到对亚里士多德的第二种解释时，特别强调，这样一种亚里士多德的伦理学不是严格意义上的伦理学，是因为他假定大家都同意，在其中具有首要性的幸福或繁荣或福祉或活得好的概念本身并不是关于性格的（aretaic）概念。而我们现在看到，朱熹哲学中具有首要性的概念，即为人所特有的生活，则是关于性格的，因为为人所特有的生活就是仁义礼智的生活，而仁义礼智是心之德。在这个意义，朱熹的伦理学就是斯洛特意义上的纯粹的、彻底的、以行为主体为基础的美德伦理学。前面我们也提到，在瓦特森看来，理想的美德伦理学即美德在其中具有首要性的美德伦理学，它"对最高善的说明要依赖于美德理论"[1]。在朱熹那里最高的善是什么呢？就是要过一种为人所特有的生活。那么什么是人所特有的生活呢？就是体现仁、义、礼、智之美德或明德的生活。很显然，在朱熹那里，对最高善的说明确实是依赖于一种美德理论，因此朱熹的伦理学就是瓦特森在西方哲学史上要找而没有找到的那种理想类型的美德伦理学的一个典型例子。

四 结 论

我在本文中对比较哲学的一种相当普遍的方法做了分析。这种方法往往以某种学说在某个历史传统（往往是西方哲学传统）中的历史形态为范例或理想形态，来比较另一个传统中这种学说的某种历史形态，其结果往往是认为后者虽然具有前者所具有的某些特征，但总有这样那样的缺陷。本文以在儒家与亚里士多德主义关于美德伦理学的比较研究为例，认为我们既不应当以亚里士多德主义这种历史形态为美德伦理学的原型或范例，也不应当把儒家这种历史形态作为美德伦理学的范例或原型。相反，我们应当先从美德伦理学与后果论和道义论伦理学的本质区分中构造一种理想类型的美德伦理学，在这种理想类型

---

[1] Gary Watson, "On the Primacy of Character," p. 65.

兽"章中，朱熹也说："人所以异者，以其有仁、义、礼、智，若为子则孝，为弟则悌，禽兽岂能之哉！"① 所以人"须是存得这异处，方能自别于禽兽"②。但是朱熹在人物之异或者人禽之辨这个问题上的观点稍微复杂，因为他有时又说仁、义、礼、智并非为人所独有。例如，朱熹说，仁、义、礼、智之天命之性"非有偏全……昏浊者是气昏浊了，故自蔽塞……然在人则蔽塞有可通之理；至于禽兽，亦是此性，只被他形体所拘，生得蔽隔之甚，无可通处。至于虎狼之仁，豺獭之祭，蜂蚁之义，却只通这些子"③。这里他说禽兽也有仁、义、礼、智之性，只是为其形体所拘、所蔽。看起来，朱熹的观点似有矛盾，但其实不然。他的观点是，万物都有仁、义、礼、智之性，但万物所禀赋的气却有清浊正偏通塞之别。人禀受的气正而通，即使有些混浊也可以澄清，所以仁、义、礼、智之性可以成为仁、义、礼、智之德。人以外者所禀之气偏而塞，将仁、义、礼、智之性遮蔽了，因此虽然从本体上说有仁、义、礼、智，但在功能上说则没有仁、义、礼、智。当然，这些存在物之气的偏塞程度也不同，程度轻者，如有些动物，还有一点点的仁、义、礼、智没有被遮蔽住，所以有虎狼之仁和蜂蚁之义等。在极端的例外情况下还会出现这样的情况：其气的偏塞程度最低的动物与人类似，而禀受最混浊的正通之气的人与禽兽类似，如朱熹提到"吕与叔谓物之性有近人之性者，如猫相乳之类。人之性有近物之性者，如世上昏愚人"④。

我们现在可以清楚，朱熹有一套美德理论，即对什么是美德有一套说明。但他对美德的说明有没有像亚里士多德的美德理论那样使美德在其伦理学中失去其首要性呢？我的回答是没有。虽然朱熹对美德的说明跟亚里士多德的一样，也从人性即人之异于其他事物的独特性开始，但在这两者之间存在着一个明显的差别。在亚里士多德看来，人与动物的独特性是理性活动，因此人之为

---

① 黎靖德编，王星贤点校：《朱子语类》，第 1347 页。
② 同上，第 1389 页。
③ 同上，第 58 页。
④ 同上。我在别处曾用亚里士多德在两种意义上的"有"之间的区分来说明为什么朱熹有时说物没有仁义礼智，有时又说物有仁义礼智。亚氏在讨论一个人"有"知识时，区分了仅仅具有（possessing）知识的人和能实际运用（using）知识的人。一个睡觉、疯狂或醉酒的人可能仍有他之前获得的知识，但无法加以运用（Aristotle, *Nicomachean Ethics*, 1147a17-18）。说物有仁义礼智就是"仅仅具有"，而说物没有仁义礼智是说物不能体现仁义礼智（参见黄勇：《朱熹的形上学：解释性的而非基础主义的》，《社会科学》，2015 年第 1 期，第 118—128 页）。

敛时，便自然会收敛……此仁之所以包四者也。"①当学生问，"仁即性，则'性'字可以言仁否"，朱熹回答说："性是统言。性如人身，仁是左手，礼是右手，义是左脚，智是右脚。"当学生又问，"仁包得四者，谓手能包四肢可乎"，朱熹回答说："且是譬喻如此。手固不能包四肢，然人言手足，亦须先手后足；言左右，亦须先左后右。"②

我们上面看到朱熹说仁（义、礼、智）是心之德，而现在他又说，仁（义、礼、智）是性之大目、是性之纲理，甚至明确地说"仁、义、礼、智皆性之德"③。所以仁、义、礼、智既是心之四德，也是性之四德，那么心与性的关系究竟如何呢？朱熹说："性是心之所有之理，心便是理之所会之地。"④又说："若无个心，却将性在甚处！须是有个心，便收拾得这性，发用出来。盖性中所有道理，只是仁、义、礼、智，便是实理。"⑤这就是说仁、义、礼、智是性之德，但性又安顿在心中，在此意义上，仁、义、礼、智又可以看作心之德。虽然性安顿在心中，朱熹认为性是心之体："大概在身则有一个心，心之体为性，心之用为情。"⑥这里除了为性在心中加了心在身中这一点之外，朱熹强调的一点是性为心之体。由于心之体是性，而性又是仁、义、礼、智，仁、义、礼、智又是《大学》中所说的明德，所以，朱熹的一个学生就说明德是心之体："《大学》之书，不过明德、新民二者而已……要之，不过此心体不可不明。"⑦对此朱熹也表示赞同。

说仁、义、礼、智之德是心之德，是性之德，是规定人之为人的东西，也就是说缺乏了仁、义、礼、智就不是人或者就不是健全的、是有缺陷的人。事实上，朱熹也正是据此将人与动物区分开来的。如朱熹在《答余方叔书》中说："人为最灵，而备有五常之性。禽兽则昏而不能备。"⑧这里的五常之性即仁、义、礼、智、信之性。在《语类》中所录与其学生讨论《孟子》"人之所以异于禽

---

① 黎靖德编，王星贤点校：《朱子语类》，第110页。
② 同上。
③ 同上，第2583页。
④ 同上，第88页。
⑤ 同上，第64页。
⑥ 同上，第2822页。
⑦ 同上，第308页。
⑧ 朱熹：《朱熹集》，第3067页。

人。说仁是人之为人的东西也就是说仁即是人性，而这事实上也就是朱熹在回答学生关于"仁者人也"这句话的一个问题时所明确指出的："仁是仁，不可说。故以人为说者，是就人性上说。"①这就是说，孟子的"仁也者，人也"这句话实际上说的是"仁也者，人性也"。正是在这个意义上，人和仁可以互相发明："人之所以得名，以其仁也。言仁而不言人，则不见理之所寓；言人而不言仁，则人不过是一块血肉耳。比合而言之，方见得道理出来。"②

这里我们就开始看到了朱熹对美德的解释：美德就是人性，就是使人之为人的东西。我们上面看到了作为美德之总称的仁与性的关系，实际上对于分而言之的仁、义、礼、智各德目与人性的关系，朱熹也都有很多明确的说法。他的一个学生问"明德便是仁、义、礼、智之性否"，朱熹回答说："便是。"③这里这个学生用了仁、义、礼、智之"性"，这就表明仁、义、礼、智就是人性，而这种人性就是《大学》中要我们加以明的明德。而在别的地方，朱熹更明确地说："仁、义、礼、智，性之大目"④，"仁、义、礼、智，性也"⑤。在《答陈器之二》中，朱熹更说："性是太极浑然之体，本不可以名字言，但其中含具万理，而纲理之大者有四，故命之曰仁、义、礼、智。"⑥

所以德是性之德："仁、义、礼、智皆性之德。"⑦而性也是有德之性即德性：当学生问，"'德性'犹言义理之性"，朱熹肯定地说："然。"⑧而这里所谓的义理之性也就是仁、义、礼、智之性："大抵人之德性上，自有此四者意思：仁，便是个温和底意思；义，便是个惨烈刚断底意思；礼，便是个宣著发挥底意思；智，便是个收敛无痕迹底意思。"紧接着朱熹又从这个角度讨论仁为四者之先："性中有此四者，圣门却只以求仁为急者，缘仁却是四者之先。若常存得温厚底意思在这里，到宣著发挥时，便自然会宣著发挥；到刚断时，便自然会刚断；到收

---

① 黎靖德编，王星贤点校:《朱子语类》，第 1459 页。
② 同上。
③ 同上，第 260 页。
④ 同上，第 107 页。
⑤ 同上，第 108 页。
⑥ 朱熹:《朱熹集》，第 2977 页。
⑦ 黎靖德编，王星贤点校:《朱子语类》，第 2583 页。
⑧ 同上，第 1585 页。

亦有四，曰仁、义、礼、智，而仁无不包。其发用焉，则为爱恭宜别之情，而恻隐之心无所不贯。故论天地之心者，则曰乾元、坤元，则四德之体用不待悉数而足。论人心之妙者，则曰仁，人心也，则四德之体用亦不待遍举而该。盖人之为道，乃天地生物之心，即物而在。情之未发，而此体已具；情之既发，而其用不穷。诚能体而存之，则众善之源、百行之本莫不在是。此孔门之教所以必使学者汲汲于求仁也。"① 一方面，在与其学生讨论时，朱熹更近一步说明在什么意义上仁是四德之一，而在什么意义上，仁又包含众德："仁，混沦言，则混沦都是一个生意，义、礼、智都是仁；对言，则仁与义、礼、智一般。"② 另一方面，由于仁包众德，"'仁'字须兼义、礼、智看，方看得出。仁者，仁之本体；礼者，仁之节文；义者，仁之断制；知者，仁之分别"③。

当朱熹这样把仁、义、礼、智归结为仁时，他明确地说，仁是心之德。在《论语集注》中朱熹就说，"仁者，爱之理，心之德"④。在《语类》中，朱熹也说："盖仁此是心之德；才存得此心，即无不仁。"⑤ 紧接着，他将心之德与耳目之德相类比，说："耳之德聪，目之德明，心之德仁。"⑥ 由于仁是心之德，而仁又包义、礼、智，因此当一个学生问："曾见先生说'仁者，心之德'。义、礼、智皆心之德否？"朱熹明确地回答说："都是。只仁是个大底。"⑦ 这至少表明，儒家讲的德也是心的性格特征，因而与西方美德伦理学中讲的美德是一回事。当然，这朝我们要达到的目的即朱熹对美德的说明没有前进很多，但它给我们指明了方向，即要想知道什么是美德，我们可以问什么是仁。那么什么是仁呢。在解释《孟子》"仁也者，人也"时，朱熹说："人之所以为人者，以其有此而已。一心之间，浑然天理，动容周旋，造次颠沛，不可违也。一违，则私欲间乎其间，为不仁矣。"⑧ 这里，朱熹把仁看作人之为人的东西，没有了它，一个人就不再是

---

① 朱熹：《朱熹集》，成都：四川教育出版社，1997年，第3542页。
② 黎靖德编，王星贤点校：《朱子语类》，第107页。
③ 同上，第109页。
④ 朱熹：《四书章句集注》，第62页。
⑤ 同上，第114页。
⑥ 同上。
⑦ 黎靖德编，王星贤点校：《朱子语类》，第607—608页。
⑧ 同上，第1458页。

人各明其明德也。然则虽有彼此之间，其为欲明之德，则彼此无不同也。"① 另一方面，明明德与新民不是两件先后发生的事情，就是说一个人不是先明了自己的明德才去明他人之明德（新民），因为新民即明他人之德本身就是明自己的明德的题中应有之事。因此朱熹说："若是新民而未止于至善，亦是自家有所未到。"② 这也就是说，如果我没有新民，就是我还没有明我自己的明德；如果我新民而未止于至善，就是我明我自己的明德而未止于至善。如我在别的地方所反复指出的，儒家伦理的一个特点是，一个具有美德的人不只关心他人的像福乐康宁这样的外在福利，而且也关心他们的内在美德。

朱熹在《大学章句序》的一开头就说："《大学》之书，古之大学教人之法也。"因此大学之道也即成人之道，而大学教人的成人之道之三纲领八条目在朱熹看来都可以归结为明明德，由此可见明明德在朱熹伦理学中的重要地位。当然这还不足于证明美德在朱熹伦理学中具有在理想形态的美德伦理学所具有的那种首要性，因为我们到此为止只是说明了美德在《大学》中的重要性，但还没有进一步问，朱熹对什么是美德有没有说明，即有没有一种美德理论，而如果有，他对美德的说明有没有像亚里士多德对美德的说明那样，让美德失去了其首要性？那么，《大学》里的所谓明德究竟何指呢？朱熹说："人本来皆具此明德，德内便有此仁义礼智四者。只被外物汩没了不明，便都坏了。所以《大学》之道，必先明此明德。"③ 这就是说，朱熹这里所理解的明德也就是儒家传统中的四大德，仁、义、礼、智。当然这还不能算作对美德的说明，因为这里这是列举了四大德目，回答了哪些是美德的问题，而没有回答什么是美德的问题。要考察朱熹对什么是美德这个问题的回答，我们可以从朱熹对仁这种美德的说明着手，因为虽然仁在这里只是四个美德之一，但实际上它不仅是最重要的美德，而且在某种意义上可以说已经包含了其他几种美德。这一点，他在其《仁说》一文中，就说得非常清楚："语心之德，虽其总摄贯通，无所不备，然一言以蔽之，则曰仁而已矣……盖天地之心，其德有四，曰元、亨、利、贞，而元无不统。其运行焉，则为春、夏、秋、冬之序，而春生之气无所不通。故人之为心，其德

---

① 黎靖德编，王星贤点校：《朱子语类》，第308页。
② 同上，第272页。
③ 同上，第262页。

三　朱熹是理想类型的美德伦理学家

不管美德在朱熹的伦理学中具有首要性与否，它在其伦理学中的重要性是不言而喻的。作为儒家的四书之一的《大学》有大家熟悉的所谓三纲领（明明德、新民和止于至善）和八条目（格物、致知、正心、诚意、修身、齐家、治国、平天下）。但是，朱熹说："若论了得时，只消'明明德'一句便了，不用下面许多。圣人为学者难晓，故推说许多节目。"[1] 为什么这样说呢：首先，朱熹认为，在这三纲领中，实际上只有两条，即明明德和新民，而止于至善就是表示这两条目的规模之大[2]，即"明德、新民，二者皆要至于极处"，而不是只略略地明德新民便了。[3] 由于明明德在己，而新民在人，所以"'止于至善'，是包'在明明德，在新民'。己也要至于至善，人也要至于至善"[4]。其次，在朱熹看来，这八条目也已经包含在明明德与新民中："致知至修身五件，是明明德事；齐家至平天下三件是新民事。"[5] 最后，在朱熹看来，明明德与新民本身也只是一回事。在《大学章句》中，朱熹指出，这里所谓的"明德者，人之所得乎天，而虚灵不昧者，以具众理而应万事者也"[6]；而之所以要明明德，是因为"为气禀所拘，人欲所蔽，则有时而昏……故学者当因气所发而遂明之"[7]。关于新民，朱熹接受了程颐的解释，将《大学》古本中的"亲民"改成了"新民"："新者，革其旧之谓也，言既自明其明德，又当推以及人，使之亦有以去其旧染之污也。"[8] 这里我们可以看出，在朱熹那里，在两个意义上，明明德和新民本身就是一回事。一方面，明明德是明自己的德（也可以说是新自己），而新民就是明他人之德，所以两者都是明明德事。因此朱熹说："明明德者，所以自新也；新民者，所以使

---

[1] 黎靖德编，王星贤点校：《朱子语类》，北京：中华书局，1986年，第308页。
[2] 同上，第260页。
[3] 同上，第270页。
[4] 同上。
[5] 同上，第308页。
[6] 朱熹：《四书章句集注》，台北：大安出版社，1994年，第5页。
[7] 同上。
[8] 同上。

例如慢跑就是锻炼身体的构成性手段。① 其次，当我们说美德在亚里士多德那里是幸福的构成因素时，很显然，我们指的是幸福的部分构成因素，因为幸福还有其他构成因素。正如努斯鲍姆（Martha Nussbaum）所指出的，"在美德在场的情况下，财富、健康和荣誉这些别的善物的出现会使幸福得到加强，因为这些善物在与美德相结合时也可以是幸福的构成因素"②。更重要的是，我们这里讲的是伦理的美德，而亚里士多德还讲到思辨的美德，并且在他看来，思辨的美德乃是幸福的更重要的构成因素。在这个意义上，即使伦理美德是幸福的构成因素，很显然幸福比美德更重要。最后，即使美德是幸福的构成因素，很显然幸福不就是美德，因为美德是人的性格特征，而幸福显然不是。

在这样一种意义上，即使亚里士多德的美德是其最高善即幸福的构成因素，瓦特森说，由于亚里士多德的伦理学还是依赖于这样一种最高的善，它与伦理完善论（ethical perfectionism）类似，最终还是一种后果的伦理学。③ 在他看来真正的美德伦理学必须提供一种美德理论，即对什么是美德有所说明，但要使这种说明不沦落为一种后果的伦理学，在这种说明中，"对最高善的说明要依赖于美德理论"④。但在一个关于亚里士多德是否具有这样一种意义的美德伦理学的很长的注释中，他不仅做了否定的回答，而且还说："令人不爽的是，我们在历史上重要的伦理学体系中找不到我所规定的那种意义上的美德伦理学的哪怕是单个例子。"⑤ 也许我们认为，瓦特森所讲的那种理想类型的美德伦理学在历史上根本不存在，但我并不这样认为：中国宋明理学中的朱熹的伦理学就是瓦特森规定的理想形态的美德伦理的一个相当完满的例子。⑥

---

① Kieran Setiya, *Practical Knowledge: Selected Essays*, Princeton: Princeton University Press, 2007, p. 174.
② Martha Nussbaum, *Philosophical Interventions: Reviews 1986–2011*, Oxford: Oxford University Press, 2012, p. 99.
③ Gary Watson, "On the Primacy of Character," p. 63.
④ Ibid., p. 65.
⑤ Ibid., p. 71, n. 26.
⑥ 说美德在亚里士多德的伦理学中并不具有首要性并不是要批评亚里士多德的伦理学，因为亚里士多并没有说过美德在他的伦理学中是首要的。我们只是说他的伦理学不是一种美德伦理学；而说亚里士多德的伦理学不是一种美德伦理学同样也不是批评他的伦理学，因为亚里士多德自己没有说他要提出一种与众不同的美德伦理学。只是在近代出现了道义论和后果论伦理学以后，人们为方便计，习惯地但不严格地将亚里士多德视为美德伦理学家。

保持了美德在这种伦理学体系中的首要性。虽然斯洛特自己致力于发展这样一种美德伦理学，但如我们已经看到，由于它拒绝给美德下一个定义，拒绝告诉我们什么是美德，这样一种美德伦理学，如瓦特森所讲的，就缺乏解释性。毕竟一种美德伦理学缺乏一种美德理论，即缺乏一种对于美德的本性的说明，不能不说是一个缺陷。而在他试图对美德作个说明时，它就失去了其在伦理学中的首要性。例如，在一部较早的著作中，斯洛特说："某些性格特征之所以是美德是因为它们使其拥有者能为他们自己和为他人所做的事情，因此我们可以看到，我们日常使用的有关性格的美德概念给自己（行为主体或某个性格特征的拥有者）和他人的福祉提供了根本的价值意义。"[1] 这样，自己和他人的福祉成了根本的东西，而美德反倒是次要的了。在这种意义上，他的伦理学类似于上述对亚里士多德伦理学的第二种解释，因而也不是严格意义上的美德伦理学。

当然，有些亚里士多德专家可能认为，我们对亚里士多德的理解把美德看成达到幸福的手段，而这样一种理解是错误的。美德在亚里士多德那里不是达到幸福的手段，而是幸福的构成部分。例如，克里斯耶森（Jristjan Kristjansson）就认为，"美德有助于幸福而同时又构成了幸福；每一种真正的美德都是与幸福有内在关系的稳定的性格状态"[2]。赫基（Sukaina Hirij）也认为，"我们有很好的哲学理由可以假定，至少就其本身而言，具有伦理美德的行动乃是构成幸福的一种卓越的理性活动"[3]；又说，"当具有美德的人在从事德行时，她是在具有美德地从事行动，但同时这种具有美德地从事的行动也是构成幸福的一种卓越的理性活动"[4]。这里有几点应当说明。第一，当我们说美德是幸福的构成因素时，如果我们可以区分生产性的手段（productive means）与构成性的手段（constitutive means），那么我们实际上是在说美德是幸福的构成性手段。按照赛梯亚（Kieran Setiya）的说法，生产性的手段是一种动力因，如锻炼身体是健康的生产性手段；而构成性手段则本身是有关目的的一个例子或者一个部分，

---

[1] Michael Slote, *Morals from Motives*, p. 91.
[2] Jristjan Kristjansson, *Aristotle, Emotions, and Educations*, Burlington, VT: Ashgate Publishing Company, 2007.
[3] Sukaina Hirji, "Acting Virtuously as an End in Aristotle's Nicomachean Ethics," in *British Journal for the History of Philosophy*, 26(6), 2018, p. 15.
[4] Ibid., p. 17.

的人之所以做美德的事是因为这是该做的正确的事情，而不是相反：这是该做的正确的事情是因为它是具有美德的人会做的事情。换言之，根据这样一种观点，一件事情是否是该做的正确事情在某种意义上是独立于行为主体的。具有美德的人之所以与别人不一样，只是因为他有能力知道或者觉察到什么是该做的正确的事情。正是在这种意义上，斯洛特认为，如果我们接受这样一种对亚里士多德伦理学的解释，这种解释只是以行为主体为焦点，因而不是严格意义上的美德伦理学。按照我们关于理想形态的美德伦理学的讨论，由于这个最终的确定行为对错的标准在行为主体之外，当然也就在行为主体所具有的美德之外，美德在这样一种伦理学中并不是首要的，因而它不是一种严格意义上的美德伦理学。

我们现在来看对亚里士多德伦理学的第二种解释。这样一种解释跟前一种解释一样，认为我们确定行动之对错的办法是看具有美德的人是否会按照其性格去做这样的事，或者说，行动的对错取决于我们的美德概念，但什么样的性格特征可以算作美德，则是取决于人的幸福或者繁荣概念。这也是我们在上面采取的对亚里士多德伦理学的那种解释，也正因为这样，我们认为它不是一种严格意义上的美德伦理学。斯洛特指出，由于这种意义上的亚里士多德的伦理学认为，"我们对行为的评价来自我们对于行为者之性格的独立评介，这种伦理学可以看作是一种行为主体在先的伦理学，但由于其认为这种对性格的评介本身不是最根本的，而是以一种幸福理论或观点为基础的，它就不是我所谓的以行为主体以为根据的伦理学（我这里假定'幸福'或者福祉和好生活的概念本身不属于有关性格特征的概念）"①。这里斯洛特所谓的以行为主体为根据的伦理学则认为，"一个行动的道德或伦理地位完全取决于我们对动机、性格特征或个人之从德性，而不是从义务角度所做的独立的和根本的伦理评价"②。这里他强调这种评价是根本的，就是要说明，这种评价本身不依赖于任何别的评价。在斯洛特看来，这种以行为主体为基础的美德伦理学乃是纯粹的、彻底的、严格意义上的美德伦理学，这也符合我们上述的理想类型的美德伦理学，因为它

---

① Michael Slote, *Morals from Motives*, pp. 6-7.
② Ibid., p. 5.

里士多德的伦理学中并不是首要的，首要的是幸福或繁荣或活得好。第二，虽然亚里士多德认为即使美德不会导致更有价值的东西，我们还是要追求它，但他还认为，事实上美德会导致幸福，所以我们追求美德不只是为了美德本身，而且也是为了幸福。如我们上面说，作为一种理想形态，美德伦理学之所以不同于道义论和后果论就在于其肯定美德在伦理体系中的首要性，那么亚里士多德伦理学就不是一种理想意义上的或者严格意义上的美德伦理学。关于这一点，很多学者已经指出了。例如，桑塔斯（Gerasimos X. Santas）就说："那种认为亚里士多德有一种美德伦理的流行看法是错的。"① 霍卡（Thomas Hurka）也问道："如果一种理论的核心的解释性质事实上是繁荣（幸福），那么这种理论有什么独特的美德伦理性呢……如果这种伦理学认为美德作为一种原因有助于繁荣，即作为实现独立存在的繁荣状态的有效手段，那么它就没有什么独特性。"②

斯洛特虽然没有说亚里士多德的伦理学不是一种美德伦理学，但也认为它不是一种彻底和纯粹的美德伦理学，而之所以是这样，也是因为美德在其伦理学中，虽然较之行动，被看作焦点或者在先的东西，但却不是首要的。在斯洛特看来，只有以行为主体为基础的（agent-based）伦理学才是真正的和纯粹的美德伦理学，他把它与另外两种不是严格意义的美德伦理学，即以行为主体为关注点的（agent-focused）以行为主体在先的（agent-prior）伦理学区分开来。他用对亚里士多德伦理学的两种不同解释来说明这两种不纯粹和不彻底的美德伦理学。先看对亚里士多德的第一种解释。根据这种解释，与近代以来出现的伦理学往往以行动为关注点不同，亚里士多德的伦理学以行为主体为关注点，而且亚里士多德认为"一个行动之崇高或者优良在于它是一个崇高或者有美德的人会从事的行动，而且亚里士多德确实说，具有美德的人乃是德行的尺度"③。但为什么具有美德的人可以是德行的尺度呢？因为"亚里士多德把具有美德的人看作在特定情景中能够看到或者觉察到什么是该做的好的，或者优良的，或者对的事情"④。在斯洛特看来，这里的问题是，如果这样，一个具有美德

---

① Gerasimos X. Santas, "Does Aristotle Have a Virtue Ethics," in *Virtue Ethics: A Critical Reader*, p. 281.
② Thomas Hurka, *Virtue, Vice, and Value*, Oxford: Oxford University Press, 2001, p. 233.
③ Michael Slote, *Morals from Motives*, p. 5.
④ Ibid.

什么是美德。在其《尼各马可伦理学》的一开头，亚里士多德宣称，善是所有东西的目标，如作为医学的目标的善是健康，作为经济学的目标的善是财富，作为战术的目标的善是胜利，而作为政治学的目标的善也即所有行动所能达到的最高的善乃是幸福。这个字的原文是 eudaimonia，也译成繁荣，字面意思就是活得好。但这种人所能获得的最高的善即幸福的意思是什么呢？为了说明这个问题，亚里士多德提出了其著名的"功能论证"，即要说明人所特有的功能。生命不是人所特有的功能，因为连植物都有生命；知觉也不是人所特有的功能，因为动物也有。这样，亚里士多德说："就只剩下具有理性原则的因素之积极生活。"① 然后他进一步说："如果人的功能就是灵魂按照理性的或者不是没有理性的活动，而且如果一个 X 和一个好的 X 具有同一种功能……只是将美德这种卓越性加到了功能上（例如一个里拉琴手的功能是拉里拉琴，而一个好的里拉琴手就是很好地拉里拉琴）……那么人之善就是灵魂按照美德的活动。"② 这里作为人的目标之善，如我们前面所说的，就是人的幸福，就是人的繁荣，就是人的活得好。很显然，在这样一个功能论证中，美德失去了其首要性，而成了从属于幸福的东西。关于美德与幸福的这样一种关系，亚里士多德在另一个地方作了更明确的说明。他认为我们追求的东西可分成三类。第一类是本身没有价值的东西，我们追求这样的东西不是为了这些东西本身，而是因为它们有助于我们追求别的有价值的东西；第二类是本身有价值的东西，我们追求这样的东西是为了这些东西本身，但也因为它们有助于我们追求更有价值的东西；第三类是本身有价值的东西，我们追求别的东西是为了追求这个东西，但我们追求这个东西不是为了任何别的东西。在亚里士多德看来，金钱属于第一类，而幸福属于第三类，那么第二类呢？"荣誉，快乐，理性，以及每一种美德，我们追求这些东西既是为了它们本身（即使它们并不导致任何别的东西，我们还是会追求它们），但我们追求他们也是为了幸福，认为有了它们我们可以活得更好。"③

这里虽然亚里士多德认为美德有其自身价值，但第一，很显然，美德在亚

---

① Aristotle, *Nicomachean Ethics*, trans. and ed. Roger Crisp, Cambridge: Cambridge University Press, 2004, 1098a3-4.
② Ibid., 1098a7-16.
③ Ibid., 1097b1-5.

二 亚里士多德不是理想类型的美德伦理学家

所以在作为理想形态的美德伦理学中，美德是首要的。但如果是这样，我们就要问什么是美德呢？在面对这个问题时，瓦特森（Gary Watson）认为，我们就遇到了一个两难：如果我们想回答这个问题，我们就要用别的东西来定义美德，而在这种情况下美德就不再具有首要性了，而我们用来定义美德的东西则成了首要的东西。如果我们不对这样的问题加以回答，虽然美德仍然具有首要性，但无法解释什么是美德。所以瓦特森说："任何一种缺乏美德理论的美德伦理学都是缺乏解释力的，但是，任何一种具有美德理论的美德伦理学则会沦为一种关注结果的伦理学。"[1] 休谟主义这种历史形态的美德伦理学是前一种问题的代表，而亚里士多德主义这种历史形态的美德伦理学则是后一种问题的代表。斯洛特是当代哲学中重要的休谟主义的美德伦理学家，但他没有一种美德理论，认为无须说明什么是美德。如果问他什么是美德，他会说，你已经知道！为了避免人们提这种在他看来自明的问题，斯洛特认为我们可以用"令人钦佩"（admirable）来替代"美德"或"善"，并用"令人悲叹"（deplorable）来替代"恶德"或"恶"，因为前者不需要像后者一样做出解释："说'我发现他的行动（或者他所做的）是善的'就要求做更进一步的澄清，而使用'值得钦佩'则似乎不必如此。"[2] 正是在这种意义上，斯洛特说他的伦理学是一种直觉的或者常识的伦理学："我将要描述的美德伦理学的主要根据是关于何谓美德或者更一般的何谓令人钦佩的品质之常识的观念和直觉，而为了激发或者至少不阻碍这样的直觉，我认为我们应该努力避免使用这样的词，而尽可能地用习惯的、自然的语言来讨论基础的问题。"[3] 由于他不进一步说明什么是美德，他可以保持美德的首要性，但其问题就是瓦特森所说的缺乏解释力。

与此相反，亚里士多德主义的美德伦理学则有一种美德理论，它告诉我们

---

[1] Gary Watson, "On the Primacy of Character," in *Virtue Ethics: A Critical Reader*, ed. Daniel Statma, Washington, D.C.: Georgetown University Press, 1997, p. 62.

[2] Michael Slote, *Morals from Motives*, pp. 94–95.

[3] Ibid., p. 94.

点。一开始，我们之所以欲求金钱是因为金钱可以帮助我们满足别的欲望，但是逐渐地在很多情形下金钱却成了本身值得追求的东西，"拥有金钱的欲望往往强于使用金钱的欲望，而且在所有指向金钱之外的目的的、为金钱所能满足的欲望都消失以后，这种拥有金钱的欲望还在增加。这时我们确实可以说，金钱之所以被欲求并不是为了某个目的而是作为这个目的的一部分。金钱从达到幸福的一个手段变成了这个人的幸福的一个主要组成部分"①。密尔认为，与金钱类似的还有权力和名声。不仅如此，"根据这种功利主义的观点，美德也是这样一种善物。本来，除了其有助于快乐特别是有助于避免痛苦以外，人们对美德本身没有欲望或者动机，但是由于美德与快乐和痛苦的这样一种联系，人们可能感到美德本身就有价值，并像欲求其他有价值的东西那样强烈地欲求美德"②。这里我们看到，人们之所以追求美德本身是因为拥有美德本身，而不是美德给人带来的东西，就是幸福，就好像人们之所以追求金钱本身是因为拥有金钱本身，而不是金钱能给人带来的东西，就是幸福。这就是说，如果一个人并不因为拥有美德而感到幸福，那么这个人就不会将美德作为目的本身去欲求，就好像如果一个人并不因为拥有金钱而感到幸福，那么这个人就不会将金钱作为目的本身去追求。当然，在这两种情况下，一个人还是可能去欲求美德或者金钱，将其作为实现其幸福的手段。这里，密尔看到拥有金钱本身并不会使所有人感到快乐，所以在我们上面引的那段关于金钱的话中，他特别强调，金钱从达到幸福的一个手段变成了"这个人的"，而不是所有人的幸福的一个主要组成部分。这样我们也可以理解，为什么在我们上一段引的密尔关于美德的话中也有类似的强调：美德"对于这个人"，而不是对于所有人，可以变成本身有价值的东西。这里我们可以看到，在密尔看来，一个人之所以要欲求美德本身还是为了欲求幸福。很显然，在这里，幸福而不是美德是首要的，这也是为什么他说一个人为美德而欲求美德并不违背功利原则或者幸福原则。

---

① John Stuart Mill, *Utilitarianism, On Liberty, Considerations on Representative Government*, p. 38.
② Ibid., p. 39.

的手段去追求。但事实上并不是这样,一方面,密尔在第四章的一开头就说明了这一章的目的,即要证明其功利原则:幸福是"唯一值得作为目的欲求的东西,而所有其他东西之值得欲求只是因为其有助于我们追求幸福"①。这里他说得很绝对:幸福是"唯一的"目的(既然是"唯一的",就不包括美德),而"所有"别的、值得欲求的东西(既然是"所有别的",就包括美德)都是手段。另一方面,他又说,把美德最为目的去追求并不违背其功利原则:"如果有人不是按照这种方式去爱美德(即将其作为目的本身去爱美德),将美德作为目的本身,即使在特定情况下它并不产生它通常会产生的、我们因此而称之为美德的其他值得欲求的后果,那么这个人的心灵状态一定有问题,一定有悖于功利原则,一定不会最有助于总体的幸福。这样一种观点与幸福原则没有丝毫的违背。"②这里他所说的美德在通常情况下会产生的其他值得欲求的后果,就是我们上面提到的英雄和烈士因其美德而带给他人的幸福。现在他说,即使一个人对美德的追求不会给他人带来这样的幸福,功利主义还是认为一个人可以将美德作为目的去追求,这看起来跟我们上面讨论的他在第二章中提出的观点相反,但他又说这与其功利原则或者最高幸福原则一点也没有冲突,而且恰恰是这个原则所要求的。怎么来理解这个问题呢?

理解这一点的关键是,在密尔看来幸福乃是欲望的满足。我们有一些原初欲望,为了满足这样的欲望,我们需要一些别的东西作为手段,因而去追求这些别的东西。确实,在追求这样的东西的一开始,我们是将它们作为我们真正要实现的欲望的手段,但在追求这样的作为手段的东西的过程中,我们对这些东西本身产生了欲望,以至于我们会为这样的欲望的满足而感到幸福,即使这种欲望的满足没有满足其原来作为手段会帮助我们满足的原初欲望。这个时候,"原先只是用来获得幸福的手段成了我们为其自身而欲求的东西。但作为本身被这样欲求的东西也就成了幸福的一部分而被欲求的东西。一个人会因拥有这个东西而变得幸福或者自己觉得在变得幸福,而因为没有获得它而变得不幸福或者自己觉得变得不幸福"③。密尔用金钱作为例子来说明这一

---

① John Stuart Mill, *Utilitarianism, On Liberty, Considerations on Representative Government*, p. 36.
② Ibid., p. 37.
③ Ibid., pp. 38–39.

有人就说，许多英雄和烈士并不追求幸福，而是追求美德。密尔就回答说，我们确实应该追求美德，但他又说，我们在放弃自己的幸福而追求美德时，我们还在追求别的东西，而且正是因为追求这个别的东西，我们才把这种性格特征叫作美德。但是，"除了别人的幸福，这个别的东西还会是什么呢？如果一个人能够完全放弃自己的幸福或者放弃获得这种幸福的机会，那很崇高。但是，这种自我牺牲毕竟还是为了什么别的东西，它不可能是其自身的目的。如果有人跟我说，这种自我牺牲的目的不是幸福，而是比幸福更好的美德，那么我就要问，如果这个英雄或者烈士并不相信他的牺牲能够使得别人无须做出这样的牺牲，那么他还会做出这样的牺牲吗？"① 很清楚，在密尔看来美德很重要，是因为它可以促进幸福，因此我们追求美德不是因为美德本身，而是因为这种美德对幸福能够作出的贡献，因此美德在其伦理学中并不具有首要性。

但这不是密尔关于美德的最重要的讨论，最重要的是在《功利主义》一书的第四章。考虑到该书一共只有五章，而他花了其中整整的一章讨论美德的问题，可见美德在其伦理学中确实占有重要地位。当然重要的不是篇幅，关键的是通过这样的讨论，美德有没有在其伦理学中获得首要性。密尔在这里说的一些话可能使我们对这个问题做出一个肯定的回答，例如他说，功利主义"认为美德值得欲求，而且我们应当不是别有用心地欲求，而是为它本身去欲求"②；又说，功利主义者"不仅认为美德是所有实现最高目的的手段中最好的，而且还认为，作为一个心理学的事实，美德对于这个人可以变成本身有价值的东西，而无须考虑它自身以外的目的"③。这里所说的美德是实现最高目的即幸福的最好手段不难理解，因为这就是我们在上面一个段落所强调的，但他这里还说，美德可以作为目的本身去追求，而不是为了任何别的目的。表面看起来，这甚至比我们下面要讨论的亚里士多德关于美德的观点更极端，因为亚里士多德将美德看作我们应当既作为目的本身加以追求的东西，又作为用来追求最高的目的的手段，而且即使在将其作为目的本身追求时还是要将其作为追求最高目的

---

① John Stuart Mill, *Utilitarianism, On Liberty, Considerations on Representative Government*, London: J. M. Dent & Sons, and Rutland, Vermont: Chartles E. Tuttle Co., 1972, p. 16.
② Ibid., p. 37.
③ Ibid.

的道德生活的义务,或者也就是去获得某些美德的义务"①。但是我们知道,在康德那里,准则不是最根本的概念,最根本的是义务的概念,而且这里的义务不只是根据某些准则行动的义务。事实上,有时候我们有义务不做某些准则要求我们去做的事情,有时我们又有义务去做某些准则禁止我们去做的事情。那么是什么东西决定哪些准则应该遵守,而哪些不应该遵守呢?还是义务概念本身。看到了这一点,在五年后将这篇文章收入其一个论文集时,奥尼尔专门为此写了个后记,承认她以前把康德看成美德伦理学家是错误的,因为"康德的最根本观念是道德上有价值的原则,这些原则不仅为外在的正确和义务问题,而且也为好的性格和构造,提供了指南"②。

劳登也曾经试图将康德解释成为一个美德伦理学家,不过他的出发点不是康德的准则,而是其善良意志。在劳登看来,康德的善良意志"是一种性格状态,它是一个人的所有行动的基础";由此,他进一步指出,"康德伦理学中真正重要的不是行动而是行动者";在这种意义上,康德的伦理学就是一种美德伦理学,因为"康德把美德定义为'面对存在于我们身上的、阻碍意志的道德态度的一种刚毅'。而康德的具有美德的行动者,由于其'刚毅',就能够抵制与道德律相反的冲动和自然倾向"③。但是,与奥尼尔五年以后才认识到自己的错误不同,就在提出上面这种看法的同时,劳登已经看到了把康德看作一个美德伦理学家的问题,因为在康德那里,"善良意志和美德都是根据对道德律的服从来定义的……由于人的美德是由对道德律和绝对命令的服从来规定的,现在看来,在康德的伦理学中首要的东西不是美德本身,而是对规则的服从。美德是康德伦理学的核心……但康德的美德本身又为最高的道德原则规定"④。

同样,后果论也可以谈论美德在其伦理学中的重要性。在其《功利主义》一书的第二章,密尔回应了对其伦理学的一个批评。由于密尔的理论认为,幸福是人的生活所追求的唯一目的,我们追求任何别的东西最终都是为了幸福,

---

① Onora O'Neill, "Kant after Virtue," p. 153.

② Ibid., p. 162.

③ Robert B. Louden, "Kant's Virtue Ethics," in *Virtue Ethics: A Critical Reader*, ed. Daniel Statman, Washington, D.C.: Georgetown University Press, 1997, p. 289.

④ Ibid., p. 290.

种力量有关的刚毅就是美德。"① 在康德那里，意志的道德态度是自由的、理性的、超越所有经验成分的。但康德又承认，人不仅是个理性的人，也是一个经验的人。因此作为一个经验的人往往具有不遵守由作为理性的人的他自己所制定的道德律的自然倾向，而美德就是抵制这种自然倾向的刚毅。这里美德对于道德律的从属地位是最明显不过的：它的作用就是帮助我们克服不道德的自然倾向从而去遵循道德律。不仅如此，正如约翰森（Robert Johnson）所指出的，康德把美德理解为意志的一种力量，这与美德伦理学把美德理解为类似于第二人性的习惯化的情感和欲望的倾向完全不同。事实上康德所理解的美德在亚里士多德那里更像是与意志软弱（incontinence）相反的自制（continence），但亚里士多德认为两者都不是美德。②

正是在这个意义上，我们可以理解为什么一些想把康德伦理学理解为美德伦理学的企图不能成功。例如，在一篇原来在1984年发表的以《康德的美德伦理学》为题的论文中，奥尼尔（Onora O'Neill）想以康德的准则（maxim）概念为出发点提出一种康德的美德伦理学。确实，在谈到准则时，康德把美德定义为"一个人的准则所具有的实现其义务的力量"，并说："只有通过其克服的障碍我们才能知道任何一种力量，而与美德有关的障碍就是人的自然倾向，它们可能会与一个人的道德决断发生冲突。"③ 而在奥尼尔看来，准则所"关心的主要不是特定类型的行动的对与错，而是一种生活（或者这种生活的若干方面）的基本道德品质……因此，具有道德上恰当的准则所涉及的是过某种特定的生活，或者成为某种特定的人"④。由于美德伦理学的特征就是其关注成为什么样的人和过什么样的生活，而不是做什么样的事情，奥尼尔就宣称康德有一种美德伦理学。在她看来，虽然在康德那里义务概念占有核心的地位，这些义务"也就是根据某些准则行动的义务，也就是根据某些根本的线索来规定我们

---

① Immanuel Kant, *The Doctrine of Virtue: Part II of the Metaphysic of Morals*, New York: Harper and Row, 1964, pp. 37-38.
② Robert Johnson and Adam Cureton, "Kant's Moral Philosophy," in *Stanford Encyclopedia of Philosophy*, 2016, §11.
③ Immanuel Kant, *The Doctrine of Virtue: Part II of the Metaphysic of Morals*, p. 54.
④ Onora O'Neill, "Kant after Virtue," in *Constructions of Reason: Exploration of Kant's Practical Philosophy*, Cambridge: Cambridge University Press, 1989.

缺乏这样的美德而又想获得这样的美德的人，这样的道德规则就是必要的。关键是美德伦理学是否能够提供这样的道德规则。尽管有一些极端的美德伦理学家想用美德来替代规范一个人行动的规则[①]，大多数的美德伦理学家并不排除规则。但这些规则有几个特点：第一，这些规则本身以人的性格特征为基础。如霍斯特豪斯（Rasalind Hursthouse）就指出，由于在亚里士多德那里，相应于每一种情感，都有一个美德和两个恶德，由此我们就可以得出三条规则，其中一条（相对于美德）是肯定的，另外两条（相对于恶德）是否定的。例如，有关信心方面，适当的信心是勇敢这种美德，过度的信心就是鲁莽这种恶德，而过少的信心就是胆小这种恶德。由这样三种性格特征就可以得出三种道德规则：作勇敢的事情！不要作鲁莽的事情！不要作胆小的事情！[②] 其次，这些道德规则的目的主要不是要给没有美德的人提供行动指南，而是让这样的人在根据这些规则所从事的行动中逐渐体会到这些行动的内在价值，从而将从事这种行动作为习惯，也即逐渐使自己获得勇敢这种美德，成为勇敢的人。最后，也如霍斯特豪斯所指出的，即使在遵循这些规则时，一个人必须至少有意愿获得与这些规则相应的美德，因而在一定程度上已经成了具有这样的美德的人。因为"无论是对规则的解释还是对什么样的规则适用于某个特定的情况的决定，都需要一定程度的美德和相应的道德或实践智慧"[③]。总而言之，美德伦理学虽然也可以讲规范行动的道德规则，但这些道德规则必须从属于美德，因此美德在这样的伦理学中具有首要性。

另一方面，规则论和效果论也可以讲美德，只要这里的美德是来自并从属于规则或效果的。我们先看规则论。康德的伦理学是规则论伦理学的典型，其任务就是提出一些形式规则，即他所谓的绝对命令，以确定一个人的行动是否道德。但是康德也讲美德，事实上，他的《道德形而上学》的第二部分就是"美德学说"。在这个部分，康德对美德做了如下定义："抵制一个强大的、不公正的敌人之力量和有意的决断叫刚毅；而我们所有的、与阻碍意志的道德态度那

[①] G. E. M. Anscombe, "Modern Moral Philosophy," in *Philosophy: The Journal of Royal Institute of Philosophy*, 33, 1958, pp. 1–19.

[②] 参见 Rosalind Hursthouse, *On Virtue Ethics*, Oxford: Oxford University Press, 1999, p. 36。

[③] Ibid., p. 40.

一　美德伦理学的理想形态

那么怎样确定美德伦理学的理想类型呢？应该主要从与其他两种类型的伦理系统即道义论和后果论的对比着手。与道义论以道德原则优先、后果论以行动后果优先相反，美德伦理学当然以美德优先。说美德伦理学以美德优先并不是说美德伦理学就不可以讲道德原则和行动后果，而是说美德伦理学讲的道德原则和行动后果都是以美德为出发点的。我们先看后果在美德伦理学中的地位。一个仁慈的人，即一个具有仁慈这种美德的人，不可能不考虑他人的福利（后果）。正是在这种意义上，当代美德伦理学家斯洛特（Michael Slote）指出，在一个重要的方面，美德伦理学，或者他所谓的以行为主体为根据的道德，"确实考虑后果，因为这样的道德所坚持并提倡的，是希望并努力产生好的后果的整体动机。一个真正关心他人福祉的人希望为他人产生好的后果（而且是为了这个他人本身，而不是别有用心）"[1]。因此，"如果一个具有充分仁慈和关爱动机的人却袖手旁观，结果伤害了或者没有能够帮助她本来想帮助的人"，她的行动不能不受到批评。[2] 但这并不是说美德伦理学就是一种后果论或者与后果论无异。假设有一个具有美德的人在做了最好的努力后还是造成了一个坏的后果，美德伦理学如何评价这样一个人呢？一方面，"如果一个人力尽所能地了解了有关的事实并非常小心地行动，那么我们不能批评这个人的行为不道德，不管结果如何坏"；但另一方面，"如果坏的结果是由于这个人缺乏足够的理智能力或者由于他无法知道的认知缺陷，那么我们可以对他的表现做认识论上的批评而不是道德的批评"[3]。与此相反，从后果论的观点看，在上述两种情形中，我们都可以批评这个人的行为不道德。这里我们看到，美德论也重视后果，但这种重视是从属于其对美德的强调的。

我们再来看道德原则在美德伦理学中的地位。当然一个真正具有美德的人并不需要任何道德规则，如孔子在七十岁以后可以从心所欲不逾矩。但一个还

---

[1] Michael Slote, *Morals from Motives*, Oxford: Oxford University Press, 2001, p. 34.
[2] Ibid.
[3] Ibid.

伦理学[1]、伊斯兰教的美德伦理学[2]、道家的美德伦理学[3]等。当然在这最后一方面，最重要的是对儒家的美德伦理学的研究。在 2007 年一年内，就有三本研究儒家美德伦理学的英文专著出版[4]，而有关的研究论文更是不计其数。

但是这样的比较研究基本上是以西方的美德伦理学为范例，看看这样的美德伦理学有哪些主要特征，再看看研究者所关心的传统是否有这样的特征，从而断定这样的传统是否是一种美德伦理学。这样的工作的一个重要缺陷是，用美德伦理学在西方传统中的某种历史形态作为范例来衡量美德伦理学的另一种历史形态，不仅有让后者削足适履的状况，而且往往会得出后者虽然基本上是一种美德伦理学，但相较于作为范例的前者而言，总不那么完美，存在这样那样的缺陷。关于这一点，如果我们反过来，把比较研究者所关心的一个传统，如儒家这种美德伦理学的历史形态，作为美德伦理学的原型或范例，看看这样的美德伦理学有哪些特征，再看看西方传统中美德伦理学的某种历史形态，如亚里士多德主义，是否具有这样的特征，并由此断定其是否是一种美德伦理学，这时我们就会发现亚里士多德的伦理学虽然基本上可以说是一种美德伦理学，但较之作为美德伦理之原型或范例的儒家伦理学来说，总不那么完美，总还存在着这样那样的缺陷。因此在我们断定某一种历史形态的伦理思想是美德伦理学时，我们最好不要以另一种历史形态的伦理思想为范例，而应该以某种理想形态的美德伦理学为标准。因此，我将首先说明什么是美德伦理学的理想形态（第一节），然后以此为标准考察亚里士多德的伦理学，并得出其不符合理想形态的美德伦理学的标准的结论（第二节），最后我将以同样的标准以同样的方式考察朱熹的伦理学，并得出其符合理想类型的美德伦理学的标准的结论（第三节）。

---

[1] 如 D. Keown, *The Nature of Buddhist Ethics*, New York: Palgrave, 1992。

[2] 如 Elizabeth M. Bucar, "Islamic Virtue Ethics," in *Oxford Handbook of Virtue*, ed. Nancy E. Snow, New York: Oxford University Press, 2017。

[3] 如 Huang Yong, "Respecting Different Ways of Life: A Daoist Ethics of Virtue in the *Zhuangzi*," in *Journal of Asian Studies*, 69.4, 2010, pp. 1049–1070。

[4] May Sim, *Remastering Morals with Aristotle and Confucius*, Cambridge: Cambridge University Press, 2007; Bryan van Norden, *Virtue Ethics and Consequentialism in Early Chinese Philosophy*, Cambridge: Cambridge University Press, 2007; Yu Jiyuan, *The Ethics of Confucius and Aristotle: Mirrors of Virtue*, New York and London: Routledge, 2007.

理想类型的美德伦理学家

——朱熹而不是亚里士多德

黄 勇

(香港中文大学哲学系)

导 言

近代以来,道义论(deontology)和后果论(consequentialism),特别是功利论(utilitarianism),是西方伦理学的主流,而美德论(virtue ethics)则被看成古代人的伦理而受到冷落。但在最近几十年,美德伦理学在英语世界出现了较大的复兴,开始打破道义论和功利论的垄断地位,使当代伦理学出现了三足鼎立的局面。美德伦理学的这种繁荣至少有若干体现。第一,美德伦理学自身出现多元化。虽然亚里士多德主义仍然是美德伦理学的主流,但也有不少美德伦理学家主要从斯多葛学派、休谟传统、尼采传统或实用主义特别是杜威那里汲取养料。第二,与刚开始复兴时主要是美德伦理学对道义论和功利论的批评不同,现在道义论和功利论也开始批评起美德伦理学,而美德伦理学也开始认识到自己的缺陷并加以修正。第三,从事比较哲学的学者纷纷在自己的哲学传统中挖掘美德伦理学的资源,所以我们看到了印度教的美德伦理学[1]、佛教的美德

---

[1] 如 Nicholas F. Gier, "Toward a Hindu Virtue Ethics," in *Contemporary Issues in Constructive Dharma*, eds. R. D. Sherma and A. Deepak, Hampton, VA: Deepak Heritage Books, 2005。

论)、伦理学等领域,源自西方哲学。在近代西方,由于近代实证科学的兴起和推动,哲学热衷于讨论知识的起源、性质、对象、范围以及主体的认识能力、认识方法等问题,由此发生了"认识论的转向"。这样的认识论按照康德的说法,可以归结为两个问题:感觉能否给予客观实在?普遍必然的科学知识何以可能?二十世纪以来的西方实证主义形成了将认识论局限于这两个问题的狭义认识论。受此影响二十世纪二十年代以来,中国哲学界有种流行的见解:中国哲学重做人,西方哲学重求知;因而中国传统哲学的认识论不发达。[①] 如果我们把哲学史看作人类认识史的精华,那么,认识论不发达的中国传统哲学在世界哲学史上就无足轻重了。依据上述关于中国传统致知之道的梳理,可以看到贯穿于中国传统哲学的是认知活动和德性修养相结合的广义认识论。这不仅表现了不同于西方哲学的民族特点,而且为超越西方实证主义的狭义认识论提供了思想智慧。

[①] 以下两位学者的说法都有此倾向:冯友兰的《中国哲学史》上册(1931年初版)认为,西方哲学之知识论(方法论),"在中国思想史的子学时代,尚讨论及之;宋明而后,无研究之者";张东荪的《知识与文化》(1946年初版)说:"中国哲学无认识论。"

德性之知的先验论做了某种限制。不过,他不同意王廷相对区分见闻之知和德性之知的否定。他说:"见闻所得,未必非道之一曲。"(《正蒙注·大心篇》)认为见闻之知反映了道的某个侧面,这意味着见闻之知表现了认识过程的从无知到知。但是,它作为"道之一曲"具有很大局限性,无法把握包含物、我的道之全体。因此,王夫之赞同张载以"大其心"突破见闻之知而走向"知道"之境:"致知之道……大其心以体物体身而已。""知道而后外能尽物,内能成身。"(《正蒙注·大心篇》)而这样的"知道"之境就是德性之知:"德性之知,循理而及其原。廓然于天地万物大始之理,乃吾所得于天而即所得以自喻者也。""德性诚有而自喻,如暗中自指其口鼻,不待镜而悉。"(《正蒙注·大心篇》)德性之知是在如暗中指鼻的"自喻"即德性的自证中,体认了天地万物的本原和普遍之理,天道在我身上化为血肉,在我心中凝为德性。这意味着德性之知是关于天道以及与天道合一之德性的整体而又自得的智慧。就是说,王夫之把张载关于见闻之知和德性之知的两种认识成果和认识论形态的区分,进一步发展为把整个认识过程看作从无知到知、从知识到智慧的运动。这对于传统哲学的致知之道具有一定的总结意义。

从"知之为知之"到德性之知的致知之道,是不断提升融合认识活动和德性修养以及将此作为自身形态的理论自觉的历史过程,贯穿其中的宗旨是:认识活动不仅以思维的光亮映照世界,更以德性的修养成就自己。于是,它所展现的天地人物是充满道德情怀的乾坤世界,张载《西铭》对此的表达最为典型:"乾称父,坤称母;予兹藐焉,乃混然中处。故天地之塞,吾其体;天地之帅,吾其性。民吾同胞,物吾与也。"天地乾坤是万物之父母,而人处在其中,天地之气充塞我的身体,天地之性统率我的德性,因此人类是我同胞,万物是我朋友。由充满道德情怀的世界而激荡起对于世界的宏大的道德担当,张载以下四句名言对此的表达也最为典型:"为天地立心,为生民立命,为往圣继绝学,为万世开太平。"(《宋元学案·横渠学案》)张载集德性之知和民胞物与、"横渠四句"于一身,充分反映了致知之道在认识世界的同时,更注重以崇高而磅礴的道德力量改变世界。

这样的"大其心"的德性之知,对于认识中国传统哲学的价值具有不可忽视的意义。中国传统哲学没有"认识论"这个词汇,把哲学区分为认识论(知识闻之知和德性所知是两种不同层次的认识成果,也是两种不同形态的认识论。就认识成果的层次而言,见闻之知是感官对具体事物的认识。但认知范围极其有限,无法从整体上把握天下万物,"今盈天地之间皆物也,如只据己之见闻,所接几何,安能尽天下之物?"(《张子语录》上)而德性所知则与此不同,"圣人尽性,不以见闻梏其心","大其心,则能体天下万物"(《正蒙·大心》)。就是说,"德性所知"是"大其心"即以突破见闻桎梏而把握天地万物普遍性原理为内容的,而这以"尽性"工夫即德性涵养为基础。区分两种认识成果的层次,意在强调以"德性所知"为认识活动的目标,并将德性涵养纳入认识过程。就认识论的形态而言,"若只以闻见为心,但恐小却心"(《张子语录》下)。见闻之知的认识形态为"小却心",是把认识活动限定于感官交物的狭义认识论,"世人之心,止于闻见之狭"(《正蒙·大心》);而德性所知的认识形态为"大其心",是把认识宇宙普遍原理和自我德性修养统一于认识活动的广义认识论。区分"小却心"和"大其心"两种形态,表现了追求后者的自觉意识。张载借用老子"为学""为道"之分,揭示"见闻之知"与"德性所知"上述两方面的区别:"闻见之善者,谓之学则可,谓之道则不可。"(《经学理窟·义理》)但是,当他强调"德性所知,不萌于见闻"(《正蒙·大心》),以为"德性所知"不必依赖感觉经验,则表现出先验论的倾向。

以后程颐、朱熹、王阳明等对德性之知的观点,在价值取向上大体上与张载相似。王廷相则对德性之知提出批评:"世之儒者乃曰:'思虑见闻为有知,不足为知之至。'别出德性之知为无知,以为大知,嗟乎!其禅乎!不思甚矣。殊不知思与见闻必由吾心之神,此内外相须之自然也。德性之知,其不为幽闭之孩提者几希矣。"(《雅述》上篇)认为并没有超乎思虑见闻的德性之知,把超乎思虑见闻的德性之知作为"大知"是陷入了禅学,导致犹如"幽闭之孩提"般蒙昧无知。就其对张载的德性之知的先验论的批评而言,这是正确的;但由此否定了张载的德性之知体现了以"为道"即追求超越知识层面的智慧的深刻见解。王夫之对王廷相在理气之辩、知行之辩上的观点都有继承发展;与此相联系,他虽然依然认为德性之知不依赖于见闻之知,但有见于王廷相对德性之知的先验论倾向的批评,在肯定德性之知超乎闻见之知的同时,又指出前者要以后者为凭借,"超乎闻见,而闻见皆以备道也"(《正蒙注·乾称篇下》)。这就对本无树，明镜亦非台，佛性常清静，何处有尘埃。"(《坛经·行由品》)惠能由此而胜出。他认为比喻为佛性的菩提树和明镜台，本来就空寂清净而非一物，如果"于自心顿现真如本性"(《坛经·般若品》)，即顿然开悟到自心即佛性，空寂清净是其本来面目，那么，世俗的尘埃没有了沾染的落脚处，"时时勤拂拭"的烦琐工夫完全是多余的。这是说顿悟自心即空寂清净的佛性，把握了这样的"善知识"即佛道的智慧，就不会对"六识"所呈现的事物起分别心、执着心；这可谓是"自见本性清净，自修、自行，自成佛道"(《坛经·坐禅品》)。神秀的"时时勤拂拭"夹杂有儒家"加法"(时时)和道家"减法"(拂拭)的尾巴。惠能截断这个尾巴，认为佛道的"善知识"就是悟得自心以空寂为本性，因而这无所谓增或减，"若雨大海，不增不减"(《坛经·般若品》)。这样的非增非减，虽然在刹那间实现，但并非易事。佛教把世俗尘埃比喻为"八风"——利(顺利)、衰(衰落)、毁(毁谤)、誉(赞扬)、讥(讥讽)、称(吹捧)、苦(艰苦)、乐(享乐)。自心空寂的非增非减就要"八风吹不动"。宋代文学家苏轼有很高的禅学造诣，与隔江而居的佛印禅师交往颇深。他写了首赞颂寺庙佛像庄严巍峨的诗："稽首天中天，毫光照大千。八风吹不动，端坐紫金莲。"让人转交给佛印。佛印看出其中隐含着苏轼以"八风吹不动"自负，就在这首诗上批了两个字"放屁"，叫人送还给他。苏轼不服，立马过江找佛印论辩。佛印说："你不是'八风吹不动'吗？何以被一屁打过江来了呢？"苏轼恍然醒悟。禅宗的"转识成智"揭示了认识活动中的重要矛盾：既要以感官识别事物，又要超越由此带来的迷惘；它以自心顿现来解决这个矛盾，意味着廓清感官的认识迷雾，需要有"八风吹不动"的道德定力；而这是由世俗观念到佛道"善知识"的顿然觉悟，体现了认识过程中突变性的飞跃。禅宗以"不增不减"的顿悟来"转识成智"，体现了这样的理论意义：超越感官的认识迷雾，需要有认识论领域之外的道德定力。

三 "见闻之知""德性之知"的区分与"大其心"的自觉

宋代之后，儒、道、释合流。因此，宋代提炼出了明确显示认识论和伦理学融合为一的标志性概念："德性之知"。这成为宋明至清初的致知之道的重要内容。张载说："见闻之知，乃物交而知，非德性所知。"(《正蒙·大心》)认为见

"尊德性"和"道问学"视为认识活动的目的和手段的关系，如后来王阳明所说："道问学，所以尊德性也"，"如今讲习讨论，下许多功夫，无非只是存此心，不失其德性而已"（《传习录》下）。理学家把"道问学"和"尊德性"的关系发挥为"致知"（穷理）与"涵养"（居敬）的关系，"涵养须用敬，进学在致知"（《程氏遗书》卷十八），认为两者应当交相促进，"能穷理，则居敬工夫日益进；能居敬，则穷理工夫日益密"（《朱子语类》卷九）。不难看到，从先秦儒学到宋明理学，儒学的致知之道形成了认识活动与德性修养融合为一的传统。

如果说儒家致知之道的德性修养，主要用的是"加法"，即"下许多功夫"的"日益进""日益密"。那么，道家得"道"的德性修养，则主要用的是"减法"。老子的"损"和"涤除"形象地表达了这一点。《管子》的四篇用类似的"减法"语汇描述虚静修德，如"洁其宫"，"虚其欲，神将入舍。扫除不洁，神乃留处"。这里的"神"是指得道的神明智慧。庄子的"剞心"即"洗心"。① 这也与老子"涤除"之"减法"一脉相承。道家的"减法"对宋明理学的"尊德性"和"道问学"产生了重要影响。理学家肯定致知（道问学）与涵养（尊德性）相互促进。不过，他们讲的涵养吸取了道家的致虚守静。朱熹说："欲穷理又须养得心地本源虚静明澈"（《答彭子寿》）；王阳明认为"静处体悟"有益于"致良知"（《传习录》下），就去除对良知的障蔽而言，"吾辈用工只求日减，不求日增"（《传习录》上）。就是说，与致知穷理相联系的德性涵养，除了用"加法"，"减法"亦可为辅助。

中国佛教同样把认识活动与德性修行融于一体。它提出的"转识成智"，即把世俗的观念转化为佛教的智慧。佛教认为，源于感官的"六识"（眼、耳、鼻、舌、身、意的认识功能）对于事物的识别，使得人们会执着追求某些合乎自身心愿的事物，得之则喜，失之则悲，由此产生了世俗的对于事物的分别心、执着心，从而带来了无穷烦恼。从世俗观念中解脱出来，离不开道德修行。本来印度佛教的"转识成智"须经历许多层次，禅宗则以自心顿现的简捷的修行方法取代之。在决定惠能与神秀谁能继承禅宗衣钵的比试中，神秀作偈曰："身是菩提树，心如明镜台，时时勤拂拭，勿使惹尘埃。"惠能的偈与此针锋相对："菩提

---

① 成玄英：《庄子疏》："剞，去也，洒也。""洒"（xǐ）通"洗"。《左传·襄公二十一年》："洒濯其心。"

对此做了发挥，强调提升自我净化的境界对于理解和把握道的正面意义。

儒、道之外，墨家、法家、名家的致知之道同样是认识论和伦理学的结合。墨子说："天下之所以察知有与无之道者，必以众之耳目之实，知有与亡。"（《墨子·明鬼下》）以众人耳目的感觉经验，作为判断事物是否真实存在的认识之道。墨家以"利"为善（义），以"害"为恶（不义），而利与害则诉诸喜悦和厌恶的直接感觉："得是而喜，则是利也"，"得是而恶，则是害也"（《墨子·经说上》）。可见，墨家重视感觉经验具有认识论和伦理学的双重意义。法家集大成者韩非指出："缘道理以从事。"（《韩非子·解老》）要求认识一般规律（道）和特殊规律（理）；而其法家思想正是"道理之言"（《韩非子·难势》）。言此道理则涉及道德品性，如苦乐与利益的关系，"法之为道，前苦而长利；仁之为道，偷乐而后苦"（《韩非子·六反》）；如私情与公正的关系，"明主之道，必明于公私之分，明法制，去私恩"（《韩非子·饰邪》）。名家公孙龙的"白马非马"，讨论名与实即名称、概念如何指称实际事物的认识论问题，但这与君臣伦理相关联。"名实无当"会使得"君臣争而两明"，即君臣相争而各自显明势力；"两明而道丧"（《公孙龙子·通变论》），即认识名实关系之"道"陷于沦丧。

总之，先秦诸子奠定了传统致知之道的认识论和伦理学两面一体的基础。

二 "尊德性""道问学"与"转识成智"

《中庸》把先秦儒家融合认识论和伦理学的致知之道概括为"君子尊德性而道问学"。以后儒学对认识活动中如何"尊德性而道问学"进行了不少探讨，最著名的是朱熹与陆九渊"鹅湖之会"的争论。他们在江西信州（今上饶）的鹅湖寺里，围绕"为学之方"，论辩"道问学"与"尊德性"。朱熹说："尊德性，所以存心而极乎道体之大也；道问学，所以致知尽乎道体之细也。二者修道凝德之大端也。"（《中庸章句》）承认两者都以认识道体为目标，但倾向于从"道问学"入手，通过泛观博览和考察外物来涵养内在德性，由"道体之细"走向"道体之大"。而陆九渊则以为"道不外索"（《语录下》），要"先立乎其大者"，修养本心，"既不知尊德性，焉有所谓道问学？"（《语录上》）没有主体的德性修养，读书穷理的"道问学"就没有方向。鹅湖之会没有消除两人的分歧，但他们都把儿纯净初心般的厚德,"含德之厚,比于赤子"(《老子·五十五章》)。以后道家对此予以传承和发展。《管子》的《白心》《内业》和《心术》上、下四篇是老子之后的重要道家文献。① 它们认为"德成而智出,万物毕得",修养成德是认识万物的前提。因此,"不修之此,焉能知彼",只有修养认识主体(此),才能认识外在对象(彼);而"修之此,莫能如虚矣。虚者,无藏也"。修养成德之"虚"就是使私欲等无处可藏,内心达到平静如水的状态,否则无法进行有效的认识活动,"心有欲者,物过而目不见,声至而耳不闻也",而"修心静意,道乃可得"。老子的"涤除玄览"包含了发展出像明镜那般如实映物的可能性。《管子》四篇将这样的可能性落实于"静因之道":"因也者,舍己而以物为法者也。"即抛弃主观成见而如实反映外在事物。这是肯定虚静修德与认识客观性之间有着内在的联系。

庄子说:"何思何虑则知道?"(《庄子·知北游》)他以"有真人而后有真知"(《大宗师》)对此做了回答。"真知"是有别于认识具体事物的"知道"之知,"真人"则是理想人格;而虚静既是万物根源之道的体现,又是理想人格之德的最高要求:"夫虚静恬淡寂漠无为者,天地之本,而道德之至。"(《庄子·天道》)因此,以"知道"为追求的"真人"当然要以虚静为道德的理想境界。而达此境界的途径是"刳心"(《庄子·天地》),"真人"的"刳心"而"知道",以祛除"机心"为对象:"机心存于胸中,则纯白不备;纯白不备,则神生不定;神生不定者,道之所以不载也。"(《庄子·天地》)"机心"就是接着指出的"功利机巧"之心,即出于功利追求的谋划、算计,而洗濯"机心",具备"纯白"之虚和"神定"之静,才能"载道"即获得对道的"真知";同时,庄子将"明白太素,无为复朴,体性抱神"(《庄子·天地》)作为"功利机巧"的对立面。这表明"真人"虚静修德的"刳心",以回归朴素纯真的本然之性为目标。因此,"真人"的特点是致虚守静与素朴本然之性的融通为一:"素也者,谓其无所与杂也;纯也者,谓其不亏其神也。能体纯素,谓之真人。"(《庄子·刻意》)回归"纯素"本然之性,正是"无所杂"和"不亏神",即虚而无物和静而无欲的自我净化的最高境界。老子"涤除玄览"的虚静,蕴涵着返回镜子之明净本性的意味,庄子

---

① 以下出自这四篇的引文,不一一注明。

也"(《论语·为政》)。就是如此。这里揭示了认识过程中"知"与"不知"的矛盾联系,即自知无知正是知(认识)发生的起点;因为只有意识到对某个对象的无知,才会产生求知的动力,才会提出针对这个对象的问题,以此作为认识的导向。同时,这里也蕴涵了不自以为无所不知的德性修养,它表现出"君子泰而不骄"(《论语·子路》)的仁德。可见,孔子既从认识活动如何发生来考察认识论问题,又将此与认识主体的德性修养相联系。古希腊哲学中,对于认识的发生问题,柏拉图提出了著名的美诺诘难,认为如果主体完全处于无知状态,则不可能提出认知问题;另一方面,如果主体对某个对象已经有所知,便没有再进行认识的必要。这样,无论在无知或有知的条件下,认识活动都不可能发生。柏拉图以此论证"回忆说",即认识是对先天知识的回忆。与这样的观点相比较,孔子以自知无知来阐述认识的发生,不仅不像柏拉图那样将知与无知予以割裂和对立,而且以重视德性修养来发挥认识主体的能动作用。

孟子、荀子继承了这样的致知之道。孟子说:"尽其心者知其性也;知其性,则知天也"(《孟子·尽心上》);而"心之官则思,思则得之,不思则不得也"(《孟子·告子上》)。以为认识性与天道,必须尽心即充分发挥理性思维的作用。而尽心的过程则是对天赋的道德"良知"予以自觉反思的过程,"学问之道无他,求其放心而已矣"(《孟子·尽心上》)。因此,"学问之道"是尽心即理性思维过程与求其放心即道德自觉过程相融合之道。荀子否定有天赋"良知",但也很重视心的理性思维作用,称心为统率耳目感官的"天君"(《荀子·天论》)。不过,"凡万物异则莫不相为蔽,此心术之公患也"(《荀子·解蔽》)。事物存在着矛盾的两个方面,而"心术"的通病是只见一面而不见另一面;要去除这些"公患",必须重视认识主体之"心"的道德修养,"以仁心说,以学心听,以公心辩"(《荀子·正名》),从而走向"以道观尽"(《荀子·非相》)即全面认识事物。

道家的认识论以把握道为宗旨,而这与致虚守静的德性修养相联系。《老子》说"为道日损",对"道"的把握不同于"为学日益",需要"损之又损,以至于无为"(《老子·四十八章》),这个"损"包含着德性修养,即不断减损心灵的污垢,犹如把镜子上的瑕疵完全清洗干净,"涤除玄览,能无疵乎!"(《老子·十章》)老子将之称为"致虚极,守静笃"(《老子·十六章》)。这是回归婴

见闻之知、德性之知与中国传统致知之道的嬗变

陈卫平

（华东师范大学哲学系）

知行之辩是宋明理学的中心问题之一，对于见闻之知与德性之知的讨论则是其中的重要内容。最早出现"格物致知"的《大学》将其作为修身的重要环节，以为人既是认知主体，也是德性主体，认知外物的过程和德性养成的过程是统一的。先秦诸子以及后来包括儒道释在内的中国传统哲学的致知之道，始终以此为主旨，宋明理学特别把"德性之知"与"大其心"相联系，体现了对传统致知之道以融合认识活动和德性修养作为自身形态的理论自觉，王夫之进一步把"大其心"看作从无知到知（见闻之知）、从知识到智慧（德性之知）的过程，这在一定意义上是对传统致知之道的总结。

一 先秦诸子奠定认识论和伦理学融合的基础

认知和德性的统一，用现代哲学术语来说，就是认识论和伦理学的结合。《大学》的"格物致知"表现出认识论和伦理学融合的意蕴并非偶然。因为此前的先秦诸子正是如此。这里以先秦诸子中对中国哲学影响最大的儒、道两家为阐述的重点。

就儒家而言，时人以"仁且智"作为孔子的思想符号。"仁且智"即仁智统一，这无疑是认识论和伦理学的结合。其"知之为知之，不知为不知，是知

和改革。① 比如，吕祖谦的制度研究和史学研究并不只是提供了改革的具体体制和设想，他还比其他道学家们更加实际地去看待在《周礼》中被理想化的周代的礼乐制度。

举例而言，杨炎于780年强化了货币经济并扫清了土地买卖的障碍之后，恢复井田制的理想变得越来越遥不可及。但吕祖谦认为通过一些实际的措施，可以恢复由血缘和民兵所重建的组织秩序和儒家家庭价值。例如，他认为虽然恢复古代制度的各个方面将是极为困难的，但依然可以从限制私人财产以及重建民兵组织开始入手。

类似于徐儒宗和杜海军，马恺之同样阐明了吕祖谦积极呼吁士大夫参与政府治理工作：吕祖谦试图说服皇帝去重建官僚体系内部可以对皇帝行为有所约束的传统决策模式。② 马恺之进一步认为统治者们对朱熹的哲学更为尊重很大程度上是因为在自身的个人道德修养问题上，朱熹体系下的皇帝有着独特的伦理、哲学和政治优势。与之相反，吕祖谦认为这种伦理价值自我修养的过于集中是不恰当的，因为统治机构需要不断改进他们的治理并为皇帝的权力设置约束。吕祖谦是儒者中较早看到仅仅依赖皇帝的自我修养和德性的局限之处，因此他可谓是黄宗羲和《明夷待访录》这类思想的先声。

综上所述，马恺之的相关研究为我们提供了引人注目的例证：如果吕祖谦的思想不限于仅仅影响浙东学者，而是取代朱熹，像他那样影响到整个中国和东亚，那么儒家思想和中国政治文化可能会有完全不同的发展路向。

（徐波译）

---

① Kai Marchal, "Lü Zuqian's Political Philosophy," in *Dao Companion to Neo-Confucian Philosophy*, ed. John Makeham, Dordrecht: Springer, 2010; *Die Aufhebung des Politischen: Lü Zuqian (1137–1181) und der Aufstieg des Neukonfuzianismus*, Wiesbaden: Harrassowitz Verlag, 2011.

② 徐儒宗：《婺学之宗：吕祖谦传》，杭州，浙江人民出版社，2015年；以及杜海军的《吕祖谦年谱》。

越来越多的兴趣并且取得了许多让人印象深刻的成果。如果有读者对我上述提到的这些感兴趣,他们不仅可以阅读黄勇教授即将出版的指南全书中的英文章节,同时有关张栻和吕祖谦部分也可以参阅在《湖南大学学报》2018年1月版的中文文本。①

在此,请允许我再简要强调几个主要的例证,他们都将吕祖谦置于一个逐渐受到重视、更为宽广的朱熹同时代儒者的视野中。潘富恩强调了我们认为吕祖谦作为一个哲学家的重要性,作为领袖"主盟斯文"而非只是社会政治精英的事实。②蒋伟胜进一步论证了吕祖谦作为道学领袖的地位,虽然吕祖谦本人并不仅限于某家某派的思想。③杜海军强调了吕祖谦在浙东学派内部三个地方性学术团体的知识架构中所扮演的角色,并特别关注了他们与心学以及经史之学有关的研究。④刘玉民则增强了我所认为的观点,吕祖谦的博学并不意味否定他致力于发扬张载二程兄弟的学说以及对自我德性的修养。⑤程小青和郭丹还进一步探索了吕祖谦对朱熹的经学研究(特别是在《诗》和《易》)、书院建设,以及在他们共同编辑《近思录》时的篇章取舍所发挥的巨大影响。⑥

五

总而言之,我希望借用马恺之最近有关吕祖谦的一篇英文论文以及一部德文著作来解释相关的进展,这些论著都强化了我所主张的吕祖谦对儒学的贡献

---

① 田浩:《朱熹与张栻、吕祖谦互动述略》,《湖南大学学报》,2018年第1期,第16—22页;以及 Hoyt Cleveland Tillman, "Zhu Xi and his Contemporaries: Zhang Shi, Lü Zuqian, Chen Liang, and Lu Jiuyuan," in *The Dao Companion to Zhu Xi's Philosophy*, eds. Huang Yong and Ng Kai-Chiu, Dordrecht: Springer, 2020, chapter 12.
② 潘富恩:《吕祖谦》,昆明:云南教育出版社,2009年。
③ 蒋伟胜:《合内外之道:吕祖谦哲学研究》,杭州:浙江工商大学出版社,2012年。
④ 杜海军:《吕祖谦年谱》,北京:中华书局,2007年。以及《谈吕祖谦浙东学术的领袖地位》,《中国哲学史》,2012年第2期,第70—76页;《吕祖谦门人及吕学与浙东学术的发展关系》,《浙江师范大学学报》,2014年第2期,第21—28页。
⑤ 刘玉民:《南宋区域学术互动研究:以吕祖谦为中心的考察》,《贵州社会科学》,2016年第7期,第41—46页。
⑥ 程小青、郭丹:《吕祖谦与朱熹新理学》,《福建师范大学学报》,2014年第6期,第110—115页。

的当年，由此，吕祖谦将不再属于那个在他生前根本不存在的团体和学派。①这样的观点显然取消了北宋早期以及南宋早期道学的存在。另一种观点简单地认为吕祖谦的思想与道学不同。这样的断言，在我看来都是简单地将朱熹视为道学的标准，认为朱熹的主张和说法才是对事情真相和其他儒者准确而完整的描述。显而易见，他们是将朱熹预设为道学的起源以及道学本身，并且将吕祖谦和朱熹的任何差别都当作吕祖谦与道学的不同，由此将朱熹与经世学派和政治团体区隔开来。朱熹在中国文化中已经成为权威，许多传统与现代的学者将他的主张和说法视为金律，甚至许多批评或者不同意朱熹的传统学者与现代学者也倾向于将朱熹对其他儒者的批评视为客观的评价。（也许有人也会笑着指出我自己对朱熹著作的引用，然而，我只是在试图评价他的陈述而已。）

关于我对吕祖谦在1168年到1181年道学领袖地位的强调，另一个疑问是，为什么吕祖谦较之朱熹更少使用"道学"一词？②我的回答是，其中一部分答案需要溯源他们二位进学路径是宽泛广博还是具体而微，以及政治目的在他们对道学的理解中重要程度的不同。举例而言，吕祖谦曾经在政治团体的意义上提及道学，比他的老友朱熹提及道学还要更早。所以我们可以说，相比于朱熹，道学内部社会与政治的结合对吕祖谦而言更为重要。因此为了整个团体的政治目标，吕祖谦可以接纳更为宽广的哲学理念。再者，朱熹为了教化的目的，倾向于将复杂的理念简化为道德选择。简言之，朱熹对"道学""醇儒"以及"道统"的使用，特别在十二世纪八十年代以后，越来越多地是为朱熹自身试图号令一个更为团结的士大夫群体而服务的。③

在过去的两年里，我考察了朱熹同时代的一些主要学者，所获得的成果让我非常高兴并备受鼓舞。香港中文大学的黄勇教授点名让我为他所编辑的丛书撰写有关朱熹的一个章节。特别是从二十世纪九十年代初期开始，中国学术界对朱熹同时代儒者，诸如张九成、胡宏、张栻、吕祖谦、陈亮和陆九渊，展现出

---

① Chu Ping-tzu, "Tradition Building and Cultural Competition in Southern Song China（1160-1220）: The Way, the Learning, and the Texts," Ph.D. dissertation, Harvard University, 1998.

② Hilde De Weerdt, "Review of *Die Aufhebung des Politischen: Lü Zuqian（1137–1181）und der Aufstieg des Neukonfuzianismus* by Kai Marchal," in *China Review International,* 2012（19.3）, pp. 468-473, especially p. 472.

③ 具体参见我的两部著作《儒学话语与朱子说的主流化》以及《朱熹的思维世界》。

正如美国谚语说的那样：不要说逝者的坏话。一些人当然会对朱熹的赞辞很不以为然，因为这终究是朱熹为自己最好的朋友逝世时所撰写的祭文。然而，根据我对朱熹与吕祖谦的二十年友谊和学术合作互动交流的研究，我确信朱熹此处是真诚地评价了他的老友在学术圈、公共领域以及道学团体中的地位，虽然这一历史评价被朱熹后来对其故友的激烈批评所遮蔽。

我在1992年出版的《儒学话语与朱子说的主流化》，特别是之后《朱熹的思维世界》修改并增补的中文版①中讨论了如何，以及为什么朱熹逐渐成为经典注疏和解释的权威、道学的领袖，以及如何又为什么会对曾经多方帮助他的故友激烈批评。具体的细节在此不再赘述，但有两点我还是希望特别指出：

第一，朱熹在祭文中之所以将吕祖谦的重要性抬得如此之高，其中一个原因是朱熹在此宣称他之后将继承吕祖谦所能够胜任的全部角色的必要性和必然性。换言之，朱熹是在宣称他已经继承了从张栻、吕祖谦以来道学领袖的担当。承认吕祖谦的领袖地位实际上也是在增强朱熹自己的地位。讽刺的是，朱熹在对陈亮进行批评的时候，同样是对这位刚刚去世的故友，却宣称他们有一种格外的关系。诚然，朱熹在与陈亮见面并往来书札之后，他对陈亮将吕祖谦的史学研究和经世之学带向一种危险的极端及其对东南学术造成的影响极为警惕。除了史学研究对政治哲学的影响之外，朱熹同样也对吕祖谦包容其他学者间接造成诸如陈亮（朱熹指责他缺乏吕祖谦那样中道而完整的人格）这样的浙东领袖舍弃所有的伦理标准和原则保持警惕。在1188年上书皇帝的条陈中，朱熹甚至抱怨浙东学者不分是非。重点在于，朱熹认为这些危险的倾向都根植于吕祖谦的教学方法和学术态度中。举例而言，朱熹同意他的一个弟子对吕祖谦的批评："东莱博学多识则有之矣，守约恐未也。"②

第二，朱熹标榜的领袖地位，特别是他后来对吕祖谦的批评，显然影响到后世学者，他们进而不再把吕祖谦视为一个严肃的思想家，乃至否定他与道学的联系。祝平次甚至将道学的起点定为1181年，正是朱熹为吕祖谦撰写祭文

---

① 田浩：《朱熹的思维世界》（增订本），南京：江苏人民出版社，2009年，台北：允晨出版公司，2008年。该书比其英文本 Confucian Discourse and Chu Hsi's Ascendancy（Honolulu: University of Hawaii Press, 1992）增加了30%的篇幅。

② 黎靖德编，王星贤点校：《朱子语类》卷一百二十二，北京：中华书局，1986年，第2949页。

虽然郝经本人很快缓和了这一立场并成为道学中的一员，他依然希望强调中国北方对周敦颐和二程思想的传播，并以此来抵制或是平衡朱熹影响下逐渐狭义化和教条化的道学模型。当然，最终"道学家"演变成为卫道士和学究们的贬称。举例而言，狄百瑞认为黄宗羲对道学的贬抑是卫道士和学究式的。遗憾的是，狄百瑞所指控的那些人的"道学"意义正是我曾提及并主张的。因此，狄百瑞忽视了我的论点：道学的组成及其意义在宋代及其之后有巨大的变化。尤其是在1180年之前，道学的领袖们，特别是吕祖谦，他们代表着一个更广义、更经世致用，而较少教条化的学术圈子和政治群体，他们宣扬改革来改善社会和政府。我认为，探究道学意义的不断狭义化，并最终成为一个教条化并且带有贬义的术语将有助于我们观察宋、金、元、清儒学的变化。遗憾的是，在哲学家甚至是历史学家的著作中引入这样复杂而显著的变化往往被视为不必要的麻烦，他们更倾向于关注某一段时间内的变化。

四

道学作为范畴性用语的第三个问题是，一些学者反对我主张吕祖谦在他1181年早逝前的至少十多年时间里一直是道学主要领袖的观点。吕祖谦不只是其学殖深厚和极具影响的家族传承中独具天赋的继承者，他也远不止是史学家。除了以上这些显而易见的证据之外，一些重要的根据甚至来源于朱熹。除了吕祖谦对朱熹有关《易经》和《诗经》的知识性影响，朱熹的祭文更特别关注了吕祖谦对于士人，对于经学、道学和其他领域的贡献：

> 天降割于斯文，何其酷耶！往岁已夺吾敬夫，今者伯恭胡为又至于不淑耶！道学将谁使之振，君德将谁使之复？后生将谁使之诲，新民将谁使之福耶！经说将谁使之继，事记将谁使之续耶！若我之愚，则病将谁为之箴？而过将谁为之督耶！然则伯恭之亡，曷为而不使我失声而惊呼，号天而恸哭耶！[1]

---

[1] 朱熹：《晦庵先生朱文公文集》卷八十七，《朱子全书》第二十四册，上海：上海古籍出版社、合肥：安徽教育出版社，2002年，第4080页。

彻底改变并摧毁了孔子和孟子的学说,而将儒学变为一种次等的学说或者一种"新"的儒学。尽管这一术语的来源是对朱熹哲学思辨的批评,卜德(Derk Bodde)在翻译冯友兰《中国哲学简史》和《中国哲学史》时还是借用了这一术语。从此之后,"新儒学"的宣扬者们忽略了这一术语最初的贬义,而将其用来形容儒学在宋明时期的发展。狄百瑞特别使用这一术语来强调他所认为的宋代儒学超越原始儒学——正如他将《新约》视为是对《旧约》的超越一样。因此,虽然狄百瑞和耶稣会士同样有着天主教的信仰,但他在对"新儒学"的观点上却有着和清代耶稣会士完全不同而更为积极的观点。

其次,从十八世纪开始,越来越多的儒者开始对"道学"的标签持有反感并加以反对。在十九世纪八十年代,刘子健关注了道学在南宋作为儒学中唯一来源所受到的批评。在我新近出版的著作《文化权利与政治文化——宋金元时期〈中庸〉与道统问题》[①](与苏费翔合著)中,我曾关注一个特别强有力的例子。赵复在国子监的助手曾写信邀请青年时期的郝经来参与道学,郝经对这样邀约予以了婉拒。然而,郝经却将其家学渊源上溯至程颢,继而很快批评了在国子监中占据主导地位的朱熹对道学的专属解释。不同于圣人在世的黄金年代,那时候人们追随道的指引却并不在乎自己的"道学"标签。然而,后世的不和谐最初正是由使用"儒"这样的标签带来的,而当某些小群体们自我标榜"道学"的标签之后,这样的冲突变得更加严重。郝经在其批评的最后,严厉地警告:道学对于北方中国的危险要比它在南宋所证明的危害来得更大。

> 故儒家之名立,其祸学者犹未甚,道学之名立,祸天下后世深矣。岂伊洛诸先生之罪哉? 伪妄小人私立名字之罪也。其学始盛,祸宋氏者百有余年。今其书自江汉至中国,学者往往以道学自名,异日祸天下,必有甚于宋氏者。[②]

---

① 苏费翔、田浩著,肖永明译:《文化权力与政治文化——宋金元时期〈中庸〉与道统问题》,北京:中华书局,2018年。这个中文版较之于英文版增加了八篇相关的论文,英文版可参见 Christian Soffel and Hoyt Cleveland Tillman, *Cultural Authority and Political Culture in China: Exploring Issues with the Zhongyong and the Daotong during the Song, Jin and Yuan Dynasties*, Stuttgart: Franz Steiner Verlag, 2012。

② 郝经:《与北平王子正先生论道学书》,《全元文》第四册,卷一百二十三,第158页。

三

一些学者朋友会质疑这种儒学内部的分别是不是真的如此重要,毕竟所有的儒者,特别是宋明时期的儒者都持有非常多的共同立场和理念。中国大陆的朋友们通过反思儒学在当下讨论的方法,去理解历史上儒家术语之间差别。许多大陆学者在"新儒家"和"当代儒者"之间做了非常严格区分,前者在香港和台湾地区更为普遍,而后者则主要在中国大陆。比如在《何为普世?谁之价值?》[1]一书中参与讨论的那些年轻哲学教授,他们在所谓港台的"新儒家"和他们自己之间划出了一条清晰的分界。举例而言,这些北京和上海的年轻哲学教授们并不将"新儒家"视作真正的儒家,并且在讨论的开始就谴责他们向西方投降,接受了西方的术语和预设。

而如果我们使用"道学"这个范畴,一些现代学者从道学本身从一个儒家小团体发展为一个政治派别,进而成为一个哲学思想流派,并最终确立为国家正统观念的过程中发现了以下几个问题:

首先,正如一些复旦大学和其他机构的学者所已经指出的,道教在宋代更早地使用了"道学"一词来指代自己的学说,并且即使"道学"后来被一些宋儒用来区别其他宋代儒学群体,道教自身依然还一直使用这一术语。在我看来,由于程颐、吕祖谦、朱熹和其他宋儒不顾"道学"在道教中的用法而坚持采用,道学的意义正因此而得到了强化:他们旗帜鲜明地不放弃先秦儒家对"道"的使用。此外,很有可能正是因为道教将"道学"作为自我定位的标签才引起程颐他们的注意,因为这一术语在与其他儒家学派论争时有着强有力的优势。因此,道教对"道学"的更早使用并没有降低,而是可能增强了我们对程颐大胆使用"道学"的关注,他正是用这一术语来凸显他和他兄长所代表的学者团体。

顺带提一个有趣的比较,一方是程颐和朱熹对道教道学术语的借用和发展,而另一方是西方术语意义下的"新儒学"的发展。"新儒学"最早被清代的耶稣会士用来指称程朱的思想。然而,耶稣会士们是用这个术语来批评朱熹

---

[1] 曾亦、郭晓东编:《何谓普世?谁之价值?》,上海:华东师范大学出版社,2013年。

去要比狄百瑞之前提到的定义要来得更为狭义和壁垒分明。这样一种对理学和新儒学所包括内容的混杂描述并不能增强我们对宋代或明代儒学不同发展和谱系的清晰了解。

对我而言，狄百瑞关于"新儒学"最广义范围的选择囊括了自中唐或宋初开始直到十九世纪所有的儒者，这会使得我们很难去分辨儒家学说的对立面。此外，在我看来，狄百瑞以新儒学囊括所有的宽泛定义与他自己的一些区别性用词，如"特别的新儒家性格"也是格格不入的。遗憾的是，狄百瑞误认为我只是希望将标题化的"新儒学"替换为"儒学"或者"道学"。然而，我最基本的观点是希望能够澄清一个现代学者在使用特定术语时的真正含义。我们常常需要额外的词语去框定我们讨论的是什么"儒家"或是什么"新儒家"。

另外一些哥伦比亚"新儒学"区域研讨会的参加者们不把"新儒学"视为任何中国学者视域下的"理学"以及任何其他中文术语的翻译或同义词。非常重要的是，谢康伦（Conrad Schirokauer）曾经向我表示"新儒学"是一个西方术语，不是任何中文术语的同义词，因此西方人可以自由地按照他们认为合适的方式去定义和使用。在他的引领下，柏清韵"Bettine Birge"同样宣称："新儒学"是西方所发明的，而且在中文里没有直接的对应术语。谢康伦甚至认为中国人为了翻译"Neo-Confucianism"而生造出"新儒学"这一中文词汇。然而，中国学者用"新儒学"有时候是指二十世纪的儒者，诸如牟宗三、唐君毅以及他们的追随者。虽然谢康伦几乎每个月都会在哥伦比亚大学和狄百瑞会面，但他显然并没有把自己的立场解释给狄百瑞。考虑到这一可能，我在1992年的论文中提及谢康伦的观点时略去了他的姓名。因此，当他们在区域研讨会上讨论狄百瑞对我论文的回复，以及在之后正式发表的文章中，狄百瑞将实际上是谢康伦的观点视为"开玩笑的，不能当真的"。狄百瑞甚至夸张地问道："这到底可能是什么意思呢？"与之相反，我将谢康伦提议的方法视作解决这些术语带来混淆的严肃工作，哪怕我并不同意他的观点。同时，通过不断要求澄清使用"新儒学"时，人们指的究竟是哪些学派、学者或是思想，我对谢康伦的观点也进行了回应。因此，我这些年不断呼吁的，正是希望我们在使用术语时有进一步的澄清：在特定的语境中，我们是在说儒家中的什么学派或群体。我们经常需要增加一个甚至更多的词语去特指我们到底是在讨论儒家的哪些学派或是谱系。

2018年夏天邀请我为复旦大学研究生密集课程授课,以我所经历的两个上午举例而言,在第一天上午,我询问了研究生们有关中国学者在演讲和发表时使用"理学"一词的范围,在场超过50位学生中的大多数看上去有些迷惑,并且拒绝了我让他们对相关观点进行投票的邀请。而在参与回答的学生当中,大约相同的人数选择了两种不同的范围。差不多一半的回应者认为当代中国哲学家们使用"理学"一词时仅仅是指程朱和陆王之学;而另一半的学生则认为当代中国学者是在一种比两个最知名学派更为宽广的意义上使用"理学"的概念。我很庆幸我有机会在复旦大学所挑选出来的那些来自中国不同高校的众多研究生中做这一调查。这一实验为我长久以来的怀疑提供了坚实的证据:在中国,不同的年轻学者(也许也包括一些资深学者)对于"理学"一词的范围有着不同的预设。然而,正如"新儒学"在北美那样,大部分学者并不停下脚步去分析或解释这样一个常见术语在使用中的巨大差异。

我在我的中国朋友中发现的另一个预设是:"理学"就只是西方学者使用"新儒学"的意思。但与此相关的实际情况要比一个普通的预设来得更为复杂。对于"理学"这个术语,狄百瑞(William Theodore de Bary,狄培理)在对我1992年发表在《东西方哲学》上的论文的回应中似乎是将"理学"这样一个标题,不仅看作狭义的程朱理学、稍宽泛的程朱理学,再加上陆王心学,而且也在一个更为宽泛的意义上指称宋代至清代的儒学。举例而言,在更为宽泛意义上,他指出:"黄宗羲既欣赏朱熹又欣赏王阳明,他也很欣赏许多其他对宋明思想的不同发展和完善有所贡献的学者。因此,理学对黄宗羲而言,包含了全部最广泛的群体,而不是任何一个单独的学派。在同样的脉络下,理学在现代中国继而作为儒学后期不同思想的全称而被广泛使用,正如'新儒学'在西方一样。"与这样的宽泛定义相反,狄百瑞马上又指出:"唐君毅和黄宗羲同样使用'新儒学'去涵盖宋明理学和心学的结合。"[1] "理学"在这里的第二个用法看上

---

[1] Wm. Theodore de Bary, "The Uses of Neo-Confucianism: A Response to Professor Tillman," in *Philosophy East and West*, 43, no. 3 (July 1993), pp. 541-555; 亦可参见我的英文论文 "A New Direction in Confucian Scholarship: Approaches to Examining the Differences between Neo-Confucianism and Tao-hsueh," in *Philosophy East and West*, 42, no. 3 (July 1992), pp. 455-474; 以及中文论文《朱熹与道学的发展转化》,吴震主编:《宋代新儒学的精神世界——以朱子学为中心》,上海:华东师范大学出版社,2009年,第10—23页。

责。毕竟,这样一种因为被佛教污染而反对苏轼、王安石以及其他宋儒的立场,与朱熹对正统和"醇儒"的坚守密不可分。

二

在我看来,这一传统学术的遗产为我们本次复旦会议聚焦于理学、宋明理学、新儒学等术语提供了部分的依据,至少是相当重要的背景知识。举例而言,就像我们在《宋元学案》里看到的那样,现代学者在使用"Neo-Confucianism"[①]和"理学"时既有狭义的意思,又有广义的范围。举例而言,就"新儒学"而言,陈荣捷是在非常严格的意义上使用这一名词的,在他那里,"新儒学"仅是指一个狭义的传统,主要集中在经过朱熹系统化、完善并传给门人弟子的有关周敦颐、张载、程颢、程颐的哲学思想。因此,对陈荣捷而言,在金朝并没有所谓的"新儒学"。虽然陈荣捷同意《宋元学案》和《元史》的立场,但他还是做出了一个小小的说明,指出当时中国北部的学者们对朱熹的理论自然有所了解。然而,《元史》依然正确地指出了程朱之学"作为一个系统的学派思想和知识传承,在金朝并不存在。就此而言,元代的思想真空直到赵复才得以改观"[②]。而在学术光谱的另一端,冉云华宣称"新儒学"是金代思想文化的主流。[③]值得注意的是,这些资深学者研究并讨论了同样是在金代的同样一些概念、同样一些思想家,但一些认为"新儒学"在此缺席,而另一些则看到了"新儒学"在士大夫当中的主流地位。这样一种巨大的差别显示出主流学者内部对于"新儒学"的意义和内涵有着不同甚至截然相反的观点。

中国的学者虽然相对而言更为清楚、统一地使用"理学",但这一术语可以仅指程朱之学,也可以指代包含程朱理学和陆王心学的思想。然而,也有一些学者以此统称宋明时期甚至是清代有着不同学术观点的儒者。吴震教授在

[①] 通常译为"新儒学"。——译者注

[②] Wing-tsit Chan, "Chu Hsi and Yuan Neo-Confucianism," in *Yuan Thought*, eds. Chan Hok-lam and Wm. Theodore de Bary, New York: Columbia University Press, 1982, pp. 197–231.

[③] Jan Yun-hua, "Li P'ing-shan and his Refutation of Neo-Confucian Criticism of Buddhism," in *Developments in Buddhist Thought: Canadian Contributions to Buddhist Studies*, ed. Roy C. Amore, Waterloo: Wilfrid Laurier University Press, 1979, pp. 162–193.

年之后逐渐改观的命运。他在《道命录》的前言里强调了，道学领袖在权力中心的在场或缺席是每一次道学命运起伏的关键。司马光是否处于权力中心决定了道学在北宋后期的差异，正如赵鼎在十二世纪三十年代以及赵汝愚在十二世纪九十年代起到的关键作用。① 因此，虽然李心传看上去仅仅有限地关注道学的命运，但他有着一个宏大视野并且认识到了政治斗争对于道学成功或失败的影响。换言之，道学发展的主要动力并不只是士大夫们对哲学概念的争辩和讨论。

第二种基本取径可以从黄宗羲、全祖望在清代编纂的《宋元学案》中看到。对于宋代思想的发展而言，似乎很明显，黄宗羲有着一个更为宏大的视野。因为他的工作终究不仅涵盖了宋代儒学在北宋早期的不同开端，并且囊括了许多代表不同哲学立场、相互往复批评的宋代儒者。然而，尽管黄宗羲叙述宋代儒学有着宏大而兼容并包的视野，朱熹一系的正统观对他的《宋元学案》还是产生了极为有力的影响。特别是对不同于朱熹学说的思潮或学派而言，《宋元学案》显示出一种强烈的偏见。举例而言，全祖望的注释非常详尽地将中国北部的金朝描述为一个黑暗的时代。因为当宋朝朝廷南渡之后，所有的学术传统亦随之迁移，因此没有任何学者驻留在中国北部，"百年不闻学统"。虽然赵秉文自视为儒者，但他只是一个"本质上的佛家"。金朝早年幸存下来的儒者著作很快散佚，因此这些例外只是黑暗中的一点星火。② 所以，《宋元学案》的编者只为金朝提供了一个简要的介绍，并以此矮化其在中国文化和思想史上的地位。这个黑暗时代的唯一亮点只是为促进儒学的主流思想而服务。"如果没有疯狂或者怪异的思想，也就无法衡量太阳的光明。"③ 一些现代学者，特别是吉川幸次郎，已经揭示了苏轼和王安石在金朝对中国士大夫和文化有着很大的影响。然而，对于《宋元学案》的编者来说，这些儒家思想当中的不同学派并不特别重要，并且他们也不会因此就取消他们将金朝视为被佛教统治的黑暗时代的谴

---

① 李心传：《道命录》序，《书集成本》，1239 年，第 2 页上。
② 黄宗羲、全祖望：《宋元学案》卷一百，北京：中华书局，1986 年，第 1879 页。
③ Hoyt Cleveland Tillman, "Confucianism under the Chin and the Impact of Sung Confucian Tao-hsueh," in *China Under Jurchen Rule: Essays on Chin Intellectual and Cultural History*, eds. Tillman and Stephen H. West, Albany: State University of New York Press, 1994, pp. 71–72.

哲学更为尊重很大程度上是因为在自身的个人道德修养问题上，朱熹体系下的皇帝有着独特的伦理、哲学和政治优势。与之相反，吕祖谦认为这种伦理价值自我修养的过于集中是不恰当的，因为统治机构需要不断改进他们的治理并为皇帝的权力设置约束。皇帝很容易在吕祖谦的改革方案中看到自己的劣势和危险。吕祖谦是儒者中较早看到仅仅依赖皇帝的自我修养和德性的局限之处，因此他可谓是黄宗羲和《明夷待访录》这类思想的先声。我们甚至可以说，如果宋代及之后的政府部门采纳了吕祖谦在制度上的看法，中国的历史会变得截然不同。

一

自宋代以来，学界有许多不同的研究方法来观察有宋一代儒学出现新发展的整体演化过程，将这些不同的研究方法化约为两条基本取径也许是一个有益的总结。第一种取径主要关注北宋时期儒学的广泛复兴，以及南宋时期儒学内部不同学派之间的互动。这一取径尤为关注不同思想家之间的交流，以及他们对于社会和政治文化动向的回应。第二种基本取径则与南宋朝廷在1241年对儒学正统谱系的确认相关，正是在那一年，朱熹正式从祀孔庙，并且官方正式以《四书章句集注》作为官学教育以及科举取士的基础教材。在此正统导引下，第二种取径追溯朱熹的前辈、朱熹，再到朱熹门人的思想发展，他们更倾向于集中关注朱熹哲学概念的长久意义、价值和应用。

这两条基本取径的根本区分即使在宋代有关当时儒学发展最早的两部主要文献中就已非常明显。举例而言，《道命录》是第一种取径在宋代的基本文献依据。虽然李心传主要关注道学命运的变迁，但他依然持有对道学传统及其与国家权力和政治文化之间关系的宏大视野。作为一位既亲历道学最后低潮，又看到道学高峰曙光的目击者，他在十三世纪早期记录并提供了自己的历史判断。在1202年，不顾党禁和高压，李心传撰写了《道学兴废》一文。[①] 之后在1239年，在南宋官方全面拥抱道学的仅仅两年之前，李心传重新思考了道学在1202

---

① 李心传：《建炎以来朝野杂记》卷六，《书集成本》，1202、1216年，第1页上—第3页下。

"Neo-Confucianism"。这些概念的用法需要得到进一步的梳理，我并不试图简单地用一个术语代替另一个，而是希望用更加细致具体的方式对待儒学内部的不同圈子、团体或谱系等，并以此来增强我们研究和论著中的明确性。其次，我将致力于给予朱熹同时代儒者以进一步的关注，并且以严肃的态度将他们视为儒家思想家；我确信，更好地了解朱熹的同时代儒者将有助于增强我们对朱熹之作为哲学家的认识，并进一步了解他所处的时代以及他所扮演的角色。再次，我最近有一篇文章收于黄勇教授即将出版的有关朱熹哲学的指南书。黄教授希望注重最近几十年的研究成果，所以我拜读了大量自1990年以来其他学者在这方面的论著。在此过程中，我更加深入地了解到自己研究朱熹同时代儒者的观点方法与不少学者（尤其是中国学者）的工作成果之间，存在着重要的相似一致与交汇合流之处。基于此文，我将简要介绍这些发现，并会提到几个例子。

自1990年以来，有关朱熹同时代儒者的研究不断增强，对此我深受鼓舞。这些思想家们包括张九成、胡宏、张栻、吕祖谦、陈亮、陆九渊等，伴随这一趋势的是对他们著作与活动更加深入的研究。在延续了朱熹对其同时代儒者的评判几个世纪以后，近几十年的研究体现了逐步增强的独立性，从而摆脱了朱熹对其同时代儒者否定性的非难与丑化。同样，近些年越来越多的研究以更加严肃的态度去对待这些儒者。稍早期的趋势是将这些同时代的儒者视为与朱熹持截然相反观点的对手，而最近的研究则不然，亦能看到他们与朱熹之间存在相同意见与共同目的的重要交集。再者，学术界近来已经变得更愿意着重强调这些同时代儒者对朱熹思想以及后代思想的影响，甚至有一种不断强化的观点认为：当我们思考我们自身所处时代的课题与问题时，与朱熹自身的观点相比，有些朱熹同时代儒者的观点或许更加有用。

最后，为了提供一个更加专门的例子，并以此来说明近几十年来我所认为的在宋代儒学方面学术上所取得的进展，我将简短分享马恺之（Kai Marchal）教授的研究论著的精彩部分。马教授在慕尼黑大学获得博士学位，现任位于台北的政治大学哲学系副教授。他关于吕祖谦的英文论文与德文著作颇有见地论述了吕祖谦如何运用史学、制度史及其自身家族位至宋朝高官的真实经历，来形成一种具有实践性的政治哲学。马恺之的发现之一在于，统治者们对朱熹的

宋代思想史的再思考[*]

〔美〕田　浩
（亚利桑那州立大学国际语言文化学院）

在我接受复旦大学关于"宋明理学国际论坛"的邀请之初，我设定了一个较为宏大的标题。但之后，我逐步意识到我能在论文中展现的内容距此目标甚远。再者，考虑到我已七十四岁的年纪以及即将退休的想法，我意识到如果在专家济济一堂的盛会上发言，就我本人宋代思想史的研究方法阐述一些主要观点，并回答这方面的一些问题或关注的话，那么，也就不虚此行了，因为此次研讨会或许是我最后一次阐述我研究宋代思想史之经验的机会。有些朋友和同行显然未能理解我的观点，因此他们在描述我的主张或论据时，和我的实际表述大相径庭。自二十世纪八十年代以来，我就将中国读者作为我著作的重要观众，因此这次机会对我而言，弥足珍贵。我亦希望，当我几次三番重申并阐释我关于宋代儒学的一些主要观点时，此次盛会上的专家学者们请多多谅解。另外，尽管我这个老外旁观者常常试图提供一份中文版的论文，但这次却未能如愿，亦敬请谅解。不过，我会竭尽全力地用中文对我的论文在口头上加以总结和讨论。

首先，我力图澄清关于多个术语，尤其是"理学""道学""新儒学"以及

---

[*] 译者注：本文为作者田浩（Hoyt Cleveland Tillman）在2018年8月复旦大学哲学学院主办"宋明理学国际论坛——暨上海儒学院第二届年会"上的主题演讲。现经作者增补修订。

第四篇
现代诠释与他山之石

择。李二曲是一个"文化守成主义者",从"补偏救弊"到立足传统、"康济时艰",他从先秦儒学那里汲取养分,主张对宋明理学进行改造,力图建立新的儒学形态。他的选择虽显"保守",却也可能是儒学转型尝试的最优选择之一。在今天,我们呼吁一种生活化的儒学,使儒学在其化民成俗的优势领域继续发挥稳定世教人心的积极作用,而同时提防一种过度化的"国学热",警惕儒学的神秘化和庸俗化。其实,我们今天所做的,与二曲在当时所尝试解决的,依然是同一个问题。

"经验性的历史观",它们都会得到人们广泛的同情和理解。就经验性的历史观来说,历史永远不是理想中的历史,而是经验实践的历史,我们如果想在历史中把握真理就只能从现实、经验的历史中来把握;反过来,天理如果不在历史中呈现,那天理就成了虚悬而无意义的存在,或许只对少数哲学家有意义了。这两种观念之所以广受赞同,跟其世俗化地易于理解有密切的关系,它们贴近于人们对生存实在的理解,符合一般人的俗世观念,因而极易得到认同。

但是,这两种"积极的"哲学观和历史观的背后却可能存在问题。宋明理学家所言之"体用不二",就是为了强调体与用虽可分言却实则"不二"这一层含义;而历史既然永为现实产物,那就不可能有绝对纯粹之时。这样一来,哲学永远有所偏向,绝无真理可言;历史永远处于现实变动中,而失去真理对现实的批判动力。顺应历史与批评历史之间,甚至会出现一种背反:像朱熹、李二曲这种拥有道德主义理想观的学者而言,批评历史、以理想要求历史始终是其不懈的追求,他们眼中的历史反而更加真实、现实;而顺应历史之现实主义的观点,着眼于理欲混杂的现实,其要么落入随波逐流的被动应对之中,要么借助将历史人物理想化来完成对现实历史的提升,其为历史所能提供的批判动力因而大打折扣。也就是说,经验性的历史观往往在解释上得力,在实践上反显无力。

世事永处于发展变化中,人们总会不断面对新的历史条件和状况。从现实角度看,我们似乎总是在遭遇新问题后才被动地寻求解决之道;但事实证明,这种被动应对往往因为丧失主体性而使我们顾此失彼、心神俱劳,其效果也大打折扣。解决问题的根本之道,在于据守常道的同时主动地因应新情况。历史状况虽千变万化,但政治和天理的原则却是恒常之道。政道决定治道,治道随时因革损益,政道的基本原则却可以恒常不变。这正是朱子所说的:"天下事当从本理会,不可从事上理会。"[①] 从本理会,就是把握了应对变化的原则,确立大公至正之道不动摇;而从事上理会,则可能随人欲摆布而不自知,有违天理而不自主。

我们很难以简单的"守旧"或"创新"就轻易认定一个思想家的意图和选

[①] 黎靖德编:《朱子语类》卷一百零八,《朱子全书》第十七册,上海:上海古籍出版社,2002年,第3511页。

四 结论：从"补偏救弊"到"康济时艰"

面对宋明理学流弊，儒学的宗教化与世俗化无疑代表着明清之际儒学的自我转型与自救运动。如果说王汎森、吴震等学者有意避开坚持"大传统"的少数哲学家，列举明清儒学对通俗宗教的吸收、深广的世俗化运动等多元"小传统"，意在展示其时思想历史的复杂面相和真实样态；那么本文举出二曲对儒学宗教化和世俗化的积极参与和批判回应，则显然是在补充提醒：坚持"大传统"的哲学家并非"不参与"儒学的转型运动，他们亦身处时代思潮而不甘坐毙，他们寻求转型的积极性并不亚于下层民众，而他们思考的深刻性又绝非下层民众所可提供。事实上，对于今日儒学在古今、中西问题上该何去何从所能提供的历史经验来说，李二曲等思想家的尝试显然更有价值。

李二曲在儒学宗教化和世俗化进程中的独特选择，是与其学的根本主张密不可分的；二曲之所以拥有"清初三大儒"的殊荣，是由其学的深刻内涵所决定的。过往研究对二曲学的最大误解在于仅将其定位为"补偏救弊"的时代产物，却很少能理解其"康济时艰"的自我主张。"补偏救弊"是二曲学产生的直接原因，却非二曲学的根本特征。如果仅依照重视补偏救弊的印象"先觉倡道，皆随时补救，正如人之患病，受症不同，故投药亦异"[1]来认定二曲，所可能造成的误解在于，以为依二曲之意，理学家们都仅着重于具体救世济时的措施（治道与治术），却未必把握天道恒常之理（政道），从而判定二曲与同时代一般学者的观点没有什么区别。

"补偏救弊"说法的背后正是学者对儒学转型以应对时弊的期待，故讨论"补偏救弊"乃是明清儒学的常态。二曲讲"补偏救弊"乃是有所"本"而发的，他反对"徒求诸文为之末，而不本诸诚明之体"[2]。其实，如果不是有所本而发，则"补偏救弊"既可能反映为一种"简单的二元哲学观"[3]，又可能反映为一种

---

[1] 李颙：《南行述》，《李颙集》，第83页。
[2] 李颙：《答王天如》，《李颙集》，第160页。
[3] 所谓简单的二元哲学观，是把哲学理解为并无定论且始终徘徊于如理论与实践、天理与人欲，甚至客观与主观的二元模式中，有所偏向乃至轮流做庄。

虽夭犹寿，况又有不与亡俱亡者乎？昧道而寿，虽寿犹夭，况又有不与存俱存者乎？①

二曲的这段论述层层递进，相当精彩。他首先肯定佛道二教的"善恶因果报应"之说，但又并不满足于此。面对"善恶"与"报应"不对等的情况，他先解释之以"善恶"判断的局限性：民众就"一节一行显而易见者"便目为"善恶"，非"天"之善恶，以此来鼓励人们追求"表里如一"的纯善。继而，他提醒人们在追求纯善过程中，需有"身虽坎壈，心自亨泰"的修为，顺此大道必获"善果"。否则，明有"人非"的遣责、"王章"的制裁；幽有鬼神之责难，甚至遭受天谴、殃及子孙。最后，当他说出"尽道而夭，虽夭犹寿；昧道而寿，虽寿犹夭"时，其儒家德福观的底色尽显。二曲较完满地将"善恶果报"说吸收到了儒家道德修养的德福观念中来，他借助明清儒学宗教化的"新型德福观念"来满足下层民众与学者的现实需求，又不违于儒学传统依道德心追求实践的本末特征。

以上，我们考察了二曲对儒学宗教化的理解与回应。二曲论儒学宗教化的特点在于：他一方面积极吸收来自佛道、西方宗教依"信仰"而"劝善去恶"的现实功效，另一方面又不执迷通俗信仰而尝试寻求儒学自身宗教化的合理方向。事实证明，通俗的宗教化与绝对的世俗化更多是出于"反理学"的激反之行，泰州学派所带出的对良知的简单化信仰就是前车之鉴。学者们对"心学流弊"的认知往往能见之于实行之提倡，却很难从深层理解王门左派对良知学的曲解。②在李二曲的著作中，我们总能见其既批评前学"流弊"，又纠偏于当下"时弊"。既同明清思想家们一样积极投身到儒学的转型运动中，又追求"真儒之学"，提防于泛泛而论经世、执着门户之见、过度否定理学、无视学政本末的"时弊"。这也正是二曲学的价值所在。

---

① 李颙：《富平答问》，《李颙集》，第 129—130 页。
② 泰州后学大多不得善终的悲惨遭遇，当然首先是腐败政治的历史悲剧使然，然而，过于追求"人伦日用"，丧失学理高度，一味流于轻狂，从而失去士大夫的支持却又在情理之中——他们的学理也出现了问题。

出放荡逾越的行为；另一方面又常伴随着极为深刻的"道德严格主义"，后者可说是对前者的即时救正。①他举出刘宗周、陈确、颜元和王夫之为例。值得注意的是，在正统哲学家看来，虽然上述诸子共同代表着一种"内在一元论倾向"，但刘宗周与黄宗羲才是心学的殿军，至于陈确及其后诸人，其所本已由"超越"向"内在"完全转移，"内在"而非"超越"成为其学重心，故有"理学终结"之说。这样一来，王汎森所言之"道德严格主义"就成了笼统而概况的说法。因为刘宗周所强调的"道德严格主义"与陈确所强调的显然在本质上有偏于"超越"或"内在"之别。故后者在严格意义上说，只能被称为"严格的道德主义"，而不能称为"道德严格主义"。两者的区别在于"道德严格主义"先立道德"先天不容已"的本位，然后严格践行，相当于孟子所言之"由仁义（行）"；而"严格的道德主义"虽以"道德"为名，但在性质上此"道德"已非具有"先天不容已"之本位，而是严格执行的对象。对此点李二曲即有精准的把握："'由仁义'，是从性上起用；'行仁义'，则情识用事矣。此诚伪之分，非安勉之别。后世学术，大率皆是情识用事，其与凡民恣情纵欲者，虽有清浊之分，其为害道而戕性，一也。"②

最后，来看二曲对"德福"难题的解答：

> 积善有余庆，积恶有余殃，报应之说，原真非幻；即中间善或未必蒙福，恶或未必罹祸，安知人之所谓善，非天之所谓恶？又安知人之君子，非天之小人耶？人固有励操于昭昭，而败检于冥冥，居恒谨言慎行，无非无刺，而反之一念之隐，有不堪自问者。若欲就一节一行显然易见者，便目以为善，是犹持微炬而遍照八荒之外也。即表里如一，粹乎无瑕，而艰难成德，殷忧启圣，烈火猛焰，莫非锻炼之藉，身虽坎壈，心自亨泰。至于恶或未即罹祸，然亦何尝终不罹祸？明有人非，幽有鬼责，不显遭王章，便阴被天谴；甚或家有丑风，子孙倾覆。念及于此，真可骨栗！以形骸言之，固颜夭跖寿；若论其实，颜未尝夭而跖亦何尝寿也。噫！尽道而夭，

---

① 王汎森：《明末清初的一种道德严格主义》，《晚明清初思想十论》，第93页。
② 李颙：《四书反身录》，《李颙集》，第517页。

其次，与"敬天"思想相关联，二曲还主张一种道德实践的仪式化与严格化。例如其在订立《关中书院会约》时，就对学子们的课程规划、冠服礼序等有严格的"制行规为"：

> 每晚初更，灯下阅《资治通鉴纲目》，或濂洛关闽及河会姚泾语录。阅讫，仍静坐，默检此日意念之邪正、言行之得失。苟一念稍差，一言一行之稍失，即焚香长跪，痛自责罚。如是日消月汰，久自成德。即意念无差，言行无失，亦必每晚思我今日曾行几善。有则便是日新，日新之谓"盛德"；无则便是虚度，虚度之谓"自画"。①

对每日善恶的检视亦是立"功过格"的一种表现。二曲所主张的"道德严格主义"既是对理学的"补偏救弊"而重视实践的有意为之，又是对初学者重视工夫入手、提振为学方向的强力塑造。二曲所要求的"宗教性"并非为下层民众而设，而是为初学者而设，这是二曲与"通俗宗教"最大的不同。在《学髓》篇中，二曲曾对"静坐斋戒"所要求的每日三炷香做了说明：

> "然而程必以香，何也？"曰："鄙怀俗度，对香便别。限之一柱，以维坐性，亦犹猢狲之树，狂牛之栓耳。""每日三坐，不亦多乎？"曰："……三度之坐，盖为有事不得坐，及无坐性者立。日夜能持久，则不在此限。"
> 斋戒者，防非止恶，肃然警惕之谓也。②

二曲十分清楚：香是维持坐性的工具；静坐斋戒又是收束心性、防恶止非的手段。然而二曲却也绝不会主张收束心性即可去除静坐，或同意坚持静坐而无须程限。他的"道德严格主义"有时确实会让人有"太过执着"之叹，然其对此"工夫"的手段定位和修身意图又是非常明确的。

王汎森指出：明末清初思想家在主张自然人性论的作品中，一方面会激发

---

① 李颙：《关中书院会约》，《李颙集》，第119页。
② 李颙：《学髓》，《李颙集》，第33页。

目的首先是出于对自己的勉励——"痛自淬砺,誓不敢玩愒因循,姑息自弃",而以"吁天说"示诸君则是为了"既虑理欲迭乘,亦不妨祈监于天"。①"祈监于天"是借助"天"之宗教化地位监督和帮助学者完成工夫实践。事实上,二曲对主宰之天的借助和理解可由南行时受邀游清真寺的经历完整展现:

> 入门,众共拜天,先生从容散步而已。因语:"以事天之实,在念念存天理、言言循天理,小心翼翼,时顾天命,此方是真能事天。若徒以礼拜勤渠为敬天,末矣!""然则拜可废乎?"曰:"何可废也?繁则渎。终日钦凛,勿纵此心。此心一纯,便足上对天心。天无心,以生物为心,诚遇人遇物,慈祥利济,惟恐失所,如是则生机在在流贯,即此便是'代天行道''为天地立心';则其为敬,孰有大于此者乎?"②

二曲是依儒家的"事天"来谈礼拜寺"拜天"的。从拜天仪式上来说,二曲的态度是既反对"徒依礼拜勤渠为敬天",又反对"废礼拜";从拜天的"外在之行"与"内在之心"的关系上来说,二曲虽然看重"内在之心",却仍然主张"外"与"内"的相互配合,最终达到"代天行道"的圆融状态。李二曲不同于一般"去哲思,返神秘"的办法,而是选择了一种"祈监于天"的方式:一方面借助对天的"敬畏"随时约束自己的行为;另一方面把进步的动力完全寄托在"念念存天理、言言循天理"的个人实践上,并不依靠外在之"天"的救赎。李二曲的"祈监于天"更应该被理解为接近于孔子"祭如在,祭神如神在"的"如在主义"。③王汎森承认:许三礼、王启元和文翔凤等所代表的儒学宗教化倾向,都没有得到太多的注意,更遑论成为一个教派。它们不能有扩展,不能形成重要的历史运动,也透漏了在传统士人的心中,以宗教形式出现的儒家并没有太大的吸引力。④二曲对儒学宗教化趋势的回应虽然亦不可能形成教派或历史运动,但他显然选择了一种更为稳妥的方式并做出了积极尝试。

---

① 李颙:《吁天说》,《李颙集》,第 221 页。
② 李颙:《南行述》,《李颙集》,第 81—82 页。
③ 参见倪培民:《儒学的精神性人文主义之模式:如在主义》,《南国学术》,2016 年第 3 期。
④ 王汎森:《明末清初儒学的宗教化》,《晚明清初思想十论》,第 87—88 页。

"天"在《论语》中都能找到文本依据。① 诚然,最能代表儒家精神的是"义理之天"。但"主宰之天"与"自然之天"同样有其自身价值。宋明理学对于"超越"与"形上智慧"的重视,将天的含义几乎完全收摄在"义理"之内(天即理)。"自然之天"成为"道德秩序"投射下的产物,失去了独立的意义;而"主宰之天"则常被理解为"义理之天"的障碍被加以清除,只有在义理理论"言语道断"之时,"主宰之天"尚存一线生机。随着基督教等西学的传入,"主宰之天"成为最能接引"上帝"概念的传统资源,对"主宰之天"的重新重视成为儒学宗教化的必然选择之一。与基督教的"救赎"对民众的吸引相似,佛道二教的"善恶报应说"在儒学的"德福关系"遭遇挑战之后,更能吸引民众的精神寄托。在这些背景下,儒学的宗教化势在必行。

我们亦举出三例来说明二曲对儒学宗教化思潮的理解与回应:(1)"天"之含义的扩大化;(2)道德实践的仪式化和严格化;(3)德福关系的新讨论等。

首先,王汎森认为明末清初有一股趋势,以"天"作为告解之对象的分量大增,其举到的例子就是二曲的《吁天说》②:

> 每旦,爇香仰天,叩谢降衷之恩,生我育我,即矢今日心毋妄思,口毋妄言,身毋妄行。一日之内,务刻刻严防,处处体认。至晚,仍爇香仰叩,默绎此日心思言动,有无过愆,有则长跪自罚,幡然立改;无则振奋策励,继续弗已。勿厌勿懈,以此为常,终日钦凛,对越上帝,自无一事一念可以纵逸。如是,则人欲化为天理,身心皎洁,默有以全乎天之所以与我者,方不获罪于天。③

"不获罪于天"之"天"确实含有"主宰之天"的义涵。然而二曲告解又绝不同于许三礼对西汉神秘色彩极为浓厚的谶纬象数思想的推崇。④ 二曲斋心吁天的

---

① 参见汤一介:《天有三意》,《汤一介集》第九卷,北京:中国人民大学出版社,2014年,第286—290页。在《论语》中,"天丧予""天厌之"等"天"属人格神意义的天;"天何言哉!四时行焉,百物生焉"之"天"是自然之天;"天生德于予"之"天"则是道德之天。
② 王汎森:《明末清初儒学的宗教化》,《晚明清初思想十论》,第77页。
③ 李颙:《吁天说》,《李颙集》,第221—222页。
④ 王汎森:《明末清初儒学的宗教化》,《晚明清初思想十论》,第74页。

的自矢之作。值得注意的是：李二曲在"著书立传"上的态度绝不是自私计较的结果，他说自己生平未尝从事语言文字，亦绝不以语言文字待人。① 显然，这里的"未尝从事语言文字"亦不是字面意之实解，二曲认为：古人会友，亦必以文，舍文则无以会友。只是此文是"斯文"之"文"、"在兹"之"文"、布帛菽粟之"文"；而不是"古文"之"文"、"时文"之"文"、雕虫藻丽之"文"。② 可见，二曲对"时文""著书立传"又是持审慎态度的，他所言之"时文"是指："惟是记诵词章、富贵利达为之崇。"③

以上，我们从三个事例考察了二曲为顺应儒学世俗化所做出的努力。不难看出李二曲绝非闭门隐逸之士或守旧骑墙之徒，他所提倡的儒学世俗化是"有本"而发的，他对儒学实用性的开发也持积极态度。同时，二曲又能对同时代"俗而失本"的现象有所反思和批判。二曲所论之儒学世俗化方向是一种中正而可长久的取径。儒学世俗化的背后动力是由宗教性所提供的，二曲论儒学的世俗化不同于一般学者执着在"补偏救弊"上的观点，这与其对儒学宗教性的理解又是密不可分的。

三　李二曲对儒学宗教化的理解与回应

明清之际儒学转型运动所面临的一大挑战就是发挥儒学的实效性和化民成俗的功用，在"现实"和"精神"两大层面重新找回民众与学者的信任。儒学的宗教化在明清思想发展中有其特殊的意义，其兴起的背景主要有三：其一，基督教与伊斯兰教等传入中国，对"天""上帝"有了新的理解；其二，不满于宋明理学过度地哲学化，将儒家本就淡薄的一点宗教性几乎铲除殆尽；其三，晚明的通俗宗教运动对儒家形成了巨大的压力，儒家并不能像通俗宗教那样在"道德"与"幸福"问题上有所解决。

汤一介先生认为，早期儒家对"天"的理解至少有三重含义：主宰之天（人格神义）；自然之天（有自然界义）；义理之天（有超越性义、道德义）。这三种

---

① 李颙：《立品说别荔城张生》，《李颙集》，第 225 页。
② 李颙：《四书反身录》，《李颙集》，第 463 页。
③ 同上，第 493 页。

或起码于"先识天理"的原则有所窒碍,二曲则主张要把兵农礼乐等实践拉回道德修养体系之中。

二曲虽看重"功名",但"功名"的含义实已被二曲巧妙曲解——"功名"不等于"富贵"。二曲的这番巧解,既鼓励了民众的实干精神,又继承了董仲舒、朱熹以来正统儒者的功利观。二曲以"不求名而名自随,有是功,即有名也"来鼓励民众追求"功名",同时提醒:"求功名者,须以道德为本、社稷生灵为念。否则富贵未必得,而此心先亡。此心既亡,多一富贵,则反受一富贵之累。"[①]这可说是从现实利益权衡的角度论证了"正道以求功名"的优越性。

最后,我们以商业社会不断成熟所形成的"著书立传"现象的普及及其影响为例。在十六世纪至十九世纪间,中国商业领域也经历着一个"合理化的进程"。这一进程不是趋于资本主义,而是向一种更为先进的市场经济发展。富有的商人为了提高自身社会地位,"著书立传"即是其方式之一。此前,只有真正的"士大夫"才有生时著书、死后立传的传统和资格。明清之际,随着图书出版变得更加容易,许多商人愿出重金聘请或请托"名人俊才"代为立传。二曲既是此风的受益者,又是此风的受害者:

> 一日中孚肃衣冠抠拜予庭,出尊公及母夫人行述,乞予为传,泪盈盈不止。予谢不敏。[②]

> 虽居恒不费笔砚,然不过聊补批点而已。年来疾病缠绵,并笔砚亦不复近,宴息土室,坐以待尽。身隐为文,古有成言。凡序、记、志、铭,一切应酬之作,类非幽人所宜,况病废余生,万念俱灰者乎!即大利陈之于前,大害临之于后,誓于此生,断不操笔。[③]

二曲是有名的孝子,上引材料一是二曲在寻父骸骨、讲学江南时,请当世"名俊"陈玉璂为父母作传的情形。至二曲成名后,他一方面积极与相交学者展开学术通信,另一方面却又为不断的请托、润笔而苦恼不已。这才有了材料二

---

① 李颙:《常州府武进县两庠汇语》,《李颙集》,第38页。
② 陈玉璂:《李中孚讲义序》,《李颙集》,第629页。
③ 李颙:《自矢》,《李颙集》,第224页。

在思想史上侧重的演变，他认为，中晚明的陈白沙与王阳明是"重'约'而轻'博'"的代表；而明清之际则有批评上述"舍多学而识以求一贯"风气的共同倾向，其中以顾炎武为最激烈；至戴震和章学诚则完全是以"道问学"的层面来讨论"博"与"约"的关系了。按照此论，李二曲显然是处在同于顾炎武的中间阶段。值得注意的是，二曲此论不但对"空疏而不博"的理学传统"通弊"有所批判，同时对包括顾炎武在内的"学人徒博而不约"的激烈逆反有所警惕。

其次，李二曲论儒学的世俗化还体现在其"巧解功名"等案例上。有学者认为："一般而言，儒家此时的道德绝对论似已呈现出松弛倾向。如在'理与欲''公与私''义与利''俭与奢'等相对立的概念之间，人们长期以来一直以前者为是，认为是正面价值，而后者是负面价值。但十六世纪以来，许多儒家学者和思想家意欲从相互补充、而非相互排斥的角度来重新解释这些概念。"二曲对"功名"的解释正是顺此潮流而来：

"功名"二字，余曾闻其说矣。功被一方，则不待求名一方，一方自然传其名；功被天下，则不待求名天下，天下自然传其名；功被万世，则不待求名万世，万世自然传其名。①

除了巧解功名外，二曲对过往"道德绝对论"的开放性追求还有很多具体表现。例如他解"儒"为"人之需"，主张道德和经济二者均是儒者"乃所必需"②。他还曾在给当地郡守董郡伯的回信中谈及自己对"救荒"的看法："是国家之所恃者，莫富民若也。且乡里有富民，则一乡之人缓急有恃，借贷货卖尚有所出。若必尽此富民而迫之逃亡，则上下交无所恃矣。"③二曲为我们展示了理想的封建社会亦可和谐互助的情景。州县官员的"疾富之病"可以从"重道而抑商"的传统加以解释，但二曲"保富民"的政策显然是其"康济时艰"的更优选择。"康济时艰"是明清学者关于理学与现实政治不易相融之共识下的产物，原本属于"功利"之事的兵农钱谷、礼法政律在理学家看来都是功利之事，

---

① 李颙：《周至答问》，《李颙集》，第 123 页。
② 李颙：《四书反身录》，《李颙集》，第 432 页。
③ 李颙：《与董郡伯·又》，《李颙集》，第 200 页。

辨化的狭义"道学"，才能重新找回儒学的丰富内涵，并有机会借之以应对历史生活中的现实问题，这也正是"反理学"口号的真正意图。李二曲正是明清儒学世俗化运动中的重要参与者，与一般学者所不同，他把"反理学"明确定义在反对理学（道学）之流弊上，而对于道学的积极面，则有"道学即儒学"的说法。

我们举出三个例证来说明二曲对儒学世俗化思潮的顺应：(1)学术经典文本的扩大化；(2)绝对道德观念的开放化；(3)市民社会的商业化对学者的影响等。

首先，"无师自成"的二曲是依靠广博的阅读而逐渐成学的，我们可以由二曲四十三岁时成书的《体用全学》明其学之规模。《体用全学》列出"明体类""适用类"等具体书目，其中"明体类"多为理学丛书；"适用类"则丰富而博杂，包括《文献通考》《经世挈要》《武备志》《经世八编》《律令》《农政全书》《水利全书》《泰西水法》《地理险要》等。二曲对这些书籍常有"经世之法，莫难于用兵""读书万卷不读'律'，致君尧舜终无术"等注释，他认为这些书籍"咸经济所关，宜一一潜心"。[①]这些书目经二曲罗列，体现出二曲对"适用类"书目的重视态度。自唐宋以后，从"十三经"的确立到"四书学"的兴盛，儒学对经典范围的态度一直是趋于保守的，甚至从"经学"到"四书学"的转变大有越发收束于"内圣学"的倾向。明清之际，为了弥补儒学"客观化"不足的缺弱，学术经典文本的扩大化成为学者的共识。然而，二曲区分"明体"与"适用"，又显示出他对上述著作的批判性看法：

> 博识以养心，犹饮食以养身。多饮多食，物而不化，养身者反有以害身；多闻多识，物而不化，养心者反有以害心。饮食能化，愈多愈好；博识能化，愈博愈妙。盖并包无遗，方有以贯，苟所识弗博，虽欲贯，无由贯……切中学人徒博而不约，及空疏而不博之通弊。[②]

二曲所言之"博学"大有别于"杂学"。有学者曾专论过"博与约"之诠释

---

① 参见李颙：《体用全学》，《李颙集》，第58—64页。
② 李颙：《四书反身录》，《李颙集》，第471页。

儒学宗教性的一个规定性特征。可取的做法就是把社群的所有层面(家庭、邻里、宗族、种族、民族、世界、宇宙)都整合进自我转化的过程中,而这一包容的过程是学习充分做人的筹划所固有的。①

显而易见,上述两种儒学宗教性的关注视角并不相同,分别留意于"实践落实层面"和"成圣追求层面"。但二者并不冲突,而是各有侧重、相互补充的关系。他们都主张儒学要在"社群场域"中发挥功用,建立道德秩序。而要承认道德秩序的重要性和必要性,就势必要承认存在着作为其支撑点的更为根本的结构。也就是说,"实践落实"是依照"成圣追求"的理论来完成的,"成圣追求"又必然要在"实践落实"中成就自己。

在明清之际,讨论儒学的宗教化和世俗化是众多学者的共识,其最终评价则应当以上述儒学宗教性的两重内涵共为标准:先看学者是否能顺应时代思潮,积极融入儒学宗教性与世俗性的开发和儒学转型运动中来;再看学者能否对儒学由"信仰"而"实践"的根本结构有完整的把握,从而合理而有效地推动儒学的世俗化运动。确立了这样的标准之后,不难发现,李二曲正是这一思潮中的佼佼者。

二 李二曲对儒学世俗化的顺应和批判

"世俗化"是儒学的一种权宜说法,因为儒学在创立之初,世俗性就是其重要内涵之一。所谓世俗性虽然不必对之做出如"体神秘不测之妙于人伦日用之中"(熊十力语)般玄妙的解释,但用"思想是生活的一种方式"(王汎森语)来加以描述至少是言之有据的。在传统中国,儒学思想的阐发与日常生活往往是融合无间的。例如孔子的思想就隐藏在他的生活语录之中,从黑格尔对孔子的误解,到芬格莱特"即凡而圣"的揭示,儒学的世俗性和生活化越来越被现代学者所看重。自南宋以后,"道学"内涵呈现了僵化和窄化的趋势,直到明末清初,一种"复古"而追求"全儒之学"的运动蓬勃展开。因为只有去除掉理论思

---

① 参见杜维明著,段德智译:《论儒学的宗教性》,《中庸洞见》,北京:人民出版社,2008年,第119—125页。

可能仅是依靠"自然明觉"来践行人伦日用。这才出现刘宗周、黄宗羲师弟子所批评的"心学流弊",与此同时,他们对"王门左派"背后顺应社会思潮的进步性又持肯定意见。①

儒学世俗化是儒学追求现实功效的必然要求。值得注意的是,世俗化的依据才是哲学家们所着重留意的。王龙溪在《滁阳会语》等著作中就对"现在"良知有明确批评,他主张良知"发用"却不同意泰州对良知简单化的信仰。亦即是说,"世俗性"往往需要依靠"信仰性"来决定其自身价值。儒学不是宗教,但儒学富含宗教性,这可说是过往在讨论儒学是否为宗教问题上的一般性结论。儒学的宗教性常被理解为:它与一般宗教一样,本质上是一种精神寄托和终极关怀,内容上则可以导人向善与化民成俗;所不同者,一般宗教由"信仰"而"实践"讲究的是"外在超越",而儒学则是一种典型的"内在超越"。在论说儒学宗教性时,学者们又有侧重于宗教之"实践"和侧重宗教之"信仰"的两方面不同的表述。

吴震先生在《明末清初劝善运动思想研究》中常关注下层民众和一般学者如何通过道德劝善来扭转日益失落的人心,重整社会道德秩序乃至政治秩序。他在吸收钱穆等学者的意见后,总结说:儒家思想是以精神不朽为追求目标的融宗教于伦理的人文教②,从而落实其观察视角为"民间信仰"或"通俗信仰"的考察域。他认为:"绝大多数儒者仍然相信'神道设教'具有相当重要的现实意义及政治意义,因此他们的基本态度并不是以理性拒斥信仰,以道德取代宗教,而是对宗教、信仰等问题采取一种'可为愚者道'的现实态度。"③

杜维明先生在《中庸洞见》中指出:普通的人类经验即是道德秩序依存的中心。人之所以有道德感是因为人性,而人之所以有人性是由"天"所赋予,"天"就是道德秩序的超越性的支撑点,每一个人都可以体验到"天"的存在,人通过"诚"之功得到与天合一的机会。在他看来,儒学的宗教性就是"终极的自我转化"。而自我转化(实现君子之道),必须通过人际关系(信赖社群)来予以落实。"信赖社群"的"达己"是自我转化中一种不可消解的终极的真实,是

---

① 参见笔者《良知从"见在"到"现成"》,《人文杂志》,2016年第5期。
② 吴震:《明末清初劝善运动思想研究》,上海:上海人民出版社,2016年,第83页。
③ 同上,第86—87页。

从思想史的角度来说，明清学术的真实状况是学者们纷纷不满于理学的"大传统"，反倒是体现学术多元性的"小传统"成为主流。揭示思想的多样性和复杂性就成为其首要任务，而说明这些思潮形成的内在原因则是思想史研究的最高要求。代表性的研究者如王汎森、吴震等先生[①]，他们均以考察明清士人在社会、经济、道德、宗教等方面的思想论述和行为实践为出发点，立体展现明清思想的历史图景。至于其形成的内在动因，则可追溯到明清商品经济与市民社会的快速发展，以及儒学自身的丰富内涵与转型要求等。总之，思想史评价的优点在于注重思想发展背景的历史真实性和复杂多样性，从现实和思想两个维度共同揭示明清儒学转型运动的全景和动因。过于执着在展示"历史真实"，而少做价值评判则可能是其缺弱。

哲学与思想史两种方式在明清思想研究中各有优长，故而继承对方的合理因素，完善自我研究就成为学者们的共同取向了。另一方面，明清思想在哲学与思想史两种研究范式下所形成的结论又可能是截然不同的，最显著的例子是在对清代考据学性质的判断以及清代学者的最终评价上。一般来说，依哲学视角，学者们虽能承认"达情遂欲"有其积极意义，但大体还是对清学的转向持消极看法[②]；而思想史研究则多从顺应历史的角度首先肯定清代学术的新贡献。[③]就是在这样的争论与互动中，明清思想研究不断深入和进步。

宗教性与世俗性既是儒学本身所具有的内涵，又是明清儒学最有价值的内容之一；宗教化与世俗化既是儒学自我转型的内在要求，又是明清儒学发展的一大特征。从中晚明起，这两个特征就曾在王阳明良知学的传播中展露无遗。良知学经由王龙溪和泰州学派改造，经历了"形上信仰化"和"人伦日用化"的演变，他们共同强调对良知首先"信得及"。所不同者，王龙溪是以"形上思辨"的方式追求对良知的"超越信仰"；而王心斋是以"百姓日用即道"的方式追求对良知的"内在信仰"。"超越信仰"中的"工夫"可能隐而不显；"内在信仰"也

---

① 例如王汎森《晚明清初思想十论》等、吴震《明末清初劝善运动思想研究》等。

② 他们并非不清楚清学之优长，而是对其做哲学价值的综合评判，尤其痛心于儒学"形上智慧"的消解，如牟宗三、徐复观、劳思光等人。

③ 二十世纪以来流行于大陆的明清哲学研究，无论是采用"启蒙与近代性"还是"经世实学"等研究视角，"反理学思潮"都被解释为一种进步力量。例如梁启超、侯外庐、萧萐父等学者。

一　明清儒学宗教化和世俗化的两重内涵

明清之际特殊的历史机缘使传统儒学的固有缺弱暴露无遗。面对明清易代、西学传入和理学"终结"等时代难题，"儒学转型"就成为学者寻求救世之道最为核心的诉求。其中，"反理学思潮""经世实学的转向""启蒙与近世化"等均为此核心诉求因应不同学者的不同研究偏重所形成的具体观念。如何使传统儒学转化为对象性之可见效用，落实为具体外在的典章制度，发挥其化民成俗功效并解决现实历史问题才是它们背后共同的取向。为了说明这些多元学术思潮背后所蕴涵的儒学转型问题，兴起于二十世纪六七十年代的"内在理路"[①]式研究逐渐取代了二十世纪以来易流于"宏观叙事"或"套解西学概念"的范畴式研究，两种来自哲学和思想史的意见展现出了各自理论的深刻性。

从哲学的角度来看，儒学从中晚明起（一说自元明起）就明确形成了一种转型趋势，最有代表性的说法是刘述先等人的"从超越向内在转化的趋势"[②]。这一"趋势"正是基于宋明理学的已有成就（侧重"内圣"、形上智慧方面）而谈清代学术转型的问题，寄望儒学发展出应对时代需求的正面客观力量（"外王"贡献）。这一"趋势"可被视为学者各持异说所可以接受的最大共识，当然也是目前较为稳妥的一种"哲学"式的处理。然而，不可否认的是"超越与内在"所涉及的主要还是"内圣"一面，此"趋势"一旦用于哲学家的评价时，学者们一定还需同时考察其"外王"一面。总之，哲学评价的特点在于理解儒学形上形下架构的完整性与合理性，紧抓价值评判，但同时并不越出自身的"哲学"限定，保留学说多样性发展的解释权。

[①]　这里的"内在理路"，虽是借用的说法，但取其广义，非限于七十年代《论戴震与章学诚》等著作之所指，《朱熹的历史世界》本就属广义的"内在理路"式研究。具体来说，凡是重视学术发展的内因，主张由宋明理学的内在发展与演变角度阐述明清儒学转向的深层原因，均可视为"内在理路"式的研究，无论其侧重于使用"哲学"亦或"思想史"等方法。二十世纪六十年代的牟宗三、钱穆、徐复观等学者，不论其对清学采取何种态度，均属于一种广义"内在理路"式研究。

[②]　刘述先：《论超越于内在的回环》，《理一分殊与全球地域化》，北京：北京大学出版社，2015年，第41—56页。类似的说法还有：（1）冈田武彦的"从二元论向一元论的转移趋势"（《王阳明与明末儒学》，二十世纪五十年代）；（2）陈来的理学"去实体化"发展趋势（《元明理学的"去实体化"转向及其理论后果——重回"哲学史"诠释的一个例子》，2003年）等。

晚明儒学的宗教化与世俗化转向
——以李二曲为例

王文琦
（陕西师范大学哲学与政府管理学院）

李颙（1627—1705），学者称二曲先生，陕西周至人。他与孙奇逢、黄宗羲曾被并誉为"清初三大儒"。[1] 李二曲是明清儒学转型运动的重要参与者，他对当时儒学的宗教化与世俗化转向有许多独到见解，值得加以重视。

宗教化与世俗化是明清儒学发展的两个重要面相，常为思想史研究者所关注。然而它们又不仅是明清儒学所独有，自儒学产生之日起，宗教性与世俗性就都是儒学的重要特征。直至今日，儒学如何应对古今、中西等多元文化的挑战依然是学界关注的热门话题之一。明末清初以来，基于对传统儒学（尤其宋明理学）偏于理论思辨的不满和发挥儒学化民成俗功效并解决具体现实问题的寄望，儒学的宗教化与世俗化都势在必行，它们的背后其实是学者对儒学自我改革与转型的要求与期待。

儒学的宗教化与世俗化，既可以提供对明清学术转向进行内在分析的必要资料；又是儒学在清末民初"去意识形态化"之后所可探索的必然方向，还可为新时代儒学的自我定位提供宝贵的经验与教训。

---

[1] 全祖望：《二曲先生窆石文》，《李颙集》，西安：西北大学出版社，2015年，第653页。

阶段的人心道心思想里，船山存心立异①，故而和朱子明显不同；在第二阶段的人心道心学说中，船山既回归朱熹，又区别于朱熹。就第二阶段而言，船山和朱子的共同点是人心是情，道心为主人心听命；差异点在于朱熹认为道心是情，而船山则规定道心是性（道心不是情）。可见，相对于朱子而言，船山缩小了情的范围，他剔除了四端而只剩下七情。换言之，四端不是情。相应地，他扩大了性的范围从而涵盖了四端，四端＝道心＝性。换言之，四端是性。在第一阶段，互藏交发说需要四四合拍，故而需要让四端与四情数量完全一致；而在第二阶段，通孔说中的通孔之涵盖范围要尽可能地宽广，故而在"喜怒哀乐"之外也开始强调"爱恶欲"，由此由匹配四端的四情发展到七情。船山人心道心的前说重四情，后说重七情②，这绝不是偶然的。

---

① 据船山的夫子自道，其为学喜立异。"窃自意可不倍于圣贤，虽或加以好异之最，不敢辞也。"（王夫之：《读四书大全说》，第 676 页）
② 这只是一个大概的说法，交发说不提七情可以肯定，而通孔说偶提四情却也无妨，特别是在诠释《中庸》首章时（该章就仅提到"喜怒哀乐"四情）。比如，在《读中庸说》中，船山讲道："朱子为贴出'各有攸当'四字，是吃紧语。喜怒哀乐只是人心，不是人欲。'各有攸当'者，仁义理智以为之体也。仁义理智，亦必于喜怒哀乐显之。性中有此仁义理智以为之本，故遇其攸当，而四情以生。"（同上，第 83 页）

心之间的关系是体用关系,从而构成了性体心用说。

第二,道心人心是一种不离不杂的关系吗? 张立文认为在王夫之那里道心人心是一种不离不杂的关系。① 根据人心通孔说,道心不能离开人心而表现自己,故而道心不离人心;而道心虽然不离人心,但是道心是性、人心是情,具有明显不同的属性,故而可以说不杂。就此而言,张说不为无见。但是,这只是问题的一个方面。人心既可以上达返天理,亦可以下达徇人欲,就此而言,人欲之表现自己也离不开人心。此时,人心和人欲不离而和道心背弃。故而,人心可以离开道心而堕落为人欲。我们的结论便是:说道心人心是不离不杂的观点至少是片面的。

第三,对船山的论著需要仔细鉴定、甄别和分疏。予在研读船山著作的过程中,常有觉得窒碍不通的地方,令人颇费脑筋。比如,道心是否是中? 陈来认为,船山的"道心即中、人心为情"的说法和朱熹的明显不同,并认为王氏的"这种讲法就传统力图呈现道心与人心的互动冲突而言,似非妥当"②。应该说,陈来的观察是敏锐的。无独有偶,张立文认为船山下面的这段话中有误。③ "未发(自注:人心)有其中(自注:道心),已发(自注:人心)有其和(自注:道心),有其固有。"④ 其看法是"应自注未发为道心,'有其中'为人心",理由是船山在《读四书大全说》中有未发之中就是道心的看法。当然,张氏此处也存在杂糅船山人心道心前后两说的问题。我引用上述两位作者的观点,就是想强调,类似的可疑之处在船山那里还有不少。这些都为廓清其人心道心思想的迷雾制造了不少障碍。

内在于东亚儒学的视域,本文较为系统地考察了船山的人心道心思想,发现其存在两说。不同于以往研究者的地方在于,本文的基本思路是区分而不是杂糅两说。《尚书引义》的年代要早于《读四书大全说》两年,故而可以认为船山的人心道心思想有两个阶段,或者说有两种形态。互藏交发说与人心通孔说,前者以《尚书引义》为文本基础,而后者以《读四书大全说》为准。在第一

---

① 张立文:《正学与开新——王船山哲学思想》,第 183 页。
② 陈来:《诠释与重建:王船山的哲学精神》,第 78 页。
③ 张立文:《正学与开新——王船山哲学思想》,第 181 页。
④ 王夫之著,王孝渔点校:《尚书引义》,第 22 页。

人心之中有道心也。"① 人心是通孔，故而道心必然通过人心而表现自己，这就是"道心之中有人心"或"人心原以资道心之用"。而人心也可以堕落为人欲，故而人心与道心的连结不是必然的而是或然的，这就是"非人心之中有道心"。陈来认为"道心之中有人心，非人心之中有道心也"一语，似嫌粗略，意义非明。② 其实，以人心通孔说来解释，意义就是明确的。人心是知觉，知觉到性理就是道心，或者说"性在则谓之道心"，而没有知觉到性理或"性离则谓之人心"。他进一步解释到，"性在而非遗其知觉运动之灵，故养大则必不失小；性离则唯知觉运动之持权，故养小而失大"③。就是说，道心意味着性在心上表现了出来，这种表现一定是通过知觉运动表现出来的，所以养其大体必然连带着关照了知觉运动。相反，道心没有在心上表现出来就意味着是纯粹的知觉运动在做主，而知觉运动必然会顺着自己的本性去追逐感性的东西，所以养小必然失大！

四　余　论

第一，船山第二阶段的道心是性、人心是情的观点和罗整庵的道心人心性情体用论有何差别？罗整庵非常重视人心道心问题，他曾经说道："人心道心之辨明，然后大本可立而得，斯讲学第一义。"④ 罗氏人心道心思想的基本观点是"道心，性也。人心，情也。心一也，而两言之者，动静之分，体用之别也"⑤。也就是说，道心人心之关系是性情关系，性是体、情是用，道心人心之关系也就是体用关系。比较船山和罗氏的观点可以发现，他们都认为道心是性，人心是情，故而给人一种形式上一致的印象。但是，他们的观点，其实有比较明显的差别。其最大的差别就是对于罗钦顺来说，道心人心是体用关系，但是对于王夫之来说，情不是性而是心所生发，故而道心人心不是体用关系。相反，船山认为性

---

① 王夫之：《读四书大全说》，第81页。我怀疑，此处的"性"乃"心"之误。否则的话，就和前面一直宣称的性不生情构成了矛盾。
② 陈来：《诠释与重建：王船山哲学的精神》，第79页。
③ 王夫之：《读四书大全说》，第695页。
④ 罗钦顺：《困知记》，北京：中华书局，1990年，第130页。
⑤ 同上，第2页。

王夫之否认了情是性所生，其实否认的是七情乃性所生。性是纯善的，如果情由性生，那么情也必然是善的。但是，情是可善可恶的。"延平曰：'情可以为善。'可以为善，抑可以为不善，是所谓惟危之人心也。"① 这就意味着，如果性生情，那么纯善的性生出可能不善的情来，就会导致体用的不一致。于是，可行的选择就是否认情生于性，于是情生于心就是必然的选择了。朱学的传统就是心是可善可恶的，而情也是如此，于是心、情之间就保持了一致。七情中至少四情是可感的，喜怒哀乐是也，而四情也是可以由心予以控制的，因为其是心与外界相互作用的产物，几是也。而四端之心也就是性，是本有的，看不见摸不着的，不来自心与外界的相互作用。就此而言，其符合孟子所说的"恻隐之心，仁也"（《孟子·告子上》）。但是，其不容易解释"恻隐之心，仁之端也"（《孟子·公孙丑上》）。不过，船山也有类似说法，也就是所谓的四端是性之尾，而情之首。"四端是情上半截，为性之尾。喜怒哀乐是情下半截，情纯用事。"② 但是，该句也有模糊性情的倾向。

（三）性情的联结

虽然性情之间具有明显区分，但是它们之间也有连结。"情虽不生于性，而亦两间自有之机，发于不容已者。"③ 具体来说就是，"不善虽情之罪，而为善则非情不为功。盖道心惟微，须籍此以流行充畅也。（自注：如行仁政，必以喜心助之。）"④ 换言之，道心的表现需要借助于七情。但是，这种借助是必须的吗？"道心终不离人心而别出，故可于情说心；而其体已异，则不可竟谓之情。"⑤ 答案是肯定的。笔者在研究朱熹的人心道心思想时，曾经提出朱熹很大程度上曾把人心视为通孔，这就是人心通孔说。⑥ 其实，对于王夫之来说，持有的也是这种观点。"惟性生情，情以显性，故人心原以资道心之用。道心之中有人心，非

---

① 王夫之：《读四书大全说》，第 81 页。
② 同上，第 555 页。
③ 同上，第 677 页。
④ 同上。
⑤ 同上，第 554 页。
⑥ 谢晓东：《朱熹哲学中道心人心论与天理人欲论之内在逻辑关系探析》，《江苏社会科学》，2007 年第 2 期。

心道心思想的晚年定论《中庸章句序》中，首句即为"心之虚灵知觉，一而已矣"①。可以说，船山一定程度上呼应了朱子的观点。只不过，船山把知觉能力明确划归到人心那里。既然心有道心的层面，也有人心的层面，所以陆王心学的基本命题"心即理也"就是错误的。对于人类来说，仅仅从知觉运动的角度是无法凸显其独特性的，因为动物也有知觉运动。"知觉运动，将与物同，非人之心也。"②从道德哲学的角度来看，人之独特的地方在于道心而不是人心。故而，"所以《中庸》契紧说一'择'字，正人心道心之所由辨也"③。即便如此，作为知觉运动的人心，对于道心来说也是不可或缺的。准确来讲，其构成了道心得以显象的物质基础。

（二）性情的区分

既然道心人心分属性情，那么性情的特点也就是道心人心的特点。王夫之认为："性自是心之主，心但为情之主，心不能主性也。"④此处，性情和心的关系完全不同，性是心之主，心是情而不是性之主，这和第一阶段的心既统性又统情的观点大相径庭。此外，王夫之还附和了朱熹的观点，即"性，无为也；心，有为也"⑤。对于朱熹来说，性即理也，理是不动的，当然就是无为；而心属于气，气是运动的，故而心有为。对于王夫之来说，其特有的观点是情不是生于性而是生于心。"发而始有、未发则无者谓之情。乃心之动几与物相往来者，虽统于心而与性无与。"⑥再具体地说，情是这么产生的：

> 情元是变合之几……情之始有者，则甘食悦色。到后来翻变流转，则有喜、怒、哀、乐、爱、恶、欲之种种者。性自行于情之中，而非性之生情，亦非性之感物而动则化而为情也。⑦

---

① 朱熹：《四书章句集注》，第14页。
② 王夫之：《读四书大全说》，第689页。
③ 同上，第693页。
④ 同上，第554页。
⑤ 同上，第573页。
⑥ 同上。
⑦ 同上，第674页。

情是人心。不过，差别之处在于，船山提出四端是性而不是情，而七情则是情。"恻隐、羞恶、恭敬、是非之心，性也，而非情也。夫情，则喜、怒、哀、乐、爱、恶、欲是已。"①上述两则材料告诉我们，性是道心，而四端又是性，故而四端也是道心，换言之，性、道心与四端具有某种同一性。此处，船山终于开始使用七情的话语，再辅以四端，于是就构成了四端七情论述。就此而言，可视为呼应了朝鲜朝性理学的四端七情之辨。可以发现，类似"情便是人心，性便是道心"②的观点在《读四书大全》中比比皆是。比较前后两阶段的人心道心论述，可以发现一个基本差异：第二阶段否认了四端是情，从而和第一阶段形成了鲜明的对比。对此，学界同仁已经有了很好的论述③，我这里就不再多说了。这说明，船山抛弃了道心是情（以四端不是情的方式）的观点，向朱学迈出了一步。此阶段，其交发说的思想是被放弃了。这是由于交发说是建立在严格的数量一致的基础之上的，比如四端与四情。如果抛弃四情而在更为一般的意义上谈情感，也就是七情，那么由于数量不对应，故而就无法交发了。互藏交发说是由两部分构成的，即互藏和交发。换言之，互藏交发说有两个支柱，如果其中一支倒塌的话，那么该说就崩溃了。对于一部分欣赏互藏交发说的人，或可继续保留船山在四端与七情之间设置的互藏关系。

相对于第一阶段注重从本体论角度对人心道心之概念分析，第二阶段则大多复归了朱熹的传统观点，其中的转折点是他开始发掘人心的知觉义。"心含性而效动，故曰仁义之心也。仁义者，心之实也，若天之有阴阳也。知觉运动，心之几也，若阴阳之有变合也。"④在上述引文中，船山在心与天之间作类比，心有实与几，前者是指仁义/性，后者是指知觉运动。那么，船山又是如何把知觉运动纳入人心道心思考模式呢？他通过对张载的名句"合性与知觉有心之名"予以解释时，引入了道心人心这一对范畴。"性者，道心也；知觉者，人心也。人心、道心合而为心，其不得谓之'心一理也'又审矣。"⑤而我们知道，在朱熹人

---

① 王夫之：《读四书大全说》，第 673 页。
② 同上，第 674 页。
③ 郭齐勇：《朱熹与王夫之的性情论之比较》，《文史哲》，2001 年第 3 期，第 75—82 页。
④ 王夫之：《读四书大全说》，第 502 页。
⑤ 同上，第 723 页。

工夫论是中国哲学的一种特殊的构造，其从表现层面入手对本体的把握，和所谓的体用的相互作用或转化，可能没有关系。而且，就船山的人心道心互藏交发说来看，道心人心之间的关系也不是体用关系。在船山那里存在性体心用的结构，所谓"性之发是心，不是情"①是也。或许，运用交互体用论在人心道心之关系上面，导致了明显的裂缝。那就是：人心道心的具体表现的数量必须是一样的，比如四端与四情，而不能说四端与七情，否则就无法交发了。此外，在《尚书引义》之后，船山再也不曾提起人心道心互藏交发说，即便是在《读四书大全说》中就有大量专门阐发人心道心思想的段落。这或可视为船山放弃了该说的一个间接证明。

三 人心通孔说：互藏交发说的出路

人心道心互藏交发说充满辩证意味，但是在概念上可能就过于强调连接而不是区别，一定程度上会牺牲概念的清晰性。故而，在两年后的《读四书大全说》中②，船山人心道心思想很大程度上就向朱熹的正统思想复归了。

（一）人心知觉说的复活

在这一阶段，王夫之使用了较为精确的语言来诠释道心人心。"性，道心也；情，人心也。恻隐、羞恶、辞让、是非，道心也；喜、怒、哀、乐，人心也。"③很明显，王夫之在此处严格区分了性情概念，分别把道心系属于性的名义、人心系属于情的名义之下。陈来认为，《尚书引义》里的"今夫情则迥有人心道心之别也"的说法，和其在读《中庸》中揭示的有所不同。④确实是这样的，但是陈氏没有意识到船山的人心道心思想前后存在两说，故而也就无法合理地解释这个现象。与此同时，船山仍然重复了第一阶段的观点，即四端是道心，七

---

① 陈来：《诠释与重建——王船山哲学的精神》，第224页。
② 刘春建：《王夫之学行系年》，郑州：中州古籍出版社，1989年，第127、152页。作者认为，《尚书引义》撰于1663年，而《读四书大全说》著于1665年。故而，前者比后者成书要早两年。
③ 王夫之：《读四书大全说》，第572页。
④ 同上，第80页。

较复杂的。"夫道心者,于情则异彼也,故危微之势分;于性则异彼也,故执中之体建。"① 从这句话来看,道心从情上来看和人心不同,所以才会有"微"和"危"的差别。应该说,船山的这个看法是比较稳定的。再看下一个句子,"今夫情,则迥有人心道心之别也"②,可见人心道心确实都属于情。就上述观点而言,船山同于朱熹,但是船山关于人心道心的观点不仅于此。

而从性上来看,道心和人心也是不一样的,道心来自于体。上述引文中人心属于情有明说,但是人心是否属于性,却没有明说,不过似乎可以推出属于性。不过,此点不重要,本文集中考察道心的属性即可。愚以为,船山此阶段的性情关系具有合一的特点。但是,该观点是不稳定的。这是因为,说道心既属于性也属于情,这会导致已发未发范畴失效。而船山关于已发未发,论述极少,这不是偶然的。此外,性情合一其实也就是性情不分。对于陆象山和王阳明一系的心学来说,可以说性情合一,因为他们的情是本性的直接表达。而船山实际上又是明确批评了上述观点的,这在《读四书大全说》中就有明显体现。这种视道心既是性又是情的独特观点,或许正是交互性体用模式的一种集中体现。

(三) 可能的根源: 交互性体用模式的误用

西方哲学意义上的交互性和中国哲学中的体用论的两种含义有相通之处吗?如果交互体用论仅仅指的是体用之间的相互转化,那么这种所谓的转化是可能的吗?如果交互体用论仅仅指"与道为体",其是否是真正的创新或许还存在疑问,因为我们知道,朱熹本人就已经有"与道为体"的表述了。③ 哲学中有交互主体性的说法,同于主体间性(inter-subjectivity)。问题在于:交互性体用论是否成立?如果成立的话,那么其成立条件是什么?从存有的角度来看,实体可以自在存在,一旦其发动,就表现出作用了。体和用如何相互转化?或许可能存在某一种体用关系中的用在另一种体用关系中成为了体,但这不是原有的体用关系而是新的体用关系,在这种情况下,是不能说体用的相互转化的。

---

① 王夫之著,王孝鱼点校:《尚书引义》,第22页。
② 同上,第23页。
③ 朱熹:《论语·子罕》,《四书章句集注》,北京:中华书局,1983年,第113页。

情,则人心亦统性,道心亦统情矣"①。船山或许认为,从程朱的传统来看,道心和性是同一的,而人心和情是同一的,故而道心统性、人心统情是不言而喻的。因此,他强调了事情的另一面,即"人心亦统性,道心亦统情"。那么,"统"又是什么意思呢?他曾经说过:"心统性情,统字只作兼字看。"此处船山的理解同于朱熹。但是接下来他又认为,由于"性情有先后之序而非并立者",故而"实则所云'统'者,自其函受而言"②。可见,王夫之实际上还是以"函受"来理解"统"的含义的。所谓"说性是体,才说心时已是用"③,"人心统性,气质之性其都,而天命之性其原矣。原于天命,故危而不亡;都于气质,故危而不安。道心统性,天命之性其显,气质之性其藏矣。显于天命,继之者善,惟聪明圣知达天德者知之。藏于气质,成之者性矣,舍则失之者,弗思而矣……人心括于情,而情未有非其性者,故曰人心统性。道心藏于性,性亦必有其情者也,故曰道心统情。性不可闻,而情可验矣"④,船山在此处使用了天命之性与气质之性这一对概念,这种关于性二元论的使用是不寻常的。其对气质之性的使用不知是在张载意义上还是朱熹意义上⑤,应该是前者才是。"道心统性"就意味着天命之性表现于心中构成道心,此时气质之性就不再显现而是隐藏起来了。而"人心统性"则是气质之性表现于心中构成人心,此时天命之性作为本原的存在而潜藏着。性是一个本质概念,所以不可闻。而情是一个现象概念,所以可见可闻,具有经验性。道心是性表现于心者,其本质具有同一性,就此而言,可以说道心和天命之性所指相同,也可以简称为道心是性。关于道心是性的观点,船山一直是坚持的。

(二)道心既属于情,也属于性

道心人心在朱熹那里都是情,都是已发。但是,在王夫之这里,情况是比

---

① 王夫之著,王孝鱼点校:《尚书引义》,第22页。
② 王夫之:《孟子·公孙丑上》,《读四书大全说》,第554页。
③ 王夫之著,王孝鱼点校:《读四书大全说》,第503页。
④ 王夫之著,王孝鱼点校:《尚书引义》,第22页。
⑤ 李明辉区分了气质之性短语在张载和朱熹那里的不同含义。对于前者来说,是气质本身的性;对于朱熹来说,是纯善的天命之性落在气质中而形成的现实的性。具体论述参见氏著《韩国儒学研究与经典诠释》,《第五届青年学者东亚儒学研习营》,第53页。

和喜、羞恶和怒、恭敬和哀、是非和乐具有内在关系，从而从表现的角度来看，这四对情感总是相伴而行。同样可以假设一下，如果此处使用的是《礼记·礼运》系统中的七情，那么四端和七情能否构成交发其用的关系呢？此点下文会详细分析。需要引起注意的是"行"这一个字，其也是把性情联结成有意义的话语的关键。从哲学的角度来讲，"有"与"行"这两个字分别具有存有和表现的含义，而我们知道，存有和表现话语的实质其实是传统哲学中的体用范畴。此外，上述引文中分别出现了"互"和"交"字，这或构成了现代汉语中所说的交互或交互性这么两个词语。交互性或交互作用论的英文是 interactionism[①]，这个词主要用来说明笛卡尔哲学中心身二元的相互作用。在对王船山的形而上学的研究中，有人使用了交互体用论去指称船山的体用模式，并把该短语以英文表达为"interaction between *Ti* and *Yong*"。[②] 应该说，用上述的汉语拼音而不是英文"substance and function"来表述体用的做法比较好，避免了产生一些误解。本文假设，交互性体用说对互藏交发说在一定程度上起到了奠基作用。

二 互藏交发说的困境

以上就是船山人心道心互藏交发说的基本内容。总的来看，这种学说在东亚儒学的人心道心思想史中，具有很大的独特性。但是，该说存在着基本困境，而这似乎是先前的研究者所不曾注意到的。

（一）心统性情新论

在理解了船山的人心道心互藏交发说之后，或许就可以较为合理地阐释船山关于"心统性情"的新解释了。其新诠释的要点在于化心统性情为人心统性情与道心统性情。"心统性情"的命题来自张载，不过真正赋予其重要性的是朱熹。中和新说之后，朱熹就以此来组织自己的心性论与工夫论。对于船山来说，由于心可以区分为人心与道心，故而，"心，统性情者也。但言心而皆统性

[①] 《牛津哲学词典》，上海外语教育出版社，2000年，第196页。
[②] 陈赟：《回归真实的存在——王船山哲学的阐释》，上海：上海人民出版社，2002年，第145—150页，英文摘要第3页。

是阴阳之动静。据此，或许可以得出"实"就是"阴阳"。总的来说，道心虽微，来自宇宙实体的阴阳，故而具有自主性。人心来自阴阳的动静，或者说"待一动一静以生"①，故而没有自主性，就具有危的特性。

（三）互藏交发说的具体内容

除了前文所引述的那条用来概括互藏交发说命题的材料之外，在《尚书引义》中还有几条类似的提法。比如，"斯二者藏互宅而各有其宅，用交发而各派以发"②以及"然则判然其为二乎？而又非也。我固曰互藏其宅，交发其用"③。可见，船山之有该命题可能不是一时心血来潮，而是有一定明确意图的。船山在提出该命题之后，还仔细地解释了其具体含义：

> 于恻隐而有其喜，于恻隐而有其怒，于恻隐而有其哀，于恻隐而有其乐，羞恶、恭敬、是非之交有四情也。于喜而有其恻隐，于喜而有其羞恶，于喜而有其恭敬，于喜而有其是非，怒、哀、乐之交有四端也。故曰互藏其宅。以恻隐而行其喜，以喜而行其恻隐，羞恶、恭敬、是非，怒、哀、乐之交待以行也。故曰交发其用。④

此处，王夫之以举例的方式说明了什么是"互藏其宅"，什么是"交发其用"，倒是比较形象。简单地说，从存有的角度来看，四端中的任何一端都可以和四情中的任一情构成一种排列，于是就构成了十六种关系。反之亦然，也构成十六种关系。这就是"互藏其宅"。需要引起注意的是"有"这一个字，其是把性情连结成有意义的话语的关键。船山此处使用的是四情，其来源是《礼记·中庸》系统。可以假设一下，如果此处使用的是《礼记·礼运》系统中的七情⑤，那么四端和七情则可以构成二十八种排列。而"交发其用"则指的是恻隐

---

① 王夫之著，王孝鱼点校：《尚书引义》，第24页。
② 同上，第23页。
③ 同上，第26页。
④ 同上，第22页。
⑤ 喜、怒、哀、乐、爱、恶、欲。

同、异、攻、取而喜、怒、哀、乐生矣。"[1]他告诉我们，人心起源于阴阳之气的动静循环，具体来说就是阴阳之气的"同异攻取"。阴阳之气的相互作用导致了"喜怒哀乐"的产生。阴阳之气的动静也可以说是"开合"，"故人心者，阴阳开合之不容已"。[2]船山从气化宇宙论的角度思考人心的起源，是对朱熹的"四端是理之发，七情是气之发"[3]的一个具体化。在船山那里，"人心之几是一待用之虚郭也"[4]。"几"字来自周敦颐的"诚无为，几善恶"[5]命题。朱熹以"人心"一词来理解周敦颐的"几"，并以天理人欲来指示人心的两种走向。应该说，朱熹的观点对后世影响很大。对于船山来说，人心就是一物几。"故人心者，根本是一物几……然人心之本身，则唯是一虚无之动几，而不足为人之定体者也"[6]。从道德的角度来讲，人心可善可恶，具有某种虚无性，故而人无法仅于此立足。

同样地，王船山对道心之起源的探讨也是颇为独特的。"若夫人之有道心也，则'继之者善'，继于一阴一阳者也。则实有柔、刚、健、顺之质。柔、健、刚、顺，斯以为仁、义、礼、智者也。"[7]他告诉我们，道心来自《易传》所说的"继之者善"，具体来说就是阴阳本身。而所谓的阴阳，其实指的是乾坤之德。基于健顺刚柔的规定性，就出现了道德层面的仁义礼智。故而，道心具有善的特性，或者说，善构成了性。而王夫之又认为，"性，道心也"[8]。于是，可以认为善也凝聚成了道心。前述引文中值得注意者是"实"这个字，其对于理解道心的本质及其属性非常关键。"道心者，动静之实，成材建位之富有，和顺而为光晖之自发也。"[9]此处的"实"和"动静"相互连接，那么，二者是什么关系？"阴阳变合而有动静，动静者，动静夫阴阳也。"[10]动静是阴阳变合的结果，而动静乃

---

[1] 王夫之著，王孝鱼点校：《尚书引义》，第24页。
[2] 同上，第26页。
[3] 黎靖德编，王星贤点校：《朱子语类》卷五十三，北京：中华书局，1986年，第1297页。
[4] 曾昭旭：《王船山哲学》，第423页。
[5] 周敦颐著，陈克明点校：《周敦颐集》，北京：中华书局，2009年，第16页。
[6] 曾昭旭：《王船山哲学》，第428页。
[7] 王夫之著，王孝鱼点校：《尚书引义》，第24页。
[8] 王夫之：《读四书大全说》，北京：中华书局，1975年，第572页。
[9] 王夫之著，王孝鱼点校：《尚书引义》，第26页。
[10] 同上。

层次。就此而言，王船山通过道心人心之辨就区别了儒学正统及其反对派。关于此点，前人已经有所论述。① 本着"详人之所略，略人之所详"的原则，下文拟对其互藏交发说予以简略的描述。

（一）命题之提出

对于王夫之来说，其人心道心互藏交发说的文本依据也是《尚书》。王船山对"五经"予以了新诠释，其《尚书》学的成果之一就是《尚书引义》。该书中有这样的表述："喜、怒、哀、乐，人心也。恻隐、羞恶、恭敬、是非，道心也。斯二者，互藏其宅而交发其用。"② 此处，王船山认为，以喜、怒、哀、乐为代表的四情（自然情感）属于人心，而恻隐之心之类的四端（道德情感）则属于道心，人心道心之间的关系则可以归结为"互藏其宅而交发其用"这么一个命题。由于这个命题比较长，本文把它精简为互藏交发这个短语。③ 于是，船山在《尚书引义》中发明的人心道心思想就可以概括为人心道心互藏交发说。应该说，认为七情（或四情）属于人心、四端属于道心，就东亚儒学的视野来看，在王船山之前就有不少同道，比如十六世纪朝鲜李朝的李退溪④（1527—1572）和成牛溪（1535—1598），故而没什么新奇的。但是，王夫之对人心道心之关系的处理，却是非常独特的，故而需要进一步解释。在此之前，先略为介绍一下王船山对人心道心的概念规定。

（二）释人心、道心概念

王船山认为，人心概念是十六字传心诀的第一概念。"且夫人之有人心者，何也？成之者性，成于一动一静者也。一动一静，则必有同、异、攻、取之机。

---

① 向世陵：《王夫之对理学诸命题的总结》，《哲学研究》，2006年第10期；陈明：《王船山〈尚书引义〉中对理学心说之反省及其治心工夫论》，《中国哲学史》，2016年第2期。
② 王夫之著，王孝鱼点校：《尚书引义》，第22页。
③ 曾昭旭在论述人心道心之关系时也明确提出了"道心人心之互藏交发"的命题，具体论述可以参见氏著《王船山哲学》，第429—433页。
④ "人心，七情是也；道心，四端是也。"（李滉：《答李宏仲问目》，《退溪先生文集》卷三十六，《韩国文集丛刊》，第30辑，首尔：民族文化推进会，1989年，第310页）

内容是什么,其面临何种困境,解决困境的出路何在。对这些问题的回答就构成了论文主体的三部分,即论文第一部分考察互藏交发说的基本内容;第二部分分析前说面临的基本困境,即性情不分;第三部分探讨解决困境的出路在于回归人心通孔说。

一 互藏交发说的基本内容

东亚儒学中人心道心问题的文献依据是《古文尚书·大禹谟》里的"人心惟危,道心惟微,惟精惟一,允执厥中"这十六个字。南宋的朱熹以上述文字为基础,对人心道心问题予以了系统的经典性阐释,从而影响了东亚儒学里的相关论述。可以说,朱子是东亚儒学中人心道心问题的范式确立者,其他人则主要通过和朱子对话的形式而提出自己的相关思想。他们可以较为赞成朱熹的观点,比如李栗谷(1536—1584)[1];也可以反对朱熹的观点,比如罗整庵(1465—1547)[2]。但是,他们绝不会忽视朱熹的观点。不过,王船山很大程度上和那些人不同。从形式上看,他在阐发其人心道心思想时和朱熹的对话意识不强。应该说,船山是出于自己的独特问题意识而阐述其人心道心思想的,即确立正统儒家意识、反对儒门内外的异端。在他看来,十六字传心诀是儒家道统所在,故而具有辟异端、阐正学的功能。此前,朱熹和湛若水等人都把十六字看作儒家道统所在并明显区别于异端。不过,他们没有以此为基础对该观点给予具体阐述。而在王夫之看来,释、老、告子以及儒门内的歧出派陆王等所探讨的心其实指的是人心,所谓的"天下之言心者,则人心而已矣"[3]。无独有偶,"天下之言性者,人心而已矣"[4]。换言之,异端所说的心、性其实都只不过是儒门正统所说的人心而已。从道心人心这一对范畴的角度来看,他们都没有达到道心的

---

[1] 具体论述可以参阅谢晓东关于李栗谷人心道心思想研究的三篇论文:《人心道心相为始终说是李栗谷的最终定论吗?》,《中国哲学史》,2015 年第 2 期;《李栗谷对人心、道心的诠释》,《学术月刊》,2015 年第 11 期;《李栗谷〈人心道心图说〉中的"图"纠错》,《中国哲学史》,2017 年第 1 期。

[2] 林月惠:《罗整庵的人心道心说》,《异曲同调:朱子学与朝鲜性理学》第四章,台北:台湾大学出版中心,2010 年,第 193—238 页。

[3] 王夫之著,王孝鱼点校:《尚书引义》,北京:中华书局,1962 年,第 20 页。

[4] 同上,第 20 页。

互藏交发说的困境及出路
——王夫之人心道心思想新探

谢晓东

（厦门大学哲学系）

人心道心问题是王夫之（号船山，1619—1692）哲学中的重要问题，故而引起了一些研究者的注意。① 但是，现有研究存在着一个根本缺陷，即没有对王船山人心道心思想的前后转变予以关注，从而就没能够注意到其人心道心思想事实上存在两种形态。本文认为，以《尚书引义》为文本基础的人心道心互藏交发说构成了船山人心道心思想的前说，而以《读四书大全说》为文本基础的人心通孔说则构成了船山人心道心思想的后说。一般而言，学者对船山的前说比较关注，也进行了较为细致的叙述。② 相对来说，学界对船山后说的探讨非常缺乏。③ 因此，本文试图在东亚学人的研究基础之上分析互藏交发说的基本

---

① 王孝鱼：《人心道心》，《船山学谱》，北京：中华书局，1984年，第317—338页；曾昭旭：《王船山哲学》，台北：远景出版事业有限公司，1983年，第418—433页；郭齐勇：《朱熹与王夫之的性情论比较》，《文史哲》，2001年第3期；张立文：《正学与开新——王船山哲学思想》，北京：人民出版社，2001年；陈来：《诠释与重建：王船山的哲学精神》，北京：北京大学出版社，2013年第二版；松野敏之：《王夫之"人心道心"说》，早稻田大学大学院：《文学研究科纪要》，第50辑，第1分册（哲学、东洋哲学），2005年，第77—90页；张学智：《王夫之心性观新论》，王中江、李存山主编：《中国儒学》，第6辑，北京：中国社会科学出版社，2011年，第47—69页。

② 这些研究者以曾昭旭、张立文和日本学者松野敏之为代表。

③ 陈来对此有过约两页的论述，具体参见氏著《诠释与重建：王船山的哲学精神》，第78—80页。

也正是对自己的锤炼。

　　当写下这些文字之时，方以智正身处刀兵水火杀伐不止的乱世，自己又不得不逃禅避祸。高谈"公因反因"说的意义，虽是表彰父德，但也未尝不可以说是替自己的生死抉择提供一个自我说服的理由。

> 不通天地人之公因,即不知三圣人之因,即不知百家学问异同之因,而各护其门庭者各习其药语,各不知其时变,何尤乎执名字之拘拘也?
>
> 太极也,精一也,时中也,混成也,环中也,真如也,圆相也,皆一心也,皆一宗也,因时设施异耳。各有方言,各记成书,各有称谓。此尊此之称谓,彼尊彼之称谓。各信其所信,不信其所不信。则何不信天地本无此称谓,而可以自我称谓之耶?何不信天地本无法,而可以自我凭空一画画出耶?相推而凿,相推而补,分推之为专门,合推之为大宗,代错不息之道也。①

依此说,三教百家虽然门庭各别,但都不过是因时因地设教方便而已,它们都是对天地人之公因的认识,分别研求则为专门之学,合起来相补相救才能成为大宗。所以,三教百家各有其有,不必互相排斥。

关于给祸患以解释,《东西均·反因》篇则有如下的发挥:

> 吾每绎子思代明、错行二语,而悟相害者乃并育也,相悖者乃并行也。子思知而正告,何何氏痛决其几:彼谓仁义即杀夺,何谓非至理乎?以始乎仁义,后必杀夺也。特圣人不以杀夺而废仁义、不立仁义,而令民忘之。忘仁义不忘嗜欲,嗜欲之杀夺尤速。知其杀夺而救杀夺者,仍是仁义也。假仁义以为杀夺,亦所以为救也。有小人乃以磨砺君子,刀兵祸患为有道之钻锤。故曰:危之乃安,亡之乃存,劳之乃逸,屈之乃伸。怨怒可致中和,奋迅本于伏忍。受天下克,能克天下。欲取姑与,有后而先。②

既然相因者皆极相反,那么造化人事中相害相悖如刀兵水火就必不可免,关键是如何对待这种杀伐祸患。仁义可能造成杀夺,但不能因为有杀夺就放弃仁义。没有小人就没有君子,但不意味着君子可以与小人同流合污,而应该把小人当道看成是对自己的磨砺。对于有道者来讲,刀兵祸患虽然无所逃遁,但

---

① 方以智:《东西均注释》(外一种),第306、54页。
② 同上,第137页。

> 大一分为天地，奇生偶而两中参，盖一不住一而二即一者也。圆∴之上统左右而交轮之，旋四无四，中五无五矣。
>
> 虚实也，动静也，形气也，道器也，昼夜也，幽明也，尽天地古今皆二也。两间无不交，则无不二而一者，相反相因，因二以济，而实无二无一也。①

把这段话与方孔炤下面的文字对照一下，就可以看出两者之间明显的承续关系：

> 潜老夫曰：《礼运》曰："礼本于太一，分而为天地。"与此一语，皆破天荒！邵子曰："一无体也，有无之极也。"《汉志》曰："函三为一。"总以两仪而下，一有俱有。谓之有极，即隐出一画前之无极。双推不落有无，则强名曰太极。其实有极即无极，直下舍开辟之卦爻，岂复有不落有无之太极耶？则谓卦爻为不落有无之卦爻，无不可者。②

方以智所谓"大一""中五"，即方孔炤所谓不落有无的"太极"。大一与天地、太极与两仪都是所谓一而二、二而一的关系。没有奇生偶，就不会有相反相对的二。而奇生偶，奇就在偶中，这叫"一有俱有"。大一、中五、太极即所谓公因，天地、阴阳、两仪、有极无极即所谓反因，太极不外两仪，即所谓公因在反因中。尽管《周易时论合编》中并没有出现很多"公因反因"的字样，但在方以智看来，全书贯穿的精神无疑就是"公因反因"说，否则我们就无法理解他何以处处强调此说的"破天荒"的意义。

对方以智来说，表彰"公因反因"说还有另外两层实际的作用，一是为会通提供根据，二是给祸患以合理的解释。前者相当于"不以反因没公因"，后者相当于"公因在反因中"。这两者都是方以智生活的时代所面临的重大问题。

关于为会通提供根据，可以参看《东西均》下面两段话：

---

① 方以智：《东西均注释》（外一种），第62、67页。
② 《周易时论合编》，《续修四库全书》第十五册，第548页。

《东西均》,有的是晚年作品如《青原志略》《冬灰录》,它们无一例外地强调"公因反因"对于理解天道人事的意义,说明这对术语对于方以智来说确实具有举足轻重的意义。

四

最后一个问题是,方以智为什么称"公因反因"为"发千古所未发""破天荒"?博学如方以智,他岂有不知张横渠"一故神,两故化""两不立,则一不可见。一不可见,则两之用息"①,二程"天地万物之理,无独必有对,皆自然而然,非有安排也。每中夜以思,不知手之舞之,足之蹈之也"②,朱子"《易》言'太极生两仪',一生二也,所以大衍之数虚一。周子言'太极动而生阴,静而生阳',则一在二中"③这类说法的?即便谈序、杂之意,前人也早已说过"《序卦》之意,有以相因为序,如《屯》《蒙》《需》《讼》是也;有以相反为序,如《否》《泰》《同人》是也。天地间不出相反相因而已"④之类的话,方孔炤并非第一个说出"相反相因"这种话的人,方以智何以仍称其父的"公因反因"说是破天荒的创见?

对于这个问题,个人觉得,答案其实就已经包含在方以智那句"公因反因,真发千古所未发,而决宇宙之大疑者也"之中。"公因反因"之所以"发千古所未发",是因为它解决了"宇宙之大疑",也就是说,它揭示了宇宙万物存在、变化的真相。所以,在方以智看来,其父所提出的这对术语决不仅仅是用来说明八卦或六十四卦排列次序的,而是触及了宇宙大化的根源问题。只有这样理解,才能明白前引方孔炤诗"晚径披易图,破镜可以铸。公因藏反因,引触知其故"的意思。

在《东西均·三征》篇中,方以智曾利用"公因反因"解释他所理解的世界本相:

---

① 张载:《张载集》,北京:中华书局,1978年,第10、9页。
② 程颢、程颐:《二程集》,北京:中华书局,1981年,第121页。
③ 朱鉴编:《朱文公易说》卷一,《文渊阁四库全书》本。
④ 丁易东:《周易象义》卷十六引吕大圭语,《文渊阁四库全书》本。

此条见于《冬灰录》卷一《五位纲宗》，是借"公因反因"说发挥曹洞宗正偏五位说的。

（6）有事勿正、勿忘、勿助，正恐其梦无事窟，求休歇也。不得管带，不得忘怀，即是此事。行无事者、必有事，即透彻交际之反因，而受用一贯之公因。①

此条见于《一贯问答》，是用"公因反因"说解释孟子"禹之行水也，行其所无事也"和"必有事焉而勿正心"这两段话的。

（7）尝曰知公因在反因中者，三教百家、造化人事毕矣。然语及相因者相反，相反者相因，何其骇人哉？一分以自偶，偶本同出而还以相交。交则立体，因以象名。象无不对，对无不反，反无不克，克无不生，生无不代，代无不错，错无不综，综无不弥，弥无不纶。有一必有二，二皆本乎一。天下之至相反者，岂非同处于一原乎哉？可以豁然于二即一矣。盖常一常二，而一以二用者也。②

此条见于《易余·反对六象十错综》篇，认为只要明白公因在反因中这一道理，三教百家、造化人事，天地间的一切事物都可因之而通。

（8）吾尝言天地间之至理，凡相因者皆极相反。何其颠倒古今而臆说乎？此非我之臆，天地之臆也。佛言三因，得此反因，横竖八觚皆明矣。③

此条见于《东西均·反因》篇，强调反因对于理解天地万物变化的意义。这些著作中，有的是早期作品如《物理小识》，有的是中年作品如《易余》

---

① 方以智：《东西均注释》(外一种)，北京：中华书局，2016年，第436页。
② 方以智：《易余》(外一种)，第76页。
③ 方以智：《东西均注释》(外一种)，第133页。

此条见于《物理小识》卷三"水火反因,人身尤切"条,主要说明水火之相反相因。

(2)药知其故,乃能用之。反因约类,尽变不难。(中通曰:公因,一也。反因,二也。此方氏之《易》学真破天荒,一切皆然,即医可以取证。)[1]

此条亦见于《物理小识》卷五"何往非药"条,下附方中通的一则小注。

(3)夫为物不二、至诚无息者,公因也。宇宙、上下、动静、内外、昼夜、生死、顿渐、有无,凡两端无不代明错行,相反而相因者也。公因在反因中,无我备物,孰能逃此范围哉?[2]

此条见于《青原志略》卷三之《仁树楼别录》,"至诚无息""代明错行"皆出自《中庸》,可以说是借《中庸》来说明公因反因说的。

(4)《易》妙公因贯反对之因,所谓待中绝待、代错之帏本如是也。世出世法夅驰,惟此妙叶乃可合统,乃可知合而分任之。[3]

此条亦见于《青原志略》卷八《致青原笑和尚》,乃是主张用"公因反因"说处理世间和出世间的关系。

(5)愚者尝言万法皆两端交纲,两端皆相反、皆相因,而公因贯乎其中。人尚不信两间万古之皆两端,又况扫两见一,又况一二俱泯,不二不一之故,又况二不是一,二即是一之故,又况一二之泯于千万动赜中,随举皆具者乎?[4]

---

[1] 方以智:《物理小识》卷五,《文渊阁四库全书》本。
[2] 方以智:《青原志略》,第77页。
[3] 同上,第188页。
[4] 方以智:《冬灰录》,第140页。

壁纳光者曰牖，此辨名之别也，辨象也。门牖，宅之门牖也；堂室，宅之堂室也，同象也。堂自堂，室自室，门自门，牖自牖，异象也。堂兼室，室兼堂，门兼牖，牖兼门，此宅之成象也。栋梁不可为阶壁，阶壁不可为栋梁，此宅之毁象也。毁宅之中，具有成象。成象之中，具有毁象。同不毁异，异不毁同。统不废辨，辨不废统。即一宅而六者同时森然、同时穆然也。"①"太极者，统也。六十四、七十二者，辨也。统辨中之同异成毁，同时不相废也。六子皆二老也，八八皆太极也，同也。二老自生六子，而八卦自相因重也，异也。毁坎成离，而坎未尝毁。毁离成坎，而离未尝毁。毁后天成先天，而后天未尝毁也。毁先天成后天，而先天未尝毁也。统者，公因也。辨者，反因也。有统与辨，反因也。无统与辨，公因也。公因之在反因中，更何疑乎？"②

后面"火""金""水"三喻也都是方以智经常喜欢使用的譬喻，但它们和"公因反因"说的关系并非十分清楚。从字面来看，三者表达的大概都是一在二中、寂历同时的意思，火无体而因物为体，金在矿中但不等于矿即金，水与甘味交融无间，它们都属于相互对待又相互依存、相互成就的关系。火需要钻和养才能不灭，方以智联想到的是致知与存养、博文与约礼皆不可偏废。金需要冶炼才能成器，方以智则把它引申到赤子虽有良知良能，但也需要节养方可成为大人。水本身是无味的，但人们却乐意称水为甘而不是苦，同样，理气本不可分，掌管教化的人则宁愿用理而不是气来统摄理气。③虽然我们对这些譬喻的准确意思还有不明白的地方，但有一点是清楚的，那就是方以智在使用"公因反因"这对术语时，考虑的范围已经远远超出了象数"易"学的范围。

下面我们从方以智不同时期的作品中举几个例子来说明这一点：

（1）或问："水火反因，可得详乎？"岕山愚者曰："冷热，其本情也。干湿，其所就也。水内景，火外景。水有体，火无体。火用之而多，水用之而少。皆相反也，实相因也。"④

---

① 方以智：《易余》（外一种），上海：上海古籍出版社，2018年，第78页。
② 同上，第80页。
③ 水甘、理气之喻参见《周易时论合编图象几表》卷一"冒示"，《续修四库全书》第十五册，第19页。
④ 方以智：《物理小识》卷三，《文渊阁四库全书》本。

同时。象固历然，而寂然者寓其中，即为寂历同时。各不相知，各互为用，各尽其分，各中其节，此同时适宜之故也。

请以火喻。曰火无体而满空皆火，钻燧击石则见，灰斗承之。用光在乎得薪，用薪在乎釜灶。致知犹钻也，扩充存养犹灰斗也。博约艺事皆薪也，情田学耕是各安之釜灶也，薪尽火传可以悟矣。

请以金喻。曰执矿为体者，误矣。金之本体，乃坚气也。冶之乃精，成器乃适用也。冶理、器理、用理，皆在坚气中。赤子可以为大人，大其赤子，良乃不失。

请以水喻。曰甘在水中，一盂皆水，一盂皆甘。而水之味则甘苦不及，不得谓之苦，正名为甘也。理在气中，教者正名为理，犹辨水之称其甘也。①

这五段话中，第一段是对方孔炤"公因藏反因"或"公因贯反因"说的展开，后四段则是四种譬喻。这种编排方式提醒我们，方中通的意思很可能是说，"公因反因"虽由其祖父首倡，但把此说发挥、推广，乃至于统摄一切学问，成为方氏《易》学标志的，则是由其父亲完成的。

对于第一段中的"公因反因"，方中通有一个附注可以帮助我们理解："阴阳、刚柔、昼夜、水火、内外、分合、一多之类，凡有两端交几，皆相反，曰反因。两端皆互成，皆互用，曰公因。所以互成互用，仍在相反中，曰公因贯反因。"② 意思是说，凡是对待的两端，就其相反而言叫反因，就其相成而言叫公因。相成就建立在相反之上，所以称之为"公因贯反因"。

四种譬喻，第一种"屋"喻在《易余·反对六象十错综》篇有更详细的说明。这一篇的开头部分首先解释了六象同时之义，然后在文末用太极八卦的关系为例，说明"统""辨"即属于"公因反因"的关系："何谓六象？曰统、曰辨、曰同、曰异、曰成、曰毁是也。辟之宅然，合门牖堂室而号之曰宅，此统天之总也，统象也。分宅之中所曰堂，堂之内可入者曰室，堂室之帘可出入者曰门，开

---

① 方中通：《心学宗续编》卷四，《四库全书存目丛书》子部第十二册，济南：齐鲁书社，1995年，第228—229页。

② 同上。

程子悟反对而舞蹈不已，环中堂表公因贯反因，而至诚无息于代错矣，人犹不感鹿湖小衍之恩乎？

藏一曰："环中堂公因反因，诚破天荒、应午会矣。愿请从《中庸》指之，以引诸士信证可乎？敢问如何是公因？"老人曰："不二无息。"问："如何是反因？"曰："代明错行。"①

这两条都出自左锐（号藏一）的文字，第一条摘自《中五说》，第二条摘自《公因反因话》。左锐是方以智的好友，曾经帮助过方孔炤编著《周易时论》。文中提到的"环中堂"是方孔炤的别号，鹿湖是方孔炤隐居处，小衍与大衍之数（五十）相对，指的正是题目中的中五。两条材料都明确指出"公因反因"说属于方孔炤的创见。

由上面这些文献，我们基本可以确定，"公因反因"说的发明权理当属于方孔炤。

三

当我们说"公因反因"首先由方孔炤从《易》图中悟出时，还有一个情况需要特别指出，那就是方中通在《心学宗续编》中并未把此说归到方孔炤名下，而是把它放到了方以智的一卷中，这又该如何解释呢？

《心学宗续编》是对方学渐《心学宗》的续补。两书都分四卷，不同的是，《心学宗》摘录的材料从上古一直延续到泰州学派的王艮，《心学宗续编》则只收方家四代的文献，第一卷方学渐，第二卷方大镇，第三卷方孔炤，第四卷方以智。有关"公因反因"的文字，就收在第四卷中：

有公因，有反因。公因在反因中，不以反因没公因。

请以屋喻。曰屋，总也。门牖梁柱，别也。门牖梁柱，无非屋也，同也。门非牖，柱非梁，异也。折之各一坏也，合之共一成也。是之谓六象

---

① 方以智：《青原志略》，第126、363页。

从1641年出狱直到1655年去世，方孔炤在家乡过着隐居的生活，他的一项主要工作就是编订《周易时论》这本书。而"公因反因"也是在这个时期提出来的。《青原志略》卷十收有方孔炤《寄怀笑峰大师西江》诗，其中这样写道：

潜夫十五年，白鹿老庐墓。晚径披易图，破镜可以铸。公因藏反因，引触知其故。①

笑峰倪嘉庆是方孔炤的同年，曾一起被关在刑部大牢，明亡后披缁，皈依于觉浪道盛门下。潜夫是方孔炤的字，白鹿山庄是其晚年归隐处。诗中说，自己归隐十五年，从《易》图中悟出的主要道理就是公因藏于反因之中，以此"公因反因"之说引而伸之，触类而长之，可以推求天下万物之故。

方以智对"公因反因"说显然印象深刻，《药地炮庄》卷一称："老父在鹿湖环中堂十年，《周易时论》凡三成矣。甲午之冬，寄示竹关。穷子展而读之，公因反因，真发千古所未发。万物各不相知，各互为用。大人成位乎中，而时出之。统天乘御，从类各正，而物论本齐矣。"②展读父书，首先注意到的就是其"公因反因"说。《浮山此藏轩别集》卷一《书方虚谷序牧潜集后》称："环中老父，托孤杖门，公因反因，发挥午会，亹亹如此，竟无感者乎哉？可惜许！"③这是感叹公因反因说不为人周知的。《冬灰录》卷二"二月二十三设潜夫府君位上供"条称："我父晚径十五霜，公因反因开天荒。中五旋四悬天纲，准不乱享神无方。昼夜生死归大常，层楼奥室阳为堂，井瓢灶火传灯光。生生本无生，代明而错行。今日青原烧此香，时乘午会当阐扬。别峰酌水朝故乡，供养万世恩无疆。"④此条作于1665年，方孔炤已经辞世十年之久，方以智仍然没有忘记其父"公因反因开天荒"的贡献。

支持方以智说法的还有下面这两条材料：

---

① 方以智编：《青原志略》，北京：华夏出版社，2012年，第247页。
② 方以智：《药地炮庄》（修订版），北京：华夏出版社，2016年，第147页。
③ 方以智：《浮山文集》，北京：华夏出版社，2017年，第445页。
④ 方以智：《冬灰录》，北京：华夏出版社，2014年，第154页。

绎》，该书的核心内容是捍卫性善论，反驳王龙溪的"无善无恶"说。方大镇的立场与其父非常接近，他给自己立下的一个任务就是弘扬家学，这从他的私谥"文孝"即可看出。方大镇曾经参与过首善书院的讲学，与东林高顾也有私交，他们都属于晚明盛行的"现成良知"说的批判者。

方孔炤治《易》最初走的也是父祖之路，只是后来邂逅黄道周，才改学象数学。方以智《周易时论》跋这样记载：

> 家君子自辛未庐墓白鹿三年，广先曾王父《易蠡》、先王父《易意》而阐之，名曰《时论》，以六虚之归环中者时也。又八年抚楚，以议剿谷城，忤楚相被逮。时石斋先生亦拜杖下理，同处白云库中，阅岁有八月，两先生俨然相得，盖无不讲《易》朝夕也。肆赦之后，家君子特蒙召对，此两年中，又会扬、京、关、邵，以推见四圣，发挥旁通，论诸图说。①

据此文，方孔炤著《时论》始于1631年，基本上是推广父祖之意。到了1639年担任湖广巡抚时，因失机被逮，刚好和黄道周共处刑部监牢，受黄道周的影响才开始重视扬雄、京房、关朗、邵雍等人的象数之学。

方孔炤本人的话也可以证实这一点：

> 黄石斋曰："学者动卑象数，故天道不著。圣人示人条派，如司徒搜狩，致众旝下，昼知其物色，夜呼之，名号不失。历律象数，圣人所以刚柔损益之具也。"余同西库而信之，归学邵学。殚力不及，以命子孙。②

末句提到的"西库"即上文的"白云库"，"归学邵学"显然是接受黄道周观点的结果。"殚力不及，以命子孙"虽是谦称，可能也属实情，毕竟象数历律属于专门之学，非朝夕之功所可奏效。这可以部分解释《时论》曾经三易其稿，直到方孔炤去世时仍未完成的原因。

---

① 《周易时论合编》，《续修四库全书》第十五册，第10页。
② 同上，第162页。

"公因反因"主要是用来解释卦序的，包括八卦和六十四卦的次序和方位；三是方中通"发千古所未发，决宇宙之大疑"的说法包含着过度溢美的成分。

这几点对于我们理解方以智的"公因反因"说帮助很大，但也存在着一些问题：一是方氏《易》学从方孔炤开始才转向象数之学，如果说"公因反因"主要是讲方圆图、六十四卦卦序的，那么它就不一定和方学渐、方大镇两人相关。二是方以智的学问涉及领域极广，他不同时期的著作都反复提到"公因反因"问题，用"解说八卦和六十四卦的秩序"来限定它是否合适？三是"发千古所未发，决宇宙之大疑"并非方中通的话，而是中通引述的方以智称赞方孔炤的话。[1]姑毋论这是否属于溢美，我们想知道的是，方以智为什么会给"公因反因"说如此高的评价。仅仅是出自对父亲的尊重吗？他究竟是在什么意义上说"公因反因"是一件破天荒的创见？

下面我们就结合相关文献，对上面几个问题尝试给以回答。

二

方氏家学开端于方学渐，到方以智这一代，已经是四世治《易》了。方学渐有《易蠡》一书，方大镇著有《易意》，可惜的是，这两本书都已失传，仅有少量的文字收录在方孔炤的《周易时论》中。

这些文字有个别条目涉及象数之学，如朱先生引用过的方学渐的这段话："艮坤贵体，而乾则大用藏体者也。用坤成物，而始终以艮。此四时周天，所以用三统乎！"[2]背后的依据就是邵雍所谓"天无体而以地为体""四分用三"说。但这种情况很少，大部分内容都接近于义理派的说法。方学渐是一名桐城诸生，曾从学于耿定向，《明儒学案》归入《泰州学案》。他最主要的作品是《性善

---

[1] 方中通《周易时论》跋应如下断句："《易》本以象数为端几而神明其中，道器费隐不相离也。宋儒惟邵、蔡因数言理，而后亦无传。故胶腐者肤泥，掠虚者袭冒，谁信此秩序变化之符耶？胡康侯曰：'象数者天理也，非人力思量之所能为也。'我祖中丞公与石斋先生同西库，衍此盈虚而研极焉。晚径通黄公之窦，约几备矣。老父会通之曰：'虚空皆象数，象数即虚空。神无方，准不乱，一多相贯，随处天然。公因反因，真发千古所未发，而决宇宙之大疑者也。'"（《周易时论合编》卷十五，《续修四库全书》第十五册，第9页）

[2] 同上，第180页。

朱先生认为,"合二而一"只讲了对立面的相因相合,而没有涉及方以智经常强调的对立面的相反相克。所以,准确地说,方以智的辩证思想应当归结为"相反相因",而"相反相因"最主要的表达形式就是"公因反因"。他说:

"公因",指一切事物所遵循的秩序或法则,此法则永恒不变,故称其为"贞一",此是取方大镇义。此处指序杂之纯。"反因",谓既相反,又相成,称其为"因二",此是取方学渐义。此处指各种对立的卦象。方氏认为,六十四卦是杂中有纯,纯即在杂中,所以说"反因之有公因","公因即在反因中"。此乃《序卦》和《杂卦》中卦序共同遵循的秩序和法则,故称其为"因二贞一之纲宗"……关于"公因"和"反因",方孔炤说:"象山句句翻之,举反因耳。新建谓是良知,指公因也。"(《时论合编系辞下》)此是以反因和公因解释陆王心学的特点。"反因"谓提出相反的意见,所谓"句句翻之";"公因",谓基本的观点,贯通于其全部学说中,指王守仁的良知说。方以智说的"因二贞一"和公因反因说,就其术语和思维内容说,都本于其家学,其任务是用来解说八卦和六十四卦的秩序。其子方中通于《周易时论》后记中说:"一多相贯,随处天然。公因反因,真发千古所未发,即决宇宙之大疑者也。然此方圆图为统类万物之纲宗,则焉敢不以告同志也乎!"所谓方圆图,指邵雍的先后图式所说的八卦和六十四卦的次序和方位,即卦象分布的逻辑结构。此论未免过溢,但却道出了方以智相反相因说的宗旨及其来源。①

这段话是解释方以智在《周易时论·杂卦传》中一段文字的,所以读起来比较拗口。大致来说,朱先生主要讲了三层意思:一是方以智的"公因反因"说源于家传《易》学,包括他的曾祖父方学渐、祖父方大镇和父亲方孔炤;二是

---

① 朱伯崑:《易学哲学史》第三册,第460页。这段话是对方以智如下说法的阐释:"帝网之珠,光光相摄,然不序之杂之,岂知反因之有公因,又岂知公因即在反因中,而决于善用乎?序杂皆纯者,大受也。序之使知适当时位之正受也。杂之使知变中之正,犹适当也。夫圣人之反复因衡人,以使寡过也,即天地自然之消息也。惟其不得自然,乃所以善享其自然。故先为决其因二贞一之纲宗,然后使之研极以自决焉。"(《周易时论合编》卷十五,《续修四库全书》第十五册,第603页)

"公因反因"说在方以智思想中的地位

张永义

（中山大学哲学系）

一

"公因""反因"是方以智经常使用的一对术语。二十世纪后半叶，这对术语因为和"一分为二"与"合二而一"之争有关，曾经引起过一些讨论。不过，由于当时关注的主要是一些外在的问题（如属于辩证法还是形而上学），这对术语的内容、起源以及在方以智思想中的地位等，并没有受到足够的重视。

朱伯崑先生是较早从《易》学的角度解释这对术语的学者。在《易学哲学史》中，他说："'合二而一'这一命题，不足以代表方以智哲学的基本倾向或其特征。方以智关于辩证法的命题是相反相因，而不是合二而一。《三征》中说的'合二而一'，乃相反相因中的一种形式，即对立面的交合。将这种合二而一，视为方氏矛盾观的代表，甚至说成是其学说的精髓，是有损于方氏哲学的本来面貌的。就《三征》中的合二而一说，此说只讲对立面的渗透或合为一体，不包括对立面的相互排斥，即相克或相制，属于轮转的内容。因此，将合二而一解释为现代哲学中的对立统一，则是一种误解。这种误解是由于脱离或不理解其《易》学的内容而造成的。"[①]

[①] 朱伯崑：《易学哲学史》第三册，北京：华夏出版社，1995年，第484页。

存在与自在大化的相同点,都在于"流行不已",但人之心体流行不已,是自为自主的自觉行动,其自为肯定的流行即是性之所以为善;而自在自然的大化流行,只是如其大化流行而逸出了人之自觉自为之域。如此自在的大化流行,是人和万物(包括一切动物)获得自然生命的共同根源;但人和万物的现实差异,除了最为简单的肯定有一大化流行作为共同根源之外,不能再说出更多的东西,只能让其回到其自身的自在自然状态。在伦理之境,人现实地成就出自身之异于万物之性而为善,或者说人经由自觉自为地展开自身之生命流行的善之存在,而成就自身之性。从此伦理之境以观自在自然,自在自然具有不能被伦理之善所赅括的无边幽深与广袤,但此无边幽深与广袤,在伦理之境保持自身开放性之际,恰好开通并担保了人能自我创造而成就自身之性的可能性。由此而言,人生而上的那个流入人之中并流出人之外的大化流行,就具有至善的意味;如此至善,恰好就是自为自觉之性善的界限所在,彰示出一个自在之域以作为性善得以展开的可能通道。

相应于如上所述,工夫即在于"让生命自化"而生机流行,善即是此自为流行本身之不绝如缕地自觉展开,性则是在此过程不断凝成的精神性内容,而此内容又反过来促进了生机流行之不息。生命不息且不断磅礴与深邃自身,就是生命存在之善;而人之不以自身伦理存在之善而遏阻自在大化之自然流行,并让自身向自在自然敞开,无边广袤与无底幽深之自在大化如其自身而出入"自我"而流行,即为至善。保持自身之自为,与任物之自在的统一,这就是一个无以为恶的世界。

总而言之,黄宗羲承继宋明理学而展开对于孟子道德哲学的诠释,从自在与自为、自觉与自然的统一出发,在自为的伦理之域与自在的自然之境之间做出了划界,拒斥了先天本体或超越实体对于人之现实生命的束缚;强调工夫既是持守存在之自为,也是面向自在之开放;善不但是伦理存在之域生命之自为肯定的展开,也是让自在自然之大化流行不被遏阻。由此,黄宗羲将人从先天实体或超越本体的束缚中解救出来,将自在自然从伦理的囚禁中解放出来,而开启了儒家道德哲学向前展开的可能。①

---

① 由此而言,刘述先及其皈依的牟宗三式对"超越之体"的追求,对黄宗羲的否定和"悲剧式"理解,便体现为是一种理论与生命的倒退。参见刘述先:《黄宗羲在思想史上的贡献与地位》,《黄宗羲心学的定位》,第六章,第106—132页。

的现实生命存在活动之不绝展开,或心体之流行不已,人由之不断地自生自取,自我造就本质,就是以善成性或善以成性。不能把性视为脱离善的某种东西,以为善只是性的不完全体现:"宋沈作喆曰:'圆觉自性也,而性非圆觉也,圆觉性所有也,谓圆觉为性则可,谓性为圆觉则执一而废百矣。性无所不在也。孟子道性善,善自性也,而性非善也,善性所有也。圆觉与善,岂足以尽性哉?'此说似是而非,毕竟到无善无恶而止,吾人日用常行,何处非善之充满,即何时非性之流行,舍善之外,更何言哉?"①如果以觉和善为某种性质,那么,觉和善自然不能穷尽生命的全部内容;但是,如果以为现实生命本身尚不足以言觉和善,而虚构一个本性来做觉和善的根基,则此脱离现实生命的性,就不是真的善。在黄宗羲看来,如沈作喆这样的话头,听起来好听,但根本上是错误的。因为,在道德生存论上,性并非先天本来凝然定在之物,而是有待于生成与造就的;而所谓善,就是生命气机之流行不已之实,就是在活泼泼的生命流行之中,有主宰而自为展开自身之存在。生命除却觉而行、行而觉之不断行事以造就自我之外,别无一物。

善即生命力动之实,也就是诚。《孟子·离娄上》讨论诚身与明善,就与生命本然之力动融合而论:"居下位而不获于上,民不可得而治也;获于上有道,不信于友,弗获于上矣;信于友有道,事亲弗悦,弗信于友矣;悦亲有道,反身不诚,不悦于亲矣;诚身有道,不明乎善,不诚其身矣。是故,诚者,天之道也;思诚者,人之道也。至诚而不动者,未之有也。不诚,未有能动者也。"黄宗羲点题说:"善即是诚,明善所以明其诚者耳……孟子性善之说,终是稳当。"②生命原初即处于力动展开之中,也就是心体自始便流行不息——生命鲜活而在,这是一个命定而无可致诘的道德生存论起点。如此原初既已鲜活跃然之在的生命,处于自身觉悟之中。跃然绽放而在,觉然自持而行,觉悟与行动的浑然一体,就是生命展开之善,也就是生命流行不已之至诚而实。

《易传》所谓"继之者善",是至善,是宇宙论上的气机流行"於穆不已"的实然而定然之自在,与伦理存在之域的自为自觉之相续相通的一体而在。伦理

---

① 黄宗羲:《孟子师说》,《黄宗羲全集》第一册,第79页。
② 同上,第94页。

伦理之域与自在之域两个不同的方面。因此，性善的问题，也就相应地关联着如何看待二者的关系问题："朱子云：'《易》言继善，是指未生以前；孟子言性善，是指已生之后。'此语极说得分明。盖一阴一阳之流行往来，必有过有不及，宁有可齐之理？然全是一团生气，其生气所聚，自然福善祸淫，一息如是，终古如是，不然，则生灭息矣。此万有不齐之中，一点真主宰，谓之'至善'，故曰'继之者善也'。'继'是继续，所谓'於穆不已'。及到成之而为性，则万有不齐，人有人之性，物有物之性，草木有草木之性，金石有金石之性，一本而万殊，如野葛鸩鸟之毒恶，亦不可不谓之性。孟子'性善'，单就人分上说。生而禀于清，生而禀于浊，不可言清者是性，浊者非性。然虽至浊之中，一点真心埋没不得，故人为万物之灵也。孟子破口道出善字，告子只知性原于天，合人物而言之，所以更推不去。"[①] 黄宗羲明确说，性善只是就人的存在而言。以朱熹为典型表现的本体-宇宙论，悬设一个先天超越的善本体，以伦理存在之域湮没自在自然，在解释人的现实存在之善上，左支右绌，乃至于无法恰切地区分人和动物的存在。黄宗羲对此进行了自觉的划分，即性善只是在伦理存在之域而言，只是就人自身心体流行之自为成就而言善，"成之者性"才称为性善。

黄宗羲批评朱熹说："孟子之言性善，亦是据人性言之，不以此通之于物也。若谓人物皆禀天地之理以为性，人得其全，物得其偏，便不是。夫所谓理者，仁义礼智是也。禽兽何尝有是？如虎狼之残忍，牛犬之顽钝，皆不可不谓之性，具此知觉，即具此性。晦翁言'人物气犹相近，而理绝不同'，不知物之知觉，绝非人之知觉，其不同先在乎气也。"[②] 在伦理存在之域，在心即气基础上，黄宗羲这段解释所具有的意义，是顺理成章的。善和伦理之理，只有在伦理存在之域，对于人的存在而言，才有意义。人与动物的区别，是现实生存活动，是气机流行之别。人是自觉自为之气机流行，所以善；物是盲目本能之气机流行，所以无所谓善。

人之自觉自为的气机流行，尽管有着自然自在的一面，但总体上显现出"能动性的自我成就"。如此，能成即是善，所成就是性。在此意义上，人自身

---

① 黄宗羲：《孟子师说》，《黄宗羲全集》第一册，第77页。
② 同上，第135页。

显易,因恻隐、羞恶、恭敬、是非之发,而名之为仁义礼智,离情无以见性,仁义礼智是后起之名,故曰仁义礼智根于心。若恻隐、羞恶、恭敬、是非之先,另有源头为仁义礼智,则当云心根于仁义礼智矣。是故'性情'二字,分析不得,此理气合一之说也。体则情性皆体,用则情性皆用,以至动静已未发皆然……恻隐、羞恶、恭敬、是非之心,不待发而始有也。"① 不能在"不容说"以上去为人生找个头脑。人生之"始有"即是"已有所有",而非"一无所有",真实的原初的生命存在之实,即是"活泼泼的生命已然有所绽放",这就是活生生的恻隐、羞恶、恭敬、是非之具体而实有,由此具体实有才在伦理存在之域衍生了仁义礼智之名(不能反过来以仁义礼智之名为实有而推衍现实人生)。

生命之既有与展开的统一,就是生命气机之流行不已。立足于生命气机流行不息,黄宗羲引周敦颐而言性善,说:"《通书》云性者,刚柔善恶中而已矣。刚柔皆善,有过不及,则流而为恶,是则人心无所为恶,止有过不及而已。此过不及亦从性来。故程子言恶亦不可不谓之性也,仍不碍性之为善。"② 生命只要存在并不断存在而展开,就是必然为善。这是生命的本然之实,亦即本然之性。所谓恶,只有回置于活泼泼的生命流行之整体过程,才能得以显露。生命之恶,并不能自行显露,只有生命自身在自为肯定的善之展开中,作为虚构造作生命之外的先天本体与超越实体之过而恶,及作为无所觉悟的冥行妄作之不及而恶,才能得以被显现为恶。因此,善恶皆在人的现实生存上说,所谓的先天善恶,都是不知所云的东西。黄宗羲坚持刘蕺山以为后天现实之物的观点:"先师蕺山曰:'古人言性,皆主后天,毕竟离气质无所谓性者。'"③ 宋明儒论性,都引《礼记》"人生而静以上不容说",但实际上,大多论性倾向依然是在"人生而静以上"立论,虚构出一个无人无物、无天无地的"人之本质"来范围无数生动而差异的活泼泼之生命。黄宗羲在此立场鲜明:论人之性,只能就具体现实的活泼泼人生而言。如此活泼泼的人生,其性也就是形体之具体而现实的活动,亦即即事即义之活动。

在黄宗羲看来,心体流行或生命气机流行,涵着自在与自为或自然与自觉、

---

① 黄宗羲:《孟子师说》,《黄宗羲全集》第一册,第136—137页。
② 同上,第68页。
③ 同上,第77页。

理之域对于自然世界的囚禁，让自然世界回到自身的自在性之中。如此路向，与现代新儒家批评黄宗羲丢掉了超越实体而丧失超越进路具有完全不同的意蕴。[1]

三 人心无所为恶

从黄宗羲阐释孟子道德哲学的主旨倾向而言，他认为生命就是气机之流行不已，就是心体流行不已。在此基础上，性之所以为性，善之所以善，可以得到一个更为恰适的理解，即生命气机流行不已之过程本身，其不断流行指向对于自身的深邃化与广袤化，就是生命存在之善。简言之，心体流行作为生命气机流行不息的自我肯定，就是善的最为基本的意涵。脱离活泼泼的生命存在之实，而以先天本体或超验实体为心为性，以之为善，这无与于生命存在之实的性与善，实质上根本就不是性或善。

要明性为何物，看起来很容易，但历史与现实总是昧于性之为物。黄宗羲注《孟子》"天下之言性也"章说："凡人之心，当恻隐自能恻隐，当羞恶自能羞恶，不待勉强，自然流行，此所谓'故'也。然石光电火，涓流易灭，必能体之，若火之始燃，泉之始达，而后谓之利。其所以不利者，只为起炉作灶，无事生事。常人有常人之起作，学人有学人之起作。一动于纳交要誉，便是常人之起作；舍却当下，浅者求之事功，深者求之玄虚，便是学人之起作，所谓'凿'也。只为此小智作，崇凿以求通，天下所以啧啧多事，皆因性之不明也。"[2] "故"是生命存在之既存，利是顺既存而肯定性地展开。论性，就奠基于此"生命既有"及其"不断展开"。但常人与学人，都在此"既有与展开"之统一的现实人生之外，任由理智去造作、虚构、杜撰一个什么东西来作为"人之本性"，如此就完全将性之所以为性，引向歧途而晦暗不明了。

从何处开始说性，黄宗羲认为先儒都错失了："先儒之言性情者，大略性是体，情是用；性是静，情是动；性是未发，情是已发。程子曰'人生而静以上不容说，才说性时，他已不是性也'，则性是一件悬空之物。其实孟子之言，明白

---

[1] 参见刘述先《黄宗羲心学的定位》附录，《论黄宗羲对孟子的理解》，杭州：浙江古籍出版社，2006年，第133—147页。

[2] 黄宗羲：《孟子师说》，《黄宗羲全集》第一册，第117页。

而在自为的伦理存在之域，工夫切忌引向无形无影的悬空之地，而要任人生之自化："道无形体。精义入神，即在洒扫应对之内，巧即在规矩之中，上达即在下学，不容言说，一经道破，便作光景玩弄，根本便不帖帖地。庄子曰：'北溟有鱼曰鲲，化而为鹏，九万里风斯在下。'然听其自化也，使之化，则非能鹏也。"① 工夫在"让"人生自化，就是任其生机流行不息。让人生自化的工夫，便是在自为之中让与自在，在自觉之中让渡出自然。概念或名词的世界，似乎是自觉自为的极致，但却也使人生陷入逼仄的极致。

依此而论工夫与本体之关系，则没有生机流行之实实在在的展开之功，便无所谓生命之本体："必须工夫，才还本体"②；"夫求识本体，即是工夫，无工夫而言本体，只是想象卜度而以，非真本体也"③；"本体工夫分不开的，有本体自有工夫，无工夫即无本体"④；"不使真工夫，却没有真本体"⑤。由此而进一步，黄宗羲在心气一体、理气合一的立场上，突出生命本身的生机流行，便走向了对于心学本体之先验性的消解："心无本体，工夫所至，即其本体。"⑥生命存在展开为过程，作为生命存在之真理的本体，只能在生命的展开过程之中逐渐生成，而不能先于生命存在过程。⑦而在生命存在的展开过程中，"心本来是用而不是体，但是精神随着工夫而展开，在性和天道的交互作用中成为德性的主体，成为性情所依持者，那么它在千变万化中间有一个独特的坚定性、一惯性，这种个性化的自由的精神就具有了本体论的意义"⑧。如此本体论意义的自由个性，就是自为与自在、自觉与自然统一的人格。

黄宗羲对于本体先验性或超越实体的消解，不但是对于伦理存在之域中人自身生命的解放——每一生命都经由自由而自在的生命绽放过程而生成自身，而且也是对自在自然的解放——通过在伦理存在之域对本体的消解，也就解开了伦

---

① 黄宗羲：《孟子师说》，《黄宗羲全集》第一册，第 158 页。
② 同上，第 139 页。
③ 黄宗羲：《明儒学案》卷六十，《黄宗羲全集》第八册，第 843 页。
④ 同上，第 844 页。
⑤ 同上，第 845 页。
⑥ 黄宗羲：《明儒学案》自序，《黄宗羲全集》第七册，第 3 页。
⑦ 参见冯契：《中国古代哲学的逻辑发展》下册，上海：上海人民出版社，1993 年，第 1030—1034 页。
⑧ 冯契：《人的自由与真善美》，上海：华东师范大学出版社，1996 年，第 325 页。

上》说:"仁之实,事亲是也;义之实,从兄是也;智之实,知斯二者,弗去是也;礼之实,节文斯二者是也;乐之实,乐斯二者。"黄宗羲批评朱熹以花实之实解释这个"实",他说:"此实字乃是虚实之实,非花实也。盖仁义是虚,事亲从兄是实。仁不可见,事亲从兄始可见。孟子言此,则仁义始有著落,不堕于恍惚想像耳。正恐求仁义者,无从下手,验之当下即是,未有明切于此也。"①事亲从兄作为生命存在之实,是生命具有本质性的方面,尽管并非其全体与所有方面。但从强调"事从"之活动为实、拒斥仁义礼智之虚名而言,黄宗羲无疑将工夫还原为了生命活动的切实展开,而非缥缈心体或性体之类的静修敬持,即便是先立一个心体的阳明,在此也受到黄宗羲的批评:"先儒多以性中曷尝有孝弟来,于是先有仁义而后有孝弟,故孝弟为为仁之本,无乃先名而后实与?即如阳明言'以此纯乎天理之心,发之于事父便是孝,发之于事君便是忠','只在此心去人欲、存天理上用功便是',亦与孟子之言不相似。"②工夫只是事亲从兄之实行,然后才有实行基础上的反思以及定名,而不是相反。究实而言,所谓超越实体或先天本体,就是以虚名或空概念来囚禁了活生生的生命流行。

工夫的意义即在于此:实事实工而生机流行不已。但学人与常人各有造作,脱离实事实工之生机流行而放心,于是有所谓求放心。即此"求放心",其实并非捐弃耳目别求本体,恰好就是悬置理智造作虚构而返回于耳目之生机流行:"先儒之求放心,大概捐耳目,去心智,反观此澄湛之本体。澄湛之本体,堕于空寂,其应事接物,乃俟念头起处,辨其善恶而出之,则是求放心大段无益也。且守此空寂,商贾不行,后不省方,孟子又何必言'义,人路'乎!盖此心当恻隐时自能恻隐,当羞恶时自能羞恶,浑然不著,于人为惺惺独知,旋转乾坤,俱不出此自然之流动,才是心存而不放,稍有起炉作灶,便是放心。"③表面上,求放心的意思,就是防止放心即可。但其中值得注意的是"不出此自然之流动",放心的原因就在于"出此自然之流动",即是常人殉耳目,学人求事功或理念而断了此流行。求放心工夫的实工,就是让此生机如其自身的"自然流动",或返回到生命之生机的自然流动。

---

① 黄宗羲:《孟子师说》,《黄宗羲全集》第一册,第 102 页。
② 同上。
③ 同上,第 141 页。

见"为心动初念之真几，而拒斥"转念"虚构，并把仁作为发端，义礼智则与仁为一体而四者相生相克以成就为"动—秩—克—湛"的生机流行。动是源初处，动而展开必有其序，循序而自为检束克制，有所取有所舍，所取为是，所舍为非，这都是清明在躬而昭明不昧的湛然之在，而没有虚悬的超越本体遮蔽、掩匿。

如此"动—秩—克—湛"一体流行的源动生命，工夫就是扩充而不遏生命之流行："满腔子是恻隐之心，此意周流而无间断……扩充之道，存养此心，使之周流不息。"①扩充存养此心使之周流不息，即是让心处于流行不息之中。人生就是如此气机之流行不息，工夫之实，就在保持、扩充此生命之流行不已。如果在气机流行不已的人生之外或之上去寻求人性，那就是错谬的工夫，是求死的工夫，而非求生的工夫。黄宗羲批评生机流行之外觅体之论，说："李见罗著《道性善编》：'单言恻隐之心四者，不可谓之性，性是藏于中者。'先儒之旧说如此。故求性者，比求之人生以上，至于'心行路绝'而后已，不得不以悟为极，即朱子之'一旦豁然贯通'，亦未免堕此蹊径。佛者云'有物先天地生，无形本寂寥，能为万象主，不逐四时凋'，恰是此意，此儒佛之界限所以不清也。不知舍四端之外何从见性？仁义礼智之名，因四端而后有，非四端之前先有一仁义礼智之在中也。'鸡三足''臧三耳'，谓二足二耳有运而行之者，则为三矣。四端之外，悬空求一物以主之，亦何以异于是哉？"②真正的工夫，是生命的工夫，而非理智虚构的造作。在生命气机流行不已本身之外，虚构实体来作为生命的根据或主宰，这是生命的反面，而非生命本身。他进一步解释"湛然清明之在"说："忠宪又云：'人心湛然无一物时，乃是仁义礼智也。'羲则以为乍见之倾，一物不著，正是湛然。若空守此心，求见本体，便是禅学矣。"③由此可见，在诠释孟子"四端说"时，黄宗羲显明地表现出拒斥先天本体或超验实体的态度。这在工夫与本体的关系上，可以视为一个积极的进路，其最后的真意，就是在精神本体与生命存在的关系上，拒斥脱离生命存在的精神实体，将灵动的生命从僵死的超越本体中释放出来。

如此生命存在之实，也即是在日常生活中的事亲从兄之活动。《孟子·离娄

---

① 黄宗羲：《孟子师说》，《黄宗羲全集》第一册，第69页。
② 同上。
③ 同上，第68页。

生之本质，枯守此理本体、心本体而忘却活生生的生命存在本身，这是忘；或者以此理本体或心本体为高悬之鹄的，强行逼迫活生生的生命存在以入其藩篱，这是助。拒斥忘与助，就是笃行其事。而事的本质，就是自在与自为、自觉与自然的浑然为一，如此而生命盎然流行。

孟子有所谓"四端"，朱熹解释说："端，绪也。因其情之发，而性之本然可得而见，犹有物在中而绪见于外也。"① 所谓端，孟子本来在论心，朱熹的解释，却转而为性本情用，并由"用"以反推设定一个"在中"的本体。脱离心自身活泼泼的生机绽现，而理智构造出性本体（理本体）而为心之活动的基础，这其实就是忘或助的表现。黄宗羲注意到《孟子》既说"恻隐之心，仁之端也"（《公孙丑上》），又说"恻隐之心，仁也"（《告子上》），他批评朱熹以端绪推论性本体的说法，而提出了一个新的见解："恻隐之心，仁也。恻隐之心，仁之端也。说者以为端绪见外耳，此中仍自不出来，与仁也语意稍伤。不知人皆有不忍人之心，只说得仁的一端。因就仁推义礼智，故曰'四端'，如四体判下一般。孟子说得最分明，后人看错了，又以诬人也，因为孟子诬《中庸》未发为性，已发为情，虽喙长三尺，向谁说？满腔子皆恻隐之心，以人身八万四千毫窍，在在灵通知痛痒心，便是恻隐之心。凡乍见孺子感动之心，皆从知痛痒心一体分出来。朱子云'知痛是人心，恻隐便是道心'，太分晰。恻隐是知痛表德。"② 以心身活动之整体本有灵通感知为基础，以仁义礼智为此整体之各为"一端"，而不是以仁义礼智四端作为心身活动整体的本体论根据，这是一个对"四端说"较有意义的新解。人身有四万八千毫窍，都是灵通感应的，其实本然之绽放，就在心之流行不息之动。心之流行不息之动，即仁，而义礼智则是心之动机一体而有的不同方面："恻隐之心，动貌，即性之生机，故属喜，非哀伤也。辞让心，秩貌，即性之长机，故属乐，非严肃也。羞恶心，克貌，即性之收机，故属怒，非奋发也。是非心，湛貌，即性之藏机，故属哀，非分辨也。四德相为表里，生中有克，克中有生，发中有藏，藏中有发。人之初念最真，从不思不虑而来，即是性天，稍一转念，便属神识用事。'乍见'，初念也，下三者皆是转念。"③ 以"乍

---

① 朱熹：《四书章句集注》，第238页。
② 黄宗羲：《孟子师说》，《黄宗羲全集》第一册，第68页。
③ 同上。

性世界的孤守,也非直觉空灵的某种神秘境界的玩弄。气之动,缤纷而涌荡,这就是伦理化生存的真正精神内容,即志的真正内容。在此意义上,所谓持志,就是让生命之气的涌荡不断充盈自身,不断焕然自身。而以气作为心或志的内容,乃至于以养气为养心,深一层的意义就在于,在作为主体性存在的人自身释放出自在性之维。生命的展开,只有与自在的气化流行通为一体,让逸出自觉自为的自在之化捎带新颖之物不断流入而化为自为,让自觉自为之物不断流出而化为自在自然,生命才是真正充满生机和活力的。

因此,养气与持志,就是让生命存在保持鲜活生机,这就是行事不断之意。而行事,就是"集义"的工夫,黄宗羲解释《孟子》"集义"说:"'集义'者,应事接物,无非心体之流行。心不可见,见之于事,则即事即义也。心之集于事者,是乃集于义矣。有源之水,有本之木,其气生生不穷。"①以即事即义来阐释"集义",这是黄宗羲有所创见之论。工夫在于心体之流行,心体之流行,就是即事即义。朱熹说:"义者,心之制、事之宜也。"②事与心、事与义、心与义,都有着二分之嫌:"'义袭'者,高下散殊,一物有一义,模仿迹象以求之,正朱子所谓'欲事事皆合于义'也。'袭裘'之'袭',羊质虎皮,不相黏合。"③这种二分,都是在气之流行不息之外求理,在事无时不行之外求义,一言以蔽之,都是在生命活动本身之外去把捉虚悬的理或心。

为了凸显对空灵孤零之理世界或心世界的拒斥,黄宗羲认为行事即是工夫本身,甚至反对言敬:"'必有事焉',正是存养工夫,不出于敬","有事不论动静语默,只此一事也"。④生命即是气之流行不息,就是人之行事不断或必有事焉而不正,勿忘勿助:"'正'是把捉之病,'忘'是间断之病,'助'是急迫之病。"⑤在一定意义上,忘和助就是正之病痛的两个方面。正就是脱离"必有事焉"的生命活动,以主观观念的造作而虚构出某种理本体或心本体,并以之为

---

① 黄宗羲:《孟子师说》,《黄宗羲全集》第一册,第62页。
② 朱熹:《四书章句集注》,第201页。
③ 黄宗羲:《孟子师说》,《黄宗羲全集》第一册,第62页。
④ 同上,第63页。黄宗羲反对空言敬,更反对言"静",他引孙淇澳的话说:"天下之大本无可指名,儒者遂有主静之说。夫主静者,依然存想别名耳,而于心中之静如何主也? 以为常惺惺是一法,毋乃涉于空虚无著乎?"(同上,第94页)
⑤ 同上,第63页。

然，还是人之外的外在自然，自为的伦理存在与自在存在之间，二者分离与关联的基础都建基于工夫。

工夫展开在伦理存在之域，但是，工夫又牵涉自在之域。在此意义上，工夫一方面要保持人在伦理存在之域的"主宰"，一方面又要保持伦理存在之域的开放性，使得自在而差异之物得以流入流出。合而言之，即工夫之要在于保持心体之流行。在心即气基础上，如此工夫，主要就是养气。如上文所引，黄宗羲解释浩然之气而论"不动心"说："人身虽一气之流行，流行之中，必有主宰。主宰不在流行之外，即流行之有条理者。自其变者而观之谓之流行，自其不变者而观之谓之主宰。养气者使主宰常存，则血气化为义理；失其主宰，则义理化为血气，所差在毫厘之间。黝在胜人，舍在自胜，只在不动心处著力。使此心滞于一隅，而堵塞其流行之体，不知其主宰原来不动，又何容费动手脚也。只是行无所事，便是不动心。"① 流行是变与不变的统一，变即是流行之不可遏止的出出入入，不变就是出出入入之觉而有序（有条理）。养气之工夫，就是保持觉而有序，并不断化自然之血气为理义之伦理；同时，使得觉而有序之伦理化存在，不断充盈自身之内容，即向广袤流行开放自身，让流行不断捎入新的内容而不偏滞一隅。如此，工夫具有就具有双重指向：一方面是自为自觉之内在夯实与扩充，一方面是向外在自在自然的无边深邃与广袤开放自身。二者的统一，就是有着人的自为存在渗透其中的气化流行之整体。换言之，工夫不单单要自为地生成一个自觉之我，而且要在自为自觉之域开放出自在流行出入的通道。

养气之所成，就是有内容之志的生成。在此意义上，心即气，也就是志即气，养气工夫也就是持志工夫。黄宗羲说："志即气之精明者是也，原是合一，岂可分如何是志，如何是气。'无暴其气'，便是持志功夫，若离气而言持志，未免捏捏虚空，如何养得？"② 以气为志的内容，蕴有深意。在孟子道德哲学的历史展开中，心往往取得压倒性的凸出，而气则常被湮没了。气是无时不流动的，在工夫论的意义上，流行不已之气，就是活泼泼的生命存在活动本身。道德修养的实功，是活生生的生命之富于生机与生气的绽放，而非理智清明的某种知

---

① 黄宗羲：《孟子师说》，《黄宗羲全集》第一册，第61页。
② 同上，第62页。

理智当然者与天地万物之理而把先验之知圈定在当然之则的范围内，并相应地在一定程度上将在物之理划出了天赋之域"①。将伦理存在之域与自在自然区划开来，从而限制了本体-宇宙论的诠释限度，也就使得伦理存在之域自身得到了更为准确的彰示。

而在伦理存在之域，心是一切得以显现的根据，可以说"盈天地皆心也"②，由此，也可以说"万物皆备于我"（《孟子·尽心上》）："盈天地之间无所谓万物，万物皆因我而名。如父便是吾之父，君便是吾之君，君父二字可退止为身外乎？然必实有孝父之心，而后成其为吾之父；实有忠君之心，而后成其为吾之君。此所谓'反身而诚'，才见得万物非万物，我非我，浑然一体，此身在天地之间，无少欠缺，何乐如之！"③ 伦理存在之域作为人的自为生存境界，其间一切事物之有意义的命名，都以心之能动而自觉的赋义为基础。一切经由自觉能动之心赋义的事物，进入伦理存在之域，构成有条理和秩序的意义世界。就此而论，这是心学传统的延续，但黄宗羲的意义在于，他并没有以此伦理存在的意义世界弥漫一切，没有以此湮没世界整体的自在性与自然性。而自在性与自然性的让与，使得自由个性得以可能。

从而，通过区分伦理存在之域与自在自然，黄宗羲"盈天地皆心也"与"盈天地皆气也"之间的紧张，也就获得解决——前者突出心是自为自觉的伦理存在之境的内在根据，后者则彰显天地作为整体的外在自在自然性不能为内在之心所消解。如此，在流行不息的自在之化与自为贞定的伦理存在之间，人的主体性与自然世界的自在性之间，就在人自身的历史性存在过程中，展现为相合而又相分、相分而又不断相合的历史进程。

二 工夫乃在于让心体流行

在伦理存在与自在自然有所合而又彼此相异的意义上，人自身的存在相应地有着伦理存在与自然存在之别。在道德哲学中，无论是人自身内在的自在自

---

① 杨国荣：《王学通论——从王阳明到熊十力》，上海：华东师范大学出版社，2003年，第190页。
② 黄宗羲：《明儒学案·自序》，《黄宗羲全集》第七册，第3页。
③ 黄宗羲：《孟子师说》，《黄宗羲全集》第一册，第150页。

必沿门乞火也。告子之言,总是一意;孟子辨之,亦总是一意。晦翁乃云'告子之词屡屈,而屡变其说以求胜',是尚不知告子落处,何以定其案哉!他日,象山死,晦翁曰:'可惜死了告子。'象山谓心即理也,正与告子相反。孟子之所以辨告子者,恰是此意,而硬坐以告子,不亦冤乎!"① "告子不识天理之真,明觉自然,随感而通,自有条理,即谓之天理也,先儒之不以理归于知觉者,其实与告子说一也。"② 显然,黄宗羲以朱熹为告子。这里更为重要的是,黄宗羲认为告子与孟子所说的,是两个不同角度或不同视野的问题,亦即告子是从外在自在自然的角度理解人和万物,而孟子是从内在伦理存在的角度理解人和万物。朱熹没有看到告子立论所在指向"外在",只是在本体-宇宙论的模式下将外在自在自然加以伦理化,而将伦理之域内在之理转为了外在化之理,从而与告子如出一辙"指向外在"。伦理存在之域作为人的主体性内在之域,并不能跨越为自在自然的外在之域;以思辨的虚悬方式在宇宙-本体论上跨越内在主体性的伦理存在之域与外在自在性的自然之域,实质上一方面是将人的内在主体性推而为外在之物,一方面也是将外在自在性的自然化而为内在之物。尽管在人自身的历史性存在中,自然之间与伦理之境随着人类生存活动的展开而不断彼此交融渗透,但任何特定历史阶段以及任何具体个体,都必然总有着外在自在自然对于内在自为主体性的限制,而不可能完全消弭二者之间的界限。

因此,尽管本体-宇宙论上,"人与天虽有形色之隔,而气未尝不相通"③,在此意义上,可以说"盈天地间,一气而已矣"④;但在伦理之在与自在自然之间,却各有其理:"纲常伦物之则,世人以此为天地万物公共之理,用之范围世教,故曰命也。所以后之儒者穷理之学,必从公共处穷之。而吾之所有唯知觉耳,孟子言此理是人所固有,指出性真,不向天地万物上求,故不谓命也。"⑤ 在此,黄宗羲认为,纲常伦物之理与天地万物公共之理并非一物,人所固有的性真之理,不向天地万物上求。纲常伦物之理是伦理存在之域的原则,而天地万物公共之理则是自在自然的原则;前者是自为的,后者则是自在的,"黄氏通过区分

---

① 黄宗羲:《孟子师说》,《黄宗羲全集》第一册,第134页。
② 同上,第132页。
③ 同上,第148页。
④ 黄宗羲:《明儒学案》卷六十二,《黄宗羲全集》第八册,第899页。
⑤ 黄宗羲:《孟子师说》,《黄宗羲全集》第一册,第161页。

人存在的自为方面,但此自为方面是"微"而有其限度,如此昭示出"微之外的大"有其自在性,这个越出微之外的自在性,不但是天地之自在性,而且是人道之自在性。本体-宇宙论意义上来讨论人和世界的存在,有着严格的限度,不能肆意地扩大论域范围,尤其不能用伦理之域消解了无限世界自身的自在与自然。

实质上,黄宗羲的思考进路,逻辑地引向对于本体-宇宙论诠释人之道德生存的质疑与否定。他诠释《孟子》"生之谓性"章说:"无气外之理,'生之谓性',未尝不是。然气字流行变化,而变化之中,有贞一而不变者,是则所谓理也性也。告子唯以阴阳五行化生万物者谓之性,是以入于佹侗,已开后世禅宗路径。故孟子先喻白以验之,而后以牛犬别白之。盖天之生物万有不齐,其质既异,则性亦异,犬牛之知觉,自异乎人之知觉;浸假而草木,则有生意而无知觉矣;浸假而瓦石,则有形质而无生意矣。若一概以佹侗之性言之,未有不同人道于犬牛者也。"① 黄宗羲自觉认识到,"天地生物"的本体-宇宙论模式在解释人和万物的区别上,捉襟见肘,尽管他还没有最终抛弃这一进路,但毕竟揭示了人与万物的差别,在于现实的知觉运动本身之差异(进而言之,是现实生存活动本身生成的超越),而不是天生的差异。在宇宙-本体论的视域下,无数现实差异的事物,却有一个普遍而共同本体,如此便陷入现实差异与思辨本体之间的矛盾。因此,将人和世界从虚悬的超越本体之束缚中解放出来,指向人自身活生生的现实生命存在活动,就既是哲学自身思考的要求,也是人自身存在的要求。

在人性论的争议上,宋明儒学中有一个"谁是告子"的问题,对此问题的回答,在分梳人与物、心与理等关系上,最终昭示出一条合理区分伦理存在与自在自然之界限的思路。从气化生物的本体-宇宙论模式出发来解释人自身,黄宗羲在讨论《孟子》"食色性也"章时,对于"谁是告子"的问题有一个说明:"'食色。性也',即是以阴阳五行化生者为性,其所谓仁者,亦不过煦煦之气,不参善不善于其间;其所谓义,方是天地万物之理。告子以心之所有不过知觉,而天高地下万物散殊,不以吾之存亡为有无,故必求之于外。孟子以为有我而后有天地万物,以我之心区别天地万物而为理,苟此心之存,则此理自明,更不

---

① 黄宗羲:《孟子师说》,《黄宗羲全集》第一册,第133页。

万古如是的"气化流行",其中有着一个"界限",此界限,其基本的意涵就是勾勒开了伦理之境与自在大化的分野。

因此,在黄宗羲看来,所谓浩然之气,既非天地之气源初浩然(在浩然作为伦理意义上的自为而言),亦非仅是人自身一体之内的气经过修养而外化塞于天地之间,而是本来自在流通:"人自有生以后,一呼一吸,尚与天地通。"①人与天地自在的一气流通,是所以能养浩然之气的前提。但"自在的一气流通",并非"自为的伦理化的一气流通",而有着将自在之气与自为之气相区隔的含义。

如此区隔,便在本体-宇宙论的视野中撕开一条裂缝。黄宗羲解释《孟子》"明堂"章说:"上帝也者,近人理者也。人于万物乃一物。假令天若有知,其宰制生育,未必圆颅方趾耳鼻食息如人者也。今名之帝,以人事天,引天以自近,亲之也。"②祭祖以通天或上帝,这有宗教上的意义。但在哲学义理上看,黄宗羲在此并没有将人与天或上帝直接等同。换言之,尽管在本体-宇宙论上囫囵而言,可以说以"天地生物之心"为人之心,但在现实的伦理存在上、本体上的同一,并不就等于宇宙论上的一如。黄宗羲明确看到了人以自身的伦理存在,引天而近于人自身的伦理存在之域,使得人的伦理存在可以有一个起始上的根源,有一个归宿上的目的;但就天自身而言,天并非人的伦理化存在所能囊括尽净的,"假令""未必""人乃万物之一物"等用语表明,黄宗羲在本体-宇宙论的视野中,有着将伦理存在与世界及万物之自在存在加以区分的意识。

因此,在黄宗羲基本袭用朱熹"气化生物"之宇宙生成论而言之际,他也自觉地分辨了天地与人道之间的细微之别:"天以气化流行而生人物,纯是一团和气。人物禀之即为知觉,知觉之精者灵明而为人,知觉之粗者昏浊而为物。人之灵明,恻隐羞恶辞让是非,合下具足,不囿于形气之内;禽兽之昏浊,所知所觉,不出于饮食牝牡之间,为形气所锢,原是截然分别,非如佛氏浑人物为一途,共一轮回托舍也。其相去虽远,然一点灵明,所谓'道心惟微'也。天地之大,不在昆仑旁薄,而在葭灰之微阳;人道之大,不在经纶参赞,而在空隙之微明。"③黄宗羲所论"天地之大"有"微阳","人道之大"有"微明",阳和明,是属

---

① 黄宗羲:《孟子师说》,《黄宗羲全集》第一册,第65页。
② 同上,第54页。
③ 同上,第111页。

则复为春。万古如是,若有界限于间,流行而不失其序,即是理也。理不可见,见之于气;性不可见,见之于心;心即气也。心失其养,则狂澜横溢,流行而失其序矣。养气即是养心,然言养心犹觉难把捉,言养气则动作威仪,且昼呼吸,实可持循也。佛氏'明心见性',以为无能生气,故必推原于生气之本,其所谓'本来面目','父母未生以前','语言道断,心行路绝',皆是也,至于参话头则壅遏其气,使不流行。离气以求心性,吾不知所明者何心,所见者何性也。人身虽一气之流行,流行之中,必有主宰。主宰不在流行之外,即流行之有条理者。自其变者而观之谓之流行,自其不变者而观之谓之主宰。养气者使主宰常存,则血气化为义理;失其主宰,则义理化为血气,所差在毫厘之间。"① 就孟子本身而言,在其道德哲学中,浩然之气本身并不明显地与天地之气相关,而只是个体一身所有之气,比如朱熹就说:"浩然,盛大流行之貌。气,即所谓体之充者。本自浩然,失养故馁,惟孟子为善养之以复其初也。"② 但这个个体自身之气,经由道德工夫之修养,却浩然而充塞天地之间。用今天哲学的话来说,就是孟子认为(且为后世儒家所不断强化和突出),经过个体对自身内在自然之气的完全而彻底之伦理转化,可以进而实现对天地世界整体的伦理转化,即将整体天地世界的自在自然,完全地转化为伦理之域的自为存在。

但黄宗羲的解释有一些不同的意蕴在其中,即气不仅仅是个体身体之中的内在自然,而是兼有外在自然的自在流行之气——它以流入主体的方式与人相关,又以流出主体的方式与人陌异;心即是在如此之气的流入流出之流行中,觉而自为主宰——即在流行中持守自身而转化为有序的伦理存在(即合于理义的存在);但是,如此自为自觉的主宰与转化,并不指向与气化流行相隔绝的客观之理世界或主观之观念世界,而是即融于气化流行不已之绵延中;如此绵延不绝的气化流行,既是生命存在的本然与应然,也是天地世界的本然与自在。伦理存在之域并非一个坚凝死煞之地,而是流行不已之地。这根源于生命本身的生长与展开本质。因此,伦理存在之域为着自身的生长与展开可能,无论在内在自然与外在自然的意义上,都有着不可完全加以转化的自在而深邃之处。

---

① 黄宗羲:《孟子师说》,《黄宗羲全集》第一册,第60—61页。
② 朱熹:《四书章句集注》,第231页。

者，义也。仁是乾元，义是坤元，乾坤毁则无以为天地矣。故国之所以治，天下之所以平，舍仁义更无他道……七篇以此为头脑：'未有仁而遗其亲者也，未有义而后其君者也。'正言仁义功用，天地赖以常运而不息，人纪赖以接续而不坠。"①《孟子》开篇为梁惠王说仁义，就原文看，只是在道德-政治哲学上，突出道义论色彩，强调仁义的绝对性，以及阐明仁义对于社会、国家之"大利"（并非单纯仁义带来功利，而是仁义避免了功利自身的自相矛盾）。黄宗羲的解释基本沿袭了朱熹的说法，以人类伦理存在的仁义，直接套上一个本体-宇宙论的帽子。尽管朱熹在解释这一章的时候，仅仅说："仁义根于人心之固有，天理之公也。利心生于物我之相形，人欲之私也。"②朱熹在解释《公孙丑上》"不忍人之心"时，则明确说："天地以生物为心，而所生之物因各得乎天地生物之心以为心，所以人有皆有不忍人之心也。"③朱熹在解释《中庸》首章第一句"天命之谓性"时说"天以阴阳五行化生万物，气以成形，而理亦赋焉"④，并总结《中庸》首章之旨说："道之本原出于天而不可易，其实体备于己而不可离。"⑤朱熹如此致思，"把气作为仁体的实体，把生生和爱都看作气的不息流行的自然结果，这一宇宙观是宋代哲学仁体论的一个重要形态"⑥。以"天"作为最终极的实体来为人的伦理存在奠基，这既有人自身存在的必然性，又有思辨自身的必然性。由此两重必然性，引向了自然必然性。但此伦理化了的自然必然性，本身却并非自在自然的必然性。

不过，朱熹的理气二元架构里，因理与气之间的形上与形下鸿沟，心（气）与理裂为两橛，世界整体与人类及其个体的存在，都是理气彼此外在挂搭的体现，最后既无法合理阐释人的现实存在，也无法合理说明人与物的区别。在黄宗羲，经由刘蕺山，坚持了阳明心气一体、心理一体的原则，力图避免朱熹的矛盾。黄宗羲解释"浩然之气"章说："天地间只有一气充周，生人生物。人禀是气以生，心即是气之灵处，所谓知在气上也。心体流行，凉盛而寒则为冬，寒衰

---

① 黄宗羲：《孟子师说》，《黄宗羲全集》第一册，第49页。
② 朱熹：《四书章句集注》，北京：中华书局，2001年，第202页。
③ 同上，第237页。
④ 同上，第17页。
⑤ 同上，第18页。
⑥ 陈来：《仁学本体论》，北京：生活·读书·新知三联书店，2014年，第181页。

历史地看，在对孟子道德哲学的诠释上，蕴含着两个基本的矛盾：一是道德生存与宇宙世界的矛盾，或者伦理存在之域与自在自然的矛盾。这个矛盾，在宋明儒学的主流中，大多以本体-宇宙论的模式来加以阐释。而本体-宇宙论的模式不但无法合理地诠释人自身的存在，也遮蔽、湮没了整体世界的自在性。一是先天本体与现实工夫的矛盾，或者是现实生命存在与超验或先天实体之间的矛盾。先天本体或超越实体的进路，将活泼泼的人生囚禁起来，实质上反而是反人生的。黄宗羲通过区分伦理存在之域与自在自然，对于本体-宇宙论模式的诠释范围加以限制，而分别安顿了"盈天地皆心也"与"盈天地皆气也"的说法，重新释放出世界整体的自在性；并在工夫论的讨论中，将生命的生机流行不已视为真正的工夫，以生命的气机流行不已，消解了陵越生命本身的先天本体或超越实体。进而，在理解性善问题上，立基于伦理存在之域与自在自然的分界，黄宗羲强调活泼泼的生机流行之生命存在之实，就是人之性的起点；而生命之生机流行不息，即是主体自为地肯定自身生命展开之善。只有从生命活动过程的自为肯定角度，才能合理地理解性善。黄宗羲明确强调，性善只是就人自身的存在而言，而不得就宇宙整体和其他万物而言；而人自身原初的生命绽放之实，就是行事之不断绝，就是善之本身，人生根本无以为恶。从而，在对孟子性善论道德哲学的诠释中，黄宗羲给出富于新意的理解。

一 伦理之境与自在之化

简单地说，何以有如此一个世界，这个问题并非孔子和孟子关注的中心。但在儒学的后续展开中，从两汉至现代新儒学，都力图在理论上解决伦理世界与自然世界的关系问题，并在总体倾向上采取了本体-宇宙论意义上的天人合一之论，即以在本体论上将天地世界伦理化的方式，来为人自身的伦理存在奠定根基。如此进路，其最大的问题在于一方面以自为的伦理存在，消弭了世界的自在维度；另一方面，以本体论预设，瓦解了人的现实存在。黄宗羲诠释孟子哲学，基本上从属于宋明理学的整体框架之中，即基于人自身的伦理存在而论天地整体的气化生物具有伦理意蕴。

《孟子师说》开篇即说："天地以生物为心，仁也。其流行次序万变而不紊

气化、工夫与性善

——黄宗羲《孟子师说》对孟子道德哲学的诠释

郭美华

（上海师范大学哲学系）

黄宗羲自述《孟子师说》是因为其师刘宗周对于四书的阐释独缺《孟子》，所以依他自己对老师思想的理解而代为撰述的："先师子刘子于《大学》有《统义》，于《中庸》有《慎独义》，于《论语》有《学案》，皆其微言所寄，独《孟子》无成书。羲读《刘子遗书》，潜心有年，粗识先师宗旨所在，窃取其意，因成《孟子师说》七卷，以补所未备，或不能无出入，以俟知先生之学者纠其谬云。"[1] 尽管他主观上是"代师立言"，客观上也受到其师影响，但我们还是可以大体上将《孟子师说》视为其本人思想的体现。[2] 在一般论者看来，黄宗羲有着"盈天地皆心也"与"盈天地皆气也"的矛盾[3]，这在一定意义上是看到了黄氏哲学的复杂性一面，但是，立足于一本论的立场，这二者并非一个简单的分别范围或界域的问题，而是一个更为基础性的道德生存论奠基问题。

---

[1] 黄宗羲:《孟子师说》,《黄宗羲全集》第一册，杭州：浙江古籍出版社，2005年，第48页。

[2] 刘述先:《黄宗羲心学的定位》,杭州：浙江古籍出版社，2006年，第134页。梳理从王阳明经刘宗周到黄宗羲的心学脉络，是一个很重要的问题，牟宗三有《从陆象山到刘蕺山》（上海：上海古籍出版社，2001年），但并未纳入黄宗羲（他其他著作偶涉黄宗羲，也多否定之词），殊为遗憾。杨国荣《王学通论》（上海：华东师范大学出版社，2003年）则从王阳明心学到现代熊十力，展开了对于心学系统的严密梳理，其中专章讨论到黄宗羲，置入于心学的整体脉络中，阐述了黄宗羲逸出王学并终结王学的理论意蕴。

[3] 沈善洪:《黄宗羲全集序》,《黄宗羲全集》第一册，上海：上海古籍出版社，1985年，第13—23页。

天之繁难,即心、即理、即气。

面对黄宗羲天人不一的批评,整庵学其实亦可言天人一理;理由在于,若以圣人为主,则天人为一,圣人之心能合于性;但以常人而言,则整庵必须为常人立法,也为了与佛学、心学做出区别,也就心、性不一。如果到了圣人境界,便可说性只是心之性、性只是情之性。

以下归纳为三点：

（1）黄宗羲天人一致的意义,或是人合天,或是天合人;但一般来说,天已被推至理想性,因此只有人合天的情况,若以人合天,终为二物,终非己有,终为外在,亦是对治者,而不是自然顺成。

（2）黄宗羲的心学可言即心即理,自然周流,即此而在。而整庵则保留了人不及于天（圣人可及天,一般人不及）,以避免人的妄尊自大、心学末流的情肆自大。

（3）黄宗羲的问题意识是要能气机之自动;若以理治气,气为贬,而理为高,流入虚玄的理,而贬低人伦气化,心性亦同,以性治心则尊性以贬心;而整庵学从朱子而来,朱子是坚苦,是渐教,是要天天格一物以做工夫,因此两人的见解不同。且黄宗羲毕竟有心学义理,心可即于理即于气;而罗整庵虽往气学走,但还是保有朱学的色彩,人不能马上即于天,而是做化性的渐教工夫。

之知性。学未至于知性，天下之言未易知也。①

这段文字可以看出，整庵的心性论是要往黄氏心学的四气周流而走，如言"除心无性""除性无心"，这可理解为性只是心之性。但似乎与黄氏的要求又有一点距离，黄氏要求理是气之理，性则是心之性，整庵做到前者，对于后者则未说明。

黄氏认为，理、气为一物而两名，心、性亦是。而整庵可做到理、气是为一物两名，在心性论上，却言"谓之一物，又非一物"；在理气论处只言一物，而在心性论上又曰"非一物"。可见整庵不是心学，并且刻意与心学保持距离，一方面，借此保留与"释氏本心"的不同，另一方面，因为保持了心与性的距离（至圣人才能心性合一）、人与天的距离，于是成为一种渐教，而常人则具有修正自己的可能，不至于狂妄自大。

总结上文讨论，笔者认为，整庵的心性论已往黄氏"性只是心之性"的方向走，但又不做心、气都合理的认定②，而是保留了心性不一（人不全是天），在心性论上微有近似二物之说，虽在天道论为气学，在心性论仍为理学，因此天、人不完全一致，可以说，整庵的心性论，在黄氏所指出的气论道路上只走了一半，未尽全功！

四　结语与反思

整庵学的特色，是由理学趋向气学，而在心性论上，心不是性，保持人的谦虚性；而黄宗羲的心气周流，乃是若不周流，则不自然，而为伪，且流为情识。双方所重视的问题不同。此外，整庵是为学者立法，如同朱子之为学者立法，而不必为圣人立法，因此保持了心不即于性。至于黄宗羲是一种先天之学，不落于后天，恶是后天所成，若能保持先天的气化周流、诚通诚复，便不会流于后

---

① 罗钦顺：《困知记》，第40页。
② "'心有所忿懥，则不得其正，有所恐惧，则不得其正，有所好乐，则不得其正，有所忧患，则不得其.'每尝玩味此章，所谓'不得其正'者，似只指心体而言。"（罗钦顺：《困知记》，第69页。此心常有不正。）

者但证得性体分明,而以时保之,则虽日用动静之间,莫非天理流行之妙,而于所谓良知之见,亦莫亲切于此矣。若必借良知为鉴察官,欲就其一往不返之势,皆一一逆收之,以还之天理之正,则心之与性,先自相雠,而杞柳桮棬之说,有时而伸也必矣。"①

此乃黄宗羲、刘蕺山的判准,理只是气之理,故不可有先于天地之外的理,同样的,也不可有先于气化情感之外的性。而阳明学以心治气,以良知为本而来对治气与情,正是犯了蕺山不应外心(情)言性的主张。蕺山认为,阳明学在心性论上的以性治情,容易产生二元对立的情况,心(情)与性相为寇仇,而为逆性以从心,伪性以合心,此非自然流行、四气周流。

然蕺山所言,都是就其先天之气上的周流,而未言及恶,是一种理想的状况,不同于现实人生,现实的诸种表现乃是归之于习,而不在于高看的气。这便是黄宗羲与蕺山对于心性论的立场,而以此为准,用以评判整庵的心性论,以致视其天人不一,因为在天道论上虽是一物之说,而人性论上,整庵却又回到二元,用性来对治心气(情)。

2. 整庵心性论为避免良知的流弊

笔者认为,黄氏对整庵的质疑是合理的,而且黄氏所抄出的整庵语,如"明觉是心而非性",这是整庵答欧阳南野的心学之语,整庵于此,为了避免人的妄自尊大、良知的流弊,故采心不是性,认为心还是容易流于一己之私,而需要透过工夫来使心与性同,透过工夫以复本体,才能心、理合一,而未做工夫之前,心与理为二,现实与理想是有距离。

因此,整庵在此不是心学,不说心气的自为周流,并且有尊性贬心的倾向,以心合性,以性宰心。然心与性之间,又是"一而二,二而一",如整庵言:

> 盖心性至为难明,是以多误。谓之两物又非两物,谓之一物又非一物,除却心即无性,除却性即无心,惟就一物中分剖得两物出来,方可谓

---

① 黄宗羲:《蕺山学案》,《明儒学案》卷六十二,第1522页。

而，若以末为准，则黄氏的说法，于恻隐、羞恶处亦不能诚通诚复，因为已受有习染之影响，而不能为中气，沦为恶之气，此不复为先天之学，而有后天的恶习影响，性不再是心之性，心、性有了距离。

（三）整庵心性论的特色

1. 天道论与心性论的不同调

然而，整庵说法的确有其不莹之处，因而受到黄氏的质疑。首先，整庵取消了统体一太极，去其实体化，修正朱子的"理生气"，形成理不生气，理不再居于气之先而后才堕入气中，而是有其气便有其理，太极是众理的总名，不再是超越的一理。如此一来，整庵学的天道论，从理之一神主宰性，变成气论的泛神论，有气则有理。那么，在心性论上，同样的，也就不应再把性与心、欲、情切割为二，而是要改成性为情之条理，成为四情之周流，自能诚通诚复。然而，整庵在心性论上并没有如此修改，而是仍然持守朱子学老路，保留以性宰情的立场。

黄氏便如此质疑："信如斯言，则性体也，心用也；性是人生以上，静也，心是感物而动，动也；性是天地万物之理，公也，心是一己所有，私也。明明先立一性以为此心之主，与理能生气之说无异。"性为体，心为用，性以宰心，如同以理宰气、生气，此非气论之自然，而为"所以然"之他然（心不自然，依性以生）；若依整庵，则性先心后，如同天道论的理先气后。性之为一物，而堕于四情、四气之中，此近于一神论，而不为泛神论，此属统体一太极，而不为物物一太极。

黄氏亦提出自己在心性论上的看法，系以其师蕺山为本，蕺山言：

> 阳明子曰："语言正到快意时，便翕然能止截得；意气正到发扬时，便肃然能收敛得；嗜欲正到沸腾时，便廓然能消化得。此非天下之大勇不能。然见得良知亲切，工夫亦自不难。"愚谓："语言既到快意时，自能继以止截；意气既到发扬时，自能继以收敛；嗜欲既到沸腾时，自能继以消化。此正一气之自通自复，分明喜怒哀乐相为循环之妙，有不待品节限制而然。即其间非无过不及之差，而性体原自周流，不害其为中和之德。学

接受黄氏的标准。① 也就是说，黄氏的天人合一是心学式的，而不是理学式的。整庵因守住朱子理学，所以心与性之间存有距离，心不是理，而保留了做工夫的余地；人不是圣人，也不是天，理想与现实总是有差距，心不是公，反而有其私。

而在黄氏，心可以提升到理的层次，心是先天的理想，四气周流，诚通诚复，不用先考虑恶的问题，然整庵却须考虑。黄氏亦非不用考虑恶，而是把恶放在后天之习处，在先天之四气周流处，则从喜到怒到哀到乐，从恻隐到羞恶，皆是一气周流，而自然有其恻隐。此如黄氏言：

> 然濂溪言无欲，而孟子言寡欲者，周子先天之学，动而有不动者存，着不得一欲字，孟子养心，是学者工夫，离不得欲字。心之所向谓之欲，如欲正欲忘欲助长，皆是多欲，但以诚敬存之，便是寡欲。盖诚敬亦是欲也，在学者善观之而已。②

孟子言寡欲，而周子言无欲，如何折合呢？黄氏认为，周子是先天之学，言及上乘，虽为动，然不动之性体存焉，能动而无咎。而孟子则为学者立法，是后天之学，无法离欲，故要寡之。

同理可证，黄氏的四气周流之说是先天之学，故能无欲无恶，恶落在后天；而整庵是后天之学，需要做工夫以复本体，性不能只是心之性，心之表现，包括欲、情等，皆不能如理，所以保持心、性距离，以避免于自大与情识。黄氏则是心学，心即于理，即此而在，而四气周流；然黄氏亦要面对恶的问题，此不在四气周流的先天层次，而是在后天之"习"的层次。因此黄氏与整庵各自关心的层次不同。

（二）就本而言，整庵亦是天人合一

整庵的本，即是圣人之境，此为天人合一；如若就末而言，则天人为二。然

---

① 蕺山认为，整庵所引的"释氏本心"，如若吾儒为了区别儒、佛而放弃此心，则为谬失，因为蕺山与黄氏皆是心学，而整庵不是。

② 黄宗羲著，吴光等编校：《黄宗羲全集》第一册，第164页。

"格"有"至"义,并有"通彻无间"的意思,故物格则无物,通彻而无间,只有理,不再有内外、人我之别。(2)主张"克己复礼",此乃朱子所注,克者胜也,克去己私而还复天理,天理为性,性中只有仁义礼智,必能回复其初;其初者,仁义礼智在中,而全体具焉。

整庵视格物工夫为始,这也是朱子《大学》中所言工夫始于格物的承继;而克己复礼为工夫之终,克去己私,则无我私,全体是公,依理而行,依性而行,既物格则无物,已克则无我,惟理是见。如同程子所言,于怒时见理之是非,而能去其怒,完全依理而行。一旦物格且克去己私,其心便能依理而行,一举一动尽是天理流行,惟性是见,惟理是见,与天道同,天道者,物物一太极,万物有理,有物有则;人道者,惟理是见,依理而行,心是理,理是心(心、欲、情皆依理),心理合一,而为天人一致。

前文重点有二:(1)圣人不失,而能圣人性之,即依天之所予,而生知安行,能与天合,以圣人合天;(2)常人已受有染污而有己私,不能合天,需做工夫以复本体,若能到达脱然贯通处,亦能复其初而回归于天,亦是天人合一。

三 对黄宗羲的回应

整庵认为,若能回到性命之初,如圣人一般,即能合天,即是天人合一,何以还会遭受黄宗羲天人不一的批评呢?经过上面的讨论,这里尝试站在整庵的立场来做辩护,如若整庵真有不一之处,亦当承认黄氏的问题意识具有意义。

面对黄氏的质疑,这里大致可提出三点响应:(1)黄氏为心学,而整庵不是。(2)黄氏所批评者,是就本而言,抑或就末而言?(3)性之宰心,如同理之生气,性为先而心为后,以致造成天人不一的嫌隙。以下将逐一讨论。

(一)黄氏属心学,而整庵属理学中的气学

黄宗羲为心学一脉[①],则整庵的气学系统(由理学过渡至气学),自然不需

[①] 黄宗羲言"盈天地皆心也",可见其属心学,乃是一种心气合一而流行之体的学说。

因此，若能就本，天人一理，此人道之一理，是能合于天者，且本在圣人，圣人依性理而行，心之所觉，即是性，心性合一，于此可言圣人的性只是心之性，如同天道论的理只是气之理，则能天人合一，一一对应。若是常人，则迷而不复，此已失本而就末，至此则天人不一，需做工夫以复本体。

至于复本体的工夫为何呢？整庵认为，若能依于《定性书》，惟理之观，则能如圣人之性，面对事物时皆能依于本有性分而复之，自能无事；常人则要有诚明两进的工夫，因已迷其性，故要复回其初，一方面以心明理，另一方面要能诚意，否则知而不行，如何得为定性？

（三）做工夫以复其初

整庵另有一段关于工夫之说，更为详尽，其言：

> 格物致知，学之始也。克己复礼，学之终也。道本人所固有，而人不能体之为一者，盖物我相形，则惟知有我而已。有我之私日胜，于是乎违道日远。物格则无物，惟理之是见。己克则无我，惟理之是由。沛然天理之流行，此其所以为仁也。始终条理，自不容紊，故曰："知至，至之。知终，终之。"知及之而行不逮，盖有之矣，苟未尝真知礼之为礼，有能"不远而复"者，不亦鲜乎！①

道本是人所固有，言复其初者，乃因道义全具于人；又人与天虽然是一，但人不能体道、尽道，以致离天愈远，故需工夫以复其本体，本体之明为性，性之明未尝有熄，只因心有杂染，而不能照见道。工夫在朱子学而言，乃诚明两进之工夫，静时涵养，动时省察，敬贯动静等。而整庵所重视的两种工夫，亦不违于朱子学的工夫义：（1）将朱子与吕祖谦二人的格物说合而为一②，视格物的

---

① 罗钦顺：《困知记》，第10—11页。
② "吕东莱释'天寿平格'之格，又以为'通彻三极而无间'。愚按，'通彻无间'，亦至字之义，然比之至字，其意味尤为明白而深长。试以训'格于上下'，曰'通彻上下而无间'，其孰曰不然？格物之格，正是'通彻无间'之意，盖工夫至到，则通彻无间，物即我，我即物，浑然一致，虽合字亦不必用矣。"（同上，第4页）此释格物之"格"字为至、通彻无间。

末，若能就本，则心具众理，心本光明，欲之而不放纵陷溺，情之四气周流处，当恻隐则恻隐，当喜则喜，皆能中节，而合于中和之道；犹如天道一般，理是气之理，有气有理，而人道之情、欲、心亦皆能合理，性亦是心之性。因此，就人道之本，也就是复其初、圣人不失之处，天人可为一致。

《困知记》尚有另一段，整庵言：

> 动亦定，静亦定，性之本体然也。动静之不常者，心也，圣人性之，心即理，理即心，本体常自湛然，了无动静之别，常人所以胶胶扰扰，曾无须臾之定贴者，心役于物而迷其性也。夫事物虽多，皆性分中所有，苟能顺其理而应之，亦自无事，然而明有未烛，诚有弗存，平时既无所主，则临事之际，又恶知理之所在而顺之乎！①

"动亦定，静亦定"是明道《定性书》答张载之语，认为性无分于内外，无分于动静，内外、动静皆能定。而整庵视性为本体，万理具备、本然如此，无分动静都能定，此乃人生而静之处，性也。至于心，整庵守住朱子学，心者，气之灵，虚灵知觉，却不见得能如性之至善，因此有心猿意马、操存舍亡，此为不定，是为不常，非皆能善者，故性为师，心为弟。②

在圣人而言，如"尧舜性之"，尧舜之心顺任着本性，依理而行，此理为其心所保有，生而有之而不失其常，故能心即理、理即心。此不同于阳明心学义的心即理，而是心能依理而行、心能合理的意思，心之所向都能顺着本有之性，心能照见理，并且付诸实践。也就是说，心虽容易不常、不定，但是若能依于定盘针之性而行，以本体之性为首、为宰，使心顺性，常能如此，自然而为不宰之宰，则在圣人，无论动或静，都能依理而行，使心以性为主宰。

若在常人，其耳目之官不思，而为外物所蔽，此时不以性为指导，是为人心，人心之虚灵知觉于形气之私，则未能以道为本。

---

① 罗钦顺：《困知记》，第22页。
② 韩儒田艮斋（名愚，1841—1922）曰："性师心弟四字，是仆所创，然六经累数十万言，无非发明此理，可一以贯之。中夜以思，不觉乐意自生，而有手舞足蹈之神矣。"（参见《性师心弟独契语》，《艮斋集》后编卷十四，第18页）

得其正，而不应该灭绝食色。

至于象山以欲为恶，如朱子亦尝言"存天理去人欲"，朱子所言的人欲是贬义①，主要是为了防范流弊，而显得严格些，朱子亦非禁欲主义者。

象山认为天道有善有恶，此为整庵所认可，但天道之理旋通旋复、诚通诚复，亦不远而复，纵使稍有过与不及，但总能实时回复；理只是气之理，有气则有理，有物则有则，有存在即是合理。天道常能复而为合理，甚至不能说"天道有恶"，只能说有其过与不及，过时有过之理，不及时也有不及之理。

天道有其理，万物有其理，且整庵又强调天人一致、天人一理，则为何现实的人道中，大多不如理呢？整庵的回复是：要看是以本而言，或是以末而言！若依于本、依于圣人或赤子，乃就"人生而静"这一点来说，此诚天人一理，天道有物有则，诚通诚复，圣人举措如此。但是若是依于末②，因其感物而动，不能反躬自省，纵情、陷溺而不知反，此为恶，则天道虽善而人道为恶，天、人之际分道扬镳。也就是说，整庵亦言天人一致，然此专就"圣人"而言，一般常人不能做到，常人需学以复其初，而圣人不失则不必复。③在圣人不必复之处，则天人是相通，若是常人已失而染之处，则天人不一，则要做工夫以复其本体，一旦能回复其自明之德、具众理处，则天人还是可以相通。

而且整庵视人心有欲。如在回答欧阳南野的心性之辩时，整庵言："'人生而静，天之性'，即天性之真也，'感物而动，性之欲'，即明觉之自然也。"整庵于此视性之欲也是明觉自然，所谓心也，心是虚灵明觉、虚灵知觉，这是朱子对心的定义，而整庵宗之。可见整庵认为，若小体能依于大体，性欲依于天理，欲亦为正，不该灭杀。

亦是说，天道的理只是气之理，凡有气则有理；同样地，在人道、人心而言，欲亦有理，情亦有理，心亦有理，都可以合理。其中关键，在于从本或从

---

① 朱子以人心为中性，以人欲为贬义。
② 本末之说，早见于孟子，其言："不揣其本，而齐其末，方寸之木可使高于岑楼。金重于羽者，岂谓一钩金与一舆羽之谓哉？取食之重者与礼之轻者而比之，奚翅食重？取色之重者与礼之轻者而比之，奚翅色重？"（《孟子·告子下》）孟子认为，要站在本源处来做比较，才能得到正确的高下，若不依本，而依于末，则"方寸之木可使高于岑楼""金重于羽"，而这些都是基准点的问题。如今整庵也讲天人为一，但要站在根本上谈（复其初之圣人），才能合一。
③ 朱子批注孟子的"尧舜性之"时言："尧舜天性浑全，不假修习。"（朱熹：《四书章句集注》，第358页）

这里谈到合一之学，也就是人心即天的合一，此为高攀龙与钱启新所共许。高氏之学近于心学与理学的会通，与黄宗羲的义理相似，那么为何钱氏与高氏都视整庵为天人合一，而黄宗羲却不然？以下，便进到整庵学而来一探究竟。

（二）若复其本则天人一致

《困知记》记载：

> 《乐记》"人生而静，天之性也。感于物而动，性之欲也"一段，义理精粹，要非圣人不能言。陆象山乃从而疑之，过矣。彼盖专以欲为恶也。夫人之有欲，固出于天，盖有必然而不容已，且有当然而不可易者。于其所不容已者而皆合乎当然之则，夫安往而非善乎？惟其恣情纵欲而不知反，斯为恶尔。先儒多以"去人欲"，"遏人欲"为言，盖所以防其流者，不得不严，但语意似乎偏重。夫欲与喜怒哀乐，皆性之所有者，喜怒哀乐又可去乎？象山又言，"天亦有善有恶，如日月蚀、恶星之类"。是固然矣，然日月之食，彗孛之变，未有不旋复其常者，兹不谓之天理而何？故人道所贵，在乎"不远而复"，奈何"滔滔者天下皆是也"，是则循其本而言之，天人曷尝不一？究其末也，亦安得而不二哉？①

整庵之所以欣赏《乐记》所载，理由在于：（1）以静、动分别"性"与"性之欲"，此与整庵用静与动而来分别性与心相似。（2）"性之欲"亦从天性而来，不可灭绝，这与佛、老的"去欲"不同。②

整庵欣赏《乐记》此段，而象山却怀疑此段，故整庵认为象山视欲为恶，而为贬义，但人之生必有口而追求口之味，嗜欲乃天性本有，何可逃也！人之有欲，如有小体，小体不可无，只要能导之以大体，使小体得其正，如食色嗜欲之

---

① 罗钦顺：《困知记》，第28页。
② 佛教为了解脱，而视欲为贬义："比丘。于色若知、若明、若断、若离欲。则能越生、老、病、死怖。诸比丘。若知、若明、若离欲贪、心解脱者。则能越生、老、病、死怖。"（《大正藏》第二册，第1页）老子也要使民无知无欲，如祸莫大于不知足等说法，而庄子也说嗜欲深则天机浅。反观儒家，对欲的看法较为中性，如己欲立而欲人，我欲仁等说，并不反欲。

元性的一一对应，也就不会产生天人不一之隙。但在整庵则有此疑虑，其天道论上为了避免朱子两种自由意志的冲突——物物太极与统体太极、天命之理与物物之理的冲突①，于是修改为理是气之理的气论，而在心性论上却仍然回到理学，以致天人不一。

二　整庵心性论的检视

（一）高攀龙的赞许

面对黄宗羲的质疑，这里试图回到整庵学的脉络里，检视整庵是否能有合理的响应，或说，整庵学果然是一种半套的气论，心性论处未如天道论般地走上气论？

若如黄氏之前的东林学派高攀龙（1562—1626）的相关评论，其于《答钱启新》书信中有如下语：

> 夫人之心即天也。圣人不过即先后以明其合一，丈此语最是。至心性之辨，实是难言，在人自然默识之。丈所举整庵先生之言曰："天人本无二，人只缘有此形体，与天便隔一层，除形体，浑是天也。"又曰："人心之体，即天之体，本来一物。但其主于我者，谓之心耳。"又曰："静中有物者，程伯子所谓停停当当，直上直下之正理是也。"又曰："心性至为难明，谓之两物又非两物，谓之一物又非一物，除却心即无性，除却性即无心，惟就一物中，分剖得两物出来，方可谓之知性。"数语已颠扑不破。②

---

① "问：天之所命，固悬大化流行赋予于物，如分付他一般。若就人事上论，则如何是赋予分付处。曰：天岂'谆谆然命之乎'？亦只是其理如此而已。孟子说天与贤与子处，谓'天不言，以行与事示之而已'。'使之主祭，而百神享之，使之主事而事治，百姓安之。是天与之，人与之。'又曰：'莫之为而为者，天也；莫之致而至者，命也。'其意发得亦已明白矣。如孟津之上，不期而会者八百国，亦其出于自然而然，非人力所容强，便是天命之至，武王但顺乎天而应乎人尔。"（陈淳：《北溪字义》，北京：中华书局，1983年，第4页）此乃陈淳对于天命之意志与人事之理冲突的解决，亦是朱子留给后学的难题。陈淳则取消天之明命，只取"自然之理"，不取"所以然"的天之所命，如此则较整庵的去实体化工作更早，理只是气之理。

② 高攀龙：《答钱启新一》，《高子遗书》卷八上，第32页。

矣。性先心后，不得不有罅隙可寻矣。恻隐、羞恶、辞让、是非，心也；仁义礼智，指此心之即性也。非先有仁义礼智之性，而后发之为恻隐、羞恶、辞让、是非之心也。（观此知李见罗《道性编》亦一偏之论。）凡人见孺子入井而怵惕，呼蹴而不屑，此性之见于动者也，即当其静，而性之为怵惕不屑者，未尝不在也。凡动静者，皆心之所为也，是故性者心之性，舍明觉自然、自有条理之心，而别求所谓性，亦犹舍屈伸往来之气，而别求所谓理矣。朱子虽言心统性情，毕竟以未发属之性，已发属之心，即以言心性者言理气，故理气不能合一。先生之言理气不同于朱子，而言心性则于朱子同，故不能自一其说耳。①

黄宗羲的心性一元模式里，未发为性，但有情存焉；已发为情，但有性存焉。但在整庵的心性二元模式里，则是性师心弟，性为心（情）宰，性体心（情）用，性先而情后，这是回到朱子的理生气模式，是一种超越的一神论，而不是圆融的泛神而重气之说。黄氏的质疑是，整庵在天道论上既已修正朱子的重理而为重气，何以在心性论上不能一并完成重于心气的心性论呢？

性先心后，则其缝隙大矣，整庵之所以精思二十余载，正是要消除朱子天道论中理与气两者的缝隙，然在心性论上不能跟进。整庵在天道论是一种即用见体的方式，即于物物上见其殊理，而在心性上则又回到朱子的承体起用，亦必引来天人不一的质疑。

即用见体可以成就气论，承体起用则能成就理学。整庵在天道论是气论，而在心性论却是理学。而黄氏则较整庵彻底，于天道论上，乃是四气之周流，春夏秋冬、元亨利贞，四气循环，诚通诚复；于心性论上，反对朱子的先有仁义礼智以生恻隐、羞恶等心，而是视仁义礼智俱是虚名，仁之实只在事亲、从兄的恻隐之处显现，先有恻隐存在之实，此理即具于恻隐中，而不是在虚无之外另立一个体，再以此体（性）生心。这正是理学与气学的区别。

然而，黄氏并不批评朱子为天人二本，理由在于朱子的天道论乃是理生气的体用二元，而人道论亦是性发为情的体用论，亦是二元，天道与人道，都是二

---

① 黄宗羲著，吴光等编校：《黄宗羲全集》第八册，第409页。

《乐记》，则所谓"人生而静，天之性"，即天性之真也。"感物而动，性之欲"，即明觉之自然也。①

依于欧阳南野的心学，心即性即天，三者只是一事，故天性与明觉良知为一，是为心即理的系统。但整庵是朱子学，是心具理的系统，心不是理，而是用以盛理，心具众理以应万事；性为体，情为用，而心是气之灵，可视心为性体之用，故曰性体情用、性体心用。

此乃朱子学的体系设计，用以区别于象山或禅家"释氏本心"之学，其严格区分性与心，前者为体，后者为用，前者为静，后者为动，前者为正于受生之初（与生俱有），而后者是发于既生之后，体虽能成用，但两者还是必须区分。整庵依此体系而不同于南野，也不同于黄宗羲的心学。

而黄宗羲的最大批评是指出整庵的天人不一。何以不一，因为整庵修正了朱子的"理生气"，认定理只是气之理，去其超越的实体性，只是万物之理，所谓物物一太极②，却在心性论处，还是守于朱说，认为性体心（情）用，如同性生（心）情一般③，而近似于朱子的理生气。天道论上，整庵修正朱子的一神而为泛神，而在心性论上，则又回到朱子理生气的老路，如同于以性生心、以性宰心，这不是一种气论。

而在黄宗羲，理只是气之理，是为万物有灵、有理的泛神论、气论，此整庵修正朱子之得宜者，然在心性论上却未跟进，以致造成天人不一的窘况，殊为可惜。黄氏认为，不当如整庵所说的性情为二，性为体而情为用，前者静而后者动，而应该是性只是情（心）之性，无论是已发与未发，情不是如朱子式的只是已发，而是即使在未发之时，情虽隐，但已森然完备。

至于黄氏批评整庵的第二段，其言：

今以喜怒哀乐未发之中为性，已发之和为情，势不得不先性而后心

---

① 罗钦顺：《困知记》，北京：中华书局，1990年，第118页。
② 朱子学中，既有统体一太极，又有物物一太极，此近于两个主宰的意思，而整庵择取物物一太极以为正说，使成唯一主宰，去其超越主宰义，此近于气学。
③ 黄宗羲如同其师蕺山一般，反对"有物先天地"——先有一物存在天地之外，以为万象之主，而后生育天地万物。同样地，在心性论上，其反对先有一性而存在于心之外，并做为心、情之主。

一的可能。在此抄出黄氏的话，开为二段，第一段提道：

> 第先生之论心性，颇与其论理气自相矛盾。夫在天为气者，在人为心；在天为理者，在人为性。理气如是，则心性亦如是，决无异也。人受天之气以生，只有一心而已，而一动一静，喜怒哀乐，循环无已。当恻隐处自恻隐，当羞恶处自羞恶，当恭敬处自恭敬，当是非处自是非，千头万绪，感应纷纭，历然不能昧者，是即所谓性也，初非别有一物，立于心之先，附于心之中也。先生以为"天性正于受生之初，明觉发于既生之后"，"明觉是心而非性"。信如斯言，则性体也，心用也。性是人生以上，静也；心是感物而动，动也。性是天地万物之理，公也；心是一己所有，私也。明明先立一性以为此心之主，与理能生气之说无异，于先生理气之论，无乃大悖乎？岂理气是理气，心性是心性，二者分，天人遂不可相通乎？虽然，心性之难明，不自先生始也。夫心只有动静而已，寂然不动，感而遂通，动静之谓也。情贯于动静，性亦贯于动静，故喜怒哀乐，不论已发未发，皆情也，其中和则性也。①

黄宗羲引用了整庵所说"天性正于受生之初，明觉发于既生之后"，此乃整庵与阳明后学欧阳南野（名德，1496—1554）双方论辩之语。整庵与欧阳的不同处在于前者是由理学而往气学发展，而后者则是心学；既是理学，则以性为主，不以心为主。此可参见整庵回答南野的书信，其中谈道：

> 夫谓良知即天理，则天性、明觉只是一事，区区之见，要不免于二之。盖天性之真，乃其本体，明觉自然，乃其妙用。天性正于受生之初，明觉发于既生之后。有体必有用，而用不可以为体也。此非仆之臆说，其在

（接上页）间，终有二焉，则理气是何物？心与性情又是何物？天地间既有个合气之理，又有个离气之理，既有个离心之性，又有个离性之情，又乌在其为一本也乎？吾儒本天，释氏本心，自是古人铁案。先生娓娓言之，可谓大有功于圣门。要之，善言天者，正不妨其合于人；善言心者，自不至流而为释。先生不免操因咽废食之见，截得界限分明，虽足以洞彼家之弊，而实不免抛自身之藏。"（黄宗羲著，吴光等编校：《黄宗羲全集》第八册，杭州：浙江古籍出版社，2005年，第18—19页）。

① 黄宗羲著，吴光等编校：《黄宗羲全集》第八册，第408—409页。

关于黄宗羲批评罗钦顺"天人不一"之检视与回应

蔡家和

(台湾东海大学哲学系)

一 前 言

黄宗羲(号梨洲,1610—1695)在《明儒学案》引用了罗整庵(名钦顺,1465—1547)的"理只是气之理"一句话,认为整庵的理气论最为精确,其修正了朱子学中理气不一、气强理弱、理堕在气中等见解,转朱子的理气二元而为理气一物、理只是气之理。也就是从理学的理气二元区分、理想与现实的区分,转变成一种气学。原本的理气二元,乃是以理导气,理虽无造作,但还是一种不宰之宰,具备优先性、主导性。而一旦成了气学,则理的优先性退位,转为气之理,是为理则,有气则有理,物物一太极,有物有则,即转一神论而为泛神论[1],肯定了气化的存在。

然黄氏话锋一转,依蕺山之意[2],认为整庵的理气天道论虽好,却有天人不

---

[1] "一神"的意思是借喻,指以统体一太极之理为主,而众气依之;至于"泛神",则近于物物一太极之说,凡存在皆有理。

[2] 可参见《明儒学案》的《师说》,于蕺山评整庵处:"先生既不与宋儒天命、气质之说,而蔽以'理一分殊'之一言,谓'理即是气之理',是矣。独不曰'性即是心之性'乎?心即气之聚于人者,而性即理之聚于人者,理气是一,则心性不得是二,心性是一,性情又不得是二。使三者于一分一合之(转下页)

议题中心，如果用另一种方式表述，其实正是所谓"内圣"开出"新外王"的问题。超越于双方阵营早期代表人物多少执着于非黑即白的价值判断，张灏并不简单认为儒家传统是阻碍民主在中国发展的绊脚石。相反，他认为幽暗意识是西方诞生民主传统的一个重要思想资源，而儒家思想从一开始就并不缺乏这种能够开出民主的积极因素。儒学发展到宋明儒学，以刘蕺山《人谱》为代表的儒家学者对人性晦暗面的重视和深入分析已经丝毫不逊色于西方。传统中国最终未能开出"新外王"民主宪政的原因，是由于幽暗意识这样的思想资源被实际政治生活和儒家自身思想中混杂的权威主义和乌托邦主义等制约。张灏这一系列观点的提出早在二十世纪八十年代，而学界有关内圣外王问题的讨论一直持续。近年来《朱熹的历史世界》以及《明代理学与政治文化发微》等论著中有较详细的论述。通过对宋明儒学发展历史以及文献的细致考察，对内圣外王问题做出了许多具有创见的结论，特别是宋明儒学家们视"外王"为第一序、"内圣"为第二序，由"得君行道"向"觉民行道"的转变但最终"走不通"，以及所谓"内圣外王连续体"的讲法引起了学界诸多反响与讨论。[①] 张灏由幽暗意识和超越意识两方面入手对宋明儒学的内圣外王进行梳理，他在另文中还特别强调儒家经世致用的外王之学须要放回其天道宇宙观下超越现实政治生活的"心灵秩序"亦即内圣之学中一并思考。[②] 如果将张灏的讲法和前一种宋明儒学内圣外王的观点相对比，我们不难发现，他们虽然广义上同属自由主义派，但结论之间存在着较大张力。张灏因为其论著的侧重不同并未详细展开《人谱》中的幽暗意识之于明代心学乃至整个宋明儒学的重要地位，而本文正是试图以幽暗意识为引子，对先贤为我们提出，并业已呈现其理论复杂性的问题进行探索与再思考。

[①] 笔者对《朱熹的历史世界》的评论可参见拙文《历史世界是如何可能的》，《清华大学学报》（哲学社会科学版），2015年5月第3期，第174—185页。

[②] 参见张灏：《幽暗意识与民主传统》，第74、85页。

强调对过、恶的梳理，但实质是强化了自我道德修身实践，其目的在于更好地彰显天理这种超越意识。《人谱》虽然具体而微，从一事一物处入手对王门后学流弊加以猛烈抨击，但其最终的指向和立意宗旨却是为了强调显微无间的天地之理。《人谱》的开头，无论从形式还是内容都仿照了周濂溪《太极图说》的"无极而太极"，蕺山更仿照《太极图》而作《人极图》（如图所示）。

唐君毅先生对此与《太极图说》的源流有过一个总结：

> ……在蕺山之教中，此心性之於穆不已者即天，而天之太极，不外于此心之性。故人成圣而能立人极，则天人之道备。故归于著《人极图》，以"无善而至善，心之体也"为首句，以言立人极之中。蕺山为宋明儒学之最后大师，而濂溪为宋明理学之开山祖。故吾尝谓宋明理学以濂溪之为《太极图说》，以人之主静立人极以合太极始，而以蕺山之《人极图》说之摄太极之义于人极之义终也。①

图1 人极图

唐君毅敏锐地看到，蕺山在《人谱》以《人极图》开头的根本目的正是在于融摄濂溪在《太极图说》中的宋明儒学宇宙论。这种在超越层面的太极、人极之说，可谓是《人谱》最为根本的指导思想。《人谱·证人要旨》的首句"凛闲居以体独"也充分说明了整个《人谱》之后所强调的在闲居中静坐省察，最终目的都是在于体认"独体"这一超越的道德依据，蕺山整个诚意慎独之学的终极目的也在于此。

四　余　论

张灏提出幽暗意识的最初缘起是自二十世纪五六十年代以来，中国自由主义者与当代新儒家们有关儒家传统与民主政治的漫长辩论。这些学者们讨论的

---

① 唐君毅：《中国哲学原论：原教篇》下，台北：学生书局，1984年，第492页。

（1）幽暗意识的观点是来自西方，特别是基督宗教传统下的问题意识，而与儒家，特别是孟子以来的性善论传统有较大出入。

（2）儒家应从性善论出发还是从更注重人性之恶的幽暗意识出发去建立民主政治？①

李明辉的质疑颇具代表性，近年来对幽暗意识的批评大多也集中于此。但张灏曾多次强调，幽暗意识本身并不足以成为制约权力进而实现民主的独立资源，幽暗意识必须在超越意识的指引关照下才得以实现。这种超越意识在基督宗教那里，是上帝；在中国，则可以是"对越在天"的天理抑或良知。其实正如李明辉在为康德伦理学与儒家传统的融合辩护时已经指出的那样，在超越层面，康德的"根本恶"与孟子性善论并不矛盾，"所同远胜于所异"②。既然同样来自西方背景下的"根本恶"都可以成为儒者的同盟军，幽暗意识也同样可以作为一个独特角度去观察儒家传统内圣之学的发展。在张灏那里，儒家的"内圣外王"之道由超越意识和幽暗意识共同构成，因此，幽暗意识在现实层面对实践中根深蒂固、无法完全去除之恶的反省思考并不影响儒家在超越层面对性善论的坚持。在此框架下，传统中国之所以未能开出民主政治就并不仅仅是外王单方面的原因，儒家在内圣面同样需要重新反思。超越意识保证了儒家独特的批判意识与抗议精神，而只有对幽暗意识有一充分正视，尤其是了解历史上旧内圣之学对幽暗意识的诸多限制，才能真正掌握儒家内圣外王之道的全貌。③从这个意义上讲，张灏的真正用意并不在于反对"内圣开出新外王"，更不在于反对儒家，而是试图从幽暗意识与超越意识出发，以"新内圣"与"新外王"的结合为儒家在现今社会的发展提供一个可能的方向。

这种对超越意识与幽暗意识的共同重视也同样反映在《人谱》中，这部著作一方面具体而微地彰显了具体道德实践中的幽暗意识，但在另一方面，对幽暗意识的体认也是直接由"人极"而来的超越意识所统摄。幽暗意识本身虽然

---

① 李明辉：《孟子重探》，台北：联经出版事业公司，2001年，第137、150页。

② 同上，第147—148页。李明辉先生在《康德的"根本恶"说——兼与孟子的性善说相比较》一文中有更为详细的讨论，参见氏著：《康德伦理学与孟子道德思考之重建》，台北："中央研究院"中国文哲研究所，1994年。

③ 参见张灏：《幽暗意识与民主传统》，第44、71页。

人误解为受佛老影响的著作之一，尤其是其中静坐法、焚香、闭关等形式与佛老极为相似。虽然蕺山自己曾对这种"近禅"的方式进行了响应，主张儒家传统亦有静坐法，但也很难改变常人对其方法"近禅"的刻板印象。在这种背景下，黄宗羲若将《人谱》收入《学案》，不仅无助于他以儒佛之辨判蕺山较之于高攀龙为"醇儒"的结论，甚至很有可能会起到相反的效果。

另一对《人谱》流传及其地位影响较大的是四库馆臣以一种颇不以为然的口吻指出此书是为"中人以下立教"。在四库馆臣看来，正因为需要对中等资质的普通人进行道德教化，才时有掺杂"福善祸淫之说"以劝诫下愚者为善。类似这种对《人谱》相对负面评价的原因可能是《人谱》，尤其是《人谱类记》中的部分文字受到"儒门功过格运动"的影响，进而在劝人为善的道德教化中偶尔有以现世的富贵荣华等作为行善效验的侧面例证，但我们如果横向对比袁黄在《了凡四训》中所宣扬的善恶因果报应说，不难发现《人谱》中被指摘的所谓"福善祸淫"之说，不过是诸如《周易》"积善之家，必有余庆；积不善之家，必有余殃"以及《大学》"言悖而出者，亦悖而入；货悖而入者，亦悖而出"等先秦儒家世界观和道德学说的自然延续，与当时掺杂佛道、诉诸因果业报的各种劝善书、"功过格"有着泾渭分明的差别。

之所以对《人谱》的价值和定位容易产生误解，固然是因为《人谱》自身，尤其是《人谱类记》中的某些"芜杂"因素，但一个更为根本的原因则在于对《人谱正篇》中的超越层面的苦心建构重视不足。《人谱》在表面上显得"芜杂"的背后，固然是蕺山对幽暗意识的极度重视，但在这种幽暗意识的背后，实则又有一种超越意识的观照。

超越意识是张灏在提出幽暗意识之后，借由对儒家传统之内圣外王观念的反思而得出的一个概念。在他看来，超越意识代表了自"天人之际"而来儒家以"知天""事天"为基础所追寻的道德源泉，蕴含了权威二元化的批判精神。超越意识与幽暗意识结合，共同构成了内圣外王的基本特质。由于篇幅和主题等原因，张灏并未将超越意识付诸他对《人谱》的分析中，但在笔者看来，引入超越意识不仅能够澄清许多有关《人谱》的误解，更能响应学界对于幽暗意识的部分质疑。

例如，李明辉先生在对幽暗意识的评论中曾指出他与张灏的根本分歧在于：

三 《人谱》中的幽暗意识与超越意识

《人谱》是蕺山哲学中将幽暗意识最为清楚彰显出来的一部著作，其中极具特色的"纪过格"等形式是对袁黄等人功利性"功过格"的批判性超越，这种批判的思想史背景如王泛森先生所指出的，是明末清初出现的"儒门功过格运动"，其背后是一种儒学宗教化的现象。① 在此背景下，《人谱》的诞生有着多个面向的意义：一方面，这反映了蕺山对"功过格"功利性和因果报应思想的警惕；另一方面，蕺山也承认了这种具体而微的道德实践方法有着相当的教化作用。但也正是这种多重目的，导致后世对此书的认识有所分歧。不仅恽日初编辑《刘子节要》时，黄宗羲撰写《明儒学案》时也未将《人谱》收入其中。一种可能的解释是认为《人谱》之书早已刊刻流行，方便查找，且《人谱》全篇过于琐碎，因此并无必要再占用《学案》的篇幅。另一种可能的解释则认为黄宗羲本人更多地偏向经史之学，对修身方法等问题并不特别重视，因此略去了这一部分的著作。此二说皆不符合实情，《学案》中收入已经刊刻的典籍不胜枚举，而且早年恽日初编辑《刘子节要》时没有将《人谱》收入其中，黄宗羲还曾专门写信批评他忽视了《人谱》的重要性，"未见所节之要也"②。何况即使《人谱杂记》篇幅稍多，但《正篇》和《续篇》短小精炼、言简意赅，其中又有许多对蕺山哲学体系非常重要的概念梳理和理论建构。在笔者看来，黄宗羲在《明儒学案》中不收入《人谱》的原因可能更多地在于"拒斥佛老"以突显其师"醇乎其醇"的考虑。这一判断的主要依据在于：《蕺山学案》序言中提及当时学界一般认为高攀龙与刘蕺山同为当世大儒，作为蕺山弟子的恽日初在编写《刘子节要》时都将他们两人相提并论，甚至在《刘子节要》的序中暗示高攀龙要高于蕺山。但在黄宗羲看来，真正的"醇儒"只有其师蕺山，而高攀龙著作中有许多"阑入释氏者"，"半杂禅门"，多有"禅门路径"。③《人谱》则是蕺山之学中最容易被

---

① 王汎森：《晚明清初思想十论》，上海：复旦大学出版社，2004年，第122—123页。
② 黄宗羲：《答恽仲升论子刘子节要书》，吴光等编校：《黄宗羲全集》第十册，杭州：浙江古籍出版社，2005年，第216页。
③ 黄宗羲：《蕺山学案》，《黄宗羲全集》第八册，第884—885页。

径直成为小人？而更重要的问题则在于：《大学》八条目的工夫次第是正心必先诚意，但结合阳明四句教的顺序，无善无恶的心之体就须在有善有恶的"意"中求得，这在蕺山看来是一种"即用求体"而完全没有归宿的工夫次第，不仅与《大学》在根本上做工夫的宗旨相违背，更不符合道德理论的一般常规认识。①对于朱子学和阳明学的多种问题，蕺山提出的解决方案是："意"应为"心之所存"，是在一种超越的层面有善而无恶的，而一旦落实到具体生活实践中"念"则一定善恶相混。做工夫的关键则在于"化念归心""化思还虚"，将在现实实践中有善有恶的念起念灭收摄到超越而精微的意根上来。

蕺山的这一解决方案实际上将宋明儒学那里一直是以侧面、间接形态出现的幽暗意识直接彰显了出来。特别是通过"意"与"念"的详细划分，将超越层面的至善无恶与在现实层面的恶之来源问题交代清楚。在蕺山看来，阳明那里"意"与"念"的混淆，是导致王门后学"情识而肆，虚玄而荡"，动辄以私意为良知等弊病的根本所在。只有在做工夫的起始处对幽暗意识有一清晰的认识，认识到这种在现实层面几乎是与始俱来、万难克除的人性晦暗面，才能够对成圣成贤道路的艰巨性有一个恰当的认识。在朱子或者阳明那里，他们虽然对人性的晦暗面也有清醒的认识，也承认修行过程中可能会出现各种干扰、挫折等问题，但他们的解决方法一直以正面推进的方式强调格物致知或是致良知。无论是朱子的"豁然贯通"，还是阳明的"见父自然知孝"，在"豁然"与"自然"的乐观之下实际上多少淡化了成德进路中所可能遇到的困难。在面对干扰和挫折时，他们往往并未过多着意于具体干扰和挫折的起因、形成与发展，而是将道德实践的重心放在反省如何未能格物穷理，未能致其良知等问题上。虽然这种着重于格物致知的正面反省，与对心性晦暗面的重视往往是一体两面，但蕺山之学正因对后者的着重强调而凸显了其特色。如果说朱子和阳明是以一种正面强攻的态势强调"为善"，那么蕺山则是将主攻方向放在了在朱子和阳明那里侧面迂回的"去恶"上，也正是因为这一点，张灏的确有理由认为蕺山之学在整个宋明儒学中将幽暗意识进行了空前的发展。

---

① 针对蕺山对阳明学的这些批评，东方朔（林宏星）先生指出阳明四句教中的"心"更多地是"吾心之良知"的意思，与大学所言正心诚意的"心"并不是一个概念，蕺山此处的批评有"硬执"之嫌。参见氏著《刘蕺山哲学研究》，上海：上海人民出版社，1997年，第215—216页。

如意为心之所发，将孰为所存乎？如心为所存，意为所发，是所发先于所存，岂《大学》知本之旨乎？①

蕺山认为《大学》文本清楚载明了诚意为正心之本，但如果按照朱子将"意"训为心之所发的解法，那么由心所发的"意"相较于心言，反而是非本源的、第二序的。《大学》正其心者先诚其意的工夫的次第在朱子的思路下就变成了以下三步：第一步首先明确由心所发的"意"须要精诚；第二步则着重在"意"上做工夫，使之精诚，实其心之所发；第三步最后再返回去到心上，通过精诚之"意"回复心之为身之所主的纯然状态。在蕺山看来，这样的工夫次第在逻辑上是有问题的：《大学》讲先诚意后正心，心必须经过诚意的工夫方能为中正，所以我们无法保证未经过诚意工夫的心就一定是符合中道的。朱子的三步思路看似严谨，但在蕺山看来相较于《大学》"物有本末事有终始"的知本之旨，存在着逻辑错位和理论漏洞。

蕺山批评朱子学的潜在问题，其实更多是针对于阳明学的问题所发。阳明沿袭了朱子意为心之所发的思路，更在四句教中明确提出了"有善有恶意之动"的讲法。这在蕺山看来是对《大学》"知本"宗旨的进一步乖离：

今云"有善有恶意之动"，善恶杂揉，向何处讨归宿？抑岂《大学》知本之谓乎？如谓诚意，即诚其有善有恶之意，诚其有善，固可断然为君子；诚其有恶，岂有不断然为小人？②

意为心之所存，则至静者莫如意。乃阳明子曰"有善有恶者意之动"，何也？意无所为善恶，但好善恶恶而已。好恶者，此心最初之机，唯微之体也。③

在蕺山看来，"有善有恶意之动"的问题在于将"意"明确定义为善恶相混的，这样容易造成的后果就是我们无法保证诚意的过程和结果是必然为善的，若充实发用善之"意"固然可以成为君子，但若就恶的意念而言，岂不是也容易

---

① 刘宗周：《学言上》，《刘宗周全集》第二册，杭州：浙江古籍出版社，2007年，第390页。
② 同上，第445页。
③ 同上，第390页。

挑战，这固然是一个不争的事实，蕺山一定程度上也的确接触到了天主教的教义，然审慎言之，《人谱》中的幽暗意识是否受到基督宗教的"原罪"观念的影响，虽然已有一些间接的材料，但还需要有更多的佐证方能定论。

二 蕺山由"意"与"念"之区分对幽暗意识的重视与应对

根据已有的材料，张灏提及《人谱》中的幽暗意识时并未着墨其与基督宗教的联系。事实上，宋明儒学，尤其是《人谱》中对于过、恶的重视，固然有着外部的诱因，但根本上而言，更多的还是儒家自身内在理路的发展。如何在保证意之至善的情况下对现实层面的恶之来源问题，亦即幽暗意识有所交代、有所对治是蕺山亟待解决的问题。蕺山严格区分"意"与"念"，以及"诚意""慎独"等治学精要的展开也需要置于这一背景下才能得到更为完整的理解。

蕺山学相较于阳明学的一大特色就是对"意"进行了详细的梳理，将其与"念"进行了严格的区分，这直接是针对王阳明四句教的前两句"无善无恶心之体，有善有恶意之动"所做出的修正。蕺山对阳明学的态度有三次重要的变化，"始疑之，中信之，终而辨难不遗余力"[①]。最终使得蕺山下定决心认为阳明学"失之粗且浅"并对其进行辨难的关键原因之一正是在于对"意"的不同解读。传统宋明儒学对"意"的解读，基本上按照朱子"意者，心之所发也"[②]的思路进行，蕺山相对于朱子学和阳明学的一大创见就是提出"意为心之所存，非所发"，黄宗羲将这一点作为能够总结蕺山"发先儒所未发之"的四大贡献之一。蕺山通过对《大学》文本的梳理与反思，认为"意"应当被解释为心之所存，而不是心之所发：

> 意者，心之所存，非所发也。朱子以所发训意，非是。传曰"如恶恶臭，如好好色"，言自中之好恶一于善而不二于恶。一于善而不二于恶，正见此心之存主有善而无恶也。恶得以所发言乎？

---

① 刘汋：《蕺山刘子年谱》，《刘宗周全集》第六册，第 147 页。
② 朱熹：《四书章句集注》，北京：中华书局，1983 年，第 3 页。

个值得关注的问题。蕺山当时面临的，不仅有来自佛教和功利化儒家的冲击，也有以利玛窦为代表的早期传教士们所带来的中西碰撞。从已有的史料来看，蕺山对天主教的评论主要集中在器物层面，但在义理上也不乏论述。比如他在《辟左道以正人心疏》中，不仅从天文、历法、火器运用等多个角度对天主教进行了较大篇幅的批评，同时还认为天主教从根本上而言会让人不识祖宗、父母，因此其教义危害甚大。所以，我们可以宽泛地认为蕺山对天主教确实有所接触和了解。然而，一些更为精妙的义理问题，比如和幽暗意识直接相关的蕺山对基督宗教"原罪"等概念是否有所直接接触等，目前只有较为间接的一些资料。近年来，一些学者敏锐地注意到了《人谱》与庞迪我（Diego de Pantoja）的《七克》这两部几乎是同时期著作之间的联系。① 庞迪我是一位来自西班牙的传教士，在当时与利玛窦一样享有较高的知名度。《七克》一书完成后由徐光启润色并撰写《克罪七德箴赞》以和之，该书以如何战胜基督宗教中所谓"七宗罪"为主题，结合晚明流行的劝善书，教导人要去恶为善以实现灵性的修养。这部以"罪"为中心的著作和以"过"为中心的《人谱》不但在主题上非常类似，而且在体例上也不约而同使用了围绕特定主题搜集材料的裒纂文体。② 因此如果仅仅将《人谱》和《七克》两本书单独进行对比，很容易会得出二者相似甚至《七克》有可能直接影响《人谱》的结论。然而，如果将这两部著作放回历史语境下，我们就不难发现二者虽有相似，但程度上并不突出。因为《七克》一书本来就是庞迪我遵循利玛窦"合儒""通儒"路线的产物，在体例上模仿当时儒家劝善书流行的裒纂文体是很容易理解的。至于二者主题"罪"与"过"的相似，这一方面是由于这个问题为古今中西人类所共同关心；而在另一方面，如果我们根据蕺山在《人谱》序言中所明言针对袁了凡"功过格""言过不言功，以远利也"的话语，蕺山专言"过"的原因恐怕也主要是针对功利化的儒家，而非《七克》所言的"罪"。因此，宋明儒学发展到晚明，在佛老之外还面临着基督宗教的全新

---

① 可参考何俊：《西学与晚明思想的裂变》，上海：上海人民出版社，1998年；以及韩思艺：《从罪过之辩到克罪改过之道：以〈七克〉与〈人谱〉为中心》，北京：中国社会科学出版社，2013年。
② 裒纂文体，又称裒辑，是根据特定的主题，辑录经传等各类经典中互为表里之逸典遗典以方便阅读。早年《刘子全书》收录刘宗周著作时，将《人谱》列入"语类"，而将《人谱类记》列入"裒纂"。现今通用的由吴光等人编校的《刘宗周全集》则取消了"裒纂"，将《人谱》和《人谱类记》都归入"语类"。

而展开,从讨论恶所占篇幅比例来讲,在儒家著作中是比较少见的。[①] 从根本上来讲,无论是孟子还是荀子,他们都不是直接从恶的具体表现对人性之恶的来源进行考察。《人谱》的特殊性就在于直接从过、恶入手,这是幽暗意识的进一步发展,同时也是宋明儒学整体"内转"的一种体现。

在佛老二家,特别是佛教无明观的外部刺激下,宋明儒者们开始更多地关注恶之来源问题,其中一个具有普遍性的解释框架就是将恶之来源归咎于后天气质的影响,所谓天地之性与气质之性的区分也应运而生。《人谱》中对过、恶的重视与宋明儒学天地之性与气质之性的提出有着密切的联系。宋明儒学对于人性论问题的回答,非常重要的一步即是以性气二元论统摄了宋代以前各种有关人性论的学说。儒学之后基本按照了这一框架对恶的问题进行了解释,而幽暗意识也正是在此背景下得到了进一步的彰显。程朱一系以较为浑浊气质的后天掺杂来解释人性中根深蒂固的晦暗面,因此在论学中特别重视公与私、天理与人欲之间的分判。这其中与幽暗意识相关的,体现在程朱一系主要是对天理的极端重视,以及对人欲的极度警惕,类似"存天理、灭人欲"。陆王一系对这一问题的追问则更为直接,透过"有善有恶意之动",将恶之来源归因为人应接万物时的起心动念。因此,程朱与陆王在这个问题上可谓殊途同归,无论是以性为理还是以心为理,天地之性和良知本体都是一种理想的存有,人之所以会有恶行,是因为在后天夹杂了污浊的气质,或者是因为在后天被遮蔽了良知。因此,宋明儒者对于幽暗意识的观照,也大部分集中体现在对后天起心动念,思虑已发状态的反省。这种向内的反省反映在实践工夫上,加之受到佛教影响,最终发展出了一套儒家静坐法。《人谱》中记载的"一炷香,一盂水,置之净几,布一蒲团座子于下"正是当时儒家借鉴佛教打坐和禅定法门的形式修改而成的一种儒家式的静坐。佛教通过禅定的方法来除无明,而儒家则透过静坐对起心动念处的幽暗意识有一正视。

除了儒家本身的思想资源和来自佛教的因素之外,身处晚明的刘蕺山在撰写《人谱》时是否受到当时在士人间已经开始流行的天主教思想影响,也是一

[①] 需要指出的是,这种"少"是相对而言,儒家思想本身浩如烟海的典籍中有着大量散落在各处的有关恶的讨论,从其绝对数量上来讲亦是相当丰富的。

概念"敬",成为孔子奠定中华文明特性的重要基石。张灏基本上接受了徐复观对于忧患意识的看法,并且也同意孔子在先秦思想中由侧重外在忧患逐步内转为内在人格过程中所起到的决定性作用。但张灏不同于徐复观之处在于,徐复观强调的"敬"虽然已经有了极大的"内转",但在表现形式上还是以"敬天法祖"继而再"反求诸己"的进路展开,也就是说,这种"内转"依然需要通过外在世界的某种中介。而张灏则更多关注由对人性自身的幽暗面反思所直接体现出来的一种彻底的"内转",将在殷人那里对外在幽暗世界的绝望与恐怖替代为对人自身内在幽暗意识的观照与省察。张灏自陈幽暗意识正是受到徐复观的启发,徐复观对忧患意识的重视让张灏意识到,儒家道德理想主义的另一面正是对现实世界深深的遗憾、疏离与隐忧,这个向度张灏的幽暗意识说可以说直接继承了徐复观对忧患意识的阐发。但与此同时,张灏也指出了忧患意识与幽暗意识的本质不同在于,持有强烈忧患意识的儒家往往又同时乐观地认为通过道德修行实践,人性的阴暗面是可以得到根除的,而幽暗意识则认为这一阴暗面无法根除、永远潜伏。[1]

张灏对于传统儒家思想的这一独特视角,使得他不仅对荀子所谓"性恶"有所重视,更在一般被认为是乐观主义的孟子性善论中发掘出由"人之异于禽兽者几希"所显现的幽暗意识。以此视角观之,孟子思想中与笃信人性本善的乐观相辅相成的,是通过人禽之辨以及大体、小体之别所体现的对人性晦暗处的清醒认识,这可以称之为传统儒家思想中最早成型的幽暗意识;而孟子养心、养气也正是对这种幽暗意识"戒慎恐惧"而来的实践工夫。在张灏看来,宋明儒学中的幽暗意识,虽然经历了道教和佛教,尤其是大乘佛教的冲击和影响,但其根源正是接续了先秦儒家由忧患意识发展而来的、与性善论互为表里的那种对人性的反思。整个宋明儒学特别重视"人心惟危,道心惟微,惟精惟一,允执厥中"这十六字心传中有关"人心"与"道心"的联系与差别,以及可以上溯到唐代开始对于"复性"的追问,也意在于此。

《人谱》得到张灏的重视也正是在这种幽暗意识在宋明儒学内部进一步发展的思想史背景下展开的。《人谱》一书专门针对人性中恶之来源及其具体表现

---

[1] 参见张灏:《幽暗意识与民主传统》,第312页。

对这一意识格外关注,是因为在张灏看来,只有对人性内部这种与生俱来的阴暗面、根深蒂固的堕落性有深切的体认,才能够产生对权力进行制衡的一整套体制建构。张灏提出这一概念背后的问题意识更多地来自西方,尤其是基督宗教背景下的罪恶观及其对于现代民主制度建立所起到的思想准备工作。不过需要指出的是,张灏并不是韦伯式文化决定论的拥趸,他的问题虽然多少类似于《新教伦理与资本主义精神》《儒教与道教》等著作中所处理的课题,但他并没有沿袭韦伯那种至今依然影响很大的以宗教或意识形态解释社会发展的进路展开。与之相反,张灏完全不认同只有在西方基督宗教的特殊语境下才能产生幽暗意识,他同样也并不认为产生现代民主制度的必备管道和前置条件就是西方背景下的幽暗意识。他多次指出,许多古代文明,诸如中国和印度,对幽暗意识同样有着极深的体认,中国先秦时期"戒慎恐惧"的"忧患意识"已经是幽暗意识的前身,他更进一步认为,孔子及其《论语》一书标志着周初以来的忧患意识已经转化为幽暗意识。[1]

《人谱》中对过、恶等概念的详细梳理,诚如张灏所言,是宋明儒学重视幽暗意识的一个集中体现,也是儒学思想自先秦发展到宋明,自身不断发展和调整理论重心的产物。这种对幽暗意识的重视,与先秦以来的忧患意识一脉相承,但又有所区别。幽暗意识与忧患意识的差别在于,忧患意识较多地注重外在环境的影响,如对自然天道的敬畏,以及根据吉凶悔吝的现实经验去调整自己为人处世的方法。徐复观先生曾指出,周初反映在诸如《大诰》《君奭》《康诰》等篇章中的忧患意识是对"殷人尚鬼"幽暗世界的超越,通过反思吉凶悔吝的现实结果,进而将天道与人道进行紧密相连,从而摆脱了殷商诉诸鬼神世界的绝望与恐怖。在张灏看来,忧患意识是人类精神开始直接对事物发生责任感的表现,也是精神上开始有人之自觉的表现,而且这种忧患意识同时也体现了周初先民在对外在幽暗世界的不断思考中所发生的"内转",他们不再将吉凶悔吝的现实结果完全归因于不可捉摸的鬼神与天道,而是将它们与自己的行为,特别是道德实践相联系,进而在面对天命之时以一种坚强和奋发的精神取代了绝望与恐怖。这种"内转"在徐复观看来之后就发展为中国哲学中非常重要的

---

[1] 参见张灏:《幽暗意识与民主传统》,第33页。

守之可也"①,可见蕺山对此书的看重程度。

然而,在蕺山去世之后,《人谱》起初并未受到太多重视,黄宗羲在《蕺山学案》中没有收入有关《人谱》的任何篇目,四库馆臣甚至认为该书只是为"中人以下立教"。近代学界考察蕺山学也主要围绕慎独、诚意展开,对《人谱》着墨并不多。但随着二十世纪后半叶蕺山学研究的整体升温②,众多海内外学者开始逐渐关注这部具有鲜明特色的著作。③这一系列相关研究中,张灏先生《幽暗意识与民主传统》一书对《人谱》的重视是较为特别的。不同于哲学研究的传统进路,张灏以幽暗意识为切入点,着重强调了在《人谱》中对于过、恶剖析的深层次意义,进而认为《人谱》里的幽暗意识可以和同时代西方清教徒的罪恶观相提并论。幽暗意识在宋明儒学中发展到这一步,"已变成正面的彰显和直接的透视了"④。在张灏看来,由于儒家思想中权威主义和乌托邦主义等因素的掣肘,幽暗意识本身在权力制衡方面的价值始终未能充分发挥出来。但这种在中国传统思想中自先秦以降逐渐凸显出来的幽暗意识,经历宋明儒学的洗礼与深化,在理论架构和思想深度上比之西方基督宗教背景下的罪恶观并无逊色。⑤

一 宋明儒学中幽暗意识的儒、佛、耶思想渊源

幽暗意识是张灏强调并加以理论化的一个概念,他首先定义幽暗意识是一种"发自对人性中与宇宙中与始俱来的种种黑暗势力的正视和省悟"⑥。之所以

---

① 刘汋:《蕺山刘子年谱》,吴光等编校:《刘宗周全集》第六册,杭州:浙江古籍出版社,2007年,第170页。
② 《刘宗周全集》以及《刘蕺山学术思想论集》的出版,则是两岸学者合力将刘蕺山研究推向高潮的标志,可参见钟彩钧先生在后一书的概括。
③ 据不完全统计,1978年,托马斯·皮尔(Thomas Peele)在加州大学伯克利分校完成了其硕士论文《刘宗周的〈人谱〉》并对《人谱》进行了英文翻译。杜维明先生在二十世纪八九十年代的多篇论文和访谈录中也特别对《人谱》给予了很高的评价。而黄敏浩先生在多伦多大学于1996年完成的有关刘蕺山的博士论文中,也以数个章节集中讨论《人谱》,并根据当时最新的由两岸学者合作编辑出版的《刘宗周全集》为底本,以专门附录的形式对《人谱》进行了英译。除此之外,包括牟宗三、唐君毅、张灏、包筠雅(Cynthia Brokaw)、董平、何俊、李振纲、姚才刚、张瑞涛、韩思艺、陈畅、张天杰、高海波等学者也都在各自的著作中对《人谱》一书给予了专门重视。
④ 张灏:《幽暗意识与民主传统》,北京:新星出版社,2010,第68页。
⑤ 参见同上,第41、70页。
⑥ 参见同上,第23页。

由刘蕺山"幽暗意识"看宋明理学研究的不同进路[*]

徐 波

(复旦大学哲学学院)

引 言

《人谱》是刘蕺山最为重要的著作之一,它集中呈现了蕺山对儒家人性论及传统修身观念的反思。不同于传统儒学著作大多正面论述性善,《人谱》直接讨论人性中恶的来源,并主要就恶的具体表现形式而展开。蕺山在书中用大量篇幅探讨了诸如过、恶、妄等人性晦暗面的生成、变化与发展,对人表现在具体道德实践中的行为进行了细致入微的考察。[①]通过对人性晦暗的揭示,进行针对性的实践,并利用诸如静坐、讼过等修行方法,蕺山试图对王学末流之流弊以及由"功过格"而来的儒学功利化倾向进行纠正。此书曾三易其稿,蕺山去世前一月尚在改订,临终前更叮嘱其子刘汋"做人之方,尽于《人谱》,汝作家训

---

[*] 本文系浙江省社会科学院专项资助课题"浙学及其周边:区域学术与共同价值"(编号:LB2020YK0010)的阶段性成果。

[①] 儒家思想中对人性中负面因素的关注并不少见,比如先秦儒家就开始重视过的概念,但将过分为微过、隐过、显过、大过、丛过等五类,每一类又再细分为若干过的形式,且有一套具体计分系统的,蕺山可以说是首创。然而,这种首创并非是截断众流式的另起炉灶,而是在传统中不断积累发展起来的。本文之后将会提到,蕺山对人性中负面因素的重视并不影响他对性善论传统的坚持。

四

　　通过上述分析，我们可以看出，刘宗周的格物思想其实非常独特，此特殊之处不在格物之"格"的解释，而在"物"字之使用。一方面，在文献的层次上，刘宗周吸收了王艮对《大学》的解释，坚持"格物"之"物"与"物有本末"之"物"内涵的一贯，发展出通天地万物为一物，一物之中有本有末的思想。另一方面，刘宗周反对阳明将"物"解释为"有善有恶"的意念，而将物向内收缩到内心深处，成为良知之真条理，也就是理，即"物则"。从而，在"格"字的解释上也反对阳明"正其不正而归于正"的说法，而采取朱子"至"字之训。不过他又用格其"反身之物"将"格物"限定在身心修养的范围内，避免了朱子泛然穷外物之理的趋向。在有些情况下，刘宗周又把物解释成独体、意根、至善，格物就与慎独、诚意、明善沟通起来。但是刘宗周在将此物收缩到极致的同时，又通过心物不二、体用一源、显微无间、理一分殊等形式，推致万物之中，避免了偏内遗外的倾向。

这种关系，有时候，刘宗周又用"心之无尽藏"来表示：

> 心中有意，意中有知，知中有物，物有身与天下、国、家，是心之无尽藏处。①

"知中有物"，结合前面的论述，我们知道，此"物"乃知中之真条理。唯"物有身与天下、国、家"，似与前述"物为知中真条理"处不太一致，实际上也并不矛盾。尽管身与天下、国、家也是客观之物，但是，此身与天下、国、家究竟来说，都是此一心所平铺而成，若无心，则何来天下、国、家之事事物物？这是就现象上看。就其理来说，身与天下、国、家作为道德实践中的对象，都各有其理，此理却来自"知中之物"。故从分殊上说，物有天下、国、家。但此分殊之物实际上乃是以分殊之理为其存在之根据的，若无此分殊之理，则外在之客观事物的存在，对道德实践活动并无意义。这就是《中庸》所说的"不诚无物"。所以即使从分殊上来看，物也是理，此理也是心之条理之展现。故心是个无尽的宝藏，包括身内、身外所有事物之理。道德活动、人文世界中的一切之理都来自心，来自"不物于物"之"物"。

所以，在刘宗周那里，格物实际上就成了"明善"之等同语。此物为至善，为道德活动的原则，为良知之真条理，为理，为独体。当刘宗周发展出其"诚意"思想时，此物又可为"意根"。刘宗周虽将"物"收缩至内心深处，却并不因此偏内遗外，只关注内心，而忽略具体的道德实践活动。刘宗周为学宗旨在慎独，独体是贯穿动静，是无动无静的。所以格物的活动，不仅表现在独处时候的道德省察和体认，而且也表现在应事接物的实践过程中的道德体认。但不管是静是动，格物都是去辨明心灵深处最深微的道德本体。所以，刘宗周在其亲切体认法中会说："体天地万物为一本，更无本之可觅。"② 此"一本"，在刘宗周那里可以说是"独"体，可以说是"意根"，也可以说是"无物之物"。

---

① 《全集》第二册，第491页。
② 同上，第463页。

则意之所以为意也，物则知之所以为知也，体而体者也。物无体，又即天下国家身心意知物以为体，是之谓体用一源、显微无间。又云：《大学》八条目，如常山之蛇，击其首则尾应，击其尾则首应，击其中则首尾俱应。①

这一段话，是对《大学》八条目的一个从体用角度进行的诠释。在《大学》中，"修身为本"。心又是身之主宰，故心为身之体。"体"，即本体意。而"意"作为"好善恶恶"之"几"又是心之主宰，所以意又为心之体。而"知"则是"意之精明处"，此"知"不仅"知善知恶"，而且"知好知恶"，故为"意之所以为意"者，也可以说即意之体。而据前文，"知"非一空洞的知觉，知觉必有其真条理，这就是"物则"，也可以称为"物"。这才是决定道德活动的最深层之体，可以称得上是"体而体者也"。但是，离开天下、国家、身、心、意、知，作为良知之条理之"物"将空洞无所依附。所以，"物"必须具体化在其他七个条目中，这也是"物"。"物"在刘宗周那里有时又被称为"善"，"物"体现在其他条目中就可以被称为"善通天下以为量"。此条中的"物无体"之"体"与前面"心又其体"与"体而体者也"之中的"体"字含义不同，而是"用"之意，或可理解为"具体"之"体"。"善"尽管是一内在的原则，可以说是体，但是此体亦必须有其用，而不悬空孤立之善，所以它必须在其他七个条目中才能获得具体化，即贯穿于其他七条目中。这就是"体用一源，显微无间"。刘宗周在另一处也有一段类似的话，或许可以让我们对此有更清楚的理解：

心无体，以意为体；意无体，以知为体；知无体，以物为体；物无用，以知为用；知无用，以意为用；意无用，以心为用。此之谓体用一源，此之谓显微无间。②

由此条可以看出，上条中"物无体"中之"体"乃实指"用"。

---

① 《全集》第二册，第 457 页。
② 同上，第 531 页。

所关注的对象。但是，刘宗周讨论的重点也不在此，而在内心之道德原则、道德知觉与外在道德实践的关系。此道德原则、道德觉知，在刘宗周看来既是物，也是理。就其本身来说，不存在理和物是一是二的问题。此道德原则、道德知觉在道德实践过程中，就会显现在事物之上。这一过程，实际上是道德心分殊流贯，落实于道德活动上而显现其条理的过程。此时，格物仍是体察此理，而返回内心的道德原则、道德知觉。"不物于物，而不能不显于物"之"物"，并不是指外在的事物，而是"万物皆备于我"的"反身之物"。就"反身之物"来说，物就是理。但此"反身之物"必须在道德实践活动中，才可以显现，所以并不能脱离耳目闻见。而其发于耳目闻见，表现在外在世界中，就成为道德活动。这一过程就是"理一分殊"。根本上说来，就是由一颗道德心，发散为万理，呈现为万事，即事即理。此时可以说，事即理。尽管心本身在未发时"万象森然"，已经具有条理，但只是潜存之理，必须在道德实践活动中才能将其实现出来，让其发用，在发用过程中被明察，并得到亲切的体验。所以，道德心必须在实践活动中才可被体会，因此不能不借助闻见，而不能仅仅靠静中体悟，或者悬想本体来获得。①反之，在刘宗周看来，对道德实践活动的体认，也不能只落在闻见上，而必须明察此时不睹不闻的心体，时刻保持收敛，将一切道德反省都收归到内在之至善上，这就是"退藏于密"，此或是刘宗周"物"字之深刻内涵。实际上，这一过程，如果分析地说，表现在外在世界中的道德活动，可被称为用。但用并非没有内在的体作为根源，其不睹不闻的"独体"或"无物之物"就是其根源。而此体如果离开具体的道德实践活动（即用），其本身也没有存在之可能。实际上这是一表一里的关系，而不是前后的时间关系。所以刘宗周会认为"已发"和"未发"不是以时位言，而是以"表里对待"言，说白了也就是"体用"关系。这一结构，刘宗周又用"体用一源，显微无间"来表达。他说：

身者，天下国家之统体，而心又其体也。意则心之所以为心也。知

---

① 刘宗周很反对空想本体，他在《与陆以建年友一》中说："道，形而上者。虽上而不离乎形，形下即形上也。故曰'下而学上达'……今世俗之弊，正在言复不言克，言藏密而不言喜心，言中和而不言慎独，言立大本而不言心之官之思，言致知而不言格物，遂不免离相求心，以空指道，以扫除一切为学，以不立文字，当下即是性宗，何怪异学之纷纷也！"

物"。此分殊之物乃道德实践活动之物,是经过道德心灵浸润的事件,所以其理乃是根于"无物之物",即心体所具有的"物则"。所谓"物则",即"有物有则"之"物则",就是指理。所以"格物"是格其"反身之物",并不能脱离"修身"。①

刘宗周又用良知和闻见的关系来说明心和外在事物的关系。良知必须在事物上显现,所以闻见之知也是一心所发,也是良知的表现。故而,闻见所显示之物,同时也就是心,即心即物,也可以说是非心非物。为什么这样说? 物乃心物相融之现象,所以可以说"即心即物";心和物在此相会,二者共同构成此显现之物,此时,此显现之物不单单是主观的心,也不单单是客观的物,所以可以说是"非心非物"。说是"心",有"物"之内容,说是"物",也非客观之物,而是经过了心之作用后形成之物。这样来说物,就是防止人们将心物二分。或专内而遗外,或逐物而遗心。但从根本上来说,是想将"格物"和"心"联系起来,进而与"致知"直接联系起来。格物并非要求客观知识,最终还是要归到良知上。良知对是非来说就像鉴、衡和规矩,鉴、衡、规矩不能离开物体而"辨妍媸""取高下""定方圆",同样,良知也不能离开事物而辨是非。所以要致良知,不能空想良知,空致良知,必须落实在具体的"格物"中。但是,格物也并非要听到、看尽天下所有事物,即博物以广见闻,寻求客观知识,而是要在事物上体察此心之"至善",由外在的耳目之闻见反思"无闻""无见"的心体。耳目所闻见到的外在事物是"显",所以可用"睹""闻"来说。但是,此时,在此道德实践活动中,内心的道德原则、道德觉知却是此耳目所不能闻见的东西,即《中庸》的"不睹""不闻",也就是"独体",故而"格物"就是"慎独"。由格物而得到的不是闻见之知识,而是"所性之知",即关于道德的知识,也可以称为"至善"。

从这段话可以看出,刘宗周既将"格物"之"物",归到内心之道德原则上,同时又力图避免偏内而遗外的倾向,强调此"无物之物"必须即物而显。这里须做一分疏:作为分殊的万物,每一事物当然有其自身之理。此理可分为性理、物理两者。物理不是刘宗周关注的对象,性理则与道德实践有关,应是刘宗周

---

① 这一点刘宗周意识特别明显,他曾批评朱子将格致和诚正分为两节,导致格物如"游骑而无归"。有时候他也承认一草一木的格物有其价值,但这种格物也不能是以求客观知识为目的,而应与心性发生关系。例如他曾说:"自今观之,朱子言一草一木亦格其切于身者,如周子庭前草,谓其'与自家生意一般'便是。"(《全集》第一册,第 770—771 页)

物非粗也，无物之物非精也，即心即物，非心非物，此谓一以贯之。①

此段为刘宗周《大学古记约义》中专门讨论"格致"的文字。因此，开始所讲"盈天地间皆物也"一段，无非想说明"格物"之"物"字。故可以视为我们对刘宗周"格物"思想理解的一个标准。笔者试着对这段话进行一下梳理：首先，笔者认为，"盈天地间皆物也"是用理一分殊的方式来说明"格物"之"物"，和"物有本末"。我们在前文曾引用过一段文字，与此很相似，也是来说明"格物"的。那段文字用"物物一太极，统体一太极"的方式来说明"物"以及"天地间只此一物"。可见，此"一物"是重在"太极"之性体上。在这一段中，"天地万物一物也"，也是将天地万物看成一物。"一物本无物也。无物者，理之不物于物，为至善之体而统于吾心者也。"是在阐发"物有本末"之"本"。何为本？"无物之物"即是本，即是理。其文很明白："无物之物即理之不物于物者。"后面的"至善之体"应该是在解释《大学》经文中的"至善"。可见理是"至善"，而非泛泛之外物之理。但是，必须注意，此"至善"乃"统于吾心者也"。所以，依旧是将"至善"归到心体上。刘宗周很注重心的主宰和统会作用，他曾经说：

有万物而后有万形，有万形而后有万化，有万化而后有万心。以一心统万心，退藏于密，是为金锁钥……止此一心，是名大统会。②

即使强调"至善"他也不忘记心之统会作用，如此，得此"大统会"，也就得此"退藏于密"的"金锁钥"了。所以牟宗三先生在《从陆象山到刘蕺山》一书中把刘宗周学问形态归结为"退藏于密"，自是有道理。此"统于心"之至善，就是《中庸》所说的"独体"，此"独体"就是"统于心"之"无物之物"。所以"格物"就是"慎独"，故文中说："慎独，此格物真下手处。"此"无物之物"虽然不受外物支配，但是却必须在分殊之物上才可以落实，也就是"不能不显于

---

① 《全集》第一册，第760页。
② 《全集》第二册，第508页。

在内心的道德感受世界中，而不去接触外界事物。"物"作为最内在的"道德原则"，如果离开"通天下以为量"，则就没有呈现的形式，就会落空，变成"玄虚而荡"，所以才会有"博学""审问""慎思""明辨"的"格致"工夫，但是这五种工夫的中心却是"此善"。

刘宗周的上述一段话，不但说明了"格物"之内容为"此至善"，其实也可从中看出，他是如何处理至善和散殊之物，即内和外的关系的。刘宗周把"物"收到"意"和"独"中，他必然要面对在内的道德原则、道德感受和外在世界的关系。按照一般的逻辑，物既然在内心深处，格物何必要到外物中去寻求？那这样不就会走向只重内向反省而脱略事物的道路吗？刘宗周其实对此有明确意识，我们看看他是如何解决这一问题的。在《大学古记约义》中他说：

> 盈天地间皆物也。自其分者而观之，天地万物各一物也；自其合者观之，天地万物一物也。一物本无物也。无物者，理之不物于物，为至善之体而统于吾心者也。虽不物于物，而不能不显于物，耳得之而成声，目寓之而成色，莫非物也，则莫非心也。耳能辨天下之声而不可欺以清浊，吾因而致焉，并不可以欺以一切清浊，所以致吾心之聪也；目能辨天下之色而不可欺以淄素，吾因而致焉，并不可欺以一切淄素，所以致吾心之明也。致吾心之聪明，致吾心之良知也。良知之于物，如鉴之于妍媸、衡之于高下、规矩之于方圆也。鉴不离物而定妍媸，衡不离物而取高下，规矩不离物而起方圆，良知不离物而辨是非，一也。故曰："致知在格物。"然致吾心之聪，非无所不闻之谓也，闻吾至善而已矣；致吾心之明，非无不见之谓也，见吾至善而已矣。闻吾至善，返于无闻矣；见吾至善，返于无见矣，知无知矣。《中庸》曰："君子戒慎乎其所不睹，恐惧乎其所不闻。"又曰："不动而敬，不言而信。"其要归于慎独，此格物真下手处。故"格物"即格其反身之物，不离"修"者是，而"致知"致其所性之知，不离"止"者是。经曰："物有本末"，传申之曰"修身为本。此谓知本，此谓知至"，可谓明白注疏，而后人犹以为缺略，盖亦未之考矣……心非内也，耳目非外也，

物是"意之所在",是良知照察之对象,所以有善有恶。道德实践过程表现为,以良知作为主宰,去觉察心中的善恶念头,从而着实地"为善去恶"。所以阳明自然会认为格物就是"正其不正以归于正"。而在刘宗周,"物"就是知,就是"物则",是"理",是"知之真条理",是"独",是"体物不遗之物",则当然"格物"之"格"训"至"为近。"格物"就是要时刻在未发的"独体"和"知体"上用工。用刘宗周的话来说,就像在下棋中一样,这种做法为"先着",为"了着"。而当念头发动时,再去用"为善去恶"的工夫,就只能是"落后一着",而非究竟工夫。

有时候,刘宗周也会将此"物"称为善。在《原学上》中他说:

> 古之言大学者,莫的于孔门,而载在《大学》为独详。《大学》首言"明明德",又言"明明德于天下",何也?心本明,故曰"明德",其理则至善是也。学者,觉也,亦曰效也。效其心而觉,觉此者也,故《中庸》亦曰"明善"。善之理一,而散于物有万殊,格物致知,所以明之也……乃格致之要,则其目有五:善通天下以为量,故不博不可以言学;学然后知疑,乃授之以问,问以问此善,故曰"审";问然后致疑,乃授之以思,思以思此善,故曰"慎";思然后愈疑,乃授之以辨,辨以辨此善,故曰"明";辨然后明,乃授之以行,行以行此善,故曰"笃"……①

这里,刘宗周是扣紧《大学》"止于至善"的文本,以"至善"作为一个诠释核心来解释"格物",所以"格物"就变成了"明至善",从而与《中庸》的"明善"沟通了起来。在刘宗周那里,通过理一分殊的形式,"善"散于万殊之物中,"通天下以为量",格物就是要在每一事物中明察作为内心"至善"之表现的分殊之理。所以格物也并非是求客观外在之理,而是在道德活动中,在每一具体的场合和当下,去察明自己内心的道德原则。因此,这种明善并不是封守

---

① 《全集》第二册,第332—333页。第502页也有一条曰:"格物只是格其有善无恶之物。"第373页则曰:"心、意、知、物,总是至善中全副家当。"既然是至善中之"全副家当",则物有善无恶明矣。其实,在刘宗周那里,心、意、知、物起始均有善有恶,是一贯的血脉。这点在思维的结构上有点像龙溪,他解《大学》这四个条目,不是善恶夹杂,而是一以贯之的。

应该是物,而且这个物更为根本。① 把内在体验到的道德原则称为"物",也并非出于刘宗周的创造。伊川在回答苏季明的中和问答中就曾经说过:"谓之静则可,然静中须有物始得。"② 显然小程也是把静中的道德知觉之内容称为"物"。在这种情况中,格物就是要努力做工夫,使我们真实无伪地体察"独体"中的条理,即森然之万象。因此在刘宗周这里,"物"即是理,即是"物则",而非外在之客观物,也不是形诸念虑的善恶夹杂之物。关于这点,刘宗周其实有很清楚的表达:

> 合心、意、知、物,乃见此心之全体,更合身与家、国、天下,乃见此心之全量。③

> 《大学》之教,只要人知本。天下国家之本在身,身之本在心,心之本在意。意者,至善之所止也,而工夫则从格致始。正致其知止之知,而格其物有本末之物,归于止至善云耳。格致者,诚意之功,工夫结在主意中,方为真工夫,如离却意根一步,亦更无格致可言。故格致与诚意,一而二,二而一。④

此"物",在第一条中为"心"之内容,故非外在之物。当然,在心学中,心不能离物,物也不能离心。但,即便如此,也必须有所分辨:如果按照阳明"意之所在为物"的说法,也可以说物在内心。但刘宗周所说之"物"却不同于阳明,在他那里此"物"是知之真条理,也是"知中最初之机",是"体物不遗之物",也就是"独"体。岂不是完全内收到极点?所以刘宗周说"物即是知,非知之所照"。同时,在刘宗周确立了"诚意"宗旨以后,"意"成了"心之本",自然"物有本末"之"本"就从"身"转到"意"上。这时候,"格物"就是在"意"上用工夫。"格致"与"诚意"也就变成"一而二,二而一"的了。在阳明那里,

---

① 刘宗周有时候用"慎独"来统格物,在这种情况下,"物"就是指"不睹""不闻"的独体,格物就是"慎独",这点我们在后面将会讨论到。
② 《全集》第二册,第237页。
③ 同上,第481页。
④ 同上。

明的这个说法,完全来自朱子:

> 格物之说,相传有七十二家,其最著者,为以"至"训"格",朱子是也。以"去"训格,慈湖及许恭简师是也。以"式"训"格",阳明是也。以"感通"训"格",念庵是也。念庵与朱子相近,慈湖与阳明相近。然就《大学》本文熟玩之,终以朱子说为长。物有本末,将从何项格去?从诚正来,何必增格式?起手在此,将从何地感通?但朱子泛求物理,不免游骑无归,少疏"知本"之义耳。然如补传所云,"莫不因其已知而益穷之,以求至乎其极",何尝非阳明"格物之极,止至善而已矣"之意?阳明云"致良知于事事物物之间",全是朱子说。而又云"格其不正,以归于正",则又兜揽在正心项下矣。岂"欲正其心者",究竟只在去其心之不正,以归于正乎?

这段话,一方面印证了刘宗周反对阳明"正其不正,以归于正"的格物说,另一方面也表明相比较而言,他更认同阳明"致良知于事事物物"中的说法。所以,刘宗周之格物说更强调的是对于内心道德原则的体察,而非在念虑发作以后进行纠正和拦截。

这样看来,"物"完全被刘宗周收摄到道德良知之中,不再是外在客观之物,而是主体在进行道德活动时,内心所呈现的道德原则。关于此良知之真条理,刘宗周对于一念未起之先的描述,也许可以有助于我们对此的了解:

> 独体惺惺,本无须臾之间,吾亦与之无间而已。惟其本是惺惺也,故一念未起之中,耳目有所不及加,而天下之可睹可闻者,即在于此。冲漠无朕之中,万象森然已备矣,故曰"莫见莫显"。[1]

也就是说,尽管此为一种内在的道德原则和感受,但在刘宗周看来,这也

---

[1] 《全集》第二册,第351页。

从这里我们可以看出,在刘宗周那里,格物并非像阳明"正其不正已归于正"那样,强调纠正不道德的念虑,而似乎更倾向于体认思虑未发时的心体。如果"物"不是指"意之所在"的念头,而是指"渊渊静深"的心体,则"格物"之"格",当然训为"至"字比较妥当。

通过上面的分析,刘宗周"物"之概念开始慢慢清晰起来。那么,"为善去恶是物则"中的"物则"究竟做何解释呢?《诗经·大雅·烝民》曰:"天生烝民,有物有则,民之秉彝,好是懿德。""物则"当出于此,表示人所禀有的内在道德原则。显然"物则"不能仅仅指外则事物的条理秩序,即使将"物则"理解成物理,那么也是就道德实践而言,非仅仅泛言物理。刘宗周可能就是取此意,他说:

> 知之为言良也,以其为此意之真宅也,故曰:"诚意先致知";物之为言理也,以其为此知之真条理也,故曰:"致知在格物。"物有善恶,而其初则本善无恶;理有万殊,而其本则至一而不二。真格物者,非精非粗,非内非外,正是天命之性一直捷津梁,故《大学》以之为第一义,信非诬也。①

原来,物就是理,而且是"知之真条理"。"物有善恶"似指念虑发生以后现实中的善恶之事,但这似不是刘宗周"物"字之内涵。在刘宗周看来,"物"之初始状态是"有善无恶"的。既然"物之为言,理也",则"格物"当然就是"穷理",难怪他会认同朱子"格物"的训释。但是,此处从本质上说,已不是朱子学的解释。理乃"此知之真条理",反而是在用朱子学的理论来结合阳明的良知,讲一套心学理论。这是与他强调格物必须与修身紧密联系起来的立场相一致的。

由此我们可以见出"物则"的真正含义:物则就是理,格物就是要穷至我们良知的真条理。而现实中的"为善去恶"实际上是我们依照良知之真条理("物则")为准则而判定的。若没有此"物则",则如何能真正为善去恶? 这也就是他更加肯定阳明"致良知于事事物物"的讲法之原因。有趣的是,他还认为阳

---

① 《全集》第三册上,第388页。

义如何？"余曰："人性本善，其有时而恶，气拘物蔽之病耳。文成言致良知于事事物物之间，非直以为善去恶当格物。"①

这段话实际上在讨论格物问题，其前半部分我们已经引用并讨论过。在其后半部分中，刘宗周的学生曾就阳明四句教中的"为善去恶是格物"的"格物"说请刘宗周给出评价。从刘宗周的回答来看：他明显不满意用"为善去恶"来表达"格物"的内涵，相反他倒是似乎认同阳明"致良知于事事物物之间"的提法。照这句话的意思，刘宗周似乎认为"为善去恶"并不能表明其中有一个纯善的主宰在活动、发用，而"致良知于事事物物"则具有这种意味。两者相较，"致良知于事事物物"更能显示良知作为一个善良意志在现实道德实践活动中的主宰作用，因此更具有根源性。除此以外，刘宗周还反对阳明用"格去物欲"的说法来解释"格物"。刘宗周说：

> 程子云：凡言心者，皆指已发而言，是以念为心也。朱子云：意者，心之所发，是以念为意也。又以独知偏属之动，是以念为知也。阳明子以格去物欲为格物，是以念为物也。后世心学不明如此，故佛氏一切扫除，专以死念为工夫……②

这段文字本身是批评"念"的，但从中也可以看出，在"格物"的问题上，刘宗周反对阳明"格去物欲"的说法。他认为阳明是"以念为物"。实际上，"格去物欲"的说法与"为善去恶"的说法具有相通之处，即都是强调在念头上做工夫，而这恰恰是刘宗周所反对的，他说：

> 学者但知穷理为支离，而不知同一心耳。舍渊渊静深之地，而从事于思虑纷起之后，泛应曲当之间，正是寻枝摘叶之大者，其为支离之病，亦一而已。③

---

① 《全集》第二册，第 652 页。
② 同上，第 495—496 页。
③ 同上，第 354 页。

臭,如好好色。"言自中之好恶一于善不二于恶。一于善不二于恶,正见此心之存主有善而无恶也,恶得以所发言乎?①

意为心之所存,则至静者莫如意。乃阳明子曰"有善有恶者意之动",何也?意无所为善恶,但好善恶恶而已。好恶者,此心最初之机,惟微之体也。吾请折以孔子之言。《易》曰:"几者,动之微,吉之先见者也。"谓"动之微",则动而无动可知;谓"先见",则不著于吉凶可知;谓"吉之先见",不沦于吉凶可知。曰:"意非几也。"意非几也,独非几乎?②

阳明承袭了朱子对"意"的解释,在他看来,"意"是落于意念层面的人心之活动,如果用"已发"和"未发"的概念来对应的话,意为"心之所发",即"已发"。这个层次上的意念活动当然会有善恶之区分。刘宗周反对阳明对"意"的看法,他认为"意"并不是"心之所发",而是"心之所存"。根据《大学》"诚意"传,他认为"意"是好善恶恶的心体之最初意向,即深微的道德定向,所以尚不是落于善恶对待的念头,乃是"惟微之体"。此"惟微之体",也就是《易传》所说的"几"。但《易传》的"几者,动之微"之"动"字,从字面上容易被理解成具体时空中之活动,属于经验层次。而刘宗周则指明此"动之微"之"动"为"动而无动",乃本体、本心之觉知活动,也就是"复其见天地之心"之动,非时位之动静。如此,虽动而实静,所以刘宗周说"至静者莫如意"。

唯有第四句"为善去恶是物则"则不易了解,此句显然是针对阳明四句教中"为善去恶是格物"而来。按照我们的理解,"为善去恶是格物"本来当无大弊,刘宗周为何还要改此一句呢?也许有一段话可以为我们提供其中的一点消息:

晋侯复举经文两物字质异同,余曰:"盈天地间,只此一物,更无二物,自其分者言,物物各具一太极;自其合者言,万物统体一太极也。"或问:"格物工夫,从万处用?从一处用?"……一生因问:"文成为善去恶之

---

① 《全集》第二册,第390页。
② 同上,第459页。

也就是说，在他看来，王艮以"身"为"物"之"本"的说法并没有错。不过，他认为王艮将"本"仅仅停留在"修身"上尚不够深入，还必须进一步将"修身"归到"诚意"这个本中之本上。这是与他的"诚意"思想有密切关联的，这在后面我们还会讨论到。

三

阳明曾经曾提出四句教："无善无恶心之体，有善有恶意之动，知善知恶是良知，为善去恶是格物。"刘宗周对此很不满，他提出了自己的四句教，即"有善有恶者心之动，好善恶恶者意之静，知善知恶是良知，为善去恶是物则。"刘宗周四句教之第三句，与阳明之第三句同，表明他基本认同这个提法。而他的第一句"有善有恶者心之动"，似指现实人心之活动。刘宗周对此有解释：

> 心何以有善恶？周子所谓"形既生矣，神发知矣，五性感动而善恶分，万事出矣。"正指心而言。①

就是说，我们在具有了肉体生命以后，精神就会表现为知觉活动，人所本有的"金木水火土"的五行之性为外物所感以后，如果不能得其正当的发用，自然会产生善恶之不同情状。同时，心落实到各种日常活动中，就会形成所谓的"万事"。刘宗周此处是就现实经验层面来讲人心，以此反对阳明"无善无恶心之体"的说法。

第二句"有善无恶意之静"则是刘宗周所着意强调的。刘宗周对此有解释：

> 意者，心之所发，发则有善恶，阳明之说有自来矣。抑善恶者意乎？好善恶恶者意乎？若果以好善恶恶者为意，则意之有善而无恶明矣。②
> 意者，心之所存，非所发也。朱子以所发训意，非是。传曰："如恶恶

---

① 《全集》第二册，第 459 页。
② 同上，第 522 页。

首先，刘宗周明确指出"格物"之"物"就是"物有本末"之"物"。《大学》明明说"物有本末""修身为本""此谓知本"，如此，"格物"之内容必与"修身"关联，这样才算得上"知本"。那么"格物"之"物"就不能像朱子所说的那样，仅仅是"泛言事物之理"。朱子那样做就是在"格物"时不分"本末"，也就谈不上"知本"了。所以要兼顾"物有本末"和"知本"，对"物"字就不能做如此宽泛之理解。此"物"字必须是在本末之辨中具有根本性质的东西。所以他反问朱子，难道《大学》中所说的"物"字会有两个意涵吗？即，如果承认前后两"物"字内涵一致，结合"物有本末""知本"，则必不能如此解释"格物"，除非朱子把前后两个"物"字解释成不同的意涵。可见，他很坚持"一以贯之"的字义训释原则。他也用同样的文献方法来反对阳明：在他看来，《大学》中的"知"字也应该具有一致的内涵："致知"之"知"就是"知所先后"之"知"。但是在王门，却将"致知"之"知"解释成"直指德性"的良知，而不同于"知所先后"之"知"。这不也是说《大学》中的"知"也有两个"知"，即具有两种内涵了吗？所以他认为阳明将"致知"之"知"解释成"良知"不够有融贯力，而且有将"良知"转架于"明德"之上的"叠床架屋"之嫌。①

刘宗周对"物"字的解释，可能受王艮启发。王艮认为，在"格物"的时候，首先要搞清楚什么是物，他说："身与天下国家一物也，惟一物而有本末之谓。"②这与刘宗周"盈天地间，只此一物"的说法比较相似。按照刘宗周对文献中前后所出现词语内涵一致性的要求，他当然不会忽视《大学》"修身为本"的提法。自然在他的"格物"说中，"身"也应该是"物有本末"之"本"之物。所以他曾明确地对王艮的"格物说"表示赞许：

> 后儒格物之说，当以淮南为正。曰："格知身之为本，而天下国家之为末。"予请申之曰："格知诚意为本，而修齐治平之为末。"③

---

① 《全集》第三册，第454页。《答史子复二》中，有一段话与之类似，可参见："阳明子之言良知，从'明德'二字换出，亦从'知止'二字落根，盖悟后喝语也。而不必以之解《大学》，以《大学》原有明德知止字义也。今于一章之中，必分格物之'物'非'物有本末'之'物'，必分'致知'之'知'非'知本''知止'之知，且犹以为不足也，必撰一'良'字以附益之，岂不画蛇添足乎？"
② 黄宗羲：《明儒学案》卷三十二，北京：中华书局，1986年，第723页。
③ 《全集》第二册，第529页。

祯辛未（1631），刘宗周与陶奭龄共举证人之会。在第一会上，弟子章晋侯举《大学》经文两"物"字向刘宗周质异同，刘宗周答曰：

> 盈天地间，只此一物，更无二物，自其分者言，物物各具一太极；自其合者言，万物统体一太极也。①

刘宗周首先肯定天地间只有"一物"，也就是说《大学》经文中前后两个"物"字内涵一致。其内涵是什么呢？显然在刘宗周看来，"格物"并非是去穷究事物的物理属性，而是要探索蕴含于事物中的"太极"。在这里，他借用了朱子"统体一太极，物物一太极"的说法来阐发自己的看法。刘宗周的这个说法引起了有些人的疑问，有人问："格物工夫，从万处用？从一处用？"刘宗周回答说："《大学》言'物有本末'，一者，本也。举其本而末自该，非物物而格之之谓也。"②这样，刘宗周就把两个"物"字贯穿起来。也就是说，"格物"并非要"物物而格之"，而是要区分本末。在本和末之间，"格物"的重点当然要落在"本"上。从一和万的关系上来说，一为本，万为末，重点也要在"一"上用格物工夫。如此，"举本而末自该"，根本用不着"物物而格之"。

从上面可以看出，在文本上，刘宗周力图将两个"物"字统一起来。这个层次我们可以称为文本的层次。③ 从这个角度，他不满意朱子和阳明对"物"和"知"的解释：

> 致知在格物，则物必是"物有本末"之物，知必是"知所先后"之知……乃后儒解者，在朱子则以物为泛言事物之理，竟失"知本"之旨；在王门则以知为直指德性之旨，转架"明德"之上，岂《大学》训物有二物？知有二知？④

---

① 《全集》第二册，第652页。
② 同上。
③ 刘宗周在批评阳明对《大学》的解释时，很强调"本文"，如"果是《大学》本文否？"（同上，第499页）
④ 同上，第521页。

由此可以看出，刘宗周并不反对朱子将"格物"解释为"穷理"。他说："'格物'不妨训'穷理'。"但这并不表明，他在实际立场上和朱熹一致。他在做出上述说法后紧接着说："只是反躬穷理，则'知本'之意自在其中。"①可见，他将"穷理"转向了"反躬"一面，即由泛穷事物之理转向了反躬近里之一面。因此，他尽管承认"格物"可以训为"穷理"，但这只是在形式上认同此解释。在实际内容上，他对"穷理"的理解已经不同于朱子，而接近于阳明。这可以从他对朱子、阳明"格物"说的评价上可以看出来，刘宗周说：

朱子格物之说，置身于此而穷物于彼，其知驰于外，故格致之后，又有诚正工夫。阳明格物之说，置身于此而穷物于此，其知返于内，故格致之时，即诚正工夫。要之，格致工夫原为诚正而设，诚正工夫即从格致而入，先后二字皆就一时看出，非有节候，是一是二，自可理会。②

尽管此处夹杂着"致知""诚意""正心"来讨论"格物"，但是我们可以清楚地看到，刘宗周反对朱子"置身于此而穷物于彼"的做法，而肯定阳明"置身于此而穷物于此"的立场。在他看来，"格物"不能驰求于外物，而必须与"诚意""正心"紧密结合起来，即"格物"要与身心修养发生关系。这样，朱子格物所包含的客观知识论内容就被消解掉了，而被牢牢限制在道德实践的范围内。

之所以会有这样的情况发生，关键在于刘宗周对"格物"之"物"字的理解有其根本特色。若不了解刘宗周对此"物"字的解释，则不可能了解其"格物"思想。

二

刘宗周对"物"的解释，其特点之一，即在于他在解释《大学》经文时，力图将《大学》经文中"格物"之"物"字和"物有本末"之"物"字统一起来。崇

---

① 《全集》第一册，第771页。
② 同上，第770页。

的争论姑且可以看作文本层面的。当然，这不是说这些诠释仅仅与文字有关，而在背后没有其哲学的立场作为根据，而是说从这个角度，可以做一个方便的区分，便于我们厘清问题。另一方面，之所以会出现这些不同的诠释，也是由各自的哲学立场所决定的，我们做这两个层次的划分，也并非没有客观依据。实际上在对古代文献的诠释上，的确存在这两个向度：一方面，诠释者不能完全脱离文献而随意发挥，自说一套，所以诠释者会注意到是否符合"本文"这一客观要求；另一方面，诠释者的哲学立场，对于文本的解释，的确也会发生极大的影响。[1]

一

以上我们主要从两个层次说明《大学》中"格致"所以会引生出众多争论的原因。刘宗周对《大学》"格致"的解释，实际上也包含这两个方面。不过，我们在此不打算讨论他的"致知"说，而只想探讨他的"格物"思想。

一般说来，"格物"这个概念，本身就包含两个方面，即"格"与"物"。不管是朱熹还是王阳明，在解释格物的时候都要将这两个方面说清楚。比如，朱子训"格"为"至"，训"物"为"理"，这样"格物"就转变成了"穷至事物之理"，即"穷理"。阳明不同意朱子的解释，训"格"为"正"，而将"物"解释为"意之所在"，这样"格物"就变成了"正念头"。在刘宗周的解释中，对于"格"字本身的关注比较少，他的立场似乎接近朱子，认为训"格"为"至"较妥帖。在《大学杂言》中，他说：

> "格"之为义，有训"至"者，程子、朱子也；有训"改革"者，杨慈湖也；有训"正"者，王文成也；有训"格式"者，王心斋也；有训"感通"者，罗念庵也。其义皆有所本，而其说各有可通，然从"至"为近。[2]

---

[1] 例如，朱子到阳明、刘宗周对《大学》的解释中心，就表现出一个由"格物"到"致知""诚意"的转换。这既表明理学道德实践过程的深化，同时从中也可以看出，对《大学》的解释，的确与各理学家的哲学宗旨有关。

[2] 《全集》第一册，第771页。

试论刘宗周的"格物"思想

高海波

（清华大学哲学系）

　　自程朱极力表彰《大学》，《大学》一书逐渐成为宋明理学家阐发思想的一个主要文本依据，从而关于《大学》的诠释也是层出不穷。而在众多诠释中，对"三纲八目"中的前四目（即格物、致知、诚意、正心）的解释又构成整个《大学》诠释中的重点和难点，分歧往往由此而发生。在这四者当中，"格物"的解释恐怕又是争论最多的，刘宗周曾说："格物之说，古今聚讼者有七十二家。"[①]出现这种情况的原因，一方面是由于《大学》文本本身所具有的模糊性，给诠释留下了很大的空间。尤其是朱子《大学章句》出来以后，"格物""致知"是否缺传问题又成了争论的一个焦点。的确，按照朱子《大学章句》的理解，仅就《大学》之原文，并不能直接看出可以作为"格物""致知"传的文字，而与之相反，其他六条目都可以在文本中找到明确的对应文字，所以朱子才会另外补一个"格致传"。后来阳明《大学古本旁释》出来以后，又认为"格致"未尝缺传，而以"瞻彼淇奥"以下数节引《诗》之言作为"格致"之传[②]，从而认为朱子"格致"补传为无谓。阳明的这个诠释角度，在明代中后期有重要的影响。[③]这一层次

[①] 戴琏璋、吴光主编：《刘宗周全集》第一册，台北："中央研究院"中国文哲研究所筹备处，1996年，第771页。以下简称《全集》。
[②] 参见《王阳明全集》，第1194页。
[③] 比如高攀龙也认为《大学》未尝缺传，不分经传，只是六段文字（《全集》第一册，第753页）。

孝复的论争中刘宗周提出的观点，来判断其与王阳明的关系，如此极力攻击史氏兄弟等余姚士人的黄宗羲，难道不知道刘宗周给史孝复的书信中说"盖亦有与鄙意互相发明者，如谓'仆之所云意，盖言知'是也"吗？①

黄宗羲对于同为刘宗周门下的恽日初的批判也非常有名。对于恽日初，黄宗羲批判道：

> 董标《心意十问》、史孝复《商疑十则》，皆因学者疑此而辨明之也。今节要所载董、史问答，去其根柢而留其枝叶，使学者观之，茫然不得其归著之处。②

黄宗羲具体点名董标和史孝复，还指责恽日初《刘子节要》③的编纂没有传达其师的本意。但是《刘子节要》中，也收录了"先生之所谓意，盖言知也"一句。黄宗羲应该是知道的，就此而言至少不能说是"去其根柢而留其枝叶"。而且，刘宗周本身对提出此句的史孝复反复表达谢意。不得不说黄宗羲不仅对史孝复和恽日初，即使对刘宗周，也有不诚实一面。

最后要补充的是，调整融合王阳明和刘宗周的思想并继承，在本文开头提到的余姚书院的士人中，其代表是邵廷采。虽然这样的思想能不能说是成功的还需要日后的论证——这也是今后不得不研究的课题，但至少晚年的刘宗周（虽然不一定知道，但假如）知道姚江书院的目的后会非常高兴。这里说"至少"，当然是考虑到史孝复。如果是他的话，后续的交往必定很难进行，会再一次激烈地争论。虽然这完全是没有历史意义的猜测，但对我个人并非无稽之谈。对于"无意义但有趣"之事，大概不得不接受刘宗周和史孝复两方的批判。

（申绪璐、刘心奕合译）

---

① 黄宗羲写墓志铭的"董吴仲"（讳允璘，慈溪人），向黄宗羲出示对刘宗周的思想表示疑问的《刘子质疑》，讨论了王、刘的思想。有必要对此处黄宗羲的观点按照文脉予以分析。通过该墓志铭以及《答董吴仲论学书·丁未》（黄宗羲著，吴光主编：《黄宗羲全集》第十册，第147—149页）的详细分析，能够明晰明清之际绍兴地区刘宗周思想的传播情况，这将是今后的研究课题。

② 黄宗羲：《答恽仲升论子刘子节要书》，《黄宗羲全集》第十册，第224页。

③ 林胜彩点校、钟彩钧校订：《刘子节要附恽日初集》，台北："中央研究院"中国文哲研究所，2015年，第16页。

对此，刘宗周表示："至及近时良知之弊，直说出愚意中事，何幸先得同然，不意苦心相证乃尔。"虽然之后两者的主张没能达成共识，但是 E 的结语中也有"丈之启我亦已多矣"（第三册，第 388 页）的谢词。这可以看作刘宗周对史孝复的屈服，或者刘宗周因史孝复的批评而使自己的思想飞跃。就我而言倾向前者，在刘宗周的晚年虽然出现了思想的纠结，但是也有如下的评论。史氏兄弟传记中，最后"阙史曰"的部分概括了史孝咸、史孝复兄弟的历史意义。

世有能恢复本心，如王子者乎？……隐君、文学兄弟则问之极其审，辨之极其明。盖自刘子揭诚意之教，隐君先辛未六年即问学刘子者，得古人学问无一点在所发、将发处用语而疑释矣。此所以有学问以立诚为第一步之说也。文学反复数千言，亦疑良知无凭据，不如意字确有可依，刘子所谓说出愚意中事也。隐君、文学，其真能叩刘子之学者哉！其真能守王子之道者哉！①

也许最接近刘宗周本人的真实感觉的，就是这段评论。虽然刘宗周没有看过这段评论，但是本文所以引用的刘宗周的话语可以支持这一点。

对此，黄宗羲又如何评价呢？他对史氏兄弟在内的余姚人士进行了激烈的批判，这一点本文开头就提到。黄宗羲有如下的说法：

余谓先师之意，即阳明之良知。先师之诚意，即阳明之致良知。

这是黄宗羲《董吴仲墓志铭（壬子）》中的话。黄宗羲的这种说法，我觉得很不恰当。《墓志铭》开头，提到刘宗周创立证人书院，并诚实地指出："当先师讲学之时，圆澄圆悟两家子孙，欲以其说窜入，先师每临讲席而叹。"②如果将他的话合起来考虑，明显他把余姚士人考虑在内。尽管如此，黄宗羲使用了与史

---

① 《中国历代书院志》第九册，第 309 页。
② 黄宗羲著，吴光主编：《黄宗羲全集》第十卷，第 466—468 页。

推。(《校勘记》四十八，第三册，第 393 页)

自己的学说与王阳明的主张并非不同，这大概不仅仅是表面的现象。可能在与史孝复的讨论中，刘宗周真正地开始相信自己的学说与王阳明思想（"真诚恻怛""知行合一"的主张）是一致的。因而在争论中，一方面批判四句教和良知说，一方面继续引用王阳明的话。①

四　结　语

本文分析了刘宗周晚年与史孝复的论战。有关刘宗周的思想结构以及思想史上位置的研究非常多，但是依照具体的脉络进行思想分析的还不多见。本文限定在刘宗周与史孝复之间的讨论，梳理两人论争的过程，以此阐明以往研究尚未涉及的刘宗周思想来源（刘宗周为何如此说）与其思想的徘徊。受限于这样的考察方法，本文中对于研究对象的每一句话，都有必要一一地按照《学言》等思想资料和其他书信来分析。这些作为今后的研究课题，在此需要对两者争论的意义予以确认。

虽然二者的争论以双方的去世而结束，但即使继续如此，应该也不会有圆满的结果。文中已经数次提到，刘宗周认为自己的主张与史孝复的意见没有太大的差异，也多次感谢史孝复的批评。下面是尚未引用的资料，材料 A 中史孝复已经将刘宗周的思想概况为：

窃观前后宗旨，总不出以意为心之主宰，然某必舍良知不言而言意者，盖尝深思而得之。缘阳明以后诸儒谈良知之妙，而考其致处，全不相掩。因疑良知终无凭据，不如意字确有可依耳。(第二册，第 348 页)

---

① 第 870 页注①所引马渊昌也的论文中指出："其实，王守仁也是以对善恶的好恶规定良知，作为心理的倾向而把握，回避知陷入简单地观照的存在，失去实践的紧迫感。刘宗周也是积极地接受这一点。"（第 200 页）另外，第 881 页注②所引中纯夫的《刘宗周的阳明学论——以书信为中心》中，举出刘宗周五十九岁时《学言》中所说"好善恶恶者意之静，知善知恶者是良知"，认为"若能好善恶恶，则亦有辨识善恶的能力。这里刘宗周'意'的实质，非常接近知善知恶的良知。刘宗周有'好善恶恶是良知'一语，好善恶恶与知善知恶，意与良知基本可以一体来把握"（第 144 页）。

并没有矛盾。这一时期刘宗周的基本态度是,提高"意"的尊严和优越性是最重要的,在此前提下并不排斥与王阳明的接近,这是该时期刘宗周的基本态度。①

E 中还有以下的批判,王阳明一边说"大学之道诚意而已",一边将自己的思想融入"致良知",在"知是知非"的能力中能够发现良知的真髓吗?

> 于学问宗旨已是一了百当,又何取此黍稷双行之种子而姑存之,而且力矫而诚之。诚其有善,固可断然为君子;诚其有恶,岂不断然为小人。卒乃授之知善知恶,而又为善而去恶,将置"大学之道诚意而已矣"一语于何地乎?(第三册,第387—388页)

王阳明说"致知焉尽之矣",结果却制造出了非常烦琐的理论,难道不是讽刺吗?"意有善有恶",若使其诚,无论君子还是小人都能做到。虽然这样的批判非常尖锐,但反而自受其害,"重要的是致知"②。如同上一节 B+ 所引史孝复所说"有善意而知之,有恶意而知之,无善无恶而亦知之,宁仅二三,即千变万化,交错纷纭,而良知炯然独照",虽然能以此反驳,但似乎陷入某种抬杠(或者说刘宗周说的"大同小异")之中。这也是与史孝复的争论没有圆满结果的其中一个理由吧。

而且,《四库全书》本的 E 中,之后还有一段长文。

> 又一日,读阳明子之言曰:"人于寻常好恶亦有不真切处,惟于恶恶臭、好好色,则皆发于真心。《大学》就易见处指示人。"《大学》尽于诚意,而意之所以诚,见在如此而已。夫以如恶如好为仅是指点语,则指点着落处果安在。《大学》既尽于诚意,则所为格致处尤自可思。仆乃窃自幸其说之不谬于前人,而从前著论真可付之一炬矣。诚意之说明,而其他可以类

---

① 冈田武彦先生在《刘念台的诚意说》中,指出:"念台尤其是不遗余力地批评阳明的四句教宗旨。……但是念台的诚意说是深刻洞察追求人类性命浑一的王学精神的结果,因而从这一点来看,也可以说是发挥了王学的秘蕴。"(冈田武彦:《刘念台文集》,《冈田武彦全集》13,东京:明德出版社,2005年,第321页。首次发表于1953年。)

② 这与第881页注①所讨论的问题一样。

刘宗周提出以下批判：

（1）虽然与孟子的思想一致，但是与《大学》不合的部分很多。
（2）"良知"虽然"知善知恶"，但是应该像孟子说的"知爱知敬"。
（3）如果"有善有恶"（"意"）以后是"知善知恶"（"知"），那不得不说"知为意之奴"。为何要加以"良"字呢？
（4）如果"心"原本是"无善无恶"的，又是"知善知恶"的话，那么只能说"知为心之祟"。为何要加以"良"字呢？
（5）这些问题无外乎是因为王阳明误解了"意"。
（6）原本《大学》的"知"是"知本""知止"的意思，因而没有必要在《大学》"明德"的概念以上，再特意加上"良知"等从《孟子》而来的概念。

要言之，对于《大学》的"知"，没有必要再加上源于《孟子》的"良"字。前文引用的 E 中也有类似的发言，其中还提出：

> 今于一章之中，必分格物之物非物有本末之物，必分致知之知非知本知止之知，且以为犹有所不足也，必撰一良字以附益之，岂不画蛇而添足乎？若曰"以良知之知知止，以良知之知知本"，则又架屋叠床之甚矣。（第三册，第387页）

这与《良知说》有着共同观念，这里也可以看出刘宗周晚年阳明学观的基础。但是，能够将这样的阳明学批判看作"辨难不遗余力"吗？[1]虽然批判了四句教和"良"知说，但是这些批判和其他部分中对王阳明的支持，在刘宗周思想中

---

[1] 荒木见悟先生《意は心の存する所—刘念台思想の背景—》中，指出"念台的良知说，虽然批评'知为意之奴'（《良知说》，《全书》卷八），但通过情意而不断接受的诸要素，心的全部机能在良知动力的特性中变得暗淡。不，他是感到了给予心极大自由的恐惧"；而且"他的思想中好恶紧联善恶，并非是从十方无碍的自然混沌中不断产生新的伦理规范，而是在好恶的某种节度中呈现善恶的样子。这里'所好'就是'不得不好'，'不得不好'进一步成为'所好'。刘念台极力反对去除'不得不好'之痕迹的无善无恶说"（收于金谷治编：《中国における人间性の探究》，创文社，1983年，第636—637页）。对于此处的讨论，荒木先生的观点富有启发性。

偶有问答，为令弟发覆，不免话长，未能归一。伏承尊教，复披摘至此，殊切感佩。读兄所言良知处，大是通透了彻。知近日所见之别，所养之深，则同异之见。（第三册，第378页）

在此之后，刘宗周恳切地说出自己提倡"诚意"说的理由。自己的"诚意"说，不过是发明源于"圣经"中的内容，并且强调符合王阳明所说的"大学之道诚意而已"，也并非自己随意所说。提倡"诚意"说的理由，有以下两点。

（a）一则不欲说坏意字
（b）一则不欲说粗意字

关于（a），其说明（批判）为"心、意、知、物只一串事，不应心与知合作一事，而独置于膜外"。但是四句教中有"意为有善有恶之意"，那么就等于"心""知""物"都是"有善有恶"的。只把"意"当作是恶的话，就是"说坏意字"，破坏了"意"的本领。① 如果再次参照上一节所引的资料，刘宗周认为"'有善有恶意之动'非《大学》本旨，遂不若认定'好善恶恶为意之动'为亲切也"。刘宗周认为，不是"有"的事态、结果，而是"好""恶"的根源性情感发动，才可以发现"意"之为意的本领。四句教的表现中，这样的"意"的本领被"坏"了。

（b）也是"心""意""知"的关系性问题。《大学》之教虽然尽于"知本"，但并非本来灵妙之光的"知"会预先照亮作为末的"意"，也非使作为末的"意"诚，作为本的"心"正。相反，这里主张是"说粗意字"（对"意"粗糙的解说）。要言之，（a）那样只把"意"当作恶者的王阳明四句教也在批判范围之内。（b）则是说《大学》之"知"理解为"知本"之"知"。需要指出的是，（a）（b）与《良知说（崇祯癸未十一月）》（第二册，第317—318页）的思想关联非常密切。前文亦有提到该文写于B与C之间。在其前半部分，对于王阳明的"良知"说

---

① A中，刘宗周提出"岂知诚意章言'德润身，心广体胖'，将身心二字一齐俱到乎。后人不省，只为将意字看坏了，不得不进而求精于心，则必欲诚其意先正其心而可耳。惟将一意字看坏，并诚字亦看坏。"（第二册，第347页）此处"看坏"的意思与"说坏"相近。

发上说意，并非只能在所存上说。因该书的主旨为"存发只是一机"，之后可以见到与波浪线部分相同的"意以所存言，而不专以所发言"（画直线部分）。同样的表达出现了两次，如《史隐君文学兄弟传》与《四库全书》本 B 中相反的表达方式，难道不是要强调"一机"这一点吗？可以说，这正是刘宗周的风格。

为何说"这正是刘宗周的风格"呢？B+ 的末尾提出"弟所吃紧者，总之不争存发二字。而争'有善有恶意之动'非《大学》本旨，终不若认定'好善恶恶为意之动'为亲切也"（第三册，第 538 页）。上文刚刚提到，近似的议论在 B 中也能看见，但如果简单地接受这句话，"意为心之所存"这一点在刘宗周思想中就不再占据核心位置了。当然，这段话之后他提到，"此外亦不及细申，聊质以大意如此，惟裁正幸甚。转呈令兄待正，何如？"（第三册，第 538 页）兄长史孝咸也牵涉到议论之中，坦率地说，对于史孝复尖锐的争论，大概只能那样说了。在本节前半部分的讨论中，刘宗周原本已经接受了史孝复这些批判，但在史孝复的批评中还有如下严厉的说法：

> 窃谓知心体之本虚，则不必于所发外别寻一所存者以实之。知独之为知，则不须曲倩好恶两在而一机者以当之。心意既认得清楚，不作异解，则圣经条目先后一一自然。诚正一关初无不了之案，而前所云"意为心之主宰，意为体，心为用"，种种创论，自可冰释矣。（第三册，第 537 页）

"不必于所发外别寻一所存者以实之""不须曲倩好恶两在而一机者以当之""异解""诚正一关初无不了之案""种种创论"这些充满挑衅的言论，带有揶揄刘宗周的味道。即使如此，刘宗周所说"弟所吃紧者、总之不争存发二字"，并不与史孝复针锋相对，而是举起白旗。考虑到这一点，史孝咸也卷入史孝复的争论，转移对王阳明学说的争论。

（三）对阳明学的批判

刚刚引用了 B+ 中"转呈令兄待正，何如"的发言，可能读此书信，史孝复与兄长史孝咸之间有了书信讨论 C。该书中令人印象深刻的是，坦白地吐露自己心情的刘宗周，不知道是因为年龄相近，还是因为与措辞尖锐的史孝复辩论感到疲惫：

明"意"。也就是说，以"对于纷乱、无法安定的状况只能匆忙应对"理解"憧憧"之语，这一段在 B+ 所录史孝复的论述中，表现如下：

> 独也者，以良知所独知而言，恐不容别以好恶两在而一机，而以意当之也。有善意而知之，有恶意而知之，无善无恶而亦知之，宁仅二三。即千变万化，交错纷纭，而良知炯然独照，初无两知，故曰："通乎昼夜之道而知。"夫昼夜之间，其构斗乎吾前者，宁可数计哉？而知故自如，此良知所以为至妙至妙，而万万非憧憧扰扰之意所可同年而语者也。（第三册，第 537 页）

史孝复全面否定 B 中刘宗周所说"做好恶两在而一机，所以谓之独。如曰有善有恶，则二三甚矣。独即意也"的主张。这里史孝复明确表示，"良知"才是应当依据的指针。刚刚引用的 C 中，刘宗周延用以"憧憧扰扰"形容"意"的史孝复之说，反过来议论，用于对"所发"的批判。这样的反论显得有些勉强。因为，与明确主张"憧憧扰扰之意"的史孝复相比，刘宗周不能以"憧憧"来否认"知"。因为已经接受"所谓意者，盖言知也"，不得不这样。

回到本节的主题"存"与"发"，原本刘宗周并不拘泥于两者的区别。上节已经介绍了 B 中刘宗周"存发只是一机"的说法。这段发言之后，B 中的话题转移到王阳明的四句教，特别是"有善有恶意之动"。刘宗周将此话改为"好善恶恶意之动"，以此批判阳明的学说：

> 如以善恶属意，则好之恶之者谁乎？如云心去好之心去恶之，则又与无善无恶之旨相戾。今据本文，果好恶是意，则意以所存言，而不专以所发言，明矣。好恶云者，好必于善，恶必于恶，正言此心之体有善而无恶也。做好恶两在而一机，所以谓之独。如曰有善有恶，则二三甚矣。独即意也，知独之谓意，则意以所存言，而不专以所发言，明矣。（第三册，第 379—380 页）

引文画波浪线的地方，在《史隐君文学兄弟传》与《四库全书》本 B 中，为"意以所发言，而不专属所存"，"存"与"发"的位置替换。[1] 换言之，可以在所

---

[1] 《刘宗周全集》中，此处未见校勘。

承教理一分殊之说,自是通论。"合言之,意为心之意,知为心之知,物为心之物",不待言矣。"析言之,心之发动为意,心之精明为知,意之所在为物",大段亦是。(第三册,第537页)

接着在"鄙意稍加婉转"一语之后,展开自己的议论。"鄙意稍加婉转"直接地说就是"我的观点更加细致婉曲",换言之则是"更加复杂"。在此我也感受到了刘宗周暧昧的态度。

(二)"存"与"发"

刘宗周认为"意为心之所存",这是他思想的核心。但是如前节所引 B+ 所说,"如在发处,则箭已离弦,如何控持?"在这段发言以前,他还说过"以为致知之功全在存处,不在发处",这一点也有必要注意。在此处争论的焦点难道不是自然地变到"知"了吗?确实,A 中刘宗周承认"先生以为知者即是意中之知,而仆之以为意者即是知中之意"。因而在刘宗周看来,这一点的议论不存在差异。但即使如此,至此"知"成为议论的焦点,无外乎论争的对手是史孝复。

B+ 中可以看出史孝复的学说为:"心为虚灵之官。""以言乎所发则为意,所发外别无所存,所存则仍此虚灵也。""如明镜然,对妍媸而影现焉,镜之所发也。而影之外别无所存之影,所存则虚明之体也。"(第三册,第536页)史孝复说完这段以后,对刘宗周提出了第876页注①所引的批判:"必欲求其所存,而以意实之,则心亦窒碍而不灵矣。"

对此,刘宗周在 C,即致史孝咸的书信中进行了反驳:

古人学问全副向静存处用,更无一点在所发处用,并无一点在将发处用。盖用在将发处,便落后着也。且将发又如何用功?则必为将为迎为憧憧而后可耳。若云慎于所发,依旧是存处工夫。(第三册,第378—379页)

刘宗周"意为心之所存"的思想要谛受到批判,虽然主张"存处工夫"的重要性,但并没有从正面去回应,因为并非只有从"意为心之所存"的理解才能说意，在理论上可能吗？不得不再做出复杂的说明。①

但是刘宗周本人可能并没有察觉到此问题。因为在说"发"之前的"存"的控制力有效发挥的话（如果连这一点能够被担保的话），那么就没有问题。原本刘宗周所谓的"意"就是"知"，史孝复是承认的，最终"大同小异"。前文提到，无论《姚谱》还是黄宗羲的《子刘子行状》，虽然都说刘宗周的阳明学观有着"始而疑，中而信，终而辨难不遗余力"的变化，但是如果说"不遗余力"就太过了。②他反复对史孝复说"同调""大同小异"，如果用否定的说法，那么刘宗周态度暧昧，如果用中立的说法，他感觉到了自己与阳明"知行合一"论的接近。而且，不管用什么样的表达方式，史孝复的"所谓意者，盖言知也"都确实作为一种有魔力的话语（Magic Word）在发挥作用。

在 B 中，刘宗周还有如下的说法：

> 总之，一心耳。以其存主而言谓之意，以其存主之精明而言谓之知，以其精明之地有善无恶归之至善谓之物。识得此，方见心学一原之妙。（第二册，第 380 页）

从此表述来看，刘宗周绝对不是只看重"意"，而是相即地理解"心""知""物"。这一点与重视"致知"，主张"知先行后"的史孝复有着很大不同。史孝复恐怕是根据刘宗周的说法，才提出 B+ 中"合言之，则意为心之意，知为心之知，物者心之物，无容二也。析言之，则心之发动为意，心之精明为知，意之所在为物，无容混也。是所谓理一而分殊也"（第三册，第 536 页）。对于这有着明显史孝复风格的分析性观点，刘宗周基本承认。

---

① 本文中间所引"必有诚非所诚者""必有知非所知之病"这些批评中有着同样的感觉。史孝复对刘宗周的前一个批评确实很深刻，但是刘宗周反击的后者，其批判到底有何力度呢？

② 中纯夫《刘宗周の阳明学观について—书牍を中心として—》（《阳明学》，2002 年第 14 号）一文，将刘宗周的思想变迁整理为"（1）前期……'始疑之'三十六岁左右"，"（2）中期……'中信之'四十九岁左右"，"（3）后期……'终而辨难不遗余力'五十九岁左右。"前期、中期还是后期，刘宗周一直对无善无恶说予以否定。一段时期，刘宗周对阳明学转向肯定的立场，不过是在树立自己学问的过程中，于阳明学中发现作为论据而值得引用的素材。中期对阳明学的肯定，也不能说在本质上有着共同的理解。"（第 151 页）本文继承此观点，并且认为"后期"的"辩难"亦非"在本质上"展开。

的概念的理论贡献同时，亦做出如下微妙的评判：

> 将古来一切劈开两项工夫，尽合作一事，真大有功于学者，犹恐不能合也。直于《大学》工夫边事，轻轻加一良字，以合于明德之说，以见即工夫即本体，可为费尽苦心。（第三册，第385页）

从这一点所看出的刘宗周晚年微妙的阳明学观，下一节还将讨论。在此想要强调的是，从刘宗周的语气来看，好像他认为自己已经与史孝复达成一致。上面的引用之后，刘宗周提出"凡此皆丈妙契有日，即仆亦尝口耳而闻之，颇见一二于《参疑》中，已蒙丈稍稍印可"。书信开头"同调"的表现再次出现。至少从史孝复来看，对于相比"（致）知"更重视"（诚）意"的刘宗周学说，大概无论如何是不能接受的。但是刘宗周并没有觉察这一点上本质的区别，用弓矢的比喻化解两者的不同：

> 丈有见于工夫边事重，舍工夫别无主意可觅，以自附于一先一后之本文。仆窃有见于主意边事重，离却主意亦安得有工夫可下，以自附于古本诸传首诚意与所谓诚其意者，直指单提之本文。政如射者，先操弓挟矢而后命中，与欲命中而始操弓挟矢，不能无少异，然其实同于一射而已。又如道长安者先辨出门路程而后入京师，与必有欲入京师之意而始出门以取路程，不能无少异，其实同是长安道上人，则亦何害其为大同而小异乎？（第三册，第386页）

这一弓矢的比喻，在 B+ 中也有论述。那里涉及"存"与"发"的问题，提出："仆则以为致知之功全在存处，不在发处。如在发处，则箭已离弦，如何控持？若箭未离弦时作控持，依旧在存处也。"（第三册，第538页）严格说来，上述 E 的论证方法，自己提出的比喻可能会导致对自己的否定，理论上是十分危险的。为什么呢？原本与"致知"相关的比喻用以说明"意"与"知"的差别，而且这样的差异最终是"大同小异"的。进而言之，不"知""长安"而有欲往之中"知及"先于"仁守",即圣学传统的"知先行后"的立场。要言之,"心之所存""心之主宰""心之所以为心"的"意"是核心概念,对其"诚"之的工夫是最优先的事情。史孝复批判刘宗周的这一观点,并从对"良知"完全信任的阳明学立场予以反驳。①

对此批判,刘宗周主张自己的学说与史孝复,即阳明学更接近。"诚意之必先格致也,与诚身之必先明善也,夫人而知之,仆亦尝窃闻之矣。"首先肯定了史孝复的主张,然后提出:

> 一日有感于阳明子知行合一之说,曰"知之真切笃实处即是行"。夫真切笃实,非徒行字之合体,实即诚字之别名。固知知行是一,诚明亦是一。所以《中庸》一则互言道之不明不行,一则合言诚明、明诚,可为深切著明。惟是立教之旨,必先明而后诚,先致知而后诚意。凡以言乎下手得力之法,若因此而及彼者,而非果有一先一后之可言也。(第三册,第385页)

值得注意的是,针对站在阳明学立场上的史孝复的分析,刘宗周强调综合的立场。刘宗周在这里与其要推翻对方的理论,莫若是继续自我推进,主张自己的学说其实与跟王阳明的"知行合一"理论更接近。②当然,刘宗周并非全部依赖阳明学。刘宗周对于王阳明所说"道问学是尊德性工夫,惟精是惟一工夫,明善是诚身工夫,格致是诚意工夫"③,在承认王阳明相即地把握以往看作对立

---

① A第十则中史孝复的发言:"意之与知,毫厘千里。故《大学》诚意,必先之以致知。《中庸》诚之者之功,必先择善而固执。学之不可不讲,有以哉。"(第二册,第348页)与刘宗周相比,史孝复的观点前后几乎一致。

② 荒木龙太郎指出:"刘念台在接受阳明的知行合一论的过程中,构建了是非好恶论。""接受的过程中构建",还是"构建的过程中接受",需要进一步讨论,但是指出刘宗周思想中阳明知行合一论的重要性,这样的观点非常重要。参见荒木龙太郎:《阳明学に于ける"是非─好恶"の变迁─王阳明・王龙溪・刘念台に即して─》,《活水日文(日本语学科编)》,1992年第35号,第84页。另外,该论文认为:"'知善知恶之心'即是非与'好善好恶之心'即好恶是紧密一体的。"将"是非・好恶结合的刘宗周的是非好恶观,与王阳明、王龙溪是共通的","而且,恰恰与王龙溪一致,强调以好恶贯穿《大学》。""如此持有与王龙溪相同见解的念台的好恶论,可以认为是受阳明知行合一论(《传习录》上卷,第5条)中'如好好色,如恶恶臭'观点的启发。"(第76页)

③ 在中央公论社《世界名著》19《朱子・王阳明》第348—351页中,沟口雄三先生将该部分译为日语,并附以极其详细的解说。

知,是也",对史孝复所说表达了善意的评价,并就"意"与"知"的关系继续论述:

> 知意之与知分不得两事,则知心与意分不得两事矣。① 分晰之见,后儒之误也。意为心之所发,古来已有是疏,仆何为独不然?第思人心之体,必有所存而后有所发。如意为心之所发,则孰为心之所存乎?如心以所存言,而意以所发言,则心与意是对偶之物矣,而恶乎可?(第三册,第379页)

引文末尾所说"而恶乎可"在《史隐君文学兄弟传》和《四库全书》本中,更进一步的解释为"如意为所发而知为所存,则意与知亦是对偶之物矣"。不把"知""意""心"看作"两物"或"对偶之物"的刘宗周的基本态度已经非常明确。虽然这一点很重要,但是这并不意味他将此三者看作完全同一之物。刘宗周继续说到"总之,存发只是一机。②故可以所存该所发,而终不可以所发遗所存"。他最为重视的还是"所存"即"意"的前提。

对于这"存"与"发"的问题,下一节再讨论,现集中围绕二人有关"意"与"知"的讨论。原本 A 第一则,以史孝复"诚恐抛却良知,单提诚意,必有诚非所诚者"的问题开始。对此,刘宗周提出"格致是诚意工夫,明善是诚身工夫,其旨一也",进而主张:

> 盖以诚意为主意,格致为工夫,工夫结在主意中,并无先后可言,故格致无特传。止言主意,诚不免古人之病。然若不提起主意,而漫言工夫,将必有知非所知之病矣。(第二册,第341页)

但是,在这一点上二人无法妥协。在刘宗周最后给史孝复的书简 E 中,也同样反复强调这一点。从 E 的开头所录史孝复的书信来看,他的立场非常明确。《大学》中"致知"先于"诚意",《中庸》中"明善"先于"诚身",《论语》

---

① A中,史孝复严厉批判"以念为意,不过名言之误。以意混心,则其弊有不可言者"(第二册,第346页)。此处亦有很大的不同。

② 底本为"几",按《史隐君文学兄弟传》与《四库全书》本改作"机"。

活适莫,适莫是死子午。其实活者是意,死者非意。以此推测去,意字渐分明了"。(第二册,第 342 页)生机勃勃的"意"确实能作为指南,但绝不能使其固定化("死"),意的指示中自然包含价值判断,但不能在它指示方向之前先立下价值判断。虽不能确定刘宗周的这个说明一定被史孝复接受,但在此之后,对于在"意"中看出"指南针指示方向作用"的刘宗周,史孝复认为"知"才更贴切的观点没有改变。之后的讨论中,他们各自按照自己的理解,继续争论。

以上暂置一边,对于史孝复认为"(刘宗周)之所谓意者,盖言知也"的说法,刘宗周也是一半反对一半赞成。以下材料还是来自 A 的第四则:

心体只是一个光明藏,谓之明德。就光明藏中讨出个子午,见此一点光明原不是荡而无归者,愚独以意字当之。(第二册,第 342 页)

重新说明自己的立场之后,刘宗周表示:"总之,心一也。先生以为知者即是意中之知,而仆之以为意者即是知中之意也。"[1]A 的标题上附有"即翻董生前案"一语。前文提到,《姚谱》有关 A 认为"皆发明答董生未尽之意"。"翻"一词带有不仅仅是"发明未尽之意"的意思。本文中按字面理解是"被翻转",难道不是在这里的讨论中想要表达的吗?此引用之后,虽然刘宗周提到"前柬[2]云'不觉失笑先得我心者',以此"。但是史孝复认为他所说的"意"难道不是"知"吗?对此,刘宗周承认自己并不在意(想说但无法说),可以说确切的表达就是"翻"字。

不仅如此,史孝复的这种批评,在后面的议论中继续出现。刘宗周在 B 的开头部分,就 A 的讨论中"盖亦有与鄙意互相发明者。如谓仆之所云意,盖言

---

[1] A 第四则,还有多出以下文字的其他文本:"又曰:'心体只是一个光明,公以为知者,乃心之知也。仆以为意者,乃心之意也。要就光明中识取定盘针,不是以光明为定盘针也。此诚之所以为贵也。"(第二册,第 343 页)本文作"意中之知""知中之意",加着重号部分中"心之知""心之意"的说法,将重点置于"心"。但是无论如何,两者的争论在于依据"光明"中的"知"还是被比作"指南针"的"意",围绕这样的问题不断反复。相信心之洞察力的史孝复,与相即地把握意与知,并以意的主体性、能动性为思想核心的刘宗周,在不同的侧重方面进行讨论。

[2] 从"前柬"一语可见,A 可能并非一次问答的原始记录,而是数次书面或者面谈的结果,汇集成目前的样子。

题。与史孝复的争论延续了这一话题，同时将讨论的重点转移到"意"与"知"的关系上。如前所述，史孝复"笃信致知之学"，因而会有这样的转变。与被张履祥批评的"胸中本无所见"的董标不同，史孝复的辩难极其尖锐，两者的论争也极其热烈。如很多的争论那样，与其说两者间达成某种共识，莫若是各执己见地争论，直至两人去世。

然而，这并不是说两人反目成仇。至少在刘宗周这里，反复对史孝复表达谢意，坚持二者最终一定能达成一致。首先要对这一点予以确认。

A 的第四则，从史孝复震惊的质疑开始：

> 质疑云："某之所谓意者，盖言知也。心体浑然，说个知字，方见有个定盘针，有子午可指。"又曰："以意为定盘针，则适莫信果，无所不主。"（第二册，第342页）

这里的"某之所谓意"即《史隐君文学兄弟传》中的"先生之所谓意"，"某"不是史孝复的自称，而是指刘宗周。换言之，董标的问答中，刘宗周以指南针的比喻说明"意"，但史孝复认为这难道不是指"知"吗？

"又曰"以后的部分较难理解。"适莫信果"的"适莫"出自《论语·里仁篇》的"君子之于天下也，无适也，无莫也，义之与比"。"信果"出自《论语·子路篇》的"言必信，行必果，硁硁然小人哉"。朱熹训"适"为"专主"[①]，"莫"为"不宜"。"言必行，行必果"被看作小人的行为方式，"小人，言其识量之浅狭也。此其本末皆无足观，然亦不害其自守也"。可见无论哪个词语如果被否定地陈述，这些表述就可以看作"意"。他的辩难可以理解为"如果以'意'为指南针，那么其做出的任何价值判断（适莫）和坚守自己的立场（信果），都必然成为主导（'意'被其牵制）"，具有这样警告的意味。

对此，刘宗周的回答是"即来教适莫信果，亦仿佛见得子午样子。子午是

[①] A第五则中，刘宗周说："顷阅《居业录》云：'心有专主之谓意。'《大学解》以为心之所发，恐未然。敬斋未为无见。"（第二册，第344页）肯定胡居仁将"意"解释为"心有专主"的状态。史孝复在此提出训为"专主"的"适"字，可能暗示刘宗周正面地以"专主"来把握所带有的"被限制"的危险性。另外，B+中，史孝复明确地批判刘宗周："必欲求其所存，而以意实之，则心亦窒碍而不灵矣。"

页。(以下称为 E)①

除此以外，对本文极其重要的资料还有仅为四库全书本《刘蕺山集》卷八所收的《答史子复二(附来书)》，虽然《刘宗周全集》第三册第 536—538 页也收录了，但从《四库全书》转录时遗漏了整整一行②，这段资料的遭遇真是不幸。虽然此书的执笔时期不明，但末尾"惟裁正幸甚。转呈令兄待正，何如？"以及书信中所讨论的"几"，在 C(即与"令兄"史孝咸之间)也有讨论，因而此书极有可能写于 B、C 之间(由此，以下称该书为 B+)。而且，《四库全书》本中此书被记作"二"，E 为"三"，本文亦如此理解。③

三 争论的构成

(一)"意"与"知"

如前所述，论争起源于《答董生心意十问》，这里将选取刘宗周最有代表的一段发言：

> 意者，心之所以为心也。止言心，则心只是径寸虚体耳。着个意字，方见下了定盘针，有子午可指。然定盘针与盘子，终是两物。意之于心，只是虚体中一点精神，仍只是一个心。(第二册，第 337—338)

在被称为"心意十问"的与董标的问答中，"心"与"意"的关系是中心话

---

① 前文已经提到 E 的资料问题。从传记来看，该书信所写之时史孝复已经去世。书信中讨论到的《大学古本参疑》的完成时间亦有出入，存在许多可疑之处。编集刘宗周全集、作史孝复传记的董玚似乎没有注意到。该问题待考。

② 《答史子复二·附来书》(第三册，第 536 页)中史孝复的书信部分，"鄙意以为，心者虚灵之官。虽曰有体，要非块然实有可执着指。心即理也"的地方，下划线("指"字与"心"字之间)缺漏"名者也。曰体用，曰存发，皆不得已而强着名言耳。盖"。从《四库全书》本来看，正好脱落一行，其内容对于两者的争论而言，是非常重要的(难得的史孝复的话语)，希望得以早日更订。

③ 《四库全书》本的 E 中，没有附史孝复的"来书"。

崇祯十六年（癸未，1643，六十六岁）六月十三日，刘宗周返回绍兴，据记载，回乡之后的讲学中，大概作为资料提出了与董标的问答："时史孝复驳先生心意十答，先生作十商以复之。是月，又有答史子复（即孝复）书，皆发明答董生未尽之意。"（《姚谱》，第六册，第461页）"是月"即该年十月，刘宗周于十一月写了《大学诚意章句》《证学难解以及良知学说》（《姚谱》），除夕写了《答史子虚书》，即回应史孝咸质疑的书信。第二年是都城陷落、皇帝自缢的动荡一年，又明年"明福王弘光元年乙酉即鲁王监国之年（顺治二年，1645）先生六十八岁"（《姚谱》），三月，刘宗周完成《大学古文参疑》的考订。该月，虽然有给史孝咸的书信，但未提及此书以及之前的书信。但史孝复对《大学古文参疑》亦提出质疑，五月刘宗周写信回应。但随后清军兵破南京，"福王宵遁，不知所往"（《姚谱》），水也不喝的刘宗周于五月二十九日逝世。刘宗周临死之前还在修正《人谱》，此事非常著名。但如果回头来看则会发现，其最投入的思想论争，就是和史孝复的问答。[1]

与余姚史氏兄弟的问答依次为：

崇祯十六年十月《商疑十则·答史子复·即翻董生前案》，第二册，第340—348页。（以下称为A）

同年同月《答史子复·癸未十月》，第三册，第379—380页。（以下称为B）

同年十二月《答史子虚·癸未除夕》，第三册，第378—379页。（以下称为C）

顺治二年三月《答史子虚三·乙酉三月》，第三册，第511—512页。（以下称为D）

同年五月《答史子复二·附来书·乙酉五月》，第三册，第383—388

---

[1] 中纯夫《刘宗周の"学言"について—慎独说から诚意说へ—》中，在讨论"全部为65岁乃至66岁语录"的《学言·下》的资料价值时，提出"临近晚年，刘宗周的思想发生了极大的变化，目前还没有相关论述。"（《中国思想史研究》，2002年第25号，第95页）本文基本接受这一观点，分析刘宗周"晚年"的思想徘徊及其意义。

揭诚意、已未发之旨示学者。癸未（崇祯十六年），文学质疑，云……"开始，引文之后，续以"文学复以心之所发，并好恶近于所发之疑，寓书刘子。刘子答云……"引用二者往来的书信。之后还有"又二年（顺治二年，1645）五月，刘子有《大学参疑》之编，文学阅之，再致书云"，"刘子复之曰"，详细地记录了史孝复与刘宗周的思想问答。虽然上文认为董玚"是与黄宗羲立场较为接近之人"，但其所写的传记中，黄宗羲的"余姚团体观"没有出现，全篇都是肯定的叙述①，这一点值得注意。

（二）争论的背景

接下来，再稍稍具体地回顾一下刘宗周与史氏兄弟之间思想论争的背景。崇祯十三年（庚辰，刘宗周六十三岁）正月，陶奭龄去世。《姚谱》提到"奭龄等集会于白马山房，先生等主讲于古小学，而派别成矣。奭龄既没，其友生沈国模、史孝咸、史孝复、王朝式、管宗圣、邵曾可等宣扬宗风，势力益盛。先生益自敛抑，不与之争"（第六册，第429页）。崇祯十五年（壬午，刘宗周六十五岁）十二月，师从冯从吾（少墟）的董标拜见刘宗周，对于刘宗周《大学》之要在于诚意的主张表示怀疑，之后提出了《心意十问》，对此回答即《答董生心意十问》（第二册，第337—340页）。有关董标的问题，张履祥认为，

> 又妄意此友胸中本无所见，亦非实有所疑而后发问。祇因先生以诚意为教，立此十问题目，强设疑端，以足其数而已。不然何以十端之中，竟无一语真切著里之言乎？②

确实都是没有真切实感的提问，但这却是史孝复与刘宗周争论的引子。刘宗周对其回答的内容，《姚谱》中概括说："大抵言意为心之主宰，即主宰而流行在其中。固不可以意为发、心为存。亦非截然以意为存、心为发也。"（第六册，第458页）

---

① 原本黄宗羲再三指责他们与佛僧的交往，在此传记中丝毫没有涉及。另外，虽然从《密云禅师语录》中可以确认沈国模、史孝复与密云圆悟的交往，但刘宗周当时也未将此看作问题。

② 张履祥：《书某友心意十问后》，《杨园先生全集》，北京：中华书局，2002年，第596页。

识甚精。大义所在，不毫发假……笃信致知之学"。

以上分析均根据《姚江书院志略》卷下的《姚江六子传》。"姚江六子"是以上四人再加王朝式与韩孔当。山阴人王朝式以外，皆为余姚人。《姚江六子传》的作者为董玚。

董玚，初名瑞生，字叔迪，号无休，会稽人。有关其生平，邵廷采有《东池董无休先生传》，其中提到董玚是"雠录蕺山刘子全集"的人物。"自蕺山完节后，证人之会不举者二十年。先生谓：'道不可一日不明。后生生今日，不幸失先民余教，出处轻而议论薄，由学会之废也。'善继述蕺山志学者，亟举学会，复请蕺山高第弟子张奠夫、徐泽蕴、赵禹功诸前辈集古小学，敷扬程、朱、王、刘家法。于是余姚黄梨洲、黄晦木、华亭蒋大鸿、萧山毛西河皆挈其弟子，自远而至"①。可见，刘宗周去世之以后，对其学派而言董玚是极其重要的人物。他的《刘子全书钞述》一文（第六册，第656—692页）提到黄宗羲刊刻《刘子学案》之际，拜托其写序一事。该文的末尾亦附此"序文"。由此可以判断，即使在刘宗周的众多弟子中，他也是与黄宗羲立场较为接近之人。方祖猷教授的《黄宗羲长传》记载了刘宗周殉国以后，其弟子分为三派，即"正统派""修正派""独立派"，作为"正统派"，举出了黄宗羲、董玚等人。②虽然这里所说的"正统派"是不修正、不否定师说的意思，但无论如何，对于确定董玚的立场亦可作参考。

董玚的《姚江六子传》由五篇文章构成。数目不合的原因在于其将史孝咸、史孝复兄弟的传记合为《史隐君文学兄弟传》。兄（隐君史孝咸）、弟（文学史孝复）的传记，都围绕他们与刘宗周的关系记述，尤其是弟弟的传记基本就由《商疑十则·答史子复（即翻董生前案）》（第二册，第340—348页）及后续书信的思想问答而成。特别是《商疑十则》，除了第九则省略以外③，如实地反映了其内容。传记的部分，以"丙子、丁丑间（崇祯九、十年，1636—1637），刘子

---

① 邵廷采：《思复堂文集》卷三，杭州：浙江古籍出版社，2012年，第173页。
② 方祖猷：《黄宗羲长传》，杭州：浙江大学出版社，2011年。
③ 为何只完全略去第九则，原因不明。对于史孝复的提问"从心境界，全是良知全体发现，不可以意言"，刘宗周回答"此个谓是'良知全体发现'，诚然。岂知即是意中妙消息"（第二册，第347页），可能是围绕"良知"的善意评价，因而省略。

沈国谟为余姚诸生,字叔则,号求如,晚年住于石浪山,亦号石浪老樵。因读王阳明《传习录》深受感动,请教周汝登。周汝登对其说:"我老矣,郡城陶石梁、刘念台,今之学者也。其相与发之。"被周汝登指名的两位学者即陶奭龄与刘宗周,在崇祯四年(1631)"证人社(证人之会)"举行之时,与管宗圣、史孝咸、史孝复一同参加。当时,沈国谟五十七岁,刘宗周、管宗圣五十四岁,史孝咸刚过五十岁。虽然怀有对主导讲会的大学者的敬意,但是余姚士人间,很难说存在所谓"弟子""门人"的关系。管宗圣也是余姚诸生,字允中,号霞标,"尝谓人心不正弊在学术不明,欲上续王子良知一脉",是与沈国谟、史氏兄弟共同钻研之人。

史孝咸字子虚,号拙修,"隐君,邑诸生,少绝慧,文章日有名。自良知之旨徒属口说,偕沈聘君国模、管征君宗圣,与孝复讨求精要,取以物躬。虽瓶无储粟,徜徉自如。自是闻风者千里远至"。至此可见,这些余姚士人是探讨王阳明良知心学的团体,大概都有意识要继承余姚出身的王门弟子徐爱与钱德洪等人的阳明学统。要言之,对他们而言基本的前提是阳明学而非刘宗周的学问,这是可以确定的。

但是,这绝不是说他们完全不向刘宗周学习。如前所述,证人社的讲学活动中也有来自余姚的四人。而且史孝咸在六年之前的天启五年(1625),刘宗周与宦官冲突而居乡之时,已经拜谒过刘宗周。《姚谱》中,他们于崇祯十二年开设义学,虽然受到刘宗周"背道而驰"的非难,但《姚江书院志略》中还是登载了刘宗周《社学疏》的一章,亦要加以考虑。《社学疏》的"社"就是证人社,该文末尾提到"己卯(崇祯十二年),吾党兴举义学,与越城声气相应。时未有典籍,请于念台先生。先生曰:'吾社一疏非为乡国而设,即以是载之简端,可乎?'"至少此时,余姚的义学与绍兴的证人社是"声气相应"的。当然,数年之后,刘宗周与史孝复之间发生激烈的争论,大概在黄宗羲看来是极其不愉快的经历,故姚名达认为与刘宗周背道而驰。但刘宗周逝后,根据刘宗周《社学疏》的学问活动在余姚地区继续进行。而且,即使与史孝复争论,如后文将会论述,刘宗周有着相当善意的评价,很难完全采信黄宗羲等人的观点。

史孝复别号退修,是已经多次提到的史孝咸的弟弟。传记中记载"自幼举止端凝退然,如不胜衣。性沉静,暗修审行,不事表暴,好读书。知人论世,藻关于"意"与"知"的往复讨论。由于是晚年的讨论，作为确定的、完成的内容而讨论刘宗周思想的情况很多，本文则希望作为变动的、不确定的内容而予以探讨。这一分析的目的是讨论思想史上"刘宗周到黄宗羲"这一过程的变动性。①

二 余姚的史氏兄弟

（一）姚江书院之滥觞

方便起见，根据钱茂伟教授的观点，沈、管、二史的生卒年②，以及作为比较对象、关系密切的三人，列举如下：

沈国谟：万历三年（1575）—顺治十二年（1655）

管宗圣：万历六年（1578）—崇祯十四年（1641）

史孝咸：万历十年（1582）—顺治十六年（1659）

史孝复：？—崇祯十七年（1644）

刘宗周：万历六年（1578）—顺治二年（1645）

黄宗羲：万历三十八年（1610）—康熙三十四年（1695）

邵廷采③：顺治五年（1648）—康熙五十年（1711）

---

① 与本文视角不同，但同样持变动性的观点有马渊昌也：《刘宗周から陈确へ—宋明理学から清代儒教への转换の一样相—》，《日本中国学会报》第 53 集，2001 年。

② 钱茂伟：《姚江书院派研究》。有关沈、管、二史的生卒年，邢舒绪与钱茂伟的观点一致。吴震教授认为，沈国谟的生卒年为 1574 年至 1656 年（吴震：《明末清初劝善运动思想研究》，第 264 页）。按《姚江书院志略》卷下《沈聘君传》的记述，沈国模为刘宗周死后十年去世，去世之年大概钱茂伟教授正确。但《碑传集》（卷一百二十七《理学上》，第十册，北京：中华书局，第 3726 页）中，明确记载沈氏为"顺治十三年，石浪卒"，据此吴震教授的说法正确。另外，无论《姚江书院志略》还是《碑传集》，均记载沈国模年"八十二"亡。钱说与吴说不同，但计算年龄，还有实岁或虚岁的差异。另外，有关史孝复的卒年"顺治元年，1644"，以往的研究皆是如此。《姚江书院志略》卷下《史隐君文学兄弟》中明确记载"甲申十一月卒"，甲申即顺治元年。但是，下文讨论的刘宗周致史孝复的书信中，明确记载"乙酉五月"。"乙酉"为顺治二年，史孝复应当已经去世。"五月"为刘宗周去世的前一月。如果说史孝复于数月前去世一事，刘宗周不知道，这并非没有可能。该书信中提到史孝复仔细阅读刘宗周顺治二年完成的《大学参疑》，对于"甲申十一月卒"的传记记载需要存疑。

③ 邵廷采可以说是姚江书院历史上最著名的人物。作为开启邵晋涵、章学诚的思想联结点，此人非常值得关注，亦将在今后的研究中予以讨论。

"是年沈国谟与管宗圣、史孝咸、史孝复等创义学于余姚双雁里半霖沈宅,是为姚江书院之滥觞,盖与先生背道而驰者也。"①

姚江书院之滥觞的余姚士人活动,受到姚名达的激烈批判,这一观念大概继承黄宗羲。对于其师刘宗周在世之时绍兴地区的思想动向,黄宗羲有如下描述:

> 当是时,浙河东之学,新建一传而为王龙溪(畿),再传而为周海门(汝登)、陶文简,则湛然澄之,禅入之。三传而为陶石梁(奭龄),辅之以姚江之沈国谟、管宗圣、史孝咸,而密云悟之,禅又入之。会稽诸生王朝式者,又以捭阖之术,鼓动以行其教。证人之会,石梁与先生分席而讲,而又为会于白马山,杂以因果僻经妄说,而新建之传扫地矣。②

黄宗羲"分席而讲""为会于白马山"的表述,作为陶奭龄(石梁)一派与刘宗周分道扬镳的证言而有名。据此,也可以说"白马别会"是明末绍兴证人社分裂(即刘宗周学派的分裂、浙东学术的分歧)的象征。③本文并非正面讨论此问题,不过在论述过程中对黄宗羲的这一看法也会提出异议。

而且,引文提到的"新建之传",不用说是指王守仁的学统,但是上述引文之后出现"盖先生于新建之学凡三变,始而疑、中而信、终而辨难不遗余力,而新建之旨复显"④的说法,作为体现刘宗周阳明学观变化的资料亦相当有名。本文通过讨论余姚史复孝与刘宗周之间的思想论争,对黄宗羲的论断刘宗周对阳明学"终而辨难不遗余力",也将提出疑问。

综上而言,本文要分析刘宗周与余姚史氏兄弟(尤其是弟弟史孝复)之间

---

① 吴光主编:《刘宗周全集》第六册,杭州:浙江古籍出版社,2012年,第428页。以下对《刘宗周全集》的引用,仅注册数与页数。
② 黄宗羲:《子刘子行状下》,吴光主编:《黄宗羲全集》第一册,杭州:浙江古籍出版社,2005年,第253页。
③ 对此不能详述,但吴震教授认为,白马山房的集会并非证人社的分裂,只是证人社活动的一部分(参见吴震:《明末清初劝善运动思想研究》,第272—276页)。概言之,是与"大会"相对的"小会",与"主会"相对的"分会"。本文亦持此观点。
④ 黄宗羲著,吴光主编:《黄宗羲全集》第一册,第253页。同样的表述,还见于后文将会提到的刘汋:《蕺山刘子年谱》第六册,第147页(以下简称《姚谱》)。

论刘宗周思想的意与知

——从与史孝复的争论来看[*]

〔日〕早坂俊广

（信州大学）

一　引言：被排斥的"姚江书院"一系

浙江余姚，有一处后来被称作"姚江书院"[①]的义学，创建于崇祯十二年（1639）九月，其所在地是双雁里刚刚卖出的"半霖沈氏"的宅子。[②]崇祯十二年，刘宗周六十二岁，姚名达的《刘宗周年谱》（以下简称《姚谱》）专门记载：

---

[*]　本文为日本学术振兴会科学研究费补助金基础研究（C）"证人社と证人书院の间—明清期宁绍地区に见る思想史の転変"（研究代表：早坂俊广，研究课题编号：15K02031）的部分研究成果。

[①]　有关其活动的最详细资料，可参见《姚江书院志略》，《中国历代书院志》第九册，清乾隆五十九年刻本影印，南京：江苏教育出版社，1995年。另外，邵廷采的《思复堂文集》中，有大量与其相关的文章。当代的相关研究有，钱茂伟：《姚江书院派研究》，北京：中国社会科学出版社、文化艺术出版社，2005年；邢舒绪：《邵廷采与姚江书院派研究》，杭州：浙江大学出版社，2016年；孙中曾：《证人会、白马别会及刘宗周思想之发展》，钟彩钧主编：《刘蕺山学术思想论集》，台北："中央研究院"中国文哲研究所，1998年。不过，以上皆缺乏思想方面的分析，对笔者而言，最有益的先行研究为吴震：《"证人社"与明季江南士绅的思想动向》，《明末清初劝善运动思想研究》，台北：台湾大学出版中心，2009年。

[②]　《姚江书院志略》的《姚江书院缘起》中记载："义学之建，盖自崇祯己卯菊月始也。城南凤有尚友堂之会，每会必商所以养贤育才讲学论道之地。适半霖沈氏以宅求售，观者善之。半霖系双雁里，去圣宫可数里许。南山耸秀于前，双溪环列于侧。于是聘君求如沈先生、今崇祠乡贤霞标管先生、征士拙修史先生、越征士金如王先生、楚闻人雷天郑子鼓舞称叹，以为是诚得其地矣。"现余姚市南郊有名为"磨刀桥"的公交车站与"磨刀桥路"的地方，过去的"双雁里半霖"大概在此一带。

患不在不知微，而在知微也。不知微之患，譬之食苏藿者其病吐，吐者易疗；知微之患，譬之食参耆者其病茹，茹者难泄。子盍观于今之士，可省也。虽然，又有譬焉：外入者非家宝，货羡者非居积。然则予非患知微，而患真知者之艰也。①

如果仅由知识求、意见测去知微，危害甚大，停留在言语层次上的知微，以知微为宝，危害在于知之过多而行之过少，乃至知而无行。如同贷款一样，虽然贷了很多，但非自己居积得来，贷款反而成了自己的累赘。微是传心之宝，如名贵的参耆，但若仓促茹食，一般人的身体不能运化，热量蓄积滞胀，会导致发烧等症状。若不知微，危害仅限于对微的排斥，如食苏藿治疗消化不良，药效在呕吐，吐出不能消化的东西，病就容易治疗了，常人不知微要明显好于知微。知微关键在于消化微的真实含义，不仅在理上、言上知微，而且要在行上体证，才能"入德"，亲证道心精微。

胡直入禅出禅的经历深刻影响到他的良知学。他既能入之深，又能转得出，并融合周敦颐的无欲与程颢的觉一体。胡直的三重良知学宗旨层层深入密体，主静至精微，由浅静以至心渊深静。主静与主敬在"惟微道心"处合一，微则静敬自如，从而带动江右王门由内敛的收摄保聚转向外在的天下关怀，由个体的独知灵觉升华为一体的公性大觉。这不仅是江右王门展开的重要维度，也是宋明理学濂溪学与洛学发展路线交织融通的内在理路。

---

① 胡直：《别曾舜征序》，《衡庐精舍藏稿》卷十，《胡直集》，第218页。

> 主敬而严，主静而寂，非不学也，然而涉念，圣儒未尝入其门焉。夫圣儒曷宗？宗乎尽性而已。性之体，非有内外、虚实、动静之别，亦非有先无后有、先寂后感之异，尤非可以知识求、意见测。语其量，则囊括宇宙，发育万物，而其实不越乎至微。学者诚得其微，非不研穷，由吾性而穷焉，则虽物非物也；非不褆修，由吾性而修焉，则虽迹非迹也；非不敬以静也，由吾性敬静而无所主焉，则虽念非念也。①

胡直继承尧舜、周敦颐、罗洪先以来脉路：尧舜传"道心惟微"；周敦颐以无欲当一，以惟一至精微，罗洪先"惟无欲而后入微"。"诚得其微"即是透圣关，由此主静、主敬、研穷、褆修等功夫实现质的飞跃，在"惟微"处合一。主敬而严，矜持成一个泥菩萨，累！主静而寂，归于寂灭，死！二者均涉念，有个"主"的意念，未及微之本。主静易导致迷恋光景，沉虚空，守死寂，沉湎一己之私静，静以敬，静可由敬来扶正，落实于日履；从外向内渗透性体，由敬转为静，敬以静。在道体论上，动静一如、寂感一体，动静在性微处合一，并与王阳明之言相印证："良知本体原是无动无静的。"②主静与主敬的深层功夫是主无所主，既有主的意念指向，又有无所主的超越；既能存神有所主，又能不起意，一过即化。"至于无，则道心微而中执，是乃所谓仁。"③在境界论上，微是尽性至命，可实现良知道体内在的丰盈与外在灵则天理的契合。"惟微"性体充达于身，即深静就是无处不敬，即渊寂而又时出，活泼泼一个春意。

（三）知微与不知微

正如王畿引王阳明之言："良知至微而显，故知微可与入德。唐虞受授，只是指点得一微字。"④十六字心传归根在于道心之"微"，但在微的层次用功，应注意知微之患，胡直说：

---

① 胡直：《别曾舜征序》，《衡庐精舍藏稿》卷十，《胡直集》，第218页。
② 王阳明：《传习录下》，《王阳明全集》卷三，第105页。
③ 郭子章：《衡庐精舍藏稿序》，《胡直集》，第912页。
④ 王畿：《刑部陕西司员外郎特诏进阶朝列大夫致仕绪山钱君行状》，吴震编校整理：《王畿集》卷二十，南京：凤凰出版社，2007年，第585页。

（一）道心之微与大

双向功夫共同实现"道心惟微"，微虽然量小，却是质的飞跃。微是幽深渊寂，如果在极精微处体知到道体，在这个意义上，极精微就是极广大。"圣关渊诣"，在渊寂中实现透关，打开心体的无尽藏，微是透关的通路，唯有透微，才能入圣域。胡直对郭子章言微：学必以大人为至，如巨岳，非大其基则不可成，"余尝睹为大之实在微，愈微故愈大。古先峻德始于惟微，子思语大至位育，而其几则肇于不睹不闻。《记》曰：'圣人耐以天下为一家，中国为一人，非意之也。'此为大之实也"；"适千里者三月聚粮，则大之贵积也审矣。夫风之积不厚，则不可以负南溟之翼；水之积不厚，则不可以浮万斛之舟，然则积岂易言哉，其惟微乎"。① "古先峻德"指尧舜十六字心传重在"道心惟微"。《中庸》之"不睹""不闻"亦指道心之微。由微而显，微是显之本，显处表现为"天地位焉，万物育焉"，由小微而成大一体。胡直之所以重视主静功夫，最终是为了透圣关，证得极精微的道心，其收敛愈深，其发舒愈强劲。胡直对此有三喻：一是聚粮。适一里者，一日聚粮即可；而要千里远行，必须三月聚粮，只有足够储备，才能满足遥远的路途。二是风积。三是水积。若风吹起、水浮起一羽鸿毛，一盆水、一阵风便可满足；若要负南溟之翼、浮万斛之舟，必须狂风飓风、大江大海。在无欲与主静的双向互补中，要满足一己之适，九成台悟道便可实现在风涛夜舟中熟寝；而要真正实现孔子的仁学大一体，必须要向几微念虑处慎独。精微的道心展开，则是天地位、万物育之大体，由此可理解胡直致良知的最终指向。

（二）主静持敬平衡

胡直实现道心之微的功夫以无欲主静为主，也注意防范江右王门收摄保聚之学的流弊，以持敬渗透主静，持敬又作主敬，以防主静出偏。由胡直的三重良知学宗旨可知，第一重以日履之持敬渗透静体，第二重以"万物各得其所为量"衡量觉一体，第三重以"尽性至命"引导存神过化的最终指向。由此来看，胡直的致良知功夫论以主静为主导，主敬为赞佐，二者在道心之微处合一：

---

① 胡直：《送郭相奎冬官赴任序》，《衡庐精舍藏稿》卷十，《胡直集》，第211页。

于微密。在汉浒订宗时，耿定理以"不容已"为宗，后来成为其兄耿定向的良知学宗旨。胡直的"不容已"指独体於穆不已，他所肯认的独体绝非一个死寂，而是富有生命活力的生生不息之体，这也是罗洪先的"必有生生一窍"。综上，由显至微，胡直慎独指向依次为念虑、几、几先，每一层次均有对应的功夫。层次的递进是功夫积淀熟化之所至，也是胡直的良知学向深密发展的自然过程。

（五）双向撑开的剥复兼带

以卦象良知：《剥》卦为剥落之象，剥其垢；《复》卦为回复之象，复其明。复为透关之意，回复本体之源，以获得生生不息的创生力。"大抵独知之体若能直下承当，常用剥复之功，俾之觌体见面，则自无如许层数，如许疑扰矣。"[①]心之本体如镜常明，但因"如许层数"私欲禁锢遮蔽，不能觌本体，见真面。以剥为学，由外而内，去私欲以致良知；以复为学，依靠独知的冲力，则由内而外复良知。剥复同施，则心垢日剥，良知日显，内外同致良知。剥复的双向互补关系可以映射到无欲主静：无欲是剥私欲，主静是复道心之微；剥是洗心、无意、绝虑，复是退藏于密、独知、觉一体；剥是克己，复是复礼；剥是否定毕竟空，复是肯认实在有。从"圣关渊诣"而言，剥尽复来，二者相互助发：如带壳的种子发芽，若壳太厚、太坚硬，即"如许层数"私欲遮蔽禁锢，在不借助外部破壳的情况下，即使复之有力，良知的种子也很难发芽；剥又如钻岩层凿油井，如果井下的油田压力不足，即使钻通油田，石油亦不能流出。良知在深静中积聚力量，当钻井的深度达到临界点时，即无欲、无意、绝虑渐入深密时，通过剥与复的兼带助发，石油喷涌而出，如生生一窍之透关。

四　透微功夫与主静持敬平衡

从功夫论的两个方向来看，无欲之剥向深隐发展，则是绝虑、无意，洗心退藏见微奥；剥尽复来，则是独体不容已、觉一体。剥复双向功夫兼带助发，其最终目的是实现透道心之微，微即是大。

---

① 胡直：《答人问独知》，《衡庐精舍藏稿》卷二十，《胡直集》，第406页。

乎其所不闻",是保持独知常惺惺、涵育心体常明常觉的功夫,即是独握心印的慎独:"《大学》《中庸》咸以谱仁也,必自慎独始。"①这相通于第二重宗旨"以仁为宗",谱仁始于慎独。独知是独自知觉,是道德自律:"独知固有诚而无伪也,非良而何?"②独知先天"固有",是天赋的良知良能,是诚体之端,不容作伪,具有严格的约束,是道德他律。"是故求至当者求诸自知者而得之矣。"③由独知能达到合乎天理的"至当",这是由自律升华为他律的过程;将求天理"至当"诉诸求独知,从而由他律转为自律。二者交相兼带,自律他律融为一体。

独知贯穿未发已发,"晦翁认独知为动时事,不知静时炯乎湛乎不可得而昧者,非独知乎?是故独知无间于动静者也"④。不昧即是明,炯湛亦是常明,动时好下手,静时亦用功,由此慎独与主静相通。独知不仅是朱子所讲的"动时事",在念虑已发后,而且还在未发前:"夫独知者,宰夫念虑而不以念虑著,贯乎动静而不以动静殊也。唯得于几先者,惟能慎独。"⑤独知属于动时事,因为已起念虑;亦是静时事,能定常明,不以念虑著而干扰独体。独知与动静"无间",不能以动静限定独知。由念虑之显向深密之微发展,独知可延伸至几先,于此研几,在一念之微上用功:"慎之义,犹慎固封守之谓,功在几先,'于时保之'者是也。"⑥"慎固封守",默守独体,慎独之功在几善恶之先,将恶念固封在萌芽中。"于时保之",时时戒慎,保任独知,知善知恶,扬善遏恶。胡直以颜回为几先慎独的典范:"非无念也,念而未尝为念;非无虑也,虑而未尝为虑。盖立于念虑之先而行乎感应之间,通乎天地民物古今无所为而不容已者是也。古之善慎独者唯颜子,颜子有不善未尝不知,知之未尝复行。所谓未尝不知,则亦未尝成念者也。"⑦几先用功,慎独不仅要在念虑之显处贞定得住,而且在念虑之起处,甚至在未发前亦立得起,无论动静显微,独知均能做主宰。由念虑之先向深隐心意发展,则是汉浒订宗"无念"的发展方向,以至无意、绝虑,臻

---

① 胡直:《仁解四首赠同门刘仁山使君》,《衡庐精舍藏稿》卷十六,《胡直集》,第306页。
② 胡直:《续问下》,《衡庐精舍藏稿》卷三十,《胡直集》,第669页。
③ 胡直:《明中下》,《衡庐精舍藏稿》卷二十九,《胡直集》,第596页。
④ 胡直:《答程太守问学》,《衡庐精舍藏稿》卷二十,《胡直集》,第391页。
⑤ 胡直:《续问下》,《衡庐精舍藏稿》卷三十,《胡直集》,第668页。
⑥ 同上,第669页。
⑦ 胡直:《答程太守问学》,《衡庐精舍藏稿》卷二十,《胡直集》,第391页。

"瞑坐玩羲《易》，洗心见微奥"①，为龙场悟道打下了基础。胡直讲"圣人以此洗心"句："此是孔子说尽天机处"②，"渐入于无思无为之本然，而圣人之心在我矣"③。良知本然是静，是"无思无为"，无思是绝虑，无为是过化。"天机"的关键是呈现良知本体，"见微奥"是体知道心之微，是"圣关渊诣"。胡直的良知学还融合杨简的"不起意"："夫一体而无意必，乃真以血髓学孔，而非以肤甲学孔也。"④ 这是阳明学背景下心意深隐层次的学孔⑤，"一体"即是"以一体为宗"，"无意必"又可表述为存神过化，由此深度拓展了孔子的仁学宗旨。

与"无意必"相应，胡直以绝虑为功夫，"《翊全》有录，以去心中之滞，绝虑忘言为翊补"⑥。心中有滞则不能化，滞在显处表现为私欲，在隐处为意念。胡直晚年功夫愈密，"昼一念，夕一梦，少鳌于道，即讼为己过，密籍记以自箴"⑦。胡直去世后，"有一笥甚秘，启之，册不盈尺，皆手书，名曰《日录》。每岁一帙，日有书，时有纪，自卯至寝，自几微念虑以至应对交接，工夫纯疵，毛发必书，即梦寐中有一念鳌道者亦书"⑧。可见胡直致良知之刻苦，从几微念虑以至应对交接，贯通隐显，以期翊全。"又有《翊全录》，序曰：'是录也，有纤恶必记而诛绝之，庶几还其本体，与天者游，始可以至命而全归。'"⑨纤恶必诛，以臻于全善；尽性至命，"与天者游"，"上下与天地同流"。

（四）正向深隐之慎独

负向的无欲、无意是剥离包裹良知的私欲，是从外向内破壳；正向的觉一体、慎独是独知内在的觉醒，是良知由内而外生发。以独知为起点，觉一体由开显方向撑开，慎独向深隐发展。对于初学者，致良知功夫始于第一重宗旨"以独知为体，以戒惧不昧为功"。"戒惧"指《中庸》的"戒慎乎其所不睹，恐惧

---

① 王阳明：《读易》，《王阳明全集》卷十九，第675页。
② 郭子章：《先师胡庐山先生行状》，《蠙衣生粤草》卷六，《胡直集》，第993页。
③ 胡直：《洗心说示罗忠甫》，《衡庐精舍藏稿》卷十五，《胡直集》，第301页。
④ 胡直：《答山甫中丞》，《衡庐精舍藏稿》卷二十，《胡直集》，第400页。
⑤ 张昭炜：《阳明学的孔学及学孔》，《中州学刊》，2017年第10期。
⑥ 姜宝：《宪使庐山胡公传》，《留部稿》卷八，《姜凤阿文集》，《胡直集》，第1003页。
⑦ 耿定向：《明福建提刑按察司按察使胡公墓志铭》，《耿天台先生文集》卷十二，《胡直集》，第982页。
⑧ 郭子章：《先师胡庐山先生行状》，《蠙衣生粤草》卷六，《胡直集》，第998页。
⑨ 同上。

堕落，还可以救正泰州学派荡肆情识之弊："况以今学者怀多欲之私，而欲明明德于天下，未有不理欲交杂而终归于霸也。然则淮之南之学则左矣。虽然，今之学者苟不先见无欲本体，亦未能致其功也。"①"淮之南之学"指泰州学派的良知学。泰州学派末流将杂染情识私欲的良知放任流行，不仅与良知本体不能相通，而且害学害道。通过无欲，将情识私欲从心体中锤炼除去，复得良知本体，然后再放任流行，这是以江右王门扶正泰州学派。

（二）正向开显之觉一体

胡直鄱阳湖遇险充分暴露了静中光景的危害，这与儒学的觉一体尚有本质差别。第二重宗旨"以仁为宗，以觉为功"必须"以万物各得其所"衡量道体与功夫，觉一体是在成就自我独体、仁体的基础上，向社群、万物推致，在更大的一体中做功夫，由此主静不仅要静虚，还要动直；不仅要深密，还要向外在的日用伦常撑开："况吾辈已临民施政矣，此心之体本时时与物相通，故谓之一体；时时与物相通，而不以形骸世累之故二三其念也，故谓之无欲一体，即仁也，而非有内外也"，"圣门之学，以求仁为宗，故一日复礼，天下归仁，其与二氏之学绝异在此"。②胡直以"无欲一体"定义仁，"以仁为宗"即是以无欲为宗，以一体为指向。无欲能消除隔阂，达到觉路顺畅，实现饱满的一体，将万物内卷到觉中。有卷有舒，由无欲一体推至日用伦常、临民施政。归仁表现为复礼，礼是一体展开的内在理路：儒学的无欲一体并非要切断自我与人伦事物的关系，进入"毕竟空"，而是万物各得其所，将人伦事物融入一体的"实在有"。"学问、工夫、头脑，亦只一语而已。能无欲，即能一体，非谓先已无欲，而后能一体。"能一体者，必无欲，乃至无意；能无欲者，自能一体。无欲与一体同时完成，学问、功夫、头脑（光景、践履、纲领）只是一事。

（三）负向深隐之绝虑

无欲亦是洗心的过程，由此退藏于密。"洗心"本自《易传》，王阳明囚居

---

① 胡直：《续问下》，《衡庐精舍藏稿》卷三十，《胡直集》，第673页。
② 胡直：《复刘仁山主政书》，《太虚轩稿》，《胡直集》，第850—851页。

知时隐时显：良知隐时，人心被私欲裹挟，逐色声而贪染，此时可从无欲功夫着手，这是负向的方法，曲折地寻致良知；良知独知，独知明觉，顺此扩充展开万物一体，可超越至无声无臭之境，至密而神，应化无穷，这是正向用功的路径，直接地推致良知。胡直的三重良知学功夫论包含两种方向：负向的无欲为良知生发减负，由显至隐，包括讼过、无意、绝虑；正向的是慎独与觉一体，慎独为深隐，觉一体为开显，凸显良知自身的力量。虽然两种方向不同，但在具体致良知时混融一体，表现为无欲之剥与觉一体之复的兼带回环，二者双向撑开致良知功夫论。

（一）负向开显之无欲

从良知道体而言，"夫良知本静也，本无欲也，静与无欲皆以致吾良知之本然者也"[①]。静是良知的本然，纯湛无染，主静是为了良知本然的呈现。胡直从学罗洪先，重在无欲主静；韶州参禅，休心无杂念，亦是无欲；"我今老矣，看来无欲一路还是稳当"[②]。"无欲"是胡直的一贯之学，并以罗洪先对其影响最深："平时提诲学者多主周子'无欲故静'、《易·系》'寂然不动'之语，以为能静寂，乃为知体之良能，收摄保聚，一切无染，乃为主静而归寂。"[③]静是寂，主静即是归寂。"能静寂"之"能"是独知之体的本能，是良知的自然之用。"一切无染"即是无欲，指心体的澄澈，这有赖于深静，实现"能静寂"的功夫是收摄保聚，即是周敦颐学圣的无欲，"圣学始于仁，而要在无欲"[④]。这是濂溪学的学圣要旨："夫诚，非道心乎？无欲，非精一乎？静虚动直、明通公溥，非执中乎？"[⑤]濂溪学的"无欲则静虚动直"可与十六字心传互释，无欲所至之静并非是光秃秃的静，而是真静有真动，动则明通，即是执中，中即是性体，合于灵则，这正是胡直第一重宗旨的"以无欲达于灵则为至"。灵则既表明良知之灵明，具有自由超越的特性，也表现出"则"之絜矩的限制，落实到日用常行中，即是"以恭、忠、敬为日履"，内在融通了朱子学，这有利于杜绝江右王门的收摄保聚向虚寂

[①] 胡直：《续问下》，《衡庐精舍藏稿》卷三十，《胡直集》，第669页。
[②] 郭子章：《先师胡庐山先生行状》，《蠙衣生粤草》卷六，《胡直集》，第993页。
[③] 胡直：《念庵先生行状》，《衡庐精舍藏稿》卷二十三，《胡直集》，第463页。
[④] 郭子章：《衡庐精舍藏稿序》，《胡直集》，第912页。
[⑤] 胡直：《刻濂溪先生集序》，《衡庐精舍藏稿》卷十，《胡直集》，第213页。

主宰，化以存神为基础。从第二、三重宗旨的内在关联而言，存即是存此明觉，以明觉为存主；性体贞定，即是尽性至命。从体用不二来看，道体即是功夫，道体必然要发用，转化成积极入世的有为，实现觉一体的家国天下理想；同时，在应迹之用中不断壮大道体，以用养体，此是过化。从良知学展开来看，泰州学派的罗汝芳言赤子之心如解缆放舟，过化即是良知的自然流行，"上下与天地同流"；浙中王门的王畿言"无意之意则应圆"，存神过化是"无意之意"，"应圆"即是化，是对无念、绝意的超越；江右王门的罗洪先临终言："存守者，不存即无欲。"① 超越存之意，无欲亦相通于存神过化。由此可见阳明后学功夫论的深层内在一致性。

胡直的三重宗旨皆相贯通，层层嵌套，"第见有迟速，故功有难易，习有生熟"②。独知即觉、仁、性、命，从慎独、觉仁体到存神过化，一层深入一层，这既是主静功夫渐进的层次，也是道体从显以入密，渐入深静的过程。胡直的良知学宗旨融合了《论语》《中庸》《孟子》等儒学经典，在经典诠释中建构良知学体系，如将《论语》中的恭、忠、敬上升为持敬，以《中庸》的无声无臭展现觉的境界，将《孟子》的存神过化引入致良知功夫。传统观点认为，周敦颐对程颢与程颐兄弟的启发主要在寻孔颜乐处，胡直则深度关联周敦颐与程颢之学：由周敦颐的无欲贯通程颢的"浑然与物同体"，这亦是第一重宗旨的"以一体为宗"；以程颐的持敬平衡周敦颐的主静。鉴于入禅出禅的主静历程，胡直的良知学宗旨注意凸显儒学对于佛教的超越，如将注重个体道德自觉的独知升华为"灵则"，以"灵则"的公性限定独知向虚寂方向发展；将独知之觉由个体扩充至"大身子"，展现儒学家国天下的道德关怀；以持敬夹持主静，以外在事功渗透内在的道德本体。

三 致良知功夫论的两种方向

无欲故静，主静的深入促进无欲、无念、无意。但由于人心私欲驳杂，良

---

① 胡直：《续问下》，《衡庐精舍藏稿》卷三十，《胡直集》，第680页。
② 同上，第674页。

的表达来看,一体既包括在有的层次上我与物的合一成大体,也包括在无的层次上"无声无臭为至"。

第三重宗旨"以尽性至命为宗,以存神过化为功"。性是独知,"中与仁与性,名虽异而体则一也,要之皆独知也"①。性亦是觉,"觉即性也"②。顺此拓展,命亦是独知与觉,在达到觉"大身子"一体时,可实现"尽性至命",在性的超越中安顿命。这源于《孟子·尽心上》的尽心、知性、知天,"存其心,养其性,所以事天也。夭寿不贰,修身以俟之,所以立命也","夫君子所过者化,所存者神,上下与天地同流"。欲产生于意,意起于动念。在第一重宗旨无欲功夫的基础上,学者应深入密体,由无意以至于神化。胡直的第三重宗旨形成过程漫长。出禅后,辛酉(1561),胡直晤耿定向、定理兄弟于汉江之浒,相与订学,胡直以"无念"为宗。③"无念"可追溯至参禅时的"不甚起念",是心意层次的无欲。作《困学记》后近十年,"岁壬午,又有《翊全录》,其要以尽性至命为宗旨,以存神过化为工夫,而以绝虑忘言为补翊,故曰'翊全'"④。"忘言"指向缄默,默识静体;"绝虑"是无意,基于更深层次的无欲,以此补道体之全:"夫唯非意,则存神过化,上下与天地同流。"⑤《孟子》中的过化指圣人所过,民由圣人而感化。胡直诠释的过化是指推致良知时,觉不受意识的干扰,与天地同流,这又相通于第一重宗旨的"以一体为宗",如王阳明言:"可见人心与天地一体,故上下与天地同流。"⑥由无意而至存神过化:"性也者,神也。神不可以意念滞,故常化。程伯子所谓'明觉自然',言存神也;所谓'有为应迹',言过化也。"⑦神、化是境界语,存神过化是功夫论。化是化去意念之滞,化不是空化,而是在有为、应物中去化,如吹毛剑斩物,以用见体。神是一种较之于觉更深层次的意识活动,存神是"以觉为功"的深密化,如王畿"无物之物则用神",神是明觉作

---

① 胡直:《答人问独知》,《衡庐精舍藏稿》卷二十,《胡直集》,第406页。
② 胡直:《续问上》,《衡庐精舍藏稿》卷三十,《胡直集》,第648页。
③ 耿定向:《汉浒订宗》,《耿天台先生文集》卷八,明刻本,第3页。
④ 耿定向:《明福建提刑按察司按察使胡公墓志铭》,《耿天台先生文集》卷十二,《胡直集》,第982—983页。
⑤ 胡直:《才论下》,《衡庐精舍藏稿》卷十四,《胡直集》,第277—278页。
⑥ 王阳明:《传习录下》,《王阳明全集》卷三,第106页。
⑦ 胡直:《续问下》,《衡庐精舍藏稿》卷三十,《胡直集》,第673页。

恭、忠、敬为日履"。这源于孔子答樊迟问仁:"居处恭,执事敬,与人忠。"(《论语·子路》)尽管可以进一步区分恭为外、敬为内,但相对主静而言,恭、忠、敬三者均属于持敬的功夫,这是程颐以至朱子的功夫论。戒惧不昧是由内而外,由独知到一体,与此相迎,持敬是由外向内的庄严,通过"敬以直内"夹持心体,渗透静体,使得独知遵循"灵则",贯彻到儒学的日用伦常。胡直注重主静与持敬功夫的内在一致性及平衡,这将在下文讨论。

第二重宗旨"以仁为宗,以觉为功"。仁是笼括语,要义在觉。"以觉为功",由无欲而至觉之明,由觉而一体,这相通于第一重宗旨的"以一体为宗",一体觉路通畅,自然无欲。虽然胡直于九成台悟"浑然与物同体",但在鄱阳湖遇险时忘物我,这显然背离了儒学的基本宗旨。为防止这种倾向,学者必须"以万物各得其所为量"来衡量一体:"即所谓生而觉者仁是也。唯生而觉,则此大一身者理而不痹矣。"[1]"不痹"指觉路的顺畅,从生理知觉超越到道德觉解,觉即是生生不已、仁者一体的道德情怀,既能觉自己,又能觉他者;不仅觉个体一身,而且将他者融入,形成"大身子",实现"万物各得其所"的大一体。从良知学的承接而言,胡直认为:"良知即觉也,即灵承于帝者也。"[2]觉向前承接良知,是独知的内在觉醒,展现仁体鲜活的生命义;向后对接"帝则",觉是天理定则,帝则即是良知,从而极大丰富了觉的道体蕴涵。"以觉言仁"源远流长[3],周敦颐重视师道的"先觉觉后觉",程颢言"仁者浑然与物同体",其后既有谢良佐、张九成的宋代传统,又有王阳明、欧阳德的明代传承。胡直融摄诸说,其良知学以觉为特色。由第一重宗旨的独知而觉,觉继承了独知的特征,"独知本然虚灵,不倚一物,不遗一物","此独知不倚处即为中,不遗处即为仁"[4]。以独知定义仁,以仁为宗即是以独知为宗,独知扩充即是推致明觉。独知觉物与我为一体,但又不倚于物,能够在虚灵处超越而出;由独知而推至一体,万物均内卷于觉中,无一遗漏,实现一体的全摄。从觉达到的一体而言,既包括时间的连续性,也包括空间的无碍,以"通昼夜""忘物我"验证觉的有效性;从第二重宗旨

---

[1] 胡直:《征孔下》,《衡庐精舍藏稿》卷二十九,《胡直集》,第606页。
[2] 同上,第596页。
[3] 张昭炜:《宋明理学第四系的形成与发展》,《朱子学刊》,2010年第19辑。
[4] 胡直:《答人问独知》,《衡庐精舍藏稿》卷二十,《胡直集》,第405页。

山可追躅大禹圣迹,感受周敦颐的遗风。胡直居衡庐精舍,自号衡庐耕云老农,作《衡庐精舍藏稿》,这均指向周敦颐。胡直与周敦颐之学"恍若券合",代表了阳明学与濂溪学结合的新范式。胡直在继承时又多有创见,如其明示学旨:

> 有一弟子问于胡子曰:"先生奚学?"曰:"吾学以尽性至命为宗,以存神过化为功,然独惭老未得也。"……曰:"是非弟子所能企也,请下之。"曰:"以仁为宗,以觉为功,以万物各得其所为量,以通昼夜忘物我为验,以无声无臭为至。"曰:"亦非所企也,复请下之。"曰:"以一体为宗,以独知为体,以戒惧不昧为功,以恭、忠、敬为日履,以无欲达于灵则为至。"曰:"若是,则弟子敢请事矣。"①

由易至难,胡直三重展开良知学宗旨,道体依次为独知、仁、性命,并相应于三重功夫与境界。第一重宗旨重点在独知及一体。独知即良知,"个个人心有仲尼",人人皆有独知。"夫心,虚而灵者也,即独知是也。"②"虚而灵"与"寂而仁"具有相同的语法结构,"而"字表示概念的递进与缩窄,"而"字后者的概念是对于前者的限定。"虚"与"寂"均是静,独知之静不是虚空、死寂,而是灵动之虚、生生之仁。"虚"表明独知深静如渊的特征,"灵"如同周敦颐所言的"静虚动直"、王阳明所言的灵明"发窍"、罗洪先所言的"生生一窍"。由九成台悟道可知,胡直主静独得类似孟子"万物皆备"、程颢"浑然与物同体"的一体之境。但只讲独知、一体,不仅不是阳明学的特征,而且很可能误入禅学,因此必须限定一体,"以无欲达于灵则为至",这既是无欲的湛然一体,又有"灵则"之絜矩,"灵则"成为一体的终极指向。"戒惧"是针对独知的慎独功夫,"不昧"是保任独体的虚而灵。胡直论述的独知贯穿未发已发:"当人心静时,纵无一念一事,此虚而灵者昭乎不昧,未尝遗物,其与应事接物者无减,故曰'未应不是先';当人心动时,纵有万几万应,此虚而灵者昭乎不昧,未尝倚物,其与未应事接物者无增,故曰'已应不是后'。"③戒惧不昧的内在功夫外化显现,"以

---

① 胡直:《续问下》,《衡庐精舍藏稿》卷三十,《胡直集》,第673—674页。
② 胡直:《答人问独知》,《衡庐精舍藏稿》卷二十,《胡直集》,第405页。
③ 同上。

化解危险，体现一个大儒敢于担当的现世关怀，承担作为觉者的道德义务，而非沉湎于一己之明，得独饮熟寝之私静。斩断自我与外界的联系，这种超脱的虚寂会堕落成绝伦弃物。

在胡直入禅出禅时，罗洪先的良知学也在发展，并成为胡直回归阳明学的主要思想资源。罗洪先初尝语静，又言归寂，中年不同①，临终言："得此理炯然，随用具足，不由思得，不由存来，其中必有生生一窍，夐然不类。"②胡直"数年间实借谓从事于此。非此，则非尧、舜以来脉路"③。体知深静是为"发窍"，即透关，良知灵根在渊寂中得以长养。由此生生一窍透关，以明觉照亮万物，浑然一体，这继承了王阳明的良知学："盖天地万物与人原是一体，其发窍之最精处，是人心一点灵明。"④由上可知，胡直主静困学始于阳明学，终于阳明学，全面继承了罗洪先前期教导的无欲主静及后期的生生一窍，中间入禅出禅，丰富的经历使得其良知学极具特色。

二　良知学的三重展开

胡直入门良知学时，罗洪先教以濂溪学的无欲主静，邹元标称胡直为"旷世濂洛"。濂溪学的学圣"以一为要"，"一者，无欲也。无欲则静虚动直"（《通书·圣学》）。据胡直的弟子郭子章所言，"庐陵凑二山中，北距庐，东距衡，俱不能千里。予师胡正甫先生生于其间，自号庐山，名其居曰'衡庐精舍'"⑤，"楚周元公论圣学，以一为要，而直以'无欲'当一。先生之教恍若券合，而说者谓元公产于衡，止于庐，先生宅于庐，缔于衡，其迹亦若片合，岂二山之灵佻于禹，婴薄于元公而凝翕于先生耶？"⑥虽然衡山、庐山在空间上相距千里之遥，但在仰慕圣贤者的心中，二山在道学空间无碍。大禹于衡山、庐山各藏一书，从而将两座名山联系在一起；周敦颐起于衡山，晚年归隐庐山。由衡、庐二

---

① 胡直：《续问下》，《衡庐精舍藏稿》卷三十，《胡直集》，第679页。
② 同上，第680页。
③ 胡直：《奉复念翁师（三）》，《衡庐精舍藏稿》卷二十，《胡直集》，第383页。
④ 王阳明：《传习录下》，《王阳明全集》卷三，第107页。
⑤ 郭子章：《衡庐精舍藏稿序》，《胡直集》，第911页。
⑥ 同上，第912页。

然敞开，这貌似又回到了儒学。悟到物我一体，觉在空间无碍，这影响到胡直以一体为宗的良知学。胡直参禅得静体，从浅层、浮躁的意识转入深邃、缄默的潜意识层；九成台悟宇宙与我为一，获得神秘体验，但短暂不持久。通过参禅静坐，胡直的肺病火症得愈，此为最直接的收获。火具有炎上、燥热的特性，主静则趋于清凉、润下的渊深，从而有利于去心火。胡直中晚年病痔，在蜀、广染瘴，幸以静坐延年。在心理上，胡直达到了一种上下察的虚寂体验。通过静坐，胡直的身体、精神面貌为之一新，并深刻影响了胡直良知学的表达，如胡直四十五岁时致信邓鲁："况不肖某实蒙教于足下，今日得稍不堕落，怀有性命之虚见秋毫，足下力也。"① 有学者认为胡直致力于深度的静坐以及心造万物的主张是一种极端的主观主义，"在其涵义上通常被理解为佛教的主张，而胡直也因此常被推定为佛教徒"②。这种观点仅停留在表象，胡直入禅时学说尚未成熟。实际上，正是因胡直能够深入佛教，才能更为犀利深刻地批评佛教，发掘儒家性命之学的深蕴。

（三）出禅：寂而仁

胡直并未因禅静而登于道岸。己酉（1549），胡直会试途中，"方浮彭蠡，值风涛夜作，不能泊岸，舟颠几覆数矣。同舟人士，皆号达旦，予独命酒痛饮，浩歌熟寝"③。事后，欧阳德批评胡直"此固甚难，然谓仁体未也"，"临危不动心，而又能措画救援，乃仁体也"。④ 正是鄱阳湖遇险与欧阳德醍醐灌顶的点化，使得胡直的功夫路径发生转向。儒释主静在浅层差异不大，深层只差一念之转："盖释氏主在出世，故其学止乎明心，明心则虽照乎天地万物而终归于无有。吾儒主在经世，故其学贵尽心，尽心则能察乎天地万物而常处之有。"⑤ 释氏明心，明后追求超脱的涅槃；儒家不仅要明心，更重要的还在尽心，明后要用其极，尽伦物天地。静中涵养良知端倪，寂而仁，遇险时，不仅能够静定，而且还积极去

---

① 胡直：《奉答邓钝峰先生》，《衡庐精舍藏稿》卷十九，《胡直集》，第379页。
② 崔瑞德、牟复礼编：《晚明思想中的儒学》，《剑桥中国明代史》下卷，北京：中国社会科学出版社，2006年，第699页。
③ 胡直：《困学记》，《胡直集》，第897页。
④ 同上。
⑤ 胡直：《六锢》，《衡庐精舍藏稿》卷二十八，《胡直集》，第570页。

主静无欲。予虽未甚契,然日承无欲之训,熟矣,其精神日履,因是知严取与之义"①。罗洪先的功夫论主要源自周敦颐的无欲主静,他以此教导胡直。无欲承接欧阳德的立志真,除平日习气;"严取与",严格限制"予取予求"的欲望,从而为主静创造条件,主静又反哺无欲。虽然胡直并未完全接受罗洪先的教导,但是通过功夫践行,已渐显效验。通过欧阳德从总体方向指引,罗洪先从具体下手功夫指导,胡直入门良知学。

(二) 入禅:静中光景

从学欧阳德与罗洪先,胡直可谓得阳明学嫡传,但却走向入禅。戊申(1548),胡直游韶州明经书院,因少病肺,"咳血怔忡,夜多不寐",向欧阳德的弟子邓鲁问禅,邓鲁曰:"汝病乃火症,当以禅治。"②胡直入禅的动机是为了治病,如王阳明所言,"大抵养德养身,只是一事"③。参禅亦须主静,这无疑会丰富胡直的主静功夫,但儒释毕竟有别,入禅很容易偏离儒学的根本。胡直参禅经历了四个阶段:其一,息妄念。以静坐为手段,"其功以休心无杂念为主,其究在见性"④,这类似于罗洪先所教的无欲。其二,露性体。"一日,心忽开悟,自无杂念,洞见天地万物皆吾心体","自是事至亦不甚起念,似稍能顺应,四体咸邕泰,而十余年之火症向愈,夜寝能寐"。⑤邓鲁认为胡直的性体开始显露。其三,通昼夜。"久之,虽寐犹觉,凡寐时闻人一语一步,皆了了。"⑥邓鲁认为这是通昼夜之渐,如果勉进之,可以出死生。"通昼夜"指觉的时间连续性,这影响到胡直以觉为功的良知学。其四,悟一体。胡直同诸君游九成台,"悟天地万物果非在外,印诸子思'上下察'、孟子'万物皆备'、程明道'浑然与物同体'、陆子'宇宙即是吾心',靡不合旨,观前所见,洒然彻矣"⑦。性体发露后豁

---

① 胡直:《困学记》,《胡直集》,第895页。
② 同上。
③ 王阳明:《与陆原静·辛巳》,吴光等编校:《王阳明全集》卷五,上海:上海古籍出版社,1992年,第187页。
④ 胡直:《困学记》,《胡直集》,第895页。
⑤ 同上,第895—896页。
⑥ 同上,第896页。
⑦ 同上。

良知的曲折经历:"益惧悠悠,以为古今莫予困也。予曰:'及其知之一也,及其成功一也,则果何时耶?'遂记以自饬。"①《明儒学案》卷二十二收录了全文近五千言的《困学记》,直接收录案主如此大篇幅的思想历程材料,在整部学案中仅此一例,由此折射出胡直致良知的进路在阳明后学的示范性。围绕主静,胡直的困学历程有三个重要节点:良知学入门、入禅、出禅。

(一)良知学入门:立志与主静

胡直早年丧父,遂致放荡。王阳明重视立志,其弟子欧阳德以此启发胡直,"曰:'明明德于天下,是吾人立志处,而其功在致吾之良知。'又曰:'唯志真,则吾良知自无蔽亏。'语若有契。一日,先生歌文公'欸乃声中万古心'之句,予一时豁然,若觉平日习气可除,始定向往真意"②。朱子所作的《九曲棹歌》中对武夷山九曲溪第五曲的实景进行了描写:"五曲山高云气深,长时烟雨暗平林。林间有客无人识,欸乃声中万古心。"③"欸乃声中万古心",又作"茅屋苍苔魏阙心"。欧阳德将此引入良知学语境:人心私欲云气深,从而心体遮蔽昏昧。林间之客如良知,由于后天的遮蔽禁锢,而不识本心。良知先天本具,具有永恒性,如同"欸乃一声山水绿",棹舟之声能够唤醒沉睡的、迷失的良知。因此,尽管被习气遮蔽禁锢,但只要志真,良知依旧能够豁然显现,蔽锢去除,而生根发芽。

由立志转为践行,胡直致良知以无欲主静为功夫。王阳明的私淑弟子罗洪先为江右王门巨擘,功夫论以无欲主静著称。针对阳明学发展中出现的"凭几寂照而曰良知在是矣"和"认识解气机为良知之流行",他提出"惟无欲而后入微,惟微而后知无不良","故既壮之后,其学一主无欲"。④丁未(1547),罗洪先寻得石莲洞后,静坐其中,胡直前往问学,"予始见罗先生,先生教由静坐以入"⑤,"居石莲洞,既一月,日闻语,感发,乃北面禀学焉"⑥。先生"训吾党专在

---

① 胡直:《困学记》,《胡直集》,第901页。
② 同上,第894页。
③ 朱熹:《淳熙甲辰中春精舍闲居戏作或夷棹歌十首呈诸同游相与一笑》,《晦庵先生朱文公文集》卷九,《朱子全书》第二十册,上海:上海古籍出版社、合肥:安徽教育出版社,2002年,第526页。
④ 胡直:《念庵先生文集序》,《衡庐精舍藏稿》卷九,《胡直集》,第177页。
⑤ 胡直:《续问下》,《衡庐精舍藏稿》卷三十,《胡直集》,第679页。
⑥ 胡直:《困学记》,《胡直集》,第895页。

胡直的主静与仁觉

张昭炜

(武汉大学中国传统文化研究中心)

胡直(1517—1585),字正甫,号庐山,江西吉安府泰和县人。他在继承发扬江右王门之学的基础上,从江右到楚中,致力于推动阳明学在湖北、湖南的传播,"其治湖北,一以学为政",祭祀王阳明及其后学冀元亨、蒋信,"以风楚人"。[1] 胡直证学有成,正如其弟子邹元标所赞:"昭代山斗,旷世濂洛","圣关渊诣,心印独握。见者心醉,闻者沃若"。[2] "圣关渊诣"之"渊"指向深静的良知本体,以主静为功夫,胡直由"渊"透圣关。"心印独握"指胡直内在心体独契良知,与往圣前贤印心传心。胡直由道体与功夫展现出的境界,发散出的气象,令同游者如醉,真切感受良知之泽的润沃。经由漫长的致良知功夫积淀,胡直三重展开良知学,融合周敦颐的主静与程颢的觉一体,代表了濂洛之学在阳明学背景下的新发展。

一 主静致良知的困学历程

胡直一生求道艰辛,他在作于万历癸酉(1573)的《困学记》中追溯了其致

---

[1] 郭子章:《先师胡庐山先生行状》,《蠙衣生粤草》卷六,《胡直集》,上海:上海古籍出版社,2015年,第990页。

[2] 邹元标:《祭胡庐山师文》,《愿学集》卷七,《胡直集》,第1012页。

虽然从哲学上讲,"诉诸后果"或者"诉诸权威"都可能会犯论证上的谬误,在逻辑上我们不能因后果或者权威而判定哲学命题的真假。而对于儒学来说并非如此,论说从来都要考虑后果和权威,因为从个人身心到家国天下的可行之道,符合前圣先贤遗辙,乃是儒学的终极追求。那么,在这个意义上,耿定向的思虑和行动又是睿智和合理的,虽然他的哲学会因此看上去"不尚玄远",不那么高明,甚至有时出现理论上的混乱,连他自己偶尔也会因莫衷一是而未免于茫然,不过他显然并不以为意,他的自我定位非常明确:"守道待后,如斯而已。"①

因此,对于耿定向的意义,我们必须放在阳明心学的发展脉络中理解。王学的繁荣发展异彩纷呈,互动和融汇也与日俱增,对那些来自佛、道方面的对手,入室操戈固然有,正中下怀恐怕也随之而来,"正统性"的要求已经十分迫切,这迫使周汝登等一批学者做出宗传谱系和宗旨教义的努力建构,也迫使作为学术官僚的耿定向穿上执法者的制服,去维持思想市场上的秩序。因此,立足于泰州学的"日用常行"和"圣愚无间"的学理,耿定向无意于玄远和高蹈,而是选择从实践和效用出发,对道学给出这样的裁决标准:"它凡道不可与愚夫愚妇知能,不可以对造化、通民物者,皆邪说乱道也。"②

---

① 耿定向:《小像赞》,《耿定向集》卷一,第1页。
② 耿定向:《复乔户部》,《耿定向集》卷五,第182页。

余又遗弃之病；余亦守定"未发之中"一言，恐天台或未窥物始，未察伦物之原……乃知学问之道，两相舍则两相从，两相守则两相病，势固然也。两舍则两忘，两忘则浑然一体，无复事矣。①

虽然耿、李二位的性格、学问等方面都有所不同，但引发争议更重要的因素应当是二人身份和位置的不同：耿定向作为一位在朝为政者，他所要考虑的是世俗社会大局的稳定，他的一言一行会以自上而下的权力形式影响整个社会；而李贽作为在野的学者，而且颇有文人气，他可以肆无忌惮发挥他的才性和玄理，以其才思深究根源而立新说，通过自下而上的"煽动"式言行发挥社会影响。这才是耿、李之争的症结所在，也是耿、李学问风格之差异所在。明乎此，也就不难理解，耿、李之争中，我们看到耿定向几乎总是处于防守姿态。耿定向所极力攻击的是"里中三异人"，显然是因为在他看来那些人在社会行为上既表现得肆无忌惮，又没有李贽那样的才思，其学理荒诞无稽，甚至难以自圆其说。②不过，对于耿定向的表现，李贽显然早已深谙其中缘故，所以他为邓豁渠的辩护才重在强调其为"一无紧要居士"，根本影响不了世人；反过来，世风日下的败坏也并非区区邓豁渠所能造成。③不论如何，这一辩词是可能击中耿定向心结的：对于区区这几位"异人"，他实在有些过于"杞忧"了——也许是因为对自己家乡的社会教化过于心切。耿、李的最终和解也是在此基础之上"两相舍则两相从"：他们彼此的身份、目标和言说其实是错位的关系，他们的机能其实是分离的，用不着互相攻讦；反而，只要他们互不干涉，他们的言说和行动完全可以更好地发挥各自独立的积极作用，甚至构成一种互补的组合。

四　结　语

耿定向是一位时刻要将学说义理诉诸实践去检验的学者，也是一位时刻要自查和检查别人是否脱离儒学轨范的学者，无论是在个人修养还是政治治理。

---

① 李贽：《耿楚倥先生传》，《焚书》卷四，北京：中华书局，2009 年，第 143 页。
② 参见吴震：《阳明后学研究》，上海：上海人民出版社，2003 年，第 397 页。
③ 参见同上，第 398—399 页。

比如，在焦竑与耿定向关于佛教的往复书信讨论中，焦竑所提出的关乎"玄机"和"微旨"，而耿定向的关心则始终聚焦于"殄灭"与"消煞"[1]，是后果上"败化伤风""枯槁其心"乃至"断灭种姓"的问题[2]，以及儒家正统礼教中的夷夏大妨——耿定向坚持认为，对夷狄的赞赏和对华夏的失望都并非等于要去"以夷变夏"[3]。总之，正是因为耿定向无意于过多地去真正深究其中三昧，所以他才表现为"拖泥带水，于佛学半信半不信"[4]。

耿定向与李贽的争辩，历来都是广受关注的一个焦点，甚至远远超过了对耿定向本人的关注程度。从历史线索来看，二人的争议起于万历十二年（1584）耿定理去世后，耿定向对李贽出世行为及其影响和隐忧做规劝，因为耿定向担心这些影响势必发生在自己和家族身边，由此造成了李贽的反感；进而，因为万历十六年李贽选择落发为僧，但同时他也并不遵守规规矩矩的僧侣制度，作为李贽"寄主"的耿定向也因此承受社会舆论压力，因此他指责李贽"骛玄奇"，而予以激烈批判。随后，万历十八年，李贽刊行《焚书》，将其给耿定向的所有书信悉数收录，引发耿定向的强烈反制，将自己给李贽的信件也一并公开，并写下《求儆书》昭告天下，二人矛盾达到顶峰。[5]可以看出，这场争论虽然不完全源自耿定向的佛教观，但无疑属于他"卫道"行为中的异端批判问题。因为双方矛盾旷日持久，争辩内容几乎牵涉了两人思想的方方面面，这其实多半是二人心气所致，因为就其争议之根本，不至于如此。他们的共同好友周思久给出的"天台重名教，卓吾识真机"的著名分判，引起耿定向的强烈不满；不过，如果将其背后的价值判断搁置一旁，仅仅作为一种对二人学术之特征表象描述的话，这一分判也并非不公之论。其实，在二人争辩多年最终在1594年达成和解之后，李贽就有过一个类似但表述更为周全的总结：

既已戚戚无惧，而天台先生亦终守定"人伦之至"一语在心，时时恐

---

[1] 焦竑：《答耿师》，《澹园集》卷十二，第82页。
[2] 耿定向：《学彖》，《耿定向集》卷九，第350页。
[3] 耿定向：《与焦弱侯》第九首，《耿定向集》卷三，第106页。
[4] 黄宗羲：《明儒学案》卷三十五，第814页。
[5] 参见张斯珉：《卫道之学——明儒耿定向思想研究》，第236—240页。

三 儒佛关系与异端批判

既然要"卫道",就不仅要对内守卫教义("宗")和教法("教")的正统性,而且要对外处理好与异端的界限和判别。对于佛教,耿定向自称"素不佞佛,亦不辟佛,恃此心能转佛书耳"[①],在价值上,耿定向似乎是持一种开放的态度;而从立足点来说,耿定向则是以儒学为主融摄佛教。对于后者,具体而言,则是"心悟转法华"的姿态,以王阳明心学吸纳佛教精义,同时却排斥佛教诸多离世修行的仪轨形式,所以他认同王通(字仲淹,号"文中子",584—617)所言"佛,圣人也;其教,夷狄之教也"[②]。因此,耿定向认定佛教的"六神通"不过就是"心通"[③];此心"通极于性,不倚于念",则是摆脱六道轮回的关键[④];准提咒有字无文,"盖令诵者思惟不起,则一念泯而知识忘,此心归于天矣"[⑤],诸如此类。[⑥] 总而言之,耿定向对佛教的解释,都不过是强调"心的主宰和运用"而已[⑦];这在阳明后学思想运动中的"儒佛一致"论里,其实算是一种主流和相对安全的方式。

事实上,在王学的发展过程中,以"不辟佛"为表征的"儒佛一致"乃至三教合一看起来是大势所趋,仅就立场而言,耿定向也似乎顺应了这一思想潮流。不过,虽然对佛法有一定的学习和理解,耿定向自己却也承认研习并不深入[⑧],甚至自认为"不研佛乘,不参玄旨"[⑨],这是耿定向有意地身份恪守。耿定向对于佛教其实持一种旁观的态度,即观其效用而论,而对其中的义理实在没有太浓厚的兴趣,或者出于对儒家正统的守卫,他甚至要时刻提醒自己不能太深入其中;而作为儒家理想的为政者,他更要时刻关注任何学说的社会后果。

---

① 耿定向:《绎异编·序》,《耿定向集》卷九,第 362 页。
② 同上。
③ 同上,第 369 页。
④ 同上,第 368 页。
⑤ 耿定向:《绎异编·准提咒绎》,《耿定向集》卷九,第 367 页。
⑥ 参见张斯珉:《卫道之学——明儒耿定向思想研究》,第 210—222 页。
⑦ 张学智:《明代哲学史》,北京:北京大学出版社,2000 年,第 281 页。
⑧ 耿定向:《答钱庐陵》,《耿定向集》卷五,第 192 页。
⑨ 耿定向:《小像赞》,《耿定向集》卷一,第 1 页。

自然会有道德高下，所以要谨慎选择从事的术业(《孟子·公孙丑上》)。而耿定向所谓"慎术"，简单地说，就是要"选择在价值上与道德标准相一致的恰当方法"①。因为正如《孟子》文本所揭示，在很多情况下，"术"会决定"心"；而且，趋于务实的耿定向更会认为不可离"术"而空言"心"，"心"只在"慎术"的实践之中。其中，在社会政治尤其是为政治理的实践中，"术"显然十分重要。耿定向一生为官"慎术"而颇有心得，比如："上官须是个个能容人简，下官须是个个敢于简，而斯世斯民方有生意"②，等等。所以，他将平生为官"慎术"的实践心得带入理学思考中，也是情理之中的事情。但值得注意的是，在耿定向这里，"慎术"其实不仅是"卫道"的一项重要手段，而且也是"卫道"本身，因为它也是以一种外在的文化形式来规范和约束内心，从而回归正统之道：

> 曰：何谓慎术？曰：皆事，故皆心也。顾有大人之事，有小人之事。学为大人乎，抑为小人乎？心剖判于此，事亦剖判于此；事剖判于此，人亦剖判于此。孔子十五志学，学大人之事业。孟子善择术，故曰："乃所愿，则学孔子。"盖学孔子之学者，犹业巫函之术者也，不必别为制心之功，未有不仁者矣。子思子谓其无不持载，无不覆帱，并育不害，并行不悖，有以也。舍孔子之术以为学，则虽均之为仁，有不容不堕于矢匠之术者矣。③

在耿定向看来，"即心即道"表明他遵从王阳明心学的"心即理"（良知即天理）；"即事即心"是他在事上着实去做，就事而论心，而不离事空言心；那么，既然要在事上剖判，学者最重要的事情就是"慎术"，是笃定"孔子之术"，"天下学术，惟宗孔孟"④，回归"孔子—子思—孟子"的道统，真正操起孔子之学，这也就是"卫道"。

---

① 张斯珉：《卫道之学——明儒耿定向思想研究》，第157页。
② 耿定向：《与胡庐山》第八首，《耿定向集》卷三，第91页。
③ 耿定向：《慎术解》，《耿定向集》卷九，第300页。
④ 耿定向：《学彖》，《耿定向集》卷九，第345页。

我们知道,"淮南格物"是以"絜矩"释"格物",最大特色在于落实到"安身"。① 耿定向在此为王艮树碑立传,当然同时也正是声明自己的主张,声张自己所认可和继承的泰州学风格和精神,尤其是其中那些所谓"甚详""甚严"者。毋庸置疑,耿定向对"淮南格物"的推崇,与其对"絜矩"的重视密切相关②;并且,耿定向认为王艮一生所践行的正是如此。对安身为本的"絜矩"之重视,对严格规范的"立身"特别是"自立"之讲求,体现的是耿定向要将王阳明心学严格地纳回儒家正统思想的诉求。

相比之下,对于那些与耿定向同时代的阳明后学,尤其是受泰州学风所鼓动的学者来说,王艮别具一格的"淮南格物"学说绝不是简单地被指责为"别立新奇"——事实上,很多"新奇"其实在当时似都不成问题;重要的是,追求"一贯"乃至"浑一"的那些学者注定无法容忍将"本"与"末"割裂而谈,因为他们讲求"本末只是一物"。③ 因此,王艮的"格物"学说"在当时以及以后的相当一段时期内,并不为大多数士人所取,甚至包括他的一些得意弟子。罗近溪对淮南格物的'安身'说就表现得相当冷淡,在其格物论中,我们几乎看不到他对淮南格物说的正面评论"④。

在罗汝芳的学说中,"当下"论本身就有一种实践化诠释的向度,耿定向所珍视的正是如此。不过,罗汝芳的当下论也让耿定向感到不安,早在嘉靖四十四年(1565),耿定向就说:"罗近溪谓当下承当便是了,细勘来,觉他还有疏脱在。"⑤ 后来在其《慎术解》中,耿定向认为"学有三关":"即心即道""即事即心""慎术"。⑥ 显然,"慎术"是其中的核心,它所针对的正是泰州学中"混事言心"的现象,也就是针对罗汝芳的当下论对"当下此心"的过分依赖。

相对于"心"来说,"术"是更加有迹可循的具体手段、方法和路径。"慎术"一说来自《孟子》,孟子认为做制作箭头和棺材的人,跟制作盾牌以及行医的人相比,内心所想不一样,前者希望人的死伤,而后者力图挽救之,因此往往

---

① 吴震:《王心斋"淮南格物"说新探》,《陕西师范大学学报》(哲学社会科学版),2008年第1期。
② 张斯珉:《卫道之学——明儒耿定向思想研究》,北京:中国社会科学出版社,2017年,第38—39页。
③ 周汝登:《与赵学博怀莲》,《东越证学录》卷十,第619页。
④ 吴震:《王心斋"淮南格物"说新探》,《陕西师范大学学报》(哲学社会科学版),2008年第1期。
⑤ 王畿:《留都会语》,吴震编校整理,《王畿集》卷四,南京:凤凰出版社,2007年版,第90页。
⑥ 耿定向:《慎术解》,《耿定向集》卷七,第300页。

知"等,"不容已"更贴近于日常生活中的生动经验,更容易让人们尤其普通百姓直观领会到,这是其"粗浅"处,但"微旨"却可由此而发。换言之,耿定向通过对"日用常行"的强调,所要应对的是言说上的玄远和实践上的高蹈,所要获得的是在"日用常行"处真实的领会、觉察和受用。

所以,同样是标榜日用自然、易简明白的为学风格,跟泰州学风中那种强调由当下自我主宰所具有的扩张倾向而来的那种张狂、恣肆之行为表现不一样,耿定向却始终要趋于"卫道"和回归正统。

二 "卫道"意识

耿定向有着强烈的卫道意识,这当然是针对当时王学思想日渐展开、转折、流变和分化过程中所产生的危机而来。身处其中,耿定向当然要义无反顾地决心去"兢兢卫道"。所谓"卫道",无非就是"保卫"儒家的道统,也就是要"保卫"儒学中的正统性脉络,尊崇那种"传道之统"的历史叙事上圣贤人物及其思想学说的地位。具体而言,因为"传统"的约束力,它必然要求心学家们把自己的思考完全纳入旧有的儒家礼法名教之内。

虽然耿定向推尊泰州学正派王艮及罗汝芳的学问,但他所理解、接受和继承的泰州学,毕竟跟当时及后来一般人心目中的泰州学很不一样,耿定向对泰州学是有选择性的诠释与继承。事实上,泰州学本身也有不同的面向,由此而有不同的诠释和发展向度,所以关键在于推尊泰州学的哪一方面。

在具体对王艮学说思想的表彰中,耿定向最尊崇的是其"格物"之说:

> 综其旨归,以格物知本为要,以迁善改过、反躬责己为勉仁……先生(王艮)尝谓立身以为天下国家之本,则位育有不袭时位者。其所以语立身甚详,而所以自立者盖甚严。夷考其平生,无叶言,无越履,巨节细行咸可昭日月,通神明。①

---

① 耿定向:《王心斋先生传》,《耿定向集》卷十四,第549页。

者过度沉浸于智识上夸夸其谈。① 其中，又尤其是形形色色的良知论所引导的"知"的倾向最为显著，耿定向从"常知"转向"不容已"，正是为救此弊。在耿定向后期的论述中，"良知"二字的分量甚轻，虽然在学理上其实并不脱离王阳明良知学。② 在耿定向看来，学问之关键并不在于对人伦物理进行深究而知其所从来，尤其不是高谈那些玄妙的义理，而是在当下、在日常的提点而受用，落实于个人道德与群体社会风俗，这才是传统儒家之根本理想，而耿定向的做法无疑是要将当时那些纷纷激荡一时、快要或者已经出格的学者拉回儒家名教之中来。也正是在这个意义上，耿定向诠释了《论语》中孔子所言"民可使由之，不可使知之"的政治教化理念与追求，这也反映出耿定向"官员"身份之本色。

所以，泰州学中所高倡的"日用常行即是道"在耿定向这里并没有因背后蕴含的自足圆满而导向狂荡恣肆风格；相反，耿定向正是由此强调要回归平常的生活，并认为这才是王艮或者泰州学的初衷，从"愚夫愚妇能知"到"圣人复起不能易"，只是因日用平常的效用，而不是走向"务自尊大"，所以他这样评论王艮，"先生之德至矣，世迹一二末学之诳诞而病先生学，是惩噎而废食也。先生之学，故民生日用之学也"③。"民生日用"才是耿定向所要继承的泰州学，也是他一生为官经由实践而得来的圣学志趣所在。进而，对于整个王阳明良知学，耿定向认为如果稍不注意，则会有"成毒药"的风险：

> 嗟乎！"良知"二字，本起死回生诀也。遇其人，当其机，则蹄涔一滴为续命灵丹。苟不先辨其志之所归，审其质根之所禀，而概授之，而冒承之，诚恐上味醍醐翻成毒药也。余今论学，每好就事之粗浅者以发微旨。④

在日常的行为举止中，"就粗浅者以发微旨"，这正是耿定向所要继承泰州学风的首要精髓。显然，较之于以"知"为核心的教义，比如"良知"或者"常

---

① 焦竑：《天台行状》，《澹园集》卷三十三，北京：中华书局，1999年，第528页。
② 陈时龙：《耿定向思想研究》，《明史研究论丛》，第七辑，北京：中国社会科学出版社，2007年，第183页。
③ 耿定向：《王心斋先生传》，《耿定向集》卷十四，第549页。
④ 耿定向：《与焦弱侯》第六首，《耿定向集》卷三，第103页。

的心学诠释中最具特色的思想拈出来做学理阐发，而是要把最能防止种种流弊的关键予以专门提出：

> 圣人第于"不容已"处立教，使人由之，不使知之……余尝观《楞严经》中哓哓然于不可加知处欲使人知，盖犹窭人丐子偶见富家服食华靡，便为惊诧张惶，侈谈夸诩。若孔孟便只以为家常茶饭，第令人朝夕饔飧耳。且今世之谈虚无者，何曾能虚能无哉！深之傍见高谈，浅之口足背驰，大都皆两截也。①

这里耿定向是在与焦竑讨论北宋程颢辟佛语，尤其是耿定向所推崇的"观其作用处，便作两截"一句，但耿定向将其扩大到"今世之谈虚无者"，他认为其中的"深者""浅者"均不得要领，而圣人之学"第于从'不容已'处立教"。耿定向这里理解的所谓"两截"，其实正是王阳明所谓"知"与"行"的"两截"，其中的表现则包括口舌修辞与道德修养、论理说教与践行效用的"两截"。耿定向立足于"不容已"，也正是要学者切实地感受王阳明心学中所谓良知之呈现。与"良知"或者"常知"的表述不一样，"不容已"是一种对内心冲动的形容，它更凸显行动力，用孟子更为形象的譬喻就是"若决江河，沛然莫之能御"(《孟子·尽心上》)；在儒家心学传统中，"不容已"所形容的当然是人的本来善心，只不过耿定向要避免学者追逐形容之所指，乃至进行纷繁复杂的学理辨析，而应当把重心放在感受那种内心冲动，从而觉悟和践行道德。在晚明时代，"标宗旨"不仅是教义旨趣的提炼，而且也包含了教法和策略：各家竞相"标宗旨"并不一定都是教义之争，王学内部的各家在很多情况下是在讲求哪种教法更"无弊"，从而最能完美地契合王学乃至圣学正统。②

可以说，耿定向"不容已"的学问宗旨，不仅是重在效果，而且是一种预防性的效果，其所努力提防的正是当时已经纷然出现的学风流弊，也就是那些学

---

① 耿定向：《与焦弱侯》第九首，《耿定向集》卷三，第106页。
② 王格：《王学语境中的"宗旨"与"宗旨林立"》，《哲学门》，第三十二辑，北京：北京大学出版社，2016年。

性运作机制；它有时候也被耿定向替换为"真根""本心""仁根""根心"等。对于"天"来说，"真机不容已"所要表达的是一种绝对性的存在方式，它统摄一切的主宰机制，同时具有自身能动性，并且不受人为等干预所左右，自然涌现；对于"人"来说，是受此种绝对和根本的作用机制之下人们内心不可遏制的道德冲动，因而也就是一切道德感和道德行为的根源动力。在理学的思想背景之下，二者又是连贯的，即所谓"天道、性命相贯通"。在王阳明心学的语境中，"不容已"十分生动地展示出那种自然而然、本心自主和自由奔放的新道德自觉风格，这正是泰州王学所尤其要高扬的，因为泰州学派的特殊风格和传统宗旨就是那"平常、自然、洒脱、乐，这种似平常而实高妙的境界"①。所以，耿定向所认定的"不容已"在王阳明心学的范围内无意于做出任何理论上的创新与突破，他真正关心的是实践和效用层面。换言之，耿定向"真机不容已"的重心落在"不容已"的经验感受，而非去追问"真机"之类的本体。

耿定向所倡"不容已"最重要的面向，即要缰缚住阳明后学不断有脱离儒门正轨之危机的言说与实践，尤其因为王学的共同体成员在各家的讲学和修行过程中并不能随时做到二者兼顾且完美结合，出于学者个人的风格偏好不同而导致学派呈现各式各样的偏锋倾向。在耿定向看来，只有出于本心天机之"不容已"流露，才能保障正言正行、言行一致而不脱节，因此耿定向这样批评"高者"和"浅者"：

> 大端向来孔孟学问脉路不明，是以学问浅者挨傍格式，少知砥立名行，即以为学问极至；而高者又乃剽袭禅宗玄旨，哓哓争鸣以为圣学。无怪夫谈说在一处，行事在一处；本体工夫在一处，天下国家民物又在一处。②

其实这样的言行割裂问题，始终是王阳明心学思想中的核心议题，而诉诸本心良知之真实发动来解决，也是王学的基本通例。③耿定向对"不容已"的强调，也是在此意义上的努力。换言之，耿定向强调"不容已"并非要把儒家仁学

---

① 牟宗三：《从陆象山到刘蕺山》，上海：上海古籍出版社，2001年，第201页。
② 耿定向：《复乔户部》，《耿定向集》卷五，第181页。标点有改动。
③ 王格：《王阳明"知行合一"义理再谈》，《道德与文明》，2015年第5期。

斡旋于心学思潮之下异彩纷呈的流派和风格之间,从容而镇定地维护着张弛有度的大局稳定。简单地说,耿定向大概是要努力使阳明心学在儒门传统中既如丸之走盘,而又不出于盘。因此,一方面作为阳明后学,耿定向在学术世界之外要为阳明心学争取足够发展空间;另一方面,在阳明后学兼收并蓄、纷繁杂糅的内部,耿定向也致力于守护儒门矩矱,以名教羁络之。总之,正如张元忭所说,"门下安然在位,循其所得为而与造后生,培植善类,隐然为吾党标帜,则所以内调师相,外联士心者,亦不言而明也"[①]。

一 "不容已"说

耿定向的思想一直受到仲弟耿定理(字子庸,号楚倥,1534—1584)的重要启发。早年接受王学良知教之后,耿定向曾"以'常知'为功";后经嘉靖辛酉(1561)的"汉浒订宗",耿定理示以"不容已";尔后"胸中蓄疑十余年",耿定向最终认定"不容已"为学问宗旨。[②]

耿定向认为:"若吾孔孟之教,惟以此不容已之仁根为宗耳。"[③]"不容已"可能来源于早期儒家经典中多次出现的"不已",它本来只是一种对日常普通经验的描述,但在理学的诠释中,"不容已"逐渐成为对一种形上学式的根源性及其相关项之专属描述,即专用来描述道德行为的源动力("仁心""良知"等),或者宇宙万物运作的源动力("天命""生机"等),或者最根本而不可违背的运行法则("天理""天道"等),以及由此根源性而来的一些具体的意念、表现或者行动等。理学家历来对"不容已"的使用非常频繁,虽然似乎只有在耿定向这里才标举为"学问宗旨",但这也并不意味着他对"不容已"的使用较其他理学家有多大的独特性;相反,因为耿定向为学"不尚玄远"[④],他的论述显得更为日常,更加注重实践,同时也就更缺乏学说思想上的独创性。在学理论述方面,耿定向较多地用"真机不容已",这里的"真机"应当是某种形而上的根本性、主宰

[①] 张元忭:《寄耿楚侗》,《张元忭集》卷四,上海:上海古籍出版社,2015年,第115页。
[②] 耿定向:《汉浒订宗》,《耿定向集》卷八,第304页。
[③] 耿定向:《与焦弱侯》第九首,《耿定向集》卷三,第105页。
[④] 黄宗羲:《明儒学案》,北京:中华书局,2008年修订版,第814页。

耿定向"不容已"说及其卫道意识

王 格

（上海财经大学哲学系）

耿定向（1524—1596），字在伦，号楚侗，人称"天台先生"，湖北黄安人。嘉靖三十五年（1556）进士，后在数地历任多职，卒赠太子少保，谥曰"恭简"。近有傅秋涛点校本《耿定向集》上、下册（上海：华东师范大学出版社，2015年）问世。

耿定向是一位真正的学者型官员。因出身贫寒，耿定向早岁便已备尝世间艰辛[1]，得益于其家世经历所形成的谨慎、平和、务实和坚韧的处世风格，耿定向究心吏治，懂得和重视"耐烦是为令要领"[2]，不为一时的矫矫清议所动，故一生仕途顺畅，鲜有坎坷，《明史》称其"历徐阶、张居正、申时行、王锡爵四辅，皆能无龃龉"[3]。

耿定向学无常师，但他确实是王学运动的一位重要学人，尤其推尊王艮和罗汝芳，所以黄宗羲《明儒学案》将其归入《泰州学案》，显然这样的派分未必十分合适。在阳明后学思潮中，耿定向是一位有点特别的学者，这并不是因为他的思想学说如何深刻和卓越，而是因为他似乎更像一位思想界的"为政者"：他的一生不仅能够斡旋于不同的官场派系之间，也斡旋于政治与学术之间，更

---

[1] 有关耿定向的生平事迹和生活经历，可参见耿定向：《观生纪》，《耿定向集》附编二。
[2] 耿定向：《牧要编·耐烦》，《耿定向集》卷十七，第648—650页。
[3] 张廷玉等：《明史》卷二百二十一，北京：中华书局，1974年，第5817页。

精详"者"谓之理",这与明末大儒王夫之"希横渠之正学"何其相似,可以说,他的"元气"说开明末"气学"思想复兴之先声。综上而言,沈懋学对阳明学者讲学活动的批评,薛方山在阳明学"一统天下"的思想背景下重提会通朱陆之说,以及唐鹤徵将被思想界遗忘良久的横渠"气学"重新提出,均呈现出南中王门在一定程度上偏离阳明学立言宗旨的某些思想动向,这些思想新动向与后来明末清初儒学范式的转移存在着某种思想承续关系。

四 小 结

南中王门为"王学七派"之一,与浙中、江右、泰州等阳明后学相比而言,思想大家固然不多见,但仍呈现丰富多元、异彩纷呈的思想世界。具体而言,南中王门服膺"良知学",同时在阳明学与甘泉学乃至老庄学之间持较为开放会通之论,对"格物"亦屡有新解,外加讲学活动昌盛,均促使阳明"良知学"在多角度、多层次展开新的探索,犹如"丸之走盘,横斜圆直";再者南中王门确实在一定意义上呈现批评和反省"良知教"的思想实践动向,所谓"呼之欲出"也。在此意义上,可以说,南中王门思想世界的展开恰如"丸之走盘,横斜圆直",但未脱离阳明学的立言宗旨;但不可否认的是,南中王门确有某种"呼之欲出"的思想新动向,这可从某些后学对讲学活动之批判、重提朱陆之会通、经世致用之学以及横渠"气学"等思想活动中看出。

薛应旂、江阴人薛甲以及武进人唐顺之与唐鹤徵父子。

薛应旂,嘉靖十四年(1535)进士,曾问学江右王门欧阳德,与邹守益、罗洪先、聂豹等人均有往来,接受阳明"致良知"说,并提出"心即道"("此心之外无余道")①和"求经于心"②等心学思想观点;同时又从程朱学者邵宝(号二泉)、朱子学者吕楠(号泾野,1479—1542)问学,在《重编考亭渊源录序》中高度评价朱子之学"学宗濂洛,远绍洙泗,孰不谓其集诸儒之大成哉"③,并与唐宋派的唐顺之等人交往频繁,故而其学术思想呈现多元兼容之表述,主张会通朱陆之同异,反对朱陆之争,指出朱陆"道本一致,学不容二,两先生实所以相成"④。此外,薛甲也力主朱陆之会通,他指出"学者不由晦翁之功好而遽希自得之效鲜有不堕于空虚者"⑤,对朱子的"道问学"思想颇多注意。

再者薛应旂与后来的东林学派有某种师承和思想的关联,东林领袖顾宪成曾记述"少受业于方山先师之门",并受其子薛近鲁"引掖",还与其孙薛敷教有同窗之谊。薛氏家族三代与东林学派有密切交往,薛应旂明确反对空谈性命的讲学活动,崇尚务实,躬行实践,注重外王经世之学,《明儒学案·提学薛方山先生应旂》就曾称其:"然东林之学,顾导源于此,岂可没哉!"此外,同郡唐顺之对"以玄妙之语,文夹带之心"等"近来学者之病痛"也多有批判,亦与后来的东林学派颇有关联,《常州府志》中唐顺之的传记便是顾宪成所写。

唐鹤徵,隆庆辛未(1571)进士,曾与顾宪成等讲学东林书院,为学深受其父唐顺之的影响,曾整理其父所纂《诸儒语要》,刊刻出版时,有所触发,随笔记述,成《桃溪札记》,此外著述还有《周易象义》《周易合义》《皇明辅世编》《南游记》等。唐鹤徵对王门后学"现成良知""四无说"等思想观念均有批评,尤为可贵的是,他指出:"盈天地之间,只有一气,惟横渠先生知之"(《桃溪札记》)。突出横渠之"气学"的思想意义,并指明"非气外别有理",认为"条理

---

① 薛应旂:《方山先生文录》,《四库全书存目丛书》集部第102册,明嘉靖三十三年东吴书林刻本,第301页。
② 同上,第383页下。
③ 宋端仪:《薛应旂重修·考亭渊源录卷首》,《续修四库全书》集部第517册,浙江吴玉墀家藏本,第561页上。
④ 同上,第568页上。
⑤ 薛甲:《畏斋薛先生绪言》,第2页上。

与甘泉学乃至老庄学之间持有更为开放融合的立场,促使南中王门的思想世界呈现多元拓展之局面。

三 "呼之欲出":思想新动向

据上节所述,南中王门对阳明"良知学"的多元拓展恰如"丸之走盘",虽"横斜圆直",但并未出阳明学的立言宗旨;同时,须指出的是,南中王门的确在一定意义上开启了一场批评和反省阳明心学的思想运动。这可从以下三个方面得到论证:一是对阳明学派讲学活动的批判;再者重提会通朱陆并重经世致用之学;最后将横渠"气学"重新引入思想视域中。

宣城人沈宠从学王龙溪,热衷讲学,从王龙溪游达十七年之久,子沈懋学(字君典),《明史》有传,万历五年(1577)进士第一。[①] 沈懋学为学受其父沈宠影响,与王畿等多有交往。但据学者吕妙芬研究,从沈懋学致王畿、罗汝芳等人书信,可清楚看出其对当时讲学严厉的批判,尤其无法认同当时借禅话机锋讲儒家圣学的风气。[②] 即使对受业恩师罗汝芳和王龙溪,沈懋学也直言批评,曾批评道:"时之所谓学,吾惑焉,谈良知者率以知识为性真,以本体即戒慎,卒流禅语。于王文成'致良知'三字漫不知求,而任职莅官,每每废事,分门立户,好为人师。将以万物为体,则淑慝莫辨,无所劝惩,是高者趣于空谈,卑污者笼于名利,险诈而犯法者借以为避祸之渊,敝也久矣。"[③] 可见他对讲学者好立门户而引发党派之争极为不满,对讲学者高举讲学而忽略实际经世致用之作为,亦不能认同。阳明本人及其弟子如王龙溪、王艮、钱德洪等均热心于讲学活动,可以说,讲学活动是中晚明阳明学蓬勃发展的主要推动力。沈懋学对当时的讲学活动严厉批判,由此可见学问风气转变之机运,可以说,沈懋学的批评与此后明末清初诸大儒对心学空谈之批判存在某种思想上的延续和发展。

自然,南中王门真正从学术思想上对阳明学有所反省和批判的应是武进人

[①] 张廷玉等:《明史》,第5698页。
[②] 吕妙芬:《阳明学士人社群——历史、思想与实践》,北京:北京师范大学出版社,2017年,第169页。
[③] 沈懋学:《郊居遗稿》,《四库全书存目丛书》集部第163册,明万历三十三年何乔远刻本,第21页下—第22页下。

学。同时，又标举老庄"虚静自然"之学，《靖江县志》卷十四《人物志·儒学》有其《传记》，说他学术旨趣归于"体虚静，宗自然"，黄宗羲亦说他"从学于阳明，所著有《参玄三语》。其学颇近于老氏，盖学焉而得其性之所近者也"[1]。可见，与阳明"早年溺于佛老之学，后归于圣贤之学"的学术成长路径不同，朱得之在良知学与老庄学之间持更为开放之立场，而且他曾"在《庄子通义》之中，展开阳明良知无知说"[2]。尤为关键的是，朱得之晚年对《大学》"格物"曾作一新解，以"通物情"来释"格物"。据尤西川记载，近斋解格物之格，与阳明大指不殊，而字说稍异。"予问：'曾就正否？'近斋叹曰：'此终天之恨也。'"虽未能向阳明请教己说之是非得失，颇显遗憾，但同时也看出，他为学不主墨守，有所创发。

对"格物"有新解的还有江阴人薛甲，嘉靖八年进士，虽与阳明后学无明确的师承关系，但笃信阳明之学，曾说："古今学术，至于阳明渐而昭融。"尤为可贵的是，在对《大学》"格物"的解释上，与阳明"格物，致吾心良知之天理于事事物物"不同，他主张"以感物为格，不能感物，是知之不致"[3]。

最后不得不说，南中王门的思想世界之所以呈现丰富多元之态势与南中地区的讲学活动关系重大。阳明弟子如邹守益、欧阳德、钱德洪、王畿等倾心讲学，在南京、宁国府等南中地区授徒讲学。南中诸弟子亦身体力行，组织和参与讲学。宣州人贡安国"师南野、龙溪。主水西、同善之会……后官山东州守，讲学于志学书院"；查铎长期居乡讲学，《明史》曰："缮水西书院，讲王畿、钱德洪之学，后进多归之。"[4] 泾县人萧良榦师承钱德洪和王畿，黄宗羲将水西会之盛归功于他，说："水西讲学之盛，萧氏之力也"；泾县人张榮，从欧阳德受良知教，是泾县士人中最早接受阳明学者，后归里筑室，聚徒讲论，开泾县讲学风气之先，等等。

综上可见，南中诸弟子对阳明晚年"良知教法"颇为熟稔，其独特的思想面貌是恪守"致良知"宗旨，同时学贵自得，对"格物"颇有新解，而且在阳明学

---

[1] 黄宗羲：《明儒学案》，第585页。
[2] 三浦秀一：《王门王得之的生平与思想》，《王学研究》，第三辑，第280页。
[3] 薛甲：《畏斋薛先生绪言》，《续修四库全书》子部第1124册，明隆庆刻本，第15页下。
[4] 张廷玉等：《明史》，第5965页。

断。后周道通问学于当世另一大儒湛若水（号甘泉，1466—1560），为学不死守门户之见。去世后，湛若水曾赞叹："道通真心听受，以求实益，其异于死守门户以相訾而不悟者远矣！"黄宗羲也曾言："当时王、湛二家门下弟子，未免互相短长，先生独疏通其旨。门下弟子时不相能。"① 可见其为学颇主阳明学与甘泉学之交辉相应。

热衷会通甘泉学与阳明学的另一位南中亲炙弟子，便是苏州鼎鼎大名的文学家黄省曾，正德十六年（1521），黄省曾为王阳明《修道说》作注，开始接触阳明心学，并在思想上逐渐倾向于心学。嘉靖三年（1524），阳明在稽山书院讲学，黄省曾往绍兴问道，才得以正式拜于门下受教，晨夕参问，作《会稽问道录》，《传习录》下卷有他记载的阳明语录12条。曾自言对阳明学有所彻悟，因很少显露，所以同门中许多人大都多只认他为文人，唯与邹守益、欧阳德、王艮、王畿等为知己莫逆。同年秋天归乡，此时湛若水升任南京国子监祭酒，黄省曾便前往受教，颇得湛若水赏识。从此，黄省曾便以会通阳明学与甘泉学为己任，在《临终自传》中，他说："二公谈道，本为大同，因有小细，往来其间，述饰萋绵，几堕参商。盖王公如握日中天，湛公如流光衣士……日必有光，派何离本，故二门尚王曰：'吾师以有事为简，何假忘助之扰。'崇湛者曰：'吾师以忘助为实，不似有事之虚。'"当时阳明后学与甘泉后学交互非议，彼此不容，黄省曾却指出，"二门所争"多因傲气，出于意气，他认为："有事正为勿忘勿助，勿忘勿助正为有事，一体浑同，安得离判？二公之学实各神明，非世所拟。二公皆不求知于仁，而乐知于天者也。"② 可见，王、湛之学的会通和调和，不仅出现在甘泉后学之内，南中王门如周道通、黄省曾亦主二派"一体浑同"，不应该存意气之争。

周、黄两位弟子在阳明学与甘泉学之间持开放融通之见，另一亲炙弟子朱得之在阳明学与老庄学之间亦主兼容。靖江人朱得之于嘉靖三年至六年（1524—1527）陪伴在阳明左右，朝夕问学，得闻阳明晚年"致良知"之教。嘉靖二十三年在国子学期间，结识国子学正北方王门尤时熙，在北方传播阳明心

---

① 黄宗羲：《明儒学案》，第578页。
② 黄省曾：《五岳山人集》三十八卷，《四库全书存目丛书》集部第94册，明嘉靖刻本，第851页上。

即是立命功夫。"查铎称其学已深窥太极之妙,不落五行之偏,深得阳明良知之传。①

武进人唐顺之,嘉靖八年(1529)会试第一,从王龙溪听闻阳明"良知学","闻良知说于王畿,闭户兀做坐,匝月忘寝,多所自得"②,其学深受龙溪影响,并与江右王门罗洪先(号念庵,1504—1583)交往密切,在唐顺之《荆川先生文集》和罗洪先《念庵文集》中,存有不少二人尺牍论学之文。唐顺之学识广博,学贵自得,有所创说,在学术思想上主张"天机说",黄宗羲说他为学"以天机为宗,无欲为工夫。谓'此心天机活泼,自寂自感,不容人力,吾惟顺此天机而已。障天机者莫如语,欲根洗尽,机不握而自运矣。'"③同时,在"天机说"基础上,又提出"欲根洗尽"和"天机自然"等颇具心学色彩的观点。

太平人周怡,嘉靖十七年进士,"早岁师事邹守益、王龙溪,于《传习录》身体而力行之"。黄宗羲称赞他:"海内名王氏学者,不远千里,求其印证。"④北方王门尤时熙(号西川,1503—1580)曾从其问学,在《尤西川记闻》中存有问学语录,"不喜为无实之谈,所谓节义而至于道者也",黄宗羲此言诚不虚。

泾县人查铎,嘉靖四十四年进士,"学于龙溪、绪山",其学深受龙溪影响,深契无善无恶之玄旨,但又能保持一种较为中道之精神,强调"彻最上之微机,兼中下之修证"⑤的为学宗旨,黄宗羲说他为学主张"良知简易直截,其他宗旨,无出于是。不执于见即曰虚,不染于欲即曰寂,不累于物即曰乐,无有无,无始终,无阶级,俛焉日有孳孳,终其身而已"⑥。

此外,南中王门多会通阳明学与甘泉学者。首屈一指的人物便是宜兴人周道通,阳明在江西赣州讲学时,他曾前往受业,从学于阳明,有《启问道通书》(《传习录》中),在此书信中,阳明对他的为学颇称许之,足见其为身体力行者,另有《与周道通答问书》和《与周道通》(五通),师生二人书信讲学讨论往来不

---

① 查铎:《毅斋查先生阐道集》,《四库未收书辑刊》集部第16册,清光绪十六年泾川查氏济阳家塾刻本,第23页上—第25页上。
② 张廷玉等:《明史》,第5424页。
③ 黄宗羲:《明儒学案》,第598页。
④ 同上,第591页。
⑤ 查铎:《毅斋查先生阐道集》,第7页下。
⑥ 黄宗羲:《明儒学案》,第579页。

都在阳明"良知学"的思想范式内,在某些思想议题上表现出不同的取径和各自的侧重。

具体而言,全椒人戚贤,嘉靖五年(1526)进士,是最早接触阳明学的南中地区学者,也是醇正的阳明学者。《明儒学案·南中王门学案》称:"阳明在滁州,南玄以诸生旅见,未知信向。其后为归安令,读论学诸书,始契于心,遂通书受学。"可见,戚贤年轻时虽听闻过阳明在滁州讲学,但当时对阳明的讲学主旨未能真正体知和认同,直至嘉靖五年中进士,授归安县令,才通书信问学,正式入门称弟子。阳明曾称赞他笃志向学,曰:"此道在人心,皓如白日,虽阴晴万状,而白日之光未尝有增灭。公以迈往之姿笃志向学,其于此道,如拨云雾睹白日。"① 可见,自执弟子礼之后,戚贤一生便真诚服膺阳明"良知学",黄宗羲记载他在安定书院举办讲会时,曾对学者说"千圣之学,不外于心,惟梏于意见,蔽于嗜欲,始有所失。一念自反,即得本心",而且还记载他严守儒学与佛老之分界,"在京师会中,有谈二氏者,即正色阻之"。因此,黄宗羲称赞道:"南玄论学,不离良知。而意气激昂,足以发之。"②

华亭人冯恩,嘉靖五年进士,阳明临终前入门之弟子,当时阳明不仅身在军旅之中,而且抱病在身。据《明史》记载,冯恩,嘉靖五年中进士,授为行人,奉命慰劳时任总督两广的王阳明,"遂执贽为弟子"③,《明儒学案》亦说:"阳明征思、田,南江以行人使其军,因束脩为弟子。"④ 可见,冯恩入门从学时间较短,且军旅事务繁多,问学请教的机会可以想见并不多,但即便在这种境况下,冯恩仍被阳明学问折服,入门受学。

南中再传弟子从浙中、江右、泰州等王门后学的众多著名学者问学,纷纷修习和传播阳明晚年所揭示的"良知教"。宣州人贡安国曾从邹守益问学,后又与欧阳德、王畿等人往来讲学。门人曾录其讲学语,题名为《学觉窥斑》(今亡佚),据查铎《学觉窥斑序》所记,书名之"学觉"乃是祛除迷雾而还人人本具之灵觉。另据查铎所言,其为学在于洞见心体,主张:"终日应感,不动一念,

---

① 王守仁:《王文成公全书》,北京:中华书局,2015年,第268页。
② 黄宗羲:《明儒学案》,第578页。
③ 张廷玉等:《明史》,北京:中华书局,1974年,第5518页。
④ 黄宗羲:《明儒学案》,第578页。

册,明隆庆刻本,南京图书馆藏)、《畏斋薛先生艺文累稿》十四卷、《续集》三卷(《续修四库全书》集部第 1340 册,明隆庆刻本,南京图书馆藏);录唐顺之《荆川论学语》14 条,另有《重刊荆川先生文集》十七卷、《外集》三卷、《附录》一卷(明万历元年刻本,南京图书藏);录唐鹤徵《桃溪答记》37 条,另有《周易象义》四卷附《桃溪札记》一卷(唐氏铅印本,南京图书馆藏)或《周易象义》四卷(《四库全书存目丛书》经部第 10 册,明万历三十五年纯白斋刻本);存徐阶《存斋论学语》13 条,另有《世经堂集》二十六卷(《四库全书存目丛书》集部第 79、80 册,明万历刻本,国家图书馆藏)、《少湖先生文集》(《四库全书存目丛书》集部第 80 册,明嘉靖三十六年宿应麟刻本,国家图书馆藏);录杨豫孙《西堂日记》14 条,另有《杨幼殷先生集》(《广理学备考》丛书,清康熙刻本、道光五年重修,国家图书馆藏)、《宝颜堂订正西堂日记》一卷(《宝颜堂秘笈》丛书,明万历绣水沈氏尚白斋刻本,国家图书馆藏)。

此外,南中弟子有文献存世可考者还有:查铎撰《毅斋查先生阐道集》十卷末一卷(《四库未收书辑刊》集部第 16 册,清光绪十六年泾川查氏济阳家塾刻本,国家图书馆藏)、《毅斋经说》一册、《水西会语》一卷、《毅斋奏疏》一卷(清赵绍祖、赵绳祖辑撰《泾川丛书》收录,国家图书馆藏);萧良榦撰《拙斋学测》一卷、《拙斋十议》一卷和《稽山会约》一卷(《泾川丛书》,国家图书馆藏);沈懋学撰《郊居遗稿》十卷(《四库全书存目丛书》集部第 163 册,明万历三十三年何乔远刻本,南京图书馆藏)。

由上可见,南中王学诸弟子群体虽不及浙中、江右等阳明后学久负盛名、影响深远,但在人数、著述方面仍颇有可观之处,是阳明后学群体不可或缺的组成部分,理应成为阳明后学研究中的重要组成部分。

二 "丸之走盘":良知学的多元拓展

黄宗羲在《明儒学案发凡》中引杜牧《注孙子序》说:"'丸之走盘,横斜圆直,不可尽知也。其必可知者,是丸之不出于盘也。'夫宗旨亦若是而已矣。"缘此来说,南中王门对阳明学"多所发明"恰如"横斜圆直之丸",但并未越出阳明学的"立言宗旨",未脱离阳明心学这一"宗旨之盘"。换言之,南中诸弟子大据《明儒学案·南中王门学案》记载，南中地区再传弟子有：太平人周怡（字顺之，号纳溪）、武进人薛应旂（号方山，1500—1575）、江阴人薛甲（号畏斋，1498—1572）、武进人唐顺之（号荆川，1507—1560）、武进人唐鹤徵（号凝庵，1538—1619）、华亭人徐阶（号存斋，1503—1583）、华亭人杨豫孙（字幼殷）、宣州人贡安国（字元略，号受轩）、泾县人查铎（字子警，号毅斋）、宣城人沈宠（字古林）、泾县人萧良幹（字以宁，号拙斋）、宣城人戚衮（字补之，号竹坡）、泾县人张棨（字士仪，号本静）、青阳人章时鸾（号孟泉）、歙县人程大宾（字汝见，号心泉）、歙县人郑灼（字景明）、南京人姚汝循（字叙卿，号凤麓，1535—1597）、留守卫人殷迈（字时训，号秋溟）、泾县人萧彦（号念渠）、丹阳人姜宝（字廷善）二十人。其中师事浙中王门王畿（号龙溪，1498—1583）的有周怡、唐顺之、贡安国、查铎、沈宠、萧良幹、戚衮、张棨；师事浙中王门钱德洪（号绪山，1496—1574）的有贡安国、查铎、萧彦、萧良幹、张棨、程大宾；师事江右王门邹守益（号东廓，1491—1562）的有周怡、戚衮、张棨、章时鸾、郑灼；师事江右王门欧阳德（号南野，1496—1554）的有薛应旂、沈宠、戚衮；而姚汝循师事泰州学派罗近溪（号汝芳，1515—1588）；徐阶师事江右归寂派人物聂豹（号双江，1486—1563）；殷迈师事江右王门何廷仁（号善山，1483—1551）。

另据《明儒学案·南中王门学案》记载，南中王门有论学语录者有黄省曾、周冲、朱得之、周怡、薛应旂、薛甲、唐顺之、唐鹤徵、徐阶和杨豫孙十人，但除此之外，诸人还有文集存世。具体而言，《明儒学案》录黄省曾《陈晓问性》，另有《五岳山人集》三十八卷（《四库全书存目丛书》集部第94册，明嘉靖刻本，南京图书馆藏）；存周冲《周静庵论学语》8条；录朱得之《语录》17条，另有《三子通义》（即《老子通义》《庄子通义》《列子通义》，明嘉靖四十四年朱氏浩然斋刻三子通义本）和《稽山承语》（嘉靖二十九年间东刻本《阳明先生文录》附录，现存台北"中研院"傅斯年图书馆）；录周怡《尤西川纪闻》7条，另有《周讷溪全集》二十七卷（清道光二十年仙源周氏燕翼堂刻本，南京图书馆藏）；录薛应旂《薛方山纪述》，另有《方山薛先生全集》六十八卷（《续修四库全书》集部第1343册，明嘉靖刻本，南京图书馆藏）、《方山先生文录》（《四库全书存目丛书》集部第102册，明嘉靖三十三年东吴书林刻本，南京图书馆藏）；录薛甲《文集》5条，另有《畏斋薛先生绪言》四卷（《续修四库全书》子部第1124

默(字子木)曾问学于阳明,为及门弟子。① 此外,据学者考证,阳明正德八年(1513)为官滁州和正德九年为官南京时,有大批士人来问学,如十一月孙存(字性甫,号丰山,滁州人)来问学②;"滁州士子朱勋、萧惠、姚英、孟源、孟津兄弟来受学",(武进人)白悦、白谊来受学;(休宁人)汪尚和(字节夫,号紫峰)来受学;(无锡人)华云、华夏从学阳明于南京③;另(昆山人)张寰(字允清,1486—1561)正德九年在南京从学阳明;(高邮人)张绖(字世友,号南湖,1487—1543)约阳明在南京时,从学门下,相与数月,阳明曾赠其《定志立诚》说,等等。④

综上可见,阳明在南中的亲炙弟子达二三十人之多,其中,非著名的南中亲炙弟子,多为阳明在南中讲学时入门受学,多习于阳明早期思想,多成长为文章节义之士;而《明儒学案》所枚举的著名南中亲炙弟子多为阳明晚年提出"致良知"教后入门,其中戚贤虽在滁州时与闻阳明讲学,但当时"未知信向,其后为归安令,读论学诸书,始契于心,遂通书受学"⑤。因此,这些著名的南中亲炙弟子皆熟稔和服膺阳明晚年提出的"心即理""致良知"等主要的心学思想观念,同时这些亲炙弟子在当时不同学派之间持更为开放兼容之态度。

尤为重要的是,南中地区作为有明一代南方著名的政治经济文化中心,自然也成为阳明后学讲学活动的重地。黄宗羲在《明儒学案·南中王门学案》前言便点明:"阳明殁后,绪山、龙溪所在讲学,于是泾县有水西会,宁国有同善会,江阴有君山会,贵池有光岳会,太平有九龙会,广德有复初会,江北有南谯精舍,新安有程氏世庙会,泰州复有心斋讲堂,几乎比户可封矣。而又东廓、南野、善山先后官留都,兴起者甚众。"浙中、江右等王门后学著名弟子如邹东廓、欧阳南德、钱德洪、王龙溪等倾心讲学授徒,纷纷以光大师说为己任,在南中地区积极组织、参与讲学活动,教导一批优秀的年轻读书人成长为阳明学学者。据此,南中再传弟子大多师承浙中、江右、泰州王门等著名王门弟子。

---

① 黄宗羲:《明儒学案》,北京:中华书局,2008年,第578页。
② 束景南:《王阳明年谱长编》二,上海:上海古籍出版社,2017年,第720页。
③ 束景南:《王阳明佚文辑考编年增订本》下册,上海:上海古籍出版社,2015年,第632—633、635—636页。
④ 邹建锋:《阳明夫子亲传弟子考》,北京:中国社会科学出版社,2017年,第193—212页。
⑤ 黄宗羲:《明儒学案》,第578页。

南中王门的学派构成及其思想特征
——阳明学地域化的一个审视角度

孙钦香

（江苏省社会科学院哲学与文化研究所）

明末大儒黄宗羲在《明儒学案》中将阳明后学划分为浙中、江右、南中、楚中、北方、粤闽、泰州七派，南中王门为王学七派之一，概指以（明代）"留都"为中心，涵盖今苏、皖、沪三地，南中地区（南直隶地区）阳明亲炙弟子及其再传弟子组成的阳明后学流派。

一 湮没不彰的南中王门人物及其著述群

与浙中王门、江右王门、泰州王门等兴盛繁荣的研究状况相比，南中王门相对寂寥许多，南中诸弟子在阳明后学研究中几乎处于湮没不彰的境地，因此有必要梳理南中诸弟子群体图像及其著作情况。据《明儒学案·南中王门学案》记载，南中第一代著名的弟子有：泰州人王艮（字汝止，号心斋，1483—1541）、苏州人黄省曾（字勉之，号五岳山人，1490—1540）、宜兴人朱得之（字本思，号近斋）、全椒人戚贤（字秀夫，号南玄，1492—1553）、宜兴人周冲（字道通，号静庵）、华亭人冯恩（号南江，约1496—1576）六人，另有休宁人程

(如郑朝朔、杨氏兄弟、林大钦皆寿不及四十），或中途转向（如翁万达转入军政事功），或沾溉未深，因此嗣响寥落，身后未再出现有影响力的传人延续本土学脉。难怪晚明的李贽在说了一番"有家者所以贵于有得力贤子，有道者所以尤贵有好得力儿孙"的道理后，留下这样的感叹："今所未知者，阳明先生之徒如薛中离之外更有何人？龙溪先生之后当何人以续龙溪先生耳。"[①]

---

① 李贽：《与焦漪园太史》，《续焚书》上卷，北京：中华书局，1974年，第75页。

"妙悟"和"狂放"著称的"二王"——王畿和王艮,谓"心斋善耸发人","龙溪善省悟人"①,又谓"心斋得先师之骨,龙溪得先师之髓"②。他在修为上的进步多得益于王畿的启发,自述"全得龙溪日胥省发,打破此圈,百尺竿头似有进处"。从来往的书信中可知,王畿常提醒薛侃要扫荡世缘,全体放下,当下即可直跻"洞视万境俱虚,一照为实"之地,无疑切中薛侃拘急胶着之病。薛侃平实沉慎,王畿洒脱颖悟,但却不妨相资为用,收摄保聚中也须向上一机的指拨,方能更显圆融。可见薛侃思想的兼容并蓄,不似后来江右诸子对王畿那样激烈抨击,也避免了"猖狂者参之以情识而一是皆良,超洁者荡之以玄虚而夷良于贼"③的流弊。

"先生之学,有入门,有归宿;而一生气魄,百折不回,真为姚江功臣。"④作为岭南阳明学的领袖,薛侃践履笃实,言行皆有建树,但遗憾的是,由他发轫的阳明学思潮在岭南传之未远,不似"二王"成"掀动天下"之势。原因何在?首先是薛侃自身的限制。他偏重践履,理论上恪守有余而创发不足,毕生精神多耗费于团结师门、护教传道以及乡族建设上。其次是地缘的限制。岭南王学士人僻居岭海,大多潜行独修、无意仕进,与文教昌盛的江浙、江右等王学中心区域相比,与主流的学术圈尚有距离。再加上本土朱学传统根深蒂固,阳明学作为外来学说,被时人视为异端,欲落地扎根自是不易,万历年间同属潮州府的澄海学者唐伯元极力诋斥阳明学就是例证。⑤再次,岭南沿海自明代中叶起时遭山贼海寇之乱,迫于时局板荡,士人多致力事功实用之学,穷究心性之学显得不合时宜,尤其是薛侃所倡的"无欲"涵养工夫,容易给人脱略事为、不俾实用的印象。拿江右王门作参照,王学在江右地区通过讲会传习、宗族联姻、乡族建设而地域化、草根化,这个过程持续了七八十年之久,这种与地域社会互动实践是岭南王门所远远不及的。此外,薛侃周边的学友、弟子或享年不永

---

① 薛侃:《研几录》,《薛侃集》,第 78 页。
② 薛侃:《寄冷塘》,《薛侃集》,第 352 页。
③ 刘宗周:《证学杂解·解二十五》,《刘宗周全集》第二册,台北:"中央研究院"中国文哲研究所筹备处,1996 年,第 325 页。
④ 林熙春:《读中离薛先生研几录》,《薛侃集》,第 29 页。
⑤ 唐伯元生平具见《明史·儒林传》,《薛中离年谱》收录唐氏反对阳明从祀孔庙之疏,参见薛侃著、陈椰编校:《薛侃集》,第 551—559 页。

胥取益；非欤？虚心往复，必归极则而后已。昔人粗心浮气，徒致参商，千载弗满。曾谓二先生亦有然哉？"①他曾与湛若水游南岳时在太极图的问题上也有过激烈分歧②，但始终保持着密切来往。在他身后，次子薛宗釜就学于湛氏的天关书院，请湛氏作《宗山祠堂记》。《记》中这样称赞薛侃："遭大狱于朝，明目张胆于天子之廷，义气冲空，百折不挠，若有之死而不可回者，则其中之存，与平素之所养，一念真切，浩然刚大之气，无愧于天地，无愧于日月，无愧于鬼神，是宜在潮感潮，在惠感惠，闻于诸司感诸司。"③

总之，薛侃与湛若水彼此皆有意保持着一种同气相求的结盟关联。这种结盟还体现在一致抵御"外敌"上。正德十六年（1521），魏校任广东提学副使，在任期间以毁淫祠、兴社学、行乡约，推行儒家正统教化，他认为白沙之学是"西方之学"，不配奉为乡贤，"欲出乡贤祠牌位于西郭"，迫于政治压力，个别白沙后学弟子也参与其中，后来因薛侃之侄薛宗铠带领"十数人净之乃免"④，也可谓是"江门功臣"。

六 余 论

薛侃曾说："鄙语于斯道不足为有无，但于师门宗旨，颇有敷发。"⑤纵观其一生言行，严守师传，矩矱秩然。他严于反观省察，从"几"上用功到以无欲为要，层层深入心源，以求良知的觉照，继而随处精研，在人伦道德实践中作经世致用之功业。他注重践履，较少高旷超悟之语，王阳明曾称其"笃切"，良有以也。

就薛侃涵养本源、立本达用的为学风格而言，与江右同门较为接近。无论是聂豹的"归寂主静"，罗洪先的"收摄保聚"，抑或邹守益的"戒惧于不睹不闻"，都指向"以工夫复本体"一路。有意思的是，在同门中他最推崇的却是以

---

① 薛侃：《奉甘泉先生》，《薛侃集》，第 272 页。
② 参见拙文《薛中离图书易学思想浅析——以〈图书质疑〉为中心》，《周易研究》，2010 第 3 期，第 62—70 页。
③ 湛若水：《宗山祠堂记》，《薛侃集》，第 451 页。
④ 湛若水：《无题答或问》，《湛甘泉先生文集》卷七，清康熙二十黄楷刻本。
⑤ 薛侃：《寄罗念庵》，《薛侃集》，第 277 页。

奏议的结果是陆象山得允而白沙"待公论定后再议",但也表明白沙的入祀已经提上议程,更说明薛侃"必有以知师门之学同矣"①。当然,他对白沙的推许有着现实的考虑。阳明生前已受讥议,死后更是争谤日炽。在学术争论中最受诟病的是涉禅,比如罗钦顺、黄佐等人都不留情面地批评他本诸佛氏异端。而这一点上,白沙与阳明恰恰"同病相怜"。所以对薛侃而言,为白沙澄诬,实则为师门辩护;为白沙在孔庙中争得一席之地,实则为日后师门争得学术话语权作好铺垫。关于白沙"近禅",他如是辩护:

> 白沙言在身忘身,在事忘事,在家忘家,在天下忘天下,此正是异于禅学处,亦便是异于世俗处。虽在此内,却能忘得,虽忘得,然又不曾离却数者。释氏出世则欲离去,世俗在此则又系着。②

佛家要求抛家弃子,逃离尘世,世俗让人沉沦于种种陋习陈规,禁锢心灵自由,白沙并不曾离事出世(禅学),也不胶泥世俗(俗学),乃"即世而忘世",可谓圆融。但是,就弘传圣学的功绩而言,白沙力尚未至,稍逊一筹。故薛氏指出:"若吴草庐、许鲁斋、陈白沙,皆已见得,但未敢显言,乃是诸公力量如此。直至阳明先生乃敢断然说破,其功甚大。"又曰:"白沙之学与阳明先生无异,但不甚与人讲说,故能传其学者甚少。"③大体上是叹惜白沙潜修孤行,讲学不积极,导致其传未远,这也符合事实。

在王学方兴未艾之时,争取与江门学派结盟,有助于争取同道援助,扩大心学的影响,所以对湛若水,薛侃也颇屡示推尊,认为他与阳明尽管一主"随处体认天理",一主"致良知",但其实二人之学没有分歧,都是在弘扬一体之仁的圣学。他对湛师恭称道:"先生与阳明尊师其学同,其心一。其为教虽各就所见扬发,不害其为同也。况体贴天理,扩充良知,均出前贤,不可谓周静不如程敬,孟义不及孔仁也。"当他得知有人传布对湛若水的微词时,即刻澄清误解:"此非先生意也。先生、阳明,一体者也。痒疴切己,休戚相关。其学是欤?自

---

① 黄宗羲著,吴光等编校:《黄宗羲全集》第七册,杭州:浙江古籍出版社,2005年,第78页。
② 薛侃:《云门录》,《薛侃集》,第23页。
③ 同上。

阳明"三间屋舍"之喻的翻版,他承袭乃师开放的态度,在严申儒学人伦经世的基本立场上大胆吸收佛老的形上智慧来充实儒学,促成三教融通的精神趋向。诚如陈荣捷先生所说,"薛侃不同于大多数王学的捍卫者所做的那样否认王学中蕴含的任何佛教因素,而是真诚地承认王阳明的哲学中存在'虚'的因素,但他展示了这'虚'如何是儒家的真精神,而不是佛教或道教的,此'虚'不意味着虚无主义,而是意味着在人伦社会中实在、无私地遵循道德职责"①。

五　与白沙学的互动结盟

有学者指出,"岭南粤地是用白沙学或甘泉学来吸收消化阳明学"②。的确,当白沙倡道江门时,粤东学子风随影从,潮阳余善"从游白沙,操履端确,一言不苟"③,海阳陈明德"闻白沙倡道东南,勃然兴发,遂弃举子业,苦心励行"④,饶平杨骥、杨鸾兄弟之父尝从白沙游,兄弟俩则师事湛甘泉,而薛侃早年也是"闻白沙风,遂兴遐想"⑤,这个群体后来多经薛侃引介而转师阳明,但在交砥互砺中,白沙超拔流俗的人格、主静存养的工夫路径对他们产生了不小的影响。

薛侃在为这个学友群体撰写传记时,都会提及他们这段从学或私淑白沙的经历,可见其内心对白沙的认同。而直接落实到行动中的,莫过于他在嘉靖九年(1530)上《正祀典以敦化理疏》,奏请陆象山、陈白沙入祀孔庙。奏疏称:

> 翰林院检讨陈献章,博而能约,不离人伦日用,而有鸢飞鱼跃之极,虽无著述,观其答人论学数书,已启圣学之扃钥矣……且能养俗藏修,默回士气,又善淑人成物,则其造诣可知矣。⑥

---

① 陈荣捷:《薛中离年谱序》,《选堂集林·史林》,台北:明文书局,1982年,第1099页。原序为英文,引文是笔者汉译。
② 参见钱明:《王阳明及其学派论考》,北京:人民出版社,2009年,第344页。
③ 薛侃:《余土斋传》,《薛侃集》,第254页。
④ 薛侃:《陈海涯传》,《薛侃集》,第255页。
⑤ 季本:《祭同年薛尚谦文》,《薛侃集》,第455页。
⑥ 薛侃:《正祀典已敦化理疏》,《薛侃集》,第169页。

冲漠无朕而曰万象森然，是故静无弗具也。视之不见，听之不闻而曰体物不遗，是故动无弗体也。神无方而易无体而曰通夫昼夜之道而知，斯良知也。致之之极，时靡弗存，是故无方无体，虚之至也。至虚而后不器，不器而后无弗能。①

这就又回到他向来主张的立本达用的工夫进路上：先确立此无所不在的至虚本体（良知），而后方能达致无所不能的经世大用，以全面安排社会人伦秩序，这才是儒家本色。

那么，为何佛道二氏会盛行于世？在薛侃看来，二氏正是利用世人的"安便利益"之心来鼓惑一世，而"吾儒易简上立根，烦难上磨炼，始有成立，似易而实难，似难而实易"②。二氏的流行朱子学也负有责任："后儒之学繁难，遂致世主愚俗倾心二氏，乐彼之简易。"③而且朱子及其后学对佛教过于敏感，动辄指责持论高旷者为禅，不仅扭曲了儒学的宗旨，还造成一个恶劣的影响：人们以为儒学成圣之道需要历经层层繁难琐碎的格物穷理，反倒容易倾心于佛道的高明玄妙和顿悟超拔。其实，儒家是全体大用之学，就体而言，"至虚至无，至玄至寂，皆吾性之固有"④，此虚体为三教圣人所同证，无分彼此；但单纯就功用而言，儒家独擅胜场，具足修齐治平之功。佛老二氏仅仅以"清净为用"⑤，着在自私功利上，不能治世。笼统地说，"圣学在伦理，释氏之学在圆觉，道家之学在神气"，但"伦理乃圣人之至变，神气乃圣人之至精，圆觉乃圣人之至神"⑥，圣人能用伦理统摄佛老，"养其神气以尽伦理，全其圆觉以修伦理"⑦，而反过来佛老却不能统儒家。因此，从总体上儒家得三教之大全而佛老仅得一偏，犹如"神州本一统也，至三国而后鼎立，汉承正统，反处一隅"⑧。这三国之喻简直是

---

① 薛侃：《儒释辨》，《薛侃集》，第223页。
② 薛侃：《图书质疑》，《薛侃集》，第154页。
③ 薛侃：《题飞云见日卷序》，《薛侃集》，第215页。
④ 同上，第215页。
⑤ 薛侃：《图书质疑》，《薛侃集》，第128页。
⑥ 薛侃：《研几录》，《薛侃集》，第52页。
⑦ 同上。
⑧ 同上。

他还举刘宗周、黄道周等明末节士殉道为例,指出"明人所殉的道,确实是从经学孕育出来的,是经学与理学熏陶下放射出来的人格光辉"[①]。这种践履精神在薛侃身上就有所体现:嘉靖十年(1531)的廷鞫之难,他拷打备至犹百折不回,独自承担,拒不连坐无辜。其言其行,可谓深得于经学(《易》学)与理学(良知学)之涵养。

四　儒释之辨

黄宗羲在《明儒学案》中注意到"儒释之辨"是薛侃的问题意识之一,但斥之为"不足辨也,此浅于疑阳明者也"[②]。薛侃的护教心态在王门中尤为突出,他立足于良知之"虚"来厘清儒释之疆界,并以此来统摄二氏,是阳明后学中较早开启儒释之辨这一重要论域的弟子。当时人攻讦阳明学涉禅的"罪证"有三:"废书""背朱""涉虚",薛侃作《儒释辨》一文辩护。他指出废书不观是因材施教,对于因嗜书而被见闻知解迷困之人,把书搁置一边正是对症下药。再说阳明背离朱子也非事实。朱子虽尊程子,但其《周易本义》也很多不合《程氏易传》,阳明之于朱子也如此。就好像真正爱好古乐之人,非仅"好之而已,听之而已,称美之而已",实乃"体其和,推其意而得乎乐之本,妙之乎声容之外"[③],与其说背离,不如说是在更高层次上对朱子的扬弃吸收。至于涉及玄虚,他毫不避讳地指出"虚"实是儒释的"共法",所谓"无染无着则同,虚明广大则同"[④]。"虚"指的是无私意造作,而不是实体意义上否认了的善性的存在。儒释真正的差别在于对待世间情感的做法:释氏去欲割爱、厌世遗伦,无染无着之中"斩然无情","自私自利",是"虚而虚者"。而儒家"蔼然而有至情","与物同体",不外人伦日用,是"虚而实者也"。在这里,薛侃所标榜的"吾儒之虚"是有无相即、动静结合的"虚",也即良知本体:

---

① 饶宗颐:《明代经学的发展路向及其渊源》,《饶宗颐二十世纪学术文集》卷四,第466页。
② 黄宗羲:《明儒学案》,北京:中华书局,2008年,第657页。
③ 薛侃:《儒释辨》,《薛侃集》,第222页。
④ 同上,第222页。

四方之合以为乾、坤、坎、离，补四隅之空以为兑、震、巽、艮，则八卦之位定矣。"① 历览阳明文集，系统论《易》之处并不多见，倒是王畿、季本、罗洪先、薛侃等弟子各著《易》说（王畿有《大象义述》、季本有《易学四同》、罗洪先有《易解》等），从各个维度继承发展了王门《易》学。

相较王阳明的《易》说，薛侃对客观的宇宙生化有更浓厚的兴趣，既有对太极本体诸种情状之之阐说，又有回复本体的工夫之证成，拓宽了"一体之学"的宇宙论面向，而矛头所指是朱子学。从《易》学发展史看，自明代中叶以来，朱子的《易》说尤其是关于《易》图的观点成为众矢之的，如季本《易学四同》以伏羲、文王、周公、孔子言《易》本同一心，质疑朱子关于《先天图》为伏羲所作，《后天图》为文王所作的说法；杨慎则考证《先天图》乃陈抟所作，《后天图》乃邵雍所作；归有光有《易图论》，以"易图非伏羲之书也，乃邵子之学也"②。薛侃的《易》说也反映出这种疑朱的时风。

严格意义上讲，薛侃并非《易》学家或解《易》经师，《图书质疑》大部分篇章讨论的仍是修养工夫问题，这体现了心学家援引《易》来印证修身工夫，批判朱学流弊的共同特性。从他解《易》的思维特征来看，首先凸显出阳明心学的浑一性，即合主客为一，理（太极）气为一，阴阳动静为一，心性为一。刘宗周曾谓阳明之学"无之不一"："即知即行，即心即物，即动即静，即体即用，即工夫即本体，即下即上，无之不一。"③ 薛侃深得师诣，进一步提掇"主一"作为要旨。其次凸显出践履性。平心而论，薛氏《易》说并无甚深玄理，还难免穿凿（见上述湛若水的批评），但在理论上自创一说，固非其用心所在，他每每引称"易简之道"，谓"道理是虚，工夫是实"，须在日用中常依本体而践行致知工夫，才有所受用。饶宗颐先生曾盛赞明人治经能做到知行合一，尤为注重身体践履工夫，"他们治经尽量避开名句文身的纠缠，而以大义为先，从义理上力求心得，争取切身受用之处，表面看似蹈虚，往往收到行动上预期不到的效果"④。

---

① 王阳明：《山东乡试录》，《王阳明全集》，第845页。
② 参见郭素红：《明代易学的汉学倾向》，《东岳论丛》，2009年第10期。
③ 黄宗羲：《明儒学案·师说》，北京：中华书局，2006年，第7页。
④ 饶宗颐：《明代经学的发展路向及其渊源》，《饶宗颐二十世纪学术文集》卷四，台北：新文丰出版公司，2003年，第466页。

关于心性二图的评论，就今天所能见到的《图书质疑》版本，只有一图，且右阴左阳，并未错位（如下图9），或许与湛氏当日所见的初刊版本有异，未可知也。"即心即性、心性不二"是阳明学应有之义，薛侃不会不明此理，他在此图下面注解中首句即言："此心也、性也，神而化者也。"

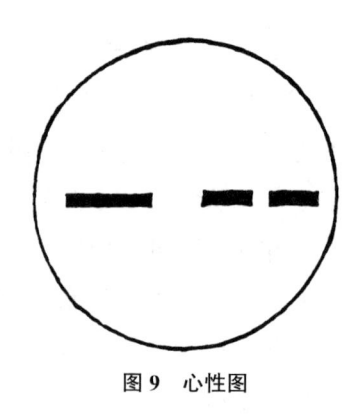

图 9 心性图

从现存文献中我们未见薛侃对湛氏的回应。钱穆尝谓"万物一体"之证成可由两进路："由内心证成"和"由外物研究"。二程子主内心直证，不喜向外推导，而张载属于后一进路，乃推索所至而非涵养所达，故与二程不相契。① 这个分判有助于理解湛、薛之不契。湛若水亦推崇"万物一体"，但在他看来，薛侃的图书之学对外物太多考究分析，和朱子一样都是强力推索之作。深究其柢，则更缘于湛氏向来不以河图、洛书为然，他说："图书者，圣人画卦之刍狗也。后儒未能体易理，汲汲理会图书，分析配合，是求之圣人画卦之刍狗也，岂不误哉！"② 图象不过是某种抽象观念的表现工具，本身没有什么神圣的价值。周敦颐和程颐"只是学《易》，亦未曾理会图书"。圣人求诸吾心而明道，"不必追征于图书而后明"③。因此我们可以理解湛甘泉为何有上述严厉的批评了。

（三）易学观之评述

薛侃的《易》学观源自王阳明"以良知为易"，良知也具有易道变动周流的特性，至精至微，至简至易，无方所而又无处不在，故应因时通变，"随处致其良知"。王阳明本人不排斥图书象数之学，他曾沿袭朱子"析补"说，谓："天地显自然之数，圣人法之以作经焉……彼伏羲则图以画卦，虚五与十者，太极也；积二十之奇，而合二十之偶，以一二三四而为六七八九，则仪象之体立矣；析

---

① 参见钱穆：《濂溪百源横渠之理学》，《中国学术思想史论丛》卷五，合肥：安徽教育出版社，2004年，第62—63页。

② 湛若水：《与叔辉、仲通、自正诸同志论图书》，《湛甘泉先生文集》第二十九卷，第3—4页。

③ 同上。

氏，太极图表示道体无穷无尽，乃阴阳浑然不分之状态，是难以描画的，周敦颐的太极图不得已画了一圆圈来表示，其实"一圈亦已多矣"。今流行的古太极图黑白昭然，阴阳分判，是两仪图，不能叫太极图。若真是古太极图，为什么周敦颐、程颐、张载、朱子诸先贤没有一言道及？所以他觉得古太极图无论从学理上，还是在文献上都没有依据，不足取信。其次，他认为中离河图配八卦之说"似过于分析配合"，比朱子更牵强。最后，他质疑心性图，认为薛侃分心性为二，况且阴阳颠倒易位，难以理解。他奉劝薛侃继续涵养学力，至六七十岁再治《易》学"未晚也"。

图 7　古太极图 　　　图 8　亦古太极图

我们该如何看待湛甘泉的批评呢？从图书易学史看，古太极图要到明代才出现流行起来，非薛氏发明，他只是收录此图，略加注解，谓一（图 7）未见"根阴根阳之义"，另一（图 8）未见"互藏其宅之义，与河图未合"。可见他对古太极图的态度也有所保留。

湛氏"分析配合"的诘难是切中要害的，因为薛侃以河图配八卦的解释确实有"遗留问题"：比如将中宫的五与十配艮与坤，分别居东北和西南，其依据则没有说明白。有弟子已注意到这问题，觉得似是"析补"，故发问："析补非宜，五、十亦有移，何也？"薛侃的回答是："土，冲气也。在两仪则为天地之中，在四象则为五行之中，故五居东北，十居西南，阴阳五行之中，非析补也。"① 虽不承认是析补，但含糊其辞，难逃之"分析配合"之弊。

---

① 薛侃:《图书质疑》,《薛侃集》,第 94 页。

（二）来自湛若水的批评

《图书质疑》刊成后不久，即遭到前辈学者湛若水致信批评：

> 承示《图书质疑》，良工之心亦独苦矣……大抵足下此书只以古太极图为主而损益之也。今据古太极图二，其一图黑白各在上下之稍东稍西起者，以为未见根阴根阳之义；其一图黑白各在上下之中起者，以为见根阴根阳之义，而未见互藏其宅。是根一也，宅又一也，思之则诚若有所疑者。盖太极者，乃至极之理，此理初何形象？濂溪不得已而画之，一圈亦已多矣。《图说》曰："无极而太极。"太极者，至理也；无极者，以言其无穷尽也，言道体无穷尽也。道体本无穷尽也，故曰"太极本无极也"，何等易见！而朱子以为太极之上不可无无极，陆子则以为不宜于太极之上加无极，皆未之察耳，而争辩互动数百言，可乎？太极者，至理浑然未分之时也。今所传古太极图，则于未分之时而强加之以黑白，惑矣。夫太极未形，一理浑然，黑白何分？阴阳何判？其此图有分有判者，此乃二仪图也，非太极图也，盖后儒好事者为之，伪称古图也。盖有不知而作者，此之谓也，执事何据而论之？若是古图，则濂溪、程、张、朱、陆诸大儒何不一言及之耶？其余则似过于分析配合，又突过于紫阳之上矣。吾独爱濂溪明道之浑沦，其后惟吾白沙先生复得此意。其或继周者，则白沙可也。且执事以为发明周子原一之义，夫主静者，主一也，其见是矣，然而周子太极图只一圈，而足下古太极图分黑白，阴阳分配，是为发明周子乎？心即性也，性即理也，性者心之生理也，心性一也，而分心图性图为二，可乎？心图性图之下又为一大图，左二而右一，何指乎？若谓阴左而阳右，阴阳反易其位矣，岂以心为阴，以性为阳耶？皆不可晓也。足下所急，在求孟子勿忘勿助之规矩，而方圆自得。以足下之才力涵养，至六七十为之，未晚也。①

此信主要讨论《图书质疑》中所收录的两幅古太极图（图7、图8）。依湛

---

① 湛若水：《湛甘泉先生文集》第二十九卷，《四库全书存目丛书》集部第五十七册，济南：齐鲁书社，1997年，第1—3页。

"不易斯能易":

> 有刚有柔,易也;不刚不柔,不易也。不易者,无体也。无体者,无方也。故曰:"神无方而易无体。"是故常睹其所不睹,常闻其所不闻,则目有恒明,斯无不见矣。耳有恒聪,斯无弗闻矣。心有恒知,斯无弗知矣。恒知者,不易也,无弗知者。[1]

至此,吾人或问:薛氏《易》学思想的最终指归究竟是什么? 他说:"图书明则太极明,太极明则一体之学明,一体之学明,自然相亲相体,善意流畅。"[2] 这里所说的"太极明"指的是活泼泼的心体的自我呈露,他指出:"图书明则太极之流行,动亦运,静亦运,体本常明,未明则讲求以明,非待明于外也。体能常存,善从此出,非为其善于外也。"[3] 太极运行不息,这种运行超越了动静二相对待,"动此运,静此运也",落入时空相的动静是表示太极往伸反屈的状态,太极本身是"动而无动,静而无静"。同时,太极也并非一可外求的对象,而是人人本身俱有的良知,本是常存常明的,但感于外物而被蒙蔽扰乱,落入非动即静的二元对待状态,动则逐物外驰,以为善是从外求得;静又流入枯滞,不会应物致用,丧失了心体流行活泼的本性。而"一体之学明"则指的是达到"万物一体"的境界。自宋儒程明道首揭"仁者浑然与天地万物为一体"之义,历代大儒推崇备至,尤其心学一脉,薛侃称之为"群圣大旨""先师遗训"。他认为图书之学不明,世人不晓得河图、洛书所揭橥之大义,不懂得心体是万物的本源,变易之万物实皆由"不易"之太极(心体)创生,在根源上心物不二,本是一体,息息相关,所以产生种种间隔计较,乃至麻木不仁、人欲横流而沦为禽兽。通过阐明图书《易》理,施之立本"研几"、主一无欲等工夫,即可回复太极本体,直臻与万物相亲相善之境。

---

[1] 薛侃:《别二子序》,《薛侃集》,第 206 页。
[2] 薛侃:《图书质疑》,《薛侃集》,第 133 页。
[3] 同上,第 101 页。

又说：

> 人心至理，浑然有动有静。动静有微有著，循环而不息也。于是有健之德焉，有顺之德焉，有振而发焉，有逊而入焉，有处险焉，有丽明焉，有止说焉，以时发也。然则至理非极乎？动静非仪乎？微著非象乎？健、顺、止、说、振发、逊入、处险、丽明之德非卦乎？是故图书者，吾人之形象也，见其笑知其心之喜，见其颦知其心之忧，故曰象也者，象也。得象忘言，得意忘象，殆深于《易》矣。①

心包涵至理，所以有健、顺、止、说、振发、逊入、处险、丽明等诸德性，这些德性即是卦德。对这诸多卦德，中离又细加解释："纯乎天理之谓乾；顺乎天理之谓坤；心乎有开，天理萌动，震也；随感而应，内静而明，离也；动久思息，静而悦，兑也；以柔下刚，孙顺而入，巽也；中立有主，临危不危，坎也；以刚济柔，止而能复，艮也。"② 象征自然造化的八卦所表现的不外乎是心体的各种展开运行状态，这才是八卦之真正含义。河图、洛书的实质就是要表彰心体的这些情状德性，体证到这些德性也就领会到宇宙的生化之妙，图书等诸《易》象都可舍弃，所谓"得意忘象"，"穷神无《易》"，这才算是把握到《易》的真谛。

将外在的宇宙造化收摄于心体流行，揭示出自然万物实皆是自心自性中一体呈现之物，心体贯注于万物的变易运行之中，即心即物，心物不二，如此一来，便顺理成章地将宇宙论引到修养工夫论上来。在薛侃看来，"易"就是变化，阴阳盈虚消长，四季反复往来，人事迁流嬗移，整个自然和社会无一刻不变易，但作为本体的心却是"不易"的，它本身不落方所，也无所谓动静之分，永恒地存在着（"不易"），又能"与时偕行，与气偕运，与事偕存"，显起变易不息的诸多现象（大用）。故此，在变易不居的日常生活中通过"戒惧于不睹不闻"的修养工夫来回复"不易"之体，就是薛氏《易》说的题中之义。他概括之为

---

① 薛侃：《图书质疑》，《薛侃集》，第98页。
② 同上。

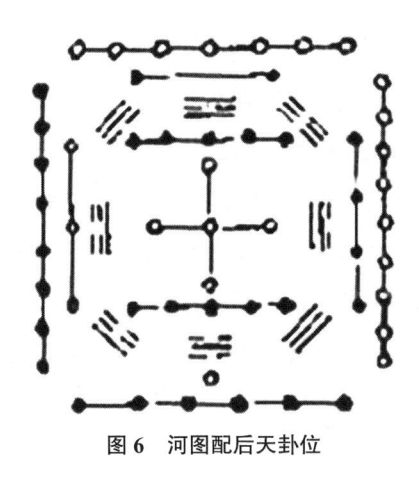

看是两仪，横说竖说指的都是"一"，万变不离其宗："故太极者，一也，二其一为两仪，四其一为四象，八其一为八卦，九其一为九畴，万其一为万殊，非别为一理也。"① 太极生发出万物，并非如母生子一样，生发后即脱离别为一物，而是成为万物之本体蕴含于万物之中继续运行，这个过程就像是树木由根而抽枝生长的过程，"犹言'道生天地，为天地根'。盖生意之运由根而起，根非树之外也。自起而言，发微不可见；自运而言，充周不可穷。知此则谓太极在二气之先，谓无形而有理，谓寓阴阳而不杂乎阴阳，皆捕风捉影之论，何处寻求？何处下手？"② 所以朱子"理（太极）先形（气）后"之说，使得理与气、太极与阴阳、形上形下打成两橛，在学理上与"理外无气，气外无理"不符，而且悬置了本体，让后学不知从哪里入手寻求、证成本体。

图 6　河图配后天卦位

由上述可见，薛侃于河图洛书中最重太极，因太极是绝对超越之"一"，是道，也是心之本体，贯穿了天道性命："以一而圆画之，则为〇之象，内涵二为阴阳，一阴一阳谓道，故曰：道为太极。涵三为三才，会天地而归人，故曰：心为太极。心岂有内外乎？有外之心不足以合天心，一贯之旨也。"③

心既然是太极，那么表征万物的六十四卦皆由此心流出，依次显示心体运转的过程。他说：

> 六十四卦只是一《乾》卦。乾，天也，健也。此心纯乎天理便是乾。心纯乎理则自顺，便是坤。此心将发为屯，此心初发为蒙，心遇事知待为需。余可类推。④

---

① 薛侃：《复雍见川书》，《薛侃集》，第292页。
② 薛侃：《图书质疑》，《薛侃集》，第96页。
③ 同上，第97页。
④ 薛侃：《云门录》，《薛侃集》，第7页。

斯图也，斯理也，一之为太极，二之为两仪，四之为四象，八之为八卦。曰：何谓也？曰：象数，奇偶已矣；奇偶，阴阳已矣。一阴一阳之谓道，非太极乎？一、三、五、七、九，阳也；二、四、六、八、十，阴也，非两仪乎？一九曰太阳，三七曰少阳，二八曰少阴，四六曰太阴，五与十成终成始，非四象乎？阳数皆天，阴数皆地，乾坤定矣。乾，纯阳也。阳长为震，阳交为离，阳说为兑。坤，纯阴也。阴生为巽，阴交为坎，阴止为艮，非八卦乎？《易》曰"乾坤定位，山泽通气，雷风相薄，水火不相射"，是谓先天之卦也。乾坤既定，阳根阴，阴根阳，运而不息，故天一生水，地六成之而居北。阳在内，阴在外，以阴含阳，非坎乎？地二生火，天七成之而居南。阴在内，阳在外，阳含阴，非离乎？天三生木，地八成之而居东。东，阳方也。故震位乎东，巽位乎东南。地四生金，天九成之而居西。西，阴方也。故兑位乎西，乾位乎西北。然北水、东木、南火、西金，非土不能生生相继，故中五阳，土艮也，位乎东北；十阴，土坤也，位乎西南。是谓五气顺布，四时行为，乾坤之与六子，如王畿、侯甸皆为国也。九为阳极，十为阴极，而乾坤居之，皆自然之理也。①

依此，太极即是一阴一阳之道，奇数一三五七九代表阳仪，偶数二四六八十代表阴仪，两仪立焉。一九、三七、二八、四六即成四象。八卦中《乾》《坤》最首要，由此两个父母卦衍化出其他六个子卦。河图并非如朱子所言配以先天卦位，而是配以后天卦位（如图6）：北方一六生水，配《坎》卦；南方二七生火，配《离》卦；东方三八生木，"三，阳木，八，阴木也"，分别配《震》卦和《巽》卦，震居正位，巽居东南；西方四九生金，"四，阴金，九，阳金"，分别配《兑》卦和《乾》卦，兑居正位，乾居西北；中宫的五和十属土，"故中五，阳土，艮也，位乎东北；十，阳土，坤也，位乎西南"②。这样一来，虽"推本河图，止为一图，即具四图之义"，太极、两仪、四象、八卦浑然一体，皆从图中可见，而非朱子式的俱存于同一时空，乃就"一阴一阳之道"看是太极，就奇偶数

---

① 薛侃：《图书质疑》，《薛侃集》，第91页。
② 薛侃：《复雍见川书》，《薛侃集》，第292页。

等，乃两仪。"以一二三四为六七八九者"，乃河图之生数一二三四各加上中数五，则成六七八九，此乃四象即老阳、老阴、少阳、少阴之数。分开北方一六之数则为《坤》卦，分南方二七之数则为《乾》卦，分东方三八之数则为《离》卦，分西方四九之数则为《坎》卦。其分出之后剩下的余数则补在四隅角落里成为《艮》《兑》《震》《巽》四卦。我们将先天卦位配上河图之象（如图5），观之一目了然。

如此一来，又出现了问题：其一，就数的搭配而言，《艮》卦从北方一六之数分出，《兑》卦从南方二七分出，《震》卦由东方三八之数分出，《巽》卦由西方四九分出，但分出的究竟是生数一二三四还是成数六七八九？《易学启蒙》没有说明。其二，就五行配搭而言，二七为火居南方，为何配《乾》卦而不是代表火的《离》卦？一六为水居北方，为何配《坤》卦而不是代表水的《坎》卦？卦象与五行搭配明显有矛盾，难以自圆其说。

薛侃就是针对以上的理论漏洞而质疑道：

> 河图说者谓"虚五与十者，太极也。奇数二十，偶数二十者，两仪也。析四方之合，补四隅之空者，八卦也"。信然则太极之外别有两仪，两仪之外别有八卦，俟人析补，八卦乃成。则河图非天地定理，圣人则之，非自然妙用矣。且六为《坤》，三为《震》，四为《巽》，似也。七何以为《乾》？九何以为《坎》？八何以为《离》？析一何以为《艮》？析二何以为《兑》？虽《连山》《归藏》用数不同，圣已无取，岂河图成卦之义哉！①

在他看来，河图中所显示的太极成生八卦乃天地定理、自然妙用，而且浑融一体，但朱子析补之说误导人们以为一图之中太极、两仪、八卦是在同一时空并存，以为太极之外还别有两仪、八卦。此外，数字与八卦的搭配——如七为何代表《乾》，八为何代表《离》，九为何代表《坎》——都缺乏论证。他接着提出另一套宇宙生成模式：

---

① 薛侃：《图书质疑》，《薛侃集》，第90—91页。

图、洛书定下一标准版本(与上图相同),并附解说。他认为河洛之数可衍发出一太极生两仪、两仪生四象、四象生八卦的宇宙自然生化过程,洛书四方四隅,容易"自然地"配上八卦,但河图只有四方,如何配上八卦?八卦卦位又分先天后天(参见图3、4),究竟如何取舍?这是个大难题。故朱子提出"析补"说:"河图之虚五与十者,太极也。奇数二十,偶数二十,两仪也。以一二三四为六七八九者,四象也。析四方之合,以为乾坤坎离;补四方之隅,以为兑震巽艮者,八卦也。"① 河图中间的五与十乃虚数,乃太极,奇数、偶数之总数相

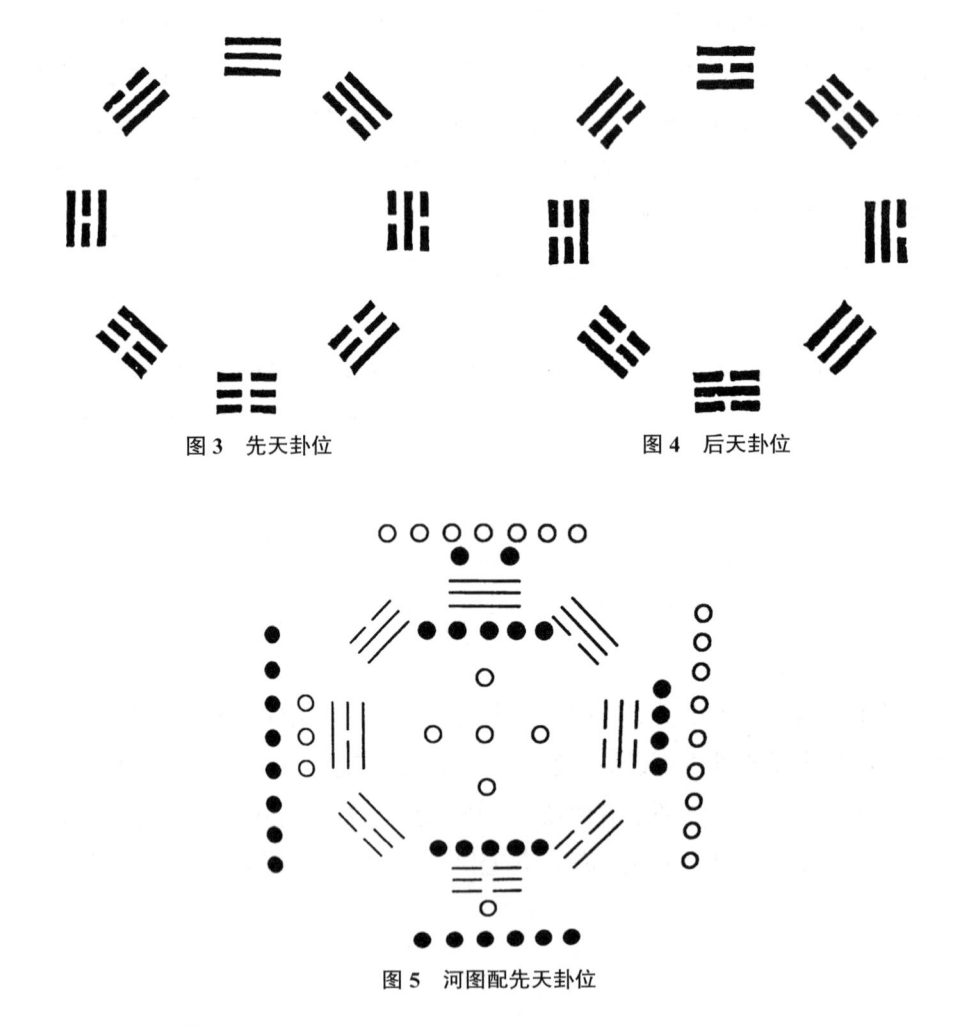

图 3 先天卦位　　　　　　　图 4 后天卦位

图 5 河图配先天卦位

---

① 朱熹:《易学启蒙·原图书第一》,《朱子全书》第一册,上海:上海古籍出版社,2002年,第215页。

学特别是心性工夫的立场上,对河图、洛书、太极、八卦、象数的排列搭配做出了新的阐释。此书"前列卦位、河图、太极、洛书等十三图,配有解说,后为图书总解及与诸生答问"①。在序言中他说:

> 有气斯有象,有象斯有数,皆理也。数以尽象,象以尽理,理以尽物者,图书也。予少阅弗领,考观众说,只见芜蔓,竟莫释然。顷忽开悟,似甚昭晰,人皆可知可由而非玄且远也。盖道本一,不可二也;本完成,不可析也;本具足,不可补也。二则杂,析则离,补则赘。后儒动裂而二之,析而补之,道丧其真,学失其枢纽矣。故图书者,心性之源,文字之祖,政治之基本,一差则百差,不可以弗明者也。乃即数为图,即图成卦,皆造化自然,无俟析补训释而天地易简之理、圣人精一之义彰矣。②

薛侃认为河图、洛书(参见图1、2)既反映宇宙自然造化之理,也是昭示人文秩序的根本依据,但后儒析补训释,导致其本义乖违不明,让原来整全的道理支离失真,贻误后学,过莫大焉。他所指斥的后儒"析补"之说,源于朱子的《易学启蒙》。

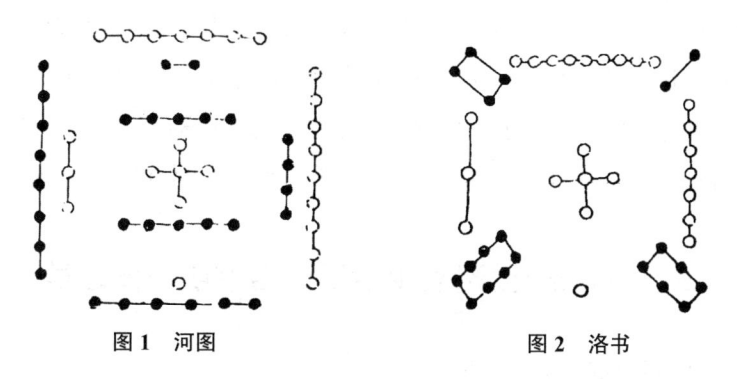

图1 河图　　　　图2 洛书

《易学启蒙》是朱子与其门徒蔡元定合订而成,朱子本人将之视为己作,是一部贯通整合图书、八卦、阴阳、五行、《易》理等系统的集成之作。朱子首先重视的是河图洛书,相信通过河图洛书中黑白点的方位、点数的排列可以领会大化流行的奥义,所以《易学启蒙》一书首篇即是《本图书》,为众说纷纭的河

---

① 《四库全书总目·图书质疑》提要,《四库全书存目丛书》经部第三册,第755页。
② 薛侃:《图书质疑·序》,《薛侃集》,第81页。

说:"鄙性喜于有为,视今无良犹己之痿痹,视害之宜革、利之宜兴、力可得为,不顾毁誉而为之,此生之弊也。"① 可以看出,他的禀性偏于躁急固执,济人利物之心过于热切,容易招惹他人谤议,也消耗了太多精力在事功上,导致"工夫疏间不成片段"②,"精神昏夺,凝聚不得","中间虚大浮发,客气漫应,遂尔多过"。正是有困于此,他屡屡自诫"以愚自安,以拙自靖,保合太和,萃蓄精光"③,因此通过修持"无欲"的工夫来"扫荡廓清世缘"④,保摄精神,存养心体。这对于薛侃来说正是对症下药,也是他在求贤成圣的生命历程中勇猛精进而开辟出来的切身体悟,故念兹在兹,至死不懈。

薛侃最终的造境如何?从他的言论行事可窥一斑。他生命最后的四年居住在广东惠州,是其学术思想的巅峰圆熟期,著述频作,为答惠州生员雍见川之问而作《图书质疑》,为应首辅夏言编修实录之请而口述《廷鞫实录》,另有《经传正义》《鲁论真诠》《惠生八问》皆作于此时。经过罗浮山的闭关潜修,他自觉有了一番新长进,自谓:"不肖素有刚方忿狭自是之病,是行方尔净磨。"据弟子叶时在祭文中追述:"先生谓道原本于一,问学功夫在求于一,故好学之笃,欲希圣而希天,其操存之固,乃愈严而愈密。世味不干,天真自适。饱仁义、远货色,刚大之气,中和可炙。青白之心,昭灵弗息。量以六合为襟,文与五经为翊……及寓惠四年,独觉精纯,自期以往,必跻化域。"皆可证他晚年工夫严固细密,充养深醇,自信自期终必将臻于化境。他践履之诚笃尤为人所称道,诚如万历《杭州府志》的评价:"夫学之贵于能行,笃志信道,任气敢往,至如尚谦,一人而已。"⑤

三 易学思想要旨:以河图、洛书明一体之学

(一)图、书明则一体之学明

薛侃去世前两年(嘉靖三十三年,1544),著有《图书质疑》一书,站在阳明

---

① 薛侃:《与舒大尹》,《薛侃集》,第342页。
② 薛侃:《与山中诸友》,《薛侃集》,第334页。
③ 饶宗颐:《薛中离年谱》,《薛侃集》,第544页。
④ 薛侃:《与曾明卿张道甫刘定夫诸友》,《薛侃集》,第331页。
⑤ 薛侃著,陈椰编校:《薛侃集》,第447页。

面的主体，私欲就会自然消亡；一旦执迷于"小我"，私欲也就随之萌生了。感性欲念生灭的过程都要由自己的道德主体来做决断，不可委诸外在的事物，更没有半分商量妥协之处。这个道德真宰即寂然昭照的"体"一立，"用"也就自然会发起感通的功用，根本不用人为的持控。一切思虑行为上的偏差滞隔，都源于私欲造作的阻障，所谓"感而不通，以其未寂也。未寂，以其有思也。有思有为，以其有欲也。有欲则弗虚，故未寂。弗虚则有蔽，故感而弗通"①。

与"无欲"相对的工夫是"克欲"。"克欲"指的是察觉私欲后再施予克制惩治的手段，它与"无欲"的区别是："克己而拔去病根，无欲者也；克己而频失频复，或制而不行，克欲者也。"②"无欲"才是彻底的第一义工夫，真正做到了"无欲"，也就自然能够"克欲"，或者连"克"也不消说。薛侃说："无欲，本也。学立其本，末在其中矣。惩忿窒欲末也，惟治其末，失其本矣。故曰君子乾乾不息于诚然，必惩忿窒欲、迁善改过，乃能至。"③从究竟的意义上讲，这样落入后着的"克欲"不能算是工夫："无欲乃工夫，克欲不是工夫，此有悟之言。孔子告颜子克己正是无欲功夫，非克欲也……用克欲功夫是谓规规外诱之处，便落第二义矣。"④

对这样从根源处下手的"无欲"工夫，薛侃终生勤苦不懈地修持，愈老愈加重视。他晚年这样教诲生徒："吾学以无欲为主，然无欲亦精之不尽也。目前所见其无矣，精之不几时，又见其无者未尝无也。一生精神，若未希天知命不已也。此外更亡所事。"⑤对他而言，"无欲"是精之不尽、死而后已的工夫，直至临终前，他念念不忘告诫门人："工夫须净欲根，一丝尚存，终是障碍。"⑥为什么他会如此重视此工夫，这固然与他"立体达用"理路的必然要求有关，更和他个人气质禀性有关。他曾对阳明自省道："侃钝根小识，平日莽莽而修，忽忽而言，未尝于极冷落处蓄聚，极峻绝处锻炼。"⑦在致同门季本的信中做自我检讨："顷来自觉平生大病有三：以闲漏为无伤，以虚见为实际，以事功为德业。"⑧又

---

① 薛侃：《图书质疑》，《薛侃集》，第 99 页。
② 同上，第 140 页。
③ 同上，第 152 页。
④ 薛侃：《研几录》，《薛侃集》，第 45 页。
⑤ 饶宗颐：《薛中离年谱》，《薛侃集》，第 544 页。
⑥ 薛侨：《中离公行状》，《薛侃集》，第 431 页。
⑦ 薛侃：《又奉尊师阳明先生》，《薛侃集》，第 271 页。
⑧ 薛侃：《与季彭山》，《薛侃集》，第 336 页。

主意。研几是随处精此了的功夫。"①"研几"要求在日常的实践中随处精了，看似是有逐步阶次的"渐教"，实则彻上彻下，时时不离良知的存照。这和阳明的"良知教"要求"随处磨砺"是相应的。尽管阳明标举的是"致知"，而薛侃却以"研几"为要，但实际上并无二致，都是诉诸良知在根本处发动并自我扩充的工夫。良知的呈露处是"几"，没有对这萌动端倪的辨析察觉，又如何去推致？离开心体的呈现朗照，又如何保证精研得当？在这个意义上，本体与工夫是必然要求内在合一的。所以，薛侃的弟子会说："老先生（阳明）以致知为训，先生以研几自精，其功一也。"②

（三）无欲

"不知无思无欲为主本，虽勤苦一生，只做得憧憧往来底学问。"③在薛侃的思想中，"无欲"是"主本"，但不是圣人的专利，而是普通人在日常生活中的某些时刻也能深切体会到的状态："无欲之功不必圣哲，常人一念恳切无栖尘处，何以验其然也？方哀痛时有色心否？方悔悟激厉时有利害心否？学者功夫扫荡廓清，常如斯时更有何欲！"④可见"无欲"不是撤销常人的一切欲望，而是指意念专注于内心那不可闻不可睹的良知，以之为主宰来纯化思虑行为，不被杂念冗欲遮蔽，该哀痛即哀痛，当悔悟即悔悟，一念真诚纯粹就是"无欲"，这也是让道德主体挺立起来的"立体之方"：

> 问立体之方。曰：戒慎不睹，斯有常睹；恐惧不闻，斯有常闻。常睹常闻，惺惺而不息，体斯立矣。曰：恶能不息？曰：无欲。恶能无欲？曰：无，我自无；有，我自有。更无商量处。如更商量，必为迂回外求之学。⑤

此处的"我"不是道德主体，而是私欲缠绕的"小我"，否定了感官物欲层

---

① 薛侃：《研几录》，《薛侃集》，第 74 页。
② 同上，第 78 页。
③ 薛侃：《图书质疑》，《薛侃集》，第 110 页。
④ 同上，第 162 页。
⑤ 同上，第 99 页。

可见,"几"由未发之中(心体)发出,处于将形而未形,包蕴着向善或向恶的趋向,介于有无、体用之间,即良知本体将发又未发的状态。处于此善恶抉择的关键点,起心动念之间都要警惕省察:"穷神知化,精于几而已;忘己逐物,慢于几而已。故几也者,一正则百正,一邪则百邪。有则百有,无则百无。不可不慎也。"①对此几微处保持戒慎,果断克治,防微杜渐,方不铸成大错,若"几处弗察,渐处弗反,则积盛不可遏,势成不可回"②。薛侃自谓二十余年工夫不得力即因"吾慢于几",后来醒悟过来,"惟良知是则,惟万感之微是慎焉"③。

"几"义既明,那何谓"研几"?"视于无形,听于无声,志常存,念常一,精神意思常凝定而虚明,而后一有萌焉必觉也,一有觉焉必克其善,去其不善,是谓之研几。"④"研几"就是要把意念专注凝聚,返归到良知的朗照,从而敏锐地觉察、决断当下萌发的每一个欲念,所谓"下手工夫全在自决其几,知非必去,知是必行"⑤。这个过程全凭自身强大的决断力去自我审问,故又称"审几":

> "克己复礼"是虚明之中不容一物,才有私意萌动,便与扫除廓清,此时用力却易。若克伐怨欲已萌在心,然后制而不行,则工夫反比克复难了。故夫子曰:"可以为难。"此处认真,工夫便好用。润问:此乃审几之说也。曰:然。⑥

这里说的是"研几"(或"审几")的工夫要彻底,就必须在心体上"扫除廓清",如果留待私欲显露出来,再去觉察克制,已落入后着,纵使一时消除,病灶仍在,很难保证不再复发。正是有人不理解"几"是根植于良知这一本源性质,以为"几"是善恶已经分化的念头,"研几"只是在发用的末节上用功,所以说"学在一了百了,研几似琐屑"。针对这质疑,薛侃说:"一了百了正是研几

---

① 薛侃:《研几录》,《薛侃集》,第65页。
② 同上,第36页。
③ 郑三极:《研几录序》,《薛侃集》,第29页。
④ 同上,第28页。
⑤ 薛侃:《研几录》,《薛侃集》,第42页。
⑥ 薛侃:《云门录》,《薛侃集》,第4页。

复心体的觉照。

（二）研几

"研几"是薛侃工夫论的核心概念之一，被称之为"率性之括修，道之枢要"①，故名其论著为《研几录》。"研几"一词源于《易·系辞》："夫易，圣人之所以极深而研几也。唯深也，故能通天下之志；唯几也，故能成天下之务；唯神也，故不疾而速，不行而至。"孔颖达疏曰："几，微也，是已动之微。动谓心动，事动。"② 真正把这个概念引入道德修养论域是周敦颐，他说："诚，无为；几，善恶。"朱子注："几者动之微，善恶之所由分也。"③ 朱子将"几"定义为事物隐微得不易觉察的萌动状态，对于人而言则是意念的端倪，这是为善或趋恶的关口，须予以十分的警惕。所以朱子很重视此"几"："周子说个几字，尽有警发人处。近则公私邪正，远则废兴存亡。于此处看破，便斡转了。此是日用事为，亲切功夫。精粗隐显，一时穿透。"④ 王阳明也说到"几"："诚是实理，只是一个良知。实理之妙用流行是神，其萌动处就是几……圣人只是知几，遇变而通耳。良知无前后，只知得见在的几，便是一了百了。"⑤ 在这里"几"就是良知当下的呈露萌动。

薛侃综合了前贤的观点，视"几"为由先验良知发出的、即将落入经验界中的意念端倪。《研几录序》云："……是故学圣也者，致中焉已矣。致中也者，惟精焉已矣。惟精也者，精于几也，则莫非道心之运而人心无自萌矣……征于色、发于声而后喻，非几也；言而后信，动而后敬，非几也。"⑥ 据上述我们可以做出图示：

```
         惟精
致中 ——→  几  ——→  征色发声，言信动敬
（体）              （用）
```

---

① 郑三极：《研几录序》，《薛侃集》，第28页。
② 孔颖达：《周易正义》，北京：九州出版社，2004年，第639页。
③ 周敦颐：《诚几德第三》，《通书》，陈克明点校：《周敦颐集》，北京：中华书局，1990年，第15页。
④ 朱熹：《性理精义》卷一。
⑤ 王阳明：《王阳明全集》，第109页。
⑥ 郑三极：《研几录序》，《薛侃集》，第28页。

何缺？如一片之白，弗点何污？"① 人主观价值判断中所谓的美丑善恶，对于本体来说，就像染着在白璧上的污点，有损其圆满。良知不偏倚于善恶美丑的世俗标准，此方是大美至善。他说："心体原无有作好，无有作恶，若只管说好善恶恶又恐多了这些意思。"② 心体不能事先预存"好善恶恶"的私意，才能自然表现出好善恶恶的有普遍意义的道德行动。《传习录》中"侃去花间草"一条中，阳明告诉他："谓之不作（好恶）者，只是好恶一循于理，不去又着一分意思，如是即是不曾好恶一般。"③ 这里"无善无恶"或曰"不作好恶"并不表示心体没有判断善恶的能力，恰恰相反，正是基于这种对任何价值的不染不着，良知方能严守自身立则，准确无误地做出道德抉择，正如赛场裁判，必须不偏袒于对垒之任意一方，一切遵循于规则（理），才能公正地做出判决，乃谓之善裁。再次，它是常存常照、随处呈露的道德主体。"心之本体虚明而已，虚明是能见能闻能知觉的，是即良知……虚明如月如镜，养得常存，虽闻虽见，不增不移，无闻无见，不减不去。"④ 心体能见能闻能知觉，所以能感通、映照、遍润外物，从而将主观面和客观面统一起来，"万感万用皆在本体昭昭寂寂中。昭昭寂寂者，无际随感随应者，如太虚中以云一雨耳"⑤。在物我交感的过程中，一切随其自然天则，廓然顺应，物来则照，物去则虚，"不将不迎，一念见在"⑥。

薛侃在给弟侄的信中说："主翁常在，常应常寂，此先师宗旨，千古嫡传。"⑦ 盖王阳明曾有"良知常觉常照，常觉常照则如明镜之悬，而物之来者则不能遁其妍媸"⑧，以及"未发之中即良知也，无前后内外而浑然一体者也"⑨的开示，所以薛侃的良知论发挥了阳明以上观点，特别强调良知不是静态平列的超越先验律则或所以然之理，而是既虚寂不动又能时时在直贯的感应中活动呈现。其全副工夫进路也在此信念基础上逐步深入，层层剥开缠绕的私欲，去回

---

① 薛侃：《研几录》，《薛侃集》，第 35 页。
② 薛侃：《云门录》，《薛侃集》，第 5 页。
③ 王阳明：《王阳明全集》，上海：上海古籍出版社，1992 年，第 29 页。
④ 薛侃：《研几录》，《薛侃集》，第 58 页。
⑤ 同上，第 35 页。
⑥ 同上，第 33 页。
⑦ 薛侃：《与尚迁、子修》，《薛侃集》，第 274 页。
⑧ 王阳明：《王阳明全集》，第 74 页。
⑨ 同上，第 64 页。

努力克治身上的气秉私欲,随着工夫修为的层层深入,在不同时期教法有所调整,大体是从提揭"研几"到晚年乃至临终前仍在讲求"无欲",期望通过工夫回复良知本体的时时觉照。

(一)论宗良知:虚明觉照

薛侃较早入了师门,长期陪侍阳明左右,见证了师门教法从"存天理去人欲、省察克治"到"致良知"的变化过程,备受器重砥砺,对阳明的理路熟识而透彻。从《传习录》所录几则师徒对答我们可知①,阳明教导薛侃:心之本体不动,即是性,也是天理。心体廓然大公,无善无恶,是超越善恶对待之至善,善恶之念乃从躯壳私意所起,属于"气之动"所致,非由本体而来。为学即是要复其不动之本体,故需"静以见体,动以见用",才能达到"体用一源"。他又针对薛侃轻傲、好名、多悔、易执的毛病,诲诫要笃实向里,勿务虚名,紧切持志,"志切目视耳听皆在此",此即是涵养,也是讲求。但要注意在用功的过程中不要死守拘执个人私意,妨碍了心的虚灵活泼,要在自然而然中循其天理,才能造就裁相辅成的功业。总体而言,阳明开示的是一条"立体达用"的"致良知"途径,这也规限了薛侃为学的大方向。

在对良知的诠释上,薛侃侧重其"虚明觉照"义。他说:"心之本体,虚明而已。"②又说:"良知者,吾心之明觉也。常明常觉便是作得主,作得主则一刻万年,一念百虑矣。"③细绎其义,首先在于"虚无"。这虚无指的是心体作为宇宙万化之根源,并非呈现于经验时空中之物,故视之不可见,听之不得闻,是无有形状,不滞方所的存有,"浑无方体无涯限"④,然这虚无空寂,时时处处都能显其大用,所谓"心无体,知之良处即其体也;心无用,良知随处不息即其用也"⑤。其次,在于"不染不着",保持着价值的超越性。"本体如一圆之璧,弗凿

---

① 饶宗颐《薛中离年谱》所列有八条,但其中"一问:上智下愚,如何不可移"与"一问:子夏门人问交章"二条,《传习录》实未标明乃薛侃所问,参见薛侃著,陈椰编校:《薛侃集》,第512—514页。
② 薛侃:《研几录》,《薛侃集》,第58页。
③ 同上,第36页。
④ 同上,第40页。
⑤ 薛侃:《与杭诸友》,《薛侃集》,第304页。

王畿、钱德洪等同门召开青原讲会,听讲者有数百人之多,是王门一次大盛会。继而又与王畿讲学于杭州天真书院。最后四年则旅居广东惠州,先后在罗浮山、西湖永福寺、玉壶洞讲学。嘉靖二十四年(1545)秋,返归故里后不久旧疾发作而逝,享年六十。

薛侃之著述,大多成于罢官归田后。传世的主要有:《云门录》①《研几录》②《图书质疑》③三部。疑佚的有:《易传性理》《经传论义》《鲁论真诠》《训俗垂规》《惠生八问》。后人汇编有:《中离先生文稿》④《薛御史中离集》⑤《薛中离先生全书》⑥。现代标点本则有笔者编校的《薛侃集》。

黄宗羲在《明儒学案》中将薛侃列为"闽粤王门"的代表,并这样评价:

> 岭南之士,学于文成者自方西樵(方献夫)始,及文成(王阳明)开府赣州,从学者甚众。文成言潮在南海之涯一郡耳,一郡之中,有薛氏之兄弟子侄,既足盛矣,而又有杨氏之季昆(杨骥、杨鸾)。其余聪明特达,毅然任道之器以数十。乃今之著者,唯薛氏学耳。⑦

可见,薛氏在当时学界有一定的影响,堪称岭南王门一代儒宗。

二 从研几到无欲:工夫的障难与造境

薛侃的思想大体不出其师之矩矱,论宗"良知",以"万物一体为大,以无欲为至"⑧。这是他晚年弟子叶蕚对恩师为学宗旨的总结。纵观其一生,一直在

---

① 此书为嘉靖九年薛侃在绍兴云门讲学语录,其徒倪润所记,见于《王门宗旨》附刻本,藏于日本名古屋蓬左文库。
② 嘉靖十年于潮州宗山书院讲学语录,为门人郑三极辑,可见于万历四十五年曾孙薛茂杞重刻本,《四库全书存目丛书》据此影印。
③ 成书于嘉靖二十二年,讲学于惠州丰山永福寺时,因释生徒关于太极图、河图、洛书诸疑而作。可见于万历四十五年曾孙薛茂杞重刻本,《四库全书存目丛书》据此影印。
④ 清代初年手抄本,十一卷,广东中山图书馆藏。
⑤ 清冯奉初编《潮州耆旧集》辑选而成,刊行于道光二十七年(1847),可见于香港潮州会馆印本。
⑥ 共二十卷,揭阳曾彭年辑,民国四年铅印本。
⑦ 黄宗羲:《明儒学案》,北京:中华书局,2008年,第655页。
⑧ 杨起元编:《(万历)惠州府志》,《薛侃集》第446页。

务，或诲导阳明的儿子正宪，或启迪初学。王阳明最重要的著述《朱子晚年定论》和《传习录》，就是他首钞并首刻的。阳明身后，他总理后事，保护家眷，在杭州建天真书院，完成老师生前卜筑天真山的夙愿，"大有功于师门"①，得到同门推重，视为王门"护法"。

正德十五年（1515），亲师取友六年之久的薛侃回乡，与澄海陈明德（字思准，号海涯，？—1532），饶平杨骥（字仕德，号毅斋，1484—1520）、杨鸾（字仕鸣，号复斋，1492—1526）兄弟讲学于潮州金山玉华书院，并结斋于梅林湖，远近学者翕然宗之，游其门者日众。此标志着阳明学正式传入粤地。后又结茅于梅林湖西之山中，聚徒讲习，"以正学接引，潮士为之一变"②。山因其号中离而名"中离山"，此山一经创辟，仕潮的同门刘魁、季本时常往来期间，"四方同志闻风远来，至不能容，各自架屋以居，会文考德，发益良多"③，成为闽粤交界地区的学术中心。讲学之外，薛侃办了大量实事造福乡里，他带头开溪修渠砌路造桥三十余所，惠泽至今，被后世尊为潮州明代八贤之一。在阳明推行《南赣乡约》的翌年，他又与同门季本（时任揭阳主簿）在家乡揭阳推行乡约，教化乡族，得到阳明的首肯。

薛侃于正德十二年中进士，官至行人司司正，居职严正简直，曾上疏奏请陆象山和陈白沙从祀孔庙，推举象山"学术纯正"，白沙"博而能约"，"启圣学之扃钥"，最终使得象山得以入祀孔庙。嘉靖十年（1531），上疏乞请嘉靖在亲藩中择贤者迎取入京，慎选正士辅导，以待他日皇嗣之生。当时太子薨，嗣位久虚，嘉靖正祈求子嗣，讳言建储君事。少傅张璁及心腹彭泽趁机从中构陷激怒嘉靖，欲借此兴大狱扳倒政敌夏言，诱逼薛侃诬陷背后乃夏言指使。于是薛侃无辜惨遭廷鞫之难，七日连鞫八次，酷烈备至，仍独自承担，严词发誓："明有君父，幽有鬼神，头可断，此心不可欺。"④ 京城士民称之为"真铁汉"。后真相大白，仍被削籍为民，开始十几年讲学会友的生涯。这段晚年时期，他除了在家乡筑宗山书院祭祀阳明，大部分时间外出游学，到江西与邹守益、罗洪先、

---

① 薛侨：《中离公行状》，《薛侃集》，第 422 页。
② 饶宗颐：《薛中离年谱》，《薛侃集》，第 522 页。
③ 薛侨：《中离公行状》，《薛侃集》，第 424 页。
④ 饶宗颐：《潮州先贤像传·薛行人侃》，香港：香港潮州商会，1994 年，第 22 页。

当时盛况：

> 当是时，甘泉、阳明二家弟子各执其师之说，互有异同，自弼唐为之会通，而浙、广二宗皆于弼唐悦而诚服，于时乡士大夫翕然和之。若何古林则讲学诃林，薛中离则于金山，黄泰泉于白云，钟叔辉于宝潭，杨肖斋、叶允中于归善，叶絅斋于罗浮，王青萝于粤秀。[①]

这段文字提及的庞弼唐（嵩，字振卿，南海人）、何古林（维柏，字乔仲，南海人）、钟叔辉（景星，号宝潭，东莞人）、杨肖斋（传芳，字体晋，惠州人）、王青萝（渐逵，番禺人）皆学宗白沙、甘泉。薛中离（侃，揭阳人）与叶允中（时，归善人）则是师徒关系，同宗王阳明。黄泰泉（佐，字才伯，香山人）则于湛、王两家皆不取，在理气论上力求弥合朱子学理气二元论之倾向，其"得力于读书，典礼乐律词章无不该通，故即以此为教"[②]。叶絅斋（春及，字化甫，归善人）祖述程朱，有抨击白沙、阳明的言论，以善于政事闻名[③]，与黄泰泉一样属于博学经世一路，独立于广、浙两大宗之外。

在多元思潮鼓荡下，阳明学在岭南地区的流播发展颇著精彩，王阳明本人曾对岭南的弟子们寄予厚望，其中最卓有成就者，要属薛侃。

一　薛侃生平履迹

薛侃（1486—1545），字尚谦，王阳明"以其质虚，赐号'中离'"[④]。潮州府揭阳人。薛侃于正德九年（1514）二十九岁时，赴南宫不第，闻阳明讲学于南京，遂往拜入门下，朝夕相处三年，拳拳服膺师教，后引荐其兄弟侄儿拜入王门。时阳明抚赣，出入贼垒，薛侃仍与诸同门在后方相聚讲论，或代理日常事

[①] 屈大均：《学语》，《广东新语》卷十，北京：中华书局，1997年，第310页。
[②] 黄宗羲：《诸儒学案中五》，沈芝盈点校：《明儒学案》卷五十一，北京：中华书局，2008年，第1198页。
[③] 关于叶春及的功业及经世政论，参见朱鸿林：《中国近世儒学实质的思辨与习学》，北京：北京大学出版社，2005年，第334—354页。
[④] 薛侨：《中离公行状》，陈椰编校：《薛侃集》，上海：上海古籍出版社，2014年，第421页。

岭南王门领袖薛侃思想略论

陈 椰

(华南师范大学马克思主义学院)

引言：明代岭南理学的多元态势

　　明成化、弘治间，江门陈白沙崛起岭南，倡静养端倪之学，开启了学风"渐入精微"的转折；继而姚江王阳明以"致良知"教风动天下，明代思想格局为之丕变。与程朱理学的为学路数不同，白沙、阳明皆重发明本心，故被后世并置于"心学"两大流派宗师之列。作为白沙学发源地的岭南，也是王学的一时重镇，见证了心学两大流派的互动消长。先是，白沙让岭南士子闻风兴起，领悟到涵养本心以优入圣域的新路径，及至阳明声名渐盛，粤东潮州地区的郑朝朔、陈洸、薛侃、薛俊、薛侨、薛宗铠兄弟叔侄、杨骥、杨鸾等一大批士子又热切地追随王阳明辗转于南京、江西，继而将阳明学传入粤地，形成岭南王门讲学群体，并与白沙的继承者——湛甘泉门下递相出入，遍开私学，使岭南地区与江南、关中并列为当时全国讲学最盛的三个中心地带。[①]具体而言，潮州、惠州、广州三地之讲学活动最为活跃，于嘉靖间形成以潮州桑浦山、惠州罗浮山、南海西樵山为据点，尤以湛学为大宗的繁荣局面。明末文人屈大均这样描述

---

① 参见汪荣祖：《明清帝国知识的制作与传布》，《明清史丛说》，桂林：广西师范大学出版社，2013年，第81—97页。

相通，故而有忽视现实生活中人与人之差异的色彩。罗汝芳提高"身"的思想地位，乃至确立"身"相对于"心"的可靠性、稳定性，就打消了劳心与劳身阶层划分的理论基础，不论何种阶层的人都具有同样的"原日身体"，个体尊严的本源性即在此奠基，身身相通就包含了确立现实生活中每个个体最基本的生存权的政治意涵；以孝弟慈为历圣相传的道统，意味着普遍的仁爱共同体要以具体的家庭生活为根基，显然，在总体性的国家权力的管制下，确立家庭生活的基础地位是十分必要的。

一般说，宋明理学是义理之学或性理之学，虽然，理学家大多无不谈理气心性命，但究其实，将程朱称为"心性之学"似乎并不确当，就他们主张"性即理"说，"性理之学"最为恰当，而阳明之学则是"心性之学"，如此，说罗汝芳之学为"身心之学"的高峰大概并非过誉吧。

壳。"① 耿定向更是直接提出了"身"即形而上之道的说法：

> "仁者人也。"人之所为人，非徒此委形也。人而仁矣，岂复囿于七尺而限于百年耶？……修身云者，固非徒整饰躯壳事为之粗迹，亦非驰骛于玄虚而修之身之外也。《易》曰："形而上者谓之道，形而下者谓之器。"形者，身也，不修之则下之器也。所云父母所生之身不踰七尺，不过百年者也。一修之则为上焉之道，所谓师友所成之身，塞天地，贯古今者也。夫上下悬决若是，在修与不修耳。②

这段论述与罗汝芳非常相似，同样是本于对《中庸》所在孔子"仁者人也"一语的解释，很可能是受了罗的影响。但耿定向直接以《易传》"形而上者谓之道，形而下者谓之器"，而非以道、器、体、用截然为二，形上形下判然两截，显然已完全不同于程朱以一阴一阳为气，所以一阴一阳者为道的观点。"易之为道也屡迁，变动不居，周流六虚，上下无常。"上下无常即是对形而上之道和形而下之器关系的极佳解释。身是道，身亦是器，唯此，方可谓"仁者人也"，方可谓"人能弘道"。

将身视作生机之化身、道体之所寓或者形上之道，无疑具有重要的思想意义，此点前文已详述。而其社会政治意义亦十分显著，身体是权力运作的场所，国家或共同体往往被设想为一种注重总体利益却忽视个体权利的政治权力，因此，总体性是政治权力结构的显著特征。与之相应的便是一种注重普遍性的哲学。中西方哲学传统中占主流地位的思想都强调心灵或智识的重要性，唯有心灵方能接近真实的本体，寻找到真知，而身体的感受则被贬低为虚假和残缺。心、身的二元区分就转化为了劳心者和劳身者的阶层划分，后者成了受统治和屈服的阶层。程朱的"理一分殊"、王阳明的"万物一体"都蕴含着普遍性因素。虽然王阳明主张良知是人人具有、个个圆成的，以此挺立道德主体，但由于他仍然是以"心"作为沟通不同阶层以实现"万物一体"的引子，而否认身与身的

---

① 王畿著，吴震编校整理：《王畿集》，南京：凤凰出版社，2007年，第101页。
② 耿定向：《耿定向集》上册，上海：华东师范大学出版社，2015年，第338页。

通的世界，"生生不息"，生生世世，人所生存于其中的历史世界和当下世界都在此挺立起来。相应地，他解释十六字心传"允执厥中"时即说："中即此身，身即此中。"①"中即人，人即中，人与中固无二体。"②尧舜禹亲相授受不仅仅是"传心"，也是"身传"。仁不是朱熹所说的"心之德，爱之理"，"须是先理会得一个'心'字"③，而是"体仁于身"，是"仁者人也，亲亲为大"。这就彻底扭转了自唐末以至程朱理学占据主流的"对仁的心学式解读"④，罗汝芳之说可谓对仁的"身学式解读"。这也意味着，儒门的道德实践不单是率循个体良知的绝对律令，更是世代传承的孝弟家风和示范性⑤的言传身教。

四　余论：身的形上化

在罗汝芳以身为核心阐述道统时，已将身的形而上维度揭示了出来，故他有"吾人此身……原与乾元合体"⑥，"我既心天之心……天将身吾之身"⑦等说法，身不仅仅是气质和欲望的载体，更是乾元、生机的化身。故有学者将其概括为"身体即天体"⑧。实则，罗汝芳对弟子所说"身皆是天"的说法非常警惕，认为若仅仅体认到此是"作汝狂药"⑨，否则就不需要体仁于身、反求诸身的修身工夫了。

在阳明后学中，指出"身"之形而上维度者，并非泰州学派罗汝芳一人，与他并称"二溪"的王畿也说："吾人此身，自顶至踵，皆道体之所寓，真我不离躯

---

① 方祖猷等编校整理：《罗汝芳集》，第47页。此外，还有"吾人，天地生成，是个中庸"之语（第56页）。"己身是道，是中。"（第34页）
② 方祖猷等编校整理：《罗汝芳集》，第48页。
③ 黎靖德编：《朱子语类》，第415页。
④ 语出张再林：《中国古代身道研究》，北京：生活·读书·新知三联书店，2015年，第165页。
⑤ 王庆节教授便将儒家伦理称为"示范伦理"，以对应于"规范伦理"，参见王庆节：《道德感动与儒家示范伦理学》，北京：北京大学出版社，2016年，第71—90页。
⑥ 方祖猷等编校整理：《罗汝芳集》，第28页。
⑦ 同上，第320页。
⑧ 此为陈立胜教授的概括，参见《身不自身——罗近溪身体论发微》，《西北大学学报》，2012年第1期，第14页。
⑨ 方祖猷等编校整理：《罗汝芳集》，第107页。

"心"在阳明学提高到了本体的地位，而在程朱那里作为本体的性在罗汝芳这里则下降了，或者说相对于心来说下降了。程朱认为"性中只有仁义礼智"①，性即理，是主宰，而罗汝芳则言神明不测之心之本体才是仁义礼智信之性背后的主宰。② 弟子追问"心性分别"，他直言："孟子云：'仁、义、礼、智根于心。'则心之为心，视仁、义、礼、智而深且宏也，具见矣；学之求心，视仁、义、礼、智而犹先且急也，亦具见矣。是故超然而神于万感之先，湛然而灵于百虑之表。渊渊乎其渊，浩浩乎其天，盖言心之深且宏者，从古则为然矣。"③ 既然超然而神感、湛然而灵虑的"心"才是形而上的本体，仁、义、礼、智就落在了现象的层面，仁也是爱，与孝弟一样。不仅如此，仁、义只是"虚名"，而孝弟才是"实"，唯此方可了结孔子公案。④ 赤子不学不虑的孝弟才是尧舜以至孔孟相传道统的内容，身心一如，就身而言的宗法，也即是就心而言的心法：

> 夫赤子孩提，其真体去天不远，世上一切智巧心力，都来着不得分毫。然其爱亲敬长之意，自然而生，自然而切，浓浓蔼蔼，子母浑是一个。其四海九州，谁无子女？谁无父母？四海九州之子母，谁不浓浓蔼蔼浑是一个也哉！夫尽四海九州之千人万人，而其心性浑然只是一个天命，虽欲离之而不可离，虽欲分之而不能分。如木之许多枝叶而贯以一本，如水之许多流派而出自一源。其与人家宗法，正是一样规矩，亦是一样意思。人家立宗法意思是，欲知千身万身只是一身。圣贤明宗旨意思，是欲后世学者知得，千心万心只是一心。既是一心，则说天即是人可也，说人即天亦可也；说圣即凡可也，说凡即是圣亦可也；说天下即一宗可也，说一宗即天下亦可也；说万古即一息可也，说一息即万古亦可也。⑤

千身万身只是一身，联属天下以成一身。心心相传的世界，也就是身身相

---

① 黎靖德编：《朱子语类》，第95页。
② 方祖猷等编校整理：《罗汝芳集》，第94页。
③ 同上，第96页。
④ 同上，第135页。
⑤ 同上，第205—206页。

罗子曰：亦无分别。孔子云："仁者人也。"盖仁是天地生生的大德，而吾人从父母一体而分，亦只是一团生意。故曰："形色天性。"惟圣人而后能践形，即目明耳聪，手恭足重，色温口止，便性机不拂，充长条畅。人固以仁而成，人既成，则孝无不全矣。故生理本直，枉则逆，逆非孝也；生理本活，滞则死，死非孝也；生理本公，私则小，小亦非孝也。①

仁是生生之德，孝也是生生之德，"人能默识得此心此身，生生化化，皆是天机天理，发越充周"②。心之能作能知，身体之动容周旋中礼，都是生生本体的体现。《易传》"乾以易知，坤以简能"，正对应于孟子"不学而能，不虑而知"，乾坤并建，正是身心一如。而《易传》"天地之大德曰生""生生之谓易"所说正是本体。故他说："夫惟好生为天命之性，故太和絪缊，凝结此身，其始之生也，以孝、弟、慈而生，是以其终之成也，必以孝、弟、慈而成也。"③

罗汝芳一再强调孔门之学以"求仁"为宗，而他截然肯定地认为仁孝无别，正表明他对"仁"的理解已与程朱不同。程朱以性体情用分说仁孝，仁是性、理，孝是情、事，"有是仁，后有是孝弟"④。故仁孝的分别是形上和形下的质的分别。朱熹以喜怒哀乐为已发，孝弟处在情的层次，自然也是已发。而罗汝芳则指出，人与人之相通，并非是通过心对天理的认识，而就是通过日用常行的"性情喜怒"，喜怒并不就是"恶"，就是私欲：

吾人此身，与天下万世原是一个，其料理自身处，便是料理天下万世处。故圣贤最初用功，便须在日用常行，日用常行只是性情喜怒，我可以通于人，人可以通于物，一家可通于天下，天下可通于万世。故曰：人情者，圣王之田也。⑤

---

① 方祖猷等编校整理：《罗汝芳集》，第15页。
② 同上，第5页。
③ 同上，第134页。
④ 黎靖德编：《朱子语类》，第415页。
⑤ 方祖猷等编校整理：《罗汝芳集》，第11页。

带着妻子也耶?"①这意味着,每个人都是孝弟慈的存在,换言之,世界就是孝弟慈洋溢充满的世界,"世界所以为世界者,不过君臣、父子、长幼、朋友、夫妇"②。这就是"天则",就是世界的原初条理。故孟子所言"尧舜之道,孝弟而已"就成了罗汝芳的学问要旨,他也正是由此形成了对儒家道统的独特理解。

三 身体与道统

罗汝芳对"原日身体"的强调,还意味着他在本体论的建构上更加圆融,相较王阳明的"心之所发谓之意"的理论更进一步。正如有学者所指出的,王阳明的良知更适合于指称价值本体,而非存在本体,阳明直到后期才用"灵明"来指称存在本体。由此"心之本体"就有了两层蕴含,一是作为价值本体的良知,二是作为存在本体的"灵明"。③儒家本重道德实践,从孔孟开始就是以价值论和实践论为中心,而不涉及存在论。阳明前期所论正与此相合。但问题在于,若仅止于此,儒学就无法回应佛老二家将现实生活世界归于"虚空"本体的问题。阳明后期对存在本体的建构正回应了此问题。但即便如此,"灵明""良知"也往往被明代学人批评为是对佛教"心生则种种法生,心灭则种种法灭"之心的拟仿。罗汝芳一方面使用"生机""神理"等名称指称本体,恰可避免"良知""心之本体"过重的价值论意味,从而将存在和价值绾合为一;另一方面使用"原日身体"或"初生身体"增强了对人的现实存在和身体感知的肯定,由此也可见"赤子之心"在罗汝芳思想中无与伦比的重要性。也就是说,"赤子之心"呈现孝、弟、慈等价值的同时,与此心浑然为一的赤子之身④正呈现的是"吾身从何而来",吾身从父母而生,这就是人生活的孝弟慈的人伦世界。而父母生我之生,就是"生生不息"之"生",就是仁生,正如他所说"孝仁无别"一样:

问:"孝弟也者,其为仁之本与!"仁与孝,又何分别?

---

① 方祖猷等编校整理:《罗汝芳集》,第65页。
② 同上,第94页。
③ 参见陈清春:《七情之理——王阳明道德哲学的现象学诠释》,第167—170页。
④ 在罗汝芳这里,赤子之心是"全心",所指称的是身心浑一的身或心。

构,"世界"的一维就显露了出来,身体与世界有某种意向关系,具有先天的统一性,"我与世界是原始的是共属一体的"①。其实在王阳明那里,已经有了身体意向性的端倪,此即其所言"目无体,以万物之色为体;耳无体,以万物之声为体;鼻无体,以万物之臭为体;口无体,以万物之味为体;心无体,以天地万物感应之是非为体"②。从身体现象学的观念来看,则可以说王阳明不仅仅描述了意识(心)与世界万物的感应关系,而且也描述了人的身体与世界万物的感应关系,注意到了身体的意向性、自发性、主体性。③ 身体与世界是不可分离的,有一种同构关系。世界通过我的身体而视听言动,我就是世界的眼睛、耳朵和意识。"我与世界的关系就如身体和精神的关系。精神并非寓于身体之一隅,而是整个地弥透于机体之全身,身体并非外在地被添加了一个叫精神的东西,而是整个地充满灵气,富有精神。"④ 王阳明在论述"万物一体"时曾指出"人只为形体自间隔了"⑤,但是仁人之心则未失却本体,故能"以天地万物为一体,欣合和畅,厚无间隔"⑥。相较于王阳明的"万物一体"论,罗近溪对"万物一体"的论述重心已经从心或意识转移到身体。也就是说,"人者,天地之心",说成是"人者,天地之身"也不为过,其实张载《西铭》早已说过"天地之塞,吾其体"。当然,在罗汝芳这里,正如前文所论,身心浑一,可以称作"身",也可以称作"心",并无差别。

不过与现象学在宏大范围内谈论世界不同,在罗汝芳思想中,当还原至"原日身体"即赤子之心时,显露出的"世界"有着实质性内容,此即是包蕴着孝弟慈三件大道理的家庭。这与梅洛-庞蒂对不同,后者并不认为孝弟具有原初性,反而说:"即使人类团体中固有的情感,如父子关系,实际上也是由制度决定的。"⑦ 罗汝芳说:"我此人身,从何所出? 岂不根着父母,连着兄弟,而

---

① 张尧均:《隐喻的身体:梅洛-庞蒂身体现象学研究》,杭州:中国美术学院出版社,2006年,第42页。
② 王阳明:《传习录下》,《王阳明全集》,第108页。这段话中言及目耳鼻口似乎仅是为"心无体"一语作铺垫。
③ 关于身体的自发性、主体性,可参见舒斯特曼:《身体意识与身体美学》,第93页。
④ 张尧均:《隐喻的身体:梅洛-庞蒂身体现象学研究》,第42页。
⑤ 王阳明:《王阳明全集》,第124页。
⑥ 同上,第194页。
⑦ 梅洛-庞蒂:《知觉现象学》,第246页。

念父母，顷刻难离，何等的善良，又何等的吻合！圣人只从此识破，此个形体，即原日形体也，知孩提时尚如此，今时又何难之有？爱亲敬长，既不学自良，则推之百行，又岂有异于孝弟耶？故吾辈此时不如圣人，不是形性不如圣人，只是圣人知形性之妙，肯安心定志，以反求吾身。吾人却信不过自己，更驰逐见闻，拘沉成迹，将欲模仿圣人好处，以为依归，忘却自家的根本原与圣人一般，只肯归心根本，则不愁不如圣人也。故圣人教颜子"克己复礼"，象山先生解作"能身复礼"，而复即一阳初复之"复"，谓用全力之能于自己身中，便天机生发而礼自中复也。①

在罗汝芳看来，后起的思虑与见闻，也就是"年长习坏"、习染，并非原初的意识内容。"归心根本"，就要寻求"原日身体"，这正是他为何屡屡道及"反求诸身"这一命题的缘由所在，他已经赋予了这一先秦儒学命题以全新的内涵。随之，程朱理学所重视的作为孔颜传道证据的"克己复礼"命题，在他这里也获得了全新的内涵。根据罗汝芳的看法，圣凡之别并不在于"形性"，圣人的身体和凡人的身体并没有任何差别，差别仅仅在于人是否"真知"自己的"原日身体"，是否相信自己"原日身体"与圣人一般。所以，他常说"信"是学问紧要关头。这就与朱熹从所禀受气质的清浊厚薄划定圣凡之别的路径截然不同。"克己复礼"不是朱子理解的克去己身私欲，也非王阳明所说回复心之本体，而是"身自能复礼"，是反求诸身，是归心"原日身体"。"原日身体"本就是天道生机，后者才是礼之根源。此说真正扭转了唐末李翱性善情恶的复性说，其理论意义不言而喻。

罗汝芳对"原日形体"或"原日身体"的强调，还有更为重要的意义。在现象学中，梅洛-庞蒂批评胡塞尔的先验意识还原得不够彻底，因为"我们认识到的每一个意识都是通过作为它们的透视外表的一个身体而呈现出来的"②。所以，从先验意识进一步还原至身体知觉或身体意识，是将现象学的还原贯彻到底，这意味着，意识要回到身体性的在世存在中，这就显示出了生存论的结

---

① 方祖猷等编校整理：《罗汝芳集》，第 360 页。
② Maurice Merleau-Ponty, *The Structure of Behavior*, trans. Alden L. Fisher, Beacon Press, 1963, p. 216.

说，即使人之意识杂乱，身与世界万物的感应关系仍然是坚固的，保持着其原初性，这正是在突出身体意识相对于心灵意识的优越性。无论是朱熹以"气之灵"①说心还是阳明以"虚明灵觉"说心，都显露出心优于身、灵于身的态度，罗汝芳之说则直指"身"本亦是灵妙的，非如朱熹所论"形体之动，自是心使他动"②。如果其意在此处还不够明显的话，可参证下文：

> 其赤子之初……心思虽不无，而专以形用也，故常欣笑而若阳和，亦常开爽而同朝日，又常活泼而类轻风，此阳之一端，见于有生之后者然也。及年少长……虽形体如故，而运用则专心思矣，故愁戚而欣笑渐减，迷蒙而开爽益稀，滞泥而活泼非旧，此阴之一端，见于有生之后者然也。人能以吾之形体而妙用其心知，简淡而详明，流动而中适，则接应在现前，感通得诸当下。③

他认为，无论是年少还是年长，"形体如故"，现在的形体就是初生的形体，唯不同者在于年长后人的心思会为欲望习染所遮蔽，由此失却了赤子身心的活泼开爽。在这样的情况下，若要复归身心浑一的生机状态，人就需要反之于身，以形体妙用其心知，而不是辗转于见闻之知——"理每从于见得，几多涉于力为"，这样才能成为圣人。④这就说明了"初生身体"的感知敏感性的稳定性、基础性，而"心"反而不如"身"。那么，为何会这样？罗汝芳在解释孟子"形色天性"时指出，孩提初生思虑未起时，就知爱念父母，孝、弟、慈就是身体意识之敏感性的证明。他说：

> 孟子此段主意，亦自形色天性中来。如云吾人年长习坏，则形色虽然一般，却有天性不存的，说个形色天性，或未肯尽信也。若孩提初生，思虑未起，人也教不得他，他也学不得人，却浑然只靠他耳目知能，便自爱

---

① 黎靖德编：《朱子语类》，长沙：岳麓书社，1997年，第79页。相对来说，身即是"气之塞"。
② 同上，第78页。
③ 方祖猷等编校整理：《罗汝芳集》，第287页。
④ 同上。

"浑纯合一之良心"实即王阳明所言良知本体，而用罗汝芳的话说就是"浑然无二之真体""纯然至善之天机"，也即上节提到的"神理"。罗汝芳一再说"原日初生时的心""原日初生的身体"的重要，体认"原日初生"，正是要去除后天习性的杂染，相当于现象学所说悬置反思性的意识，而回到前反思的纯粹意识本身，也就是要体认心之本体。不过在罗汝芳看来，既然身心浑一，那么纯粹意识就不仅仅是就心理而言，而是纯粹身心，也即他所说原初的身心，这正是为何罗汝芳极为重视孟子的"赤子之心"说。

赤子之心，不虑而知，不学而能，王阳明常以此阐说良知，而罗近溪看到的则是人之为赤子时的身心浑一凝聚状态，故与阳明言"心之灵明"或良知虚灵明觉不同，罗汝芳则往往说"身心灵明"[1]，"身心灵妙"[2]，或者受孟子"形色天性"的启发而言"形性之妙"[3]。这意味着王阳明所言"心之所发谓之意，意之所在便是物"中意识与事物之间的感应关系或意向结构，对于"身"也同样适用，身体的感知与心里的感受同样都是原初的，此相当于梅洛-庞蒂所言"身体意向性"[4]，舒斯特曼称之为"身体意识"，舒斯特曼说：

> 身体化是人类生活的普遍特征，身体意识也是如此。我所理解的"身体意识"不仅是心灵对于作为对象的身体的意识，而且也包括"身体化的意识"：活生生的身体直接与世界接触、在世界之内体验它。通过这种意识，身体能够将它自身同时体验为主体和客体。[5]

在舒斯特曼看来，正如人的意识可以意识到心理活动而同时又有自我意识一样，身体也是如此。身体是"活生生的、感知敏锐的、动态的"[6]。此恰似罗汝芳强调浑一之身心皆是生生不已之天机的显露。据上引罗汝芳第二段文字所述，大道生机之离身或身心之分离，是因人长大后"心思杂乱"所致，这似乎是

---

[1] 方祖猷等编校整理：《罗汝芳集》，第195页。
[2] 同上，第319页。
[3] 同上，第360页。
[4] 梅洛-庞蒂：《知觉现象学》，第150页。
[5] 舒斯特曼著，程相占译：《身体意识与身体美学》，第7页。
[6] 同上，第11页。

方见浑然无二之真体,方识纯然至善之天机。吾子敢说汝今身体,不是原日初生的身体? 既是初生身体,敢说汝今身中,即无浑纯合一之良心渐渐凑泊将来? 可见,知得人真,便知得心真;知得心真,便存得心真。虽汝初学,不免要着力点检、操持,然较之窍路不明而粗蛮执滞者,自是天渊不类矣。①

赤子提孩欣欣,长是欢笑,盖其时身心犹相凝聚,而少少长成,心思杂乱,便愁苦难当了。世人于此随俗习非,往往驰求外物,以图得遂安乐……方信大道只在此身,此身浑是赤子,又信赤子原解知能,知能本非虑学,至是,精神自来贴体,方寸顿觉虚明。②

第一段话中的"思"即是指人的心理活动或意识活动,《洪范》五事"视听言动思"兼备即意味着身心的浑一、生命整体,这才是"全人"。"全心"意味着心身是不离的,大体、小体是不离的。上节言及,罗汝芳说到心也是身,此处说"全心",正是因为身心本就是一,身心二名也仅仅是人的认识从生理和心理现象两方面对生命本体的观察。如果将身看作身,心看作心,这恰恰是将身心割裂,由此便是主客二分的身心二元论,现象学正是鉴于此而反对将身、心实体化。身、心是相对而言的,故心也是身,身也是心,浑一言之,可称作"全心",也可称作"大身"。不仅身、心是相对而言,身心一如之人与物、物与鬼魅也是相对而言。"安知我体之非物,而物体之非我耶?"③ "生人之初,如赤子时,与天甚是相近。奈何天生而静后,却感物而动,动则欲已随之,少为欲闻,则天不能不变而为人,久为欲引,则人不能不化而为物,甚而为欲所迷且蔽焉,则物不能不终而为鬼魅妖孽矣。"④ 人之欲望无节,则人化物,乃至化为鬼魅,这是等而下之地说。若等而上之地说,则可以言:"盖人叫做天地的心,则天地当叫做人的身。"⑤ 由此可见,"人者,天地之心",在阳明心学一派的解释中所包含的绝非人类中心主义,反而包含了对人类中心主义的批判。

---

① 方祖猷等编校整理:《罗汝芳集》,第43页。
② 同上,第37页。
③ 同上,第111页。
④ 同上,第124页。
⑤ 同上,第179页。

他不仅批评了笛卡尔,也批评了以生命为机械的庸俗唯物主义。耳目四肢、行住坐卧的生理和喜怒哀乐、好恶是非的心理都是现象,是生命本体的发用过程。梅洛-庞蒂也对笛卡尔有类似批评,认为"身体不是一个物体",不能视作主客对立的那个作为客体的物体,"我"对身体无法形成"清晰的观念",因为"我就是我的身体",也就是说,身体和灵魂并不是截然分割的。① 罗汝芳以身心浑一的"身"来指称"生命",而他所言"神"或"生机"即是生命本体。

二 "原日身体"与"赤子之心"

王阳明龙场悟道的一个内容是"格物之功,只在身心上做"②,泰州学派创始者王艮淮南格物说中以"身"为工夫论中的"本",这二者都主要是在工夫论的意义上说"身",王艮之说又兼具政治社会化身体③的意涵。罗汝芳虽然继承了这一工夫论视域中的"身"论,此可由其所常道的"反之于身""以身为本"的工夫论话语中得到印证,但是罗汝芳的推进之处在于,他更侧重从身心浑一的存有论意义上提高"身"的哲学思想地位。这就要说到他提出的"原日身体"或"初生身体",正是这一命题与"赤子之心"共同构成了他对身心之学的核心理解。先看罗汝芳的两段文字:

> 知人,即知心矣。子观《洪范》,说人有视、听、言、动、思,盖大体、小体兼备,方是全人。视、听、言、动、思兼举,方是全心。但人初生,则视、听、言、动、思浑而为一;人而既长,则视、听、言、动、思分而为二。故要存今日既长时的心,须先知原日初生时的心。子观人之初生,目虽能视,而所视只在爹娘哥哥;耳虽能听,而所听只在爹娘哥哥;口虽能啼,手足虽能摸索,而所啼所摸,也只在爹娘哥哥。据他认得爹娘哥哥,虽是有个心思,而心思显露,只在耳、目、视、听、身、口、动、叫也。于此看心,

---

① 梅洛-庞蒂:《知觉现象学》,第257页。
② 王阳明:《传习录》下,《王阳明全集》,第120页。
③ 杨儒宾认为儒家理想的身体观有四种,其中之一是"社会的身体"。参见杨儒宾:《儒家身体观》,第2页。

曰"阳神"。是神也者，浑融乎阴阳之内，交际乎身心之间，而充溢弥漫乎宇宙乾坤之外，所谓无在而无不在者也。惟圣人与之合德，故身不徒身，而心以灵乎其身；心不徒心，而身以妙乎其心，是谓"阴阳不测"，而为圣不可知之神人矣。①

据此，则在他看来，"神"才是心之本体，而"心""身"皆是现象，"身"是人的视听言动等现象，"心"是人的意识活动、心理活动或精神活动，阳明所言"无心则无身"的"心"也是指此，其实就是阳明所言"心之所发谓之意"的"意"。②"无在无不在"正是形容"神"的绝对性、超越性和普遍性，罗汝芳在其他地方更经常称此本体为"知体""生机""生理"或"神理"，此不已之生机即是《周易》"生生之谓易"。由此，他就在继承张载"一故神，两故化"思想的基础上，赋予了《周易》"阴阳不测之谓神"和"神也者，妙万物而为言者也"以新的解释，"身不徒身，而心以灵乎其身；心不徒心，而身以妙乎其心"，身心不仅仅是"一齐俱到"，而且身心俱灵妙，不可认为心灵而身拙，也不可分先后。西方哲学自笛卡尔主张"我思故我在"以来，确立了身心二元对立的认知模式，这一模式直到现象学诞生之后才获得彻底的反思，深受胡塞尔现象学影响的马克斯·舍勒在其陈述哲学人类学的重要著作《人在宇宙中的地位》一书中就以"身心同一"批判笛卡尔的身心二元，他指出：

> 从本体论来看，生理的和心理的生命过程是严格地同一的，如同康德已经猜测到了的那样。二者只是在现象上有所不同，而在结构规则和它们流逝的节拍中，从现象看却是完全同一的。这两个过程，生理的和心理的，都是非机械论的；二者都是有目的的并以整体性为目的……"生理的"和"心理的"，只不过是对同一个生命过程进行观察的两个方面。③

---

① 方祖猷等编校整理：《罗汝芳集》，第288页。
② 学界研究者往往忽视了这两种"心"，混淆了"本体之心"和"意识之心"，类似于"真心"和"习心"的区分，由此造成诸多分析上的不当。
③ 马克斯·舍勒著，李伯杰译：《人在宇宙中的地位》，贵阳：贵州人民出版社，2015年，第42页。

是，此处的"身"并非是指血肉躯体而言，而是指"能运动"——能视听言动的身；"心"也并不是指阳明心学的良知或者心体，而是指"知识"，即人的知觉或意识。

但罗汝芳之论未免与前人大异，因为他将身视为阳，而将心视为阴，这与传统的贵心贱身论述有很大差距。比如孟子的大体小体说，再如荀子对"心"之思的强调。西汉司马谈《论六家要旨》说："神者生之本也，形者生之具也。"形体被视为心神的奴仆或工具。此后尤其是汉唐之间的形神关系论，受佛教影响，更是将神识视作轮回不灭的本体，更有甚者则以身为牵累，批评心为形役。难怪罗汝芳弟子会疑惑："先生之论，是以身为阳而在所先，以心为阴而在所后。乃古圣贤则谓：身止是形，心乃是神，形不可与神并，况可以先之乎？"[①] 面对此疑惑，罗汝芳首先是区分了"心""身""神"，指出"心"不是"神"，然后进一步说："精气载心而为身，是身也，固身也，固耳目口鼻、四肢百骸而具备焉者也；灵知宰身而为心，是心也，亦身也，亦耳目口鼻、四肢百骸而具备焉者也。"[②] 也就是说，不仅视听言动的耳目四肢是"身"，"心"也是"身"。他将前者称为"精气之身"，后者称为"心知之身"。[③] 据此可见，他所言"身"并不是指躯体、肉体之身，而是身心浑一的"身"。很明显，罗汝芳在有意识地提高"身"的哲学或思想位格，或者说他对传统的身心观念不满意，他并不认为可以在人的生命整体中截然地为身和心划分疆界。传统观点以为"心"是不可见的，但罗汝芳所言"身"也是不可见的，是"不可见之身心"。这恰似梅洛-庞蒂所说："我在我的身体中，更确切地说，我是我的身体。"[④] 既然如此，我如何能清晰地知道我之身与心的边界呢！罗汝芳接着以"阴阳不测之谓神"来解释身心的浑融和灵妙：

> 分之固阴阳互异，合则一神所为，所以属阴者则曰"阴神"，属阳者则

[①] 方祖猷等编校整理：《罗汝芳集》，第288页。
[②] 同上。
[③] 这正相当于马克斯·舍勒所区分的"身体躯体"和"身体心灵"。参见其所著《伦理学中的形式主义与质料的价值伦理学》，北京：生活·读书·新知三联书店，2004年，第490页。
[④] 梅洛-庞蒂：《知觉现象学》，北京：商务印书馆，2001年，第196页。

以身心一如为心之本体、真己的观点，他说："心为身主，身为神舍，身心二端，原乐于会合，苦于支离。"①其次，他也承接了王艮以身为本、身与天下为一物的观点，如他说："天下国家，从我身发端，我身却以家、国、天下为完成。"②"身与天下，原是一物。"③我们知道，宋明理学强调学以成圣，因此真正的圣学必然是身心之学，故"体之于身，验之于心"的内省观念和工夫深入人心，成为士人君子的普遍追求。但是，内圣和外王、天德和王道本即是一体，故身心之学的另一面向即是《中庸》所言"君子之道，本诸身，征诸庶民"。二者正对应于孔子所言"修己以敬""修己以安人"（《论语·宪问》），当然，这也就是《大学》的主旨所在。罗汝芳正是将身心之学的这两个面向都聚焦于对"身"的理解。

在此基础上，罗汝芳提出了更新的观点，其中之一是以阴阳解释身心关系：

> 吾人之生，原阴阳两端合体而成。其一则父母精气，妙凝有质，所谓"精气为物"者也；其一则宿世灵魂，知识变化，所谓"游魂为变"者也。精气之质，涵灵魂而能运动，是则吾人之身也，显现易见而属之于阳；游魂之灵，依精气而归知识，是则吾人之心也，晦藏难见而属之于阴。交媾之时，一齐俱到，胎完十月，出生世间。④

这段话正如王阳明的身心一如说一样，体现了阳明学派整体性的人的观念，故他强调精气之质是涵灵魂的，而游魂之灵又是依着精气的，二者是相即相依的，这就是将人的生命视作整体，而非将精神和身体分裂，成为"一人两体"的异化之人，甚至在精神和身体间分别高下，成为"上下两体"——形而上与形而下，如程朱对天理和气质、人心和道心的区分，此点下文再详述。⑤"交媾之时，一齐俱到"的说法，正如上引"身心二端乐于会合"一样，从生命发生的角度论证了身心拥有同样的本源性，并不可以本末前后相分。需要注意的

---

① 方祖猷等编校整理：《罗汝芳集》，南京：凤凰出版社，2007年，第37页。
② 同上，第117页。
③ 同上，第119页。
④ 同上，第287页。
⑤ 舒斯特曼指出：在传统西方哲学中，"身体缺陷是一种普遍经验"。参见舒斯特曼著，程相占译：《身体意识与身体美学》，第80页。

罗汝芳身心之学的现象学诠释

刘增光

（中国人民大学哲学院）

近年来，"身体"哲学、"身体"观，成为哲学研究的一个重要主题，不仅国内学界呈现重新发掘和解释中国哲学的"身学转向"[①]，乃至现在活跃的现象学家也认为"身体"是中国古典"哲学传统的中心"[②]。正如学者们已指出的，"儒家身体观的典范在先秦时期已告奠定"[③]。不过典范的奠定并不意味着在后来的发展中就不会有偏差。就宋明理学的发展而言，在程朱理学之后，阳明学确乎发生了一种"身学转向"，其中尤以泰州学派王艮、罗汝芳一脉为典型。本文即以罗汝芳为对象，在吸收前人成果的基础上，适当借用现象学之方法对其身心之学进行诠释和申论，以在中西之间的视野中凸显阳明学身体观的重要价值和意义。

一 "身心二端乐于会合"

罗近溪在王阳明、王艮的基础上，将心学视域中的身学或身观念向前大大推进了。就对前人的继承而言，他认同阳明所言"无身则无心，无心则无身"，

[①] 如张再林、杨儒宾、陈立胜等学者的著作。
[②] 舒斯特曼著，程相占译：《身体意识与身体美学》，北京：商务印书馆，2014年，第11页。
[③] 杨儒宾：《儒家身体观·序言》，台北："中央研究院"中国文哲研究所，1996年，第1页。

自由为根本目的，虽然也有大乘佛教提倡的济世救民的菩萨行，但实际上，大多数宗教徒都是以出世为目标，"独善其身，作自了汉"，与现实社会生活的距离往往愈加遥远，因此，王龙溪批评他们"以私其身，不能通于天下"，这也是符合实际情况的。总之，由于修行动机上的"毫厘之辨"（辨，区别），导致儒者之学与佛道二教的价值取向和修行模式有了截然不同的差异性。王龙溪这种以修成人道为先的价值取向，无疑是儒家思想的闪光之处，它使学者自始至终立足于现实人生，而不是沉迷于虚幻的宗教信仰，这也使得包括阳明心学在内的儒家思想超越于一般意义的宗教而始终保持清醒理智、积极入世的人文主义精神。

三 结 语

综上所述，王龙溪的哲学思想，既立足于儒家本位，又能融通佛道二教，体现出博大的胸襟和宏阔的视野，这种开放、包容的三教观，使得他在传播阳明心学的过程中更有说服力，征服了更多的听众。同时，王龙溪向世人揭示了圣人之学与佛道二教的本质差别，这主要表现在：儒者之学以是良知灵明为指导，将"内圣外王"之道贯通为内外一体的思想体系，而二氏之学则不具有治世的"经纶之用"；儒者的修道工夫，并不局限于"蒲团上讨活计"，在静坐证悟之外，更强调"从人伦事变上深磨极炼"，以期获得心灵的彻悟；儒者坚持在现实生活、人伦日用中体察和运用良知，摒弃出世逃禅的修道模式，未修仙道，先修人道，体现出积极入世的人文精神。总之，王龙溪认为，良知灵明乃是"范围三教之枢"，"吾儒之学明，二氏始有所证"，只要笃实践履致良知的工夫，便可以超凡入圣，同时，也就达到了佛道二教所追求的理想人格境界。由此可见，那种把龙溪之学和佛老之学混为一谈的看法，实在是站不住脚的。

如果把欲界、色界和无色界看成不同层次的客观存在，那么，修道者对外在事物能够忘却到哪一步，就意味着心灵超脱、升华到哪一境界。这种心灵的内在超越，无须避世逃禅，亦无须闭关修炼，只需根据良知灵明的指点，"当下具足，一念自反，即得本心，可以超凡入圣"①，这的确是一种至易至简的工夫，只看学者有无志向，"全体精神只干办此一事"②而已。

或许有人提出疑问：同为修道之事，为什么儒家圣学与佛道二教之间存在着出世与入世的明显差异？对此，王龙溪向友人做过阐释，他说：

> 自圣人之道不明，儒者之学与养生之术，各自为说……吾儒之学，主于理；道家之术，主于气。主于理则顺而公，性命通于天下，观天察地，含育万物，以天地万物为一体；主于气则不免于盗天地，窃万物，有术以为制炼，逆而用之，以私其身，而不能通于天下。此所谓毫厘之辨也。③

这段话虽然只是阐明儒者之学与道家之术的区别，实际上，把儒者之学与佛老二氏的思想区别的内在原因同时揭示了出来——由于初始动机的不同，使得儒学与二氏有了根本不同的价值取向和修行模式。王龙溪认为，吾儒之学"主于理"，一开始就遵循天地自然的运行规律而别无造作，"主于理则顺而公，性命通于天下"，这是一种彻底的天人合一的观念，因此，儒者一生，顺性命以还造化，并不别求什么长生久视之术，而同样能够觉悟解脱，成就圣人人格，应得的正果和受用并不会缺少。与之相比，佛道二教一开始就从"小我"出发，渴望肉体解脱，证得长生甚至无生法忍，因此，并没有顺性命之道而行。由此动机决定，他们的修行方式，"盗天地，窃万物，有术以为制炼，逆而用之，以私其身，而不能通于天下"，在具体的修行过程中，很容易选择避世逃禅、绝游闭关的修炼方式。其次，当修行有所悟之后，儒者往往会更加积极地经世济民，有所作为，以体现"天地万物一体之仁"④的理念；而佛道二教，原以个人的解脱

---

① 王畿：《与莫廷韩》，《王畿集》卷十二，第335页。
② 王畿：《与徐成身》，《王畿集》卷十二，第334页。
③ 王畿：《寿商明洲七袠序》，《王畿集》卷十四，第403—404页。辨，区别。
④ 王阳明：《答顾东桥书》，《王阳明全集》卷二，第54页。

不为其所累耳。若弃之绝之，孑然遗世而独立，是岂人之道也哉？①

"未尝外于人道，但不为其所累"一句，表明了王龙溪对待人间生活的价值取向，这也是一个修道者应该采取的辩证态度。"不为其所累"，说到底就是要实现心灵的超脱。当然，这不是一件很容易的事情，王龙溪毕生讲学传道，在某种意义上讲，就是要促成学者练就这一关键的心性功夫。总之，既要立足于现实生活，又要实现积极的超脱，这便是阳明心学（王龙溪是继承者）对于修道功夫的根本要求。在此，不妨借用一段王龙溪的同门钱德洪的语录，因为这段话更为精辟地概括出了心性工夫的要领：

问"学问须要超脱"。曰："汝之所谓超脱，只是心不挂事，却遇事便不耐心。我说超脱异于是。目不累色，便是目之超脱；耳不累声，便是耳之超脱；心不累事，便是心之超脱。非是离却事物，守个空寂，以为超脱也。"②

钱德洪的言论与王龙溪的话语如出一辙，都表明了所谓超脱，绝非"离却事物，守个空寂"，而是在现实生活的人伦日用、酬应往来中，做到目不累色、耳不累声、心不累物，以达到自由自在的境界，这才是真正的超脱觉解。可见，所谓修道者的超脱觉解，关键还是要从心地上去体认、受用，由此，王龙溪才讲出了那两段融会三教哲理的修行箴言：

三界亦是假名，总归一念。心忘念虑，即超欲界；心忘境缘，即超色界；心不着空，即超无色界。出此则为佛乘，本觉妙明，无俟于持而后得也。③
一念不涉尘劳，即超欲界；一念不涉法象，即超色界；一念不住玄解，即超无色界。④

---

① 王畿：《寿史玉阳年兄七十序》，《王畿集》卷十四，第391页。
② 钱明编校：《徐爱　钱德洪　董澐集》，南京：凤凰出版社，2007年，第129页。
③ 王畿：《答五台陆子问》，《王畿集》卷六，第149页。
④ 王畿：《南游会纪》，《王畿集》卷七，第150页。

志而不明三教异同的儒家学者而言，是十分必要的。

（三）未修仙道，先修人道

王龙溪所处的时代，佛道思想同样兴盛。对于许多士大夫而言，长生久视、超出三界等出世解脱的宗教观念，具有十分强烈的吸引力，王龙溪的友人中，不乏流入禅定、丹道之人（如潘笠江、史玉阳、魏良弼等）。对此，王龙溪以过来人的修道体会进行坦诚的劝诫，他的基本态度是：未修仙道，先修人道，只要依照良知灵明的指点，笃实理会性情，慎于一念之微，那么，这种融入日常生活的修养工夫本身就可以达到练性化命、尽性至命的效果，这也就是"借假修真"的体道工夫。根据这一理念，儒者没有必要"捐室家，绝交游，摒弃世缘，入室练养"①，而应该在现实生活中通过心性的磨炼与涵养，达到超脱凡俗的自由境界。为此，王龙溪经常谆谆告诫朋友或门人，他说：

> 毋谓吾儒与养生家各有派头，长生念重，未肯放舍。望只专心定念，承接尧舜姬孔一派源流，亦不枉却大丈夫出世一番。未修仙道，先修人道，到此辨别神仙有无，未为晚也。②
>
> 成己成物，原非两事，养德养身，原无二学，乃是千圣相传秘藏。③

王龙溪"未修仙道，先修人道"的理念，是典型的儒家人文精神的体现，充分说明王龙溪怀有积极入世的态度，与佛道二教的思想具有泾渭分明的向度差异。当然，王龙溪的所谓入世，与一般世俗汲汲于追求功利的价值观又有本质的区别，他只是把入世生活当成"借假修真"的道场而已，本质上是要以入世的生活历练来锻造自己出世解脱的灵魂。他说：

> 孔子曰："吾非斯人之徒与而谁与？"知儒者之学，未尝外于人道，但

---

① 王畿：《寿史玉阳年兄七十序》，《王畿集》卷十四，第390页。
② 王畿：《与潘笠江》，《王畿集》卷九，第216页。
③ 王畿：《与殷秋溟》，《王畿集》卷十二，第308页。

淆动"①；或者一旦离开了清静幽雅的寺庙环境，就无法安然入静，因此，王龙溪说静坐体悟是"犹有待于境"，这是过来人的经验之谈，是一点也不错的。有鉴于此，真正过关的修道功夫必须到现实的社会生活中去练就，亦即以良知灵明为指导，在日常生活中去磨炼自己的心性，以出世无为之心，做入世有为之事，"从人情事变上深磨极炼，收摄翕聚，以求超脱"，直至养成任何情况下都"确乎不为所动"的心态，才算是修行有成，真正达到了"左右逢源"的自得境界，这也就是彻悟的正果了，这才是儒者应该走的修道之路。

王龙溪关于"不专在蒲团上讨活计"的修道方法，实际上也是对王阳明的致良知之教的提炼和延伸。王阳明晚年曾说：

> 良知明白，随你去静处体悟也好，随你去事上磨炼也好，良知本体原是无动无静的。此便是学问头脑。②

王阳明的这段话，承认了修道工夫不出动静二端，或者是"静处体悟"，或者是"事上磨炼"，但是，"良知本体原是无动无静的"，无论动静都可以发挥其觉照指引的作用。不过，王阳明此时尚未说明"静处体悟"和"事上磨炼"二者孰重孰轻，只是将其并列地讲出，以待门人之自省。到了王龙溪这里，当他面对一些静坐涵养颇有根基的学者（不仅是张元忭，还有万思默、潘笠江、史玉阳等多人），此时就必须阐明：静坐证悟与"从人情事变上深磨极炼"所得的彻悟，根本不是一个层次的成果。如果耽于静坐，那么，可以成为与高僧、名道一样的方外高人，但是，这不是儒者之学所要达到的理想境界；只有通过在"人情事变上"理会性情的修养，养成超脱自如、圆融无碍的心态，这才是儒者的彻悟之境，也只有这样，才能将良知灵明融会、贯彻到现实生活中，修齐治平，步步推广，层层提高，真正实现儒者"内圣外王"的理想目标。

简而言之，"非专在蒲团上讨活计"一句，道出了儒家圣人之学与佛老二氏在修道方法上的微妙差别，王龙溪阐明这一毫厘之辨，对于当时许多有修道之

---

① 王畿：《悟说》，《王畿集》卷十七，第494页。
② 王阳明：《王阳明全集》卷三，第104—105页。

对于张元忭的疑问,王龙溪坦率地回答:

> 所谓如龙养珠,非专在蒲团上讨活计,须从人情事变上深磨极炼,收摄翕聚,以求超脱,确乎不为所动,是为潜龙之学,只此便是养之之法。吾儒与禅家毫厘不同,亦在于此。①

要想正确地理解这段话的内涵,需要回顾一下王龙溪关于解悟、证悟和彻悟的三种境界的区别,他说:

> 师门尝有入悟三种教法:从知解而得者,谓之解悟,未离言诠;从静坐而得者,谓之证悟,犹有待于境;从人事练习而得者,忘言忘境,触处逢源,愈摇荡,愈凝寂,始为彻悟。此正法眼藏也。②

由是可见,王龙溪认为,儒家的修道方式与佛道的不同之处在于:"非专在蒲团上讨活计,须从人情事变上深磨极炼,收摄翕聚,以求超脱"。对比他说过的解悟、证悟和彻悟三种境界,王龙溪意在告诉张元忭:佛、道二教其实只停留在证悟的水平上,而圣人之学则要求"从人情事变上深磨极炼",以期达到彻悟的境界,这便是在修炼技术的层面所体现出来的吾儒与二氏的毫厘不同。王龙溪的见解可谓鞭辟入里。佛道二教虽然怀有出世解脱的真诚渴望,但是,任何人都是一定社会关系的组成部分,要想完全地脱离现实社会关系,这只是幻想而已。举凡坐禅入定、心斋坐忘之类的佛道修行方法,无论其体悟的境界多么玄妙,其实都还处于证悟的水平上,在这种静处体悟的修习中,人心内部、深层的许多私欲、我执和微细妄想都没有充分地显露出来,只是暂时地处于"休眠"状态,因此,修道者虽然觉得已臻心安神恬、物我两忘,实际上还是"浊水初澄,浊根尚在",如果遇到一些外来的干扰,往往是"才遇风波,易于

---

① 王畿:《不二斋说》,《王畿集》卷十七,第492页。
② 王畿:《留别霓川漫语》,《王畿集》卷十六,第466页。类似的话又参见王畿:《悟说》,《王畿集》卷十七,第494页。

之别，但是，无论是贵为卿相，还是山林处士，都是在践履经世济民的入世之功，而且，无论是从事什么领域的事业，都有致良知的功夫蕴含其中，因此，都没有脱离圣人所提倡的修道之事①的范畴。

（二）非专在蒲团上讨活计

除了"修齐治平，一以贯之"的理念外，在具体的修道方法论上，儒家圣人之学与释道二教的差别也是客观存在的，这一点，王龙溪以过来人的身份，不止一次地面向他的门人和朋友指出、阐明。

例如，王龙溪的门下高足张元忭②，早年曾受到古人陈说影响，专门修筑幽室，习静于其中。王龙溪虽然深谙静坐之法，却不主张弟子固守僻室，一味习静枯坐。对此，张元忭有些不解，问道：

> 古人谓此学如龙养珠，目注耳凝，念念无间。吾人现在优游超脱，以为忘机，迹若相反，未能会而通之，则如之何？③

张元忭的提问中，引用了道家的一个术语"如龙养珠"，在宋人俞琰④所著的《〈周易参同契〉发挥》一书中，曾经有这样的论述：

> 守御固密者，如龙养珠，心不忘；如鸡抱卵，气不绝也。⑤

张元忭的疑问在于，佛、道二教的修炼方法，都是有招有式的，如闭关静坐、服气辟谷、吐纳导引，等等，就是佛家也有"打禅七"等具体的静坐修行方式，讲究的都是"如龙养珠，目注耳凝，念念无间"，与之相比，王龙溪所教授的心性修养方法，却是"优游超脱，以为忘机"，看似散漫随意，几无工夫可言。

---

① 《中庸》开篇即说"天命之谓性，率性之谓道，修道之谓教"，这是儒家范畴内的"修道"。
② 张元忭（1538—1588），浙江山阴人，字子荩，号阳和，隆庆五年（1571）中进士第一名。
③ 王畿：《不二斋说》，《王畿集》卷十七，第492页。
④ 俞琰，宋末元初时人，生卒年不详，字玉吾，号全阳子，吴郡人，对丹道和《周易》颇有研究。
⑤ 《〈周易参同契〉发挥》卷上，《子部·道家类》，《四库全书》第一〇五八册，第648页。

夫吾人以经世为学，乃一体不容已本心，非徒独善其身，作自了汉。①

需要说明的是，此处所说"作自了汉"，是从宽泛意义上讲的。因为佛教自从有了大乘、小乘的分化之后，大乘佛教提倡菩萨行，主张自觉觉他、自度度他，本身也反对小乘佛教追求个人解脱的罗汉行，并将其斥为"自了汉"。不过，大乘佛教虽然提倡救度众生的菩萨行，主要还停留在一种理论阐述上，实际上，由于固有的出世倾向，中国历史上能够直接创造经世济民、安邦定国之入世功业的佛教高僧为数寥寥，真正致力于这一事业并做出丰功伟绩的，还是禀持"内圣外王"之道的儒家士大夫。仅以心学宗祖王阳明为例，他的一生曲折多致、波澜壮阔，创造了令人称奇的多项事功，被誉为集"立德、立功、立言"于一身的大儒。如果从大乘佛教的理论角度来看，王阳明毕生所做之事，其实就是典型的菩萨行。不过，身为儒家士人，王阳明和王龙溪都坚信自己的所作所为完全依据圣人所传的修齐治平、一以贯之的"内圣外王"之道，而视佛道二教的修行模式为"独善其身，作自了汉"的行为。从客观的实践层面上讲，王龙溪认定"学不足以经世，非儒也"的判断，是合乎历史事实的。

或许有人以为，王阳明事功卓越，尚可称得上经世济民，而王龙溪中年罢官，毕生所为，不过是周游讲学、传道淑人而已，这也称得上儒者经世之学吗？对于这种差别，王龙溪做出了辩证的分析，他说：

古之人达则为卿为相，得君行道，泽加于民；穷则为师为友，修身以见于世。由所遇之时不同，祸福非所论也。②

随其力之所及，在家仁家，在国仁国，在天下仁天下，所谓格物致知，儒者有用之实学也。③

客观地讲，人的能力有大小，机遇亦不相同，因此，儒者经世之作为，应当"随其力之所及，在家仁家，在国仁国，在天下仁天下"。虽然所为之事有大小

---

① 王畿：《答刘凝斋》，《王畿集》卷十一，第274页。
② 王畿：《自讼问答》，《王畿集》卷十五，第432页。
③ 王畿：《王瑶湖文集序》，《王畿集》卷十三，第351页。

是故致良知之外无学矣。①

由上可知,"大人之学,通天下国家为一身",因此,修身其实是治国平天下的基础,而所谓"身"字,又有着丰富的内涵,大致的层次关系是:"身者,家国天下之主也;心者,身之主也;意者,心之发动;(良)知者,意之灵明;物即灵明感应之迹也。"这样一来,就分别对应着格物、致知②、诚意、正心、修身等多层次的修养工夫。王龙溪认为,"良知是非之心,天之则也;正感正应,不过其则,谓之格物,物格则知至矣",由此出发,可以呈现为诚意、正心,乃至修、齐、治、平等多项工夫,圣人之学的全部理想目标都包含在其中了。不仅如此,王龙溪还认为,治国平天下之"外王"事业,看起来规模宏大、头绪复杂,实际上,"其机源于一念之微",而所谓这"一念之微",其实就是人们发自良知的是非好恶的共同观念。王龙溪指出:"是非者,好恶之公也,自诚意以至于平天下,不出好恶两端。"凡是儒者实施治国平天下的抱负,其实并无什么玄奥之术,说白了,就是依照人们的"好恶之公"而行事,从诚意、正心,直至治国、平天下,其要"不出好恶两端"。当然,这个好恶不是一己私欲之偏向,而是根据人们共同的好恶、是非观念做出的价值判断,实际上,这就是良知灵明的体现,因此,在治国平天下的"外王"事业中,同样有着致良知的学问功夫贯彻始终,正是从这个意义上,王龙溪才重申"致良知之外无学矣"。

既然儒者之学是以致良知为宗旨,从格物之工夫起始,步步推进,直至达到治国平天下的理想目标,那么,圣人之学必定具有经世济民的现实功用的诉求,而不是像佛道二教那样只是以追求自我超脱、出离生死苦海为目的。关于儒者之学的现实功用,王龙溪曾经指出:

儒者之学,务为经世,学不足以经世,非儒也。③

---

① 王畿:《答吴悟斋》,《王畿集》卷十,第246—247页。辟,通"僻",邪僻。
② 在阳明心学中,致良知有时简称为"致知",可参见王阳明:《大学问》,吴光等编校:《王阳明全集》卷二十六,上海:上海古籍出版社,1992年,第971页。
③ 王畿:《王瑶湖文集序》,《王畿集》卷十三,第350页。

二　王龙溪和佛道思想的本质区别

王龙溪一生，在讲学过程中，经常谈及圣人之学与佛老二氏之间的微妙而关键的差别。这主要表现在三个方面：

（一）儒学是"明体达用"的一贯之学

所谓"明体达用"，指的是儒家不仅具有与佛道二教互通的心性之学（亦即内圣之学），而且具有在此基础上自然扩展的外王之学（亦即齐家、治国、平天下的事功之学）。在王龙溪心目中，儒家的心性之学，是以良知灵明为本体基础，以觉悟先天良知为核心任务的内圣之学。当一个学者觉悟良知之后，必然会由内圣之学向外王之学扩展，积极应用、扩充良知，从修身到齐家、治国、平天下，由内至外，一体贯通，从而构成一个"明体达用"的一贯之学。相比之下，佛道二教由于最初修行动机的不同，形成与儒家"内圣外王"之学迥异的修道模式，不具有"明体达用"的一贯之效，不能用于治理家国天下，因此，与圣人之学的功用相去甚远。关于这一本质差别，王龙溪做出过许多阐述。

在讲学过程中，王龙溪多次向门人指出，圣人之学是以致良知为宗旨，将格物、致知、诚意、正心、修身、齐家、治国、平天下八条目一以贯之，形成一套完整的体用兼备的思想体系。他说：

> 佛氏之遗弃伦物感应，而虚无寂灭以为常，无有乎经纶之施，故曰"要之不可以治天下国家"，孰谓吾儒穷理尽性之学而有是乎？大人之学，通天下国家为一身。身者，家国天下之主也；心者，身之主也；意者，心之发动；知者，意之灵明；物即灵明感应之迹也。良知是非之心，天之则也。正感正应，不过其则，谓之格物，物格则知至矣。是非者，好恶之公也，自诚意以至于平天下，不出好恶两端。是故如恶恶臭，如好好色，而毋自欺，意之诚也；好恶无所作，心之正也；无作则无辟矣，身之修也；好恶同于人而无所拂，家齐国治而天下平也。其施普于天下，而其机源于一念之微，

这些言论表明,王龙溪既能公允地肯定释道二教的思想和地位,同时又笃信良知之学,认为它高屋建瓴,可以涵盖、包容释道二教。在明代,除了阳明心学异军突起之外,佛、道二教同样十分兴盛,其思想吸引了许多士人百姓的注意力,对此,王龙溪的头脑十分清醒,他没有像过去的某些名儒那样极力排斥佛道二教,而是究明其中真谛,把儒释道心性哲学共同的地方揭示出来,使得不同学派和教派之间可以互相借鉴、交流,因而赢得了当时三教中许多人物的衷心钦佩。当然,他并没有因此丧失儒家的基本价值立场,始终坚定地奉持"致良知之教",力图由此而涵盖、包容三教。他说:

> 今日良知之学,原是范围三教宗盟,一点灵明充塞宇宙,羲皇、尧舜、文王、孔子诸圣人皆不能外此别有建立。①

正因为有了对良知学的充分自信,他才敢于对友人陆光祖②说:

> 子既为儒,还须祖述虞周,效法孔子,共究良知宗旨……儒学明,佛学益有所证,将此身心报佛恩,道固并行不相悖也。③

概而言之,王龙溪是一位既立足于儒家本位,又能会通三教的大儒。他对于佛道二教的思想理论和修行技术都非常熟悉,因而能够公允地评价二氏之学的历史地位,摒弃了一般俗儒妄自尊大、固守门户的狭隘态度。他努力以良知学来"范围三教",建立起包容、涵盖儒释道三教的性命之学,由此而赢得很高的声望。然而,也正因如此,后人对王龙溪和佛道二教的思想区别有所忽视,产生了各种误解,这正是我们今天有待澄清的问题。

---

① 王畿:《南游会纪》,《龙溪会语》卷五,《王畿集》附录二,第762—763页。
② 陆光祖(1521—1597年),号五台,浙江平湖人,嘉靖二十六年(1547)进士,至吏部尚书。
③ 王畿:《答五台陆子问》,《王畿集》卷六,第149页。

> 二氏之学与吾儒异，然与吾儒并传而不废，盖亦有道在焉。①

有时，他甚至放下一般儒者以正统自居的心态，坦率地承认："人受天地之中以生，均有恒性，初未尝以某为儒、某为老、某为佛而分授之也。"② 言下之意，有些儒者自视为正宗，从源头上讲不能成立，因为这种门派的划分，都是各个学派在传播过程中人为设定的，并非绝对不可逾越的鸿沟。当然，由于得到阳明心学的嫡传，王龙溪始终坚持以良知学为思想本位，兼以开放包容的态度来看待释道二教，从而形成别具一格的三教观。他说：

> 良知者，性之灵，以天地万物为一体，范围三教之枢……学老佛者，苟能以复性为宗，不沦于幻妄，是即道释之儒也；为吾儒者，自私用智，不能普物而明宗，则亦儒之异端而已。毫厘之辨，其机甚微。吾儒之学明，二氏始有所证，须得其髓，非言思可得而测也。吾党不能反本自明其所学，徒欲以虚声吓之，祇为二氏之所哕，亦见其不知量也矣。③

由是可见，王龙溪认为，只有以儒家的良知之学为根本的思想指南，方能真正领悟佛道二教的内涵，亦即"吾儒之学明，二氏始有所证"。在《王龙溪全集》中，经常出现类似的言语，例如：

> 二氏之学虽与吾儒有毫厘之辨……且须理会吾儒正经一路，到得彻悟时，毫厘自可默识，非言思所得而辨也。④
>
> 吾人今日未须屑屑与二氏作分疏对法，且须究明吾儒本教一宗，果自能穷源，方可理会彼家之源头；自能彻髓，方可研究彼家之骨髓。毫发不同处，始可得而辨。⑤

---

① 王畿：《南游会纪》，《王畿集》卷七，第154页。
② 王畿：《三教堂记》，《王畿集》卷十七，第486页。
③ 同上。
④ 王畿：《水西别言》，《王畿集》卷十六，第450页。
⑤ 王畿：《书陈中阁卷》，《王畿集》卷十六，第477页。

质归属,渐渐产生了模糊的认识。早在明末,黄宗羲已评述为"近于禅""近于老"[1],到了现代,冯友兰在撰写《中国哲学史》时亦言:"在龙溪心目中,儒佛老之学,根本无异。"[2]受到上述几位名家的影响,当代学者在谈及王龙溪的哲学思想时,一般只是关注他与佛道人士的交往,或者注重他对于佛道思想的吸纳。这些流行见解,留给普通的哲学史爱好者一种印象,似乎王龙溪的哲学思想与佛道思想相融相洽、本来无异,于是,更加固化了人们对于"心学通禅(道)"的既有认识。然而,王龙溪哲学与佛道思想虽有融通,本质却是泾渭分明、不容混淆的,对于这一长期被学术界忽视的问题,笔者拟在此文中予以阐明。

一 王龙溪对佛道二教的公允态度

毋庸讳言,王龙溪一生,与佛道人士交往较多,并颇得尊重,这是因为他的哲学思想以良知之学为本位,力图涵盖、融通佛道二教的性命之学。当代学者彭国翔在《王龙溪与佛道二教的因缘》[3]一文中,详细考证了王龙溪与道士方与时、胡东洲等人的交往,还详述了他与僧人法聚(号月泉)、袾宏(号莲池)等人的往来,这些僧道,在当时都是很著名的宗教人士,而且修行笃厚,见地深邃,不过,他们大多比王龙溪年轻,故多以长辈甚至师礼事之。除了与佛道二教人士过从甚密以外,王龙溪还精通佛道二教的具体修炼技术,对内丹之法、禅门机锋,均能运用自如,这一点,曾召南在《佛道兼融的王畿理学》[4]一文中有详细的阐述,《王龙溪与佛道二教的因缘》中亦有论及,兹不赘述。简而言之,王龙溪对于佛道二教的思想理论和修炼方法都十分熟悉,"非惟通其义,盖已得其髓矣"[5]。由于深谙佛道二教之精蕴,王龙溪摒弃了一般儒者的门户之见,对佛道二教的历史地位和思想价值有了比较中肯的评价,他说:

---

[1] 黄宗羲:《浙中王门学案二》,《明儒学案》卷十二,第240页。
[2] 冯友兰:《中国哲学史》下,上海:华东师范大学出版社,2011年,第十四章,第231页。
[3] 其文载于《中国哲学史》,2001年第4期。
[4] 其文载于《宗教学研究》,1999年第1期。
[5] 王畿:《滁阳会语》,《王畿集》卷二,第33页。这本是王龙溪赞誉其师王阳明的话。

略论王龙溪哲学与佛道思想的本质区别

李丕洋

(江西师范大学马克思主义学院)

王畿(1498—1583年),字汝中,号龙溪,浙江山阴(今绍兴市)人。他是明代心学宗祖王阳明晚年在家乡所收的高徒,由于天资聪慧,在"天泉证道"和"严滩问答"中表现了独立思考和颖悟绝伦的精神,深得王阳明器重。公元1527年,王阳明受命远征广西,途经江西吉安,邹守益(号东廓)、欧阳德(号南野)等高足率数百儒生迎接,王阳明对他们说:"吾有向上一机,久未敢发,近被王汝中拈出,亦是天机该发泄时。吾方有兵事,无暇为诸君言,但质之汝中,当有证也。"[①]由于得到了乃师生前的首肯,在王阳明逝世之后,王龙溪在王门后学中当仁不让地具有"同志宗盟"(宗师、盟主)[②]的地位,在杭州的天真书院,王门后学定期集会,"祭毕,分席讲堂,呈所见于龙溪取正焉"[③]。虽然王门后学在阳明逝世后出现了分化趋势,形成几大流派,但是,没有人敢于否认王龙溪在王门中的翘楚地位,晚明思想家李贽更是盛赞其为"圣代儒宗,人天法眼"[④]。然而,随着时间的流逝,人们对于王龙溪哲学思想的本来面目与性

[①] 徐阶:《龙溪王先生传》,吴震编校整理:《王畿集》附录四,第825页。南京:凤凰出版社,2007年。

[②] 王畿:《自讼问答》,《王畿集》卷十五,第431页。按:这一点,黄宗羲也承认,参见黄宗羲:《浙中王门学案二》,沈芝盈点校:《明儒学案》卷十二,北京:中华书局,1985年,第238页。

[③] 周汝登:《王畿传》,《王畿集》附录四,第835页。

[④] 李贽:《王龙溪先生告文》,《焚书》卷三,张建业主编:《李贽文集》第一册,第113页,北京:社会科学文献出版社,2000年。

方面应立足于自己所从事的行业,并在各自不同的行业实践中思考、探寻"理"之所在,用包括湛若水在内的宋明儒家的话来说,这即是"动"了。另一方面,当代人在稍得闲暇之时,也需要尝试做静坐修习的功夫,以便缓解精神紧张、身心俱疲的状况,恰如方朝晖先生所说:"不管如何繁忙,每天腾出一段时间静坐。哪怕只有 5 分钟,都会有所收获,只要你认真。"[1] 当代人越是感到压力增大的时候,越有必要静坐修习。忙里偷闲、闹中取静的做法对于当代人而言不但有心灵治疗的作用,也将有助于提升当代人的人生意境。再如,湛门后学蒋信着力阐发的"万物一体之仁"的理想也具有较强的现代价值,此说试图打破人与物、人与人、物与物之间的隔膜或敌视。它对我们的启示意义在于:应培养一种"万物一体"的仁爱情怀,如此方能真正关爱他人以及自然界中的禽兽、草木乃至瓦石。人本来就来源于大自然,无论是过去、现在抑或是未来,人只可能是大自然中的一员,而非大自然的中心或全部,人与其他自然万物共处于一个宇宙之内,与万物休戚相关。人不可把自己看成是万物之主、凌驾于万物之上。大自然中的其他生命或存在物遭到破坏,最终也会殃及人类。在这种情况之下,只有维系并重新发扬"万物一体之仁"的理想,使其不至于失坠,才能拯救自然万物与人类自身。

---

[1] 方朝晖:《儒家修身九讲》,北京:清华大学出版社,2011 年,第 23 页。

学此举有积极正面的价值,它对明末王学中的玄虚之风有所抑制。当然,有的湛门后学(如唐伯元、杨时乔等)对王学的辩难、斥责则不完全合理,带有意气之争。

四

由以上论述可以看出,甘泉学派的兴起及广泛传播不但改变了当时岭南思想文化相对落后的局面,使岭南地区的思想文化迈上了一个新台阶,也促进了整个中晚明时期心学的发展与繁荣。

甘泉学派与阳明学派均是中晚明时期心学阵营中的重要派别。不过,明末清初以及近现代的一些学者在论及中晚明心学时,往往多留意王阳明及阳明学派,对于湛若水及甘泉学派则未能给予足够的重视,甚或将其排除在明代心学之外,这是不够确切的。甘泉学派与阳明学派之间的确具有千丝万缕的联系,从师承角度来看,湛门弟子转投王门者有之,王门弟子转投湛门或受湛学影响而对王学之弊加以修正者亦有之;从学术见解上来看,两个学派也有一定的相似之处。不过,甘泉学派并未为阳明学派完全同化,我们可将其视为异于阳明学派的一个独立学派。应当承认,阳明学派在中晚明心学发展史上发挥了主导性的作用,甘泉学派的影响力远不及阳明学派。但不可否认的是,在明代中叶以来的心学发展历程中,并非只有阳明学派的一枝独秀,以湛若水为代表的甘泉学派同样是该时期心学发展史上一支不容忽视的力量。

甘泉学派主要代表人物倡导的天道心性以及道德修养等学说对于当代人具有一定的启示意义。比如,甘泉学派创立者湛若水倡导的"动静一体"的功夫论对于当代人的德性修养就有所裨益。湛若水修正了其师陈献章一味"求之于静"的修养方法,认为动、静不可截然分开,静存与动察之功都不可缺少。当代社会竞争激烈,人们的闲暇时间普遍较少,如果说,陈献章提出的"专欲习静""静中坐养出个端倪来"[1]的主张很难在快节奏的当代社会中推行下去,那么,湛氏"动静一体"的功夫论经过改造、转换,仍有益于当代人生。当代人一

---

[1] 陈献章:《与贺克恭黄门》,《陈献章集》卷二,北京:中华书局,1987年,第133页。

学发展史上的一件大事。湛若水于正德元年(1506)与王阳明结识、定交。正德五年,他与王阳明在京师比邻而居,因此得以经常相见,并会讲于大兴隆寺。后来,两人又多次相会或互致书信讨论学问。湛、王尽管都归宗心学,也都为明代中叶以来心学的发展做出了各自较大的贡献,但他们在格物、良知、"勿忘勿助"等问题上却不无争论。大体说来,湛、王之间最根本的歧异在于致思方式的不同。王阳明主张向内自省、反躬自求,在他看来,如果不返求内心,向外追逐,则愈求愈远,反而不利于成就道德。这种突出本心、良知的做法虽然简约易行,可是却产生了漠视事物存在、忽略客观知识的弊病,因而遭到湛若水的批评。湛若水在彰显心学的同时,部分地保留了朱熹学说重"智"的思想以及对外部世界的探索精神,倡导"合内外"之学。当然,湛、王之间的差异仍属心学内部的差异。两人不同的思想倾向也影响到他们各自的后学,湛门后学多倡导"合一"论,主张兼顾内外;而王门后学则多突出本心、良知的主宰功能。正是有这些不同面向的存在,才使得明代心学思想发展异彩纷呈。

最后,湛门部分后学纠弹王学末流之弊,有利于明末王学的健康、理性发展。王阳明意气风发,敢创新论,其掀起的思想解放潮流在当时具有"震霆启寐,烈耀破迷"的作用。可是,王阳明心学在促进思想解放运动的同时,也埋下了后来王学末流弊病丛生的祸根。一些王学末流逐渐突破了阳明心学的约束,滋生流弊。这种状况引起了晚明时期不少学者的不满,其中包括部分湛门后学,他们起而批评、矫正王学末流之弊,以扭转盛行于明末王学中的玄虚之风。甘泉学派对于明代心学发展产生的积极影响,亦可由此略窥一斑。比如,湛氏二传弟子许孚远与王门后学周汝登就"无善无恶"问题展开过激烈辩论。周汝登对王畿的"四无"之说赞誉有加,被当时学者视为"今之龙溪"。许孚远则以"无善无恶不可为宗"[①],作《九谛》以辩难之,周汝登则作《九解》,对《九谛》一一加以响应。许孚远与周汝登关于"无善无恶"问题的辩论,在明代心学发展史上产生了较大的影响。许孚远辩难王门"无善无恶"说,旨在端正学风,进而重振世道人心。其他湛门后学亦致力于纠弹王学末流之弊。应该说,湛门后

---

① 此语是黄宗羲在评价许孚远与周汝登关于"无善无恶"之争时提到的,参见黄宗羲:《泰州学案五》,《明儒学案》卷三十六,第854页。

张;矫正其师学说过于倾向于内省等缺失,倡导合内外之道,等等。湛门后学亦能通过湛若水而消化、发挥陈献章之说,比如,被湛氏视为衣钵传人的洪垣对陈献章宣扬的"自然""自得"说就颇能心领神会,他说:"道在求自得尔。静体浑融,虚通无间,原不在喧寂上……道以自然为至,知其自然,动不以我,斯无事矣。"[1] 洪垣这里对"自得""自然"都有所阐发,若再结合他的其他相关论说,则可以看出,他对陈献章的"自得"说尤有善解,认为各种外在的规矩、律条、知识等虽然可以通过言传身教的方式获得,可是对"道体"本身却需要学者"自得",也即自我体认。可以说,正是有了湛氏及其后学的竭力弘扬,以及通过创造性的诠释而不断赋予其新义,才使得陈献章创立的岭南心学绽放异彩,并逐渐蔚为大观。

其次,湛学的广泛传播促进了整个明代心学的发展与繁荣。湛若水出生于岭南,且受学于岭南心学开创者陈献章,但湛氏后来的足迹却踏遍岭南内外,其学说的影响力也远远超出岭南地区。湛氏曾任明代"三部"尚书,为官三十余年。同时,湛氏热衷于讲学与创办书院,去世之前仍讲学不辍,而他平生在全国各地创办的书院有近四十所,弟子多达数千人,且遍布大江南北。因此,以湛若水为代表的甘泉学派不但为岭南心学注入了新的活力,而且对整个明代心学的发展产生了积极的影响。湛若水固然以"随处体认天理"说而在明代心学发展史上独树一帜,而湛门部分后学既能在学术上与湛学相呼应,又能别开新义,因而极大地丰富了明代心学的内容。比如,唐枢在会通湛、王两家学说的基础上,标举出"讨真心"说;洪垣主张"体认天理"乃是"不离根之体认";吕怀注重阐发"变化气质"说;何迁倡导"知止"说;许孚远之学"以克己为要";冯从吾强调从"本源处透彻",等等。笔者认为,明代中叶以来心学能够走向兴盛、繁荣,固然有赖于王阳明的创发以及王门后学的传播、推广,但不可否认的是,以湛若水为代表的甘泉学派也有较大的功劳,此学派是明代心学发展史上一个不可缺少的环节,殆无疑义。

再次,湛、王之辩开启了明代心学发展的不同面向。湛、王之辩是明代心

---

[1] 洪垣:《觉山先生绪言》卷一,《续修四库全书》子部第一一二四册,上海:上海古籍出版社,2002年,第68页。

内、外之间的有机联系。

其三，凸显修养功夫的重要性。甘泉学派的成员多为躬行践履之儒，致谨于一言一行，笃行自律。此点既表现于他们的日用常行中，又在他们的学说中展露无遗。湛若水的学说将修养功夫论摆在十分突出的位置，他既注重吸收、借鉴陆王心学中反求诸心、端正心意的修养方法，又保留了程朱理学中强调格物穷理、虔敬笃实的功夫论特色。以其倡导的"煎销习心"的功夫为例，他说："煎销习心，便是体认天理功夫……如煎销铅铜，便是炼金，然必须就炉锤，乃得炼之之功。"[1] 湛氏认为，"煎销习心"如同"煎销铅铜"，后者通过千锤百炼，始可获得无比珍贵的纯粹金银；而"煎销习心"则意味着，人须做持续不断的修养功夫，除去"习心"之弊，方可体认天理。湛门后学许孚远径直以"克己"标宗，其学术兴趣不在于体悟天道性命之类的超越之理上，而更多地关注了"下学"或者说是儒家道德的践行问题。许孚远的弟子刘宗周更是以功夫严苛而著称，他倡导的"改过"说就主张"将个人的行卧起坐、言谈举止、思虑意念乃至潜意识状态都纳入改过的范围之内。他的功夫论显得敬畏有余而洒脱不足，甚至表现出一定程度的自惩、苦行等倾向"[2]。

三

湛若水及其创立的甘泉学派在阐扬、改造陈献章心学以及与阳明学派相互辩难的过程中发展出颇具特色的学说，在明代心学发展史上具有重要的地位。该学派的学术贡献可概括为如下方面：首先，重新诠释和改造陈献章学说，为明代岭南心学注入了新的活力。陈献章是岭南心学的奠基人，湛若水的学说则直接渊源于陈献章心学，其本人亦是陈献章创立的江门学派的重要成员之一。湛氏在继承陈献章心学精神的基础上，又从以下数方面做了重新诠释和改造：扬弃其师"静中养出端倪"说，主张"动静一体"；在接受其师"自得""以自然为宗"等思想的基础上，提出了"体认于心，即心学也""随处体认天理"等主

---

[1] 黄宗羲：《甘泉学案一》，《明儒学案》卷三十七，第893页。
[2] 姚才刚：《刘宗周的"改过"说及其伦理启示》，《哲学研究》，2014年第7期。

主张反求内心，突出内在的自我体验，又主张探索、体察一草一木等外物之理，其学说既不同于程朱理学，也有异于陆王心学，从而表现出融摄并试图超越理学、心学的特色。不过，从总体上看，湛若水仍坚持了心学的学术立场，其所言之"心"既包罗天地万物，又贯通于天地万物之中。湛门不少后学同样也是以心学为本，进而又在心学的架构之内，尽可能地吸纳了理学、气学等思想资源。当然，也有例外，湛氏二传弟子唐伯元就对陆、王心学多有贬抑，他尽管称不上一位正统的朱子学者，但其学说已带有较为浓厚的朱熹理学色彩。

其二，倡导"合一"论。甘泉学派从湛若水开始即倡导理气、性气、心气以及心性、心理、性理的合一，"所谓合一，是说理、气、心、性四者不可分离"[1]。当然，这些范畴在湛若水看来并非同质的、无差别的同一，而是异质的、有差别的统一。以心气合一为例，湛若水说："人者，天地之心也。天地与人同一气，气之精灵中正处即心。"[2] 在他看来，心、气相通。人（心）与天地万物都是禀气而生，但人（心）所秉承的乃是一种精灵、中正之气。如此一来，人（心）在宇宙间便担负着一种重要职责，即一方面要不断塑造自我，创造新的人类文化，另一方面又要将自己置身于宇宙间，以便能与天地合德、与万物同体。再看心理合一，湛若水对心与理关系的处理既不同于朱熹的"心具众理"说，也与陆九渊、王阳明的"心即理"说有所区别，他主张心理不二或心理合一。心理合一与"心即理"这两种说法看似一致，但实际上还是有一些细微的差别。也就是说，湛若水倡导的心理合一说较为重视心、理合一的条件性，他认为，只有心处于中正的状态时，心、理才是合一的；若心有所偏差，陷入"过"与"不及"之中，那么，心与理便不再合一了，故湛氏不会轻言"心即理"。而陆、王的"心即理"说则较为突出本心（或良知）的当下即是，认为本心（或良知）即是理。湛门后学中亦不乏倡导"合一"论者。比如，洪垣就主张内外合一，认为"内外兼该，是贯处，盖一则内外兼该也"[3]。内、外关系在一定程度上也即心、物关系。在洪垣看来，内（心）、外（物）是一体的，"逐外而忘内"与"求内而遗外"都割裂了

---

[1] 朱伯崑：《序》，乔清举：《湛若水哲学思想研究》，台北：文津出版社，1993年，第1页。
[2] 湛若水：《泗州两学讲章》，《甘泉先生文集》内编卷三，嘉靖十五年刻本，《儒藏》精华编第二百五十三册，北京：北京大学出版社，2009年，第65页。
[3] 黄宗羲：《甘泉学案三》，《明儒学案》卷三十九，第929页。

二

甘泉学派主要代表人物在致思趋向、学说特色方面具有一些相似之处，主要表现为如下方面。其一，主张会通诸家，兼容并包。湛若水以及不少湛门后学均表现出了此种学术态度。就湛氏而言，他在格物问题上即受到了程朱理学的影响，认为格物即"至其理"①；而其所谓的"理"（天理）亦带有程朱理学的痕迹，他除了讲身心性命之理之外，也涉及到事事物物之理。湛若水还吸取了张载的气学思想，认为"宇宙间一气而已"②，即是说，从实然的或宇宙本原的角度来看，宇宙间乃一气充盈。当然，这并不表明湛氏是一个气本论者，在他看来，气、道、心、性、理均可通而为一。湛门不少后学也倾向于将心学、理学、气学等统摄起来，以湛氏三传弟子冯从吾为例，他首先肯定了儒家圣贤之学即是心学，认为"自古圣贤学问，总只在心上用功，不然即终日孳孳，总属树叶"③。他进而又指出："丢过理说心，便是人心惟危之心。"④冯从吾认为，言"心"应与"理"结合起来讲，如此才可防止一味宣扬心之灵明而使人心走作，故他对朱子理学也颇为重视。冯从吾出生于关中，后来又常讲学于关中，其学说受到张载气学思想的影响自不待言。冯从吾的著述中不乏气论以及"变化气质"等方面的论说，而关学躬行实践、敦本尚实的学风在其身上也得到了很好的体现。可见，冯从吾之学也是力求会通诸家的。正因为湛若水及其后学常能博采诸家之长，而非执守某派之说，所以才使得后世学者在定位他们学说性质的问题上众说纷纭，难有定论。比如，对于湛若水，大多数学者认为其学说"属于心学，同时对程朱理学又有一定程度的吸收"，也有学者不认同湛若水的学说属于心学的观点，而将其归入程朱理学。⑤笔者认为，湛若水倡导"合内外"之学，他既

---

① 湛若水：《答阳明王都宪论格物》，《湛甘泉先生文集》卷七，第572页。
② 湛若水：《新论》，《湛甘泉先生文集》卷二，第531页。
③ 冯从吾：《辨学录》，刘学智、孙学功点校整理：《冯从吾集·冯少墟集》卷一，西安：西北大学出版社，2015年，第32页。
④ 黄宗羲：《甘泉学案五》，《明儒学案》卷四十一，第985页。
⑤ 参见黎业明：《近百年来国内湛若水思想研究回顾》，蔡德麟、景海峰主编：《全球化时代的儒家伦理》，北京：清华大学出版社，2007年，第242页。

主旨尚须稍做辨析，湛若水以"随处体认天理"说标宗，此说在湛若水及甘泉学派的学说中均处于核心地位，我们由湛若水与弟子的一段对话中亦可看出此点：

> 盘问"日用切要功夫"。道通曰："先生之教，惟立志、煎销习心、体认天理三言者最为切要，然亦只是一事。每令盘体验而熟察之，久而未得其所以合一之义，敢请明示。"先生曰："此只是一事。天理是一大头脑，千圣千贤，共此头脑，终日终身，只是此一大事，更无别事。立志者，立乎此而已；体认是功夫，以求得乎此者，煎销习心，以去其害此者……志如草木之根，具生意也；体认天理，如培灌此根；煎销习心，如去草以护此根。贯通只是一事。"①

"立志""煎销习心""体认天理"是湛若水学说尤其是其修养功夫论的"切要"问题，三者不可截然分开，而是一个有机的整体，它们都指向天理，都是为了能够使人更好地体认、呈现以及践行天理，故三者相较，"体认天理"最为重要，湛若水反复提到的"只是一事"实际上就是指"体认天理"，他还说："此二图乃圣学功夫至切至要、至简至易处，总而言之，不过只是随处体认天理。"② 可见，"随处体认天理"是湛学的主旨，殆无疑义，恰如"致良知"是王阳明晚年的论学主旨一样。两者的不同之处在于，阳明后学无不谈论良知学，湛门后学的情况则略显复杂，既有围绕"随处体认天理"说而做进一步发挥者，如湛若水弟子洪垣就认为，"体认天理"应是"不离根之体认"③，又有较少甚或只字不提此说以至于逐渐偏离师门宗旨者，如吕怀等人。甘泉学派内部的理论衔接较之阳明学派无疑显得薄弱一些。不过，明代思想发展史上存在着一个以湛若水为核心的甘泉学派，这是一个不容否定的客观事实。

---

① 黄宗羲:《甘泉学案一》,《明儒学案》卷三十七, 第 888—889 页。
② 湛若水:《四勿总箴》,《湛甘泉先生文集》卷二十一,《四库全书存目丛书》集部第五十七册, 济南: 齐鲁书社, 1997 年, 第 73 页。
③ 黄宗羲:《甘泉学案三》,《明儒学案》卷三十九, 第 934 页。

在湛若水的三传弟子中，冯从吾、刘宗周无疑是其中的佼佼者。冯从吾，字仲好，号少墟，长安（今陕西西安）人，万历进士，曾任河南道监察御史、左佥都御史等职。从师承关系的角度来看，冯从吾受业于湛氏二传弟子许孚远之门，因而他也可被视为湛门后学。从学说宗旨的角度来看，冯从吾作为一位关中大儒，其人其学一方面体现了关学敦本尚实、崇正辟邪、重视躬行的特色，另一方面他又以心学思想为根底，将理学、气学与心学融会贯通。冯从吾去世后，被追赠为太子太保，赠一品文官诰，谥恭定。刘宗周，山阴（今浙江绍兴）人，万历进士。因讲学山阴县城北蕺山，学者们称他为蕺山先生。刘宗周曾任行人司行人、尚宝司少卿、通政司右通政、顺天府尹、工部及吏部左侍郎、都察院左都御史等职，他先后经历了明神宗、熹宗、思宗、福王四朝。不过，刘宗周在官之日甚少，他"通籍四十五年，在仕仅六年有半，实立朝者四年"[1]，他因为刚正敢言，常不顾个人安危，犯颜直谏，指斥时弊，弹劾奸党，为魏忠贤、温体仁、马士英之流所不容，皇帝也难以忍受刘宗周这种不留情面式的直言相谏，故数次被革职为民。刘宗周素来以清苦、严毅著称，以"宿儒重望"而为晚明清流领袖。在南明大势已去的情况下，他临难仗节，以身殉国。在学术上，刘宗周对宋明诸儒之学多有所吸收、借鉴，同时又自立新说，极力倡导慎独、诚意之说，卓然成一家之言。他虽然较少论及湛若水，但从学术渊源上来看，他与湛氏不无关系。万历三十一年（1603），刘宗周经人介绍，拜湛若水的二传弟子许孚远为师，自此之后，他终生"服膺许师"，他的学说也深受许氏的影响。如此一来，刘宗周亦可被纳入湛若水创立的甘泉学派的脉络之下。

不可否认，甘泉学派内部存在着较大的差异，学派的理论衔接也相对薄弱，但不妨碍我们把湛若水及其门人弟子称为一个学派。一般来说，"学派的组成大致应该有三个基本要素：学派领袖、学术主旨以及弟子群。领袖人物是学派的旗号，学术主旨则是其核心，弟子群则代表着该学派的势力和影响"[2]，就甘泉学派而言，这三条应该都是具备的，学派领袖与弟子群自然不必多说，湛若水是学派领袖，而其追随者则遍布大江南北。甘泉学派的学术

---

[1] 刘宗周：《年谱》，《刘子全书》卷四十。
[2] 何俊、尹晓宁：《刘宗周与蕺山学派》，北京：中国人民大学出版社，2009年，第214页。

门之旨"①,可见,他对阳明心学,开始较为信服,继而加以质疑,后来他转投湛门,不过,他也没有尽守湛学,而是有脱离师门宗旨的倾向。

在湛若水的二传弟子中,许孚远、唐伯元、杨时乔诸人较有影响,在明代思想发展史上占有一定的地位。许孚远,字孟仲(亦称孟中),号敬庵,浙江德清人,嘉靖进士,历任南京工部及吏部主事、陕西提学副使、南京大理寺卿、南京兵部右侍郎等职。许孚远去世后被追授为南京工部尚书,谥号恭简。他曾师事湛若水的入室弟子唐枢,故也可将其纳入甘泉学派之中来加以研究。②许孚远一方面将湛、唐的思想学说发扬光大,并作了新的阐发,其学说"以克己为要";另一方面,他又积极提携后学,培养了冯从吾、刘宗周等儒学名家。唐伯元,字仁卿,号曙台,广东澄海人,万历进士,曾任江西万年及泰和知县、南京户部主事、礼部仪制司主事、吏部文选司员外郎等职。他为人耿介,刚正不阿,为官期间关注民生疾苦,所仕之处均能造福一方。去世后被明熹宗追封为太常寺少卿,并被赐赠"理学名卿"的巨幅横匾。唐伯元之学源自湛门弟子吕怀,他倡导的"修身""崇礼"等主张都深受吕怀"变化气质"说的影响,同时,他亦能通过吕怀继承湛若水的思想学说。唐伯元的学说带有较为浓厚的朱熹理学色彩,他反对侈谈心或心学,曾经强烈抗议明代心学大师王阳明从祀孔庙。不过,他对陈献章及湛若水的心学思想则一直充满好感。杨时乔,字宜迁,号止庵,广信府上饶人,嘉靖进士,曾任吏部员外郎、吏部左侍郎等职,因遭人诬陷而被冤杀,后被追认为吏部尚书,谥端洁。杨时乔拜湛门高足吕怀为师,故为湛氏二传弟子。他在学术上倾向于朱熹理学,对阳明心学则持批判态度,认为阳明心学已与佛禅之学无异。不过,黄宗羲不认同杨时乔对阳明心学所作的批评,他为阳明辩护道:"阳明固未尝不穷理,第其穷在源头,不向支流摸索耳。至于敛目反观,血气凝聚,此是先生以意测之,于阳明无与也。"③黄宗羲认为杨时乔曲解了阳明之意,对阳明心学之批评多为主观臆测之词,并不合理。这样一来,黄宗羲对杨时乔反倒不无微词。

---

① 黄宗羲:《甘泉学案六》,《明儒学案》卷四十二,第1038—1039页。
② 当然,许孚远对王阳明及其心学思想也较为赞赏,他在创立学说时对阳明心学多有吸纳。不过,他对阳明心学的功夫教法多有微词。
③ 黄宗羲:《甘泉学案六》,《明儒学案》卷四十二,第1027页。

他一生大部分时间都在家乡湖州读书、讲学与授徒。嘉靖四年(1525),唐枢拜湛若水为师。同时,他年轻时也十分仰慕王阳明及其心学思想,但因故未能见到阳明。唐枢毕生致力于会通湛、王之说,其思想学说介于湛、王之间。唐枢在学术上提出了"讨真心"的三字宗旨。洪垣,字峻之,号觉山,江西婺源人,嘉靖进士。历仕永康知县、御史及温州知府,后居家隐居长达四十六年之久,直至辞世。洪垣是湛若水十分欣赏的一位弟子,被湛氏视为"可传吾钓台风月者"①。为了防止其他学者误解老师的"随处体认天理"之说,以为"随处体认"是"求之于外",洪垣便极力倡导"不离根之体认"②,"不离根之体认"因而也成为其标志性的学说。吕怀,字汝德,号巾石,广信府永丰人,嘉靖进士,官至南京太仆少卿,曾师事湛若水。不过,吕怀对师说既有继承,又有所突破,而他以"变化气质"来标明论学要旨,则有偏离师说的倾向。何迁,字益之,号吉阳,江西德安人,嘉靖进士,历任户部主事、九江知府、南京刑部侍郎等职。他是湛若水的入室弟子,同时受到阳明心学的影响,故其学说介乎湛、王之间。何迁主要倡导"知止"说。

　　蒋信、蔡汝楠、王道等人也是湛若水亲炙弟子中较具声望者。蒋信,字卿实,号道林,湖南武陵人,嘉靖进士,历任户部主事、兵部员外郎、四川水利佥事、贵州提学副使。后绝意官场,专事著述、讲学。蒋信曾出入王、湛之间,到了中晚年,他基本上归宗湛门了。黄宗羲一方面认为蒋信"得于甘泉者为多"③,另一方面在编纂《明儒学案》时却把蒋信列入《楚中王门学案》,而没有列入《甘泉学案》。蒋信极力倡导"万物一体""默识"等学说。蔡汝楠,字子木,号白石,浙江德清人,嘉靖进士,官至兵部侍郎,后改任南京工部右侍郎。黄宗羲谓其"师则甘泉,而友则皆阳明之门下也"④。蔡汝楠精于诗学,在学术上则会通湛、王之说。王道,字纯甫,号顺渠,山东武城人,正德进士,官至南京户、礼、吏三部右侍郎。王道"初学于阳明,阳明以心学语之,故先生从事心体,远有端绪。其后因众说之淆乱,遂疑而不信……先生又从学于甘泉,其学亦非师

---

① 黄宗羲:《甘泉学案三》,沈芝盈点校:《明儒学案》卷三十九,北京:中华书局,1985年,第928页。
② 同上,第934页。
③ 黄宗羲:《楚中王门学案》,《明儒学案》卷二十八,第628页。
④ 黄宗羲:《甘泉学案四》,《明儒学案》卷四十,第969页。

明代甘泉学派的传承谱系、致思趋向与学术贡献

姚才刚 唐心辞
(湖北大学哲学学院暨湖北省道德与文明研究中心)

明代大儒湛若水(号甘泉)不仅建构了自己独具特色的思想体系,还创立了一个学派,即甘泉学派。该学派人数众多,流传较广,在中晚明心学发展史上产生了较大的影响。甘泉学派兴起于岭南,但其后来的发展并非只限于岭南地区,而是遍及大江南北,其时间跨度大约是从明中叶至清初的一百余年时间(以明代中、晚期为主)。本文拟对甘泉学派的传承谱系、致思趋向与学术贡献略作探讨,以就教于学界。

一

湛若水一生遍修书院,并积极投身于书院教育,广招门徒。湛门后学中不乏能自成一家之言、较具学术声望的弟子或再传弟子。黄宗羲在《明儒学案·甘泉学案》中除了重点推介湛若水其人其学之外,还编纂了湛门后学吕怀、何迁、洪垣、唐枢、蔡汝楠、许孚远、冯从吾、唐伯元、杨时乔、王道等人的学案,未被黄宗羲列入《明儒学案》的湛门后学庞嵩、李春芳、张潮等人在学问与人品方面也俱佳。

在湛若水的亲炙弟子中,最著名者当属唐枢、洪垣、吕怀、何迁。唐枢,字惟中,号一庵,嘉靖进士,曾任刑部主事,后因上疏直言而被削职为民。此后,

社会分工的扩大化,从传统士大夫变成以现代职业、阶层所区分的社会成员,他们的政治关怀、社会担当有了新的表现形式,而不仅仅是"得君行道"和"觉民行道"的"师儒"。因此,在现代社会生活中,我们在学习和利用王阳明以及阳明后学的思想资源的同时,更要为其注入现代性的因素,构建新的文化模式,在自己的存在和活动过程中,为新的时代提供更加有意义的伦理思考。

职责。同时，他们以自己的切实行动投入到具体的伦理教化和劝善活动中去，发动了一批人加入他们的队伍，更影响到他们足迹所至的广大乡村社会的伦理生活。

六 余 论

以道德信念和伦理教化为主要特质的阳明后学是王阳明心学的延续，王阳明心学难以走出儒家道德政治的传统，存在着过度依赖内在意志和情感而忽略制度建设以及偏向于主观体验而忽视对象意义等缺陷，这一点在阳明后学那里一样存在。而且，在很多方面，阳明后学放大了王阳明心学上存在的问题。对于学派宗主王阳明的迷信，虽可以理解成一种信念，但同时也是一种束缚，他们在不断树立王阳明的权威的同时，也陷入了权威的束缚，故而不能突破师说而别开生面。而对于良知的信念，也凸显了阳明后学迷信于人的道德力量，忽视了人性中追求自我欲望的因素，因而不能提出约束人的欲望的制度性存在物，来弥补道德约束的不足之处。在政治制度的设计上，阳明后学也依然走不出传统儒家"三代之治"的观念，提不出一种新的政治模式和治理蓝图。在讲学和社会教化的伦理实践活动中，虽然表现了儒家知识分子的政治关怀和公共担当，但是也过分地夸大了儒者的社会作用，把社会的完善、政治的治理完全寄托在某一思想流派成员的教化上，期望以略显空洞的说教来改变社会风气，这显然是不具备现实性的。持有这样的想法，从社会伦理建设的角度来看，只能显示他们的"天真"和"迂阔"，当然，这样是儒家学者求道、行道的某种真诚表现。

良好社会的建设既需要共同体成员坚守对于某种价值的信念，也需要启发共同体成员平等的广泛参与。阳明后学对于良知的信念，对于道德政治的执迷，对于教化社会的狂热，值得后人致以遥远的敬意和同情理解。进入现代社会以来，人们的生产生活方式发生了革命性的变革，由之而产生的伦理文化模式也发生了剧变。在社会治理中，人们更加相信法治和技术治理，而不是传统的道德政治；对理想社会的期待，也从"三代之治"走向了更为多元的广阔的模式；对圣贤君主的信念，也被对人民自身的信念所取代；而儒家研习者也由于精神，通过自己的身体力行参与到乡村社会礼仪秩序的维护中去。

再如聂豹，他认为士大夫与社会风俗的状况直接关联，提出士人在民间教化中负有不可推卸的社会责任，强调知识分子阶层是民间教化的主要担当者，士大夫应该积极从事教化的伦理实践，他说："明德以亲民者，乡大夫之责也。大夫士者，乡人之心也。心者，神几而诚应，明吾孝友之德，以亲吾之父兄，明吾睦姻任恤之德，以亲吾之乡党宗族，使人之父兄，人之乡党宗族，无一而不在吾亲睦之中，则乡约今日之言，谓非井田之意乎？若夫明罚昭赏，使书示之言有所赖以行之无敌者，则有非乡大夫士所能责也。"① 士大夫是传统乡村社会的核心，既是社会价值观的传递者和引导者，也是国家权力与民间社会的纽带，在一定意义上还是民间是非的裁断者或者乡人的模范和榜样。正是在这个意义上，如上所引，聂豹强调士大夫是乡村社会治理、教化中的引导性、决定性力量，并呼吁广大士大夫参与到社会教化活动中去。

王艮及泰州学派也积极从事在民间的伦理实践。泰州学派是指王艮及其门人组成的一个学术共同体，是阳明学派的分支。泰州学派的形成，某种意义上就是王艮进行社会教化的一个结果。其主要成员除王艮之外，有徐樾、王襞、颜钧、何心隐、管志道、罗汝芳、周汝登、李贽等。泰州学派的成员多是民间人士，如王艮、王襞、颜钧、何心隐都从未出仕；罗汝芳、李贽虽曾出仕，但后来都主动致仕、归于山林；《明儒学案》里记载的朱恕、韩贞、夏廷美等人则分别是樵夫、陶匠和田夫。泰州学派的大部分成员，无官无职但却热衷心学、胸怀天下。泰州学派成员从身份上较少具有公共职责，但是他们却热心地从事公共事务和公共讲学活动，把社会教化作为自己的伦理使命。另外，在泰州学派中，心学思想的传播与传承完全超离了士大夫阶层，而走向民间与田野，通过市井启发愚蒙，脱离官方教育体系进行社会教化活动，在中晚明民间社会形成了一种独特的社会现象。

阳明后学的社会教化活动，立足于乡村社会，关注民间社会生活需求，将儒家伦理的抽象原则与社会生活的现实结合起来，在儒学发展史上，从理论上进一步明确了乡村社会生活对于国家天下的意义以及士大夫在民间教化中的

---

① 聂豹：《永丰乡约后序》，《聂豹集》卷三，第52页。

待救世主的出现显得更加现实。

比如邹守益，就非常热情地参与到"以礼化俗"的乡村伦理活动中去，他主张努力通过切实的行动来践行礼治精神，针对当时士人所表现出来的空谈倾向，邹守益提出："近来同志讲学，亦觉得话头太高，莫若从事亲从兄、和族睦乡句句步步着实做工夫。"① 对邹守益而言，在工夫践履领域里用力最多的则是乡村的礼治建设，他说道："乡村者，天下之积也。使一乡一村皆趋善而避恶，则天下皆善人矣。"② 邹守益通过讲学、支持江南各家族修撰家谱、制定乡约族规等具体活动，通过儒家教化活动参与到乡村的礼治建设中，实现其社会伦理理想。邹守益曾多次为人撰写族谱的序跋，并行成一套对于家谱与礼教关系的论点。在邹守益看来，家谱、族谱是仁孝之道的体现，更是礼教在宗族生活中的重要表现形式，他曾多次表述家谱对于生活的重要性，认为家谱、族谱是从时间和空间上都具有普遍性意义的载体，他说道："谱也者，普也，所以普其仁孝之道，周流贯彻而无弗用焉者也。普以言者，谱所及也。普以行者，则非谱之所及也。"③ 邹守益将"谱"解释成为普遍性之"普"，其目的在于强调尊尊亲亲的仁孝之道具有普遍性的意义，因此，虽然是一家一姓之谱，记录和承载的却具有普遍性的礼义原则。这些礼义原则，包含了父子之亲、长幼之序、男女之别，涵括了家族内部的权力关系、等级秩序，是家族内权力分配的见证，在时间上也具有普遍性意义，应该永远地保存下去，并以此保证和维系家族内部的秩序。邹守益认为，家谱族谱的存在，既能使人们"慎终追远"，保持家族的连续性，又能够让人们"患难相恤"，实现家族内部的团结，而这些都大大有利于乡村生活秩序。在邹守益看来，家谱、族谱对于社会生活的作用，主要在于明谱系以明礼而定秩序，从而实现尊祖睦族的效果。儒家的尊尊、亲亲之原则，以及日常生活中的父慈子孝、兄友弟恭、夫义妻正、姑惠妇顺等家庭伦理规范，都可以由于家谱的存在而得到强化。由此，邹守益特别重视家谱、族谱的修纂，借助家谱、族谱来落实儒家的道德教化，从事伦理实践。除了家谱、族谱之外，邹守益还多次参与《家约》《祠堂规》等家族礼仪文件的制定，落实儒家的礼治

---

① 邹守益：《简刘内重》之三，《邹守益集》卷十三，第663页。
② 邹守益：《立里社乡历及乡约》，《邹守益集》卷十七，第791页。
③ 邹守益：《族谱后序》，《邹守益集》卷二，第41页。

自武宗朝王新建以良知之学行于江浙两广间,而罗念庵、唐荆川诸公继之,于是东南景附,书院顿盛。虽世宗力禁,而终不能止。"① 王阳明心学的流传是伴随着书院和讲学活动的兴起而开展的,这甚至影响到最高统治者的关注并下令禁止,说明阳明后学的讲学活动影响是十分巨大的。

历史地来看,阳明后学的讲学活动,以传播阳明学为主要内容,推行良知教化活动,希望通过讲学活动来影响士人的心理,激发他们的道德理性、情感和意志,从而向更广范围的民众拓展,实现阳明学的伦理意图。换言之,阳明后学的讲学活动,不仅仅是一种教育活动,更是一种伦理实践,他们的根本目的是在"挽回世教"。因此,通过讲学所传递的不是知识,而是期望通过讲学激发人们内在的良知,也就是激发人们内在的道德信念,从而自觉地做一个有道德、能够"行道"的人。从阳明学的视野来看,大力讲习良知之学,就会使得人们明确自己所承担的道德义务与道德责任,知道圣人不在人而在"我",树立"满大街都是圣人"的意识,在日常生活中践履自己的道德良知,人人如此,社会就能实现"三代之治"的理想局面。正是在这个意义上,讲学活动就成了"觉民行道"的伦理实践,在阳明学的实现环节中具有重要的意义。

五 社会教化的伦理实践

除了讲学,阳明后学的伦理实践还体现在广泛的乡村社会教化活动上。在出现尧舜那样的君主推行儒家之道的理想一时不能实现的情况下,阳明后学把目光投向了民间社会。虽居江湖之远,但他们一样可以通过切实的乡村道德建设来落实政治关怀、实现政治理想。他们参与家谱、族谱的编订,参与乡约、民规的制定,参与乡村的劝善运动,参与民间社会的礼教推行,利用多种形式在下层群众的日常生活中将儒家的道德规则、心学的思维方式、礼教的仪节条目变成生活现实,促成民间社会改善道德风尚,形成良好秩序。虽然我们很难描述阳明后学的社会教化运动取得了多大的实际成效,但是他们"觉民行道"的伦理建设路径还是具有深刻的启发意义,这就是,重视民众的自我拯救要比期

---

① 沈德符:《万历野获编》卷二十四,北京:中华书局,1959年,第608页。

担荷,未能忘情,切切求友于四方者,意实在此。"① 王畿认为:"人生惟此一事,六阳从地起,师道立则善人多。挽回世教,叙正人伦,无急于此。"② 可见,王畿的讲学活动就是一种"挽回世教"的伦理活动。王畿的这一做法和看法具有一定的代表性。在阳明后学中,除王畿外,欧阳德、邹守益、聂豹、王艮等人都热心以讲学来落实他们的伦理关怀。欧阳德讲学曾声动天下,黄宗羲在《明儒学案》里提到:"先生以讲学为事。当是时,士咸知诵'致良知'之说,而称南野门人者半天下。癸丑甲寅间,京师灵济宫之会,先生与徐少湖、聂双江、程松溪为主盟,学徒云集至千人,其盛为数百年所未有。"③ 在黄宗羲看来,讲学成了欧阳德的主业,而且形成了数百年未有的盛况。又如邹守益也曾经在江西推行讲学活动,"阳明夫子生平德业著于江右为盛,讲学之风亦莫盛于江右,而尤盛于吉之安成,盖因东廓诸君子以身为教,人之信从者众"④。在处理繁杂行政事务的同时,聂豹尤其注重文教事业以教民化俗,据宋仪望记述的《双江聂先生行状》上记载:"先生往守苏州,至则首兴学校,正风俗,问民疾苦,禁革赌博,裁抑豪猾,吴人旧以豪纵自喜,初不甚便,其后乃帖然安之。苏为东南首郡,旧称难治,先生处之裕如。日群诸学士于学道书院,相与切磋。"⑤ 王艮在王阳明去世以后,回到家乡泰州讲学不辍,"开门授徒,远近皆至。同门开会讲者,必请先生主席"⑥。王艮在其家乡积极开展讲学活动,试图以道德教化参与社会建设。王艮讲学的直接后果就是形成了一个以其本人为宗主的泰州学派,这一学派在晚明社会和思想界影响巨大,参与者多为社会上的平民阶层。王艮及泰州学派的主要成员在民间讲学,向普通人群宣讲他们所理解的儒家之道以及阳明心学,期望以讲会鼓动的形式,让人们重视道德生活,推动乡村伦理建设,从而达到改造社会的理想。

阳明后学的讲学活动影响甚大,导致后来明世宗不得不有所禁止,《万历野获编》中记载:"书院之设,昉于宋之金山、徂莱及白鹿洞,本朝旧无额设明例。

---

① 王畿:《与沈宗颜》,《王畿集》卷十二,第329—330页。
② 王畿:《与萧来凤》,《王畿集》卷十二,第327页。
③ 黄宗羲:《江右王门学案二》,《明儒学案》卷十七,第360页。
④ 王畿:《漫语赠韩天叙分教安成》,《王畿集》卷十六,第467页。
⑤ 宋仪望:《双江聂公行状》,《聂豹集》附录,第642页。
⑥ 黄宗羲:《泰州学案一》,《明儒学案》卷三十二,第710页。

的政治，强调"三代之治"的道德合目的性以及治理上的合理性。他们宣称，他们所有的理论和现实努力都是要"挽复三代之治"，而不是要新创一个其他形式的美好社会。

对"万物一体"的信念，体现了阳明后学对王阳明勾画的理想秩序深信不疑，这是儒家"大同"理想的深化和发展；而对"三代之治"的信念，则说明了阳明后学无法超越他们的时代，依旧局限在儒家"往后看的乌托邦"的传统中。阳明后学虽然对王阳明的革新精神予以反复称道，但从本质上来说，他们的信念依旧是儒家式的，没有在实质层面在理想社会的构想上有所突破。

四 讲学的伦理实践

为了实现"万物一体"的理想秩序以及"三代之治"的社会，除了在理论上继续深化王阳明的良知学之外，阳明后学还积极地从事讲学和社会教化活动，落实儒者力所能及的政治担当。[①]

中晚明王学的讲学或会讲活动，自王阳明在世时就开始了，在王阳明身后，他的弟子和后学更加将这一学术传播活动大为推广。通过讲学，他们以阳明心学的思想激发人们关注自己的道德理性、道德信念与道德情感，从而意识到个体自己就承担着道德责任和道德使命，无论地位高低、身份贵贱，都能迈向圣人之域。阳明后学正是怀有这样的意识和动机，才努力地进行讲学活动。正是在这个意义上，讲学就不仅仅是学术活动，更是一种劝善的伦理实践。

基于对阳明心学的信念，他们不遗余力组织讲会、开办书院，四处宣讲和推广良知学，最大限度地鼓动人们信仰良知学并按照良知过一种符合儒家道德的生活。即使是在他们担任繁重的行政职务时，他们也往往利用手中的行政资源来开展讲学运动。如王畿到八十岁还奔走在大江南北，热心讲学，他说："区区八十老翁，于世界便有恁放不下？惟师门一脉如线之传，未得一二法器出头

[①] 吴震教授认为："如果说阳明学在社会实践方面主要表现为一种思想教化运动，那么我们必须注意到阳明学的讲学活动。"吴震：《阳明后学研究》，上海：上海人民出版社，2003年，第445页。在一定意义上说，讲学活动也是阳明学派社会教化的主要方式。

艮从"万物一体"的理想出发,演化出一种救世情结。王艮所欲"救"之世的理想状态,具体表现应该如何?在他心目中,理想的秩序是有着现实载体的,三代政治就是这一理想秩序的载体。在《王道论》中,王艮提出了一系列政治设想,最终的目的也是为了改变现实的政治,实现"三代之治"。他认为:"古者田有定制,民有定业,均节不忒而上下有经,故民志一而风俗淳,众皆归农,而冗食游民无所容于世……先德行而后文艺,明伦之教也。又为比闾族党州乡之法以联属之,使之相亲、相睦、相爱、相劝,以同归于善。夫养之有道而民生遂,而教之有方而民行兴……而三代之治可几矣。"[1] 王艮认为"三代之治"有两个显著特点,一是使民有所养,一是使民有所教。"有所养"依靠的是农耕、均田,"有所教"依靠的是德行为先、六艺为末,用仁义之道来教化人心,使得社会上道德统一、风俗端正,这就是"三代之治"之所以值得向往的理由。

他人不是地狱,而是与自己同命运、共呼吸的存在物,甚至对禽兽、草木、瓦石所蕴含的不忍之心都是"万物一体"情怀的体现,更何况那些和我们同类的人。在这种观看世界方式的主导下,"万物一体"就变成了一种存在者之间的秩序关系。圣人与我、我与他人、他人与他人之间,都是一体同心,人人比屋可封,一人不安就是己不安,一人困顿就是己困顿,每个人都是命运共同体里的一员。同时,由于每个个体的良知都是相同的,差别仅仅在于不同的人意识到自己良知的程度以及在现实生活落实良知的能力不一样,既然良知人人固在,每个人成为圣人的可能性是一样的,那么人就在本质上具有平等性。"万物一体"的秩序观与"人人皆有良知"的伦理观相结合,便产生了一种具有现代性意义的平等意识。当然,阳明后学完全不可能将这种平等意识在权利义务的层面上表达出来,只是强调在成为圣人的可能性上是平等的。这与他们在历史观上不能突破"往后看的乌托邦"情结,情况是相一致的。就像文艺复兴和工业革命之前的西方人认为社会发展的尽头是世界的终结和末日审判而没有形成"历史进步"的观念一样,阳明后学的时代,儒家学者所能想象的最好时代不是在未来,而是在遥远的古代,上古的"三代之治"代表了最为理想的政治。为此,阳明后学不断重复描述"三代之治"的美好蓝图,并借助"三代之治"批评当时

---

[1] 王艮:《王道论》,《明儒王心斋先生遗集》卷二,第18页。

说:"吾儒之学原与物同体,非止为自了汉。"① 王畿认为,儒家的追求不是个体心性的满足,不是为了实现个人的精神世界,而是要实现理想的秩序,所以王畿提出君子之学的理想应该是"以政为学,以无欲为基,以天地万物一体为己任"②。王畿把王阳明提出的"万物一体"作为使命,他说:"是故君子之治也,视天下犹一家也,视天下之人犹一人之身也,视天下之心犹一心也。"③ 良好的治理,应该是怀有一体之心,将天下的祸福、他人的苦乐都当作与自己休戚相关的事情,"己所不欲,勿施于人",同时,要用平等之心对待他人,不能怀着区别心、分别心来进行治理。王畿还说:"天地万物,一体相通,生生之机,自不容已。一切毁誉利害之来,莫非动忍增益,以求尽吾一体之实事,随其力之所及,在家仁家,在国仁国,在天下仁天下。"④ 天地之间的所有人与物,都与自己是一体相通的,人处其中,尽力实现自己力所能及的职分,做好自己分内事,就是做好天下事,天下与个人实现了一种联通。

王艮也经常用"万物一体"来表达自己济世利民、心怀天下的情怀和志向。王阳明将"万物一体"作为一种理想的秩序以及为实现此秩序的一种拯救精神,而王艮则直接将"万物一体"和其自身的社会责任联系在一起,将"万物一体"的理想具体化为自己的个人抱负,这比阳明学说更加具体化了,也更多了一份狂者气息。为了表现这种狂热的救世情怀,王艮专门著有《鳅鳝赋》一文,文中提到:"吾与同类并育于天地之间,得非若鳅鳝之同育于此缸乎?吾闻大丈夫以天地万物为一体,为天地立心,为生民立命,几不在兹乎?"⑤ 在这篇短文中,王艮用寓言的方式表达了他所主张的"万物一体"的政治理想和人生志向。王艮以道人与鳅自况,一方面表现了要像鳅一样,在"天地万物为一体"的自然本能下进化为意识自觉,从自救到救人,展现了儒家的成己、成物的道德情怀;另一方面,道人的出现就是将这种自然现象、生活场景上升到思想和理论层面,从而影响更多的人投入到自救、救人和成己、成物的社会改造运动中。可见,王

---

① 王畿:《与陶念庵》,《王畿集》卷九,第224页。
② 王畿:《贺中丞新源江公武功告成序》,《王畿集》卷十三,第368页。
③ 王畿:《起俗肤言后序》,《王畿集》卷十三,第358页。
④ 王畿:《王瑶湖文集序》,《王畿集》卷十三,第351页。
⑤ 王艮:《鳅鳝赋》,《明儒王心斋先生遗集》卷四,清袁承业刻本,第10页。

益看来,礼仪中所确定的规矩,不是人为设置的,而是先天良知的外在化体现,是良知、至善的具体化、现实化,因而人们如果"致良知",以"戒惧"之心应对世事,在日常行为中的表现就是遵守礼乐的规矩,遵守礼乐规矩和"致良知"是一致的。这里不难看出,邹守益较好地遵守了阳明学派万法皆归宗于良知的基本主张。聂豹把"良知"作为疗救社会病的良方:"圣门教人如医之用药,是也。良知是之轩岐肘后之方,何病不知,何病不能医?"[①]聂豹对良知怀有一种信念式的坚持,同样用狂热的宗教情绪把良知作为医治社会百病的良方。

阳明后学诸子对良知的高度自信,最重要的思想史意义在于给予人们一种信念。阳明后学对良知的信心近乎一种信仰,他们将良知作为道德行动的根源,他们相信道德理性、道德意志、道德情感的力量,认为只要坚守良知、确立良善的道德意志和道德情感,并将这些意志和情感通过个体运用到社会上去,每个个体都按照良知塑造自己,在公共生活中各"致良知",那么社会政治生活也就会走向良善。对良知的信念,说到底是一种对于人类道德和自身意志力量的信念。

三 对"万物一体"与"三代之治"的信念

深受王阳明的影响,在阳明后学心目中,合乎道德的社会生活建立在"万物一体"的秩序观上,其具体的、可参照的历史形态是"三代之治"。"万物一体"是宋明以来儒家观看世界的一种视角,自张载、程颢以来,儒家用一种物我同体的视角来进一步诠释先秦儒家的仁爱之心。换句话来说,什么是仁爱之心以及仁爱之心如何呈现出来?那就是将他人、外物都看作与自己有着血缘宗法之关系、休戚与共之关联的存在者。墨子式的将父兄与路人同等对待固然不符合儒家的情怀,但是反过来,如果以父兄之情对待原不与自己相关的路人,那么这种宽广胸怀则是儒家倡导的。正是在这个意义上,王阳明提出"大人者,以天地万物为一体"的思想,并被其后学不断弘扬。

在阳明后学中,王畿就是热衷于宣扬"万物一体"思想的重要人物。他曾

---

① 聂豹:《答戴伯常》,吴可为编校整理:《聂豹集》卷十,南京:凤凰出版社,2007年,第339页。

了，这在一定意义超越了儒家在此岸世界讨论问题的传统，具有一种非理性因素与其中。由此足见，王畿对王阳明学说的发挥，充斥着一种浓厚的宗教情怀，达到了宗教信仰的境地，具有一定的非理性色彩于其中。①

欧阳德也认为良知是人世各类事务的枢纽，"致良知"能够解决所有的社会问题，他说："良知致，而天地之道立，人之能事毕矣。艺文宦业，莫非良知之用。"② 在这里，良知作为一种人皆有之的伦理准则，能够让人们知所是非，人如果能时时明确良知之所在，就能恰当的安排自己的言语与行动，也能保证社会秩序的合理。良知既可以促进人在日常生活中修养自身，往内能端正人的意志、情感，向外能控制人的言语行动；良知也可以落实在公共政治生活中，保证人们在交往中遵守儒家的伦理规范，从而实现"纲常伦理、礼乐刑政之达"的实际功效。众所周知，在阳明学那里，良知的作用几乎是无所不能的，王阳明就曾说："良知是造化的精灵。这些精灵，生天生地，成鬼成帝，皆从此出，真是与物无对。"③ 对良知怀有坚定的信念，对于良知在实际生活中的作用深信不疑，这是阳明后学共同的特质。

邹守益把良知作为儒家"礼教"的根源，从而提高良知在儒家思想中的地位。他提出："良知之教，操规矩以出方圆也。而摹方效圆者，将复哄然以禅疑之。呜呼，爱亲敬长，吾良知也。亲亲长长，以达天下，将非致吾之良知乎？恻隐羞恶，吾良知也。扩而充之，以保四海，将非致吾之良知乎？孰为礼，孰为非礼，吾良知也。非礼勿视听言动，而天下归仁，将非致吾之良知乎？"④ 邹守益明确提出了"礼"与"非礼"的界限就在于人们是否依照良知而行动，按照礼的要求所表现的"勿视、勿听、勿言、勿动"，其根本原因正是人们"致良知"的表现，因此，"礼"与良知实为一体，良知是内在根据，"礼"是外在表现。在邹守

---

① 对此，杨国荣在《王学通论》中曾指出，王畿"把先天之知加以凝固化、绝对化，并无条件地（抽象地）夸大其作用……内在第蕴含着非理性主义的契机"。杨国荣：《王学通论》，上海：华东师范大学出版社，2009年，第90页。

② 欧阳德：《英山县重修儒学记》，陈永革编校整理：《欧阳德集》卷八，南京：凤凰出版社，2007年，第257页。

③ 王阳明：《传习录》下，《王阳明全集》卷三，上海：上海古籍出版社，2011年，第119页。

④ 邹守益：《九华山阳明书院记》，董平编校整理：《邹守益集》卷六，南京：凤凰出版社，2007年，第322—323页。

心给予了对象物以意义,而不是相反。困惑于当时士人追逐文辞、知行脱节的社会风气的阳明后学人物,豁然觉察到造成这些"假道学"、虚假学风文风、口是心非现象的原因,正是因为人们盲目地追逐外在事理,驰求多端,而遗忘了道德行动的源头恰恰在自己的内心良知,而不是外在的利益、功名。一旦实现了从天理到良知的外内翻转,阳明后学便坚定地相信只有良知所代表的内在道德理性、意志和情感才能真正地实现现实的道德行动,没有内在力量的支撑和决定,所有的道德行动都不过是一种剧场的假象,是道德的表演,而不是真正发自内心的道德行动。道德表演因为具有可模仿性,故而人们完全可以通过道德表演实现自己利益的最大化,而社会就在全民道德表演中一步一步走向衰落,乃至不治。只有人们真正的按照自己的道德理性、意志和情感来安排行动,也就是按照良知行事,社会上的道德表演才会逐渐减少,而发自内心的真正道德行动才会增加。正是认识到王阳明良知学的苦心孤诣之所在,阳明后学在感性地信仰王阳明的基础上,又形成了对其良知学说的理性信念。

王畿曾用近乎宗教性的词语来指称良知,他认为:"大抵我师良知两字,万劫不坏之元神,范围三教大总持。良知是性之灵体,一切命宗作用只是收摄此件,令其坚固,弗使漏泄消散了,便是长生久视之道。"① 王畿将良知作为一切之总持,又说:"师门宗旨,良知两字,是照妖大圆镜,真所谓赤日当空,魍魉潜消者也。"② "元神""总持""灵体""长生久视""照妖大圆镜"等,从王畿描述良知的用词上来看,把良知放到了信仰崇拜的位置上。王畿推崇良知有其对阳明学狂热信仰和宣传的色彩于其中,但从某种意义上讲,也表现了他对良知观念超越道德层面的其他功效十分自信。王畿认为,良知先于经验而存在,具有本体性的至高地位,是圣门唯一之路,"予惟良知两字,是千圣从入之门,自初学至于成德,只此一路,惟有生熟不同,更无别路可走"③。所以在王畿看来,良知在生活中具有极其崇高的价值:"阳明先师良知两字,乃是范围三教之宗,是即所谓历劫不坏先天之元神。"④ 在儒家的立场来看,"先天元神"似已是"六合之外"

---

① 王畿:《与魏水洲》,《王畿集》卷九,第202页。
② 王畿:《与陆平泉》,《王畿集》卷九,第222页。
③ 王畿:《桐川会约》,《王畿集》卷二,第53页。
④ 王畿:《与潘笠江》,《王畿集》卷九,第215页。

人物的传记里，都有将他们接续到先秦孔孟的类似言语，如周敦颐、二程、朱熹等。王畿等人对王阳明的维护，也是这一传统的延续。

再如聂豹，在王阳明生前，聂豹并未以师事之，但他服膺阳明之教，热切的追随王阳明，在王阳明逝世以后，还非常认真地继续拜其为师，并以阳明学说为宗旨而论学。《明儒学案》上说，"阳明既殁，先生时官苏州，曰：'昔之未称门生者，冀再见耳，今不可得矣。'于是设位，北面再拜，始称门生。以钱绪山为证，刻两书于石，以识之。"① 老师已经去世，而学生以在他人见证并勒石以记的方式来拜师，在中国思想史上并不多见。聂豹在王阳明去世以后，在钱德洪的见证下正式成为阳明门人，而归入阳明后学的序列中，这足以说明聂豹对于王阳明个人的坚定信念，并以实际行动落实这个信念。

在阳明后学的文献中，对王阳明个人所表达的崇敬之情，十分多见，甚至有将王阳明"神化"的诸多做法。② 阳明后学对于王阳明的信念，既体现了儒家"尊师重道"的传统，也表现了他们以权威化、神圣化的方法来建立对王阳明的信念，并在此信念的基础上进一步推广他的学说和思想。在儒家思想传统中，道德信念的落实往往需要以人格化的方式进行，对儒家道德原则的信念，往往是与对尧舜禹汤、文武周公、孔孟先圣等人格崇拜并列在一起的。正是在这个意义上，阳明后学在各种场合极力展现对王阳明本人的崇敬和信念，这既是他们个人情感的表达，也是为了建立和强化阳明学所主张的心学思想的合理性，扩大心学思想、良知观念的传播效果。当然，对学派宗师的过于崇拜，也会导致后学被束缚在宗师的框架下，在继续创新上有所不足。

二 对良知的信念

王阳明所强调的良知之学，使得阳明后学发现了内在于人心中的道德力量，进而对这种内在的道德力量产生了坚定的信念。当人们孜孜于追求外在天理的时候，王阳明宣称伦理原则不在对象物那里，而在自己的内心，是人的内

---

① 黄宗羲：《江右王门学案二》，沈芝盈点校：《明儒学案》卷十七，北京：中华书局，1985年，第372页。
② 参见钱明：《中晚明社会对王阳明的造神运动》，《杭州师范大学学报》(社会科学版)，2009年第3期。

村的道德建设，建设一个高举心体和良知旗帜的道德理想国。可以说，对王阳明以及良知、"万物一体"和"三代之治"持有坚定的信念，并不断落实讲学和教化的伦理实践，构成了阳明后学思想和行动的基本特质。

一 对王阳明的信念

王阳明作为王朝官吏，立下不世之功；作为儒家思想家，历百死千难，创立良知学；作为学派创始人，学生、门人众多，为政、为学、为教都取得了引人瞩目的成就，凭着巨大的个人魅力赢得了后学的膜拜。阳明后学被王阳明神奇经历所倾倒，为他的造道精神所折服，为他挑战朱学的勇气所震撼，故而往往表现出崇拜的态度来对待王阳明。他们言必称王阳明，行必推广、落实王阳明之学，在中晚明社会掀起一场以王阳明为旗帜的思想运动。

由于有着明确的学派意识，阳明后学对于王阳明及其学说持有坚定的信念，既是对王阳明心学思想的服膺，也是对王阳明本人的一种信仰与追随。他们极力树立王阳明在儒学史上的崇高地位，如王畿认为王阳明的良知学直接续接孔颜，是儒门最为正宗者。王畿曾说："子既为儒，还须祖述尧周，效法孔颜，共究良知宗旨，以笃父子，以严君臣，以亲万民，普济天下，绍隆千圣之正传。"[①] 这里显然可以看出，"绍隆千圣之正传"的题中必有之义是要"共究良知宗旨"，王畿的言下之意在于王阳明就是孔颜之后最为正宗的儒者，故而他说："颜子没而圣学亡，举世寥寥，高者蔽于见解，卑者溺于奢欲，反复相寻，盖千百年于兹矣。自阳明先师倡发良知之旨，以觉天下，千载不传之秘，始有所续。"[②] 王畿跳过孟子、朱子等大儒，直接将王阳明之学续接到孔子、颜回，以此强调阳明心学是儒家正统，说明了王畿的护教情感，也表明他对王阳明本人历史地位的明确阐扬。判教意识、争夺正宗地位历来是中国文化传统，儒释道概莫能外。他们往往将后世某一学术派别直接接续原初创教者的思想，以此来强调其门派的正宗性、合法性地位，这是传统中常见的做法，宋明理学主要代表

---

① 王畿：《答五台陆子问》，吴震编校整理：《王畿集》卷六，南京：凤凰出版社，2007年，第149页。
② 王畿：《陆五台赠言》，《王畿集》卷十六，第445页。

阳明后学的道德信念与伦理实践

朱 承

(华东师范大学哲学系)

在深厚的儒家传统里,思想家们总是念头在世间,对于现实的政治秩序、伦理生活充满忧患意识,希望有一种思想能够彻底地解释并改造社会生活。阳明后学同其学派创始人王阳明一样,遵循着儒家传统,积极入世,胸怀救世的热忱,激荡思想,奔走呼告,期望他们所坚持的理想信念、学术思想以及他们所从事的讲学和社会教化活动能够影响政治与伦理,进而实现理想的秩序。自王阳明创立学派以来,其门人和后学秉持心学精神,或延伸心学的哲学思考,或解释和宣传王阳明思想,或将心学精神贯彻到社会生活中去,从不同的角度、层次、领域发挥着王阳明的思想。在"化治世为治心"[1]这一伦理政治的总体思路激发下,阳明后学真诚地相信人的良知可以转化为救世、治世的根本性力量,在良知的主导下,人们凭借着自己的道德理性、道德意志、道德情感以及在现实生活中的道德行动,可以实现万物一体的理想秩序,可以实现重新回到三代社会的理想政治。为此,他们积极的从事讲学活动、教化活动以及政治活动,以最大的热情传播良知之学,改变士风和社会风俗,期望通过启发广大群众特别是乡村社会的下层群众,最大程度地发挥自己的良知来从事家庭、家族和乡

---

[1] 这一说法是对王阳明政治哲学思想总体思路的一个概括,具体参见朱承:《治心与治世——王阳明哲学的政治向度》,上海:上海人民出版社,2008年。

需要自觉地突破学说传承乃至衣钵继承观念，引入更为复杂和多样化的视角。尽管王道与王阳明、湛甘泉之间的师徒关系最终均告破裂，但裂痕产生的原因明显有别。二王之间的疏离和相互批判，主要是受到学术认同与学说取向有别的影响；而王道与湛氏之间，则主要受到仕宦表现和出处抉择这些个人行为取向的影响。不过，虽然王道最终选择追寻一己独立之学，但那些曾经的师徒伦理，仍然带给他很大压力。此点在二王交涉中体现得非常明显：当双方的学术分歧已经明确化以后，王道仍然刻意回避直接与阳明本人继续辩论分歧，而选择在阳明弟子或他人面前提出对阳明学说的直率批判。[①] 准此而论，我们不妨尝试性地猜测，在王道与湛甘泉的交涉中是否有类似的来自师徒伦理的压力。比如，当嘉靖初年魏校与湛甘泉产生冲突时，远在北京的王道反复居间说情，此举究竟是源于王道对事情是非曲直的真切认同呢，抑或受到自己与湛甘泉之间的师徒伦理的压力，甚至是湛氏方面的主动施压呢？

---

① 详参前引刘勇：《从门人到批判者：明儒王道与阳明学之疏离》。

世之立门户相标榜者,则深耻之。尝言:"汉以前无名道学者。其人品如张文成、曹相国、黄叔度、管幼安,皆真道学之流。虽老、释二氏,亦各有所见,不可厚非。"凡其言议不随时苟同,故能表见辈流,大自树立,不为利害所动,进退从容。①

不过,在讲究师承渊源的学派观念中,像王道这样的案例却不易被妥善安顿。由于王道与王阳明、湛若水均有师徒名分,而最终与两人的论学关系均告破裂,故各方在如何书写这种关系时分歧颇多。如前所述,从王道立场写成的严嵩撰神道碑铭、焦竑撰序,皆能尊重王道对于一己独立学说的追求,完全不提他与阳明和甘泉曾经的师徒关系,严嵩甚至含糊地提及王道对这种关系的批判态度。而从王阳明的立场撰成的文字中,对于二王的师徒关系却别有书写,并且随着时势和作者的变动而有所变化。②

黄宗羲在编排《明儒学案》时,也面临不易安顿王道的困境。在《学案》的早期刻本紫筠斋贾刻本中,黄宗羲在详细介绍了王道"初学于阳明,阳明以心学语之",但"其后因众说之淆乱,遂疑而不信"的转变后,复指出"先生又从学甘泉,其学亦非师门之旨",对此,《明儒学案》的处理办法是"姑附于甘泉之下"。显然,所谓"众说之淆乱",重点应是指以魏校为中心的阳明学说反对者群体;所谓"姑附于"则表明,尽管黄宗羲将王道置于《甘泉学案》中,但同时也意识到这个安排的勉强之处。看来问题在于,从师承来看,既可将王道置于阳明学案中,也可放在甘泉学案中;但从学说宗旨来看,两者都不妥当。黄氏对《明儒学案》的修订情形,更加可以坐实他从"学派"角度看待王道时所自感为难之处——在通常被视为《明儒学案》定本的晚出二老阁郑刻本中③,黄氏干脆彻底删掉了王道,既不列入《甘泉学案》,也不收入其他任何学案中。

无论是就王阳明、湛甘泉、王道关系的当时实况来看,还是从黄宗羲《明儒学案》的事后观察视角而言,都提醒我们在看待宋明理学脉络中的师承关系时,

---

① 严嵩:《明故吏部右侍郎王公神道碑铭》,《顺渠先生文录》卷末附录,第25—26页。
② 详参前引刘勇:《从门人到批判者:明儒王道与阳明学之疏离》。
③ 关于《明儒学案》的版本情况,参见朱鸿林:《〈明儒学案·发凡·自序〉研读》,《〈明儒学案〉研究及论学杂著》,北京:生活·读书·新知三联书店,2016年,第68—70页。

万历年间的名儒焦竑,在应邀为王道著作集撰序时,同样对此再三措意:

> 顺渠先生以绝人之资,少游词馆,一切棼华文艺之好不入其心,而直以穷理尽性为志。浏览古今,出入老、释,而得其所谓性者,涣然自信曰:"道在是矣。"自是莅官行己,率以是为归。方为庶常,清华在望,辄请教职而南,其志固已远矣。至鼓箧京辇,典乐成均,靡不以古道相劘切,士之彬彬兴起者为多。是时大臣,与先生殊趣,犹知重其德学,推毂不已。自太常历卿贰,駸駸柄用矣。先生乃屡退而一进,甫进而辄退,人见为恬于荣禄,不知先生之出处皆有深意,非苟然者。然则先生之于道,所谓实允蹈之,非耶? 今见是集者,深探奥窔,洞朗关窍,于《易》之所谓密,《中庸》之所谓隐者,三致意焉。虽率然有作,必归于此。学者潜心求之,即圣人所罕言者,必于此问津焉。斯固儒学之潭奥,非群华之桦萼也。①

焦竑显然是将王道莅官行己的仕宦出处表现,归因于其求道有得、德学充养,故有上佳的外在表现和树立。并且,焦竑没有将王道的德学素养与王阳明、湛若水,或任何其他宋明理学名家联系起来,而是着重强调由其独立"浏览古今,出入老、释"所得。事实上,对于王道致力于追求独立的一己学说并最终学有所得,早在嘉靖二十七、二十八年(1548、1549)严嵩应邀为之撰写神道碑铭时已经特别指出:

> 公貌厚而气温,学笃而志远。始也驰骋词翰,既而叹曰:"此无益也。"乃遂研精于义理之学,取宋儒程、朱书读之,既又取《论语》一部,反复潜玩,有悦于心,曰:"圣门平实简易之学,固如是也。"公虽潜心理学,而见

---

① 焦竑:《王顺渠先生集序》,《焦氏澹园续集》卷一,明万历三十九年朱汝鳌刻本。有趣的是,焦竑其实对王道三教合一的论学取向并不满意,在明万历三十四年谢与栋刻本《焦氏笔乘·续集》卷二有云:"孔、老、释迦之出,为众生也。《法华》云:'诸佛世尊,唯以一大事因缘,故出见于世。'又云:'诸佛如来,但教化菩萨,诸有所作,常为一事。'唯以佛之知见,示悟众生。知佛,则知孔、老矣。后世源远流分,三教鼎立,非圣人意也。近日王纯甫、穆伯潜(穆孔晖)、薛君采(薛蕙)辈,始明目张胆,欲合三教而一之,自以为甚伟矣。不知道无三也,三之未尝三;道无一也,一之未尝一。如人以手分擘虚空,又有恶分擘之妄者,随而以手一之,可不可也。梦中占梦,重重成妄。"

看此书,亦莫能惑之矣。夫何王子纯甫(王道)乃惑之而为之(忆)[亿]焉?则王子于吾儒大中之学未究,不见日新之益,盖可知也。我师尊谓为何如?"

师(湛若水)曰:"相与讲学长安,尽有见解。后失其故步,遂至胡涂无所分别尔。"①

湛甘泉在此对王道的评判,一如前引答冼桂奇之问,由最初的"尽有见解",到迷失方向,儒、道不分。只不过此处更加笼统,省略了由佳而劣过程中受到魏校影响这个中间环节而已。

四 结　语

本文的讨论指出,王道与湛若水之间在正德六年(1511)确立师徒关系之后,直到嘉靖初年始终保持着比较融洽的论学交往。即使从正德八、九年以后,王道受到以魏校为中心的阳明学批判者的影响,在学说立场上倾向于朱子学,并因此与阳明学说疏离直至决裂时,仍然与湛甘泉保持着比较融洽的论学关系。王道与湛甘泉关系的裂痕,与湛若水在"大礼议"中的政治言行,特别是其易进难退的仕宦出处表现密切相关,同时也与王道自己试图摆脱朱熹、王阳明、湛若水、魏校等宋明儒学名家的影响,尝试整合三教资源从而建立一己独立学说追求有关。

王道难进易退的历官表现,清楚说明了他对仕宦出处的重视。当正德六年中进士并被选为庶吉士后,不久王道就以家乡治安不佳为由,上疏请求改授教职,得应天府学教授。此后王道辗转于南北两京礼部、吏部司官。嘉靖初年,"大礼议"新贵之一的方献夫荐其"可备宫僚劝讲之职,乃擢春坊左谕德",而王道固辞之;嗣后反复获荐,或辞而不出,或出即乞归,全无恋权求进之表现。对此,严嵩在其神道碑铭中详加铺陈,用意明显;隆庆二年(1568)王道获朝廷赠"文定"谥号后,致仕家居的内阁大学士严讷为之撰传,对此也特别加以强调。②

---

① 冼桂奇:《孔子问礼辩》,《非老子附录》,《甘泉先生续编大全》卷三十二,第1060页。
② 严讷:《王文定公传》,骆大俊纂修:《(乾隆)武城县志》卷十四,清乾隆十五年刻本,第44—46页。

孔圣者。虽然，王子未知道，不足怪也。独怪其出于门下，非惟于师道无所发明，反贻名教之累也。此书传于天下，将必有追咎者矣。如何？

［湛若水答：］王子年妙时在长安相从，虚心听受。后又信庄渠（魏校），溺于俗学。今又淫于老子之学，非命也耶？因得《老子亿》读之，即以平日所得圣贤之指非，随笔注于简端，所以闲先圣之道，不劳神也。①

在此时的湛甘泉看来，王道的为学之路经历了三个重要阶段性变化：首先是正德六、七年（1511、1512）在北京"虚心听受"时期，显然这是其学最纯正的阶段；其次是受到魏校影响而流于俗学的阶段，大致上相当于正德末年至嘉靖初年；最后是当前"淫于老子之学"而流于异端的阶段。简言之，王道之学被湛氏视为每况愈下。关于魏校，如前所述，嘉靖初元前后湛氏在广东与其冲突严重，以至于远在北京的王道出面说情。

冼桂奇除了当面请教老师湛甘泉外，还向湛氏呈上自己十年前的旧作《孔子问礼辩》。他声称"读太史公传老子，有孔子适周问礼于老子之说而疑其诬"，经过分析，他认为这个故事是"老子之徒借孔子以尊其师，故为是说，欲天下后世知孔子者，亦吾师之弟子云尔"。为此，他撰成《孔子问礼辩》，但彼时"未能自信，故不敢出诸人也。兹承《非老子》之教，录上丞丈一览，以为何如？"②湛氏则将此文作为自己所撰《非老子》一书的附录，其中提到：

霍任问曰："《老子》一书，只是老子之后有一人，资质之偏、之高、之朴者为之也。何如？"

师（湛若水）曰："此人非朴非高，直是偏驳狡谲之人也。"

［霍任］又曰："《老子》始以无名有名论道，中以礼为忠信之薄，及治人事天莫啬之章，又以使民结绳而治之终焉。其言偏曲诡谲，盖似是而实非者也。吾师翁非之，句句的当。中间紧切处，非其分道德为二，离有无为二，昧体用一源之指，谓其不知道而非老聃之所作，诚是也。知学君子

---

① 湛若水：《冼桂奇问》，《甘泉先生续编大全》卷二十七，第709—710页。
② 冼桂奇：《孔子问礼辩》，《非老子附录》，《甘泉先生续编大全》卷三十二，第1050—1051页。

否，吾身之进退，吾自知自信，中立不倚，何与于人？何必以此晓人？盖此编乃门下史进士刻之，然可以告君父者，无不可以告朋友、告人人。盖此编论道也，非论事也。古人不存奏稿者，论事之言，恐彰君父之过。若此编皆论道之言，又累蒙圣明嘉纳，固无嫌可避，且足以彰君之美也。近日有叶生春芳作跋语，殆识此。若夫疑者自疑、信者自信，吾又何与焉！"①

《续录》所收内容，是湛甘泉嘉靖十二年（1533）八月从北京礼部侍郎转南礼部尚书之后，直到十四年与门人在新泉精舍论学的记录。②这个收录时间范围，跟湛氏从收到王道来信到嘉靖十四年底回信高度重合。不易确定的是，此处的"王顺渠司成问"，是否王道于嘉靖十二年六月至十三年四月任南祭酒期间，亲自参与新泉精舍讲学时的问答③，抑或湛氏师徒在新泉精舍摘录王道返家后的来信内容加以讨论？无论如何，此处所谓"吾自知自信，中立不倚"，即覆王道信中所谓"有本"之说；"论道"与"论事"的分疏，亦即覆王道信中事与心、本与末之区分，因此，两者的立论并无重大差异。

在嘉靖十四年之后，王道与湛甘泉的关系看来有进一步恶化的趋势。晚年的王道致力于建构一己之学，因而努力向《大学》改本、《周易》、三教寻求资源④，为此撰成《老子亿》一书，认为孔子曾师事老子，故孔、老学说并无不同。湛甘泉获读此书后，认为其学已流于异端，故撰《非老子》一书逐条驳斥。其中记录了湛氏同门人冼桂奇之间的问答：

［冼桂奇］问：昨奉来教，知《非老子》将梓成书，所以闲先圣之道，意甚至也，得无费高年之神乎？注《老子》者多矣，未有如王纯甫拟老子于

---

① 湛若水：《新泉问辩续录》，《泉翁大全集》卷七十一，第1754页。
② 参见黎业明：《湛若水年谱》，第143、163、195页。
③ 在王道《顺渠先生文录》卷六《奉甘泉先生》中，第11页。按：论述《献纳编》的这段文字处于整篇书信的末尾，但却提行另起，不知是否由于抄录自湛氏著述之故？
④ 参见水野实：《台湾"国立中央图书馆"藏希觏本〈大学〉注释书による〈古本大学〉の解釈について》，联合报文化基金会国学文献馆编：《第一届中国域外汉籍国际学术会议论文集》，台北：联经出版事业公司，1987年，第545—562页；水野实：《王顺渠の〈大学亿〉について》，早稻田大学：《フィロソフィア》，第67号，1979年，第93—121页；朱湘钰：《王道〈大学亿〉析论——晚明〈大学〉诠释之一侧写》，《当代儒学研究》，2013年12月第15期，第150—182页。

修其在己,收敛精神。上曰:'既欲朕收敛精神,即不宜烦扰。'盖深窥其微也。近代士大夫通道盖如此。"① 然而,湛氏对皇帝的公开批评不以为意,《献纳编》接着还收录了十一年(1532)十一月的《进演雅疏并序》、十二年二月《进古文小学疏》和《进瑞鹿赋疏并序》。②

湛若水的上述表态是否言行相顾,还可以从负责编刻《献纳编》的湛氏门人所说此书用意来加以印证。卷首嘉靖十三年九月门人叶春芳序言称:"先生忠献焉,圣天子嘉纳焉,宛然唐虞都俞之风也。是故刻之也,昭一时君臣相感之甚也。"③ 同年十月门人梁宇撰《后跋》亦称:"窃惟吾师泉翁之得君也而能献焉,千圣万贤之心法于兹乎寓;我明皇之得臣也而能纳焉,二帝三王之家法于兹乎明。今观其献纳之言,或直而核,或讽而婉,或婉而入,或核而从,无非所以致其启心沃心之诚也至矣。是故君不逆于其言,而臣不疑于其心,明良相遇之机,端在是矣;雍熙泰和之治,于是基矣。"④ 如前所述,嘉靖皇帝与湛若水之间的实际关系,跟此处湛氏门人宣称的"唐虞都俞之风""明良相遇之机",相去实在太远。

对于王道以"近名"怀疑湛氏编刻《献纳编》的用心,湛氏不仅在回信中有针对性响应,还在讲学场合跟其他门人解释。不久后,湛氏门下在编辑《新泉问辩续录》时,特别摘录了前引王道书信中有关该书的论述文字,然后记录湛氏对此的响应:

> 王顺渠司成问:"《献纳编》前已受读。吾师之意,盖欲……乃以近名疑之,陋哉!"
>
> [湛若水答:]"其谓近名,固不足辩,只可以自反自警策耳。吾道之行

---

① 谈迁:《国榷》卷55,第3455页。
② 湛若水:《甘泉献纳编》卷下,第841—848页。以上此段所述,并参见朱鸿林:《明儒湛若水撰帝学用书〈圣学格物通〉的政治背景与内容特色》,《朱鸿林明史研究系列·儒者思想与出处》,北京:生活·读书·新知三联书店,2015年,第129—176页;胡吉勋:《"大礼议"与明廷人事变局》,北京:社会科学文献出版社,2007年,第111页;黎业明:《湛若水与"大礼议"之关系述略——兼述嘉靖皇帝对湛若水的态度》,《明儒思想与文献论集》,北京:商务印书馆,2017年,第121—139页;任建敏:《从"理学名山"到"文翰樵山"——16世纪西樵山历史变迁研究》,第46—63页。
③ 叶春芳:《献纳编序》,《甘泉献纳编》卷首,第809页。
④ 梁宇:《献纳编后跋》,《甘泉献纳编》卷末,第849页;并参见黎业明:《湛若水年谱》,第177页。

然是儒学用舍与个人进退问题,而王道在揣测湛氏以身示例的基础上,最后却借"或者"之口,明确质疑湛氏此举不无自我标榜的"近名"之嫌。

对此,湛甘泉在回信中辩护,富贵、贫贱、取舍与颠沛、造次、终食不违是内外合一之道,其中富贵、贫贱、取舍属事、属末,颠沛、造次、终食属心、属本,必有是心而后有是事,有其本而后有其末,不能本末颠倒。因此,《问辩录》中的师弟问答论学详于后者而略于前者。就个人出处进退而言,关键不在于出与处、进与退这些行为表现本身,而在于这些行为表现是否"有本",亦即出处进退等行为必须要在是否符合"道"的前提下来考虑。例如,表示速去的"接淅不税冕而行",与表示不苟去的"迟迟吾行,去父母国之道",问题的关键就不在于去还是不去,它们都是在"有本"的前提下,在恰当的时机被实施的行为,因此都是符合"道"的圣贤之行。

但既有研究表明,在嘉靖三年(1524)"左顺门事件"之前的"大礼议"争论中,湛甘泉是明确站在嘉靖皇帝对立面的杨廷和一边的。杨廷和不仅是弘治十八年(1505)会试主考官,与该科进士湛若水有座主门生之谊,同时也是嘉靖元年五月湛氏复翰林院编修职的推手。因此,当六月初二杨廷和等人上疏谏诤时,湛氏随即上《初入朝豫戒游逸疏》呼应杨氏。此后,湛氏反复从这个政治立场上疏支持杨廷和,并多次在群臣反对皇帝追尊其父的联名奏疏中署名。杨廷和于嘉靖三年二月致仕,反对皇帝的力量进一步削弱。随后,七月发生著名的"左顺门事件",湛氏却没有参与此事,但皇帝却已经记住湛若水,次月就以明升实降的方式将其调离北京翰林院,任南京国子监祭酒。从此以后,皇帝从未改变对湛氏的看法,大概在七年底、八年初,皇帝曾明确评论湛氏为背叛朋友的势利之徒。至十年十一月,皇帝建祈嗣醮于钦安殿,以礼部侍郎湛若水、顾鼎臣充迎嗣导引官。十二月初八日,湛若水上《劝收敛精神疏》,初十日奉圣旨:"这所言,朝廷已知。尔既欲朕收敛精神,便不须烦扰。该衙门知道。"[①] 显而易见,皇帝对湛氏的不满已经公开化。日后史家谈迁对此评论:"湛氏出新建之门,讲学人也。匍匐芝嶂鹤驭之间,独不可奉身而退乎?又上章言:祷储当

---

① 湛若水:《甘泉献纳编》卷下,《广州大典》第三十辑第二册,影印厦门市图书馆藏明嘉靖十三年史际刻本,第839—841页。

是此本。据撰《序》的吕景蒙称：" 学者欲窥先生之蕴，若《格物通》，若《学庸难语》，若《古文小学》及此书之类观之，亦可以得其概矣。然此无非教也，若其宏纲大法，则惟在于'随处体认天理'一言而已。斯言也，即孔门求仁之谓。孔门弟子问仁多矣，圣人皆告以求仁之方，初未尝言仁之体，若语曾子'一以贯之'之理，是乃以己及物之仁体也。而语诸弟子以求仁之方者固多，惟克复之功为最大，'随处体认'云者，即四勿之意，乃指示学者以随事用力于仁之功夫也。仁者，至诚也，天之道也；体认天理者，诚之也，人之道也，下学而上达也。先生斯言，其有功于圣门、有补于世道也大矣。士之生于三代以后者，夫何去仁益远，为害益甚，故事惟求可，功惟求成。惟取必于智谋之末者多矣，而能循乎天理正者，几何人哉？故士之欲复乎天理，必自体认功夫始，然后有所持循，而可以求至于圣人之仁，可以图三代以上之治；否则心术之微、政事之末，皆苟焉耳。故曰：'有天德然后可以语王道。'又曰：'必有关雎、麟趾之意，然后可以行周官之法度。'斯言岂欺我哉！斯言岂欺我哉！蒙敬用书之篇端，以为有志者之一助云。"① 周冲撰《题辞》有云：" 自下学立心之微，以达家国天下之显，与夫古今圣贤心事，佛老异同之辩，皆略该载，欲知先生之学者，观于此亦足窥其大端矣。"②

《献纳编》则是湛甘泉从嘉靖元年（1522）六月至十二年二月底所上奏疏及颂赋讲章等二十六篇文字汇编，同样由门人史恭甫 " 集而刻之 "。

王道对两书的质疑，其实都指向湛甘泉本人的出处进退表现。对于《问辩录》，王道反复质问书中 " 略于富贵、贫贱、取舍之辩 ""忘乎宫室妻妾，失其本心之原 "，而认为 " 用舍行藏，安于所遇 ""仕止久速，各得其宜 "，这些才是圣人所说 " 为仁之妙 "，也是湛氏提倡的学说宗旨 " 随处体认天理 " 之要，这是对学者和圣贤都十分关键的用功、收功之处，但湛氏诸门人却舍此不问，而作为老师的湛氏竟然也 " 不以一言发之 "。对于《献纳编》，王道认为湛氏目的在于以自己的上奏言行为例来晓谕天下人，儒家之道在当今之世的行否情形，儒学之士在当今之世的进退情形，因此，此处的核心关怀其实与《问辩录》相同，仍

---

① 吕景蒙：《泉翁大全新泉问辩录序》，《泉翁大全集》卷六十七，第1629—1630页。
② 周冲：《泉翁大全新泉问辩录题辞》，《泉翁大全集》卷六十七，第1631页。

末之难矣。"其难者正在乎仕止久速之时,时即道也。幸深思之,以会斯道之大全,是望!是望!乙未(嘉靖十四年,1535)十一月十二日。①

湛甘泉信末明确署嘉靖十四年十一月,信首谓"知去年一路到家",明显是呼应王道信中"幸抵弊庐"之辞,故知王信撰于嘉靖十三年。

如前所述,王道于嘉靖十一年九月因大学士方献夫荐举升任左春坊左谕德,但他累疏辞疾,获允回籍养病,旋即于十二年六月起为南京国子监祭酒,十月到任,复于十三年四月获允回籍养病,结合信中"忽尔暌远",待抵家后致信湛氏,大约当在五、六月间。湛甘泉于嘉靖七年由南京国子监祭酒升南京吏部右侍,八年改任北京礼部侍郎,十二年八月升南京礼部尚书,至十五年改南京吏部尚书。②由此看来,王信所谓"三数年来,南北周旋,皆得瞻依杖履",湛信所谓"近数年幸两相值",大约是从嘉靖十一年至十三年间,两人先是在北京相遇,然后在南京相逢。

从两人的书信追述来看,至迟在嘉靖十一年双方已经出现芥蒂。王信既说"瞻依杖履"乃幸运之事,却又以"病药缠绵"为理由,"竟未能朝夕请益,几于不学而居夫子之门者"。而湛信则在回忆两人早期交往"相与甚欢,相信甚笃"的基础上,对王道"不一相讲究、相疑问"感到讶异,可见两人之间的裂痕已然存在。

王道与湛甘泉之间的分歧,更明显地体现在嘉靖十三、十四年时,问题的症结在于湛甘泉本人的出处进退表现。这个分歧的浮现,主要围绕湛氏的《新泉问辩录》和《献纳编》两书展开。

《新泉问辩录》是湛甘泉门下史恭甫、周冲等人所编湛氏师徒截止嘉靖七年底在新泉精舍的论辩问答语而成。编纂成书的时间是在七年十二月,但当时似乎未能立即刻成,付梓前夕史氏请吕景蒙负责校正及撰序,吕序署款为嘉靖十一年三月,因该书分量不大,很可能就在此前后刻成。③王道获赠的应该就

---

① 湛若水:《答王顺渠司成》,《泉翁大全集》卷十,第287—288页。按:这通书信,重复收录在《泉翁大全集》卷九,第265—266页,但该篇缺首句启辞和末句时间署款。
② 黎业明:《湛若水年谱》,第143、163、195页。
③ 吕景蒙:《泉翁大全新泉问辩录序》、周冲:《泉翁大全新泉问辩录题辞》(嘉靖七年十二月)、洪垣:《泉翁大全新泉问辩续录序》,《泉翁大全集》卷六十七、七十一,第1629—1631、1731—1732页。

幸抵弊庐，追念前愆，敢附此以请。冗病不次，伏祈矜亮，不宣。

《献纳编》前已受读，吾师之意，盖欲以此晓天下之人，使知吾道之在今日，其行否何如；吾身之在今日，其进退当何如也。其所以开示后学，已太明白矣。或者不知，乃以"近名"疑之，陋哉！①

湛若水于次年底回信：

友生湛某再拜复大司成顺渠王大人道契执事：

知去年一路到家，获百顺之福，知己之庆。远承手谕之及，时即作答，稿具矣，久乏良便，遂尔因循至于今，怠慢之过，夫复何言！忆昔壬、癸之岁（正德七、八年，1512、1513），卜邻于长安之西，相与甚欢，相信甚笃，自此遂成疏阔。近数年幸两相值，亦颇讶不一相讲究、相疑问。计吾执事从事于圣贤之学且二十年矣，今手谕云云。

夫夫子之文章，于性与天道一也；富贵、贫贱、取舍，与造次、颠沛、终食之不违，一也。富贵、贫贱、取舍，事也；颠沛、造次、终食不违，心也。必有是心而后有是事，故夫子初言富贵、贫贱一节，恐人只于事上制行，便谓之道，而无其本，则行之未必泰然，故又言造次、颠沛、终食之不违一节，欲人于本上用功，贯通只是一理。若无此本，只于制行上便了，则必信必果者，夫子何以谓之小人？克伐怨欲不行者，陈文子、子文之忠清者，何以皆不许其仁？孟子何以有集义、义袭之分？由仁义行、非行仁义之辨？石翁"名节，道之藩篱"耳，非即道也。若为即道，然则东汉之名节，晨门、荷蒉之高尚，皆为得道耶？孔子燔肉若至，犹未行可知也。夫既曰"接淅""不税冕而行矣"，不曰"迟迟吾行，去父母国之道"欤？若只执一边，朱子所谓天理硬矣。天理是活的，所谓"不以道，不处不去"者以此，岂易言哉？孔子之仕止久速，颜子用行舍藏，有本者如是。周子曰："见其大则心泰，心泰则无不足，无不足则富贵贫贱处之一。"有本之谓也。若晨门、荷蒉之流，东汉名节之士，其能见大心泰否乎？孔子曰："果哉！

---

① 王道：《奉甘泉先生》，《顺渠先生文录》卷六，第10—11页。

知，能时时窥测和验知的，正是日常生活中体现天理的人情物理。因此，正确和得体地处理与湛甘泉之间的冲突，正是魏校所谓窥测和验知"天意"的具体体现。对此，魏校回信则表示，"天道渊乎微哉，校岂能窥测？但所以厚吾之生、玉吾于成者往往而是"，同时指责王道来信"英气时复逼人，岂刚大发越，固难自掩耶？"①

与本文的讨论密切相关的是，此信中王道仍然明确以"师事甘泉"和友事魏校身份来扮演说客。

三 "大礼议"之后王道与湛若水的疏离情形

王道与湛若水之间的疏离情形，至迟到嘉靖十一年（1532）已经明显出现。这个裂痕与湛若水本人的仕宦表现密切相关。大概在嘉靖十三年年中，王道有《奉甘泉先生》：

> 三数年来，南北周旋，皆得瞻依杖履，亦云幸矣。而病药缠绵，竟未能朝夕请益，几于不学而居夫子之门者。今又忽尔暌远，岂非命耶？怅叹！怅叹！濒行，承以《新泉问辨录》示教。舟中无事，一一批阅，开警实多。感谢！感谢！但窃观诸贤所问，详于终食、造次、颠沛之功，而略于富贵、贫贱、取舍之辩，谆于学问求放心之说，而忘乎宫室妻妾，失其本心之原，似与孔、孟之旨若有不相似者，吾师竟不以一言发之，何耶？岂亦随问而答，俟其触类自悟耶？抑别有说耶？道窃尝妄谓孔子之许颜子，惟在于用舍行藏，安于所遇；孟子之学孔子，亦惟在于仕止久速，各得其宜。此为仁之妙，亦体认天理之要也。圣贤得力处在此，学者着力处亦当在此。白沙老先生曰："名节者，道之藩篱，藩篱不守，其中未必有存者。"愚以为此自名节言也，若自道而言，则"明日遂行""接淅而行""不税冕而行"，皆道也，恐无藩篱内外之可言矣。鄙见如此，不知与《录》中诸贤所见同否？幸惟俯赐一言以印可之，庶不迷于所向也，万万！道仰承尊庇，

---

① 魏校：《与王纯甫书》，《庄渠遗书》卷三，第736—737页。

会黎君，面尽此意，托之转达。

但魏校听到这番游说之辞后并未释然，回信有"万里还书，未道所得而泉（湛甘泉）事详焉"之句，明确表示对王道远道来信不谈学问却汲汲担任湛甘泉的说客感到失望。然而，说客王道看来并未就此放弃为湛甘泉游说到底，复信时就借论学为名，从质疑魏校"颇窥测天意""益验知道天意"之说入手，行其继续说情之实：

> 来喻曰："颇窥测天意。"又曰："益验知天意。"此高明独得之见，所以示道者深矣。愚则窃疑"窥测天意"何如"窥测物理"，"验知天意"何如"验知人情"。盖天理平铺于人情物理之间，舜之所以为圣，不过明于庶物、察于人伦而已。所贵乎学问之功，正要在日用应酬人物处观其会通，动中肯綮，如庖丁解牛，洞无凝滞，然后为得。少有扞格龃龉，即是学力未至，便当反己研求，务要推勘到底，使在我者无毫发之不尽，而后委外之通塞于所遇焉。此吾夫子之所以不怨天不尤人，下学而上达也。知到此地，方是知天，行到此地，方是体天，学到此地，方是天人合一之学……是则欲通天下之志，载天下之物，成天下之务，在极深研几而已；欲极深研几，在人伦物理上做工夫而已。何其平实也耶！"老者安之，朋友信之，少者怀之"，此圣人厚德载物气象，可谓至广大矣，然实自极深研几平实工夫中来，不可诬也……慨昔聚首受益弘多，暌远十年，无以为报，一得之愚，三献请教（按：指前文"庚辰［正德十五年，1520］之秋，奉答书曰……后竟不蒙批示，不知果契尊意否也？"），未蒙见纳……道卧家六年，贫困益甚，春仲马伯循（马理）以书见招，黾勉一出，旅食三月而疾复作，返班生庐矣。①

王道的论述逻辑，是在承认魏校所说"天意"的前提下，认为"天理平铺于人情物理之间"。对于儒者来说，所谓学问功夫，"正要在日用应酬人物处"体现，在平平实实的"人伦物理上做工夫而已"。简言之，"天意"不易窥测和验

---

① 王道：《与魏庄渠（二）》，《顺渠先生文录》卷六，第4—7页。

学》文本上的分歧。当时湛氏密切跟进流行的《大学古本》，并由此制造出自己的改本，与王阳明竞争。当他在广州向魏校出示时，魏校明确不以为然，认为当前出现的几种所谓古本，"如《参同契》人人解之不同，毕竟是实做得神仙者为是，不待解也"；湛氏当然不同意，"予以为此说似可喜，只恐错了神仙门路，若实做神仙，连《参同契》亦不用了也"①。此外，更有可能的是，湛、魏冲突很可能与田产纠葛有关②，此点尤其可从远在北京的王道出面说情推知。王道首先通过魏校的送信人黎生，询问湛、魏在广东的冲突情况，然后借黎生之口游说魏校：

> 大意谓：爱憎取舍、至公无私才谓之"直"，"直"乃圣人"报怨"之道，以之施于泛常，已为无情。何者？公而以人体之为仁，非便以公为仁也。若加之故旧朋友，则太薄矣。语曰："四海之内皆兄弟也。"甘泉先生于吾兄为同年同志之交，而吾兄少甘泉者几廿岁，则谓甘泉者，吾兄之兄，非欤？甘泉每书见教，必及吾兄，或述所得，必曰："不知吾契在南都，与子才兄所讲者何如？"观此，则甘泉之于兄，其分义厚薄何如也？广中之事，传闻不一，要必有一二近似者，吾兄不已直乎？语曰："忠告而善道之。"又曰："因恶而扬善。"又曰："亲者无失其为亲也，故者无失其为故也。"又曰："故旧无大故，则不弃也。"此仁也。原壤登木之歌，孔子若弗闻也者而过之，不忍闻也。闻且不忍，而忍攻之哉？此圣人之仁也。吾兄在广，拳拳以体仁之说风示后进，独不念此，何耶？道师事甘泉而辱吾兄友义甚厚，所望二公同德比义，交进此道，以提警不逮，而乃自相矛盾如此，此道之所以大惧也。每欲修书奉谏，又恐辞不逮意，反成罪过，坐是中止。偶

（接上页）一日闻知，然则本诚优于东所矣乎？"或曰："闻之白沙先生谓南川出仕，三十年不讲此学矣；东所未尝问矣，不知其于见知也何如？魏庄渠督学以白沙先生为西方之学，欲出乡贤牌位于西郭。本诚，勿欺入室弟子也，实与焉，赖潮士薛子修十数人净之，乃免。不知本诚于闻知也何如耳！"曰："阳明之与白沙先生也，果若是班乎？"或曰："未可同年语也。"或曰："人谓子之好辨也何？"曰："吾为此惧，闲先生之道，不得已也。"三月初三日。

① 湛若水：《答方吏部》，《湛甘泉先生文集》卷七，《四库全书存目丛书》集部第五十六册，影印康熙二十年黄楷刻本，第577页；详参刘勇：《王阳明〈大学古本〉的当代竞争者：湛若水与方献夫之例》，《中国文化研究所学报》，2015年1月第60期，第159—182页。

② 任建敏：《从"理学名山"到"文翰樵山"——16世纪西樵山历史变迁研究》，第41—43页。

耶?"①批评阳明释格物为"正念头",既与《大学》八条目中的"正心"重复,又完全抹杀了儒学传统中的种种"学问"之功。湛甘泉后来在新泉书院的讲学活动中也明确发挥此意:"圣人之学皆是心学。所谓心者,非偏指腔子里方寸内与事为对者也,无事而非心也。尧、舜'允执厥中',非独以事言,乃心事合一。允执云吻合于心,与心为一,非执之于外也。若能于事物上察见自然天理,平时涵养,由中而出,即由仁义行之学。"②上述甘泉的这些看法,与王道对阳明的批评"后之学者不然,指方寸以为本心,而不知心体之与天同其大也"相通。

值得注意的是,王道和路迎都是先师从王阳明,然后借由阳明及其门人才结识并师从湛甘泉的。但在此文中,王道对阳明学说的决裂批判态度,是非常明确地站在湛甘泉的立场提出的,开篇"同游甘泉先生之门"就已表明此意,紧接着"先生之所以期宾旸,与宾旸之所得于先生者,聚在此卷",则是对赠序,同时也是对自己的《书后》的郑重强调,以凸显两文皆非泛泛之作。

王道与湛甘泉的融洽交往期至少延续到了嘉靖初年。例如,当正德十六年至嘉靖元年间(1521—1522)③,广东提学副使魏校在广东大规模毁淫祠④,同本地士大夫湛若水发生冲突后,王道反复居间为湛氏说情。湛、魏冲突的具体情况不易详知,但看来不止一端。湛氏日后的议论中提及一例,是由于魏校认定湛氏之师陈白沙为禅学,以提学身份"欲出乡贤祠(白沙)牌位于西郭",幸"赖潮士薛子修十数人净之,乃免"。⑤其次,也有湛氏与魏氏在具体学术问题如《大

---

① 湛若水:《答杨少默》,《泉翁大全集》卷九,第256—257页。亦参见《甘泉先生文录类选》卷十八,第162—163页。
② 湛若水:《新泉问辩录》,《泉翁大全集》卷六十八,第1668页。
③ 魏校于正德十六年下半年始任广东提学副使,嘉靖二年六月以父丧离任。湛若水从正德十二年开始在西樵山讲学,直到正德十六年九月收到部檄起复,次年即嘉靖元年正月十日赴京北上已抵韶关。参见陆鳌:《嘉议大夫太常寺卿赠礼部右侍郎谥恭简魏公行状》,朱大韶编:《皇明名臣墓铭》兑集,《明代传记丛刊》第五十九册,影印明刊本,第514—515页;并参见黎业明:《湛若水年谱》,第79—85页;任建敏:《从"理学名山"到"文翰樵山"——16世纪西樵山历史变迁研究》,桂林:广西师范大学出版社,2012年,第24—25页。
④ 科戴维:《明嘉靖初年广东提学魏校毁"淫祠"之前因后果及其对珠江三角洲的影响》,周天游主编:《地域社会与传统中国》,西安:西北大学出版社,1995年;井上彻:《魏校的捣毁淫祠令研究——广东民间信仰与儒教》,《史林》,2003年第2期,第41—51页。
⑤ 湛若水:《无题答或问》,钟彩钧、游腾达点校:《甘泉先生续编大全》卷八,台北:"中央研究院"中国文哲研究所,2017年,第167页。"有问于无名子,见知与闻知孰优?"或曰:"孟子见知皆贤也,闻知皆圣也,闻知似优。"又曰:"及其知之一也。"或曰:"东所、本诚之于白沙先生也,一日见知,(转下页)

无所事于予言。正德丙子九月廿八日,阳明山人王守仁书于龙江舟次。①

阳明的"立志之说",是指其正德十年(1515)所撰的《示弟立志说》。尽管阳明认为甘泉赠序之说"亦在其中"②,但两人的学说分歧仍然持续。至正德十六年,甘泉在答门人杨骥书信中,同样特别指出:"吾与阳明之说不合者有其故矣,盖阳明与吾看心不同。吾之所谓心者,体万物而不遗者也,故无内外。阳明之所谓心者,指腔子里而为言者也,故以吾之说为外。阳明格物之说,谓'正念头',既与下文'正心'之言为重复,又自古圣贤'学于古训'、'学问思辨笃行'之教、'博文约礼'之教,修德、讲学,尊德性、道问学之语,又何故

---

① 原载孔继涑汇集:《王守仁与宾阳司马书四通》,《玉虹鉴真续帖》卷八,阳明文集失载;此据束景南:《王阳明年谱长编》,第915—916页。
② 湛若水《泉翁大全集》卷八《与杨士德》:"书中所问阳明立志之教,与鄙见理一分殊之说,本并行而不悖者。立志其本也,理一分殊万下手用功处也。盖所立之志,志此耳。若不见此理,不知所志者何事?如人欲往京师,此立志也。京师之上,自有许多文物,先王礼乐之遗教,一一皆有至理,此理一分殊之说也。惟其见此可慕可乐,是以志之益笃,求必至而不能自已也。中间学心之言,大段有病,非圣人之旨。更反复思之,以质阳明,言不能尽此。此月二十五已携家入居西樵矣,余见阳明先生启中,不具。"同卷《再答郑进士启范》:"夫学以立志为先,以知本为要。不知本而能立志者,未之有也。立志而不知本者,有之矣,非真志也。志立而知本焉,其于圣学思过半矣。夫学问思辨所以知本也,知本则志立,志立则心不放,心不放则性可复,性复则分定,分定则于忧怒之来,无所累于心性,无累斯无事矣。苟无其本,乃憧憧乎放心之求,是放者一心,求之者又一心也。则情炽而益凿其性,性凿则忧怒之累无穷矣。故从事学问则心不放,是乃不求之求之。"《泉翁大全集》卷六十七《新泉问辩录》,盘问:"日用切要功夫,道通(周冲)曰:'先生之教,惟立志、煎销习心、体认天理之三言者,最为切要,然亦只是一事。'每令盘体而熟察之,久而未得其所以合一之义,敢请?"[甘泉答:]"此只是一事。天理是一大头脑,千圣千贤共此头脑,终日终身只是此一大事,更无别事。立志者,志乎此而已,体认是功夫以求得乎此者,煎销习心以去其害此者。心只是一个好心,本来天理完完全全,不待外求,顾人立志与否耳。孔子十五志于学,即志乎此也。此志一立,三十、四十、五十、六十、七十,直至不踰矩,皆是此志变化贯通,只是一志。志如草木之根,具生意也;体认天理,如培灌此根;煎销习心,如去草以护此根,贯通只是一事。"《泉翁大全集》卷六十八《新泉问辩录》:"[周]冲窃谓:'初学之士,还须令静坐息思虑,渐教以立志、体认天理,煎销习心,及渐令事上磨炼。冲尝历历以此接利人,多见其益。动静固宜合一用功,但静中为力较易,盖人资质不同,及其功用纯杂亦异,须是因才成就,随时点化,不可拘执一方也。然虽千方百计,总是引归天理上来,此则不可易。'"《泉翁大全集》卷七十五《问疑录》:"今之人不是志不立,即是矜夸自大。然总而言之,只在不立志。若立志,则自不容自夸大矣!为之难,言之得无切乎?其言之不怍,则为之也难。盖吾之所谓立志者,异乎人之所谓立志。人之所谓立志者,谓有必为圣人之心;吾之所谓志者,即孔子所谓'志于道,志于学',则志必有实功,教人入途辙去。大抵古人论志字不虚说,如《春秋传》曰:'吾志其目。'言欲射其目也。若今言志者,如求仙者只想仙,不做为仙功夫。又如临渊羡鱼,不去结网。"(第223、241—242、1633—1634、1659—1660、1867页)

不过,尽管王道与湛甘泉对王阳明心学有共通的批评,但两人对待阳明的态度却大相径庭。湛氏本着殊途同归之旨,向阳明方面释放消除分歧和争执的期待。但王道则强调,正是由于"后之学者"即王阳明"指方寸以以为本心""指经训以为陈言""厌烦径约,指万事以为粗迹"①,这些学说不仅不符合孔子之学的根本精神,而且这种排斥他说的举动本身,完全背离了湛氏赠序提出的殊途同归之旨。并且,由于阳明的这些学说已经吸引了"高才明智者"和"束书不观者",使之"靡然师之","又从而为之辞",正是导致"学之私且异,而龂龂如"的根本原因。因此,必须如同韩愈所说,不彻底阻止和打倒阳明学说,儒学正道就不可能有昌明之望。

对阳明学说的批判,王道很快走得更远。至迟在撰写《书后》数月之后的正德十年(1515)夏,王道从南京改官北京,很快受到以魏校为中心的反阳明学圈子的影响,对阳明学说提出了非常严厉的批评,其严厉之程度,甚至使得在南京任官的王阳明听说之后,有"纵使散处敌国仇家,当亦断不至是"之叹。②

王阳明方面对此的反应,见于正德十一年九月二十八日路迎在南京龙江关为其饯行时,阳明所撰《跋甘泉赠兵曹路君宾阳还南都序后》:

> 宾阳视予兹卷,请一言之益。湛子之说详矣,凡予之所欲言者,湛子既皆言之,予又何赘?虽然,予尝有立志之说矣,果从予言而持循之,则湛子之说亦在其中。夫言之启人于善也,若指迷途,其至之则存乎其人,非指迷途者之所能与矣。孔子曰:"为仁由己,而由人乎哉!"宾阳其勉之,

---

① 此前不久,王阳明在致黄绾信中详述自己与王道关系趋恶,大约有暗示黄绾从旁挽救之意,因之黄绾致信王道云:"昨再得书,知不终弃,喜慰何如!且令仆言,以尽异同,尤知与善盛心。夫圣人事业,广博极乎天地。其道虽大,其本只在一心。盖一心之眇,君临百骸,道德仁义由此而备,礼乐刑政由此而出,《六经》《四子》由此而作。累于私则蔽而昏,反其本则明而通。蔽而昏则无所不害,明而通故无所不用。用之则三极之道立,害之则三极之道废。今欲学圣人,惟求之吾心而已。不知反之于心,求其累与害者去之,徒以博物洽闻为有事、旁寻远觅为会通,是乃逐物而滋蔽也。故古圣传授,皆以克己去私为至要,私去则心无所蔽,其体清明,而天下之本立矣,故曰'皇建其有极也'。"(黄绾:《复王纯甫书》,《黄绾集》卷十八,第335—336页)
② 王阳明:《与黄宗贤(五)》,《王阳明全集》(新编本)卷四,第164—165页;并参见前引刘勇:《从门人到批判者:明儒王道与阳明学之疏离》。

同,则王化可兴,是故君子莫大乎反经。①

此文没有收录在王道的文集《顺渠先生文录》中,而是收录在嘉靖二十八年(1549)刻《武城县志》。文集和县志的编刻者都是时任武城知县尤麒,看来很可能是由于县志晚于文集刊刻之故。县志在此文篇题下署"顺渠王道,吏部左侍"八字,显然有误:其一,如前所述,王道于嘉靖二十六年五月任吏部右侍郎,仅阅月而卒,赠礼部尚书,他从未担任吏部左侍郎;其二,王道撰写这篇《书后》是在正德十年(1515),那时更不可能拥有吏部左侍衔。从文中提到"南行,出以相示,且属缀以一言"来看,此文当写于正德十年初路迎南归途经南京时,其时王道在此任官,而同年夏王道就从南京改官移居北京。

王道和湛甘泉对阳明学说的批判有共通之处。湛甘泉在前引正德十年二月路过南京龙江关后不久所写《寄王纯甫验封》信的末尾,特别将自己与阳明论辩情形告诉王道:

> 过南都,阳明亦有论说。形而上下之说,信有近似者,但为传者又别告。自今且取其疑者致思,取其同者自辅,方是虚己求益,毋徒纷纷异同之辩,恐于道无益,而反有害也。②

尽管甘泉声称"为传者又别告",并自勉应当"虚己求益",但他不仅承认与阳明之间的论辩有近似于"形而上下"的分歧,而且担心这种分歧有导致"纷纷异同之辩"的可能。龙江关辩论格物之后,湛甘泉在返家途中寄信给阳明时,再次提到:"昨承面谕《大学》格物之义,以物为心意之所著……兄意只恐人舍心求之于外,故有是说。不肖则以为,人心与天地万物为体,心体物而不遗,认得心体广大,则物不能外矣。故格物非在外也,格之、致之之心,又非在外也。于物若以为心意之著见,恐不免有外物之病,幸更思之!老兄仁者之心,欲立人达人甚切,故不免急迫,以召疑议。"③

---

① 尤麒修,陈露纂:《文章志》,《(嘉靖)武城县志》卷八,明嘉靖刻本。
② 湛若水:《寄王纯甫验封》,《泉翁大全集》卷八,第217页。
③ 湛若水:《先次与阳明鸿胪》,《泉翁大全集》卷八,第216页;并参见黎业明:《湛若水年谱》,第51—52页。

的裂痕继续扩大。明显地，这种姿态和意向是通过泛泛而论的"论学"修辞来表达的。在阳明方面的意向并不明朗的情形下，这种表达方式既有助于避免使首先表态的湛氏陷于尴尬境地，同时又避免将双方直接暴露在针锋相对的情境中，有利于为后续跟进和应对留下足够转圜的空间。此外，这种泛泛的修辞性表达，也有助于拓宽指涉的范围，使诸如魏校等阳明学批评者被囊括进来，淡化这种释放姿态和意向行为的私人属性（湛、王之间私人分歧），使其看起来更像是出于公心的"论学"行为。

对于湛甘泉在前信中试图防止"纷纷异同之辩"，以及在这篇赠序中希望借路迎之口消弭南京学者中可能的"断断之说"的努力，王道的观感却有所差异。差异的实质，是对待阳明学说的不同态度和立场。路迎携甘泉赠序南归后，不负所望地在南京学者群中传示，并在此过程中明确请王道发表意见，因而王道为撰《书甘泉赠言卷后》：

宾旸（路迎）与予同游甘泉先生之门。先生之所以期宾旸，与宾旸之所得于先生者，聚在此卷，宾旸之学可知矣。南行，出以相示，且属缀以一言。予学懵于得，而涂辙之眩也，其何敢滕口无已？则申之而已矣。《大学》而"断断"云者，以无所折其中也。杨雄氏曰："众言淆乱折诸圣。"信斯言也，宜莫如孔子。孔子之言仁也，自视听言动，达于出门使民、居处应接之类，取体天而已，未尝外身以守心也，然而隐显一矣。孔子之言智也，自学问思辨，达于诗书执礼、前言往行之类，取知天而已，未尝扞事以求悟也，然而内外一矣。孔子之言道也，自达道达德，达于三千三百之类，取合天而已，未尝弃万以趋一也，然而一以贯之矣。

后之学者不然，指方寸以为本心，而不知心体之与天同其大也；指经训以为陈言，而不知圣人先得我心之所同然也；厌烦径约，指万事以为粗迹，而不知道之殊涂而同归也。其诸异乎孔子之学矣，其亦弗思甚矣。然而高才明智者见闻胶胶，束书不观者游谈摇摇，靡然师之，又从而为之辞，其益弗思甚矣。无惑乎学之私且异，而断断如也。韩愈曰："不塞不流，不止不行。"今欲放彼而闲此，则莫急于明吾孔子之学焉尔矣。孔子之学明，则世儒之学息；世儒之学息，则道德可一；道德可一，则风俗可同；风俗可都,志笃而行确,与甘泉子相遇于金台,今归而南也,南中多学者,然吾惧其断断,故有以赠宾阳,庶闻吾言者,断断之说或息。断断之说不息,浑浑之道不见。①

赠序的主旨比较清楚,以古之浑浑与今之断断对举立说,从而批评和警醒今之断断的现状。所谓浑浑,是说道一而适道之涂可以多端。断断,争辩貌,是指今之学者是此非彼、是彼非此的门户意气之争,属于未睹大道的私欲之见。

至关重要的是赠序的言说背景和预设听众。此序的背景很可能不仅跟湛甘泉本人同王阳明的论学分歧直接相关,同时很可能还连带指涉当时以魏校为中心的反阳明学圈子。此序最重要的预设听众,则应当是王阳明及其追随者。王、湛分歧此时已在酝酿和形成中,而魏校与阳明之间的分歧更加尖锐。正德十年(1515)前后,京师盛传魏校与阳明的学术分歧已经势同水火。黄绾在试图请托与魏校关系密切的名贤李承勋居间调停时,曾经明确指出:"近者京师朋友书来,颇论学术同异,乃以王伯安(王守仁)、魏子才(魏校)为是非。是伯安者,则以子才为谬,是子才者,则以伯安为非。若是异物,不可以同。"②

至于预设听众,线索在赠序之末,湛氏特别指出,希望借助路迎曾经宦学于南都而今南归之便,传达湛氏本人对于南中学者可能陷于"断断"的担忧。所谓路迎此前"宦学于南都",当是指其和王道一同"师事王守仁,专务讲学,以相切劘"之事。而阳明于正德八年十月至滁州督马政,九年四月升南京鸿胪寺卿,五月到南京,直到十一年九月升南赣巡抚,十月归省至越。故此处的所谓"南中多学者",无疑是指任官南京的王阳明及其一众追随者而言。

整体上,此序可以视为身处北京的湛甘泉借助路迎这个共同门人的北来南归作纽带,主动向身处南京的王阳明及其追随者释放和解的姿态和意向。在湛氏看来,即使双方不能达成完全和解,至少也应该共同努力防止"断断"争辩

---

① 湛若水:《泉翁大全集》卷十五,第461—462页。
② 黄绾:《复李逊庵书》,《黄绾集》卷十八,第334—335页。此信开篇有"迩闻擢宪敝省,喜慰无量。数年之间,法立仁流,谁不瞻仰"之语,而李承勋从正德九年七月至十一年七月为浙江按察使,参见徐光祚监修,费宏等撰:《明武宗实录》卷一百一十四,正德九年七月戊子,南港:"中央研究院"历史语言研究所,1984年缩印再版,第2322页;卷一百三十九,正德十一年七月壬午,第2733页。

阳以为何如？北行见甘泉，遂以此意质之。外书三纸，烦从者检入。守仁顿首，宾阳司马道契文侍，九月八日。余空。①

路迎（1483—1562）字宾旸，号北村，山东汶上人，正德三年（1508）进士，授南京兵部主事，转本部郎中，历知襄阳、松江、淮安等府，仕至兵部尚书。在南京兵部主事任上，路迎"与堂邑穆孔晖、武城王道同师事王守仁，专务讲学，以相切劇"②。

路迎从正德七年以来一直任南京兵部主事，即阳明信中所谓"司马"。③ 而从正德六年至十二年间，湛若水在京仅有两段时间，即六年至七年二月，九年春夏之交至十年二月。④ 据此，则阳明赠书当写于九年九月。

路迎入京后，看来曾经遵照阳明嘱咐去"见甘泉，遂以此意质之"。故当其南归之际，甘泉为撰《赠兵曹路君宾阳还南都序》：

> 古之为道也，浑浑尔也。今之为道也，斯斯尔也。夫道，天下之公，四达之逵也。今夫适道，自东至者，或以西至为非，而不知亦犹西之视东也，其可乎？自南至者，或以北至为非，而不知亦犹北之视南也，其可乎？夫自达观大道者，其至一尔。故言有殊立而无殊理，行有异入而无异至。古之学者，传而不议，行而致同。色相受也，意相传也，善相观也，和相饮也，德相化也，殊途而同归，百虑而一致，故曰浑浑尔。夫道，一而已矣。视听言动，皆心也；情性微显，同原也；内外动静，一理也。是故知而至之存乎智，默而成之存乎德，化而裁之存乎义，体而尽之存乎心，溥而通之存乎公，遁而无闷存乎蕴，诱而相之，正而不岐，存乎师友。故夫斯斯者各就其方，自其私见言之，未睹乎大道者也。吾友路君宾阳宦学于南

---

① 原载孔继涑汇集：《王守仁与宾阳司马书四通》，《玉虹鉴真续帖》卷八，阳明文集失载；此据束景南：《王阳明年谱长编》，上海：上海古籍出版社，2017年，第789页。
② 过庭训：《路迎》，《本朝分省人物考》卷九十五；佚名：《兵部尚书路公迎传略》，焦竑：《国朝献征录》卷三十九。任襄阳知府当在正德十二年始以前，参见胡价等编纂：《秩官志》，《襄阳府志》卷十九，明万历十二年刻本。
③ 束景南：《王阳明年谱长编》，第790页。
④ 参见黎业明：《湛若水年谱》，第41—46、50—51页。

及《易》"大人者，与天地合其德，与日月合其明，与四时合其序，与鬼神合其吉凶，先天而天弗违，后天而奉天时"等处见之。若非一理同体，何以云然？故见此者谓之见易，知此者谓之知道，是皆发见于日用事物之间，流行不息，百姓日用不知，要在学者察识之耳。此吾所谓察见天理之说也。①

在回顾当年的这番论说之余，湛氏提醒王道，当前应该"涵养此知识，要在主敬，无间动静也。贤契用功如是不息，他日当知吾言之不诬也"。并勉励王氏在京与几位"同志者闲中当常相聚讲习，并以愚说质之，时致规言"。

对于湛甘泉此时提倡的所谓"察见天理之说"，王道看来是比较赞同的。在给同样俱为阳明和甘泉门人的周冲所撰的赠序中，可以明确看到王道对甘泉此说的呼应，他借助周冲的询问，将甘泉"察见天理"说复述以赠。②

王道与湛若水的论学融洽情形，还表现在正德九年至十年间（1514—1515）两人对于阳明学说的态度上。正德九年九月，南京兵部主事路迎北上入京，王阳明有《与路宾阳》赠之：

> 宾阳质美近道，固吾素所属望。昨行，必欲得一言，此见宾阳好学之笃，然浅鄙之见，平日已为宾阳尽之矣。君子之学，譬若种植然，其始也，求佳种而播之，沃灌耘籽，防其螟蟊，畅茂条达，无所与力焉。今嘉种之未播，而切切然日讲求于苗秀实获之事，以望有秋，其于谋食之道远矣。宾

---

① 湛若水：《寄王纯甫验封》，《泉翁大全集》卷八，第216—217页。按：在嘉靖十二年（1533）王道任南祭酒之后，湛氏《答王顺渠司成》中有"忆昔壬癸之岁（正德七年壬申、八年癸酉），卜邻于长安之西，相与甚欢，相信甚笃，自此遂成疏阔"，将二人在京相处于正德七、八年，当是回忆有误。《泉翁大全集》卷九，第265—266页。

② 王道：《赠周道通》，《顺渠先生文录》卷七，第1页。其中有云：阳羡周道通（周冲）谈学于委顺子曰："向也冲见于甘泉子而问学，夫子曰：'察见天理。'何谓也？"委顺子曰："富哉言乎！儒、释之辨昭矣。夫心也者，天下之至神而不可拘也；夫理也者，天下之至费而不可离也；夫事也者，天下之至顺而不可祛也。三者一而已矣。儒者之学，本心以应事，即事以观理，是故天理见而内外一矣。释氏之学，外事以求理，外理以求心，是故天理灭而心迹二矣。一也，故极于明庶物、察人伦而参天地；二也，故极于畔伦理、逆天地而不自觉焉。是故邪正大小判矣。"道通曰："然。是固夫子教我之意也，请附于夫子之教以自警。"

立升。①

在正德六年（1511）拜师阳明的同时，王道还通过阳明及其门人应良（1511年进士）的介绍，在北京结识并拜已是理学名人的湛若水为师。次年春，应、湛二人都因故离京，同路南行，沿途畅游山水并相与论学。据湛氏观察，"应子者实以自信而虚以相受，予间与论充塞流行之理，感通往来之机，乃略去支离，而一归统会"。分别之际，湛氏赠序应良时回忆：

> 正德丙寅（三年），始得吾阳明王子者于京师，因以得曰仁徐子（徐爱）者。辛未（六年），因阳明得吾仙居应子（应良）者，又得吾武城王子（王道），日夕相与论议于京邸。王子于吾言，无所不悦。应子者，忠信而笃学，其于吾与阳明也，始而疑，中而信以固，非苟信也。②

所谓"王子于吾言"的"王子"，当指王道而非王阳明，观其上文称武城王子"相与论议"，而下文复提"阳明"可知。在此时的湛若水看来，王道不仅与自己"日夕相与论议于京邸"，并且对于自己所授理学之言"无所不悦"。双方这种融洽的论学关系至少保持到了正德末、嘉靖初。

目前尚未发现正德六至七年间王道与湛若水在北京论学时的记录，但可以从不久后的回顾略知一二。正德十年正月，湛母陈氏卒于北京，二月湛氏丁忧扶柩南归，在南京龙江关与逆吊于此的王阳明辩论格物说。③稍后，湛氏致信王道，忆及此前北京论学情形：

> 学无难易，要在察见天理，知天之所为如是，涵养变化气质，以至光大尔。昔者辛、壬之岁（正德六年辛未、七年壬申）在都下，所与贤契语，并殊非悬空杜撰，以相罔也。若于夫子"川上"之叹，子思"鸢鱼"之说，

---

① 徐爱：《与许立升书》，钱明编校：《徐爱、钱德洪、董沄集》，南京：凤凰出版社，2007年，第58页。
② 湛若水：《赠别应元忠吉士叙》，钟彩钧、游腾达点校：《泉翁大全集》卷十五，台北："中央研究院"中国文哲研究所，2017年，第457—458页。
③ 黎业明：《湛若水年谱》，上海：上海古籍出版社，2009年，第50—51页；夏长朴：《变与不变——王守仁与湛若水的交往与论学》，《国际阳明学研究》第三卷，上海：上海古籍出版社，2013年10月，第16—24页；收入夏长朴，《儒家与儒学探究》，台北：大安出版社，2014年，第217—270页。

王道一生著述多种，现存有《周易亿》二卷、《系辞亿》一卷、《诗经亿》四卷、《大学亿》二卷、《大学释疑》一卷、《老子亿》二卷、《顺渠先生文录》十二卷。①

二　正德年间王湛论学融洽情形

王道是正德六年（1511）的进士，而王阳明正是该科会试同考官，双方不仅有科举考试中的座师门生关系，王道还与路迎、方献夫、黄绾、应良、朱节、徐爱等二十余人"同受业"于阳明。此事先被明确记入徐爱所编专门收录阳明门人的《同志考》中，后又反复载入阳明高弟钱德洪等所编阳明年谱之中。②次年，王道疏改应天府学教授而离京之际，阳明有《别王纯甫序》以勉之，序文中特别响应了王道关于教授职责之问。③不久，王道果然在教职任上出现问题，似乎由于其过于严厉管束诸生，引起诸生敌视并诉诸官司。对此，阳明高弟徐爱立即以"同门友"身份出面，致信游说同为正德三年进士的讼事受理人许

---

① 中国古籍总目编纂委员会编：《中国古籍总目》，北京：中华书局；上海：上海古籍出版社，2012年，经部第一册，第100、333页；第二册，第756页；子部第五册，第2337页；集部第二册，第677—678页；丛部第二册，第1050页。其中史部第八册第4722—4723页著录的《（正德）朝邑县志》二卷（或一卷），实为韩邦靖纂修，而由时任知县山西陵川人王道刊刻，非本文所论之山东武城王道。王道的著述情况，参见严嵩：《明故吏部右侍郎王公神道碑铭》，《顺渠先生文录》，卷末附录，第26页；黄虞稷著，瞿凤起、潘景郑整理：《千顷堂书目》，上海：上海古籍出版社，2001年，卷一、二、十、十六、二十二，第4、21、28、44、63、268、433、560页。其中卷十著录《明朝名臣琬琰录》二卷、《琬琰续录》二卷，未知是否本文讨论的王道所著。

② 钱德洪编辑，罗洪先考订：《阳明先生年谱》，《北京图书馆藏珍本年谱丛刊》第四十二册，明嘉靖四十三年刻本影印，北京：北京图书馆出版社，1999年，第530—531页；王阳明著，吴光等编校：《年谱一》，《王阳明全集》（新编本）卷三十二，第1241页。关于两份年谱的关系，参见杨正显：《王阳明〈年谱〉与从祀孔庙之研究》，《觉世之道：王阳明良知说的形成》附录二，北京：北京师范大学出版社，2015年，第285—323页。其中，穆孔晖、顾应祥、郑一初、方献科为弘治十八年（1508）进士，徐爱、唐鹏、路迎为正德三年进士，王道、梁榖、万潮、陈洸、应良、邹守益、费寀为六年进士，萧鸣凤、林达、朱节为九年进士，蔡宗兖为十二年进士。关于这批受业者的近期研究，参见钱明：《王阳明及其学派论考》，北京：人民出版社，2009年，第257—265页；George Lawrence Israel（伊来瑞），"Wang Yangming in Beijing, 1510-1512: 'If I Do Not Awaken Others, Who Will Do So?'," in *Journal of Chinese History* 1, 2017, pp. 59-91, 尤其是 pp. 70-85.

③ 王阳明：《别王纯甫序辛未》，《王阳明全集》（新编本）卷七，杭州：浙江古籍出版社，2010年，第247—248页。按：文集编者定为"辛未"即正德六年，误。据王道撰《先君槐庭先生行状》《壬申改官南行次韵留别馆中诸同年》（《顺渠先生文录》卷九，第23页；卷十一，第1页），当在七年。

明学说，同时也摆脱朱子学立场，致力于追求一己的独立学说。[1] 王道与湛若水之间的学说融洽期保持得更长久一些。但到嘉靖初年，随着湛若水在"大礼议"中言行表现欠佳，明显出现行不顾言、背友恋权情形，而王道则致力于追寻一己独立学说，由此与湛若水之间的分歧越发明显。

在具体讨论中，本文首先简述王道的生平，然后在着重考订现存相关各方往来文献的基础上，历时性地述析王道与湛若水之间由融洽到疏离的交往和论学过程，以及二人在此期间同王阳明之间的论学交涉。

一 王道的生平与著述

王道（1487—1547）字纯甫，号顺渠，山东东昌府高唐州武城县人，正德六年（1511）进士。[2] 王阳明正好是这一科的会试同考官。王道中进士后旋即被选为翰林院庶吉士，于次年即正德七年因"山东寇乱，欲奉祖母避地江南，上疏乞补学职，词极恳切，得应天学教授"。此后，王道"居应天学二载，升南京仪部主事"。至正德十年夏，"召改吏部验封（司主事），历考功（司郎中）、文选（司郎中）"，其间曾于正德十二年至十四年丁父忧，合计"前后在吏部十年"。至嘉靖十一年（1532）九月，因大学士方献夫荐其学行淳正，可任宫僚，遂以吏部文选司郎中擢左春坊左谕德，王道累疏辞疾，获允回籍养病。旋即于嘉靖十二年六月，起南京国子监祭酒，十月到任，复于次年四月获允回籍养病。至二十五年六月，起南京太常寺卿，十月升南京户部右侍郎，旋改礼部右侍郎，掌国子监事，二十六年三月到任，五月改吏部右侍郎，仅阅月而卒，赠礼部尚书，谥文定。[3]

---

[1] 参见刘勇：《从门人到批判者：明儒王道与阳明学之疏离》，《台大文史哲学报》，2018年第90期。
[2] 按：正德年间另有王道，别字同样是纯甫，号六泉、峒峒，山西陵川人，举人，正德末任朝邑知县，任上刊刻过由韩邦靖纂修的《（正德）朝邑县志》，参见该《志》卷首正德十四年康海所撰序、卷末"正德己卯（十四年）九月吉旦知朝邑县事山西陵川王道"撰《跋》，并参见《王道传》，《（万历）续朝邑县志》卷五；杨廷福、杨同甫编：《明人室名别称字号索引》下册，上海：上海古籍出版社，2002年，第47页。
[3] 王道：《先君槐庭先生行状》《升官告祖墓文》《升礼部侍郎告祖墓文》《顺渠先生文录》卷九，1932年影印明嘉靖刻本，东京：育德财团，第19、28—30页；《辞祭酒第一疏》《辞祭酒第二疏》《谢恩疏》《吏部谢恩疏》，《顺渠先生文录》卷十，第6—13页。严嵩：《明故吏部右侍郎王公神道碑》，《钤山堂集》卷三十七，《四库全书存目丛书》集部第五十六册影印，明嘉靖二十四年刻增修本，第318—319页；亦载《顺渠先生文录》卷末附录，第24—27页。另参见《明世宗实录》卷三百二十六，嘉靖二十六年八月壬寅，第6030页；黄宗羲：《文定王顺渠先生道》，《甘泉学案》，《明儒学案》卷四十二，影印清雍正间紫筠斋贾刻本，北京：中国书店，1990年，第488页。

明儒王道与湛若水的论学交往

刘 勇

（中山大学历史学系）

引 言

本文是笔者关于阳明学批判者的系列研究之一。这项系列研究的基本思路是，致力于发掘那些曾经与王阳明（1472—1529）及其主要追随者有过直接接触的同时代异见者，听听他们的实时性声音，考察他们从异见角度所见、所闻、所感的阳明学者和学说是怎么回事，观察他们同阳明学者的交往、对话与分歧，以及他们面对分歧时的针对性响应之道有哪些。这样的处理方式，希望能丰富对阳明学者跟同时代其他学者和学术群体的互动的认知，增进对明代中期思想多元情状的了解，同时有助于更具批判性地看待后来记载在层累地叠加或叠减、过滤、转述过程中不可避免地施加的影响。

十六世纪初明代正德年间，湛若水和王阳明在南北两京共同倡导理学讲学活动，吸引了不少读书人的注意。特别是一些新科进士，纷纷加入湛、王二人主导的讲学活动中。正德六年（1511）进士王道就是其中之一，在参加讲学活动之后，他先后拜王阳明、湛若水为师，学习他们提倡的理学学说。不过，这种师徒论学融洽状态并没能持续多久。大概在两三年后，王道就受到以魏校为中心的阳明学批判者的影响，学说立场转向朱子学，并因此与王阳明疏离，逐渐从阳明门人转变成阳明学说的激烈批评者。到嘉靖初年，王道不仅继续批判阳

四

  阳明思想的最后定见,就绪山、龙溪和梨洲的相关论述来看,准确理解和定位龙溪《滁阳会语》中"逮居越以后"一段文字是研究这一问题的关键。而在《滁阳会语》"逮居越以后"一段文字中,"悟"和"忘"是核心思想和方法原则,体现的是龙溪对阳明思想的诠释和发展,呈现的是龙溪本人的思想,不能作为判定阳明思想变化发展,特别是阳明思想最后定见的标准和依据。同时,梨洲在《明儒学案》中基于蕺山思想和阳明后学流弊将致良知作为阳明未定之见的观点,并不符合龙溪的本有立场,更不符合阳明自身的思想实际。当阳明思想最后定见具体转化为致良知与四句教之间的关系问题时,无论是就绪山、龙溪的文本,还是就阳明思想本身的内在脉络来说,皆充分说明致良知才是阳明思想的最后定见,四句教是内在于致良知的分析性命题,而非致良知后的又一思想阶段。总之,就结论而言,阳明思想的最后定见是致良知,所谓"吾平生讲学,只是'致良知'三字"[①] 是也。

---

  ① 王阳明著,吴光等编校:《王阳明全集》卷二十六,第1091页。

之间的关系得到恰当的理解和定位。在作于嘉靖二年(1523)的"定本"《大学古本序》中,阳明对致良知与正心、诚意、致知和格物之间的关系作了如下说明:

> 是故至善也者,心之本体也。动而后有不善,而本体之知,未尝不知也。意者,其动也。物者,其事也。至其本体之知,而动无不善。然非即其事而格之,则亦无以致其知。故致知者,诚意之本也。格物者,致知之实也。物格则知致意诚,而有以复其本体,是之谓止至善……是故不务于诚意而徒以格物者,谓之支;不事于格物而徒以诚意者,谓之虚;不本于致知而徒以格物诚意者,谓之妄。支与虚与妄,其于至善也远矣……乃若致知,则存乎心悟,致知焉,尽矣。①

细节方面存而不论,单就这里最后的"乃若致知,则存乎心悟,致知焉,尽矣"(标点与原文略异)而言,即足以表明致良知在阳明诠释《大学》整个条目中具有纲领性的地位和意义,是最高的思想宗旨和理论原则。反过来说,《大学》正心、诚意、致知和格物又可以说是致良知这一高度概括性和纲领性思想宗旨和理论原则的具体化,是致良知下的分析性命题。进而,可以这样简单理解和定位四句教与致良知之间的思想关系,即阳明提出致良知后,存在着如何将此思想落实到《大学》框架,特别是正心、诚意、致知和格物中的问题,进而基于对此四者的理解,将其浓缩为四句教。就结论而言,致良知是一综合性的命题,四句教则是此命题下的分析性命题,二者之间是思想义理上的所属关系,四句教非致良知之外另一新的思想阶段,致良知是四句教的思想宗旨和理论原则。就阳明而言,龙溪《滁阳会语》中所言的"居越以后"整个阶段,皆统一于致良知下,所谓"居越六年,更以'致良知'三字收摄前后各阶段讲学宗旨而融会贯通"②,四句教自不能除外。

---

① 王阳明著,吴光等编校:《王阳明全集》卷七,第271页。
② 张学智:《明代哲学史》,北京:中国人民大学出版社,2012年,第117页。

去恶是格物），无论进行何种理解和诠释，《大学》正心、诚意、致知、格物及其相互之间的关系显然是其最基本的思想内容和义理内涵。关于《大学》正心、诚意、致知和格物，阳明进行了如下的阐释：

> 故欲修身在于体当自家心体，常令廓然大公，无有些子不正处……此便是修身在正其心。然至善者，心之本体也。心之本体，那有不善？如今要正心，本体上何处用得功？必就心之发动处才可著力也。心之发动不能无不善，故须就此处著力，便是在诚意……故欲正其心在诚意。工夫到诚意，始有著落处。然诚意之本，又在于致知也……故致知者，意诚之本也。然亦不是悬空的致知，致知在实事上格……诚意工夫，实下手处在格物也。①

具体内容不及详论，但只要将这里的内容与"天泉证道"中关于四句教的讨论相对照，不难发现二者在思维架构与义理内涵上具有高度的一致性。举例言之，这里以"体当自家心体，常令廓然大公"来讨论正心，与"天泉证道"中以"人心本体原是明莹无滞的，原是个未发之中"②，"有只是你自有，良知本体原来无有，本体只是太虚。太虚之中，日月星辰，风雨露雷，阴霾曀气，何物不有？而又何一物得为太虚之障？人心本体亦复如是。太虚无形，一过而化，亦何费纤毫气力"③ 来论证"无善无恶心之体"在思想上就具有统一性。可以说，阳明提出四句教的初衷和目的就在于通过这种偈语的方式将自己对《大学》中正心、诚意、致知和格物的理解和思想精练地表达出来，四句教是阳明对此四者诠释的浓缩。④

以此为基础，虽然阳明没有就四句教与致良知之间的关系作明确的说明，但二者之间的思想关系显然可以通过致良知与正心、诚意、致知和格物

---

① 王阳明著，吴光等编校：《王阳明全集》卷三，第135—136页。
② 同上，第133页。
③ 王阳明著，吴光等编校：《王阳明全集》卷三十五，第1442页。
④ 耿宁著，倪梁康译：《人生第一等事：王阳明及其后学论"致良知"》，北京：商务印书馆，2014年，第572页。

与刘述先先生"只是一高妙的圣贤境界的描写,对于阳明在圣学上的造诣固然推崇备至,在学理或教法上,则并没有确定的内容"不同,陈先生这里基于"时时知是知非,时时无是无非"将梨洲文本中"居越以后"的内容明确界定为四句教,并进而认为在龙溪的观点中,四句教才代表着阳明晚年思想的最后阶段。

不过,如果把陈先生这一结论还诸龙溪本人,结合前文的讨论,不难发现存在如下需要反思的问题:第一,梨洲明确将致良知作为"未定之见",进而将"居越以后"的内容确定为阳明思想最后阶段的观点和立场,能否就可以说是龙溪的本意?第二,就梨洲文本而言,"时时知是知非,时时无是无非"确为其中的核心内容,但就龙溪而言,却不尽然。如前文指出,在龙溪"逮居越以后"一段文字中,最为核心的内容当为"悟"和"忘",所谓"知是知非、无是无非"本身是要以这两个概念为基础,体现的是龙溪对阳明思想的主观理解,而非客观的陈述。第三,如果将龙溪文本中"逮居越以后"的内容判定为四句教,依据"天泉证道"的相关记载和讨论,就难免面临这一问题,即对于龙溪而言,阳明的四句教只是"权法"而非"定本"。进而,依据龙溪"以悟为宗",以"忘"为究竟的思想背景,倒不妨说龙溪文本中"逮居越以后"的内容更贴近其四无说的思想意涵,而非阳明的四句教。① 总之,陈先生依据梨洲的改写文本判定龙溪《滁阳会语》中"居越以后"的内容为四句教,并不符合龙溪原文的本有意涵。陈先生依据梨洲的观点,强调相对于致良知,四句教才代表阳明思想最后阶段的结论,也并不见得符合龙溪本人的立场。②

无论如何,通过上文对相关材料的分析,结合刘、陈两位先生的研究,以及参之阳明晚年的思想实际,足以认识到阳明思想最后定见主要涉及的就是四句教与致良知之间思想关系,即二者何为阳明最后定见的问题。以下就此问题做结论性讨论。

阳明的四句教(无善无恶心之体,有善有恶意之动,知善知恶是良知,为善

---

① 吴震:《〈传习录〉精读》,上海:复旦大学出版社,2012年,第47页。
② 需要补充的是,陈先生对阳明思想晚年化境、最后定见的判定与研究,是以"哲学分析为前提",而非单纯的"历史叙述与刻画",与我们这里的问题意识存在一定的差异。陈来:《有无之境:王阳明哲学的精神》,第361页。

总体来说，龙溪权法化四句教，在阳明逝世后"作翻案文章"以肯定自己四无说是刘先生判定四句教为阳明最后定见的思想根据。这无疑具有相当的合理性。问题是，考察阳明思想最后定见，显然应该从阳明思想内部，即基于阳明自身的思想阶段和命题之间的关系加以立论，而非就他人与阳明思想的"关系"来说。前一个问题涉及的是阳明自身诸命题和思想之间的前后发展与理论关系，后一问题涉及的则是他人对阳明思想，某一具体命题的理解和诠释，二者显然是不同的论域。径直说来，阳明思想的最后定见，与龙溪的四无说并无本质的关联，而只能在阳明晚年相关命题和思想之间来加以考察。因此，当刘先生基于蕺山思想、龙溪四无说来判定四句教为阳明最后定见时，或许也存在着不能反映阳明自身思想客观情况的可能。

三

在阳明思想最后定见问题上，陈来先生也作了系统的研究（陈先生是以"晚年化境"展开研究的，但问题实质与我们这里的讨论无异），值得介绍和讨论。陈先生首先指出："据钱德洪后三变的说法，阳明思想的最后发展形态是江西时形成的致良知思想，这与王门与钱并称高弟的王畿的说法有所不同。"[①]钱、王二人的说法有何不同？陈先生在引述梨洲文献[②]后指出：

> 最重要的是，虽然王畿也认为龙场之后又有三变，但三变中的最后一变不是钱德洪说的江西致知，而是居越时的"知是知非、无是无非"。比较"四句教"，我们可以知道，"无是无非"即"无善无恶心之体"，"知是知非"即"知善知恶是良知"。把"时时知是知非，时时无是无非"作为阳明晚年学问的归结和化境，实质上是认为"四句教"思想才是阳明晚年思想的最后阶段。[③]

---

① 陈来：《有无之境：王阳明哲学的精神》，北京：生活·读书·新知三联书店，2009年，第370页。
② 在所据文献上，陈先生是在已知梨洲《明儒学案》的文本由龙溪《滁阳会语》改写而来的情况下，用梨洲的改写来替代龙溪的原文，进而讨论龙溪的立场和相关问题。
③ 陈来：《有无之境：王阳明哲学的精神》，第371—372页。

为阳明最后定见？而当明确指出"居越以后"在学理和教法上并无确定的内容后，问题的实质就当是致良知是否为阳明思想的最后定见？现在刘先生虽然指出梨洲的改写不能反映阳明的客观思想情况，却又将这一问题引到阳明四句教，显然存在着问题意识的"转换"——绪山和梨洲的论述中并无四句教。那么，阳明思想的最后定见如何成了四句教的论争问题？答案还是在梨洲改写的指导思想，蕺山思想的产生上。简单来说，蕺山思想产生于对阳明后学流弊的批判，而阳明后学流弊最集中的代表就是龙溪的四无说。

针对龙溪的四无说，刘先生依据"天泉证道"的记载，指出"四句为阳明最后定见，不落顿（汝中）渐（德洪）两边……龙溪对阳明的告诫置若罔闻，乃师殁后，不只回返到他自己原先的立场，反而变本加厉，把四句教当作权法，开启了日后无尽的争端"①。这样看来，刘先生研究阳明思想的最后定见，是关联着龙溪的四无说立论的。而相对于龙溪的四无说，以及龙溪将阳明四句教"权法"化的立场，刘先生明确指出四句教才代表阳明最后的定见。刘先生又指出：

> 梨洲虽不能否定四句教为事实，却釜底抽薪，减轻其分量，遂将致良知教变为权法。这解释了梨洲何以改写阳明思想前后三变的真正原因。②

如果说基于龙溪的四无说，判定四句教为阳明思想的最后定见具有相应的合理性，那么刘先生在这里却又指出梨洲将致良知变为权法的本意在于要减轻四句教的分量，其真实的意涵是什么？四句教与致良知之间又是什么关系？就刘先生"绪山所说是阳明及门弟子所共同接受的看法"③（共同接受的看法就是以致良知为阳明最后定见）的话来看，或许认为致良知也是阳明思想的最后定见。问题是，当说四句教与致良知同为阳明思想最后定见时，意在表明二者之间无差别的等同？二者之于阳明在思想上是一回事？答案显然难以是肯定。进而，如果要问四句教与致良知何者才是阳明思想的最后定见？刘先生在该文中似乎并没有做清楚的说明。

---

① 刘述先：《黄宗羲心学的定位》，第156页。
② 同上，第160页。
③ 同上，第150页。

本人对阳明思想的诠释、发展和自我思想主张。

再就梨洲的论述和观点作具体的讨论。前文已述,梨洲文本的最大特点就是相对于绪山和龙溪,明确指出致良知为阳明的未定之见,"居越以后"才是阳明思想的最终定论。针对梨洲的观点,刘述先先生在《论王阳明的最后定见》一文中作了详尽的考察,这里的讨论即围绕刘先生此文而展开。

刘先生是从梨洲与绪山的论述差异展开研究的。针对梨洲将致良知作为未定之见,以"居越以后"作为阳明思想最后一变的观点,刘先生首先指出梨洲的最后一变"仅只是一高妙的圣贤境界的描写,对于阳明在圣学上的造诣固然推崇备至,在学理或教法上,则并没有确定的内容"①。而面对梨洲的文本,最需要追问的就是"为何梨洲要改写成为他那样子的方式,其真实含意究竟如何?"②这需要从梨洲著《明儒学案》的指导思想来加以说明。在刘先生看来,梨洲著《明儒学案》的指导思想为其师刘蕺山的诚意慎独之教,而蕺山的诚意慎独之教乃由阳明学转进而来。在这样的情况下,作为蕺山思想传人的梨洲,著《明儒学案》自然不能以阳明的致良知为终教,终教只能是其师蕺山的诚意慎独之教。③刘先生这样的分析无疑具有相当的合理性。问题是,如果说梨洲将阳明致良知前移之目的在于凸显蕺山诚意慎独之教的终教地位和意义,那么对比起来,这样的问题无论是在绪山,还是龙溪那里,都是不存在的。道理很简单,那就是对于整个阳明学而言,致良知可以说是整个学派的最后终教。刘先生又指出:

> 然而梨洲之说虽有一条理路,其对阳明思想之阐释却因其刻意之改变而不反映客观真实的情况,那么阳明最后定见究竟是什么呢?这不能不回返到对于阳明四句教的争论之上。④

将绪山与梨洲的论述相对照,问题显然应该是致良知与所谓"居越以后"何者

---

① 刘述先:《黄宗羲心学的定位》,杭州:浙江古籍出版社,2006年,第150页。
② 同上,第150页。
③ 同上,第154页。
④ 同上。

子、明道所不敢承当,岂可轻易望人!人有习心,不教他在良知上实用为善去恶功夫,只去悬空想个本体,一切事为俱不着实,不过养成一个虚寂。此个病痛不是小小,不可不早说破"①的话来看,阳明对龙溪以"悟"为宗的立场似乎当持一定的保留意见。另外,无论是《滁阳会语》,还是这里的《悟说》,不难发现"忘"甚至是一个比"悟"更高层次的概念。"忘"之于龙溪的意义,在其对阳明学"颜子没而圣学亡"命题②的诠释中有直接的呈现,对我们理解上述问题有进一步的意义:

> 友人问:"颜子没而圣学亡,毕竟曾子、孟子所传是何学?"予(龙溪)谓:"此须心悟。曾子、孟子尚有门可入,有途可循,有绳约可据。颜子则是由乎不启之扃,达乎无辙之途,固乎无藤之缄。曾子、孟子犹为有一之可守,颜子则并一忘之矣。"③

细节方面的内容不及详论,但只要将这里最后的"并一忘之矣"与《滁阳会语》中"逮居越以后"一段最后的"而一亦忘矣"相对照,不仅能够清楚看到二者之间在言辞表达和思想内涵上的一致性,也能够对"忘"在龙溪思想中的地位和意义有清楚的认识。但只要我们对阳明思想有一基本的了解,就不难发现"忘"并不构成阳明思想的主要概念和核心议题。明乎此,以"忘"为中心,虽然不能说龙溪与阳明之间已有根本的差异,但相对阳明,龙溪思想已经有进一步的发展也是不能否认的思想事实。在这样的情况下,以"悟""忘"为理论基础和思想原则,《滁阳会语》"逮居越以后"一段文字,与其说龙溪是在客观陈述阳明的思想,更不如说呈现的是龙溪对阳明思想的自我理解,表达的则是龙溪本人的思想和主张。这当然也就意味着,我们不能简单将"逮居越以后"一段文字的内容直接运用于阳明思想变化发展的分析,更不能以之作为判别阳明思想发展,特别是阳明思想最后定见的标准和依据,而应该还诸龙溪本人,探讨龙溪

---

① 王阳明著,吴光等编校:《王阳明全集》卷三,第133—134页。
② 关于此问题的研究,可参见吴震:《心学道统论——以"颜子没而圣学亡"为中心》,《浙江大学学报》(人文社会科学版),2017年第3期,第58—70页。
③ 王畿著,吴震编校整理:《王畿集》附录二,第756页。

段文字表达了什么样的义理内涵？其义理内涵又是否符合阳明本身的思想实际，进而等同于对阳明思想的客观陈述？

限于文章篇幅，龙溪该段文字所涉及的细节内容不及详论，而从该段文字中所谓"既悟以后""一亦忘矣"的表述来看，不难发现"悟"与"忘"是其中两个关键性概念。径直来说，"悟"与"忘"可谓龙溪这里论述的理论基础和思想原则。如何理解"悟"与"忘"对于龙溪该段文字的意义？无独有偶的是，龙溪曾著有《悟说》一文，对理解此问题有直接的意义。龙溪云：

> 君子之学，贵于得悟，悟门不开，无以征学。入悟有三：有从言而入者，有从静坐而入者，有从人情事变练习而入者。得于言者，谓之解悟，触发印正，未离言诠，譬之门外之宝，非己家珍；得于静坐者，谓之证悟，收摄保聚，犹有待于境，譬之浊水初澄，浊根尚在，才遇风波，易于淆动；得于练习者，谓之彻悟，磨砻锻炼，左右逢源，譬之湛体冷然，本来晶莹，愈震荡愈凝寂，不可得而澄淆也。根有大小，故蔽有浅深，而学有难易，及其成功一也。
>
> 夫悟与迷对，不迷所以为悟也。百姓日用而不知，迷也；贤人日用而知，悟也；圣人亦日用而不知，忘也。学至于忘，悟其几矣乎！①

以"悟"与"忘"为核心，将这里的文字与《滁阳会语》"逮居越以后"一段文字相对照，不难发现二者在思想义理上具有相当的一致性。进而，以此为基础，我们直接可以说在《滁阳会语》中，龙溪是在以自己"悟说"为理论基础与思想原则对阳明的思想发展进行划分与诠释。②问题是，龙溪基于自己"悟""忘"的理论和思想对阳明思想的阶段划分与诠释，能说完全符合阳明本身的思想事实吗？就阳明而言，宽泛意义上的"悟"未尝不可以说是其思想中的应有之意，但能否直接说"悟门不开，无以征学"，却又是另外的问题。如果联系到阳明在"天泉证道"中对龙溪所说"利根之人，世亦难遇，本体功夫，一悟尽透。此颜

---

① 王畿著，吴震编校整理：《王畿集》卷十七，第494页。
② 参见张卫红：《由凡至圣：王阳明体悟本心的工夫阶次——以王龙溪〈悟说〉、〈滁阳会语〉为中心的考察》，《中国哲学史》，2013年第3期，第92—99页。

非,时时无是无非,开口即得本心,更无假借凑泊,如赤日当空而万象毕照。是学成之后,又有此三变也。①

总体来说,梨洲的论述在框架上近于绪山,但在具体内容上无疑更多取自龙溪的《滁阳会语》,可以说是对龙溪《滁阳会语》中有关内容的进一步改写。不过,在具体内容上,梨洲在与龙溪保持一致的同时,就"学成之后"而言,也存在如下的差异:第一,与龙溪将阳明"龙场悟道"之后的变化表述为"再变而所得始化而纯"的概括性说法没有具体的划分不同,梨洲明确表述为"学成之后,又有此三变";第二,梨洲将龙溪论述中"滁、留以后,乃为动静合一、工夫本体之说"的阶段直接予以删除,进而将江右以后的致良知阶段提前,使之成为"学成之后"的第二变;第三,梨洲明确将"居越以后"作为阳明"后三变"之最后"一变",即以之作为阳明思想的最后定见;第四,在"居越以后"中,梨洲也没有完全重复龙溪的文字,而只保留了龙溪原文中的前两句,对后两句则进行了整体的删除,特别是龙溪原文中的"悟"和"忘"就没有出现在梨洲的改写中。就本文的议题而言,相对于绪山和龙溪,梨洲这里论述的最大差异就在于相对于致良知,明确指出"居越以后"才是阳明思想的最后定见。显然,面对梨洲与绪山和龙溪之间的这种差异,最需要追问的就是梨洲如此改写的思想原因与相关立场。还需要思考的是,虽然在具体内容上改写自龙溪的《滁阳会语》,但梨洲明确否定致良知为阳明思想最后定见,进而代之以"居越以后"的观点和立场,是否又符合龙溪的本意?即在龙溪那里,是否如梨洲所述,致良知乃阳明未定之见,"居越以后"方为阳明思想的最后阶段?梨洲这样的判定,是否又符合于阳明本身的思想实际?如此等等,是面对梨洲文本需要思考的问题。

二

综上所述,就阳明思想最后定见而言,问题的关键显然在于如何理解和定位龙溪《滁阳会语》中"逮居越以后"一段文字。而问题的实质又在于,龙溪该

---

① 沈善洪主编,吴光执行主编:《黄宗羲全集》第七册,杭州:浙江古籍出版社,2005年,第201页。

就"悟后"的内容来看,如果同样以致良知的提出为"结点",绪山"教亦三变"为贵阳的"知行合一"—滁阳后的"静坐"—江右以来的"致良知",龙溪"再变而所得始化而纯"则为贵阳以后"默坐澄心"—"滁、留以后,乃为动静合一、工夫本体之说"—"江右以后,则专提'致良知'三字"。不难看出,龙溪在"悟后"的前两变上与绪山已有所不同。当然,置前两变的差异不论,到此为止,龙溪与绪山皆以致良知为阳明思想最后阶段是一致的。不过,龙溪在论述完致良知后,还有所谓"逮居越以后"一段文字,成了引发问题的关键。具体来说,由于龙溪该段文字的存在,是否意味着在致良知之后,阳明思想还有新的阶段?如果该段文字的确表明致良知之后,阳明思想还有新的发展,那就意味着在龙溪看来,相对于致良知,阳明思想的最后定见当另有所指。那么,参之阳明的思想实际,该段文字的内容所指为何?阳明思想的最后定见是什么?同时,如果依龙溪之见,阳明思想的最后定见非致良知,而另有所指,那么还可以追问的是,龙溪这种观点是符合阳明本身的思想实际,还是龙溪自己的主观理解?当然,如果该段文字是龙溪对阳明思想的主观理解,甚至在一定程度上表现的就是龙溪本人的思想,那就意味着其中的内容并非对阳明思想变化发展的客观陈述,进而也就不能作为判定阳明思想变化发展,特别是阳明思想最后定见的直接依据和标准。如此等等,是面对龙溪《滁阳会语》"逮居越以后"一段文字时,需要思考的问题。

在阳明思想变化发展问题上,黄梨洲在《明儒学案》中的相关概括也是重要的思想文献。梨洲的论述如下:

先生之学……其学凡三变而始得其门。自此以后,尽去枝叶,一意本原,以默坐澄心为学的。有未发之中,始能有发而中节之和。视听言动,大率以收敛为主,发散是不得已。江右以后,专提"致良知"三字,默不假坐,心不待澄,不习不虑,出之自有天则。盖良知即是未发之中,此知之前,更无未发;良知即是中节之和,此知之后,更无已发。此知自能收敛,不须更主于收敛;此知自能发散,不须更期于发散。收敛者,感之体,静而动也;发散者,寂之用,动而静也。知之真切笃实处即是行,行之明觉精察处即是知,无有二也。居越以后,所操益熟,所得益化,时时知是知

> 先生之学凡三变，其为教也亦三变：少之时，驰骋于辞章；已而出入二氏；继乃居夷处困，豁然有得于圣贤之旨：是三变而至道也。居贵阳时，首与学者为"知行合一"之说；自滁阳后，多教学者静坐；江右以来，始单提"致良知"三字，直指本体，令学者言下有悟：是教亦三变也。①

具体内容不及详论，就本文所讨论的议题而言，绪山的论述显然明确指出致良知为阳明一生最后的思想总结，致良知代表阳明思想的最后定见。不过，在另一弟子龙溪那里，阳明思想的变化发展历程呈现了不同的面貌。在作于嘉靖三十二年（1553）的《滁阳会语》中，龙溪对阳明思想的变化发展历程作了如下论述与概括：

> 先师之学，凡三变而始入于悟，再变而所得始化而纯……及至居夷处困，动忍之余，恍然神悟，不离伦物感应，而是是非非天则自见，征诸四子六经，殊言而同旨，始叹圣人之学坦如大路，而后之儒者妄开径窦、纤曲外驰，反出二氏之下，宜乎高明之士厌此而趋彼也。自此之后，尽去枝叶，一意本原，以默坐澄心为学的，亦复以此立教……然卑者或苦于未悟，高明者乐其顿便而忘积累，渐有喜静厌动、玩弄疏脱之弊。先师亦稍觉其教之有偏，故自滁、留以后，乃为动静合一、工夫本体之说以救之。而入者为主，未免加减回护，亦时使然也。自江右以后，则专提"致良知"三字……故曰："致知存乎心悟，致知焉尽矣。"
>
> 逮居越以后，所操益熟，所得益化，信而从者益众。时时知是知非，时时无是无非，开口即得本心，更无假借凑泊，如赤日丽空而万象自照，如元气运于四时而万化自行，亦莫知其所以然也。盖后儒之学泥于外，二氏之学泥于内，既悟之后则内外一矣，万感万应，皆从一生，兢业保任，不离于一。晚年造履益就融释，即一为万，即万为一，无一无万，而一亦忘矣。②

---

① 王阳明著，吴光等编校：《王阳明全集》卷四十一，上海：上海古籍出版社，2011年，第1746页。
② 王畿著，吴震编校整理：《王畿集》卷二，南京：凤凰出版社，2007年，第33—34页。

王阳明"最后定见"辨证

——兼论四句教与致良知之间的思想关系

邓国元

(复旦大学哲学学院、贵州大学中国文化书院)

关于王阳明思想的形成与变化发展，钱绪山、王龙溪和黄梨洲有不同的概括与说明。这些不同的概括与说明不仅揭示了阳明思想形成发展过程中的复杂性，同时也呈现了人们对阳明思想形成发展过程的差异化理解。面对阳明思想变化发展的复杂性，以及绪山、龙溪和梨洲等人的差异化论述，阳明思想的最后阶段，即阳明思想的"最后定见"无疑是最需要重点考察的内容。就相关论述来看，如何正确理解和定位龙溪《滁阳会语》中"逮居越以后"一段文字可谓此问题的关键。而无论是就阳明的思想实际，还是学界的具体研究，四句教与致良知之间的思想关系，以及二者何为阳明思想的最后定见又是这一问题的实质所在。本文拟在相关文献的基础上，结合学界已有研究，对阳明思想的最后定见做"辨证"性考察，并求教于学界同仁。

一

以所作时间先后，先来看绪山的相关概括与说明。在作于嘉靖十四年(1535)的《刻文录叙说》中，绪山对阳明思想的变化发展历程作了如下论述：

仅为研究承载于其间的龙场悟道的主体内容（亦即阳明三年悟道之中期与晚期，亦即龙场之前悟与后悟）——这一学界关注的热点问题，提供更具内在性①的线索，而且为研究阳明早年思想②向三年悟道的收拢性转化，三年悟道向心学本体论与工夫论等层面的发散性转化，提供更为客观，更为理性的参照。由此，阳明龙场悟道的神秘性质可逐步得到澄清。

---

① 内在性是指因置于某一系统中而具有的相互关联性。
② 参见拙作《检讨钱德洪系〈王阳明年谱〉之立场——以王阳明的早年经历为例》，《复旦学报》，2010年第5期。

疏更为清晰："曾向图书识面真，半生长自愧儒巾。斯文久已无先觉，圣世今应有逸民。一自支离乖学术，竟将雕刻费精神。瞻依多少高山意，水漫莲池长绿苹。"① 阳明欲以"逸民"承担儒家之道统。此"逸民"已悟得圣人易简之学，而世人则为学支离，处处雕刻，枉费精神。由此诗也不难看出，正是对道家思想的借助，濂溪才当之无愧为儒家道统之承担者。此时，阳明不仅已归向儒学，而且已以己身从容承担道统。②

以上为阳明三年悟道对动静关系的处理、对坐禅入定的反对、对道体和乐境界的体认、对儒家道统的承担等，体现了阳明对三教关系的处理。

阳明归程的终点是庐陵。1510年3月，阳明至庐陵③，撰诗云："……松古尚存经雪干，竹高还长拂云梢。溪山处处堪行乐，正是浮名未易抛。"④ 正如施邦曜之评语"读此诗，先生经国之志已见，诗以言志，然哉"⑤所示，阳明此时的儒家经世之意已赫然在目。阳明为官庐陵时，亦有其他相关撰述，然其儒家旨趣实未离于此。⑥

以上关于静坐、知行合一与三教关系的呈现，即是阳明龙场后悟之"去脉"所在。此不仅关联着阳明工夫论从悟到静坐再到头脑工夫的递进，而且关联着阳明本体论在知行合一层面与心即理层面的双重打开⑦，因此，其在阳明心学的发展史上，具有极为重要的意义。

综上所述，以三年悟道为范域，阳明龙场悟道之"来龙"依次体现为"箪瓢有余乐""无欲见真体""超然"之乐以及"寒根固生意"等，"去脉"主要体现为"静坐""知行合一"以及"三教关系"等。对此"来龙"与"去脉"进行勾勒，不

---

① 王阳明：《再过濂溪祠用前韵》，《王阳明全集》，第718页。时为1510年。
② "……及在夷中三年，颇见得此意思，乃知天下之物本无可格者。其格物之功，只在身心上做，决然以圣人为人人可到，便自有担当了。……"（王阳明：《传习录》下，《王阳明全集》，第674页）
③ 《王阳明年谱》三十九岁条载："先生三月至庐陵。"（钱德洪：《王阳明年谱》，《王阳明全集》，第1230页）
④ 王阳明：《游瑞峰二首》，《王阳明全集》，第720页。时为1510年3月。
⑤ 施邦曜辑评，王晓昕、赵平略点校：《阳明先生集要》，第961页。
⑥ 《阳明先生集要》置《陈言边务疏》《乞宥言官去权奸以章圣德疏》《谏言佛疏》《庐陵县公移》于《经济编》《奏疏公移》篇首，缘由在于："右四篇俱成于先生初仕时，然安内攘外、致君泽民之大概，已见于此，故冠集首。"（施邦曜辑评，王晓昕、赵平略点校：《阳明先生集要》目录，第4页）然就龙场后悟之"去脉"而言，主要呈现于《庐陵县公移》一篇中。此"公移"乃阳明悟后之生命状态在政治层面的展开。
⑦ 知行合一是本体的基本特性；心即理乃本体之客观面相。

名姓不须猜。岩根老衲成灰色,枯坐何年解结胎?"① 此是对三教关系的一重理解。

是时,阳明的入世情怀与求道之心糅合在一起:"……流民失业乘时横,原兽争群薄暮号。却忆鹿门栖隐地,杖藜壶榼饷东皋。"② 求道之心使其怀念道友:"……梦回客枕人千里,月上春堤夜四更。欲寄愁心无过雁,披衣坐听野鸡鸣。"③ 而道体世界又充满着无穷的自在:"……闲观物态皆生意,静悟天机入窅冥。道在险夷随地乐,心忘鱼鸟自流形。未须更觅羲唐事,一曲沧浪击壤听。"④ 阳明此诗呈现了万物生机浩浩、万物至乐基础上的万物和乐境界。此时,道在当下,乐在当下,不仅仅指个体,不仅仅指自然,还包括由个体所构成的人世间。

阳明归程中对仕途的担忧时亦有之:"南望长沙杳霭中,鹅羊只在暮云东……花暗渐惊春事晚,水流应与客愁穷。北飞亦有衡阳雁,上苑封书未易通。"⑤ 然更多时候则是当下之自得:"福地相传楚水阿,三年春色两经过。羊亡但有初平石,书罢惟笼道士鹅。"⑥ 与赴谪时对《易》道的追寻⑦不同,是时阳明更多是见道后的评判:"渌水西头泗洲寺,经过转眼又三年。老僧熟认直呼姓,笑我清癯只似前。每有客来看宿处,诗留佛壁作灯传。开轩扫榻还相慰,惭愧维摩世外缘。"⑧ 与赴谪时的思亲⑨不同,是时阳明是物各付物而思亲:"碧山道士曾相约,归路还来宿武云。月满仙台依鹤侣,书留苍壁看鹅群。春岩多雨林芳淡,暗水穿花石溜分。奔走连年家尚远,空余魂梦到柴门。"⑩ 于道而言,万物自得,是个体的饱满;于人而言,人伦定在,是个体的归向。与赴谪时对濂溪的推崇⑪不同,见道后,阳明对道统的承担有了新的理解,对儒家学脉的分

---

① 王阳明:《德山寺次壁间韵》,《王阳明全集》,第716页。
② 王阳明:《沅江晚泊二首》,《王阳明全集》,第716页。
③ 王阳明:《夜泊江思湖忆元明》,《王阳明全集》,第717页。时为1510年。
④ 王阳明:《睡起写怀》,《王阳明全集》,第717页。
⑤ 王阳明:《三山晚眺》,《王阳明全集》,第717页。
⑥ 王阳明:《鹅羊山》,《王阳明全集》,第718页。
⑦ 王阳明:《醴陵道中,风雨夜宿泗州寺次韵》,《王阳明全集》,第688页。
⑧ 王阳明:《泗洲寺》,《王阳明全集》,第718页。
⑨ 王阳明:《宿萍乡武云观》,《王阳明全集》,第688页。
⑩ 王阳明:《再经武云观书林玉玑道士壁》,《王阳明全集》,第718页。时为1510年。
⑪ 王阳明:《萍乡道中谒濂溪祠》,《王阳明全集》,第687页。时为1508年。

是内在心志的获得。因此，在逻辑上，知行合一之教法当转为悟得内在心志的教法。

知行合一之教法或具有为事所牵的嫌疑，此在阳明的《与辰中诸生》中有一段相类的表达："吾辈平日为事物纷拏，未知为己。"正是基于这一嫌疑，阳明强调静坐以寻切己处。亦正基于此，《王阳明年谱》在"1509 年（38 岁）"判阳明提出知行合一之"本体"，在"1510 年（39 岁）"条又判阳明放弃知行合一之"教法"。而阳明所强调的静坐以寻切己处，正是悟得内在心志的教法在现实中的展开。此"内在心志"便是现实中的"切己处"，亦即是"良知"的最初形态。① 此"悟得"之方式便是现实中的"静坐"。

（三）三教关系

怀着三年悟道之心得，阳明期望与当年的道友共话"此心"："……江天云鸟自来去，楚泽风烟无古今。山色渐疑衡岳近，花源欲问武陵深。新春尚沮东归楫，落日谁堪话此心？"② 正是内心从容自得，故而时时可自谦自嘲："台下春云及寺门，懒夫睡起正开轩……道意萧疏惭岁月，归心迢递忆乡园。年来身迹如漂梗，自笑迂痴欲手援。"③

在归程中，阳明不仅在教法上提出"静坐"以寻"切己处"，而且对静悟之后的境界亦有所论及："………洞口流云夜有声。静后始知群动妄，闲来还觉道心惊。问津久已渐沮溺，归向东皋学耦耕。"④ 此处的"静后始知群动妄"，实是悟后才能辩群动之意。此时，于阳明而言，即便是闲处，亦是道心之显在。体道若此，仕途可进可退。"尽日僧斋不厌闲，独余春睡得相关……江外云晴忽有山。远客趁墟招渡急，舟人晒网得鱼还。也知世事终无休，亦复心存出处间。"⑤

阳明反对坐禅入定，亦体现为对"枯坐"的态度上。"乘兴看山薄暮来，山僧迎客寺门开。雨昏碧草春申墓，云卷青峰善卷台。性爱烟霞终是僻，诗留

---

① 钱德洪撰《刻文录序说》言："先生尝曰：'吾良知二字，自龙场以后，便已不出此意，只是点此二字不出，于学者言，费却多少辞说。'"（王阳明著，吴光等编校：《王阳明全集》，第 1575 页）
② 王阳明：《武陵潮音阁怀元明》，《王阳明全集》，第 715 页。
③ 王阳明：《阁中坐雨》，《王阳明全集》，第 715 页。
④ 王阳明：《霁夜》，《王阳明全集》，第 716 页。
⑤ 同上。

在严格意义上，就阳明后来的表述来看，知行合一实是其为学宗旨。《传习录》上篇，载有徐爱所录其与阳明关于知行合一的长段对话。①在此对话中，知行合一已然是阳明思想的基本宗旨。考徐爱为学经历，其约于1513年春至1514年4月此段时间，或亦包括1516年的春夏时期，受教阳明最多。因此，在是时，或在龙场以后、是时以前，阳明即以知行合一为论学宗旨。在此意义上，可以说，龙场以后，在阳明所历庐陵、北京、滁州、南京任上，必有一知行合一宗旨的显发期。此可称为"知行合一晚出论"。如滁州名宦胡松就尝言："松尝谓先生之学与其教人，大抵无虑三变。始患学者之心纷扰而难定也，则教人静坐反观，专事收敛。学者执一而废百也，偏于静而遗事物，甚至厌世恶事，合眼习观，而几于禅矣，则揭言知行合一以省之。"②在教法上，胡松此种以知行合一对治坐禅入定之提法，恰与钱德洪以静坐对治知行合一之"罔知所入"的观点，构成鲜明对比。

在贯通意义上，阳明龙场所悟之道本身即具有知行合一性质，即是知行合一之本体。举此本体，即是举知行合一宗旨，即是举知行合一之教法。以此反推，举知行合一之宗旨、举知行合一教法，即是举"悟"为言。然而，"悟"如何而为教法，这是一个值得思考的问题。

另外，在以上贯通意义上，将知行合一与阳明三年悟道的中期与晚期——亦即龙场悟道的前悟与后悟——进行对接，虽有其合理性，但亦当保持审慎的态度。因为阳明在《与辰中诸生》中亦言："近世士夫亦有稍知求道者，皆因实德未成而先揭标榜，以来世俗之谤，是以往往瞋堕无立，反为斯道之梗。"阳明此语虽然并不反对有所标榜，然其更为强调的是"实德"先成，唯有如此，才能孚信于人。因此，"实德"如何先成，行何以证知，此是作为贯通意义上的宗旨的知行合一，在教法上要面临的问题。例如，同样是习举，从"行"上无法阐明其"知"是尧舜其君之心，还是自私自利之心。也就是说，教法上的知行合一或面临为事所牵的嫌疑。要消除这一嫌疑③，即要拥有内在的心志，而如何拥有内在的心志，此须有一个悟入处。于阳明而言，无论是"前悟"还是"后悟"，皆

---

① 王阳明：《传习录》上，徐爱录，《王阳明全集》，第3—5页。
② 胡松：《刻阳明先生年谱序》，《王阳明全集》，第1362页。
③ 王阳明：《重刊文章轨范序》，《王阳明全集》，第875页。

（二）知行合一

关于此时的静坐教法，《王阳明年谱》"1510年（39岁）"条以"语学者悟入之功"对之进行定性，所指当为阳明教以静坐以得切己处，此亦得阳明思想大旨。然《年谱》将阳明教诸生静坐的原因归为龙场知行合一之教之弊端："先是先生赴龙场时，随地讲授，及归过常德、辰州，见门人冀元亨、蒋信、刘观时辈俱能卓立，喜曰：'谪居两年，无可与语者，归途乃幸得诸友！'悔昔在贵阳举知行合一之教，纷纷异同，罔知所入。兹来乃与诸生静坐僧寺，使自悟性体，顾恍恍若有可即者。"①

不仅如此，《年谱》"1509年（38岁）"条言："提学副使席书聘主贵阳书院。"又言："是年先生始论知行合一。始席元山书提督学政，问朱陆同异之辨。先生不语朱陆之学，而告之以其所悟，书怀疑而去。明日复来，举知行本体证之五经诸子，渐有省。往复数四，豁然大悟，谓'圣人之学复睹于今日；朱陆异同，各有得失，无事辩诘，求之吾性本自明也。'遂与毛宪副修葺书院，身率贵阳诸生，以所事师礼事之。"②《年谱》认为，席书首问阳明朱陆异同，而阳明以所悟相告，其后阳明又"举知行本体证诸五经诸子"，席书"渐有省"。考阳明与席书的交往，实未有相关论述。

与此稍有不同，钱德洪又撰《刻文录叙说》言："先生尝曰：'吾始居龙场，乡民言语不通，所可与言者乃中土亡命之流耳；与之言知行之说，莫不忻忻有入。久之，并夷人亦翕然相向。'"③据此来看，阳明知行之说，又是以中土亡命之流为首发对象，后才是对夷人而发。

由以上材料来看，龙场时提出知行合一之说，多是钱德洪之记载。然而，阳明三年悟道，历早、中、晚三期，除早期处南下赴谪之途必无知行合一之实录而外，其中期、晚期亦无实时性文字做明确记载。由此来看，龙场悟道，在何种意义上，如钱德洪所载，体现为知行合一；辰州论学，在何种意义上，又如钱德洪所载，要反对知行合一：实非常值得思考。

---

① 钱德洪：《王阳明年谱》，《王阳明全集》，第1230页。
② 王阳明著，吴光等编校：《王阳明全集》，第1229页。
③ 钱德洪：《刻文录叙说》，《王阳明全集》，第1574—1575页。

夫;亦要求诸生习举业。继而又在此信中对诸生进行提点。

首先,因"谪居两年,无可与语者",得辰中诸友,方因聚而喜,又因别而悲。

其次,为学"最易摇夺",当相互砥切,务期有成。若稍知求道而在实德未成时又急于标榜,必引来世俗之谤,从而"隳堕无立",于"斯道"为"梗"。因此,要引以为戒,"刊落声华",于"切己处著实用力"。此"刊落声华",实是处静反思,由此可找到"切己处"。

正是在此意义上,具有"刊落声华"特征的"静坐"值得细析。一方面,此静坐并非"坐禅入定",当然亦有"坐禅入定"之疑。另一方面,此静坐实是针对平日"为物所牵而不知为己"的"吾辈"所设,"欲以此补小学收放心一段工夫"。因此,此静坐,实是功夫,其"头脑"①实是为己之学之"为己",即是要能够找到"切己处"②。此也是"著力处"。静坐以找到这一"著力处",异时才有"得力处"。

不仅如此,诸生要常观"学要鞭辟近里著己""君子之道暗然而日章""为名与为利,虽清浊不同,然其利心则一""谦受益""不要异于人,而求同于理"等语。此似乎为静坐以得"切己处""著力处"之口诀。细观此数语,不难发现,其除强调静、谦之方法外,还反对利心而强调"同于理"之心,后者当是"切己处"。由此来看,阳明的"切己处""著力处"实是己与理的合一处。此可视为内心与外理的合一,当然也就是心即理之义。

最后,"举业不患妨功,惟患夺志,当如前日所约,循循为之"。此志当是指"圣贤之学""尧舜其君之志"③。有此志,有业举之方法,如同知得洒扫应对即知精义入神一样,必可成为大儒贤相。④

由此来看,阳明此书主要言及静坐与举业两个问题。其举业问题,属于阳明在贵阳讲学时的议题,亦即属于阳明三年悟道之晚期,另文再表。而关于静坐教法,在此需要细析。

---

① 阳明后来喜用"头脑"说明本体对功夫的引领作用。
② 三年悟道之后,阳明对作为"头脑"的本体理解不断精进,最终定型为良知。
③ 王阳明:《重刊文章轨范序》,《王阳明全集》,第875页。
④ 同上。

场之后的思想倾向。

（一）静坐

归程途经辰州，阳明撰诗《辰州虎溪龙兴寺闻杨名父将到，留韵壁间》云："杖藜一过虎溪头，何处僧房是惠休？……林疏地底见江流。烟化日暖犹含雨……好景同来不同赏，诗篇还为故人留。"①"杨名父，名子器，浙江慈溪人，成化年间进士，官至河南布政使。"②赏景留诗是阳明来去龙场的常课，而在归程中对"辰中诸生"讲学则是阳明三年悟道后的"首发"。③后在归途中，阳明又撰有《与辰中诸生》言：

> 谪居两年，无可与语者。归途乃得诸友，何幸何幸！方以为喜，又遽尔别去，极怏怏也。绝学之余，求道者少；一齐众楚，最易摇夺。自非豪杰，鲜有卓然不变者。诸友宜相砥砺夹持，务期有成。近世士夫亦有稍知求道者，皆因实德未成而先揭标榜，以来世俗之谤，是以往往骤堕无立，反为斯道之梗。诸友宜以是为鉴，刊落声华，务于切己处著实用力。
>
> 前在寺中所云静坐事，非欲坐禅入定。盖因吾辈平日为事物纷拏，未知为己，欲以此补小学收放心一段工夫耳。明道云："才学便须知有著力处，既学便须知有著力处。"诸友宜于此处著力，方有进步，异时始有得力处也。"学要鞭辟近里著己""君子之道暗然而日章""为名与为利，虽清浊不同，然其利心则一""谦受益""不要异于人，而求同于理"，此数语宜书之壁间，常目在之。举业不患妨功，惟患夺志。只如前日所约，循循为之，亦自两无相碍。所谓知得洒扫应对，便是精义入神也。④

由以上内容可知，阳明先是在辰中僧寺，对诸生讲学，言及静坐的为学功

---

① 王阳明著，吴光等编校：《王阳明全集》，第715页。
② 钱明：《王阳明散佚诗汇编及考释》，《浙江学刊》，2002年第6期，第75页。
③ 阳明龙场悟道后的"首发之地"，有龙冈书院、贵阳书院以及辰州三说。
④ 王阳明著，吴光等编校：《王阳明全集》，第144页。所注时间为"己巳"，即1509年。然考阳明行程，当在1510年初。

未真,清辉亦复凛衣巾。簿书曾屑乘田吏,俎豆犹存畏垒民。碧水苍山俱过化,光风霁月自传神。千年私淑心丧后,下拜春祠荐渚苹。"① 阳明推崇濂溪,由来已久。"碧水苍山俱过化,光风霁月自传神",此是阳明与濂溪思想的打通。时而阳明又思念故土:"晓行山径树高低,雨后春泥没马蹄。翠色绝云开远嶂,寒声隔竹隐晴溪。已闻南去艰舟楫,漫忆东归沮杖藜。夜宿仙家见明月,清光还似镜湖西。"②

然而,玩《易》体道,乃真正的快乐所在。"风雨偏从险道尝,深泥没马陷车箱。虚传鸟路通巴蜀,岂必羊肠在太行!"于此黯淡的现实之中,"远渡渐看连暝色,晚霞会喜见朝阳",依然孕育着光明的前景。此种"孕育",唯有在《易》中体得:"水南昏黑投僧寺,还理羲编坐夜长。"③此时的《易》道,或已与濂溪之学相联系。或者,《易》言道体,而濂溪之学所强调的"主静""无欲",又为道体的体认提供了方法。

以上是阳明三年悟道之基点以及早期形态,展现了阳明龙场前悟之"来龙"。虽然,在心与道之关系上,还是洗心无欲以显天机的思想,然其对道体之理解,却有一个将"生意"推向"寒根"之转向。

二 龙场悟道之"去脉"

1508年(三十七岁)春,阳明抵龙场。十九个月之后,即约1509年10月,阳明成《五经臆说》并撰《五经臆说序》。此标志着阳明龙场悟道主体内容的完成。其间,阳明于1508年秋得构"龙冈书院",此前为三年悟道之中期,也是前文所言及的前悟时期。后阳明不仅见召于贵阳书院,并于1509年4月前的一段时间任教于贵阳书院,而且还于1509年闰九月时已再聘于贵阳书院④,最终于1509年年终岁末奉旨离开龙场。此与贵阳书院相关的时段为三年悟道之晚期,也是前文所言及的后悟时期。而龙场后悟的"去脉",主要是指阳明离开龙

---

① 王阳明:《萍乡道中谒濂溪祠》,《王阳明全集》,第687页。
② 王阳明:《宿萍乡武云观》,《王阳明全集》,第688页。
③ 王阳明:《醴陵道中,风雨夜宿泗州寺次韵》,《王阳明全集》,第688页。
④ 参见陆永胜:《王阳明龙冈书院讲学考论》,《中山大学学报》,2017年第1期,第153页,注1。

"悦心有妙理",此妙理在"顽冥"与"贤达"各能自足。与终日乾乾相比,当下乃是悠然自在。此仍是由儒归道之取向。得此妙理后,阳明又言:

> 羊肠亦坦道,太虚何阴晴?灯窗玩古《易》,欣然获我情。起舞还再拜,圣训垂明明。拜舞讵踰节?顿忘乐所形。敛衽复端坐,玄思窥沉溟。寒根固生意,息灰抱阳精。冲漠际无极,列宿罗青冥。夜深向晦息,始闻风雨声。

人生的险途即是"坦道",一切的阴晴不过"太虚"。此是极苦之境的极乐体验。于其中,阳明把玩"古《易》","欣然"有证而起舞忘形。此后,阳明又端坐玄思,思得极苦与极乐之间的内在关联:"寒根固生意,息灰抱阳精。冲漠际无极,列宿罗青冥。夜深向晦息,始闻风雨声。"其中,"寒根""息灰""冲漠际无极""夜深向晦息"皆是收敛之状态,更是"生意""阳精""列宿罗青冥""始闻风雨声"之先期潜伏状态。在此意义上,阳明后来的悟道,实又受启于下狱时之体验、赴龙场途中之心得。关于逆境至乐的深度体验,阳明在诗文中亦有流露,如:"台名何事只宜春,山色无时不可人。不用烟花费妆点,仅教刊落仅嶙峋。"[1] 此似类于大程《秋日偶成》诗所云"万物静观皆自得,四时佳兴与人同"[2],亦类于阳明怀友时所撰的"浩浩天地内,何物非同春"。然而,大程《秋日》之境,代表着万物皆自得;阳明别友南下所表"浩浩"之境,代表着万物皆生机;是时阳明从容赴谪所表"无时不可人"之境,代表着历屈而伸之过程中,万物皆可至乐:三者自有程度之差别。

此时,阳明的赴谪诗,大体不出于此。然而,关于至乐的体验,又是稍纵即逝的,因为以上种种快乐并未完全串联。[3] 在阳明孤寂的旅程中,时而乡愁仍旧袭来:"……夕阳归鸟投深麓,烟火行人望远村。天际浮云生白发,林间孤月坐黄昏。越南冀北俱千里,正恐春愁入夜魂。"[4] 时而受先贤感发:"木偶相延恐

---

[1] 王阳明:《袁州府宜春台四绝》之第二首,《王阳明全集》,第 687 页。
[2] 程颢:《秋日偶成二首》,《二程集》,北京:中华书局,2004 年,第 482 页。
[3] 乐之串联,乃是更深层次的体验。
[4] 王阳明:《夜宿宜风馆》,《王阳明全集》,第 687 页。

遇武夷君。溪流九曲初谙路，精舍千年始及门。归去高堂慰垂白，细探更拟在春分。"①可见，阳明虽然来到了可以避世之所，但是念及家人的安危，决定踏上赴谪的征程，从而获得一种超然之乐。正有此超然之乐，阳明才有远赴的动力，也才有先回归以拜别高堂的决定。在具体的安排上，阳明拟在来年春天慰别高堂。钱德洪撰《王阳明年谱》言："……因取间道，由武夷而归。时龙山公官南京吏部尚书，从鄱阳往省。十二月返钱塘，赴龙场驿。"②是秋，阳明撰《因雨和杜韵》云："……客途最觉秋先到，荒径惟怜菊尚存。却忆故园耕钓处，短蓑长笛下江村。"③

（四）"寒根固生意"

阳明后来归别高堂，从容赴谪。沿途更是体得故园之期、山林之期、为教之期、礼乐之诠等诸种快乐。而读《易》体道，乃是其快乐之根本。

关于道体的理解，阳明在《杂诗三首》中言：

> 危栈断我前，猛虎尾我后。倒壑落我左，绝壁临我右。我足复荆榛，雨雪更纷骤。邈然思古人，无闷聊自有。无闷虽足珍，警惕忘尔守。君观真宰息，匪薄亦良厚。④

于道路之艰难险阻中，阳明有"无闷"之感，又提醒自己要"警惕"。阳明以此些感受为"真宰息"之"良厚"。不仅如此，阳明还不时陶醉在青山流水中。

> 青山清我目，流水静我耳。琴瑟在我御，经书满我几。措足践坦道，悦心有妙理。顽冥非所惩，贤达何靡靡！乾乾怀往训，敢忘惜分晷？悠哉天地内，不知老将至。

---

① 王阳明著，吴光等编校：《王阳明全集》，第 684 页。
② 同上，第 1228 页。
③ 同上，第 682 页。
④ 同上，第 686 页。

往视之，方熟睡……道士曰：'如公所志，将来必有赤族之祸。'……公然其言。遂由武夷至广信……"① 后钱德洪撰《王阳明年谱》又补充记载为："……乃托言投江以脱之。因附商船游舟山，偶遇飓风大作，一日夜至闽界。比登岸，奔山径数十里，夜扣一寺求宿……邀至寺。寺有异人，尝识于铁柱宫，约二十年相见海上；至是出诗，有'二十年前曾见君，今来消息我先闻'之句。与论出处，且将远遁……因为筮，得《明夷》，遂决策返。"② 后阳明余姚同乡、东林豪杰施邦曜③又辑《阳明先生集要》言："夏，赴谪至钱塘，瑾遣人阴迹先生。先生惧，佯为自沉于江，密附商船往舟山，飓风一夕，飘至闽界。比登岸，山行数十里，夜扣野寺，不纳。又趋野庙……邀至其寺，则向与先生趺坐于铁柱宫之道士在焉……因问先生曰：'尔欲安往？万一瑾怒，逮尔父，诬尔北走胡，南走粤，奈何？'先生愕然，卦之，得《明夷》，乃决策返。别道士，留诗壁间，诗在集中。遂取间道，繇武夷归，涉鄱阳，往省龙山公于建业。以十二月赴龙场驿。时先生妹婿徐爱因先生将赴龙场，纳贽北面，奋然有志于学。"④

2."超然自得之致"

在归隐的念头打消之后，阳明才真正开始赴谪之途，由此阳明获得一种"超然"之乐。与对险夷未卜的道路的担忧有所不同，是时阳明有为了家人而远赴的决定。因此，其撰《泛海》言："险夷原不滞胸中，何异浮云过太空！夜静海涛三万里，月明飞锡下天风。"⑤ 后施邦曜评此诗为："此诗是先生泛海避难，遇一道者而作，读之有超然自得之致。"⑥ 黄绾撰《阳明先生行状》言："……遂由武夷至广信，溯彭蠡，历沅、湘，至龙场。"⑦ 依黄绾所表，阳明径自由武夷而奔赴龙场。然阳明又撰诗《武夷次壁间韵》云："……海上真为沧水使，山中又

---

① 王阳明著，吴光等编校：《王阳明全集》，第1408页。
② 同上，第1227页。
③ 陈鼎：《东林列传》，扬州：广陵书社，2007年，第191—193页。
④ 施邦曜辑评，王晓昕、赵平略点校：《阳明先生集要》，北京：中华书局，2008年，第7—8页。另参见《王阳明年谱》三十六岁条。
⑤ 王阳明著，吴光等编校：《王阳明全集》，第684页。
⑥ 施邦曜辑评，王晓昕、赵平略点校：《阳明先生集要》，第982页。
⑦ 王阳明著，吴光等编校：《王阳明全集》，第1408页。

(三)"超然"之乐

阳明南赴，就后来的行动表明，其首先开启的是归隐之途，故其对山林之乐的体验与向往时时呈露。

1. 山林之乐

《南屏》一诗表明，阳明在春天回到西湖边上："溪风漠漠南屏路，春服初成病眼开。花竹日新僧已老，湖山如旧我重来……独有幽禽解相信，双飞时下读书台。"① 在《卧病静慈写怀》一诗中，阳明言："卧病空山春复夏，山中幽事最能知……把卷有时眠白石，解缨随意濯清漪。吴山越峤俱堪老，正奈燕云系远思！"② 静慈寺即是净慈寺，其南屏晚钟最为著名。阳明在净慈寺养病，由春而夏，后又移居胜果寺。《移居胜果寺二首》的第一首，表明 1507 年 6 月，阳明（三十六岁）已在胜果寺："……六月深松无暑来。病肺正思移枕簟，洗心兼得远尘埃。富春咫尺烟涛外，时倚层霞望钓台。"③ 阳明言及"洗心兼得远尘埃"，此处的"洗心"与前面在"此心还此理"时强调的"无欲"属于同一功夫层次。在第二首中，阳明表达了在此归隐的念头："病余岩阁坐朝曛，异景相新得未闻……越山阵水当吴峤，江月随潮上海门。便欲携书从此老，不教猿鹤更移文。"④ 在此情境中，阳明必有对亲人的思念。《忆别》中言："重看骨肉情何限，况复斯文约旧深。贤圣可期先立志，尘凡未脱谩言心。移家便住烟霞壑，绿水青山长对吟。"⑤ 阳明希望自己的骨肉同胞立贤圣之志，唯此才能脱得"尘凡"，从而避免对"心"有所"谩言"。此处，阳明对志与心的重视值得关注。

然阳明隐于故土或山林的愿意并不能实现。黄绾撰《阳明先生行状》言："……瑾怒未释。公行至钱塘，度或不免，乃托为投江，潜入武夷山中，决意远遁。夜至一山庵投宿，不纳。行半里许，见一古庙，遂据香案卧。黎明，道士特

---

① 王阳明著，吴光等编校：《王阳明全集》，第 683 页。
② 同上。
③ 同上。
④ 同上，第 684 页。
⑤ 同上。

白。至哉虚明体,君子成诸默。"①甘泉对"穷索"进行了辩证的理解,既反对令人"役役"之"穷索",亦反对物我两隔之"不穷索",在此基础上,甘泉以为,道体虚明,无物不照,君子于此,当多默然。在为学的具体方式上,与甘泉主张君子当默然不同,阳明反对"空谷以为静",主张下学而上达。

由此来看,此时阳明与甘泉的思想有同有异。同在万物一道体,而异在道体本身的内容。甘泉在视"浩浩同天涯"为崇明德之后的境界的基础上,又以虚明为道体本身;阳明在以"浩浩生机"为道体的基础上,又以包含"未发之中"的静虚论道体。

在第六首中,阳明又特别强调了静之儒家内涵以及为学之无欲功夫:

> 静虚非虚寂,中有未发中。中有亦何有?无之即成空。无欲见真体,忘助皆非功。至哉玄化机,非子孰与穷!②

阳明以"未发之中"论静虚之体。阳明认为,道体乃静虚,而非虚寂,因为静虚中存有"未发之中"。若是没有此"未发之中",道体即为虚寂之空。阳明此种理解实是针对甘泉所言"虚明体"而发。而"无欲见真体""忘助皆非功",亦是对甘泉思想的回应。甘泉在《九歌》的第七首中言:"皇天常无私,日月常盈亏。圣人常无为,万物常往来。何名为无为?自然无安排。勿忘与勿助,此中有天机。"③甘泉以无私论皇天,以无为论圣人,以自然论无为,以勿忘勿助论自然,此时皇天道体之主要特征即是无私自然。与此不同,阳明以"无欲"为功夫,因"无欲"而"真体"得以显现。此"真体"即是"未发之中"。阳明后来有对勿忘勿助功夫的批评④,实际上在此处已有其端倪。"无欲"功夫含有对欲之评判,因此,其与包含"未发之中"的"真体"具有相通性,而"勿忘勿助"中关于"忘""助"的评判,如何实施,在阳明看来,实是一个问题。当然,此在甘泉那里,自有其内在合理性。

---

① 湛若水:《九章赠别并序》,《湛甘泉先生文集》第二十六卷,第164页。
② 王阳明著,吴光等编校:《王阳明全集》,第678页。
③ 湛若水:《九章赠别并序》,《湛甘泉先生文集》第二十六卷,第164页。
④ 王阳明:《传习录》中,《王阳明全集》,第83页

此心还此理，宁论己与人！千古一嘘吸，谁为叹离群？浩浩天地内，何物非同春！相思辄奋励，无为俗所分。但使心无间，万里如相亲；不见宴游交，徵逐胥以沦？①

此涉及心与道（理）之关系。心多主观，多变迁，当去除这些主观与变迁，从而还原其中的大道，因为"大道在人心"。由此不难看出，承担道统的方式在于还原内心的大道。在此点上，未有人己之别。此大道，即是"千古一嘘吸"，即是"浩浩天地内"。大道即是"浩浩生机"，遍在于当下，遍在于万物。此是阳明"万物一道体"之体验。此种体验，在甘泉亦有之。甘泉在《九歌》的第九首言："天地我一体，宇宙本同家……愿言崇明德，浩浩同无涯。"②甘泉之"浩浩"联系着"崇明德"，故而更类于孟子之"浩然之气"。阳明从狱中开始，由于对道体的更深体验，故而其"浩浩"并不局限于"明德"，而已是天地之"生机"。有基于此，何时无道，何物非道，因此，只要体道之心志相同，即便相距万里，即便身受放逐，亦可相亲相知，亦能无忧无惧。

在第五首中，阳明对大道从道器关系的角度作了强调，并提出了为学的具体方式：

器道不可离，二之即非性。孔圣欲无言，下学从泛应。君子勤小物，蕴蓄乃成行。我诵穷索篇，于子既闻命；如何圜中士，空谷以为静？③

万物皆是器，器道不可离。论器不论道，不明；论道不论器，不备。以道器二分世界，则非大道之本性。道本无言，下学而上达。因此，君子当勤于小物，只有蕴蓄才能有所成就。所谓"穷索篇"，乃是甘泉《九歌》中的第八章："穷索不穷索，穷索终役役。若惟不穷索，是物为我隔。大明无遗照，虚室亦生

---

① 王阳明著，吴光等编校：《王阳明全集》，第678页。
② 湛若水：《九章赠别并序》，《湛甘泉先生文集》第二十六卷，清康熙二十年刻，《四库全书存目丛书》集部第五十七册，济南：齐鲁书社，1997年影印，第164页。
③ 王阳明著，吴光等编校：《王阳明全集》，第678页。

在《八咏》的第三首中,阳明论及了儒家道统之谱系,肯定了"伊洛"上继绝学的地位:

> 洙泗流浸微,伊洛仅如线;后来三四公,瑕瑜未相掩。嗟予不量力,跛鳖期致远。屡兴还屡仆,惴息几不免。道逢同路人,秉节倡予敢;力争丝毫间,万里或可勉。风波忽相失,言之泪徒泫。①

此处的"伊洛",主要指大程。因为阳明是时有诗云"期我濂洛间"②。不仅如此,阳明后来在表达自己此时的思想倾向时,所指为周子与大程。③ 另外,在《王阳明年谱》的"三十岁"条中还留有对周子与大程的夸赞。④ 而在是年所撰的《别三子序》中,阳明言:"自程、朱诸大儒没而师友之道遂亡。六经分裂于训诂,支离芜蔓于辞章举业之学,圣学几于息矣。"⑤ 阳明是时虽未明确对程朱之学做出否定性评价,而主要是对"训诂""辞章举业"有所不满,但程朱主要是指小程与朱子无疑。"伊洛"之后,当有道南一脉、湖湘一脉、象山一脉以及金华一脉等。阳明所言的"后来三四公",或是指朱子、张栻、象山以及吕祖谦等;"瑕瑜未相掩",说明其不在道统之谱系中。由此来看,在阳明是年的思想中,朱子的地位显得很特别:一方面在师友之道的层面被肯定;另一方面,在道统的层面,又被否定。在此意义上,阳明以道统自任。"跛鳖期致远"当是指其三十四岁时才具有"大道即人心""长生在求仁,金丹非外待"的归儒意识,而甘泉则为阳明的"同路人"。正是要承担道统,阳明才"秉节倡予敢",才"力争丝毫间"。由此来看,此道统,乃是阳明敢于直言犯谏的真精神,是学统,更是政统。

在第四首中,阳明论及承担道统的方式、大道之具体内容:

---

① 王阳明著,吴光等编校:《王阳明全集》,第 678 页。
② 同上,第 679 页。
③ 1512年,阳明撰《别湛甘泉序》言:"某幼不问学,陷溺于邪僻者二十年,而始究心于老、释。赖天之灵,因有所觉,始乃沿周程之求之,而若有得焉。"(同上,第 230 页)
④ 钱德洪:《王阳明年谱》"三十岁"条言:"……因论最上乘曰:'周濂溪、程明道是儒家两个好秀才。'"(同上,第 1225 页)
⑤ 同上,第 226 页。

见在于,先天之六十四卦,每一卦画皆含最高的教导。如《蒙》卦第二爻之爻辞"九二:包蒙,吉。纳妇吉。子克家"中的"包蒙",强调要如包容愚昧那样防止其为寇。如《大畜》第四爻的爻辞"六四:童牛之牿,元吉"中的"童牿",强调要如"童牛之牿"那样早早地从事。又如《蹇》卦所示,艰难并非节遇。如《震》之卦辞"亨,震来虩虩,笑言哑哑,震惊百里,不丧匕鬯"中"虩虩",并不违于大道。如《遁》卦第四爻的爻辞"九四:好遁,君子吉,小人否"所示,此时须以隐遁的方式来处理君子与小人的关系。如《蛊》卦第六爻的爻辞"上九:不事王侯,高尚其事"所示,此时需要"自保"。因对《易》有一种全新的体验,阳明亦达到"俯仰天地间,触目俱浩浩"之境界。天地之间的万事万物,因大道而贯通。贯通后的万事万物,皆俱"浩浩"之特征。与孟子的"浩然之气"不同,此"浩浩"之道,是阳明用《易》之卦爻辞,对自身天翻地覆的经历以及自己是时的处境进行分析之后所得出结论,是对道体的重新体认。由此体认,阳明获得一种精神上的愉悦,即"箪瓢有余乐"。因是极为真切的生命体验,故阳明强调"此意良非矫"。正是有此种精神上的愉悦,阳明才对"幽哉阳明麓,可以忘吾老"充满自信。

以上是阳明"狱中诗作"的主要意旨。从中不难看出,山林之乐,作为阳明对未来的一种期待,并不能真正排解阳明内心的忧思。因为此仍是一种有待之乐。而"箪瓢"之乐乃是阳明最大的收获。身处顺境的阳明,必有山林之乐的体验,但不可能拥有"箪瓢"之乐的感受。而身处困境的阳明,在迥异于现实的山林之乐与使其忘忧忘思的"箪瓢"之乐之间,做何种取舍,实已不言而喻。

(二)"无欲见真体"

阳明居龙场只有两年,而常标为三年,此当从南下("赴谪")时开始。然阳明之"赴谪"有一个曲折的过程,从别友开始,途经归隐,最终才奔赴龙场。所谓别友,是指阳明南下("赴谪")之初,受友情之鼓舞甚多,其对心与道的理解,亦呈现自身的特色。此主要体现在其为道友湛甘泉与崔铣所撰的《八咏》[①]中。

---

① 王阳明著,吴光等编校:《王阳明全集》,第677页。

匡时在贤达，归哉盍耕垄！①

此诗呈现了阳明当时的思想状态：首先，临境有"戚欣"，心实有所动。此已非孟子不动心之境界。从为官到下狱，"滔滔"之事，发生似在一瞬间，而又一去不复返。即便处"厓穷""水深"之绝境，犹有"陟""泳"之可能。此时的处境，如何知道其不意味着光明之所在呢？何必为此心动。逶迤的深谷、悠永的烟霞，便是那光明之所在。唯贤达，才可济世匡时；于己，则归而耕垄。既未能不动心，又未能成贤达，阳明逃儒之意甚为明显。

早在1505年，在"改除兵部主事"时所作的《京师诗八首》②中，阳明言："阳伯即伯阳，伯阳竟安在？大道即人心，万古未尝改。长生在求仁，金丹非外待。缪矣三十年，于今吾始悔。"③以求仁为长生，以人心为金丹，三十四岁的阳明似已实现从道教向儒家的转向。然同年，阳明又云："长见人来说，扁舟每独游。春风梅市晚，月色镜湖秋。空有烟霞好，犹为尘世留。自今当勇往，先与报江鸥。"④阳明诗作中多次言及自己的"烟霞好"，主要呈现的是其对道家山林之乐的偏好。可见，在下狱之前，三十四岁的阳明的思想实处于儒家的求仁与道家的山林之乐之间。正基于此，下狱之后，阳明思想首先体现了逃儒归道的倾向。

另一方面，阳明为排解狱中忧思而体得"箪瓢"之乐。其撰《读易》诗云：

囚居亦何事？省愆惧安饱。瞑坐玩羲易，洗心见微奥。乃知先天翁，画画有至教。包蒙戒为寇，童牿事宜早；蹇蹇匪为节，虩虩未违道。遁四获我心，蛊上庸自保。俯仰天地间，触目俱浩浩。箪瓢有余乐，此意良非矫。幽哉阳明麓，可以忘吾老。⑤

面临"省愆惧安饱"之情境，阳明"瞑坐玩羲易，洗心见微奥"。阳明之新

---

① 王阳明：《不寐》，《王阳明全集》，第674页。
② 王阳明著，吴光等编校：《王阳明全集》，第672页。
③ 王阳明：《赠阳伯·弘治乙丑年》（三十四岁），《王阳明全集》，第673页。
④ 王阳明：《忆镜湖友》，《王阳明全集》，第673页。
⑤ 王阳明著，吴光等编校：《王阳明全集》，第675页。

强调从渐悟到顿悟的过程，更具可"言说"性。① 后者在立场上无疑更为客观、理性。实际上，将阳明龙场悟道的视野加以前后延展，"一夕大悟"，抑或"恍若有悟"，作为龙场悟道的前悟时期，当有其"来龙"；"验证"，抑或"沛然若决江河而放之海"之"大悟"，作为龙场悟道的后悟时期，当有其"去脉"。对此"来龙"与"去脉"进行探究，实有助于呈现龙场悟道的基本范围，以便于进一步确定龙场悟道的主要内容。而阳明多以"三年"论及其谪居龙场的经历②，其最早的弟子之一徐爱、最得意的弟子王畿亦皆以三年称之，因此，以三年悟道为范域，又为此"来龙"与"去脉"之揭示，提供了现实之可能。

一 龙场悟道之"来龙"

龙场悟道之"来龙"可从阳明"下狱""别友""归隐与初赴"以及"奔赴"等一系列时段来分析。

（一）"箪瓢有余乐"

阳明三年悟道，实有其基点，即"下狱"后、"赴谪"前的基本思想。此主要体现在两个方面。

一方面，阳明期待逃儒家而归于道家。其撰诗云：

> ……我心良匪石，讵为戚欣动！滔滔眼前事，逝者去相踵。崖穷犹可陟，水深犹可泳。焉知非日月，胡为乱予衷？深谷自逶迤，烟霞日悠永。

---

① 冯友兰言："……主有不可思议、不可言说者，对于不可思议者，仍有思议；对于不可言说者，仍有言说。若无思议言说，则虽对于不可思议、不可言说，有完全底了解，亦无哲学。不可思议、不可言说者，不是哲学，对于不可思议者之思议、对于不可言说者之言说，方是哲学。佛教之全部哲学，即是对于不可思议者之思议、对于不可言说者之言说。若无此，则即只有佛教而无佛教哲学。"（冯友兰：《新理学》，《贞元六书》上，上海：华东师范大学出版社，1996年，第10页）

② 阳明言："吾亦自幼笃志二氏，自谓既有所得，谓儒者为不足学。其后居夷三载，见得圣人之学若是其简易广大，始自叹悔错用了三十年气力。"（王阳明：《传习录》上，《王阳明全集》，第36页）阳明又言："……及在夷中三年，颇见得此意思，乃知天下之物本无可格者。其格物之功，只在身心上做，决然以圣人为人人可到，便自有担当了。……"（王阳明：《传习录》下，《王阳明全集》，第674页）

阳明龙场悟道的"来龙"与"去脉"[*]

程海霞

（扬州大学哲学系）

阳明龙场悟道，有"从一夕大悟到验证"与"从恍若有悟到大悟"之两说。[①] 前者见之于黄绾[②]、钱德洪[③]之记载[④]，更为强调阳明心学从无到有的顿悟义，更具神秘性[⑤]；后者见之于阳明[⑥]、徐爱[⑦]、龙溪[⑧]之论述，更为

---

[*] 本文为国家社会科学基金重大项目"多卷本《宋明理学史新编》"（17ZDA013）的阶段性成果。

① 参见拙作《阳明龙场之悟新探》，《中国哲学史》，2011年第3期，第79—86页；另可参见郝永：《对儒家义理的体验——阳明"龙场悟道"新论》，《贵州师范大学学报》（社会科学版），2015年第2期，第46—47页。

② 黄绾：《阳明先生行状》，王阳明著，吴光等编校：《王阳明全集》，上海：上海古籍出版社，1992年，第1409页。

③ 钱德洪：《王阳明年谱》，三十七岁条，《王阳明全集》，第1228页。

④ 此种记载后为黄宗羲所承接。

⑤ 陈来在《心学传统中的神秘主义问题》一文中言："……很明显，以孟学标榜的宋明心学的发展，容纳了一个神秘主义传统。神秘体验不但是这一派超凡入圣的基本进路或工夫之一，而且为这一派的哲学提供了一个心理经验的基础。但是，心理体验有极大的偶发性，它不能通过普遍的规范加以传授，必须经由个体的独自体认，且需较长时间的修养锻炼。"（陈来：《有无之境：王阳明哲学的精神》，北京：人民出版社，1991年，第412页）又言："……换言之，没有诸种神秘体验，我们能不能建立儒家主张的道德主体性、能不能建立儒家的形而上？这对儒学古今的理性派来说，当然是肯定的。如果我们重建中国的'哲学'，这是一个方向。而在近代心学中，熊十力哲学已经以一种完全不依赖神秘体验的全新方式建立了自己的本体论。"（同上，第413页）

⑥ 王阳明：《朱子晚年定论序》，《王阳明全集》，第240页。

⑦ 徐爱言："……不知先生居夷三载，处困养静，精一之功固已超入圣域，粹然大中至正之归矣。"（王阳明：《传习录》上，《王阳明全集》，第1页）

⑧ 王畿言："……及居夷三载，动忍增益，始超然有悟于良知之旨，无内外，无精粗，一体浑然，是即所谓未发之中也。"（王畿：《阳明先生年谱序》，吴震编校整理：《王畿集》，南京：凤凰出版社，2007年，第340页）

有做出明确的抉择。王阳明对于"恻隐之心"或者"万物一体之仁"有很深的理解与体会，但在"拔本塞源论"等脍炙人口的作品中所体现出来的思想，却带给人一种错觉，似乎"恻隐之心＝万物一体之仁"是一回事，"良知＝知是知非＝知恻隐"是另一回事，或者说，道德情感（恻隐之心）与道德判断（良知）在王阳明的思想中并没有得到充分整合，又形成了判然如同两物的情况。当然，在极少数材料中，我们看到王阳明也说"真诚恻怛"是良知本有之特点，由此似乎就可以说涵盖万有乃至万善的良知当然可以作为道德动力之根源。然而，这层意思就如同"知是意之本体"，如灵光乍现一般消逝在茫茫夜空之中。

出行动所根据的道德法则,由是而生相应的行动。"又言:"龙溪以水镜喻心,言本体自然无欲,则道德之直贯,似转成了知性之横摄。应物而自然之义甚显,而自作主宰、奋发植立之义,便有不足。"① 但其实,这种"应物自然之义甚显,主宰奋发之义不足"的现象,在王阳明的思想中早已经存在了。

从早年开始,王阳明就非常重视"诚意"的问题,但王阳明对于"意"却几乎完全接受朱熹的界定:"意是心之所发","意"与"心"在此都落在经验层面上讲,故"有善有恶"。这就决定了王阳明对于"意"的基本态度,就是首先将"意"视为被审视与反省的对象,是在对治的意义上说,这就如同朱熹也重视"心",但在工夫论视域下的"心"无疑不是能给予全盘信任的对象,更不是性善之本体一样。所以即便提及"知是意之本体",王阳明也从未就此做真正深入的展开,亦即是说,探讨从纯粹至善之良知直接纵贯而下的纯化之"意"(或者反过来说,"意"作为良知自我实现之能量)。晚年"天泉证道",王龙溪提出著名的四无说,王阳明对此评论道"利根之人,直从本源上悟入人心。本体原是明莹无滞的,原是个未发之中,利根之人,一悟本体,即是功夫"(《传》315条),并且说"此颜回明道所不敢承当",则事实上几乎就等于否定了常人可能从本体悟入的可能性。盖在王阳明看来,只有圣人(或许包括接近圣人者)才可能如此,常人对于"意"必须通过知善知恶之良知加以严厉审视,"发动处有不善,就将这不善的念克倒了"(《传》226条),如此"意"与"知"就判然如同两物(说"判然"是因为王阳明必定不会承认"意"能在"知"外或者"心"外),纵贯一致之"知意物"义自然就不显了。

再从道德感情来看,虽然"四端之心"被"上提"到与"天/命/性/心"等量齐观的超越高度,但此四端之发动如果只有在圣人境地才纯粹至善,则道德动力之义就被架空,"四端之心"必须如孟子那样的"就我对其他人物之直接的心之感应上指证,以见此心即一性善而涵情之性情心"②,肯定即便是凡人,其良知或者本心在当下也可能全体呈现出来(而表现为恻隐羞恶辞让是非之情),如此才是"纵贯"而体现道德动力与情感义。然而遗憾的是,王阳明对此并没

---

① 杨祖汉:《从良知学之发展看朱子思想的形态》,《厦门大学国学研究院集刊》,第1辑,北京:中华书局,2008年,第141—142页。

② 唐君毅:《中国哲学原论·导论篇》,台北:学生书局,2005年,第76页。

⑪ 吾平生讲学，只是"致良知"三字。仁，人心也，良知之诚爱恻怛处，便是仁，无诚爱恻怛之心，亦无良知可致矣。(《王阳明全集》卷二十六续编一《寄正宪男手墨二卷》，第990页)

《寄正宪男手墨二卷》写作时间是1527年，在此书简后附录门人邹东廓以及陈明水的评论，陈明水说道："……云'诚爱恻怛之心即是致良知'，此晚年所以告门人者，仅见一二于《全集》中，至为紧要。"①可见王门高徒对这种说法也很重视。"恻怛"意同"恻隐"，以上两条材料中所言"真诚恻怛"，意思也基本可以认为等同于"恻隐"。将"仁"解释为"良知之真诚恻怛（处）"，并且说"真诚恻怛"是良知的"本体"，这也就意味着王阳明是将"真诚恻怛"理解为良知的某种本质属性，是对于良知的描述语，这就如同王阳明说"诚是心之本体"、"乐是心之本体"(《王阳明全集》卷五《与黄勉之·二》)、"定者，心之本体"一样。这也就意味着，只要依循自己的良知，就自能"真诚恻怛"（因为这是良知本有的属性）。如此一来，良知就作为最高实体而统摄"真诚恻怛＝恻隐"乃至其他一切德目，所以王阳明会说：

宁救至亲，不救路人，心又忍得。这是道理合该如此……《大学》所谓厚薄，是良知上自然的条理，不可逾越，此便谓之义；顺这个条理，便谓之礼；知此条理，便谓之智；终始是这条理，便谓之信。②

四 结 论

杨祖汉曾以对"四端之心"的不同把握与偏重来归纳阳明学的发展趋势："阳明之良知说，于知是知非处指点本心……此以知统四端，异于以往的'以仁统四端'……由于阳明从朱子所言之格物致知用功而无所入，后悟知行合一之知，知即心即理，将朱子所言致知之知转而为本心明觉之知，此知是即物而给

---

① 王阳明：《王阳明全集》卷二十六续编一，第993页。
② "心，一而已。以其全体恻怛而言谓之仁，以其得宜而言谓之义，以其条理而言谓之理。"其实这里说的也是同一个意思。

实则无论在语句表达还是层次上都欠分明，但王阳明想说的，无非是以"至善"为"极则"，为"良知"，为"明德之本体"。"是而为是，非而为非"，以及"止至善之于明德、亲民也，犹之规矩之于方圆也"，则是将"至善"乃至"良知"放在王阳明所惯用的"知善知恶"的是非之心框架内来进行理解。

归纳如下：

心＝仁＝万物一体＝明德，良知＝至善＝知是知非＝明德之本体

这里就出现了某种非常怪异的现象，似乎见到孺子将入于井而必然会产生的恻隐之心（明德）是一回事情，而作为"明德之本体"（此"本体"之义也极不明确）的良知则是作为判定心之活动的法官而存在。或者我们可以用下面这个图式来帮助理解：

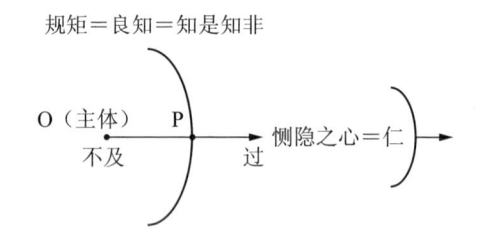

规矩＝良知＝知是知非

O（主体）　P　　恻隐之心＝仁
　不及　　 过

从以上几条材料来看，王阳明虽然对孟子所言"恻隐之心＝仁"有非常精准的把握，但在论述中却始终将良知定位在"知恻隐之心""知吾身之疾痛"，始终强调良知是"灵昭不昧"的明镜，使得人会造成一种错觉：似乎人看到孺子入井所产生的恻隐痛切之情乃至一系列行动是发自一个心，而良知则只是在此心发动之后审视、判断此心之发动是否合理的法官而已。

不过，王阳明对于"恻隐之心"还有两条极其容易被人忽视的材料：

⑩ 盖良知只是一个天理，自然明觉发见处，只是一个真诚恻怛，便是他本体。故致此良知之真诚恻怛，以事亲便是孝；致此良知之真诚恻怛，以从兄便是弟；致此良知之真诚恻怛，以事君便是忠：只是一个良知，一个真诚恻怛。（《传》189条）

所引导而发生，而应当就是我自己的良知在当下的呈现而已①，如果说要用"知/能"或者"知/行"来进行区分，那么毋宁说人在很多情况下是"知/能"同时，甚至"能/行"中含"知"。王阳明对此并非全无体会，所以他才会在讲"知行合一"时说人"知痛"是"必已自痛了方知痛"（《传》5条），又说"持志如心痛"（《传》25条），但却始终没有明确此中所蕴含的道德判断、道德动力乃至执行的一体性，而纠缠于"知某某之理"，这恐怕还是没有彻底走出朱子学阴影的缘故。

再来看王阳明晚年所作《大学问》中的相关论述（由于引用篇幅较长，采用字母编号进行适当分段，以便讨论）：

A. 大人者，以天地万物为一体者也……大人之能以天地万物为一体也，非意之也，其心之仁本若是。

B.（前略）小人之心既已分隔隘陋矣，而其一体之仁犹能不昧若此者，是其未动于欲，而未蔽于私之时也……是故苟无私欲之蔽，则虽小人之心，而其一体之仁犹大人也；一有私欲之蔽，则虽大人之心，而其分隔隘陋犹小人矣。

C. 至善者，明德、亲民之极则也。天命之性，粹然至善，其灵昭不昧者，此其至善之发见，是乃明德之本体，而即所谓良知也。至善之发见，是而为是，非而为非，轻重厚薄，随感随应……故止至善之于明德、亲民也，犹之规矩之于方圆也，尺度之于长短也，权衡之于轻重也。（《王阳明全集》卷二十六续编一，第968—969页）

段落A、B是王阳明解释何为"（明）明德"的部分，王阳明认为，"以天地万物为一体"的精神的体现者"大人"，并非自己有意为之，而是"心之仁本若是"，在段落B中更是强调，即便是承载负面价值意义的"小人"，一旦没有私欲之蒙蔽，就可能使得其自身的"一体之仁"有所发动出来，而见孺子必起恻隐之心。由此可知，"明德"即是"（万物一体之）仁"。再看C，本段落看似简单，

---

① 私淑王龙溪的周海门对此有很好的阐发："孟子言'乍见孺子入井'二句，最可体验。今人若乍见孺子入井，必然惊呼一声，足亦便跑，跑到，定然抱住，此岂待为乎？此岂知有善而行之者乎？"（周汝登：《东越证学录》卷一，第26页）

诚痛切、体现王阳明汲汲遑遑救世之精神的段落中有这样一句:"生民之困苦荼毒,孰非疾痛之切于吾身者乎?不知吾身之疾痛,无是非之心者也。"当然,我们可以为王阳明辩护,说在这里王阳明强调的是"知疾痛",但是这个"知"显然既不是一般认知意义上的"知",也不是道德判断意义上的"知",而是一种如陈立胜所说的"体知"(embodiment knowledge)[①]。这种通过身体感觉来讲"万物一体",出自北宋程颢,后又为其弟子谢上蔡所继承,即"以觉训仁",却被王阳明说成"是非之心"(更何况后面两段里面王阳明自己都说这是"恻隐之心""天地万物一体之仁"),就笔者之管见,在宋明理学史上并无第二例,由此也可见在王阳明的心中,以"是非之心"来理解良知的思维定式有多么强烈。

> 朱子所谓"格物"云者,在即物而穷其理也。即物穷理,是就事事物物上求其所谓定理者也。是以吾心而求理于事事物物之中,析"心"与"理"而为二矣……见孺子之入井,必有恻隐之理,是恻隐之理果在于孺子之身欤?抑在于吾心之良知欤?其或不可以从之于井欤?其或可以手而援之欤?是皆所谓理也,是果在于孺子之身欤?抑果出于吾心之良知欤?以是例之,万事万物之理,莫不皆然。(《传》135条)

王阳明在这里所讨论的,其实依然是《传习录》卷上就多次出现的"要完成一个道德行为,其'理'应当求之于前言往行等外在之物,还是求之于我之本心"的问题,对于"孺子将入于井",王阳明也同样如此思考问题:"见孺子之入井,必有恻隐之理""见孺子入井自然知恻隐"(材料①),逻辑上都是"对于某事,我的内心知道'应当如何做'",是以"是非之心"统摄一切,或许在王阳明看来,我知道应当恻隐("知")就意味着我一定会恻隐,乃至去救孩子("能"),但是这恐怕与孟子的本义还隔了一层。孟子给出的情境"乍见",正是为了强调此情形之突发性与偶然性,人置身于其中的第一反应就是"怵惕恻隐之心",这种"怵惕恻隐"的感情并非由一个"我知道应当恻隐"的"是非之心"

[①] 陈立胜:《王阳明"万物一体"论——以"身—体"的立场看》,上海:华东师范大学出版社,2008年,第51—55页。

的良知判断去切实做出相应的行动,就是"致良知"。通常所说"良知现成派"或者"王学左派"基本都如此理解,所以"致良知"的说法会被经常换成"依本体"或者"循其良知"。①至于王阳明本人究竟采取何种解释,单从上述文本分析来看,是不会有定论的。

让我们回到"四端之心"的主题。从材料⑦⑧来看,王阳明对于"四端之心"的态度并不明确。众所周知,虽然孟子以"四端之心"来论证性善,但重点则放在"恻隐之心"上,此即以"恻隐之心"统摄四端,或者从"性"上说,是以"仁"统仁义礼智四德。王阳明虽然在五十岁以后多以"是非之心"论良知,但他对于"恻隐之心"以及"仁"也多有所提及,接下来就来考察王阳明的"恻隐之心""仁"与良知说之间的关系。

⑨ 夫人者,天地之心。天地万物,本吾一体者也,生民之困苦荼毒,孰非疾痛之切于吾身者乎?不知吾身之疾痛,无是非之心者也。是非之心,不虑而知,不学而能,所谓良知也……(《传》179条)

仆诚赖天之灵,偶有见于良知之学……人固有见其父子兄弟之坠溺于深渊者……故夫揖让谈笑于溺人之傍而不知救,此惟行路之人,无亲戚骨肉之情者能之,然已谓之无恻隐之心,非人矣。(《传》181条)

然而夫子汲汲遑遑,若求亡子于道路,而不暇于暖席者,宁以蕲人之知我信我而已哉?盖其天地万物一体之仁疾痛迫切,虽欲已之而自有所不容已。(《传》182条)

材料⑨出自《答聂文蔚书》,内容是经常为学者所乐道的"万物一体"论,其中第二段提到"恻隐之心",第三段说孔子是"天地万物一体之仁",很显然是在从"一体"的角度说"仁=恻隐之心"②。然而我们却注意到,在整个无比真

---

① 可参见吴震《阳明后学研究》(上海:上海人民出版社,2003年)第六章《欧阳南野论》的第三节《循其良知》的相关介绍与分析。

② 另外,《传》189条提及"盖良知只是一个天理,自然明觉发见处,只是一个真诚恻怛",这个"真诚恻怛"似乎暗示了"恻隐之心"的层面,然而在此条后面王阳明紧接着说以此真诚恻怛之良知"事亲便是孝""事君便是忠",显然是在广义上谈良知,所以王阳明无非是强调人在行为中为善去恶的意念之纯粹性而已。

态）来理解"四端之心"，那么是否只有儒家之理想，亦即"圣人"才可能如此呢？就如同孔子说"七十从心所欲不逾矩"，朱熹会认为，凡人的心之所欲夹杂了大量私虑杂念，只有通过格物穷理与居敬的工夫达到圣人境界，人欲才会彻底消尽，此时"心"才与"理"达到"一"的状态，心之所欲才自然不会逾越天理之规矩。但是，如果"四端之心"也必须由圣人的内心发动才能保证其纯粹至善，那就意味着凡人无论当下有什么念头或者感情，都不足以作为行为的依据。亦即是说，如果"四端之心"是作为工夫论之"效验"——正如同朱熹说"理"作为"所当然而不容已之则"，那么恻隐羞恶辞让是非就无法作为人的道德动力或者情感而得到肯定（例如带有明显性别歧视意味的"妇人之仁"就是如此），道德情感之意义就实际上被架空。反之，如果我们承认，即便是凡人也可能在某些情况下"良知未泯"，看到孺子将入于井就当下会生出恻隐之心，那么"四端之心"就可以成为"我为什么要做好事／不做坏事"的道德动力，从而促使人不断地为善去恶，进行道德实践。故此，若要使"上提"之"四端之心"真正成为道德动力，就必须承认此"四端之心"乃至良知，都可能在任何情况下全体呈现，此即港台新儒家一直强调的"良知当下呈现"。对此命题，已经有很多先行研究与讨论，在此仅举出正反两点，以供思考：其一，王阳明后期强调"致良知"，此"致"字在《大学问》中释为"致者，至也……知至者知也，至之者致也"，释"知至"时曰"吾良知之所知者无有亏缺障蔽，而得以极其至矣"，似乎都暗示了这是一个趋向于"至极"的过程。然而如果这样理解，那么良知就变成了最终的目标和效验，江右学派正是如此理解"良知"与"致良知"，而日本阳明学鼻祖中江藤树将"致良知"训为"良知を至る"而非"良知を致す"，也是出于把良知理解为彼岸之绝对者的缘故。王阳明反复强调其良知之宗旨是从千辛万苦之磨炼中得来，告诫学者不要将良知当作"光景"把玩，所以上述理解绝非无故。其二，王阳明又说："尔那一点良知是尔自家底准则……尔只不要欺他，实实落落依着他做去。""知犹水也，人之心无不知，犹水之无不就下也。决而行之，无有不就下者。决而行之者，致知之谓也。"（《王阳明全集》卷八《书朱守谐卷》）这里说"依着他（良知）"，乃至形象化地比喻"打开下方的缺口，水就会顺流而下"，在理论上都已经预设了良知在当下存在或者全体呈现（也就是说，此"在"并非潜在意义或者可能性上的"存在"），人只需要依照当下呈现矣。恻隐羞恶辞让是非即是气，程子谓"论性不论气不备，论气不论性不明"，亦是为学者各认一边，只得如此说。若见得自性明白时，气即是性，性即是气，原无性气之可分也。（《传》150条）

材料⑦，陆原静问"四端之心"是否也是"性之表德"，王阳明答曰"仁、义、礼、智，也是表德"，也就是说"四端之心"与"四德"都是"性"的具体内容，然而紧接着王阳明说"性一而已，自其形体也谓之天（下略）"，意思是说："天帝命性心"等都是对于"性"的不同侧面、性质的表述而已，则例如当中提到"心"，我们能说此"心"是有善有恶之心吗？当然不能，此皆是从本源上说，所以"四端之心"也是从本源上说。对于天理之人间"道成肉身者"圣人而言，其恻隐羞恶辞让是非之情当然是纯粹至善的，这点无论是王阳明还是朱熹乃至任何宋明理学家都不会反对。材料⑧牵涉"生之谓性"以及"性""气"之关系问题，不易理解，但对本文而言，重要的是如何理解"恻隐羞恶辞让是非即是气"这句，联系"气即是性，性即是气"来看，似乎"四端之心"也被上提到"性"之高度，然而不要忘记"气即是性，性即是气"前面有"若见得自性明白时"这个限定。王阳明与陆象山一样，对于概念之分疏剖析甚不在意，喜从"一"与"合"来看待理学概念，在王阳明看来，学问思辨与工夫都需要"头脑工夫"①，在把握此头脑或者"立言宗旨"的情况下，对于本体工夫、已发未发、心性理气等概念都不需要做过多纠缠。"见得自性明白"就如同说"若体认得自己良知明白，即圣人气象不在圣人而在我矣"一样，是站在悟道（良知）的高度来看待问题，所以就此而言，王阳明并未对四端乃至"气"做全盘之肯定。材料⑧还说"性善之端须在气上始见得，若无气亦无可见矣"，这种口吻完全可以原班不动套用到主张理气心性情分立的朱熹那里，无非是说至善之"理/性"不可见，需通过"气"之媒介方可在现象界显现，"气"在此只是工具，其本身之善恶乃至是否由"理/性"产生，则全未论及。

既然是从"头脑＝良知"或者"性一而已"的超越层面（也可以说是本然状

---

① 先生谓学者曰："为学须得个头脑工夫，方有着落。纵未能无间，如舟之有舵，一提便醒。不然，虽从事于学，只做个义袭而取，只是行不著，习不察，非大本达道也。"又曰："见得时，横说竖说皆是。若此处通，彼处不通，只是未见得。"（《传》102条）

"正念头",那么本来就"正"的念头又何须要"正"？虽然王阳明曾说"去恶固是格不正以归于正,为善则不善正了,亦是格不正以归于正也"(《传》317条),如果王阳明确实如此认为,那他就是预设了现实状态的人(圣人除外)在任何时候的意念都必定有不善之处,这事实上非常接近朱熹的路数,而与孟子乃至陆象山的"心学"路数——无论人在现实世界中如何汨没于私欲,良知/本心都可能在任何时点下当下呈现——相去甚远。"意"可以是从纯粹至善之良知直接发出,其实这正是王龙溪在"天泉证道"中提出的"四无说"之义,亦即是说,直接从"心之本体/良知"纵贯地说"心意知物"(其实只是心/知、意、物而已)。

三 良知与四端之心

通过对王阳明思想的全盘考察,我们确实可以找出一些良知作为发用之本体的话头,由此做出以下合理的推断:良知自身就能产生意念,当然也能产生情感乃至喜怒哀乐等情绪。那么,考察王阳明对于道德情感的论述就显得非常有必要。众所周知,宋明儒学对此的讨论主要还是围绕孟子所说的"四端之心"而展开,王阳明也不例外。王阳明正面论及"四端之心"的材料,事实上在《传习录》中也只有两条而已:

⑦ 澄问:"仁、义、礼、智之名,因已发而有？"曰:"然。"他日,澄曰:"恻隐、羞恶、辞让、是非,是性之表德邪？"曰:"仁、义、礼、智,也是表德。性一而已:自其形体也谓之天,主宰也谓之帝,流行也谓之命,赋于人也谓之性,主于身也谓之心;心之发也,遇父便谓之孝,遇君便谓之忠,自此以往,名至于无穷,只一性而已。犹人一而已。(《传》38条)[①]

⑧ "生之谓性","生"字即是"气"字,犹言气即是性也。气即是性,人生而静以上不容说,才说气即是性,即已落在一边,不是性之本原矣。孟子性善,是从本原上说。然性善之端须在气上始见得,若无气亦无可见

[①] 另外,1525年所作《稽山书院尊经阁记》中曰:"经,常道也。其在于天谓之命,其赋于人谓之性……是常道也,其应乎感也,则为恻隐,为羞恶,为辞让,为是非(中略)皆所谓心也,性也,命也。"(王阳明:《王阳明全集》,第254页)论述形式与早年完全相同。

之帝,流行也谓之命,赋于人也谓之性。"(《传》38条)"夫良知一也,以其妙用而言谓之神,以其流行而言谓之气,以其凝聚而言谓之精。"(《传》154条)"气"在此是作为最高实体在现象界的显现以及自我展开而言的(就如同佛教说"法身"之"身"),所以上述材料中的良知之发用,都绝不可能仅仅限定为在人的心中作为一个判断是非善恶之"明镜"的朗照而已。

通过上述六则材料,本文想要证明的一个基本命题是:良知不仅"知善知恶",而且可以应感("见闻酬酢")而产生意念(此处取"对外物的意念"之义,即"外感")、思虑(此处取"不应物的情况下自应自感而产生的意念"之义,即"内感")[①],并且此意念或思虑也不是停留在意识层面,而应当有自我实现之动力义。对此命题,读者可能会马上提出两点反驳:其一,如果按照本文所说,那么王阳明在很多场合,乃至《大学问》中都采用的"意者心之所发"将如何理解?其二,如果"意"是良知之所发,良知即是天理,是纯粹至善,那么"意"岂非也是纯粹至善?那么王阳明一生都坚持将"格物"之"格"解为"格其不正以归于正"岂非完全落空?对此的回答是:王阳明多次说良知就是"心之本体",既然"心"可以发出"意",而我们一般都认为,王阳明所说的作为至善之"本体"的"心"不是"静摆在那里",而是可以作为一般意义上的"体用"之"体"而发用,那么说"心之本体=良知"发出"意"当然也没有任何问题。但是,王阳明确实自始至终坚持认为,"意有善恶",那么恶之意从何而来?自然只能出自泛指意义上的"私欲"(不仅包括耳目口腹之欲,还有好名、好色等欲),王阳明说"格其不正以归于正"也主要是对治现实世界中的人内心所存在的反面之私欲而言,说"(良)知是意之本体",这并不意味着一切"意"均发自良知或者说根源于良知。[②]更何况,"格其不正以归于正"的思路本身就存在问题,首先"其"究竟指什么,如先行研究所言,大多数情况下指主体自身发动的意念之不正,但少数情况下也似乎指向作为意念对象的"正"。我们姑且认为王阳明的意思就是

[①] 还有一个线索是,王阳明曾经几次提到所谓"良知一念之微""一念之良知",但是王阳明对于"意/念"并未做出很好的梳理,而且说"一念之良知"也未尝不可以理解为"知善知恶"意义上的"良知自知",真正将"一念"作为核心观点进行提炼与思考的是王龙溪。

[②] 至于要问此私欲是否完全外在于良知或者另有独立于良知之根源,则牵涉"根源恶"的问题,此问题与本文论旨并无直接关系,故在此不赘。

以无方体，无穷尽，语大天下莫能载，语小天下莫能破者也。(《传》189条）

⑥"舜察迩言而询刍荛"，非是以迩言当察，刍荛当询，而后如此，乃良知之发见流行，光明圆莹，更无挂碍遮隔处，此所以谓之大知；才有执着意必，其知便小矣。(《传》191条）

首先我们需要注意，材料①②中所设定的都是以下模式：本然性：良知自然知（孝、弟等）→现实性：常人有私欲之障碍→通过格物致知之工夫"胜私复理"→恢复本来性。这基本是沿袭程颐、朱熹以来的工夫论以及心性论路数，不须多说。材料②中，门人陆原静认为："古之英才若子房、仲舒、叔度、孔明、文仲、韩、范诸公，德业表著，皆良知中所发也，而不得谓之闻道者，果何在乎？"王阳明在回答中首先提出："性一而已。仁义礼知，性之性也。聪明睿知，性之质也。"所以，这里说的良知也不是狭义的"知善知恶"之良知。材料③讨论的是良知与"见闻之知"的关系，似乎可以归入"外在经验知识在良知之主导下发挥作用"的理解，但王阳明在回答中还提到"酬酢"，即广义的交际应酬，那么此良知亦不限于知是非善恶。材料④将"思"归入良知之发用，在此，"思"显然也是广义之"思"，则良知作为"体"亦当是广义。材料⑤同样是泛指，这一点从紧接着的"使人于事君、处友、仁民、爱物，与凡动静语默间，皆只是致他那一念事亲从兄真诚恻怛的良知"(《传》190条）也可以得到确认。材料⑥，舜作为圣人，却不以自己之聪明睿智为自足，而是在各种政治事务中积极听取"迩言"，甚至向采薪之人询问，王阳明认为舜并不是"首先知道理当如此如此，然后去进行相应实践"，而就是"良知之发见流行"，亦即是说舜之"好察迩言""询于刍荛"的行动本身就是舜的良知的"发见流行"，这当然已经包含了良知具备自我实现"知善知恶"之动力的含义。而且我们不难发现，材料②③⑤⑥中"发用（见）"后面紧跟着"流行"二字（材料①中用"充塞流行"），更明确地向我们提示：良知之发用是落实在"气"的层面上说的，王阳明的"气"概念并不很清晰，在很多情况下深受朱子学的影响，将"气"视为对治或者需要加以限制的对象，但是我们只需要注意，如果"气"是随着至善之"性"或者"良知"说的情况下提到，就完全是正面积极意义，"流行"也正是在这个意义上被使用，这就足够了："性一而已：自其形体也谓之天，主宰也谓生"意"。此材料出自《答顾东桥书》,写作时间为嘉靖四年(1525)九月,所以王阳明的上述说法应当受到重视。

"本体"为宋明理学家所常用,而王阳明使用"本体"二字也不甚严格,至少有三层含义,即"体用论意义上之本体""本然(应当)如此""本质或本质属性"。对于"知是意之本体"这一命题,原则上也可以做出上述三种不同的解释,但正如陈来所言,说"本然之意"相当于取消了"意"与"知"的实质区别,说"本质"则良知变成类似于朱子学之"理"那样的东西,无法发用。根据材料C,我们可以暂且假设,上述材料A、B中的"体"应当以"体用"范畴来进行理解。良知本身可以发用,这似乎是不用多说的,然而在王阳明单提"致良知"宗旨以后,说良知之"用",一般意味着不管有事无事或者有无私欲遮蔽,良知作为"知善知恶"之明镜,都能朗照,而"自知"此心之是非善恶,但此"用"或者"(自)知"以及比喻意义上的"照"显然不同于王阳明放在"心意知物"下的作为发动的意念。接下来本文将列举六条不应归入"知是知非"之意义上的良知之"用"的用例,以作为上述假设之佐证:

① 又曰:"知是心之本体,心自然会知:见父自然知孝,见兄自然知弟,见孺子入井自然知恻隐,此便是良知,不假外求。若良知之发,更无私意障碍,即所谓'充其恻隐之心,而仁不可胜用矣'。然在常人不能无私意障碍,所以须用致知格物之功胜私复理,即心之良知更无障碍,得以充塞流行,便是致其知。知致则意诚。"(《传》8条)

② 夫良知即是道,良知之在人心,不但圣贤,虽常人亦无不如此。若无有物欲牵蔽,但循着良知发用流行将去,即无不是道。(《传》165条)

③ 良知不由见闻而有,而见闻莫非良知之用,故良知不滞于见闻,而亦不离于见闻……盖日用之间,见闻酬酢,虽千头万绪,莫非良知之发用流行,除却见闻酬酢,亦无良知可致矣。故只是一事。(《传》168条)

④ "思曰睿,睿作圣","心之官则思,思则得之",思其可少乎?……良知是天理之昭明灵觉处,故良知即是天理。思是良知之发用。(《传》169条)

⑤ 良知只是一个,随他发见流行处当下具足,更无去求,不须假借。然其发见流行处却自有轻重厚薄,毫发不容增减者……此良知之妙用,所

的少数几条材料以外，从王阳明的良知思想只能通过间接推断而得出"良知具有道德动力与自我实现"之意义，所以刘宗周的"误解"完全情有可原。以下，本文将首先论述王阳明并非"是非之心"意义上的良知，并讨论王阳明的良知思想何以会被"误解"为只是"知是知非之心"；之后，本文将进一步分析王阳明对"七情"以及"四端"的态度，并结合其晚年的"不着意思"之主张来进行分析。

二 "知者意之体"

众所周知，王阳明思想与朱熹一样，很大程度上都建立在《礼记·大学》的"八条目"之结构基础上，王阳明论"心、意、知、物"，并以"意"为"心之所发"，也完全同于朱熹，然而至少有下面三条记录[1]，王阳明却以"知"为"意之本体"：

> A. 身之主宰便是心；心之所发便是意；意之本体便是知；意之所在便是物。(《传》6条)
>
> B. 心者身之主，意者心之发，知者意之体，物者意之用。(《大学古本旁释》)
>
> C. 心者身之主也，而心之虚灵明觉，即所谓本然之良知也。其虚灵明觉之良知应感而动者谓之意；有知而后有意，无知则无意矣。知非意之体乎？(《传》137条)

《大学古本旁释》存在版本问题，也有究竟王阳明在改订时是否加入后期"致良知"思想的争议，但即便我们将材料 B 与 A 一样均归入"早年未定之论"(《传习录》卷上的"知"字事实上也是"良知"之义)，材料 C 虽未言"知是意之体"，但说良知"应感而动"，由此产生"意"，那显然是说良知自己能够产

---

[1] 另外《传》78条记载："问：'身之主为心，心之灵明是知，知之发动是意，意之所着为物，是如此否？'先生曰：'亦是。'"由于是弟子提问，王阳明回答也只是一个"亦是"，所以本文并不将此条放入本文中。

判断原则（因为王阳明所说的"是非"与孟子"是非之心"一样，都不牵涉今人所谓"事实领域"或"自然科学领域"问题），而且还"好善恶恶"，所以是道德情感原则。然而，至少有如下三条理由让我们怀疑上述文献解读的准确性：将"是非"与"好恶"放在一起讲良知，除了此条以外只有"世之君子惟务致其良知，则自能公是非，同好恶，视人犹己，视国犹家"（《传》179条）一条而已，而在第179条中，此"是非""好恶"确实应当是"是其是、非其非""好善恶恶"之意，但此前提是"致良知"，换句话说，是良知已"致"之结果，而并未点明良知自身就含有"好善恶恶"之道德动力意，此其一。王阳明说"是非"时，通常是讲"知是非"，同样，"好恶"也是讲"好善恶恶"，然而王阳明从来都承认，人完全有"知此为是/善而不为，知此为非/恶而为之"的可能性，所以他在早年强调"存天理"，晚年只提"致良知"，都是要人正视良知无法自我实现之可能性，而要求人通过后天工夫来恢复此良知之本体，所以即便文本中"是非"与"好恶"同时出现，也无法断定其必定有"良知自能好善恶恶"之意义，此其二。学者介绍此条材料时大多不引用"又曰"的部分，"又曰"中言"是非"是个"大规矩"，对于"规矩"二字，王阳明曾数次使用，例如在回答顾东桥的书信中，针对顾东桥认为"舜不告而娶"这样的"特例"必须"讨论是非，以为制事之本"的观点，王阳明提出反驳："夫良知之于节目时变，犹规矩尺度之于方圆长短也。节目时变之不可预定，犹方圆长短之不可胜穷也……良知诚致，则不可欺以节目时变，而天下之节目时变不可胜应矣。"（《传》139条）节目时变不可胜穷，千变万化，所以人不可能依循前例或者经典来进行应对，而必须诉诸天理之根源良知自身，良知自是"知是知非"，所以"是非"与"规矩"在此都表示良知自身作为道德判断之根源与基准（这一点从王阳明早年提"心即理"就一贯如此）而已，并无"道德动力"之含义，此其三。综合上述三点，可知以"良知只是个是非之心，是非只是个好恶"并不足以证明王阳明的良知思想中必然有"好善恶恶"之道德动力义。

那么，良知思想究竟是否只是"知善知恶"之"知"呢？答案应当是否定的。只是如果我们要否定刘宗周的看法，首先必须将目光放到王阳明对于"良知"一词的其他用法当中去，以见良知应当含有更广泛乃至普遍性的意义，一切善念均可归入良知本体之发用下来进行理解。说"应当"，意味着除了零散

王阳明良知说的道德动力问题

陈晓杰

（武汉大学国学院）

一 "是非"与"好恶"

明末儒学的殿军人物刘宗周对于王阳明的良知说有一个很著名的批评："且所谓知善知恶，盖从有善有恶而言者也。因有善有恶而后知善知恶，是知为意奴也，良在何处？"[①] 也就是说，如果良知只是"有善有恶"之"意"发动以后能够"知（意之）善知（意之）恶"之"知"，那就不能主宰"意"。这也就意味着，良知无法成为道德动力之根源，再进一步推演下去，恐怕通常认为的阳明学是道德自律之说都成问题。

对此批评，学界一般不以为然，认为王阳明的良知思想不仅包含了"知善知恶"，还有"好善恶恶"之侧面，而例证就是《传习录》卷下门人黄省曾所录的一条："良知只是个是非之心，是非只是个好恶（着重号为笔者所加，下同），只好恶就尽了是非，只是非就尽了万事万变。又曰：'是非两字，是个大规矩，巧处则存乎其人。'"（《传》288条）[②] 学者普遍认为此条说明良知不仅作为道德

[①] 刘宗周：《语类十·良知说》，吴光等编校：《刘宗周全集》第二册，杭州：浙江古籍出版社，2007年，第317—318页。

[②] 本文使用的王阳明著作版本如下：《传习录》使用陈荣捷编纂的《传习录详注集评》，台北：学生书局，1983年，以下在引用时仅给出此版本中的条目编码，记为"《传》某某条"；《王阳明全集》使用吴光等主编上海古籍出版社1992年版本。

端。王国维甚至以为，有周一代之政治制度，莫不出于亲亲、尊尊、贤贤、男女有别此四项原则，而亲亲、尊尊亦在其中。可见，小至家庭，大至天下，皆不离乎亲亲、尊尊此两项原则。

公羊家论殷周制度之异，以为周尚尊尊，而殷尚亲亲，可见，周礼之精神在于尊尊，与殷礼不同。不过，春秋中晚期以降，宗法崩坏，构成宗族之基础的小家庭遂脱离宗族之藩篱，而成为社会之基本单位，此后，家庭中之固有伦理，亦即亲亲之精神，遂不为尊尊此种宗族伦理所压抑，而成为社会之普遍伦理准则。观乎《仪礼·丧服》中与诸侯、大夫有关之丧服，多有因尊而降其服之文，尊尊之义对亲亲之情的克制，极是明显，此实为宗族社会的基本要求。

《丧服传》以父子、兄弟为一体，是为至亲，又谓夫妻牉合，亦一体之至亲也。虽然，《丧服》犹以妻为夫服斩衰三年，而夫为妻不过齐衰期年，盖以夫为至尊，故夫妻不平等如此。如是，家庭虽至亲之血缘团体，然无论父子、兄弟、夫妻之间，皆有尊尊之义焉。

可见，儒家言孝道，实兼二义，子女不独亲父亲母，亦当尊父尊母，且以父为至尊，母为私尊，母尊实屈于父尊也。至于夫妻之亲，亦有尊卑，所以能相亲相敬也。此二种意义，虽见于其他民族，然唯儒家始能尽揭诸明白。因此，儒家对古礼精神的把握，实兼尊尊与亲亲二义，若偏重一义，则失礼意矣。

不过，自春秋中晚期以降，随着宗法制的崩溃，两世或三世同居的小家庭逐渐成为中国古代社会的基本单位。家庭中的亲亲之情逐渐摆脱宗族中的尊尊原则的压抑，成为支配性的普遍原则，甚至历代朝廷莫不标榜"以孝治天下"。正因如此，此种孝亲之心不时对依然有较强尊尊色彩的朝廷礼制产生冲击，并常常导致负面的政治后果。大概从汉哀帝追尊其父定陶恭王始，后世便常常面临着类似的问题，而根本上则与由古人对孝道的推崇有莫大关系。尤其到了阳明门人那里，则将对生父的尊崇视为"致良知"的行为，反而使帝王圣心独断的行为获得了道德上的有力支撑，换言之，皇权与孝道的结合，使明朝中后期的政治权力失去了可能制衡的因素。无论是皇帝，还是朝臣，皆竞相以道德绑架决策，最终导致了明王朝的覆亡。

渐渐盈科而进。仙家说婴儿，亦善譬。婴儿在母腹时，只是纯气，有何知识？出胎后，方始能啼，既而后能笑，又既而后能认识其父母兄弟，又既而后能立能行、能持能负，卒乃天下之事无不可能。皆是精气日足，则筋力日强，聪明日开，不是出胎日便讲求推寻得来。故须有个本原。圣人到位天地，育万物，也只从喜怒哀乐未发之中上养来。后儒不明格物之说，见圣人无不知无不能，便欲于初下手时讲求得尽，岂有此理？"又曰："立志用功，如种树然。方其根芽，犹未有干；及其有干，尚未有枝；枝而后叶，叶而后花实。初种根时，只管栽培灌溉，勿作枝想，勿作叶想，勿作花想，勿作实想。悬想何益！但不忘栽培之功，怕没有枝叶花实？"（《传习录》卷上，陆澄录，第31条）

不仅陆澄有此疑问，其余弟子如徐爱，以及当时与论学之顾东桥、罗整庵等，都从读书的角度讨论过"至善"的问题。这些讨论，与"大礼议"中相关讨论实有理论上的内在关联。

可见，陆澄最初站在朱子的立场。然而，朱子在心性学上的立场与程颐在"濮议"中的态度是一致的，即站在大宗的角度，认为必须抑制孝亲之心，因而反对尊崇本生父母。然而，阳明则以孝亲之心为人之本心，是良知，是"至善"，因此，只要本着良知这个"未发之中"，随感而应，自然"无施不可"。可见，阳明站在小宗或家庭的角度，而主张推尊自己的生身父母。

因此，陆澄自以为受到阳明的影响，导致了他在后疏中的不同立场，是不难在《传习录》中找到这种转变的依据的。

四 结 语

《礼记·大传》云："上治祖祢，尊尊也。下治子孙，亲亲也。"盖尊尊以事祖祢，亲亲则以处子孙，尊尊与亲亲二者，实为家庭或宗族中的两项基本原则。《大传》又云："圣人南面而治天下，必自人道始矣……其不可得变革者，则有矣。亲亲也，尊尊也，长长也，男女有别，此其不可得与民变革者也。"至于圣人治理天下，以亲亲、尊尊、长长、男女有别为人道之常，而亲亲、尊尊为其二

虚灵不昧，众理具而万事出。心外无理，心外无事。(《传习录》卷上，陆澄录，第 33 条)

问："名物度数，亦须先讲求否？"先生曰："人只要成就自家心体，则用在其中。如养得心体，果有未发之中，自然有发而中节之和，自然无施不可。苟无是心，虽预先讲得世上许多名物度数，与己原不相干，只是装缀，临时自行不去。亦不是将名物度数全然不理，只要知所先后，则近道。"又曰："人要随才成就，才是其所能为，如夔之乐，稷之种，是他资性，合下便如此。成就之者，亦只是要他心体纯乎天理。其运用处，皆从天理上发来，然后谓之才。到得纯乎天理处，亦能不器，使夔、稷易艺而为，当亦能之。"又曰："如'素富贵行乎富贵，素患难行乎患难'，皆是不器，此惟养得心体正者能之。"(《传习录》卷上，陆澄录，第 68 条)

盖"心即理"者，以事事物物之理皆出于心，故当在心上用功夫，"只要成就自家心体"，"自然有发而中节之和"，名物度数无须格外讲求。是以就事父一节而论，只要此心纯乎天理，尽其诚孝之心，自然就是"至善"。

并且，从陆澄的发问来看，最初是主张通过读书以获得应事接物的道理，阳明则主张，只要在心体上用功，以学问犹如磨镜一般，只要心体明，真有个诚孝的心，自然"随感而应，无物不照"的。关于这个道理，下面两段阳明与陆澄的答问，非常明白：

问："圣人应变不穷，莫亦是预先讲求否？"先生曰："如何讲求得许多？圣人之心如明镜，只是一个明，则随感而应，无物不照；未有已往之形尚在，未照之形先具者。若后世所讲，却是如此，是以与圣人之学大背。周公制礼作乐以示天下，皆圣人所能为，尧、舜何不尽为之而待于周公？孔子删述六经以诏万世，亦圣人所能为，周公何不先为之而有待于孔子？是知圣人遇此时，方有此事。只怕镜不明，不怕物来不能照。讲求事变，亦是照时事，然学者却须先有个明的工夫。学者惟患此心之未能明，不患事变之不能尽。"(《传习录》卷上，陆澄录，第 21 条)

问："知识不长进如何？"先生曰："为学须有本原。须从本原上用力，

"然。"(《传习录》卷上,陆澄录,第 87 条)

至善者性也。性元无一毫之恶,故曰至善。止之,是复其本然而已。(《传习录》卷上,陆澄录,第 92 条)

问:"知至善即吾性,吾性具吾心,吾心乃至善所止之地,则不为向时之纷然外求,而志定矣。定则不扰扰而静,静而不妄动则安,安则一心一意只在此处,千思万想,务求必得此至善,是能虑而得矣。如此说是否?"先生曰:"大略亦是。"(《传习录》卷上,陆澄录,第 93 条)

显然,这些对"至善"的理解与陆澄的议礼第二疏立场是一致的。

阳明学派对"至善"的理解,实出于"心即理"这一基本命题。盖阳明在心上言"至善",则功夫只是推扩其本心而已,而万事万物之理莫不在其中,此为"心即理"说的根本内涵。后来黄梨洲看到了阳明及门弟子与明世宗立场的内在关系,故其在《明儒学案》中即视"心即理"为议礼诸臣的理论依据,以为阳明和陆澄确然赞同张璁、桂萼之论:

大抵世儒之论,过以天下为重,而不返其本心之所安。永嘉(即张璁)《或问》:"天下外物也,父子天伦也。瞽瞍杀人,舜窃负而逃,知有父而不知有天下也。"圣人复起,不易斯言。阳明所谓"心即理"也,正在此等处见之。世儒以理在天地万物,故牵挽前代以求准则,所以悬绝耳。先生初锢于世论,已而理明障落,其视前议犹粪土也。阳明知永嘉之为小人,不当言责,故不涉论为高。先生已经论列,知非改过,使人皆仰,岂不知嫌疑之当避哉?亦自信其心而已。

梨洲谓阳明"心即理"之说与张璁之论同,可谓卓然有见。然而,张璁以世宗之心拟舜之心,以为有父而不知有天下,实不过世儒一曲之见而已,然朱子已不能苟同。至于《公羊传》"不以父命辞王父命"之说,以及《丧服》尊降、压降之例,皆以父子之情当屈于大宗或天下,梨洲实未能见及此。

《传习录》中又载有陆澄所录关于"心即理"者数条:

宗嗣。① 其后，嘉靖三年（1524），蒋冕亦有类似主张。②《公羊传》的立场，完全是采取压抑人情或良知的做法。

其后，张璁、桂萼等因议礼而柄用，陆澄又上疏，其中有言："父子天伦不可夺，礼臣之言未必是，张、桂之言未必非。恨初议之不经，而怅悔无及。"然而，这两种截然相反的态度，遂为世人所讥。《明史·陆澄传》谓"最陋者南京刑部主事归安陆澄，初极言追尊之非，逮服阕入都，《明伦大典》已定，璁、萼大用事，澄乃言初为人误，质之臣师王守仁，乃大悔恨。萼悦其言，请除礼部主事。而帝见澄前疏恶之，谪高州通判以去"③。此种对陆澄人格的贬斥，其实对阳明学派的基本理论缺乏充分了解。

那么，如何理解陆澄初疏到后疏的转变呢？考诸阳明《传习录》，陆澄实为阳明学派之重要人物，其与阳明之问答，涉及"至善"问题者，有如下数条，可以帮助我们理解陆澄前后态度的不同：

问："知止者，知至善只在吾心，元不在外也，而后志定。"曰：

---

① 不过，武宗卒时颁布的《武宗遗诏》，提到以世宗入继大统是出于"兄终弟及"的祖训。其后，杨廷和主张世宗继嗣孝宗，正是为了与遗诏中"兄终弟及"的说法相合，以确保世宗入继大统的合法性。可以说，当时陆澄的说法纯属书生之见，不可能得到大多数朝臣的认同。而且，孔子以后儒家基本持《春秋》尚质的精神，皆以弟无后兄之义，《公羊传》中的主张未必符合后世中国社会的实际情况。

② 不过，此种主张在当时乃至整个明代，都未受重视。直至清代，开始受到学者的关注。譬如，毛奇龄《辨定嘉靖大礼议》，即主陆澄之说。其后，段玉裁《明史十二论》，亦以世宗当继武宗之嗣以承武宗之统。夏燮《明通鉴》亦主世宗当继武宗后。

③ 沈德符曰："时张、桂新用事，（陆澄）复疏颂璁、萼正论，云以其事质之师王守仁，谓'父子天伦不可夺，礼臣之言未必是，张、桂之言未必非。恨初议之不经，而怅悔无及。'疏下吏部，尚书桂萼谓澄事君不欺，宜听自新。上优诏褒奖。未几，《明伦大典》成，中载澄初疏甚详，上大怒，责其悖逆云。"（《万历野获编》卷二十，"陆澄六辨"条）又，"先忠后佞"条云："陆澄亦以大礼抗疏异议，请告归，及见张、桂大用，又疏诵张、桂之功，谓得之业师王守仁，而始悟前说之非。二人富贵熏心，改口逢世，又诿其责于父师，真悖逆之尤，然其后皆不振。"黄景昉《国中唯疑》卷六则云："陆澄、丰坊并以议大礼谪。久之，诡辞悔罪，仍附和张、桂唾余，希为进身地。卒被圣明洞照，摈勿叙，则何益矣。澄文成高弟，以道学著；坊学士熙子也，以词翰名。枉费机关，自甘沦堕，宜以叛师、悖父之罪罪之。"可见，时人皆不耻陆澄之为人。

桂萼虽引用陆澄，其于阳明则颇诋其学。阳明卒后，萼议其学曰："守仁事不师古，言不称师，欲立异以为名，则大量朱熹格物致知之论。知众论之不予，则为《朱熹晚年定论》之书，号召门徒，互相唱和。才美乐其任意，或流于清谈；庸鄙借其虚声，遂至于纵肆。传讹转讹，背谬日甚。讨捕奉贼，擒获叛藩，据事论功，诚有足录。陛下御极之初，即拜伯爵，宜免追夺以彰大信，禁邪说以正人心。"

新兴王学及正统朱学之对立有关"①。当时支持世宗的议礼诸臣，如张璁、桂萼、方献夫、席书、霍韬、熊浃、黄绾、黄宗明等，其中，席书与阳明在师友之间，且力荐阳明入阁，方献夫、霍韬、黄绾、黄宗明则为阳明弟子。至于张璁、桂萼、熊浃，虽与阳明无直接关系，然阳明私下对其议礼主张，则多有肯定。②

除上述八人外，又有阳明弟子陆澄（字原静），曾两次上疏议礼，然而，前后立场迥异，遂因此而取祸谪迁。下面，我们依据陆澄的上疏以及《传习录》中陆澄的一些记述，对阳明的"致良知"学说与议论诸臣的经学议论之关系进行分析。

正德十六年（1521）八月，陆澄上疏云：

> 继孝宗者武宗也，继武宗者皇上也。礼，为人后者为之子，是皇上非惟武宗之臣，又为后之子也。昔鲁跻僖公，《春秋》讥之，谓先祢而后祖也。夫僖，兄也；闵，弟也。闵先为君，有父道焉；僖以臣继君，有子道焉。夫闵，弟也，而可为僖祢；武宗，兄也，犹不可为皇上祢乎？故今日之礼，当祢武宗无疑也。（《明伦大典》卷四）

显然，陆澄初疏中提出的这种主张，既不同于张璁、桂萼，亦不同于杨廷和等，而是据《公羊传》"为人后者为之子"之说，以为世宗当继武宗统，亦兼继武

---

① 参见欧阳琛：《王守仁与大礼议》，《新中华半月刊》第二十卷。欧阳琛认为，弘治十七年（1504），阳明在《山东乡试录策问》中论礼乐与人情之关系，与十八年后赞礼诸臣的论点，几乎如出一辙。又引阳明与邹谦之书，其中有云："后世心学不讲，人失其情，难乎与之言礼。然良知之在人心，则万古如一日，苟顺吾心之良知以致之，则所谓不知足而为屦，我知其不为蒉矣。"欧阳琛以为，"不啻为当时赞礼者作理论上之阐发矣"。

② 沈德符谓："文成（阳明）之附大礼不可知，在其高弟如方献夫、席书、霍韬、黄绾辈，皆大礼贵人，文成无一言非之，言澄言亦不妄。"（《万历野获编》卷二十，"陆澄六辨"条）王琼《双溪杂记》则以为，阳明有怨于杨廷和，故支持世宗。章太炎《王文成公全书题辞》则谓："文成诸弟子……下材如席书、方献夫、霍韬、黄绾争以其术为佞，其是非勿论。要之，逸诒百颐，导其君以专……此亦文成之蔽也。"霍韬曾以大礼问诸阳明，而阳明亦覆书赞同其主张。《张璁年谱》谓阳明与张璁有远亲关系。今人唐长孺《跋张璁书扇——略述王守仁与张璁的关系》一文，提及张璁所藏书扇有仰慕阳明之语。张宪文则认为，正德十年前后，张璁曾拜访时任南京鸿胪寺卿的王阳明，与之"言谈融洽"，并和之以诗，相得甚欢（张宪文：《张璁集前言》，《张璁集》，上海：上海社会科学出版社，2003年）。

> 享礼数，一付其下面子孙，朝廷无所预。"
>
> 亚夫问"濮议"。曰："欧公说不是，韩公、曾公亮和之。温公、王珪议是。范镇、吕诲、范纯仁、吕大防皆弹欧公。但温公又于濮王一边礼数太薄，须于中自有斟酌可也。欧公之说断不可。且如今有为人后者，一日所后之父与所生之父相对坐，其子来唤所后父为父，终不成又唤所生父为父！这自是道理不可。试坐仁宗于此，亦坐濮王于此，使英宗过焉，终不成都唤两人为父！直缘众人道是死后为鬼神不可考，胡乱呼都不妨，都不思道理不可如此。先时仁宗有诏云：'朕皇兄濮安懿王之子，犹朕之子也。'此甚分明，当时只以此为据足矣。"亚夫问："古礼自何坏起？"曰："自定陶王时已坏了。盖成帝不立弟中山王，以为礼，兄弟不得相入庙，乃立定陶王，盖子行也。孔光以《尚书·盘庚》殷之及王争之，不获。当时濮庙之争，都是不争好。好读古礼，见得古人意思，为人后为之子，其义甚详。"
>
> "濮议"之争，结杀在王陶击韩公，蒋之奇论欧公。伊川代彭中丞奏议，似亦未为允当。其后无收杀，只以濮国主其祀。可见天理自然，不由人安排。
>
> 本朝许多大疑礼，都措置未得。如濮庙事，英宗以皇伯之子入继大统，后只令嗣王奉祭祀，天子则无文告。

可见，朱子基本上赞同司马光、程颐的主张，即以英宗本生父濮王为皇伯的做法，而与阳明依据其心学立场支持明世宗是不同的。这种在礼学上的差异，很大程度上则是朱子、阳明的心性论立场上的差异决定的。换言之，朱子固然以孝亲之心乃至尊崇生父之心为良知，但是否有必要"致良知"却是有保留的，甚至要求对良知进行压抑，而不是"至极其良知"。

这种关系尤其体现在阳明弟子陆澄的转变上。案，参与议礼诸臣，多与阳明学派有关。[①] 甚至有学者认为，"大礼议"不仅是政治斗争，而且"实与当时

[①] 其时反对世宗议礼之学者，如吕柟，《明史》称其"仕三十余年，家无长物，终身未尝有惰容。时天下言学者，不归王守仁，则归湛若水，独守程、朱不变者，惟柟与罗钦顺云"。又有邹守益，初究心程朱之学，至正德十三年（1518）始师阳明，然其论大礼，实本于朱子也。

本生父母，至是而极矣。①

综上，可知世宗及议礼诸臣追崇兴献王、后的理据，自始至终，皆本乎基于血缘关系的孝亲之情，而欲扩充之，至乎其极，遂至于称宗祔庙而万世不毁矣。可见，世宗扩充其孝亲之情而至于尊崇本生父的种种做法，其背后的理论依据实与阳明的"致良知"学说无异，亦可见"致良知"学说在现实中的弊病。究言之，即便人之行为虽出乎良知，但一旦扩充至极，则很可能导致负面的现实后果。

然而，秦汉以后，不论儒家，还是朝廷，都极重孝亲之情，甚至以此对抗尊尊之义。此种态度，与孔子的一些说法有很大关系。《春秋》尚质，即重亲亲之情也。《丧服传》以子为父服三年，乃为至尊之服，而《论语》中孔子却以为，人子三年之服，是因为孝子有"三年之爱于其父母"，故孝子尊父母，乃出于报恩。至于《荀子·礼论》，则以三年之服出于人情之自然。诸如此类说法，导致了后儒无限扩充孝心的举动，而没有意识到礼意中克制孝心的合理性。明世宗尊崇本生父母之过，正是传统儒家重视孝道伦理之流弊所在。

正因如此，北宋时亦发生了一起类似明代"大礼议"的"濮议"，而朱子在此问题上的立场，迥异于后来王阳明对"大礼议"的态度。据《朱子语类》卷一百零七所载：

> 器之问："濮议如何？"先生曰："欧公说固是不是，辨之者亦说得偏。既是所生，亦不可不略是殊异。若止封皇伯，与其他皇伯等，亦不可。须封号为'大王'之类，乃可。伊川先生有说，但后来已自措置得好。凡祭

---

① 案，嘉靖十七年（1538）六月，致仕扬州府同知丰坊上疏言："孝莫大于严父，严父莫大于配天。请复古礼，建明堂。加尊皇考献皇帝庙号称宗，以配上帝。"时礼部尚书严嵩不敢正言"配天"说之非，并举后世帝王以父配天故事，以为合乎亲亲之义。然又谓祀太祖于明堂，若以功德论，则当以太宗配；以亲亲论，则可以献皇帝配。末则犹谓"称宗之说，则臣等不敢妄议"。世宗乃下旨，称"皇帝称宗，何为不可？"时户部左侍郎唐胄上疏，驳严嵩前说，曰："后世礼明堂者，皆配以父，此乃误《孝经》之义，而违先王之礼。"且引朱子之说为证，曰："昔有问于朱熹曰：'周公之后，当以文王配耶？当以时王之父配耶？'熹曰：'只当以文王为配。'又曰：'继周者如何？'熹曰：'只以有功之祖配，后来第为严父说所惑乱耳。'"世宗怒，下唐胄狱，严嵩乃顺帝意，而主献皇配帝之说。世宗又作《明堂或问》，大略言："太皇远祖，不应严父之义，宜以父配。称宗虽无定说，尊亲崇上，义所当行。既称宗，则当祔庙，岂有太高中四亲不具之礼？"世宗因以献皇配享，而改太宗庙号为成祖。（《明史·礼志》）

和等以为，此乃"忘所后而重本生，任私恩而弃大义"。席书、方献夫、桂萼等纷纷上书，言廷和之失，以为廷和之议，既绝武宗之统，又夺兴献之宗，至于继嗣孝宗，又与英宗之事不伦。至嘉靖三年（1524），遂加"皇"字，且称"考"，则兴献帝得称"本生皇考"矣，不过，此时犹考孝宗也。

其间，张璁、桂萼等，更发统、嗣二分之论，以为世宗乃继统，而非继嗣，故不可绝与生身父母之情，故以为当去"本生"二字，而考兴献帝。而世宗则以为"尊称未极"，不足以报"鞠育之恩"，乃用张璁、桂萼之议，伯孝宗而考兴献。① 至三年七月，遂有左顺门哭谏之事。

更后，世宗欲为父别立世庙于京师，以尽孝子追慕之情，且世世不迁。②十七年，丰坊上疏，据《孝经》严父配天之说，尊献皇帝为宗，以配上帝。旋以献皇帝为睿宗，并祔于太庙，且大享上帝于玄极殿，以睿宗配享。世宗之尊崇

（接上页）别立庙大内，正兴国太后之礼，定称圣母。四月，追尊兴献帝曰本生皇考恭穆献皇帝，上兴国太后尊号曰本生皇母章圣皇太后。七月，世宗用璁、萼言，欲去"本生"字，于是遂有左顺门哭谏事。九月，更定大礼，称孝宗为皇伯考，昭圣皇太后为皇伯母，献皇帝为皇考，章圣皇太后为圣母。

① 正德十六年（1521）七月壬子，观政进士张璁上疏，略言："廷议执汉定陶王、宋濮王故事，欲考孝宗叔兴献王。夫汉哀帝、宋英宗皆预养宫中，立为储嗣，其为人后之义甚明。今陛下以伦序当立，循继统之义，非为孝宗后也。且迎养圣母，称皇叔母，则当以君臣礼见，子可以臣母乎？长子不得为人后，兴献王子惟陛下一人，利天下而为人后，恐子无自绝其父母之义。故谓陛下入祖统则可，谓为人后而自绝其亲则不可，盖统与嗣不同，非必夺此父子之亲，建彼父子之事情，然后谓之继统。今宜别立皇考庙于京师，以隆尊亲之孝，且使母以子贵，尊与父同，则皇考不失其为父，圣母不失其为母矣。"世宗方扼廷议，得疏大喜曰："此论出，吾父子获全矣。"

② 其间，有国子生何渊首请为兴献帝建世室，后又请崇祀兴献帝于太庙。席书、张璁虽赞大礼，然犹绌此说，席书言曰："将置主于武宗上，则以臣先君，不可僭；置武宗下，则以叔后侄，神终未安。在廷诸臣，于称考称伯异同相半，今祔庙之兴，无人以为可者。"然帝意不可回，五年九月，世庙成。至十五年十月，更定世庙为献皇帝庙。十七年夏，丰坊思效张、桂片言取通显，乃上言："孝莫大于严父，严父莫大于配天，宜建明堂，尊皇考为宗，以配上天。"帝是之，曰："配享皇考称宗，不为过情。"然户部侍郎唐胄疏争，略谓：《孝经》曰：'严父莫大于配天，则周公其人也。' 周公制作礼乐，而文王适为其父，故引以证圣人之孝。答曾子之问，非谓有天下者皆必以父配天，然后为孝。成王不以严父之故，废文王配天之祭而移于武王；康王不废文王配天而移于成王。后世乃误识《孝经》之意，而违先王之礼，故宋儒朱熹谓后来第为严父之说所惑。"因忤上意，黜为民。礼部尚书严嵩乃逢上意，言皇考侑飨，允合严父配天之周道。其后，世宗更以献皇帝称宗祔庙，然念太宗永无配享，无以谢廷臣，乃改称太宗庙号曰成祖，尊献皇帝庙号为睿宗，遂奉睿宗主祔太庙，跻武宗上。

知,斯为善也,唯其能尊父至极,方为"致良知"。①

自正德十六年(1521)始议崇祀兴献王,至嘉靖十七年(1538)以兴献称宗祔庙为止,明世宗在其长达十八年尊崇本生父母的过程中,莫不以孝亲之心为依据。下面,我们将对这一过程稍做梳理,将不能不发现,世宗本乎孝心,而致极其良知,这在心学上完全是必然的,然而,其一系列做法却背离尊尊、亲亲并重之礼意,从而最终对晚明政治造成了非常负面的影响。

正德十六年,诏议崇祀兴献王典礼。大学士杨廷和、毛澄等以为,"舜不追崇瞽瞍,汉世祖不追崇南顿君",无追崇本生父之理,甚至引汉定陶王嗣成帝、宋濮王嗣仁宗故事,以世宗当以孝宗为"皇考",而以本生父母为"皇叔父母",如此,则"正统私亲,恩礼兼尽,可以为万世法"。如此,世宗以藩支入继大统,犹小宗之后大宗,不仅当降服其生身父母,遑论追崇本生乎?对此,世宗以为,"父母可移易乎",且无以报答生身父母"罔极之恩"。②支持世宗的张璁则以为,若后大宗,则不免"强夺此父子之亲"。其后,出于"俾朕得申孝情"的理由,最终世宗得以满足了其追崇生身父母的要求,即称其父母为兴献帝、兴献后。不过,此时父母虽得追崇,犹藩王而已。

其后,世宗欲于兴献帝、后前加"皇"字。③如是,则与正统无别矣。杨廷

---

① 嘉靖六年,阳明因张璁、桂萼荐而起复,总督两广及江西、湖广军事。不久,其弟子黄绾亦进京,阳明此时致信黄绾,其中有云:"近与诚甫言,在京师相与者少,二君(黄绾与黄宗明)必须预先相约定,彼此但见微有动气处,即须提起致良知话头,互相规切。"黄绾、黄宗明皆阳明弟子,颇参与嘉靖时之议礼,大概阳明欲二人能"致良知",居义理之正,不当以意气与议礼反对派相争也。

② 其后,毛澄更录程颐《代彭思永议濮王礼疏》进览,帝不从,命博考前代典礼,再议以闻。案程颐疏云:"窃以濮王之生陛下,而仁宗皇帝以陛下为嗣,承祖宗大统,则仁庙,陛下之皇考;陛下,仁庙之適子;濮王,陛下所生之父,于属为伯;陛下,濮王出继之子,于属为侄。此天地大义,生人大伦,如乾坤定位,不可得而变易者也。固非人意所能推移,苟乱大伦,人理灭矣。陛下仁庙之子,则曰父,曰考,曰亲,乃仁庙也。若更称濮王为亲,是有二亲。则是非之理昭然自明,不待辩论而后见也。"又云:"执政大臣不能将顺陛下大孝之心,不知尊崇之道,乃以非礼不正之号上累濮王,致陛下于有过之地,失天下之心,贻乱伦之咎。"又云:"所继主于大义,所生存乎至情。至诚一心,尽父子之道,大义也;不忘本宗,尽其恩义,至情也。先王制礼,本缘人情。既明大义以正统绪,复存至情以尽人心。是故在丧服,恩义别其所生,盖明至重与伯叔不同也。"又云:"臣以为当以濮王之子袭爵奉祀,尊称濮王为濮国太王,如此则复수殊号,绝异等伦。"

③ 初,世宗得张璁疏,至十月,乃尊兴献王为兴献帝,王妃蒋氏为兴献后,又尊宪宗贵妃帝祖母邵氏为皇太后。十二月,又传谕:"兴献帝后皆加称皇字。"然未如愿,犹称孝宗为皇考,慈寿皇太后为圣母,兴献帝后为本生父母,不称皇。其后逾年,不复有他议矣。至三年正月,南京刑部主事桂萼、南京兵部侍郎席书、员外郎方献夫等,其论与张璁等,尊揣帝意,上疏请改称孝宗为皇伯考,兴献帝曰皇考,(转下页)

圣人制礼的依据即人情，实为孟子、阳明讲的良知。不过，古人以礼制出于人情，然人情毕竟有善有恶，而良知则纯然善也，是以孟子论道德工夫，不过扩充此四端而已。至于经学的义理立场，既主张礼制乃人情之不容已处，又认为礼制是对人情的克制或约束。可以说，经学与心学，在义理上有着根本的差别，就此而言，朱子对"至善"的理解，更接受经学的立场。

中国讲的"良知"，主要指孝亲之心。盖秦汉以后，中国社会之基本结构即以家庭为单位，因此，良知或孝亲之心不仅是家庭伦理之根本，儒家甚至将之扩充到整个社会、国家之中，成为普遍的伦理准则。阳明讲"至善"，讲"致良知"，其合理性正在于此。

然而，孝亲之心的扩充，实有次第之不同，并且如何扩充，以及扩充到何种地步，实非良知所能把握，而阳明的"致良知"亦绝不包括此种内涵。《论语》云："至于犬马，皆有养，不以敬，何以别乎？"则子之事父，仅仅养而不敬，不足为孝，此为孝心之初发而已。又，《礼记·祭义》云："孝有三，大孝尊亲，其次弗辱，其下能养。"《中庸》云："舜其大孝也与？德为圣人，尊为天子，富有四海之内，宗庙飨之，子孙保之。"《孟子·万章上》云："孝子之至，莫大乎尊亲；尊亲之至，莫大乎以天下养。为天子父，尊之至也；以天下养，养之至也。"此则孝心之发于极至也。可见，孝亲实有等级之不同。盖天子至于庶人，其孝心无有不同，其良知实无有异也。若就"致良知"而言，则实有不同：庶人之"致良知"，不过养其亲而已，即便能敬，亦不过敬其为父尊而已；而天子之"致良知"，不独能尊亲，至于以天下养其父母，斯为大孝矣。

虽然，就天子而言，能以天下养其父母，亦未为至极。《孝经》云："孝莫大于严父，严父莫大于配天，则周公其人也。昔者周公郊祀后稷以配天，宗祀文王于明堂以配上帝。"严父者，尊父也；而尊父之极，则以父配天也。换言之，天子不仅能以天下养其亲，且通过明堂配享之礼，而尊其父为天子矣。明世宗之尊崇本生，挑起持续十余年之久的大礼之议，其理据正在于此。盖人莫不欲尊显其父，至于天子之尊父，必欲至于称宗配天而不止，可谓扩充此良知而至乎极矣。由此可见，世宗之尊崇本生，不过"致良知"而已。且孝亲为人心之良不患事变之不能尽。"曰:"然则所谓'冲漠无朕而万象森然已具者',其言如何?"曰:"是说本自好,只不善看,亦便有病痛。"(《传习录》卷上,陆澄录,第21条)

盖朱子以一事一物各有道理,故须讲求而后得。然而,阳明以为,如此不免以理在外而不在心,其弊至于不务在心上用功夫,而徒务虚文而已。换言之,阳明讲"心即理",实有本体论的内涵,即强调理在心而不在物;又有工夫论的内涵,即以发明本心为工夫。可见,心学的精神在于盖以天下之理皆出于吾心一点灵明,故须专在心上用功,使其良知常现常在而已。

因此,就孝亲之事而论,若无诚孝之心,则人子不可能有孝亲的行为,即便有此行为,亦虚伪不实而已。问题在于,人子仅有诚孝之心,其行为是否就能称父母的心意?人子内心虽无愧,然父母却不甚满意,如此是否就达到了"至善"?朱子重视读书学礼,其原因正在于此。

古人有这样一句话,"百善孝为先,论心不论迹",平时父母常以此宽慰子女。然而,无论我们通考历代法律之规定,抑或细察百姓之日常言行,不难发现,人子仅有孝心,实未必能遂父母之心,换言之,其心念虽纯然为善,而其行迹却未必达到"至善"。更简言之,仅有孝心,未必就有孝行。在实际生活中,许多父母常常更看重孝行、孝迹,而不满足于孝心。

因此,朱子从事上讲"至善",认为孝亲有许多节目需要学习,就是鉴于孝心未必能达到"至善"。至于阳明"心即理"之说,不过救弊之论,实非究竟之说也。

三 "致良知"的现实困境与流弊: 以明代"大礼议"中陆澄的奏疏为例

阳明在心上言"至善",则其所谓"至善",即良知也。至于扩充此良知于事事物物,即"致良知"也。阳明之良知学说,实出于孟子。孟子以恻隐、羞恶、辞让、是非之心为"四端",此"四端"乃不学而知、不虑而能之良知良能。后世之说良知者,概莫出此义之外。阳明亦然,即以人情之自然为良知。经学中讲发之交友治民便是信与仁,只在此心去人欲、存天理上用功便是。"爱曰:"闻先生如此说,爱已觉有省悟处。但旧说缠于胸中,尚有未脱然者。如事父一事,其间温凊定省之类,有许多节目,不知亦须讲求否?"先生曰:"如何不讲求?只是有个头脑,只是就此心去人欲、存天理上讲求。就如讲求冬温,也只是要尽此心之孝,恐怕有一毫人欲间杂;讲求夏凊,也只是要尽此心之孝,恐怕有一毫人欲间杂。只是讲求得此心。此心若无人欲,纯是天理,是个诚于孝亲的心,冬时自然思量父母的寒,便自要去求个温的道理;夏时自然思量父母的热,便自要去求个凊的道理。这都是那诚孝的心发出来的条件。却是须有这诚孝的心,然后有这条件发出来。譬之树木,这诚孝的心便是根,许多条件便是枝叶。须先有根,然后有枝叶。不是先寻了枝叶,然后去种根。《礼记》言:'孝子之有深爱者,必有和气。有和气者,必有愉色。有愉色者,必有婉容。'须是有个深爱做根,便自然如此。"(《传习录》卷上,徐爱录,第3条)

郑朝朔问:"至善亦须有从事物上求者?"先生曰:"至善只是此心纯乎天理之极便是,更于事物上怎生求?且试说几件看。"朝朔曰:"且如事亲,如何而为温凊之节,如何而为奉养之宜,须求个是当,方是至善。所以有学问思辨之功。"先生曰:"若只是温凊之节、奉养之宜,可一日二日讲之而尽,用得甚学问思辨?惟于温凊时,也只要此心纯乎天理之极;奉养时,也只要此心纯乎天理之极。此则非有学问思辨之功,将不免于毫厘千里之谬。所以虽在圣人,犹加'精一'之训。若只是那些仪节求得是当,便谓至善,即如今扮戏子,扮得许多温凊奉养的仪节是当,亦可谓之至善矣。"爱于是日又有省。(《传习录》卷上,徐爱录,第4条)

问:"圣人应变不穷,莫亦是预先讲求否?"先生曰:"如何讲求得许多?圣人之心如明镜,只是一个明,则随感而应,无物不照;未有已往之形尚在,未照之形先具者。若后世所讲,却是如此,是以与圣人之学大背。周公制礼作乐以示天下,皆圣人所能为,尧、舜何不尽为之而待于周公?孔子删述六经以诏万世,亦圣人所能为,周公何不先为之而有待于孔子?是知圣人遇此时,方有此事。只怕镜不明,不怕物来不能照。讲求事变,亦是照时事,然学者却须先有个明的工夫。学者惟患此心之未能明,

二　王阳明的不同阐释与批评

至于阳明,其对"至善"之理解,则基本针对朱子进行了批评:

> 天命之性,粹然至善,其灵昭不昧者,此其至善之发见,是乃明德之本体,而即所谓良知也。至善之发现,是而是焉,非而非焉,轻重厚薄,随感随应,变动不居,而亦莫不自有天然之中,是乃民彝物则之极,而不容少有拟议增损于其间也。少有拟议增损于其间,则是私意小智,而非至善之谓矣。自非慎独之至,惟精惟一者,其孰能与于此乎?后之人惟其不知至善之在吾心,而用其私智以揣摸测度于其外,以为事事物物各有定理也,是以昧其是非之则,支离决裂,人欲肆而天理亡,明德、亲民之学遂大乱于天下。(《大学问》)

> 问:"知止者,知至善只在吾心,元不在外也,而后志定。"曰:"然。"(《传习录》卷上,陆澄录,第 87 条)

显然,阳明主张在心上言"至善",以为即是"良知",且批评朱子"惟其不知至善之在吾心,而用其私智以揣摩测度于其外,以为事事物物各有定理"。

既在心上言"至善",则理一也,且良知本自具足,而万事万物之理,皆出于吾之一心而已。诚如此,自无须事于读书,唯明吾心足矣。《传习录》中颇载阳明否定读书之言论,兹录数条如下:

> 爱问:"至善只求诸心,恐于天下事理有不能尽。"先生曰:"心即理也。天下又有心外之事、心外之理乎?"爱曰:"如事父之孝,事君之忠,交友之信,治民之仁,其间有许多理在,恐亦不可不察。"先生叹曰:"此说之蔽久矣,岂一语所能悟!今姑就所问者言之。且如事父,不成去父上求个孝的理。事君,不成去君上求个忠的理。交友治民,不成去友上、民上求个信与仁的理。都只在此心,心即理也。此心无私欲之蔽,即是天理,不须外面添一分。以此纯乎天理之心,发之事父便是孝,发之事君便是忠,

> 问至善。先生云："事理当然之极也。""恐与伊川说'艮其止，止其所也'之义一同。谓有物必有则，如父止于慈，子止于孝，君止于仁，臣止于敬，万物庶事莫不各有其所。得其所则安，失其所则悖。所谓'止其所'者，即止于至善之地也。"曰："只是要如此。"(《朱子语类》卷十四)

若在事上言"至善"，然事物有千差万别，则每事每物之"至善"自当各个不同，即"万物庶事莫不各有其所"。换言之，君、父是不同的事物，臣、子亦是不同的事物，故应当遵循不同的法则，如"父止于慈，子止于孝，君止于仁，臣止于敬"之类。可见，如果在事上言"至善"，则"莫不各有本然一定之则"，人类针对不同对象的行为，或者不同情境下的行为，所要追求的"至善"目标必然是不同的。

朱子又将"定理"与"至善"联系起来，即以"莫不各有本然一定之则"为"定理"，又以此"定理"即是"物理"，即是"至善"之所在。朱子曰：

> 至者，天理人心之极致。盖其本于天理，验于人心，即事即物而无所不在。吾能各知其止，则事事物物莫不各有定理，而分位、界限为不差矣。(《朱子语类》卷十四)

事理既在我心之外，则须通过学习以得之，而不能简单通过"反求诸己"的办法。《朱子语类》卷十四有云：

> 但其间节目，须当讲学以明之，此所以读圣贤之书，须当知他下工夫处。今人只据他说一两字，便认以为圣贤之所以为圣贤者止此而已，都不穷究着实，殊不济事。(《朱子语类》卷十四)

不仅一事一物各有其理，即便就一事一物而言，里面犹有种种"节目"，当读书讲求以明之。可见，朱子重读书，实与其对"至善"的此种理解有关。自荀子以后，历代儒家莫不隆礼重法，故皆重视后天的学习，朱子此种见解，殆亦承此绪余而来。

功能，然而，我们通过对明代"大礼议"事件的重新考察，似乎完全颠覆了这种看法。因为一方面，经学与现实政治问题的关系更为密切；另一方面，不少心性问题其实可以与经学中的问题相互置换，而且，通过这种置换，心性学说的政治内涵才得以充分展现出来。

本文试图把朱子与阳明关于"至善"概念的讨论，与经学中礼制与人情之关系问题结合起来考察，而且，如果我们站在"大礼议"事件的这个角度，这个问题还可以置换为继统与继嗣、大宗与小宗这类更具体的经学问题。通过这种置换，我们将发现，宋明理学中的"内圣"学说，其实是可以在经学方面展现其"外王"建构的。

一　朱子关于《大学》中的"至善"概念的理解

"善"与"至善"不同。无论孟子讲的"良知"，还是《大学》讲的"明德""明命"，都是在心上言善，犹如西方义务伦理学所言"动机"上的善。至于"至善"，则是在行为及其效果言善，相当于西方情境伦理学意义上的范畴。

在宋明理学那里，通常对"至善"的理解，多与"善"无别，犹言"极好"也。朱子本人即有类似说法，如《朱子语类》卷十四云：

> 至善，只是十分是处。
> 至善，犹今人言极好。
> 至善是个最好处。若十件事做得九件是，一件不尽，亦不是至善。

然而，朱子又有自己非常特殊的解释，即在事上言"至善"：

> 至善，则事理当然之极也。(《大学章句》)
> 然德之在己而当明，与其在民而当新者，则又皆非人力之所为，而吾之所以明而新之者，又非可以私意苟且而为也。是其所以得之于天而见于日用之间者，固已莫不各有本然一定之则，程子所谓"以其义理精微之极，有不可得而名"者，故姑以"至善"目之。(《大学或问》)

论王阳明对朱子学说的批评及其流弊
——以《大学》"至善"概念的诠释为中心

曾 亦

（同济大学哲学系）

《大学》首章云："大学之道，在明明德，在亲民，在止于至善。"关于"至善"之义，朱子《大学章句》以"事理当然之极"训之，阳明《大学问》则以"至善之在吾心"以明其义。盖朱子在事上言至善，而阳明则在心上言至善，可以说，朱子与阳明学术之差别，实与二人对《大学》"至善"概念的不同理解有关。

然朱子与阳明对"至善"的不同理解，又可溯源于儒家内部对古礼精神之不同把握。古礼之精神本为尊尊，此与西周宗法制结构有关，盖宗族以"尊祖敬宗"为目的。然自春秋以降，宗法崩坏，社会之基础遂一转而为小家庭，而家庭之基本原则为亲亲，尤以孝道为亲亲之主要表现。《荀子》讲"称情而立文"，即以古礼出乎孝亲之人情；至于《论语》谓"仁而不仁，如礼何"，以及《孟子》"义内"之说，其意皆在强调古礼之精神为人情，即亲亲。可见，春秋、战国之际，古礼之精神实有一根本转变，即由尊尊而至亲亲。

朱子与阳明的"至善"概念，素来属于心性之学的讨论范围。然而，当我们回到嘉靖初年的"大礼议"事件，则不难发现，这些抽象的心性命题实与当时的政治现实相关联，甚至左右当时议礼诸臣的政治言论和行为。今日学界常常视宋明理学为汉唐经学之后的新儒学形态，似乎经学已失去了往日之影响和政治有自反、自证、自见、自存、自现等基本特质；而所谓"自反"并不是指反思良知意识本身，因为良知当下一念就是一种"反思"而不是被反思的对象，所以就在良知应感之际，"只默默理会当下一念"①即可，所谓"理会"亦即"自反取证"，而不是有关道德知识的任何语言表述，因为"默默理会"只是回归良知根源意识，经由"一念取证"（即"归根反证"）以实现"知行合一"。王畿有关知行问题、良知问题的上述种种看法，显然是对阳明"知行合一"论的进一步理论阐发，对于我们深入理解"知行合一"论具有重要意义。

总之，阳明的知行合一论与其心即理、"致良知"等学说观点构成一套严密的理论系统，它不是脱离于心学系统之外的孤立的知行观，认识论意义上的知行"难易"或知行"先后"等问题本就不在阳明知行观的论域之内。至此我们说，"知行合一"是阳明良知学意义上的命题，是良知伦理学的命题，甚至可以说，良知本身必然展现为"知行合一"，反过来说也一样，"知行合一"就是以良知的自我实现为目的。

---

① 王畿：《万履庵漫语》，《王畿集》卷十五，第462页。

知识论解，便是"界限大乱"①。

第二，阳明的"知行合一"命题正试图根本解决"知行难易"或"知行先后"的问题，其理论前提是阳明的良知学。无疑，良知概念来自孟子的良知良能，属于"是非之心"的道德标准或道德知识，用理学用语来说，就是德性之知而非闻见之知，但是阳明学的良知概念远比上述这些内容要丰富得多。在阳明，良知不仅是"是非之心"或"知善知恶"的道德知识，更是"好善恶恶"或"为善去恶"的道德动力，因此，良知内含以自身为目的的意欲、愿望、情感等因素，具体表现为"一念动处便是知"，这意味着良知是一种内在的"心知"，又是具有道德能力的动力之知（在这里笔者愿意赞同黄勇的观点）；然而更为重要的也往往被现代西方哲学中的一些道德心理学或行为主义、实践主义伦理学所忽视的是，阳明的良知更是一种本体性、先验性的实体存在，是"先天先地""成鬼成帝""天即良知""良知即天"的先天性存在，因而是普遍的、无所不在的。正是由于良知具有本体性、先天性的维度，故而它遍在于整个人类活动"物—事"的过程之中，当然也贯穿于人的"知—行"活动之中，并具有指引和规范人的行为的主宰性。

第三，然而严格说来，当我们说用良知来指引和规范人的行为，按王畿的判断，这"依旧是先后之见"，即"以知为本体，行为工夫"，从而将知行分作两截的观点。这一判断与阳明"一念动处便即是知，亦便是行"的命题在旨意上是吻合的。因为"一念动处"便已内含"知""行"两个方面了，也就是说，本体与工夫都已经同时启动，这就意味着知行是即本体即工夫的本体工夫之合一。在王畿，"一念"不是经验性的三心二意一般的意念转动，而是良知心体的自我展现，故而是属于"先天正心之学"意义上的"一念良知"或"念念良知"，它具

---

① 劳思光：《新编中国哲学史》三卷上，第310页。劳思光列举了容肇祖和张君劢两人所论，指出他们将"知"理解为"事实知识""经验知识"，完全不搭阳明语调，因在阳明学说，根本没有将有关事物的"知识"纳入或蕴含于"良知"之中的任何意思（第310页）。此说基本可从。不过若采用更为周延的表述，则应说，从良知体用论的角度看，阳明在肯定德性之知"非萌于见闻"这一理学共识的同时，亦承认"见闻莫非良知之用，故良知不滞于见闻，而亦不离于见闻。"（第168条）在这个问题上，杜维明的看法却值得重视："我提出'体知'，正是要纠正这种偏见。把闻见之知当做有认识论意义的科学认知固然很勉强，但把德性之知当作毫无认识论意义的价值判断问题更大。德性之知，不离闻见之知也不囿于见闻，是属于体之于身的认知。"（杜维明：《儒家"体知"传统的现代诠释》，《杜维明文集》第五卷，武汉：武汉出版社，2002年，第375页）

决方案也离不开哲学研究，例如哲学的创造性诠释。因为，"动力之知"显然是对阳明良知概念的一种创造性诠释——王阳明要说或应说却未说出的一种观念，不过，此一诠释结论是否充分关注到阳明学哲学概念的历史语境及其语意脉络，则可另当别论。

若依笔者的研究经验，如果说将中国儒学与日本儒学等其他东亚地域的儒学传统进行比较考察也可归入"比较哲学"（这里取广义上的哲学）的一种类型，这一类型的比较研究不妨可以这样表述：从相近的哲学（儒学）文本所产生的差异性诠释当中去发现儒家哲学问题在异域的"他者"文化传统中如何得以转化和发展的可能性，以此作为反思"跨文化"传统中的儒学历史发展及其未来走向的思想资源，并从中国儒学的视域出发，针对东亚儒学的问题提出一些建议（但并不是解答问题的答案），目的在于促进不同区域文化间的对话和互相学习。这种比较研究不妨称之为"跨文化比较研究"，其中涉及儒学的思想史、哲学史、学术史等研究。举例来说，就"知行合一"问题而言，不难发现日本阳明学尤其是近代日本阳明学对此问题存在一些误解甚至是有意的曲解，往往被化约为这样的观点：任何知识都可以或应当直接化作一种力量而可以不计其手段及后果，至于行为动力是否根源于普遍良知或者知识的价值之源究竟何在等本体问题则被付诸不问。这就不免偏离了阳明良知学意义上的"知行合一"命题的理论旨趣。

回到本文的核心论旨，大致有三点可以总结：

第一，知行问题是中国哲学的老问题，无论是"知易行难""知难行易"，还是"知先行后""知行相须"等命题，都属于知识论领域中的问题讨论，从这一领域来审视知行问题，一般认为任何一种行为都是由某种知识或意愿来引领，知识决定行为的方向与内容。这种观点有一重要前提，亦即将知行视作二元性的分属不同领域的存在，这里的"知"无论是经验知识还是道德知识抑或实践知识（知道如何去做的一种知识类型），总是在影响（或作用于）行动之前而存在，即这种影响属于知识作用于行为的一种推动机制，由此必然产生所谓的"难易"或"先后"的问题。依劳思光的说法，倘若将阳明"知行合一"之"知"误认作

> 良知自知，原是容易的，只是不能致那良知，便是"知之匪艰，行之惟艰"。（第320条）

这是一个很值得注意的论断。历来，《尚书》这句话被视作知行二元的重要依据，认为知道一件事是容易的，而真正实现这件事或使自己的"知"真正落实在行动上却是困难的。对此，阳明的答案非常简洁明了，只有四个字："良知自知"。因为良知是自知、自觉、自主，自信的，所以"知"是易简易知的，既然"知"是易知，"行"也是易行，正是在良知的参与下，"知"与"行"不仅是容易的而且是合一的。这就是阳明良知学意义上的"知行合一"观。

五

关于阳明"知行合一"论，学界的讨论已经很多，值得欣喜的是，知行问题正成为中西方哲学的对话资源，特别是有留学背景以及西哲专业背景的中国学者参与到这项研究工作当中，运用比较哲学的方法深化了阳明学"知行合一"论的哲学探讨，他们不仅熟悉西哲话语，而且对阳明文本也能运用自如，提出了诸多创见。据说比较哲学有三种不同取径：第一是文本比较，第二是哲学创造，第三是提供解决哲学问题的方案。在与郁振华就"能力之知"问题进行论辩的过程中，黄勇提出了上述三种比较研究方法，将郁归类为第二种，即旨在从文本比较中可以得到一些哲学启发，至于文本中有没有因这些哲学启发而得到的哲学概念则是无关紧要的；而将自己归类为第三种，即旨在用中国哲学的资源对西方哲学问题提出不仅是独特的而且是最好的解决方法，这种比较既不是单纯的文本比较研究，也不是在从事哲学创造，原因是他提出的"动力之知"概念在西方哲学家看来似乎很新颖，但其实就是王阳明的良知概念而已。[①] 不过，在我看来，这三种方法既有区别，其关注点各有不同，但又有交叉，在比较哲学领域中的哲学创造（即哲学研究）离不开文本比较，而为哲学问题寻找解

[①] 黄勇：《再论动力之知：回应郁振华教授》，《学术月刊》，2016年第12期，第24—30页。此处引文参见第26页，注2。

知行不可分作两截，以为"知"是良知本体，"行"为"致良知"工夫，而应当看到，"知"中有"行"，"行"中有"知"，即知即行、互为蕴含、一体同在，这才是真正意义上的本体工夫合一同时也是"知行合一"。须承认，王畿从本体工夫合一的角度对"知行合一"的上述阐释，不失为一种对阳明"知行合一"说的创造性诠释。王畿的这一诠释表明，"知行"是在一个实践过程中的双向互动、彼此涵摄，这一互动过程由良知存在即本体即工夫的特殊品格给予了根本保证。所以，"知—行"结构中的良知不是道德知识（一种以是非善恶等为认识对象的静态的确定性知识）与道德行为的单纯结合，而是超越于"知行"之上而又内在"知行"之中的即本体即工夫的先天性存在。

话题再回到阳明。阳明为阐明上述道理，进一步采用假设的方法，从反面来加以论述：如果"其心不能真切笃实，则其知便不能明觉精察，不是知之时只要明觉精察，更不要真切笃实也"；如果"其心不能明觉精察，则其行便不能真切笃实，不是知之时只要明觉精察，更不要真切笃实也"（第133条）。那么，此说何以成立呢？阳明说道："知天地之化育，心体原是如此；乾知大始，心体亦可原是如此。"（同上）这就是说，从整个宇宙存在的根源与发展来看，"心体"是永恒普遍的，它统摄一切，包括宇宙万物以及人类社会的所有活动，无不在"心体"主宰之下。因此，正是由于心体良知的存在，人的知识和行为就是同一个过程，而心体良知就直接参与其中，因而，"知行合一"就是本体工夫合一的命题。[①] 至此我们终于明白：原来，知行得以合一的理据就在于"心体"，突显出心体良知具有统摄知行活动全过程的主宰性，"知行合一"便在这个意义上得以成立。

最后须指出，在"知行合一"问题上，阳明晚年所论非常突出强调"良知自知"这一论述角度，例如有弟子根据《尚书》"非知之艰，行之惟艰"为据来质疑"知行合一"之际，阳明回答得非常明确：

[①] 阳明在《答顾东桥书》的次年又有《答友人问》，其中重复了"行之明觉精察处，便是知；知之真切笃实处，便是行"这句命题，只是在末尾加上了一句，颇值得注意，他说：如果行为缺乏良知的明觉精察便是"冥行"，"所以必须说个知"；如果心知活动不能做到真切笃实便是"妄想"，"所以必须说个行"，然而在终极意义上，知行"元来只是一个工夫"，又说："知行原是两个字说一个工夫，这一个工夫须着此两个字。"（王阳明：《王阳明全集》卷六，第208—209页）

显然就是孟子良知学意义上的"不学而知""不虑而能"之意,表明良知是每个人生而具有、不假外力的道德能力。至此,良知的内在性、实践性以及先天性这三大特征,在上述这段表述中已经充分具备。正是在此意义上,我们有理由说,龙场悟道之际,阳明对良知问题已有了根本的生命觉悟,只是将其理论化则尚需一些时日而已。基于此,所以我们使用良知概念来重新解读上述"知是行的主意,行是知的功夫;知是行之始,行是知之成"这一命题,是有充足理由的。

至于上面列举的第二项论点"知之真切笃实处,即是行;行之明觉精察处,即是知"(第133条),则是阳明提出"致良知"之后的成熟见解。其中涉及"真切笃实"和"明觉精察"这对关键概念,本来,"真切笃实"是就"行"而言的,要求人的行为须认真踏实,现在却用来描述"知";本来,"明觉精察"是就"知"而言的,指的是"知"具有一种明锐的觉察能力,现在却用来描述"行"。这一互为颠倒的用法,有特别的理论意图,即意在表明两者是互相诠释的关系:在"行"的过程中已有知的参与,因为一个行为不能没有"知"的引领;而在"知"的过程中已有行的介入,因为一个没有"明觉精察"之能力的"知"不能称作真正的"知",也不会带来相应的行动。也就是说,行为过程中必有一个"明觉精察"的"知"在,知识过程中必有一个"真切笃实"的"行"在。

关于阳明的这两句命题,王畿从本体与工夫的角度,对此有一个重要解释:

"知之真切笃实处即是行",真切是本体,笃实是工夫,知之外更无行;"行之明觉精察处即是知",明觉是本体,精察是工夫,行之外更无知。[1]

应当说,王畿对阳明上述两句命题的领会和解释是贴切的,由此解释更引申出一个命题——本体工夫合一论,即"真切笃实"与"明觉精察"同时蕴含本体工夫的合一。故他强调指出:"知行有本体,有功夫。良知良能是知行本体。"如果"以知为本体,行为工夫,依旧是先后之见,非合一本旨矣。"[2] 意思是说,

---

[1] 王畿:《滁阳会语》,《王畿集》卷二,第34页。
[2] 王畿:《书同心册后语》,《龙溪会语》卷六,《王畿集》附录二,第784页。

讲知行问题的,他所说的"知"是指良知,所说的"行"则是指良知的落实。因此,前一句命题的意思是说,良知是行为的主宰(主意),良知之行是良知的落实(功夫);后一句命题的意思是说,良知的道德意识一旦启动,就意味着良知已处在行为的过程中(始),而道德意识的启动(良知之行)便已经是良知的具体落实(成)。由此可见,这里的"知行"都不是知识论的概念而是良知学的概念。

问题是,从历史上看,阳明提出"致良知"是在四十九岁之后,何以在成书于1512年底的《传习录》上卷徐爱所录的部分当中,阳明已经具备了良知思想呢?事实上,已有文献记录表明,根据阳明晚年的回忆,"吾良知二字,自龙场以后,便已不出此意,只是点此二字不出"(《传习录拾遗》第10条),这应当是一条信史而没有理由表示怀疑。即便从《传习录》上卷徐爱所录部分,我们其实也可清楚地看到阳明有关良知问题的重要论述,此即第8条:

> 知是心之本体,心自然会知。见父自然知孝,见兄自然知弟,见孺子入井自然知恻隐,此便是良知,不假外求。若良知之发,更无私意障碍,即所谓"充其恻隐之心,而仁不可胜用矣"。然在常人不能无私意障碍,所以须用致知格物之功。胜私复理,即心之良知更无障碍,得以充塞流行,便是致其知。知致则意诚。

首句中的"知",根据下文"此便是良知",已经点明,指的就是良知。良知作为一种根源性的心体意识,具有"自然知孝""自然知弟""自然知恻隐"的道德能力,即"良知自知""良知自觉"的能力,不妨称之为"良知自知"理论。[①]上面提到的"一念自反"即"良知自证",亦与"良知自知"理论有关。而且在上述一段引文中,阳明还强调了良知的天赋性,即"不假外求",而这一术语

[①] 吴震:《〈传习录〉精读》,上海:复旦大学出版社,2011年,第6讲第3节"良知自知",第111—115页。另参见耿宁《心的现象——耿宁心性现象学研究文集》所收《从"自知"的概念来理解王阳明的良知说》(第126—133页)。耿宁指出:《良知自知》不是这种第二次的、事后的、对象化的反思意识,而是一种直接的本己的内在的自知意识,相当于现象学的"内意识"。诚为卓见。然须补充说明的是,阳明曾明确使用"良知自知"概念来解释《知行合一》,因为良知所具有的"自照自察"这一"触机神应"之本性,贯穿于整个知行过程中。参见后述。

然而在笔者看来,此处所谓的"工夫主脉",即"念念不息"正与阳明以"一念发动"来论述"知行合一"的旨意相通,而劳氏在该文并没有将"念念不息"这一观念运用到"知行合一"问题领域,他似乎没有意识到第一层"良知之始显"的工夫阶段所依据的"念念不息"原则,正是阳明用以阐发"知行合一"论的重要理据,由此上下前后一并贯穿,则"知行工夫"不仅同具"根源意义"和"完成意义",而且还具有"良知自证"的意义,因为所谓在"无穷的世界历程中念念不息地求正",无非是在"一念良知"之主宰下,贯穿整个工夫历程的"一念自反""良知自证"。故就结论言,"念念致良知"是良知学意义上"知行合一"命题的本来应有之义,而称不上是为阳明"进一解"的哲学创造。

四

现在,我们根据上述对"一念动处便是知,亦便是行"这一命题的分析,将前面所列举的阳明"知行合一"论的第一和第二两大论点结合起来,看看有没有什么新的发现。首先我们来看一看第一项论点:"知是行的主意,行是知的功夫;知是行之始,行是知之成。"

从文献学上说,这句命题出现最早,出现在《传习录》上卷第 5 条。这是针对徐爱的提问"古人说知行做两个,亦是要人见个分晓,一行做知的功夫,一行做行的功夫,即功夫始有下落",阳明指出:"此却失了古人宗旨也。某尝说知是行的主意,行是知的功夫;知是行之始,行是知之成。"显然,徐爱的观点其实就是朱子"知先行后"的典型观点,认为知识与行为分属两个领域。从认识论的角度看,这个观点本来无可非议,因为一个人的行为总是需要某种知识作为前提条件,犹如欲去北京就必须先知道北京的方位在哪里以及需要运用什么交通手段才能到达等知识储备,才有可能实现去北京的目标。然而,阳明认为这种观点违反了古人有关知行问题的宗旨,接着便提出了上述这句命题。

表面看来,"知是行的主意,行是知的功夫"和"知是行之始,行是知之成"这两句命题,是在主张"知"是"行"的主导,"行"是"知"的结果,于是,便与朱子理学"知先行后"之命题的意思相近,其实不然。关于这里的表述,我们必须结合阳明良知心学才能获得善解。事实上,王阳明是在良知学意义上

一念,谓之聪。从心所思,是非自别,不作一念,谓之睿。(《传习录拾遗》第 16 条)

这里强调的"不作一念"以及"不得一念留滞"等说,显然属于境界语而非工夫义。若从"知行合一"的角度看,"念念戒惧"或"念念致良知"则属工夫语,但其工夫指向必是实现"合一"境界。故"知行合一"就不仅是一念发动之后仍然保持"念念不息"这一"根源意义"上的"合一",而且还是指向在良知心体上"不作一念"这一"完成意义"上的"合一"。

这里所说的"根源意义"和"完成意义"乃是劳思光用语,他在早年之作《论知行问题》中指出"知行合一"只能就"发动意义"而言,而不能就"完成意义"上说。① 及至撰述《新编中国哲学史》仍然坚持这一观点。② 对此,陈立胜撰文商讨,指出"知行合一"不仅具"根源意义"同时又具"完成意义",更具"照察意义",即以一念良知之明觉能力贯穿整个"知行工夫"之历程。洵为确论。③ 不过须提及的是,劳思光在完成《新编中国哲学史》之后(第三卷初版于 1981 年),又有《王门功夫问题之争议及儒学精神之特色》之续作,欲为阳明学工夫论三大问题"良知之始显""良知之内在扩充""良知之向外扩充"之外更"进一解"。他发现阳明工夫论"自有一条主脉"可以贯穿上述三大工夫领域,这"就是念念不息,永远开拓的工夫原则",其依据是"戒惧之念,无时可息"(第 120 条)这一阳明语,按劳氏分析,此即"就'良知'显现说这个不息的原则","'致良知'从源头上说,要念念不息以显主宰性;从扩充上说,要在无穷的世界历程中念念不息地求正。工夫每一个段落,各有特殊要点可讲,但工夫总的主脉通贯各段落,则只是'良知'念念不息的开拓。这即是阳明工夫论的真宗旨所在"④。这是一项值得重视的论断。

---

① 劳思光:《论知行问题》,《文化问题论集新编》第二篇,原作于 1956 年,后收入《思光学术论集新编》七,香港:香港中文大学出版社,2000 年,第 61—74 页。
② 劳思光:《新编中国哲学史》三卷下,桂林:广西师范大学出版社,2005 年,第 329 页等。
③ 陈立胜:《何种"合一"?如何"合一"?——王阳明知行合一说新论》,《贵阳师范学报》,2015 年第 6 期,第 2—9 页。
④ 劳思光:《王门功夫问题之争议及儒学精神之特色》,原载《新亚学术集刊》,1982 年第 3 期,收入劳思光:《思辨录——思光近作集》,台北:东大图书公司,1996 年,第 93 页。

因此，在阳明学系统中，"念念戒惧""念念致良知"便是使知行得以合一的关键。例如，他有如下种种说法以及特有概念：

> 不于吾心良知一念之微而察之，亦将何所用其学乎？（第139条）
> 一念之良知。（第139条）
> 只是一念良知，彻头彻尾，无始无终，即是"前念不灭，后念不生"。（第162条）
> 一念良知。（第190条）
> 一念真诚恻怛。（第190条）
> 念念致良知。（第222条）

意思都在强调"一念"是作为良知意识的"一念"，而"念念致良知"则要求"致良知"工夫的不可间断性，必须贯穿整个知行活动过程，并在"知行工夫"过程中发挥引领和主宰的作用。因此，在一念流转、随物而动的意识过程中，必须发挥良知意识的道德力量："人但一念善，便实实是好。一念恶，便实实是恶。"（第23条）由此可以看出，"知行合一"论与阳明良知学有着不可分割的理论关联，也只有置于"致良知"这一理论视域中，"知行合一"才能得以证成。也就是说，在阳明学系统中，"致良知"与"知行合一"构成了一套环环相扣的涵摄关系，这种关系虽然并不意味着两者的直接同一或互相取代，但是毕竟"知行合一"不能脱离"致良知"来讲。无论是"知行本体"还是"知行工夫"，阳明使用这两个特殊概念之际，所指向的其实便是良知以及"致良知"，即在良知本体的主宰下，"知行合一"的命题才能成立。

更为重要的是，意识、意念或意愿等都根源于心体良知，若从本体视域看，心体本来无一物，故不着"一念"才是良知本体本来应有之理想状态，故说"心体上着不得一念留滞"，阳明打了一个比方："就如眼着不得些子尘沙，些子能得几多，满眼便昏天黑地了。"而且"这一念不但是私念，便好的念头，亦着不得些子。如眼中放些金玉屑，眼亦开不得了。"（第335条）又说：

> 从目所视，妍丑自别，不作一念，谓之明。从耳所听，清浊自别，不作

"一念良知"(第162条、第190条)的自反自证,在内容上是良知对自身意识的取证,而其对象则是一念活动中的知行,因此,从根本上说,"知行合一"是在"一念良知"的意识活动中并在良知主导下的"合一",正是由心体良知的"一念"而导向知行的"合一",故"一念良知"便成了"合一"之所以可能的内在机制,这一机制如同"好好色"与"恶恶臭"一般,是良知对"好恶"这一道德动力的直接决定。这不仅是王畿对阳明"知行合一"说的一个解释,而且应当是阳明提出"知行合一"说的旨意所在,因为"一念"也正是阳明所强调的一个重要概念,特别是在论述"知行合一"问题时,阳明强调了"一念为善之志"(第115条),即良知的重要性在于对为善意志的决定力。

三

本来,在阳明,"一念"本属中性词,既有"一念善"又有"一念恶"之可能①,如同人的意念、思虑一般,往来流转不息,常常是善念与恶念、正念与妄念等互相纠缠、片刻不宁。阳明在与门人弟子的对话当中,就经常出现这样的话题:如何通过静坐以"屏息念虑"等方法,以便从意识深处彻底删除杂念或妄念的产生机制,以达到"无念"的境地。对此,阳明的回答是"实无无念时"(第202条),理由是"念如何可息?只是要正"(第202条)。即便在"不睹不闻"这一看似心性活动处于"静止"状态之际,仍有"戒慎恐惧"之"念",更重要的是,"戒惧之念是活泼地,此是天机不息处……一息便是死。非本体之念,即是私念。"(第202条)此处涉及另一重要问题,即"一念"不论正邪,永远处在"念念不息"的情形当中。所以当有人问"不论善念恶念,更无虚假,则独知之地更无无念时邪?"阳明断然回答:

> 戒惧亦是念,戒惧之念无时可息。若戒惧之心稍有不存,不是昏聩,便已流入恶念。自朝至暮,自少至老,若要无念,即是已不知,此除是昏睡,除是槁木死灰。(第120条)

---

① 如:"人但一念善,便实实是好。一念恶,便实实是恶。如此才是学。不然,便是作伪。"(第23条)

都与人的意识指向有关，而意识的指向性便意味着"物"的形成过程开始，所以"物"就不是心外之物，而是将内在的意与外在的物连接起来的一种"意识物"，由于意识活动展现为"行"，因此，这个"物"也就是"行为物"。之所以说"一念动处便是行"，其缘由就在于此。二是阳明又有"知者意之体"（第137条）的命题，意思是说，在意识活动过程中，有一个主宰者存在，这就是"知"。作为意之"体"的这个"知"，阳明喜欢用"头脑"或"主人翁"来加以形容描述。如所周知，在阳明学体系中，"意之体"如同"心之体"，都是指良知本体。① 因此，"知者意之体"这句命题表明，意识活动须由良知来主导，而良知乃是意识活动的内在规范。在这个意义上，一念发动便意味着良知的启动，之所以说"一念动处便是知"，其缘由就在于此。

由上可见，"一念动处便是知，亦便是行"应当是阳明知行观的完整表述。知行是否得以"合一"也只有从"一念发动处"始能获得"取证"，因为"一念"已经包含了知与行。重要的是，"一念取证"并不是用一个意识来"取证"另一个意识，而是一念发动便意味着作为意之"体"的良知已经开始了自我"取证"的过程。按照王畿的说法，这个过程展现为"一念自反"② 的特征。

这是由于"取证"在形式上就是良知的自我取证，故"一念自反"也就是

---

① 如阳明说："其虚灵明觉之良知应感而动者谓之意，有知而后有意，无知则无意矣。知非意之体乎？"（第137条）"意与良知当分别明白，凡应物起念处，皆谓之意。意则有是有非，能知得意之是与非者，则谓之良知。"（王阳明：《答魏师说》，《王阳明全集》卷六，上海：上海古籍出版社，1991年，第217页）王时槐认为在阳明学说中，"'知者意之体，物者意之用'，此语最精"（钱明、程海霞编校：《潜思札记》，《王时槐集·友庆堂合稿》卷四，第524页），而且是"最亲切之语"（钱明、程海霞编校：《三益轩会语》，《王时槐集·友庆堂合稿》卷四，第483页）。

② 王畿：《致知议辨》，《王畿集》卷六，第134页。依王畿，"一念自反，即得本心"（同上）既是工夫语，同时又是良知本体的内在动力所使然而容不得后天人为意识的掺杂，他称之为"本领工夫"，故其接着又说："此原是人人见自足、不犯做手本领工夫。"（同上）王畿的这个观点与阳明的良知自觉而"觉即蔽去"（第290条）的思想是相通的。这里涉及良知如何在"一念"活动中当下自我呈现的问题，此不赘述。须提及的是，瑞士哲学家耿宁（Iso Kern, 1937— ）基于自己的哲学家身份，坦承他自己所能做的只是试图以自己的"范畴"去"了解"心学，但是由于缺乏儒学家的体验而始终无法理解王畿的"一念自反即得本心"以及"一念入微归根反证"（王畿：《趋庭漫语付应斌儿》，《王畿集》卷十五，第440页）之类的"修行语式"（praktische Formel）的确切含义，并感叹对于真正理解阳明及其后学的"'致良知'伦理实践是多么困难"，因为"一念自反"显然属于"精神经验"领域的概念，意指在精神上与"良知本体"达到完全"合一"或"契合"（耿宁著，倪梁康译：《我对阳明心学及其后学的理解困难：两个例子》，《心的现象——耿宁心性现象学研究文集》，北京：商务印书馆，2012年，第487、480页）。

生的根源。因此"私意"成了"去人欲,存天理"的工夫对象,是需要加以"克除"的(第96条)。而"私意"形成的原因也与"去心外别有个见"(第44条)的求知意识有关,这是在心体上已经"着意"而产生的,而在心体上是"着不得一分意"的,因为心体的本来状态是"本无私意作好作恶"(第101条)的,一旦"着意"便意味着"见"的产生,从而导致"私意",而"私意"就偏离了"诚意",这种在心体上"着意"的意识活动又被称为"躯壳起念"(第101条)。故阳明主张:"只须克去私意便是,又愁甚理欲不明?"(第96条)

至于负面义的妄念,更是必须力加克除的。只是心中一旦连妄念都彻底消除,却又会觉得心中一片空荡荡的,这种现象的出现,阳明称之为"责效",即从"效果"上一味地追责意念的妄与不妄,而忘却了在"良知上用功"。有弟子问:"近来用功,亦颇觉妄念不生,但腔子里黑窣窣的,不知如何打得光明?"这里的"黑窣窣"是当时地方俗语,意谓一片漆黑。对此,阳明回答:"汝只要在良知上用功,良知存久,黑窣窣自能光明矣。今便要责效,却是助长,不成功夫。"(第238条)在阳明看来,良知本体无所谓"黑窣窣"而是一片光明,因为良知作为一种纯粹的道德意识,其本身乃是"天植灵根"而且是"自生生不息"的,只是由于"着了私累,把此根戕贼蔽塞,不得发生耳"(第244条),所以根本问题还是在于"私意""私欲"等妄念对良知的遮蔽。

须指出的是,在意识问题上,阳明与朱子不同,意不仅仅是心之发,意识还有两个根本特征:一是意之所在、意之所向、意之所着"便是物"(第6条、第78条等)。这个观点构成阳明意识哲学的一项重要内容[①],意谓所有外物存在

[①] 在阳明后学中,王时槐对此说的解释和评估很具参考意义:"阳明先生以'意之所在为物',此义最精……故意之所在为物,此物非内非外,是本心之影也。"又说:"惟以意在所在为物,则格物之功非逐物亦非离物也。"(钱明、程海霞编校:《三益轩会语》,《王时槐集·友庆堂合稿》卷四,第488页)王时槐对"意"的问题也有独到看法,试举一例:"意者性之用也,性遍满宇宙,意亦遍满宇宙。坎者意之根柢,离者意之发见。学必归根以立天下之大本,故意贵乎潜矣。"(钱明、程海霞编校:《潜思札记》,《王时槐集·友庆堂合稿》卷四,第524页)根据《易》学的说法,《坎》《离》两卦分别指"天根"和"月窟",据此,王时槐似乎认为"意"属于"天根"的一种根源意识,这应当是对阳明良知意识说的理论推进。唯与阳明不同者,不是本心而是"本性"才是王时槐思想的首出概念,他甚至认定阳明学是"悟性"之学,而由"悟性"则可使源自心体的"情识"实现"转识为智"的转变(钱明、程海霞编校:《三益轩会语》,《王时槐集·友庆堂合稿》卷四,第511、512页)。另参见拙文:《王塘南论》,《聂豹·罗洪先评传》附论,南京:南京大学出版社,2001年,第256—295页。

的"行"才是真正的"行",故而"行"就是对"知"的直接落实和展示。"一念"则是内在意识的展现,因此,由此伴随而至的"行"就是一种内化的意识性行为。也正由此,故在知行合一的命题中,王畿认为,知和行都必须"从一念上取证"。那么,如何理解"一念取证"呢?

"念"是一个多义词,属于意识领域的概念,是指人的思维活动或念虑活动,一般说来,常与"意"连用,有"意念"一词,而"意"是心之发或心之用,这是朱子和阳明都经常使用的一个定义性描述,表明意识是人的心灵活动状态,同时又是与外在事物的重要连接,而不得不受后天环境(包括社会习俗等因素)的影响而表现为有善有恶,故既有"善念"又有"恶念"。① 负面义的"恶念"大致相当于"私意",是指落入私欲或私心的意识转动,也是"知行本体"之被阻隔而导致分裂的一大原因,阳明叫作"私意隔断"(第5条)或"私欲障碍"(第8条),属于心体偏离现象,例如"过即是私意"(第44条)。不过,"私意"产生的机制颇为复杂,不仅与私欲有关,在其深层处,更与意识活动的"闲思杂虑"(第72条)有关,是一切"好色、好利、好名等心"的根源(第72条),阳明说如果"汝心中决知是无有做劫盗的思虑,何也? 以汝元无是心也。汝若于货色名利等心,一切皆如不做劫盗之心一般,都消灭了,光光只是心之本体,看有甚闲思虑?"(第72条)

另外,"私意"又与偏离心体而于外在事物"有所染着"有关,"偏倚是有所染着,如着在好色、好利、好名等项上,方见得偏倚",根据阳明的看法,这种"偏倚"和"染着",才是"病根",他说:"虽未相着,然平日好色、好利、好名之心,原未尝无。既未尝无,即谓之有;既谓之有,则亦不可谓无偏倚。"(第76条)这就告诉人们,"偏倚"和"染着"总是难以避免,问题在于如何直面去应对,"须是平日好色、好利、好名等项一应私心,扫除荡涤,无复纤毫留滞,而此心全体廓然,纯是天理"(第76条)。可见,"闲思杂虑"是"私欲""私意"等产

---

① 如:"善念发而知之,而充之;恶念发而知之,而遏之。知与充与遏者,志也,天聪明也。圣人只有此,学者当存此。"(第71条)这里的"志"是指良知意志,而良知决定意志的这种能力,阳明形容为"天聪明"。该词在《传习录》仅见一处,但却引起阳明再传弟子王时槐(1522—1605)的极大关注,赞为"彻上彻下语",其云:"善恶为情识,知者天聪明也,不随善恶之念而迁转者也。此是阳明先生彻上彻下语。"(钱明、程海霞编校:《三益轩会语》,《王时槐集·友庆堂合稿》卷四,上海:上海古籍出版社,2015年,第488页)

然而接着王畿说了一段话则更为重要,值得深入探讨:

> 阳明先师因后儒分知行为两事,不得已说个合一。知非见解之谓,行非践蹈之谓,只从一念上取证。①

所谓"见解"是指对事物所构成的一种看法或观点,由此见解组合起来而形成某种知识,此即通常所说的"知识见解",也就是说,"知"原本与人的见解有关;所谓"践蹈"是指践履或蹈行,从文字上看,也就是指行动、实践。现在,王畿对"知行"概念做了重新解释,指出在此"知行合一"命题中的"知"不是指"见解",即一般意义上的知识见解;"行"也不是指"践蹈",即一般意义上的行为实践。这就从根本上推翻了人们有关"知行"概念的一般理解,强调阳明的"知行"概念另有深意。

质言之,在王畿的理解中,"知"即道德之知——良知;"行"即道德实践——良能。而要真正了解知行之真实含义,只有从自己的"一念上取证"而别无他法。王畿的这个说法,对于我们理解阳明"一念动处便是知,亦便是行"的命题有重要意义,我们在后面还会讨论。现在,我们需要了解该命题中的"知"究竟是什么意思,然后再来讨论什么是"一念"。

二

具体而言,这里的"知"是指心知,即作为心体良知的内在意识活动,其中包含意愿、意向、意念甚至欲望等意识活动,这些都构成"知"的要素[②];另一方面,"行"也不是单纯的知觉行为,而是根源于良知意识,由良知意识直接发动

[①] 以上引王畿语,均见王畿:《华阳明伦堂会语》,吴震编校整理:《王畿集》卷七,南京:凤凰出版社,2007年,第159页。

[②] 例如顾东桥曾经列举了"知食乃食,知汤乃饮,知衣乃服,知路乃行"等一系列日常行为的案例,以此证明先有"知"然后才有相应的"行"这一朱子学意义上的"知先行后"命题,对此,阳明对"知食乃食"的"知"做了重新诠释,"知"不是有关"食"或"衣"等行为对象的"知识",而是"欲食之心"的一种欲望和意愿,提出了"欲食之心即是意"的观点(以上参见第132条)。可见,在"知行"结构中,"知"不是指经验知识,也不是单纯指道德知识,而是包含道德知识在内的道德意向活动,即"心知"。

简略为"一念发动处便即是行了",却存在重大问题,因为这牵涉如何正确理解阳明"一念发动"与"知行合一"的理论关联。必须指出,B 记录的"一念动处便是知,亦便是行"才应当是阳明有关"一念"问题的完整论述。这句命题的意义在于指出:一个意识的发动不仅与行为有关,而且与良知有关,也就是说,意识活动同时展现为良知与行动而不仅仅是"行"而已。

在上述命题中出现的"一念"显然是一个非常关键的概念。那么,"一念"究为何指?其在阳明思想系统中又有何理论意义呢?事实上,有关"一念"论述的重要性首先是被阳明弟子王畿所发现的,当有人提出何谓"知行合一之旨"的问题时,王畿首先断然肯定"天下只有个知",而这个"知"不是泛指一般意义上的经验知识,而是蕴含了孟子意义上的"良知"与"良能"两层含义,若就本体上说,两者原本是"合一"的,如王畿明确指出:"知便能了,更不消说能爱能敬。"换言之,良知便意味着良能。关于这一点,其实阳明也曾多次表示:

> 惟天下之至圣,为能聪明睿智……圣人只是一能之尔,能处正是良知。(第 283 条)
> 知是理之灵处……只是这个灵能不为私欲遮隔,冲拓得尽,便完完是他本体。(第 118 条)
> 能戒慎恐惧者,是良知也。(第 159 条)

从伦理学上说,知道应该怎么做便同时意味着能够做到。套用西方伦理学上的著名命题,即"应当蕴含能够"的意思。[①] 应当说,王畿明确地用良知良能来点明"知行合一"之旨意所在,这是符合阳明之本意的。

[①] 李明辉最早注意到了王畿的这个说法,他指出如果说良知是道德的"判断原则"(principium diiudicationis)而良能是道德的"践履原则"(principium executionis),那么,良知蕴含良能也就意味着判断原则与实践原则的合一,并且可以跟西方伦理学中"应当涵着能够"(Ought implies can)的观念相比附,而这一观念是一切有意义的"道德"概念之基本预设,因为一切道德上的要求均不得超出道德行动者的能力(譬如孟子在论述"非不能也,不为也"的问题时,所列举的"挟太山以超北海"的例子便是超出了能力范围),就此而言,在道德上肯定"知"与"行"之间的本质关联,只能说满足了"应当涵着能够"这项基本的伦理学预设(李明辉:《从康德的实践哲学论王阳明的"知行合一"说》,第 417、424 页)。不过,李文却未注意到王畿的下述说法"知非见解之谓,行非践蹈之谓,只从一念上取证"的重要性,只是在文章的末尾稍带提了一下而未展开充分讨论。

作为良知伦理学的"知行合一"论　／　633

即关于"一念发处便是知,亦便是行"的论点,还有另外一个版本的记述与此不同,即大家耳熟能详的《传习录》下卷第226条:

> A.问知行合一。先生曰:"此须识我立言宗旨。今人学问,只因知行分作两件,故有一念发动,虽是不善,然却未曾行,便不去禁止。我今说个知行合一,正要人晓得一念发动处便即是行了。发动处有不善,就将这不善的念克倒了。须要彻根彻底,不使那一念不善潜伏在胸中。此是我立言宗旨。"

这条记录为阳明弟子黄直所录,但是收录于《传习录》下卷之际,显然经过了钱德洪的编辑加工。其实,黄直的记录还有另外一个版本,即《阳明先生遗言录》(今存于闾东《阳明先生文录》本),该本分上下两卷,其上卷题署为黄直纂辑,曾才汉校辑。该本第6条的记录与上述通行本的记录颇为不同:

> B.门人有疑知行合一。黄以方(引者按,即黄直)语之曰:"知行自是合一的。如人能行孝了,方唤做知孝;能行弟了,方唤做知弟。不成只晓得个孝字与个弟字,遽谓之知。"先生曰:"尔说固是。但要晓得一念动处便是知,亦便是行。如人在床上思量去偷人东西,此念动了,便是做贼。若还去偷,那个人只到半路转来,却也是贼。"①

将A与B略做比较便可发现,A条的文字表述相当顺畅且语义连贯,删去了黄直的一大段话以及"如人在床上思量去偷人东西"以后的一段文字,增加了"此须识我立言宗旨"之后的六句话以及"发动处有不善"之后的五句话。这些变动我们且不追究,重要的是,黄直记录的"一念动处便是知,亦便是行"被

---

① 王阳明著,吴光等编校:《王阳明全集》(新编本)第五册,卷四十补录二,杭州:浙江古籍出版社,2010年,第1597页。另据束景南《王阳明年谱长编》附录一《续传习录》,收录的是隆庆二年(1568)郧永春《皇明三儒言行要录》本,按束氏解说,此本即嘉靖三十四年(1555)曾才汉校的《阳明先生遗言录》本,然两本的文字出入以及条目顺序大为不同,似非《遗言录》原本,未见上述"一念动处便是知,亦便是行"这句命题,仅见"如人在床上思量去偷人东西"以后的一段文字。参见束景南:《王阳明年谱长编》,上海:上海古籍出版社,2017年,第2090页。

论点，并认为我们必须完整把握这五项论点，才能确切了解阳明"知行合一"说的真意，这五项论点是：(1)知行本体；(2)未有知而未行；知而未行，只是未知；(3)知是行的主意，行是知的功夫；(4)知是行之始，行是知之成；(5)知之真切笃实处，即是行；行之明觉精察处，即是知。①这个归纳跟我们有所不同，其中的(3)和(4)似不必分拆，特别是遗漏了这里的第三项这一关键论点，而这一论点将是我们关注的主题。李明辉列举的第一和第二两项虽然重要，但是根据论述的"经济原则"，我们暂且略而不提，以便使我们的论述重点更加集中有效。

在这里，我们只需指明"知行本体"作为阳明学的常识性观点，指的是良知良能或者仅用"良知"一词便可概括，这的确是阳明"知行合一"说的立论基础，如果抽离了"知行本体即是良知良能"（第165条）命题，那么，"知行合一"说便成为不可理喻的胡乱说法而已。与此相关，另一个命题也极其重要："知行二字即是功夫"（第270条），意谓"知行合一"是工夫论命题，是就工夫立论的。就此而言，从比较哲学的角度看，"知行合一"的确与赖尔哲学的实践主义倾向相近。

郁振华《论道德—形上学的能力之知》一文便敏锐地发现赖尔与阳明都具有强烈的实践主义哲学的特质，故而两者的思想具有可比性。赖尔经由质疑"理智主义的传奇"②而提出"能力之知概念在逻辑上优先于命题性知识概念"的观点，表明其哲学的实践性特征，而"能力之知"概念与阳明知论不仅非常相似，并且对于理解阳明知论"具有重要意义"。他经过一番创造性诠释，特意将赖尔的"能力之知"改造成"道德—形上学"的"能力之知"或"道德的能力之知"，认为这样一来，便能成功地将阳明知论、亚里士多德的美德与实践智慧以及赖尔的"能力之知"这三个不同概念"熔于一炉"。无疑，郁振华的这一发现十分重要。

现在需要回到上面列举的三项重要论点的讨论。然而，我们姑且采取一个论述上的策略，暂且放置前面两项论点的讨论，而直接从第三项论点说起。因为这涉及本文的主题，所以问题尤为重大。首先有一个文本的问题需要交代，

---

① 李明辉：《从康德的实践哲学论王阳明的"知行合一"说》，《中国文哲研究集刊》，1994年3月第4期，第8—9页。

② 所谓"理智主义的传奇"，这是指近代西方哲学以来的理智主义者固执的一个观点，认为理论必定优先于实践。参见赖尔著，刘建荣译：《心的概念》，第21页。

行。"通过考察我们将发现"知""行"并不是被分属于知识与行动这两个不同领域的概念,而是被统摄在"一念"这一意识领域,与阳明良知学有密切关联。最后,我们将对"知行合一"何以是良知伦理学命题而非知识论命题的问题做出一些回应。

一

在阳明的思想文本中,有关知行问题的论述甚多而略显繁复,自中年龙场悟道之后至其最晚年居越讲学期间,对知行问题有不断讨论,并不像有的学者所认为的那样,阳明晚年(1520)提出"致良知"教以后,便不再措意于"知行合一"问题的深入探讨[1],相反,阳明在晚年的相关论述才更显示出哲学的理论深度。

我们先来梳理一下阳明有关"知行合一"问题的基本论点,在其众多繁复的论述中[2],大致有三条是其最为根本的:

(1)知是行的主意,行是知的功夫;知是行之始,行是知之成。
(2)知之真切笃实处,即是行;行之明觉精察处,即是知。
(3)一念动处便是知,亦便是行。

第1条见《传习录》上卷第5条,约记录于1512年底或次年初;第2条见《传习录》中卷《答顾东桥书》,成于1524年;第3条见《阳明先生遗言录》上卷第6条,约成于1521年之后。顺便一提,根据李明辉的归纳,一共有五个关键

---

[1] 滥觞者为贺麟,他在1938年撰写的《知行合一新论》一文中,这样说道:"他(阳明)对于知行合一说之发挥,颇得力于与他的第一个得意弟子,他的颜回——徐爱的问题切磋。及徐爱短命死后,他便很少谈知行合一问题。到他晚年他便专提出'致良知'之教,以代替比较纯理论意味的知行合一说。所以后来阳明各派的门徒所承受于他而有所发挥,几乎全属于致良知之教及天泉证道的四句宗旨。他的各派门徒对他的知行合一说,不唯没有新的发挥,甚至连提也绝少提到……"(贺麟:《五十年来的中国哲学》,《贺麟全集》第七卷,上海:上海人民出版社,2012年,第139页)正如下文所见,这里的两个史实判断显然颇成问题。

[2] 例如根据钱德洪在《传习录》中卷之前所附《序言》所述:"其余指'知行之本体',莫详于《答人论学》与答周道通、陆清伯、欧阳崇一四书。"其云"四书"均见《传习录》中卷,所谓《答人论学》即指《答顾东桥书》。这说明在钱德洪看来,《传习录》中卷所收八封书信竟有一半内容是专论知行问题的。

释"知行合一"问题时是否有效,而在于揭示一个观点:"知行合一"是良知伦理学的命题而不能是其他的什么命题——例如,以知识来源及其确定性为探讨对象的知识论命题。对阳明学而言,良知就是德性之知,是其整套理论的基础性概念,故以良知为核心的伦理学又可称之为德性伦理学。若从知识论的论域看,知行之间的时间差将永远无法消除,朱子的"知先行后"说将屹立不倒,因为就在经验知识或事实知识转化为规范性知识或落实为道德实践之际,或者相反,在行为付诸实施之前都需要一定的知识储备(无论是描述性知识抑或是规范性知识),因而两者之间永远都会存在一定的时间差,而且是一种在知行二元前提下的本质上的时间差,即便其差异的度量单位可以小到"毫厘倏忽之间"①的地步,也不可能实现无时间差异的完全一致性,终将导致知行之间的"合一"为不可能。

知行问题在中国哲学史上由来甚久,自《尚书》提出"知易行难"("非知之艰,行之惟艰")命题以来,直至朱子理学始对此问题有了基本的解决:就知识论或认识论的角度言,"知先行后";就实践论的角度言,"行重知轻";就知识与行为的关系角度看,"知行相须"。及至王阳明,自1508年龙场悟道而得出"心即理"这一心学第一命题之后,次年即有"知行合一"之论,其时虽然还没有明确揭示"致良知",但根据各种文本记录显示,龙场悟道之际,阳明已经对良知问题有了基本的觉悟。因此,对阳明学而言,"心即理""知行合一""致良知"构成了互相诠释的一套理论系统。

本文将从"新发现"的《阳明先生遗言录》中的一句命题着手,试图从中发现一些值得重新探讨的有关"知行合一"的哲学问题。该命题是:"一念动处便是知亦便是行"。这与人们耳熟能详的一句命题有所不同:"一念发动处便即是

(接上页)知识,能力之知,抑或动力之知?》,《学术月刊》,2016年第1期;《再论动力之知:回应郁振华教授》,《学术月刊》,2016年第12期。黄勇的有关"动力之知"概念的论述经过一些微妙的变化,其最终结论是:"因此,不是广义上的道德知识,而只是狭义上的阳明所讲的德性之知,即只有使人倾向于做出相应行为的道德知识才可以算作动力之知。"(黄勇:《论王阳明的良知概念:命题性知识,能力之知,抑或动力之知?》,第65页)此处之所以说是"狭义"的,因为阳明的良知不同于广义上的含有三层不同含义的动力之知:道德的、非道德的和不道德的。

① 王阳明:《传习录》中卷,第132条。条目数字依据陈荣捷:《王阳明传习录详注集评》,上海:华东师范大学出版社,2009年。以下凡引《传习录》,仅列条目数。

作为良知伦理学的"知行合一"论

——以"一念动处便是知亦便是行"为中心[*]

吴 震

(复旦大学哲学学院)

在当今复兴传统文化的时代背景下,中国哲学研究特别是阳明学研究呈现新的景象。令人颇感兴味的是,二十世纪四十年代英国哲学家赖尔(Gilbert Ryle, 1900—1976)发明的能力之知(knowing how)[①]概念不仅引发了当代西方哲学中有关理智主义和反理智主义之争,据说这已经成为一个世界性的"学术热点"[②],而且人们正在借助这一概念并运用比较哲学的研究方法,使得阳明学"知行合一"论的理论意义被重新激活,认为阳明学即可成为建构当代哲学的传统资源,又可成为解决当下问题的灵感来源。[③]

本文的任务并不在于评判从比较哲学的角度,利用赖尔哲学的命题性知识(knowing that)、能力之知抑或黄勇提出的动力之知(knowing to)[④]等概念在解

---

[*] 本文为国家社会科学基金重大项目"多卷本《宋明理学史新编》"(17ZDA013)的阶段性成果。

[①] 赖尔著,刘建荣译:《心的概念》,上海:上海译文出版社,1988年。

[②] 郁振华:《再论道德的能力之知——评黄勇教授的良知诠释》,《学术月刊》,2016年第12期,第14页。

[③] 郁振华:《论道德—形上学的能力之知——基于赖尔与王阳明的探讨》,《中国社会科学》,2014年第12期,第22—41页。

[④] 参见黄勇近十年来的一系列论文:《王阳明在休谟主义和反休谟主义之间:良知作为体知=信念、欲望≠怪物》,陈少明编:《体知与人文学》,北京:华夏出版社,2008年;《在事实知识与技艺知识之外:信念—欲望何以不是怪物?》,《哲学与文化》,2012年第2期;《论王阳明的良知概念:命题性(转下页)

第三篇
心学世界与思想转型

复旦哲学·中国哲学丛书

宋明理学新视野

下册

吴震 主编

商务印书馆